探索与争鸣

现代化与化现代

新文化运动百年价值重估

上　　　　　　　　主编　叶祝弟　杜运泉

上海三联书店

序言:作为一种"思想操练"的"五四"

陈平原

十年前,我在《触摸历史与进入五四》的"导言"中说过:"人类历史上,有过许多'关键时刻',其巨大的辐射力量,对后世产生了决定性影响。不管你喜欢不喜欢,你都必须认真面对,这样,才能在沉思与对话中,获得前进的方向感与原动力。对于20世纪中国思想文化进程来说,'五四'便扮演了这样的重要角色。作为后来者,我们必须跟诸如'五四'(包括思想学说、文化潮流、政治运作等)这样的关键时刻、关键人物、关键学说,保持不断的对话关系。这是一种必要的'思维操练',也是走向'心灵成熟'的必由之路。在这个意义上,'五四'之于我辈,既是历史,也是现实;既是学术,更是精神。"[1]十年后重读这段话,我依旧坚持此立场,谈以下四个问题:第一,为什么是"五四";第二,风雨兼程说"五四";第三,"走出"还是"走不出";第四,如何激活"传统"。

为什么是"五四"

晚清以降,面对"三千年未有之大变局",一代代中国人奋起搏击,风云激荡中,出现众多波澜壮阔的历史事件。有的如过眼云烟,有的欲说还休,有的偶尔露峥嵘,有的则能不断召唤阅读者与对话者——"五四"无疑属于后者。五四运动的规模并不大,持续时间也不长,为何影响竟如此深远?我用以下三点理由,试图作出解释。

第一,五四运动的当事人,迅速地自我经典化,其正面价值得到后世大部分读者(尤其是青年读者)的认可。有的事件严重影响历史进程,当初也曾被捧到天上,只是经不起后世读者的再三推敲,逐渐显现颓势,甚至成了负面教

---

[1] 陈平原:《触摸历史与进入五四》,北京:北京大学出版社,2010年,第3页。

材(如太平天国或"文革")。五四运动的幸运在于,刚刚落幕便被正式命名,且从第二年起就有各种各样的纪念活动。可以这么说,"五四"成了近百年来无数充满激情、关心国家命运、理想主义色彩浓厚的青年学生的"精神烙印"。长辈们(政治家、学者或普通民众)不管是否真心实意,一般不愿意与青年直接对抗,故都会高举或默许"五四"的旗帜。

第二,五四运动虽也有"起承转合",但动作幅度及戏剧性明显不如八年抗战。不过,后者黑白分明,发展线索及精神维度相对单纯,不像前者那样变幻莫测、丰富多彩。如果不涉及具体内容,我曾用三个词来描述"五四"的风采。第一是"泥沙俱下",第二是"众声喧哗",第三是"生气淋漓"。每一种力量都很活跃,都有生存空间,都得到了很好的展现,这样的机遇,真是千载难逢。谈论"五四",对我来说,与其说是某种具体的思想学说,还不如说是这种"百家争鸣"的状态让我怦然心动,歆羡不已[①]。

第三,某种意义上,五四运动的意义是"说出来"的。回过头来看,20世纪中国,就思想文化而言,最值得与其进行持续对话的,还是"五四"。一代代中国人,从各自的立场出发,不断地与"五四"对话,赋予它各种"时代意义",邀请其加入当下的社会变革;正是这一次次的对话、碰撞与融合,逐渐形成了今天中国的思想格局[②]。有的事件自身潜力有限,即便鼓励你说,也不值得长期与之对话;有的事件很重要,但长期被压抑,缺乏深入且持续不断的对话、质疑与拷问,使得其潜藏的精神力量没有办法释放出来。而五四运动的好处在于,既有巨大潜力,又从未成为"禁忌"。

风雨兼程说"五四"

历史上难得有这样的事件,当事人的自我命名迅速传播开去,且得到当时及后世读者的广泛认可。尘埃尚未落定,1919年5月9日《晨报》上已有北大教授兼教务长顾兆熊(孟余)的《一九一九年五月四日北京学生之示威运动与国民之精神的潮流》,5月26日《每周评论》则刊出学生领袖、北大英文系学生罗家伦的《"五四运动"的精神》,5月27日的《时事新报》上,张东荪的《"五四"精神之纵的持久性与横的扩张性》同样引人注目——"潮流""运动""精

[①] 陈平原:《走不出的"五四"?》,《中华读书报》,2009年4月15日。
[②] 陈平原:《触摸历史与进入"五四"》,第366页。

神",关于"五四"的命名与定性竟如此及时且准确。此后,一代代文人、学者、政治家及青年学生,便是在此基础上建构有关"五四"的神话。

说"五四"不仅仅是历史事件,更是近百年中国读书人重要的思想资源、极为活跃的学术话题,甚至可以作为时代思潮变化的试金石,我相信很多人都能接受。美国学者舒衡哲在《中国的启蒙运动——知识分子与五四遗产》第六章"五四的启示"中,辨析新中国成立后官方对"五四"的看法,以及诸多纪念活动和回忆文章,还有同时期知识分子的抉择与挣扎。这一章的结语很是悲壮:"'五四'不只被看作鼓舞知识分子勇士的精神食粮,它将成为照亮中国的政治文化生活的一把'火炬'。"[1] 而我的《波诡云谲的追忆、阐释与重构——解读"五四"言说史》则选用《人民日报》《光明日报》《中国青年》《文艺报》等四种报刊,观察其在五四运动30周年、40周年、50周年、60周年、70周年,以及80周年时的社论及纪念文章,并将其与同时期的政治思潮相对应,看关于"五四"的言说如何隐含着巨大的政治风波、思想潜力,以及道德陷阱[2]。

不说那些意味深长的"故事",以我有限的阅历,也都深知聚众谈"五四",一不小心就会溢出边界,介入现实的政治斗争。谈论李白、杜甫孰高孰低,或者评说《金瓶梅》《红楼梦》的好坏,一般情况下是不会有太多联想的——"文革"除外;可说"五四"就不一样了,因相互误读或有心人的挑拨,随时可能由平和的学术论争一转而成了激烈的政治对抗。关于1999年纪念"五四"的书刊及会议,我在若干小文中略有涉及[3],实际状况比这严重得多。以致2009年4月23至25日我在北大主办"五四与中国现当代文学"国际学术研讨会时,认真吸取十年前的教训,从时间、议题到人员的选择,都仔细斟酌,可还是一波三折。外面的人只晓得北大与五四运动关系密切,有责任扛这个旗子;不知道北大为了这个"责无旁贷"所必须承担的风险[4]。可仔细想想,没什么好抱怨的,为什么人家选择在谈论"五四"的会议,而不是唐诗研究或金融会议上说大话喊口号呢?可见"五四"这个话题本身天然具有"政治性"——你想

---

[1] 施瓦支(舒衡哲):《中国的启蒙运动——知识分子与五四遗产》,李国英等译,太原:山西人民出版社,1989年,第352页。
[2] 陈平原:《波诡云谲的追忆、阐释与重构——解读"五四"言说史》,《读书》,2009年第9期。
[3] 如《北大精神及其他》后记,载《书屋》,1999年第6期;《在学术与思想之间——王元化先生的"九十年代"》,载《书城》,2010年第12期。
[4] 陈平原:《〈五四与中国现当代文学〉序》,见王风等编:《重回现场——五四与中国现当代文学》《解读文本——五四与中国现当代文学》《对话历史——五四与中国现当代文学》,北京:北京大学出版社,2014年。

躲都躲不开。

近百年中国的风风雨雨,让我辈读书人明白,谈论"五四",不管你是沉湎学问,还是别有幽怀,都很容易自动地与现实政治挂钩,只不过有时顺风顺水,有时则难挽狂澜。去年秋天,我选择在进京读书30年这个特殊时刻,盘点零篇散简,凑成一册小书,交给北大出版社,约定今年春夏推出,以纪念现代史上最为重要的杂志《新青年》(1915—1926年)创刊一百周年[①]。当时绝对想象不到,会撞上如此"新文化研究热"。今年一年,我先后接到十多场纪念"五四"或新文化运动学术会议的邀请;其中,北京大学最为"立意高远",准备年年纪念,一直讲到2021年中国共产党创建一百周年。

如此大规模纪念"五四"新文化,背后推动的力量及思路不一样,有的知其然而不知其所以然,有的只是盲目跟风,但我相信其中不少是深思熟虑的。官员我不懂,单就学者而言,之所以积极筹备此类会议,有专业上的考虑,更有不满近20年中国思想界之日渐平庸,希望借谈论"五四"搅动一池春水。

"走出"还是"走不出"

如何看待早就沉入历史深处、但又不断被唤醒、被提及的"五四",取决于当下的政治局势与思想潮流,还有一代人的精神追求。1993年,我曾撰写题为《走出五四》的短文,感叹"在思想文化领域,我们至今仍生活在'五四'的余荫里"[②];可16年后,我又撰写了《走不出的"五四"?》,称不管你持什么立场,是左还是右,是激进还是保守,都必须不断地跟"五四"对话[③]。从主张"走出"到认定"走不出"(后者虽然加了个问号,实际上颇有安之若素的意味),代表了我对"五四"理解的深入。

促使我转变思考方向的,除了《中国现代学术之建立》《触摸历史与进入五四》等专业著作,还包括"五四老人"俞平伯的诗文,以及我前后两次赴台参加"五四"学术研讨会的直接感受。

1949年5月4日的《人民日报》第六版,刊登俞平伯、叶圣陶、宋云彬、何家槐、王亚平、臧克家等文化名人纪念"五四"的文章,此外,还有柏生的《几个

[①] 陈平原:《新文化的崛起与流播》序,北京:北京大学出版社,2015年。
[②] 陈平原:《学者的人间情怀》,珠海:珠海出版社,1995年,第69—74页。
[③] 陈平原:《走不出的"五四"?》,《中华读书报》,2009年4月15日。

"五四"时代的人物访问记》。在采访记中,俞平伯的回答很有趣:"五四"新文化人气势如虹,想做很多事情,"却一直没有认真干(当然在某一意义上亦已做了一部分),现在被中共同志们艰苦卓绝地给做成了";因此,这好比是30年前的支票,如今总算兑现了①。又过了30年,也就是1979年,俞平伯撰《"五四"六十周年忆往事》(十首)②,除了怀念"风雨操场昔会逢",以及"赵家楼焰已腾空",再就是将"四五"比拟"五四",称"波澜壮阔后居先"。最有意思的是第十章的诗后自注:"当时余浮慕新学,向往民主而知解良浅。"比起许多政治人物的宏论,我更认同诗人俞平伯的立场:曾经,我们以为"五四"的支票已经兑现了;其实,当初的"浮慕新学"与日后的"竹枝渔鼓",均有很大的局限性。

1999年4月我赴台参加政治大学主办的"五四运动八十周年学术研讨会",会后接受《中国时报》记者采访,谈及台湾民众为何对"五四"不太感兴趣,对方的解答是:"因为我们已经跨过了追求民主科学的阶段。"当时我很怀疑,因为这很像1949年俞平伯"支票终于兑现了"的说法。2009年我赴台参加"五四文学人物影像"开幕式及相关论坛,发现年轻人对"五四"的兴趣明显提升。为什么会有如此变化,除了各大学"中国现代文学"课程的讲授外,还与普通民众不再盲目乐观有关。我曾对照海峡两岸关于"五四"的想象与阐释,既看异同,更注重相互影响。

最近20年,海峡两岸在如何看"五四"的问题上互相影响。台湾影响大陆的,是对激进主义思潮的批评,尤其不满五四新文化人对传统文化的批判;大陆影响台湾的,是新文学不仅仅属于温柔且文雅的徐志摩,必须直面鲁迅等左翼文人粗粝的呐喊与刻骨铭心的痛苦。③

这里说的主要是文学与思想,实际政治比这复杂多了。但不管怎么说,轻易断言我们已经走出"五四"的"余荫"或"阴影",似乎都很不明智。

作为历史事件的"五四",早就翻过去了;而作为精神气质或思想资源的"五四",仍在发挥很大作用。这本是平常事,为何我会纠缠于"走出"与"走不出"呢?那是因为,五四新文化人的丰功伟绩,某种意义上成了后来者巨大的精神压力。比如,北大师生最常碰到的责难是:你们为什么不再"铁肩担道

---

① 柏生:《几个"五四"时代的人物访问记》,《人民日报》,1949年5月4日。
② 此组诗初刊《文汇报》,1979年5月4日;又载《战地增刊》第3期(北京:人民日报出版社,1979年5月)时,改题"五四"六十周年纪念忆往事十章》,文字略有改动。
③ 陈平原:《"少年意气"与"家国情怀"——北大学生的"五四"记忆》,《光明日报》,2010年5月4日。

义,妙手著文章"! 如此"影响的焦虑",导致我们谈论"五四"的功过得失时,难以平心静气。其实,换一个角度,那只是一个与你长期结伴而行、随时可以打招呼或坐下来促膝谈心,说不定关键时刻还能帮你出主意的"好朋友",这么一想,无所谓"走出",也无所谓"走不出"了。

如何激活"传统"

中国人说"传统",往往指的是遥远的过去,比如辛亥革命以前的中国文化,尤其是以孔子为代表的儒家;其实,晚清以降的中国文化、思想、学术,早就构成了一个新的传统。可以这么说,以孔夫子为代表的中国文化,是一个伟大的传统;以蔡元培、陈独秀、李大钊、胡适、鲁迅为代表的"五四"新文化,也是一个伟大的传统。某种意义上,对于后一个传统的接纳、反思、批评、拓展,更是当务之急,因其更为切近当下中国人的日常生活,与之血肉相连,更有可能影响其安身立命。

人类文明史上,有时星光,有时月亮,有时萤火虫更吸引人。改革开放三十多年来,"五四"的命运如坐过山车。20世纪80年代,"五四"作为学习榜样及精神源泉,深深介入了那时的思想解放运动;20世纪90年代,"五四"作为学术课题,在大学及研究所得到深入的探究,但逐渐失去影响社会进程的能力;进入新世纪后,随着"传统""国学""儒家"地位的不断攀升,"五四"话题变得有些尴尬,在某些学术领域甚至成了主要批判对象。而在日常生活中,你常能听到好像"很有文化"的官员、商人、记者乃至大学校长,将今日中国所有的道德困境,一股脑推给了"五四"的"反孔"。言下之意,假如没有"五四"的捣蛋,中国不仅经济上迅速崛起,道德及文化更是独步天下。此类"宏论"之所以有市场,除了大的政治局势与文化潮流,也与研究现代中国的学者们大都埋头书斋,忙着撰写高头讲章,而不屑于"争论"有关。

我并不否认"五四"新文化人的偏激、天真乃至浅薄,但那是一批识大体、做大事的人物,比起今天很多在书斋里条分缕析、口沫横飞的批评家,要高明得多[①]。去年"五四",我是这样答澎湃网记者问的:1919年的中国,各种思潮

[①] 在我看来,"大国崛起"的过程中,缺的不是高度自信,而是如何保持清醒的自我认识,以及持续不断的自我反省。在这个意义上,五四新文化人的"严于律己"而"宽于待人",并没有过时——具体论述可以批判,但大方向我认为是正确的。

风起云涌,诸多力量逐鹿中原,热血青年只在救国救民、寻求变革这一点上有共识,至于旗帜、立场、理论、路径等,完全可能南辕北辙。日后有的成功了,有的失败了,有的走向了反面,今人只能感叹唏嘘,不要轻易否定。经由一代代人的钩稽与阐释,那些长期被压抑的声音,正逐渐浮出水面;而那些阳光下的阴影,也日渐为后人所关注。如何看待林纾的捍卫古文、怎么论述《学衡》之对抗《新青年》,以及火烧赵家楼之功过得失、学潮为何成为一种重要的政治力量、"五四"到底是新文化运动的推进还是挫折等,所有这些,不仅涉及具体人物评价,更牵涉大的历史观。这个时候,既不能抹杀已获得的新视野与新证据,也不应该轻易否定前人的研究成果。通达的历史学家,会认真倾听并妥善处理"众声喧哗"中不同声部的意义,而不至于像翻烙饼一样,今天翻过来,明天翻过去。在我看来,"五四"可爱的地方,正在于其不纯粹,五彩斑斓,充满动态感与复杂性。

我的基本立场是:尊重古典中国的精神遗产,但更迷恋复杂、喧嚣却生气淋漓的"五四"新文化。我曾说过:"就像法国人不断跟1789年的法国大革命对话、跟1968年的'五月风暴'对话,中国人也需要不断地跟'五四'等'关键时刻'对话。这个过程,可以训练思想,积聚力量,培养历史感,以更加开阔的视野,来面对日益纷纭复杂的世界。"[①]在这个意义上,对于今日的中国人来说,"五四"既非榜样,也非毒药,而更像是用来砥砺思想与学问的"磨刀石"。

今年各地学人几乎不约而同地纪念五四新文化运动,在我看来,这既是大好事,也不无隐忧。因为,任何一个偶然因素,都可能使这"热潮"戛然而止。能否坚持正常的学术论争,包括与新儒家或国学家之间,改"隔山打牛"为"打开天窗说亮话",有担当而又不越界,是此次大规模纪念活动能否持续且深入展开的关键。以纪念《新青年》诞辰百年为开端,重新唤起民众对于"五四"的记忆,接下来的几年,只要不因触碰红线而引起激烈反弹,有国内外众多学者的积极参与,不仅可以直接影响大众舆论及某些具体专业(如中国现代文学史、思想史、文化史等)的发展,更可能重塑当代中国的精神氛围及知识版图。基于此判断,如何兼及自信与自省、书斋与社会、思想与学术、批判与建设,将是我们必须直面的难题。

这是一个难得的历史机遇,除了坚守自家学术立场,不随风摆动外,还得

[①] 陈平原:《走不出的"五四"?》,《中华读书报》,2009年4月15日。

有进取心,直接回应各种敏感话题(包括狙击打着国学旗号的"沉渣泛起")。某种意义上,这是对此前30年"五四话题"升降起伏的一个反省:或许,谈"五四"本就不该局限于书斋,解时代之惑乃题中应有之义。

本文作者系北京大学中文系教授

原载《探索与争鸣》2015年第7期

目　录

专题一　新文化运动价值重估

文化东西：梁漱溟之问的时代性 …………………………… 罗志田／3
21世纪与新文化运动 ……………………………………… 罗多弼／13
走向世界人文主义：中国新文化运动的世界意义 ………… 王　宁／20
现代早期中国思想中的"第三世界" ……………………… 王晓明／32
世纪回旋：百年"五四"的文学省思 ………　郜元宝　张福贵　王本朝
　　　　　　　刘　勇　葛红兵　沈卫威　程光炜　解志熙／40
认同现代之难 ……………………………………………… 任剑涛／86
中国新文化百年历史以及历史的文化记忆 ……………… 朱寿桐／108
"源原之辨"与"古今通理"——关于继承和发展优秀传统文化的
　方法论新探 …………………………………………… 朱贻庭／120
昆山陈墓二朱经历感言：传统的延续与新文化的展开 ……… 王家范／135
新文化运动研究论域之拓展——关于新文化运动研究的片断思考
　　………………………………………………………… 欧阳哲生／143
新文化运动与中国哲学的现代开展 ……………………… 高瑞泉／156
中国现当代文化语境中的白璧德——反思新文化运动 …… 杨　扬／178
新文化运动性质之重估 …………………………………… 高旭东／189

专题二　儒学转型与新文化运动

21世纪儒学面临的五大挑战 ……………………………… 杜维明／199

我与儒家 …………………………………………………… 邓晓芒 / 227
中国传统文化观念的政治诉求 ………………………… 俞吾金 / 237
儒化的现代性：贺麟论新文化运动 …………………… 高力克 / 245
新文化运动的宿命 ……………………………………… 方朝晖 / 259
儒家与新文化运动之世纪纠葛 ………………………… 秋　风 / 276
儒学传统与时代精神——兼论儒学与新文化运动的和解 ……… 朱　承 / 290
儒家政治理想之新唯物主义重估 ……………………… 徐英瑾 / 303

专题三　"启蒙"的百年流变

反思启蒙：超越激进人类中心主义 …………………… 舒衡哲 / 317
何为启蒙？哪一种文化？——为纪念新文化运动百年而作 …… 方维规 / 327
知识分子如何避免观念的陷阱——从新文化运动的启蒙理性到政治
　　激进主义 ……………………………………………… 萧功秦 / 345
清末民初公共说理的发轫 ……………………………… 徐　贲 / 356
从"大启蒙思想"到"新文化启蒙"——反思当今中国思想与文化的
　　整合之路 ……………………………………………… 刘悦笛 / 363
关于启蒙的"中国化"实践及其逻辑路径的思考——纪念"五四"新文化
　　运动一百周年 ………………………………………… 张光芒 / 374
"新启蒙"及其限度——"八十年代"话语的来源、建构及革命重述
　　………………………………………………………… 赵　牧 / 392

专题四　世俗化与转型时代的伦理困境

中国近代思想中的"未来" ……………………………… 王汎森 / 407
"俗世化"理论是否适用于近代中国 …………………… 黄克武 / 423
个体主义与家庭主义：新文化运动百年再反思 ……… 孙向晨 / 437
科学和玄学：几种典型进路的考察 …………………… 郁振华 / 449
启蒙视野中的庄子 ……………………………………… 陈少明 / 462
"去家化"与"再家化"：当代中国人精神生活的内在张力 ……… 陈　赟 / 474
"娜拉"走后：弃儿创伤与解放的误区 ………………… 杨联芬 / 484
头发的政治学阐释 ……………………………………… 张永禄 / 497

造人·"伪士"·日常生活——重读《伤逝》,兼及"五四"新文化
　运动的意义 ………………………………………………… 金　理 / 506
论 1922 年非基督教运动中的民族主义话语 ……………… 平　瑶 / 528
"进步的科学"与"科学的进步"——试论新文化运动中的科学主义
　………………………………………………………… 鲍文欣 / 544

专题五　新文化运动中的新文学

帝制·共和·复古——李欧梵教授访谈录 ………………… 陈建华 / 563
"五四"文学审美心理研究 ………………………………… 葛红兵 / 574
鲁迅早期文言论文里所探索的新文化 …………………… 寇志明 / 583
1908 年的"文学革命"——以王国维、鲁迅、周作人的四文为对象
　……………………………………………………… 刘锋杰　尹传兰 / 593
"吃人"叙事与中国文学现代性的开端:从《人肉楼》到《狂人日记》
　………………………………………………………… 朱　军 / 619
从"无法"到"有法"?——清末民初的新文法与新文学 ……… 陆　胤 / 633
文学革命时期"林纾败北"问题新探——兼论共和语境与新文学
　合法性的建立 ……………………………………… 宋声泉 / 665
化古为今:新文化运动中中国章回小说形象再生产——以"亚东本"
　章回小说的新文学家所撰序言为中心 …………… 鲍良兵 / 681
迟到的"文白"交锋——胡适与现代文学概念的形成 …… 张学谦 / 695

专题六　百年回眸《新青年》:重读与反思

重读有关《新青年》阵营分化的信件——《新青年》研究中的两个
　问题 ………………………………………………… 陈思和 / 713
新文化运动二题:青年与政治 …………………………… 何怀宏 / 752
五四思想界:中心与边缘——《新青年》及新文化运动的阅读个案
　………………………………………………………… 章　清 / 764
"公同担任":精神股份制打造的"金字招牌"——百年回眸《新青年》
　………………………………………………………… 张宝明 / 793
《新青年》中的政体之争:康有为的《共和平议》和陈独秀的《驳

康有为《共和平议》》……………………………… 干春松 / 806
"民国"危机与"五四"新文化的开展 ……………… 罗　岗 / 821
"青年政治"与"青年的消失" ……………………… 周志强 / 833
法国道路？还是德国道路？——欧战与新文化运动的兴起 … 王　鸿 / 843
"欧战"与新文化运动初期"西潮"之转折 …………… 赵　兵 / 857

专题七　新文化运动中的知识人

蔡元培的文化品格和民初中国的新文化 …………… 杨国强 / 879
校长之忧——兼听五四"杂音" ……………………… 陆建德 / 902
"铸造全国青年之思想"——"五四"前后梁启超讲学路径的变动
　　…………………………………………………… 夏晓虹 / 919
"德赛二先生"所遮盖的鲁迅的"问题"与"主义" ……… 郜元宝 / 945
尼采的"超人"与中国反现代性思想 ………………… 单世联 / 959
拿来主义与文化主体性：鲁迅传统中的中国与世界——纪念鲁迅
　　诞辰135周年暨逝世80周年 ……………… 钱理群　陈思和　杨　扬
　　　　　　张全之　张文江　吴　俊　梁　鸿　李　怡　张福贵
　　　　　　　孙　郁　赵京华　谭桂林　高远东 / 971
"精神英雄"：王元化的生命境界 …………………… 夏中义 / 1035
留学生的归国体验与新文化运动 …………………… 王彬彬 / 1045
士大夫政治与文人政治的嬗替——清末民初的一段思想文化史
　　…………………………………………………… 唐小兵 / 1070
旧营垒中与时俱进先哲的新文化运动观——以张謇为例 … 徐乃为 / 1090
五四新文化运动与朱光潜——一个美学家的矛盾人生 …… 曹　谦 / 1109

专题八　新文化运动与新传统主义

"五四"的文化转型：全盘反传统还是中西合流 ……… 陈卫平 / 1125
新文化的南北之争——重新认识新文化运动的复杂面相 … 汪荣祖 / 1132
重识"学衡派"——《"学衡派"编年文事》导言 ……… 沈卫威 / 1145
新文化的偏差——20世纪前20年的"新传统主义"
　　与"反传统主义" ………………………………… 邵　建 / 1165

近代重建中国文明的一次思想努力——论新文化运动时期杜亚泉
"统整"型的文明重建思想 ………………………………… 蒋先欢/ *1179*

专题九　文化市场与新文化运动的受众反响

"共和"的遗产——论民国初期文化的转型 ……………… 陈建华/ *1193*
文化市场与新文化运动 …………………………………… 周　武/ *1205*
新文化运动的"下行"——以江浙地区地方读书人的反应为中心
　………………………………………………………… 瞿　骏/ *1219*
《新青年》之新文化启蒙与传播 …………………………… 郝　雨/ *1232*
新文化运动的生意——以交换广告为线索 ……………… 袁一丹/ *1240*
择校之思：新青年与上海大学 ……………………………… 杨婧宇/ *1259*
"青年必读书"事件研究论纲 ……………………………… 唐宏峰/ *1273*

专题一
新文化运动价值重估

文化东西：梁漱溟之问的时代性

罗志田

五四学生运动后，此前并不出名的梁漱溟，因拈出东西文化问题，而一举成为众矢之的，可以说"暴得大名"。其最直接的原因，就是随着新文化运动的推广，文化，特别是东西文化，成为当时读书人心目中最为关注的问题。

梁漱溟的《东西文化及其哲学》一书在1921年出版后，立即引起思想界的注意，反响非常热烈，没多久就出了第八版。从当时关注的程度看，其影响不低于大约同时而稍早出现的梁启超之《欧游心影录》和胡适的《中国哲学史大纲》。对一些人而言，甚或超而过之。如严既澄当时就说："近来国中的出版物，最引人注意的，要推梁漱溟先生的《东西文化及其哲学》一书。"[1]

要知道"五四"后那几年不是一个简单的时段，影响上一代人最大的梁启超并未完全"功成身退"，而新一代人的偶像胡适正享受着"暴得大名"后的尊崇。梁漱溟能突然吸引很多读书人的注意，甚至一度显出超越梁启超和胡适的样子，是非常不容易的。这提示出他抓住了时代的问题，其言论反映出时人的关注所在，不可等闲视之。

用今天的俗话说，梁漱溟可以说是狠狠地"火了一把"。梁的学问不以学术梳理和辨析见长，而以自身的体味见长；他虽然有意面向更多读者，却也不是那种特别迎合普通读者意趣的作者。这样的著作，通常不容易造成轰动，但他的书居然能够引起惊动众人的共鸣效应，就需要辨析了。"火"的基础是大家的呼应（包括接受和反对），能"火"就意味着有足够多的受众，反映出了那个时代读书人最关心的问题，因而也是那个时代的一个反映。

先是梁漱溟从1920年到1921年在北京和济南作了"东西文化及其哲学"的系列讲演，当时就引起了广泛的关注，讲稿也很快整理成书出版。冯友兰后

---

[1] 严既澄：评《东西文化及其哲学》，《民铎》（3卷3号），1922年，第1页。

来回忆,梁漱溟的讲演,"在当时引起了广泛的兴趣",因为"他所讲的问题,是当时一部分人的心中的问题,也可以说是当时一般人心中的问题"。①

鲁迅曾说:"凡人之心,无不有诗。如诗人作诗,诗不为诗人独有。凡一读其诗,心即会解者,即无不自有诗人之诗。无之何以能解? 惟有而未能言,诗人为之语,则握拨一弹,心弦立应。"②所谓心中本有诗,拨轸立应,便有些宋儒所谓"人同此心"之意。大约总要心态先相同或相通,然后才可产生共鸣。

梁漱溟的书还没出版,其演讲就引起了"广泛的兴趣"。这多少与梁对时代风气的高度敏感相关。恰当中国思想界从"中西学战"转向"中西文化竞争"之时,梁漱溟使用了"文化"和"哲学"这样的最新流行术语,并置于众所瞩目的"中西"框架之下进行讨论,诚所谓得风气之先。尽管这并非像今天很多事一样是有意"策划"的,而且他主张"解决"这个问题的方式并未得到多少共鸣(详另文),但他至少在一个恰当的时候、用合乎时宜的表述符号提出了很多人想要探讨的问题,仅此已足以引起"广泛的兴趣"。

这样看来,梁漱溟抓住了什么问题,或他想要解决什么问题,就非常重要了。如果要简略地概括"梁漱溟之问",就是在西方文化已成世界文化的大背景下,日渐边缘的中国文化如何"翻身"。用他自己的话说,他研究东西文化,针对的就是"中国民族今日所处之地位"这一根本问题。③ 而这完全是个文化问题,应寻求文化的解决。④ 关于梁漱溟提出的问题和解决方法,当另文详论,本文仅粗略勾勒其时代背景及其跨时代意义。

梁漱溟之问的时代背景

借用康有为的典型表述,中国在近代从"独立一统之世"被迫走入了"万国并立之时"。⑤ 在这样的大背景下,读书人对"世界"的认知,从来充满了想

---

① 冯友兰:《三松堂自序》,《三松堂全集》第1卷,郑州:河南人民出版社,2001年,第172页。
② 鲁迅:《摩罗诗力说》,《鲁迅全集》第1卷,北京:人民文学出版社,1981年,第68页。
③ 梁漱溟讲、陈政记:《在晋讲演笔记:中国民族今日所处之地位》,《梁漱溟全集》第1卷,济南:山东人民出版社,1991年,第660页。
④ 梁漱溟曾特别指出:甲午前侧重"制造"的改革之所以不成功,就是因为"他们没有见到文化的问题,仅只看见外面的结果"。梁漱溟:《唯识述义·〈东西文化及其哲学〉导言》(第一册),《梁漱溟全集》第1卷,第333—334页。
⑤ 康有为:《致袁世凯书》,姜义华、张荣华编校:《康有为全集》第5卷,北京:中国人民大学出版社,2007年,第39页。

象和憧憬、无奈与徘徊,始终以紧张、矛盾为特色,可以说是"万解并立",从未真正达成共识。"世界"本应取代中国人熟知的"天之所覆,地之所载"的"天下",包括全部人类社会,近于今日"全球"的意思。但在很多时候,它又是一个隐含文野之分的想象空间,实际被"泰西"所主宰,其余各民族、国家可以有进有出。①

因此,在中国读书人说到"世界"时,心里想的可能是"西方"。尤其他们想要进入的那个"世界",所指的基本就是"西方"。中国读书人对西方的认识,有一个逐渐深入的过程。在很长的时间里,尽管带有十足的"日本特色",他们心目中的"西方"基本就是一个时空合一、仿佛不言自明的整体(当然也不是没有人注意到其间的差异)。到民国初年,一些人逐渐认识到"西方"不必是个整体,而更多是个合体。陈独秀在1915年强调"法兰西文明"对世界的贡献和影响,既表明对西方了解的深入,也是那半带想象的"西方"已经分裂的一个表征,还表现出了"西方"与"世界"的不对等。②

同时,按照王国维的总结,近代中国一个涉及文化根本的大变,就是"自三代至于近世,道出于一而已。泰西通商以后,西学西政之书输入中国,于是修身齐家治国平天下之道乃出于二"③。比"道出于二"更严重的是,在这竞存的两"道"之中,西来的一方已渐居主动,且民初"西方"的分裂似也并未影响其在中国思想言说之中的主导地位,这是几代中国读书人始终关注中西文化问题的主要背景。

而梁漱溟提问一个相对临近的时代背景则是,民初中国面临的国际形势相对宽松,尽管不少读书人的忧患意识仍较强,但与甲午后迫在眉睫的"亡国"忧虑相比,当时中国的外患不特别明显,因而更有深入思考的余地。如果

---

① 罗志田:《天下与世界:清末士人关于人类社会认知的转变》、《理想与现实:清季民初世界主义与民族主义的关联互动》,《近代读书人的思想世界与治学取向》,北京:北京大学出版社,2009年,第30—103页。
② 陈独秀:《法兰西人与近世文明》(1915年9月),《陈独秀著作选编》第1卷,上海:上海人民出版社,2009年,第164—166页。关于五四前后"西方的分裂",参见罗志田:《西方的分裂:国际风云与五四前后中国思想的演变》,《中国社会科学》,1999年第3期。
③ 王国维:《论政学疏稿》(1924年),《王国维全集》第14卷,杭州:浙江教育出版社、广州:广东教育出版社,2009年,第212页。进一步的讨论请参看罗志田:《近代中国"道"的转化》,《近代史研究》,2014年第6期。

退回去二十年，中国人感觉差点就要被瓜分，亡国的危险真有迫在眉睫之势（这忧虑也更多是认知层面的，外国确有鼓吹"瓜分"之人，但这主张基本未曾上升到各国政府的政策层面），谭嗣同便已在作"亡后之想"了[①]；这与新文化运动期间大家不必担忧亡国，没有很强的危机感，心态是非常不一样的。

局势的相对宽松是一个不小的时代转变，梁漱溟自己就说，"从前我们有亡国灭种的忧虑，此刻似乎情势不是那样，而旧时富强的思想也可不作"，因此可以有更长远的思考。[②] 对于以"天下士"自居的读书人来说，少了"近忧"，自然更多"远虑"。正如研究梁漱溟的专家艾恺所指出的：

> 人们一直认为，中国现代知识分子主要关心的是中国深刻的文化危机。但也有这样一些人，他们面对的是人类的普遍问题，而不是他们自己特殊时期的处境。这种选择精神，更多的是在感情上与人类存在的意义这个永恒问题相联系，而不是与他们的生存环境这个直接问题相联系。[③]

在艾恺眼里，梁漱溟就是这样的天下士。但由于西潮冲击后"天下"已兼具"世界"与"中国"两重意义，他又并非完全超越的天下士，而是"把自己对人类的普遍问题的关心和对中国现时特殊情况的忧虑联系在一起"。[④]

本来身处鼎革时代的人，往往容易反向思考，回归到天下或人类社会的基本问题。从清末开始，国人的各类改革，不论是想象的还是实际施行的，基本都带有面向未来的倾向，希望能有助于改善中国和中国人在世界上的地位。在"瓜分"和"亡国"的认知威胁大体解除以后，当时的内外环境使得不少读书人可以相对平和、更带建设性地去思考中国文化在世界文化里到底是什么地位，以及怎样改变中国在世界上的地位。梁漱溟想要"解决"的问题或他所"推测"的未来，都与此相关。这样的"未来"，同时也是很现实的。

---

① 谭嗣同：《上陈右铭抚部书》，蔡尚思、方行编：《谭嗣同全集》增订本上册，北京：中华书局，1981年，第276—280页。
② 梁漱溟：《东西文化及其哲学》，《梁漱溟全集》第1卷，第530—531页。
③ 艾恺：《最后的儒家——梁漱溟与中国现代化的两难》，王宗昱、冀建中译，南京：江苏人民出版社，1996年，第51—52页。
④ 同上。

五四新文化运动时候的不少人,就基本处于这样的状态中。像胡适和梁漱溟这一代人(按梁漱溟比胡适小两岁),在十多年的时间里就目睹了好几项以千年计的根本转变①,其感触非比寻常,思虑也当更高远。同时,欧洲大战带来的世界巨变使相当一些西方人也开始反省他们的文明或文化。这些重要的内外背景,都使新文化运动那一代人容易去思考更基本的问题——从人类社会到中国自己的基本问题。

另一方面,从清季走过来的梁漱溟,有着比一般人更强的危机感。他父亲梁济1918年秋天以自杀警醒国人,给他本人以极大的刺激。梁济明言其自杀是殉清,而最主要的导因是他对民初尝试共和的失望。②梁漱溟显然分享着他父亲的观感,他在1920年说,"假使吾人设身于十余年前的纯正中国人,就是看现在的中国,已可惊异不置。"③其"惊异"的表面是说中国没了皇帝是个巨变,但其潜台词却不是正面意义的,而表现出一种迫切的危机感。

时间上今昔的异同只是对比的一面,更强烈的对比还是在以空间为表现的文化层面。时人所说的西方或西洋,不仅是空间意义的,更多指称一种文明(文化),故东西对比的范畴,便很容易落实在文化上。而正是在对比的意义上,中国文化的危机愈发凸显。梁漱溟虽然把东方文化分为印度和中国两类,但其论述的主体是中国(详另文),所以他仍在因应中国读书人心目中"道出于二"以及中国一方竞存不力的问题。

梁漱溟特别指出,已经成功的西方不存在文化认同的问题,"就是领受西方化较深的日本人也可以不很着急",而已经亡国的殖民地不能自主,甚至没有"着急的资格"。而中国的特殊在于,它既不是西方,西化也不成功,又没亡国。既然"还是一个独立国,一切政治法律都还要自家想法子来处理"④,所以文化问题对中国特别迫切,而文化选择更已到生死攸关的程度。

今后中国文化到底应有一个什么样的"解决",其实也就是从文化层面思考怎样"解决"中国在世界上的地位问题。1922年梁漱溟在山西演讲时强调:

---

① 从废科举开始,在不过十多年里,先后发生立宪、共和取代帝制、白话取代文言等以千年计的根本性巨变,这还不包括经典的退隐和四民社会解体这类非建制性的长程巨变,最能体现那真是一个天崩地裂的时代。
② 罗志田:《对共和体制的失望:梁济之死》,《近代史研究》,2006年第5期。
③ 梁漱溟讲、陈政记:《东西文化及其哲学讲演录》,《梁漱溟全集》第4卷,第600页。
④ 同上,第579页。

中国民族今日所处地位与前数十年不同了。所以不同,所以要变成现在这样,完全是文化的问题。一方面固因国内的变动,而尤其重要的是外面别国的变动。西方民族因为有那样的文化而成那样的局面,渐渐地使中国地位也受很大的影响。看明了这层,然后可以晓得我们应当持什么态度,用什么做法。①

北大学生冯友兰就是带着东西文化的问题出国留学的,他在国外时注意到,"中国人现在有兴趣于比较文化之原因,不在理论方面,而在行为方面;其目的不在追究既往,而在预期将来"。换言之,"中国人所以急于要知道中西文化及民族性的优劣",是为了以后的行动——"假使他知道中国文化好,他就相信自己的能力,他就敢放胆前进;他若知道中国文化坏,他就不相信自己的能力,他就要因失望而丧其勇气"。由于中西文化的比较"与目前的行为,有莫大关系",它也就成为一个超出纸面意义的"真问题",而"我们的态度,要视他之如何解决为转移"。②

冯友兰读书时梁漱溟是哲学系的讲师,冯应是梁的学生。可以看出,冯友兰不仅分享着梁漱溟的思路,在措辞上两人也不谋而合。实际上,由于"西方"已进入并成为中国权势结构的一部分,那时中国任何大的改变,都一面针对着传统,一面针对着西方,尤其是关涉文化的"解决"。尽管今天的中外局势已大不一样,在各种形式的"全球化"影响下,我们还是不可能关起门来处理自己的问题,也仍是在历史积淀的约束中思考问题。因此,梁漱溟之问既体现出时代意义,也提示出几分跨时代的意义。

梁漱溟之问的时代意义

很多梁漱溟的同时代人,尽管思想或文化立场不同,都承认梁漱溟之问的时代意义。张君劢当时说,以前大家都想要学欧洲,但第一次世界大战后,欧洲人自己对其文化也有反省的意思。"欧洲文化既陷于危机,则中国今后新文化之方针应该如何呢?默守旧文化呢?还是将欧洲文化之经过之老文章抄

---

① 梁漱溟讲、陈政记:《在晋讲演笔记:中国民族今日所处之地位》,《梁漱溟全集》第1卷,第660页。
② 冯友兰:《论"比较中西"》,《三松堂全集》第14卷,第232—233页。

一遍再说呢?"他自己常常在想这个问题,恰看到梁漱溟新著的《东西文化及其哲学》,发现"全书即是讨论此问题"。① 章士钊也承认:"梁君发策,分别若干问,详察东西文化存亡分合之度,其事叶于英语所称 Time-honoured,刻不容缓。"②

张君劢和章士钊都曾和梁漱溟一起被划入所谓的"东方文化"派,其实他们不甚赞同梁漱溟的观念,尤其张君劢还进行了较为严厉的驳斥。③ 他们的共同承认,表明梁漱溟的确说出了一些人想说的话,或提出了一些人正在思考的问题,也就是提出了具有时代性的问题。

中共的瞿秋白同样强调梁漱溟提出的"这一问题在中国思想史上显然有极大的价值"。在他看来,"礼教之邦的中国遇着西方的物质文明便彻底的动摇,万里长城早已失去威权,闭关自守也就不可能了"。但一些"中国的士大夫却始终不服这口气,还尽着嚷东方的精神文明,要想和西方的物质文明相对抗"。面对这一在中国思想史上有极大价值的问题,他"愿意来试一试,做第一步的根本的研究"。④

类似要来"试一试"的参与感其他人也有,文化立场与瞿秋白颇不一样的景昌极,就对梁漱溟的书说了不少无的放矢、可说可不说的话。没什么可说也要来说,最可提示这题目本身的重要。⑤

后来贺麟总结说,梁漱溟郑重提出东西文化问题,"在当时全盘西化、许多人宣言立誓不读线装书、打倒孔家店的新思潮澎湃的环境下,大家对于中国文化根本失掉信心。他所提出的问题,确是当时的迫切问题"⑥。贺先生的文化立场又不同,他同样看重此问题的"当时"意义。

而严既澄则以为,《东西文化及其哲学》是一部"推测未来的大著"⑦。窃

---

① 张君劢:《欧洲文化之危机及中国新文化之趋向(在中华教育改进社讲演)》,《东方杂志》(19卷3号),1922年,第119页。
② 孤桐(章士钊):《原化》,《甲寅周刊》(1卷12号),1925年,第7页。
③ 罗志田:《异化的保守者:梁漱溟与"东方文化派"》,《社会科学战线》,2016年第3期。
④ 瞿秋白:《现代文明的问题与社会主义》,《瞿秋白文集(政治理论编)》第2卷,北京:人民出版社,2013年,第265—266页。
⑤ 按景昌极认为梁漱溟所说的中国、西方和印度三条道路都不能代表三方的"大人物",只能代表三处的普通百姓,自有其所见,但大致是无的放矢。因为梁漱溟所说的印度文化是选择不吃东西以解脱生命的,这似乎只能是印度"大人物"才有的想法,本不太可能是普通人。参见景昌极:《评梁漱溟〈东西文化及其哲学〉》,《文哲学报》,1922年第2期,第1—4页。
⑥ 贺麟:《当代中国哲学》,胜利出版公司(上海书店影印本),1945年,第10—11页。
⑦ 严既澄:评《东西文化及其哲学》,《民铎》(3卷3号),1922年,第6页(文页)。

以为严既澄所见不差。"未来"在近代中国对读书人有特别的吸引力①,从梁漱溟的演讲和书中的论述可知,他对这一问题的关注确实是从新派一边开始的。这本书想要推测的,其实就是中国和中国文化的未来。其解决问题的思路和方案,更在在表现出显著的面向未来倾向。

中国以及中国文化在世界的地位,尤其是未来在世界的可能地位,的确是那个时代(以及后来和现在)很多读书人都在思考的大问题。那时的思想界对中国已成为世界不可分割的一部分有清楚的认识,《青年杂志》1卷1号的《社告》就特别指出:"今后时会,一举一措,皆有世界关系。"故中国青年"虽处蛰伏研求之时,然不可不放眼以观世界"。②

这一百年之前的提醒,并未过时,仿佛在说现在。我们今天的一举一措,仍有世界关系,仍不可不放眼以观世界。从19世纪开始,用马克思和恩格斯的话说,资产阶级便"按照自己的形象,为自己创造出一个世界",并"迫使一切民族都在惟恐灭亡的忧惧之下采用资产阶级的生产方式"。③ 梁漱溟不一定读过这段话,但他也清楚地认识到,那时西方文化成了世界文化,而中国文化则渐处边缘。

在这样的背景下,如钱穆所说:"东西文化孰得孰失,孰优孰劣,此一问题围困住近一百年来之全中国人,余之一生亦被困在此一问题内。"④尽管梁漱溟曾强调他讨论的不是什么"东西文化的异同优劣",而是东方文化的生死,即"在这西方化的世界,已经临到绝地的东方化究竟废绝不废绝"的问题。⑤但大体上,他所探讨的和钱穆所说的是一个问题。

钱先生所说的"全中国人"是泛指,比较起来,前引冯友兰的描述更有分寸——这个问题萦绕于心怀的,既是"当时一般人心",恐怕更多是"当时一部分人",也就是那些隐隐以"天下士"为自定位的中国读书人。其他人或许分享、或许未分享读书人的忧虑。

无论如何,这是一个在几代读书人心目中非常重要的问题。从前引不少

---

① 王汎森:《中国近代思想中的"未来"》,方维规主编:《思想与方法:近代中国的文化政治与知识建构》,北京:北京大学出版社,2015年,第5—22页。
② 《社告》见《青年杂志》1卷1号(广告后首页),至少刊登到第4号。我注意到此《社告》是承童世骏教授提示。
③ 马克思、恩格斯,中共中央马克思恩格斯列宁斯大林著作编译局编译:《共产党宣言》,《马克思恩格斯全集》第4卷,北京:人民出版社,1958年,第470页。
④ 钱穆:《八十忆双亲、师友杂忆》,北京:生活·读书·新知三联书店,1998年,第54页。
⑤ 梁漱溟:《唯识述义·〈东西文化及其哲学〉导言》,《梁漱溟全集》第1卷,第261页。

人的印象看,梁漱溟的确提出了一个时代性的问题。另一方面,这个问题现在也仍然围困住很多中国人。前些年有本书叫《中国可以说不》,后来又有一本书叫《中国不高兴》,①以及前段时间又在讨论什么地方的价值观念可以进入我们的课堂,等等,都表明我们仍然没有解决中西文化的"优劣"或"生死"问题("生死博弈"便是今人论及此事仍在使用的词语)。

既然梁漱溟提出的问题迄今为止还在围困我们,则其所提问题的意义今天依然存在。或可以说,梁漱溟提出的不止是一个时代的问题,还是一个跨越时代的问题。当然,这还取决于我们怎样理解"时代"及其问题。

李文森(Joseph R. Levenson)曾说,梁启超一生欲将中西拉平的诉求,其实是在回答一个他的前辈和后辈都同样在关怀也在回答的问题。几代人关怀思虑相通,具有"同时代性",可谓"同时代人"。因此,通过梁启超个人的思想历程,可以看到整个"近现代中国的思想"。②按照这一思路,如果我们今天仍在讨论和因应类似的问题,说明我们和梁漱溟他们仍然同处一个时代,面临着同样的问题。

但很多人会觉得时代已经大变,今天的中国已不是当年的中国,今天的世界也不同于当年的世界了。且不说政治权势的转移,即使仅就信息的交通言,我们已进入所谓的"互联网时代",已出现"信息爆炸"的新现象。这的确已是一个大不一样的时代。但若回到根本,有些问题本身就是跨时代的。我们对自己、对人类社会以及人与自然关系的认知,正在发生巨大的变化,但这些方面需要解决的问题,我们和前人依然相同。相较而言,东西文化问题的延续性,还显得次要一点。不过,不同文化的相互理解而不是排斥、彼此共处而不是仇恨,又是一个紧迫的世界问题。

实际上,我们时代危机四伏的程度,并不比梁漱溟他们更轻松。按威廉斯(Raymond Williams)的看法,不是同时代人的思考,仍可以帮助我们理解我们的时代和思考我们的问题。仅从时代危机的深重看,前人的责任感及其豁达而多元的思考,不仅未曾局限于其所在的时期而显得过时,反而"像是共同奋

---

① 宋强等:《中国可以说不——冷战后时代的政治与情感抉择》,北京:中华工商联合出版社,1996年。宋晓军等:《中国不高兴:大时代、大目标及我们的内忧外患》,南京:江苏人民出版社,2009年。
② Joseph R. Levenson. *Liang Ch'i-ch'ao and the Mind of Modern China*. Cambridge, Mass.: Harvard University Press, 1959. 参见葛小佳、罗志田:《东风与西风:中国近现代思想史上的梁启超》,《东风与西风》,北京:生活·读书·新知三联书店,1998年,第239—251页。

斗的同代人所发出的声音"。在很多共同问题上,我们仍然在"和他们一起寻求答案"。这给我们以鼓舞,因为"新知识、新体验、新形式的希望、新群体和新体制等新事物,把我们的整个探索推向新的维度",不至拾人牙慧,反可以借助这些前辈非凡的经历和见解,进一步面向未来。①

本文作者系四川大学历史文化学院教授

原载《探索与争鸣》2016 年第 7 期

---

① Raymond Williams. "Introduction to the Morningside Edition". *Culture and Society:1780—1950*. New York: Columbia University Press, 1983: xi—xii. 中译文见雷蒙·威廉斯:《文化与社会:1780—1950》新版前言,高晓玲译,吉林:吉林出版集团,2011 年,第3—4 页。

21 世纪与新文化运动

罗多弼

一

鸦片战争以后越来越多的中国人认为中国的体制需要改革,要不然就抵不住西方列强和日本的挑战和侵略。改革逐渐成为救国的必要条件。到了 20 世纪初的新文化运动和五四运动,呼吁改革的声音就已经很激进,而且改革的主要对象是文化。新文化运动的大师们都认为占支配地位的传统文化是社会改革和现代化的主要阻力。激进的知识分子以为别无选择,需要打倒孔家店,邀请赛先生和德先生才能救国。

打倒孔家店的口号甚至贯穿了 20 世纪初以来的意识形态,一直到毛泽东的逝世和改革开放。

虽然背景和理由不一样,但是认为中国为了现代化就需要抛弃以儒家为中心的主流的传统文化,这种思想在西方很长时间也是属于一种学术正统。西方不少知识分子,特别是汉学家,在这一方面一定受过中国马克思主义的影响,但是这种思想在西方也有很深的历史背景。而认为中国的传统政治体制代表着"东方专制主义",这种认识也已经有几百年的历史了。20 世纪的马克斯·韦伯、魏特夫等学者的理论受到过东方专制主义这个理念很深刻的影响,同时自己也发挥了很大的影响。尤其是马克斯·韦伯的论点是说中国传统思想缺乏"超越",缺乏"伦理的要求和人的弱点之间的张力"。这个论点,虽然可以质疑,但是在西方的学术界,影响很广,也很深。

当然在中国也好,在西方也好,自从 20 世纪初以来也有其他的声音,说中国传统思想跟现代化之间没有什么矛盾,相反地认为,现代科学和民主为实现传统思想(主要指的是儒家思想)的一些基本价值提供了手段。但是这种思想所代表的不是主流。

我自己20世纪60年代开始学中文、读一些关于汉学的书的时候,大部分有地位的学者和学术著作都认为,为了现代化,就必须抛弃以儒家思想为核心的传统中国文化。

面对中国传统文化和现代化的关系这个问题时,西方人和中国人的出发点不一样。对西方人来讲,这主要是一个学术问题,思考这个问题就可以采取比较冷静的态度。对中国人来说,这个问题则涉及中国生死存亡的问题以及归宿认同的问题,抛弃传统文化对很多中国人来说可能是一个很大的牺牲。在我的心目中,王国维先生的命运就是一个很明显也很可悲的例子。

最近几十年中国经历的发展和转变反映了中国在世界舞台上的崛起。现在全世界都重视中国。拿破仑说的"中国醒来时,全世界都要颤抖"这句话,现在在某种意义上已经成为了事实。"颤抖"背后有时含有"受到恐吓"的意思,这当然不一定,但是至少可以说全世界现在都非常重视中国的所作所为。那么在这种情况下,很多人特别是中国人,开始反思对传统文化的否定,开始反思新文化五四运动,这并不奇怪。

那么我们今天应该怎么看新文化运动对传统文化的批评呢?我觉得很难说这个问题有一个正确的答案,因为答案取决于你的价值观和你的视角。我的朋友张龙溪教授很喜欢引用苏东坡的几句诗来说明要理解一个文化,没有一个唯一的、绝对的真理,而允许有不同的、可以互补的理解。"横看成岭侧成峰,远近高低各不同。不识庐山真面目,只缘身在此山中。"苏东坡的诗说得很深刻,评价新文化运动时,也很值得参考。那么我下面要说的,则是我从一个"外人"的视角出发得到的一些观察和印象。里面有我的理解,一定也有我的误解,当然也有我的价值观。但是在思考这些问题时,我还是尽我所能,努力追求对真理的永远无法达到的真正理解。

二

我将从四个方面简单地谈谈新文化运动:"全盘西化"的论点;对传统思想的批评;关于文学改良的必要;语言观以及对文言文的批评。

(一)新文化运动的"全盘西化"真的意味着对中国传统文化的全盘否定,以及对西方文化的全面接受吗?我想需要记得胡适、陈独秀等大师的意思并不是说中国文化传统全是垃圾。相反地,他们愿意挽救文化传统中他们认为特别宝贵的东西。比如胡适很重视儒学,并没有全盘否定儒学。他也很重视古典小说。但是他们愿意用新的眼光看传统,他们愿意取精去糟。尤其是胡适,在看待传统文化方面是一个先驱。也许可以说他的一些想法现在过时了,但是毫无疑问,他在诠释传统的很多方面(特别在思想和文学方面)做出了非常重要的贡献。

(二)对传统思想的批评。假如新文化运动的"全盘西化"不是严格意义上的"全盘",那么对传统文化的批判也不是严格意义上的全面否定。那陈独秀、胡适、钱玄同、鲁迅、蔡元培等批判的到底是什么?如果着眼于传统思想,我的理解是他们想打倒的孔家店,与其说是四书五经里面原来的思想,不如说是渗透入清朝社会,作为清朝体制的思想砥柱的儒家思想。

正如当年在欧洲谈东欧的社会主义国家的时候,就经常区分社会主义原来的理论和现实存在的社会主义,我们看儒家思想也需要区分原来的理念和作为支配意识形态的现实存在的儒家思想。新文化运动的批判从现实存在的官方儒家出发:科举制度、缠脚、大家庭和父权制等。这些社会现象就是孔家店的东西。新文化运动的知识分子经常轻易地把这些社会现象从儒家的经典著作中推断出来,这一点我们不要否认。

新文化运动批评的最重要的对象是传统思想,而这一传统思想是以儒家为中心的,因此最重要的口号是"打倒孔家店"。当时的批评可以理解,也有一定的道理。儒家的确是传统政治体制的思想砥柱,也是现代化的阻力。但是现在也可以说新文化运动的批评有时候太笼统,太极端。当时的儒学有不少的派别,那么新文化运动对康有为的儒学的批评有道理吗?对章炳麟的儒学的批评有道理吗?对梁漱溟的儒学的批评有道理吗?可以说当时批判的主要是现实存在的儒家,而不是儒家文献里原来所表现的思想。但是当时不少人大概认为现实存在的儒家就是儒学经典文献的真实表现。我们100年以后再来看这个问题,就会觉得这个论点太简单,太武断。

如果冷静地看儒学的一些重要著作,如《论语》《孟子》《大学》《中庸》,及重要人物,如朱熹、王阳明、戴震等,我们就会发现其中的思想还包括许多我们当代人完全可以接受的东西。我自己觉得儒家的世界主义和避免极端的中庸之道就是很明显的两个例子。很难说它们跟现代化的要求完全对立。不过正如我上面已经说过的,胡适等代表新文化运动的人原来也是这个意思。

鲁迅的《狂人日记》毫无疑问属于对传统思想最有力的批评文章。该文描写了儒学的美丽文字曾经如何经常用来掩盖丑陋的现实。《狂人日记》这篇小说非常重要,但是不要忘记,用美丽的文字来掩盖丑陋的现实不是儒学唯一的作用。古书的美丽文字也可以用来突出理想和现实之间的张力,而这种张力可以作为实现理想的工具。

那么假如回顾自从新文化运动和五四运动一直到批林批孔和《河殇》对儒家的批评,就会发现这些批评虽然有一定的道理,但是往往还是太过分了。随着对全盘西化的反思,很多中国人就重新开始把很大的希望寄托在儒家传统上。这个可以理解,可是我觉得不要从全盘否定走到全盘接受,也不要从全盘西化走到全盘否定西方文化。

要继续搞现代化,光靠儒家思想资源恐怕不够,也应该利用西方思想的资源,而且中国早就在许多方面已经走上了西化的道路,这不可逆转。现代科学和社会都需要逻辑学、实证主义等。在这些领域中,中国传统思想不发达。有关民主的思想,中国传统里虽有萌芽,但是难以否认现代西方有关民主的思想还是很值得中国人参照的。

在促进中国现代化方面,我也觉得难以否认儒家传统思想中有些成分不符合现代化的要求。等级观念在家庭和社会中的地位和轻视女性的倾向就是两个例子。当然儒家思想本身也可以改,目前不少人致力于使得儒学更适应当代社会和文化的要求。但是我想应该承认传统的儒家、儒学有这样那样的缺点,而且也应该承认在哲学等方面西方思想和中国其他的流派,比如道家传统,也很值得参照。

新文化运动要"打倒孔家店",要邀请赛先生和德先生是要求彻底改革的口号。新文化运动要中国走出古代的社会模式,走上现代化的道路。打倒孔家店的一个主要含义,我认为是要求一种国家的"世俗化"。一直到辛亥革命,儒家都是天朝的一种国教。在这里没有必要讨论儒家到底是不是宗教这个问题,但是不能否认儒家的经典代表了天朝的神圣而不许质疑的学说。新文化运动的发起者觉得现代化的一个主要含义就是摆脱这种笼罩社会的"神圣"而不许质疑的意识形态,他们要启蒙,要用科学代替古代的教条主义。

实际上这个跟欧洲启蒙运动要摆脱中世纪宗教,要求政教分离十分相似。不过正如西方的天主教和基督教的主流逐渐赞成国家的世俗化,中国的新儒家也是这样,他们并不主张儒学不能质疑,也不把儒学看成是高于讨论的绝对真理。

(三)关于文学改良的必要。中国文学的改良或革命是新文化运动一个重要方面。回顾100年来的历史,新文学形成了中国新文化的一个重要方面。

改革开放以来,尤其是20世纪90年代以来,不少专家和读者已经开始反思新文化运动的文学革命,指出现代文学的质量远不如古代文学的顶峰,如唐诗宋词、古典小说、明清笔记文学等。不过现代文学达不到中国古代文学将近三千年历史的高峰,真的就意味着新文学是一个失败吗?意味着原本就不应该走上文学改良的道路吗?在西方文学里,荷马、但丁和莎士比亚都是高峰,但是现代社会还是需要新文学。每个时代都需要与之适应的文学。

新文化运动把文学当作整个社会现代化的重要组成部分,既把它当作现代化的武器,也觉得新文学是现代社会必不可少的组成部分。今天我们会觉得新文学跟现代化的关系一直太密切了,它的功利主义色彩太浓了。改革开放以来很多严肃的、值得注意的声音都愿意强调文学的独立性和它的文学性,说文学的价值跟它的社会功能无关。作为外人,作为旁观者,我在一定程度上认同这个观点。因为纵观中国文学100年来的历史,就能看得出来,文学确实经常降低为政治的工具。

文学的独立最重要的内容就是作家要独立,一个作家要按照他/她自己的头脑去写,不应该把他/她自己降低成为一个体制或党派的螺丝钉。但是如果一个作家的作品能影响人们的人生观和政治见解,这有什么不好呢?我们说一个文学作品"有分量"难道不就是意味着它能发挥影响吗?如果要批评中国现代文学的功利主义,我认为可以批评的就是太多作家不够独立。也许有人觉得新文化运动所主张的文学改良或革命跟传统文学的决裂太过激烈。不过针对胡适先生的这种批评很不公平。他并没有说传统文学都不好,相反他对很多作品评价相当高。

(四)语言观以及对文言文的批评。新文化运动的文学革命意味着文学的内容和形式发生了很大的变化。形式上最大的变化就是语言,白话文成为了文学的主要语文,而且所用的白话文跟以前用的白话文(古典小说、语录等)不完全一样。胡适先生愿意构造一种以古代白话为基础的"国语"。语法可以说跟《红楼梦》的语文没有什么大的区别,但是词汇上当然有很多新词。

白话文代替文言文成为文学的主要语言,真是一个很大的变化,绝对对文学的内容、社会地位和功能等都产生了影响。虽然以前也有白话文的文学,可是那时候白话文学不算是文学的主流。从胡适和鲁迅等作家起,白话文学就成为了文学的主流。文言文的文学就突然变成只是传统文学和律诗的语文。我们都知道传统的律诗到今天都没有中断。但是20世纪20年代以来诗歌的主要语言也是白话文。

最近几十年来，不少人质疑新文化运动的语文革命。质疑白话文革命可以有各种理由。比如可以认为文言文因为代表传统，所以也保证了中国文化的连续性。也可以认为文言文这种语文，因为经过这么长时间的发展过程，所以它的表达能力和方式也特别精炼，它的词汇特别丰富，因此也特别值得保护。这些观点很容易受到认同，毕竟文言文的文学传统是人类历史很宝贵的组成部分。

新文化运动的知识分子主张取消文言文的一个主要原因是，他们觉得文言文不适合表达现代的思想。钱玄同甚至觉得中文在表达现代和科学的想法上不如英文，所以主张中国人应该多用外文写作。从现代语言学的角度来看，这个想法可以说不对。语言都很灵活，任何一种语言都可以表达使用者希望表达的意思。但是实际上这个问题显得更复杂一点。如果单独地看文言文，把它从晚清民国初期的文化背景中拿出来，我们当然可以用这种语文来表达我们愿意表达的意思，包括很现代的内容。但是在新文化运动这个文化环境下，控制文言文用法的习俗是不是限制了它的用途呢？是不是不允许使用者充分发挥它的表达能力呢？如果这样看，那么胡适等人认为不能用文言文来表达现代的思想实际上可能还是有些道理。理论上，抽象地来看，文言当然能表达白话文、英文或瑞典文所能表达的意思，但是在当时的文化环境下，由于它受到习俗的限制，所以不能充分发挥它的功能。从这个角度来看，我觉得新文化运动的语言革命还是有道理的。而且，假如要大家会看书写作搞民主，文言文恐怕太难学了。让白话代替文言从这个角度来看也是很有道理的。

三

今天回顾中国最近100年的历史，可以认为新文化运动对传统文化的批判有些过分了；但是如果我们试图回到1915年，从1915年的立场来看中国，我觉得很容易认同胡适、陈独秀等知识分子的态度。他们意识到中国需要进行彻底改革才能随着时代而走上现代化的道路，才能实现富强。当时渗透入传统文化的意识形态的确是现代化的障碍。中国需要现代科学，需要民主，这一点胡适和他的朋友们看得很准。

用社会达尔文主义色彩的进化论代替传统的中庸之道不但过分，也有很严重的后果，就是为后来的斗争哲学铺平了道路。因此，没有必要否认，新文化运动的一些口号太过分了。但是也不要否认新文化运动的主要代表并没有全盘否定传统文化,他们在用现代人的眼光来对传统文化重新进行诠释和评估上作出了很重要的贡献。

在文化发展中,钟摆的摆动经常太过激烈。中国文坛和学术界现在面临的一个危险就是,从新文化运动以来一直到改革开放,极端的反传统的意识都曾风靡一时,现在则从一个极端走到了另外一个极端,就是生吞活剥地接受传统文化而过分地批判西方文化。我很希望中国人能够冷静地、批评性地看待中外文化传统,取精去糟。

英国哲学家罗素是欧洲文化最优秀的现代代表之一,他访问中国以后于1922年出版了《中国问题》(*The Problem of China*)一书。此书今天还是非常值得阅读和思考的。比如下面的两段文字:"我相信,中国人如能对我们的文明扬善弃恶,再结合自身的传统文化,必将取得辉煌的成就。但在这个过程中要避免两个极端的危险。第一,全盘西化,抛弃有别于他国的传统。那样的话,徒增一个浮躁好斗、智力发达的工业化、军事化国家而已,而这些国家正折磨着这个不幸的星球;第二,在抵制外国侵略的过程中,形成拒绝任何西方文明的强烈排外的保守主义(只有军事除外)。日本就是这样一个例子,同样的情形也很容易出现在中国。""他们所追求的目标不仅与中国有密切关系,还应该同世界有重大关系。如果中国能免受外国的戕害,那么,从现在起,这一复兴的精神可以发展出一种较世界上任何文化都更加优秀的文化。这就是中国新青年所应该订立的目标:保存中国人的文雅、谦让、正直、和气等特性,把西方科学的知识应用到中国的实际问题中。所谓实际问题有两个:一个是由国内情形所引起,另一个由国际情形所引起。前者包括教育、民主、减少贫穷和饥饿,个人与公共的卫生等;后者包括建立起强有力的政府、发展工业、修正条约、收回港口(在这方面可把日本作个例子)、建设强大的足以抵御日本的军队等。要解决这两个问题,必须要采用西方科学,但没有采纳西方的人生观的必要。"

本文作者系瑞典斯德哥尔摩大学中文系教授

原载《探索与争鸣》2015年第7期

走向世界人文主义：
中国新文化运动的世界意义

王　宁

人文主义(humanism)对于中国的知识分子和人文学者来说，并不是一个陌生的术语，尽管它有不同的译法：人道主义、人文主义和人本主义，每一种译法都出现在不同的时期，并带有不同的侧重点。本文所讨论的主要是第二种译法，即人文主义，同时兼及其他译法，因为中国有着悠久的人文主义传统，其渊源甚至可以追溯到孔子生活的年代。当代海内外学者所大力鼓吹和弘扬的"新儒学"在某种程度上就是一种人文主义思潮。但是作为一个现代术语，人文主义自译介到中国以后就经历了不断的翻译、讨论，甚至辩论。在整个20世纪，它成了中文语境下讨论最为频繁的一个理论术语，吸引了几乎所有的人文学者。2015年，中国国内和海外的学者都在隆重地纪念新文化运动百年，这一历史事件确实值得我们去纪念，因为它在中国的现代思想史上扮演了重要的角色，产生了重大的持续性影响。但我们在纪念这一有着重要意义的事件时所要做的是，从当代视角对在这一运动中扮演重要角色的人文主义进行历史回顾和理论反思。这场运动除了在现代中国起到革命性的作用外，同时也对全球人文主义的宏大叙事作出了重要的贡献。这就是我们为什么要隆重纪念它的重要原因。

反思新文化运动的历史意义

在过去几十年里，特别是在不少国内学者看来，新文化运动的意义主要体现于其反帝、反封建的革命精神，而对于人文主义在其中所起到的作用则较少提及，或者甚至对其批判有加，原因恰在于它始终被看作是一种资产阶级的意识形态。为了保险起见,他们往往将五四运动当作中国新文化运动的开始,因为"五四"也被看作是中国的另类现代性大计的开始。[①] 但是近几年来,从文化和人文主义的视角出发,或者按照海外汉学家现有的研究,越来越多的学者开始认识到新文化运动实际上始于1915年。[②] 正是在这前后,鲁迅、周作人等一些中国知识分子已经在自己的文学作品或批评著述中提出了"人的文学"的观念,从而开启了中国现代文学和文化的人文主义方向。这显然是在中国的语境下对人文主义这一来自欧洲的概念的创造性运用和发展。[③]

然而,从历史的观点来看,新文化运动可以分为三个阶段:1915—1919年为起始阶段;1919—1921年为第二个阶段,即高涨阶段;1921—1923年则是衰落期。在第一个阶段,文化和知识导向更为明显,其标志是《新青年》杂志的创刊。而在第二个阶段,由于1919年五四运动的爆发,其政治和革命的导向越来越明显。胡适、陈独秀、鲁迅、蔡元培、钱玄同、李大钊等人率先发起了大规模的"反传统、反儒学和反古文"的思想文化运动,其目的在于使得中国全方位地进入现代化进程。这一时期最为重要的事件就是中国共产党于1921年在上海成立。而在这之后,由于新文化运动的领导集团内部的观点不一而导致新文化运动逐渐解体。因此,当我们今天纪念这场运动爆发百年时,应该认识到,新文化运动确实不仅在政治和科学上取得了巨大的成就,同时也在文化和文学上取得了令人瞩目的成就,而后者所取得的成就更为学界所乐于讨论。

在新文化运动前后,一些中国的进步知识分子发起了大规模的翻译运动,将大量的西方学术著作及文学作品译成中文,诸如尼采和马克思这样的西方思想家和哲学家在中文的语境下被频繁引证和讨论,浪漫主义、现实主义和现代主义这三种主要的西方文学思潮也依次进入中国。通过大面积翻译,"德先生"和"赛先生"被引入了中国,有力地影响了现代中国的民主和科学的发展进程。诚然,认为新文化运动发轫于1915年的另一个重要原因,就是陈独秀创立了颇有影响的《新青年》杂志,通过这一平台,他和另一些中国的主要

---

① 王宁:《消解"单一的现代性":重构中国的另类现代性》,《社会科学》,2011年第9期。
② Chow Tse-tsung. *The May Fourth Movement, Intellectual Revolution in Modern China*. Cambridge, Mass.: Harvard University Press, 1960.
③ 在《探索与争鸣》编辑部与上海交通大学人文艺术研究院等单位共同主办的"现代化和化现代:新文化运动百年价值重估国际研讨会"上,罗志田在主旨发言中提到一个观点我颇为赞同:科学和民主现在仍是一个未完成的大计,而语言革命,也即从文言文过渡到白话文的革命性转变则取得了决定性的胜利。

知识分子发表了大量著述,向中国读者介绍了当时处于前沿的一些欧美文化理论和学术思想,对广大读者起到了某种启蒙的作用,同时也有力地推进了中国的科学技术以及文学和文化的现代化进程,为后来马克思主义在中国的引进和传播奠定了重要的基础。在第二阶段,中国共产党的创立使其后来得以倡导抗日民族统一战线,从而使中国人民打败了日本侵略者,取得了中国新民主主义革命的胜利,并于1949年建立了中华人民共和国。因此,新文化运动在中国现代史上所起到的历史作用,是其他任何思想文化运动都难以比拟的。当然,新文化运动最后在其第三个阶段逐渐消退,这在很大程度上体现其领导核心并不健全,一些自由主义知识分子和信仰马克思主义的知识分子,在反帝反封建这个大目标下暂时走到了一起,但没有形成一个坚强的领导核心,也没有一个明确的目标,它最后趋于解体也绝非偶然。对于这一历史局限,毛泽东曾在《反对党八股》中有过论述,对于我们辩证地认识新文化运动的成败得失不无启迪。①

毫无疑问,关于新文化运动的历史意义和价值尽管在今天的知识界仍有较大争议,认为它破坏了中国的文化和知识传统,尤其沉重打击了传统的中国思想和文化,但是它的进步意义却在当时的几乎所有主要的知识分子中得到了肯定。实际上,当时的中国正处于一个从旧的封建专制国家过渡到新的民主国家的转型期。确实,1911年辛亥革命推翻了清王朝的统治,却没有帮助中国走向真正的民主和繁荣,尤其是袁世凯掌权后一切又恢复了以往的旧秩序。因此,一些进步知识分子便筹划另一场革命运动来彻底改变这一现状。在文化知识界他们发起了大规模的新文化运动,并且迅速地波及全国。新文化运动有着如下鲜明的特征:鼓吹民主,反对专制;弘扬科学,反对封建迷信;主张新的伦理道德,反对旧的儒家道德观念;建构一种新的具有现代意义的白话文,取代日益失去生命力和使用价值的文言文,如此等等,它由此被称为新文化运动,尽管其政治和意识形态色彩十分鲜明,但主要仍是一场思想文化运动。在这其中,翻译起到了重要的作用,通过翻译,大量西方和俄苏的思想以及知识潮流被引进中国,包括马克思主义和尼采的超人哲学,因而有人认为这场运动对中国现代历史上出现的全盘西化潮流应该负责,因为在这一进程中,以儒家学说为代表的中国传统文化受到极大抨击和批判,在推进白话文的同时摈弃了沿袭已久的古汉语。但另一方面,正是由于这场运动,中国文化和文

---

① 《毛泽东选集》第3卷,北京:人民出版社,1991年,第831—832页。

学得以走向世界并试图跻身世界文化和文学之林。我认为,如果我们从历史的角度来评价这场运动的话,应该认识到它的重要意义和价值。即使在今天,儒学在当代中国得以复兴,但也已经与"中国化"的马克思主义相结合,并以一种重新建构出的崭新面目出现在我们这个全球化的时代。正如许多学者已经注意到的,它与新文化运动并非全然对立,而是在很大程度上起到了某种互补和互动的作用,其目的都在于使得中国传统文化在新的时代焕发出新的生机,并作为一种具有普适意义的思想文化话语与西方的现代性话语进行平等对话。

当然,如同任何新的思想文化潮流在中国乃至全世界的传播一样,新文化运动的诞生也受到了保守的中国知识分子的严厉抨击和批判,认为它是全盘西化和摈弃中国文化传统的始作俑者。这些知识分子同时也认为,新文化运动的领导集团对于这场运动究竟应当向何处发展,并没有一个相对一致的观点。这确是事实,而且随着运动的发展,领导集团的分歧便逐渐暴露:它实际上是由一批激进的自由主义知识分子组成的,他们在反传统这一点上暂时走到了一起,认为应以一种更为先进的思想文化——西学来取代传统文化。令人遗憾的是,他们从各自的角度来理解西学的意义,因而观点大相径庭。虽然我们不可否认这场运动最终取得了巨大的胜利,但胜利之后,其领导集团便由于意识形态和文化价值方面的分歧很快解体,分道扬镳:陈独秀和李大钊等人成为坚定的马克思主义者和中国共产党的创始人,胡适则成为蒋介石集团的同路人和支持者,鲁迅、周作人和蔡元培等则依然致力于文化和知识的创新。从历史的甚至今天的观点来看,我仍然认为,不管这场运动受到强烈反对还是热情拥护,它都为推进中国现代思想文化以及整个中国的现代化进程,迈出了坚实的一步:文言文虽然被摈弃了,但用现代白话文创作的中国现代文学却逐步形成了一个新的中国现代文学经典;它虽然是在西方文学的影响下诞生的,但它却可以在与自己的文学和文化传统对话的同时,也可以与西方乃至国际同行对话。

因此,新文化运动除去其革命性意义外,还有着重要的人文主义意义,因为它帮助中国人民从黑暗和封建蒙昧中解放出来。它所弘扬的民主和自由精神今天仍激励着我们的文化建设和学术研究。我们今天在纪念这一历史事件百年时,不得不珍视其历史遗产以及它对全球文化和人文主义的巨大贡献,并给予客观的评价。

中国新文化运动的世界意义

如果从历史的角度来看,我们完全可以认为,20世纪初出现的中国新文化运动绝非偶然或孤立的现象,因为它的出现也有着某种有利的国际背景。虽然它受到国内学界褒贬不一的评价,但不可否认的是,它的世界性意义却长期以来得到国际学界的承认,其原因恰在于这一事实:经过新文化运动的洗礼,一个新的中国开始了现代化和民主化的进程,它虽然仍遭受帝国主义的侵略和殖民主义的蹂躏以及国内的战乱,但它毕竟在朝着一个现代文明国家的方向发展。当时在上海和青岛以及其他城市,仍有一些象征着殖民主义遗产的租界,但毕竟整个中国还有着自己独立的主权和领土完整。它已经走出了长期以来封闭的一隅,朝着外部世界开放,并且逐步融入了国际性的现代性大计。就这一点而言,这场运动的历史进步性应该得到充分的肯定。

正如我们所知道的,第一次世界大战爆发于1914年,正值新文化运动兴起的前一年,而一战则是欧洲两大帝国——大英帝国和德意志帝国的政治和军事争斗的一个直接后果。随着战争的进展,越来越多的欧洲、北美和亚洲国家被迫卷入其中,给人类带来了巨大的灾难,同时也破坏了既定的世界秩序。人类首次在这场反人道主义的战争中遭受到惨绝人寰的灾难。大战在人们的记忆中留下了深刻的创伤,后来一批有着直接或间接战争经历的欧美作家,在自己的作品中栩栩如生地描写了这些令人难忘的记忆和场景,例如海明威、菲茨杰拉德、福克纳和艾略特等人的早期作品堪称描写一战的杰作。这些作品描写了普通人在战争中或战后的悲剧性命运,抒发了作者对这些普通人的深切同情。这些作家也给人们上了生动的一课,提醒人们这场战争带给人类的巨大灾难决不能重演,只有这样人类才能过上和平安逸的生活。他们同时也隐约地告诉我们,在当今世界上绝不存在所谓普遍公认的人文主义价值和模式,在一个连普通人的生存都得不到基本保障的年代,侈谈人权和人道主义还有什么意义呢?当然,我们可以设想,在大战的那些年月里,许多美国青年受到当时约翰逊政府鼓吹的所谓"正义、光荣和爱国主义"等口号的蛊惑,义无反顾地奔赴战场,到头来看到的只是数以千万计的无辜士兵和平民百姓的惨遭屠戮。人道主义受到公然的践踏,甚至连基本的人权都得不到应有的尊重,普遍主义的价值又从何谈起?因此毫不奇怪,在那些作品中,人道主义得到呼唤,而且这些作家有时甚至走向了另一个极端:极力鼓吹一种和平主义。这一切都是因为他们饱受战争的磨难,发出了心底的呼声,要珍惜人的生命,尊重人的尊严,为人类的和平和安宁而努力奋斗。为了广大普通的人们过上永久的和平生活,一定要远离战争以确保基本的人类尊严和人权得到尊重。

如果我们说两次世界大战留给我们许多宝贵遗产的话,那么我在此却要强调,中国在遭受战争蹂躏的同时却变不利因素为有利因素,因而在某种程度上也受益于这两次战争。在一战中,出现了新文化运动,在这场运动中,现代科学技术以及民主的观念从西方引进到了中国,极大地推进了中国的民主进程。随之作为一个直接的成果,就是中国共产党的诞生,诸如陈独秀和李大钊这样杰出的新文化运动的领袖成为中国共产党的领导人。在二战中,在与日本侵略者进行殊死战斗的同时,中国共产党也壮大了自己的力量,有了自己独立的强大军队,确保了在随之而来的第三次国内革命战争中一举推翻了蒋介石政权,建立了社会主义的新中国。就这一点而言,当我们纪念新文化运动百年时,也应该考虑到其国际背景,因为正是有了这样有利的国际背景,这场运动才得以顺利发展,并得到全世界进步知识分子的大力支持。另一方面,在五四时期,人文主义成了当时出版的文学作品的主要主题之一,因为这一时期不仅标志着中国新文学的开始,同时也是中国的文化现代性的开始。但是人文主义一旦引入到中国,就形成了自己的独特形态:既具有建构性同时又具有解构性。一方面,它继承了西方人文主义的传统,大力弘扬人的作用和价值;另一方面,由于中国长期以来一直是一个等级制度森严的国家,尤其是贫富之间以及男女之间的社会差别巨大,因此在这个意义上说来,西方人文主义的引进也有助于我们消解男性中心主义的思维模式,使广大贫穷的人,特别是被压迫在社会最底层的广大妇女得到解放。

在新文化运动的年代,几乎西方的所有文学大师以及他们的重要作品都被译成了中文,深刻地影响了中国的文学写作以及中国文学和文化理论话语的形成。具有讽刺意味的恰恰在于,一些杰出的中国保守知识分子在反对新文化运动的同时,也积极地投身到了这场大规模的译介运动中:林纾凭借着自己的古文造诣,竟然在不通外语的情况下与多位译者合作,翻译了一百多部世界文学作品,其中大部分是欧洲的文学名著;辜鸿铭则依靠自己超凡的多种外语技能和广博的中学和西学知识,将一些中国文化和哲学典籍译成英文,从而成为当时极少数从事中译外的翻译家。在那些译介过来的欧洲作家中,挪威的易卜生影响最大。十分有趣的是,那时易卜生并未主要地被当作一位伟大的戏剧艺术家译介到中国，而更是作为一位革命者和人文主义思想家被介绍到中国的，尽管他的戏剧艺术促成了中国现代话剧的诞生。通过翻译阅读易卜生的作品，我们懂得，他的作品与当时紧迫的社会问题以及中国社会妇女的命运更为相关。正如我们所知道的，中国作为一个封建国家有着由来已久的男性中心主义的思维模式和行为准则，这显然是一种反人文主义的意识形态。在旧社会，中国妇女所受到的疾苦大大多于男人。这被认为是儒学造成的后果，因而新文化运动就以儒学为靶，把"打倒孔家店"和"火烧赵家楼"当作新文化运动的两大重要成果。确实，根据儒家的法典，中国的妇女应当遵守所谓的"三纲五常"和"三从四德"。任何人，特别是妇女，如果违反了这种封建道德法则，就会受到严厉的惩罚或伦理道德上的谴责。但是对男人来说，似乎就宽容得多，比如说，一个社会地位显赫的男人完全可以娶上三妻四妾而不受任何惩罚，而女人若是红杏出墙则势必受到社会的谴责和伦理道德的诛伐，不少中国文学作品就描写了这样的悲剧性故事。显然，中国妇女所受到的不平等对待是众所周知的，甚至在当今时代，这种看法仍有很大的市场。比如说，如果一个自身条件很好的女人到了一定的年龄还不出嫁就会受到周围人的议论，被认为是"剩女"，有些人甚至被认为是不好的女人，而不被人们认为是个好女人，就会被人看作是怪异的，而怪异的女人则很难被社会或周围的人所接纳。这些对妇女的歧视和偏见在本质上显然也是反人文主义的。而对于男人来说，则会受到相反的待遇：一些自身条件优秀但却迟迟不愿结婚的男人甚至被人们尊为"钻石王老五"，备受青年女子的推崇。

　　因此毫不奇怪，易卜生的《玩偶之家》在中国的上演立即引发中国文坛或剧坛出现了一批这样的"出走戏"或"出走作品"，其主要原因在于，在那些年月里，中国确实需要这样一位能够以其富有洞见的思想和精湛的艺术来启蒙人民大众的优秀的文学大师，易卜生实际上就担当了这一重任，可以说，他在中国文坛和剧坛的出现确实有助于中国妇女摆脱男性中心社会的束缚和实现真正的人道主义的解放。因此，通过中国知识分子的翻译和改编，再加上改编者本人的创造性建构，易卜生在中国的形象便发生了变异，他的革命精神和人文主义的思想得到大大的弘扬，甚至一度遮盖了他的戏剧艺术。我们都知道，在新文化运动知识分子中流行着一个口号，就是鲁迅提出的"拿来主义"，即为反对封建社会以及传统的文化习俗，他们愿意将所有有利于批判中国传统文化习俗的外国的（尤其是西方的）文化学术理论思潮统统拿来"为我所用"。这也正是为什么新文化运动常常被当作"全盘西化"的重要推手而备受诟病的一个重要原因。在西方的影响下,这一时期出版的相当一批文学作品都大力弘扬人文主义。周作人这位新文化运动的坚定鼓吹者甚至提出了一个"人的文学"的口号,顾名思义即文学作品应该为人类而写作。1919年12月7日,周作人在《新青年》上发表了《人的文学》,被公认为是中国新文学的奠基性作品之一。① 在周作人看来,一种新的中国文学应该基于人文主义,不仅应表达对人类的关怀,同时也要关注人类所面临的各种问题。显然,这种新的观念为新文学的发展指明了一个新的方向。这样,在中国现代文学史上,出现了一种既不同于西方现代文学也不同于中国古典文学的新的"中国现代文学经典",但是它却能够同时与这两种文学观念和创作实践进行交流和对话。正如上面所提及的,在所有这些译介过来的西方文学大师中,易卜生的地位是最为突出的,有鉴于此,《新青年》于1918年推出了一期"易卜生专号",专门讨论易卜生的文学和戏剧艺术成就及他的思想的影响。也许在很大程度上由胡适主编的这本"易卜生专号"所产生的持久性影响,使得这位戏剧艺术大师在中国被认为是一位革命的思想家和坚定的人文主义者,他的思想预示着中国的妇女解放运动。更有意思的是,在中国的语境下竟出现了一种具有中国特色的"易卜生主义"。我们可以很容易地发现,这种易卜生主义的建构具有更大的实用性,而非基于他的戏剧艺术成就和影响。② 因此,易卜生不仅与中国的政治和文化现代性密切相关,同时也更为深刻持久地影响了中国的作家和戏剧艺术家。③ 我们甚至可以肯定地认为,中国现代话剧的诞生几乎就是在易卜生及其作品被译介到中国之后很快发生的。④

当我们今天纪念新文化运动百年之际,我们便更加珍视欧洲的人文主义传统,因为它确实对中国现代的人文主义思想产生了巨大的影响。我们在纪念新文化运动百年时,自然应该继承在新文化运动中扮演了重要角色的人文主义精神和传统。

---

① Li Tonglu. "New Humanism". *Modern Language Quarterly*, 2008(1).
② 王宁:《作为艺术家的易卜生:易卜生与中国重新思考》,《外国文学研究》,2003年第2期。
③ Wang Ning. "Reconstructing Ibsen as an Artist: A Theoretical Reflection on the Reception of Ibsen in China". *Ibsen Studies*, 2003(1).
④ Wang Ning. "Ibsen Metamorphosed: Textual Re-appropriations in the Chinese Context". *Neohelicon*, 2013(1).

走向一种新的世界主义或世界人文主义建构

从上面的描述和讨论来看,我们可以很容易地发现,人文主义作为一个从西方"译介过来的"概念,确实在中国的新文化运动中扮演了重要的角色。在纪念新文化运动百年之际,我们不禁想起在那时曾一度风行的世界主义理论思潮。后来由于民族独立运动的高涨,世界主义显得不合时宜,最终在西方世界销声匿迹了。同样,世界主义在中国也经历了相似的命运。就在新文化运动前后的年月,世界主义也进入了中国,并一度在中国的一些有着革命理想和激进的先锋意识的知识分子中十分流行,诸如李大钊、蔡元培、郑振铎,以及更为年轻的巴金等人都或多或少地介入了世界主义的潮流,并为之鼓吹呐喊。甚至连孙中山这位民族主义者也曾对世界主义发生过兴趣,而且他本人的经历也使他很容易与世界主义认同,但他很快便冷静下来,认为当时中国知识分子所面临的最为紧迫的任务并非是侈谈世界主义,而是要首先立足本土,争取自己民族的独立。在他看来,由于当时的中国仍处于贫穷和落后的境地,因此中国的知识分子并没有资格去谈论什么世界主义。但孙中山还是作了这样的预言,将来中国富强了,中国人民不仅要积极地参与国际事务,还要在国际论坛上发出自己的声音。[①] 可以说,随着历史的发展,孙中山的这一预言应验了,在这个意义上说来,世界主义潮流最终在当时消退也就不足为怪了。

在今天的全球化时代,中国发生了巨大的变化,我们不仅可以大谈人文主义,而且也应当弘扬一种与人文主义相结合的世界主义。世界主义在当下再度兴起并成为中西方人文学科领域内,又一个广为人们热烈讨论甚至辩论的理论概念,应该是很自然的,因为全球化时代的来临为之提供了适宜的文化和知识氛围。就我的理解,世界主义也是一种人文主义,或者说它超越了一般意义上的人文主义,即世界主义绝非是要人们仅仅热爱自己的祖国和同胞,它还要求人们热爱地球上的其他物种,包括植物和动物,因此它所诉求的是一种大爱。这也正是康德长期以来一直鼓吹的一种教义。1795 年,康德在《为了永久的和平》论文中提出了一种世界主义的法律。虽然康德的观念仍对当下的世界主义讨论有着影响,但是一些批评他的人却发现他的观点并不一致。康德还提出一种"世界主义的法律",这实际上是一种超越国家宪法和国际法之

---

① 《孙中山全集》第 9 卷,北京:中华书局,1986 年,第 216—217 页。

上的第三种法律,或者说一种公共的法律。根据这种世界主义的法律,个人作为地球公民享有充分的权利,甚至超越了作为特定国家的公民的权利。在这里,康德所鼓吹的"地球公民"就来自古希腊犬儒派哲学家第欧根尼的"世界公民",但要比后者的意思更加宽泛。① 今天当我们在全球化时代讨论世界主义时,仍免不了要参照康德的理论教义,但是我们将超越他的观念,以便提出我们在当今时代所建构的一种世界人文主义。

如同现代性、后现代主义以及全球化这些理论概念一样,世界主义在西方以及其他地方的再度出现也绝不是偶然的,虽然它率先于20世纪90年代在西方学界再度兴起,但实际上已经有了一段漫长的历史,或者说从古代直到19世纪末的"前历史",只是到了当下的全球化时代才再度兴盛起来,世界主义则为全球化提供了一种理论话语。关于世界主义及其与之相关的世界文学这些话题,我已经在中英文语境中发表了多篇论文②,此处不想再重复讨论。但我还要借此机会在提出我的世界人文主义建构之前,对世界主义本身的意义作一简略的反思。在我看来,世界主义可以描述为下列十种形式:

(1)作为一种超越民族主义形式的世界主义;(2)作为一种追求道德正义的世界主义;(3)作为一种普适人文关怀的世界主义;(4)作为一种以四海为家、甚至处于流散状态的世界主义;(5)作为一种消解中心意识、主张多元文化认同的世界主义;(6)作为一种追求全人类幸福和世界大同境界的世界主义;(7)作为一种政治和宗教信仰的世界主义;(8)作为一种实现全球治理的世界主义;(9)作为一种艺术和审美追求的世界主义;(10)作为一种可据以评价文学和文化产品的批评视角。③

当然,这只是我本人基于别人的研究成果之上提出的带有主观能动性的建构,并且在前人的研究基础上作了一些发挥和总结。我想看到的是就这个颇有争议的话题的更多讨论甚至辩论,这样便能出现一种多元走向的世界主

---

① Allen W. Wood. "Kant's Project for Perpetual Peace". *Cosmopolitics*: *Thinking and Feeling beyond the Nation*. Eds. Pheng Cheah and Bruce Robbins. Minneapolis and London: University of Minnesota Press, 1998:59—76.

② Wang Ning. "World Literature and the Dynamic Function of Translation". *Modern Language Quarterly*, 2010(1); "'Weltliteratur': from a Utopian Imagination to Diversified Forms of World Literatures". *Neohelicon*,2011(2); "Cosmopolitanism and the Internationalization of Chinese Literature". in Angelica Duran and Yuhan Huang eds. *Mo Yan in Context*: *Nobel Laureate and Global Storyteller*,West Lafayette, Indiana: Purdue University Press,2014:167—181。

③ 王宁:《"世界主义"及其之于中国的意义》,《南国学术》,2014年第3期。

义理论建构。读者们也许会发现,上述世界主义的所有十个维度,几乎都与人类的物质和精神生活有着密切的关系,或者说都诉诸某种普适的人文关怀,因此从根本上说来,世界主义也是一种人文主义,或者,它是人文主义的最高阶段,即全球化时代的世界人文主义。它不应该以单一的世界主义的形式出现,它无论在现在还是在不远的将来都应该朝着一个多元方向发展。但是这种多元取向的世界主义究竟会是怎样呢?

在我看来,首先,世界主义并非意味趋同性,尤其是说到人文主义与文化时就更应该如此。既然文学是一种语言的艺术并且探讨人类所共同关注的东西,那么它就应该描述人的状况及命运。不同国家的人们生活在不同的地方,其生活习俗和宗教信仰有着很大的差异,因此世界主义也需要一种包容的态度。例如,在纽约、伦敦、巴黎和上海这些有着鲜明世界主义特征的国际化大都市,来自不同种族和族裔的社群共同生活在一起,彼此互相学习,有时也能和睦相处。他们无须放弃自己的社会和文化习俗及生活方式,照样可以融洽相处,这就说明大家都对对方有着一种宽容和爱心。其次,世界主义并非意味着专断的普遍主义:前者指涉一种容忍度,而后者则诉诸一种共识。应该承认,任何貌似具有普遍性的东西都只能是相对的,因此就这一点而言,任何国家,不管它是西方的还是东方的,不管它强大或弱小,都应该受到同样平等的对待,他们的社会习俗和文化传统都应该得到尊重。这一点尤其适用于人类:任何人不管贫富贵贱,不管职位高低,不管性别如何,对我们所生活在其上的地球都应该有着同样的重要性。第三,世界主义不应当与爱国主义或民族主义形成一种对立关系,因为一个人可以在热爱自己祖国的同时也热爱整个世界,即作为一个世界公民也应该热爱其他国家的人民。此外,作为一个善良的好人,他更应该不仅热爱人类,而且还应当热爱地球上的其他生物。因此他们实际上有着一种相对普遍的大爱。第四,在当前呼唤一种世界主义绝不意味着消除民族/国别的疆界,甚至抹杀一个国家的主权。实际上,存在着两种形式的世界主义:有根的世界主义和无根的世界主义。前者指那些立足本国或本民族但却有着多国经历的人,他们的根仍然牢牢地扎在自己民族的土壤里,例如马克思、孙中山这样的革命者,既热爱自己的祖国,同时又对全世界人民有着关爱;后者则指那些浪迹天涯、居无定所的人,尤其是那些波西米亚人,他们没有自己的根,或者说没有自己的家园,只能四海为家,流离失所。最后,我要强调的是,绝不存在一种单一的世界主义,世界主义应当朝着一个多元方向发展。在现代中国,曾一度出现过一种新人文主义运动,它是以新文化运动的对立面的形式出现的,那场运动的"核心就是要为全人类找到一种基于东西方传统哲学教义的普适性的法典"①。但是由于它带有这种不恰当的"普遍主义"意图,因而还未达到主导当时的中国文化和知识界的境地就逐渐消退了。这一历史的教训足资我们借鉴。

我们都记得,2008年北京奥运会有这样一个口号:"同一个世界,同一个梦想。"也就是说,来自不同国家的人民都生活在同一个世界上,尽管在不同的地区和大洲有着不同的文化习俗和宗教信仰,但都可算作是世界公民。同样,他们的梦想也是如此:人类共同的一个梦想就是使自己的祖国和平繁荣,使别国人民也和自己一样过上美好的生活,但是实现这一梦想的方式却有所不同。比如说,中国梦就诉诸整个中华民族的整体繁荣昌盛,而美国梦则鼓励个人奋斗,主张通过努力奋斗来取得成功,而对于奋斗者来说,他不管出身如何,也不管来自哪个种族或族裔,都可以通过自己的努力奋斗达到最后的成功。

有鉴于此,我们可以说,如果我们能够按照上述这一多元取向的世界主义观念去思想和行动,我们的世界就将避免不必要的冲突和战乱,保持永久的和平就是完全可能的,人类也就将永远生活在和平和幸福的环境中。我认为这应该是一种世界人文主义的最终目标。

　　　　　　　本文作者系上海交通大学人文艺术研究院致远讲席教授,
　　　　　　　　欧洲科学院外籍院士,拉丁美洲科学院院士

　　　　　　　　　　　　　　　原载《探索与争鸣》2016年第1期

---

① Li Tonglu. "New Humanism". *Modern Language Quarterly*, 2008(1).

现代早期中国思想中的"第三世界"

王晓明

1955年,周恩来在万隆会议(Asian-American Conference)上强调亚洲和非洲人民有反对帝国主义和殖民主义的共同经验和要求;1974年,毛泽东在会见赞比亚总统时提出"三个世界"的判断,说日本以外的亚洲、非洲和拉丁美洲国家都属于"第三世界"。

如果只是以这两个事件为标志,就很容易得出这样的判断:在中国,这一种今天很多人习惯于用"第三世界"这个词来概括的、强调"发展中国家"有与发达资本主义世界不同的历史经验、因而应当开拓自己的革命/进步道路[①]的思想,主要是20世纪40年代以后才逐步形成的。

实际情况当然不是这样。在现代早期(19世纪80年代—20世纪40年代)的中国,这一思想已经发展得相当丰富,进而推动了一系列对后世影响深远的社会实践。20世纪50—70年代有关"第三世界"的论述,其实只是延续了现代早期的这一思想,在有些时候,还延续得相当粗糙和肤浅。

限于篇幅,这里只粗略地介绍现代早期中国的"第三世界"思想的两个方面的论述,一个是"如何理解世界革命",另一个是"如何创造新的中国";也没有篇幅较为全面地介绍这两方面的论述,只能选当时流行的两个思想观念,来勾勒这两方面论述的大致轮廓:一个是"中国革命",另一个是"农国"。

大约在20世纪初,中国的读书人阶层(当时中国社会的主流阶层),至少是其活跃部分,已经开始形成这样的共识:"中国需要一场革命",因此,"革命"及其派生词"中国革命",开始成为流行词。

中国革命的基本内容是什么?它和其他地方的革命是什么关系?1905年,中国第一个规模较大的革命党——国民党——的创始人孙中山,在日本发

[①] 这道路既是政治的、经济的和社会的,也是文化的和知识的。

表了一套影响深远的论述。大致的意思是这样的：

世界各地的情况不同，社会进步的道路也就不同（"夫缮群之道，与群俱进，而择别取舍，惟其最宜。此群之历史既与彼群殊，则所以掖而近之之阶级，不无后先进止之别……"）；

因此，中国革命与欧美资本主义发达地区的革命不同，重点不是反资本主义，而是反帝国主义和反专制，争取民族独立和人民解放（"今者中国以千年专制之毒而不解，异族残之，外邦逼之，民主主义、民权主义，殆不可以须臾缓。而民生主义，欧美所虑积重难返者（指资本主义——笔者注），中国独受病未深，而去之易……"）；

也因此，中国革命不能跟着欧美式的革命走，要开辟自己的革命路线；

正因为是走自己的路，中国革命反而可能同时完成两个任务：一是反对帝国主义、争取民族解放，二是控制资本主义，避免欧美发达资本主义地区那样的社会矛盾（"夫欧美社会之祸，伏之数十年，及今而后发现之，又不能使之遽去；吾国治民生主义者，发达最先，睹其祸害于未萌，诚可举政治革命、社会革命毕其功于一役。还视欧美，彼且瞠乎后也……"）。[①]

三年以后的1908年，持无政府主义立场的刘师培，又从另一个角度解释"中国革命"及其与世界革命的关系：中国革命是一场以农民为主体、以官僚地主土地所有制（"田主之制"）为主要革命对象的"农民革命"。[②]

他特别强调，之所以这么理解中国革命，是因为中国的社会实情："中国大资本家仍以田主占多数，田主之制覆，则资产阶级之大半亦因之覆"；"中国人民仍以农民占多数"；"中国政府之财政仍以地租为大宗……"；"农民者有团结之性者也……含有无政府主义者也……保存共产制者也"。虽然用了一堆西式概念，他实际表达的，却是一般人对于当时中国社会的常识性的理解。

正是根据这些近乎常识、表达得也很粗糙的理解，刘师培提出了一条其后半个世纪（不只是中国的）许多革命方案（包括毛泽东式的方案）都不同程度地沿用过的革命路线：在亚洲这样的农业国家里，以"农民革命"为桥梁，进入世界革命（他称之为"无政府革命"）。

[①] 孙文：《民报发刊词》，《中国现代思想文选》（下），王晓明、周展安编，上海：上海书店出版社，2013年。

[②] 刘师培：《无政府革命与农民革命》，同上书。

1921年,老资格的革命家梁启超再次讨论中国革命(他称之为"社会主义运动")"与欧美最不相同之一点"及其全球意义:中国的资本主义还没有怎么发达,就已经成为全球资本主义祸害的最后集中地了("吾国国内,未曾梦见工业革命之作何状!而世界工业革命之祸殃,乃以我为最后之尾闾……")!

他这么说的依据,同样是建基于对中国和全球实际状况的认识,例如中国国内资本主义的不发达,以及帝国主义/资本主义创造的全球结构的不平衡("所谓阶级者,非自国内纵分,而自国际上横分")。虽然他没有像50年以后的毛泽东那样,在"国际资产阶级"和"国际劳工阶级"这两大世界之间,多划分出一个"中间"部分,但那种将"阶级"之类概念运用于把握全球情势的思路,已经非常清晰。

他由此估计:"在稍远之将来,必有全世界资本家以中国为逋逃薮之一日。而中国劳动阶级最后之战胜,即为全世界资本主义根株断灭、全世界互助社会根本确立之时。"① 身为大陆中国人,今天重读梁启超写于差不多一百年前的这个估计,很难不感慨万分。

了解中国现代思想史的人都知道,以上三位论者,在政治、思想和人生道路上,都是明显不同的。但是,当阐释什么是"中国革命"的时候,他们却凸显出一个明显的共同之处:他们都认为中国这样的资本主义不发达地区的革命,和欧美发达资本主义地区的革命,是互相联系、应该相互支援的;但他们都更强调,由于历史和现实条件的不同,这两类革命的主要内容,是有重大不同的;他们因此都认为,中国革命,以及其他地区的类似革命,应该在各方面:思想、动力、对象、政治路线、行动模式……自己开创合适的道路;最后,他们也都坚持,那种要把在欧美式社会革命中发展起来的理论拿到中国来教条式地指导革命的做法,是不合适、弊大于利的。②

在现代早期,将这一套共识表达得最为清晰的,是施存统发表于1928年的长篇名文《中国革命底理论问题》。

此文一开头就说,中国的各派革命者,在如下认识上是意见一致、"没有什么大的不同"的:"中国革命是世界革命的一部分",世界革命包含两个部分,一是西方的无产阶级革命,二是东方的民族革命,而中国革命是后者"最

---

① 梁启超:《复张东荪书论社会主义运动》,《中国现代思想文选》。
② 这方面刘师培有所不同,在1900年代晚期之前,他曾热衷于用西式概念来描述中国的现实,并相信类似无政府主义这样的思想是适合用来推动中国革命的。

重要的根本的部分"。但是,"追究到这一部分究竟是什么性质,在世界革命中有没有其独立的地位,意见便不一样了。"概括得非常准,分歧的焦点正在这里:如果中国革命——以及整个东方的革命——与西方的革命有不同的性质,那接下来的一切就都应该不同,不能照着西方的路子走。

作者逐条列出他对中国革命的理解:"出发点"、"社会基础"、"革命势力"、革命对象、"根本理论"和"革命政党"……限于篇幅,这里不具体介绍了,只引出他的主要结论:"中国革命是一个——带有社会主义性的国民革命,适合中国革命的主义是一个——革命的三民主义……"也就是说,中国革命跟欧美的革命是根本不同的。

施存统是中共早期的重要成员,后来加入国民党,成为该党左派的重要理论家。他这长文的基本内容,有相当广泛的代表性。就三民主义这一路向的思想论述来说,它不但可以代表胡汉民那样的左翼思路,也与戴季陶式的右翼思路,共享一些社会判断的基本前提。而在20世纪20年代,三民主义式的社会认识和政治诉求,构成了大多数革命者的思想底色,即便一些属于中共或其他规模较小的政治组织的人,其基本的思想意识,实际都还是三民主义式的,尽管他们自己不一定承认。[1]

有意思的是,在施存统概括的这一分歧焦点上,当时站在上述论者对面的,恰恰是一批共产党的思想家,尤其是那些有意识运用马克思、列宁、托洛茨基、斯大林式的理论的年轻人。他们依据对当时全球资本主义的认识,根本否认中国革命有什么特殊性质,或者虽然承认中国革命有自己的特点,但认为这只是较为次要,或者只是初级阶段的特点。[2] 因此,在论述中国(东方)革命与西方革命的关系的时候,他们总是走到这样的结论:前者只是后者的初级阶段或从属于后者,后者才代表了整个世界革命的核心或关键。毛泽东写于1940年的名文《新民主主义论》,就依据源出于斯大林的"中国革命必须分为两个步骤"的思路,明确得出结论:中国(东方)的革命不是与西方的革命(此时这个革命已经被认为是以苏俄为中心)一起构成世界革命,而是本身成为西方

---

[1] 之所以形成如此的思想局面,原因很多:当时规模最大的革命党——国民党——以三民主义为指导思想;与譬如马克思主义或无政府主义相比,三民主义的论述相对空洞,因而其核心概念的涵盖面反而较宽;在当时的思想激进、倾向或投身革命的人士中,懂外文或能出国留学者仅是少数。

[2] 相较而言,这些论述当中,从托洛茨基派的理论视角展开的论述是最有新意的,例如"资本主义落后国"这样的概念的提出。

的革命的一部分,因为西方的革命正体现了世界革命的方向。①

今天可以看得很清楚,"第三世界"的视野/思想的最可贵的一点,就在于不盲从那些主要依据欧美式的社会历史经验而形成的革命理论,而要从本地的历史、社会和现实状况出发,开拓自己的思想和社会解放道路,并由此互相启发和结合,形成与西方式革命不同的、但可以互相支援的、范围更广阔的视野、思想和行动空间。地处美苏两大集团空间之外的万隆,会在1955年成为亚非会议的举办地,印尼总统苏加诺致开幕词的时候,之所以强调这是第一个有色人种的洲际会议,万隆会议之后,之所以更进一步形成了以"不结盟"为旗号的全球运动,都是凸显了"第三世界"论述/实践的这一个特点。

从这个角度看,现代早期的那些自觉地从实际国情出发、探究中国(东方)革命的特别性质的论述,虽然各不相同,却合力形成了中国人的相当稳定的"第三世界"的思想视野,反倒是一些被欧苏版本的革命理论捆住了手脚的论述,明显欠缺"第三世界"的意识。

1924年孙中山说,中国革命的目的并非只是建立一个共和政权,而是要"改造中国"。② 这是现代早期几乎所有革命派别的共同认识。因此,一旦形成了"第三世界"的视野,就自然会在如何改造中国的方案设计中,发展出各种富于启发性的思路,20世纪20年代中期由老资格的革命思想家章士钊首倡的"农国"论,就是其一。

作为一种国家发展和社会进步的整体构想,章士钊说,"农国"的关键在于"农"的精神,要以这个精神立国。③ 这是与"工"相对的一种精神,其核心意思是两条:一,家里有多少米,就煮多少饭,不要想着把别人家的米也抢来,煮成自家的饭("凡国家以其土宜之所出人工之所就,即人口全部,谋所配置之……而不攫国外之利益以资挹注");二,煮饭是为了全家人吃,而不是厨师自己赚钱,因此,重要的是全家老少都有的吃,可以有人吃得多一点,但差别一定不能大("取义在均,使有余不足之差,不甚相远")。

---

① 20世纪20年代中期,孙中山为了争取苏联援助而修改三民主义论述的时候,也部分赞同过类似的说法。20世纪30年代中共一路的论述,之所以将"保卫苏联"确立为中国革命的一项关键任务,其思想依据也就在这里。
② 《中国国民党第一次全国代表大会宣言》,《中国现代思想文选》(下),王晓明、周展安编,上海:上海书店出版社,2013年。
③ 有意思的是,当时就"农国"问题与章士钊论战的人当中,相当一部分人不理会章士钊对他所谓"农"的这一解释,而简单地判定他就是要"以农立国"。

"工"的精神和以此造就的"工国",则是完全相反:"其人民生计,不以己国之利源为范围,所有作业专向世界商场权子母(即投入/产出——笔者注)之利,不以取备国民服用为原则,因之资产集中,贫富悬殊,国内有劳资两级,相对如寇仇……"

他特别强调,"农""工"之别的关键,在于你是不是要去抢别人的米("以财源是否在于本国为断,由此勘入,思过半矣")。① 一种与站在发达资本主义地区把握世界的眼光明显不同的现代被压迫民族的视野,也即"第三世界"的视野,在这里凸显得非常清楚。

正是沿着这样的思路,从20世纪10年代到40年代,一系列更为具体的社会进步的主张和构想,相继成形:

其中有晏阳初式的"农村运动"的主张:视上海那样的都市和西式学校教育为病态之物,因此号召城市知识青年大批下乡,与八千万农村青年一起奋斗,在乡村创造真正的"现代化"——他称之为"民族再造"——的基础;②

也有梁漱溟那样的"乡村建设"的构想:以"复兴农村"为起点,从乡村开始构造新的社会组织,以此重建中国社会,从根本上结束中国因为"文化失调"而四散崩坏的局面;③

还有费孝通式的"乡村工业"道路的设计:既然"在现代工业世界中,中国是一名后进者,中国有条件避免前人犯过的错误",就应该从"恢复农村企业"开始,开辟一条适合中国国情的"乡村工业"的道路:"以合作为原则来发展小型工厂……防止生产资料所有权的集中";④

更有潘光旦那样的"乡土的史地教育"的方案:根据"乡村是本,城市为末"的原则,发展聚焦于本地历史/地理的系统教育,培养青年人熟悉和热爱乡土的能力和情感,以此打破有为青年纷纷"轻去其乡"的失衡局面……⑤

这些都不只是写在纸上的方案,也是以各种方式、在大小不同的范围内展开的改造现实的行动。例如,从20世纪20年代中期开始的将近十年间,单是投入晏阳初或梁漱溟式的乡村建设运动的知识青年(大部分都是在城市接受西式教育),就达十万人次。即便在各种条件都极为艰苦的抗战时期,这个运

---

① 章士钊:《农国辨》,《中国现代思想文选》(下)。
② 晏阳初:《农村运动的使命》,同上书。
③ 梁漱溟:《乡村建设理论》,同上书。
④ 费孝通:《江村经济》,同上书。
⑤ 潘光旦:《说乡土教育》,同上书。

动依然在西南地区坚持下来。它是到了20世纪50年代,才被中共领导的以"统购统销"和"人民公社"为主要内容的乡村改造所取代。但到20世纪90年代,随着"人民公社"制度的废除和"三农"困境的蔓延,类似的乡村建设运动又再度复兴,并且与经历了西式现代化社会巨变以后的更大范围的反思相结合,开始形成在广阔的历史和社会框架内重构人类——不仅是中国的——生活前景的思想的可能。

即使从上述这个例子也可以看出,"第三世界"的视野和思想,是如何在一百多年的中国现代历史——尤其是其早期阶段——中,激发和落实为各种社会运动和群体实践,虽屡受打击,仍以各种思想火种和社会遗存的形式,留存在我们今天的生活中。

要说明的是:至少在整个现代早期,大多数中国的革命思想家,都是把"中国"和"世界"[1]联系在一起考虑的,他们改造中国的许多具体的构想和方案,常常都从属于他们对整个人类未来的宏观理想。因此,现代早期中国思想中的"第三世界"意识,并不只是落实为改造中国的具体方案,也同时催生出对于中国与世界其他地区如何交往的理想,甚至发展出对于整个人类生活乃至更大范围的未来的理想。

比如,就在强调中国革命的独特性质的同时,一种"中国不能变成欧美式的帝国主义强权"的警告,也持续出现。1907年章太炎说,中国人要实现自己的民族主义理想,就必须去帮助其他被压迫的民族获得解放,但谁要是借此谋取中国自己的利益,就是犯了不能赦免的死罪("有……假为援手,借以开疆者,著之法律,有诛无赦")![2] 1924年,孙中山演讲"民族主义"的时候,也一再告诫,以后中国强大了,绝对不能学西方列强,"也去灭人国家",蹈其覆辙……[3]

对内对外,中国世界,惟其从这些不同的方面,都长出了打破强势力量与流行理论的束缚、依实情与己力去开创新天下的理想,我们才可以说,现代早期的中国思想中,真是有"第三世界"的意识。

但是,在中国,要坚持"第三世界"的视野和思路,又是非常困难的。极多的障碍和打击接踵而来,其中最难克服和抵抗的,是这么两项:一,思想能力本身的薄弱;二,严酷现实的逼迫。

---

[1] 在整个现代早期,许多中国思想家笔下的这个"世界",并不是只包括人类的,甚至常常也不是以人类为中心的。
[2] 章太炎:《五无论》,《中国现代思想文选》(上),王晓明、周展安编,上海:上海书店出版社,2013年。
[3] 孙中山:《民族主义第六讲》,同上书。

现代世界的一大可怕之处,就是形成了知识/文化生产向西方一面倒的畸形结构。现代中国人自不例外,也被推进了这个结构,于是一方面深陷难以用西方知识切实把握的现实,另一方面又日益丧失传统智慧的支援,在这两面夹攻之下,"第三世界"式的意识就很不容易成长,尤其是在概念和原理的发育上,进展缓慢,以至在大多数时候,这些本来内含了丰富的发展可能的思想,都不同程度地停留在粗糙甚至初步的阶段上,不成体系。[1]

当然,更大的打击还是来自于严峻现实的逼迫。黑暗越是浓厚,企望"根本解决"、不惜以暴易暴的冲动就越强烈,追求快速起效的功利意识,就很容易压倒那些一点一滴、需要长时段才能显出效果的治本之策。一旦这样的短视气氛弥漫开来,那些逻辑强劲、目标明快的西式流行理论,凭借其已经形成的精神和物质实力(例如苏俄的政治、经济和军事影响力),自然就会占得上风,令那些本来就范围广阔、轮廓不全的"第三世界"情怀,更显得好高骛远,不切实际。那些批评"农国"论的人举出的一条最有力的理由,就是"人家已经靠工的精神发展成如此强大,打上门来,你不赶紧仿效,也把自己搞强大,怎么对付得了!"在二十世纪各种革命路线的竞争当中,以"革命党—党军—党国"为核心的路线之所以脱颖而出,独领风骚,更说明严峻现实对于现代中国人的革命的意识结构的影响,是多么深刻:政治功利主义,稳稳占据了革命意识的中心位置。[2]

不用说,大半个世纪之前中国人的"第三世界"意识在两面夹攻之下步履维艰的困境,今天依然在整个世界的范围内继续。在中国,一直要到60年以后,"万隆精神"才被当作重要的话题得到关注,这本身就表明了,"第三世界"意识所遭遇的困境,在今天的中国是如何强固。当然,终于记起了"万隆精神",总是一个进步:风沙可以一时抹除行者的脚印,甚至掩埋整条道路,但只要有人记起了、甚至接着走起来了,这断了的路就有可能再次伸向远方。

本文作者系上海大学文化研究系教授

原载《名作欣赏》2016年第1期

---

[1] 三民主义就是一个明显的例子,随着20世纪20年代晚期各种西方现代思想以较大规模、也较为系统的方式传入中国,类似三民主义这样基本上是"土生"的表述粗糙的思想,对日益习惯于西式哲学/理论形态的城市知识青年的吸引力,就明显弱化。

[2] 连鲁迅这样头脑清醒的人,也因为愤恨于专制统治的残暴,而多次感叹"改革最快的还是火与剑……"

世纪回旋:百年"五四"的文学省思

郜元宝　张福贵　王本朝　刘　勇
葛红兵　沈卫威　程光炜　解志熙

2015年仲夏,为纪念《新青年》(《青年杂志》)在上海创刊100周年,由《探索与争鸣》杂志社发起,联合上海交通大学人文艺术研究院、北京大学高等人文研究院、北京大学儒学院,在上海成功举办了"现代化与化现代——新文化运动百年价值重估国际学术研讨会",三卷本论文集将于今年由上海三联书店隆重推出。

如今又逢"五四"100周年,杂志社反复筹划,决定特辟百年"五四"纪念专刊和专栏,从百年文学发展的角度来反思"五四"。承蒙学界同仁再次鼎力支持,发抒卓见,共襄盛举。

"有思潮之时代,必文化昂进之时代也",梁任公此言,诚不我欺。五四新文化运动之所以元气淋漓,有如狂飙突进,大破大立,短短一二十年,文化得以更新,风气得以转移,端赖排闼而入的各种"新思潮"。因此每逢纪念反思之际,从人文及社会诸学科的立场出发,研究"五四"前后各种"新思潮",自然成为重中之重。至于文学研究,则似乎可有可无,在各种纪念与反思的学术场合,顶多发挥一点辅助和陪衬的作用。

其实"新文学"乃"新思潮""新文化"尽精微致广大之特殊部门,其投射"新思潮""新文化"之奥义,诚非其他部门所能取代,故透过"新文学"反省百年"新思潮"与"新文化",必能见他者所不能见,言他者所不能言。

"盖使举世惟知识之崇,人生必大归于枯寂,如是既久,则美上之感情漓,明敏之思想失,所谓科学,亦同趣于无有矣。故人群所当希冀要求者,不惟奈端已也,亦希诗人如狭斯丕尔(Shakespeare);不惟波尔,亦希画师如洛菲罗(Raphaelo);既有康德,亦必有乐人如培得诃芬(Beethoven);既有达尔文,亦必有文人如嘉来勒(Garlyle)。凡此者,皆所以致人性于全,不使之偏倚,因以见今日之文明者也。"鲁迅这番话比新文化运动正式发动早了十年,他还断言:"嗟夫,彼人文史实之所垂示,固如是已!"

确实,百年"新思潮"之更迭,"新文化"之演进,起初即以"文学革命"担当主角,嗣后又无时无地不与"新文学"共进退。值此大规模纪念反思之际,文学之观照岂可缺席,文学之心声岂能缄默!

如今又是知识共享、学科融合的新时代,文学与其他学科更不应该有隔阂,但文学创作与鉴赏的实际经验,文学史的知识谱系,仍具不可化约之特殊性。惟其如此,更需跨越学科界限,使文学研究的内部与外部互通声息,思潮和文化的整体反思由此才不至出现太多死角与盲区。果如是,则文学研究幸甚,思潮与文化研究幸甚。

——特约主持人　郜元宝

走出百年文学的两极摇摆
——也算是一种"五四""记念"

郜元宝

中国新思潮新文化的酝酿远在"五四"以前,绵延至今,早已超过一百年。我们天天都生活在其中,非要赶在某个日子来"记念"一番,倒显得行礼如仪,煞有介事:除非平时忘得干干净净,或压根儿就不承认自己活在新思潮新文化的延长线上。

但新思潮新文化真正在全社会发生影响,还要等到它的主角"文学革命"拉开帷幕之后。"文学革命"直接催生的"五四"新文学乃是新思潮新文化尽精微致广大的特殊部门。新文学显示新思潮新文化之奥义,非其他部门所能及,因此透过百年新文学来反省习惯以"五四"为符号象征的新思潮新文化,必能见他者所不能见,言他者所不能言。

新思潮新文化投射于新文学之光影色彩极为纷繁。理而察之,则根本不外两类——

一曰汝其为天下黎民设想,竭尽文学之能事和文学家之天职,必要时不惜牺牲文学的审美立场,以应一时实用之急务。在1920年代,主要由一般学者组织起来的"文学研究会"透过文学来研究人性和社会,也算是文学。1930年代,标语口号成了文学,"飞行集会"被规定为进步的文学家所当为。抗战军兴,更有"文章下乡""文章入伍",文学直接服务于"抗战建国",文学家们从此纷纷结束"王纲解纽"的辛亥至"五四"时代散漫自在的生活,自觉投入"战时"各类国家机构,从高高在上或自叹"零余""漂泊"的古典型知识分子转化为现代型"有机知识分子"。新文学整体气象为之一变。

一曰汝其为文学自身的价值设想。文学小舟毕竟"载不动许多愁",更不能将天下黎民之福祉系于一身,因此有时也不妨"闭户读书",不妨"躲进小楼成一统,管它春夏与秋冬",甚至提出"文学与××无关"之类的口号,一无挂虑,专心创作,以期完成具有普遍和永恒价值的鸿篇巨制。"死抱住文学不放"的文学家们相信,更长远的文化积累才是文学真正可以敬献于黎民百姓的无上馈赠,而针对天下后世大部分读者的任何一部文学史都不会给水平线以下的作品多少篇幅——如果不是将数量庞大的它们完全忽略不计的话。

围绕文学何去何从的上述两极思想,从中外古今文化与文学传统中都能找到思想资源与理论支持,据地极坚,不可撼动。

区别在于,前者慑以不如是则亡天下,灭祖国,与社会人生隔膜,故必尊问题研究、思想启蒙、社会抗争、救亡图存诸如此类的经国之伟业,而每每以"文学自律"为二三文人所偏执的可有可无之琐末。后者慑以不如是则亡文学,毁语言,坏心术,畔文明,故必尊艺术经营为不朽之盛事,必醉心于先锋超绝之情思,精妙绝伦之形式,恢弘瑰丽之结构,尽态极妍之人物,变幻莫测之语言,精准深邃之细节,吞吐万象之社会历史信息,而常以"文学他律"为不共戴天之寇仇。

一百年来新文学的历史演进,宗师大德,犷才小慧,无不摇摆震荡徘徊彷徨于此两极之间,或以是而成毕生之殊勋,或以是而遗一世之恨憾。后之衡文论史者,亦多秉此两种尺度,各各知所弃取。

"新文学"胎动前夕,"诗界革命"、报章文体、文学暨学术翻译、基于排满革命的"文学复古"先后登场,黄遵宪、梁启超、严复、林纾、章太炎诸人的凌云健笔也曾倾倒一世。然而,黄诗虽心胸开阔,大量揽入新名词以救旧体诗词故步自封之积弊,而于声律韵味之讲求,则不得不有所怠慢。梁任公自评其"新民体",可贵地意识到其鼓吹激励的"魔力"与"下笔不能自检束"的矛盾。继汉唐翻译佛经之后,"并世译才数严林",两位福建籍翻译家的地位声望何等崇高,但时隔不久,年轻的"会稽周氏兄弟"便以"载飞载鸣"讥笑严氏,以"域外文术新宗,自是始入华土"凌轹林纾,而"周氏兄弟"业师章太炎则不得不承认,他的令一般读书人"索解为难"的典雅华丽之古文,效用尚不及"邹容吾小弟"的《革命军》。

总之,"五四"之前的那一轮文学革新的健将们都未能很好地解决"文章"(广义的"文学")和"实用"(广义的"政治")之关系,而这又不啻预演了"五四"新文学内部两极分裂与震荡。

从1917年1月《新青年》2卷5号发表胡适《文学改良刍议》,到1917年2月《新青年》2卷6号刊登陈独秀《文学革命论》,推进不可谓不神速。但那时"文学革命"尚在"议论"阶段,两大理论吹鼓手的创作都很薄弱。陈独秀除了旧体诗词和一本未完成的《实庵自传》,胡适除了"但开风气不为师"的《尝试集》、有数的几篇游记散文以及《四十自述》,别无创作。直到1918年5月《新青年》4卷5号发表《狂人日记》开始,鲁迅才以"创作的短篇小说"显示了文学革命的"实绩"。

再看理论建设方面,胡适始终认为直到周作人《人的文学》在1918年12月《新青年》5卷6号刊出,"文学革命"才由片面的语言形式的革新而进一步获得思想内容方面的"纲领"。但即使在文学思想上如此雄健的周作人,除了同样有数的几篇抒情写景状物的散文,就只剩下关于"美文"的提倡了。

周作人所谓"美文",并非抒情写景状物的那种所谓文艺性散文,而是指知识和趣味相互调剂的说理的论文。周作人对"美文"概念的这一设定,知者甚少。直到今天,许多谈中国现代文学史的人仍然以为周作人所谓"美文"就是《故乡的野菜》《乌篷船》之类文艺性散文。一千来字的"美文"被误解得如此之深,这本身就暴露了"五四"新文学对所谓文艺性散文的偏狭理解,也就是在"文艺"和"实用"之间人为画下一条鸿沟。至于周作人的"论文"是否称得上他自己心目中的"美文",一直言人人殊。如果说周作人并不鄙薄其"论文",那他主要还是肯定自己文章"讲道理"(至多包括知识和趣味)的一面,至于文辞和情愫方面,周氏明白无误地反复自认"悃愊无华",一再宣布"文学店关门"。

这些彼此关联的文学史细节告诉我们,"五四"新文学运动内部各方面一开始并非齐头并进。首先,创作的"实绩"落后于理论鼓吹。其次在理论建设上,思想内容的顶层设计又落后于语言形式的观念更新。在整个狂飙突进的"五四"时期,成功地将文学革命的理论探索落实到创作实践、将文学革命的思想纲领贯彻于语言形式的创新,由此造成的真正成熟的作家,只有鲁迅、郭沫若等少数几位,并未产生某些学者所羡称的文明大转换的"新轴心时代"那种群星璀璨的局面。

但就在以鲁迅为代表、由"文学研究会"唱主角的北方文坛,和以郭沫若为代表、由"创造社"唱主角的南方文坛,很快暴露了各自的偏至。周作人在1923年的一篇《地方与文艺》的笔谈中指出,北方文坛的弊病在于作者们都迅捷地抓住了新观念而又大都停留于新观念,他们的创作因此显得千篇一律,苍白干瘪,缺乏诸如"地之子"和"地方性"的血色。鲁迅承认因为"听将令",他的小说与艺术的距离之远也就可想而知。这固然是谦辞,但至少也意识到自己和他人在创作上的某种偏失。"创造社"的偏颇更明显。一开始他们就抱定"为艺术而艺术"的宗旨,满脸"创造气"地把守在艺术之宫的大门口。用他们的标准来衡量,即使《呐喊》,除了《不周山》,竟然都是"浅薄""庸俗"的"自然主义",没有资格进入"纯文艺的宫庭"。

鲁迅早期不仅宣扬"反抗挑战"的"摩罗诗人",期待"精神界战士",崇仰奥古斯丁、卢梭、托尔斯泰"心声洋溢"的"自忏之书",部分地赞同梁启超倾向实用的"新小说"思想,但其核心的文艺观还是要通过给予读者"兴感怡悦"而"涵养神思",也就是后来所谓"改变他们的精神",由此发挥文艺的"无用之大用",甚至不惜因此而"实利离尽、究理弗存"——这就颇有一点"为艺术而艺术"的气味。但鲁迅对文艺的美感层面的追求始终建立在"为人生"的基础上,始终自觉地将"内容的充实和技巧的上达"同时牢记在心——

> 说到"为什么"做小说罢,我仍抱着十多年前的"启蒙主义",以为必须是"为人生",而且要改良这人生。我深恶先前的称小说为"闲书",而且将"为艺术的艺术",看作不过是"消闲"的新式的别号。所以我的取材,多采自病态社会的不幸的人们中,意思是在揭出病苦,引起疗救的注意。所以我力避行文的唠叨,只要觉得够将意思传给别人了,就宁可什么陪衬拖带也没有。中国旧戏上,没有背景,新年卖给孩子看的花纸上,只有主要的几个人(但现在的花纸却多有背景了),我深信对于我的目的,这方法是适宜的,所以我不去描写风月,对话也决不说到一大篇。

所谓"行文的唠叨",所谓"陪衬拖带",所谓"描写风月",所谓动辄"一大篇"的"对话",不正是"五四"以后新小说在"艺术"方面的标配吗?但鲁迅全不要这些,因此他的小说往往显得不太像小说,或者说似乎没有同时代许多其他作者的小说那般丰满,那般展开,那般摇曳生姿,那般顾盼生辉。他甚至说他的小说往往就是当论文来写的,思想性的开掘远胜过文学性的铺陈。鲁迅小说因此显得比较枯瘦是真的,但若以为他的小说因此远离了艺术,就大错特错了。恰恰因为鲁迅注重对社会与人生问题的整体把握,注重对深刻的思想主题的开掘,敢于刊落不必要的"行文的唠叨""陪衬拖带""描写风月"和动辄"一大篇"的"对话",反而造就了他的小说的特点。鲁迅小说的艺术性和思想性、形式和内容是一体的两面。他因为坚持那样的思想,这才造就了那样地思想着的小说。他没有刻意追求某种先验的艺术样式而放弃独特的思想探索。正如捷克学者普实克先生在1960年代批评夏志清《中国现代小说史》时所指出的,鲁迅的小说艺术正是在他坚持独立思想探索的基础上自然而然形成的,鲁迅小说的艺术价值直接来源于思想价值,"鲁迅将他的观点表达得越明确,他在社会斗争中所持的立场越坚定,他的小说在各方面就越成功"[1]。

离开鲁迅的独特的思想而讨论鲁迅小说的艺术问题,就简直是痴人说梦。这就是鲁迅的现实主义。事实证明在鲁迅之后凡坚持走这条道路的作家,必然会有可贵的创造和创新。反之,事先设定某种艺术上的"极境",脱离生活和思想的实际,片面追求这个"极境",结果往往就会走向"绝境"。

这里不妨举"创造社"健将之一王独清为例。王独清早期创作也是"为艺术而艺术",也是满脸"创造气"。如果我们借用鲁迅的话,说早期的王独清"神气十足,好像连出汗打嚏,也全是'创造'似的",也并不十分过分。但即便如此,鲁迅对早期的王独清还是颇有好感,而我们看王独清的早期诗歌,也确实不乏像《我从Cafe走来》《圣母像前》《吊罗马》《埃及人》《威尼市》《动身归国的时候》等一系列佳作力作。王独清在这些诗作中不仅充分表达了一个流浪欧洲的"少年中国"作者的真情实感,也实践了他自己"为艺术而艺术"——具体来说就是"Poesis pure"(纯诗)的主张:"我觉得我们现在唯一的工作便是锻炼我们的语言。我很想学法国象征派诗人,把'色'(Couleur)与'音'(Musique)放在文字中,使语言完全受我们底操纵"(《再谭诗》)。仅就这一点而言,鲁迅是不会反对的。不仅不反对,恐怕还会颇为欣赏,因为这里面就有着对于"技巧的上达"的追求。

可是,当鲁迅后来突然读到王独清抒情长诗《11 DEC》(十二月十一日)时,他一定惊呆了。这首《11 DEC》的作者完全抛弃了他本人过去对"纯诗"的追求,而写出这样歌颂"广州暴动"的"诗句"——

群众大会。
××××委员会主席站在演讲台上了。

---

[1] 亚罗斯拉夫·普实克:《抒情与史诗——现代中国文学论集》,郭建玲译,上海:上海三联书店,2010年,第215页。

他报告这次推翻资产阶级和军阀统治的经过。

他演说这次×××××成立的意义。

他申说这次成功的伟大。

他勉励同志们再继续斗争。

他最后高呼出许多口号：
  打倒土豪乡绅地主！
  枪毙一切××××
 的×××！
  ×××联合万岁！
  ……

  王独清还十分夸张地用模拟枪炮声的"Pon! Pon! Pon! Pon!"作为全诗的开头，并将这些拟声的字母用逐渐增大的印刷体贯穿始终。另外"火""X旗""传单""标语""口号"等字眼同样连篇累牍，而且也是采取逐渐增大起来的排印方式。如此缺乏生活感受、过于直露、不讲技巧，都是鲁迅最不满于当时"革命文学"的地方。这就无怪乎鲁迅批评王独清创作这样古怪的长诗，"只在说明他曾为电影的字幕和上海的酱园招牌所感动，有模仿勃洛克的《十二个》之志而无其力和才"。

  王独清一百八十度大转弯，抛弃"纯诗"，从一个极端迅速滑向另一个极端，甘愿创作如此粗糙直白的诗歌，无非因为他相信过去的"纯诗"不适合现在的"革命"，批判的武器不能代替武器的批判，诗人在"革命"时代就应该通体革命、"唯我独革"，才是正道。

  但鲁迅针锋相对地说，"一切文艺固是宣传，而一切宣传却并非全是文艺"，"革命之所以于口号，标语，布告，电报，教科书……之外，要用文艺者，就因为它是文艺"。正是在王独清这样的"革命文学"和"创造社""太阳社"另外一帮"革命文学论者"强烈刺激和无情批判的白热化烈火中，鲁迅更加淬炼了他的后期杂文和《故事新编》，更加融汇了在其他文学家似乎极难融汇而只能立于两极的"文学"与"政治"（革命）、"文学"与"实用"、"艺术"与"人生"。

  也正是在鲁迅的感召和示范下，从二十世纪三四十年代一直到今天，无数优秀的中国作家根据自身条件，将鲁迅所谓"当先求内容的充实和技巧的上达，不必忙于挂招牌"悬为心目中的不刊之论。我觉得今天纪念"五四"新文学，就是要回顾和梳理现当代中国作家们在这一脉络上的不懈努力，因为正是在这种努力中,我们仿佛看到了中国文学走出一百多年来两极摇摆的怪圈的希望。

本文作者系复旦大学中文系教授,教育部长江学者特聘教授

百年中国文学的人文情怀

张福贵

文学永远是人学,文学的目的就是要以不同的角度来表达人文情怀,以提升人的素质,推动社会进步。具体一点说,文学就是要"惩恶扬善",这是人类文明和文学亘古不变的主题。真正的文学都是善的文学,或者是使人向善的文学。而对于中国百年新文学来说,人文情怀有着更为深刻的意义和重要的价值。

文学创作和批评的人文情怀首先表现在对于"人的文学"主题和文学观念的确立,表达对人的生命价值和社会价值的肯定。

辛亥革命,天地玄黄,中国传统社会在实现制度变革之后,人的变革和文学的变革也走向历史的深处。五四新文学运动所有的优点和缺陷,都表现在百年中国新文学起点处的周作人《人的文学》当中。这篇文章被胡适誉为"当时关于改革文学内容的一篇最重要的宣言"[1],文章界定了"人的文学"和"非人的文学",不无偏颇地认定"中国文学中,人的文学,本来极少。从儒教道教出来的文章,几乎都不合格"[2]。五四文学的主题就是人的解放,是鲁迅那种"肩住了黑暗的闸门,放他们到宽阔光明的地方去"的文学。对于"非人的文学"的批判就是对于"人的文学"的向往,因此,文学世界中总是一种善与恶的对比和较量。鲁迅小说对于人的关怀就是通过善恶对比,通过对弱者"施恶于更弱者"的批判来实现的。新文学运动的先驱者对于"庸众"的批判,与鲁迅的思考是一致的,就是要将"非人"变成"真的人"。从五四文学中,人们可以看到,在文化的罪恶和制度的罪恶浸染下,不觉悟的民众具有"无恶之罪",对于更弱者和觉醒者的施恶,都是在无意识中甚至认为理所当然中进行的,成为鲁迅所言"无主名无意识的杀人团"[3],痛心疾首中表现出鲁迅"改造国民

---

[1] 胡适:《中国新文学大系建设理论集·导言》,上海:上海良友图书印刷公司,1935年,第29页。
[2] 周作人:《人的文学》,《新青年》第5卷第6号,1918年12月。
[3] 《鲁迅全集》第1卷,北京:人民文学出版社,1981年,第119页。

性""致人性于全"的夙愿。20世纪30年代，社会主题的转换带来文学主题的转换，左翼文学中个人的主题转向阶级的主题，往往被视为五四新文学人的主题淡化，但其实这是人的主题的深化和具体化。因为人的解放是多方面的，包括思想的解放、经济的解放和政治的解放。

毫无疑问，五四新文化运动的本质是思想解放运动，思想启蒙和改造国民性自然成为文学的时代主题。作为人的觉醒，作品中的人物开始思考自身的处境，确立自我意识。而这首先是从爱情自由和婚姻自由开始的，这是一种从生命的觉醒到思想的觉醒过程，这也是百年新文学爱情主题与传统文学的才子佳人故事最大的不同。前者主要是生命的觉醒，来自于长期封闭环境下异性相遇时的生命萌动。因为"养在深闺人未识"的环境中，女性所接触到的异性除了父兄就是下人，偶遇年龄相仿的异性便容易迸发性爱之火。而后者除了生命的觉醒之外，更有思想的觉醒也包括政治的觉醒和经济的觉醒。当这种觉醒成为一种新的时代精神之后，文学的人的主题也就从个体的诉求转化为阶级、民族的诉求。正如革命小说作家洪灵菲的《流亡三部曲》中主人公沈之菲所说的那样："人之必须恋爱，正如必须吃饭一样。因为恋爱和吃饭这两件大事，都被资本制度弄坏了，使得大家不能安心恋爱和安心吃饭，所以需要革命！"柔石的《为奴隶的母亲》和许杰的《赌徒吉顺》所表达的主题都是人的主题——人不成其为人的悲剧。王统照从五四新文学初起到1930年代创作的小说主题变化过程可以清晰地看到社会主题的转化过程。而把巴金的《家》与蒋光慈的《少年漂泊者》除去时间顺序，从小说主题来说，也反映了那样一个时代里许多年轻人共有的人生道路和心路历程。赵树理的小说是对于鲁迅小说主题的一种具体的衔接：农民在获得政治解放和经济翻身之后，如何进一步获得思想的觉醒和解放。新一辈农民对于婚爱自由的追求和对于封建习俗的反抗，正是表达他们在制度层面和物质层面解放和独立之后精神层面的变革。而难能可贵的是，与五四新文学多数作家有所不同，这种解放已经从知识分子群体扩大到了农民群体。1949年沧桑之变，人的文学加入了时代的豪情，百花齐放，人的主题又一次转换，个人情感与时代精神进一步相连。宗璞的小说《红豆》等作品将革命的激情与爱的温情融为一体，如水银漫地。

人的解放是全面的整体的解放，所谓"救亡压倒启蒙"是短时和片面地理解了人的解放问题。社会发展最终是要符合人性的逻辑的，包括生命的逻辑和思想的逻辑，生命要寻找自己的出路，思想最终也要寻找自己的出路。小鸡不消化要找食玻璃和石子，孩子缺钙总是挖食墙角的泥土。思想启蒙是人的精神解放,民族和阶级革命是人的政治解放,翻身土改是人的经济解放,最终从不同层面共同实现人的解放的总主题。由于民族国家救亡图存的历史命运所决定,轻重缓急、显隐起伏,人的解放的不同层面在不同时期都会有不同的侧重和彰显,一切都是时代需要。

20世纪70年代前后人的文学的主题表征,人们往往集中于"地下文学"的探讨。除此之外,主流文学中人的主题的弱化好像是学界许多人的共识,甚至有"非人的文学"的质疑,而对于其中所表现出来的崇高和真诚却未给予一定关注。例如长诗《理想之歌》和《张勇之歌》的豪情与真情还是有动人之处的,与我们民族先天下之忧而忧的情怀有着某种程度的相通。

其次,文学的人文情怀的本质应该是发自于心底的善,是人神共存的悲悯情怀。好的文学必须是善的文学,表现善和使人向善。人性深处都有向善的愿望和作恶的习惯,文学就是要鼓励向善而制止作恶。雨果名著《悲惨世界》中最动人的就是米里哀主教博大的爱和冉·阿让无比的善,而后者放弃作恶的习惯,一心向善的努力就来自于前者对于自己的宽容和大爱。天道沧桑,日月轮回,一切都可能消失和淡化,但是只有人性的善和爱是永存的,因为这种情怀不仅是伦理性的,也是生物性的。现实生活中与人为善而待之以诚,也是无往不胜的人格力量,它使你问心无愧,不必提防别人,别人也不太算计你,使做人成本降低。

文学的人文情怀包括人道主义悲悯同情和个性主义的尊重,包含真情,也包含理性。不否定人之常情和人之常理的文学,才能称之为"人的文学"和善的文学。中国新文学之初"人的解放"主题本身就是一种善的主题,而在百年中国"善"的文学中,我认为没有人能超越鲁迅那种"哀其不幸而怒其不争"的悲悯情怀了。鲁迅对于阿Q、祥林嫂们缺少人的尊严、丧失人的地位的同情,对于其缺少自我意识、安命于非人的命运甚至施恶于更弱者、参与对觉醒者的剿杀的悲愤,是无比深刻的。受鲁迅和五四文学的影响,这种人文情怀在1970年代末出现的"伤痕文学"和"反思文学"中最完整的表现出来。刘心武的小说《如意》中那位一年四季勤勤恳恳清扫校园的老校工石义海,从小受爱与善的教育,地位卑微而人格崇大,默默关怀救助被世人抛弃的无辜者。这种人格力量不仅使读者动容,也可能会使当年的作恶者自省。人性的善有多种层面,有政治的善,有道德的善,更有生物的善,而最不能有的就是"伪善"!鲁迅一生最为憎恨的就是虚伪。他笔下的阿Q们无论思想上多么麻木愚昧,但是总是让人在可气可笑之中又有些可怜可爱,其根源就在于其道德的真诚。

善无处不在,世无大爱,天昏地暗,人类的爱和政治的善就是大爱。我们的文学作品常常表现情与法的矛盾冲突,似乎二者是对立的、取舍的关系。其实法律从产生那一刻起,就是要惩恶扬善的,就是天生的要帮助弱者而抑制强者的。如果强者皆善,法无必要。所以,法律的伦理基础就是充满正义情感的。其背离初衷,是在某些法治不健全的环境中违背法理的司法实践问题,与法理并不矛盾。文学无论什么时候也不能放弃对于真善美的歌颂,歌唱善的政治更是文学的权利与责任,不能简单用"御用"或者"为政治服务"而一概加以否定,时代文学不能没有"主旋律"。当然,歌唱不应该简单的从思想到思想、从政治到政治,而是要从艺术到政治、从形象到思想。

第三,人文情怀不可缺少的还有那种直面现实人生的正义伦理,风萧水寒的报国之志,落叶悲秋的感时忧国,有感于人间不平的忧愤和人间不幸的悲悯。文学一旦失去现实关注,就很难有真正的人文情怀。不得不承认,改革开放之前的中国文学无论存在着多少不足,但是就其参与社会进程,激动民众情感的功能来说,是发挥到极致的。阅读20世纪50年代贺敬之的《放声歌唱》和郭小川的《致青年公民》仍然心存感动。因为那是一个时代单纯而崇高的精神风貌的真实写照。我至今仍然坚信这样一句话——那是一个需要歌颂于是就产生了颂歌的时代。前面说过,正确的政治本身也是一种善,这种政治要通过真和美表达出来,抽象地讲,这是文学在人类文明发展过程中最不可忽视的作用。当然,从生产、接受到传播过程中,文学功能的政治伦理和艺术审美效果如何,还是要加以考量的。文学参与社会进程,除了正面的肯定之外,还应该在现实关注之中,也一定要有那种直面人生的正义伦理,其表征便是对于假丑恶的批判和否定,这是来自于文学对普遍人生特别是底层人生的悲悯情怀。改革开放的伟大征程一路高歌,其中"伤痕文学""反思文学"和"寻根文学"功不可没。控诉罪恶,痛定思痛,就是一种向后寻找推动社会向前发展的正能量。

毋庸置疑,当下文学在某程度上失去了接受者的广泛关注,难以成为社会的热点,我们以往总是从大众文化、市场化机制和网络文化的兴起等方面做出解释,其实很重要的原因还是在于文学自身。现在文学创作特别是影视作品所反映的往往都是少数人生而不是普遍人生,所展现的不是现实而是玄想,不是真实而是装饰。当然,真正具有人文情怀的文艺作品还是会被社会关注的,不会被接受者疏忽和遗忘。影片《我不是药神》的高票房现象就可以证明这一点。那种欣赏权谋和崇拜暴力的文学不是真的"人的文学",而是"非人的文学"。许多作品热衷于戏说、计谋,打打杀杀,从根本上说是不尊重人的生命与价值,缺少同情与悲悯。例如,长期泛滥的历史宫斗戏特别是清宫戏中,人性的残忍和权力的任性都被虚饰的历史人物形象的美化所掩盖了。帝王后妃的残酷,都被创作者和接受者在对于圣贤主子的崇敬中轻轻略过。崇拜权谋,传播权谋文化,成为反面的人生教科书,传播越广危害越大。当然,文学要在正义伦理下表现人性的复杂性,非此即彼的逻辑容易将人性简单化。在这种逻辑的制约下,是很难出现深刻动人的文学作品的。某些时期的某种文学之所以不能成为文学史上的经典,就是因为将人性简单化、模式化,缺少人性的正义伦理在里面。当下文学创作和艺术生产中最突出的问题,就是远离现实生活特别是底层民众的生活,武林仇杀、本能欲望、豪门恩怨、都市丽人、抗日神剧、谍战风云、宫斗权谋、帝王将相、盗墓传奇、穿越玄幻等等,与现实民众生活几无关联,而像工人诗歌《我们的诗篇》及其影片这样优秀的作品,人们却没有给予相应的关注。富士康跳楼的"打工诗人"许立志在"左手白班,右手夜班","我来时很好,去时也很好"的平静叙述中,你会看到一个把劳累和死亡都视为平常事的人的绝望和无奈。"一颗螺丝掉在地上/在这个加班的夜晚/垂直降落,轻轻一响/不会引起任何人的注意/就像在此之前/某个相同的夜晚/有个人掉在地上"……对于这类作品,难道只有痛惜恸哭的感受,而文学批评不应给予它们应有的关注吗?

第四,文学的人文情怀不能缺少的还有人类意识。这不单单是人性主题问题,而是人类性问题——在世界视野下,关注和思考全人类问题。百年中国文学,不缺阶级的情怀,不缺民族的情怀,五四新文学之后也不缺个人的情怀,但是许多作品却缺少人类的情怀。诗人总爱说,"我是大山的儿子"或者"我是大海的女儿",毫无疑问这是一种最具本土色彩的人文情怀,但是我们还希望听到"我是人类之子""我是世界公民"的宣言。百年中国文学原来的世界视野大多是国际题材写作,表达的主要是民族主义和国际主义精神,这是强敌入侵和东西方阵营冷战时特有的意识形态,也是极其自然和正当的政治立场和思想情感。理性的民族主义也是人文情怀不可缺少的元素,而国际主义精神本身也是一种人类意识。鄂华的国际题材小说与杨朔的国际题材散文就包含这种时代的民族情感和国际精神,在特定时代起到了宣传共和国形象,团结国际友人的作用。改革开放40年来特别是近年来的中国文学创作和批评,在人类意识表达方面有了明显的提升和改变。世界整体观和环境意识、生命意识、反恐意识等进入了文艺创作的内容和批评界的视野,"生态文学""绿色主题"伴随着环境保护运动,从创作到理论都达到了前所未有的新高度,中国文学进一步走向世界,而世界也进一步接受中国文学。新时代文学中的人文情怀是建立在"人类命运共同体"意识上的人类主题,是原有的国际主义精神的扩大。"人类命运共同体"意识是中国对于世界整体态势和发展走向的基本主张,其涉及到当今人类社会经济、民族、文化和环境等各个方面问题及其对策,是一种新的全球化理念和"全球治理"实践。"世上没有绝对安全的世外桃源,一国的安全不能建立在别国的动荡之上,他国的威胁也可能成为本国的挑战。邻居出了问题,不能光想着扎好自家篱笆,而应该去帮一把。'单则易折,众则难摧'。"[1]从这个意义上讲,"新全球化"理念不只是一种整体性的全球理念,也是一种全局性的世界伦理,从而表现出新时代国家在世界大势里的责任担当与道德情怀。而文学创作应该站在这一高度来表达文学的人类意识。科幻电影《流浪地球》的成功,最有价值的不是拍摄技术和科学不科学的原理,而是在鲜明的民族主义畅想的背景下展示的人类意识。"人类命运共同体"意识是新时代中国文学人文情怀的重要内容之一,人类意识应该成为文学的主题,也应该是文学批评的一个视角和尺度。在这样一个视角下,文学史可能需要改写。而从当下来看,并没有产生更多更优秀的与时代精神相适应的经典作品。

人文情怀是文学创作和传播的原动力,包含着个人、民族和人类的完整意识,可能在不同的时代和环境有所侧重。从革命到建设,从建设到改革,中国当代文学的人文情怀始终伴随着共和国的成长,在个人、民族和人类需要之间不断做出适应于时代的调整与转换。70 年波峰浪谷,70 年风雨兼程,中国文学的人文情怀在历史长河里,或显或隐,或浓或淡,始终没有断绝。

本文作者系吉林大学文学院教授,教育部长江学者特聘教授

白话如何成为新文学:语言与思想的双向发力

王本朝

回首百年,五四新思潮与新文学呈现相互交织而共生的关系,新思潮滋补新文学,新文学深化新思潮,形成合力机制,演绎出五四新文学革命的合奏

---

[1] 习近平:《共同构建人类命运共同体——在联合国日内瓦总部的演讲》,《人民日报》2017 年 1 月 20 日。

曲。当然,就五四历史现场或文学场域而言,它还拥有其他力量和资源,特别是历史变化中的稳定或固化力量,它们与变革因素形成"新""旧"张力,参与历史的进程。即使是新思潮和新文学,也并非是同时而同力的存在,也有同心而不同向的现象。在历史节点上,它们可能相聚像团火,即使散开了也会是满天星。五四新思潮的历史逻辑,要进行社会文化革命,须先从思想革命开始,而思想革命的途径和方式又主要是文学革命,文学革命则需要仰仗语言革命,这样,白话文与新文学,新文学和新思潮就形成了递进而回流、包容而共生的关系。文学革命依赖思想革命,思想革命借助文学革命。反之亦然,新思潮孕育新文学,新文化运动开启白话文运动。白话文和新文学都带有工具性,同时也有相对的独立性。白话文对新思潮既有呼应和接纳,也有抵抗和分解。新文学的提出与实践,既是新思潮影响的结果,也是白话文价值的证明。白话文的成功来自思想与语言的双向发力,更来自新文学的成功实践。它之不同于晚清白话文运动,在于新文化运动营造的思想背景,有社会改造的大众参与,有欧化语的广泛传播和接受,有传统古文的日趋衰竭和科举制度废除的釜底抽薪,特别是拥有一批以海外留学生和新式学校大学生为主体的语言觉醒者。他们不再受困于传统文言的意义世界和生存方式,而真切地感受到只有白话文才能表达真的声音,才能担负思想启蒙和社会改造的责任和使命。

1917年,胡适和陈独秀提出文学改良和文学革命,主张以白话代替文言,重建文学的生命与活力,倡导白话文的平易、充实、有力量。真实平易即不阿谀模仿、雕琢晦涩和套用铺张,追求新鲜、通俗、平易和明了。充实、有力量即有真实的思想和真挚的感情,由此,才能创造出"有生命有价值的文学来"[1]。胡适的"文学八事"虽偏于形式改良,但他也特别将"言之有物"从与陈独秀"通信"的最末位置提到正式宣言里的"八事"之首,其中显然不乏深意。他所理解的"言之有物"的"物"就是"情感"和"思想",所谓"思想"即"见地、识力、理想三者兼而有之"。"思想之在文学,犹脑筋之在人身",没有思想和感情,文学犹如"无灵魂无脑筋之美人,虽有秾丽之外观,抑亦末矣",近世文学的弊端也在这里,"近世文人沾沾于声调字句之间,既无高远之思想,又无真挚之情感,文学之衰微,此其大因矣",所以,"文学以有思想而益贵"[2]。陈独

---

[1] 《胡适文集》第3卷,北京:人民文学出版社,1998年,第61页。
[2] 同上,第18页。

秀"三大主义"所强调的新文学要有"国民""写实"和"社会"性,以"宇宙""人生"和"社会"作为文学内容的"构思"和"张目"①,这些都是对文学思想的价值诉求。虽然陈独秀对胡适的"言之有物"有所质疑,他担心掉入传统"文以载道"的窠臼,出现"以文字为手段为器械,必附他物以生存",而新文学应有其"自身独立存在之价值"②。陈独秀也并非是审美主义者,他的担心更多出于新文学运动策略的考虑。这样,胡适和陈独秀就为白话文和新文学设置了语言和思想齐头并进的两条道路,主要是围绕"活的文学"和"人的文学"展开,"活的文学"关乎文学语言形式,"人的文学"则主要指新文学思想建设,它们相辅相成,共同完成新文学运动。

在胡适、陈独秀提出白话文主张之后,很快就得到了钱玄同、刘半农、鲁迅、傅斯年和周作人等人的呼应和支持,他们继续沿着语言和思想两条路径,探索白话成为新文学的可能性及方法。胡适也进一步提出新文学建设应在文学的国语和国语的文学上下功夫,先以白话作文学,创造国语的文学,再以文学为样本,推行白话文。白话文是新文化和新文学运动的抓手,于是,提炼口语,转化文言,借鉴欧化语,就成了当务之急。首先,他们坚持以生活口语作为白话文语言基础,在文学创作里体现白话的清楚明白。胡适就主张"话怎么说便怎么写",鲁迅也曾提出"采说书而去其油滑,听闲谈而去其散漫,博取民众的口语而存其比较的大家能懂的字句,成为四不像的白话。这白话是活的,活的缘故,就因为有些是从活的民众的口头取来,有些是要从此注入活的民众里去"③。其次,也可适当吸纳欧化词语和句式。傅斯年就认为只有"精邃深密"的语言才能表达"精密深邃"的思想,主张引进西洋文法,实现汉语表达的"精密"和"圆满"。后来,朱自清也承认:"白话文虽然并不完全从说话发展,而夹着许多翻译的调子,但事实上暗示了种种说话的新方法,增加了一般说话的能力。"④再次,可积极转化传统文言和古白话。周作人提出可在口语基础上对"欧化语、古文、方言等分子"加以"杂糅调和",创造出"雅致的俗语来"⑤。钱玄同也提出了语言混合之路,"愈混合,则愈庞杂,则意义越多;意义

---

① 《陈独秀著作选编》第1卷,上海:上海人民出版社,2009年,第291页。
② 同上,第241页。
③ 《鲁迅全集》第4卷,北京:人民文学出版社,2005年,第393页。
④ 《朱自清全集》第2卷,南京:江苏教育出版社,1996年,第25页。
⑤ 《周作人散文全集》第5卷,桂林:广西师范大学出版社,2009年,第518页。

越多,则应用之范围愈广;这种语言文字,就愈有价值了"①。不得不承认,白话之口语虽有其生动和鲜活性,也有平庸、粗糙和简单的一面,白话如要成为新文学的主要载体,还须经作家的发掘、淘洗、提炼、熔铸和创造,才能称得上是真正的有意味的文学语言。事实上,新文学要解决的并不仅仅是一个语言问题,而是如何使用语言的问题,是现代人要说现代话的问题,这就需要思想的支撑,需要重建说话的主体,也就如鲁迅所说,"要说现代的,自己的话;用活着的白话,将自己的思想,感情直白地说出来"②。现代人弃文言而取白话,主要是"将我们的思想和感情表达出来"③,而不单纯是为了白话的丰富与完善。相对文言文,白话文的优势就在于它能充分而自由地表达现代人的思想感情,文言文如没有思想感情,也能写出文章来,而"白话文缺少内容便作不成"④,文言文有语言惯性,如同水池里的水,一旦放出来,会有自己的流动势能。对文言和白话的不同,周作人曾使用过一个比喻,他说:"白话有如一条口袋,装入那种形体的东西,就变成那种样子。古文如同一个木匣,它是方圆三角形,仅能置放方圆三角形的东西。"⑤文言有如一个模子,像用箱子装东西,会对内容和对象有磨损,而白话则是随着对象变化而变化。

  胡适自己知道,"单有白话未必就能造出新文学",还"必须要有新思想做里子"⑥。鲁迅也曾表达过同样的观点:"单是文学革新是不够的,因为腐败思想,能用古文做,也能用白话做。所以后来就有人提倡思想革新。思想的结果,是发生社会革新运动。"⑦新思想才是白话文的筋骨和新文学的灵魂,没有新思想,即使采用了白话,也不过是古代白话文学。胡适的《白话文学史》就描述了从汉朝民歌、散文到佛经翻译文学,再到乐府新词,最后到白居易的白话文学传统。假如古代白话文学史是可成立的论题的话,五四白话文和新文学与它们也有很大不同,那就是思想的差异。如果没有现代思想,无论是白话本身的直白和明白,还是白话文的自然和自如,都会显得幼稚和简单,缺乏真正的文学力量。其实,在白话文里面也分不同层次,也就是文章开头所说同向

---

① 《钱玄同文集》第 1 卷,北京:中国人民大学出版社,1999 年,第 300 页。
② 《鲁迅全集》第 4 卷,第 15 页。
③ 《周作人散文全集》第 6 卷,桂林:广西师范大学出版社,2009 年,第 99 页。
④ 同上。
⑤ 《周作人散文全集》第 5 卷,第 103 页。
⑥ 《胡适文集》第 3 卷,第 128 页。
⑦ 《鲁迅全集》第 4 卷,第 13 页。

不同力的现象。人们常有一个疑问,虽然同处五四新文学这片蓝天下,为什么鲁迅很少谈论冰心,他只在与周作人、许广平和郑振铎的私人书信里略有提及。有人认为他们在生活里曾有抵触,发生了一些小龃龉。在我看来,在那个白话文还处在不断挣扎和试验的时代,深受青少年读者喜爱的冰心,她的创作也增强了白话文的声势,扩大了新文学的社会影响,这有何不好呢?理应得到鲁迅的肯定才对。但鲁迅却对其创作少有词语。如果从白话文实验看,冰心肯定也算是五四新文学版图中不可或缺的存在者。在我看来,鲁迅的忽视或轻慢,是因为他并不完全认同冰心文学的思想情感,特别是冰心的"母爱""童心"和"自然"。冰心的思想近似孩子气,近乎做梦的状态。冰心的白话文确实是白话,但鲁迅并不赞同她在白话里的思想,问题还是出在用白话文表达什么思想上。

应该说,白话的真正成功还是由新文学的创作实践来证明的。明清也有白话文写作,但它不是主流语言,真正全面使用白话作为文学语言,还是从五四新文学开始的。1922年,胡适在评价"这五年以来白话文学的成绩"时,认为:"白话诗可以算是上了成功的路了","十年之内的中国诗界定有大发光明";"短篇小说也渐渐成立",鲁迅从《狂人日记》到《阿Q正传》,"差不多没有不好的";"白话散文很进步了",周作人小品散文,"彻底打破那'美文不能用白话'的迷信了"[①]。胡适主要做了文体评价,总体上并不高。1935年,他在《中国新文学大系·导言》里说,"文学革命的目的是要用活的语言来创作新中国的新文学,——来创作活的文学,人的文学,新文学的创作有一分的成功,即是文学革命有了一分成功",人们会"用你结的果子来评判你"[②]。那么,新文学的果子呢?他只是说:"中国文学革命运动不是一个不孕的女人,不是一株不结实的果子树。"[③]使用"不是不"语句排除了不好的一面,但成绩到底怎么样,他还是没有做具体说明。事实上,鲁迅的小说,周作人的散文和郭沫若的诗歌,都是新文学革命所结出的硕果,在文学语言上,他们的新鲜、自如、娴熟,有思想、有激情、有力量,就为白话文提供了可靠的成功实践,由于白话文在语言和思想上的双向发力,才使新文学获得了殷实的成果。周作人散文叙事的自如,说理的透彻和抒情的简捷,以及郭沫若诗歌的思想激情

---

① 《胡适文集》第4卷,北京:人民文学出版社,1998年,第399页。
② 《胡适文集》第3卷,第260页。
③ 同上,第298页。

和自由表达,都是五四白话文的示范标本。鲁迅小说的含蓄简练,意蕴深长,以及复沓的叙述和诗意的抒情,更显示了白话文在语言和思想上难以企及的魅力。

当鲁迅说,白话文时代的人们只有两条路,"一是抱着古文而死掉,一是舍掉古文而生存"[①]。古文或者说文言文就已经不再是与白话文作战了,而是与人的社会生活、生命状态和生存方式作战,其答案也就隐藏在"留"与"舍","生"与"死"之中了。最后的结局,果然如鲁迅所料,即使有回光返照也不过是在追忆旧梦而已。所以,我们今天纪念五四运动100周年,还是应该相信白话文,相信新文学,也还可在语言和思想上继续努力。

本文作者系西南大学文学院教授,教育部长江学者特聘教授

五四新文学何以"现代"

刘 勇

我们习惯把"五四"以来到1949年的新文学称之为"中国现代文学",但"现代文学"的"现代",究竟是什么意思呢? 事实上,自"现代文学"这个命名诞生以来,学界对于"现代"概念的理解和阐释就各有说法。特别是"20世纪中国文学""民国文学"等新的命名的出现,更是显示出学界对以"现代文学"指称"五四新文学"(也就是1917—1949年这段时期的文学)的某种焦虑和某些不同的思考。

回顾现代文学学科及现代文学史书写的历程,我们会发现这种焦虑一直都存在。一个显在的表现是:现代文学的时间范围并不长,但与它起止时间相关的一些问题却反复争论不休。现代文学究竟从何时开始? 到何时结束? 它的研究框架是基于时间划分? 还是基于性质判断? 通俗文学是不是现代文学? 海外华文文学是不是现代文学? 现代作家的旧体诗词创作是不是现代文学? 关于这些问题的争议让我们越来越意识到,"现代文学"的"现代",不是一个简单的文学史冠名问题,而是涵盖了对这段文学根本价值的理解和判断。我们认为,"现代文学"之"现代",不是一个延续唐宋元明清古代文学而来的

[①] 《鲁迅全集》第4卷,第15页。

自然时间概念,也不是简单的与意识形态相关的某种指涉,而是与中国几千年文学传统截然不同的一种全新的文学形态。我们不妨做一个大胆的判断,将来世界看待中国的文学,很有可能只有两个概念:一个是古代文学,一个是现代文学。这才是五四新文学之所以被称为"现代文学"的根本价值。对这一点的理解和认识,有助于我们深化对五四新文学的认识,重构中国文学自五四文学革命以来的现代转型。

"现代"与文学史命名无关

在对现代文学史书写的梳理过程中,我们发现五四文学革命刚刚落幕,就已经出现了不少对五四新文学进行总结的相关论著。但是在这一阶段,如何定义五四新文学还没有形成统一的共识,"新文学""现代文学"等概念交替出现。

"新文学"的命名比较普遍,如《中国新文学的源流》(周作人,1932)、《中国新文学运动史》(王哲甫,1933)、《中国新文化运动概观》(伍启元,1934)、《中国新文学运动述评》(王丰园,1935)、《中国新文学大系》(赵家璧主编,1935—1936),等等。而进入20世纪50年代,对于新文学的总结和评判更是成熟,如《中国新文学史稿》(王瑶,1951—1953)、《中国新文学史讲话》(蔡仪,1952)、《中国新文学史初稿》(刘绶松,1956)等文学史著作的出现,基本奠定了现代文学学科的历史资源。运用"新文学史"的命名,一方面直接针对"旧"文学,是把五四文学革命与近代文学改良运动区分开,将新文学视为独立的、不同于近代文学的全新的文学发展阶段。另一方面则包含与"新民主主义革命"相对接的意义。比如在王瑶的《中国新文学史稿》中就这样定义了"新文学"的性质:"它是新民主主义革命史的一部分,承担着反帝反封建的内容。"[①]再比如1950年政务院教育部颁布的《高等学校文法两学院各系课程草案》强调新文学史课程应该"运用新观点,新方法,讲述自五四时代到现在的中国新文学的发展史,着重在各阶段的文艺思想斗争和其发展状况"[②]。据老舍、蔡仪、王瑶、李何林等人拟定的《〈中国新文学史〉教学大纲(初稿)》,学习

[①] 《王瑶全集》,石家庄:河北教育出版社,2000年,第43页。
[②] 同上,第30页。

新文学史的目的第一条即为"了解新文学运动与新民主主义革命的关系"①。可见,强调与新民主主义革命的关系是这一阶段"新文学"命名的一个重要内涵。

而"现代文学"概念的出现则比较复杂,它并非是在现代文学学科建立以后才出现的新名词,早在1933年,钱基博就撰写了《现代中国文学史》,只不过他所谓的"现代"指的是1911—1930年之间,也即辛亥革命开创的"现代",这本文学史著作最明显的特点就是其文化保守主义的立场,对五四文学革命和新文学的诞生发展视而不见,对整个新文学都基本持否定态度。另外也有少数以"现代文学"命名的文学史著作自新文学发生写至成书年代,主要指称"现时代"的时间概念,如《现代中国诗坛》(蒲风,1938)、任访秋的《中国现代文学史》(上卷,1944)等。从20世纪50年代后期开始,大批文学史著作纷纷出现,大多数都采用了"现代文学"的命名方式,如孙中田的《中国现代文学史》(1957)、唐弢的《中国现代文学史》(1979)、林志浩的《中国现代文学史》(1979)、黄修己的《中国现代文学简史》(1984)、钱理群等人的《中国现代文学三十年》(1987)、程光炜等人的《中国现代文学史》(2000),普遍地用"现代文学"取代"新文学",也是为了突出中国文学进入"现代世界"的含义。事实上,包括"二十世纪中国文学"概念的提出,一方面是破除近、现、当代文学的学科分立,"把二十世纪中国文学作为一个不可分割的有机整体来把握"②,另一方面也是在世界文学和民族文学的双重坐标下重新审视20世纪中国文学的价值。

从新文学、现代文学到20世纪中国文学,反映的是不同时期的学者们对这段文学史的不同思考,这些思考明显带有各自不同时代的背景特点。而我们所认为的"现代",不仅是这三十年的文学发展历史,而且是一种从"五四"生发出来的,开启了与中国几千年传统文学完全不同的转型之"大现代"。在这个意义上,"现代文学"是一个才刚刚起步,还远远没有完成,仍然在发展建构中的概念。以往我们对"现代文学"的这个意义认识不足,将其等同于文学史层面的"现代文学"或"新文学",其实是不到位的,甚至是两回事情。也正是在这个意义上,我们认为现代文学的"现代",与文学史的命名无关。

---

① 黄修己:《中国新文学史编纂史》,北京:北京大学出版社,2007年,第83页。
② 黄子平、陈平原、钱理群:《论"二十世纪中国文学"》,《文学评论》1985年第5期。

新文学之"现代"与现代文学之"新"

我们往往将最近发生或者刚刚出现的事物称为"新",从一个简单的时间逻辑来看,中国当代文学的发生发展距离我们更近,更有当下性,比较而言是一种更加新质的状态,那为什么我们不把当代文学称之为"新文学",而将离我们相对较远的、越来越历史化的五四新文学称为"新文学"? 因为这里不是一个时间远近的问题,而是一种文学性质变化的问题,因为五四新文学是最靠近传统的那个点,因而它的变化也具有根本性,它开启了"现代"的传统,这一传统是不同于几千年古代传统的,是全新的,是会长久新下去的,是在动态中国不断发展建构的。

新文学之"新"不仅是新在语言、新在文体,更加新在它提出了现代的思考。《狂人日记》作为五四的文化运动现代宣言的出场,是新文化先驱对历史和现实、对未来中国所给予的一种充满象征的寓言。鲁迅在小说中的很多判断是非常决绝的,而鲁迅的深刻也正来源于此。他说:"我翻开历史一查,这历史没有年代,歪歪斜斜的每页上都写着'仁义道德'几个字。我横竖睡不着,仔细看了半夜,才从字缝里看出字来,满本都写着两个字是'吃人'!"[①]几千年的历史被鲁迅看作是"吃人"的,习惯于正史和儒家经典记载的文人无不斥之为虚妄,直到今天相当部分站到古代文学立场的人对于鲁迅的这个判断都是不能认同的,认为鲁迅此言、此举过于简单化粗暴化,忽略了中国文化的优良传统,割裂了中国文化的延续性。难道鲁迅不知道中华民族几千年文明的灿烂与辉煌? 这一方面在于鲁迅习惯用极端的方式讲问题,他主张少看或者不看中国书,要多看外国书,难道鲁迅自己不看中国书吗? 据统计,鲁迅的藏书被完整保存下来的有14000多册,经史子集的常见书基本完备,其中尤以杂史、杂家、艺术、小说、总集为多,另外有八十多部完整的丛书。另一方面,在当时的社会环境下,不用这种极端的方式没办法冲破时代的禁锢,无法实现他的理想和诉求。鲁迅曾说:"中国人的性情是总喜欢调和,折中的。譬如你说,这屋子太暗,须在这里开一个窗,大家一定不允许的。但如果你主张拆掉屋顶,他们就会来调和,愿意来开窗了。没有激烈的主张,他们总连平和的改

---

① 《鲁迅全集》第1卷,北京:人民文学出版社,2005年,第447页。

革也不肯行。"①新文学作家正是以这样一种认识和态度发起文学革命的。鲁迅的理想很简单,"救救孩子",只是希望一代又一代的中国人不要一再重复"吃人"与"被吃"的命运。但一百年来,这个简单的理想我们实现了吗?鲁迅所揭露和批判的问题在中国消亡了吗?

  现代文学之"现代"恰恰在于它所开启的传统是"新"的,在于它所面临的完全不同于古代的新形势,以及这种新形势下的新问题。《伤逝》是鲁迅唯一一篇婚恋小说,由于其晦涩的表达与丰富的内涵而被认定为鲁迅最难阐释的小说之一。茅盾早在1927年发表的《鲁迅论》中提到《伤逝》的时候说了这样一句话:"《伤逝》的意义,我不大看得明白;或者是在说明一个脆弱的灵魂(子君)于苦闷和绝望的挣扎之后死于无爱的生活的面前。"②而周作人认为"《伤逝》不是普通恋爱小说,乃是假借了男女的死亡来哀悼兄弟恩情的断绝的"③。近百年来,《伤逝》这篇小说得到了启蒙、婚恋、女权、经济等诸多层面的阐释和解读,然而始终没有形成定论,没有定论正是鲁迅这篇小说的一大特色,甚至是鲁迅整个小说创作的一大特色。《伤逝》讲述的是一个全新的问题,那就是新旧交替之中知识分子的矛盾与困惑。鲁迅提到自己的婚姻时曾说"这是母亲给我的一件礼物,我只能好好地供养它,爱情是我所不知道的"④。鲁迅是最反对包办婚姻的,子君喊出"我是我自己的,他们谁也没有干涉我的权利"⑤,毅然决然地选择与涓生在一起,按理来说这种自由恋爱应该是鲁迅所向往所希冀的,然而鲁迅并没有给他们一个光明的未来,这也是鲁迅的深刻之处。无论是思想的启蒙还是精神的觉醒,时代与社会的现代转型都不可能是一蹴而就的。《伤逝》这篇小说的核心就是在探讨新的时代背景下,人的精神境界和生存条件之间的复杂关系,是在探讨启蒙之后现实究竟走向何方的矛盾处境。这不是在简单地指责谁,也不是解决什么矛盾。这样的矛盾恰恰是在五四思想启蒙之后所带来的新局势下才有的,这样的问题鲁迅没有解决,"五四"一代知识分子没有解决,直到现在仍然没有解决。

---

① 《鲁迅全集》第4卷,北京:人民文学出版社,2005年,第14页。
② 茅盾:《鲁迅论》,《茅盾论创作》,上海:上海文艺出版社,1980年,第136页。
③ 周作人:《知堂回想录》,石家庄:河北教育出版社,2002年,第485页。
④ 许寿裳:《亡友鲁迅印象记》,鲁迅博物馆、鲁迅研究室、《鲁迅研究月刊》选编:《鲁迅回忆录》上,北京:北京出版社,1999年,第261页。
⑤ 《鲁迅全集》第2卷,北京:人民文学出版社,2005年,第115页。

五四新文学之所以不同于传统文学,正在于其思想的更新开启了"现代"的思维,人们开始具有了现代的追求,开始关注现代人的生存价值与精神意义。针对不少学者提倡"开拓现代文学研究领域"的问题,唐弢曾认为应该有一个界限,这个界限就涉及现代文学的根本意义,"即能够称得上'现代文学'的文学作品必须具有'新'的意义——不同于'五四'文学运动之前的'现代'意义"①。在唐弢看来,"新文学"之"现代"在于其根本性质是与几千年传统文学决然不同的,与此相对应的,那么"现代文学"之"新"就在于其前瞻性与超越性,它不是一个短时间、阶段化的"现代",而是长久的"现代"。

未完成的"现代"

相对几千年古代文学而言,"现代"文学走过的历史还很短,在几千年中国历史文化传统中只是短短一瞬。但"古代"再漫长,也已经沉淀为历史和经典;"现代"再短暂,它终究是一个新的起步,还有漫长的路要走。

从"五四"起步的冰心,一生都没有放弃现实主义的批判精神。从最初发表的《两个家庭》《斯人独憔悴》《去国》等作品,跨越半个多世纪,直到1980年代创作的《万般皆上品……》《落价》《干涉》等作品,家庭关系、妇女地位、婚姻恋爱、尊重知识、民主自由等等现实人生的一系列焦点、热点问题,一直贯穿于冰心的整个创作中。五四时期她写过封建家长干涉子女婚姻的悲剧作品,《秋风秋雨愁煞人》里的英云被父母包办嫁了司令的儿子,从此踏入旧式大家庭变得沉默寡语,最终成为封建礼教的牺牲品;到了1980年代她又写了年轻的子女干涉父母一代人自由恋爱的悲剧,1988年的《干涉》同样是婚姻恋爱的悲剧,但是人物角色发生了置换,儿女开始反过来"干涉"父母的再婚问题。谁都能够看得清楚,这种变化只能说明悲剧的更加惨烈。五四时期,父母干涉子女,核心在于自我的利益;到了1980年代,子女反过来干涉父母,核心仍然是自我的利益。只能说明五四时期提出的"问题",到今天仍然存在。

一个作家由现代进入当代是如此,当代作家传承现代作家的精神传统同样是有迹可循的。莫言获得诺贝尔文学奖,评审委员会的授奖词是:"将魔幻现实主义与民间故事、历史与当代社会融合在一起",用"福克纳和马尔

---

① 唐弢:《求实集·序》,严家炎:《求实集》,北京:北京大学出版社,1983年,第1页。

克斯作品的融合"来评价莫言奇诡的想象力和超现实的创作风格,实际上莫言对西方的借鉴正是五四传统的延续。鲁迅的短篇小说在以现实主义创作方法的基础上,多处运用了现代派的象征主义手法,而现代派正是当时西方最流行的文学潮流。在《故事新编》中鲁迅借助了许多带有魔幻和神话色彩的中国传统故事原型,更为清晰系统地表现了对所谓历史真实及其背后权力话语的强烈质疑。毫无疑问,莫言的文学创作是深受西方魔幻现实主义影响的,他的一些魔幻手法,充满想象力的语言、描写、情节,在对历史、社会、现实的观察与思考中,最为真实地折射出生活的本质。魔幻现实主义把鲁迅和莫言联系在一起,这不仅在于二人化用了同一种创作方法,更重要的是从鲁迅那代人一直到今天莫言这代人,他们始终有一种向外吸取艺术手法的"拿来"姿态。"拿来"二字是鲁迅那代人对中国文学最重要的贡献之一,没有"拿来",没有外国文学的影响,就谈不上"新"文学,这也是现代文学的重要特质之一。

五四新文学开启的"现代"是一个动态的价值体系,它始终处于未完成的状态,在文学与当今时代的互动中不断得以建构。长期以来,针对现代文学与当代文学的分野,学界要么强调断开,要么强调衔接、打通、一体化。其实现当代文学不需要打通,本来就是一个同构的整体。"当代文学"不仅在命名方式上直接来源于"现代文学",在学科性质和研究内容上同样一脉相承。一方面,现代文学时期的颇多作家,他们的创作一直延续到建国之后,更为重要的是,五四以来,现代文学作家们所提出和揭露的问题仍然延续至当代社会,正如当下的问题将延续到明天一样,这是一个漫长的历史过程。我们不能抱着急于完成历史任务的姿态,而是要站在当下,放眼无限漫长的未来之路,毕竟我们身后是几千年深厚的传统。

本文作者系北京师范大学文学院教授,教育部长江学者特聘教授

"五四"的"百年回旋"与杜威的预言

葛红兵

"五四"行将结束时,杜威曾大胆预言,中国或许能在"一个世纪左右的时间内取得其他国家用了几个世纪才取得的思想、科学、工业、政治和宗教的进步。和美国不同,它没有可供变革的足够的回旋余地"[1]。杜威的预言是否应验了呢?要回答这个问题,尽管我们是身在"之后的一个世纪"的2019年,似乎也非常之难。不过,我们可以将这个问题转换一下,究竟在多大的层面上,"五四"所面对的问题,今天依然存在?杜威到底意识到了"五四"所面对的什么问题,让他发出如此的论断?这"一个世纪"的时间论断,既是悲观的,又可能是乐观的,而无一例外地,在20世纪的中国,它一定会被看作是悲观的。在20世纪乃至今天,其实,国人对赶超英美快速现代化的"时间"追赶意识一直非常强,对于大多数国人来说,"一个世纪"的论断时间太长,可能包含了一个美国人对于中国发展的"悲观预期"甚至"歧视预期"。可是,杜威的意思究竟是什么呢?在杜威看来,"五四"人试图以一个短时段而要越过西方人经历数百年尚未能解决的长时段问题,是绝无成功的可能的。中国不是在白板上建设,而是在没有足够回旋余地的充满了"迷信"和"传统"的狭窄空间中进行这种建设。

关于这个"迷信"和"传统",杜威显然是把它看成了一个国家现代性发展的阻碍因素,国人对此可能有完全不同观点,事实是这种争论一直从"五四"延续到了今天,双方观点几乎不可调和。我们再来看,"五四"把"科学""民主"真的引进了中国么?周策纵先生是相对中性而权威的学者,他在总结"五四"成就时认为五四运动最重要的成就是思想意识方面的成就,[2]其次才是当时社会平衡方面发生的世纪变革。周策纵先生进一步认为"这些思想成就得益于采用白话文作为写作媒介,创立一种基于人道主义、浪漫主义、现实主义和自然主义诸理论之上的新文学"。在周策纵先生看来,实际上"新文学"的成就就是"思想意识"成就的载体和表达之最重要的方面,因而和思想意识成就其实是一而二、二而一的关系。这显然是对五四新文学成就的一个很高的评价。但同时也可能是一个很低的评价:"五四"并没有在科学和民主两方面摆脱传统和迷信,而只是在文学上获得了某种成绩。

那么,周策纵先生的这个关于"五四"新文学的成就的评价,是否也可以放到上述杜威的"一个世纪"的预言框架中去看呢?这个新文学的成就到底

---

[1] 约翰·杜威:《新文化在中国和亚洲》,第642页,转引自周策纵:《五四运动史》,陈永明等译,长沙:岳麓书社,1999年,第508页。

[2] 周策纵:《五四运动史》,第504页。

是不像"科学"那样,还是像"科学"一样呢?到底是摆脱了杜威所说的"没有足够回旋余地"的充塞了"迷信"和"传统"的空间呢,还是没有摆脱"文明古国"的"没有足够回旋余地"的空间呢?分析这个问题是难的,但是,并不是没有进路。让我们来看看"五四"时期鲁迅的美学观。

鲁迅的白话文学观的革命性和他作为第一个白话小说作者的中国白话文学第一人地位,我们是没有怀疑的。20世纪以来,许多中国现代文学史家和理论家都曾经为鲁迅没有获得"诺奖"而惋惜(当然,鲁迅本人并不这么看,他对自己的文学成就的评估是非常保守的)。鲁迅的自然科学观的革命性我们也是不用怀疑的(可以考察鲁迅学西医的价值取向和否定中医的观点),但是,互文性地来看一下他当时的美学观,也许我们会对这个问题有些更加深入的看法。

1913年鲁迅写的《拟播布美术意见书》(见《集外集拾遗补编》),认为艺术美"发扬真美,以娱人情",有三个要素,"一曰天物,二曰思理,三曰美化",鲁迅的"天物""思理"等观念,其实是来自中国文化传统的,均应属于"文明古国"的范畴,这种对于艺术的性质和性能的理解源自《文心雕龙》。《文心雕龙·神思》篇:"物以貌求,心以理应","思理为妙,神与物游"(《文心雕龙·神思·二十六》)。鲁迅解释道:"刻玉之状为叶,鬃漆之色乱金,似矣,而不得谓之美术。象齿方寸,文字千万,核桃一丸,台榭数重,精矣,而不得谓之美术。几案可以弛张,什器轻于携取,便于用矣,而不得谓之美术;……重碧大赤,陆离斑驳,以其载刺,夺人目睛,艳矣,而非必为美术。"这些在当下当然地被视为"美术"的东西,为什么在当时鲁迅的眼里不是美术呢?是因为在他看来,光是模仿天物而得其真,光是可以美化和精巧,光是艳丽夺目,都不算是美术,而美要有"神与物游"的"思理"。在鲁迅的眼里,美与非美的界限是是否有"思理"。我们可以结论性地认为,纯粹美感的获得性在鲁迅的美学思想中是没有地位,相反"思理"的获得性是第一位的。尽管鲁迅提倡"以娱人情",反对"沾沾于用",但是,在1907年的《摩罗诗力说》(见《坟》)中,他说道"其事实法则,为科学所不能言","缕判条分,理密不如学术",这个既不能用科学法则也不能用学术法则来对待的美学法则,获得了鲁迅的最高承认。鲁迅后来是放弃了科学和学术而专崇于文学的,那这个法则到底该怎么看呢?"人生诚理,直笼其词句中,使闻其声者,灵府朗然,与人生即会。""此其效力,有教示意;既为教示,斯益人生,而其教复非常教。"这思理是人生诚理,让人灵府朗然的"非常教"。从这里,我们可以看到,鲁迅的美学观,其实是非常传统的,不说沾沾于用于文明古国的传统,也大致是从传统的"诗教"的"思理"出发的。

同一时期,还有一位胡适,他写了白话文的第一首诗歌,呐喊出了关于要用白话文写作的第一声觉醒的尖啸。① 胡适的经历和鲁迅非常相像,本来他说要到美国读农科的,也就是说要读科学的,要做引进"德先生"和"赛先生"里面的"赛先生"的,但是,在康奈尔和哥伦比亚大学,他却转向了哲学,最后实际也是转向了文学。

1915年2月21日,胡适的日记中这样写道:"国无海军,不足耻也。国无陆军,不足耻也。国无大学,无公共藏书楼,无博物院,无美术馆,乃可耻耳。"也是因为要雪这个耻,他第二年就提出了"诗界革命"②。梅光迪反对说:"新潮流者,乃人间之最不吉祥物耳!"胡适当时还认真回复"以新潮流为人间最不祥之物,乃真人间之大不祥已"③,其实,号称要文学革命的胡适,仅仅只是过了四五年,就似乎又有些回去了,1919年,他发起了"整理国故"运动,自己带头回到先秦,研究起先秦哲学家的生卒年月,把现代西方逻辑学和系统哲学的思想加诸于中国古代哲学,同时他还研究中国古代小说的作者、版本、故事演化,号称是科学的研究。但是,我们后来都知道,这种研究其实是有负面影响的,尤其是对五四文学革命的影响。在他的倡导下,"整理国故"成了和文化新思潮对立的一种运动,在"整理国故"的时候,学者们专注于古代经典的优点而对其缺点批判不够,这就为保守主义的抬头以及重新制造国故崇拜创造了机会,甚至部分保守主义者借用"整理国故"的成果,宣称那些"五四"引进的西方新潮思想其实在中国古已有之,中国人根本不必向西方学习,在此基础上,当政者推出了"尊孔读经运动",产生了一种跟"五四"思潮对立的政治和社会运动。

"整理国故"能整理出如此大的影响,应该是和胡适有关的。胡适在1919年《新思潮的意义》④一文中,把"整理国故"说成是新思潮的一个重要任务,1921年,他创办《读书杂志》鼓励年轻人研究古书。我们应该看到,中国此前是缺乏逻辑学的,中国人能用现代逻辑学来批判和思考的人是太少了,中国传统文化

---

① 胡适1917年1月发表的《文学改良刍议》,是倡导文学革命的第一篇文章。1916年底,在美国留学的胡适,将其《文学改良刍议》的文稿寄给了陈独秀主编的《新青年》,发表在第2卷第5期上。
② 周策纵:《五四运动史》,第35—36页。
③ 胡适:《胡适留学日记》卷14,合肥:安徽教育出版社,2006年。
④ 胡适:《新思潮的意义》,《新青年》第7卷第1号,1919年12月。

中是没有逻辑学的,但是此时此刻,现代逻辑学还没有引入成功,它就被胡适等引入了墨家的圈套(被证明为中国古已有之),这不能不让我们这些百年后的后人说"可惜"——因为尽管是在百年后,我们依然觉得中国人能用逻辑学而深思明辨,达到思想上的自由自觉,成就批判性和独立性思维的依然很少。

周作人在《鲁迅与清末文坛》①中讲到,鲁迅之前其实是只有古书可以读的,并没有机会接触新学。鲁迅于1898年3月去南京矿路学堂,其时他能接触到的新学也不过是《点石斋画报》而已,在矿路学堂学了英国赖耶尔的《地质学纲要》,而其他科学文献不过是严复翻译的《天演论》。其实《天演论》只是赫胥黎的一篇论文,原文题目是《进化与伦理》,论文本身问题多多,而经过严复的古文雅言的翻译(充满个人性发挥的文言翻译)问题更多,1902年2月,鲁迅到了日本,才开始真正接触新学,接触新学的主要途径是当时的保皇党梁启超在横滨办的《清议报》以及之后的《新民丛报》。不过,引起鲁迅极端注意的是刊载了雨果和凡尔纳小说的《新小说》杂志,其中影响最大的是林琴南的小说,甚至,他还在林琴南的影响下翻译起小说来,结合鲁迅在日本学医时成绩不好的事实,我们觉得鲁迅当时的科学和哲学思想的准备其实是受很大的限制的。

这种情况其实也发生在新文学的另一个旗手胡适的身上。这个旗手在革命发生之际,甚至反对青年人直接参与革命,而主张青年人要多读书,觉得中国人的知识和思想太不够了。胡适这个主张青年人多读书的想法,又何尝不是他的自况?这里有个问题是,胡适开始的时候似乎觉得中国的年轻人是要多读一点儿西洋的书的,然后,过了一年,他却发现,中国的年轻人其实更重要的是要同时读好中国的古书,结合胡适后来的学术和思想的进路,我们发现,西学他是没有准备好的,他在西学上是没有什么成就的,而恰恰,他回到国故上,却有了一点成就。我们是不是可以这样猜测,"五四"时期的胡适在西学上的准备其实是不足的,他研究所谓哲学,却并没有在我们急需的西洋哲学上真正下功夫,而是转向了中国哲学。胡适是没过一两年,就觉得"革命"需要"国故"。而鲁迅并没有急着转回去"整理国故",甚至是反对国故的,但是,鲁迅的思想准备,就如本文所分析的,似乎也有不少欠缺。

回到本文开首时杜威的中国的新文化建设运动需要"一个世纪左右""回旋余地"的预言,也许那时,运动的发动者都还太年轻,太急于求成而又准备

---

① 周作人:《鲁迅与清末文坛》,《鲁迅的青年时代》,石家庄:河北教育出版社,2002年。

不足,也许那时,我们是居于"迷信"和"传统"充塞的狭窄空间因而需要"一个世纪左右"来回旋。如今想起来,我们是要面对下一个百年,下一个"一个世纪左右"的回旋了。那么,我们这次是否又真的做好了准备呢?

本文作者系三亚学院人文与传播学院讲座教授,
上海大学文学院中国创意写作中心主任、教授

哥大哈佛之争:两大留美学人群体对中国新教育及新文学的贡献

沈卫威

从以日为师转向以美为师

1905年,科举废止前后,朝野上下以日为师,学习日本的教育制度。为了培养中小学教师,中国开始创办师范学堂,几乎照搬日本的师范教育模式。各地兴学堂,特别是师范学堂/师范学校,几乎都是聘请近邻日本的教员或留日归来的学子。

1912年中华民国成立后,新创立的高等师范学校在办学模式上逐步发生变化,以1915年郭秉文出任南京高等师范学校教务长为转折,开始聘请留美学人为师资,师范教育则看重哥伦比亚大学的毕业生。民国师范教育随之发生重大变化,原有以变法、改良为基本教育理念的日式师范教育模式,被具有以实验主义教育为核心理念的美式师范模式取代,成为现代中国教育与美国教育接轨的标志。

哥大留学生对实验主义教育的引进

1919年2月杜威到日本讲学,胡适得知后,立即联合蒋梦麟、郭秉文、陶知行三位杜威门生,共同促成杜威的中国之行。1919年4月30日—1921年7月11日,杜威在中国14个省78个城市进行了150多次演讲,陪同并做翻译的是蒋梦麟、郑晓沧、陶知行、胡适、刘伯明等。杜威及实验主义掀动的热潮是

中国教育史上的一大事件,尤其对中国高等教育的影响最为直接。杜威之后,哥伦比亚大学师范学院的孟禄于1921年9月5日—1922年1月7日,在中国9省18个城市演讲60多次。为配合杜威、孟禄来华演讲,《新教育》先后在第1卷第3期、第4卷第4期分别出了"杜威号"和"孟禄号"。同时零星各期也有多篇介绍杜威、孟禄及其教育思想的文章。以南京高师东南大学为主力的《新教育》成了宣传、推进杜威及实验主义的阵地。

1920年的《留美学生季报》第7卷第4号上,有庄泽宣《哥伦比亚大学师范院及中国教育研究会》一文,此文随后又刊《新教育》第3卷第4期。他说:"哥伦比亚大学里的师范院,又是全世界研究教育的最大的一个机关。""这师范院的功课既多又好,所以中国学生在里面求学的有二十几位。此外还有美国人去过中国,或是想到中国做教育事业的,或是很热心研究中国教育情形的,也每年有二三十位,于是就组织了一个中国教育研究会。""这会的成立,已经很多年了,从前郭秉文先生在此地留学的时候,就有了,不过那时人少,开会也不十分正式,随便聚几位同志讨论。等到张伯苓先生在此地的时候,范静生严范孙诸先生都在此,这会渐渐有精神,渐渐正式起来。后来南京高师张士一先生,北京高师邓芝园先生,都来留学。接接连连又有郭秉文先生,袁观澜,陈宝泉,及最近教育团诸位先生。都在纽约耽搁日子不少。这会的精神更盛。"①

1919年1月,"新教育共进社"成立,2月,《新教育》创刊。倡办者为江苏省教育会、北京大学、南京高等师范学校、暨南学校、中华职业教育社,它们联合组成"新教育共进社"。杜威弟子蒋梦麟、胡适、张伯苓、郭秉文、陶知行、陈鹤琴、郑晓沧都是"新教育共进社"的骨干力量。因《新教育》,杜威及实验主义的新教育思想得以成系统、有组织地向中国教育界输入。

当时中国有三十多所知名大学的校长(熊崇志、孙科、胡适、严鹤龄、郭秉文、蒋梦麟等)毕业于哥伦比亚大学,他们为杜威及其实验主义进入中国开辟了通途。这些哥大留学生对杜威的实验主义教育进行了不遗余力地宣传和推进,而杜威的"实验哲学与中国人讲求实际的心理不谋而合"②,因此在中国教育界和思想界掀起了一波实验主义的热潮,对中国的高等教育影响深远。

与此同时白话新文学兴起的海外源头(国内是清末已经开始的白话文运动),始于在美留学生的试验,胡适把自己的诗集取名《尝试集》。哥大留学生归

---

① 泽宣:《哥伦比亚大学师范院及中国教育研究会》,《新教育》第3卷第4期,1921年4月。

② 参见蒋梦麟《西潮》。

国后掌握了小学、中学及大学教育的话语权,使得新文化运动的进展异常顺利,同时也有力地推动白话新文学的试验与逐步进入教育体制。1920年1月,胡适促使北洋政府教育部颁布法令,从当年9月起,全国小学一二年级语文课本改用语体文(白话文),哥大留学生的影响力可见一斑。白话新文学进入教育体制的背后,离不开300多名留学哥伦比亚大学归国学生的群力相助、同声相求。

"学衡派"对哥大留学生的不满

哥大留学生回国后,许多人从事师范教育,大都是胡适所倡导的白话新文学的支持者。因为白话新文学是新教育最为直接的推动工具。二者互为作用。

1922年1月,《学衡》杂志在东南大学创刊,并展开对胡适及新文化运动的批评,引发了中国大学教育中人文主义与实验主义之争。仅当时东南大学的教育理念就存在着白璧德门徒(新人文主义)与杜威门徒(实验主义)的明显对立,从《学衡》与《新教育》两个刊物上可见一斑。《学衡》杂志社的五个主要人物中,胡先骕、梅光迪都在哈佛大学受到白璧德及新人文主义的影响,而白璧德曾有针对性地指出美国大学教育中轻视古典文化和人格的道德培育,主张新人文主义。胡先骕、梅光迪均对东南大学校长郭秉文表示不满。而校长郭秉文与校长办公室主任刘伯明由于实验主义与新人文主义的信念不同,也表现出不同的办学理念和方法。胡先骕为《学衡》第3期翻译了白璧德的"Humanistic Education in China and West",名为《白璧德中西人文教育谈》。吴宓在为《白璧德中西人文教育谈》所加的"附识"中明确指出,白璧德之说是最新颖的人文主义。"人文教育,即教人以所以为人之道,与纯教物质之律者,相对而言。"[1]在随后《学衡》上几篇谈大学教育的文章中,均可看出白璧德及新人文主义教育思想的深刻烙印。1925年,吴宓将《学衡》带到北京清华学校编辑,第42期上所刊张荫麟译《葛兰坚论学校与教育》,文中的诸多观点,都与白璧德的《文学与美国大学》相似。葛兰坚批评美国科学化、机械式的教育或训练方法,"蚕食人文教育,日甚一日"。

刘伯明对教育问题最具批评精神。他尤其反对狭义的"职业主义",对计功求效、缺乏人性人情的机械生活,深表不满。认为实用的机械主义会使人失去自主独立的精神。张其昀特别强调说,刘伯明这是"力持人文主义,以救今

---

[1] 白璧德:《白璧德中西人文教育谈》,《学衡》1922年第3期。

之倡实用主义者之弊"。

百年来白话新文学的成就最为明显

新文化运动,高举科学、民主的旗帜,自由、平等等诸多理念随之而兴。现在看来,提倡白话新文学,所取得的成就最为明显。文学革命成,其他在梦中。

"学衡派"成员梅光迪、吴宓、胡先骕等撰文反对胡适及白话新文学,他们从文化理念入手,釜底抽薪地指出胡适等人西方人文主义学养不足,以文化守成、保守古典诗词传统的姿态来制衡白话新文学家的激进主张。追溯起来,这场中国文学的历史性变革,萌发于1915年胡适与梅光迪在美国的争论——胡适的"八不主义"就是在与梅光迪的争论中形成的。胡适说他发动文学革命是被梅光迪"逼上梁山"的。而梅光迪认为胡适的"八不主义"是剽窃自美国"自由诗""意象派宣言"的"六戒"理论。胡适在1916年底通过《纽约时报》的转载而获知"六戒",并剪贴在12月份的日记上,同时批注说:"此派所主张,与我所主张,多相似之处。"不过,胡适仅言"相似"而未提及"借鉴",从时间节点推考,此时他已将体现了自己文学革命的"八事"(即后来的"八不")主张的论文寄回国内,并在翌年元月的《新青年》上发表《文学改良刍议》。随后,在陈独秀《文学革命论》的强力推动下,新文化运动获得了重大突破,用胡适的话来说,陈独秀把他的文学改良主张变成了思想革命。而"学衡派"同人则认为胡适等人从哥大带回的实验主义过于浮浅,向国人引进的思想只是粗浅、实用的行为主义哲学,并非泰西文化的正宗。他们高举白璧德新人文主义旗帜,意在抗衡胡适得自杜威的"实验主义",与文化变革中的激进。他们大都坚持古体诗词创作,拒绝接受白话新诗,将写作古体诗词当作文学生活化的传统延续。这是"学衡派"同人对数千年诗国文学传统的赓续与发扬。同时,他们引进白璧德及新人文主义这一西学资源,也是对中国新文学的贡献。

1928年5月21日中午,胡适与蔡元培等到中央大学出席宴会。他在宴会上发表演说称:"想中央大学在九年前为南高,当时我在北大服务。南高以稳健、保守自持,北大以激烈、改革为事。这两种不同之学风,即为彼时南北两派学者之代表。然当时北大同人,仅认南高为我们对手,不但不仇视,且引为敬慕,以为可助北大同人,更努力于革新文化。"[1]胡适特别强调"对手"的"可

---

[1] 《胡适全集》第31卷,合肥:安徽教育出版社,第117页。

助"作用。1928年8月24日,胡适门生罗家伦执掌清华大学前夕,曾表态:清华可留用吴宓,不会以文言白话意见之争而迫其离开清华。这是"五四"一代人的胸襟,也是白话新文学倡导者取得成功的人性温情。因为在此之前,胡适已经成功地将批评《尝试集》最为激烈的胡先骕化敌为友,使他感动得视胡适为本家"兄弟",促使胡先骕亲自出面"劝降"吴宓,逼他停办《学衡》。

面对哥大学子胡适及白话新文学的成功,哈佛学子也有反思。胡先骕说梅光迪与胡适旗鼓相当,输在"懒"上。梅光迪在退出《学衡》、逃遁美国时,反思自己作为领导人的失败,败在没有发动"民众";同时自己陷入成功者胡适给他带来的心理压力之中,导致他有意"逆反",难以自拔。他在《人文主义和现代中国》中回顾,新文化运动以来所形成的文化激进主义浪潮以及关于变革与革命的信仰已经成为一种新的传统。这种传统比以往任何旧传统都更具有自我意识和良好的组织性,具有极其强烈的话语霸权性,且不容异己的存在,他和"学衡派"同人完全无力抗争。梁实秋说"学衡派"失败原因在于他们固执地使用文言文,拒绝接受白话文及白话新文学,失去了对年轻人的领导权。郭斌龢认为吴宓因婚外恋而离婚,成为白璧德所反对的浪漫主义者,思想与行为相悖,不利于"学衡派"所倡导的新人文主义的推行,变成与反对派同流。这样看来,哈佛大学白璧德影响下"学衡派"诸子的文化保守行为,就成了塞缪尔·亨廷顿《作为一种意识形态的保守主义》定义(三个维度分别是贵族式、自主式与情境式)下自主式与情境式合构的文化保守,即非政治化、非贵族化,只能是自主式守成文化秩序,在新文化激进浪潮中做出情境式的反抗。

时至今日,思、语、言、行,都离不开白话,白话文学更是早已融入日常生活之中。回首百年,白话新文学实为新文化运动中之最大成就。

本文作者系南京大学中国新文学中心教授

"五四"前后:鲁迅在书信日记中的活动

程光炜

写这篇文章有一个缘由。有一次,在学校教授研究室里枯坐,等候晚上上课时间的到来,顺手翻出书架上1981年版的《鲁迅全集》书信、日记等卷。看着看着,竟差一点把上课的事情忘记了。

查鲁迅 1919 年 1 月至 9 月的日记①,所述多是与钱玄同、刘半农、周作人、胡适、孙伏园等人的交游,其中钱、刘、周和孙最为密集,胡仅偶尔提到,似乎疏远;或是去琉璃厂购拓片书画墓志,寄返《新青年》《每周评论》《新潮》,谈译稿事宜,赴银行存款,看牙医等琐事。因说"五四前后",我尤为注意 3 月至 9 月间的活动,大致抄录如下:

三月一日。晴。下午大风。晚钱玄同来。

四月三日,晴。晚孙福源君来。十日,晴。下午往陈医生寓所治牙。至留黎厂,易得《崔宣华墓志》,作券三元。又买《元珍墓志》一枚,券五元。十六日,晴,大风。上午得钱玄同信,附李守常信。下午得傅孟真信,半农转。十七日,晴。寄傅孟真信,寄玄同信。二十三日,晴。下午寄钱玄同信。

"五四"之前,"朋友圈"没有异常迹象。

五月三日,晴。得钱玄同信。四日,昙。下午孙福源君来。刘半农来。九日,雨。夜得玄同信并杂志十册。十日,昙。晚孙福源君来。十五日,晴。晚钱玄同来。二十日,晨得三弟信,言芳子于十五日午后五时生一男子。午后往留黎厂买残墓志一枚,《陈世宝造象》一枚,各券一元。晚雨一阵。二十三日,晴。夜胡适之招饮于东兴楼,同坐十人。二十八日,晴。午后往前门大街,又至留黎厂。二十九日,晴。晚钱玄同来。

5 月是五四运动爆发,并渐至高潮,鲁迅仿佛照常生活,十分平静。再看 6 至 9 月。

六月二日,晴。晚钱玄同来。四日,晴。孙福源来。十一日,昙,下午小雨。晚刘半农、钱玄同来。十四日,晴。晚孙福源君来。

至于六月十九日至二十五日的活动,一是与周作人去观摩学生所演话剧《终身大事》,胡适之作。另一是得钱玄同信。

7 月至 9 月,分别叙述的,依然是与钱玄同、刘半农的书信交往,孙伏园来访,向孔德学校捐款,周作人帮助购买《欧洲文学史》,去前门外某银行换钱等。

以上种种,一直未见有任何异常的现象。

再查鲁迅 1919 年 1 月至 8 月的书信,因是书信,比日记记述人事往来活动相对详细一些。② 他在一月十六日《致许寿裳》信中称,"大学学生二千,大抵暮气甚深,蔡先生来,略与改革,似亦无大效",是说五四运动之前北大校园的现

---

① 参见《鲁迅全集》第 14 卷,北京:人民文学出版社,1981 年,第 345—367 页。
② 参见《鲁迅全集》第 11 卷,北京:人民文学出版社,1981 年,第 357—367 页。

状。《新潮》杂志问世,他开始与傅孟真、罗家伦等来往。四月二十八日《致钱玄同》信中提到,寄给他小说《药》,请钱给外国文学有关的内容把关。五四运动之前的书信,就这两条与"五四"有一些似有若无的关系。前者是表达对北大学生暮气沉沉的精神状态不满,后者是交寄小说《药》,信中内容谈的是小说创作方面的技术问题,请钱玄同把关斟酌。七月四日《致钱玄同》信中,出现"听说世有可来消息,真的吗"的文字。365页下注(5)称:"一九一九年五月九日,北京大学校长蔡元培为抗议北洋政府镇压五四运动辞职离校。后在校内外的催促下始通电放弃辞职,并于九月十二日回京主持校务。"①如果不是1981年版《鲁迅全集》对蔡元培在五四运动中的辞职风波加以比较翔实的注释,书信表面看不出什么。"注释"带入的,当然是后人对那段历史的评价态度,是对"日记原文"的再创造。另看八月十三日《致钱玄同》一信,告诉钱玄同孙伏园的住址情况。鲁迅还告诉钱玄同,鱼肝油不是诊治神经衰弱的药,对肺病格外有效,一种蓝包的是普通强壮剂,如果神经衰弱,服用蓝包即可。②

等到写这篇短文,陡然想起周作人所谓"文抄公"的说法。写文章时,一边编排自己的思路,一边照抄研究对象的原话,似乎产生了一种就站在他的面前、与他对话的错愕印象。过去,我不是很理解"文抄公"的含义,等到年龄渐长,才慢慢懂得周作人修养深厚、见识广博,果然就是这样。

书信、日记是作家的私密文字,不足以反映他全面的思想活动。因此,拿这些东西分析作家在一个重要年头的思想活动,肯定是比较单薄的,不足以说服人,还会有以偏概全的危险。不过,有的时候,在某种特殊时代语境中,这个"内部"的文章,与作家"外部"的文章可以发生相互作用的关系。有时候,或者是自己希望的那个时候,书信、日记可能包含着远比公开发表的文章更丰富详细的历史信息。

我对鲁迅"五四"前后的书信、日记有以下几点浅近的印象:

一、1919年5月前后北京的空气很好,大风、小雨比较频繁,晴天亦较多。那个时候的北京城,仅有一些不成规模的小作坊式的工业,周围都被广大的农村包围着。因此,不会有今天的环境问题困扰。另外,即使在大学教书,也不会被各种表格袭扰,北大教师钱玄同、刘半农频繁出入绍兴会馆周氏的宿舍,是为《新青年》约稿,但很多时候恐怕还是来此闲谈聊天。当然,闲谈聊天

---

① 参见《鲁迅全集》第11卷,第365—366页。
② 同上,第367页。

是否涉及过时事新闻之类,因为是书信、日记,大多简略,即使有,也不会详细描述,我们只好猜测。对鲁迅这个南方人来说,他是否适应这里的气候也不太知道,从其各种活动的情况看,这个季节的气候应该是赏心悦目的,否则,他也不至于记述得这么轻松。

当然,其中应当少不了与二弟周作人兄弟怡怡的内容。他们曾经是多么其乐融融啊,谁都没有想到,最后竟然会走向无法弥补的分裂境地。如果对照周作人写的那本《知堂回想录》,或许可以对其做一点补充,许多年前我读这本回忆录的时候,对他们曾经融洽的家庭气氛以及兄弟怡怡的场景,记忆深刻。在这里,至少不失为一个参照。

二、日记多记述与当时文人钱玄同、刘半农、孙伏园和胡适之等的交游,买书、购拓片和墓志,亦有吃请,其中,往返的书信比较多。书信对具体的"五四事件"有所涉及,比如"五四"前北大的沉闷气氛,"五四"后蔡元培的辞职。无论从日记还是书信均可看出,作为一个中年人,鲁迅对学生运动和思潮的态度似乎保持着距离,对具体事件及其进展,也没表现出特别的热心。

这也并不奇怪,在五四运动中,北大时有学生被警察逮走。人们知道,胡适刚开始时态度也比较消极,并不支持学生的行为,虽然他比鲁迅年龄还要小些。不过,与鲁迅不同,他是这所学校的正式教员,想不卷入都不可能。比如,当学生被逮走之后,他还是奔走呼号,积极做了点营救的工作,这都有书籍记载,不是我这里随意议论。可以说,鲁迅这种态度并非独有,他们那个知识阶层,在当时多半是这种样子,不是"超然""冷静"等措辞能够完全解释的。

即使不看上述书信、日记,仅从他故世后二弟和很多朋友的回忆文章中,尤其是通过二弟周作人后来的详细著述,都可以知道,"五四"之前鲁迅就有逛琉璃厂,搜求墓志、拓片等爱好习惯了。这方面,已经有许多成熟的研究成果,不需要我在这里啰嗦。只是当时,鲁迅是出于无意,等到鲁迅研究逐渐走向成熟完备系统之后,人们把他当年这些东西拿出来,研究他的思想、文化修养,包括文学作品的审美趣味和艺术风格,就显得活灵活现了起来。这是当时的鲁迅根本想不到的。作家跟后世研究者的关系,只有等到作家故世很多年后,随着研究视野不断开拓,历史距离拉得很开之后,才能这样加以体现。因此,不管作家愿意不愿意,他都不会想到,也无法干涉研究者怎么去理解他完整的思想艺术世界。

三、由上述可见,鲁迅对具体事件的"五四"和新文化运动的"五四",在态度上是有所区别的。对前者,他只是远远地观望,在日记中,甚至观望的姿态都看不出来;对后者,他是投入了很多热情的,有那么多小说、散文、笔谈和杂文为证。比如,1919 年 4 月,鲁迅的《孔乙己》发表于《新青年》第 6 卷第 4 号,深含着对科举制度终结后,读书人出路问题的不祥的忧虑。一个月后,《药》发表于《新青年》第 6 卷第 5 号,提出革命者与被拯救民众无法改善的隔阂的问题。

  周作人晚年写过一批跟鲁迅有关的书,例如《鲁迅的故家》《鲁迅小说里的人物》《鲁迅的青年时代》和《知堂回想录》等。有些谈到了先兄的为人处世,有的对他的文学作品有所评论,角度和大多数人好像是不太一样的。譬如他在评论《狂人日记》时指出,小说是一篇宣传文字,揭露和批判礼教吃人,而文艺和学术问题在这篇小说里是次要的事情。[①] 周作人认为,《药》的想象来源于《水浒传》中人肉馒头,《本草纲目》里并没有"人肉可煎吃"的知识,小说做了发挥,"表示这药的虚妄"[②]。针对当时评论界把阿Q形象简单化的倾向,周作人指出,作品的"内容"其实"有点复杂"[③],因而他不愿附和对这个形象随意演绎的意见。在周作人看来,《祝福》中祥林嫂的原型是鲁迅本家的一个远房伯母,祥林嫂的悲剧是"封建道德和迷信的压迫下的妇女的悲剧"[④]。然而,在旧中国"除了礼教代表的士大夫家以外,寡妇并不禁止再嫁,问题是没有她的自由意志"[⑤]。"鲁四老爷"也有暗示新台门周家之意,但鲁迅当时"在故乡已经没有家",所以他认为这是对人物做了"小说化"处理,不能再从"写实"的角度来理解。[⑥] 他在论及鲁迅的"故乡观"时,认为除了对于地方气候和风物,鲁迅对故乡并未有过深的怀念;鲁迅最反感的乡下人士,除了封建士大夫,还有师爷、钱店伙计等。[⑦] 他又认为,《孤独者》中主人公的性格,有一些范爱农的影子,但留下了鲁迅"不少自述"的痕迹。[⑧] 而《伤逝》这篇小说大概"全是写的空想"[⑨],故不应该随意演绎和放大。按照以上思路,他在《鲁迅的

---

① 周作人:《鲁迅小说里的人物》,南京:江苏人民出版社,2018 年,第 16 页。
② 同上,第 25 - 26 页。
③ 同上,第 79 页。
④ 同上,第 209 页。
⑤ 同上,第 198 页。
⑥ 同上,第 203 页。
⑦ 同上,第 213 页。
⑧ 同上,第 227 - 229 页。
⑨ 同上,第 237 页。

青年时代》一书中指出,鲁迅前期思想虽然走的是"弃医从文"和"文艺救国"的路,但也不能对它的意义任意夸大。他认为进化论影响了鲁迅前期思想的形成,但也不应排除国学对他潜移默化的影响,"他爱楚辞和温李的诗,六朝的文,现在加上文字学的知识,从根本上认识了汉文,使他眼界大开"[①]。

不过,我的结论是,"五四"前后的"鲁迅形象"究竟多少是他自己原初的,有多少是后来鲁迅研究者以及各种历史叙述追加、填补、想象和整理上去的,不是十分清楚。仅以书信、日记做文章虽有些偏颇,但也能找到作家本人真实的感觉,比较贴近他的实际。按照中国人的说法,书信、日记这种"尺牍形式",最能揭示作者内心世界里的真实活动。

本文作者系中国人民大学文学院教授

蒙冤的"大哥"及其他
——《狂人日记》的偏颇与新文化的问题

解志熙

一

去年是《狂人日记》发表 100 年,今年又是五四运动 100 年。于是"五四"和鲁迅又成了学术热点。

"文革"后期我在家乡读中学,记得语文课本里就有《狂人日记》。那时适值"批林批孔"运动开展得轰轰烈烈,老师对《狂人日记》的教学,自然与批"孔老二"、反儒家结合起来,强调这篇课文的反孔反儒意义。那时我年纪还小,囫囵吞枣地接受,实在不能理解《狂人日记》的微言大义,尤其是对家族制度的激烈攻击,让我很纳闷——家当真坏到不可饶恕吗?

1978 年上了大学,读的正是中文系,上现代文学课,鲁迅自然是大头,给我们讲现代文学的又是鲁迅研究专家支克坚先生。其时,新启蒙主义思潮崛起,支先生对鲁迅和《狂人日记》的解读,也很强调其反封建的思想启蒙意义。

[①] 周作人:《鲁迅的青年时代》,南京:江苏人民出版社,2018 年,第 44 页。

应该说,支先生对鲁迅其他小说的启蒙主义解说,我都很赞成,可是,他对《狂人日记》反封建意义之强调,虽然也只是把鲁迅的自我解说重复一遍,我却不大能够认同——不仅《狂人日记》对家族制度与仁义礼教的攻击,与我的大家庭生活经验不相容,且用"吃人"二字指斥中国几千年的历史与文明,更让我觉得过甚其辞、异常粗暴。可是,因为鲁迅是一个大人物,我只能"腹诽"却不能公开质疑他。后来读硕士接着读博士,所学还是现代文学,而读书渐多,视野渐开,比较中西的历史与文学,终于明白:大名鼎鼎的《狂人日记》诚然是一篇文学史上的名作,却还算不上一篇真正成熟的文学经典,其艺术上的写实与象征未能融合无间,其所表达的思想则显然有偏颇,而《狂人日记》的思想偏颇,其实也正典型地代表了"五四"新文化运动人士的普遍问题。

二

《狂人日记》发表不久,年轻的《新潮》社员傅斯年就盛赞其艺术:"就文章而论,唐俟君的《狂人日记》用写实笔法,达寄托的(Symbolism)旨趣,诚然是中国近来第一篇好小说。"[①]"用写实笔法,达寄托的(Symbolism)旨趣",也就是现实主义与象征主义之融合。这是很准确的艺术判断,此后学界很长时期以来对《狂人日记》的艺术认识反而模糊了。直到新时期之初,严家炎先生才再次确认其创作方法:"在《狂人日记》中并用着两种创作方法:实写人物,用的是现实主义;虚写寓意,用的是象征主义。作品的思想性,主要通过象征主义方法来体现。但不同于一般象征主义作品的是,《狂人日记》中的象征主义方法不是独立的,它只是依附于现实主义而存在,如同影子依附于形体而存在一样。""《狂人日记》确实就是'冲破一切传统思想和手法'的作品。从思想上说,它可以说是一篇新的《人权宣言》。从艺术方法上说,鲁迅在这里不但自觉地运用了近代现实主义,而且还第一次把现实主义与象征主义结合起来,从而达到一种新的艺术境地,完成了某种单一的创作方法所决难完成的任务。这正表现了鲁迅文学思想上的开阔闳放、不拘一格、善于吸收和勇于创新。"[②]

应该说,自《狂人日记》问世以来,人们对它的艺术成就都是高度肯定的,但鲁迅自己却不这样高看。《新潮》编者傅斯年曾致函鲁迅征求对《新潮》的

---

① 记者(傅斯年):《〈新青年〉杂志》,《新潮》第1卷第2期,1919年2月1日。
② 严家炎:《论〈狂人日记〉的创作方法》,《北京大学学报(哲学社会科学版)》1982年第1期。

意见,并赞扬《狂人日记》艺术很好,鲁迅乃于1919年4月16日复信傅斯年,坦诚地自评道:"《狂人日记》很幼稚,而且太偪促,照艺术上说,是不应该的。来信说好,大约是夜间飞禽都归巢睡觉,所以单见蝙蝠能干了。"①对鲁迅这一自我批评,鲁迅研究界当然是熟悉的,却几乎一致认为此乃鲁迅的自谦,所以就此忽略过去。这其实是不完全妥当的。

《狂人日记》虽然是鲁迅的第一篇白话小说,但鲁迅写作时已经人到中年,此前的思想艺术准备也相当充分,所以刻画狂人疑神疑鬼的精神状态及其对他人与外物的敏感都非常到位,至今仍非寻常作家所可企及。因此,鲁迅所言的确有自谦的成分。但窃以为,鲁迅这样说也并非纯属自谦——如果把"很幼稚"理解成"不成熟"或者"生硬",则确然有之。然则,《狂人日记》在艺术上的"不成熟"或"生硬"之处究竟何在呢?那应该是没有能够很好地把现实主义与象征主义融合为一体。前述严家炎先生关于创作方法的分析是准确的,但问题是,实写人物的现实主义和虚写寓意的象征主义是脱节的,前者足够写实,后者委实太虚,从前者的写实里并不能自然而然地生发出后者的象征寄托,甚至可以说,人物的写实越真实,主题的象征寄托就越发虚。于是,主题的象征寄托就成了生硬附加的微言大义。如此生硬附加的象征寄托,不过是影射而已。

如所周知,鲁迅原本并无创作《狂人日记》的初衷,这篇惊人之作的问世乃是被钱玄同催逼出来的。按,钱玄同参与《新青年》编辑工作后,便加紧与周氏兄弟联系,1918年2月以来常去鲁迅那里催稿——"我常常到绍兴会馆去催促,于是他的《狂人日记》小说居然做成而登在第四卷第五号里了"②。"书被催成墨未匀",鲁迅明知"偪促"而作"照艺术上说,是不应该的",可面对善于催稿的钱玄同和急需创作的《新青年》,情实难却,只得匆忙赶写,致使"写实笔法"与"寄托的(Symbolism)旨趣"未能融合无间。这样的艺术缺憾,后人当然应该谅解,但无须否认。

三

进而言之,纵使鲁迅创作《狂人日记》的时候能够从容书写,也未必能改变其中对家族生活的具体描写和"意在暴露家族制度和礼教的弊害"这个宏

---

① 鲁迅:《对于〈新潮〉一部分的意见》,《新潮》第1卷第5期,1919年5月1日。
② 钱玄同:《我对于周豫才君之追忆与略评》,《师大月刊》第30期,1936年10月30日。

大主题之间的"倨促"关系。

"意在暴露家族制度和礼教的弊害"①,是鲁迅自己设定的要在《狂人日记》里寄托的主题意图。这个寓意的主题很快就得到新文化界的高度认同和赞誉,如《狂人日记》发表不久,反孔反儒的急先锋吴虞就撰写评论,礼赞《狂人日记》揭发"吃人的礼教"的重大意义:"我们中国人,最妙是一面会吃人,一面又能够讲礼教。吃人与礼教,本来是极相矛盾的事,然而他们在当时历史上,却认为并行不悖的,这真正是奇怪了。《狂人日记》内说:'我翻开历史一查,这历史每页上都写着"仁义道德"几个字。仔细看了半夜,才从字缝里看出字来,满本都写着两个字,是"吃人"。'我觉得他这日记,把吃人的内容,和仁义道德的表面,看得清清楚楚。那些戴着礼教假面具吃人的滑头伎俩,都被他把黑幕揭破了。"②从此,"礼教吃人"的揭露和"救救孩子"的呐喊,就被公认为《狂人日记》的主题,诚如严家炎先生所说,《狂人日记》几乎成了小说版的新文化"人权宣言"。理论版的新文化"人权宣言",则非周作人的《人的文学》莫属。《人的文学》显然呼应着《狂人日记》,慨叹中国还需从头"辟人荒":"中国讲到这类问题却须从头做起,人的问题,从来未经解决,女人小儿更不必说了,如今第一步先从人说起,生了四千余年,现在却还讲人的意义,从新要发见'人',去'辟人荒',也是可笑的事。但老了再学,总比不学该胜一筹罢。我们希望从文学上起首,提倡一点人道主义思想,便是这个意思。"③

由此,周氏兄弟桴鼓相应,推动了五四新文化运动的"人的解放"热潮。这个"人的解放"的新人学之主旨显然适应了中国社会从传统向现代转型的思想要求,所以一代代新青年欣然接受。这当然是好事,但可惜的是,周氏兄弟的新人学观念完全否定了中国的历史文化思想传统,几千年人文化成的文明中国竟被排斥为"吃人"或"非人"的人外世界。如此偏激之论不仅轻率,而且也不合中国的历史实际。

其实,中国并不缺乏人文主义或人道主义传统,自春秋战国之际儒道墨诸家相继崛起之后,作为人的道德理性之自觉的人文主义就成为中国文化之主流,并从社会的中上阶层逐渐普及于普通的农家里巷。当然,中国的人文主义传统是应该现代化的。同时,中国的历史固然难免"吃人"之祸,但那毕竟是

---

① 《鲁迅全集》第6卷,北京:人民文学出版社,1981年,第239页。
② 吴虞:《吃人与礼教》,《新青年》第6卷第6号,1919年11月1日。
③ 周作人:《人的文学》,《新青年》第5卷第6号,1918年12月15日。

一些特例,公正地说,与世界上任何国家民族历史如西方之血淋淋的历史相比,中国历史在总体上更近人道些。要说中国文化的缺点,则可能因为中国长期以来一直是个自成一体的内聚性的土地农业社会,所以中国的人文主义思想传统作为调节此种社会关系的意识形态制度安排,就比较倾向于强调家庭和社会的安定,而较为抑制个人主义。这种缺点在现代的世界格局下自然亟需改正,也是可以改正的。同样,以"仁义"为核心的中国人文主义传统,其实也有助于个人主义的新人学之健全的。

可是,急于以其新人学观念推动中国社会改造的鲁迅,顾不得周全和公正,甚至为了取得轰动效应而不惜过甚其辞、矫枉过正,《狂人日记》发表后果然获得了惊人的效果。可是作者的意图如此高调,也就注定了《狂人日记》书写的分裂——所谓"吃人历史"的全然判断和"救救孩子"的热情呐喊,根本不可能在写实主义的书写里得到自然而然的表达,而不得不硬行借助象征来寄托其微言大义。

几乎可以肯定,鲁迅如果从其个人的家庭生活经验出发"写实"地写,是不大可能构拟出《狂人日记》那样一个"封建"大家庭里"人吃人"悲剧的,因为越是在所谓"封建"的大家庭里,父慈子孝、兄友弟恭的人情礼教就越是最正常不过、最为常见的事情。鲁迅自己就是"孝子仁兄"之典范,截至创作《狂人日记》时鲁迅自身的大家庭生活经历,足以确证家族制度和礼教并非父子兄弟相残的"吃人"样。应该承认,较诸欧洲上层阶级嫡长子继承制之无情剥夺弟妹权利、逼迫他们从军或离家当女教师当修女,中国的大家庭可要人道得多了。

事实上,富于人情的家族制度和崇尚仁义的人文教化,乃是中国农业社会的常态与常情,尤其在"封建"大家庭里,即使嫡长兄与庶母弟之间也不乏爱护有加、兄弟情深的故事。① 冯友兰先生在1930年代即指出:"我们不能离开历史上的一件事情或制度的环境,而去抽象地批评其事情或制度的好坏。有许多事情或制度,若只就其本身看似乎是不合理的。但若把它与它的环境连合起来看,则就知其所以如此,是不无理由的了。例如大家庭制度,很有人说它是不合理,以为从前的人何以如此的愚,但我们若把大家庭制度与农业经济社会合起来看,就可以看出大家庭制度之所以成立,是不无理由的。"②"例如

---

① 这方面可参见拙文《"别有一番滋味在心头"——新小说中的旧文化情结片论》对金克木自传体长篇小说《旧巢痕》的分析,《鲁迅研究月刊》2002年第10期。
② 冯友兰:《秦汉历史哲学》,转引自《三松堂自序》,香港:三联书店,1984年,第240—241页。

我们旧日的宗法制度,显然是跟着农业经济而有的。在农业经济中,人跟着地,宗族世居其地,世耕其田,其情谊自然亲了。及到工业经济的社会,人离地散而之四方,所谓宗族,亲戚,有终身不见面的,其情谊自然疏了,大家庭自然不能维持了。"①

回头再看《狂人日记》,鲁迅既然无法写出一个正常的"封建"大家庭里父兄子弟之间如何"人吃人"的悲剧,便虚拟了一个"迫害狂"患者的日记来影射寄意。应该承认,鲁迅的现代医学和病态心理学的知识,在艺术上帮了他的大忙,所以作品刻画"狂人"的迫害狂心理和敏感乖张的言行,非常生动真实——他总是疑神疑鬼地自以为一切人与物都对他不怀好意,赵家的狗看他两眼,让他非常害怕;吃一碗蒸鱼,让他疑心是吃了人肉;他疑心死去的妹子被大哥吃了,自己可能也在无意中吃了妹子的肉,……如此等等,诚然是"迫害狂"患者病态心理的真实写照,但也正因为这是一个"迫害狂"患者的日记,正常的读者未必会信以为真。于是,鲁迅便有意识地在其中加上一些莫测高深的富于文化批判精神的微言大义,引导读者超越"写实"去理解"吃人"的宏大寓意。如那个常被引用的著名段落——"凡事总须研究,才会明白。古来时常吃人,我也还记得,可是不甚清楚。我翻开历史一查,这历史没有年代,歪歪斜斜的每叶上都写着'仁义道德'几个字。我横竖睡不着,仔细看了半夜,才从字缝里看出字来,满本都写着两个字是'吃人'!"②这个生硬附加上去的议论,旨在引导读者超越"迫害狂"的真实描写而向高远处生发深刻批判性的想象与义愤。与此同时,为了启发读者想象所谓封建大家庭里如何"骨肉相残",鲁迅也让狂人对其长兄如父的大哥,进行了诛心的猜想和"莫须有"的揭露——

> 我也不动,研究他们如何摆布我;知道他们一定不肯放松。果然!我大哥引了一个老头子,慢慢走来;他满眼凶光,怕我看出,只是低头向着地,从眼镜横边暗暗看我。大哥说,"今天你仿佛很好。"我说"是的。"大哥说,"今天请何先生来,给你诊一诊。"我说"可以!"其实我岂不知道这老头子是刽子手扮的!无非借了看脉这名目,揣一揣肥瘠:因这功劳,也分一片肉吃。我也不怕;虽然不吃人,胆子却比他们还壮。伸出两个拳头,看他如何下手。老头子坐着,闭了眼睛,摸了好一会,呆了好一会;便

---

① 冯友兰:《秦汉历史哲学》,转引自《三松堂自序》,第238页。
② 《鲁迅全集》第1卷,北京:人民文学出版社,1981年,第424—425页。

张开他鬼眼睛说,"不要乱想。静静的养几天,就好了。"

……

老头子跨出门,走不多远,便低声对大哥说道,"赶紧吃罢!"大哥点点头。原来也有你! 这一件大发见,虽似意外,也在意中:合伙吃我的人,便是我的哥哥!

吃人的是我哥哥!

我是吃人的人的兄弟!

我自己被人吃了,可仍然是吃人的人的兄弟!①

在这个"迫害狂"弟弟的癫狂想象里,作为封建家长的大哥成了一个阴险的吃人狂魔。当然,一个心智健全的读者应该都能看出,大哥对患病的弟弟其实是关爱的,他精心照顾弟弟、尽一切可能为其延医治病,最后也终于使弟弟恢复健康,"赴某地候补矣"。可是,一代代的新文学读者,却一直相信鲁迅笔下的狂人对其大哥的黑暗想象是真实的。于是,带着"吃人"之罪的大哥从此沉冤海底。显然,鲁迅正是借助象征主义的蒙混寄托,有意引导读者的恶意想象、不加思索地接受狂人的指斥,从而与读者共谋塑造了一个吃人的封建大哥形象,达成了对封建家族制度和礼教弊害的凌厉攻击。直到现在,绝大多数新文学研究者还是这么看"封建"大哥的。新人学恶意构陷人罪的杀人力道的确经久不息! 于此,不妨借用《狂人日记》的一句名言来反问一下:"从来如此,便对么?"

四

仿佛意识到《狂人日记》的偏颇,鲁迅后来又写了另一篇小说《弟兄》。《弟兄》和《狂人日记》都以一对兄弟的关系作为小说主题的载体,但所表达的文化态度显然有别。与《狂人日记》"吃人""救人"的象征寓意不同,《弟兄》在平实的写实中揭示出耐人寻味的文化—道德困境。② 鲁迅在生活中其实是极重兄弟手足之情、笃守孝悌之教的。鲁迅自己大概也没有想到,当他和自己的二弟周作人都转型成为倡导"人的文学"的新文化人之后,原本"兄弟怡怡"

---

① 《鲁迅全集》第 1 卷,第 425—426 页。
② 鲁迅写作《弟兄》,是用既略带微讽又不无同情的笔触,感同身受地揭示出身为兄长的张沛君在人生选择上的两难和道德操守上的困惑。详论参见拙文《"别有一番滋味在心头"——新小说中的旧文化情结片论》。

的哥俩却因为彼此的个性和利害难以调和而无可挽回地失和了。《弟兄》里的长兄张沛君诸多矛盾的反应都富有人性的真实——倘若兄弟俩只追求各自的利益,兄弟之情也就未必存在了。就此而言,鲁迅写《弟兄》真可谓"别有一番滋味在心头"。

  学界长期忽视的一个重要事实是,鲁迅在《狂人日记》和《灯下漫笔》等小说杂文中对中国历史文化传统"吃人"的偏颇指控,并不代表他对中国历史文化的真实认知,他的严厉批判更多是出于文化—社会改革策略的考虑。据内山完造回忆,鲁迅曾坦诚地对他说:"老板,你的漫谈太偏于写中国的优点了,那是不行的。那么样,不但会滋长中国人的自负的根性,还要使革命后退,所以是不行的。老板哪,我反对。"①可见,鲁迅对旧文化采取断然否定的严厉态度,乃是为推动中国变革而不得不然的矫枉过正之举。对此,夏济安的《鲁迅作品的黑暗面》里有一段话极富洞见、发人深省:"他(鲁迅)对当时争论的问题所采取的极端态度,和他的积极鼓吹进步、科学与开明风气,都是众所周知的。但这并不构成他的整个人格,也不能代表他的天才;除非我们把他对他所厌恨的事物之好奇,和一份秘密的渴望与爱慕之情也算进。"②事实上,鲁迅在私下的言谈里对中国的历史文化传统包括民族性倒是不无肯定的。如鲁迅在1936年3月4日致译者尤炳圻的私信里,比较了中日两国的历史和国民性:"日本国民性,的确很好,但最大的天惠,是未受蒙古之侵入;我们生于大陆,早营农业,遂历受游牧民族之害,历史上满是血痕,却竟支撑至以今日,其实是伟大的。但我们还要揭发自己的缺点,这是意在复兴,在改善……内山氏的书,是别一种目的,他所举种种,在未曾揭出之前,我们自己是不觉得的,所以有趣,但倘以此自足,却有害。"③令人惊讶的是,鲁迅在这封私信里充分肯定了中国的历史和国民性"其实是伟大的",这无疑是发自衷心也合乎历史实际的肯认。并且,鲁迅在1930年代也曾公开肯认:"我们从古以来,就有埋头苦干的人,有拼命硬干的人,有为民请命的人,有舍身求法的人……虽是等于为帝王将相作家谱的所谓'正史',也往往掩不住他们的光耀,这就是中国的脊梁。"④可惜的是,如此肯定中国历史文化传统的话,鲁迅确乎言说不多,他说

---

① 内山完造:《鲁迅先生》,史沫特莱等:《海外响——国际友人忆鲁迅》,石家庄:河北教育出版社,2001年,第116页。
② 夏济安:《鲁迅作品的黑暗面》,《夏济安选集》,沈阳:辽宁教育出版社,2001年,第22页。
③ 《鲁迅全集》第13卷,北京:人民文学出版社,1981年,第682—683页。
④ 《鲁迅全集》第6卷,第118页。

的更多且影响更大的,则是诸如《狂人日记》等"不惮以最坏的恶意来推测中国人"①的小说与杂文。

　　诚然,鲁迅的激烈言说在中国现当代历史进程中产生了广泛深远的积极影响,但消极影响也无须讳言:当鲁迅借狂人对中国历史文化传统的全盘否定被视为无可怀疑的历史真实之后,后起者竞相效仿此种"深刻的片面"之论,终于蜕变为批判论者装饰其"深刻"的修辞皮毛,却使中国的历史文化传统"蒙冤"至今;而鲁迅所一再鼓吹的个人主义新人学——所谓"惟有此我,本属自由"②"朕归于我,而人始自有己"③的个人,带着"先该敢说,敢笑,敢哭,敢怒,敢骂,敢打"④的革命勇气,成为从事"辟人荒"创世胜业的"新人类"云云,可是,倘无超越的神明之警戒或仁义精神之引导,个人必张狂到妄自尊大、丧心病狂之境,一如狂人带着"人的发现"的"义勇和正气",不仅凭空诬人清白,而且癫狂地拒斥仁义。如此则个人主义的"新人学"也会趋于"朕归于我""我即真理"之极端,催生出周作人之类"精致的利己主义者"和狂暴的革命投机主义者,这类自私的个人主义者和自是的革命投机主义者在中国现当代历史上是层出不穷、屡见不鲜的。由此反省一下,作为新文化"人权宣言"的《狂人日记》及其相关杂文,是不是有些自迷于"人的自觉"却"人而不仁"呢?!

本文作者系清华大学中文系教授

原载《探索与争鸣》2019 年第 5 期

---

① 《鲁迅全集》第 3 卷,北京:人民文学出版社,1981 年,第 277 页。
② 《鲁迅全集》第 1 卷,第 51 页。
③ 《鲁迅全集》第 8 卷,北京:人民文学出版社,1981 年,第 14 页。
④ 《鲁迅全集》第 3 卷,第 43 页。

认同现代之难

任剑涛

1915年,陈独秀等人着手编辑《青年杂志》(后改为《新青年》且以此知名),确立了创建中国新文化的编刊宗旨。这是中国自晚清以来寻求坚船利炮的西方物质文明、试图以全变的制度改良建构现代国家机制之后,在文化上正式确立认同现代主流文化的标志。百年弹指间,新文化依然是值得深入思考的主题。他需要人们深入分析,何以新文化运动划出新旧文化分界线之后,一直在新旧文化的胶着状态中为自己争取发展空间?这需要人们从新文化的构成、传统文化与新文化的关系、中国社会政治变迁等角度加以分析,以期为中国的现代文化发展提供强大动力。

中国文化发展的分界线

断言《新青年》开创了中国的新文化,就意味着中国文化出现了新旧之分。但中国文化究竟是否划出了一条传统(旧文化)与现代(新文化)的清晰分界线,是一个必须回应的质疑。对此的回答可以分为两类:一是中国文化确实有着新旧文化的明确分界,二是中国文化并没有出现新旧文化断裂。对此的阐释,内部也充满张力,不论是从时间点上看,还是从结构转变上论,持同样立场的论者之间的看法,差异巨大。如果说确立新文化运动的论题,就意味着承诺了中国新旧文化分界的话,那么,仅就中国文化划分出新旧界限的持论者而言,在时间上看,一些论者认为中国新旧文化的分界从晚明就开始了;一些论者认为始自晚清,尤其是1840年的中英鸦片战争堪为突出标志;一些论者则将新文化运动作为起始点。从结构上论,一些论者认为晚明中西文化的交流,已经展现出中国传统文化与现代文化结构之间的迥异性;一些论者认为中国传统文化与现代文化的碰撞是在晚清才真正凸显出来;而另一些论者则认为新文化运动才宣告了中西之传统与现代文化的结构性差异。① 至于体现新旧文化界限的社会要素,一些论者认定是文化的因素,因此以晚明的中西文化接触为标志,申论新旧文化差异;一些论者则认定是经济因素,因此以工业-市场经济与农业-自足经济判定新旧文化区别;大多数论者似乎更乐意以政治-军事因素划分新旧文化界限,这正是他们习惯于将鸦片战争视为中国传统与现代分流标志的重要理由。1840 年的中英鸦片战争就此具有了标明中国脱离传统、进入现代的双重标志意义,它在时间尺度与结构状态上,交叠地体现出中国新旧文化的明确分界。

上述争论,差异很大。但有两个常常被人无视的基本共同点:一是论者共同认定,中国文化确实有一条新旧文化、传统与现代的分界线;二是这条分界线,确实是由西方文化对中国传统文化的冲击造成的。差别只是在于,基于前者的分界时限;基于后者的分界动因,即究竟主要是中国文化内生的因素导致了这样的分流,或主要是中西文化的碰撞引发了相关的变化。古今之变与中西之别,就此成为相关讨论的两个基本坐标。② 以广泛而持久的相关论争来看,究竟在时限上、结构上如何才能较为准确判定中国画出新旧文化界限,实在是一个关乎中国文化发展的大问题。原因在于,它对于致力发展现代文化的中国在古今中西四维中择善而从,发挥着重要的引导作用:在古今之间,承继传统优势,对开创富有生命源泉的现代文化,具有决定性作用;在中西之间,形成开放心态,对开创中国融于世界的现代局面,具有根本性影响。

不过,在古今中西之间择善而从,有效推进中国的现代进程,常常是一种理想愿望。中国现代文化发展的实际情形,基本上处在中西古今之间局促不安、迟疑徘徊、犹疑不决的状态。正是这样的心境,造成新文化成长的土壤贫瘠、空气稀薄。因此,人们很容易意识到,一个几乎是中国特有的现代转变困境,在新旧文化发生分际的时候,出现了值得人们注意的背离现象:一是中国传统文化及其人格载体对新文化的自觉抵抗,从而对新文化生长所必须的传统土壤做了抽离的工作。在这里,新文化的传播与传统文化自承者对之的明确抗拒,成为兀自呈现的对立画面。诚然,这与新旧文化代言者的对峙性选择是吻合的:一方面,基于传统文化对现代的抗拒,既与中国传统文化发展具有顽强的绵延力有关,也与坚守传统文化立场的人士缺乏现代适应性,有着密切

---

① 张岱年等:《中国文化与文化论争》,北京:中国人民大学出版社,1990 年,第 305—389 页。
② 余英时:《现代危机与思想人物》,北京:生活·读书·新知三联书店,2005 年,第 32—58 页。

关系。另一方面,新文化的传播逐渐走上了一条不得不与传统文化背道而驰的演进路线,从而自己堵塞了借助传统文化精神滋养以壮大自身的通达道路。再一方面,新旧文化同时在中国的现代社会政治转变之际,表现出对权力的无可奈何窘态:对新文化倡导者来讲,只好就此选择对抗权力的姿态;对旧文化的自承者来讲,走上了一条几乎是无条件支持权力的不归路。总的说来,双方都显现出一种就文化论文化的虚悬性质。这样也就增强了文化价值间决断的紧张性。因为,在经验层面缺乏检验机会的文化价值之争,只能在文化价值的对峙表达中呈现并坚守自己,完全无法基于经验需要确立坚守、变通与放弃的明智态度。

正是在这样的新旧文化转换处境中,呈现出一条新旧文化逐渐刚性分流,难以兼容的历史态势:晚清的新文化传播,力度不可谓不大,但抵抗强度也不可谓不高。基本的结局,就是维护政治专权的晚清政府的倒台,机械捍卫传统文化的卫道者随之成为政治殉葬品,新文化就此打上阶段性句号。随民国而起的现代政治,由于共和政治的一波三折,使中国人无以真正进入民主共和的政治境地。因此,在晚清起始的物质器物现代化收效有限,民主共和政治建构不断陷入危机状态的情况下,更为激进地推动中国现代转变的文化决定论终于登场。此前在古今中西四维中进行端点选择的思路,已经穷尽了在四端中进行权宜性组合的选项,一种关乎捍卫传统还是选择现代的总体性对立主张,成为中国从传统向现代转变的无可改变的处境。

新文化运动的出场,因此具有了强大的现实理由。先不论新文化运动不得不明确刻画新旧文化界限的举措是如何的、又是否正当。仅就新文化的前史来看,源自西学的新知传播、始自西制的改革目标陈述、基于官宦集团的洋务运动、曾经颇有声势地展开的政治改良,已经书写了中国新文化的瞩目篇章。但何以会出现新文化运动并由此划分出中国新旧文化的鲜明界限呢?稍作分析可知,那是因为此前中国现代转变过程中的新旧文化综合尝试,似乎已经陷入一个无法持续的僵局,国人不得不在中国新旧文化之间划分出判断有别的边界,并就此刻画出要么传统、要么现代的决断性界限。倘非如此,似乎就不足以确立中国现代新文化的不可撼动地位、不可移易的作用。这样做的理由也很强大:晚清的自我变革,被极度自私的少数晚清权势人物所葬送,非经革命,国家无法落到现代"民国"的平台上。民国的形式架构搭建起来以后,帝制复辟让人们看到旧式权力体制轻易卷土重来的危险,不对之进行强有力的政治批判、文化清算,不足以为"民国"的现代社会政治体制提供强势辩护。一个在古今中西之间不能明确决断的社会氛围,完全无法推进中国的现代转变进程。

民国建立以后的特殊情势,是这种断然确立新旧文化界限的新文化运动浮现出来的最直接推动力量。民国初年的状态,政治情势是共和取代了帝制,文化态势是现代替代了传统,社会状态是新式生活成为主流。但民国在政治上存在着复辟帝制的强大势力,文化上出现了复古主义的顽强努力,这使得新文化的特质被有意遮蔽,并显得模糊起来。就前者言,袁世凯直接上场演出的帝制复辟闹剧、张勋重立宣统皇帝的帝制复辟大戏,给承载新的共和政体的人群以巨大的政治不稳定感,这让他们捍卫共和政体的举措趋向激进。南北在军事政治上对峙的局面,因此落定。二次革命的出现与帝制复辟的紧密关联,张勋复辟激发的共和人士与保皇党之间的政治文化矛盾,都成为传统社会政治文化与新文化不能兼容的刺激性认知动力。加之,期间民主宪政政体建设的举步维艰,让人留下非经激进的政治运动难以确立共和政体的强烈印象。[①]因此,新文化必须采取决绝的姿态才能有一个清晰的自我呈现。于是,新文化"运动"的出现,就在情理之中。

新文化运动,是中国现代变迁混杂阶段需要清晰划分新旧文化界限的产物,也是新旧文化得以呈现其明确界限的标志性事件。这是中国现代变迁之一成一败催生的结果:一成是,新文化所寄载的现代社会政治肌体的生长,已经势成大势,无以扭转;一败是,新文化的生长无法在传统滋养和现代发育两者间达成共存共荣的互动机制,终至新旧文化悲剧般的分流而为,既使传统的现代转变迟滞,也造成新文化生长的土壤贫瘠。进而不能不付出长期的时间代价,来达成有益于两者良性转化与顺畅生长的互动机制。不过,这已经是后话了。

之所以说新文化运动成为中国新旧文化明确分流的界限,是因为领导这一运动的领袖人物所具有的文化自觉性,以及这一运动在精英文化界产生的广泛、深刻与持久的反响。新文化运动领袖人物大致是以新旧文化的决绝分化建立自己论说的,不管是新文化表达形式的文言与白话选择,还是在新文化实质结构上对封闭与开放、迷信与科学、专制与民主、东方与西方、民族与世界之间两者择一的决断,都表明新文化终于在新旧文化和合发展失败后孑然登场的标志性。新文化运动的意义在此,成败也在此。

---

① 荆知仁:《中国立宪史》,台北:联经出版事业公司,1984 年,第 175—214 页。

"新文化"新在何处

新文化运动的出现,不是这场运动的几个领袖人物突发奇想的产物。它是近在百年左右、远在数百年间中国文化现代变迁趋近紧张的结果。追溯中国新文化的萌生,从内在的视角看,千年之前的唐宋改革运动,就孕生了中国文化自我更新的新文化基因。但到明代,尤其是明代晚期,这一内生的文化自我变革生机被中国政治窒息了。明清交替所催生的中国文化自我更新之难产,固然是重要因素。一个落后的少数民族,替代了文化上相对先进的多数民族,本身就意味着政治上会出现高度紧张的局面。有清一代的高压统治,正是行走在压制思想、抑制文化发展的进路上。这在现代文化勃然生长的世界范围内来看,就更是发挥了阻碍中国文化自我更新,并形成内生的现代转变机制的作用。如果把中国现代文化受阻的时间定格在明清之际,那么,直至新文化运动出现的时候,这场运动乃是数百年中国文化运动的诱发结果。

如果将新文化运动的出现锁定在晚清时期的中国文化变动状态上,那么,它便是近百年中国新文化发展趋势的显现。由于这一时段中国现代转变的内生动力明显不足,因此,外部的刺激,已经成为中国现代文化发育、生长的直接动力。这从晚清政府愿意考察先进国家的宪政体制,但终于以皇族内阁宣告权力独享,因此终结了改革进程上可以认知;也可以从晚清中国现代文化发展受到保守派的顽强狙击,从而由保守派凸显的新旧断然对峙立场上得到辨认。[①] 就此而言,新文化运动首先是守旧派抗拒文化变迁的结果,其次才是新文化人格载体文化决断的产物。相对来看,不是守旧派的顽冥不化,就不会有新文化运动的刚烈极端;不是新文化运动的干脆决绝,就不会有中国现代文化的脱颖而出。对于这样的既成事实,似乎没有太多的争议必要。

[①] 一个应当引起重视的事实是,晚清守旧派与改良派,本来应当是容易进行政治—文化合谋的。因为两派的文化守旧主张基本一致,都基本站在传统儒家立场上对待或筹划中国的变局。他们之间的主要差别是在政治趋新方面,即是否以改良的方式让中国生发活力,以适应现代转变。康有为的保教立国进路,与守旧派的保教卫国,本可呼应。但守旧派已经全然拒斥,关闭了改良大门。这就促成了一种新旧文化对峙之局。守旧派苏舆的对峙断言,堪为代表。他指出,康党"伪六籍,灭圣经也;托改制,乱成宪也;倡平等,堕纲常也;伸民权,无君上也;孔子纪年,欲人不知有本朝也"。(苏舆编、杨菁点校:《翼教丛编》,台北:"中央研究院"中国文哲研究所,2005 年,第 57—58 页。)便是一种拒斥一切改良的立论。改良尚且被守旧者拒斥,遑论改革与革命。因此,晚清中国逐渐走上激进之途,也是掌权者及其辩护者不能与时俱进的悲剧性结果。

可以说,新文化运动并不是中国现代文化生长、发展的理想途径。但是,新文化被置于旧文化对立的位置,并不是新文化人格载体单方面造成的结局。既然新旧文化的人格载体步入一个对峙之局中,那么,新文化也就不能不在决绝宣告自身上,展现出一种不被旧文化埋没的倔强姿态。陈独秀在《青年杂志》第1卷1号上发表《敬告青年》一文,就明确指出了中国新文化与旧文化的对立性特质:"(一)自主的而非奴隶的。(二)进步的而非保守的。(三)进取的而非退隐的。(四)世界的而非锁国的。(五)实利的而非虚文的。(六)科学的而非想象的。"[①]这种将中国新文化或现代文化的基本精神与传统文化或旧文化鲜明对立起来的表述,从严格分析的视角看,是不能成立的。因为,一种历史悠久的文化体系,在其基本精神蕴含上,总是非常复杂的,不可能是一种大而化之的简单思维产物。但这并不颠覆陈独秀对中国新文化精神的概括。原因很明确,不对立性地表达中国新文化的特质,就不足以鲜明凸显中国新旧文化的差异,从而为新文化开辟出生长地盘。在旧文化全力窒息新文化生长的处境中,新文化的决绝性品格,也就成了这一文化样态的基本品性。

从陈独秀对新文化的集中表述来看,新旧文化的特质都夸张性地呈现出来了。在其表述中,人们可以觉察,新文化的蕴含是非常丰富的。不过,陈独秀对新文化精神品格的六点陈述,有些显然仅仅是针对当时旧文化人士的立场而言的,并不是针对中国传统文化的总体精神品格进行的概述。譬如,对文化的守旧性、奴隶性、退隐性、虚文性的概括,就不见得击中中国旧文化的缺陷。其实,中国文化的"日新、日新、日日新"的变易精神、自做主宰的"浩然之气"修养、"达则兼济天下"的进取精神、"犯手实做其事"的实学取向,都与现代文化精神是高度吻合的。难道陈独秀不清楚中国传统文化的精神品质,因此对中国新旧文化精神进行了十分随意的概括?非也!陈独秀的这一概括,是基于当时中国新旧文化的时代品格进行的总结归纳。他无意归纳、总结中国传统文化的总体精神品格,只是亟欲突破当时中国现代文化的发展困局:从晚清步入民国的改良派人士,如今已经成为无条件保守中国文化与传统政治既定秩序的人士。这样的保守,在政治上体现为保皇,而不愿正视现代共和政体的建设成就;在文化上体现为将儒家宗教化的努力,进而体现为将儒家提升为国家化宗教的奔走呼号。康有为等人以逆转共和政体的虚设前提,重张虚

[①] 任建树:《陈独秀著作选编》第1卷,上海:上海人民出版社,2009年,第158—163页。

君共和的政治旗帜;同时,康有为、陈焕章及袁世凯等人以仿照基督教的形式建构儒教,并以初始建构中的儒教为国教,试图以此确立人心秩序,进而建构政治秩序。① 从历史大变局的角度看,他们的尝试可谓苦心孤诣,也未必没有切中中国现代转变关键问题的机敏之处。但是,虚君共和的建国选项已经归于失败,而儒家宗教化与国家化的艰难同构见效甚微,复加建构者与帝制复辟的直接勾连,激起民国支持新文化与共和政体人群的强烈反弹,也就在意料之中。

新文化运动既然是以"运动"的方式展现出来的文化形式,那么,它势必如陈独秀所述那样,全方位地呈现出它新的特质。不过恰如前述,陈独秀对新文化特质的陈述,有一种因应当下文化论辩的夸张性对立特点,未必就是对整体意义上的中国传统文化与现代新文化特征的完备论断。因此,新文化并不能从前引陈独秀论断中得到确认。于是,一个不能回避的提问是,新文化究竟新在哪里? 新文化之新,有着形式和实质的两个向度的呈现:从形式上讲,以白话文代替文言文,呈现的是一种新文化的表达形式。② 其中,白话文运动携带着相关的现代价值,诸如文化的平民性对精英性的代替、普及性对特权性的转变、国语对地方方言的整合等等。但从整体上讲,白话文主要是作为新文化语文载体的角色出现的。从实质结构上讲,新文化运动之"新"的特质,主要不在白话文运动的语言及其表述方式上,而在它所携带的现代核心观念上。这样的核心观念,聚焦于民主与科学两个重大主题。民主,申述的是国家权力来源的问题,旨在翻新中国的社会政治实践模式,解决千百年来中国传统政治中不问国家权力来源,只问权力运用的首要难题。科学,申述的是追求精确知识的宗旨,旨在翻新传统中国认知世界的直观方式,从根本上解决中国传统文化中缺乏精确知识的缺陷。新文化运动的重点指向,实在是切中中国传统文化的要害。

新文化运动对民主政治的吁求,关系到中国传统政治的结构性重建问题。按照陈独秀的陈述,事涉"吾人政治的觉悟"之三大方面,③一方面,必须终结

---

① 韩华:《民初孔教会与国教运动研究》,北京:北京图书馆出版社,2007年,第85—116页。
② 胡适对文学革命的概括,可以作为佐证。他指出,文学改良"须从八事入手","一曰,须言之有物。二曰,不摹仿古人。三曰,须讲求文法。四曰,不作无病之呻吟。五曰,务去烂调套语。六曰,不用典。七曰,不讲对仗。八曰,不避俗字俗语。"载耿云志主编:《胡适论争集》上卷,北京:中国社会科学出版社,1998年,第8页。
③ 任建树:《陈独秀著作选编》第1卷,第202页。

"惟官令是从"的专制政治之弊,知晓"国家为人民公产,人类乃政治动物"的公民常识;另一方面,必须懂得政治变迁大势,"由专制政治,趋于自由政治;由个人政治,趋于国民政治;由官僚政治,趋于自治政治:此所谓立宪制之潮流,此所谓世界系之轨道也"。再一方面,必须确认一个现代政治常识,即"人为自己立法",从根本上克制仰人鼻息、依赖他人的政治习性。"第以共和宪政,非政府所能赐予,非一党一派人所能主持,更非一二伟人大佬所能负之而趋。共和立宪而不出于多数国民之自觉与自动,皆伪共和也,伪立宪也,政治之装饰品也,与欧美各国之共和立宪绝非一物。"在这里,他阐述了一种一直被认为是反对儒家传统的"伦理的觉悟"的主张。"吾人果欲于政治上采用共和立宪制,复欲于伦理上保守纲常阶级制,以收新旧调和之效,自家冲撞,此绝对不可能之事。盖共和立宪制,以独立平等自由为原则,与纲常阶级制为绝对不可相容之物,存其一必废其一。倘于政治否认专制,于家族社会仍保守旧有之特权,则法律上权利平等经济上独立生产之原则,破坏无余,焉有并行之余地?"①这样的理论,确实给人一种以终结传统为前提开启现代的鲜明印象。其实,稍作分析,就会发现,陈独秀之论,并不是针对整个中国古典传统的人伦常理,而仅仅针对专制政治的伦理基础。这是一种专指的论断,而不是一种泛指的立场。因此,这样的断言,不能被视为新文化运动反传统的证据。确实,相对于皇权建制而言,权力归属上的专断性是无法否认的,至于权力运用上的民主性质,存在值得肯定的地方,但并不因此改变权力归属上的专制特性。这是新文化之所以"新"的体现,是新文化断然确立中国文化的现代特质,却又不直接颠覆中国传统伦理的论述方式的表现。

至于新文化另一核心主题的科学,在陈独秀提纲挈领的阐述中,可以知晓它作为新文化之"新"特质的体现,正是在于精确性知识的获得。他将科学与想象作为两极来加以对比:"科学者何?吾人对于事物之概念,综合客观之现象,诉之主观之理性而不矛盾之谓也。想象者何?既超脱客观之现象,复抛弃主观之理性,凭空构造,有假定而无实证,不可以人间已有之智灵,明其理由,道其法则者也。"基于这样的定位,他将科学与人权(民主)列为中国现代化转变的两个相关事项。"国人而欲脱蒙昧时代,羞为浅化之民也,则急起直追,当以科学与人权并重。士不知科学,故袭阴阳家符瑞五行之说,惑世诬民;地气风水之谈,乞灵枯骨。农不知科学,故无择种去虫之术。工不知科学,故货

---

① 任建树:《陈独秀著作选编》第1卷,第203页。

弃于地,战斗生事之所需,一一仰给于异国。商不知科学,故惟识罔取近利,未来之胜算,无容心焉。医不知科学,既不解人身之构造,复不事药性之分析,菌毒传染,更无闻焉;惟知附会五行生克寒热阴阳之说,袭古方以投药饵,其术殆与矢人同科;其想象之最神奇者,莫如'气'之一说;其说且通于力士羽流之术;试遍索宇宙间,诚不知此'气'之果为何物也!"① 在中国思想史上,气论是解释宇宙起源、万物生成、大化流行的核心概念。但气论确实属于高妙的哲学想象,而不属于精确的科学知识。在新文化运动的领袖人物看来,精确知识正是中国传统文化中所缺少的东西,因此亟需在中国现代转变中承接现代文明果实。如果说在政治现代化进程中,需要改变新文化运动对传统政治文化不区分政权与治权民主差异,而以政权不民主批判了整个传统政治文化的缺失,那么,在科学的精确知识建构上,中国确实需要以谦恭之心将之接引进入中国文化天地。

就此可见,新文化运动之"新",新就新在它试图提供中国传统中所缺少的文化基因。即便我们对新文化运动持有一种反感态度,只要对中国文化怀有与时俱进、常变常新的心态,也会理性承认,新文化运动对民主与科学的倡导,对中国文化变衰颓之象为长盛不衰所具有的决定性价值。就此可以说,新文化运动并不新在对中国传统文化宣判死刑,事实上它也未曾做出这样的宣判;新文化运动之新,是在提供给中国文化自我更新的两种不可或缺的动力。就此而言,陈独秀等新文化运动领袖那种夸张性地处置中国新旧文化的差异性举动,似乎在限定的两大主题上,就具有了相当理由。因此它对中国文化的绵延性发展,具有远超于颠覆传统的建设性意义。

"新文化运动"是怎样的运动

新文化运动的建构性或建设性胜于颠覆性或破坏性。但这是一个需要进一步论说的命题。无疑,在新旧文化对峙关系的局势中,感觉上新文化对传统所持的不亲和立场,以及由此引发的疏离传统,并进而引申的颠覆传统效用,颇为人诟病。确实,新文化运动是相对于中国传统而展开的一场启蒙运动。在传统复魅运动回到中国文化现场的当下,对这场启蒙运动进行清算,似乎是不可避免的事情。其中,两种反对启蒙的思潮引人瞩目:一是基于传统辩护立

---

① 任建树:《陈独秀著作选编》第 1 卷,第 162—163 页。

场的现代儒家学者,以对西方中心主义的清算,来为中国传统文化光复地盘;一是基于新左派价值立场对西方价值的批判,借此试图为历史主义支撑的国家主义提供理论支持。两种思潮的共同特征,体现为拒斥启蒙主义的普遍主义、理性主义主张,试图就此建立特殊主义的中国文化立场或中国政治立场。对新文化运动得失的讨论,有助于人们厘清这场文化运动对中国文化发展所具有的独特意义。但是否针对新文化运动的、清算启蒙主义的立场,也有利于中国文化的健康发展,还有待观察。不过,这样的关注已经超出了本文的讨论主题了。

新文化运动是否是一场伤害中国文化健全发展的历史性误会?这场运动是不是中国后来不可挽回地走向激进主义革命的滥觞?进而,这场运动是不是必须加以彻底批判,并重新择定中国文化本位化发展的路向?这些显得相当严厉的诘问,确实关乎新文化运动的正当性和效用性问题。而回答这些质疑,需要先期确定新文化运动的性质,然后才能断定这场运动是否具有值得肯定的价值,而且勿需对中国后来的扭曲式发展负上太多责任。

确定新文化运动的性质殊非易事。因为,这场运动从初期的同人活动,逐渐扩展为一场文化运动,并进一步发展为一场社会运动,最后则落定为一场政治运动。新文化运动,因此成为一场三合一的浩大运动。① 从这场运动的疾速发展来看,愈到后期,愈超出发动者的控制能力,以至于发动者被卷入了一场急风暴雨式的群众运动之中不能自拔,少数领袖人物,更加成为激荡风雷的政治人物,终至于成为中国现代政治与社会彻底革命的直接推手,导致新文化运动领袖群体的分裂。从这场运动的连续性上讲,当初的同人运动到最后五四运动,有着一条首尾相连的发展轨迹。这是论者可以持有一种历史反观态度,从后起的激进革命政治运动反过来审度新文化运动的历史理由。但这样的审度,明显放大了新文化运动的时距,更显著注入了新文化运动最初没有的诸多复杂含义。一种将新文化运动在时间与空间上均急遽放大,以至于它成为一场没有专门指向的文化变迁过程,是一种无法厘清新文化运动自身结构和功能的宽泛做法。真正理解新文化运动的价值与意义,还需要在相对固定

---

① 从新文化运动演进到新社会运动、新政治运动的时间与事件标志,大致可以确定为:1915 年《青年杂志》创刊到 1918 年对一战后处置中国利益的抗议,再从 1919 年五四抗议到政党政治的风起云涌。1918、1919 年是三个阶段转变的时间节点。其间,陈独秀、李大钊与胡适等人呈现的政治分歧,愈到后来愈显示出新文化运动内部的文化与政治的张力。两者的分道扬镳,展示了新文化运动执著文化变革与走向激进政治两种取向的难以兼容。

的时限和空域范围,来对之进行描述和评价。这样才会得出对这场运动的公允评价结论。

狭义性的新文化运动,需要在运动的文化特指上加以限定。就此而言,新文化运动必须与后起的五四运动适当切割。不是说新文化运动与后者没有关联,而是说后者乃是新文化运动的延展结果,是新文化运动演变为社会运动和政治运动才出现的事件,后者并不是狭义的新文化运动的构成部分。在中国现代进程中的新文化运动,几乎丧失了自己特指的文化运动含义,构成更大范围的、广义的五四运动的组成部分。① 这样的历史描述,就将一场自有其专门所指的文化运动,淹没在一场重在历史连续性的、总体意义上的社会政治革命运动中。将新文化运动做时空双域限定,才可能真正理解这场运动对中国现代变迁的重要意义。

狭义的新文化运动,首先是一场新文人运动。这场运动,既不是中国社会向现代化的整体迁移运动,也不是中国经济从农业化向工业化运动演进的运动,更不是国家权力在制度上现代重构的运动。作为一场文人发动的文化运动,新文化运动领袖的动机是相对单纯的:它要树立一种新的文化气质。这一文化气质,体现为一种"青年"气质。这是一种适应中国现代变迁需要的、促使"新陈代谢"的文化气质。在这样的文化气质中,那种为中国传统政治所支持的观念、制度与表达方式,自然就缺乏生动活泼的灵性,也就自然不为新文化运动领袖人物所应承、赞许和提倡。在当时帝制复辟、孔教鼓荡相携出场的时局中,由心怀"天下兴亡,匹夫有责"信念的文人们掀动的新文化运动,自然就带有了特有的文人印记:激情式的主张、浪漫化的追求、意气风发的表述、即刻见效的意欲、刻意做对的决断、一蹴而就的方案,一股脑儿地推向了社会。这就注定了新文化运动内在的趋向激进性质。当这场运动还有效地限定在文化领域的时候,它的文化更新意图,是有兑现的充分空间的;它的社会意图,也会对社会风气的现代转变,发挥积极作用;它的政治主张,可以对国人认知现代政治,产生正面影响。

从新文化运动提倡的文化-文学革命来看,是其收效最为显著的方面。倡导文学改良最为着力的胡适,在陈述文学改良主张的时候,就已经意识到这样的主张所具有的局限性,他说,文学改良"乃吾年来研思此一大问题之结果。

---

① 牛大勇等:《五四的历史与历史中的五四——北京大学纪念五四运动90周年国际学术研讨会论文集》,北京:北京大学出版社,2010年,第3—12页。

远在异国,既无读书之暇晷,又不得就国中先生长者质疑问难,其所主张容有矫枉过正之处。然此八事皆文学上根本问题,一一有研究之价值。故草成此论,以为海内外留心此问题者作一草案。谓之刍议,犹云未定草也,伏惟国人同志有以匡纠是正之"①。这样的自白,体现了新文化运动初起之时,这场运动的领袖人物对自己知识的限度、生活经验的匮乏、学界讨论的陌生、矫枉过正的可能、期待匡正的驳议所具有的自警性、自期性。即便是陈独秀那种似乎是态度决绝的新文化倡导之议,也还限制在文化新陈代谢的急迫陈述上。不过,当新文化运动涉及社会政治主题的时候,其激进性便远远超出文学革命的克制程度,有一种冲决罗网的激愤感。不过,当这样的激愤主张还只是一种社会政治认知方式的时候,它并不会从新文化运动一方引向颠覆传统、与传统对决的极端。后来出现的激进政治导向,另当别论。可以推想,如果新文化运动一直限定在现代社会文化认知领域,它发挥的推进中国现代变迁作用,也许更加巨大。

但中国新文化运动的社会土壤是极其硗薄的。这造成新文化运动一旦兴起,就面临非常严峻的挑战:一是它与当时的政治风气不协调,因此必然受到政治打压。这样的打压,势必将其推向激进化的方向。二是文化界不仅难以接受新文化理念,而且对之进行围剿,因此也让新文化运动领袖人物生成一种情绪化的思维。本来,新文化运动的文人领袖们,满心充溢将中国文化导向现代境地的天真、淳朴与理想意念,一旦遭遇文化与政治压力,便有些措手不及,激烈的情绪性反映,就成为一种自然而然的反应定势。譬如,陈独秀在面对影响甚巨的康有为施加的文化氛围压力时,就撰有言辞激烈的"驳康有为致总统总理书",他着力指出:"主张民国之祀孔,不啻主张专制国之祀华盛顿与卢梭,推尊孔教者而计及抵触民国与否?是乃自取其说而根本毁之耳,此矛盾之最大者也!"②矛盾之论引出激烈的贬斥之说,给人一种正道直行与歪门邪说势不两立的文人对峙印象。循此理路,不难理解后来陈独秀在遭受社会—政治压力的时候,将这样的情感塑造成一种政治抗辩情绪的态势。一方面,这促成一种相比于《新青年》创刊时期更为明显的激进心态:"要拥护那德先生,便不得不反对孔教,礼法,贞节,旧伦理,旧政治。要拥护那赛先生,便不得不反

---

① 耿云志编:《胡适论争集》上卷,第 14 页。
② 任建树:《陈独秀著作选编》第 1 卷,第 239 页。

对旧艺术,旧宗教。要拥护德先生又要拥护赛先生,便不得不反对国粹和旧文学。"①另一方面,他激愤地表达了自己申述新文化价值奋不顾身的态度:"若因为拥护这两位先生,一切政府的压迫,社会的攻击笑骂,就是断头流血,都不推辞。"②这种激烈的遣词造句背后,也还受一种不得已而为之的文人思维的主导,声称是"愤极了才发出这种激切的议论"③。

从陈独秀回应反对新文化的诸种责难来看,新文化运动乃是承受社会政治压力的产物,它具有自己成长的内生逻辑,但外部责难也是塑造它演进状态与精神品格的强大力量。这就证明,新文化运动并不是一场历史误会的产物,而是历史自身运动的结果。与此同时,这场运动的走向,确实不是初起之时自己所可以把控的事情。走向激进化的新文化运动,内受催生其激进化因素的文化抵抗的影响,外受国家现代政体选择与欧美国家对华外交政策的塑造,但那已经是溢出新文化运动范畴的社会政治变迁事务了,将之排除在新文化运动的原初意欲范围,似乎也有正当的理由。后来由文人演变为政治家所主导的五四运动,以及更后起的激进政治运动,需要在新文化运动限定论题之外,才能获得准确的描述与理解。

新旧文化的对局陷阱

新文化运动从初起的文化运动演变到后来的社会政治运动,注定了这场文化运动无法收到它最初确定的、推动中国现代文化发展的效果。这场运动,除开文学改良、文学革命,也就是白话文的国语运动收获了累累果实以外,它深沉期待的科学与民主,并未成为当时中国发展的主流。

对此,有必要分别从三个方面加以审视。其一,对新文化运动的文学革命、白话文运动做出的正面评价,甚少分歧。即使保守主义者批评新文化运动,也较少针对文学革命。胡适认定新文化运动是为"中国的文艺复兴",也首先是基于文学革命的收获。④ 但由于白话文革命主要还是一种文化表达形式的改变,因此很难以其成功来判定新文化运动属意的现代基本价值获得了

---

① 任建树:《陈独秀著作选编》第 2 卷,第 10 页。
② 同上,第 11 页。
③ 同上。
④ 牛大勇等:《五四的历史与历史中的五四——北京大学纪念五四运动 90 周年国际学术研讨会论文集》,第 218—219 页。

认同。其二,新文化运动所重视的科学,在后来的中国似乎获得了表面上的胜利。但实际上,科学只是在应用技术的功利性作用这一点上得到权宜性的承认。除此以外,科学精神并未主导中国人对自然世界的认知,也未确立起国人认知事物的科学精神。[1] 其三,新文化运动的思想革命,即其所倡导的现代伦理与民主政治,引发了更加具有歧义的评价:一是站在守护传统的立场上,拒斥新文化运动采取的颠覆传统政治伦理以创立现代政治伦理的进路,进而对新文化运动引发的激进主义政治运动进行不留情面的批判与拒斥。二是基于对激进主义政治造成的中国现代政治颠踬的愤懑,要求新文化运动对其激发中国激进主义政治运动负上责任。论者就此认定,如果不是新文化运动的激进化取向,中国不可能走上激进政治道路。[2]

基于上述简短的分析,似乎可以让人们得出这样的结论,新文化运动远未实现它所预期的目标。进而言之,它不仅没有实现它的预期目标,而且从其肇始之际就一直受到严厉的批判与拒斥。何以新文化运动会落到这么尴尬的地步?是中国现代发展不需要现代科学,精确科学对中国来说纯属于多余?抑或是中国需要拒斥民主,落实权力正当来源的民主政体对中国而言亦是累赘?恐怕论者都不太会这样表态。在某种意义上,文学革命的成就几乎得到公认,或者从底线上讲,它已经成为赞同或反对的人们不得不正视的文化表达形式。科学的权威地位,也以一种近乎政治的方式得到确立,因此,科学至少在表面上成为一种新的信念。在既已确立的三大主题上,新文化运动一直被人诟病的焦点,便是包罗广泛的民主这一论题。在这一论题中,新文化运动领袖人物对传统伦理的批判,尤其是对当时由康有为师生大力倡导的孔教的批判,与他们对个性的高扬、对新道德的提倡、对人权的极端看重、对专制不留情面的痛斥、对民主政治的热情颂扬,确实将自己置于权力的敌人、传统卫道士的对手位置上。因此,只要权力的自私问题没有在国家基本制度上得到解决、只要守护传统的人群尚未回归开明的儒家文化心态,新文化运动就会一直因其社会政治主张而受到批判和拒斥。至于新文化运动与中国激进主义政治的混同,就更是受到权力与守护传统人群的共谋性劣评。在这样的评论定势中,激进主义政治的继承者华丽的抽身,保守主义者对激进权力的轻松谅解,是特别引

---

[1] 形成这样的状态,与科学在中国成为科学家跻身上层社会的工具,而不愿意面对公众以拓展科学认同有关。见张田勤:《中国科学家为何不以科普为荣》,载《新京报》,2015 年 5 月 25 日第 4 版。
[2] 牛大勇等:《五四的历史与历史中的五四——北京大学纪念五四运动 90 周年国际学术研讨会论文集》,第 93—100 页。

人瞩目的现象。似乎中国的激进主义政治是由新文化运动本身促成的,而不是相关政治势力、尤其政党组织造就的。而这种将新文化运动的时空范围明显放大后得出的结论是不是可靠,似乎已经不是那么紧要了。

新文化运动之后,新文化的发展显然处于迟滞的状态。追究原因,当然非常复杂。收缩分析的阵线,仅就新文化运动萌芽、发育与壮大的自身机制来看,它之所以无法迅速生长壮大,与其脱胎出来的中国社会环境紧密相关。构成这一环境的因素自然很多,但可以归纳为大小环境两个方面。首先,从新文化运动发动期间的中国小环境分析。文化与政治直接勾连起来的一个对峙之局,是塑造新文化运动最直接的社会文化力量。当时与新文化运动同样富有声势的国学、孔教之类的保守文化运动,以及学衡派对新文化运动的讥嘲,与新文化运动一道,构成了中国现代文化初起阶段的具体氛围。一方面,国学与孔教运动试图以保守传统创制现代的尝试,既在学术上从为保守而创新陷入为保守而保守的僵化,也在政治上从"全变则存"蜕变到为保守皇权利用孔教。这就注定了新文化运动对之的坚决排拒,当然就此造就了新文化与进行时的"传统文化"之间的对立关系。但需要附带指出的是,这样的态势,并不等于是新文化与传统文化的对峙,仅仅是试图以"文艺复兴"的方式,既承接传统,又开辟现代的新文化运动与自承守护传统的康有为们之间的对峙。如果一定要将这样的对峙,视为新文化运动与传统文化的对峙,要不就是因为这些主张者自身似乎以道统自承者看待康有为们的尝试,要不就是因为无视了新文化运动中人的深厚传统修养,以及他们对传统精粹的礼敬态度。遗憾的是,由于自承守护传统的康有为们身上确实具有两种文化因子:一是承接儒家悠久传统的历史文化因子,一是基于现实反应做出的当下文化姿态,因此很容易让批判者弄混。当后者的见解被前者的光辉所遮蔽的时候,新文化运动领袖人物对之的批判与拒斥,似乎就好像是对悠久传统的批判与拒斥。这样的对局,迄今已经很难消解。这就对新文化运动造成两个极为严重的负面影响:一是摊薄了新文化运动所需要的稀缺文化资源,二是剥夺了新文化运动在传统中寻求支持的正当性。新文化运动的小环境之高度紧张化,由此可见一斑。

其次,中国发展的大环境,也不利于新文化的顺利成长:从中国自身的社会政治文化大环境来看,限制国家权力的传统极其孱弱、精确性知识基本付诸阙如,就已经造成科学与民主这样的现代核心价值缺乏精神滋养;同时,处在第一次世界大战氛围中的中国,对自己曾经心仪的西方典范发生了心理逆转,正萌生一种自做现代主宰的意念。梁启超此前访美与此间访欧的心迹变化,堪为佐证。最为关键的是,新文化运动所依托的政治社会,不仅不支持新文化运动,反倒动员传统文化资源起来讨伐新文化运动的主张,人为造成新旧文化的对峙。这是中国新文化成长的最大阻碍。从晚清算起,下延至今,这种定势未变。新文化与现实政治力量的对立关系,以及传统文化基本处在与国家权力合谋的状态,①从两个相反方向给新文化成长施加了巨大压力,造成新文化正当性与合法性资源的稀薄化。

换一个角度,从文化机制上讲,新文化运动之所以在当时没有成为中国文化发展的主流形式,直接的原因,则在于当时的新旧文化在结构上的呈现,已经势成悖反。新文化在其脱胎之际,就与传统文化处在高度紧张的对峙状态。这就让新文化生长的文化土壤更形贫瘠。对此,可以从新旧文化的两个端口加以分析。首先,从新文化一端看,新文化运动何以导致自身与传统文化的对峙局面?导因固然很多,撮其要者,不外有三:一方面,新文化的主观载体,都是旧式文人脱胎出来的新式文人,因此必须以一种自我宣战的方式,清除自身承载的传统文化基因,才能腾出接纳现代文化的空间。像陈独秀、胡适、鲁迅等人,国学修养深厚、传统理解甚深。他们深知,即便爱国救国需要传统美德,如勤、俭、廉、洁、诚、信诸德性,②但是,在国家危亡、独夫擅权之际,有必要决绝地挣脱传统束缚,以期提升国之获救所必须的公德与私德水准。其次,新文化运动的领袖人物,明确意识到身承传统的旧学人格载体,已经从"先觉之士",蜕变为守旧之人。像康有为那样,试图重振帝制,敌视共和,以致让自己陷入被民贼利用的可怕境地,实在是提醒新学人士,不能循此路径误导社会。至于康有为们试图创制儒教,则总是落在与帝制合谋的泥潭,无以确立适宜的政教关系,以至于将自己置于矛盾的境地。③ 其实也提醒新文化运动领袖人物勿行此道。再次,传统文化的制度载体,一直处在以旧文化抵抗新文化的守旧状态。因此,新文化的倡导者不能不以宣战传统文化的姿态,为新文化强势辟出狭小的地盘。康有为从全变改革立场退化到建立孔教、独尊孔子的地步,

---

① 孔教会与袁世凯帝制复辟之间的复杂关系,尽管不能直接用来证明自承传统文化的康有为等人绝对支持袁世凯,但他们之间的明暗合谋,已经可以让人得出孔教会试图逆转共和政体的结论。这足以说明康有为已经从早期的开明改革者堕入了政治保守泥潭。袁世凯的尊孔,实在是对儒家的一种权力利用,而儒家中人恰恰对之缺少起码的警惕性,这恐怕也是现代儒家丧失了孟子"说大人而藐之"的驯服君王传统的表现。参见韩华:《民初孔教会与国教运动研究》,第 255—272 页。
② 任建树:《陈独秀著作选编》第 1 卷,第 231—236 页。
③ 同上,第 237—240 页。

在新学中人看来,不仅与世界大势(如信仰自由)背道而驰,而且有陷国家于思想专制的危险。① 因此,作为国家根本大法的宪法,尊孔教为国教,这种反现代的做派,十足激起新文化运动领袖人物的强烈反弹。这样的对立性主张,显然是在认同还是反对现代基本价值与制度精神的基点上分流呈现的,几无调和余地。由此可见,康有为民国时期的国教主张,已经明显呈现出视野相对狭隘的特点,无以占领现代价值与知识高地,设计出具有包容多宗教、多民族(文化)的政制。站在现代政治立场的新文化运动领袖人物,似乎就生发一种指责守旧人士的浩然正气。两者之间的对立,有形无形地被强化起来。于是,悲剧性的对立之说,便完整呈现出来。"无论政治学术道德文章,西洋的法子和中国的法子,绝对是两样,断断不可调和牵就的。……若是决计守旧,一切都应该采用中国的老法子,不必白费金钱派什么留学生,办什么学校,来研究西洋学问。若是决计革新,一切都应该采用西洋的新法子,不必拿什么国粹,什么国情的鬼话来捣乱。……要想两样并行,必至弄得非牛非马,一样不成。……我敢说:守旧或革新的国是,倘不早早决定,政治上社会上的矛盾,紊乱,退化,终久不可挽回!"②这样的断言,在社会政治文化发展的具体状态上讲,是不能成立的。但是,在传统文化与现代文化作为类型的差异上讲,则可以自辩。相应地,从经验事实上看,中国文化终究还不能呈现其完整的现代面目,恰中陈独秀的预言。

超越现代认同困境

新文化运动没有收获它预期的成功。但新文化运动也没有因后来走向社会运动与政治革命,而丧失它重回现代文化轨道的契机。在传统与现代文化的中国交汇中,由于新文化运动切中了中国文化的基因缺陷,而具有了超出它当时与传统对立立论的跨时代意义。它一直在提示人们,一方面,在现代政制建构上,解决权力来源的民主政治,始终是中国政治所回避不了的问题。不管人们面对新文化运动所陈示的这一现代政制时,怀抱一种接受还是拒斥的态度,不解决这一问题,中国就无法落定一个超越循环、无以打破定势的千古悖谬。另一方面,在现代知识的建构上,科学那样的精确知识生产,也始终是中

---

① 任建树:《陈独秀著作选编》第 1 卷,第 248—252 页。
② 同上,第 417—419 页。

国认知世界的重大事项。否则,中国无以为人类精确知识的增长,提供重要的增量。

由于两个契机,新文化运动在当下不仅未能获得积极评价,并且成为中国现代化迟滞的归咎对象。一个契机,源自上个世纪 90 年代国人对中国现代政治中激进与保守的反思。[1] 这一反思,激起了反思者对激进主义政治的批判浪潮。而批判的历史锋芒所指,直击新文化运动。将放大了的"五四"运动作为新文化运动自然延续的产物,就此将新文化运动视为激荡起激进主义政治的社会运动,是这一批判的基本进路。另一个契机,源自经济总量跻身世界前列之后的中国思想变局。受近代历史悲情宰制的被动反应型思想僵局,在经济崛起的大局中,出现了极大的改变。人们开始怀着温情面对传统,因此乐意到传统中去寻求现代社会政制建构的资源。其中,强势的主张更显现出非激活中国儒家传统,无法促使中国走出近代以来的危机状态的排他性特点。[2] 这两个机缘的会合,给了反对新文化的保守主义运动以明确动力。

审视反对新文化运动的保守主义论断,确实具有启人心智之处。起码从逻辑推断上讲,缺乏传统强有力支持的中国现代变迁,绝对面临一种无源之水、无本之木的生存发展危机。这在告别了国家危亡情势、面对国家经济崛起之势的当下,可以获得人们超出悲情、愤激控驭的理智支持。但能不能反过来说,新文化运动完全是一场错误的运动,是一场断送了对接传统与现代契机的激进变局,是一场误解中国社会文化与政治处境而由其领袖人物误导的集体行动?回答应该是否定的。我们姑且在回答这些质疑的时候,回避可能导致尖锐对立的新文化运动是否是一场启蒙运动的提问,而从中国文化基因上的补强出发,来看新文化运动倡导的民主与科学理念,是否适当。人们只要秉持一种平情的态度,就会承认,新文化运动的激进性虽不容否认,但新文化运动实在是切中了中国文化的基因缺损问题。但这不是对新文化运动的否定,而恰恰是对新文化运动倡导的民主基本价值另一种方式认取的体现。

针对当下对新文化运动反对传统所具有的缺陷进行的反思,也许是相

---

[1] 这一反思直接肇源于余英时的"近代中国思想史上的激进与保守"一文。大陆学界将激进与保守作为分析范式,审视近代以来中国的思想状况,在保守回流的大背景中,激进主义成为被批判和拒斥的对象。大陆学界对之做出的反应,可以参见郑大华等:《"中国近代史上的保守与激进"学术讨论会综述》,载《近代史研究》,2004 年第 2 期,第 291—301 页。
[2] 蒋庆:《广论政治儒学》,北京:东方出版社,2014 年,第 63—95 页。

当必要和重要的。但需要指出的是，新文化运动并没有采取全盘反传统立场。陈独秀已经说得很清楚，即使尊崇传统文化，也必须首先将传统文化还原为诸子并立的固有文化结构，而不能认定中国传统文化是儒家独尊的结构。他让步式地宣示："或云佛、耶二教非吾人固有之精神，孔教乃中华之国粹。然旧教九流，儒居其一耳。阴阳家明历象，法家非人治，名家辨名实。墨家有兼爱、节葬、非命诸说，制器敢战之风，农家之并耕食力，此皆国粹之优于儒家孔子者也。今效汉武之术，罢黜百家，独尊孔氏，则学术思想之专制，其湮塞人智，为祸之烈，远在政界帝王之上。"①不惟中国传统文化结构中儒只居其一，仅以儒家论中国传统有违思想史事实，而且，倘若采取独尊儒术的姿态，也会彻底背离现代政治的基本精神。"或谓儒教包举百家，独尊其说，乃足以化民善俗。夫非人是己，宗风所同。使孔教会仅以私人团体，立教于社会，国家固应予以与各教同等之自由。使仅以'孔学会'号召于国中，尤吾人所赞许。今乃专横跋扈，竟欲以四万万人各教信徒共有之国家，独尊祀孔氏，竟欲以四万万人各教信徒共有之宪法，独规定以孔子之道为修身大本。呜呼！以国家之力强迫信教，欧洲宗教战争，殷鉴不远。"②康有为们自然知道宗教信仰对政治秩序所具有的重要作用。但是，在现代共和政体中，宗教宽容是杜绝宗教专断的。孔教之议，确实有违宗教宽容的基本精神。更为关键的是，儒家推崇的种种德性，固然体现了文明的特质，但并不是其独擅胜场的结果，而是诸文明理念共享的基本价值。"愚且以为儒教经汉、宋两代之进化，明定纲常之条目，始成一有完全统系之伦理学说。斯乃孔教之特色，中国独有之文明也。若夫温良恭俭让信义廉耻诸德，乃为世界实践道德家所同遵，未可自矜特异，独标一宗者也。"③这是中肯之论，恰恰也表明儒家的洞察力与真精神。陈独秀这些论述，并不具有激进主义的色彩，相反呈现出一种理智的态度，深具矫正晚期康有为偏执之论的效用，大有提醒儒家回归原始儒家真精神的积极作用。

当然需要承认，陈独秀在严厉拒斥独独以儒家为中国传统的说辞，以及在此基础上违反现代宪法精神独尊孔教的主张时，未能明确区分悠久的儒家传统思想、后起儒家致力维持的传统政治以及当下儒家狭隘的文化价值与政治

---

① 任建树：《陈独秀著作选编》第 1 卷，第 249 页。
② 同上。
③ 同上，第 251 页。

主张之间的界限。因此,其所论留给人一种强烈排斥儒家传统的印象,似乎显出对中国传统文化缺乏起码同情与敬意的倾向。这或许正是前述的、新文化在重重压力之下的愤激之论。但这是后起的评论者应该控制的思想作风,不能以还以颜色的态度反加诸新文化运动。从新文化运动所针对的当时儒家来讲,他们所发表的种种看法,其实也是与新文化运动领袖们一样的愤激言辞:认定儒家就是中国传统文化,确信孔教之立关乎国家命运,一心谋求与国家权力的亲和,都既与他们早期坚持的现代理念与改良精神相背离,也与他们推动中国现代大业的努力相反对。如果康有为坚持此前的改良精神,维持住难得的世界眼光,守持住儒家损益可知的开明态度,陈独秀一批新文化运动领袖,肯定会延续早前生成的、对康梁的敬意,进而生发对儒家和传统在当下演进的更为温和、理性的观念。这从陈独秀感叹"天下所同认"的康有为放弃儒家理性进取的开明态度,陷于为保守而保守的僵化感到万分遗憾上可以推知。陈独秀慨然指出:"中国帝制思想,经袁氏之试验,或不至死灰复燃矣,而康先生复于别尊卑,重阶级,事天尊君,历代民贼所利用之孔教,锐意提倡,一若惟恐中国人之'帝制根本思想'或至变弃也者。近且不惜词费,致书黎、段二公,强词夺理,率肤浅无常识,识者皆目笑存之。"①这段话携带着一些被人忽视的重要信息:一是康有为们不愿正视共和大势,落于与帝制复辟者合谋的窘境;二是陈独秀反对康有为的孔教,不是一般意义上对儒家的敌视,其所专指,恰是"历代民贼所利用之孔教"。可见,康有为晚期阶段确实已经远离儒家的日新之正统立场,无法为人们所理解与接受。

与之相关的问题是,抵制与批判新文化运动的人士,大多缺乏科学背景,针对的主要是新文化处理传统与现代、政治与伦理的关系。这就让当时儒家与今日儒家陷入一个科学理性所不及的尴尬状态。依照康有为早期的态度,他对科学持一种积极接受与致力引进的态度。他"以大量的事实论证了科学的重要性,尖锐地指出了中国国弱民穷是由于科技落后造成的,并就中国社会的政治、经济、社会传统乃至教育体制等方面分析了造成中国科技落后的原因。康有为还提出了发展科技的具体主张:设立学会以开风气;大译西书,创办报刊,以使科技思想深入人心;开办博物院和型图馆以开民智;学习西方先进技术以为我用"②。这与康有为早年积极进取的改良理念是吻合的。但此

---

① 任建树:《陈独秀著作选编》第1卷,第237页。
② 齐春晓:《试析康有为的科技思想》,《北方论丛》,1998年第1期。

后康有为在这一主题上似乎着墨不多。也许是因为科学的功用性在进入中国的必要性与重要性上无须花费太多笔墨的缘故,也许是因为保教立国的重要性已经压倒了宣示科学的重要性。不过,从梁启超《欧游心影录》对所谓欧洲科学万能论大梦破产的宣告来看,康有为师生对科学的信念明显减退。当下对新文化运动持批评态度的学者,在科学主题上没有系统的表态,原因也许与后期的康有为罕言科学相似!但对新文化运动进行检讨的时候,恐怕不能只聚焦在政制与伦理上,而无视新文化运动推动中国人获取精确知识的核心主题。

在某种意义上讲,当下呈现的新文化运动的否定性评价,是一种习焉而不察的沿袭之说。诸如用东方与西方的大词掩盖东西方共同的精神价值,用康有为式的应时儒家代替醇儒传统,用后起的激进主义反诋新文化运动,用一种反儒家损益可知开明态度来表明"儒家"立场,以文化承续重要性掩盖当时儒家顺应权力,因此造成守护传统必与国家权力合谋的畸形状态,留给人一种判断力失准的印象:死磕知识分子对接传统与现代的次级弊端,放纵国家权力集团伤害传统与现代对接机制的首级危害。

如果说当下中国的新文化发展,不再处于新文化运动时期的对峙状态,因此可以一种儒家式"执两用中"的理智态度择善而从的话,那么,对新文化的倡导者与传统文化的捍卫者来讲,有必要做出两重必需的改变:对新文化的倡导者而言,必须改变新文化似乎是背离传统文化的认知,更加清晰明确地指出新旧文化的精神一致性,指出民主与科学作为新文化之改善传统文化基因的不可或缺,并鲜明表达自己健全而不偏执的亲和传统文化的主张;对传统文化的捍卫者而言,必须改变传统文化对现代文化采取的抵抗姿态,秉持一种宽容的现代态度,放弃独占性的社会政治文化心态,真正发扬光大儒家与时俱进的进取精神,从而推动中国现代文化的健康发展。就此而言,修正新文化秉持的现代文化与传统文化的类型学差异观,将之引导到新旧文化一以贯之的发展观,就可以建构一种新旧文化不间断演化的文明演进观。在这样的思维状态中,激活传统文化中有利于新文化成长的因子,是新旧文化双方都不会排斥的做法。但需要甄别的是,激活传统文化中有利于新文化生长的因子,不能推出传统文化本身就是现代文化的结论。传统文化与现代文化两者之间的界限仍然需要划分。原因很简单,一种不断演化的立场,本身既是深明因革损益的儒家传统文化伟大人格载体的洞见,也是当世担负现代文化的建构者们应对时局的觉知。新文化运动时期新旧文化的人格载体呈现的两者之间的紧张是必须化解的。这意味着,新文化的倡导者与旧文化的捍卫者,都必须从僵化的价值立场适当后退,才有希望坐实现代价值,激活传统资源。新文化运动的浴火重生,也就成为升华中华文化的标志。

本文作者系清华大学政治学系教授

原载《探索与争鸣》2015 年第 7 期

中国新文化百年历史以及历史的文化记忆

朱寿桐

社会记忆与文化记忆

如果以《青年杂志》的创刊为标志,中国新文化拥有100年的发展历史。而此前,在发生学意义上的新文化运作,可以追溯到1840年鸦片战争爆发,中华帝国被迫打开大门与西方世界进行政治、军事和文化对话,陈积着差不多80年的被动的新文化思想观念碎片。面对新文化发生、发展的历史,中国人不会有陌生感,也就是说,我们拥有着或清晰或模糊的记忆。

然而,关于新文化的这种记忆的真实程度、真切程度都是值得研究的问题。一般来说,作为人生经历或切身体验的结果,个人记忆常常具有相对的真实性和可靠的真切性,而社会记忆(在这里,避开了心理主义色彩相对浓烈的"集体记忆"这一概念)消除了个人化的经验感,体验性的痛切感,往往呈现出两方面的记忆特性:第一是习惯的认知性记忆:凭借着宣传媒介、教科书和历史故事的多载体演绎而产生并形成强烈思维定势和价值倾向的社会记忆;第二是学理范式的总结性记忆:凭借着某些文献资料、统计数据以及各种历史陈述而综合或演绎形成的体现着浓厚的学术认知和逻辑阐释特性的社会记忆。显然,这两种社会记忆都疏离了人们个体的生命体验和人生经历。有时候甚至还以某种怀疑的态度和不信任的眼光对待这种有血有肉的生命记忆,质疑生命记忆的学理性和客观性。因而这样的社会记忆都同时存在着这样的现象:习惯性认知的某种惯性会大于某种历史事实及具体内涵的确认,对于历史运行范式的提炼与表述,以及包容在这种提炼与表述中的某种观念,会强于某种历史本真及具体呈现形态的追寻。又由于上述社会记忆都呈现出习惯性大于历史的真切性,或者范式提炼强于历史的真实性的特性,因此这类社会记忆都不过是一种文化记忆。

　　文化记忆是支配着一个族群、种群甚至整个社会的一种深刻的记忆。这样的文化记忆所显示的"一切历史都是当代史"的思想文化特征最为显著,通常也是最为普遍的社会记忆。在对中国新文化史的许多问题的解读,许多事件的判断,许多人物的评价等方面,即便疏离了人们习惯的意识形态,可特定的意识形态所形成的认知影响已经深入到一定社会人们的思维范式之中,成为集体记忆的一种习惯或者固定范式,这样的社会记忆就只能是文化记忆。近期的现代历史研究以及相关的政治、军事史研究已经揭示出国民党军队在抗日战争中担负正面战场的角色与作用,但对这种正面战场角色与作用的民族记忆却是那样的单薄,以至于一时之间很难冲击人们已经习惯性地认知的抗战游击场面的相关记忆。即便在学术上拥有相当厚重的评估数据足以让人们改变某种习惯性的认知,但人们对于"抗战范式"的提炼和表述,却仍然难以摆脱甚至于修正长期以来宣传媒体强化记忆所造成的种种既定的历史印象。当历史记忆成为疏离了生命体验和人生本真的历史印象的时候,这种记忆就成了地地道道的文化记忆。

　　关于新文化兴起以后的派别性判断,由于我们的历史印象来自于教科书或被整理过及被规范化了的学术表述,类似的记忆就只能是经过逻辑化处理的、范式化的、文化的记忆。一位作家曾经感叹:"人们对历史和知识的记忆,往往只是对于正统典籍的记忆,没有人在乎也很少有人注意,养活了历史和知识的工具。"[1]这样的感叹非常有道理,人们在正统记忆的时候往往忘却了最不该忘却的、造成这种历史的方式与工具,其实就是这个历史所蕴含的文化。真正的文化记忆必须从正统逻辑化、范式化的记忆中离析出来,返回到文化原态的复杂性和文化展开方式的多向度。绝大多数人心目中的五四文坛都被划分为新旧两派阵营:旧派阵营如国故派、甲寅派、学衡派之类为旧文学和旧文化辩护,而新派阵营,当然是以《新青年》和《新潮》为中心,则是批判旧文学和旧文化的急先锋,是倡导新文学和新文化的生力军。新派与旧派之间壁垒森严,不可调和。至于有论者将这两个阵营比附于历史上的"今文派"、"古文派",分别将胡适称为"今文派领袖",将章士钊称为"古文派的代表",显然并不合适,但反映出这种习惯性认知和范式化理解的共同结果。[2] 于是,当胡适

---

[1] 李锐:《前言》,《太平风物》,北京:生活·读书·新知三联书店,2006年。
[2] 白吉庵:《略论章士钊与胡适》,《社会科学战线》,1996年第2期。

与章士钊坐在一个板凳上照相,赠言"同是曾开风气人,愿长相亲不相鄙",后来的人就觉得颇为不堪,因为这与记忆中的新旧两派始终剑拔弩张、不想调和的印象很不相符,人们在文化"逻辑"上很难通得过。其实,这种不堪来自于文化记忆的某种习惯和固定范式,而不是来自于历史自身。新旧两派其实并不像范式化了的新文化史表述那样水火不容,始终敌对,一些所谓复古势力的干将,如与胡适坐在一起的章士钊,其实当初就是白话文的勇敢实践者,只是后来觉得写白话文比写文言文更难,转而反对白话文而捍卫文言文。类似的情形至少还有刘师培。胡适因此将章士钊引为与他自己"同是曾开风气人"。章士钊也没有那么干脆地放弃白话文,且看他在这次合影后对胡适的戏谑表白:"你姓胡、我姓章,你讲什么新文学,我开口还是我的老腔。你不攻来我不驳,双口并座,各有各的心肠。将来三五十年后,这个相片好作文学纪念看。哈哈,我写白话歪词送把你,总算是老章投了降。"正像胡适、鲁迅等在倡导白话文、实践白话文的同时还免不了用文言文写信、写日记,甚至有时还用文言文写文章一样,章士钊等人在倡导文言文、捍卫文言文的同时,也还会用白话文进行某种必要的写作。白话与文言,新派与旧派,实际上构成了你中有我、我中有你的融合格局。这种复杂的格局恰恰是规范化了、范式化了的文化记忆所难以接受的事实。

习惯性的历史认知其实最习惯于范式化甚至是概念化的历史把握,因为这样的历史把握线索较为单纯,层次较为清晰,逻辑较为简单,有利于时过境迁之后人们对于历史作条分缕析的揭示,更有利于在一般社会阅读层面和接受层面普及这种历史记忆和历史揭示的结果。正像一般的电影、故事在走向大众之际需要对其中的人物进行壁垒分明的好人与坏人,正派与反派的设定,都是为了人们在阅读之中或阅读之后能够迅速地分析出人物关系与矛盾节点,为了一般的社会阅读层面和接受层面能够很自然地进入作品并进行判断与记忆。同样面对新文化与旧文化的历史对垒,我们习惯于将两个阵营从观念到平台再到人员都进行清晰的划分并作始终对立的想象,这实际上就是文化记忆中的习惯性与范式化的结果。其实,学衡派的成员大多是留学美国的新派人士,不过他们对白话文运动乃至对新文化的主流倾向保持批判的态度,从美国新人文主义大师白璧德的学说出发,鼓吹一个民族一个社会继承传统,崇尚理性的重要性,因此他们尊崇儒学,尊崇文言文,尊崇中国古代的圣贤;与此同时,他们又同其他所有新派人士一样强调文化开放的重要性,强调对西方文明、文化和文学的接受与借鉴。将这样的对象划分为新派或者旧派人士,其实都有相当大的问题。然而在习惯性的历史认知或范式化的历史记忆中,学衡派就是站立在新文化对立面的旧派人士。

这就是习惯性认知和范式化记忆所形成的社会记忆所经常出现的岐误,至少是简单化导致的偏差。一个社会的共同记忆中,形成某种认知的惯性,或者构成某种范式化的模态,总是与某种定性的观念和相对简单化的概念有密切关系,而这样的历史记忆、历史认知和历史描述,所呈现的与其说是历史自身,倒不如说是有关历史的共识,是历史的社会普泛性文化记忆。一个社会关于一定历史普泛化的文化记忆往往就不可能是历史自身的呈现,而是这个社会能够接受的、符合这个社会认知规律和秩序要求的现实文化的一种呈现。这同样能说明,一个社会的一定程度或一定范围共同的或流行的历史记忆,往往是习惯性认知的结果或人为范式化提炼的结果,它不可能是真正的历史呈现,而只是一种文化记忆。

什么是文化记忆？它并不像德国学者阿斯曼所说的那么神秘,尤其不应该与集体无意识(所谓集体灵魂的价值观念体系)相联系。如果说文化是关于人们认知和人生的一种自然的习惯性概括,或者一种有意识的范式的提炼,那么一切的社会记忆其实都是文化记忆,因为几乎所有的社会记忆不过是一种关于历史认知、历史评价的习惯性的体现,或者是一种关于历史认知和历史评价的范式的提炼。从这个意义上说,离开了自身体验和人生经历的所有记忆行为都可以是文化记忆。只有离开了自身体验和人生经历的记忆行为,能够有效地接受宣传载体或艺术载体的影响,才能有效地接受各种政治表述或学术表述的影响,才可能认同于一般的甚至流行的历史观而融入社会记忆之中,这样的社会记忆便是文化记忆。几乎一切的社会记忆都是文化记忆：文化记忆面临着习惯性的认同,面临着历史认知范式的调整。

一个很容易设问却很难回答的问题是：什么是社会记忆？社会记忆当然是存在的,对于重要历史时期的各种故事,对于重要的社会运作,对于重要的社会人物和社会事件,都会分别拥有者或浅显或深刻的社会记忆。如果不是通过一定的文学形态或艺术文本进行传达,这样的社会记忆都会被某种政治宣传载体,被一定的社会传播媒体,被一种学术陈述所制约、所规范,并且慢慢地形成一种历史认知和历史表述的习惯,成为人们不得不接受的共同记忆。无疑,这种经过种种范式化处理的社会记忆早已经离开了当事人体验的那种生动、本真、鲜活和复杂。西方学者注意到"个人回忆的社会形式"这一现象,殊不知离开了文学或艺术性以及相应的学术性表述的"个人回忆",都不可能是真正的个人回忆,而只能是社会共同回忆的某一部分,是一种文化记忆的部分。作为这种文化记忆的社会共同记忆不可能传达历史事实的生动、本真、鲜活与复杂,它只能属于"构建过去"的那一类,面对的是构建的过去,是一种文化认知的结果。①

既然一切社会记忆都是文化记忆,那么真正的中国现代历史表述都可以归结为中国现代文化史的表述。以文化记忆的方式传达中国现当代历史的社会记忆,也许是能符合历史记忆本身,最能克服社会记忆的碎片性、习惯性和范式化(其实很自然地会通向公式化)的弱质。

文化记忆与文学艺术记忆

作为文化记忆的另一种形态,文学和艺术的记忆将凸显出自身的优势。

既然非个体体验和人生实历的记忆都属于文化记忆,则文学艺术记忆在文化记忆中享有特殊的地位、品质与分量。

当然,具有社会历史记忆功能的文学、艺术,或者说称得上文学艺术记忆文本的那些文艺成果,一定不是仅凭想象、虚构或者仅仅用于戏说、演义的作品,而是严肃地面对历史进行文学性或艺术性讲述、承载,并在讲述、承载中个性化、自然化地呈现历史的生动、本真、鲜活与复杂。这样的文艺作品可以使历史题材的表现,更多的则是现实题材的深度展示。伟大的文学家之所以被称为历史的镜子,例如托尔斯泰之于俄国革命,例如王蒙之于中国的社会主义建设,例如莫言之于中国近代以来社会底层生活的描绘,并不是因为他们正面描写了或者客观展现了其所对应的历史,其所对应的历史事件和历史人物,而是因为他们的作品或从背景与场景的刻画,或从历史与现实的关联揭示,或从人物命运及其相互关系的阐释,以深厚的历史、生命、生活和人情内容,展示了相应时代、相应历史、相应人生的生动、本真、鲜活与复杂。这些艺术展示较之于规范的历史文件、历史教科书甚至历史回忆录的书写,更能还原历史事件的生动场景,更能准确揭示历史人物本真的心理状态,更能深入到细节层次复鲜历史的内涵与滋味,更能从一种类似于可能的混沌中将历史的全部复杂性、丰富性呈现出来。

文学和艺术在文化记忆的意义上可以将历史场景的种种生动性以一种

---

① 哈拉尔德·韦尔策:《社会记忆:历史、回忆、传承》,白锡堃译,北京:北京大学出版社,2007年。

更加翔实、更加饱满、更加立体的方式得以呈现。李劼人的《死水微澜》、《暴风雨前》、《大波》等系列小说不仅强化了中国现代所谓"大河小说"的阵容,而且也以斑斓的笔墨展现了成都、四川地区近代以来特别是20世纪初年社会动荡、波澜起伏的壮阔的历史场景,完成了中国近代史诗般的艺术呈现。作品不仅是历史的演绎与重写,不仅是像郭沫若评论的那样是"近代的《华阳国志》",不仅是"小说的近代史",①而是有关近代中国西南地区社会生活、社会状况,特别是以保路运动为核心的社会动荡及相应风潮的最生动、最丰富、最全面和立体的艺术展现。这种展现的生活深度、时代脉搏的准确度和历史的巨大含量,毫无疑问将超过任何一种历史学术陈述或历史文献、历史数据的承载。从这个意义上说,将李劼人的这一系列小说比喻为《华阳国志》之类的历史资料书籍,类比为"小说的近代史",不仅不是过誉,而且相当不充分。这系列小说的历史及场景呈现不仅以具体生动的人生境况、丰富厚重的社会生活背景,将历史事件和历史故事凸显得特别生动、鲜活,而且以活灵活现的人物行动,情节复杂的生活故事,线索纷纭的社会矛盾构架,将历史的厚重,将意识到的和尚未意识到的全部历史内容,艺术地然而又十分真切地展现出来。这种文学和艺术的展现还不会像历史数据和历史文献那样单调、死板(用学术的表述则为集中、严谨),小说还包含着上流社会的堕落与下流社会的不幸,交织着上流社会的精英文化思维与下流社会的种种污秽与不堪,包含着庙堂之上的运作与民俗民间的时态,包含着政治、军事文化的喧嚣杂乱与宗教尘俗文化的杂糅。从这个意义上说,郭沫若将李劼人期许为"中国的左拉",负载着中国产生"伟大的作品"历史待望,②同样不是过誉。从中国现代文化的历史展示而言,这样的小说作品相对于相应的历史文献,包括相应的历史研究成果,其真切性毫不逊色,而其生动性则无与伦比。

　　文学艺术作品,特别是文学描写,能够通过具体而微的社会心态和个人心理的刻画,将历史的厚重感、层次感和真切生动性表现得淋漓尽致,这样的文化记忆其本真意义或许会超过任何教条的历史文献或僵死的数据统计。人们从历史的论述和革命史的逻辑推证中,很容易理解民族资产阶级的如下属性:

---

① 郭沫若:《中国左拉之待望》,《中国文艺》第1卷第2期,1937年6月15日。
② 同上。

民族资产阶级的两重性

革命性	妥协性
反对外国资本主义与本国封建统治者的双重压迫,具有革命性。	生产发展依赖于外国资本主义与本国封建统治者,具有妥协性。
生长于半殖民半封建社会,希望改变为适合资本主义发展的社会。	自身资金少、规模小、技术力量薄弱,既不敢也无力推动社会变革。

当然,论者早就意识到,中国民族资产阶级的这种两面性还在随着时代的推衍而发展变异。[①] 但始终是"两面性"的论定与记忆其实就带着明显的习惯性认知和范式化解读的痕迹。所有这些关于民族资产阶级的两面性属性的论述都是概念化的记忆,是"理解记忆"结果,它的真实性需要经过逻辑的推证和理论的阐析,而不能直接诉诸感性认知。离开了感性认知的"理解记忆"常常很容易游离史实的本真状态,真正的历史本真状态的记忆应该是感性的、具体的、真切的、形象的。在这样的意义上,文学记忆就显露出它固有的优势。伟大的现实主义小说家茅盾通过不朽名作《子夜》及其所塑造的吴荪甫,非常真切地、有血有肉地刻画了民族资产阶级的两重属性,以及由于其妥协性而显露的软弱性。吴荪甫与买办资产阶级代表人物赵伯韬构成了不调和的矛盾,但只要条件许可,特别是在故事一开始,他们之间的联合也并非难事。吴荪甫对于工人阶级的防范和瓦解,甚至在某种意义上的敌对情绪,其实与赵伯韬如出一辙。吴荪甫与赵伯韬之间的斗争和较量是那样地跌宕起伏,那样地曲折回环,所体现出的患得患失、又恨又惧,乃至孤注一掷、背水一战的心理状态,活灵活现,非常真切地展示了那个时代特定人物的社会处境和人格心理,不仅对于人们认知那个时代、那一类特定人群有着直接的感性帮助,而且对于若干年以后的人们认知那样的历史环境和历史人物,也有切实的、鲜活的、生动的参考价值。美国作家爱默生曾这样评价莎士比亚及其文学作品对社会心理和社会历史生动性的文化记忆:"他写出了近代生活的教科书,风俗教科书……他洞察男男女女的心,了解他们的诚实,他们进一步的考虑和诡计。"[②] 总之,文学和戏剧的记忆能够还原历史的本真与鲜活,能够立体地呈现历史的生动与丰富。

---

① 陈建章:《论中国民族资产阶级两面性的发展变化》,《湖南师范学院学报》,1982 年第 4 期。
② 爱默生:《爱默生集:论文与讲演录》,赵一凡等译,北京:生活·读书·新知三联书店,1993 年,第 796 页。

其实,从陈寅恪的治史经验已足以得出这样的结论:文学作品所包含的全息化的文化记忆,其优越程度、真切程度明显地超过历史文献,于是他习惯于采用以诗证史的研究方法,并且取得了辉煌的成就。陈寅恪以诗证史或诗史互证的学术方法成功地运用于《元白诗笺证稿》和《柳如是别传》等著作,这样的学术方法强调将诗文或文学当作史料对待,已达到诗史互证的局面。这种学术方法,以及相应的学术观念,并不是自陈寅恪始有,明人黄宗羲借助于杜甫的诗史之说加以发挥,暗昧地提出了以诗证史、诗史互证的学术理念:"今之称杜诗者以为诗史,亦信然矣。然注杜诗者,但见以史证诗,未闻以诗证史之阙。虽曰诗史,史固无藉乎诗也。"①无论是黄宗羲还是陈寅恪,自觉到了方法论上以诗证史、诗史互证的可能性,但他们并不能确知,何以文学——诗文之于历史记忆和历史陈述具有特别的真切性、本真性,其关键乃在于文学包括诗歌具有历史人物心理保鲜和历史情节全息还原的特别功能,这样的功能远远超过历史的逻辑推论或基本数据的说明。

历史记忆的鲜活度,除了要求丰富的心理含量,生动的事件与情节性,还需要保留相当多的历史细节,保留丰富的个性化细节记忆。在这方面,任何历史文献都不能取代文学作品,当然也无法超过文学作品的相应功效。关于大革命期间社会运动和社会革命的记忆,历史资料和教科书等都提到了"痞子运动"之争论,各种政治力量从各自的政治立场论证"痞子运动"的有无,由此莫衷一是。茅盾的《蚀》三部曲虽然艺术价值不及《子夜》,但小说通过孙舞阳等一定区域时尚人物和风云人物的生动而激烈的言论,刻画出相当精彩的历史细节,包括"拥护野男人,打倒封建老公""多者分其妻"等反应妇女斗争痕迹的"奇葩"口号,包括成立"打倒夫权会"之类的历史细节,将那段历史表述常常语焉不详的时代风云描述得惟妙惟肖,活色生香。这部小说中的《动摇》所表现的是农村和小县城的革命运动,它颇具历史说服力地证明,大革命在相当一段时间和在相当的区域范围内,存在着"进步的乡村,落后的城市",以及"激进的女性,保守的男性"等异常的历史现象。这是小说解释的历史细节和时代环节,而它显然不符合一般的历史逻辑。不过如果承认茅盾所刻画的"异常"的历史情形具有相当具体、真切的历史记忆性质,那么这样的历史才具有鲜明的时代特征,也才具有超越于一般历史叙述的鲜活与真切。

历史是复杂的,而即便是亲身经历相关历史阶段的人士,他的记忆正如他

---

① 黄宗羲:《南雷文定·前集》卷一。

的观察一样往往都可能是片面的、片段的、碎片化的,历史文献虽然可能全面,但往往是僵硬的统计或者抽象化逻辑化的表述,唯有文学在其作为历史记忆材料的时候,有可能从较为宏观的视角,甚至是全知视角审视和呈现记忆中的历史,更有可能从人性的复杂性和社会的深层次理解和表现这种记忆中的历史。文献资料或统计数据等无论多详密,所演示的图表、曲线等可能看上去会非常复杂,但它们无法还原甚至也无法准确地呈现历史的立体交汇关系和社会的多层次、多元格局,只有原汁原味的文学描写,保持着人生和社会的原生态混沌状态记忆的文学表现,成功地避免了学理的提炼、数据的处理、逻辑的抽象,才可能对一定的历史丰富性、原生态进行文学形象的保鲜,进而也在相应的历史记忆中维护生活的丰富性、鲜活性和复杂性。例如对20世纪40年代后期知识分子生活状况的记忆,再详密的统计数据,再有说服力的文献材料,甚至包括朱自清这样的大知识分子宁可饿死不领美国的救济粮之类的故事,都不能让人们立体地、全面地、有深度地认知那样的人生,那样的社会境况。但人们通过电影如《万家灯火》,通过小说如《寒夜》,就能身历其境般地体验到那种人生的困顿、绝望、悲凉、凄恻,特别是,正如电影《万家灯火》中所展示的,知识分子作为弱势群体,其人生的苦况甚至连劳工大众还不及,只有到了民众之中,他们似乎才可能有生活下去的希望与能力。其实这样的情形在《一江春水向东流》《乌鸦与麻雀》等电影作品中都有不同程度的展现。这样的历史情形在历史的逻辑推论中是不可想象的,是无法成立的,但在特定的战时条件下,在民生凋敝、百业荒芜、就业艰难的情势下,民不聊生的首当其冲者是靠就业为生的知识分子,相比之下,普通劳工的日子较之于以前的生活倒也没有多大的落差,这就造成了知识分子的生活比一般劳工更凄惨、复杂的历史情形。只有文学艺术作品有可能呈示、表现出这种复杂的社会现象。这可是在社会的复杂性上超越于一般的逻辑推论和一般的社会经济状况统计数据的一种特殊的历史记忆。

文化艺术记忆对于社会记忆的可能矫正

当文学艺术记忆作为历史文化记忆的主要承载物发挥作用的时候,它们的文化功能和文化意义之大常常超出人们的想象。只要文学艺术记忆完全是从历史的本真与鲜活出发,而不是从一般正统的历史记忆所必然包含的逻辑化和范式化出发,那么,不仅能够以更加鲜活、更加丰富的态势还原被记忆的历史与生活,而且还能够带着较大的思想穿透力和历史洞察力,矫正历史认知的某种歧误与迷误,让历史文化在文艺的记忆中变得更加真实,更具有历史的合理性。

当然,并非一旦进入文学艺术的记忆便一定体现历史的丰富与本真。如果文学艺术的记忆不是从生活的混沌和原态出发,而是从某种正统记忆的逻辑性和范式化出发,那么同样会出现对生活本真的背叛现象。在这个意义上可以列举到农民与土地关系的复杂性和真实性问题。农民确实与土地有很深的感情,因为他们祖祖辈辈与土地建立了紧密的命运联系。但经过种种革命和社会运作,土地之于农民具有更复杂的意义,有时候它是生命的依靠、生活的源泉,有时候有可能是灾难的渊薮、生活的累赘。这从余华的著名小说《活着》中可有较深入的领略:在特定的历史环境下,拥有土地意味着拥有杀身之祸,失去土地意味着失去灾难。这种经济和社会文化现象是那样真实地呈现在历史面前,但许多文学家在表现现代历史的时候,依然死抱着传统社会农民与土地关系的逻辑不放,将农民对土地的热爱、深入骨髓的执著通过许多明显带有编造痕迹的作品呈现出来,如《狗儿爷涅槃》等有影响的戏剧作品就是如此。其实经历过多次革命和斗争的农民,对土地的感情早已变得非常复杂甚至非常尴尬,离开土地,追求新的世界早已是现代农民的意志行为和文化重心。李锐作为一个对农村和农民有着深入了解的作家,明确指出了农民疏离土地这种文化记忆的必然性,并从现代文化意识的角度为这样的现代农民辩护:"所谓历史的诗意,田园的风光,早已经淹没在现实的血污、挣扎,和冷酷当中……无论是以田园的名义,还是以革命的名义,把亿万人世世绑在土地上,是这个世界最不人道、最为残忍的一件事。"[1]诚哉斯言!当代文学记忆中的农民与土地的关系常常远离了现代历史的真实,远离了现代农民文化心理的真实;许多农民不再是那么刻骨铭心、呕心沥血地珍爱土地,而是那么撕心裂肺、痛心疾首地憎恨土地,那么急不可耐、迫不及待地离开土地。

这就是说,关于历史和文化的文学艺术记忆,只有离开了历史正统记忆的逻辑化、范式化,才有可能以较大的精神穿透力和思想深度矫正历史认知的种种歧误与迷误。

台湾小说家舒畅善于表现过去了的战争场面,他的作品当然就有了关于战争记忆的所有文化因素。然而他的主旨不是简单地正面地描写战争以及战

---

[1] 李锐:《前言》,《太平风物》,北京:生活·读书·新知三联书店,2006年。

争中的人,而是战争未来之际或者战争既来之际的人物心理,那样一种恐惧,等待的恐惧:"我们一般人在日常生活里,最恼人的莫过于'等待',等公车,等电话,等约会中的人……对军人来说,最残忍的不是战争本身,或者死亡,而是在'等待战争'的那种莫名的煎熬。"①或许有人认为这是特定的人群,例如是临战之际的国民党军人的心理,因为在许多表现别的战斗群体的文学作品中,面临战争的人们总被描写得那么热血沸腾、斗志昂扬,前赴后继献身沙场的意志覆盖了所有的恐惧与煎熬。他们盼望战斗的到来犹如盼望一场激烈的狂欢与丰美的盛宴,如果意识到此次战斗与自己无关,他们一定痛苦不堪焦虑异常。这种充满着英雄主义和牺牲精神的惯性心理的表现充斥着我们的文学,同样也充满着我们的文学记忆,几乎形成了一种战争定式、心理定式,然而这样的定式都可能包含着某种关于战争与人的逻辑化、范式化处理的痕迹,都可能忽略了舒畅这种致力于表现的文学记忆更加贴近人性的本真,更加贴近于战争与人关系的心理常态,更能真切地反映战争的残酷机器对于社会和人的文化影响。按照一般历史逻辑和范式的文学表现可能比一般的历史记忆更容易扭曲历史的真相,更容易背离真实的社会心理和人物心理,不过也同样是文学表现以及由此形成的文学记忆,有可能矫正历史记忆中的偏差,还原真实的心理记忆和文化记忆。

无论是文学的还是非文学的文化记忆,只有脱离了一般先验的认知习惯,远离历史认知的固有逻辑或既成范式,才可能真正回到历史的本真,才可能保持文化记忆的清晰可靠。我们对中国现代文化史甚至政治历史的许多记忆都可能是逻辑性的、范式化的,有时候是想当然的。要回到历史的真实,借助于文学记忆是一种重要途径,当然也可以借助历史资料和记忆材料的重新梳理。例如关于左联的记忆,人们一般印象中,按照一般的历史逻辑和观念范式推断,左翼作家联盟的成立及其机关刊物的出版,都是将太阳社和后期创造社推动的革命文学运动整合为更加布尔什维克化的左翼阵营,而真实的情形是,左联的成立恰好是为了扩大革命力量的范畴,团结更广大的知识分子和文化人,克服原来在革命文学倡导中的宗派主义。诚如茅盾后来所总结的,左联的成立部分地是因为创造社和太阳社"不能吸引一些对于现实不满的既成的中间作家到左翼革命文学阵营,却反而取了敌视的态度,他们当时的左倾幼稚病实

---

① 舒畅:《那年在特约茶室》,台北:九歌出版社,2008年,第3页。

在很严重"。左联对此要做必要的矫正。① 夏衍甚至直接概括说:左联不过是革命文学和文化阵营中"反对教条主义和宗派主义的具体行动"。② 这样来认知革命文学运动与左翼文学运动的关系才可能较为符合历史的本真,但却挑战了人们关于这段历史的一般逻辑性记忆。

如果从历史记忆的角度来分析,文学艺术由于其自身必然带有的虚构性、想象性特性,通常被视为最不可靠、最富水分的一种文化记忆。但实际上它可能因为其丰富、真切、具体、全息特性而使得相关的文化记忆表现得更为生动、本真、鲜活与复杂。由此可见,文学艺术记忆有其自身的优势,它的更生动、本真、鲜活与复杂的特性不仅使得那种以诗文证史的学术研究和学术记忆成为可能并显示优势,而且也为人类的社会记忆准备了最为真切甚至最具全息品性的活性材料。

中国新文化百年的历史记忆,也只有通过文学艺术作品才能获取如此真切甚至具有全息品性的活性材料。于是,我们的整个选题偏重于文学艺术的专题性文化记忆。不过,伴随着宣传教化类或学术文化类的社会记忆总是面临着必然的片面化和抽象的概念化、僵硬的数据化,文学艺术类的文化记忆也存在着一些天然的缺陷,而且它最有特点、最具优势的方面往往也正是它在文化记忆中最劣势的所在。例如文艺当中允许和鼓励的偶然性巧合因素,如果在文化记忆的意义上转化为某种必然因素,那就对文化记忆造成了伤害。因此,在将文学艺术当作文化记忆活性材料的同时,必须以学术的审察作为基本判断的手段,以学术的把握作为文化表述的基础。这就意味着首先要通过文学艺术研究者而不是通过文学艺术家研究来重述文化记忆中的文学艺术记忆。同样,这也为我们的新文化百年史研究提出了超越于文学艺术史研究的学术要求。

本文作者系澳门大学中文系教授

原载《文艺争鸣》2015 年第 9 期

---

① 茅盾:《关于左联》,《左联回忆录》上,北京:中国社会科学出版社,1982 年,第 150 页。
② 夏衍:《左联杂忆》,薛绥之:《鲁迅生平史料汇编》第 5 辑,天津:天津人民出版社,1981 年。

"源原之辨"与"古今通理"
——关于继承和发展优秀传统文化的方法论新探

朱贻庭

"文化"是具有"形神统一"内在结构的生命体。[①] 它不仅是现存着的,也是历史地延续着的,遂成为传统文化。这就是说,传统文化也是具有"形神统一"的文化生命体。其"形"即体现为语言文字、文化典籍、风俗习惯、器物建筑等等文化有形体;其"神"即价值观、民族精神。"形以载神","神以君形"。一个民族的民族精神和价值观,正是通过这个民族的文化之"形"而代代相传,铸就了一个民族的"精神命脉"。所谓优秀传统文化的继承和发展,实质上就是延续这个民族的"精神命脉"。不然,就会如习近平总书记所说:"优秀传统文化是一个国家、一个民族传承和发展的根本,如果丢掉了,就割断了精神命脉。"[②]所谓"精神命脉",就是一个民族的文化之"神",一个民族的民族之魂。所以,优秀传统文化的继承和发展,本质上就是民族"精神命脉"(文化其"神")的延续和发展。那么,一个民族的文化生命和精神命脉是怎样历史地延续的?又是通过怎样的方式实现其历史延续的?这就需要从文化发展史观的角度探讨传统文化的继承和发展的规律。为此,我们又提出了几个概念,即"源原之辨""价值对象性"和"古今通理"。

"源原之辨"是一种文化生成的综合成因,也是优秀传统文化继承和发展的一般路径;"价值对象性"是存在于优秀传统文化中可以进行现代价值评价的对象,是存在于优秀传统文化中可以转化为现代价值的价值可能性;"古今通理"则是"价值对象性"的具体体现,蕴含着民族的"精神命脉"。所谓继承

[①] 朱贻庭:《论"'形神统一'文化生命结构"及其方法论意义》,《华东师范大学学报》(哲学社会科学版),2015年第2期。

[②] 习近平2014年9月24日在人民大会堂出席纪念孔子诞辰2565周年国际学术研讨会暨国际儒学联合会第五届会员大会开幕会讲话。

和发展优秀传统文化,就是"古今通理"的创造性转化和创新性发展,并通过"古今通理"的创造性转化和创新性发展而延续民族的"精神命脉"。

"源原之辨":一种文化生成的综合成因

从发生学的视角看问题,任何一种社会文化的生成,都有"源"与"原"两个方面的综合成因。"源"即渊源、资源,指历史地形成的承载着民族"精神命脉"即包含着优秀内涵的传统文化(也包括外来的文化影响);"原"即本原、根基,指社会现实的经济关系、社会结构、政治状况及其变革。"源"不仅为一种社会文化建构提供了可资选择的文化资源,而且还规定或影响这一社会文化建构包括文化话语系统的民族精神特质和民族形式。事实上,传统文化,"它是现在的过去,但它又与任何新事物一样,是现在的一部分。"[1]因此,每一个时代的文化的建构和建设,都不可能是超脱传统文化的无历史的,就是说,都必然要以传统文化为其既有基础和前提。例如哲学,恩格斯指出:"每一个时代的哲学作为分工的一个特定的领域,都具有由它的先驱传给它而它便由此出发的特定的思想材料作为前提。"[2]任何一种新的文化建构,都要以传统文化为其渊源和前提,从而体现了文化演进的继承性,延续其民族的生命和"精神命脉"。但是,社会存在决定社会意识,传统文化的演进又离不开现实的社会存在("原")的作用。"原"不仅决定了一种现实的社会文化的社会性质、价值导向和时代特征,而且决定着传统文化的改变和进一步发展情形。恩格斯在讲到经济对传统的哲学思想材料发生作用时指出:"经济在这里并不重新创造出任何东西,但是它决定着现有思想材料的改变和进一步发展的方式。"[3]这就是说,作为"源"的传统文化必然要受到现实之"原"的鉴别和取舍。因此,"善言古者,必有验于今"(魏源语),今人正是通过据于今之"原"而对古之"源"的鉴别和取舍,去改造和发展传统文化。这里的关键是要在传统文化中发现为现实社会所需要的并可转化为现实价值的价值对象,即发现传统文化中所含的现实的"价值对象性"(下详)。当然,传统文化的这种"价值对象性",不是直接拿来可用的"现实价值";传统文化的"现实价值"不是被

---

[1] 爱德华·希尔斯:《论传统》,傅铿、吕乐译,上海:上海人民出版社,2009年,第13页。
[2] 恩格斯:《致康拉德·施米特》,《马克思恩格斯文集》第10卷,北京:人民出版社,2009年,第599页。
[3] 同上,第600页。

"发现"的,而是需要创造的。就是说,即便发现了传统文化中现实的"价值对象性",也还需要根据现实之"原"对之进行价值"再创造",从而改造和进一步发展传统文化。这样才能实现"原""源"整合,实现文化的传承与创新的统一,创造出具有时代特点和民族特征的新的文化体,实现民族"精神命脉"的延续。这是文化演进中某种新的社会文化建构成因的一般路径。无论是历史上每一个时代的文化的生成,还是当今中国特色社会主义文化的生成,都有"源"与"原"两个方面的综合成因。

作为中国传统文化主体的儒家文化的产生、演变和发展,就是"源"与"原"辩证运动的过程。先秦儒家文化的产生,正是本"原"于春秋战国时期现实的社会变革和孔子、孟子等自身的社会角色及其价值取向,对"源"于西周以来的"有孝有德"、"敬德保民"和关于"礼""仁"等传统伦理及其精神的"因""革"。西汉董仲舒推阴阳之变,究"天人之际",发《春秋》之义",举"三纲"之道,给"孔子之术"以新的理论形态和思想内容,从而创立了汉代"新儒学",其本"原"归于西汉"大一统"的封建秩序,而先秦的原生儒学和诸子思想则是建构其思想体系的文化资源或思想渊源。董仲舒的贡献,就在于根据巩固封建"大一统"秩序的需要,确认"孔子之术"的现实价值对象性,进而对之进行"价值再创造"使之成为"定于一尊"的封建统治思想。至于宋明理学及其伦理思想体系的产生,同样有着"原""源"两个方面的成因。所谓"心性之学",固然有儒、佛、道的思想渊源,但其本"原"还是在于当时社会的经济、政治状况以及复杂的社会心态。而所以有"程朱理学"与"陆王心学"之异,则是各自基于对所处社会现状的不同思考而对传统儒学和佛、道"文本"所作的不同诠释,筛选和整合。尽管儒家文化其"形"发生了这样或那样的改变,但都通过其"形"而保存和延续了中华民族的"精神命脉"。

把对社会文化建构成因或社会文化演进的"原源之辨"这一规律性认识,用来反思儒学在近代的命运,可以发现在对待传统儒家文化上的种种偏向:无论是"文化激进主义"对传统儒学的全盘否定和对西方文化的一味褒扬,甚至主张"全盘西化",还是"文化保守主义"对传统文化所持的"复古"立场,在对待"原源之辨"上各自陷入了片面性。前者否认传统文化作为"源"的价值,后者无视或不能正确把握正处于变革中的"原",因而也就不可能科学地对待"源"及其与"原"的关系,从而损害了民族"精神命脉"的延续和发展。所以马克思主义既批评"文化激进主义",又反对"文化保守主义"。这里的问题要害就是如何正确地把握社会文化建构的"原源之辨"。对此,毛泽东在《新民主主义论》中明确指出:"中国新民主主义文化","是在观念形态上反映新政治和新经济的东西,是替新政治新经济服务的。"但是它又"是从古代的旧文化发展而来",因此,"清理古代文化的发展过程,剔除其封建性的糟粕,吸取其民主性的精华,是发展民族新文化提高民族自信心的必要条件"。这是对自"五四"新文化运动以来关于如何对待传统文化问题上的方法论总结,反映了"新文化"成因的"源原之辨"的一般规律。

建国以后,由于复杂的历史条件,在对待传统文化的思维方式和实际操作中,原先的那种"全盘否定"的思维方式以新的形式重新出现,在"文化大革命"期间发展到了极点,再一次对传统文化这个"源"进行了"史无前例"的批判与否定。而"不破不立","破字当头,立也就在其中了"的理论又强化了这种"左"的思维方式,严重地背离了社会文化建构成因的"源原之辨",几乎造成了优良的传统文化的"断层",几乎割断了民族的"精神命脉",大伤了民族的"元气",在建设具有民族特色的社会主义现实文化中走了弯路。"文革"以后,在党的基本路线指引下,解放思想,实事求是,对传统文化的研究也逐渐走上了正确的轨道,取得了丰硕的成果,成绩是显著的。但也还存在着一些这样或那样的偏向和问题。在 20 世纪 80 年代的"文化热"中又一度出现了"全盘西化"的思潮,主张以"西方异质文化为参照系"来检验中国传统文化,认为中国传统文化早就应该放进历史博物馆了。从右的方面陷入了民族虚无主义。同时,活跃于海外的"现代新儒学"开始传入并加入了"文化热",由于它严重脱离建设中国特色社会主义的实践这个"原",显然不能作为研究传统文化的指导。尽管这样,也多少影响了一部分学者的研究思路,有的甚至提出"恢复其(指儒学)历史上固有的崇高地位,成为当今中国大陆代表中华民族民族生命与民族精神的正统思想",并以此为宗旨发展成为一种"儒化"的思潮。其中有人就提出"儒化社会主义"的思想纲领。陷入一种更为极端的"文化保守主义"和"复古主义"。这两种思潮在方法论上的错误也都是这样或那样背离了社会文化建构的"原源之辨"。无助于甚至损害了民族"精神命脉"的延续和发扬。

这就提出了一个如何正确对待传统文化、传统儒学这样一个十分严肃的问题。对此,习近平总书记明确提出了"科学对待传统文化"的基本原则。他说:"我们要善于把弘扬优秀传统文化和发展现实文化有机统一起来,紧密结合起来,在继承中发展,在发展中继承。"进而又说:"传统文化在其形成和发展过程中,不可避免会受到当时人们的认识水平、时代条件、社会制度的局限性的制约和影响,因而也不可避免会存在陈旧过时或已成为糟粕性的东西。这就要求人们在学习、研究、应用传统文化时坚持古为今用、推陈出新,结合新的实践和时代要求进行正确取舍,而不能一股脑儿都拿到今天来照套照用。要坚持古为今用、以古鉴今,坚持有鉴别的对待、有扬弃的继承,而不能搞厚古薄今、以古非今,努力实现传统文化的创造性转化、创新性发展,使之与现实文化相融相通,共同服务以文化人的时代任务。"[1]习近平的这一段论述,深刻而明确地道明了作为"源"的传统文化与当今中国特色社会主义"新的实践和时代要求"这个"原"的辩证关系。由于传统文化的历史局限性,因而就必须接受现实之"原"的检验、鉴别和取舍,从而实现"有扬弃的继承","而不能一股脑儿都拿到今天来照套照用",也就是说,不能搞崇古非今的"文化保守主义"。

显然,中国现代的文化建构必须遵循"原源之辨"的历史辩证法。只有这样,才能正确对待传统文化,才能确定传统文化的现代"价值对象性",从而才能处理好传统文化与中国现代文化建构的关系。使一直延续下来的民族"精神命脉"在与社会主义核心价值观融合中得到弘扬和发展。

"源原之辨"不同于"源流之辨"。"源流之辨"仅就"传统"本身而言,概括了"传统"形成的过程。"源"指源头、统绪;"流"指文化源头在以后历史过程中的流变,即文化"统绪"的演化传承,遂而形成传统。"源原之辨"中的"源"不同于"源流之辨"的"源",而是"源、流"的统一或总括,实指传统文化。"源原之辨",概括了文化流变的动因("原"),因而跳出了"传统"本身,立足于现实这个"原",揭示了一种新的社会文化建构得以创立的综合成因,即"原""源"整合。因此,我们认为,提出"源原之辨"对于从根本上把握传统文化的继承和发展具有方法论的意义。

"源原之辨"又与"古今之辨"有别。中国近代出现的"古今之辨",其焦点是如何对待中国传统文化的问题。当时出现了两种相互对立的片面倾向:是"今"非"古"的文化激进主义和崇"古"非"今"的文化保守主义。回顾和总结"古今之辨"的这段历史,这两种倾向都这样或那样地背离了"源原之辨"的辩证法。我们认为,在文化演进上的"古"与"今"关系,实际上就是"源"与

---

[1] 习近平2014年9月24日在人民大会堂出席纪念孔子诞辰2565周年国际学术研讨会暨国际儒学联合会第五届会员大会开幕会讲话。

"原"的关系。"古"之文化即传统文化是"今"之文化的"源",而"源"要转化并融入今之文化体系,就必须接受今之"原"的鉴别和取舍。于是,所谓"古今之辩"就转化为"源原之辩"。这里有一个如何把握"源"的问题。显然,作为"源"的古之文化即传统文化,它在历史上也有其产生的"原",也是被当时的社会经济条件所制约的。这就要求我们从其"原"上把握传统文化的真相,而不能仅仅停留在文本的字面上。就是说,今之"原"所面对的"源"(传统文化),不是文字考据学意义上的"文本",而是根据产生"文本"的当时之"原"对其进行科学的历史分析后的"历史真相",达到了历史与逻辑的统一。进而对其建构"今"之文化的作用和意义作出历史的定位和价值的评价,发现其中所含有的现实"价值对象性",也就是下文所要论述的"古今通理"。并在"今"之"原"的基础上对其进行创造性转化和创新性发展,从而做到"承百代之流,而会乎当今之变",建构起"今"之文化体系,在"今"之文化体系中延续和发展民族的"精神命脉"。可见,"古今之辩"必需经由"源原之辩"才能得到合理的解答。这样才能真正做到既反对是"今"非"古"的文化激进主义,又拒绝崇"古"非"今"的文化保守主义。从文化演进规律的哲学高度,用"源原之辩"对"古今之辩"作出了回应和总结。

现代"价值对象性":传统文化实现现代转化的内在根据

那么,传统文化作为"源"又是怎样与现实之"原"整合而成为现代文化建构的成因的呢?这个问题,首先就是要确定传统文化的现代"价值对象性"。

"价值对象性"一词见于马克思的德文版《资本论》。捷克学者弗·布罗日克从德文版的《资本论》中发现了这一概念(许多《资本论》的译本没有注意到马克思著作中这个词与"价值"一词的区别),将它引入他的《价值与评价》一书中,并把这一概念视为一般价值论的基本范畴。所谓"价值对象性"就是作为对象化的价值,即评价的对象本身所负载的价值,它只是"在一定情况下能够实现的价值"。因而还不是价值的实现。如商品中的作为"社会一般劳动"的价值,只有通过并实现了交换后才得以实现,而在交换实现前,这个商品的"价值"还只是作为价值的"可能性",也就是仅作为"价值对象性"而存在。本文引入这一概念,并提出现实的"价值对象性"一词。指称在传统文化中存在着可以作为现实的价值评价的对象,或者说,在传统文化中所存在的可以转化为"现代价值"可能性,它可以通过评价并在一定的条件下可以实现其价值的创造性转化,即转化为"现代价值"。①

根据马克思主义的观点,"价值"是人们在改造客体即变"自在之物"为"为我之物"的实践中的创造,它通过评价而得以显现,而评价的对象就是存在于客体的"价值对象性",因此,要实现传统文化的"现代价值",就应首先发现传统文化的现代"价值对象性"。而正是存在于传统文化中的现代的"价值对象性",才是传统文化实现创造性转化和创新性发展的内在根据。也正是在传统文化的现代"价值对象性"中,内含着历史地延续着的民族的"精神命脉"。

所谓传统文化的现代"价值对象性",是存在于传统文化中仍有可能满足建设中国特色社会主义实践和创造中国特色社会主义现代文化建构需要和理想的现代价值可能性。这里,一方面是现实的实践和实践主体的需要和理想,一方面是客体对象即传统文化所具有的满足实践需要和理想的文化资源。只有达到这两个方面肯定的价值关联,才能确定传统文化的现代"价值对象性"。这种"确定",就是遵循社会文化建构成因的"原源之辨",根据中国特色社会主义建设的现实的经济、政治、社会结构及其变革趋势这个"原",以及由此而规定的现代文化建构的需要,对传统文化进行检验、鉴别和筛选。这是一个过程。大致有两种形式,一是学者科学的创造性研究,包括"文本"研究和对现存传统的实证研究;一是社会大众在实际生活中对那些化为世俗形态的传统文化的体验和认知。诸如"敬老爱幼""家和睦邻""乐善好施""推己及人"……这里有必要讨论一下关于如何对待传统儒家伦理文化的现代"价值对象性"的问题。

儒家伦理是中国传统伦理文化的主体,对于中国现代伦理建构,无疑是具有"价值对象性"的,但是否如有人所说的那样应当"真正成为时代思想的主流","成为当今中国大陆代表中华民族民族生命和民族精神的正统思想"呢?对儒家文化或儒家伦理的现代"价值对象性"作出这样的"定位",这无异乎从根本上否定了自近代以来的"伦理变革"的历史逻辑。现代化理论认为,中国自19世纪60年代自强运动以来这百多年的社会变革,本质上是由传统的"农业社会"向现代的"工商社会"的转型。因此,伴随着这一社会大变革而产生的"伦理变革",其历史定位就是由"传统伦理"向"现代伦理"的历史转换。中国正在进行的建设有中国特色社会主义的伟大实践,就是要完成包括物质

---

① 参见弗·布罗日克:《价值与评价》,李志林、盛宗范译,上海:上海知识出版社,1988年。

和精神两方面由"传统"向"现代"的转换。在这种情况下,传统的儒家伦理只能作为现代伦理建构的文化资源而接受现实之"原"的解构、检验、筛选和改造。事实上,儒家伦理无论是原生形态,还是秦汉以后的嬗变形态;无论是作为政治文化,还是作为精英文化,或是化为世俗层面的大众文化,都是中国古代农业文明的文化形态,其产生或生存之"原"是以自然经济为基础的、以王权至上为核心的宗法等级社会结构,它作为一种社会伦理建构,其主体内容本质上属于中国封建社会的意识形态。正是这种生存之"原"和固有的社会性质,决定了儒家伦理的历史命运——自近代以来,由于社会形态、社会结构和政治状况的变革,逐渐地失去了它的生存之"原",从而也就丧失了作为完整体系而独立存在的历史理由。这就是说,由于生存之"原"的变故,儒家伦理作为一种"农业文明"的文化形态和意识形态,毋庸说其名教纲常体系已与时俱朽,就是作为伦理思想体系和价值体系,在现实的价值层面上也已解体,这就是"五四"新文化运动要把批判的矛头集中指向儒家伦理的缘由,尽管出现了"一概否定"的极端倾向,但其方向是必须肯定的。时至今日,在迅速推进社会主义市场经济建设,实现社会主义现代化的时代背景下,还试图要恢复儒学历史上"固有的崇高地位",使之成为社会主义中国的"正统思想",这显然是一种逆历史而动的复古主张。当我们摒弃"全盘西化论"和"民族虚无主义"之后,对于这种极端的"复古主义"必须保持高度的警惕;中国的现代化不等于"西化",也不等于"儒化"。

我们说儒家伦理作为一种价值体系和思想体系在现实的层面上已经解体,这并不意味着儒家伦理对于中国现代伦理建构不具有现代"价值对象性"及其所内含着的民族"精神命脉"。其实,也只有通过对儒家伦理体系的解构,才能发现其现代"价值对象性",才能延续其所内含着的民族"精神命脉"。这就是说,肯定儒家伦理具有现代"价值对象性",并不是指原型的儒家伦理体系,而是根据建设有中国特色社会主义的实践之"原"和中国现代伦理建构的需要,对儒家伦理体系进行解构、检验、鉴别、筛选后的那些对创造中国现代伦理文化的可用性价值。而正是这种现代"价值对象性",把传统伦理与中国现代伦理建构关联起来。并通过这种"关联"将民族的"精神命脉"延续下来。

这里还应指出的是,发掘传统伦理的现代价值对象性,不应仅仅局限于"文本"或精英伦理文化,而应把视域扩展到世俗伦理。例如,儒家所创立的伦理思想,本属于精英文化层面,它通过历代儒学大师的改造和发展,著之于文本,传之于后世,历史地积淀成为传统伦理的主流。同时,它通过各种渠道和形式,影响了世俗生活,并通过世俗生活的消化,转换成为大众伦理文化,因而与精英伦理文化有着许多不同之处。以家庭伦理为例,正统儒家提倡"父为子纲""夫为妻纲",强调父尊子卑、夫尊妻卑,子女对父母要唯命是从,"敬而无违";妻子对丈夫要"三从四德""从一而终",但是在世俗的家庭生活中,则更多地体现为父母与子女的"亲子之爱""亲亲之情";在夫妻关系上,也存在着与"正统"有别的情况,把夫妻比作鸳鸯鸟、连理枝、比翼鸟、并蒂莲、追求夫妻恩爱、相敬如宾、白头偕老。因此,研究传统伦理,不仅要依据历史"文本",总结精英伦理文化传统,而且还要十分重视对世俗伦理文化传统的实证研究,去发现其中的优良传统,而正是这后一方面,为学术界所忽视,甚至远在视野之外。其实,世俗伦理文化更具有"传统性"的存在,如"家训""家风"。它们正存活于当今人们的现实生活之中,对现实生活发生着这样或那样的作用,其中的优良传统与改善现实的社会风气和社会伦理状况显得尤为密切,在一定意义上具有更明显的现代"价值对象性",而且,把握世俗伦理传统及其现代"价值对象性",也有助于对传统精英伦理文化及其现代"价值对象性"的研究。

"古今通理":现代"价值对象性"的具体化

优秀传统文化为什么能与今之现实相联结起来,可以为今之现实所继承和发展,即实现"原源整合"而生成新的文化,延续民族"精神命脉"?其中的奥秘就是在优秀传统文化中存在着现代的"价值对象性"。而正是这种现代的"价值对象性"将传统与现实沟通起来,即体现为古今相通的道、理。包括一系列的治国之道、伦理理念、道德规范、价值模式、人格范型等,其中就深含着民族的"精神命脉"。《包公》的戏,代代相传,至今不息,且故事翻新,版本迭出,然人们百看不厌,个中奥秘就在于戏中贯串着一条与今相通的为官之道——刚正不阿,执法如山,清正廉洁。包拯这个人物实际上已经成了这条"为官之道"的人格化,成为一种优秀的传统文化现象,而当今人从心底呼唤"现代包青天"时,传统中的"包公人格"就成了今人评价的"价值对象性"。对此,我称之为"古今通理"。用王夫之的话表述,也可称之为"古今之通义"。"古今通理"是传统文化中现代"价值对象性"的具体化或具体体现,也是中华民族"精神命脉"的标识。就是说,民族的"精神命脉"是通过"古今通理"而存在并得以显现的。我们将传统文化的现代"价值对象性"转换为"古今通理",这对把握传统文化中的优秀内容、即把握优秀的传统文化和民族的"精神命脉",具有重要的方法论意义。

习近平指出,在优秀传统文化中存在有"跨越时空、超越国度、富有永恒魅力、具有当代价值的文化精神"。① 这样的"文化精神",即文化其"神",也就是学术界常说的"共时态"的东西。这就是我们提出的所谓"古今通理"。在美国社会学家爱德华·希尔斯那里就叫做"社会跨时间的同一性",它是存在于"在世的几代人和已经死去的几代人之间的共同意识"。因而又称之为"古今之间的同一性"。但是,对传统持保守主义立场的希尔斯并没有将"同一性"绝对化。希尔斯指出,我们需要传统,但传统却"很少是完美的",因而又需要"改变"传统,当然也需要变化具有古今之间的"同一性"。然而"变化并不否定同一性的存在"。② 在希尔斯看来,正是这种"变"与"不变"的"同一性",成为当今人们"接受传统的根据"。同理,我们所提出的"古今通理",它既具有古今之间的"同一性",因而古今相通,但又是不完美的,有局限性的,就是说,具有自身的否定性,因而需要改造和发展。也正是"古今通理"(现代"价值对象性")的这种辩证特性,将优秀传统与今之现实沟通起来,成为优秀传统文化之所以可被继承和发展的内在根据。

因而,在传统文化中的"古今通理",并不等于"古今同理"。"同"就没有了区别和变化。如果以为在传统中或在古"圣贤"思想中已经发现了万古不变的"真理",这样就会如神学家对待经文那样,只是解释,即使对经文有所修正,也不过是对神圣"真理"的阐发,绝无"创新"可言,从而也就否定了对传统进行创造性转化和创新性发展的必要性。也不可将"古今通理"表述为"古今共理"。讲"共理"就有可能将所共的"理"误解成如宋明理学那样超验性质的"天理"或如柏拉图那样独立自存的"理念"。显然,由于古今相通之"理"是古贤的创造,因而就不是脱离历史具体的抽象的绝对存在,都是在一定的时空中的存在。就是说,都有其历史的具体性和局限性。讲"通理",义在相"通",如若不"通",传统的"理"就只是历史的陈迹而已。这就是说,古人所提供的与今相通之"理"是可以与"今"相承接的。但又有其历史的具体性和局限性,因而要真正实现古今承接,还必须通过对古人所创造的"古今通理"做具体的分析、批判,进而实现对

---

① 习近平 2014 年 9 月 24 日在人民大会堂出席纪念孔子诞辰 2565 周年国际学术研讨会暨国际儒学联合会第五届会员大会开幕会讲话。
② 希尔斯:《论传统》,第 181 页。

其创造性转化和创新性发展,实现现代价值再创造。就是说,因为古今"相通",故可继承;又因为古今"不同",故需要改造和发展。从而实现"在继承中发展,在发展中继承"。这就是古与今——传统与现实关系的辩证法。显然,优秀传统文化中所涵"古今通理"的合理内核,只有在进行理性的分析和批判中才能得到继承和发展。才能使民族的"精神命脉"得以延续。

因此,继承和发展优秀传统文化,在方法论上,关键在于发现存在于优秀传统文化中的作为现代"价值对象性"的"古今通理"。习近平指出,历史虽然是过去发生的事情,但总会以这样那样的方式出现在当今人们的生活中。因而根源于以往社会生活而生成的传统文化,"对今人仍然具有很深刻的影响"。[1] 这就是说,古代思想家所处的历史条件虽与现代社会有着时代的区别,但当时所发生的事情和所遇到的问题,会以这样或那样的不同方式重现于今天的社会。如人际关系的"和同之辨",治国策略的"德法之辨",利益关系的"义利之辨",人性内涵的"善恶之辨",道德修养的"心性之辨""知行之辨",等等。古代思想家在回答这些问题上所提出的观点和理论即形成"文本",成为思想传统,当今人带着与古人所曾遇到的相通的现实问题和理论问题去阅读传统"文本"时,古代思想家的思想观点就会鲜活起来,就会向我们"述说",于是就会形成今人与古人间的平等"对话"。我们就会发现其中有许多与今相通的道理——"古今通理"。如"民为邦本"的执政理念,"和而不同""义分则和",追求社会有序和谐的"贵和"精神,"见利思义""正义谋利"的义利观及其"重义"精神,"公正无私""唯公然后能正"的公正观,等等,习近平概括为"讲仁爱、重民本、守诚信、崇正义、尚和合、求大同"。它们都是一些具有现代"价值对象性"的评价对象。今人在对之进行历史的具体分析并持以"同情性理解"的同时,又根据现代的意义视界对之进行解读、诠释,作出比较客观的评价,进而对之进行创造性转化和创新性发展,即实现其现代价值再创造。尤其是一些"规范性传统"的"古今通理",如家庭伦理的"父慈子孝""兄友弟恭",人伦关系的"仁爱""忠恕""诚信",为官之德的"清正廉洁""刚正不阿"等。这些传统"美德",不仅为今人所认同,而且可以成为今人行为的规范性指导。希尔斯指出:"正是这种规范性的延传,将逝去的一代与活着的一代联结在社会的根本结构之中。"[2]这里所说的"联结",正道明了古今

---

[1] 2014年10月13日中共中央政治局第十八次集体学习。
[2] 希尔斯:《论传统》,第25页。

相"通"的本义(因为相通才有联结)。当然,今人对这些古今相通的"规范性传统",同样需要进行创造性的现代转化。

根据现代解释学的理论,今人与古人之间的对话,不仅表现为今人对古人思想的阐释、改造和发展,而且,还表现在今人在研究传统文化、如精读古人经典中,往往会受到一些深刻的思想启迪,从中找到应对现实的难题和挑战的思想理论和方法,如古典中国哲学的"天人合一"的宇宙观和思维方式,"重己役物""物物而不物于物"的超越精神等。在这一意义上,今人应以古人为师,从而丰富现实文化。显然,这是我们在继承和弘扬优秀传统文化中不可忽视的一个重要方面。

化理论为方法:"古今通理"的现代价值再创造和民族"精神命脉"的延续

应该指出,现实对于"古今通理"是有选择的。在不同的历史条件下,各自会根据现实之"原"在传统文化的"源"中选取适合自己价值取向的"古今通理"。就儒家文化而言,历史上汉儒和宋儒以及近代"接着讲"的新儒家对传统儒学内容的选择就各有所侧重。今天,我们提出"讲仁爱""重民本""守诚信""崇正义""尚和合""求大同"等这些在传统文化中极为重要的具有现代"价值对象性"的"古今通理",也是根据现实之"原"的选择。但是,如上所说,还是需要对之进行现代价值再创造即现代转化,才能实现继承和发展,从而延续民族的"精神命脉"。这里仅就"民本"理念和思想试作论述。

"民本",即"民为邦本,本固邦宁"。[①] 实际上是指"民生为本",突出了民生问题对于治国安邦的重要性。古贤认为,讲民生,或曰"惠民",才能得民心——得天下——安天下。《淮南子·主术训》说:"食者,民之本也;民者,国之本也;国者,君之本也。"西汉郦食其也说:"王者以民人为天,而民人以食为天。"[②]这是说庶民作为生产粮食的劳动者,对于治国安邦具有根本性的作用;所谓"民本",正如实地反映了农民对于稳定和发展作为君主统治基础之农业经济的根本性作用。因此"君为轻,社稷次之,民为贵"。[③] 所以,儒家主张统

---

① 《古文尚书·五子之歌》。
② 《史记·郦生陆贾列传》。
③ 《孟子·尽心下》。

治者应以民生计,不断调节土地关系和贫富对立,依"礼"的秩序,"使富者足以示贵而不至于骄,贫者足以养生而不至于忧"。[1] 以此为度,达到贫富"调均",使老百姓有饭吃、有衣穿,安心于农业生产。这也就是古贤所说的"公正"。于是才能安民,就能稳定统治的社会基础,达到天下"治""平"。"民本"是执政者的治国策略的根据。显然,以"惠民"为基本内容的"民本"思想和价值理念,是一条"古今通理",具有现代价值对象性。但我们不可将传统"民本"思想与中国共产党践行的"立党为公,执政为民"的执政理念等同起来。其实,当我们将"民本"思想还原到具体的历史形态,所谓"民本"是就君与民相对而说的。人们常引荀子的"君舟民水"的比喻,而不引荀子在说这一比喻前的另一个比喻:"马骇舆,则君子不安舆;庶人骇政,则君子不安位。马骇舆,则莫若静之;庶人骇政,则莫若惠之。"惠之,则庶人安政,"庶人安政,然后君子安位。"[2]"惠之"即惠民生,这是"民本"的基本要求。但很明显,儒家所讲的"民本",是为了使民"安政",即安于被统治,从而使君"安位"。君与民的关系是乘舆与御马的关系,是统御与被统御的关系。在儒家心目中,真正的"国之本"者,是君而不是民。董仲舒明确认为:"君人者,国之本也。"[3]又说:"缘民臣之心,不可一日无君……故屈民而伸君。"[4]可见,在儒家那里,"民本"与"君本",相辅相成,但其中所用的"本"是两个不同的概念。二者各有所指,并不相悖。"君本"("君人者,国之本也"),是指君权至上为"本"的政体。在这一政体下,君主是统治者,民只是被统治者;"民本"("民为邦本")则是说,君主唯有治好了"民"即民"安政"了,才能"邦宁""国泰",君权至上的政体即君主专制统治才得以长治久安。这里,"民本"作为君主治国理念,是"治道"而不是"政道",而由"民本"而"惠民"、重"民生"的治国之策,是"治术"。因而,"民本"服从于"君本"。所谓"民本"——"惠民"只是统治者为了维系"君本"而采取的一种统治策略,一种手段而已。所谓"民本",目的是为了治民,是为了维护君主统治得以长治久安、万世一系,而不是"为民"。这与中国共产党"人民是国家的主人""以保障人民根本利益为出发点和落脚点"的"立党为公,执政为民"的执政理念有着本质的区别。

不错,古人也有"为民"的提法。如西汉谷永有言:"臣闻天生蒸民,不能

---

[1] 《春秋繁露·度制》。
[2] 《荀子·王制》。
[3] 《春秋繁露·立元神》。
[4] 同上《玉环》。

相治,为立王者以统理之;方制海内非为天子,列土封疆非为诸侯,皆以为民也。"①然而,此"为民"与我们党"执政为民"的"为民"是两个不同的概念。谷永说得明白,上天立王(君权天命)是为了统治下民,因为民不能自己治理自己。凡控制海内、列土封疆,不是对天子、诸侯自己,都是为了治理下民。就是说,天立君权是为了治民。这是由"天生蒸民,不能相治,为立王者以统理之"的逻辑结论。谷永的"为民"绝非以民为终极的价值目标之谓,而是以"治民"为目的。而为了治理好下民,王就应"以民为基"。他说:"王者以民为基,民者以财为本,财竭则下畔,下畔则上亡。是以明王爱养基本,不敢穷极,使民如承大祭。"②与荀子的"乘舆与御马"的比喻如出一辙。可见,谷永的"为民"并没有跳出儒家"民本"的本义。

因此,面对传统的"民本"思想,应以中国共产党领导下中国特色社会主义的现实之"原"为据,用马克思主义的观点和方法进行科学的鉴别、扬弃和转化:在对"民"的社会地位上,由被统治的"小民"转化为权利平等的社会主人;在对"民"的价值定位上,由"工具"意义转化为"目的"意义。进而对传统的"民本"思想作出创造性转化,即由"治民"的"民本"转化为"为民"的"民本"。"为民",就是"权为民所赋"——"权为民所用"。这两个"为民"正表明了"民本"在现代具有内在逻辑联系的两个层面。前一句是"政道"。表明"权"是人民所赋予的,讲的是权力的来源和价值属性;后一句是前一句的必然要求,是"治道",讲的是权力的功能和使用。综合前后两个"为民",就是人民赋予的权力就应服务于人民。这就是"民本"的所含的现代意义。是对传统"民本"的现代转化。这是一个根本性的转化!"为民"的"民本"继承了传统"民本"的"重民生""惠民"的合理内核,并在政治上和价值上发展了传统的"民本",即由"治民"的治道"民本"转化为"为民"的政道"民本"。今天,我们党把"重民生"作为落实"立党为公,执政为民"执政理念的重要政策,就是基于"为民"之政道、出于"为民"之终极价值目标的生动实践,正体现了传统"民本"向现代"民本"的划时代转化。

如果对传统"民本"的"民"的社会地位和价值定位不做鉴别和转化,传统的"民本"观就可能成为"官本"文化的附庸,如一到节日的"访贫问苦"成了一些官老爷形式主义的"民生秀",与传统的"民本"观没有了本质区别。就有学者将

---

① 《汉书·谷永杜邺传》。

② 同上。

儒家以"治民"为目的的"民本"认定是"为人民""是一切政治活动的根本目标、价值标准"。或将儒家的"民本"思想不加分析地说成是"民本主义",说"民本主义是个好东西"。因而是可以直接用于当今中国的价值观念和"指导思想",断定中国共产党无论在过去还是在今天所讲的"为人民服务""实现小康"等,"本质上也都是民本主义的体现"。这至少在理论上抹煞了"为民"的"民本"与"治民"的"民本"的本质区别,不利于民族"精神命脉"的延续。

需要提及的是,一些学者讲"民本"扯上了"民主"。认为由"民本"可以"开出民主"。传统"民本"成了"现代民主"的文化渊源,"可以促进现代民主建设",甚至将传统"民本"解释、论证为"民主",说"民本思想才是民主的实实在在的体现"。对此,许多学者提出了质疑和论析。本文不打算展开论述。因为这是两个不同性质的概念。"民主"是"政道",是一种政体,一种政治制度和政治秩序。而传统"民本"只是作为一种治道和治术,肯定的只是民对于君主治国安邦的基础性作用,其实质是肯定农民对于稳定和发展作为君主统治基础之农业经济的根本性作用,化作治国之策就是仅具工具意义的"惠民"。这里没有也不可能包含与"法治"相伴的人民主体、权利平等以及权利与义务统一这些"民主"政治所必备的实质性要件。显然,传统"民本"本身并不存在与"民主"相通之理,不存在现代民主的价值对象性。如果一定要将"民本"思想与现代"民主"政治沟通起来,那就必须对传统"民本"作如上所说的现代转化。赋予"民"以"目的"意义,"民"真正成为国家之主体,成为享有平等权利和自由的社会主义公民。唯有达到这样的"民"的"民本",才能促进构建中国特色社会主义的现代民主。

可见,传统文化中所具有现代"价值对象性"的"古今通理",是优秀传统文化可以继承的内在根据。但要真正实现继承和发展,还必须根据现实之"原"对"古今通理"进行现代价值再创造,也就是对"古今通理"进行创造性转化和创新性发展。实现"在继承中发展,在发展中继承"。并通过这样的继承和发展,不断地延续着中华民族的"精神命脉"。我们提出的"源原之辨"及作为现代"价值对象性"的"古今通理"这些理论概念,对于继承和发展优秀传统文化、延续民族的"精神命脉"具有方法论的意义。

本文作者系华东师范大学哲学系教授

原载《探索与争鸣》2015 年第 1 期

昆山陈墓二朱经历感言:传统的延续与新文化的展开

王家范

【作者附言】

本文聊作发言提纲。原拟谈"新文化运动影响在江南城镇",很快发现这个题目太大。长期来司职古代史,仅仅对明清江南的材料有所接触,近代以降,零零星星阅读过一些,目前所得材料甚少,远不足敷演成长文。挑个小题目,提供一则材料,说些门外感言,意图很单纯,仅仅是想凭票进场,好聆听行家名士的高论。

【参考材料:二朱简历】

朱文熊(1883—1961),乳名杏生,字造五,又字兆弧,江苏昆山陈墓人,清末切音字运动的先驱。

朱文熊出生于书香世家,朱文焯、朱文鑫为其族兄弟。他少时中秀才,曾就学于苏州中西学堂。后考取官费前往日本留学,于1904年进入弘文学院学习日语,1906年又入读东京高等师范学校格致科。期间曾与鲁迅、杨昌济、许寿裳、陈衡恪等同窗。他在留日期间于1906年出版《江苏新字母》一书,为苏州话拟定了一套拉丁字母拼音方案,成为中国知识分子中采用拉丁字母为汉字标音的第一人。同时他还在书中首先使用了"普通话"一词,将其定义为"各省通用之话"。

朱文熊于1910年毕业返国,次年钦用七品京官,后进入吉林大学教授化学。1913年赴北京任教于北京高等师范学校。次年任教育部编审处编审员、通俗教育研究会会员,还曾任京师图书馆馆长。1919年出任新成立的国语统一筹备会会员。1928年改组为国语统一筹备委员会后又被聘为委员。1929年赴北平师范大学任斋务课课长,并兼任北平大学附属女子中学国文教员。1931年朱文熊回到苏州,并于1934年前往浙江大学任教。1936年前往苏州美术专科学校教日文，此后还曾任教于苏州惠灵女中，并任教育局科长。1947年至1949年间又任教于故乡的昆山私立槃亭中学。中华人民共和国成立后，他还先后任教于苏州大众补习学校、寰成中学。后于1961年因病在苏州去世。[作者附注：据后人回忆与无锡媒体纪念文章，朱文熊与唐文治相交甚笃，受唐之聘，曾任教于南洋公学中院（中学部）与无锡国专，担任国文教员，著有《庄子新解》，特别在无锡国专备受师生爱戴，为该校创办时仅有两专职讲习之一。《锦溪专辑》失载，待考。]

朱文鑫（1883—1939），中国现代天文学家，字贡三，别号槃亭，江苏昆山县人。1883年10月9日出生于江苏昆山，1938年4月26日卒于江苏苏州。

朱文鑫少年时代即勤奋好学，博习经史，参加科举考试中秀才后又被拔为副贡生。1905年毕业于江苏高等学堂。后与冯召清、柳亚子等人提倡妇女教育，创办苏州女学，被举为校长。

1907年赴美国，入威斯康星大学学习天文，1910年获理学学士学位。在美期间，任中国留美学生会会长，撰著《中国教育史》和《潘巴斯（Pappas）切园奇题解》两书，并对法国天文学家梅西耶（C. Messier）于1781年发表的103个星云和星团的位置（即著名的"梅西耶星表"）进行重测，其结果为1930年发表的《梅氏表之覆测》一书。由于在天文学，特别是在中国天文史研究方面的重大贡献，在1928年至1933年期间，朱文鑫当选为中国天文学会的第六届至第十届年会秘书，并兼任第八届年会的天文学名词编译委员。在第十届年会上还被推为评议员，1939年更当选为天文委员会委员。（作者附注：据《名人与锦溪》相册，朱文鑫在1920年曾任全国欧美同学会总干事，宴会照片正中坐者为孙中山与蔡元培。1913—1924年任上海南洋路矿学校校长，1916年起兼任南洋大学教授。校内由他设计建立的建校20周年纪念亭，仿照诸葛孔明八卦阵图和国外古代迷宫的建筑，引人入胜，校长唐文治取名"槃亭"并撰有"槃亭记"一篇以记盛事。先生自此别号"槃亭"。）

朱文鑫是用现代天文科学对中国古代天文进行系统研究的先驱者，在当时就为国内外的同行们瞩目和景仰，他的若干论著已被作为中国天文史研究的经典之作而常被引用。

1940年，日本学者桥川时雄在《中国文化界人物总鉴》一书中已为朱文鑫列传，其时尚不知他已于1939年去世。1980年，《中国大百科全书·天文卷》亦为其列传。2003年，中国科学技术史学会、中国科学院自然科学史研究所、国家天文台等十余单位在朱文鑫的故乡昆山的锦溪镇举行了"纪念天文学家朱文鑫诞辰120周年学术研究会",缅怀其对中国天文史研究的卓越贡献。

——有关二朱身世、著录与后人回忆的详细材料,可参阅《锦溪杰出人物之四:朱文鑫、朱文熊专辑》(陆宜泰主编,锦溪镇印行)

【感言】

　　陈墓(现改名锦溪),位于昆山西南陲,东滨淀山湖,西近太湖,是北宋以来逐渐由村落形成的江南水乡小镇。明以来,因处于嘉、湖、松三府赴苏州贸易的重要航道之上,商业渐兴,人丁陡增,成为江南地区的一个中等市镇。揆其生活方式,居民除经营工商外,大多为乡绅地主或小土地出租者,悠闲散逸,自成一格。现存唯一旧志始修于康熙中期,成于乾隆年间,翻开读来,满溢骚士墨客气味,载录的主客文人咏景诗文几占全志的二分之一,很少涉及工商实业。朱陈陆王诸大姓,广拥田产,四书传代,酷好书画,均以耕读人家自居;在全镇享有盛誉的社会名流,亦以此四姓居多。我所接触到的江南市镇,大多数都是如此(仅有少数是以工商为主的,被称为"专业市镇")。以陈墓为例,无非是我生长于斯,感性的体验比较多一点。

　　新文化运动,是个全国性的题目,是牵动中国社会变动走向的大局性题目,谈的都是大思想、大人物、大趋势。作为读者,我常想到像这样一个全国性的运动,这样一种惊天动地的新思潮,除大城市外,对于中国大多数基层民众,广大乡村和市镇的人群,究竟产生过多大的影响?似乎这类题目还比较少见。于是,我想到了类似陈墓这样的市镇。近年来,温习了一些江南民国方志,也看过一些日记,例如常熟的徐兆玮日记,奉化的张泰荣日记,以及零星的个人回忆材料,积累了一些感想,觉得自己的这一想法,寻找新文化运动在江南市镇的影响,多少有点异想天开,因此始终下不了决心去认真对待这个题目。

　　讲授通史与研习江南史,最大的心理落差发生在理念的冲突上。讲授通史,注重发掘与阐发社会变化的脉络,敏感点总是落在要努力认出社会变迁的情节上;久久浸沉于江南市镇的生活情景里,则直觉地感到基层社会的变化是那么缓慢,那么细微,传统一直在延续中,生活是那样普通而平常,没有什么称得上波澜起伏的故事。陈墓镇因隐居河网之中,每逢战乱,如清兵南下,如日寇侵华,都是逃难避祸的优选之地,故镇上文人每以"世外桃源"自得,而湘西沈从文游历到此,赐以"水乡的睡美人"的颂词,没有人会怀疑这是刻意恭维。由此,我也曾经怀疑过思想文化研究,有的时候,是不是没有很好区分地区、人群的复杂差异,以点(个案)带面,过于夸张了思想、文化的变革对整体社会变迁的普遍性作用?据我了解,即使在进入近代以后,市镇生活仍平静得一汪如水,亲情、乡情都是很原始很朴实的,没有孔庙却有佛寺道院,被思想家夸张的那种社会设计理念到达这里,多半已弱化为一阵春风吹过,涟漪微兴,社会似乎就像市镇的街景那样,依然千年不变。我还觉得,新思想的产生是跳跃式的,往往偏理想化,想入非非。人们的生活,特别是乡镇,却是踏实的,惮于变动;新思想的进入,非经过自己的利害权衡不会轻易接受(少数狂热分子另当别论),大多数人的走向都有明显的选择性。

国门被打开,夷人洋货进入,光电声化缭眼;疆土日蹙,国事日非,朝廷的纠纷不断,为和与战、改与不改,官僚层又争吵不休,这样的大形势,说小镇丝毫不受影响,也太不真实。城市有亲友,新闻纸的发行,通过火轮递送过来,大致不出一二个月,小镇的读书人也开始议论起时事。完全的封闭,对上海周围的江南市镇是不存在的。但,毕竟天高皇帝远,小民管不了国家大事,市镇的读书人,除非有大的事变骚扰,依然希望过悠静的生活,太平地过日子。

晚清至民国,小镇上逐渐多出了好几样东西,后来的学人喜欢叫它们做"新生事物"。给我感官刺激最强的,一是救火会的消防水龙头,由商会资助。小镇的木结构建筑,容易发生火灾,过去是用提桶、面盆,对付延烧长街一二百米的大火往往不济事。一是上塘街商业中心有了个天主教堂,才知道外国人的上帝叫耶和华,太后叫玛丽娅(儿时进去过,因为牧师会派发饼干给小孩)。信徒都是外来户,更多的是客籍渔民——大概他们认为城隍、土地爷不保护外来客民。我们当然不信,但互不妨碍,土客相安无事。客民靠做小生意和打鱼为镇乡人服务。光电声化也没那么可怕,问题是要有钱买,要有钱可赚,谁不愿意生活更便利点?于是有了发电机,有了轧米厂,有了榨油厂,有了通航苏昆的小火轮。我们只知道这些东西贴着生活,能融入到原来的生活方式里,对日常起居有用场。至于这些东西长远会给我们的观念、人生的改变造成什么影响,变得好还是坏,那是很久以后才明白这可是史学家的拿手好戏,可以写出一篇篇社会史论文,发聋振聩,放进有关新旧变迁的高论里的。

我是从学弟陆宜泰开创"锦溪名人馆"(后改名"杰出人物馆")以来,通过他锲而不舍搜集整理的材料,才逐渐认识陈墓镇在百年变动的大时代里,确实还是有些东西沉淀下来,值得保存和回味。我不想讳言,地方上纪念性的事业或活动,常难免因对全国格局缺乏充分了解,不做上下左右比勘,不免有所过誉或夸张。据说本镇自辛亥革命以来,计有百余名留学生之多,号称"留学生之乡"。我对此就存保留态度。细阅材料,发现时间延伸到20世纪末、21世纪初,出洋读书的学校类别参差不齐,人数愈近愈多(1949年前仅30人左右,据1993年新《镇志》名录),有好些是久已离镇的老人后代,又没有与其他市镇比较,恐怕难以成立。全馆原先展出的一百余位"杰出人物",均按出生于该镇的副教授、副研以上标准收录,履历和事迹基本可信,还是比较"正宗"的(听说他现在收集到的材料大有扩展,估计时间也往后延伸了,计有锦溪籍中科院院士2人,共和国将军2人,正教授100多人)。这"杰出"的头衔,在我看,应有镇、县、省(市)和全国性四种级别;严格地考量,唯二朱(文熊和文鑫)够得上全国级别,堪当名人之誉。

从陈墓"杰出人物名录"(截止20世纪末)到二朱经历,我读出了一种特别的感觉,在百年陈墓的历史中,发现"新学"的创设,学校的教育,对全镇的影响最为深远。真所谓"十年树木,百年树人",百年回头看,才信斯言诚哉!

查检《镇志》,宋明以来,乡绅人家,历来靠家学私授与延聘塾师,宗族或设塾馆,训诲子弟。同治七年起,由官方提倡、乡绅出资设立义塾一所,光绪三年又增一所,扶助贫寒子弟,人数有限。与有些镇相比,在科第兴盛方面,陈墓大逊其色。有文字可考的,仅进士一名,举人与秀才不少;在外任职官员的,少有记录。这比较符合我的感觉,印象中的陈墓,有钱人家功名心比较弱,心惮离乡别井,情恋水乡鲈蟹,香茗诗酒自娱,知足常乐者居多。

在中国,国家政策,特别是牵涉政治经济利益再分配的重大政策推出,才是引发社会变迁大面积"地震"的最强能量。即就陈墓士绅而论,被迫作出生活方式大调整,恰恰是由晚清至民国年间政局与政制大变革引发的;而首次深刻影响其行为方式不再能按原来的节律运行,则莫过于科举制度废除与新式学堂兴起的巨大冲击波。

1901年,清政府推行"新政",开始废八股,设特科,忽然由渐变而剧变,1905年颁布新学制,正式废除科举。这一变动直接影响了士民对前途的选择和设计,陈墓士绅马上作出反应,反应之速,前所未有。就在此年,朱文鑫之父朱祖方联合陈、陆二乡绅,在古莲池庙邑创立"吴昆陈墓公立两等小学堂",为子弟出路铺设新轨。继后几年,先后又有正蒙小学、女子小学、吴昆陈墓初小诸学堂的设立。辛亥革命后,几经变动,1916年吴县陈墓第一国民小学与昆山县陈墓第一国民小学正式成立,规范并奠定了本镇上下塘各有一所完全中心小学、统领周围各乡间小学的教育建制。在1905年至1916年的学堂体制里,陈墓及其四乡就读新学堂者的,无论在人数上,还是阶层的覆盖面上,远远超过传统的设馆私塾识字读经的时代。不能不承认,这一变局,对于陈墓人走出传统,走出水乡,走向外部世界,领受新时代的熏染,其影响是十分持久且深刻的,怎么高估也不为过。只要细细查考百余名列入"杰出人物名录"的经历,都是以进入新式学校为人生的新起点,随后打破固守乡土的生活旧传统,大胆奔向全国各地,谋发展,创功业,可以强烈地验证上面的推论。

二朱的经历更具典型性。朱氏家族为镇上著名书香门第(《族谱》称,系朱子后裔,始迁祖在元代经由安徽迁昆,康熙年间来到陈墓的一支,谱称朱子八世孙。)文熊、文鑫为叔伯兄弟,自幼俱受父辈严格庭训,熟读四书五经,1901年和1902年,两人相继经昆山县试,分别以第一、第二名考中生员,是为科举末代"秀才",年仅20岁上下。我很敬佩朱氏家族的感觉敏锐,目光长远,预感科举之路将绝,遂毅然让子弟离开陈墓,送入苏州刚开张的新学堂,别开门径。而且毫不自私,念及家乡子弟,利用官方政策的鼓励,1905年在陈墓也办起了新式小学堂(当时市镇开办中学的条件远不具备,不仅陈墓,别的镇都未有设中学堂的。市镇开始创办中学要到30—40年代,此是后话)于是,朱文熊于1902年考入苏州"中西学堂",次年文鑫考入苏州"江苏高等学堂"。文熊经官考,于1904年由巡抚端方选派至日本留学,入弘文学院,与鲁迅同学。文鑫则于1907年经巡抚张元鼎选考赴美国留学,入威斯康星大学学习天文学。而后二朱的经历和成就,证明这次朱氏家族的选择非常明智,两人从此开出了人生的一片新天地,没有像沈艾娣写的《梦醒子》书里那个固执无能的迂夫子,沉沦于旧境地,唱出了沈氏所谓的"(现代)进步之痛"的咏叹调。

新旧的断裂是谈论新文化运动的热门话题。但以科举废除、新学堂创设而论,就我所阅读到的材料,似乎是新的知识大量补入,旧的知识并非完全遽废。1914年到1915年,黄炎培对江苏、浙江、江西、安徽四省的教育状况作了为时不短的考察,由商务印书馆印行的《黄炎培教育考察日记》两集传世。考察所记,给我印象极深的是:(一)自晚清到民国初年,新式小学的数量超出我的想象,几深入到四省各乡镇。职业学校曾兴盛一时,但不持久(如法政类学校,工商会计类学校,多因就业不理想,逐渐告衰落)。在省县城多数都设有中学,教会学校亦有一定数量(附言:从考察情况看,教会学校教学秩序与教学质量似胜于其他学校)。因科举废而人才绝,这样呼天抢地的悲恸,多少是由"思想"生出的心理病。讲究现实的中国人,仍然会想出办法,新旧过渡之间,让子弟谋职业出路、求生存与社会地位,有个路径依赖。那时普遍的办学风潮就是个极好的例证,也直接旁证了陈墓办新学决非孤证。(二)到黄炎培考察之时,各类学校都设有一定课时的读经内容,教会学校亦少例外。国文课比重极大,而且所读都是古文,《古文辞类纂》是教师常备的参考书。同时,国文课也加强了应用文的写作与训练,这属于新添的课程内容。据新《镇志》采访老人回忆所得记录,清末陈墓两等小学堂课程设有修身、中国文字、算术、历史、地理、体操,高小增设读经、音乐、英语。民国初,初等小学课程设修身、国文、算术、手工、图画、唱歌、体操。高等小学增设本国历史、地理、英语,后增设常识课(理化、生物)。陈墓于1946年起乡绅自办初中,为纪念乡贤朱文鑫,起名"陈墓私立槃亭初级中学"。直至1949年止,五年里共培养初中生达456人,甚为可观。课程初设有国文、算术、英语、历史、地理、化学、音乐、美术、体操。1947年起,初一增加补充读物《孟子》《三国演义》,初二增加《左传》《列国演义》。

为什么新文化必须靠废旧立新方得成立? 我不能理解。而且,也不甚相信新文化有可能脱离旧文化凭空从天上掉下来。任何断裂旧文化基础,悬空托出新文化,几乎是一种虚幻的狂妄。不说文字仍是汉字,识字实际离不了古代"小学"的老底,什么部首、形声,等等。你说,白话文若离开文言文的活用,词汇的枯燥是一定的,那还有什么文化的美感可言? 新诗更是如此。

不扯远了,还是回到二朱经历感言的原题上来,结个尾巴。二朱,在现行的新文化史书写中几乎没有什么位置。我相信在座的专家中,知道他俩名字的,不会超出一、二人之数。然而,说二朱对新文化的建设没有做出什么成绩,也是不公正的。一个是中国书写天文学史的第一人,一个是主张拼音文字与推行"普通话"的先驱者之一(本地称其为第一人,有违史实,溢美之词)。如果细读他们的论著,不难看到他们在创造新文化方面,都依托着旧文化的底蕴,在新旧、中西的融通方面如鱼得水,两得其美。特别是朱文鑫,能够利用"十七史"天文志写出中国古代天文学史,在今日恐怕也难觅其人。那时的自然科学专家的旧学功底真是了得!朱文熊一生钟爱古典文献教学,兹录下一段学生回忆,以见其精神风貌:"他对学生讲解古文的时候,读一段,讲一段,读时是使用着全副气力,提高嗓子,埋头苦喊,读到有精彩处,更是弄得头上的筋一条条的显露出来,面色涨红得像关老爷,全身都震动起来。无论哪一个善打瞌睡的同学,也不得不肃然悚然! 他那样用尽气力的办法,我虽自问做不到,但是他那样聚精会神,一点不肯撒烂污的认真态度,我到现在还是很佩服他。朱先生实在是一个极好的国文老师。"(邹韬奋《经历》中对南洋公学中学部读书时的回忆)我相信二朱的事例,在江南市镇中可以找到许多许多。这是一大拨人群,比起那些生产"新思想"的少数"精英",他们是新文化运动中的"大众",却常常被研究者遗落在"底层"。

  由此,我觉得新文化史的研究虽然离不开个案,但是否应该把个案的数量和关注面扩展,再多扩展点,把相关的背景搞得更丰富些,更全面些?或许,我们因此也就可能纠正某些不应有的错觉或成见,使之更加接近真实。这也算是一个门外汉的建议吧!

本文作者系华东师范大学历史系教授

新文化运动研究论域之拓展
——关于新文化运动研究的片断思考

欧阳哲生

新文化运动的语境

要理解新文化运动,首先要了解新文化运动所面临的语境。

新文化运动面临的第一重语境是"家国天下"体系的崩解。孔子称他所处的时代是"礼崩乐坏",清末民初的中国可以说是传统"家国天下"秩序的崩溃。"正心修身齐家治国平天下"既是传统士大夫的理想信念,也是儒家伦理的核心价值。这里包括三个层面:一是华夷之辨的天下秩序,这是处理对外关系的原则。二是一家一姓、一君之尊的王朝体系,这是国家秩序的规定。三是宗族制度或家族制度,宗族作为中国传统社会的基层社群组织,是传统社会的重要特征。

传统"家国天下"体系的崩溃首先体现在"华夷之辨"秩序的瓦解,西方以其军事上、科技上的优胜迫使清朝推行洋务运动,走上学习西方的现代化轨道。其次是国家认同的危机,在制度层面,从开明士绅接受君主立宪,到新型知识群体追求共和,君主专制的根基开始动摇,传统的政治秩序逐渐瓦解。

第二重语境是民国政治文化建设面临新选择。辛亥革命推翻了君主制,代之以共和制。在国家体制层面,这是一次革命。它不仅仅是推翻了清朝,而且颠覆了延续两千年的君主制。中国采取共和制在亚洲是第一,在世界大国中,则居美国、法国之后。但民国初建,围绕政治制度、政治文化仍存极大的争议。

在政治制度层面,存在共和与开明专制(帝制)之争。面对民国初年的政治乱象,包括康有为、梁启超、严复在内的一批知识分子以为中国民智未开,不适共和,主张退而求诸开明专制。正是在这种思想主张的怂恿、鼓动之下,袁世凯才胆敢有复辟帝制之妄举。以孙中山为代表的革命党人与以袁世凯为首的当权统治者就共和与帝制之争展开生死搏斗。这是一场军事斗争,也是一场思想斗争。如果说,从"二次革命"到护国战争是共和派所展开的武力抗争的话,那么,从《甲寅》到《新青年》则是革命党人开辟的思想战场。

在政治文化层面,存在孔教运动与思想自由之争。民国初年,康有为、陈焕章师徒二人积极推动孔教运动,他们的主张获得了包括严复在内一大批官僚政客、学者文人的支持。推动孔教国教化的主张,这主要体现在陈焕章领衔向国会递交的两份请愿书:《孔教会请定孔教为国教请愿书》(1913年8月1日)、《孔教会上参众院两院请定国教书》(1916年9月11日)。第一份请愿书主要申诉"定孔教为国教"的现实理由:"今日国体共和,以民为主,更不容违反民意,而为专制帝王之所不敢为。且夫共和国以道德为精神,而中国之道德,源本孔教,尤不容有拨本塞源之事。故中国当仍以奉孔教为国教,有必然者。""定孔教为国教,然后世道人心方能有所维系,政治法律方亦可施行。"① 认定孔教适宜共和国家,孔教可继续发挥作用。是书递交国会后,几经辩论、协商,最后以"国民教育以孔子之道为修身大本"取代定孔教为国教,经宪法委员会三读通过。② 孔教会虽未达其目的,但较民国元年蔡元培任教育总长时取消前清学部尊孔宗旨之强硬态度,国会对尊孔的态度多少有所缓和。

第二份请愿书呈递在袁世凯去国、黎元洪上台之时。借黎氏支持之力,孔教会再次上书敦促:"立法之事业,莫大于制宪,而宪法之精神,莫重于国教。诸公之果能代表民意者在此,其或不幸,而违反民意者亦在此。"再提定孔教为国教议案。在策略上,第二次上书内容有所改变,以申诉孔教对拯救中国之用为主。这一请愿书在国会又一次引起波澜。经过长达半年多的讨论,国会反将1913年所定之"国民教育以孔子之道为修身大本"一条撤销,改为"中华民国人民有尊崇孔子及信仰宗教之自由,非依法律不受限制",不仅否定了国教案,而且较1913年宪法相关规定更为宽松,从此结束了这场民初有关国教的讨论。③ 1918年以后,陈焕章率人向国会提出"圣诞节案""尊孔法""祀天

---

① 《孔教会杂志》第1卷第6号,1913年7月。
② 有关国会争论情形,参见吴绍慈:《中华民国宪法史前编》第三章《起草时代之波折》第九节《孔教案之发轫》,台北:文海出版社,1988年,第38页。韩华:《民初孔教会与国教运动研究》,北京:北京图书馆出版社,2007年,第196—199页。
③ 参见韩华:《民初孔教会与国教运动研究》,第199—208页。

案""祭告天坛圣庙建议案""读经议案""祭天祀孔案",这些毕竟是孔教运动的余波末流了。

对于康有为和陈焕章提出的定孔教为国教的论调,陈独秀、易白沙、吴虞、李大钊等人在《新青年》发表文章,予以批驳。这是《新青年》前期的重要内容。其他一些知名学者也参与了论战。如章太炎站在古文经学派的立场,提出了不同意见,称"中土素无国教","孔子于中国,为保民开化之功,不为教主"。[1] 章士钊也曾提出反驳,孔子所"言绝无教质,神所不语,鬼不能事","后人祖述,经师讲习,系统不出乎师弟子,范围不越乎大学书院"。故儒学"本非教也"。[2]

第三重语境是第一次世界大战带来的"西方的分裂",给中国提出了重新选择的问题。第一次世界大战以前,西方对中国来说意味着是一个整体,是现代化的样板。一战爆发后,以英、法等为一方的协约国与德、奥等为一方的同盟国之间的搏斗,吸引了全世界的注意力。面对欧洲两大集团的对峙,中国面临选边的问题。故战争一开始,中国朝野上下都颇为关注战局的发展。在中国的观察家看来,这不仅是一场军事冲突,更是一场"思想战"(杜亚泉语)。在甚嚣尘上的战争机器背后,是各国强有力的民族主义在支撑。德国的大日耳曼主义、俄国的大斯拉夫主义、英国的大不列颠主义,成为各国发动战争的真正精神动力。国人都敏感地意识到,欧战虽发生在欧洲,但攸关中国的前途和命运,故大家都希望战争的结局能朝着有利于中国的方向发展,或中国借此机会发展自己的实力。战争临近尾声时,俄罗斯、东欧各国社会主义风潮涌起,世界面临新的巨大震荡。欧洲从一分为二,到再次陷入新的、更深层次的分裂,不仅是利益的冲突,而且是新的制度文明的选择不同、新的主义之争。"西方的分裂"对中国思想界自然产生了影响,由于对西方思想传统和新的趋向的认识差异,中国思想界对现代化方向的把握也出现了新的分歧。

这三重语境既构成新文化运动的历史背景,又是它必须面对的对话对象。从历史的角度评估新文化运动,首先不能背离或抽离它所面临的对话语境。

---

[1] 章太炎:《驳建立孔教议》,收入汤志钧编:《章太炎政论集》下册,北京:中华书局,1977年,第688—693页。
[2] 秋桐(章士钊):《孔教》,《甲寅》第1卷第1号,1914年5月10日。

新文化运动的最初定位

对新文化运动之定位做出明确解释的是陈独秀、胡适。1920年4月1日,陈独秀在《新青年》第7卷第5号发表《新文化运动是什么?》一文中说:"新文化运动,是觉得旧文化还有不足的地方,更加上新科学、宗教、道德、文学、美术、音乐等运动。"陈独秀在这里使用的是"加上"一词。他批评了当时"两种不祥的声音":"一是科学无用了,我们应该注重哲学";这是针对梁启超在《欧游心影录》一书中开首所发出的"科学破产了"的呼喊而发。"一是西洋人现在也倾向东方文化了"。这是面对《东方杂志》和梁漱溟为代表的东方文化派而发。陈独秀认为,"各国政治家、资本家固然用科学做了许多罪恶,但这不是科学的罪恶"。"西洋文化我们固然不能满意,但是东方文化我们更是领教了,他的效果人人都是知道的,我们但有一毫一忽羞恶心,也不至以此自夸"。显然,陈独秀既不同意将第一次世界大战的罪恶与"科学"并联在一起,也不认同因近代西洋文明存在弊病,而改弦易辙重新复归传统的东方文化。这是陈独秀的态度,也是当时新文化阵营的共识。

胡适在《新思潮的意义》一文中陈述自己对新文化的见解时说:"新思潮的根本意义只是一种新态度。这种新态度可叫做'评判的态度'。评判的态度,简单说来,只是凡事要重新分别一个好与不好。仔细说起来,评判的态度含有几种特别的要求:(1)对于习俗相传下来的制度风俗,要向:'这种制度现在还有存在的价值吗?'(2)对于古代遗传下来的圣贤教训,要问:'这句话在今日还是不错吗?'(3)对于社会上糊涂公认的行为与信仰,都要问:'大家公认的,就不会错了吗?人家这样做,我也该这样做吗?难道没有别样做法比这个更好,更有理,更有益的吗?'尼采说现今时代是一个'重新估定一切价值'(Transvalution of all Values)的时代。'重新估定一切价值'八个字便是评判的态度的最好解释。"[①]胡适是从价值取向上确认新文化、新思潮的意义。

陈、胡二位的追求,亦即对"新"的文化的追求,都是不满足于所谓旧文化、所谓"国粹"所致。可以想象,这样一种追求,必然与"旧文化"发生严重冲突。陈独秀对此有清醒认识:"本志同人本来无罪,只因为拥护那德莫克拉西(Democracy)和赛因斯(Science)两位先生,才犯了这几条滔天的大罪。要拥

---

① 胡适:《新思潮的意义》,1919年12月1日《新青年》,第7卷第1号。

护那德先生,便不得不反对孔教、礼法、贞节、旧伦理、旧政治。要拥护那赛先生,便不得不反对旧艺术、旧宗教。要拥护德先生又要拥护赛先生,便不得不反对国粹和旧文学。"①新文化运动的最初论域,就是讨论新文化与旧文化的对立关系,"破旧立新"是《新青年》主流派的共同选择。

当然,陈独秀对新旧文化关系的陈词并不是没有可商榷之处,也许他追求的民主、科学这两大目标并没有错,但他指陈的中国"旧文化"种种问题却引起了极大的争议甚至非议。从语义逻辑来看,以我们今天的知识来判断,他的逻辑显然只是一种模糊处理,实际上,与民主政治相对立的应是专制政治,并不关乎孔教、礼法、贞节、旧伦理,科学发展与"旧艺术""旧宗教"也不存直接的对应、对立关系。在美国这样的民主国家,基督教照样流行;像牛顿这样的大科学家奉信上帝者大有人在。陈独秀的这种模糊处理做法,长期地支配后来的人们,对此不求甚解者很容易地因执著于维护新文化的话语霸权,对中国的古典文化、儒家伦理采取一种排斥、乃至贬抑的态度。

反对孔教的问题

当代海外新儒家攻击新文化运动是中国传统文化的断裂层,这不过是新文化运动与其反对派斗争的延续。从历史的演进来看,新文化运动并不是近代中国文化的新开端,鸦片战争以来的一次又一次对外战争挫辱,促使敏感的士人学子觉醒,他们开始睁眼看世界,向西方寻求真理。新文化运动不过是中国早期现代化运动从器物层面到制度层面、再向精神层面推进的结果。"没有晚清,何来五四?"这是我们追溯新文化运动前史时可以顺理成章得出的一个结论。

新文化运动的主要代表蔡元培、陈独秀、胡适、李大钊激烈反对将孔教定为国教之举。但破除儒学意识形态的话语霸权,并不是自新文化运动始,清末维新运动即对八股取士的制度给予激烈抨击,对韩愈的"原道"学说提出激烈批评。1905年废除科举制,从制度上实际解构儒学的正统地位,确立新教育的发展方向。民国初年,蔡元培制定的新教育宗旨明确取消"尊孔"条款,《大学令》解除经科,新的民国教育制度排除了建立孔教意识形态的可能。陈焕章等人的努力无济于事,说明民国政治文化朝着民主、科学的方向发展已是不

---

① 陈独秀:《本志罪案之答辩书》,1919年1月15日《新青年》第6卷第1号。

可更改的方向。

新文化运动对孔教的批评主要是展现在"礼教"、旧的家庭制度对人的个性束缚这一层面。新文化运动之表现为个性解放运动,一方面得力于破解束缚人性、个性的"礼教"、旧的家庭制度,一方面归功于西方的"健全的个人主义精神"的介绍。严格来说,新文化运动对儒学的系统清理和研究工作,因为各种条件的限制尚没有全面展开。胡适提出"整理国故"在当时也只获得很小范围的认同。

中国作为文明古国,有着没有间断的历史文化传统,儒学在这一历史文化传统中居主干地位。传统历史文化的资源核心部分是儒学,对于这一点新文化运动限于当时的历史环境,在破的一方面下力较多,而对承继一方面所做的工作相对较少。

新文化运动反对将孔教定为国教,主张捍卫宪法的思想自由原则。这一选择并不为过。但如孔教能退出政治领域,不介入意识形态的话语霸权之争,这就应该给予它应有的生存空间。在20世纪中国,人们给有神的宗教留下了生存空间,外来的基督教、本土的道教和佛教,都有自己受到法律保护的生存空间。但无神的宗教——孔教,似乎从来没有得到承认。这里与孔教自身所扮演的角色密切相关。既然是宗教,就不应该要求参与世俗事务,更不应该介入政治权力之争,而应谨守在道德生活领域,这样作为宗教的纯洁性也许会得到人们的尊重。民初的孔教之所以成为一个问题,主要并不是在宗教的层面,而是在政治的层面,由于孔教介入了意识形态的霸权之争,从而引发了他与各种势力的冲突及其悲剧性的结局。另一方面,如果孔教真正退回到宗教领域,它是否应有自己生存权利和发展空间,这也是一个问题。既然有神的宗教因有"信仰自由"可以获得生存的空间,为什么无神的宗教——孔教就不能有它的容身之地。知识分子的身心安顿,除了依靠自己的人生修养获得,孔教是否还有其可资利用的资源和价值呢?这是我们应该重新考虑和反省的一个问题。这一问题曾经不断被某些现代新儒家所发问,今天仍然值得我们去思考和反省。

新文化运动之所以能够酿成大气,与中国资本主义的发展、新文化力量的迅速成长有关,并非只是几个新思潮的"弄潮儿"兴风作浪的结果。现在有一种似是而非的说法,以为新文化之成为"运动"是被人"运动"起来的。陈独秀对此早有驳议,他曾说:"常常有人说:白话文的局面是胡适之、陈独秀一班人闹出来的。其实这是我们的不虞之誉。中国近来产业发达人口集中,白话文完全是应这个需要而发生而存在的。适之等若在三十年前提倡白话文,只需章行严一篇文章便驳得烟消灰灭,此时章行严的崇论宏议有谁肯听?"[①]胡适曾以"逼上梁山"来表达他投身"文学革命"之初的切身感受。新文化运动的揭竿而起不过是对复辟政治和复辟运动的反抗而已。

晚清在中国传输西学的主力是西方的传教士,中国虽向欧美派遣了数批留学生,但人数过少,尚不成气候。20世纪初期,中国大批留学生奔赴东瀛,向日本这个曾是自己的学生讨教。1910年以后,随着美国将庚款用于资助中国留学,中国开始有计划地分批派遣赴美留学生。民国初年,留学生在中国高等教育中已占据重要地位,他们成为传播西学的主力。这样传播西学的主体从西方传教士转向中国知识分子,在中国高等教育中,这是一大变化。新文化运动的领导者大多为在日本、欧美留学者,这与戊戌维新运动的领导者主要为士绅,辛亥革命的领导者主要是留日学生有绝大不同。新文化运动中所包含的"西方元素"明显超越了辛亥革命、戊戌维新。作为新文化运动尾声的科学与玄学之争,论争双方的代表丁文江、胡适与张君劢均为留学欧美者,说明即使文化保守主义也在寻求用"西式"来包装自己。

五光十色的西方思潮在五四时期涌入中国,在中国寻求他的代言人。戊戌变法运动中活跃的康有为、梁启超、谭嗣同都是在国内成长的一代知识分子,他们无缘接受西方的学术训练,当然也不可能传授西方近代思想,他们只能讲一些貌似思想解放但实际上还是中国传统的那套东西。五四这一代人不一样,他们在国外接受了教育,甚至是接受了比较系统的现代教育,所以他们能够把欧美最新的思想、最前沿的学术带到中国来。这些思想与学术在西方可能还处在实验阶段,但在中国因为得到胡适这些留学生的传播,在中国的影响力却不比在西方小。五四时期影响最大的易卜生主义、实验主义就是如此,很多外来的"主义"在异域的影响超过了在本国的影响,包括马克思主义,这得益于五四时期那些从欧美归来的知识分子占据了中国知识界的制高点。

新文化运动论域之转变——启蒙运动

新文化运动论域之转变为以确认其为启蒙运动,认定新文化运动的基本精神是民主、科学,这是在新时期以后纪念五四运动60周年开始出现的转向。

[①] 陈独秀:《答适之》,收入《科学与人生观》,上海:亚东图书馆,1923年12月。

在新民主主义革命理论框架中,新文化运动被当作旧民主主义革命的尾声,其所提出的"民主""科学"被定性为资产阶级的思想,其价值和意义自然被打折扣。通览三大册《纪念五四运动六十周年学术讨论会论文选》(中国社会科学出版社,1980年),我们即可看出,民主、科学的思想价值重新得到确认,它不仅被当作五四新文化运动的基本精神,而且被视为中国现代化运动的前进方向。

本来陈独秀深受法国启蒙运动的影响,《青年杂志》的外文译名用的就是法文"LA JEUNESSE"。陈独秀在《青年杂志》发刊词《敬告青年》中提出对青年的六大要求:(一)自主的而非奴隶的;(二)进步的而非保守的;(三)进取的而非退隐的;(四)世界的而非锁国的;(五)实利的而非虚文的;(六)科学的而非想象的。这带有浓厚的启蒙色彩。在同期刊出的《法兰西人与近世文明》一文,提出"近代文明"的三大事件:"一曰人权说","一曰生物进化论","一曰社会主义",都是法国人率先发动。① 彰显的就是启蒙运动和法国大革命的思想贡献。在《本志罪案之答辩书》中提出向西方学习"民主"与"科学","只有这两位先生可以救治中国政治上、道德上、学术上、思想上一切的黑暗。若因为拥护这两位先生,一切政府的压迫,社会的攻击笑骂,就是断头流血,都不推辞"。② 他认定新文化运动是一场启蒙运动。陈独秀的启蒙思想因其激烈而果敢,其实就是革命思想,他从法国大革命走向"以俄为师"的共产革命,其中的内在逻辑即在于此。

新时期重新认定新文化运动是一场启蒙运动,主要是重新确认思想自由、个性解放的合理性、正当性。"启蒙"(Enlightment)的本意是让近代文明之光照亮黑暗的中世纪,这是因为中世纪处在神学的统治之下,受到宗教愚昧的支配。摆脱这种愚昧状态,成为那些追求科学、自由、人权的知识分子的目标。在"文化大革命"中,由于民主、法治被摧残殆尽,个人迷信、独断专行猖獗,国家政治生活的正常秩序受到严重干扰。知识分子被当作"臭老九",完全失去应有的人格、尊严,教育、科学发展面临重重阻力。这些恶果重新唤起人们对新文化运动倡导的民主、科学的记忆,深切体验到民主、科学是现代社会所不可缺的基本要件。

近代中国的启蒙思想萌动于欧风美雨之中,它具有两个层次:一是打破传

---

① 陈独秀:《法兰西人与近世文明》,《青年杂志》第1卷第1号,1915年9月15日。
② 陈独秀:《本志罪案之答辩书》,《青年杂志》第6卷第1号,1919年1月15日。

统的忠君观念,进行国族(Nation)思想的启蒙。将忠君引向对国族的认同,强调爱国,发掘"集体的能力",这种以优先追求国族富强的目标为主,对国族思想的启蒙,几乎是近代各大政党、各大思潮探讨的主题。严复将《自由论》译成《群己权界论》,确认的是一种个人与社会相适的自由秩序。国民党领袖孙中山在《三民主义》演讲中强调"国家自由",主张以"国家自由"代"个人自由"。共产党追求共产主义,对社会平等的张扬。青年党标榜的"国家主义"。都反映了这样一种思想倾向。不过,将"Nation-State"译成国家,似乎是一种误导,近代民族国家表现的是对"国族"的认同,而不含有"国家"之"家"的含义。二是个人主义或个性主义。这是胡适在《易卜生主义》一文中特别宣传的一种思想。他强调个人自由、个人权利的正当性,强调个性解放。"这篇文章在民国七八年间所以能有最大的兴奋作用和解放作用,也正是因为它所提倡的个人主义在当日确是新鲜又最需要的一针注射"。[①]

由于对国族思想的启蒙更为急迫,因而在近代中国思想大潮中实际占有主流。寻求国族富强,发掘集体能力,重建新的社会秩序,这是近代思想家们思考的问题,也是新文化运动深入发掘的主题。如果说,建立民国是近代民族国家建构的一个新开端,那么,五四运动则可视为社会重建的发动机。傅斯年所谓"从五月四日以后,中国算有了'社会'了",[②]表达的就是这样一种看法。但如仅将启蒙思想局限于国族思想,忽视个体思想的启蒙,也是一种偏见,新时期的新文化运动之论域扩展到启蒙运动,其拓展之处在于再次确认了思想自由、个性解放、民主政治的价值和意义。

20世纪90年代以后新文化运动论域的再次转向

新文化运动论域的再次转向是20世纪90年代以后,对"东方文化"派、梁启超为代表的研究系、《学衡》派文化主张的重新评估,表现了中国学术界对文化多元的深度理解和对中西文化的平衡处理。实际上,这些过去被当作新文化运动的反动派并不愿自外于新文化运动,他们对中西文化关系的别样处理,虽有对主流派扬西贬中的抗衡一面,还有为被压抑的中国文化寻求出路

[①] 胡适:《介绍我自己的思想》,《胡适文集》第5册,欧阳哲生主编,北京:北京大学出版社,2013年,第464页。
[②] 傅斯年:《时代与曙光与危机》,《中国近代思想家文库·傅斯年卷》,欧阳哲生主编,北京:中国人民大学出版社,2015年,第121页。

表达新的诉求一面。换句话说,他们发出的声音既是"异声",又是"和声"。

中国之所以出现"近代",主要是由于中国与世界(特别是西方)的关系发生变化所致。换言之,近代以来中国面临的紧要问题是如何处理中西关系,如何认识中西文化。从魏源提出的"师夷长技以制夷",到洋务派的"中学为体,西学为用",再到严复在《论世变之亟》一文对中西文化所进行的一抑一扬的比较,可以看出中西之比渐次发生换位,中西关系之调适是朝着重西轻中的方向发展,这是西方在历次侵华战争中胜利的结果。一系列战争的挫辱带来的另一个后果是对本民族劣根性、本国文明制度的优劣的反省,近代的批判性、启蒙性思潮随之产生,并成为一股不可遏制的潮流,中国文化的突破面临新的瓶颈。

民国初年,中国知识界对中西文化关系处理出现新的对峙。新文化运动与反对派的争论主要表现在对东西文化认识的分歧,当时的东西文化论战在三个方面展开:一是东西文化的优劣比较。二是新旧文化可否调和。三是战后中国文化的道路选择问题。[①] 五四时期的东西文化论战,将中国对西方近代文化的输入引向高潮。这场论战对后来中国文化的重要影响乃在于强调东方文化与西方文化的二元对立,强调新文化与旧文化的替换关系,这样一种思维方式成为定式,长期地支配人们的头脑,对后来人们处理中西文化关系造成极大的影响。

东方文化派、《学衡》派和梁启超、梁漱溟为代表的文化保守主义者的思想主张对于抗衡新文化运动的激进倾向,不失为一种合理的选择,他们的思想主张的确包含有不可否认的合理内核。但因此认可其为正确的选择,或视其为较新文化运动更优的"上策",则又悖于当时的实际情形。新文化运动论域之拓展,对东方文化派、《学衡》派和梁启超、梁漱溟为代表的文化保守主义者之重新评估,表现了人们对新文化运动之多向思路、多元文化的包容,这实为新时期人们谋求平衡处理中西文化关系的反映。但中西文化之权重,并不是由主观愿望所可任意处置的。近代以来的中西文化关系究其根本原因是由中西之间的实力所决定。所谓"文化软实力"其实也是国力的反映,软实力当然也是与硬件相匹配的。离开了国家实力这个硬件,就谈不上所谓的"文化软实力"。

---

① 参见陈崧编:《五四前后东西文化问题论战文选》,北京:中国社会科学出版社,1985年,第1—32页。

在对文化保守主义重新评估的同时,对陈独秀、胡适、李大钊、钱玄同、鲁迅、周作人为代表的《新青年》派之研究也在朝着更为深入、细致的方向掘进。实际上,对后者的研究应该说仍然是20世纪80、90年代新文化运动史研究的热点或重点。如果说,陈独秀将新文化运动定位为启蒙运动,表现的是他对中国现代化之民主、科学这一方向的追求的话,胡适将新文化运动定位为"中国的文艺复兴",则是表现其开掘新文化运动与中国人文传统相联结的一面。胡适认为新文化运动是中国的文艺复兴运动,是中国人文传统的再生。他曾向《新青年》同人建议:"我们这个文化运动既然被称为'文艺复兴运动',它就应撇开政治,有意识地为新中国打下一个非政治的(文化)基础。我们应致力于(研究和解决)我们所认为最基本的有关中国知识、文化和教育方面的问题。"①带着这一目的,胡适提出新思潮的意义是:研究问题,输入学理,整理国故,再造文明。不管是陈独秀将新文化运动定位为启蒙运动也好,还是胡适所执著追求的"中国的文艺复兴"也罢,两者对中国文化传统都抱持一种批评性或批判性的态度,他们都不满意那种"维持四千年纲常名教于不坠"的文化保守主义态度,都谋求中国文化的更生、创新。

像胡适这样将新文化运动看作是"中国的文艺复兴",并不只是个别的声音,梁启超的《清代学术概论》、周作人的《中国新文学的源流》也是从这个角度追溯新文化的传统起源。《新潮》将其刊名英译为 The Renaissance,更是表达这样一种意向。他们都强调新文化运动与中国人文传统一脉相承的继承关系。

随着对中国新文化保守的、稳健的思路的新的发掘和有力表现,激进的思想相对受到抑制。进入21世纪以后,中国的文化生态发生了较大变化。对古典文化的偏好日益占据文化的中心,"去新化"的倾向越来越受到各种鼓励,对新文化运动批评、恶诋的声浪自然愈演愈大。文化复古的后果之一是"去新化"。宗教势力的复活,正在填补意识形态崩解所造成的思想真空,各大宗教重新构建自己的信仰系统,由此也大大压缩了新文化的空间。古典主义与宗教势力曾在新文化的打击下,已经支离破碎,如今却又重新整合,新文化面临前所未有的新的危机。在这种情势下,我们确有必要对新文化运动之"新"意义再确认、再评估。

近代以来,人们普遍将中学与西学相区隔。在二者之间总是非此即彼、或

---

① 唐德刚译注:《胡适口述自传》,《胡适文集》第1册,第320—321页。

抑中扬西、或贬西褒中,这种"二分法"做法从19世纪下半期一直到新文化运动时期,都没有多大改变,几成为一种定式延续迄今。这与近邻日本近代以来的所谓"东洋"、"西洋"之分有类似之处。这固然与中西文化之初期接触,中学与西学的确分属两大系统,双方差异之大,可以并立。而对双方可能的相通之处缺乏应有的认识。与此相连的另一个问题是,对新文化与旧文化的对立关系的强调,以致人们形成存此去彼、非此即彼的思维定式。在这种思维定式的制导之下,人们很容易走上以西方文化代替中国文化或以中国文化替换西方文化的"替换型"思维的路子,梁漱溟的《东西文化及其哲学》所提示的世界文明三种路向说即是这种思维方式的典型表现。随着人们对新文化运动史的深入研究,发现新中有旧,旧中有新,所谓新旧并不是截然可分的。如此过去所谓中西对立、新旧对立之说,不妨调适为中西并存、新旧相容。文化的紧张感由此将得以缓解、化解。

过去我们存在一种误解,以为继承本国的传统文化与输入西方的近现代文化,双方存在一种对立而不能两存的关系。其实这也是一个极大的误区,两者之间并不存在这种矛盾。随着历史渐行渐远,传统文化已成为越来越稀缺的资源,传统已沉积为"古典",对之我们当然应该珍惜、保存,不必避讳"保守"之名。在西方文化处于强势文化的背景之下,西方在科学技术、制度设计、精神文化方面仍保持优势,处在前沿的位置,因此我们必须取"拿来主义"的态度,尽量吸收西方的先进文化,不必计较"西化"之污。该"保守"的就要保守,该"开放"的就要开放,不必非此即彼。历史的经验告诉我们,不怕真诚的保守,就怕伪劣的假古董;不怕货真价实的洋货,就怕夹生不熟、未经消化的舶来品。日本作为东方世界现代化的先进,其突出优点即在保护传统与追求"西化"并存。蔡元培先生以其特有的智慧谋求兼容中西文化,以获取新文化的平衡发展。传统文化与外来文化是新文化的两大源头活水,也是激活我们想象、创造的灵感源泉。

把握新文化的关键仍在理解中西文化的互动关系。从中国新文化的兴起和发展的历史看,西方文化的冲刺是催生中国新文化的外部动力,也是主要动力。中国新文化之"新"首先表现在输入外来"新"的文化,然后才是传统文化受此影响开始自我更新、推陈出新。如果说,未来中华民族的文化复兴,中国文化将在世界大放光彩,那也是建立在中西结合的新文化在世界占住了支配性地位,绝不可能是排他性的单一文化或儒教原教旨主义的复活。新文化运动给我们的重要启示是如何在中西文化结合的基础上,创造一种新文化。将新文化运动史论域移向中西文化关系,必有助于加深人们对中西文化关系的理解,促进中西文化之间的贯通、融会。俄国作家列夫·托尔斯泰曾说过一句名言:"幸福的家庭都是相似的,不幸的家庭各有各的不幸。"将这句话引申到衡估世界各国现代化的进程,我们也可以这么说:"现代化成功的国家其实都是相通的,失败的国家才各有各的原因。"在世界早期现代化进程中,有哪些因素是共通的特征呢?第一个共通的特征是工业化,无论哪一个国家走现代化之路都必须完成工业化,非工业化的国家当然够不上现代化国家的资格。这是现代化国家与自给自足占主导地位的传统农业经济国家的区别。第二个共通特征是更为强势的组织化,形成所谓近代意义的民族国家。一般来说,现代化的国家较传统的帝国组织化程度要高。为提高自身的组织化程度,各国根据自己的历史文化和政治传统,采取不同的举措:政治传统比较保守的国家,如英国、俄罗斯、日本、德国,选择君主立宪制,强化自身的组织化程度;没有政治传统的新大陆国家——美国,则选择共和制,这是一种新的政治建构;有些国家(如法国)则在共和制与君主制之间徘徊不定,革命与复辟长期较量,国家处在两极对立的煎熬之中。从辛亥革命以后,中国选择了共和制,但又强烈维护传统帝国的中央集权制的政治传统,希望在新的政治架构中,强化而不是削弱国家的整合和统一,这当然是提升自身的组织化程度、加强抗拒外部压力的需求。在全球化的当今世界,各个民族之间的文化交流日益紧密,中国的发展越来越有赖于与世界的关系,越来越离不开世界的资源,寻求中国文化与其他民族文化的共通之处,这是中国文化在未来获得机遇和发展的必由之路。

本文作者系北京大学历史学系教授

原载《教学与研究》2015年第8期

新文化运动与中国哲学的现代开展*

高瑞泉

发生在百年之前的"新文化运动",作为一个重要的历史文化事件,它的意义及其对而后中国文化乃至社会变迁的深远影响,已经成为一个世纪以来国人思想争论的公共话题之一。从2015年开始,多家研究机构和学术期刊发起新文化运动100周年的纪念和学术研讨活动。① 每逢此类场合,通常都是少长咸集、群贤毕至,议论风生,不但说明当代学人对其关切依旧,而且争论并未终结。一般说来,人们会把"五四"和新文化运动联系在一起,像许多重大的历史事件一样,新文化运动本来具有多个面相,尤其包括两个相关而各有所侧重的诉求:政治和文化。1919年5月4日北京学生的那场著名的游行,后来得到上海工人罢工、商人罢市以及多个城市学生的支持而扩展到全国,不过,参加这场运动的主体,不再是传统的士大夫——古代中国屡次出现过儒生所表达的抗议精神曾经被现代学运引为先导——而是受到"新文化"影响的新式知识分子。尽管他们后来不久就分化为不同的派别,但是离开了这批新式知识分子之间的博弈和角力,就无法理解20世纪中国政治和文化。所以,把"五四"和"新文化运动"联系起来,自有其合理性。不过,在习惯宏大叙事的(或者说口号标语式的)定势思维下,又由于与政治的纠缠过深,文化争论的意识形态情结难免使得历史知识发生某种扭曲。大致说来,新文化运动以来的一百年,前七十年在激进主义思潮占据主流的语境下,和后三十年随着激进主义退潮、保守主义的崛起,新文化运动都有被以不同的方式符号化的倾

---

* 本文属于上海市哲学社会科学规划项目"动力与秩序:中国哲学的现代追求与转向"的阶段性成果。
① 本文原系笔者向《探索与争鸣》杂志社举办"纪念新文化运动100周年国际学术研讨会"(2015年,上海)提交的会议发言稿。当时因为成文仓卒,且窃以为文中有些意见已经在不同程度上表达过,深知小知闲闲之态颇不可取,故始终只是一份未刊稿。承《探索与争鸣》的叶祝弟主编和阮凯编辑厚爱,不断提示催促,遂在原文基础上有所增删,提交《探索与争鸣》发表。

向。这种情况在最近若干年并未有根本改善,在公共舆论中似乎呈现出压倒性力量的一种意见,认为新文化运动就等于"打倒孔家店",在重视传统文化复兴之今日,当然就意味着新文化运动只有负面意义。按照线性的逻辑,所谓"打倒孔家店"或者"激烈的反传统""全盘反传统",要为近代以来的中国人的价值迷失负责。毋庸置疑,价值世界的"诸神纷争"曾经动摇人们安身立命的基础。然而其原因实在非常复杂,思想变迁远非只是思想自身活动的结果。即使在思想史的内在维度解释中国人精神世界的历史性转变,也需要有更为辩证的观点。当然,也有许多学者持更为公允的态度,承认"新文化运动"不仅有反传统(主要是反正统儒教)的力量,也有多方面、不同程度的建设性。"诸神纷争"也包含了民族精神自我认识的新的可能空间。如果允许以一种比较客观的态度去看待历史,就不能用"一言以蔽之"的方式下断语,因而也不妨从更具体的侧面进入。本文以"新文化运动与中国现代哲学"为题,就是尝试从比较宽的视域中,观察中国哲学在20世纪的转变与新开展及其诸种社会条件和文化遗响,重访新文化运动的意义。

"文化生发期":"连续不断的觉醒"与知识界的分化

黑格尔曾经说过,"追求真理的勇气和对于精神力量的信仰是研究哲学的第一个条件",而"哲学的工作实在是一种连续不断的觉醒。"[1]追求真理的勇气通常是在面对现实的困境时才得以呈现,哲学的觉醒总是在有重大疑问需要决断之际才会降临。从中国哲学史的发端,春秋时代的"礼崩乐坏"引起的"古今礼法"之争,先贤的精神世界进入了一个前所未有的理性的高度。固有权威的坠落既为思想的解放打开了空间,而任何新秩序的建构,都需要哲学的辩护。几乎没有疑问的是,虽然春秋战国时代可谓古代的"乱世",但却是中国思想文化史的第一个春天。这一点连后来的文化保守主义者杜亚泉都不否认:

> 吾国思想界,于战国时代,最为活动。秦汉之后,迄于今世,无甚变迁,一则以孔孟之思想,圆满而有系统,后来发生之新思想,不能逾越之范围;二则专制政体之下,往往以政治势力,统一国民思想,防遏异思想之发

---

[1] 黑格尔:《哲学史讲演录》第1卷,北京:商务印书馆,1983年,第3、41页。

生。期间若黄老之兴起,佛教之输入,与王莽之复古,安石之新法,稍稍以思想影响于政治,而其势力薄弱,尚不足引起战争。迨欧化东渐,吾国固有思想,大受动摇,于是守旧维新之两派,其思想如水火不相容。前清之季,若拳匪之祸,若安庆之变,皆思想战之局部也。辛亥一役,思想战爆发,民国由是而成立。赣宁战事,犹为革命思想之余波。①

杜亚泉将近代以来思潮分化之原因只归结为西学东渐,自然有些简单化,但对于秦汉以后,政治专制与思想活力之间负相关的判断是恰当的;而对于当时各种思潮的相互争鸣的建设性之展望又是悲观的。

与此相对的是一种更为乐观通达的看法。杜氏所谓新文化运动期间的"思想战",恰恰是类似春秋战国那样的思想"最为活动"历史之另类重演。不但像陈独秀、李大钊等新文化提倡者以青春的激情和渴望斗争的喜悦去迎接中国社会的新陈代谢和"新旧思潮之激战",断定"新文化运动要重视创造的精神。创造就是进化,世界上不断的进化只是不断的创造,离开创造就没有进化了。"②以美学家名世,同时有着更宽阔的哲学和历史视野的朱光潜先生,也在20世纪30年代说:"从历史的教训看,文化思想的进展大半可以分为两期——生发期和凝固期"。西方公元前6世纪到4世纪是希腊文化的生发期,亚历山大时代与罗马时代是凝固期;14、15世纪文艺复兴为近代欧洲文化思想的生发期,17、18世纪为其凝固期。先秦是中国文化的生发期,从汉到清都可以说是儒家思想的凝固期。近代"这种千钧一发的时会应该是中国新文化思想的生发期。""惟其不拘一轨,所以分歧、摩擦、冲突、斗争都是常有的事;惟其含有强壮的活力,所以在分歧的冲突之中,各派思想仍能保持独立自由的尊严,自己努力前进而同时也激动敌派思想努力前进。这种生发期愈延长,则思想所达到的方面愈众多,所吸收的营养也就愈丰富,所经过的摩擦锻炼愈彻底,所树立的基础也就愈丰富坚实稳固。"③

换言之,在朱光潜看来,文化生发期是与百家争鸣的历史机遇紧密联系在

---

① 杜亚泉:《论思想战》,原载《东方杂志》,1915年3月第12卷第3号。《杜亚泉文选》,上海:华东师范大学出版社,1993年,第168页。
② 李大钊:《李大钊文集》上,北京:人民出版社,1984年,第373页。
③ 朱光潜:《我对于〈文学杂志〉的希望》,《朱光潜美学文集》第2卷,上海:上海文艺出版社,1982年,第497—500页。朱光潜先生1949年以前写过大量时论,后来不但翻译黑格尔的《美学》,而且翻译过维科的《新科学》、研究克罗齐哲学,在这些领域都卓有成就、堪称大家。

一起的,所以生发期是愈长愈好。朱光潜先生此论发表的时间早于亚斯贝斯的《历史的起源与目标》,①在那本书里,亚斯贝斯提出了著名的"轴心时期"的概念。"轴心时期"恰好是中西印三大哲学传统最早产生的时期。朱光潜把先秦和近代以来的文化状况在"文化生发期"这一概念上整合起来,这意味着从思想文化的创造性得以自由发挥的视角看,这两个时期都堪称黄金时期。事实上,后来许多中国学者在这一点上有高度的共识:中国近现代尤其是新文化运动时期与先秦时期都是思想解放、百家争鸣的时代。② 既然精神的自由探索是哲学发展的首要前提,这个时代是理应能够产生哲学的时代。

  在社会大变革时期,社会状况和政治思想通常与哲学有非常紧密的关联。从杜亚泉所关注过的思想解放与政治管制之间的关系说,在"西学东渐"成为潮流以前,龚自珍已经提出了尖锐的抗议,"避席畏闻文字狱,著书都为稻粱谋"是他对道光年间士大夫精神状态的写照,也是对专制政治的抗议。龚自珍对政治钳制的抗议之所以能够发出,恰恰与道光年间清廷的国家控制开始衰微有关。③ 鸦片战争以后,清廷应对事变与世变的能力每况愈下。尽管洋务运动一度造成了所谓"同治中兴",但是由于"自强新政"(洋务)的失败,19世纪留给20世纪的,已经从龚自珍时代的"衰世",变成了"乱世"。中国历史上有过多次治乱循环,但是19、20世纪之交开始的"乱世"与以往有着根本的不同,因为它第一次既与民族危亡又与空前的文化危机联系在一起。"乱世"的表征之一是"人心之迷乱"。在此以前的洋务运动是在"师夷之长技以制夷"——"中学为体,西学为用"的思路指导下展开的,而这一思路本身又处于"古今中西"的历史性争论之中,并且是突破了传统主义的"夷夏之辨",才渐

---

① 亚斯贝斯的《历史的起源与目标》发表于1949年,英文译本则出版于1953年。
② 甚至最早提出现代新儒家概念的贺麟也承认"儒家思想之正式被中国青年们猛烈地反对,虽说是起于新文化运动,但儒家思想的消沉、僵化、无生气、失掉孔孟的真精神和应付新文化需要的无能,却早腐蚀在五四运动以前。儒家思想在中国文化生活上失掉自主权,丧失了新生命,才是中华民族的最大危机。""新文化运动的最大贡献在于破坏和扫除儒家的僵化部分和躯壳的形式末节,及束缚个性的传统腐化部分。它并没有打倒孔孟的真精神、真意思、真学术,反而因其洗刷扫除的工夫,使得孔孟程朱的真面目显露出来。"(贺麟:《儒家思想的新开展》,《文化与人生》,北京:商务印书馆,1996年,第5页。)
③ 钱穆曾经论述过,经过清代两百多年的禁锢、怀柔和利用,到道光年间,随着国势的衰微,朝廷对于士大夫的思想控制也渐渐松弛。政治—文化批判获得了一定的空间,经学内部的今文学派渐见复苏,提供了借解释经典来发抒批判性思想的渠道。龚自珍、魏源等都不满于乾嘉学风,而借经典高谈性与天及治道,开了晚清七十年士大夫思想解放的风气。钱穆:《中国近三百年学术史》,北京:商务印书馆,1997年,第702—785页。

渐成为主导性的路径。从这个意义说,19世纪后半叶大部分时间内,知识精英和政治精英曾经勉强维持着有限改革的基本共识。甲午一战使得原先的基本共识几乎完全失效,"中国向何处去"的问题更为严峻。政治的败坏意味着实际的无政府状态,加上文化方略的"古今中西"取向之争论,以及内在的价值迷失所导致的心灵世界的失序,所有这些,一起加剧了在早期现代化遭遇重大挫折以后呈现在中国人面前的危象。民国以后,北洋政府不但国家能力低下,政治权威更为缺失,因而其管控思想的能力与意志自然也相对稀缺。不但上海租界内的报纸可以批评政府官僚,皇城根下的报刊也可以常常攻击军阀。新文化运动中人有把它视同西欧的"文艺复兴"在中国的再演,其实,就政治——在西欧主要是宗教的控制力——管制与思想自由之间互为消长的关系而论,两者也确实有某种类似之处。

文学界有过"没有晚清,何来五四?"之问。[1] 考诸思想史,亦复可作如此说。新文化运动中新派人物提倡的价值观念,戊戌时代已经不同程度地出现,有些只是具体而微地存在,通过新文化运动则被扩展为强势的话语。撇开《新青年》派的陈例,他们对科学、民主、个性、自由等的推崇是世人皆知的;我们不妨从陈寅恪的思想之复杂性看新文化运动如何开创了一个自由思想的天空。在纪念王国维时,陈寅恪写道:"先生之著述,或有时而不彰,先生之学说,或有时而可商。惟此独立之精神,自由之思想,历千万祀,与天壤而同久,共三光而永光。"[2]由于陈寅恪自述其思想接近南皮湘乡,而被世人认为是文化保守主义,故自然也似乎是反对新文化运动的。但是我们如果不存成见的话,不难看出,其所表彰的"独立之精神、自由之思想"固然不能说与传统士大夫精神毫无关联,但是更直接的应该说是新文化运动的重要遗产。独立人格、思想自由是新文化运动所主张的"人权"的核心,它与对古代传统的"三纲"之

---

[1] 按照王德威的观点,"传统解释新文学'起源'之范式,多以五四(1919年文学革命的著名宣言)为中国文学现代时期之依归;胡适、鲁迅、钱玄同等诸君子的努力,也被赋予开山宗师的地位。相对的,由晚清以迄民初的数十年文艺动荡,则被视为传统逝去的尾声,或西学东渐的先兆。过渡意义,大于一切。但在世纪末重审现代中国文学的来龙去脉,我们应重识晚清时期的重要,及其先于甚或超过五四的开创性。""我所谓的晚清文学,指的是太平天国前后,以至宣统逊位的六十年;而其流风遗绪,时至五四,仍体现不已。在这一甲子内,中国文学的创作、出版及阅读蓬勃发展,真是前所未见,并在世纪转折交替处,即'世纪末'(fin-de-siècle)之际,蔚为高潮。小说一跃而为文类的大宗,更见证传统文学体制的剧变。但最引人注目的是作者推陈出新、千奇百怪的实验冲动,较诸五四,毫不逊色。"(王德威:《被压抑的现代性:晚清小说新论》,北京:北京大学出版社,2005年。)

[2] 陈寅恪:《海宁王静安先生墓志铭》。

批判构成了一个硬币的两面。张南皮曾湘乡以尊三纲为宗旨,在他们那里恐怕难以找到"独立之精神、自由之思想"这样的表述。这说明陈寅恪思想的复杂性。① 他所赞赏的"自由、自尊、独立之思想"云云,与张之洞《劝学篇》中的"明纲"正好相反,而与从康有为、梁启超、严复、章太炎等开始提倡、新文化运动中得到光大的新观念,倒是一脉相承。

  细论这一话题,需要更多的篇幅。这里回到杜亚泉所担忧的"思想战"——知识界的分化——检视晚清尤其是戊戌到新文化运动变化中的连续性。前面我们说甲午战败以后,知识精英和政治精英原先享有的基本共识失效了,同时也造成了儒家集团的分化。我在一篇文章中讨论过,1895 年以后,传统儒家士大夫集团发生了分裂,分化为可以纳入自由主义、激进主义和保守主义三大类型的文化—政治派别。他们分别以严复和梁启超、谭嗣同、张之洞为代表,作为维新运动领袖的康有为则有兼具各种倾向的复杂性。② 在这里人们不难发现政治思想作为哲学发展的条件、中介和动力作用。在一个被政治立场严重撕裂的社会,原先存在的某种一统天下的哲学必定不再能确保其王座,哲学将直接间接地变形为理论形态中的政治斗争平台。如果说,这三大派别都需要各自为其合法性提供哲学辩护的话,那么 1915 年开始的新文化运动就进而加剧了这三大文化派别的哲学争论,或者说,文化争论、政治方略和中国早期现代化的历史,被进一步以不同的方式概念化:具体地说,就是马克思主义、实证主义和现代新儒家各自都以思潮的方式流行,由此构成的三角关系进一步明晰。

  限于篇幅,关于上述三大派哲学的具体内容暂时不能详细展开,此处我们需要注意的是,此种现代思想的三角关系,与知识生产和传播的主体——新型知识分子——的分裂有不可小觑的关联。所谓新型知识分子,是指与传统士大夫有某种实质性差异的现代知识人。他们最初出现在上海等开放口岸,从传统的"读书人"或"士子"转变而来;后来——尤其是 1905 年晚清新政以

---

① 王元化先生对陈寅恪思想的复杂性有过如下揭示:"他一面在《王观堂先生挽词》中感叹三纲六纪之沦丧,一面由赞赏被斥为'不安女子本分'的陈端生,说她'心目中于吾国当日奉为金科玉律之君父夫三纲,皆欲借此描写以摧破之也。端生此等自由即自尊即独立之思想,在当时及其后百余年间,具足惊世骇俗,自为一般人所非议'。""陈寅恪从写法俗滥,为人轻视的弹词小说《再生缘》中,发现了一个平凡女子为人所不见的内心世界,说明他具有一颗深入幽微的同情心。"王先生进而说陈寅恪等并非"主张开倒车回到从前封建时代"。(王元化:《杜亚泉与东西文化问题论战》,《杜亚泉文存》(代序),第 17 页。)
② 高瑞泉:《变动的光谱——思潮研究视野中的现代新儒学》,《中国人民大学学报》,2015 年第 5 期。

后——则从新式学堂出身,或者留学归来,而非科场中举进入仕途者。从社会存在的方式看,他们不再仅仅沿着"学而优则仕"的路径从文化精英转变为政治精英;而是离开"做官"同样可以实现自己。① 从主体的知识结构而言,他们不再只是传统文化的载体——儒学的传播者和再生产者,而总是不同程度地交织着中西之学。有人说新文化运动是一场留学生运动,《新青年》同人自然是留学生居多,但是《新青年》的读者群却主要是能搅动政治、由学堂学生组成的"学生社会"——"五四"是其集中表现。《新青年》的反对者也并非只是纯粹"旧派"人物如林纾、辜鸿铭和刘师培等辈,和陈独秀就中西文化问题展开论战的杜亚泉、钱智修等,新文化运动中被边缘化的"学衡派"中人物如吴宓、陈寅恪等,又何尝不是新式知识分子?② 所以说,围绕着"古今中西"的文化争论,新文化运动开始不久,新式知识分子(或者说当时的思想界)也分化了。承接戊戌时代的三角关系,继续呈现为激进主义与自由主义的联盟与文化保守主义的分化。

进一步的分化在新文化运动后期,它以"问题与主义之争"和"科玄论战"为标志。前一场争论发生在《新青年》派内部,胡适的《多研究些问题,少谈些主义》受到李大钊的批评,后者已经开始接受唯物史观,进而转变为马克思主义者。后一场迅速把许多学界名流卷入的论战,是由同为留学归来、本是一对好友的张君劢和丁文江挑起的。③ "问题与主义"之争以瞩目点滴进步的改良和追求整体解决的根本性变革之路径分歧,预示着自由主义和马克思主义的分化;"科玄论战"则表示出科学与人文之间的紧张、实证主义与非理性主义

---

① 1918年,蔡元培等在北大发起成立"进德会",中间甚至有会员不做官吏、不做议员等戒条。
② 杜亚泉、钱智修都因为与陈独秀之间的"东西文化问题论战"而为世人所知。他们先后主持《东方杂志》笔政,对于当时一份重要的学术期刊,主编的知识结构一定不是传统士大夫所可比拟。以杜亚泉为例,按照王元化先生的介绍,他"少时刻苦自修,精于历算,通日语,长于理化、矿物及动植诸科",被称作"中国科学界的先驱"。他当了九年《东方杂志》的主编,"使得这个刊物成为当时具有重大影响的学术杂志。除主持编务外,他还勤于著书,著有《人生哲学》,译有叔本华《出世哲学》。他在《东方杂志》上发表论文达二百余篇。其中有些文章,今天读来,仍有一定的启迪作用。"(王元化:《杜亚泉与东西文化问题论战》,《杜亚泉文存》,代序第1—2页。)与杜亚泉类似,钱智修也出身新式学校(复旦公学),在中西文化论战中,反对功利主义,持中西文化调和论,又有对西学的诸多翻译介绍。计有《功利主义与学术》《消极道德论》《现今两大哲学家学说概略》《倭伊铿与欧根》《布洛逊哲学之批评》《近代社会主义》等著述。
③ 关于"科玄论战"两位主将身份的相似性及其人际关系,以及科玄论战的主题和哲学内涵,我曾经为整理《科学与人生观》(辽宁教育出版社出版)一书时写过一篇小文,后来以《值得回味的"可选论战"》为题,发表在1996年10月的《书城》杂志。

的对立。关于这两场论战学术界已经有诸多研究,这里旧事重提,意在强调新文化运动时期新型知识分子的思想分化,是在一个观念自由表达的语境中实现的。后人虽然用"论战"来形容,其实在当事者完全属于平等的对话,只是在一个共同体——知识界——内展开的,争论各方至少在相当一段时间内依然保持着学者间的友谊,而绝非简单粗暴的"敌/我"关系。同时,两场自由的争鸣后面都隐蔽着重要的哲学分歧,或者说争论诸方的主张撑开了理论概念化的空间,现代中国哲学的开展有了多元化的方向。

学派分化:哲学传播的载体与活动场域的变化

从中国哲学发展的大尺度历史看,新文化运动正式宣告持续两千年的"经学时代"的终结,正是在新文化运动期间,最后一个今文经学大师康有为、最后一个古文经学大师章太炎,都淡出了历史的视线。"道术而为天下裂",其积极的面向是解放了中国人的自由创造精神,中国哲学的现代转变获得了内在的动力。但是现代精神真正实现自身的途径却是曲折的,由于思想的分化,不但可能歧路亡羊,而且难免道阻且长。这涉及观念本身是一场冒险的历程,又或多或少决定于观念传播的载体、哲学活动的场域等社会条件。

新文化运动期间发生的几次重大争论,在"古今中西"的大主题下,细目有异而意味实有连续性。"东西文化争论"划分出未来中国文化的不同取向,在西风劲吹的语境下,"东方文化派"在气势和舆论两方面都不得不落入下风;"问题与主义"之争是《新青年》同人内部的争论,但是胡适的研究问题、追求进步之点滴累积的观点,与杜亚泉的调适主张其实暗合。杜亚泉与胡适的区别实为自由主义中偏于保守与偏于激进之不同,其共同的哲学背景依然是进化论。只是胡适所奉的实验主义,不但比杜亚泉笼统而缺少条理的哲学思考更具有系统性,而且在胡适看来:"实验主义(人本主义)的宇宙是一篇未完的草稿,正在修改之中,将来改成怎样便怎样,但是永远没有完稿的时期。""实验主义的宇宙是还在冒险之中。"[1]"问题与主义"之争代表着《新青年》同人对于改造中国的根本方略的分歧,带有强烈的实践性,也超出了当初创办《新青年》时与实际政治操作保持距离的初衷。胡适自然是中国自由主义的

---

[1] 胡适:《实验主义》,《胡适全集》第 1 卷,合肥:安徽教育出版社,2000 年,第 298 页。

代表,激进的陈独秀和李大钊后来都接受了唯物史观而成为马克思主义者,这两派人物都以高度入世的方式从事社会活动。以改良还是革命来从事社会进步的事业,在20世纪中国内忧外患的局面下,差之毫厘而失之千里是自然而然的。新文化运动后期,尤其是1927年以后,按照艾思奇的判断：

> 唯物辩证法风靡了全国,其力量之大,为22年来的哲学思潮史中所未有。学者都公认这是任何学问的基础,不论研究社会学、经济学、考古学,或从事文艺理论者,都在这哲学中看到了新的曙光。①

与唯物辩证法风靡全国相应的是,唯物史观占据了历史和社会研究的优势。美国学者阿里夫·德里克在其《革命与历史》一书中如此评价马克思主义史学家的贡献：

> 重要的是这样一个简单的事实：他们运用唯物史观赋予他们对历史问题复杂性的意识(这种意识远甚于前),将中国的历史概念化了。这种新意识的影响已经超出了史学研究领域。1927年之后的10年间,热烈的马克思主义史学活动广泛地宣传了马克思主义的社会历史概念,由此历史唯物主义开始塑造中国知识分子关于中国之过去、现在和未来的观念。②

反观自由主义,自始至终只是知识分子的"主义",虽然它在形成现代精神传统中有着广泛影响,20世纪30年代至40年代,他们与国民党的分合与纠缠、对专制政治的隐忍和抗争,已经进入了历史。但是在哲学上,他们做的工作更多的是介绍和移植西方理论,自从戊戌时期主要依靠留日学生从日文转译西方哲学著作以来,他们后来直接从西文介绍英美和欧陆哲学,使得中国

---

① 艾思奇：《二十二年之中国哲学思潮》,《艾思奇全书》第一卷,北京：人民出版社,2006年,第119页。对于1927年以后中国思想界的转向,郭湛波的《近五十年中国思想史》也持同样的观点：认为这一时期的思想,是"由工业资本社会自身的矛盾所产生的社会思想",以马克思体系的唯物辩证法为主要思潮,冯友兰、张申府、郭沫若和李达代表了"这个时代的精神"(郭湛波：《近五十年中国思想史》,上海：上海古籍出版社,2005年,第140—174页)。
② 阿里夫·德里克：《革命与历史：中国马克思主义历史学的起源,1919—1937》,翁贺凯译,南京：江苏人民出版社,2005年,第2页。

学者对西方哲学的了解更为深入和宽阔；但是在具有民族特点的体系化哲学建树方面说，如果不是成绩有限，也是十分间接的。与中国化的马克思主义在不断吸纳中国经验与收容传统哲学的过程中成为意识形态，形成了鲜明的对比。

以往有人用"启蒙 vs 救亡"来描述这段历史，其实新文化运动以来，从社会对中国哲学的内在期待看，亦不妨用"救世 vs 救心"来揭示。从这一层意义上看，五四爱国运动的目标是"救世"，新文化运动则是重在"救心"。后者转变为文化现象，则是人们对哲学的关切集中于人生观甚或人生哲学，它们是新文化运动期间人们最热衷讨论的问题。20世纪初尤其是新文化运动期间，以"人生观""人生哲学"为题的文章和著作，不知凡几。陈独秀的《人生真义》、李大钊的《青春》等名文皆属此类，李石岑和杜亚泉亦都著有《人生哲学》。胡适在其《中国古代哲学史》序言（出版于1919年）给哲学下的定义居然也是"凡研究人生切要的问题，从根本上着想，要寻一个根本的解决；这种学问，叫做哲学。"①这等于说哲学就是人生哲学，或者哲学以人生哲学为中心。至于儒家思想家，就像后来熊十力的传人那样，特别强调儒学是"生命的学问"，自然更关心人生观的问题。总之，不需要一一列举，熟悉新文化运动文献的人们即可以明白人生观的讨论如何风行一时。众说纷纭之下，终于出现一场围绕人生观的大争论。按照张君劢后来的说法，他在清华的人生观讲演，目标是为了捍卫人类的自由意志："我所以讲'人生观'之故，由于我在欧时读柏格森、倭伊铿、黎卡德（Rickert）诸书之影响，深信人类意志，非科学公例所能规定。其立言之要点在此。"②就即时的舆论言，科学派似乎占了上风，这固然与中国人的科学崇拜有关，也与玄学派对科学所知甚少，常识性的错误更容易遮蔽对问题的深刻洞见有关。不过，无论是科学派还是玄学派，乃至后来加入进来的马克思主义者，真正有哲学见识者，对其结果都不表满意。其实一场思想争论，其意义恰好在于能真正提出深刻的问题，由此推动那些好学深思者，沿着不同的路径继续追寻。就像"东西文化问题之争"之后，出现了梁漱溟的《东西文化及其哲学》、李大钊的历史哲学等专著（后来还有中国社会史的讨论）；"科玄论战"也更加促使以问题为中心的哲学探寻。作为专业哲学家，冯友兰的博士论文就是《人生哲学之比较研究》（一名《天人损益论》），其起因恰恰

---

① 《胡适全集》第5卷，第195页。
② 张君劢：《人生观论战之回顾——四十年来西方哲学家之思想》。

是反省"科玄论战""虽然波及的问题很多,而实际上没有解决一个问题。"①
1924年出版《一种人生观》,1926年又出版《人生哲学》。他虽然在20世纪30年代说哲学包括宇宙论、人生论和知识论,人生论(A Theory of Life)只是哲学的一部分,但是他最后成就的境界形上学不妨说是一种精致的儒家人生论。而熊十力在20世纪30年代反复斟酌的《新唯识论》,开头就言明宗旨:

> 今造此论,为欲悟诸究玄学者,令知实体非是离自心外在境界,及非知识所行境界,唯是反求实证相应故。(实证即是自己认识自己,绝无一毫蒙蔽。)是实证相应者,名之为智,不同世间依慧立故。云何分别智、慧?智义云者,自性觉故,本无倚故。(吾人反观,炯然一念明觉,正是自性呈露,故曰自性觉。实则觉即自性,特累而成词耳。又自性一词,乃实体之异语。赅宇宙万有而言其本原,曰实体。克就吾人当躬而言其本原,曰自性。从言虽异,所目非二故。)②

此书演绎为心本论的形而上学,不但本身经过反复斟酌,成为一部精致的著述,而且开辟了现代新儒家哲学创作的先河。

马克思主义者后来虽然更多地在实践的路上,但是瞿秋白、艾思奇等人仍然继续探讨了科玄论战的核心问题:自由(意志)和必然一对范畴。不过,他们不局限于"救心",同时为了"救世",因为中国的马克思主义一开始就被视为指导中国革命的理论。其中包括如何解决客观世界与主观能动性的关系,在承认世界的合规律性下自由意志如何可能?在马克思主义者中间,艾思奇更为辩证地解决了两者的关系,在自由意志问题上达到了同一营垒的最高水准。与一般只承认人在认识必然性基础上按照必然性行动而获得自由的理论不同,艾思奇的主要贡献是反对把自由仅仅归结为认识必然与顺应必然,阐明了意志自由的核心是主体对自身行为的选择自由。意志自由不是纯粹精神性的活动,而是指导实践的自由,是行为的自由和选择行为方向与方式的自由,因而是在主客体交互作用过程中的自由。③

这里用极粗的线条描述诸多文化争论所引起的哲学分化,目的是希望指

---

① 冯友兰:《三松堂全集》第二卷,郑州:河南人民出版社,2000年,第3—4页。
② 熊十力:《新唯识论》,北京:商务印书馆,2010年,第9页。
③ 艾思奇:《艾思奇文集》第1卷,北京:人民出版社,1981年,第91—96页。

出这个问题的另一个向度:研究新文化运动与中国现代哲学的关系,不要忽略现代哲学的载体和活动场域的变化。这种变化又蕴含着资本和权力对哲学的影响、通俗哲学和学院哲学的关系、现代学院制度的体制等社会建构的复杂面相。

一个十分显豁而重要的事实是:新文化运动期间,影响最广泛的文化争论最初都发表在期刊报纸上。晚清开始,各种报纸期刊作为新式的传媒,对社会动员起了巨大的作用。[①] 19、20世纪之交,留日学生的期刊开始翻译介绍西方哲学著述。新文化运动期间,青年学生办刊更汇为洪流。像《新青年》这样的名刊,不但在大中城市的知识分子中市场广阔,甚至可以传播到偏远的乡村。它与如下情形是相应的:近代以来在很长一段时间内,哲学革命的进展主要是非专业哲学家推动的,他们首先是社会活动家,包括不少有学问的革命家,然后才是不同程度的哲学家。影响社会最大的人物,通常是公共知识分子和哲学探求者两种身份兼而有之的思想家。

期刊尤其是非专业的思想文化类期刊承担传播思想的载体,它对社会民众的影响之速度和广度,是旧时的读书人之间私人交流所无法比拟的。不少期刊还发表域外哲学家的介绍和哲学理论的翻译与评论。公共期刊对于普及通俗哲学有极大的功效,譬如进化论、功利主义、个性主义、社会主义等,甚至西方哲学家尼采、柏格森、罗素、杜威等的思想(包括杜威和罗素在华期间的讲演),都是新文化运动中诸多期刊乐于讨论的问题。从更积极的方面看,在期刊的公共平台上发生的若干和平的争论,在一个思想解放、蔑视权威的语境中,迫使争论诸方以平等的方式相处,它的公开性有利于发展论辩的合理性。

但是期刊担任着最大的传播载体,也凸显了思想市场的特点;在此中间,思潮运势、社会心理、理性论述,以及资本的力量,诸多因素构成了博弈的关系。五四新文化运动期间,作为《新青年》的对手,杜亚泉和《学衡》派的遭遇,可以作为该方面的例证。为什么杜亚泉的"东西文化调和论"失势?直接的表象是杜亚泉受到陈独秀的猛烈批评,但更为基础的是,《东方杂志》销量的急剧下滑。《东方杂志》在杜亚泉主持初期(也是经过一番"大改良"以后)

[①] 按照有的学者的统计,1905年到1911年,全国各种报刊已经多达600余种,其中只有百分之十是被朝廷直接或间接控制的。(见桑兵:《晚清学堂学生与社会变迁》,桂林:广西师范大学出版社,2007年,第270页。)民营传媒的暴增与正统意识形态的失控有高度的相关性。到新文化运动期间,这种情况自然更甚。

发行量达到一万多份,"打破历来杂志销数的记录",但是,后来与其论敌《新青年》等相比,《东方杂志》日益显得陈旧落伍,销量亦急剧下滑。在这种情况下,出于声誉与营业上的双重考虑",张元济等劝退杜亚泉乃属必然。① 与《东方杂志》类似的是《学衡》,他们师法白璧德的"新人文主义",在五四时代主张文言、古典、尊孔,到 30 年代,在多重条件作用下,"《学衡》杂志之销路每况愈下,以至于不能存活而停刊"。② 这说明报刊等新式传媒既然是"民营"的,就必须服从市场法则,不同程度地受到资本的控制。从更深的层面观察,最重要的传播途径是期刊杂志,这多少增加了思想活动的临时性,轰动一时的"论战"既有促进思想深化的一面,因为意见争论是通达知识乃至真理的必要途径;又有恶化语境的作用,在思想市场上最特异的东西往往留给人印象最深,追求极端表达获得更多受众,常常使得理论表述必须具备某种表演的性质,亦使得思潮运动虽有一时的轰动性影响,却难以实现为沉潜往复的体系性创造。

因此,新文化运动以后,中国哲学的现代分化,不但表示中国现代哲学的丰富性,也预示着它们各自走向深处的可能,这离不开另一个重要的社会条件:从学术建制来说,新式的学院制度正在建立。学院哲学和通俗哲学即将分化,从事"纯粹哲学"的专业研究队伍尚在形成之中。恰如黑格尔所谓"世界精神"曾经过于忙碌于现实,不能转向内心、回复到自身。现在,"除了政治的和其他与日常现实相联系的兴趣之外,科学、自由合理的精神世界也要重新兴盛起来。"③随着现代学院制度的建立,哲学活动更多地进入大学和课堂,其成果就逐渐从公共性的杂志进入到学术专著和专业期刊,包括学院的教材讲义,进而淬炼为体系性建构。

说到现代学院制度的建设,我们首先想到的自然是蔡元培主持下的北京大学,它同时也是新文化运动的发源地之一。陈独秀、李大钊、胡适、周作人等都在北大任教。蔡元培的办学宗旨又是如此开明:

> 我对于各家学说,依各国大学通例,寻思想自由原则,兼容并包。无

---

① 周武:《杜亚泉与商务印书馆》,许纪霖、田建业编:《一溪集》,北京:生活·读书·新知三联书店,1999 年,第 196—202 页。
② 汪荣祖:《新文化的南北之争——重新认识新文化运动的复杂面相》,《探索与争鸣》编辑部:《"现代化与化现代:新文化运动百年重估"国际学术研讨会论文集》,上海,2015 年 6 月,第 25 页。
③ 黑格尔:《哲学史讲演录》第 1 卷,第 3 页。

论何种学派,苟言之成理,持之有故,尚不达自然淘汰之命运,即使彼此相反,也听他们自由发展。①

人们通常注意的是"思想自由、兼容并包",但完整地理解蔡元培的办学宗旨,不能漏掉两点:一是体制上"依各国大学通例";二是"学术独立"或为知识而知识的精神。前者表示北京大学应该遵循现代大学的普遍制度规范;后者表示与王国维所云"学无新旧也,无中西也,无有用无用也"②一样,对于现代大学中人而言,学术自身是学者的职志,因而必然鼓励专精之学,而不在意它是否"有用"。在这样的大学制度中,现代哲学家可以是但不必再是苏格拉底式的人物,而更多地转变为生活在大学里的哲学教授,专业的哲学从业人员。

在现代学院制度内部,中国哲学的发展呈现出专业化倾向,在适宜的条件下有利于哲学对于理论的深密性追求和体系化建构。以现代新儒家为例,梁漱溟当初就说新文化运动似乎造成儒学的断裂,基本的原因是传统儒学自身在晚清以来的日渐衰微,"只是旧派无人,何消说得!"③而胡适等人对于文化问题的意见又太笼统,因而梁氏发表那篇著名的《东西文化及其哲学》,不但凸显了文化哲学意识,而且提出中国文化的出路是排斥印度出世的态度,"对于西方文化是全盘承受,而根本改过,就是对其态度要改一改";同时"批评的把中国原来态度重新拿出来。"④预示了现代新儒家融摄西方文化,"返本开新"的哲学路向。发表《东西文化及其哲学》时的梁漱溟还是北京大学的兼职教师,他个人虽然志在为"孔子释迦摩尼说话",但在北大的讲席却是唯识学。后来接替他的熊十力在讲授唯识学的过程中,逐渐建构起自己的"新唯识论"体系,这是一个十分精致的同时又开拓出发展空间的哲学。熊十力的最重要

---

① 高平叔编:《蔡元培全集》第7卷,北京:中华书局,1989年,第200页。
② 王国维:《论近年之学术界》,《王国维全集》第1卷,南京:浙江教育出版社,广州:广东教育出版社,2009年,第122页。
③ 梁漱溟评论当时的古今之争:"旧派只是新派的一种反动;他并没有提倡旧化。陈仲甫先生是攻击旧派的领袖;他的文章,有许多人看了大怒大骂,有些人写信和他争论。但是怒骂的止于怒骂,争论的止于争论,他们只是心理上有一种反感而不服,并没有一种很高兴去倡导旧化的积极冲动。尤其是他们自己思想的内容异常空乏,并不曾认识了旧化的根本精神所在,怎样禁得起陈先生那明晰的头脑,锐利的笔锋,而陈先生自然就横扫直撞,所向无敌了。"梁漱溟:《东西文化及其哲学》,北京:中华书局,2013年,第221页。
④ 梁漱溟:《东西文化及其哲学》,第217页。

的学术传人牟宗三、唐君毅、徐复观等,后来的哲学活动也主要依托港台等地的大学。冯友兰的诸多著述几乎全部在大学中完成,最有成就的哲学家的工作方式变成从讲义到书籍。

马克思主义哲学一脉也在现代大学制度下获得相应的发展。李大钊在转变为马克思主义者以后,始终对历史哲学有浓厚的兴趣。正是在北京大学担任图书馆长期间,他编写的讲义《史学思想史》,包括了《史观》《鲍丹的历史思想》《鲁雷(Louis Le Roy)的历史思想》《孟德斯鸠(Montesquieu)的历史思想》《韦柯(Giovanni Battista Vico)及其历史思想》《马克思的历史哲学与理凯尔德历史哲学》《唯物史观在现代社会学上的价值》《孔道西道历史观》《桑西门店历史观》《唯物史观在现代史学上的价值》等内容。其中若干内容作为单篇文章先期发表在公共刊物上,但是有些则发表于北京大学《社会科学季刊》这样的专业期刊上。全书由北京大学出版部讲义科印发,1924年印完。除了讲义,李大钊最重要的历史哲学专著《史学要论》则由商务印书馆于1924年5月发行。20世纪20年代,李达在湖南大学任教期间出版了《现代社会学》,后来又陆续出版了《辩证法唯物论教程》《社会学大纲》等专书。瞿秋白也在上海大学任教期间出版了《现代社会学》《社会哲学概论》等著作。这些研究和传播马克思主义哲学的著作虽然在独创性上不够明显,但是比起更早接受唯物史观的陈独秀、李大钊等,其理论较为系统;因而在马克思主义中国化的历史中自有承先启后之功。

现代学院制度的建构同时包括了现代学术学科的建构。正是在新文化运动期间的北京大学,"中国哲学"作为一门现代学科率先建立起来,它是与"中国哲学史"的书写互为表里的。在经学时代,士大夫接受儒学的训练,当然依靠经典阅读、记诵和解释儒家经典,基础是"四书五经",但是未必需要形式化的经学史或儒学史的训练。皮锡瑞出版《经学历史》的时节,经学时代已经接近终结。但是在现代学院体制中,古代哲学家的思想首先是作为一种知识来传授的,哲学追求思想呈现为"一以贯之"的学问,历史上先后出现的思想在哲学的视阈中就内在地要求呈现为体系化的形态,于是对于哲学专业学生的训练首先就是哲学史的教学。胡适的《中国古代哲学史》应运而生,并开创了中国哲学史书写的第一种范例,而后冯友兰又以其两卷本《中国哲学史》提供了较前者更为成功的范例。由此使得"中国哲学"作为一门独立的学科建立起来。

现代汉语：从"文学革命"到现代哲学的书写

从其发端始，新文化运动的一项重要内容就是"文学革命"，包括推广白话文运动。胡适最初提出《文学改良刍议》"八事"：须言之有物、不模仿古人、须讲求语法、不作无病之呻吟、务去滥调套语、不用典、不讲对仗、不避俗字俗语，等等。虽然有繁琐之嫌，但他强调文学与思想的联盟关系，文学所言之"物"，一指情感，二指思想。他说："吾所谓'思想'，盖兼见地、识力、理想三者而言之。思想不必皆赖文学而传，而文学以有思想而益贵；思想亦以有文学的价值而益贵也。"[①]文学一旦追求思想，即逼近哲学的界域；我们知道，五四新文学在表达意志主义、个性主义等观念上曾经与现代哲学中的唯意志论思潮有联盟的关系，其较早的源头可以追溯到梁启超提倡"小说革命"、"诗界革命"。胡适又为文学改良论提供历史主义的哲学支持：文学随时代而变迁，故一代有一代之文学。不过，胡适的主张总体上相对温和。而响应者陈独秀则更加独断凌厉，他说：

> 余甘冒全国学究之敌，高张"文学革命军"大旗，以为吾友之声援。旗上大书特书吾革命军三大主义：曰，推倒雕琢的阿谀的贵族文学，建设平易的抒情的国民文学；曰，推倒陈腐的铺张的古典文学，建设新鲜的立诚的写实文学；曰，推倒迂晦的艰涩的山林文学，建设明了的通俗的社会文学。[②]

这种对古典文学几乎全盘推倒的态度，不仅在当时引起强烈的反弹，而且今天我们也觉得他好像在把婴儿与洗澡水一起倒掉。不过，细考陈独秀的态度，其中核心之一是提倡白话文：

> 改良文学之声，已起于国中，赞成反对者各居其半，鄙意容纳异议，自由讨论，固为学术发达之原则；独至改良中国文学，当以白话为文学正宗之说，其是非甚明，必不容反对者有讨论之余地，必以吾辈所主张者为绝

[①] 胡适：《文学改良刍议》，《胡适文存》卷一，合肥：黄山书社，1996年，第4页。
[②] 陈独秀：《文学革命论》，胡适《文学改良刍议（附录一）》，《胡适文存》卷一，第13页。

对之是,而不容他人匡正之。其故何哉? 盖以吾国文化,倘已至文言一致地步,则以国语为文,达意状物,岂非天经地义,尚有何种疑义必待讨论乎?①

对新文化运动以来对"文学革命"的研究已经汗牛充栋,甚至如欲全面考察它与中国现代哲学的关系,也非一篇短文所能胜任。本文只是从"现代汉语"——新文化运动尤其是以提倡白话文为重要内容的"文学革命"的历史结果——来观察它和哲学的关系。

我在一篇旧文中曾经说过:我赞成一种说法,现在的中国哲学,应该是"用现代汉语写出的优秀哲学"。"这里强调'现代汉语',因为现代汉语已经是一个十分成熟的语言,既可以用来创造出像鲁迅周作人的、老舍沈从文张爱玲的,乃至莫言北岛的那样一些诗歌小说,也足够哲学家创造自己的体系之需要。熊先生是一个例外,其《新唯识论》用文言写,但是意犹未尽,所以又写语体文即白话文本。因为现代汉语可以十分自由地兼容古代汉语、当下流行的语词和外来语词,文法也更发生了很大的改变,是适合严密说理的语言。清华学派及其传人的著作就是证明。"②现在我尝试对以上表述做一点发挥。

正如中国哲学可以划分为古代哲学与现代哲学一样,我们现在把汉语划分为古代汉语与现代汉语。现代汉语自然是从古代汉语演化而来,但是既然我们可以在两者间作代际区分,说明它们有某种性质上的重大差别。从历史的视角看,汉语的演化包括古代"文/字"如何由"文"而"字"(按照许慎的训诂,"字者,言孳乳而浸多也"),即文字的创造有一个由简约渐趋繁复的历史过程。"识字"在古代虽属于"小学",但依然是有教养阶层的专属品,所以古代汉语的另一个特点是言文分离。源远流长的诗歌散文作为文学之正宗,自然用雅言。而后起的文学样式小说本来是"小说",所以可以用语体俗语。哲学,用章太炎的一个类似形式化的定义,是"深密的学问"。中国古代哲学的基本经典大多用文言文的形式出现,是哲学这一高等文化之精神贵族的本性决定的。(这里说"大多"而非全部,是因为有些经典记录的是哲学活动中的对话,因而会间杂有当时的语体文。)

但是,新文化运动以降,中国哲学开始用现代汉语书写。白话文学的历史

---

① 陈独秀:《答(胡适)书》,胡适《寄陈独秀(附录)》,《胡适文存》卷一,第23页。
② 高瑞泉:《中国哲学以何等样式再度登场?》,《文汇报》,2012年12月27日。

可以往上追溯,但是推广"白话文"作为新文化运动的重要组成部分,才真正使得在随生活变动而不断变动的口语(纯粹的白话文)、典雅的文言文和由于翻译西文著述而渐趋成熟的外来语词、观念和语法,在短短数十年的光景中融合为渐趋成熟的现代汉语。现代汉语之成熟,最为显著的自然体现在现代文学的成就上。20世纪中国大量出现的诗歌、小说、散文以及文学评论,对于现代汉语的成熟——它成为一种对于现代生活经验如此有表现力、足以容纳现代人的创造精神,同时又可能进达优美或壮美的境界——以及将此种渐趋成熟的语言变为本民族普遍共享的书面语言,居功至伟。在海峡两岸分别称为"普通话"和"国语"的都是现代汉语。随着现代学院制度的建立所需要的教材建设、报纸杂志等现代传媒在思想学术的创新与传播方面逐渐发挥作用,现代汉语在学术著述中也渐渐成为主流。新文化运动前后,哲学书写就从古代汉语突变为现代汉语。从"通俗哲学"的视角看,像鲁迅那样的作者,其写于新文化运动以前的《摩罗诗力说》(1907年)、《文化偏至论》(1908年)等均为文言体。鲁迅本人后来以小说和杂文的写作为主,但是《新青年》等期刊上发表的具有哲学意味的文章,虽然并未完全脱离文言文,却可以明显看出一种新型的论理语言渐趋上风。一场"科玄论战",卷入了一时的学术名流,也以现代汉语著述为多。被视为现代新儒家的梁漱溟之成名作《东西文化及其哲学》由于是在讲演基础上成书,当然属于现代汉语;他的同道、更有创造性的哲学家熊十力的《新唯识论》出了文言文本,还要写"语体文本",尽管该"语体文本"间杂有大量的熊式文言文。冯友兰的两卷本《中国哲学史》,也许是属于"照着说",还是文白相间的写法,但是后来"接着说"的《贞元六书》则文言的成色大减。在冯友兰以前,胡适先出版了《中国古代哲学史》,除了书中引用的原始资料不得不照用古文以外,完全是用浅近的现代汉语写就。这本书1919年正式出版以后,居然两个月之内就得以再版,曾令胡适颇为惊喜和得意;而到1930年,十一年间共印行了十五次,可见其流通之广。[1] 哲学类著述

---

[1] 在胡适出版《中国古代哲学史》以前,谢无量发表的《中国哲学史》一书,几乎被后来的治中国哲学史者所忘却,除了该书的哲学自觉和理论水准欠佳以外,很可能和它还用文言文著述相关。而胡适、冯友兰以后,20世纪上半叶出现的如范寿康的《中国哲学史通论》、侯外庐等编著的《中国思想通史》,都是现代汉语的作品。尤其是侯外庐的《中国思想通史》的影响远非其他著作所可比拟。间或有用文言文著中国哲学史者,譬如钟泰的《中国哲学史》,"此书以史传之体裁,述流略之旨趣",与其说是哲学史,还不如说更接近学术史。作者受西方哲学训练甚少,更无论独立的哲学探索。自述"命名释义,一用旧文",颇有现在所谓"以中国讲中国"的模样,但是对于中国古代思想的哲学分析和意蕴阐发都几无特色。故其不被学术界看重,也是一件相当自然的事情。

以现代汉语的形态出现,当然有中国哲学作为一个现代学科,其形成受到西方哲学影响的因素在起作用。不仅是重要的哲学问题、概念和语汇,更重要的是哲学分析的方法,现代中国哲学都深受西方哲学的影响。现在人们对此有不同的看法。孰是孰非,姑且不论。新文化运动以后,中国哲学家基本上都用现代汉语著述,这是一个基本的事实。只有熊十力依违在文言与语体之间,但其哲学传人,后来的港台新儒家如牟宗三、唐君毅、徐复观也都用现代汉语著书。更进一步,哲学家现在可以用现代汉语驾驭精密的逻辑分析技术,进而书写出像金岳霖先生的《知识论》《论道》那样的哲学名著。更往后数,李泽厚、冯契那样的当代哲学家,完全是用现代汉语书写了各具特色的系统性哲学。

我之所以只作现象的描述,是因为行文至此已经进入了一个存在高度争议性的领域。一方面,有像冯友兰先生那样的哲学家认为"西方哲学对于中国哲学的永久性贡献是逻辑分析方法。"[①]针对中国传统哲学家不重视形式上的系统建构的特点,"讲哲学史之一要义,即是要在形式上无系统之哲学中,找出其实质的系统。"[②]另一方面,用西方哲学的理论和方法解释中国传统思想被视为"汉话胡说",其所阐释的不再是"真正"的中国哲学。推而广之,由于现代中国哲学像其他诸种现代学术一样,许多概念都是西文的译本甚至是再译本,后来者常常对前人的翻译有种种批评,翻译史几成误读史,现代汉语中的学术语汇似乎沦为"无根的语言"。本文不能对后者有更详细的批评,只是希望指出,人们对现代汉语的批评,使用的依然是现代汉语,今天人们从事学术活动的方式就是运用现代汉语的方式。事实是,如果我们不能预言不可能运用文言文创造一种现代哲学的话,至少是我们至今尚未看到完全舍弃现代汉语做出的中国哲学创造之具体范例。

我对语言学和语言哲学并无研究,只能从简单的现象说起。就比较符合现代哲学书写的语言特点而言,至少可以观察如下几点:第一,现代汉语不再是言文分离的语言,尽管许多专门的术语需要专门的知识,尽管它们最初可能是翻译词,尤其是日本学人利用汉字翻译西文概念等结果,但是语词既经约定俗成,生活与哲学之间的语言屏障在逐渐变薄。这当然很大程度要归功于教育的普及,使得更多人接触到各种各样的哲学,包括"通俗哲学"。今天一个受过高等教育的普通劳动者也应该对哲学有基本的了解:诸如"理性""感性"

---

① 冯友兰:《三松堂全集》第6卷,第277页。
② 同上,第2卷,第252页。

"经验""意志""自由""正义""现象""本质""辩证法""真理""实践""价值"等概念,如今它们都可以游走在有教养者的日常生活和哲学之间。我相信随着哲学教育的进一步改进,上述情形也会更进一步。

第二,现代汉语书写的中国哲学,其概念通常得到不同程度的厘清,克服了古典哲学语词含义歧混的缺陷。这似乎与现代汉语的重要概念(关键词),不再如古代汉语的那样,主要是单音节的"字",而是以双音节或多音节的"词"为主,或者说是由两个或两个以上的"字"组合而成,使得由"字"而"词"的过程,更趋分化和繁复,更适合使复杂思想得到澄明,有互为表里的关系。古代哲学的概念或观念,如气、天、理、性、命、势、道、法、名,乃至于仁、义、礼、智、信等等都是单个的"字"。它们通常是多义并存的,在留给后人更多的解释空间(如金岳霖先生所谓既有意义,又有意味)以外,也造成了难以达成哲学所追求的思想的精确和明晰性标准。古代哲学在其展开过程中,已经有不同程度的变化,如孔子贵"仁",孟子则提出"仁政";"命"是古老的概念,《白虎通义》将其分为"受命""随命"和"遭命"。"理"至少战国时期就是重要概念,但是"天理"却包含了宋明理学的独创性。从戴震、王国维,又持续地对于宋明理学特重之"理"概念作析义与澄清,戴震将"理"分析为"分理"、"文理"、"条理"、规则意义上的"理";王国维则认为"理"可以分析为"理性"和"理由"。戴震是从字源学的方式作的分析,王国维则从康德叔本华哲学的视角作的分析。从语言形式说,是用两个或两个以上的"字"组合成"词",用以分别表达原先那个"字"中包含的多层含义,或者在原先单独的"字"的某一向度上增添了新的意义。

用这样一种构词方式来展开哲学创造的活动,虽然古代也有所见,但是,就其广泛性而言,只有在现代汉语中才成为一种常态。譬如今日人们甚至对熟悉的"理性"概念,又有进一步的分解:工具理性和价值理性的二分已经是常见的,还有哲学家认为在工具理性和价值理性之外,另有论辩理性。又譬如儒家五伦之一的"信",古代人重视的主要是一种个人美德;在现代人看来,"信"不仅是个人美德,更应该是社会美德,它包含了"信用""信任""信念""信仰"多方面的内容。既指日常生活中的交换关系得以顺利进行的规范性,又有作为平等主义下社会合作和团结的关系意义,还指向社会凝聚力的价值共识,甚至伸向超越的境界。古代汉语用一个"信"字来表达的内容,运用现代汉语可以将其分解为上述多个概念,在厘清古人观念的过程中也明晰了现代重建的路径。

从句法而言,古代汉语的命题省略了西方逻辑中十分重要的系词,所以呈现为"名词串",由此产生的种种结果是汉语言哲学研究的论题。[1] 不过现代汉语似乎改变了上述情形,系词"是"通常已经不再被省略。而且现代汉语的学术著作的句式,也远远不再是古代汉语那样简约精悍,现代学术著作中出现复杂的长句比比皆是。它们未必都是好的学术语言,决心用晦涩的语言来表示自己似乎是深刻的也时有所见;但是在某种条件下,结构复杂的长句也许比较适合表达不以单纯的洞见而以思维之绵密而取胜的思想,更能够满足构造演绎体系的需要,因而从语言实验的视角看,应该有其一定的价值。恰如冯友兰先生所说:"所谓名言隽语,与长篇大论,并不是可以互相替代底。"[2]换言之,哲学家的思想及其风格原本就与其语言风格有密切的关系,当代中国哲学家如有思想之发明,完全可以在古代汉语和现代汉语(包括由于翻译西文而来的语言)之间作自由的切换组合,形成富有个人特色的哲学语言。但无论其取舍如何,如欲成就一种中国哲学的当代创造,至少在可预见的将来,大约尚不能离开"现代汉语"。

有较多翻译经验的学者曾经认为现代中国哲学的著述翻译为西文相对古代哲学更加容易。这里的原因比较复杂,包括古代汉语与现代汉语的代际差别确实还需要研究。不过上述现象也许提示当代中国哲学界与域外哲学的交通变得越来越频繁和容易,它与下述情形有一种直观上的匹配:新文化运动以后,中国人经历了迂回曲折的道路,在精神上向世界日渐开放,中国思想家接续了晚明徐光启等开启的"会通以求超升"之阔大境界,并且提出"世界哲学"的理想。所谓"世界哲学"并非只有一种哲学,而是说由于中西印等多种哲学的传统互相碰撞和沟通,特别是由于中国哲学开始融入世界哲学史,所开启的一种新的哲学前景。譬如冯友兰先生曾经预言未来的世界哲学将是西方哲学吸收中国哲学的神秘主义,中国哲学增加西方哲学的理性主义。20世纪80年代,融中西马为一体、创立了"智慧说"体系的冯契先生说:

> 我们正面临着世界性的百家争鸣。海内外的中国哲学各学派,都将在国际范围的百家争鸣中接受考验。而为了参与争鸣和自由讨论,那就

---

[1] 刘梁剑《汉语言哲学发凡》(北京:高等教育出版社,2015年)第二章的第三节《命题、名次串看中西真理观的差异》有颇有趣味的讨论。详见该书第90—97页。
[2] 冯友兰:《三松堂全集》第11卷,第550页。

需要有民主作风和宽容精神。当然,这只是一个发展趋势的开始,但它是一个具有重大历史意义的可贵的开始。这个成就,后代人可能要给予很高的评价,认为这是一个非常重大的事件。[①]

在冯契先生看来,"国际范围的百家争鸣"正是中国哲学融入统一的世界哲学的契机。反过来,因为中国哲学的现代创新,"世界哲学"才真正开始了。这里的"世界哲学"多少与马克思所预言的"世界文学"[②]的概念相关,都可以说是对全球化历史的概念化。不过,中国人在热烈拥抱经济全球化的同时,比以往更为强调民族哲学的历史传承性和独特性,它对于中国哲学的当代创造会产生什么效果?这是一个需要"做"中国哲学的学者们用其哲学之"做"去回答的问题。

本文作者系华东师范大学哲学系暨现代思想文化研究所教授

原载《探索与争鸣》2017 年第 8 期

[①] 冯契:《中国近代哲学的革命进程》,上海:华东师范大学出版社,1996 年,第 680 页。
[②] 马克思、恩格斯说:"过去那种地方的和民族的自给自足和闭关自守状态,被各民族的各方面的互相往来和各方面的互相依赖代替了。物质的生产是如此,精神的生产也是如此。各民族的精神产品成了公共的财产。民族的片面性和局限性日益成为不可能,于是有许多民族的和地方的文学形成了一种世界的文学。"马克思、恩格斯:《共产党宣言》,北京:人民出版社,1971 年,第 27 页。

中国现当代文化语境中的白璧德
——反思新文化运动

杨 扬

在20世纪中美文化交流史上,有两位美国教授的地位非常突出。一位是哥伦比亚大学哲学系教授杜威,通过他的中国学生胡适、蒋梦麟、陶行知等人的翻译介绍,再加之1919年亲临中国巡回演讲,杜威在当时中国知识界享有极高的声望,蔡元培甚至以中国的孔子来比照他在中国知识分子心目中的地位。另一位美国学者是哈佛大学比较文学系教授白璧德,他是通过自己的中国学生梅光迪、吴宓、梁实秋等人的翻译介绍,而被当时的中国知识界所知晓。但白璧德的学说从落户中国开始,就争议不断。胡适、鲁迅等新文化人士视白璧德为美国守旧思想代表,认为白璧德的文化主张完全不适合中国现代化需要。最负盛名的事件是鲁迅先生发表《估〈学衡〉》一文,对倡导白璧德"人文主义"的"学衡派"诸君给予迎头痛击,由此,"学衡派"的文化主张连同他们的精神导师白璧德的"人文主义"理论完全被新文化人士视作对立面而加以奚落、排斥。胡适在《五十年来中国之文学》中甚至宣布:"《学衡》的议论,大概是反对文学革命的尾声了。我可以大胆说,文学革命已过了讨论的时期,反对党已破产了。从此以后,完全是新文学的创造时期。"(P159)胡适的说法似乎过于自信了一些,在文化论战中"学衡派"居于下风,但白璧德的"人文主义"影响在中国知识界并未彻底消失,他的中国弟子很多都进入高等学府,成为赫赫有名的专家学者,如梅光迪、吴宓、汤用彤、张歆海、楼光来、梁实秋、郭斌和等,先后受聘南开大学、东南大学、清华大学、北京大学、浙江大学等知名学府,担任教授。通过传道授业的实际行动,"学衡派"默默履行着白璧德"人文主义"的戒律。1949年后,杜威哲学与白璧德思想在中国大陆统统靠边,遭遇绝杀的命运。而在台湾,梁实秋与其学生侯健依然心系"人文主义"。师徒俩不仅合作出版了《关于白璧德大师》一书,侯健更是将白璧德作为博士论文的选题,于1980年以《白璧德在中国》一文而获得纽约大学博士学位。相对于大陆学界漫长的沉寂,白璧德这一时期在台湾的存在具有象征意义,它意味着历经半个世纪的坎坷,白璧德的"人文主义"在中国知识界并没有气绝而亡。

真正具有戏剧性意味的转折,出现在1980年代的中国大陆。遭遇了近半个世纪的思想壁垒之后,到了1989年,北京大学中文系乐黛云教授发表了《世界文化对话中的中国现代保守主义——兼论〈学衡〉杂志》。她认为自由主义、激进主义和文化保守主义构成了20世纪世界文化发展的三大潮流。"学衡派"受白璧德"人文主义"思想影响,注重传统延续、强调理性节制、反对激进革命的文化主张,体现出保守主义的思想特色。这种文化立场对于防范激进主义思想有着自己独特的贡献。自乐黛云教授的文章发表之后,进入20世纪90年代,白璧德这个名字连同"文化保守主义"成为一个被高度肯定和广泛流行的学术名词,为"学衡派"翻案的文章更是层出不穷。学衡派文化论著辑录、梅光迪文录、吴宓日记、吴宓诗集、吴宓诗话、吴宓纪念集、胡先骕文集这些昔日被称为"守旧派"和新文化运动"反对党"人的作品,几乎以不可遏制的强劲势头,昂首出现在世人面前。与当年杜威哲学遭受热捧的情景相比较,今天的杜威哲学已跌入冷谷,只供少数哲学教授解剖分析,反倒是白璧德的"人文主义"溢出了学院的高墙深宅,成为一股强大的社会文化思潮。白璧德的代表作品《文学与美国的大学》《法国现代批评大师》和《卢梭与浪漫主义》在中国大陆相继出版。以"白璧德在中国"为研究论题的博士学位论文已有两部公开出版(北大、复旦)。较为全面反映白璧德"人文主义"理论在中国传播情况的史料集《白璧德在中国》,由上海文学发展基金会组织专人编选、出版。此外,北京三联书店与美国"国家人文机构"(National Humanities Institute)联合出版《人文主义:全盘反思》一书,意在倡导和推广白璧德的"人文主义"。北京大学出版社还计划将白璧德的所有代表作品以"白璧德文集译丛"的形式完整出版。如此热烈的文化场面,若白璧德和"学衡派"诸公地下有灵,真不知会发出何种感叹?白璧德及其中国追随者们在中国现当代文化语境中,从最初"守旧派"的负面形象一变而为今天堂堂正正的"文化保守主义",这种大起大落的境遇逆转,对于经历过"文革"遭遇的中国知识界而言或许不会有太多的震惊,但具体落实到对"学衡派"以及白璧德"人文主义"的价值评判上,很多文化研究者至今还是心存疑虑:莫非经过了一个世纪的轮回,中国现代文化的探寻之路又回到了最初的原点?莫非当年鲁迅等新文化人士对"学衡派"以及白璧德"人文主义"的全盘否定仅仅是意气用事?面对诸多的思想困惑,探讨白璧德在中国现当代文化语境中的转变,或许是有现实意义的。

一

事实上,与白璧德以及"学衡派"相关的历史材料还有待清理。匆忙判定他们为"守旧派"、新文化运动的"反对党"或是"现代文化保守主义",都还嫌早。或许更多的材料将证明,"学衡派"的文化主张、白璧德的"人文主义"理论与胡适、鲁迅等新文化人士的思想、杜威的实证主义历史观等一起,共同构成了20世纪中国现代文化最重要的思想资源。

我们不妨从白璧德"人文主义"理论在中国引进过程来梳理这段历史。最早接触白璧德"人文主义"思想的,是中国留美学生梅光迪。据他自己回忆,1915年初当他在美国西北大学学习时,美国教授R. S. Crane将白璧德的《法国现代批评大师》(1912年初版)推荐给梅光迪,认为值得一读。读完此书后,梅光迪又阅读了白璧德的其他两部作品,一部是《文学与美国的大学》(1908年初版),一部是《新拉奥孔》(1910年初版)。白璧德对西方古代思想传统中的人文思想的阐释,以及对以法国卢梭为代表的近代浪漫主义思潮的批判,深深打动了梅光迪的心。从1915年下半年开始,他转学到哈佛大学研究生院,随白璧德教授学习。在此期间,梅光迪的好朋友,也是他后来的论敌胡适,开始接触杜威的实证主义哲学,并于1915年进入哥伦比亚大学随杜威学习。因为史料保存等原因,胡适在美国留学期间的思想活动情况,记录得较为完整,给很多后来的研究者留下了深刻的印象和自由发挥的空间。相比之下,梅光迪早年留美的材料,迄今为止没有得到很好的发掘,人们只是从胡适留学日记中对他的称颂,以及梅光迪逝世后(1945年)浙江大学为他出版的纪念集中收录的几篇早年写就的文章中,对梅光迪留美期间的思想状况保留着一点朦胧的记忆。但从近些年几方面发现的有关梅光迪留美时期的材料看,梅光迪的思想活动能力在同一时期的中国留学生中应属佼佼者。一是耿云志教授主编的《胡适遗稿及秘藏书信》(黄山书社1994年初版)收录了梅光迪致胡适的45封信,其中1911年梅光迪对程朱理学的批判,对颜李学派的推崇,影响到胡适后来对颜李学派的重视。1916年在致胡适的信中,梅光迪强调文学革命自当从民间文学入手。这是在中国现代文学史上第一次引入"民间文学"概念。这一思想主张在五四新文化运动中,得到广泛响应并贯穿始终。二是《中国留美学生月报》《科学》杂志,以及相应的同一时期美国重要的期刊上,梅光迪发表的论文。这方面的材料,从未见到有研究者在研究中加以援用。梅光迪与胡适一起担任过《中国留美学生月报》的编辑工作,胡适负责社会新闻栏目而梅光迪负责新书介绍栏目。比较之后,我们可以看到梅光迪对同一时期文史领域英文最新出版物的熟悉程度是惊人的。他不仅每期推出上百种最新出版物加以介绍,有些专题性的书目,他还详加说明。这种编辑训练,大大开阔了他的读书范围,使他真正能够在广阔的比较文化的视野中来思考中国文化的现代出路问题。譬如1916年针对袁世凯称帝闹剧,许多中国留学生仅仅是表示义愤而已,梅光迪却在当时波士顿有影响的Boston Evening Transcript上,用英文以整版的篇幅发表宣传共和理想的文章。他认为共和体制是中国政治的未来出路,他对中国走共和之路的理想信念溢于言表,其态度之明确,分析之细腻,理论与识见根本不在胡适之下。三是哈佛大学所保存的白璧德文档和梅光迪的学籍档案材料,这方面的史料不仅可以显示出梅光迪优异出众的学业成绩,而且,也可以看出哈佛大学以及白璧德教授对他思想的熏陶作用。如果说,胡适的新文化主张离不开美国的留学教育,那么,梅光迪的文化主张同样离不开这一时期的美国教育,不同之处在于胡适是在哥伦比亚大学杜威教授门下完成他最重要的思想蜕变,而梅光迪以及后来的吴宓、张歆海、楼光来、梁实秋、郭斌和是在哈佛大学白璧德教授门下形成自己的文化主张。胡适在晚年的口述自传中,对留美时期哥伦比亚大学的教授和校风有生动的记录,在他印象中,哥大教育体现了乐观向上的美国精神,哥大哲学系是这一时期美国最好的哲学系。而同一时期哈佛大学的文化环境和中国留学生的精神风貌似乎很少有像胡适自述那样详尽的记录。譬如赵元任、汤用彤、吴宓、陈寅恪、张歆海、楼光来、俞大维、洪深、梁实秋、郭斌和、贺麟、沈有鼎、梁思成、竺可桢、胡先骕、胡明复等,都是哈佛大学先后的同学,而且,他们之间声气相投、意趣相近,具体意见或许有所差异,但大原则则极其接近。但可惜的是,上述这些杰出的人物并没有像胡适谈论哥伦比亚大学那样,以较多的文字篇章书写他们心目中的哈佛大学。或许因为这方面史料的缺失,让后来的研究者无意间忽略了哈佛大学中国留学生的思想活动情况,甚至于造成一种错觉,似乎只有哥大的胡适是当时留美学生中的先知先觉,梅光迪、任鸿隽等一班留学生是被胡适启蒙出来的。事实上,梅光迪、任鸿隽等人的年岁都要比胡适大,思想的成熟度也相应地高一些。通过近些年对梅光迪等诸多留美中国学生思想活动史料的补充,我们可以逐渐清晰一个概念:同一时期的哈佛中国留学生对中国文化的现代化出路问题非常关注,他们相互之间经常就一些具体问题进行讨论,而且,他们的看法有深厚的学养为依托,意气用事的成分比较少。

源于不同学校、不同老师的思想影响而形成对中国文化现代化出路问题的不同结论,这在同一时期中国留美学生中是很正常的事。譬如在《中国留美学生月报》上我们看到刊发的讨论文章,有白璧德论中西教育的,有胡适、赵元任合作发表的论中国语言问题的,有吴宓论新旧文化的,有林语堂鼓吹新文学的,有蒋廷黻批驳吴宓观点的,有张歆海宣传马修·阿诺德的道德主义批评的,各种不同价值立场的争鸣五花八门,极为丰富,没有谁自诩为绝对权威。胡适在留美期间从没有将梅光迪视为"守旧派",他自己的文学改良方案,也只是"刍议"而已。对梅光迪等同学的批评意见,胡适的表达也是相当平和,只是在日记中说:梅光迪看理论书看多了,忘记了从鲜活的文学作品中去感受思想。至于胡适后来的态度转变,与回国后受陈独秀等人的影响有关。陈独秀认为"改良中国文学,当以白话为文学正宗之说,其是非甚明,必不容反对者有讨论之余地,必以吾辈所主张者为绝对之是,而不容他人之匡正也。"这种雷厉风行、不容讨论的独断作风,与学术探讨所需要的自由交流、相互补充的协商精神的确是格格不入的。所以,胡适在评价陈独秀对新文化运动的贡献时,不得不感叹陈独秀身上的这股"老革命党人"的气味,这种气味是胡适、梅光迪等校园文化人士所难以具备的。学校教育总是鼓励学生多看书和自由交流,而梅光迪应该是这些中国留学生中看书思考最勤奋的学生之一,这从他在《中国留美学生月报》上每期开列的书目中可以见出。而且,他所看的理论书中看得最入迷的,当然是心仪的白璧德教授的书。当时的哈佛大学像梅光迪这样经过自己阅读钻研,最后信服白璧德"人文主义"学说的中国留学生并不少。但有两个例子,值得一提。一是林语堂,一是梁实秋。林语堂据他回忆,是这些中国留学生中唯一一个不赞同白璧德理论的。或许林语堂真的不赞同白璧德的主张,但林语堂是不是了解白璧德的"人文主义",有没有认真阅读过白璧德的著作,或有没有聆听过白璧德教授的讲课,都是一个有待证实的问题。因为林语堂是1919年到哈佛,前后加起来总共也就一年时间。从哈佛大学保存的林语堂未刊书信中反映的情况看,他在哈佛的身份是什么,还需要求证。只有将这些问题弄清楚后,才能对他评说白璧德话的真实性作出定断。我特别指出这一事例,是因为林语堂在哈佛反对白璧德思想观点的例子,常常被一些研究者用来证明白璧德的"人文主义"仅仅是少数人接受而已,没有多大思想影响力。我个人觉得林语堂的话是需要分析的。我倒是觉得较为真实的例子是梁实秋在哈佛的思想转变。梁实秋是1923年到美国科罗拉多大学学习,1924年秋进入哈佛大学研究生院学习文学。他来哈佛前,脑子里零零星星已经装了不少文学革命的概念,知道国内新文化人士与"学衡派"之间的论战,因为受新文学主张的影响,梁实秋初到哈佛时,对白璧德与"学衡派"的文化主张充满抵触情绪。就像他自己在文章中所说的,选了白璧德教授的课,不是景仰他,而是受国内一班新文学人士的影响,带着一种挑战的心态去听课的。但一学期下来,梁实秋的态度发生了转折,从挑战、敌视,转变为钦佩、接受,并且影响到他终身都在为白璧德的"人文主义"摇旗呐喊。这种转变的真实性在于梁实秋是通过接触和比较之后,感到白璧德教授学识渊博、思想敏锐、道德高尚,是一个值得敬佩的学者。梁实秋完全是因为学识方面的原因而对自己的老师白璧德的思想、人格产生好感的,这是一个年轻学子最正常不过的心智成长的真实历程。所以,梁实秋晚年说:鲁迅动不动就以讥讽的口吻谈论白璧德,其实他是没有读过白璧德的书。这话应该是诛心之论。梁实秋在国内没有读过白璧德教授的书、没有聆听过白璧德教授的讲课之前,也是凭别人讹传的几句话便认定白璧德思想守旧、头脑僵化,但真正与之交往之后,思想发生了转变。当然,并不是所有哈佛的中国留学生都是白璧德教授的追随者,但至少对白璧德的理论以及他所提出的思想问题是持"同情之了解"态度的。譬如,赵元任先生一生没有发表过批评白璧德的文字。其中的原因或许是因为他懂得什么叫学问上的"同情之了解"。相比之下,胡适的境界就与赵元任先生不同。1927年胡适到哈佛大学访学,拜会了赵元任先生的老师霍金(W. E. Hocking)先生。霍金先生曾任哈佛大学哲学系主任,对中国古典哲学怀有浓厚的兴趣,1931年秋至次年夏,他曾带领美国平信徒调查团来中国考察美国传教士在华的情况。他的中国学生除赵元任之外,还有贺麟、瞿世英、韦卓民等。瞿世英曾将他的《哲学大纲》(Types of Philosophy)译成中文出版,该书是1949年前中国大学介绍西方形而上学最权威的教材。霍金先生是美国新黑格尔主义的代表人物。在文化价值观上,他主张西方现代文明的发展应该从东方文明,尤其是中国古代文明中吸取思想资源。所以,他不赞同胡适等新文化人士"打倒孔家店"的说法。但胡适还是很谦逊地登门向他求教,彼此之间的友谊维持到胡适生命结束。而此时,白璧德教授也在哈佛大学,而且,白璧德教授对中国文化也怀有浓厚的兴趣。这样一个重量级的学术人物,胡适却错失了向其问学求教的机会,这实在是中美文化交流史上的一大遗憾。至少从沟通思想的角度,胡适也应该去看看白璧德教授。如果胡适见了白璧德教授，或许会对白璧德的思想有更真切的了解，对白璧德的为人风格也会有一种直观的体验，甚至对白璧德的印象也会有所改观，而白璧德在现代中国文化语境中的境遇或许也会发生变化。但这一切在胡适访学哈佛期间，都没有成为可能。

二

顺着与白璧德相关的话题，我们一定会联想到白璧德时期的哈佛大学，一定会联想到那些充满朝气的中国留学生在这里听到、看到以及接受到的美国现代教育和自由思想熏陶的情形。

白璧德是在哈佛大学完成本科和研究生学业，期间曾到过巴黎学习梵文和巴利文。1893年获得硕士学位后，他到威廉斯大学（Williams College）教法语。1894年哈佛法语系一位教授休假，白璧德临时顶替，从此开始了在哈佛的教学生涯。很长时间，白璧德在哈佛只是教低年级大班课的法语助教。一直到1900年，也就是6年之后，他开始给高年级学生和研究生开课。1908年，他的第一部著作《文学与美国的大学》出版。1912年，也就是白璧德在哈佛任教18年后，他拿到了终身教职并晋升为教授，他的第二部著作《新拉奥孔》也得以出版。不知道白璧德对自己在哈佛的生活是不是感到满意，但在哈佛历史上恰好有两任著名的校长与他遭遇。一位校长就是写《新教育》的查尔斯·艾略特。他从1869年10月19日上任，一直到1908年卸任，执掌哈佛40年。还有一位校长是劳伦斯·洛厄尔，他于1909年10月宣誓就职，1932年11月宣布辞职，执掌哈佛24年。艾略特校长被认为是哈佛历史上最杰出的校长，在他手里，哈佛推行选课制度（elective system），也就是允许学生自由选课。到1901年，全美30%以上的大学都采取这种选课制度，另有12%的大学部分地采取选课制。选课制度的推行，改变了美国大学的教学目标。原先像哈佛大学这样的学校，是以英国牛津、剑桥为榜样，以培育律师、牧师等人才为目标，要求学生具备良好的人文思想素养。但19世纪开始的工业革命和城市化进程，广泛需要实用型技术人才，这种社会需求使得大学教育面临调整，选课制度的实行某种程度上是顺应了这种社会气候。但任何一项制度发明有其合理性的同时，在实行过程中总有其不完备的地方。选课制度在哈佛推行数十年后，其弊端也暴露出来，具体地说，在培养实用型技术人才的同时，如何保持我们内在思想的活力和反省能力，成为大学教育中的一个突出问题。

另外,受自然科学研究方法的影响,人文学术中一些研究者满足于材料搜集和整理,那种带有德国特色的考究风气弥漫于美国的学术界。对此,白璧德是持反对态度的。他反对将人文学术研究变成像仓库保管员式的机械搬弄材料,而希望人文学术研究能为当代人类精神生活提供价值动力。另外,他反对大学的过度效益化,认为过度的效率追求,导致研究者心情浮躁,急功近利,牺牲了思想潜沉所需要的闲暇和宽松气氛。在《文学与美国的大学》一书中,他标举"人文主义"大旗,反对大学教育中的急功近利,强调人文精神对于大学教育的重要意义。事实上,艾略特校长的后继者洛厄尔也在当时的《哈佛月刊》(*Harvard Monthly*)上撰文,批评哈佛的选课制度的缺陷,认为精神素养的训练太少,不能保证学生的全面教育;学生避重就轻选一些容易获得学分的课程,如1898年50%以上的哈佛学生选修的课程只是一些入门课程。所以,选修制度所暴露的美国大学教育的问题,是新体制运行中普遍存在的现实问题,白璧德的批判就像他在《文学与美国的大学》一书前言中所说的,不是要对包括艾略特校长在内的某个人进行讽刺,或给自己的主张贴上某种标签,他是针对现实提出问题,针对问题提供方案。哈佛大学在洛厄尔校长上任后,对选课制度进行调整,有所针对地采取了专业与副修、主攻专业与广博基础兼顾的教学制度。将全年的16门课程分为自然科学、社会科学和人文科学三部分,学生除了完成专业的6门课程学习之外,至少还要从三部分中选6门课方可毕业。洛厄尔校长的理念就是"每个受过高等教育的人,都应该什么都懂一点儿,而对有的专业要懂得彻底。"这样的大学教育的信念与白璧德的信念几乎是一致的。这样的价值理想很难说只限于保守主义思想范畴。从这一意义上讲,白璧德从一开始就反对给他的思想主张贴标签的做法,是有先见之明的。

当然,白璧德是一位有思想洞见的人文学者,他不会就事论事,满足于对具体事件的评头品足。他的理想是要为人类价值信念提供一种普遍的人文基础。在这方面,他的贡献是双重的。一方面,他从美国大学教育的现实出发,将人文传统遭遇到的价值挑战放到人类历史的长河中来思考,力求为人文精神寻找到一种普遍的学理基础。另一方面,白璧德不是固守西方传统的西方中心论者,他的眼光是现代的、超国界的,他援引柏拉图、亚里士多德等古希腊哲贤的论述来阐发西方思想史上的人文传统,但他清楚地意识到自己在东方文化方面的知识缺陷,限制了他对"人文主义"理论的发挥。所以,他对自己的中国学生寄予厚望。据吴宓日记1921年2月所记:"白师谓于中国事,至切关心。东西各国(Humanitas)应联为一气,协力行事。则淑世易俗之功或可冀成。故渠于中国学生在此者,如张(歆海)、汤(锡予)、楼(光来)、陈(寅恪)及宓等,期望至殷云云。"(2卷212页)《吴宓日记》是迄今为止对这一时期哈佛中国留学生生活记录得最为详尽的史料,尤其是对白璧德的言论记录特别详细。对这方面史料的解读,我们可以看到白璧德与其门下的中国留学生之间的思想影响关系。这种影响关系唤起了中国学生对自己传统思想中的古典人文资源的重视。他们把对这种人文传统思想脉络的梳理和发挥,视作是解决中国文化现代性问题的一种方式。这方面的事例,我们可以通过新发现的吴宓在哈佛时期写就的长文《孔子、孟子之政治思想与柏拉图、亚里斯多德比较论》(The Political Thought of Confucius and Mencius as Compared with Plato and Aristotle)而获得新的证实。这篇用英文写就的长文共40页,是吴宓交给白璧德教授的作业。在作业中还夹有一张英文便笺,上面交代了该长文写就后,征求了张歆海、汤用彤、陈寅恪的意见。三人的意见中有一条就是汤用彤所说的:吴宓所谈的孔孟之道其实不是孔孟之道本身,而是借孔孟来发挥自己对中国文化问题的看法。通过上述这些史料,我们可以看到,白璧德由美国的社会现实问题而引发的"人文主义"的历史思考,催发和强化了其周围的中国留学生对中国文化现代化问题思考的自觉性。这种探讨中国文化现代化出路的路径,与同期哥伦比亚大学杜威门下的胡适的思路截然不同,胡适相信的是进化论的科学实验,但面对的问题与梅光迪等人是一致的,明确地说,都是对中国文化现代性问题的思考。所以,在上述意义上,我们无法将梅光迪等"学衡派"的理论主张从中国文化的现代范畴中剔除出去。将他们贴上"守旧派"的标签,从中国文化的现代视野中排除出去,这是当时新文化人士在文化论战中采用的策略和手法,但这种策略和手法无助于思想问题的根本解决。所以,多少年后白璧德的"人文主义"和"学衡派"的文化主张卷土重来,这一文化现象不是证明白璧德或"学衡派"的理论主张比新文化人士的主张更正确,而是证明原本无法深入探讨下去的中国文化的现代性问题,在新的历史背景下重新浮出水面。而且人们不满足于新文化人士的一言堂,而是希望在一种更为开阔、更加自由的文化视野中,探讨中国文化的现实出路。

三

贺麟在他的回忆文章中曾记录过一段往事:当年他在哈佛哲学系留学时,恰好怀特海(Whitehead)教授在哈佛教书,怀特海对中国学生很友好,每星期都邀请他们到他家聚会,有一天贺麟与沈有鼎、谢幼伟去了,怀特海告诉他们,有一位名叫胡适的年轻中国教授去看他,他觉得胡适全面抛弃中国传统文化的想法有些过火,他关心的是中国人是不是还在读老子和孔子的书。在怀特海看来,文化是延续的。贺麟是 1928 年 9 月进入哈佛大学哲学系学习。事实上,哈佛大学哲学系的教授们对杜威哲学中的科学主义思想始终持保留态度。不仅杜威想谋求哈佛的教职未果,而且像哈佛哲学系享有盛名的教授鲁一士(Josiah Royce)、霍金等都强调文化哲学的重要性,注重宗教和人文传统。白璧德不是哲学系教授,他的主业是文学研究,但在价值趋向上,他与霍金等人应该是较为接近的,换句话说,白璧德在哈佛大学并不是一种孤立的存在。对这样的学风,在多元化的美国学术界,或许有不同看法,据传白璧德曾与他的反对者在纽约的卡内基音乐厅进行过公开辩论。但辩论归辩论,在美国社会中,似乎并没有上演五四时期中国知识界所上演的那种"扎硬寨,打死仗"的你死我活的一幕。杜威也好、白璧德也好,并没有将思想论敌视为现实生活中的敌人而意欲将对手从自己的职业圈子中清除出去。这不仅是他们做人修养的道德体现,而且也是学术规则的基本底线。但在五四时期的中国,思想言论的激烈碰撞,激烈的程度是超乎想象的。胡适等倡导的科学实验的思想方法得以在当时的中国占据主导地位,并不是像很多思想史家们所说的那样是顺应了形势,而是包含着很多复杂的社会因素,其中之一,就是社会党派力量的加入。胡适在留美学生中,喜欢演讲和社交,是社会活动能量大于学术研究能力的人。但即便这样,与陈独秀等有着丰富政治斗争经验的"老革命党人"相比,其宣传自己、攻击对手的策略手段还是要逊色得多。胡适能够得到陈独秀的帮助,并联合钱玄同、鲁迅等形成"新青年"团体,其思想的战斗力自然是远远胜于哈佛校园中培养出来的梅光迪、吴宓等个人言论的威力。所以,以论战态势而论,"学衡派"无法抗衡"新青年"团体,但就学养和对现实问题的敏感度而言,"学衡派"的思想主张与看问题的文化视野,都不能简单归结为头脑僵化的"守旧派"。他们与其说是新文化的"反对党",还不如说是新文化的诤友。像梅光迪、吴宓、汤用彤、张歆海、楼光来、梁实秋、郭斌和等白璧德的中国弟子,在现代中国学术史上,并不是以旧学见长,或以旧派面目登场,而是以新人面目,以旧学新知结合得较为圆满而显示出其学术特色。在文化批判方面,"学衡派"对新文化的批评也不是毫无道理可言。最有代表的是梅光迪在《评今人提倡学术之方法》中所表达的担忧:"彼等以群众运动之法,提倡学术,垄断舆论,号召党徒,无所不用其极,而尤借重于团体机关,以推广其势力。"最终的结果将是"不容他人讲学""养成新式学术专制之势"。假如对照20世纪中国文化所经历的坎坷遭遇，梅光迪先生的这种担忧并不显得多余。

如果说20世纪上半叶，白璧德"人文主义"理论以社会思潮的方式进入中国，而后在新文化运动的打压下，边缘化为供少数研究者研究的对象。很长时间它像一粒精神种子，埋藏在现代中国思想的土壤中。终于到了20世纪80年代，它又破土而出，重新绽放。或许是它那注重传统的人文面目过于浓重，使得很多人很自然地将它与西方的"文化保守主义"联系起来。但我在文章一开始就表明的，这一概念是不是适合白璧德的"人文主义"，是不是能够涵盖"学衡派"的文化主张和思想初衷，都还需要学术求证。毕竟他们都是大学里的人文学者，主业是文学研究，对以规划现实政治秩序为重任的"保守主义"，还是有很多的隔膜。所以，今天谈论白璧德的"人文主义"以及"学衡派"的价值理想，不是要做翻案文章或在赞同还是反对的价值营垒之间站队，而是要重新思考中国文化的现代性问题，给出种种可能的选择。余英时先生在研究五四新文化运动时，曾注意到对五四新文化运动的阐释，也经历了与白璧德"人文主义"在中国形象变迁相类似的情况。一些人将新文化运动视为是中国的"文艺复兴"运动，而后来另一些人不满足于此，又以"启蒙运动"概念来揭橥五四新文化运动的价值。余英时先生认为不能轻率地将这两个概念看作是两个比附性概念，相反地，必须严肃地被看作是"两种互不兼容的规划（Projects）各自引导出特殊的行动路线"（余英时《文艺复兴乎？启蒙运动乎？——一个史学家对五四运动的反思》），也就是说，不同的话语解释系统，其中所包含的价值诉求是不一样的。从这一意义上，我们在探讨中国现当代文化语境中的白璧德"人文主义"和"学衡派"的文化主张，不是要从一种概念滑向另一种概念，而是要呈现在历史的缝隙中，那些新文化运动之外的人们是如何思考、比较和选择，如何为中国现代文化的出路想象更多的可能性。

本文作者系上海戏剧学院教授

原载《读书》2011年第5期

新文化运动性质之重估[①]

高旭东

新文化运动的核心精神是什么？一提到五四新文化运动与文学革命，人们总是用"反帝反封建"或"民主与科学"等词语对这场运动的精神加以概括。然而，仔细推敲起来，以这些概念来概括新文化运动与文学革命的精神，并非没有问题。

首先，说新文化运动是"反帝"的并不错，这一运动被称为五四新文化运动，尤其表明了这一点。然而，这一概念并不能说明新文化运动的特色，因而不能对新文化运动较之以前的运动提供了什么新东西加以解释。即使运用"彻底的反帝"一词也是如此。谁都知道，义和团反帝爱国的激烈程度绝不在新文化运动之下。义和团杀洋人，杀二毛子，砸教堂，毁铁路，对一切带"洋"字的东西都予以排斥。因此，义和团不仅反对帝国主义侵略，而且反对与西方相联系的一切物质文明和精神文明，真可谓"彻底的不妥协的反帝"。相比之下，新文化运动并不"彻底"地反帝：它反对的只是帝国主义侵略以及对于中国的不公平对待，而对于西方的物质文明与精神文明，它不但不反对，反而尽情地赞美与吸收。钱玄同对中国文字符号的诅咒，鲁迅让人不看中国书而多看外国书，乃至否定京戏肯定话剧，否定中医肯定西医，否定中华武术而肯定西方体操等，至今让一些民族自尊心很强的人难以接受，甚而以为有"崇洋"之嫌。

也许"反封建"一词比"反帝"一词更切近新文化运动，但是，"反封建"一词在解释新文化运动时仍不能使人满意。"封建"一词并非五四时期的常用词，说胡适不用它，你也许会因为胡适是"资产阶级代言人"而不予理睬，然而，说鲁迅从未用过它就要三思了，鲁迅说他控诉的是礼教与家族制度。"封

[①] 本文为本人正在撰写的《中国现代文学史》的第二章第二节："新文化运动：以个性精神为核心的伦理革命与审美革命"。

建"一词的普遍使用且用来称谓新文化运动,是1927年革命文学兴起之后的事。"封建"一词是从西方中世纪的封建制社会而来,而在中国的使用者那里又获得了列宁主义对历史分析的"一分为二",即"一个民族两种文化",既有"封建性的糟粕",又有"民主性的精华"。如果这种描述大体不错的话,那么用"反封建"一词来概括新文化运动的反传统,就不很恰当。从历时性上看,"封建"一词的使用者一般不把中国古代史都断给封建社会,"战国说""秦汉说""魏晋说",都将孔孟与老庄的时代断给了"奴隶社会"。然而,新文化运动的矛头所向,却非战国、秦汉、魏晋之后的中国社会,而是整个中国古代社会以儒道为代表的文化传统。因而严格说起来,这不是"反封建"而是"反奴隶"了。从共时性上看,新文化运动对中国的文化传统是整体性的反叛和否定,而没有一分为二地对待,并不承认古代的农民造反是"民主性的精华",所以黄巢、张献忠、朱元璋等人受到了鲁迅等人的批判,称之为"寇盗式的破坏"[①];《水浒传》等书被周作人称之为"强盗类书"而予以否定。

将新文化运动的精神概括为"民主与科学",是从陈独秀发表于《新青年》第6卷第1号的《新青年罪案之答辩书》中总结出来的。陈独秀对《新青年》的反传统直言不讳,认为这是拥护"德莫克拉西(Democracy)和赛因斯(Science)两位先生"的结果:"要拥护那德先生,便不得不反对那孔教,礼法,贞节,旧伦理,旧政治。要拥护那赛先生,便不得不反对那旧艺术,旧宗教。要拥护德先生,又要拥护赛先生,便不得不反对国粹和旧文学。"因此,说《新青年》推崇民主与科学是一点问题也没有的。问题出在哪里呢?新文化运动是为了国民的幸福和民族的强大,这种概括没有问题,但这种概括却不能说明问题;以民主与科学概括新文化运动,问题也出在这里,即推崇民主与科学不独为新文化运动所有,而为戊戌变法、辛亥革命等历次运动所有。

民主是一个政治概念,要研究它,就必须与立法、司法、行政等一起研究。但是,陈独秀创办《青年杂志》时就声称"批评时政,非其旨也";胡适回国,发誓十年不谈政治。事实上,《新青年》杂志讨论民主政治的文章确实不多,而且也没有什么像样的文章。相比之下,在戊戌变法和辛亥革命前后,围绕着立宪与共和、虚君共和与民主共和,讨论民主政治的风气要比新文化运动浓厚得多。其原因,就在于新文化运动不是一个政治家发起的政治改革运动,而是一个知识分子发起的以伦理革命与审美革命为特征的文化运动。所以新文化运

[①] 鲁迅:《坟·再论雷峰塔的倒掉》,《鲁迅全集》第1卷,北京:人民文学出版社,1981年,第193页。

动首先注重的,并不是政治体制上的改革,而是文化思想上的觉悟。可以说,新文化运动通过伦理道德的革命和个性解放,正是要为民主政治的真正实行扫清道路。

至于科学,是中西文化相交后为中国人首先看重的。从洋务运动开始,先进的中国人已在倾慕西方的科学技术,而且就引进一些具体的科学技术而言,洋务运动的功绩并不在新文化运动之下。"科学救国"在胡适那里也许能够通过,然而它却受到了多数新派人物的冷落,后者更关心和致力的,是思想观念的整体变革。所以胡适倡导以科学的方法研究具体问题、整理国故,受到了李大钊、鲁迅等人的抵制。1920年罗素应邀来华讲学的遭遇,也颇能说明问题。罗素虽然对人类的和平、社会的进步和发展等问题,有着超乎一般科学哲学家的兴趣,但罗素作为哲学家,首先是以对数理逻辑和科学哲学的贡献而著称的,五四新派人物若真是崇拜科学,就该恭请罗素大讲科学哲学。然而当时的新派人物对罗素讲授的科学哲学并无兴趣,当时北京有一个"罗素学说研究会",一位自称已经研究"哲学"多年的成员在参加了该研究会第一次讨论会之后,便写信给赵元任抱怨说:"我发现他的研究仅仅局限于技术哲学,这使我很失望。现在我冒昧要求我不再参加以后的讨论会。这并不是因为我对那些问题望而生畏,而是因为我对技术哲学几乎毫无根底,也几乎毫无兴趣。"[①]罗素也深深感到了这一点:"他们不要技术哲学,他们要的是关于社会改造的实际建议。"[②]

事实上,陈独秀在他多篇批孔文章,以及《吾人最后之觉悟》等文中,已经将新文化运动的核心精神阐发得很清楚,就是伦理道德的价值革命,并以个人本位主义取代家族本位主义。陈独秀在《袁世凯复活》一文中说:"若夫别尊卑,重阶级,主张人治,反对民权之思想之学说,实为制造专制帝王之根本原因,吾国思想界不将此根本恶因铲除净尽,则有因必有果,无数废共和复帝制之袁世凯,当然接踵应运而生,毫不足怪。"为了巩固共和国体而走向伦理革命,是当时陈独秀的思想逻辑。于是陈独秀更进一步地将伦理道德上的觉悟,看成是中国各种问题的根本的和最后的解决方式。在《吾人最后之觉悟》中陈独秀说:伦理道德"不能觉悟,则前之所谓觉悟者,非彻底之觉悟,盖犹在徜徉迷离之境。吾敢断言曰,伦理之觉悟为最后觉悟之觉悟"。在《文学革命论》中,陈独秀意识到新文

---

① 冯崇义:《罗素与中国》,北京:生活·读书·新知三联书店,1994年,第201页。
② 朱学勤:《让人为难的罗素》,《读书》,1996年第1期。

化运动应该有两个轮子,一个轮子是伦理道德的价值革命,即以个性精神批判孔教的家族本位主义;一个轮子是审美领域的文学革命,虽然胡适是首倡文学革命者,然而将审美领域的文学革命与伦理道德的价值革命结合在一起的则是周作人。林纾攻击新文化运动"覆孔孟、铲伦常"与"尽废古书,行用土语为文字",算是抓住了新文化运动的伦理革命与文学革命的两个方面。

个性精神在否定的方面联结着新文化运动的反传统,批判家族制度与礼教,在肯定的方面联结着对个人的推崇,在审美的方面联结着"人的文学"的张扬。五四时期新派人物的观点由于对异域文化接受的不同可以说千差万别,但在推崇个性精神一点上却是非常一致的。陈独秀从创办《青年杂志》开始,就在大声呼唤个性精神,为使新青年具有独立人格与个性精神,他在《孔子之道与现代生活》中批判孔教的伦常与家族制度妨害个人的独立,认为"现代伦理学上之个人人格独立,与经济学上之个人财产独立,互相证明,其说遂至不可动摇";在《东西民族根本思想之差异》中说:"欲转善因,是在以个人本位主义易家族本位主义。"胡适推崇"易卜生主义",而易卜生正是以孤独的个人向社会反抗挑战的典型——"世界上最强有力的人,就是那最孤独的人"。鲁迅早在《文化偏至论》中就倡导"任个人而排众数",五四时期他在《热风·三十八》中以"个人的自大"反对"合群的自大",完全是"任个人而排众数"这一语法规则的演绎。沈尹默的《月夜》一诗,就表现了五四时期推崇的个性精神。周作人将他的"人的文学"、人道主义解释成"是一种个人主义的人间本位主义"。

被新文化运动的新潮唤醒的新一代及其建立的文学社团,都是个性精神的推崇者。个性精神是中国的现代文学与传统文学的分水岭。文学研究会反对消遣游戏的文学,倡导"为人生"的文学。然而,"为人生"三个字太笼统,并不能显示出五四文学与中国传统文学的区别。你能说,《诗经》与杜甫的诗歌不是"为人生"的吗?但是,对人的个性的尊重,对个人价值的肯定,对个人命运的关切,才是文学研究会的"为人生"与中国传统文学的"为人生"的区别所在。创造社反对"载道"的文学,倡导"为艺术"的文学,然而,中国道家一流的山水田园文学不就是反"载道"而"为艺术"的吗?区别在于,道家文学让人从儒家的伦理整体走出来之后,到山水林木中消解个性,萎缩自我,融入自然的真气之中,完全与天地自然合一;而创造社则让人张大自我,发展个性。也许,我们应该听一听文学研究会与创造社两位作家的声音。朱自清说:"在解放的时期,我们所发见的是个人价值。我们诅咒家庭,诅咒社会,要将个人抬在一切的上面,作宇宙的中心。我们说,个人是一切评价的标准;认清了这标准,我们要重新评定一切传统的价值。"①郁达夫说:"五四运动的最大的成功,第一要算'个人'的发见。从前的人,是为君而存在,为道而存在,为父母而存在的,现在的人才晓得为自我而存在了。"②

"五四"之后的文坛主流选择的是以浪漫主义、现实主义、现代主义为主导的西方现代文学。从五四文学革命的发难者胡适、陈独秀,到文学研究会的批评家茅盾,倡导的都是写实主义;但是,由于新文化运动是一场个人从传统的家族制度与礼教中挣脱出来的个人主义的革命,个性的张扬以及个人的孤独痛苦所导致的抒情感伤,就成为五四文学的主调。因此,纵观"五四"之后第一个十年的文学,真正的现实主义作品并不多。鲁迅的《呐喊》与《彷徨》具有浓重的怀旧情绪和抒情特征,冰心、王统照等人那些"爱"与"美"的小说和诗歌,庐隐小说对痛苦情感的大胆吐露,许地山充满传奇情节、宗教情调和异域色彩的小说和散文,几乎都渗透着一种浪漫感伤的情调。叶绍钧是文学研究会作家中比较写实的,然而茅盾认为他早期的小说并不客观,他与冰心、王统照等一样追求"爱"与"美",他喜欢的哲学家是崇尚本能直觉而反对机械主义的柏格森。甚至茅盾的早期长篇小说《蚀》和短篇小说集《野蔷薇》,也具有浓重的个人情调和抒情性;尽管茅盾后来为中国文坛贡献了现实主义的扛鼎之作。至于创造社作家,郁达夫的浪漫感伤和自我忏悔,郭沫若的激情喷发和个人自由,就更是将五四文学的个性精神推向高潮。在鲁迅的《野草》、沉钟社作家以及象征主义诗人那里,可以发现现代主义游魂在中国文坛的律动。因此,梁实秋以"浪漫的趋势"来概括五四文学,茅盾在《子夜》中以《少年维特之烦恼》来象征"五四",普实克认为五四文学最显著的特点是个人主义与主观主义,佛克马认为五四文学是浪漫主义和象征主义占主导地位,"只出现了为数很少的现实主义小说"③。可以说,以为五四文学是以现实主义为主导的观点,往往是主题先行的结果,而非着眼于五四文学的文本实际。

当然,五四文学并不排斥现实主义,而是兼容了现实主义。因为个性的张大本身并不是目的,通过伸张个性达到国家的振兴才是目的,这就是新文化运动为什么与五四运动难解难分。鲁迅强烈的感时忧国精神以及改造国民性的使命感,使他不可能不注目于国民的社会现状,因而在喜爱浪漫主义和现代主

---

① 朱自清:《朱自清散文全编》,吴为公、李树平编,杭州:浙江文艺出版社,1995年,第503页。
② 郁达夫:《郁达夫文集》第6卷,广州:花城出版社,1991年,第261页。
③ 佛克马:《俄国文学对鲁迅的影响》,乐黛云编《国外鲁迅研究论集》,北京:北京大学出版社,1981年,第282页。

义的同时,不可能排斥现实主义。郭沫若是以浪漫主义登上五四文坛的,但他在《笔立山头展望》一诗中却把烟囱冒出的黑烟这种西方浪漫主义极为反感的象征物,赞美为"黑色的牡丹"。"专求文章的全(Perfection)与美(Beauty)"的成仿吾也不能呆在"艺术之宫"中免俗。温儒敏认为,成仿吾"在阐说对文学本体论的认识时,赞同'表现说',把文学的本质看作是生命意志的自然流露与发抒;在理解文学的价值论时,又努力将'自我表现'的意义导向社会"。①郁达夫《沉沦》中那个苦闷的主人公在自杀之前呼唤祖国富强,正是这种对祖国命运的关心,使郁达夫后来写出了《薄奠》《出奔》等较具社会写实性的作品。而在五四文学主流之外的吴宓、梁实秋等清华文人那里,又试图将反现代的西方古典主义文学输入中国文坛,并探索与中国文学传统的对接。不过,新文化运动之后西化已成时尚,甚至反现代的古典主义也要借着西化的外衣进行言说。因此,王德威所谓的"晚清文学"具有多种可能性,而五四文学走向单一的观点,并不符合事实。五四文学其实是多元混杂的,甚至在鲁迅一个作家身上,就兼容了浪漫主义、现实主义和现代主义,而且这种现象在同时期其他作家和诗人那里也是很普遍的。五四文坛是百花齐放的,文学社团的蜂起就是证明,文学研究会、创造社、语丝社、现代评论－新月社、狂飙社、莽原社、未名社、浅草－沉钟社、弥洒社等如雨后春笋般涌现出来。从另一种角度看,五四文学在共时性的层面上接受了西方历时性形成的各种文学流派,也造成了同一作家兼受多种文学流派的影响。

五四文学革命是一场深刻的审美与艺术的革命。有人仅仅从白话文的角度去理解五四文学,甚至考据出一二篇白话小说,去否认《狂人日记》是新文学的第一篇白话小说,显然不得要领,因为白话小说从宋代以后就开始流行,因而以白话文为新旧文学的分界线,就会忽视这场反传统的文学革命的深刻性。首先,五四文学与传统文学的肯定性与连续性特征不同,而是表现出一种强烈的批判性与否定性,并且由于个人的充分自觉,在这种批判性与否定性中带有一种恶魔性的特征。其次,五四文学以反抗挑战的动态之美,打破了中国传统推崇的以宁静平和为特征的中和之美,使主观与客观、理想与现实、个人与社会处于激烈的对峙状态。这种对立冲突,应该归结为个人的独立使之在表现形式上与社会的分离,并且与社会处于对峙状态。再次,在叙事艺术的表现上,打破了传统小说与戏剧的性格单一与脸谱化的类型化,而代之以表现人

---

① 温儒敏:《中国现代文学批评史》,北京:北京大学出版社,1993年,第56页。

物性格复杂性与心理深度的个性化;打破了传统文学以中和为特征的大团圆,而代之表现个人感受的悲剧结尾;而且淡化与压缩情节,使叙事文学具有浓重的抒情性。在文学语言上,五四文学革命所造就的带有欧化语法的白话文,较之文言文的朦胧模糊,无疑是向着语言的精密性迈进了一大步,写景状物更加确切了,因而与传统文学语言的综合性相比,现代文学的语言更偏于分析。

虽然是在一个文学西化的时代,但是,五四文学的渊源绝非像胡风所说的那样是西方文学的横向移植。就表面的词汇来看,五四文学确实好像是西方文学的移植,五四作家的创作谈也都着眼于同外国作家的关系,譬如鲁迅说他创作小说靠的是读了百来篇外国小说与一点医学的知识,郭沫若说他雄浑豪放的诗歌学的是歌德、惠特曼,清丽冲淡的诗歌学的是海涅、泰戈尔……因此,五四作家与中国文学传统的关系是一个非常复杂的问题,并非像周作人所想象的是受明代公安派与竟陵派影响那么简单。不可否认,明代李卓吾与公安派崇尚个性、乃至《红楼梦》等作品对个性的推崇,这种在传统时代被压抑的现代性都对五四文学产生了影响;甚至向上还可以追溯魏晋人物的个性以及庄子、韩非等非主流文化对五四文学的影响。

问题是,传统的儒家主流文化就对五四文学没有影响了吗?答案显然是否定的。尽管传统的家国社稷的天下观在五四时期已经演化为现代的民族国家观,但是传统士大夫那种以家国社稷的振兴为己任的忧患意识与使命感,仍然流淌在五四人物的血液中。"五四"的悖论在于:那些救国救民意识略微淡薄的文人,或者埋头于各自专业而较少关注民族兴亡的知识分子,基本上很少激烈地批判中国的文化传统;越是那些恨不得中国立刻摆脱贫弱愚昧而立于世界民族之林的文人,对中国文化传统的反叛越是激烈。因此,虽然西方从达尔文、马克思到尼采对基督教文化传统的动摇与颠覆也是新文化运动反传统的精神源泉,然而,新文化运动反传统之根本的精神内驱力与内在根源,却是来自于中国文化传统中那种不以信仰为重的实用理性精神,以及家国社稷的兴亡是第一位的文化传统。因为在世界文化史上,由战败而放弃自己文化传统的民族并不多见,也许同属于儒家文明圈而率先"脱亚入欧"的日本是个例外,而"五四"激进的反传统斗士也大都留学日本。相反,以色列人被掳到巴比伦、被罗马人统治乃至流散世界各地,都没有放弃犹太教信仰;阿拉伯人遭遇十字军东征乃至基督徒的归化,结论是"穆斯林根本不可能改宗"。因而新文化运动激烈的反传统只能到中国文化传统内部寻找根源。

陈独秀、鲁迅、胡适、钱玄同、周作人等"五四"人物都是国学根底深厚的文人，他们是以中国文化传统所造就的"前见"与"前理解"去"拿来"西方文化的，因而他们选择的是最能于兴国振邦有力的西方现代文化。基督教是西方文化的根底，但是"五四"人物很少看取基督教的信仰成果，而更偏重于选择反叛基督教的达尔文、马克思、尼采、杜威等人的现代文化成果。这就难怪，认为西方文学的深刻性与艺术价值在于基督教原罪精神的华裔美国学者夏志清，指责现代中国文学并没有学到多少西方文学的精神；而捷克著名的汉学家普实克，则指出现代中国从西方输入的现实主义文学受到了中国的抒情诗传统的潜在影响与渗透，他甚至认为，中国现代优秀的短篇小说，例如鲁迅的短篇小说，其艺术渊源主要不在传统的散文而在于旧诗。

  普实克是从艺术上寻找五四文学与传统文学的联系的，如果从思想上寻找五四文学与传统的精神联系，那么，由传统士大夫一代接一代承传的感时忧国精神——这也是夏志清为中国现代文学寻找到的传统，是内化于五四文学之中的。这种将张扬个性的自由精神与振兴中华的感时忧国精神的结合，正是新文化运动、文学革命与五四运动结合的一种表现形式。因此，五四文学的个性精神就与西方文学的个性精神不同，在尼采那里，个人的发展以及进向超人本身就是目的；在易卜生那里，在船快要沉了的时候首先是救出自己，然而在五四文学那里，个性的张扬是国家振兴与民族富强的手段。正如鲁迅在《文化偏至论》中所说："国人之自觉至，个性张，沙聚之邦，由是转为人国"，这与《热风·三十八》中以多有"个人的自大"为国家的福气和幸运，是大致相似的意思。很多西方学者，对于现代中国文学如此执著于国家并不理解，譬如顾彬在《二十世纪中国文学史》中也并非没有困惑。然而，这却是中国作家在接受西方文学时一个特有的文化变异现象。

  新文化运动是一座鲜明的界碑。在此之前，是一浪高过一浪的向西方学习的西化大潮，到新文化运动达到了高峰；在此之后，是从西方引进的新文化对中国社会真正施加影响的过程，也是向中国文化妥协的中国化的过程。既然新文化运动是一场彻底的反传统与西化的运动，那么，此前从洋务运动、戊戌变法、辛亥革命开始接受的科学技术、民主自由，都是新文化运动推崇的对象，但是这场运动不同于此前历次运动的，就在于它是一场伦理道德（善恶）的价值革命与审美观念（美丑）的文学革命，它颠覆了合群的伦理本位而推崇自由的个人本位，试图通过价值革命与文学革命为民主政治与科学的发展扫清道路，进而使中华民族走上强国之路。

本文作者系中国人民大学文学院教授

专题二
儒学转型与新文化运动

21 世纪儒学面临的五大挑战

杜维明

2009 年 10 月 19 日,我被邀请参加德国总统克勒主持的小型学术会议,会议主题是"现代性的多重形式"。讨论的问题是:第一,我们为什么在这里?也就是人生意义的问题;第二,是什么连接人与世界?讨论文化和沟通的问题;第三,我们怎样设想未来的生活?另外,会议还探讨现代性的未来的问题。虽然最后我没能参加会议,但是会议提出的问题却与我一直学习和思考的儒学有所共鸣,这些基本的问题也正是 21 世纪的儒学所应该回答的问题。

21 世纪的儒家,首先理应可以为人类现在的文明、为哲学思想家提供精神资源。进一步要问,它能否对西方文化的冲击有创见性的回应?不过,如果只是有创见性的回应,而内部没有进一步发展或转化,力度还是不够的。基于这三个层面的诉求,有几个问题我们必须追问。

第一个问题就是何为人的问题,这是整个人类作为一个群体生存的可能以及繁荣的前景问题。第二个问题是我们为什么在这里?即人的生存的意义问题。我认为,我们能突破人类中心主义。但要说明的是,我在讨论这个问题的时候,后面也有很多预设,都可以质疑、讨论。接着这两个基础的问题,我自己想进一步考虑三个理论的问题。一个是"如何知",即认识论的问题,我们怎么会知道?我们靠什么办法来知道这个世界?一个是"如何行",这是伦理学的问题,即我们应该怎么做?最后一个问题是人的希望何在,这是神学的问题。

何为人:儒家视域下的人

首先我们来看儒家的思路,这与西方文化是很不相同的。西方哲学走的是"归约主义"的路子,"定义"是找出本质特色是什么,这样才能提升到哲学的高度。一种简单的现象学的描述,或者人的日常生活的感受都不是哲学,而要说人是理性的动物、政治的动物,后来马克思提出人是可以制造工具的动物,现在更重视人是能够用象征符号或者说能运用语言的动物。但儒家不是这样的,不是定义型的。虽然现在反对本质主义,但我还是主张要考虑问题的本质,问题的本质就是"人怎么样"。但不走"归约主义",而是全面地了解各种不同的面向,考虑人之可以成为人的所有条件,这样就不是"定义型",就好比射箭以直接中的为目标。一般的印象是中国的思想有综合性、模糊性,"黑箱作业",你不知道它在干什么。也就是说,中国哲学的主流不走归约主义的路线,但我认为是一个主动自觉的选择。

1. 人是什么样的存在

人是感性的动物,是社会的存在,是政治的动物,是历史的存在,还可以再加上一点,就是人是追求永恒价值或意义的存在。我曾用五经来概括人的多样性,很不准确,只是"方便法门":《诗经》体现了人是感性动物,《尚书》体现了人是政治动物,《礼记》体现了人是社会动物,《春秋》体现了人是历史动物,《易经》体现了人是追求意义的动物。这是一种举例子的方法,因为是举例,就不免有所夸大,比如说还有《乐经》《孝经》等。简单来说,这是把人当成一种综合的存在,这是可以站得住的,就是把此时此刻的活生生的人都有的特点作为哲学运思的起点。这种方法在西方哲学是大忌,特别是康德哲学,一定要把一切去掉,不能把人的问题局限在活生生具体的人。

另外,更进一步,就是人的原初联系是什么?族群、年龄、性别、出生地、语言、社会环境、基本信仰,这些都是塑造一个活生生具体的人不可或缺的条件,正是因为有这些条件,每个人都不同。不过这里有一个问题:似乎会导致哲学上没有分析的泛论,各种观点都可以包容。但这并不表示这个世界上有多少人就有多少哲学,那样就是主观主义,我们要突破这种经过体验和感受的主观。主观主义是认识论上的缺陷,突破缺陷就是说人有体验、有内在价值。这有预设主体性的问题,但我所谓的主体性不是主观主义。

2. 人之来源

早期中国思想不关注人是怎么来的问题,缺乏创造神话之类的问题,而比较接近于演化论的理念。这有很多例子证明,人是通过无生物变成植物变成动物才成为人,先秦最能够体现这种观点的是《荀子》。任何东西都有气了,但不要把气当成物质,从气质到神气、精气、灵气,这些都是气,气如果没有精神性的东西,那就不成其为气了。用现在的话讲,气是一种能量,包括生命的能量。这就有一种预设:任何一个东西如果是气,归根到底是一种动态的过程,就不能从静态来看,而要从过程来看。到了"生",比如说植物的出现,动物出现后才能出现知,知就是意识,动物是有知觉的,并且有些远远超出人,比如说狗的听觉和嗅觉。在这一方面,荀子的思想和孟子思想没有什么不同,只有人才有"义"——用道德理性来说义有点狭隘,需要再作进一步的讨论。由气到生、到知、再到义,这就是人的演化过程。值得注意的是,所谓"出现"是说从某个地方来的,但不能把它还原到那个地方去,这一点要明确。生命的出现,不能归约到一般的气,而是特殊的气,归约到一般的气就不能了解生是什么。也就是说根源虽然在那里,但不能只是原来的那个情况。举个例子,人是物质、生理、心理的存在,从谱系学角度看人,可以通过解剖尸体对人的物质条件作明确的分殊,但活人不能通过解剖来理解,这有什么区别?因为尸体是死的,没有生气。如果说经络是生命的体现,而从解剖上找不到经络的物质基础,就不真实、模糊,就没有科学性,这种看法是不全面的。我们认为,如果经络体现一个人的生命,生就不能归约成气,因此没有生命的人(如尸体)就没有经络可谈了,以此类推,"知"也不能还原成生,从植物到动物是质的飞跃;义也是这样。荀子和孟子在很多方面不同,但这一点是相同的,只是孟子对人性的观点更深刻,也更全面。

对于荀子的讲法,有人会质疑:前面的跨度比较好理解,但知和义之间的跨度,觉得有点过大。对此我作一个简单的回应。就人和禽兽的本能来看,没什么差别,从"食色,性也"(《孟子·告子上》)的角度看,人有动物的属性。但把人看成动物的一种,不够全面,因为一种新现象的出现不能归约到原来。下面是上面的基础,上面是下面的超越,超越和基础有关,但不能从基础来理解超越。孟子讲"人之异于禽兽者几希,庶民去之,君子存之"(《孟子·离娄下》),非常少的反而成为"大体",非常多的反而成为"小体"。非常多就是人的生物性是百分之九十九点九,但有趣的是,百分之零点一是充分体现人之价值的因素,它和百分之九十九点九有关系,甚至可以进一步说能够转化那百分之九十九点九。但当人有了心、性以后,就不能把人归约成动物。而人最丰富的内容恰是那最薄弱的力量。"几希"就好像是一阳来复,力量非常薄弱,但却是每个人不可或缺的基础,否则就"不是人"了。"不是人"当然是价值判断,但后面有深刻的理由。这里面可以看出最低的要求和最高的体现,最低的要求是只要是人就绝对有,最高的体现是任何人都不能充分证成的,连圣人也有遗憾。孟子讲"人皆可以为尧舜"(《孟子·告子下》),但本质来说,甚至连尧舜也不能真正做完人。

最低和最高的关系完全可以配合起来理解,我做过分析:一个是本体论、存有论的决断,一个是存在论的限制;一个是过程上的突破,一个是结构上的限制。牟宗三先生有"层层限定,层层突破限定"的思想,这个过程是非常复杂的。实际上,荀子的性恶和孟子的性善是在不同层次上的讨论,但完全可以配合。只是孟子可以解释荀子的问题,荀子不能反过来解释孟子的问题,孟子接触到比较深刻的人的本质特色的问题。简单地说,四端是"几希",使得人之所以成为人,要靠人主动自觉的自我发展,不推进、不向前发展,它就枯萎了。人如果没有对外界的敏感,就是"哀莫大于心死",麻木不仁。有人把孟子叫做 recovery model,就是怎样把内在的四端重新发现,我觉得这是片面的,孟子也是持一个向前开拓创造的思路。

3. 人的扩充

在孟子看来,人是要把"几希"逐渐扩大,不然它就枯萎了,所以说"学问之道无他,求其放心而已矣"(《孟子·告子上》),求放心是使得你的本质特色,能够成为定义你的最核心的东西而已。这个本质的特色遵循创造原则,不是接纳的原则,也不是重新发现原来有的东西。有人问,既然本有了,你还去"发"干什么?大学里的"明明德",既然是"明德"了为什么还要"明"?这就是最低的要求和最高的体现。孔子做了一个选择,他为人类创造了人伦关系的基本原理,他不能也不愿离开这个非生物、植物、动物共同存在的世界,没有超越外在的世界。所以我讲存有的连续,一般宗教的体验叫存有的断裂,只有断裂了才有超越的上帝、安拉、梵天等观念的出现。有人说儒家"超越突破"的发展特色不明显,也是在这个角度上说的。突破不明显,就是存有的连续,共同存在的世界就是人的世界,不能够离开人的世界。以活生生具体的人作为反思的起点,这是儒家最基本的信念。

可以说,最大的考验是具体的普遍问题,黑格尔也谈到,但方法完全不同。我们会发现在日常生活之中的人,是与天地万物不可分割的,人生最高的意义就是在日常生活中体现。儒家最终极的关怀和意义,一方面是可能性,可以在日常生活中体现;另一方面是必然性,必须在日常生活中体现。离开日常生活就不可能是最高的价值。

4. 21世纪的人

在21世纪思考何为人的问题，是以前的哲学家所无法想象的，而儒家对生命世界的充分肯定，更特别有其深刻的含义。举例来说，只有在我们生活的世纪，人类第一次可以用自己的肉眼看到地球的全貌，动物、植物、矿物、水源乃至土壤、空气都在我们的视域之中，这是1968年航天员通过自己的眼睛看到的。因此今天要成为一个全球性的思想家，是我们每个人的责任，这在黑格尔的时代是不可理解的，即使他的哲学确实是世界性的哲学。

因此，所有轴心文明所开展的宗教，以超越而外在为终极关怀的宗教，都要经过一个彻底的转化，重新理解地球上的生命。基督教说地球是凡俗的，"上帝的归上帝，恺撒的归恺撒"，不关注凡俗的世界，但现在大多数基督徒都在讲生态环保，佛教徒也是这样。文化中国目前大行其道的佛教是"人间佛教"，在中国，太虚受到基督教的影响，说自己讲的是人生佛教，关于"死"的问题佛教有非常高深的哲理；太虚的大弟子印顺讲人间佛教；以后证严法师创办的慈济功德会、星云法师的佛光山和圣严法师的法鼓山，都讲人间佛教，都关注人间净土，这是大转折。很明显，他们的问题意识跟孔子以来的儒家趋向一致了，这应该成为21世纪哲学的基本预设。

人生的意义：超越的天与人

第二个问题是我们为什么在这里，也就是人生意义的问题。人必须有一个超越的向度，才能问人生的意义问题。我们可以不接受"没死过就不了解生"的说法，但如果不超越自我、社群、存在的世界，对人生的意义就会理解不够——当然，这也是可以讨论的一种预设。所以，这个问题必须引进另一个问题，也就是儒家的"天"的问题，否则对人生意义问题就很难切入。儒家的天，在比较宗教学里看，与基督教的上帝是不同的。上帝无所不知、无所不在、无所不能。无所不知和无所不在可以了解，但无所不能有很大的问题，无所不能的话，那么人间怎会有那么多残酷的现象出现？上帝不是爱世人吗？这个问题很难解决。但儒家的天则是无所不知、无所不在，但不是无所不能，这是重要的不同。

1. 天与人的创造性

俗话说"天知地知，你知我知"，天是超越的，地就是地球，这样的天地人的关系很值得注意。天不是"无所不能",最核心的原因就是人的出现,荀子讲"天地生之,圣人成之"(《荀子·富国》)的观念也有一个发展过程,不是静态的结构。生的观念就是创造,天是创造性的自我,当然,天也可能破坏。人所了解的天的本质是"天地之大德曰生"(《周易·系辞传》),是最原初的创造力,是任何东西最初的源泉。天最突出的是"大化流行",可以说天就是上帝、祖先、天命,甚至说天是有意志的——唐君毅先生对天有很多解释。儒家不是人类中心主义,但也不是纯粹的自然主义。把天作为创造性自我,天的特色是创造性。这里面就牵扯到人。首先人是一个观察者,这在《易经》里讲得很清楚,《观》这一卦就是例证;另外,人也是欣赏者,如果用基督教的《创世记》的比喻,上帝创造万物之后,也许很寂寞,于是创造了人来欣赏它所创造的天地万物。但在基督教神学里这不是主流,因为上帝与人存在距离,人永远不知道上帝要干什么。作为欣赏者不是把天看成研究对象来分析它,当你从艺术的角度将之在你的生命中重新展现,这是一个对话关系,没有工具理性的含义,也没利益、实用,就把它当作自己的伙伴,也就是马丁·布伯在 I and Thou 中所说的"我与你"的关怀①,他者是我的生命中不可或缺的,这种欣赏预设了人是大化流行的参与者。

这个观念基督教很难接受,说人也是宇宙大化的共同创造者。人有这样的特性,那么人和天就是相辅相成的。天人合一并不容易理解,有天人相胜、天人感应等不同的理解。从"天生人成"发展下来的观察者、欣赏者、创造者有其独特的涵养,预设了人所创造的"人文世界"的价值不只是社会政治的价值,有更高的价值,和天所拥有的无穷的创造的力量互补、契合,有一种相辅相成的关系。

另外,天是创造性自我,人也有创造性,人是天的 co-creator,即共同创造者;而人本身又是天生出来的,所以这个共同创造需要正确理解。对此,我的看法是"大化流行"不是完全的自然现象,在儒家的解读中,也有人文化成的意义。"诚"也是一种创造,《中庸》里面讲"诚者,天之道也;诚之者,人之道也"(《中庸》第二十章),人之道不仅创造自我,还要创造文化,也就是说"人文化成"(《周易·象传·贲》),但上天的好生之德并不意味着天要为人创造文化。道家要无为,而儒家则要有为,有社会性的创造,但和天的创造性相比,人的创造性微不足道。因此儒家倡导敬天、畏天、事天;从人的角度来看,"人

---

① Martin Buber. *I and Thou*. New York: Charles Scribner's Sons, 1958.

能弘道,非道弘人"(《周易·象传·贲》),如果错解的话,比如用基督教的说法,就是人可以使上帝荣耀,但上帝不可使人荣耀,但孔子这句话是突出人的责任感,因为天是自然的,无心而化成。

这里有很多飞跃,人最终的创造就是自我,人的创造和"几希"联系在一起,创造就是自我人格的充分体现,不只是社会政治的价值而已,也不是人类学的价值,就是从哲学的角度看人,人创造自我、发展自我,有一种不可化约的自我,你想做什么和你就做什么不可分割。比如说你想做一个医生,需要受很多条件的限制,并不是意愿本身即可达到目的。只有在宗教、道德范畴里,才有想做什么就是什么的可能。"我要做基督徒",那么只要你真要,你要的本身就使你成为基督徒。齐克果(Søren Aabye Kierkegaard)说,他不是基督徒,只是在努力做基督徒的过程中。[①] 这种自况是基督徒精神的体现,永远尝试着做一个基督徒,是非常谦虚的说法。同样,如果有人说自己要做"儒者",这个决定的本身就是行为,《论语》里面说"我欲仁斯仁至矣"(《论语·述而》),你这样决定你就得到了。所以自我作为一个参与者、创造者、观察者、欣赏者,自我的创造是绝对的,"三军可夺帅也,匹夫不可夺志也"(《论语·子罕》),每个人都有这种能力,不是精英主义的讲法,儒家的修身哲学,是"自天子以至于庶人,壹是皆以修身为本"(《大学》)。所有的人都要修身,没有一个人在任何情况下可以逃脱修身,"修身"的意思不是你温饱问题解决之后,才去练气功、瑜伽。修身这一行为是每个人无时无刻不可或缺的,即使是最残忍的人,比如大舜的父亲,后来对舜也能容忍,如果他没有自觉、没有修身是不可能的。

2. 人的家庭性、社会性

在儒家看来,社会性是人文化成中间不可或缺的因素,尤其是最开端处的家庭。儒家考虑家庭的时候不走归约主义的路,而从"复杂体系"的原则来看家庭,在家庭中有年龄、性别、地位等差异,是一个复杂的共同体。家庭内在的关系非常复杂,顺着这条路,拓展到国家、世界,更是错综复杂。《大学》里的"格致诚正修齐治平"八条目不是线性行为,在齐家的阶段对修身的挑战增大了,到了治国的阶段,对修身和齐家的挑战又加倍,到了平天下就更是万分复杂了。从 A 到 B,B 就含了 A,从 B 到 C,C 就含了 AB,而且,AB 在 C 里,会比

[①] Søren Aabye Kierkegaard. *The Sickness Unto Death. Princeton*. NJ: Princeton University Press, 1941.

AB有一种质的改变,儒家也有"跳跃",有自己跳跃的办法,所以,如果把家庭关系搞好,那么,在处理各种关系的时候就是有源有本。

顺便一提,董仲舒不是为汉代创造神学的合法性,他有强烈的批判精神,与公孙弘、叔孙通不一样,他为凡俗世界的领袖创造了一种敬畏感,这跟"天命靡常"观念有关。天生人成,成的相反是不成乃至破坏。古人讲"天作孽,犹可违,自作孽,不可活"(《尚书·太甲》),其中的"自"也可以说是"人",天作孽就是自然灾害,上天的破坏力人可以逃脱,而人既然不是演化的结果,而是演化的动力,天生人成中,天生没有负面意义,人成可能有负面意义。但大的方向,从纯粹科学理性来讲,人能否活下去一直是个问题,很多学者觉得人类灭绝的可能性很大。当我们通过分析了解所获得的智慧,越来越清楚我们该做什么,但却越来越不能做我们所应该做的,为什么?因为长年积累的制度惰性。还有一种作为意识形态的科学主义的观点,认为通过科学理性可以解决,比如说东京以前污染很严重,但现在用科学的方法使之改善了。确实,人对自然的转化是科学理性的信念所展开的,但也可能成为傲慢和迷茫。改革开放以来,中国的发展虽然很好,以前北京是自行车的首府,现在是汽车首府,表面上很进步,但可能会走向负面。

3. 突破人类中心主义

对于超越,简单地说,不能超越主观主义,就不能成全自己,主体性就难以彰显;不超出家庭主义或裙带关系,就不能成全家庭;不超出狭隘的民族主义、地方主义,就不能成全地方;不超出狭隘的国族主义,就不能真正爱国;不能超越人类中心主义,就没办法完成你作为一个人的最高的理想。就是说,人的哲学不是简单的人类学的哲学,牟宗三先生所说的"层层限定,层层破除限定"就是这样一个思路。一方面很具体,所以说同心圆的外圆绝对是开放的,外圆不开放的话就没办法向更大的范围发展。超越人类中心主义是超越自我中心主义的必然发展,所以,"亲亲而仁民,仁民而爱物"(《孟子·尽心上》),可以说从亲亲才可以仁民,才可到爱物;也可以说假如不推到仁民爱物,从亲亲开始的价值就不能充分体现。

有人说你这种说法太理想了,根本不能成为现实。我的回应是,这种思路很平实,在日常生活中即可付诸实践。为了达到社会的和谐,有一种最糟的情况,就是人人损己损人,次坏的情况是利己损人,还有一种情况就是利己不损人,就像经济学假设的经济人,至少不主动去损人,也有不损人也不利己的情况。最好的情况是利己利人，利己利人的基础是自己做一个能依靠自己的人。儒家不是损己损人，也不是利己损人，而能够利己不损人，本身就有一定的价值，如果利己利人价值更高。比如说你只爱自己的孩子，这也是价值，但这个价值是可以外推的，可以推到全家、社会。有一个人淹死了，大禹觉得是自己的责任；有一个人没饭吃，后稷觉得是自己的责任（参见《孟子·离娄下》）。我们一般人没有那么大的爱心仁德，但可以从具体情况开始，只要逐渐外推，就能对社会整体的和谐做出贡献。

儒家"亲亲仁民爱物"这种有差等的爱，是从内向外推出去的过程，这很能理解，也非常现实。如果你爱他人的父母和爱自己的父母一样，这是一种要求，不是自然的感情流露。这是为什么墨子的路走不通的原因。在基督教，因为上帝的爱是全面的，这样，就不能有差等的爱，需要把人伦日用、日常生活中的联系打破，建立一个崭新的社群，所谓 fellowship，就是所有的基督徒在一起共建的团体。有人问一个很麻烦的问题：你看跟随孔子周游列国的弟子，对家庭的承诺是什么？曾子有自己的父亲和儿子，那么，子路、颜回他们的家庭是什么样的情况？所以，我要真正地成全我自己，有所限制正是我成为具体的活生生人的条件，从这个条件来发展自我。我在这个世界里面生活，哈贝马斯说"lifeworld"[1]，这是我生活的世界，生活的具体情况，是我个人不可消解的个人存在生命的客观条件。

潘能柏（Wolfhart Pannenberg）是慕尼黑大学的基督教神学家，他认为，基督教就是人类中心主义，没有人类中心主义就没有基督教。因为人是按照上帝的形象而塑造的，所以人出来以后，上帝让人对所有的动物都有一种从上到下的控制。他用的英文词是 dominion，即控制，有主宰义[2]。这就是人类中心主义，事实上，这在我们讨论人类中心主义（anthropocentrism）的时候可以作为一个注脚。另外我提出这样一个观点，这个概念在英文中逐渐开始流行，叫做 anthropo-cosmic vision，一般翻译成人类-宇宙观。

人作为观察者、参与者、共同创造者，因此人和天的关系是相辅相成，这里有个预设即是跳出人类中心主义。人类中心主义极端的体现就是 17、18 世纪从西方的启蒙心态发展出来的世俗的人文主义（secular humanism）。这种价

---

[1] Jürgen Habermas. "The Theory of Communicative Action". *Lifeworld and System: A Critique of Functionalist Reason.* Cambridge. UK: Polity Press, 1989:2.

[2] Wolfhart Pannenberg. *Anthropologie in theologischer Perspektive.* Göttingen: Vandenhoeck & Ruprecht, 1983.

值取向有两个盲点：一个是忽视了精神性，一个是对自然抱有征服的态度。人定胜天的思路的影响还很大，像大家赞美"愚公移山"就是这样。"愚"是一个非常高的价值，比如说颜回"如愚""大智若愚"，愚公移山却毫无疑问的是愚笨。大禹治水很明显是正面的价值，愚公的毅力需要好几代的人来承担，但如果我们看穿了这种毅力，看到它后面所代表的仅是征服自然的愚昧，它的说服力便消解了。

4. 人与自然

非洲的一个谚语很令人感动，"地球不是祖宗所遗留给我们的礼物，而是千秋万世的子孙托付给我们的财富"，这种观点体现了很高的智慧。愚公移山只是强调了人定胜天的毅力而已，还不如希腊神话中西西弗斯的故事，至少还带有悲剧感，说明了人的力量虽然永远不能把石头推上山头，但继续不断的努力还是有价值的。钱穆先生在96岁高龄时，发表了一生的最后一篇文章，《天人合一论——中国文化对人类未来可有的贡献》。他的答案是天道与人心的相辅相成，他认为，"天人合一"论，"是中国文化对人类最大的贡献"，"是整个中国传统文化思想之归宿处"，这是他一生的"彻悟"。[①] 钱穆有很多追随者，但这篇文章发表后没有什么回应，我很惊讶，因为我一看到这篇文章便很感动。在台湾，对这篇文章几乎没有反应，在大陆，季羡林看了之后很感动，不仅写了文章回应，还在文章里面把钱先生的1000多字全部引用了。季先生以为天就是自然；还有张世英先生以及李慎之先生都有回应，也都强调人性和天道的合一。

我觉得不仅是人和自然的结合，还应该有超越的一面。冯友兰先生在晚年完成的《中国哲学史新编》里面回归到对张载"仇必和而解"的观念和"横渠四句"的肯定，熊十力、梁漱溟、牟宗三、唐君毅也有这样的基调。在20世纪的末期，多位80多岁的老先生都有这样的共识。但值得注意的是，天人合一这个提法存在问题，"人能弘道，非道弘人"的说法很容易坠入人类中心主义，把人的能力扩展得太大，西方称之为人的傲慢。在儒家主要的传统里面，这是一个很谦虚的、提升责任感的提法。前面提到，儒家有"畏天"的提法，与傲慢正好相反。

人的创造力在天面前是微乎其微的，所有的人文化成都是靠人，人在其中

[①] 《新亚月刊》，1990年第12期。

起到极大的作用,虽然如此,天的创造力依然是无与伦比。天也有很大的破坏力,比如地震、火山爆发,吞噬一切生命和人类的家园,任何人看到这种景象都会感到惊叹不已。这样,不管人创造了多么伟大的文化,比起天的创造力或破坏力来说,都是微乎其微。将来地球变暖,气温上升,冰山融化,可能有40多个大城市会被淹没,这就是天的力量。著名的生态学者Thomas Berry说,人的傲慢体现在核子研究,通过不断地撞击使分子发生分裂,来研究更小的东西。人的这种力量,自然没办法回避,但最后会通过辐射的方式把"毒素"释放出来,这是自然的自卫,也可以说是自然的报复,是地球对人的破坏力的回应。还有一个问题,唐君毅引用梁启超的话说"世界无穷愿无尽"[①],人有哲学的反思,不能直接说人的反思对自然万物有极大的创造力,这是荒谬的。但思想不仅是思想,还是行动,就像马克思所说的不仅要解释世界,还要改变世界。不过,说这个世界是人的世界,不能说人去创造自然,这是人无法做到的限度。只是从敬畏天的态度出发,就会一直得到灵感和启示,也就是说人的创造力、破坏力与天相比微乎其微,天的创造性自我,在科学界也是很受重视的问题。

5. 内在与超越

刘宗周说,从《中庸》到《孟子》,坚信"尽心知性知天"(《孟子·尽心上》),这是性通天的哲学。从知天的这条思路发展,就涉及内在超越的问题。余英时认为内在超越不行,讲内向的超越。反之,像安乐哲就完全不能接受。内在就内在,超越就超越,你怎么有内在的超越。我认为,《中庸》所体现的就是这一思路。所以,孟子和《中庸》的路数,我认为是体现人类宇宙观最明显的例子之一。

《中庸》第一章讲"天命之谓性,率性之谓道",如果天是一种创造性原则,那么性本身就不只是被动,性一定有它的主动性,不然的话,性怎么能够开展出道与教。这又联系到心,孟子哲学的特色就是以心著性,也就是性由心显,性的真正价值是由心彰显出来的,所以由心来定义性,性的本质就是心。但我们不能把心当作一般的感情,如喜怒哀乐。我认为,恻隐之情是更深刻、更内在而超越的本心本性,它是先验的,但它又必须在经验世界中体现。这种既先验又经验之情好像只有上帝才有可能,这是与人能否有智的直觉的问题相关联的。所以,"性由心显"的心是"四端",不是"七情"。

---

① 唐君毅:《人生之体验》自序,台北:学生书局,1977年。

"四端"（恻隐之心、羞恶之心、辞让之心、是非之心）与"七情"（喜、怒、哀、惧、爱、恶、欲）的关系，是韩国儒学从李退溪（滉）和奇高峰（大升）辩论以来（所谓"四七之辩"）最重要的哲学对话，并对此展开了非常丰富的讨论。但康德只能够理解"七情"，因为在他的传统里面，不能理解怎么会有"未发之中"，这也是朱熹不能理解的问题。朱熹的老师李侗要朱熹"观未发以前气象"，朱熹一直要参透这个教言，后来朱熹说"辜负此翁"（《朱熹集》四十三卷），就表示李侗讲的境界他实在没办法参透。因为他认为，情一动就是已发了，如果要追求未发，那么对于已发的领域就不够注意，就会变得急于求成，到最后就走向禅宗了，所以他后来讲"涵养须用敬"（《二程遗书》卷十八）。敬的这个功夫随时都可以用，它完全是渐教，不是顿教，敬的功夫做好了以后，再逐渐地通过格物致知才能豁然贯通，只有通过涵养敬的方法，这条路才走得通。因此他强调致知，也就是从认识论入手才会有大的突破。这种豁然贯通的大突破当然也有深刻的道德意义，所以他认为最能够表现他思想的就是需要涵养敬，然后是"进学在致知"，只有这样的路子才着实有效。

上面从超越的角度来说，下面再从内在来看。我们知道，康德对现代、对中国的影响都很大。在他那里有自然与自由的问题，比如说人是自由的，但人是有罪的，对此儒家会有什么回应呢？这是个大问题。康德的思路很复杂。他有三个重要的预设，就是上帝存在、灵魂不死、自由意志。从严格的意义讲，意志自由最关键，因为理性上的人的自由，才能立法，不是靠上帝存在和灵魂不死，上帝存在不是价值体现的前提；人的理智和理性在自由方面来讲，不受上帝存在和灵魂不灭的限制，而是绝对的。那么，儒家的思想里有没有发展绝对自由的可能？比如"三军可夺帅也，匹夫不可夺志也"（《论语·子罕》），这就是绝对的自由，只要选择即可得到，没有任何限制，这种自由每个人经过努力都可以做到。

康德认为智的直觉只有上帝才有，人是不可能的，因为他要建构立法，全不从人性论切入。"心性哲学"和西方的理性传统大不相同，从西方理性思维来看，只有彻底形式化的理性才是一尘不染的，心性之学里面有"同情"等复杂的因素，没有那么纯粹。牟宗三先生花了那么大的力量，有其价值，值得进一步探索。但是不是应该不遗余力地走康德的思路，值得重新考虑。我认为"良知坎陷"的说法存在问题，按我的理解，应该是良知的扩大、良知的深化，而不要把良知只当作道德理性，那就局限了与科学理性的联系。

这条思路在牟宗三先生等第二代的新儒家，没办法跳出来，主要是科学与民主对他们的影响太大了,他们所了解的科学是19世纪后期到20世纪初期的由实证主义所规范的科学。虽然在现在,这依然是主流,科学要看得到、摸得到以及必须量化,这些基本的信念没有动摇。但当前有创发性的科学家已经超越了这种实证主义——即物理主义(physicalism)。劳思光先生最近写文章批评物理主义,这是他在普林斯顿的时候就开始做的工作。① 信奉科学主义的人没有不接受物理主义的,也就是说化学、生物学、心理学的基础就是物理学,找到这个基础科学的结构,宇宙就可以一目了然了。但现在持这种观念的人少了,因为越去找基础,就发现越小的并不简单,复杂情况不会减少。另外科学理性可以把黑暗驱逐,这个观念今天也不是科学家的共识,因为驱逐了黑暗又产生了黑暗。知道得越多,就发现自己应该知道却没法知道得更多。启蒙运动说宗教是黑暗的,是迷信,科学理性的发展能驱逐这种黑暗,科学之光能照耀所有地方。但像庄子所说的,你箱子保存得很好,但大盗一下子把箱子都拿走了(《庄子·马蹄》),也就是说你自己以为万无一失,殊不知还有更大的力量攻击你,你却完全没有预料到。现在前沿的科学家都很谦虚,譬如生物学家都把人的基因谱给罗列出来了,这是很大的贡献,但基因谱就好像是地球的地图,虽然很全面,但基因谱中的动态关系如何? 我们所知还很有限,现在才刚刚开始,大部分生物学家都有这种研究自觉了。

德性之知与闻见之知的关系我们要重新考虑,我们总认为闻见之知可以发展科学,而德性之知和科学无关甚至是反科学的,其实没有这么简单。康德的理性探究的目标之一是为信仰留出空间,他的这个努力为什么成为西方哲学的典范,任何人都无法绕过? 因为他对理性的最全面、最深刻的阐述,无人能及。我们就需要学习他这一点。

认识论的问题:如何知

中国现在最强的意识形态,大概就是科学主义。但我在上文提到科学在20世纪末到21世纪,它本身有一个精神的转向,这个转向不是神秘主义,而是科学理性内部的新发展,是最杰出的一批科学家的一种新转向。这个新发展和新认识使得21世纪的科学或者说是20世纪下半期的科学,与19世纪以

---

① 劳思光:《危机世界与新希望世纪——再论当代哲学与文化》,香港:香港中文大学出版社,2007年。

来到20世纪中期的科学主义的科学、实证科学有极大的不同。对这个问题，我们也从几个方面来考察。

1. 理性的复杂

理性有科学理性、工具理性，当然还有哈贝马斯所说的沟通理性，英文中理性是rationality，还有一个词是reasonableness，即合理性，如果用中文讲的话不只合理还要合情，reason与凡俗世界，也就是我们现在的日常生活有关。科学的发展，和西方哲学有密切联系。它有两个关键阶段，一是希腊哲学，包括数学，是理性的发展；另一个就是培根以来的实证科学、实验科学。这样的思维方式，很明显带有启蒙的心态，假如不能量化，假如不能客观，假如没有透明度，假如没有普遍性，就不是科学。后来复杂体系的出现，比如模糊数学，把这个问题弄得很复杂。在物理学，最重要的发展就是量子论的出现。量子论讨论可能性，就是说两套不兼容的理论在解释时都有道理，是A又是B。比如光是波粒二象性，玻尔提出来以后，成了一个重要的学派。也就是说，现象的出现是完全不能预期的(totally unpredictable)，虽然不能预期，但还有一个对称的结构，不是乱七八糟，只是不能很明显地被发现而已。

借用一个新古典经济学的例子，哈耶克相信市场经济，他认为，人的理性不能对市场的复杂层面有明确的理解。为什么市场经济和计划经济不同？计划经济假设有一批有能力的人为我们设计一套经济运作的程序，但海耶克认为，市场经济绝对不能设计，只要是政府干预，结果一定是负面的，因为市场很复杂。海耶克著有一本书，名为 The Constitution of Liberty，邓正来先生翻译为《自由秩序原理》，我认为，按照 constitution 的原意，翻译作"宪章"更为妥当。在中国，有"宪章文武"(《中庸》第三十章)的讲法，意思是大经大法，而且是动词。海耶克认为市场的复杂面向，不能通过理性来类比。市场经济确有内在的结构，这个结构不能简单地靠理性掌握，但不能说完全没有任何秩序可言。在很复杂的情形下，理性的光芒永远没办法照到那个地方。前面已经提到，现象是一个复杂体系，能掌握的都是侧面，不可能全面；能够量化是对的，但对事物的实际情况不一定掌握得很好。史华慈认为中国古代的传统没有规约主义，而是有丰富内容的模糊性(fruitful ambiguity)[1]。理性的作用是把松

---

[1] Benjamin I. Schwartz. *The World of Thought in Ancient China*. Cambridge, Mass.: Harvard University Press, 1985.

散的线绑起来,但是不应该过早地绑起来。这就像网和纲的关系,有所得必有所失,在很多地方,也许你失去的更多。

2."体知"的观念

"体"字在中文里面,有体验、体察、体证的意思,宋明儒学讲"体之",说不明白的就去体之。"体知"用英文就是 embodied knowing,是身体的认知。作为一个复杂的体系,身体的认知必须要包括心、灵、神,这是很难的一种了解,身与心灵神互相关联。对身的了解也包括对脑的了解,在科学上,一些物质主义者就问,到底人的心是什么?在脑的研究方面有那么多进展,是否心的问题已不重要了呢?我认为,心不能归约为脑。哈佛有一个大型的研究计划,以脑神经研究为主,但是各种专业的学人都可以参加,叫做心和脑(Mind and Brain),可以作为我们思考这一问题的参考。

要了解对象,不可避免涉及主观和客观的复杂问题。一般的理解是这样,比如说宗教学研究,研究者常常自觉地认同他所研究的对象,比如说我现在研究基督教,我是基督徒,因此我对基督教是认同的,我的道德理性和认知的方法当然与这种认同有关。人类学家都要做一个参与者,譬如,不到北大,就不了解北大,而如果参与久了、深了,几乎变成北大人,钻进去就不能够跳出来,久而久之就不能客观地描述研究对象,就不再是作为旁观者的人类学家了。有这样一种"科学的"宗教研究方式,主张以科学理性为唯一方法来研究宗教,认为信教者的研究是有偏见的,佛教徒了解基督教比基督教徒要客观。由这两种不同的方式可以看到,研究的对象和研究主体的关系是一个很大的问题。

有一个潮流,在理性上无法说明,但仍然很重要。生物学家研究细菌,没有必要也不可能认同细菌,物理学家研究分子、原子,不需要认同分子、原子。但研究人文、宗教不一样,比如研究文学,比如作为研究莎士比亚的专家,当然是要自己投入进去的。科学研究不面对研究对象,对象依然能够明确,最明显的是天文学,天文学家只要有一支铅笔就能进行思考,但这只是一种研究方法,最终还要回到物理学。有一个研究相对论的科学家说如果要实验,我们一定要先做设计,实验者做设计,实验者的设计本身即塑造了研究的边缘条件,设计了研究方向,这个设计必然对研究对象做了修改,实验者越自觉到这套设计是什么,越对研究有益,当然必须有透明度、公开度、信赖度。这种类型的研究和社会学研究是有相似之处的,经济学研究越来越数字化、数学化,好像做没有现实意义的模型才有价值——当然也是很有成就的。Douglass North 讲制度经济学,认为纯粹从理性考察,得不到最大的效益。我们看到的大潮流,特别是在中国,是自然科学宰制社会学科,社会科学中的经济学在宰制其他学科,所有的科学在宰制人文学。但在科学界,一批杰出的前沿科学家,在很多地方思路越来越复杂,越来越像人文学,21 世纪会怎么样没人知道,但至少需要对话。

3. 闻见之知

在中国的语境下,宋明理学讲如何知的问题,始于张载提出闻见之知和德性之知(张载《正蒙·大心》)。经验观察是闻见之知,德性之知需要闻见之知,但是德性之知不依赖闻见之知,闻见之知不能达到德性之知的程度。德性之知是一种道德理性,无法照顾到知识论,今天学术界的判断是德性之知无法发展科学,闻见之知才能发展科学。科学发现 how 的问题,而不只是是什么的问题,how 和是什么有复杂关系。

最重要的一个问题是儒家道德和科学理性能不能配合。太突出道德理性使得对科学的客观精神不能掌握,这是对儒家、对泛道德主义的一种批评。其实道德和科学并不矛盾,中国出了一批很优秀的科学家,他们在道德实践上也很有水平,也很深入,这并不妨碍他做一个科学家,但这只是肤浅的描述,没有什么哲学意义。牟宗三先生提出怎么样从道德理性开出科学,这个观念影响极大,"开出"意思是从道德理性的内核发展出民主科学。牟先生深受康德影响,提出了"良知坎陷"说,"坎陷"是说有意地让良知退出先在性,暂时让它悬隔起来,让科学理性得到独立发展。也就是说,通过良知的自我异化,从而开出一个空间,让科学得以发展。科学的发展必须靠良知主动自觉地压制自己并且经过转化,在另外一个基础上建立科学理性,科学理性建立以后,良知从坎陷处再浮上来。科学与理性有独一无二性,道德理性本身没有经过坎陷,没有经过自我异化,开不出科学理性,如果说能开出,那是荒谬的。

道德理性和科学所代表的知识理性有一条不可逾越的鸿沟。我想问,良知所体现的是否就是道德理性呢?从张载讲到的德性之知推到孟子的心学,科学认知和道德实践的关系是什么?良知是不是只能在道德理性的层面才有意义?如果是的话,那么道德理性和知识理性确有不可逾越的鸿沟,那牟宗三的路向就非走不可,只有经过转化,否则用不上。如果道德理性和实践理性之间的区别不如我们想的那么绝对,如果良知不是一般意义上的道德理性,那这个问题就有进一步分梳的必要。

4. 整体的分析框架

我反对物质主义和基础论,我认为,研究客观对象时,主客之间有复杂的互动,是对话的关系,不是控制的关系,现在将物理化学生物心理等当成科学理性不同的发展阶段,将物理学研究进入到最小的分子原子。物理学的基本原则,就是所谓的物质主义,讲主观和客观的分别,强调人和自然是不可融合的范畴,认为对自然的理解必须彻底客观,对自然的现象只有通过认识论的方式才可以了解,只有物理学才是科学理性的唯一基础,这种科学思维的方式现在受到很大的质疑。

另外一条思路不是规约主义的分析方式,它自觉地理解到研究对象和研究方法的复杂关系,科学家已经不纯粹是观察者,他也必须是参与者,甚至是创造者,不参与就没法研究。你可以不认同分子、细菌,但是作为一个科学家,不能不对广义的自然有一种亲和力。荀子讲人定胜天(《荀子·天论》),就是认识它、了解它,然后控制它、利用它,总是把自然当作物质的集合体。这条思路把它当作外在的对象,当作客观的存在,把它当作客观的集合体,可以通过实验来征服。与此相反,是不是可以把自然当作一个众多主体组成的共同体(communion of subjects)[1],是主体中跟我们有血肉关系的共同存在者? 这种不外在化客观化的思路,把自然当作科学家自我了解过程中一个不可或缺的向度,这是不是所谓的主观主义、唯心论,很值得思考。

我很早就分析过:不能把自我(personal)和私我(private)混为一谈,不要把主观主义和主体性混为一谈,主体性是深入研究的基础,主观主义是戴有色眼镜,主体性也会有颜色,也有它主观的一面,但是它的目的是消除主观,体现深刻的内在自主性。研究对象绝对不是静态结构,而是动态过程,这点越来越为大家接受。以心物二分的方式,强调唯物唯心绝然不相容的思路已经站不住了。荀子讲从气到生,到知,到义,每一个提升都是一次飞跃,不能把生规约成气。生中间即是气,知是生和身的联合。一个叫 emergency,一个叫 reduction。原来的是基础,当上升到一个质的飞跃,它和以前的联系是不可分割的,我将这点看成是"存有的连续",但是不能以过去发展的发生过程来理解它的

---

[1] Thomas Berry and Brian Swimme. *The Universe Story: From the Primordial Flaring Forth to The Ecozoic Era-A Celehration of the Unfolding of the Cosmos.* New York: Harper San Francisco,1992.

结构,新的结构不能从发生过程中去理解,这不是存有连续的断裂,而是既有连续又有崭新创造的思路。

所以科学研究和它的对象有了新的关系,这就要求我们扩大对良知的理解,如果我们仅将良知规约为道德理性,那就太片面了。王阳明讲的良知无所不在,草木瓦石皆有良知(《传习录》)。他这个说法有人反对,说这是神秘主义,是浪漫的神秘主义,是没有经过分析的主观唯心主义,与科学相悖。其实不是这样。德性之知的特色不只是道德理性,而且可以成为科学理性的参照(reference),科学家从事科学研究也需要体知。不仅如此,良知之"知"无所不知无所不在,天地万物都是良知,所以最高境界就是以天地万物为一体。王阳明这个思想主要不是来自陆象山,而是来自程颢。这个良知为什么不是神秘主义,不是精英主义?因为这是每个人都能体现的一种能力。我前面讲到人有观察的能力、欣赏的能力、参与创造的能力,所谓的基本能力就是一般人都有的能力。可以问这样一个简单的问题,能不能想象世界上有跟我们的心没有关系的东西?假如我们的心不是死的,就不能够想象与心毫无关系的东西。我们的心如果将注意力集中到眼前的沙粒,或遥远的星系,立即和它们发生关联,我和它们的新关联显示它们已为我们的心量所包容。就是从这里发展出关怀,关怀(care)是儒家的特色,我们可以说儒家是一元论,但是有亲疏的一元论。墨子讲兼爱,儒家推崇仁爱,但是又强调差等的爱,这也是为什么儒家反对墨子。

王阳明《大学问》里面的论证,都是我们日常所能体验到的。如果你从人的本身来看,从亲推到疏,最亲的是家人,然后才能推及到路人。这可以与基督教的方式作比较:上帝爱世人,你就要学着敬爱世人;也可以与康德的方式相比较:如果世人都这样行事的话,这样的行为才是一个普遍有效的行为,虽然这只是一个形式的原则。回到日常的人,王阳明讲人的感情,从活生生个人出发,从个体性进行到普遍性,这怎么推呢?王阳明讲每个人都有一种推的潜力,一种可能性,如果你将这种可能性作为你不可或缺的实践功夫,那你就可以是个大人。孺子将入于井的问题,就是讲人和人之间的亲,人和人与人和动物是不一样的。这种论证确有内在的一致性,不是一种神秘主义,这是日常生活中的一种合理性。这和科学理性没有矛盾。科学家即使接受王阳明以天地万物为一体的观念,仍然可以做一个合格的科学家,而且把这种理念运用到科学研究中去,还可以成为一个伟大的科学家。

5. 从良知坎陷到良知扩大

在上述理解基础上,我们现在来考虑良知坎陷这个理念,实际上,它是在儒家传统受到过度批评的情形下提出的,自然有些错位。所以我认为良知的扩大和深化,可能是面对科学理性的一个回应的办法。这是认识论的问题,道德理性上也有认识的问题,而科学理性,在进行科学研究的时候,也有其基本的承诺和价值。

先要说明,良知不完全是道德理性。比如美学和科学,在良知作为认识论的方面,都有一定的价值,它们可以构成对阳明学的一种解释。因为阳明学从天地万物为一体出发,在很多地方,它是一个认识论的问题。这是体知的问题,虽然不是一般意义的知,但体知也绝对不是和科学理性相违背的知。这里面就有很大的发展空间。Michael Polanyi 有一个观念叫 Personal knowledge[1]。它为什么叫 personal? 它是一种有存在感受的知识。而这种有存在感受的知识,有透明度,有公信度,也可以讨论和辩难,当然可以证伪。主观的想法则完全是私人的,是不能讨论的。这两者不能混为一谈。正好相反,主体性的个人和客观、和天下有密切的关系,个人是一个关系网络的中心点。这个中心点即是主体的,但不是一般意义的"私我",不是能够和外在世界割断的自我中心,也不是只能在人伦世界中运作的个体,因为他还有超越的一面。

很多学人现在都思考这个问题:比如说人文学、自然科学和社会科学,它们是否是一个对话互动的关系? 那么有两种答案。一种是认为自然科学的量化等方法是属于最前沿的科研,它直接影响社会科学。社会科学中则是经济学影响政治学和社会学,这些又直接影响和干扰人文学。另外一种则关注人文学甚至人类学的思路,对社会学、政治学的影响有多大。事实上,人类学对社会学、政治学的影响已经很大。那么这种思路对现在纯粹从事自然科学的那些人到底有没有影响力? 现在美学对科学的影响有逐渐加大的趋势。比如科学和音乐,有些科学家和音乐之间关系非常密切,很多科学家是音乐家。科学本身也在分化,以前的科学是整合,非常清楚,物理学是基础,数学当然更基础,然后是化学、生物学、心理学。但现在也不这样简单了,物质主义、规约主义、本质主义和基础主义都受到严重的批评,其实从人文学反思自然科学的空间已经开拓出来了。

牟宗三对西方科学的回应,提出良知坎陷,是不是我们现在只能走这条

---

[1] Michael Polanyi. *Personal Knowledge*: *Towards a Post Critical Philosophy*. London: Routledge, 1958.

路？有没有其他的可能性？我认为有其他的可能性。其中很重要的问题是王阳明所谓的"致"的问题。致良知，是良知本身的开展，是良知在事物之中的体现。20世纪30年代，熊十力和冯友兰有一次很有趣的对话。冯友兰说良知是个假设，熊十力说良知绝不是假设，良知如果是假设，那就没有宋明理学，良知应该是个呈现①。因此，我说良知不必坎陷，这是什么原因呢？并不是说科学理性和德性之知没有距离。德性之知确实不是闻见之知，但德性之知，无论是结构还是功能，都可以为科学理性提供参照。当然，参照不是取代，如果那样的话，就太荒谬了。我想下一步对话有很大的可能，那就不是很简单的参照，甚至在某些方面，它可以成为科学探索中一个不可分割的成分。

总的来说，儒家的气学、理学、心学对21世纪认识论的重建，有一定的价值，值得我们进一步思考。

伦理学的问题：如何行

下面再讨论两个问题，一个是如何行，是伦理学问题；一个是有什么希望，是关于神学或者说宗教学的问题。现代汉学的主流是把儒家所代表的德性伦理和西方从亚里士多德发展出来的德性伦理来互相比较。基本的观点是：德性伦理与习惯一样，要经过一个内化的过程，才能成为生命的一部分。这条路线比较接近荀子，但站在孟子的立场也可以接受。

1. 学习与关怀

首先，要有一个学的过程。学做人的学问是永恒的无法停止的过程，而且绝对是一个动态的过程。孔子是一个明显的例子，是"学不厌，教不倦"。"好学"这两个字在《论语》里有特别的用法。在《论语》里只有两个人能称之为"好学"，一个是颜回，一个是孔子本人。他认为"十室之邑，必有忠信如丘者焉，不如丘之好学也"（《论语·公冶长》）。他的自述可以说是世界上最短的"精神"自传："吾十有五而志于学，三十而立，四十而不惑，五十而知天命，六十而耳顺，七十而从心所欲，不逾矩。"（《论语·为政》）我的评断是：它不只是一个简单的德性伦理，也是一个关怀的伦理（care ethics）。王阳明所讲的与天地万物为一体，就是个很好的例子，他所希望的不是了解、认知，而是一种关

---

① 牟宗三：《五十自述》。

怀。他所关怀的不仅是人,还包括物。如果用现代的话讲,就是对人和地球的关系有一个新的了解,就是要重新考虑人和地球的关系,即人类和地球的关系。这问题现在讨论得很多。地球宪章(The Earth Charter)提出"所有生命都是相互依存的",要"尊重和关心生命共同体"。你要把它当作活物,不要把它当作死的物质世界。

2. 对话伦理

另外我要进一步论证的是,儒家的伦理是一种对话的伦理,是一种体现对话精神的伦理。一般讲的对话,是苏格拉底的对话。但从儒家来看,那还不是对话。因为苏格拉底作为老师,已经预设了他对真理有了非常真切的理解。他能够用一种方式指出世俗之见的谬误,一步一步地指出学生所拥有的观点不精确,离开真理和本质甚远。这样,它就是绝对的精英主义。就像施特劳斯指出的,只有极少数的人能达到那样的水平。这种"对话"有很深刻的寓意,西方哲学都是这条思路。比较而言,中国哲学在这方面有缺失,没有那么严格意义上的思辨的过程,一步一步,一点都不放过的执著。

那么为什么儒家是一种对话的文明呢?因为它注重"亲师取友"(《礼记·学记》),师生夹持。荀子也注重"隆师亲友"(《荀子·修身》)。这是一种互动,在这个互动中,会有 fallibility,就是犯错误的可能性。老师犯的错误可能会很多,并且更大。所以学生可以对老师进行质疑。必须回答的问题是:儒家的对话是什么样的对话?表面上,《论语》所显示的就是老师说了算,只一句"子曰"就结束了,但这句话的背后是一种非常深刻的相互了解。如果孔子和他的弟子没有形成一个信赖的社群,类似于耶稣和他的 12 个门徒,就难以理解每一句话背后的含义。一个观点的形成往往经过长期的会话(conversation),当然包括对话(dialogue)。罗蒂(Richard Rorty)认为哲学就是为了 edifying conversation[①],即有哲学意义的会话,一种新的洞见,就是一种会话中智慧光芒的照射,这就是哲学的工作。对话开始要有容忍,要承认他者,学生是他者,老师也是他者。但是不要把学生看成一个全然外在的他者,不要消解他的特殊性。如果你消解他的特殊性,这个过程就是一个规约(reduction)的模式。儒家不是这样的,如果我们不关注别的因素,譬如生活世界的形形色色,而只关注你的冥想力,你的追求真理的能力,那就不能离开良知所涵盖的

---

① Richard Rorty. *Philosophy and the Mirror of Nature*. Princeton: Princeton University Press. 1981.

体知。

3. 最高的价值

儒家在伦理学上有几个最基本的信念,一个信念是:日常生活的世界有内在价值,我们不能抛弃掉日常生活去追求一个更高的真理。甚至可以说,最高的价值和意义可以在日常生活中体现。这不同于希腊哲学,从希腊哲学来看,从现实中的"礼"出发怎么可能发展出深刻的理念？希腊哲学从一开始就否定习俗,消解习俗的有效性和合理性,当然它可以通过实践回到习俗。不过,儒家的基本看法是:离开习俗就不能正视生活世界,但扎根习俗并不妨碍有批判和超越习俗的可能性与必要性——礼也是一种创造性。"述而不作"(《论语·述而》)可以理解为一种诠释的创造,夏礼、殷礼、周礼都有所损益(《论语·为政》)。《论语·乡党》篇讲到了很多古礼,有些孔子接受,有些他不接受,他做了存在的选择。所以礼就不只是习惯,但它和习惯又有密切的关系。就是说,经过长期而能保存下来的礼必有它的价值,不必彻底抛弃,孔子反对的是没有任何历史意义的重新起步。

儒家和其他传统在这里有歧异。佛教是释迦牟尼所开辟的一个新的天地,耶稣基督开辟了一个新的天地,穆罕默德也开辟了一个新的天地,他们的新天地是史无前例的。孔子也开辟了一个新的天地,但这个新的天地包括一大批传统人物,像尧舜禹汤文武。他认为自己还达不到这些人物的德业,不仅如此,他还认为自己只是一个翻译者,一个中介。儒家入世的特性使得儒家伦理必须扣紧生活世界,这是很独特的。不过要注意,儒家伦理并不是世俗人文主义的产物。其实,孔子忠于传统的精神发挥了比无中生有更大的创造力。

神学的问题:有什么希望

1. 对启蒙的反思与批判

对于希望的问题,我认为现在最有影响力的观点是:进一步发展科学,这和哈贝马斯所谓的启蒙的计划还没完成有很密切的关系。虽然现在有很多对启蒙心态的批评,比如后现代主义和解构主义,但哈贝马斯希望通过这些批评,扩大启蒙思想。另外,虽然环保主义批评科学,但生态环保还是要靠科学技术来解决。也就是说,虽然科学技术可能是造成生态问题的原因,但是在很多地方我们还是要靠科学技术来逐渐解决这一问题。民主政治、市场经济和公民社会的价值也是显而易见的。但是即使我们把启蒙的理念充分发挥,显然还不能消解21世纪的困境。

启蒙存在两大盲点:一是对于自然和生态的关注不够,二是对于人的精神性问题了解不够。举例来说,一种最能体现启蒙心态的理念是"经济人",这种理念的背后有很深刻的价值,比如自由、理性、人权、法治的价值,还有个人尊严的价值,这些都在市场经济的代表"经济人"中得到体现。但也还有很多价值没有得到关注,比如正义的价值,责任的价值,同情的价值,社会和谐的价值,这些在"经济人"的文化心理结构中都没有获得重视。所以我们在自由、理性、人权、法治和个人尊严的基础上还应有发展。孔汉思(Hans Kung)提出包括全球政治和全球经济在内的普世伦理①。这种普世伦理,就是刚刚提到的经济人没有列入考虑的那些价值,它们才是人类的希望。没有这些普世伦理,人类的社群本身就不能和谐,就很难有和平的文化。

对于启蒙的反思与批判,我认为是一个过程,但是这个不是期望,而是从发生学上看我们如何面对过去的困境。不过,从另外一方面,我们都是启蒙的受惠者:如果没有启蒙,我们就没有今天。对于今日的中国,我认为,对启蒙的反思和超越,恰恰首先建立在再启蒙的基础之上。现在中国表面相当西方化,然而骨子里还有很多具有深邃意义的西方价值并没有引进来。比如上文举的例子,发展经济的主体一定是经济人,他是西方精神非常典范的人物,他是理性的动物,也是理性的体现。经济人在一个相对自由的市场,通过遵守法律,合法劳动,扩大其利润。他是理性的,他有强烈的权利意识,是自由、独立、自主,他对法律不仅耳熟能详,而且是敬畏的。然而,纵观今天中国的市场经济,西方所体现的价值,我们没有一样学得很好。如果德治不是建立在法治基础上,完全不遵守现代法治,还能够有德治么?还有权利的问题,政府不能尊重公民的言论自由,没有宗教和结社的自由,没有写作和思考的自由,怎么会有创造的自由,又谈何创新?如果没有自由,就很难发展出西方自由主义所代表的最健康的民主,也就不可能有程序的自由。程序出了问题,即使最终得到了你需要的,也是不健康的。还有个人的尊严、隐私和财产问题,一个国家要尊重个人隐私,不能随便干预。还有理性问题,今天很多人包括很多院士,接受的是19世纪的极端的科学主义,所以才得出中医是伪科学的荒唐的观点,这便是极端科学主义的傲慢。

---

① Hans Kung. *A Global Ethic For Global Politics And Economics*. Oxfore: Oxford University Press,1998.

所以，启蒙所代表的基本精神一定要继承。这太重要了。事实上，启蒙散发出人的智慧光芒。可以说，启蒙是人类有史以来最有影响力的意识形态，但它又有严重的缺陷，因为它是一种凡俗的人文主义。西方的凡俗的人文主义是对基督教的批判所发展出来的，特别是马克思主义所代表的思路，认为人类有不可逆转的一种发展的模式，即五种生产方式。孔德也是如此，认为人类有神学阶段、形而上学阶段、科学阶段这三个过程，两者都是同样的思路。

凡俗的人文主义一定是人类中心主义，但它又跟基督教式的人类中心主义不同。基督教式的人类中心主义，主张人是上帝根据其形象而创造的。而凡俗的人文主义，人跟上帝是没有关系的，是从上帝的死亡来看人。人之所以能发展，像恩格斯说的，就是能运用和创造工具，能够劳动。劳动是靠人，不是靠上帝。我们创造的价值，来自于人。人作为一个主体，能够胜天，能够改变天，能够创造新的环境，以动力横绝天下。有了这样的思路，我觉得这两面是配合在一起，就是把超越——不管是超越还是内在——这个层次的价值完全切断了，被上帝死亡切断了。它成为一个中心，对自然采取完全不同的一种方式。因为人定胜天，精神世界没有了，只有物质世界，自然便是纯物质的世界。

就像我们上文已经讨论过的那样，人类应该怎样对待自然？著名的人类生态学家 Thomas Berry 提出"宇宙是一个众多主体组成的共同体，而不是许多客体凑成的集合体"(The universe is a communion of subjects not a collection of objects)[1]的观点，就是不把它当作外物——即集合在一起的外物，我们可以靠人的力量来宰制它，而是把自然当作与我们身心性命有不可分割关系的社群一样，都是互为主体的。这种观念，简言之，就是仁者以天地万物为一体的观点。前面举过一些例子，说明人的心量无限，完全是我们日常生活的经验，而不是神秘主义的经验。对我们的心量来说，不存在任何一种我们完全没有关怀的外在的东西。这与东林书院所说的"风声雨声读书声，声声入耳"的意思相通，这就是关切，也可以说 con-concerned consciousness。

徐复观先生认为忧患意识是中国古代哲学思想核心的价值。这里所说的忧，当然是忧国忧民，但有更深刻的含义。罗近溪说，仲尼临终不免叹口气（《盱坛直诠》卷上）；唐君毅引用梁启超的话说"世界无穷愿无尽"[2]。可以

---

[1] Thomas Berry. *Evening Thoughts: Reflection on Earth as Sacred Community*. Mary Evelyn Tucker Sierra Club Book and University of Califomia. 2006:96.
[2] 唐君毅：《人生之体验》自序，台北：学生书局，1977 年。

说,人作为一种种性,总有穷尽的一天。那些微生物,包括细菌和蟑螂,他们还可以存下去,人不一定,因为人的适应能力太差,当然我们希望能够存活下去。再进一步"世界有穷愿无尽",即天地宇宙有穷,我们愿无尽。这个愿本身,就来自于忧患。这跟佛教的慈悲相当不同,佛教是宇宙式的,儒家则是人文情怀。这条思路是有阶段性的,但是因为它的阶段绝对不能够有限制,既然不能限制,它就不能是人类中心主义,不是人类中心主义也不可能是生物中心主义,因为无机物也在内。它与道家的"元"和佛教的"空"有本质上的不同,但是它触及的范围,是至大无内、至小无外的(《中庸》第十二章),从这方面来看,它的涵盖性是无所不包的。

2. 中西核心价值的对话

我们至今还没有超越西方从17、18世纪发展出来的启蒙的心态。固然我们要再向西方学习,这是一个基调。但是长期以来,我们对传统粗暴地全盘否定,对传统的精华不闻不问。如果对自己的文化是粗暴的,那么对西方文化的理解和引进一定是肤浅的。我们没有经过反思和理性分析,囫囵吞枣地将西方的文化都吸收过来,这不是对待文化应有的态度。很早我就关注过这个问题,但是现在应该有更深入的理解。

冯契曾经讲过"古今中西之争"是当代中国一直面对的课题,五四运动以来最大的问题之一就是:拿中国最负面的,中国传统文化特别是儒家的糟粕,来和西方最精华的价值进行对比。所以落到今天这样的情况,既没有自信,又觉得无能为力,认为前现代的中国只能学习西方。我认为今天的情况已大不相同,前面讲到的那些价值,如儒家的仁义礼智信,可以和西方的自由、理性、法治、人权以及个人的尊严对话,也就是核心价值的对话。其实核心价值在社会的具体表现,也可以进行对话。譬如有关人权的对话:究竟政治权和经济权孰重孰轻?

所谓核心价值的对话,就是我们做哲学研究的人,如何深入讨论自由和平等的问题、自由和公义的问题、权利和责任的问题。比如以责任为例,我的一个基本观点是:可以从最有权最有势的一群人的基本责任出发,从这个基础上做一些制度上的设计,并生发出一般老百姓所应该有的权利,使得一般的老百姓有诉讼、有抗议的权利,可以有权利向这些又有权又有势的人提出要求(making the claim)。在这个基础上所建构的社会,要比完全孤立绝缘的个人的不可消解的权利,对社会的福祉更有意义。假如我们都有自由和人权,但对一个无家可归的人,家有亿万的富人可以不闻不问,因为跟他没有任何关系,从而对他根本没有任何责任。为什么没有任何责任呢?因为作为一个个人,我愿意做的是利他主义,这是来自慈善。这个慈善可以采取不同的方式,比如因为税收的缘故,使我不得不做。可是作为一个经济人,只要我不犯法,我没有任何对更宽广的社会负责任的义务。另外,关于理性和同情的讨论,也有类似的情形。

我希望从儒家人文精神的角度,对由启蒙运动开出来的价值进行一个相应的批判和回应。在这种情形下,就可以有中西的语境不同的讨论。比如说有些价值在中国的语境中并没有得到落实,也没有提高到一定的高度。在这样的一种情况下,它有一个时空的错位。这里牵扯到一个问题:我们是以儒家的价值作为引导,以此来吸收其他的价值,那么提出儒家价值是不是会遮蔽其他的现代性所代表的价值?这是现在大家都担心的问题,也是一个对话中的大课题。我认为时空的错位还不是那么严重,更严重的是不同层级的错位。一般来说,儒家的价值在西方被称为"亚洲价值",西方和东方的学者都认为这种说法有很大的缺失。比如说人权,这个价值在西方是强有力的核心价值,而儒家的价值,比如说忠、义、团队精神,被政治化以后很容易成为权威主义的话语,有很多负面因素。

3. 儒家视域下的信仰

我们对前面所涉及的问题作进一步分析。康德哲学很重要的一个目标就是要为信仰找到一个空间,他从理智分析开始,到达信仰的层面,所以他特别强调尊重,在他看来,尊重是一个普遍的价值。他有两种观点,一个在第一批判中已经完成了,另一个在第二批判中也已完成。他还有三个最重要的假设:自由意志、灵魂不灭、上帝存在。这两者之间的问题是很有趣的,康德没办法解决这个问题。在康德之后的丹麦大思想家齐克果(Søren Kierkegaard)提供了一种解释。他举出一个关键的例子,就是亚伯拉罕的神话,上帝要求牺牲 Isaac。从人的理性来看,上帝的命令荒谬到不能想象的地步,亚伯拉罕老年得子,并且被选定要成为世人的祖先,但现在上帝命令他牺牲独生子来祭祀上帝。亚伯拉罕对上帝的意志完全不质疑,即使上帝的意志是最怪诞、最不合理的,他却不加思考而予以接受。齐克果认为,正因为这个要求荒谬,所以亚伯拉罕才可以成为信仰的武士(knight of faith)。

在儒家传统里这是不能理解的,又不仁,又不孝,又不智,完全是一种盲目的信仰。康德对这种观点也不能接受,如果说这是上帝的意志,但因为自由,这是根本不可能的。在希伯来传统,这也是一个难题,直到今天的犹太教,还是一个无法回避又无法圆满回应的问题。因为确实是这样:人的智慧不管到什么程度,是完全没有办法了解上帝。最突出的例子就是约伯(Job)。约伯这个善人,做善事,在生活世界几乎没有任何可以批评他的地方。但是他的命运就那么样的痛苦,他一直在责怪上帝,到最后约伯就问,你想让我干什么?你还想让我干什么?在犹太传统中这是一个带有悲剧性的故事,是犹太思想里面复杂的面相。也许正需要这样非常之委屈、非常之复杂,才能够创造天才。像马克思、弗洛伊德、爱因斯坦,他们的心灵都是极为复杂的。在《孟子》里,我们也发现了这种道德上的两难,比如舜和他愚顽的父亲瞽叟的关系,这是中国式的悲剧。如果舜作为君王,任用最正直的皋陶做法官,而舜的父亲瞽叟杀人,应该怎么样处理?孟子给出的解决方式是,法官是要抓杀人犯的,而舜作为孝子则应保护父亲,背着父亲逃到海滨。

还有一个观点:人的希望是建立在上帝的恩宠上。我想康德也不能接受这样一个观点,我们可以问一个最基本的问题:人的希望是靠个人自觉努力所达到、所能企及的,还是说我们完全无能为力?无能为力的话,我们希望建构在我们对上帝的信仰上,既然上帝是无所不能,那你现在受到的灾难,也就必须承受,接受这种观念的基督徒逐渐在减少。因为人的意志,人现在已经变成塑造演化的积极因素。这里有两个意思,一个意思是说人通过演化而出现的,与前面提到的荀子的思想一致:所有的东西都有气,植物才有生命,动物才有知觉,人才有义,都是经过演化逐渐出现的。另一个意思是,现在人已经成为演化中间的一种主动的力量,可是这种主动的力量多半是负面的,对人的希望来说,就完全是负面的。正因为人已经逐渐成为一个不仅是人自身,而且是自然的破坏者。人是破坏者,最明显的例子就是大量杀伤武器,一直到今天,我们还拥有可以把地球毁灭好几十次的杀伤武器,而且一直没有真正的减少,这很难说是代表人的理性。

人可以从一个共同创造者(co-creator),变成一个独断专行的破坏者,这一点跟天不一样。为什么呢?因为天是有好生之德的,天是生生不息的,天行健,这是它的本性。所以,在中国的传统里面,罪恶不是本体论意义上的,没有脱离人的、独立自存的罪恶。在《圣经》里,保罗做了坏事,但他说这件事情不是我做的,是在我心灵里的魔鬼所做的。日本京都学派的"祭酒"西谷启治曾以这一例子形成禅宗的公案,问这样一个问题:讲话的那个人是谁?是一个曾经做了坏事的保罗吗？是保罗的圣灵吗？还是说已经改过以后的保罗？这是《圣经》很难回答的大问题。但是在儒家不会出现这样的问题。就是说，没有一个独立于自己修身养性之外独立存在的罪恶，孔子讲"求仁而得仁""我欲仁,斯仁至矣""为仁由己,而由人乎哉",孟子讲"求放心"等,把这个问题解决得非常圆满。

本文作者系北京大学高等人文研究院教授

原载《探索与争鸣》2011 年第 10 期、第 11 期

我与儒家

邓晓芒

大约从20世纪80年代开始,我与儒家学说的交锋就没有中断过,这其中包括在著作和文章中对儒家学说的各个方面、各个层次展开批判,乃至于在学术杂志上连篇累牍地与儒家学说捍卫者们展开你来我往的反复论战。而用来批判的参照物,则是西方哲学和文化提出的一些普遍原则,以及在西方文化影响下已经发生了巨大改变的中国当代现实生活。纵观三十多年来的国内学术界,在公开进行与传统文化、主要是与儒家文化的论战的人中,我恐怕要算是数量最多、连续论战时间最长、批判最猛烈的了,因此在学者群中似乎已获得了"西化""偏激"的定评。不过,也有一些眼尖心细的人,包括同行和学生都看出来,并且直接向我说出来,即我本人其实骨子里奉行的还是儒家的做人原则,这不光是指我在日常生活中待人接物的方式,而且是说就在我大力批判儒家思想的时候,我也是本着儒家精神在尽一个中国传统知识分子的职责。对此,我自己从来都不否认。我曾经公开说过,如果不是秉承传统中国知识分子以天下为己任的忧国忧民的情怀,作为一个学者我也许会更倾心于对宇宙太空的科学探索。这本来是我儿时曾经有过的志向,它出自于对大自然奥秘的强烈好奇心。

正是由于在青年时代十多年的底层历练中,命运将我抛入国家政治生活的惊涛骇浪,才使我的思想关注点转向了国是民瘼,从而在这一点上,与儒家精神结下了不解之缘。我甚至认为,在中国这样一个受儒家思想浸染两千多年的国度,一个现代学者完全摆脱儒家精神几乎是不可能的。这从根本上来说还不止是一个思想影响的问题,而是一个生存方式的问题。儒家思想本身正是在这种几千年一贯的生存方式的基础上生长起来的。这种情况好坏与否,我在这里不作价值评价,至少这是一个谁也摆脱不了的客观事实。

这就留下了一个令人困惑的问题,即我到底和儒家是什么关系?如何定位这种关系?我想从如下几个方面来展开谈一下,这是我从来没有做过的。

一个原则:自否定

根据我所提出的"自否定哲学",真正的自由体现为自否定原则。[①] 所谓"自否定",就是自己否定自己,走向自己的对立面;但由于它是由自己来完成这一过程的,而不是由于外来因素的强迫,所以它并没有把自己完全取消,而是改变了自己的形式,提升了自己的层次。将这一原则应用于儒家文化,则可以说,儒家文化在今天迫切需要进入一个自否定的程序,才能保持自己继续发展的生命力。我曾经在很多地方表达过这样的原理:只有批判传统文化才能真正地弘扬传统文化,否则只能是败坏传统文化。儒家思想的生命力在今天,就体现在它是否有勇气、有能力展开一场自我批判。凡是对儒家文化不加批判地一味捍卫和继承的人,都只能把儒家文化推入绝境。他们以儒家文化的正宗代表自居,却没有想到自己的做法适得其反,他们才是儒家文化的埋葬者。

从这个意义上来说,我承认自己是儒家,也就是一个批判儒家的儒家,或一个具有自我批判意识的儒家。我认为,这一明确的定位是对中国知识分子和儒家关系的一个关键性的推进。自从五四新文化运动以来,似乎没有一个启蒙知识分子对自己的反传统作过如此定位,他们的所作所为只有一个目标,就是打倒孔家店,或者让自己脱离传统文化的束缚,迎接"西化"的洗礼。即使有的人并不认为儒家文化全部不行,必须有所保留、有所选择,"取其精华,去其糟粕",但他们总体上都自认为已经超出儒家思想的局限,已经完全是立足于世界潮流和新的标准来看待儒家思想了。实际上却并非如此。我曾经在《20世纪中国启蒙的缺陷》一文中谈到,不论是五四启蒙还是20世纪80年代的启蒙,"中国的启蒙思想家都更像是一些谋臣或智囊……因为他们的目标并不在问题本身,而在于治国平天下的实效"。中国的启蒙者从来都没有真正超出儒家的樊篱,而是以几乎天生的儒家的眼睛在对传统儒家作出挑剔和取舍,乃至加以全盘抛弃,而这种态度仍然是儒

[①] 邓晓芒:《"自否定"哲学原理》,《实践唯物论新解》,武汉:武汉大学出版社,2007年,第26页。

家的。

这样看来,是不是我与"五四"以来的这些批判儒家的儒家就没有任何区别了呢?当然不是。根本性的区别在于,他们都是不自觉的,而我是自觉的。例如,鲁迅就自认为自己受庄子和韩非的影响很深,但却否认自己也受到儒家的影响。① 其他启蒙思想的追随者也都急于撇清与儒家的关系。但是,当他们自以为自己是全新的"新青年""新的女性"的时候,他们恰好把自己的儒家化的理解渗透进他们引进的外来文化要素里面去了。我在《继承五四,超越五四——新批判主义宣言》中曾指出,"五四"知识分子所谓"个人主义和人道主义的冲突"(周作人语),其实并没有吃透西方个人主义和人道主义的精髓,甚至完全是中国传统的,体现为道家放纵才情的狂士风度与儒家的博施济众的"圣人主义"的冲突。② 当然,我指出他们在骨子里浸透着传统文化包括儒家思想的基因,并不是表明我自己就能够一劳永逸地超越这种基因的限制,而是为了形成一种更深层次的自我批判和自我反思。我们不能完全脱离儒家的眼光,但我们能够使这种眼光置于一个更高的层次,超越于它在具体事情方面的各种局限性,并且始终意识到这种儒家眼光仍然是有其边界的,是需要不断反思和突破的。

因此,另一方面,这种眼光也不同于儒家保守主义的故步自封、自满自足和自我标榜,而是类似于一种"原罪意识",并从这种原罪意识中萌生出一种自我拷问、自我悔改、自我改进的动力。例如,海外新儒家力图在儒家框架里面容纳进西方现代社会通行的各种价值要素,以这种方式呈现儒家文化的几乎是无限的包容力。我认为这是不可能的。他们没有看到儒家文化从骨子里具有与西方价值结构上的冲突,或者说具有颠倒的结构。也许只有牟宗三先生所提出的儒家文化的"自我坎陷说"③,才意识到这种不可相容的颠倒结构。但可惜的是,牟先生的自我坎陷并不是真正的自我批判,而是在儒家文化价值标准的既定前提下,出于时势的压力而制定的一种权宜之计,一种暂时的容忍,因此在道德上具有负面价值,只不过为了最终目的而退让一步罢了。与此相反,我所说的"自我否定"则本身具有道德上的正面价值,不是为了更好地恢复旧道德,而是由此建立起一整套新的道德规范。这种新的道德规范把忏

---

① 鲁迅:《写在〈坟〉后面》,《鲁迅全集》,北京:人民文学出版社,1993 年,第 285 页。
② 邓晓芒:《新批判主义》,北京:北京大学出版社,2008 年,第 14—15 页。
③ 牟宗三:《现象与物自身》,《牟宗三先生全集》,台北:台湾联经图书出版公司,2003 年,第 126 页。

悔意识也作为自身不可或缺的要素,因此在道德上是"可持续发展的",而这是牟先生和其他海外新儒家所不具备的。"自我坎陷"并不是自我忏悔,而只是实现儒家既定理想的现实手段。① 当我承认"我也是一个儒家"的时候,我并不认为这是一件值得自豪和夸耀的事,而是含有一种痛苦的自省,我意识到我所跳不出的这个限制,是我们几千年的传统和我们今天的时代所带给我的,而这种自省则是对这种限制的一种撞击和突围。我的儒家自否定的立场表达的是人的自由意志的能动性。

因此,这种自我超越、自我否定的能动性离开儒家思想的原点,把浑然一体的儒家思想划分成了两个层次,从而形成了一种方法论上的立体化结构。这就是我下面要讲的双层视角的结构:"抽象继承法"和"具体批判法"的结合。

双层视角:抽象继承法和具体批判法的统一

20世纪50年代,冯友兰先生提出了对传统文化的"抽象继承法",引起了一场大讨论。论者一般都认为,冯氏抽象继承法是和毛泽东的批判继承法唱反调的,是资产阶级的抽象人性论。冯友兰在20世纪80年代回顾这段争论时说,其实抽象继承法和批判继承法并不矛盾,后者是继承什么的问题,前者是怎样继承的问题。② 但问题是,冯先生一开始就把这两个问题弄混了,他从儒家学说中区分出两种内容,有一种是带有抽象性质的(如"学而时习之,不亦说乎"),另外一种是有具体所指的。我们可以继承抽象性质的那一部分,而批判具体的那一部分。但他后来毕竟意识到这两种方法并不是针对儒家学说中两个不同部分的,而是对同一个对象采取"继承什么"和"怎样继承"的两种不同态度的问题。

我比较倾向于从后面这种意义上认可冯先生的抽象继承法,但需要作出更深入的解释。的确,抽象继承法不是探讨"继承什么",而是探讨"怎样继承"。它不是从儒家经典中寻找哪些概念和命题应该抽象继承,而是在儒家的一系列概念和命题中,撇开它们在当时所意指的具体内容,而重新赋予这些概念和命题以普遍性的含义。这些含义已经超出了儒家伦理所意指的

---

① 邓晓芒:《儒家伦理新批判》,重庆:重庆大学出版社,2010年,第237页。
② 高秀昌:《冯友兰"抽象继承法"的再认识》,《北京日报》,2013年7月8日。

范围,如果用这些含义来解释儒家经典,往往会被儒学家斥之为"不懂""未吃透"。例如冯先生讲的孔子的"学而时习之",是有自身本来固有的含义的;如果用他所重新解释的那种意思来讲("凡是学习一件事都要反复温习"),就会被传统儒家视为曲解,甚至望文生义、外行。所以,抽象继承法所继承的命题并不是没有具体内容的,而是具有今天更带普遍性的内容。我们有必要通过某种"现象学的还原",将儒家价值中被遮蔽了的普遍性内容还原出来(去蔽)。

举例来说,当我以一个儒家知识分子的忧患意识关注国家政治生活中的各种事件时,我意识到这种关注不是为了给当权者提供政策方略,而是一种启蒙的手段;这种启蒙是使中国人的人性在当代人类发展的进程中与其他民族并驾齐驱,而不拖其他民族的后腿。作为中国人,我只能以这种国家和民族的政治话语来逼近这种人类普遍的目标,这本身就是一种令人无法自豪的局限性,它至少看上去是为了自己国家的强盛。美国人为什么不鼓吹强国?你可能会说他们本来就是老大,不需要鼓吹。但是德国人呢?他们现在不但不鼓吹强国,反而随时警惕民族主义和法西斯主义卷土重来。其他西欧国家也不像我们这样充满危机感,似乎国家不强大就会受人"欺负"。又比如,"仁者爱人"这一命题,如果要使它具有"博爱"这一普遍价值的含义,首先就必须使它超越"四端"的那种情绪化的冲动和"爱有差等"的世俗等级规范,而立足于每个自由意志的理性的逻辑结构。而"仁"这一范畴就不再被解释为以"孝"为本("孝悌也者,其为仁之本欤"),而是颠倒过来,它本身成了孝悌之所本了。对诸如此类的一些儒家概念范畴和命题进行重新解释,就是对儒家学说的一种"现象学还原",即还原为它们的"事情本身"。其实,它们当初之所以得到人们的赞同,被认为合乎人的本性并带有道德的光环,正是因为它们实际上是穿上儒家衣装的普遍价值,但由于这种衣装的遮蔽和喧宾夺主,其中的普遍价值反而被认为是对儒家学说的曲解了。而在今天要把这一还原工作进行到底,就必须贯彻"具体批判法"。

所以与上述"抽象继承法"相对并且相辅相成的,并不是什么"批判继承法",而是"具体批判法"。对儒家学说我们不能具体继承,而必须抽象继承;而只有经过具体批判,才有可能做到抽象继承。具体批判法就是抽象继承法的另一面,它们是合二而一的。如何具体批判?就是要用抽象普遍的原则来批判具体的内容,揭示出这些具体内容违背了它们所标榜的抽象原则。在这方面,鲁迅提供了一个绝佳的例子。鲁迅在《狂人日记》中说,这历史每页上都写着"仁义道德"几个字,"我横竖睡不着,仔细看了半夜,才从字缝里看出字来,满本都写着两个字是'吃人'!"仁义道德当然是好,鲁迅并不是要批仁义道德;但他说字缝里面满本写着的是"吃人",这就是具体批判了。所以,鲁迅批儒家的着力点,并不是说它所标榜的那些仁义道德本身不好,而是说它打着道德的旗号吃人,实为口是心非、伪善。儒家伦理最大的问题就是伪善。伪善在哪里?就在于它所说的话抽象地看大都是好话,合乎情理,近乎人情,以至于今天人们说它是"以人为本"甚至是"人本主义";但实现出来的却是扼杀人的个性和自由。所以就连清代儒者戴震都斥后儒为"以理杀人"。不过,鲁迅也好,戴震也好,他们对儒家的具体批判是够激烈的,但是抽象继承方面却不得要领。就戴震来说,他以人之常情常欲来对抗天理,这仍然是一种具体继承,因为儒家、包括宋明理学本来就是从人之常情、百姓日用来理解天理的,这种批判只不过是在儒家划定的具体范围内部转圈。就鲁迅来说,他已经是用西方个人主义和人道主义理论的框架来批判儒家伦理的虚伪性了,但他对这种个人主义和人道主义的理解仍然是不到位的,并未完全超出儒家本身可以具体接受的传统范围(儒道合流或互补)。鲁迅只在一点上是真正超出了传统儒家的,那就是渗入骨子里的忏悔精神和对内心灵魂的阴郁的自我拷问。但他对此并无自觉,反而觉得这是自己的一大缺点,属于自己性格上的毛病。他觉得自己的内心"太黑暗",甚至害怕自己的那些"有毒"的思想会危害了年轻人。这是颇为令人遗憾的。

  我所主张的抽象继承法,和前人相比已经有了根本性的改变,主要是在这些抽象原则里面融入了西方近代哲学和基督教文化所揭示的普遍因素。当然,我们是用汉语来思维和写作的,在汉语中本身就已经积淀着传统文化的血脉;而当我们用这些汉字来翻译西方文化的典籍时,我们也只能用这些饱含着中国传统文化基因的符号来解读西方文化最深奥的哲理。然而,这并不会完全阻隔两大文化的互相理解,只不过需要时间的磨砺,更需要思想者的努力运思。我不敢说自己对西方哲学和文化的运思就完全到位了,但至少,我已从中看出了某种超出儒家文化范围之外的理论天地和思想资源。但由于我仍然只能采用儒家文化所使用的这些汉字、这些用语和成语、这些命题来解读西方文化的经典,所以这种解读就成了对传统文化包括儒家文化的一种抽象继承。基于一般语言文字之上的这种抽象继承,在某种意义上同时又是与不同文化的沟通,因而本身就具有普遍性。在这种意义上,儒家的一些概念和命题本身就可以表达普遍价值,如"仁""义""良知""仁者爱人""己所不欲勿施于人"之类。然而,如果没有经过具体批判,即使这些可以用来表达或翻译普遍性的概念和命题,也很可能成为鱼目混珠的赝品。①

与此相应,我所主张的具体批判法也就与以往的具体批判有了本质的不同。这不同就在于:它不单纯是摧毁性的,而且也是建设性的。从先秦时代开始,中国思想文化中的不同学派对儒家伦理的具体批判就从未中断过,最早有道家和法家的批判,后来还有佛家的批判。但这些批判都是摧毁性的,即批判过后并没有一种新型的道德原理建立起来,而是一片狼藉,还得由儒家道德来收拾残局。所以弄到后来,中国文化被弄成了一种儒道互补、甚至儒道佛三教合流的局面,在现实中则成了儒内法外、儒表法里、王霸之道杂之的政治实用主义。从理论上看,儒家思想日益堕落为了一种工具论的价值虚无主义("半部《论语》治天下")和虚伪的说教,而这反过来又给传统的具体批判提供了口实。所以,按照传统的方式对儒家学说进行具体批判是最容易不过的了,谁都可以用现实生活的实例以及道学家们的口是心非对儒家学说大张挞伐,以天性的"痞"来对抗教条的"伪"。我的具体批判法则不同,它是有抽象继承法作为批判的标准的,而这种标准又是以儒学的抽象命题为中介,乃至是从西方文化中提炼出来的。为什么能够从中提炼出来,正是因为西方近代价值具有超越民族、种族或文化的普遍性。因此,这种批判将一改过去批判的单纯否定性和破坏性,而可以希望其对于中国人的传统国民性有切实的提升。这是对于儒家学说的真正的"扬弃",或者说是儒家学说的自我扬弃。

双重标准:中西文化境域中的不同取向

十多年前,我曾经提出过中西文化比较中的一个战略性的蓝图,称之为"双重标准论",即根据所处的文化环境的不同,在中国必须大力批判中国传统文化,而引入西方现代价值;相反,在西方则有必要积极批判西方传统文化,而引入东方或中国文化的要素。② 对此,我至今没有觉得有什么不妥。

---

① 邓晓芒:《全球伦理的可能性:金规则的三种模式》,《江苏社会科学》,2002年第4期。
② 邓晓芒:《文化的传授、学习与反思——略评杜维明的中西文化比较方法》,《吉林大学学报》,2003年第5期。

所谓双重标准在逻辑上似乎是不能成立的,但在现实中,这实际上恰好是单一标准的两种不同体现,这个单一标准就是:任何一种文化都只有建立在自我否定、自我批判的基点上,努力吸收异种文化的要素,才是有生命力的,因此表面上的逻辑矛盾其实恰好是逻辑上贯通的。去年杨效思博士来武汉大学和我对谈。他在美国二十年了,任教于美国多所院校,在商务印书馆出了一本《家哲学》。他说,他就是看不惯美国人对自己的文化太自信,而中国人又太瞧不起自己的文化,所以要找一个"平衡",要弘扬中国的家哲学。我说,你这本书比较适合于在美国发表,在中国发表反而是制造不平衡:你在美国批西方文化,在中国还批西方文化,这有什么平衡呢? 只有在美国批西方文化,在中国批中国文化,这才是真正的平衡,对两边都有好处。所以,根据不同的语境提出不同的文化标准,这才是顺理成章的,合乎逻辑的;不看场合而一味地鼓吹(或者贬低)某种文化,看起来好像立场一贯,其实倒是真正的自相矛盾的双重标准:即认为美国人需要自我批评,中国人则不需要,而要自我表扬。

我唯一觉得需要加以补充的是,这种双重标准如果并列起来看,其实并不是完全对等的。从历史未来的发展着眼,中国文化和西方文化不可能成为两个永远对峙、对等、半斤八两的文化实体,而是有着自身内在的发展趋势的。西方文化对自身的批判也好,对东方异民族文化以及非洲、澳洲等部落文化的吸收也好,与中国文化对西方文化的吸收还不完全是一回事,因为在他们那里,这种吸收只是对自身传统的一种完善和补充,而在我们这里,则是一种生死攸关的历史选择。换言之,西方固然需要向中国文化学很多东西,但这些东西对于西方文化来说不是根本性的,而是锦上添花式的;中国更有必要向西方学很多东西,这些东西对于中国来说则是革命性、颠覆性的,是为中国文化走出当代困境提供绝对必要的前提的。所以这里有种不对等性。

这种不对等性,就导致了对中西文化双方融合的一种基本判断,就是西方文化吸收异文化必须在自身已经形成的普遍价值的基础上来进行,这种普遍价值是超越于白人基督教文化的范畴而能够惠及各种不同文化的,是唯一能够容纳多元文化的一元平台;另一方面,中国文化吸收西方文化来发展自身固有传统文化则必须立足于对自身文化的批判,而不能以这一既定文化为不可动摇的基础,因为它本身不具有容纳西方文化的"雅量"。现代新儒家往往有种错觉,觉得儒家文化既然博大精深,也就可以在此基础上成为全球化的一个共同基础,实现儒家所向往的"天下一统"的理想,甚至用来拯救西方文化的"没落"。他们往往举东亚的"儒家文化圈"在经济上腾飞成功的事例来证明,儒家文化完全可以把其他文化纳入自身为我所用,作为推动自身文化复兴的环节。但他们没有看到,亚洲"四小龙"和日本所取得的经济和社会发展上的成就,正是在把西方市场经济的伦理原则作为立国之本的前提下,为自身固有文化开辟了自由发展的广阔空间的结果;没有这一前提,他们自身的固有文化除了陷入无休止的"窝里斗"外,是没有办法健康发展起来的。这也是我主张在西方可以弘扬儒家文化的学理依据,因为西方具有弘扬任何异文化的价值基础,具有宽容精神和多元并存的共识。

至于以儒家学说去"拯救"西方文化,这种想法太夸张了,无异于痴人说梦。儒家学者至今拒绝西方文明,说那是西方来的,也正说明了他们的狭隘眼光,以这种眼光,与人家相处尚且不易,如何能够拯救人家?儒家在今天想要获得西方人的好感,也要学会谦虚一点,表现一点古之儒者的温良恭俭让的风范,自觉地作为多元文化中的一元,才能得到人家的尊敬。

正是由于儒家文化没有把个人自由放在第一位,所以它在意识形态上注定是只能"独尊",而不能容纳"多元",它用自己的意识形态所促成的也只能是专制君主和绝对皇权。儒家学说在今天虽然想借西方多元论而谋得一席之地,但其隐秘的目标仍然是"天下定于一尊",并且笃信"一山不能容二虎"的霸权主义。孔子说:"管仲相桓公,霸诸侯,一匡天下,民到如今受其赐。微管仲,吾其被发左衽矣。"(《论语·宪问》)这也正是今天中国儒家知识分子之国家想象梦的最原始的表达。当然,由于世界局势的限制,儒家知识分子更加强调要"和平崛起",但实际上这可以理解为一种"韬晦之计"。中国儒家知识分子的皇权意识根深蒂固,"卧榻之侧岂容他人酣睡",在没有做成老大、实现"一匡天下"之前,是死不甘心的。像今天欧盟那样的契约联盟,对于儒家知识分子是不可想象的,他们宁可对于任何国际结盟行为都用"阴谋论"来解释。所以我提出的双重标准论对于他们来说也是不可接受的,他们只能理解为要么儒家价值一统天下,要么是西方价值统治天下,两者势不两立。这就是我断言儒家如果不能进行现代价值的创造性转化,就注定不能在今天得到健康发展的原因。

总之,我与儒家思想的关系可以从这三个方面来定位:从主观安身立命来看,我是一个自否定的儒家,一个批判儒家的儒家;从对儒家思想的态度来看,我主张抽象继承法和具体批判法的统一;从儒家思想与当今世界的关系来看,我持中国和西方的双重标准论。

本文作者系华中科技大学哲学系教授

原载《探索与争鸣》2015 年第 4 期

中国传统文化观念的政治诉求

俞吾金

历史和实践一再启示我们,在政治研究和文化研究之间应该建立良性的互动关系。一方面,从政治研究向文化研究的推进,有利于人们认识纷繁复杂的政治现象得以形成的文化背景,从而不至于把政治研究简单化、表面化;另一方面,从文化研究向政治研究的回溯,又有利于我们理解形形色色的文化现象的政治实质,从而不至于在文化研究中抓不住要害,甚至完全迷失方向。

在下面的探讨中,我们侧重的是这种互动关系的第二个方面,即从文化研究向政治研究的回溯。当代著名的文化批评家弗雷德雷克·詹明信在谈到文学时曾经指出:"一切文学,不管其作用是多么微弱,都必定渗透着我们称之为政治无意识的东西;一切文学都可以被解读为对共同体命运的象征性沉思。"[1]其实,不光是文学,乃至全部文化现象,当然也包括文化观念在内,都被政治无意识所渗透。在我们看来,詹明信所说的政治无意识,也就是自然而然地蕴含在文化观念中的政治诉求。在这里,限于题旨和篇幅,我们不可能对中国传统文化观念的政治诉求进行全面的论述,而是把探讨的焦点集中在中国传统文化的三个核心观念——性善论、清官意识和实用理性上。

性善论的政治诉求

众所周知,在中国传统文化中,存在着四种代表性的人性理论:一是"人性无善无恶论"(告子),二是"人性有善有恶论"(世硕),三是"人性本善论"(子思、孟子),四是"人性本恶论"(荀子)。经过反复的争论,以子思和孟子为代表的"人性本善论"在中国传统文化观念中取得了主导性的地位。毋庸讳言,"人性本善论"在对理想人格的培养和激励方面自有其合理的因素。按

---

[1] Fridric Jameson: *The Political Unconscious*, New York: Cornell University Press, 1981:70.

照这种理论,既然人的本性是善的,只要充分运用各种教育手段,使人性中的善端发挥出来,人皆可以成尧舜。宋代学者范仲淹在《岳阳楼记》里所说的——"不以物喜,不以己悲。居庙堂之高,则忧其民;处江湖之远,则忧其君。是进亦忧,退亦忧。然则何时而乐耶?其必曰,'先天下之忧而忧,后天下之乐而乐'"——正是传统中国社会中的理想人格的典型写照。然而,"人性本善论"也蕴含着不合理的因素:

一方面,既然肯定人性根本上是善的,也就必定蕴含着对法律的漠视。为什么?因为法律是一种外在强制的手段,假如人性之善是内在的,也就没有必要用外在强制的手段来制约人的行为。林语堂先生在《中国人》一书中认为,"中国人不接受法制,总是喜欢'仁'政。"①因为中国人从"人性本善论"出发,对任何非人性的东西包括法律和政府的机械观念都十分痛恨,从而"使得一个法制政府在中国简直无法生存。一个生机勃勃、严格依法办事,真正不徇私情的政府从来没有成功过。"②梁漱溟先生在《中国文化要义》一书中也强调,传统中国社会是一个以伦理为本位的社会。既然伦理起着法律的作用,那么真正意义上的法律自然也就被边缘化了。无独有偶,冯友兰先生在《新原人》中所说的人生的四个境界,即自然境界、功利境界、道德境界和天地境界,前三个境界都是从道德上加以论定的,一点也看不到法律和法权人格对人生境界的影响。自近代以降,由于中国的启蒙运动一直处于时断时续的、边缘化的状态下,所以通常作为启蒙运动产物的民法(其核心观念是人权观念)至今仍然处于草案状态中。自1978年改革开放以来,尽管每年都有多部法规推出,但它们很难内化为人们心中的权威,很难成为他们行为中的指导性的力量。事实上,"人性本善论"本身蕴含的就是单纯的道德维度,因为善恶问题通常是在道德学的范围内进行讨论的,所以这一观念自身就隐含着对法律理念的排斥。

另一方面,既然肯定人性根本上是善的,那么在政治生活中就会自然而然地倾向于"人治"的思路,即倡导"好人政治""贤人政治"或"圣人政治",而西方的分权政治和权力制衡的理论在中国则缺乏相应的文化土壤。在传统中国社会中,虽然设有御史制度,皇帝有时也会派出钦差大臣去处理一些棘手的事情,或采取"分而治之"的手法管理臣僚,但在历代皇帝"家天下"的主导语境下,这类权力牵扯的手段只是政治上的机巧权术,而不是理性上的制度安排,

---

① 林语堂:《中国人》,郝志东等译,上海:学林出版社,1994年,第122页。
② 同上,第103页。

它们起不了实质性的作用。正如林语堂先生所说的:"作为一个国家,我们在政治生活中一个最突出的特点就是缺乏一部宪法,缺乏民权思想。……我们认为政府官员是'父母官',他们实行的是'仁政'。他们会像照看他们自己的孩子们的利益那样照看人民的利益。我们放手让他们去处理一切事务,给予他们绝对的信任。我们把数以百万计的钱放在他们手中,但从不让他们汇报开支情况。我们给了他们以无限的权利,却从未想到过如何保护自己的权利。"①其实,林语堂先生这里批评的"仁政"或"好人政治"正是以"人性本善论"作为思想基础和出发点的。既然人性是善的,也就没有必要在政治上对官员的权力进行监督和制衡,更没有必要把这类监督和制衡制度化。在这个意义上可以说,分权政治与权力制衡的政治诉求都不可能在中国传统文化的主导性观念——"人性本善论"的基础上诞生出来。

与中国传统的文化观念不同,在西方传统文化中占主导地位的是"人性本恶论"。这种观念在基督教所倡导的"原罪说"中获得了经典性的表现。黑格尔在《小逻辑》(1817)中指出:"教会上有一熟知的信条,认为人的本性是恶的,并称本性之恶为原始的罪恶。依这个说法我们必须放弃一种肤浅的观念,即认为原始罪恶只是基于最初的人的一种偶然行为。其实由精神的概念即可表明本性是恶的,我们无法想象除认人性为恶之外尚有别种看法。"②显然,"人性本恶论"的长处是:重视法律对人的行为的外在约束作用,重视分权政治和权力制衡。事实上,分权政治和权力制衡理论也只能在"人性本恶论"的基础上产生。这个道理是非常清楚的:因为人性本恶,所以出来担任政府公职的人也会做坏事,因而必须对他们的权力进行制衡。

然而,"人性本恶论"也有其致命的弱点:既然人性根本上就是恶的,人类之救赎就是不可能的,而上帝在完成创造世界和人类的任务后,本来已经无事可做了,由于人类从伊甸园里堕落,他不得不承担起第二个任务,即救赎人类。然而,既然人类是不可能被救赎的,上帝的存在便是多余的,因而尼采出来宣布,Gott ist tot(上帝已死)。尼采的这句名言表明,基督教文化已经陷入困境。

从对东、西文化主导性的人性观的比较中可以看出,中国传统文化的核心观念之一"人性本善论"只能导致"人治"+"伦理"的"好人政治",而这种政治必定蕴含着对法权人格、现代民法和权力制衡理论的拒斥。

---

① 林语堂:《中国人》,郝志东等译,第209页。
② 黑格尔:《小逻辑》,贺麟译,北京:商务印书馆,1980年,第91—92页。

清官意识的政治诉求

众所周知,中国传统社会是以自给自足的自然经济为特征的农业社会。在这样的社会中,农民和小资产阶级构成了汪洋大海。这就启示我们,在探索中国传统文化的政治诉求时,决不能撇开这个汪洋大海。事实上,当代中国人不仅背负着传统的小农经济社会留下的物质遗产,而且也传承了其精神遗产,如观念上的崇古、心态上的封闭、利益上的重己、行为上的拖沓、纪律上的散漫。当然,从政治上看,最重要的精神遗产则是所谓"清官意识",即民众把国家的兴旺、民族的繁荣、生活的幸福都寄托在那些能施仁政的、廉洁自律的"清官"身上。比如,民间流传着关于包公、海瑞、狄仁杰等清官的许多传说,所谓"当官不为民做主,不如回家卖红薯"的民谚也表明,在传统中国社会中,清官意识既是老百姓的普遍的政治理想,也是有良知的官员得以自勉自律的政治目标。

然而,在传统的中国社会中普遍地得到认可的这种清官意识不仅是落后的、愚昧的,而且也蕴含着极其错误的政治诉求,值得引起我们的高度重视。首先,这种意识完全寄希望于"人治",即依靠清官替自己做主,而从不考虑自己如何出来做主,也从不考虑如何把合理的政治观念制度化,从而既确保每个公民拥有神圣不可侵犯的权利,也确保绝大部分官员能够成为廉洁自律的清官。其次,这种意识永远不可能对传统中国社会中的统治阶级的统治构成任何威胁。当老百姓对某些贪官污吏发生信任危机时,历代统治阶级往往使用"避雷针"原理进行处理,即用其他名声较好的清官来取代这些贪官,于是,老百姓的怨恨和愤怒也就通过"避雷针",即那些下台的贪官而传到地下去了。在这个意义上,清官常常在客观上充当了统治阶级平息老百姓愤怒,从而使自己的王朝苟延残喘的"避雷针"的作用。再次,这种意识蕴含着一种极端错误的政治诉求,即对"不受限制的政府权力"的无限崇拜。正如马克思在分析路易·波拿巴时期的法国小农时所指出的那样:"这样,法国国民的广大群众,便是由一些同名数简单相加形成的,好像一袋马铃薯是由袋中的一个个马铃薯所集成的那样。……他们不能代表自己,一定要别人来代表他们。他们的代表一定要同时是他们的主宰,是高高站在他们上面的权威,是不受限制的政府权力,这种权力保护他们不受其他阶级侵犯,并从上面赐给他们雨水和阳光。所以,归根到底,小农的政治影响表现为行政权支配社会。"[①]显而易见,这种崇拜政府权力或行政权力的

---

① 《马克思恩格斯选集》第1卷,北京:人民出版社,1995年,第677—678页。

政治意向和诉求,构成了现代民主政治制度建设的思想障碍。

我们记忆犹新的是,20世纪80、90年代,随着亨廷顿的《变化社会中的政治秩序》一书的翻译和出版,在中国产生了一股"新权威主义"思潮。所谓"新权威",也就是在现代中国社会中握有行政权力而又能够廉洁自律的领导干部。新权威主义认定,新权威将会坚定地推进中国的市场经济和民主政治的发展。但它无法说清其理论中的一些重要环节:其一,在现代性的政治体制中,如何确保这样的新权威能够被老权威发现、推荐并遴选出来;其二,如何确保新权威一定会沿着推进中国的市场经济和民主政治的发展的方向,来发挥自己的政治作用;其三,寄希望于新权威而不是建设合理的制度和法律,是否又退回到"人治"的老路上去了。其实,说穿了,所谓"新权威",也就是传统中国社会中的"清官"。在这个意义上可以说,新权威主义乃是清官意识在新的历史条件下的表现方式。由此,我们发现,"清官意识"始终是活跃于当代中国人政治意识中的一个幽灵,而其政治诉求则是对高高在上的行政权力的崇拜,它并不可能为现代民主政治及其制度的建设提供动力。

实用理性的政治诉求

什么是"实用理性"呢？李泽厚先生在《漫说"西体中用"》一文中这样写道:"所谓'实用理性'就是它关注于现实社会生活,不作纯粹抽象的思辨,也不让非理性的情欲横行,事事强调'实用''实际'和'实行',满足于解决问题的经验论的思维水平,主张以理节情的行为模式,对人生世事采取一种既乐观进取又清醒冷静的生活态度。它由来久远,而以理论形态去呈现在先秦儒、道、法、墨诸主要学派中。"[①]在李泽厚先生看来,实用理性具有如下的特征:第一,它不崇拜任何抽象的理念、信仰和思辨,但仍能保持一种冷静的、以理节情的生活态度;第二,它本质上是一种讲究实用、实际和实行的经验论的思维方式;第三,它并不是从当今中国社会中产生出来的,而是古已有之的。

李泽厚先生还强调,中国人的实用理性不同于美国现代的实用主义思潮。如果说,实用主义不过是一种工具主义,那么,实用理性则有以天道和人道为基本构成因素的世界观模式和行为规范。然而,这种世界观模式和行为规范并不是西方意义上的宗教信仰,它并不包含非理性的信仰因素和情感因素,它

[①] 李泽厚:《中国现代思想史论》,北京:东方出版社,1987年,第320页。

并不妨碍中国人离弃自己原有的东西,而去接受外来的、更有价值的东西。李泽厚先生甚至认为,实用理性具有"为维护民族生存而适应环境、吸取外物的开放特征。实用理性是中国民族维护自己生存的一种精神和方法。"①

毋庸讳言,中国人的反抽象主义的实用理性的思维方式和行为模式在中华民族的生存和发展过程中起过重要的作用。事实上,当代中国人的思维方式和行为模式也完全可以用实用理性命名之。然而,这种实用理性是否就像李泽厚先生所认为的那样是完美无缺的呢?我们的回答是否定的。

首先,实用理性把效用和功利提升到前所未有的高度上,然而,世界上却有许多事情比效用和功利更重要。比如,在日常生活中,当人们把效用和功利理解为爱情和友谊中的最高原则时,爱情和友谊实际上已经死亡了;再如,在宗教信仰中,当人们强调"无事不登三宝殿"("三宝殿"指佛殿,整个句子的意思是:当佛对我有用时,我才去拜佛。对于这样的信徒来说,与其说他去"拜佛",不如说他去"用佛")时,信仰实际上也已经荡然无存了。② 这就启示我们,实用理性对效用和功利的过度张扬,在很多场合下都会形成"急功近利"的现象,并把人的思想和行为引上错误的轨道。

其次,实用理性蕴含着一种自然而然的政治诉求,即对民主政体必定会拥有的抽象程序和相关的制度安排的排斥。因为这种理性看重的是效率和实际效果,因而很自然地把程序正义和权力制衡理解为"繁琐""低效",甚至曲解为"扯皮"。比如,美国总统布什提出发动海湾战争的动议后,这个动议光在议会里就讨论了几个月。在不少人看来,这种"扯皮式的"讨论使美国贻误了最佳时机。然而,按照美国的民主政治制度的程序,布什的动议必须先获得议会的通过,否则就不具有政治上的合法性。事实上,以实用理性作为自己思考和行为的出发点的人,无论是对自己与之打交道的周围事物来说,还是对自己在行为上必须考虑的规范来说,都把当下状态中的得心应手理解为自己追求

---

① 李泽厚:《中国现代思想史论》,第322—323页。
② 这种以实用理性为基础的宗教信仰态度,也表现在中国人对基督教的信仰中。我在访问美国和加拿大的时候,发现在这两个国家留学的中国的不少科技人员都信仰基督教。据说,有个中国科技人员以如下的方式向上帝祷告:"感谢上帝,我女儿的签证终于出来了。"其实,这种祷告方式表明,他骨子里仍然是一个无神论者。在我看来,他的祷告词应该被理解为:"上帝呀,如果你不能解决我女儿的签证,我是不会信仰你的。"不少学者对当前各种宗教势力在中国大陆的发展深表忧虑,在我看来,问题似乎并没有他们所设想的那么严重,因为中国人的宗教信仰是以实用理性为基础的,而实用理性的核心原则是效用和功利。也就是说,只要中国人信仰的对象是缺乏效用和功利的,这样的信仰迟早会被他们所抛弃。

的目标或理想。而这样的理想或目标必定会与从人类更长远、更全面的理性思考中确立起来的抽象程序发生冲突。反之,实用理性与我们前面讨论的、传统中国社会中的"人治"状态具有更多的亲和性。在这个意义上可以说,实用理性蕴含的政治诉求也是不利于民主政治体制的建设的。

再次,实用理性也包含着某种特殊的补偿机制,而在这种补偿机制的引导下,人们甚至可以出让自己的政治权利、自己人格上的尊严。众所周知,《圣经》中的以撒为了一碗红豆汤而出卖长子权,从而获得了千古骂名。其实,在《圣经》讲述的这个故事中,"一碗红豆汤"可以视为经济利益,而"长子权"则可视为政治权利。从雅各的角度看,他一直窥视着以撒的"长子权",他狡猾地牺牲了"一碗红豆汤"来换取以撒的"长子权"。而从以撒的角度看,只要有"一碗红豆汤"可以"补偿"自己,出让自己的"长子权"也无所谓。而以撒之所以招来千古骂名,因为"一碗红豆汤"不过是蝇头小利,而"长子权"则是他从父亲那里继承过来的全部财产。

显然,《圣经》中的这个有趣的故事可以帮助我们理解包含在中国人的实用理性中的补偿机制。或许我们可以把当代中国人可以获得的权利和利益划分为三个领域,即经济领域、文化领域和政治领域。所谓"补偿机制"主要是指:只要当代中国人在经济或(和)文化领域中获得权利和利益上的某些"补偿",他们就会自愿出让或限制自己在政治上的某些权利和利益。比如,不少中国人把人权首先理解为生存权和发展权,以为只要允许自己生存和发展,也就等于在政治上获得了人权。其实,人权乃是人在政治上有尊严地活着并发展自己。如果在人权与生存权和发展权之间划上简单的等号,那么奴隶社会也能宣布自己是合理的了。由此可见,实用理性隐含的这种补偿机制暗示了民主政治建设在中国的艰难性和曲折性。事实上,国外理论家之所以常常对当代中国社会的发展做出错误的判断,其中一个重要的原因,是他们对当代中国人所普遍认同的这种实用理性及其补偿机制缺乏深入的了解。

相应的启示

通过上述三方面的考察,我们对隐藏在中国传统文化观念中的政治无意识获得了新的认识,从而也对中国民主政治体制的建设获得了新的认识:

第一,应该坚定不移地推进市场经济的发展和社会的转型。正如马克思在《哥达纲领批判》中所说的:"权利决不能超出社会的经济结构以及由经济结构制约的社会的文化发展。"[1]在马克思看来,文化观念的发展是受社会的经济结构的制约的。也就是说,要扬弃传统的文化观念,从根本上看,就要坚定不移地推动市场经济的发展和社会的转型。只有经济结构、社会结构和文化观念都发生了巨大的变化,谈论相应的政治上的权利才变得可能。

第二,应该补上启蒙这门课。只要回顾一下中国近代史的话,我们就会发现,连续不断的外患使启蒙这一思想文化主题一再被耽搁,并被边缘化。上个世纪60、70年代以来,西方后现代主义思潮的兴起及对现代性和启蒙的批判性反思,又在知识分子中助长了对启蒙的拒斥。其实,当代中国人的处境很滑稽,他们连启蒙的正面价值也没有分享过,就开始糊里糊涂地跟在西方后现代主义理论家的后面,全面地批判启蒙的负面价值。其实,启蒙运动所蕴含的价值——人权、人格、人性、个性、平等、民主、自由、正义等,构成现代文明社会的基本价值。在所有这些基本价值中,"人权"(human rights)乃是核心价值;而在中国传统文化中,根本就没有"权利"(rights)这样的概念。于是,我们就明白了:第一,为什么当代中国人的权利意识仍然如此淡薄,因为他们并没有真正地经过启蒙的洗礼;第二,为什么在思想文化领域里当代中国人不能把"个人主义"与"极端个人主义"严格地区分开来,并经常把"个人主义"当作"极端个人主义"加以批判,因为他们不明白,启蒙开启的正是个性和个人本位,而"个人主义"肯定的也正是个性和个人本位,它与"极端个人主义"是两个内涵完全不同的概念;第三,为什么民法在当代中国社会中至今仍然处于草案状态中,因为一般说来,民法正是启蒙运动的产物,而民法所要界定的正是作为公民的个人所应有的权利和义务。与此同时,在市场经济和启蒙所开启的个人本位的文化背景中,逐步形成普遍的、自觉的法权人格和道德实践主体。这就启示我们,像中国这样的发展中国家仍然需要经过启蒙的洗礼,从而为现代社会的政治文明建设准备坚实的文化土壤。

第三,应认真学习国外政治哲学研究的丰硕成果,深入研究中国传统文化观念及其相应的政治诉求,重新探索人性和人的本质的理论,把实用理性提升为价值理性,从而为现代社会的民主政治制度的健全提供强大的文化支援意识。

原载《探索与争鸣》2009年第4期

---

[1] 《马克思恩格斯选集》第3卷,第305页。

儒化的现代性：贺麟论新文化运动

高力克

由《青年杂志》发轫的新文化运动距今已一百年。从新文化运动的"打孔家店"到新世纪的孔夫子热，百年中国经历了沧海桑田的历史巨变。由于转型时代思想气候的变迁，学术界对新文化运动的评价呈现严重分歧：它究竟是一场古今转型的思想革命，抑或是一场传统断裂的文化灾难？对这场一百年前新文化运动的历史意义的认识，关乎新世纪中国文化建设的走向。抗战时期新儒家贺麟关于新文化运动之理性而辩证的思考，为百年来关于新文化运动不可多得的精到之论。

孔教批判与儒学新开展

1941年，国难方殷，贺麟于战时颠沛流离的西南联大撰写《儒家思想的新开展》一文，刊于昆明《思想与时代》创刊号。文中首次揭橥"新儒家"旗号，呼唤"建设新儒家思想，发挥新儒家思想"，并对新文化运动与儒学复兴的关系作了新的思考。

新文化运动是一场以激进反传统主义为特征的思想革命，启蒙者信奉革故鼎新的进化论和现代与传统二元对立的思维模式。新文化领袖陈独秀主张："无论政治学术道德文章，西洋的法子和中国的法子，绝对是两样，断断不可调和迁就的。若是决计革新，一切都应该采用西洋的新法子，不必拿什么国粹，什么国情的鬼话来捣乱。……因为新旧两种法子，好像水火冰炭，断然不能相容；要想两样并行，必至弄得非牛非马，一样不成。"[①]

贺麟不赞同这种古今断裂的激进文化观。他认为，文化是一个源远流长

[①] 陈独秀：《今日中国之政治问题》，《新青年》，第5卷第1号。

的连续体,现代与传统具有不可分割的连续性。儒学的发展,是现代与古代的融合。"在思想和文化的范围里,现代决不可与古代脱节。任何一个现代的新思想,如果与过去的文化完全没有关系,便有如无源之水、无本之木,绝不能源远流长、根深蒂固。文化或历史虽然经外族的入侵和内部的分崩瓦解,但也总必有或应有其连续性。……在儒家思想的新开展里,我们可以得到现代与古代的交融,最新与最旧的统一。"①

鸦片战争以降,追求泱泱古邦之民族生命与文化生命的复兴,是百年中国志士仁人前赴后继的伟大目标。在救亡图存的抗日战争中,哲学家贺麟尤为关切以儒学为骨干的中华文化的复兴,他将儒学的复兴视为中国民族复兴的关键。"中国当前的时代,是一个民族复兴的时代。民族复兴不仅是争抗战的胜利,不仅是争中华民族在国际政治中的自由、独立和平等,民族复兴本质上应该是民族文化的复兴。民族文化的复兴,其主要的潮流、根本的成分就是儒家思想的复兴、儒家文化的复兴。假如儒家思想没有新的前途、新的开展,则中华民族以及民族文化也就不会有新的前途、新的开展。换言之,儒家思想的命运,是与民族的前途命运、盛衰消长同一而不可分的。"②

在贺麟看来,中国近百年来的危机本质上是一个文化的危机。中国学术文化上的国耻,早在鸦片战争之前。儒家思想正式被中国青年们激烈地反对,虽起于新文化运动,但儒家思想的消沉、僵化、无生气、失掉孔孟的真精神和应付新文化需要的无能,却早腐蚀在五四运动以前。儒家思想在中国文化生活上失掉了自主权,丧失了新生命,才是中华民族的最大危机。③

关于新文化运动批判传统的思想革命,贺麟予以高度评价,将其视为中国文化古今转型的契机,盛赞其之于儒学开新的重大意义:"五四时代的新文化运动,可以说是促进儒家思想新发展的一个大转机。表面上,新文化运动虽是一个打倒孔家店、推翻儒家思想的大运动。但实际上,其促进儒家思想新发展的功绩与重要性,乃远远超过前一时期曾国藩、张之洞等人对于儒家思想的提倡。曾国藩等人对儒学之倡导与实行,只是旧儒家思想之回光返照,是其最后的表现与挣扎,对于新儒家思想的开展,却殊少直接的贡献,反而是五四运动所要批判打倒的对象。"④

---

① 贺麟:《儒家思想的新开展》,《文化与人生》,上海:上海人民出版社,2011年,第11页。
② 同上,第12页。
③ 同上。
④ 同上。

贺麟指出:"新文化运动的最大贡献在于破坏和扫除儒家的僵化部分的躯壳的形式末节,及束缚个性的传统腐化部分。它并没有打倒孔孟的真精神、真意思、真学术,反而因其洗刷扫除的工夫,使得孔孟程朱的真面目更是显露出来。"①新文化运动的意义,在于为古老的儒学提供了一个去芜存精、推陈出新的现代转型之契机。

对于新文化领袖胡适"打孔家店"之解除传统道德的束缚和提倡诸子之学的"由经返子"主张,贺麟颇表赞同。在他看来,推翻传统的旧道德实为建设新儒家的新道德做预备工夫。提倡诸子之学,正是改造儒家哲学的先驱。用诸子来发挥孔孟,发挥孔孟以吸收诸子的长处,从而形成新的儒家思想。假如儒家思想经不起诸子百家的攻击、竞争、比赛,那就不成其为儒家思想了。愈反对儒家思想,儒家思想愈大放光明。②

西学洗礼与儒学复兴

新文化运动处于中西文化激荡的启蒙时代。对于西学的输入,贺麟抱欢迎态度,他本人于译介和研究西方哲学用力尤勤,并将西学东渐视为儒学复兴的动力和契机。他认为,西洋文化学术大规模、无选择的输入,又是使儒家思想得到新发展的一大动力。表面上,西洋文化的输入好像是代替儒家、推翻儒家、使之趋于没落消沉的运动。但正如印度文化的输入在历史上曾展开了一个新儒家运动一样,西洋文化的输入无疑也将大大地促进儒家思想的新开展。西洋文化的输入,给了儒家思想一个生死存亡的大考验、大关头。假如儒家思想能够把握、吸收、融会、转化西洋文化,以充实和发展自身,儒家思想则将生存、复活而有新的发展;如不能经过此考验,渡过此关头,它就会消亡、沉沦而永不能翻身。③

在现代文化建设问题上,贺麟坚持文化的自主性原则。他主张,儒家思想的复兴,归根结底取决于能否儒化输入的西洋文化。中西会通须以我为主,不是西洋化中国文化,而是儒化西洋文化,华化西洋文化。质言之,在中西文化问题上,须"输入西洋文化,儒化西洋文化"。他指出:"儒家思想是否复兴的

---

① 贺麟:《儒家思想的新开展》,《文化与人生》,第12页。
② 同上,第13页。
③ 同上。

问题,亦即儒化西洋文化是否可能,以儒家思想为体、以西洋文化为用是否可能的问题。中国文化能否复兴的问题,亦即华化、中国化西洋文化是否可能,以民族精神为体、以西洋文化为用是否可能的问题。"①"就民族言,如中华民族是自由自主、有理性有精神的民族,是能够继承先人遗产,应付文化危机的民族,则儒化西洋文化,华化西洋文化也是可能的。"②

在贺麟看来,问题的关键在于中国人是否能够真正彻底、原原本本地了解并把握西洋文化。因为认识即超越,理解即征服。真正认识了西洋文化,便能超越西洋文化;能够理解西洋文化,自能吸收、转化、利用、陶熔西洋文化以形成新的儒家思想和新的民族文化。"儒家思想的新开展,不是建立在排斥西洋文化上面,而是建立在彻底把握西洋文化上面。儒家思想的新开展,是在西洋文化大规模的输入后,要求一自主的文化,文化的自主,也就是要求收复文化上的失地,争取文化上的独立与自主。"③

贺麟进一步揭示了儒家思想新开展的途径。他指出,儒家思想包含三个方面:一是理学,以格物穷理,寻求智慧;二是礼教,以磨炼意志,规范行为;三是诗教,以陶养性灵,美化生活。故求儒家思想的新开展,须从此三方面入手。第一,必须以西洋的哲学发挥儒家的理学。苏格拉底、柏拉图、亚里士多德、康德、黑格尔的哲学与中国孔孟、老庄、程朱、陆王的哲学会合融贯,而能产生发扬民族精神的新哲学,解除民族文化的新危机。第二,须吸收基督教的精华以充实儒家的礼教。基督教文明实为西方文明的骨干,若非宗教的知"天"与科学的知"物"合力并进,若非宗教精神为体、物质文明为用,绝不会产生如此伟大灿烂的近代西方文化。中国人若不能接受基督教的精华而去其糟粕,则决不会产生强有力的新儒家思想。第三,须领略西洋的艺术以发扬儒家的诗教。诗歌与音乐为艺术的最高形态,儒家尤重诗教和乐教,但过去儒家因乐经佚失而乐教中衰,诗教亦式微。故今后新儒家的兴起,应与新诗教、新乐教、新艺术的兴起联合并进。"儒学是合诗教、礼教、理学三者为一体的学养,也即艺术、宗教、哲学三者的谐合体。因此,新儒家思想的开展,大约将循艺术化、宗教化、哲学化的途径迈进。"④

贺麟以"仁"为例,阐发其儒学借由艺术化、宗教化、哲学化的新开展。

---

① 贺麟:《儒家思想的新开展》,《文化与人生》,第13页。
② 同上。
③ 同上,第14页。
④ 同上,第16页。

"仁"为儒家思想的中心概念,从艺术方面看,仁即闻融敦厚的诗教,亦即天真纯朴的人我合一之情。从宗教的观点看,仁即救世济物、民胞物与的宗教热诚,上帝即是仁。从哲学的观点看,仁乃仁体,即仁为天地之心,仁为天地生生不已的生机,仁为自然万物的本性。此即仁的宇宙观,仁的本体论。"儒家所谓仁,可以从艺术化、宗教化、哲学化三方面加以发挥,而得新的开展。"①

儒家式民主

民主与科学,是新文化运动的两面旗帜。陈独秀将民主与科学归为西方现代文明的精华和中国现代化的钥匙,并视儒教为专制的基础和民主的障碍。"盖共和立宪制,以独立、平等、自由为原则,与纲常阶级制为绝对不可相容之物,存其一必废其一。"②贺麟对民主与儒教对立的五四命题进行了反思,并提出了其"儒家的民主"之新命题。

贺麟认为,儒学为中国文化之骨干,为中国文化认同之象征。中国文化各方面都带有儒家之根柢、特质、色彩,即所谓"儒者气象"。他指出,儒学的新开展不仅在于思想层面,还包括社会生活层面。"就生活修养而言,新儒家思想目的在于使每个中国人都具有典型的中国人气味,都能代表一点纯粹的中国文化,也就是希望每个人都有一点儒者气象。"③贺氏所谓"儒者气象",即"凡有学问技能而又具有道德修养的人,即是儒者。儒者就是品学兼优的人"④。现代中国社会需要"儒将""儒医""儒商""儒工"等各种具有"儒者气象"的国民。

在贺麟看来,儒学的精华在其中道的智慧。儒家思想的新开展,基于学者对于每一时代问题,无论政治、社会、文化、学术等各方面的问题,皆能本典型的中国人的态度,站在儒家的立场,予以合理、合情、合时的新解答,而得其中道。⑤

在政治领域,贺麟循其"儒化西洋文化"之理路,提出了"儒家的法治"和"儒家的民主"的主张。他强调,法治有两种:一是"法家的法治"(申韩式的法

---

① 贺麟:《儒家思想的新开展》,《文化与人生》,第17页。
② 陈独秀:《吾人最后之觉悟》,《青年杂志》,第1卷第6号。
③ 贺麟:《儒家思想的新开展》,《文化与人生》,第18页。
④ 同上。
⑤ 同上,第20页。

治),一是"儒家的法治"(诸葛亮式的法治)。法家的法治,主张由政府或统治者颁布苛虐的法令,厉行严刑峻法,以满足霸王武力征服的野心。这种刻薄寡恩、急功近利、无情无义的法治,与现代法西斯主义的独裁如出一辙。儒家的法治,则法治与礼治、法律与道德、法律与人情相辅而行,兼顾并包。法律是实现道德的工具,西洋柏拉图、黑格尔提倡的法治以及现代民主政治中的法治,皆与儒家精神相近,而与申韩式法家精神相远。以为儒家反法治,以为提倡法治即须反对儒家,皆是不知儒家之真精神、真意义的说法。故今后欲整饬纪纲,建设新法治国家,不在于提倡申韩之术,而在于得西洋法治思想之真义,而发挥出儒家的法治。[1]

关于民主,贺麟主张超越18世纪西方的消极民主,采行中国化的"儒家的民主"。他指出,近代欧洲的民主政治实行放任主义,政府对人民取不干涉态度,主张政府管事愈少愈好,政府权力愈少愈好。一切事业听由人民自由竞争,几乎有无政府的趋势。这种17、18世纪盛行的消极的民主政治,颇有中国道家的自然主义色彩。欧洲民主政治的起源,基于启蒙运动之反对君主专制,争人民的自由平等和人权,其末流是个人主义和资本主义的兴起。这并非契合儒家精神的民主主义。假如只认儒家是为专制帝王作辩护谋利益的工具,则根本违反民主主义。这不但失掉了儒家"天视民视,天听民听"和"民贵君轻"的真精神,而且也忽略了西洋另一派足以代表儒家精神的民主思想,即理性主义政治思想家所注重的具有积极性、建设性的民主。他们认国家为一有机体,人民在其中各有其特殊的位分与职责。国家不是建筑在武力或物质条件之上,而是建筑在人民公意或道德意志之上。人民忠爱国家,实现其真我,发挥其道德意志,确认主权在民的原则。国家尊重民意,实现民意,满足人民需要,为人民兴利除弊。政府有积极地教育人民、训练人民、组织人民、亦可谓"强迫人民自由"的职责,以达致一种道德理想。此即多少代表"儒家式的民主政治"。美国罗斯福总统的种种举措即代表了儒家式的民主政治,而不同于17、18世纪的消极民主政治。[2]

贺麟的"儒家的民主",超越了民主与儒教对立的五四命题。这种"儒家的民主"超越古典自由主义的消极民主,熔儒家民本思想与卢梭的共和主义、国家主义、罗斯福新政民主主义于一炉,赋予民主政治以道德色彩,是一种与

---

[1] 贺麟:《儒家思想的新开展》,《文化与人生》,第20页。

[2] 同上,第21页。

儒家相契合的"高调民主"。

三纲五伦之德性价值

以三纲五伦为中心的礼教,是古典中国伦理秩序的核心,亦为新文化运动之反孔教思潮所攻击的主要目标,它被视为与自由民主相悖反的专制政治的伦理基础,以及与现代社会不相适应的过时的宗法封建伦理。1940年5月,贺麟于《战国策》第3期发表《五伦观念的新检讨》,对三纲五伦的利钝得失进行了新的评估思考。

贺麟主张,对于传统的旧观念与流行的新观念须加以"批评的考察,反省的检讨,重新的估价"①。"五伦的观念是几千年来支配了我们中国人的道德生活的最有力量的传统观念之一。它是我们礼教的核心,它是维系中华民族的群体的纲纪。我们要从检讨这旧的传统观念里,去发现最新的时代精神。从旧的里面去发现新的,这就叫做推陈出新。旧中有新,有历史有渊源的新,才是真正的新;那种表面上五花八门,欺世骇俗,竞奇斗异的新,只是一时的时髦,并不是真正的新。"②

贺麟指出,批评五伦观念,第一,应只根据其本质加以批评,而不从表面或枝叶处立论。我们不说五伦观念是吃人的礼教,因为吃人的东西很多,自由平等观念何尝不吃人? 第二,不从实用的观点批评五伦说,不把中国的衰亡落后归罪于五伦观念而反对之;亦不把民族的兴盛发展归功于五伦观念而赞成之。第三,不能谓实现五伦的方法不好,而谓五伦观念本身不好;不能谓实行五伦的许多礼节仪文须改变,而谓五伦观念本身须改变;不能因噎废食,因末流之弊而废弃本源。第四,不能以经济状况、生产方式的改变,作为推翻五伦的根据。因为即使在近代工业化社会里,臣更忠、子更孝、妻更贞,理论上和事实上都是可能的。③ 贺麟不赞成对五伦作从枝叶的、实用的、因末流之弊而废本源的、以经济变迁为理由的批评。这些离开五伦之本质的批评,正是新文化运动之五伦批判的基本取向。

贺麟指出以五伦观念为中心的礼教,认为这种人与人的关系是人所不能

---

① 贺麟:《儒家思想的新开展》,《文化与人生》,第56页。
② 同上,第56—57页。
③ 同上,第57页。

也不应逃避的关系,而且规定种种道德信条以教人积极去践履和调整这种关系。总之,五伦说反对人脱离家庭、社会、国家的生活,反对人出世。"这种注重社会团体生活,反对枯寂遁世的生活,注重家庭、朋友、君臣间的正常关系,反对伦常之外去别奉主义、别尊'巨子'的秘密团体组织的主张,亦是发展人性、稳定社会的健康思想,有其道德上政治上的必需,不可厚非。不过这种偏重五常伦的思想一经信条化、制度化,发生强制的作用,便损害个人的自由与独立。而且把这五常的关系看得太狭隘了、太僵死了、太机械了,不唯不能发挥道德政治方面的社会功能,而且大有损害于非人伦的超社会的种种文化价值。"[1]贺麟强调,对于五常伦之说,不应将其根本推翻,而应从减少其权威性、力求其开明自由方面入手。

在贺麟看来,就实践五伦观念言,须以等差之爱为准。五伦观念中蕴涵等差之爱的意义。爱有差等,乃是普通的心理事实,亦即很自然而正常的情感。等差之爱反对足以危害五伦之正常发展的非等差之爱,如兼爱、专爱、躐等之爱。这三种非等差之爱,有不近人情和浪漫无节制爱到发狂的危险。"所以儒家对人的态度大都很合理,很近人情,很平正,而不流于狂诞。……持等差之爱说的人,也并不是不普爱众人,不过他注重在一个'推'字,要推己及人。所谓'老吾老以及人之老,幼吾幼以及人之幼'。……所以就五伦观念所包含的各种意义中,似乎以等差之爱的说法,最少弊病,就是新文化运动时期以打倒孔家店相号召的新思想家,似乎也没有人攻击等差之爱的说法。"[2]尽管如此,等差之爱在贺麟看来仍需两条重要的补充:一是等差之爱不可囿于以亲属关系为准之等差爱,而忽略以物为准之等差爱和以精神为准之等差爱,以避免等差之爱为宗法观念所束缚而不能领会真正的精神之爱。二是普爱说或爱仇敌之说若加以善意理解,确含与合理的等差爱相通之深意。贺麟强调:普爱似乎不是可望一般人实行的道德命令,而是集义集德所达到的一种精神境界,大概先平实地从等差之爱着手,推广推充,有了老安少怀,己饥己溺,泯除小己恩德的胸襟,就是普爱或至少距普爱的理想不远了。[3]

五伦观念的最基本意义为三纲说,而且五伦观念在礼教中权威之大、影响之大、支配道德生活之普遍与深刻,亦以三纲说为最。三纲说实为五伦观念的

---

[1] 贺麟:《儒家思想的新开展》,《文化与人生》,第59页。
[2] 同上,第60页。
[3] 同上,第61—62页。

核心。以三纲为核心的礼教的兴起,伴随着西汉作为中国大一统国家的成立。"西汉既然是有组织的伟大帝国,所以需要一个伟大的有组织的礼教,一个伟大的有组织的伦理系统以奠定基础,于是将五伦观念发挥为更严密更有力量的三纲说,及以三纲说为核心的礼教,这样,儒教便应运而生了。"①贺麟强调,儒教之成为中国的礼教,实有其本身理论上的优胜条件,汉武帝之崇儒术罢百家,只是儒教成为礼教的偶然机缘,而非根本原因。此即新文化运动以三纲为主要攻击对象的原因所在。

贺麟指出,站在自由解放的思想运动的立场去攻击三纲,批判三纲如何束缚个性、阻碍进步,如何不合理、不合时代需要,等等,都是很自然的;但用哲学观点,站在客观的文化思想史的立场去说明三纲说发生的必然性及其真意所在,却不易。贺麟阐释了五伦说进展为三纲说的逻辑必然性。第一,由五伦的相对关系进展为三纲的绝对关系。由五伦的交互之爱、等差之爱,进展为三纲的绝对之爱、片面之爱。第二,由五伦进展为三纲包含由五常之伦进展为五常之德的过程。五常之德即维持理想之恒常关系的规范。所谓常德就是行为所止的极限,即柏拉图所谓"理念",康德所谓"绝对律令"。先秦的五伦说注重人对人的关系,而西汉的三纲说则将人对人的关系转变为人对理、人对位分、人对常德之单方面的绝对关系,故三纲说当然比五伦说来得深刻而有力量。譬如,三纲说所谓"君为臣纲",指君这个共相、君之理是为臣这一职位的纲纪。为臣者须尊重君之理、君之名,而忠于事,忠于自己的职分。这完全是对名分、理念的尽忠,而不是作暴君个人的奴隶。唯有人人都能在其位分内单方面地尽他自己绝对的义务,才可以维持社会人群的伦常,此即三纲说的真义所在。因为三纲说有如此深刻的意义,所以才能发挥如此大的效果和力量。由五伦到三纲,即是由自然的人世间的道德进展为神圣不可侵犯的有宗教意味的礼教;由一学派的学说进展为规范全国全民族的共同信条。在贺麟看来,虽然三纲说在礼教方面的权威和其躯壳,曾桎梏人心、束缚个性、阻碍进步,达数千年之久,但这怪不得三纲说本身,三纲说是五伦观念的必然发展,它曾尽了其历史使命。"现在已不是消极地破坏攻击三纲说的死躯壳的时候,而是积极地把握住三纲说的真义,加以新的解释与发挥,以建设新的行为规范和准则的时期了。"②

---

① 贺麟:《儒家思想的新开展》,《文化与人生》,第63页。
② 同上,第64页。

贺麟坦承,其思想最奇怪的收获,是"在这中国特有的最陈腐、最为世所诟病的旧礼教核心三纲说中,发现了与西洋正宗的高深的伦理思想和与西洋向前进展向外扩充的近代精神相符合的地方。就三纲说之注重尽忠于永恒的理念或常德,而不是奴役于无常的个人言,包含有柏拉图的思想。就三纲说之注重实践个人单方面的纯道德义务,不顾经验中的偶然情景言,包含有康德的道德思想,……而耶稣伦理思想的特色,也是认爱为本身目的,尽单方面的纯义,而超出世俗一般相互报酬的交易式的道德,实与三纲说之超出相对的自然往复的伦常关系,而要求一方尽绝对的单方面的义务,颇有相同的地方。三纲就是把'道德本身就是目的而不是手段''道德即道德自身的报酬'等伦理识度,加以权威化、制度化,而成为礼教的信条"①。在贺麟看来,要人尽单方面的爱,尽单方面的纯义务,是三纲说的本质。而西洋人之注重纯道德纯爱情的趋势和尽职守忠位分的坚毅精神,举莫不包含竭尽单方面的爱和单方面的义务之忠诚在内。所不同的,三纲的真精神为礼教的桎梏、权威的强制所掩盖,未曾受过启蒙运动的净化,不是纯基于意志的自由,出于真情之不得已罢了。学术的启蒙,真情的流露,意志的自主,自己竭尽其单方面的爱和单方面的义务,贞坚屹立,不随他人外物而转移,以促进民族文化和社会秩序的发展,是新儒家所须取的路径。

贺麟的结论是:"五伦观念是儒家所倡导的以等差之爱、单方面的爱去维系人与人之间常久关系的伦理思想。这个思想自汉以后,被加以权威化、制度化而成为中国传统礼教的核心。这个传统礼教在权威制度方面的僵化性、束缚性,自海通以来,已因时代的大变革,新思想新文化的介绍,一切事业近代化的推行,而逐渐减削其势力。现在的问题是如何从旧礼教的破瓦颓垣里,去寻找出不可毁灭的永恒的基石。在这基石上,重新建立起新人生、新社会的行为规范和准则。"②

中国文化转型的辩证法

贺麟是一位学贯中西的哲学家,其思想方法熔儒家中庸之道与德国辩证法于一炉,其文化思想超越革新与守旧的对立,于文化转型中寻求中西古今的

---

① 贺麟:《儒家思想的新开展》,《文化与人生》,第66页。
② 同上,第67页。

会通和传统的创造性转化。他对于新文化运动的评价,秉持开放的心灵,批判的精神,同情的了解,历史的观点,揭示了新文化运动与儒家传统之变革与认同的辩证法。作为一位现代新儒家哲人,贺麟的文化观继承五四而又超越五四,其是对五四"接着讲",而非"对着讲"。

新文化运动与新儒学的辩证法,是贺麟独树一帜而发人深省的观点。新文化运动作为一场反孔教的思想革命,对西汉以降帝国独尊的经学和宗法封建的礼教之攻击,是中国文化之古今转型的重要步骤。新文化运动之废除孔教的反传统运动,在当代中国反激进主义的保守化语境中饱受诟病,新文化运动的批判者往往指责反传统运动导致了中国文化传统的断裂。耐人寻味的是,新儒家哲学家贺麟却并不这么看。恰恰相反,贺麟认为,五四时期儒家文化的危机与转机并存,新文化运动实为促进儒家思想新开展的一大转机。表面上,新文化运动虽是一个打倒孔家店、推翻儒家思想的大运动,但实际上,其促进儒家思想新发展的功绩与重要性,乃远在晚清曾国藩、张之洞等人护存儒学之上。新文化运动的最大贡献,在于对儒学去芜存菁、推陈出新,即破除儒家之僵化和腐化的成分,而阐扬孔孟的真精神。贺麟这一新文化运动是儒学新开展之大转机的论点,是辩证而历史的观点。儒学的浴火重生,恰恰发生在五四新文化运动"打孔家店"之思想革命时代,梁漱溟阐扬新心性儒学的《东西文化及其哲学》的横空出世,宣告了现代新儒家的诞生。否极泰来,儒家文化的危机正是其现代转型的契机。

对新文化运动输入西学之于中国文化转型的意义,贺麟予以充分肯定。他认为欧化与传统可以良性互动,而并非水火不容。在他看来,现代性的洗礼与传统的复兴,是一个中西文化冲突与融合的辩证过程。与反孔教运动异曲同工,西学的输入是儒学得以新发展的又一大动力。西洋文化并非摧毁儒家的洪水猛兽,其输入亦将大大地促进儒家思想的新开展,它为儒学提供了一个吸收、融会、转化西洋文化而充实、发展自身的契机。对于输入的西洋文化,贺麟坚持文化自主性原则,主张"儒化西洋文化""华化西洋文化",即现代文明的中国化。这种"输入西洋文化,儒化西洋文化"的主张,超越"中体西用"与"全盘西化"的对立,实为对待外来文化最为开放而稳健的方针。关于儒学的新开展,贺麟主张儒学之诗教、礼教、理学三位一体的系统,借鉴和吸收西方艺术、宗教、哲学之成果,循艺术化、宗教化、哲学化的途径而发展儒学。贺麟这一中西会通之儒学新开展的进路,立意可谓恢宏深远。

"儒家的民主",是贺麟"儒化西洋文化""华化西洋文化"主张的具体化。在新文化运动中,儒家礼教被视为民主政治之敌,民主为现代文明之精华"德先生",纲常名教则为腐朽的旧宗法伦理之"吃人的礼教",二者势若水火。陈独秀关于共和政治与儒家纲常阶级制绝然对立、二者存其一必废其一的观点,代表了五四时期知识分子一种激进的民主观。这种"民主与儒学"二元对立之激进民主观的阙失,一是以偏概全,将博大精深的儒学化约为纲常阶级制的礼教;二是抹杀本土文化传统之西方中心主义的民主观。其实,政治世界与生活世界、公共领域与私人领域可以有不同的价值准则。胡适即奉行公域与私域二元论:"吾于家庭之事,则从东方人;于社会国家政治之见解,则从西方人。"①关于民主之义,梁漱溟的诠释亦公私有别:"第一层,便是公众的事,大家都有参与作主的权;第二层,便是个人的事,大家都无干涉过问的权。"②公域的民主政治与私域的儒家伦理,奉行不同的价值逻辑,二者可以并行不悖。儒家礼教之纲常阶级制固然与民主政治大相抵牾,但这并非儒家伦理、更非儒学的全部。儒家民本主义的政治哲学和"仁"及忠恕之道的美德伦理,与民主精神亦颇有相契之处。贺麟所倡言的"儒家的民主",超越了五四知识分子之"儒学与民主"二元对立的观点,揭示了民主政治与中国文化传统相融合的中国式民主的方向。在我国台湾地区和韩国,民本主义、大政府与民主政治融合的东亚"儒家式民主"的兴起,应验了贺麟的远见卓识。

经过五四时期新文化运动之摧枯拉朽的思想革命,以三纲为核心的儒家礼教声名狼藉,其与人道主义和自由主义相抵牾的宗法封建伦理饱受诟病,甚至连新儒家梁漱溟都对三纲持批判态度。贺麟对五伦的重新省思,尤为对三纲之道德价值的阐扬,在"革命世纪"的中国思想界犹如空谷足音。五四启蒙学者的三纲批判,主要着眼于对三纲作为皇权专制之工具的政治批判,或对其宗法封建伦理的社会批判,而缺乏对三纲及礼教之内在德性本质作深刻的道德分析。对三纲五伦的伦理学分析和文化史评判,则是贺麟之五伦新诠的深刻独到之处。他对五伦观念所作之独辟蹊径的新检讨,不仅基于其对儒家伦理之深度的"同情之了解",而且基于其精通西方哲学和文化而获得的新视野,这使他得以在新旧之间从事接合性的思考。贺氏最

---

① 胡适:《胡适日记全编》第1册,合肥:安徽教育出版社,2001年,第516页。
② 梁漱溟:《我们政治上第一个不通的路——欧洲近代民主政治之路》,《梁漱溟全集》第5卷,济南:山东人民出版社,2005年,第134页。

深刻而富有创意的观点,是其以柏拉图的理念、基督教的上帝、康德的道德律令比拟五伦观念,从而阐发了三纲的片面之爱、片面之义务的绝对道德价值,以及它对于中华帝国独特的社会整合功能。贺麟的五伦新诠,可谓"传统之创造性转化"的范例。

结　语

新文化运动距今已一百年。一百年来,学界对新文化运动的褒贬毁誉,难免受到政治形势、意识形态、社会思潮之流变的影响。在新世纪的后革命语境中,随着激进主义思潮的衰落,种种否定新文化运动的五四反思之论,往往从一个极端走向另一个极端,而陷于激进与保守两极对峙的窠臼。贺麟之论新文化运动,则因其开放的心灵、非意识形态的取向和学贯中西的视野,而独树一帜。其观点距今 70 多年,仍不失其平允和深刻的思想价值。

新文化运动是一场震古烁今的思想革命。但其"打孔家店"的反传统运动具有激进主义之"深刻的片面性",其重变革轻认同、重普遍性轻特殊性、重时代性轻民族性的新文化观,建基于进步主义之"启蒙的逻辑"。启蒙的逻辑是批判传统的利器,但它在弘扬人文主义之主体性的同时,也遮蔽和损害了传统的人文价值。贺麟推陈出新的新文化观则以辩证和历史的智慧,超越反孔与尊孔、欧化与传统、激进与保守的对立,主张变革与认同、批判与继承并重,于中西会通中寻求中国文化发展之中道。

在中国文化复兴的新世纪,重温 70 多年前贺麟关于新文化运动的睿智思考,哲人留下的启示历久弥新:在后革命时代,中国道德的重建,须"从旧礼教的破瓦颓垣里,去寻找出不可毁灭的永恒的基石。在这基石上,重新建立起新人生、新社会的行为规范和准则"[①]。

贺麟相信,儒学的复兴有赖于契合儒家精神的中国现代性的生成。"只要能对儒家思想加以善意同情的理解,得其真精神与真意义所在,许多现代生活上、政治上、文化上的重要问题,均不难得到合理、合情、合时的解答。……我们可以相信,中国许多问题,必达到契合儒家精神的解决,方算得达到至中至正、最合理而无流弊的解决。如果无论政治、社会、文化、学术上各项问题的解决,都能契合儒家精神,都能代表中国人的真意思、真态度,同时又能善于吸

---

① 贺麟:《五伦观念的新检讨》,《文化与人生》,第 67 页。

收西洋文化的精华,从哲学、科学、宗教、道德、艺术、技术各方面加以发扬和改进,我们相信,儒家思想的前途是光明的,中国文化的前途是光明的。"[1]

贺麟启示我们:儒学是中国文化的血脉,中国的现代化归根结底是一个"儒化西洋文化"的过程。契合儒家精神又吸收西方文明之精华的现代中国,才是可欲而健全的现代中国。"儒化的现代性"关乎中国现代化的成败,也关乎儒学和中国文化的未来。

本文作者系浙江大学传媒与国际文化学院教授

原载《探索与争鸣》2015 年第 11 期

---

[1] 贺麟:《儒家思想的新开展》,《文化与人生》,第 23 页。

新文化运动的宿命

方朝晖

新文化运动过去整整一百年了，但它带给国人的深刻影响远远没有过去。一百多年来，工业化、城市化彻底改变了中国社会的现实结构和制度框架，市场经济、资本主义全面塑造了中国人的生活方式和价值观念。然而，这些西方化发展非但没有让中国传统的价值观与西方价值观之间的争议变小，反而似乎变得更加激烈了。自从新文化运动以来，自由、人权、平等、民主、法治等西方价值观开始在中国落地，但围绕着它们的争议也一直不断，文化保守主义、自由主义和新左派时常处于尖锐对立的状态。因此，新文化运动给国人提出的理解和回应西方文明的严峻课题，至今远未得到令人满意的答案。这个课题的实质，在我看来就是如何看待自由、人权、民主、法治等概念在未来中华文明中的位置。

如何才能真正走出新文化运动的困境？过去数千年来，中国文化究竟建立在什么样的基础上？如果说建立在儒、道、释的基础上，那么它们的基础又是什么？是否仅仅是古代中国的社会现实结构？在社会现实和制度彻底变化的今天，它们还有非常牢固的基础么？如果有的话，这一基础又是什么？

为了更好地理解中国文化，本文尝试回到"文化无意识"来思考其答案，并提出一种"假设性"观点，即过去数千年来中国文化赖以建立的基础是以此岸取向、关系本位和团体主义为主要特征的文化心理结构。正是这一文化心理结构非常强大，决定了中国文化中有效的社会整合方式，也相应地决定了儒、道、释在中国文化中的主导地位，并决定了中国文化的核心价值系统。由此出发，我们试图说明，在今天中国社会的现实结构和制度已经发生翻天覆地变化的情况下，传统的价值系统，特别是儒家价值观究竟在多大程度上依然有力？

中国文化的第一个预设:此岸取向

首先,一个几千年来支配中国文化方向的事实可称为"此岸取向"。所谓"此岸取向",也可称为"一个世界"假定,即以人的感官所及的这个世界——它以天地为框架,以"六合"为范围——为唯一或最主要的世界,同时不以死后的世界或鬼神居住的世界为目标或指导原则。数千年来中国人的世界基本上就是这一个世界,鬼神即使有也存在于这个世界上,只是其居所与人有别而已。葛兰言、牟复礼、史华兹、郝大维、安乐哲、张光直、李泽厚、杜维明和张岱年均曾论及中国人世界观的这一特征。

中国文化的"此岸取向",可通过与希腊文化、犹太-基督文化、伊斯兰教文化、印度文化的对比得到说明。希腊文化的彼岸取向性质可从希腊哲学区分现象世界与本质世界——柏拉图称为可感世界与可知世界——得到说明。按照古希腊哲学家柏拉图的说法,可感世界即人的感官所及的这个世界属于现象范围,而哲学家的永恒任务是超越现象世界,通过灵魂的转向去发现现象背后的那个可知世界即本质世界。本质世界与现象世界的区分在于它的永恒不变性,按照这一观点,中国人所谓的"天地"也罢,"六合"也罢,皆属于可感世界。不仅如此,无论是九重天外还是九泉地下,无论是蓬莱仙境还是昆仑之巅,皆属于可感世界范围之内,因而皆不应当作为人们追求的理想世界。所谓"天人合一"至少在希腊哲学家看来是非常不可取的。

在犹太-基督文化中,灵魂不死以及对于死后世界的设定,是以一种末世论世界观为基础的。末世论相信这个世俗的世界迟早有一天将化为乌有,在那一天到来之时,每一个曾经活过或正在活着的灵魂都将根据其罪孽大小接受审判。末世论实际上是以道德眼光对世俗世界的彻底否定,这种世界观实际上在伊斯兰教中也得到了共享。按照这种世界观,人活着的目的是为了摆脱这个世界,活着的方向目标或最高原则也来自另一个世界。末世论世界观认为,这个世界从本质上只是短暂的瞬间,注定了要从整体上消亡。按照这种世界观,任何把这个世界本身当作目标、当作最高理想或原则并追求与之和合(如天人合一)的观念,都是彻底堕落或无望的。

在以婆罗门教-印度教-佛教为代表的印度文化中,对现实世界的否定是通过"六道轮回"等信念而确立的,每个人的生命都是无限的,众生都生活在充满罪恶的生命轮回中,而宗教修行的根本使命无非是解脱——最高的解脱就是从六道轮回中解脱出来。印度人的世界想象比中国人丰富得多。他们认为，世界不止有一个，也许有三千大千世界，也许相当于恒河沙粒一样多的世界；但是所有这些世界，无不是虚幻不实的，也都是需要彻底摆脱的。这种"四大皆空"思想与中国人把天地之内的这个世界当成唯一世界、唯一真实的来源、一切法则的根源的思维差别相当之大。

相比之下，数千年来中国人的"世界"是比较简单的，世界只有一个，那就是以天地为框架、以六合为范围的这个世界是一切生命与非生命、活着的与死了的事物共同且唯一的家园。中国人也相信鬼神，不过并不认为鬼神生活在这个世界之外，天堂与地狱都是这同一个世界的一部分。不仅如此，中国人的多神概念让这个世界的真实性得到了加强，因为每一个神是一个自然物的主宰，是它的保护者。山神是保护山的，海龙王是管理海的，日月星辰也都有管理它们的神，有了这些神的保护或管理，其他力量就不能侵犯它们，万物亦然。另一方面，中国人并不认为鬼神代表什么值得凡人向往的理想世界。就人而言，他们死后变成了"鬼"。按照《易传》等的说法，鬼只是一些游荡于这个世界上的云气而已，亦可以说是魂离魄而后的飘散状态，故有"孤魂野鬼"之说。所以，鬼的世界是恐怖、可怕的，是人需要竭力逃离的。也正因如此，汉语有关"鬼"的术语都是负面的：鬼头鬼脑、鬼哭狼嚎、鬼鬼祟祟、鬼迷心窍……这样的鬼的世界，怎么可能是人所追求的呢？又怎么可能成为我们生活原则的来源呢？

正因为中国人只相信一个世界，他们也把这个世界从整体上神秘化、崇高化，把它当做一种崇拜的图腾。他们相信，这个世界蕴含的一切原则、原理，一切事物的秘密终将可以在这个世界中找到。所以中国人相信所谓天道、天理、天则、天命、天意、天性，哲学家、思想家的宏伟使命就是发现天地之道，人间最高级的存在就是与天地法则一致。所谓"与天地合其德，与日月合其明，与四时合其序"（《周易·文言·乾》），"天何言哉？四时行焉，百物生焉，天何言哉？"（《论语·阳货》），"致中和，天地位焉，万物育焉""与天地参"（《中庸》），皆表达了中国人对于天地的无限崇拜。

儒家的理想就是把这个世界本身当作最高目标来造就，从未把任何脱离这个世界的其他世界当作人类的理想，因而是高度入世的。道家也从未脱离这个世界来追求生命的理想。道家一方面以长生不老的方式来让人们摆脱对死亡的恐惧，因而它对死后世界其实也是极力回避的；另一方面，它的理想世界诸如昆仑之巅、蓬莱仙境之类也不过是这个世界的一部分。庄子"庖丁解牛"的养生之道,是提示人们延长此生生命或扩充此生生命意义的一种活法,实际上建立在对这个世界、当下生命形态的肯定之上。庄子"以天地为棺椁,以日月为连璧,星辰为珠玑,万物为赍送"(《庄子·列御寇》),正是建立在中国文化的一个共同假定之上:天地是最大的现实,每一个人都生来自于它,死回归于它,与其消极地面对这个现实,不如积极地参与这个现实,与之融合无间,从而不再惧怕死亡。这就是中国文化中对于个人生命意义的最高理解:天人合一。

中国文化的第二个预设:关系本位

中国文化的此岸取向对整个中华民族发展史性格的形成的影响是极其深远的,它的一个直接后果,就是导致一种我称为"关系本位"的深层文化心理结构的形成。所谓"关系本位",是指中国人普遍生活在人与人、人与物的关系而不是人与神的关系中,并在一种层级化的关系网络中寻找自己的生命意义和人生归宿,表现为人与人在心理上、情感上以及价值观上相互模仿、相互攀比、相互依赖的思维及生活方式。这种"关系本位",也被西方汉学家称为"关联性思维"。

对于中国文化中"关系本位"的研究,自从上世纪末以来取得了长足的进展,不过主要体现在人类学、心理学等学科中。虽然中国学者梁漱溟先生早在20世纪40年代就提出过中国文化"伦理本位"说[1](梁同时也指出此即关系本位),但真正用科学统计的客观方法研究这个问题的还是一批文化心理学家。特别是以美国学者 Richard Nisbett 为首[2],同时包括 Shinobu Kitayama、Hazel Rose Markus 等在内的一批心理学家在这个问题上取得了重要突破。Richard Nisbett 明确提出东亚文化在思维方式上的"处境化、关系性和相互依赖性"的特点。此外,杨美慧、Andrew Kipnis 等人通过实证调查方式研究了华北地区关系学盛行的具体情形。[3] 中国学者中,杨国枢、杨中芳曾对中国文化

---

[1] 梁漱溟:《中国文化要义》,《梁漱溟全集》第 3 卷,济南:山东人民出版社,1990 年,第 94 页。
[2] Richard E. Nisbett. *The Geography of Thought: How Asians and Westerns Think Differently and Why.* New York: Fress Press, 2003.
[3] Mayfair Hei-hei Yang. *Gifts Favors and Banquets: the Art of Social Relationship in China.* Ithaca N.Y.: Cornell University Press, 1994; Andrew B. Kipnis. *Producing Guanxi, Sentiment, Self and Subculture in a North China Village.* Durham and London: Duke University Press, 1997.

中的"关系"进行过认真研究,翟学伟近来所做的有关人情、面子与权力再生产的研究也与关系本位密切相关。

这里一个非常重要的问题是,中国人因为相信只有一个世界,于是他们在精神寄托上所能依赖的也只能是这个世界上的东西。但是由于这个世界的万物与自己距离有远有近,关系有亲有疏,人们不可能以同样的方式依赖于所有人或物,于是他们也只能在一种层级化的关系网络中定位自己,这就是费孝通先生所谓的"差序格局"。其中最近的关系是与自己家人的关系,而最远的关系也许是自己与这个世界上完全无关的、陌生的人或物的关系。由于"鬼神"也生活在这个世界上,并且能直接或间接干预我们的人生,所以人与鬼神的关系当然也是最重要的关系之一(除非你是无神论者)。对于鬼神,中国人就用祭祀这种方式来处理,而中国人祭祀的方式正表明它们认为鬼神也不能脱离这个世界,也需要依赖人的供奉。这种"关系本位",直接导致如下一系列后果:

首先,中国文化中真正的力量永远是人际关系,其力量远比一切制度强大。在中国人的现实生活中,"关系学"之所以永远盛行,正是因为中国人真正信得过的是关系而不是制度。在中国人心目中,一旦"关系乱了",世界也就乱了。也正因为如此,儒家主张天下治乱从关系做起。从《中庸》的"五伦"为"天下之达道",到《白虎通》"三纲六纪"之说,都说明儒家早就认识到:在中国文化中,天下大治依赖于人伦关系秩序的建立,这绝对不能用现代人靠法治建立秩序的观念来理解。这就是为什么儒家有"治人"重于"治法"思想的深层来源。

其次,从根本上说,个人的人生安全感来源于自己与对象的关系是否和谐,因此"和"成为中国文化中的核心价值。体现在社会现实中,人们用风调雨顺、国泰民安、九州大同、保合大和等词语来表达他们对于理想生存环境的强烈渴望。而体现在个人生活中,最理想的情况是我与整个世界都能和谐一致,这样才可能从根本上彻底消除人生的不安全感。所以"天人合一"成为中国文化中的最高理想,或者说最高人生境界。

其三,关系的"层级化"导致中国人在处理与对象的关系时形成"区别对待"的特点,其中关系越近的对象,我们与其感情也越深,由此导致"人情"和"面子"成为人与人关系的两个机制。人情代表了人与人之间的感情需求,面子代表了人与人之间的利益需求。只有有了感情才能使人放心,所以一切关系总要尽量体现出合乎人情的特点。只有有了面子才能代表尊重,所以一切往来都要以面子为最后的底线。情感因素的特殊性导致"仁"成为中国文化核心价值之一。"仁"并不仅仅是"爱人"那么简单的事,而是在承认差序格局、爱有差等的情况下的"爱";更重要的,"仁"代表一种情感,它来源于"恻隐之心","不仁"就是在感情上的"麻木"。然而,"仁"不单纯是事实,更是一种规范,是站在更高立场对人情的"引导"。要求人们行仁,就是要把源于亲情的爱扩充到其他一切人身上,从而最终有效避免由"区别对待"所带来的关系的不稳定、不和谐问题。

其四,由于死后世界不明朗,中国人对于生命不朽缺乏信念,导致他们把生命不朽寄托于"关系",其中最直接的后果就是将子女视作自己生命的延伸,由此给自己带来某种情感上的慰藉。日本学者加地伸行曾指出,中国人的宗教体现在对待后代的方式上,他们用这种方式来克服对死亡的恐惧。[①] 所以中国人本能地认为孩子的诞生使自己的生命有了希望,因为子女是自己生命的再生、扩大、伸展,父母宁可牺牲自己的一切也要保全子女。另一方面,中国人在经营家庭和亲情中所获得的无限的慰藉和精神归宿感——牟宗三称其为"无底的深渊""无边的天"[②],也不是其他民族所容易理解的。

为什么"孝道"在中国文化中如此有力?为什么历朝历代都有人主张"以孝治天下"?因为中国人最真实的情感和状态是在家庭关系中、亲情世界中体现的。从道德教化的角度讲,孝也是中国文化中最容易被接受、从而也最简便易行的。孝道早在儒家之前即已存在,而儒家对于孝的提升、规范正是因为没有比以此来完善人伦关系更好的途径了。儒家这样做不单是出于技巧、策略的考虑,可以说正是找到了中国社会人与人关系的基础。

中国文化的第三个预设:团体主义

当然,"关系"并非总限于与单个对象的关系,还可以指与一组对象的关系,而这组对象构成了自己的生存环境,所以许烺光称中国文化是"处境中心的"[③](与美国文化"个人中心"相对)。当一组对象构成一个团体时,就形成了文化团体主义。所谓文化"团体主义",是与文化"个人主义"相对的,常常

[①] 加地伸行:《论儒教》,于时化译,济南:齐鲁书社,1993年。
[②] 牟宗三:《历史哲学》(增订8版),台北:台湾学生书局,1984年,第74页。
[③] Francis L. K. Hsu. *Americans and Chinese: Reflections on two Cultures and their People*. New York: Doubleday Natural History Press,1953/1970.

指把个人当集体的一分子而不是独立的实体,因而更关心个人在集体中的位置和形象,而我认为文化团体主义指个人本能地认为集体是个人人身安全感的主要保障或来源之一。正因为如此,他们对于集体的强调,包括今天从正面讲的民族主义、集体主义、爱国主义之类,以及从反面讲的帮派主义、山头主义、地方主义之类,其背后的文化心理源头是一样的,即体现了他们追求个人心理安全保障的集体无意识。

20世纪70年代末,荷兰学者Geert H. Hofstede通过美国跨国公司HERMERS在全球66个国家(后来国家数量大幅增加)员工的大规模问卷调查,提出个人主义—团体主义作为文化的四个维度之一的观点。[1] 此后以美国学者Harry C. Triandis为代表的一批心理学家在这个问题上进行了大量实证研究,取得了丰硕成果。根据他们的研究,中国文化无疑是团体主义指数相当高的;与此相应地,欧美多数国家的个人主义指数比较高。2002年,美国密西根大学的三位心理学家Daphna Oyserman、Heather M. Coon和Markus Kemmelmeier撰文,对过去20多年来个人主义—团体主义的研究进行了全面总结。2007年,Marilynn B. Brewer和Ya-Ru Chen撰文指出,迄今为止对团体主义的所谓研究其实主要不一定是在研究团体主义,至少不是研究者所设想意义上的团体主义,而是在研究一种人际关系。[2] 具体来说,团体主义者所关心的核心概念"团体"(in-group)其实很少在研究中被关注,多数问卷调查的问题都集中在"人与人关系"上而不是"团体"上。这是一个非常有趣的发现。按照作者的区分,文化团体主义应当区分为两类:关系式团体主义(relational collectivism)与集团式团体主义(group collectivism)。这一发现在东亚文化中尤其有意思,那就是东亚人所表现出来的团体主义,其实是一种关系式的团体主义,换言之,是按照人际关系的原则来建立的团体主义。而在美国等个人主义指数高的国家,并非没有团体主义,甚至有非常强的团体主义,但不是在东亚式的人际关系为基础而建立的。我认为,这进一步说明中国文化的团体主义来源于关系本位的文化心理结构。

文化团体主义研究的一个突出成果,就是说明了这种文化对于"自己人/外人"或者说"圈子内/圈子外"的区分,这其实是前面所说的差序格局下对不

---

[1] Geert H. Hofstede. *Culture's Consequences: International Differences in Work-related Values*. London New Delhi:Sage publications,1980/1984.

[2] Marilynn B. Brewer & Ya-Ru Chen. "Where (who) are collectivism? Toward conceptual clarification of individualism and collectivism". *Psychological Review*,2007 Vol.114 No.1.

同人"区别对待"的另一种表现方式。文化心理学家据此解释了,为什么二战期间日本人不把外国人当作"人"对待的现象。在中国文化中,人们对于非"自己人"进行残酷虐待的现象也很常见。比如我们时常听说过的继母虐待孩子的情况,其实正是这种区分的典型表现。又比如中国人勾心斗角常常在人际关系上以帮派的形式进行,这种帮派实际上是利益角逐的需要,而在帮派斗争中对不属于圈子内的人的要求,往往不是以正常、理性的心态来看待,而容易在一种仇视情绪支配下用过于挑剔、不近人情的方式来对待。

文化团体主义研究还证明,在团体主义越强的国家,权威的势力越大。这是因为,团体主义强使得当权者容易以集体利益为借口来强化集权。我曾提出,这一结果有助于解释,为什么中国历史有所谓"分久必合"的规律,而欧洲的历史上虽也曾出现像罗马帝国那样的大帝国,但从古希腊以来的"分而不合"却是主流。[①] 这是因为中国人认为,生活在一个强大的集体里,个人的安全感也会更强。所以个人主义文化中的人们更多倾向在小型企业里工作,而团体主义文化中人们更多倾向在大型企业里工作。与西方人的"分"可以相安无事相比,中国人"分"了之后,就会勾心斗角(关系本位的一种表现形式),相互兼并之所以有市场也是因为有广泛的民意基础,至少统一可能减少由于相互窥视带来的巨大的不安全感。对于中国古代政治历来有所谓"外儒内法"的说法,其实无论是法家,还是儒家,都是认可集权的。儒家的"三纲"思想,我曾解读为"从大局出发",这种大局精神诚然古今中外无不需要,但"三纲"在中国文化中取得了超越一切的核心价值地位,则又只能诉诸文化心理来解释。

文化团体主义还表现在现代东亚等国所特有的民族主义、爱国主义,其具体体现形式为:一方面,以各种方式把本民族说成是最优秀、最值得自豪的民族;另一方面,把本民族的历史打扮成一个饱受欺压的历史,那就是自己永远是最热爱和平的,而自己在历史上的一切战争中从来都是受害者。这种爱国主义教育据说可以激发人们民族自豪感,从而产生强大的凝聚力。这种"凝聚力"之所以被认为无比重要,是因为文化团体主义从来倾向于认为集体的力量才是真正的力量。然而,这种教育也导致人们缺乏自我批评的精神,不能以公平、客观的心态来看待国际关系特别是国际冲突。不仅如此,当其本来带有误区的民族主义心理在国际交往中受挫时,会进一步激发一种非理性的、盲

[①] 方朝晖:《"三纲"与秩序重建》,北京:中央编译出版社,2014年,第225—230页。

目的排外心理,其最激烈的形式甚至可以引发国与国的战争。因此,文化团体主义与关系本位一样,本来是需要引导和"管理"的,任其发展就可能导致很多消极的后果。

文化无意识与微观政治学

此岸取向、关系本位和团体主义并非任何人强加于中国人的文化心理,而是一个在漫长历史演化过程中不自觉形成的文化无意识(或说文化的集体无意识),本文中又称其为"文化预设""文化心理结构"。正因为它是一种文化心理结构,不能仅凭个别人的意志来从总体上摆脱;个别人可以超越它,但作为一个文化生命整体,要摆脱它的束缚则极为困难。至于这种文化心理结构是如何形成的,今天我们确实没有足够的材料可以找出其精确时间,但有一点是清楚的,就是我们从殷周金文、《左传》《国语》,以及其他先秦诸子的材料足以说明,它在西周时期就应已基本定型。此后一直支配着中华民族的生活长达3000多年,即使在今天也没有明显的松动。我要强调,本文所提的此岸取向、关系本位和团体主义作为中国人的文化心理结构,在于提供一种更加有解释力或更好的解释框架来说明中国文化中的种种现象,只是作为一种"假设性前提",希望得到更多证据的证明。

正如文化人类学所发现的那样,每一种文化都可能有自己的无意识机制;而文化之为文化,乃是一种"集体的心灵程序"[1],它一代代地复制下去,保持了自己极其顽强的稳定性和连续性。正因为它是一种文化无意识,所以对一个民族的群体生活方式影响无比强大;正因为它有根深蒂固的连续性和遗传性,任何对一个民族的文化无意识的改造都必须在掌握其内在规律的基础上才能进行,而不是凭空进行。就其作为一个文化中人成长的基本土壤而言,它是一种中性的、不能用价值判断标准来评判的。

必须特别强调的是,文化无意识对人群的支配有其消极层面,它甚至可以把一个民族引向毁灭。比如日本和德国分别是亚洲和欧洲团体主义非常强烈的两个民族,它们的民族主义导致了全民族疯狂地投入到毁灭性的战争中。

---

[1] "集体的心灵程序"(the collective programming of the mind which distinguishes the members of one human group from another),参见 Geert H. Hofstede. *Culture's Consequences: International Differences in Work-related Values*. London New Delhi:Sage publications,1980/1984:21.

在日常生活中,中国人呈差序格局的人际关系,导致中国式"自私",只顾小家而不顾大家;也导致中国人长期在人际关系上消耗了极为庞大的成本,这也正是主张彻底离弃俗世、隐居山林的道家之所以长盛不衰的原因之一。此外,如前所述,山头主义、帮派主义和地方主义作为上述文化团体主义的产物之一,其在中国文化中的危害也是人所共知的。我由此认为,一个民族的精神传统,特别是这一传统的领袖们(思想家、精英)所做的主要工作,往往就是帮助人们走出文化无意识误区。但他们能够这样做的前提是对其文化习性(即文化心理结构)有清醒的认识,至少他们自己对其文化无意识有了一定的"意识",唯此才能保证他们提出的方案具有针对性。也正是因为这个原因,我们强调的是,一个文化中的问题,包括权威、制度和价值的问题,往往不能想当然地从国外拿来某个方案就能解决的。而儒、道、释之所以成为中国传统的主流,恰恰是因为它们对这一文化心理结构的针对性的缘故。[1] 这是我们今天反思新文化运动的必要起点。

文化无意识代表了一个文化中对人生安全感的认知,也引导着人们价值观、人生观的塑造。不管你觉得它好或不好,都不得不在接受现实的情况下来探讨如何生存。因为文化无意识既可以把人引向好的方向,也可能把人引向坏的方向。因此,当文化中形成一种健康的价值观时,它可能积极引领人们走出文化无意识的误区,走向繁荣和发展;当文化中形成一种不健康的价值观时,它可能导致人们在误区中越陷越深,甚至自我毁灭。这些价值观有时被人们树立为核心价值,但不等于说人们所树立的核心价值就应当成为核心价值。

如果有人说,他非常不喜欢上述关于中国文化无意识的内容;他坚信中国文化无比伟大,拒绝承认这些文化心理结构的限制。那么我可以说,喜不喜欢是个人的事,至于是不是不受它的限制,那要看在什么意义上。如果说中国古代的伟大传统不受其限制,那只是说它们清醒地认识到这些限制,并从超越这些限制的意义上发展了起来,而成其伟大。但是另一方面,中国传统的"特色"本身,与其他民族文化传统的差异,以及由此所决定的中国文明路径与西方的不同,恰恰是由于其在此文化心理土壤中成长起来而有的,也说明没有什么完全不受文化心理结构影响的"特色"。

正如许多西方学者已发现的那样,任何制度都必须找到与之匹配的心理土壤才能稳固(托克维尔、孟德斯鸠、柏克、哈耶克等人莫不如此)。现在我们

---

[1] 关于这个问题的较全面论述,参见方朝晖:《"三纲"与秩序重建》,第 166—200 页。

可以从文化心理机制的角度来看中国文化中的秩序问题,我称之为"中国文化中的微观政治学",其中最核心的三个问题是权威、制度和价值。

(1) 权威:所谓"权威",这里指一种能把人们整合到一起来、从而形成一种有效率的组织的人物。如果借用马克斯·韦伯的术语,我要考察的是中国文化中的"克里斯玛权威"形成的机制,这是理解中国文化中秩序形成的重要视角。

在一个以关系为本位、团体主义盛行的文化中,什么样的人物在人们心目中是最有权威的呢?美国汉学家白鲁恂认为它就是"家长式权威"。按照白鲁恂的观点,中国人从小生活在家长(主要指父亲)的权威下,长大后、走出家庭进入社会后仍然在有意无意地寻找着这种家长式权威来领导自己。他认为家长式权威是独断专行、相当专制的。[①] 从文化心理的角度看,家长式权威是在家族内部的等级式关系中形成的、居于差序格局之顶端的人物。《韩非子》描写的能够在心理上对臣下构成震慑效应的领导,可以说是中国文化中此类权威的典型代表。这种权威之所以在中国文化中有强大的影响力,是因为它与中国人以家族为中心的生活方式有关,在这种生活方式下人们在有意无意地寻找着一种可以依赖的"家长"。商鞅、王安石、张居正等人也正是试图通过确立这种权威来推行改革。在中国历史上,对这种权威的主动积极追求主要体现在匪寇文化中,他们通常要有意地确立一位"老大",他人对之必须无条件服从。但是这种家长式权威之所以在中国思想史上一直并不受儒家的青睐,其原因也是显而易见的,那就是它实际上倡导了一种专制甚至极权的统治方式,其内在的盲目性、非理性特征非常明显。

其实,在中国文化的心理机制中,还有另外一种有效的克里斯玛型权威为白鲁恂先生所认识不到,那就是德性权威。所谓德性权威,我指一个人因为其人品优秀、与人为善、造福一方,还能宽宏大量、包容他人,让人们对其心悦诚服。这种类型的权威之所以能服众,主要是因为在一个人与人相互窥视、容易勾心斗角的文化中,只有真正能牺牲自己、成全他人的人才能让大家无话可说。这种类型的权威,由于要通过包容他人、造福他人来确立自己的权威,所以摆脱了家长式权威的盲目性、非理性。尽管这种权威人物如果稍不小心也容易蜕变成家长式权威,现实生活中常常存在的是这两种权威的混合体,还是

---

① Lucian W. Pye. *Asian Power and Politics:the Cultural Dimensions of Authority*. Cambridge Mass.: The Belknap Press of Harvard University Press,1985:186—200.

应该承认德性权威代表了中国文化中比较理想类型的权威模式。也正因如此,中国从很早开始就认识到它的重要性并大肆提倡之。例如,在《尚书》、殷周金文、《诗经》等中国早期文献中,对于"德"的倡导几乎是政治思想的核心,同样的现象在先秦诸子中也普遍存在。

(2) 制度:礼大于法。一个以人与人的关系为基础的文化,是从根本上排斥硬性的制度约束的。一方面,因为它注重情境的差异性,追求具体情况具体对待,而与制度的"一刀切"需要相悖;另一方面,因为它认为最符合人性的东西总是最合乎人情的东西,所以与以去人情为主要特点的制度特别是法治相对立。所以中国人总是认为"制度是死的,人是活的",他们在遇到不合乎人情的制度或政策时,总是喜欢变通。

也正是因为这个原因,在中国文化中最有效的制度是"礼"而不是"法"。礼严格说来代表在世俗生活中自发形成的人与人、人与物交往的规矩,这导致礼跟法相比有如下特点:一是不像法那样诉诸强制,而更多诉诸舆论和习俗的力量;二是重分,可以因时因地因人而制宜("礼辨异",《礼记·乐记》);三是重人情,这是因为礼是建立在习俗基础上,不可能不最大限度地尊重人情,尤其在一个极重人情的文化中。"缘人情而制礼,依人性而作仪。"(《史记·礼书》)所有这些特点,均使得礼更适合于关系本位、处境中心的中国文化。也正因如此,孔子有了那句"道之以政,齐之以刑,民免而无耻;道之以德,齐之以礼,有耻且格"(《论语·为政》)的名言。也许注重制度、追求形式完善的西方人会不明白,为什么"法"不能让人"有耻且格"? 其内在秘密在于,中国人对于外在的、形式的法缺乏发自内心深处的强大热情。相反,礼由于顺乎人情才让人有发自内心的敬意,从而能形成自我约束的强大动力。

古代儒家正因为发现了礼的强大,所以对礼加以改造和利用,以期达到规范人伦、整齐人道的效果。所以我们发现,中西方学者所使用的礼的含义有一重要区别。在西方人类学、文化学甚至法学等学科中,礼——英文中的 ritual——主要指一种纯粹消极被动的习俗或仪式,学者们倾向于从外部来观察一些现代部落民族的礼仪习俗,并有人得出"礼"只是制度进化过程的低级阶段的结论来。[①] 如此一来,礼的文化价值意义自然大大降低了。然而,在中国古代典籍中,礼的含义却大大超出了习俗、仪式这一含义之外,也绝不是什么

[①] 斐迪南·滕尼斯:《共同体与社会——纯粹社会学的基本概念》,林荣远译,北京:商务印书馆,1999 年。

消极被动的规矩。恰恰相反,中国学者一再强调,礼是"经国家、定社稷、序民人"(《左传·隐公十一年》)的最有效途径,是"天地之经纬"(《左传·昭公二十五年》)。礼在中国文化中的地位如此之高,是因为中国的政治家和学者们不只把它当作习俗和规矩,而是人为地赋予了它积极的含义,比如强调礼以敬为本、礼使人自立,等等。儒家不是机械地把礼拿来,而是通过改造它的含义来发挥制度的作用。儒家这样做表明他们没有脱离中国文化的心理结构来建立制度,事实上任何脱离文化心理结构的制度建设都不可能有根深蒂固的基础。但是他们绝不是被动地顺应文化心理结构的需求,而是能够根据这一心理结构的特点或规律来改造它,唯此方能达到规范和引导文化心理的效果。

(3) 价值:核心价值是指一个民族的文化土壤中有适应性的价值,否则就无法有力量、也成不了核心价值。核心价值一定是有民族性的,比如爱国主义、集体主义成为我们的而非西方的核心价值,就因为它们迎合了文化团体主义的心理需求。但是,重要的是要认识到,好的核心价值绝不只是顺乎人们的文化心理需求,还要能规范、引领其走向。因此,并不是所有符合文化心理需要的价值都一定是好的。

从中国文化中的关系本位和团体主义出发,中国人在价值观上的一大特点就是倾向于责任先于权利、和谐重于冲突、群体高于个体。然而,这不意味着这种倾向于责任、和谐、群体而非权利、个性和个体的价值就没有消极成分,还要看它是否有利于引导人们健全成长。陈来先生在新近发表的文章《充分认识中华独特价值观——从中西比较看》中,通过中西方价值观的对比提出了"中华价值观"的概念,并认为它有四大特色,即:"责任先于自由""义务先于权利""群体高于个人""和谐高于冲突"。这套价值观的总结应该说非常有道理,因为它们比较符合关系本位、团体主义下人们的心理需求。但是,符合文化心理需要的东西未必就是好的,甚至可能把该文化引向错误的方向上去。这套价值观最容易招致批评的地方在于,它们可能被认为与人们对个性自由的追求相对立。

我们必须理解,核心价值之所以成为一个民族、一种文化的核心价值,往往是因为它深深植根于一个民族的文化心理结构中,或者说,植根于一个民族的集体无意识中。但是,由于文化无意识本身有盲目性、误导性,核心价值应当建立在对文化心理结构或集体无意识的反省之上,有助于克服其负面作用,促进其良性发展。

所以,从规范的需要看,我倒认为陈来先生所说的"中华价值观",不如儒家的价值体系来得恰当。儒家的价值体系如"三纲五常",特别是仁、义、礼、智、信、忠、孝等价值,虽然也符合中国文化价值责任先于权利、和谐重于冲突、群体高于个体的特点,但是另一方面,由于其内容丰富、重视"成己"、追求"尽性",不一定与自由主义相悖,从而更加有利于引导个人的健全成长和人伦关系的完善。如果说陈来先生的总结很容易被引用来支持现在压抑人格独立性的爱国主义和集体主义教育,儒家的这套价值体系则不然。

文化预设与新文化运动

现在言归正传。造成今日中国思想界混乱的根本原因之一,在于立论基础的差异;或者说,找不到一个各家共同能接受的研究基础。具体来说,不同学派所常常诉诸的资源各不相同,其中最常被诉诸的资源有如下几种:

(1) 传统的力量。保守主义常常告诉人们,那些民族经典多么深刻,传统文化多么博大精深,今天不能放弃。但是这一思路常常被讽刺的理由是,其他民族也有伟大的经典和深刻的思路,奈何在全球化的今天应当过分依赖我们一个民族传统的资源?再者,即使传统再伟大,也不能否认传统中有许多是适应于当时社会现实需要而提出来的;只要没有把传统转化出新的、人们普遍接受的形式来,终究难以说服多数人。

(2) 现实的力量。许多学者告诉人们,旧的家族制度已土崩瓦解,今天的社会结构已经从根本上与古代社会不同,新型的、以工业化和城市化为中心的生活方式已经形成,这决定了传统文化只能成为现代社会中的"游魂",现代人必须寻找新的价值和制度。这种思想、价值及信仰只能是"被决定"的思维,容易陷入环境决定论危险。韦伯的新教伦理研究、东亚奇迹的出现、现代伊斯兰教势力的强大,等等,无不表明思想、价值和信仰并不一定非要随着社会政治、经济现实的改变而改变。

(3) 制度的力量。自由主义常常从人性最普遍的需要出发,宣称自由民主制、法治等等是人类社会最理想的制度形式,因而也是现代一切社会最终必须采取的制度模板。由于它们的价值基础是人权、自由、平等等,后者也理所应当成为一切现代社会的核心价值。然而此思路有陷入制度决定论的危险。最近十多年来兴起的多元现代性理论就对其提出了挑战。另外,越来越多的研究证明,任何制度都不可能脱离制度赖以生成的文化土壤,包括传统、习惯、风俗、信仰、价值等因素而存在,脱离文化生活土壤的制度设计往往是空中楼阁。现代西方的一系列制度及价值,也已经被证明与西方文化几千年来的宗教及传统有关。

无疑,上述三种诉诸方式各有其合理性,但是它们也同样是导致思想混乱、论述无法聚焦的原因。能不能在上述几种资源之外,找到大家都可能接受的资源呢?本文并不否定这些资源在一定范围内有效,但尝试提出这样一个资源,即文化心理结构。具体来说是希望通过文化心理结构的研究来回答上述新文化运动提出的问题。不是说上述三个方面,即传统、现实和制度的力量可以忽略,而只是试图让人们重视文化无意识这个新的力量,因为它相对于前三种资源来说可能有一定优势。我们的基本假定是:

(1)政治经济及社会制度可以全面改造,科学技术及器物可以日新月异,意识形态及流行观念也可以千变万化,但是一民族的文化心理结构稳定性最强;(2)如果文化心理结构找出来了,但其对一民族的制度及价值系统并无强大影响力,则正好说明今后中国的道路不一定非要固守传统文化;(3)如果能证明该文化心理结构对一民族的制度及价值系统影响力很大,则需要说明具体有多大,从而说明今后中国道路的方向。据此,我们设想了这样三层关系:

3	价值观念系统
2	社会整合方式
1	文化心理结构

我们猜想,上述1、2、3之间可能有某种对应甚至决定关系。当然,我们并不对这三者的关系先验地臆测,而只凭经验来说明。这里,我要限定一下"文化心理结构"的范围,它不应当无所不包地把任何一种存在过的文化心理包括在内,而主要是指某种数千年一贯、且至今仍然强固的深层文化心理。凡是不在此范围者,不属于我的研究范围。

根据对这种文化心理结构的揭示,进一步研究其权威、制度及价值的关系,就是本文所谓的"微观政治学"。我们在前三节的研究中事实上已经进入到"微观政治学"领域,并对中国文化中有效的社会整合方式和生活方式进行了解剖。由此出发,我们还可以进一步回答新文化运动的挑战问题。新文化运动给我们带来了一系列新的价值,包括民主、自由、人权、平等、法治等。但是根据我们文化心理-文化无意识分析,很容易得出这样的结论:此岸取向、关系本位和团体主义的文化心理结构,决定了中国社会中有效的整合方式是治人而非治法、靠贤能而不是制度立国,以伦理、德性而非自由、权利为本;民主、自由、人权、平等等西方价值之所以难以成为中国文化的核心价值,因为它们不符合中国文化人追求心理安全的根本需要。

但是,这是不是说民主、自由、人权、平等、法治等在中国文化中可能完全被排斥呢?答案恰恰相反。原因有二:其一,就这些概念所代表的尊重人的个性、尊严、人格独立,以及在制度层面强调以民为本、反对专制独裁而言,我们完全可以说,这一思想不仅代表人类所有文化的普世追求,而且在中国古代思想传统中并非异类。狄百瑞先生曾论述中国古代自由传统的两个方面,包括个人层面的"为己"之学与社会层面的社会自治运动。[1] 所以他们与中国传统价值系统(特别是儒家价值系统)之间绝非水火不相容的关系,而是至少在一定程度上相互接纳,我们应当承认人格独立性、个性、尊严这些概念,是中国传统思想的基石之一。其二,现代中国不同于古代中国的一个重要事实就是社会结构的巨大变化,工业化、城市化带来个人生活方式的彻底改变,家族主义趋于瓦解,个人奋斗日益重要,婚姻恋爱自由也使传统意义上对两性关系的约束方式不复存在。所有这些,都使得上述西方价值观更加有市场。从这个角度看,以个人自由、个性张扬为基调的现代价值观与以重视责任、强调义务的传统价值观之间的冲突为势所必然,在现代中国社会结构稳定下来之前,恐怕这种冲突难以消失。

解决冲突的最有效办法,无疑是找到这两种价值观之间的结合点。考虑到儒家传统确实也存在着极为深厚的自由精神,即我前面所说的为己、立己、尽性的传统,对它稍加改造,应当可以适应现代社会需要。相对于西方的自由主义,狄百瑞曾提人格主义的说法,这似乎是他所设想的融合了社群主义和自由主义精神的、转化儒家传统的新方向。能否接受他的观点并不重要,重要的是通过本文的论述,我们对于未来中国文化价值建设的方向更加清楚,至少对超越新文化运动的巨大挑战有了更大的自信心,那就是在儒家原有的精神自由、人格独立传统的基础上重新阐发儒家传统的现代功能与价值,从而找到未来中国社会权威、制度和价值重建的途径。我们不必把传统价值观简单地归

---

[1] Wm Theodore de Bary. *Asian Values and Huamn Rights:A Confucian Communitarian Perspective.* Cambridge Mass.:Harvard University Press,1998.

结为只重视责任、义务、和谐、群体,仿佛它们漠视人性尊严、人格独立性等似的。历史上实际存在的儒家思想体系本身就是这两者的结合体,也正是因为这个原因,我们有理由相信,这两种价值观冲突的趋势不是根深蒂固的,我们甚至可以猜测,当前的中西价值冲突只是表面的和暂时的。

本文最后的结论是,既然中国人的文化心理结构没有改变,对于中国人来说真正有效的权威、制度及价值的模式也不会从根本上动摇。在历史上,此岸取向、关系本位、团体主义所构成的深层文化心理结构导致仁、义、忠、信、孝、礼、智等成为中国文化的核心价值。鉴于今天中国文化仍然不可能逾越这一心理结构,所以中国文化的核心价值也不会大变,但需要我们结合其固有的自由精神来重新阐释,即从人的尊严、价值与人格独立性的精神出发来发扬儒家价值系统。这应该就是新文化运动在中国的宿命。

本文作者系清华大学人文学院教授

原载《探索与争鸣》2015 年第 9 期

儒家与新文化运动之世纪纠葛

秋 风

当新文化运动百年之际,儒学圈内爆发争论,焦点在,儒学如何对待新文化运动所提出之议题,特别是民主:服务民主,还是超越民主。这一事实清楚说明,即便百年后,新文化运动仍有力地活着,甚且在其所反对之思想观念中。

新文化运动是近世中国思想、政治演变之枢纽,故过去百年或可称为"新文化运动世纪",由此形成中国社会变革之"新文化运动范式",其要义是:在富强、"文明"的西方面前,中国现代知识分子自我判定中国文明落后、野蛮,乃决心自我放弃中国固有之价值、思想、学术、制度,而展开彻底的自我转换,旨在实现西方式富强,重建自身文明之生机。这种范式覆盖思想、文化、社会、政治等各领域,影响之巨,即便其所严厉批评、必须毁之而后快的对象——儒学,在过去一百年间,也徘徊、挣扎于新文化运动阴影中,儒学之思考方式和形态多不出新文化运动之框架。

本文将回顾两者之特殊因缘,略述不同时段、不同形态儒学与新文化运动之关系。最后指出,近些年,中国学界、尤其是大陆新儒学,正在走出新文化运动范式,这标志着新文化运动世纪正在终结,中国思想、学术、政治初步走上自我作主之路。

儒学激进化之为新文化运动的先导

新文化运动以"打倒孔家店"、反对儒家价值及其所塑造、支撑之社会政治结构为核心诉求,然而,略加考察即可发现,新文化运动实以晚清儒学之激进化为先导,如康有为之经学。

孔子删述六经,以之兴学,养成士君子,是为"文教"。汉武帝复古更化,构造基于文教、政-教互嵌之社会治理机制:学术自由创发;学者私人兴学,政府兴办学校。经由选举程序,两者养成之优秀士君子进入政府,而有"士人政府",未在政府中之士君子则组织社会自治。总之,汉代以来,中国社会秩序之基础在《大学》阐发的"大人之学",此学发达,则有善治;此学衰败,则治理败坏。

满清入关后,一方面以四书取士,且高度尊崇孔子,皇帝御纂经解,编纂《四库全书》,在一定程度上立皇帝为"师",以道统证成自身统治之正当性;另一方面残酷打压士人,禁止士人结社讲学、刊刻文字、议论政事,并大兴文字狱。软硬兼施之文化统治术导致正学瓦解:科举考试虽尊程朱之学,但士人不得讲学,儒学发展丧失基础,儒学义理无由发展,士人群体以天下为己任之精神荡然无存;经学之大义解说为官方垄断,私人只能作小学功夫,经学大义不能致用。政治环境推动清代学术偏离大道,走上小道。

如此士大夫群体,至19世纪,面对西方列强之兴起,无以见微知著,而因循守旧;遭遇失败之后,又惊慌失措,终有激进化之回应,最为典型者是康有为。康有为震惧于西方力量之强盛、学问之广深,[①]终生志业是,以西学为范本,重造中国之学。康氏先以欧氏几何公理系统为"人类公理",生吞活剥其西学知识,以造作全新义理体系。然对西学,康氏本身所知甚少,完全不足以构造完整理论体系,且与中国之学格格不入。幸得公羊学为资源,康有为操戈入室,构造出惊世骇俗的理论体系。公羊学是乾嘉汉学家遍校古籍之非有意的结果,已为忧心时势之龚自珍、魏源所用。康有为基于其西学观念,重视"通三统""张三世"之说,而对其作进步主义解释,以"大同世"为历史之终结。人类进至大同世之"关键在毁灭家族"[②],此为历代新兴宗教、拜上帝教及20世纪中国各类激进思潮之共同主题。这种历史终结论鼓舞了梁启超等青年学生,使之产生破坏之激情[③]。用迎合青春激情之宏大理论鼓动青年学生,也是后来新文化时代领导者之运动策略。

由此历史终结论情绪,康有为大胆地以己之所需切割经学,作《新学伪经考》,断定西汉末年始出之古文经传,如《左传》《周礼》《毛诗》等,均为伪作。康氏又作《孔子改制考》,认定六经非由删述,而是孔子所作,尧舜等圣王均为

---

① 康氏《我史》自谓二十二岁时,"薄游香港,览西人宫室之瑰丽、道路之整洁、巡捕之严密,乃始知西人治国有法度,不得以古旧之夷狄视之";二十五岁时,"道经上海之繁盛,益知西人治术之有本。舟车行路,大购西书以归讲求焉。十一月还家,自是大讲西学,始尽释故见。"
② 《清代学术概论》,第60页。
③ 同上。

孔子所假托,以为改制之用。梁任公评论说:"《伪经考》既以诸经中一部分为刘歆所伪托,《改制考》复以真经之全部分为孔子托古之作,则数千年来共认为神圣不可侵犯之经典,根本发生疑问。"① 康氏发此非常异议可怪之论,实受启发于其所见之西方基督教会,康氏"误认欧洲之尊景教为治强之本,故恒欲侪孔子于基督,乃杂引谶纬之言以实之"②。但康氏又断定,孔子之后的诸子同样展开了创教事业,与孔子同为教主。由此,康氏陷入根本矛盾之中:"虽极力推挹孔子,然既谓孔子之创学派与诸子之创学派,同一动机,同一目的,同一手段,则已夷孔子于诸子之列,所谓'别黑白定一尊'之观念,全然解放,导人以比较的研究。"③

康氏已毁道统而摧破传统学术体系,年轻的谭嗣同、梁启超等人受其影响,基于西方概念重建中国历史叙述,断定中国政治为"专制"——此说流传甚广,成为20世纪启蒙史学论述中国历史之核心命题。《新民说》中,梁启超并接受民族国家理论,据此而对儒家道德论说予以严厉抨击,开启了后来反旧道德之狂飙。

可见,新文化运动之重要观念,如断定六经不可信,破家,反对旧道德,贬斥礼教,断定儒家主张等级制度,维护君主专制,等等。早在19世纪末,就由康有为、梁启超、谭嗣同等人作完整而系统之表述,新文化运动不过借助新兴媒体、学校予以传播而已,影响更为广远而已。

康氏身上所见之激进化,也体现在晚清新政中。20世纪最初十年的新政方案实多来自康氏变法纲领,包括废科举、废书院,设立西式学校,由此,教育摈斥六经与孔子之学,此为两千年未有之最大变局——新文化运动之积极分子正成长于新式学校;新政重订新律,中国固有法律体系基本被抛弃,经由全盘日本化而全盘西化,政治精英借国家权力自上而下地改造中国人的观念和社会结构——这一点将贯穿整个20世纪。

也就是说,新文化运动之前,传统基于文教之政-教互嵌治理结构即已瓦解,由此而有民初之严重失序。面对这种局面,精英被迫寻找解决方案,一则有袁世凯之复辟,以图重建政治秩序;一则有康有为之孔教会构建。以孔子为教主,另行建立教会体系,冒犯皇权,故于帝制时代,康氏之孔教建制实无以展开。

---

① 《清代学术概论》,第58页。
② 同上。
③ 同上。

民国建立，皇权崩溃，康氏孔教论的政治障碍不复存在，故1912年底，康氏乃建立孔教会，以演孔为宗，以翼教为事，要求尊孔子为教主，定孔教为国教。袁世凯为复辟而尊孔，康氏虽反对袁世凯复辟，但主张重建君主制，以建立"虚君共和制"，并借君权树立孔教为国教。此设想遭到包括其弟子梁启超在内的时贤之痛斥。1916年9月，康有为到曲阜祭孔，并致电总统黎元洪、总理段祺瑞，请"以孔子为大教，编入宪法，复祀孔子之拜跪，明令各地设奉祀官"。9月5日，国会制宪会议召开，康有为、陈焕章等人提出，在宪法中明定孔教为国教。

就在这前后，原《青年杂志》改名《新青年》出版，康氏于立国教同时复帝制之政策组合，成为《新青年》登场后最早、也最好的标靶。陈独秀等人连续发表文章，猛烈抨击康有为，并构建了一个基本公式："孔教与帝制，有不可离散之因缘"；而为阻止孔教入宪，《新青年》乃从多个方面证明孔教之主张与现代社会不容，由此而有"打倒孔家店"之纲领。

历史十分奇妙，康有为前后两种极端激进努力均对新文化运动产生重大影响：首先，戊戌之前，康氏惊世骇俗的经学立场、观点，为新文化运动打开了全盘推倒重来之门；其次，民国之后，康氏欲立孔教为国教以救孔子，为此不惜与各种政治势力合谋，又激发出以"打倒孔家店"相号召之新文化运动。而新文化运动就是循着康有为、梁启超、谭嗣同、严复等人之激进文化立场、观点向前狂奔，其人后来都有保守化转型，但其所创立的激进话语及相应的学校、媒体等制度，自有其独立于其倡导者之生命力：西式学校培养出现代"知识分子"，在合适时机发动新文化运动。此时已无士大夫群体之约束，新文化运动乃获得文化霸权，框定一切思想观念，包括儒学；甚至也支配后来的政治演变。

矫正新文化运动："中国文化"之再发现

尽管如狂奔突进，但自爆发始，新文化运动就不乏反对者、异议者以及苦心孤诣的矫正者，故20世纪中国思想、文化之发展还是呈现出丰富多彩之样态，而仍有可观之处。但总体说来，这些反对、异议、矫正仍深受新文化运动支配，以下就三种反应略作讨论：中国文化论说，民国政治，儒家哲学。

新文化运动的主题是怀疑、批判以儒家思想为骨干的中国文化，但就在新文化运动中，并行另一场新文化运动，其领导人和代表人物是梁启超。[①] 青年

---

① 参看拙作《告别五四，发现保守主义传统》，《随笔》，2009年7月。

时代的梁启超服膺康有为，曾十分激进，但《新民说》后期，梁已有保守化转向。梁任公力反袁氏复辟，期间即已再三表明更新文化之意愿："吾以为中国今后之大患在学问不昌，道德沦坏，非从社会教育下工夫，国势将不可救，故吾愿献身于此。"① 又发起新学会、共学社、讲学社等社团，出版《解放与改造》杂志（后改名《改造》），试图展开"国民教育"。此处之用意与新文化运动类似，但立场不同。尤其是第一次世界大战之惨状陆续传入国内。梁启超与朋辈游欧，见欧人对西方文化之自我反省，而有中国文化之重新发现。

辛丑以来，士人－知识分子群体日益激进，旧学体系崩塌，西学大潮涌入，国人全盘接受西方的学术、价值、制度。新文化运动诸人乃入主出奴，而以西方思想、价值、制度为历史之终点，严复倡导之社会进化论至此演变为文明、政治之"历史终结论"，此为"全盘西化"论之基础。自新文化运动以后，几乎所有知识分子都是历史终结论者，尽管对于历史的终点可能有争论，但都不在中国，而在中国以外。在此历史终结论视野中，孔家店、礼教不仅无任何正面价值，反为通往历史终点、构建全新秩序之障碍，当予以清除，中国文化的大厦被刷上大大的"拆"字。

一战惨状让很多人惊醒：西方看起来不像历史的终点，相反，倒确实是末日。而中国固有思想，尤其是"精神文明"，即便置于现代，也仍有意义；甚至可以解决西方社会面临之问题，因而具有后现代意义。不管后人对此想法如何看待，重要的是，就在整个教育、学术体系全盘非中国化之际，在相当一部分知识人中，中国文化重新获得了正当性。

由此而有新文化运动后期之两场争论：首先是梁漱溟先生引发的"东西方文化大论战"，梁漱溟先生于1919年开始写作《东西文化及其哲学》，于各处演讲，并于1921年出版，基于文化类型学，肯定中国文化之意义，即便中国需要学习西方文化。② 其次是张君劢先生引发之"科学与玄学大论战"，争论的一方主张全盘西化，另一方则肯定中国之精神维度。晚清以来形成的中国文明终结于西方的意识形态，至此局部崩解。

值得注意的是所用之词汇，从中学－西学之相对，转到中国文化－西方文化之相对。面对康有为之激进主张，张之洞提出"中学为体、西学为用"，

---

① 《国体战争亲历谈》，《饮冰室合集》，专集之三十三，第146页。
② 梁先生以为，中国文化以孔子为代表，以儒家学说为根本，以伦理为本位，它是人类文化的理想归宿，比西洋文化要来得"高妙"，认定"世界未来的文化就是中国文化复兴"，认为只有以儒家思想为基本价值取向的生活，才能使人们尝到"人生的真味"。

以"学"立论，彰显其中国内在立场。因为在张之洞眼里，中国学术尚有其完整体系，即便康有为、章太炎，也基本在中国学术框架中运思，以内部视角讨论经学或史学问题。随着西学传入，随着知识人日益强烈的自我否定，旧学大厦倒塌，知识人转而以西学运思，从外部视野自我认知，中国成为对象，于是有"文化"这样一个含混的概念。"中国文化"一词的出现和大量使用，乃因为知识人之自我离家出走，意味着中国文化对人们所追求的现代中国来说已不再是有机的、必然的，而是可剥离的、偶然的，它只是中国人——至少是知识人——安顿生命、塑造良好社会秩序的备选项之一，西方文化、印度文化亦可供选择。相对于张之洞的中学－西学范式，中国文化概念已经大大地退缩了一步。

当然，这个概念也确实便于置身于多样世界中的中国知识人之自我认知、自我坚持。故此后，"中国文化"一词贯穿20世纪，包括30年代十教授发表之《中国本位文化宣言》，论证中国文化在存身于现代中国并继续发挥作用之正当性。陈寅恪、钱穆两位最重要的历史学家均以"中国文化"运思，其史学关注中国文化之命运，此一史学与新文化运动期间兴起之科学的、实证主义的史学相抗衡。

可以说，新文化运动敞开了一个开放的文化场景，中国文化论说难免有自我对象化之倾向，但在中国自身文教、政教之正当性面临深刻挑战的时代，不少人以此在知识上坚守并投注深刻情感，仍保有由外入内、自体重建之可能。

道统自觉与新文化运动之间的民国政治

同在新文化运动期间，另有一事值得高度关注，即孙中山之道统自觉[①]，其最为重要的表述如下：

> 我们中国有一个立国的精神，有一个自尧、舜、禹、汤、文、武、周公、孔子数千年来历圣相传的正统思想，这个就是我们中华民族的道统，我的革命思想、革命主义，就是从这个道统遗传下来的。我现在就是要继承我们中华民族的道统，就是继续发扬我们中华民族历代祖宗遗传下来的正统

[①] 关于这一问题，详见拙文《孙中山之道统自觉》，《现代哲学》，2015年第3期。

精神。①

与此相应,孙中山晚年演讲,尤其是20世纪20年代初期《三民主义》演讲中,对新文化运动之激进反传统立场,多有严厉批评。

新文化运动的重要主题是青年走出家庭,破坏宗族,孙中山却认为,中国人对于家族和宗族的观念是很深的,"由这种好观念推广出来,便可由宗族主义扩充到国族主义。"②

新文化运动欲摧破旧道德,孙中山却主张,"穷本极源,我们现在要恢复民族的地位,除了大家联合起来做成一个国族团体以外,就要把固有的旧道德先恢复起来。"然而,"现在受外来民族的压迫,侵入了新文化,那些新文化的势力此刻横行中国。一般醉心新文化的人,便排斥旧道德,以为有了新文化,便可以不要旧道德。不知道我们固有的东西,如果是好的,当然是要保存,不好的才可以放弃。"③

正因此一道统自觉,孙中山先生愈到晚年,愈加坚持其五权宪法的政制设想,以区别于西方之三权分立制度。孙中山所增加之考试权、监察权,恰是"中国固有的东西。中国古时举行考试和监察的独立制度,也有很好的成绩。"④孙中山说,"我们现在要集合中外的精华,防止一切的流弊,便要采用外国的行政权、立法权、司法权,加入中国的考试权和监察权,连成一个很好的完璧,造成一个五权分立的政府。象这样的政府,才是世界上最完全、最良善的政府。"⑤

可见,孙中山扭转了清末以来中国政治之非中国化倾向。考察清末立宪以来历次宪法性文件,包括孙中山主导之《中华民国临时约法》,和北洋政府历经十余年讨论、于1923年通过之《中华民国宪法》,其政制设计完全是西式的,几无中国要素,仿佛中国此前根本不存在政治。恐怕正是新文化运动之极端主张刺激了孙中山——当然还有其他因素发挥作用,就在与苏俄密切合作

---

① 此为蒋介石的记载,转引自李侃,《孙中山与传统儒学》,《历史研究》,1986年第5期,第91页。戴季陶的记载不同,孙谓,"中国有一个正统的道德思想,自尧、舜、禹、汤、文、武、周公,至孔子而绝。我的思想,就是继承这一个正统思想来发扬光大的。"孙还重复说了一次。戴指称孙自认为是中国道统的传人(见戴季陶著,《孙文主义之哲学的基础》,民智书局,民国十六年,第43页)。
② 《孙中山选集》,下册,第700页。
③ 同上,第706页。
④ 同上,第829页。
⑤ 同上,第830页。

之时,孙中山先生反而自觉接续中国自身政治传统。

孙中山先生之道统自觉,深刻塑造了此后民国政治之精神气质:不管接受西式教育之知识分子群体之反传统的文化立场如何激进,在党国体制内,孔子之道大体上仍有相当崇高的地位。由此所确定之民国学术和政治建制,有效地约束了新文化运动激进主张之影响范围和力度,使其未能深入广泛的社会和政治领域。有此政治上的限度,当日本侵略危机日显时,政治、思想、学术等各领域之明士,得以部分地走出新文化运动,而有三四十年代思想学术界之创造性爆发,比如新儒学思想理论之成熟,以中华民族为叙述对象之史学的繁荣等。

新文化运动支配下的儒学"哲学化"

在新文化运动冲击下,儒学被迫寻求其新形态,而有儒家哲学之构造。

孔子之教,以学为本,故张之洞提倡"中学为体、西学为用"。但现实政治并未循此中道,而是迅速激进化,取消科举,建立新式学堂,大规模留学,西学大规模输入并反客为主,中国固有之学解体,经、史、子、集丧失现实意义而全盘历史化,成为各门学科之历史性研究对象。以经学为例:《诗经》成为文学史研究对象,《尚书》《春秋》、礼成为政治社会史研究对象,《周易》成为哲学史研究对象。历代儒学也成为哲学史研究对象。

传统上,经学提供整全秩序之规划,安顿公私生活之意义。经学瓦解,儒学历史化,那么,如何安顿个人身心?重建秩序之规划于何处可得?故在经学、儒学历史化之后,有哲学之兴起。在新文化运动后期爆发之人生观大论战,也即科学与玄学大论战中,玄学派就提出,人生观问题需要玄学、也即哲学来解决。知识人看到,在西方,哲学享有崇高地位,进而相信,哲学可在中国扮演同样角色,一切问题,人生意义、秩序规划之类问题的根本解决,有赖于哲学之思考、推演。

新文化运动中,哲学逐渐成为热门,知识人大量引入西方各类哲学思想:胡适等人引入美国现代哲学如杜威,梁启超、张君劢等人则引入欧洲大陆之现代哲学,并由此上探黑格尔、康德等古典哲学。此系新文化运动大不同于晚清之处。但西方哲学与中国人的心智颇为扞格,同时,中国知识人也希望自主思考,以回应中国人独特的问题。故在译介基础上,知识人开始构造自己的哲学体系。很自然地,具有哲学意识的知识人在中国思想中寻找资源,逐渐集中于儒家,最终有儒家哲学体系之系统构造。

儒家哲学成为新文化运动约束之下儒学之一个主要生存形态。儒家哲学构造约有两条路径:

第一条,熊十力先生以哲学化视野回观中国思想传统,发掘出其中具有哲学品性之论题,而予以发展。在此,西方哲学对其哲学思考仅有启发意义,其哲学思考大体上是中国哲学之内在发展。熊十力先生最初以佛学为本,清末很多人接触西学之后以为,具有复杂的概念辨析和逻辑之佛学,可发展出与西方相埒之中国哲学体系。但佛教之出世倾向注定了无力回应中国大转型之秩序重建问题,故熊十力先生实际上是借佛言易,至晚年,则完全抛弃佛学之壳,重回经学,以《易》为本,构造其哲学体系。

第二条为张君劢所开创。张君劢范式之西化程度更深,乃以西方哲学会通中国哲学,甚至可以说是把儒家思想打碎,作为构造西方式哲学之素材。牟宗三先生名义上是熊十力弟子,实承接张君劢范式,会通康德哲学与宋明之学。[①] 这一进路深度借用西方哲学资源,故其哲学体系概念更为繁复。冯友兰、贺麟、方东美诸先生亦循张君劢路线,不过其所依托之西方哲学有所不同而已。

汉代经学繁荣,已有大量玄思,到玄学,已有某种哲学化意味。宋明儒为回应佛教,再度展开哲学化思考。故现代儒家哲学体系多承接宋明儒学,而在哲学化方向上再进一步,深入发掘儒家之哲学议题,其成果相当丰硕。回首百年中国之哲学成就,可观者唯儒家哲学耳。中国学者引入欧美古今所有哲学体系,然停留在翻译、介绍阶段,哲学研究实为哲学史研究。只有儒家哲学体系扎根于活的传统,而有真正的哲学创造。

借此形态,儒学得以延续自己的生命。中国固有之学已全盘历史化,作为历史研究对象,维持一线生机。儒家哲学却是活的,并以哲学这个西来之名,得以进入现代学术建制,并在哲学学科中享有较高地位,并进入国际学界。如今在学院学术建制内生存的儒学,基本上就是儒家哲学。哲学化形态让儒学得以在学术体制中存身。

但这是有代价的。哲学化后的儒学,在议题上、结构上,均有别于传统儒

[①] 有论者指出,"张君劢事实上是唯一跨越两个世代的新儒家",且融合德国哲学、宋明理学与民主政治于一炉者,不是梁、熊,而是张君劢,因而,"直到张君劢,新儒家思想的发展方向,才算确立,新儒家的面貌也才浮现出来",见薛化元:《民主宪政与民族主义的辩证发展——张君劢思想研究》,台北:稻乡出版社,1993年,第3、4页。

学。西方主流哲学有其相对固定的议题,如有本体论、认识论、逻辑学等;从事儒家哲学体系构造的知识人也依此架构构建儒学之本体论、认识论,或发展逻辑学。由此,儒学结构支离破碎。在近世西方思想发展过程中,启蒙是一个至关重要的环节,相应地,中国哲学史研究的一个重要主题就是在中国发现启蒙运动,通常把明末清初视为中国的启蒙时代。

上述讨论固然丰富了儒学,从旧材料读出新见解,但毕竟大大地收缩了儒学议题范围,改变了儒学之论证方式,乃至其生命形态。儒学是一套整全学说,关注所有问题:天道性命,君子养成,社会治理,法律与政制等等。西式哲学议题只是儒家思想之一端,儒家哲学执其一端,不及其余。同时,哲学是智慧,儒学则是践履之学,儒家哲学则缺乏践履维度。儒学旨在养成士君子,此亦非哲学化儒学所能承担。

归根到底,儒家哲学是儒学在新文化运动压力下被迫在螺蛳壳里做道场之产物。其最严重问题在于,儒家哲学构造者有意无意地把治理问题出让给西方之学。从清末新政开始,中国即确定了全盘移植西方制度之方向,区别仅在于,清末民初模仿之制度较为古典,新文化运动中,欧美各种现代意识形态输入中国,包括苏俄思想。儒家哲学接受了这一点,现代新儒学代表人物基本上在新文化运动框架中活动,肯定儒家之哲思,但对中国传统政治持全盘否定态度,相信中国政治必以民主为本,现代儒学之根本任务正在于适应新文化运动倡导之"民主与科学",自我调整,以支撑民主之有效运转。张君劢、牟宗三等先生坚守儒学,但始终受制于新文化运动范式,故在其论说中,民主是本,儒学是用。

正是儒家哲学文化与政治之分离,引发大陆政治儒学之反弹。

政治儒学:挣脱新文化运动的支配

约从20世纪90年代中期始,有大陆新儒家之兴起,以蒋庆先生为代表,自称"政治儒学",其发展势头强劲,不光在儒学界、更在广泛的思想学术界,产生日益强劲的影响。

"政治儒学"之名清楚表明其对儒家哲学放弃政治给西学深所不满,转而关注治理,也即教化和政治,故蒋庆先生提出儒教论,提出完整的政制构想。此构想完全超出新文化运动范式。政治儒学不同于儒家哲学之处正在于,其对新文化运动,基本持完全否定态度,尤其不接受其民主的政治纲领,而别立政治之道。

从学术渊源上看,政治儒学回到康有为,蒋庆先生明确接续康有为之公羊学和孔教主张。为此,政治儒学也重新叙述现代儒学史[1]。在儒家哲学之现代儒学叙事中,现代新儒学始于熊十力,或者说始于新文化运动之挑战,故其问题意识也被新文化运动所框定。政治儒学则将现代新儒学的起点确定于康有为,政治儒学因此而面对更为完整的秩序重建问题。

从学术形态上看,政治儒学反对儒学的哲学化努力,改用经学形态。儒家哲学兴起于经学衰亡的时代,以哲学重建儒学体系。但这种做法遮蔽了儒学之大体,故政治儒学重回经学,尤其是春秋公羊学获得青睐。

上述学术形态,让政治儒学的影响力溢出狭窄的儒学圈。大体上,现代新儒学主要局限于学术界,甚至主要是在哲学界,哲学史学科,对于此外的学术领域无所影响,因而对现实社会秩序之形成和维护,未产生可见的影响。而政治儒学从一开就有重建教化、政治秩序之抱负,影响面自然较广,对学术圈之外的制度构造和社会秩序维护,也逐渐产生影响。

在儒家已构建了几个重要哲学体系后,儒家哲学已面临创造力枯竭之窘境,政治儒学拓展出广阔的思想和知识原野,吸引越来越多的学者、包括年轻学者进入。通过政治儒学努力,儒学开始提升自己的地位。在传统社会,儒学是其他学科之母,现代新儒学则把自己局限于哲学领域,而哲学在中国的地位远不如西方。政治儒学则拓展视野,进入教化、政治领域,使其他学科不能不注意儒学,使整个社会不能不注意儒学,进而自觉地运用儒学,哪怕其不承认自己受到过政治儒学之影响。

不过,历史似乎又在重复:政治儒学大量重复康有为的主张,从而表现出异常激进的倾向。蒋庆之政治儒学几乎与康有为亦步亦趋:首先,设立神灵崇拜之儒教,且呼吁立儒教为国教。其次,经学只重春秋公羊学,不及其余,忽略推明治道之功夫。于公羊学,重其变法,且主张彻底变法,故在政治上迷信政体,致力于设计完备制度。凡此种种主张、姿态,为儒学前行构建了另一道藩篱:在政治儒学视野中,儒学同样不是关于天道性命、良好秩序之整全学说,而是关于政治激进变法之学说,令人怀疑这一方向依然行之不远。

---

[1] 这方面较为重要的学术努力见干春松:《康有为与儒学的"新世":从儒学分期看儒学的未来发展路径》,上海:华东师范大学出版社,2015年。

至此,在大陆,同时存在两种儒学范式:深受新文化运动影响之儒家哲学范式,与反抗新文化运动之政治儒学范式。因为新文化运动之间隔,两者长期处在"冷和平"甚至"冷战"状态,近来则爆发公开争论,启蒙主义的儒家学者公开抨击政治儒学,首先是牟宗三先生弟子李明辉公开反对蒋庆的政治儒学[1],其次是大陆几位儒家集体反对蒋庆之政治儒学[2];而在儒学圈之外,更为完整地继承新文化运动精神的学者,也起而批判政治儒学[3]。这两个方向针对政治儒学的批评,均立足于新文化运动范式,惟程度不等。可见,对儒学之新展开而言,新文化运动似乎仍是无法绕开之障碍。

走出新文化运动,另造自主范式

作为中国回应西方冲击、寻求富强的艰苦努力之一环节,康有为、梁启超、谭嗣同、严复、章太炎之激进化已开其端,其所提出之民主、科学议题,与解决此议题之方案如"打倒孔家店""全盘西化",有长久影响力,可见新文化运动世纪似有不得不然者,尽管在历史每一阶段,新文化运动范式都遭遇顽强反抗。

儒家始终是最为重要反抗者,因儒家是其所欲摧破之对象。但如上所述,新文化运动范式全面支配20世纪政治、文化、学术,作为反抗者的儒学也不能免于其约束,其议题残缺,形态扭曲。近来儒家哲学与政治儒学之争论更显示,新文化运动之手仍死死拉着儒家,不欲其自我作主。

不过,这场争论亦可视为新文化运动范式之回光返照:争论表明,新文化运动所确定之议题及其方法已非理所当然,因而需要护法者,为其既有文化霸权提供理由,而此理由已无说服力。此前格局恰与此相反:面对新文化

---

[1] 《专访台湾儒家李明辉:我不认同"大陆新儒家"》,澎湃网,2015年1月24日(http://www.thepaper.cn/newsDetail_forward_1295434)

[2] 比如黄玉顺:《也论"大陆新儒家"——回应李明辉先生》;赵法生:《政治儒学的歧途——以蒋庆为例》,两文俱刊《探索与争鸣》,2016年第4期;刘乐恒:《当代儒学复兴之路及其三个误区》,澎湃网(http://www.thepaper.cn/newsDetail_forward_1461545);颜炳罡:《政治儒学是条死路 儒家关注的核心是人》,凤凰国学(http://guoxue.ifeng.com/a/20160421/48532479_0.shtml);刘悦迪:《当代儒学对五四遗产:图穷匕首见?》,《中华读书报》,2015年6月3日。

[3] 如方克立等:《大陆新儒学思潮平议》,《中国社会科学报》,2014年7月30日;刘泽华:《让孔子直通古今是不现实的——从中国政治思想史视野看"儒家宪政"论思潮》,《中国社会科学报》,2014年10月29日。

运动,儒家反复地为自己的存在进行辩护,而新派知识分子们根本不屑一顾。

事实上,进入21世纪以来,新文化运动的魅力即迅速消退。根本原因在于,经过百余年奋斗,尤其是过去30年的经济快速增长,中国大体实现"富强",此系19世纪末中国人为自己设定之任务,新文化运动亦为实现此任务而展开:面对西方,中国不富不强,说明中国文明有缺陷,在"野蛮"状态;中国必须实现富强,为此,不能不重造文明,不能不放弃中国自有学术,不能不破坏中国既有社会结构①。在非神教的中国,本无需西式"启蒙",如诸多论者已指出,新文化运动不过是中国人面对西方列强冲击的救亡之术,中西差距催生新文化运动,一旦富强目标基本达成,中西差距日益缩小,新文化运动之正当性自然流失。

故近些年来,中国已从多个方面走出新文化运动范式。比如,政治层面上提出"中华民族的伟大复兴",且有为人类提出"中国道路""中国方案"之自信。在思想学术领域,面对中国快速变化的现实,基于外来知识的、可称之为新文化运动范式的知识体系无法做出有效而可信的说明,面对这类尴尬的"知识短缺",敏锐的知识人不能不重寻新路——新路其实是返回。

由此,儒学呈现出别样结构:此前百年,儒学仍在,但总体上受制于新文化运动,而无以自我作主,甚至自甘于从属地位,如儒家哲学之构造;90年代起,另有政治儒学兴起,努力走出新文化运动范式,然只限于少数委身儒学义理者。更为重要的现象是,越来越多学者,本来寄身于西来之人文与社会科学,进入新世纪后,却从不同角度进入儒学,甚至投身儒学,比如诸多"施派"从解读西方经典转入解读中国经典;比如,哲学、国际关系学领域关于"天下"的讨论;甚至有学者提出"互联网儒学"②。

最后一个现象具有重大意义,可见今日学界,中学、西学正呈现此长彼消之势,此为百年思想学术之一大转折。在新文化运动冲击下,儒学被迫学科

---

① 关于这一点,可参看刘禾主编:《世界秩序与文明等级:全球史研究的新路径》,北京:生活·读书·新知三联书店,2016年。
② 提出此概念者为姜奇平,可参看姜奇平:《三生万物:复杂共同体视角中的"互联网+中国"》,《读书》,2015年第12期。围绕这一议题,弘道书院与阿里研究院曾于2016年5月在曲阜召开"儒家文化与互联网秩序"研讨会,详情可见《"儒家文化与互联网秩序"研讨会纪要》,儒家网(http://www.rujiazg.com/article/id/8273/?from=singlemessage&isappinstalled=1)。

化,成为一个小小的学科,连"一级学科"都不是[1],而寄身于哲学学科,甚至只是思想史、哲学史或者文学史学科中之研究对象而已,此即所谓道丧而学绝。但今天,有越来越多学者从其他学科进入儒学,反方向上,有些儒家学者也有意识地进入其他学科[2],儒学正在逐渐恢复其涵摄诸学之地位。

当此之际,儒学不能不重新自我定位。目前与儒相关之学,其主体意识由弱到强依次是,哲学史儒学,儒家哲学,政治儒学;略加考察可见,即便政治儒学,其主体意识仍显不足。哲学史儒学视儒学为死物,固不足论;儒学哲学仅从哲学角度看儒学,放弃广泛的议题,在中国缺乏方向而人类陷入困境之时,辜负儒学之大用;政治儒学聚焦政治,同样有自我限定之嫌。

儒学是整全学说,而在新文化运动世纪,儒学丧失其整全涵摄地位;而今天,儒学有可能恢复其整全。也唯有如此,儒学才能在扩大了的天下也即开放的全球范围,依据五经、本乎孔子之道,生发一套普遍的知识论说及相应的实践安排,不仅引领中国找到前行方向,也解决人类所面临之严重问题。

新文化运动所取法之西学、东学,经过数百年之消磨,其生机已近耗尽。机会之门已对儒学敞开,而儒学迈向宽广世界的第一步,就是越过新文化运动的门槛——曾经,它是不可逾越、包裹严密的万仞之墙,随着中国持续升高,它今日只是一道低矮的心理门槛而已,完全无法约束儒学了。

本文作者系山东大学儒学高等研究院教授

---

[1] 因此,2016 年 6 月 11 日,在四川大学国际儒学研究院召开的"中国儒学学科建设暨儒学教材编纂"座谈会上,刘学智、朱汉民、王钧林、舒大刚、颜炳罡等学者倡议在高等院校设立儒学一级学科,见《学者联合倡议中国高校设立儒学一级学科　培养儒学专才》,凤凰网(http://guoxue.ifeng.com/a/20160614/49012603_0.shtml)。

[2] 笔者所在的弘道书院有意识地组织了不少思想对话,邀请儒家学者与政治学、法律学、伦理学等领域的学者展开对话。

儒学传统与时代精神
——兼论儒学与新文化运动的和解

朱 承

新文化运动直接质疑了儒学传统的时代价值,提出儒学已经难以作为支持现代社会生活的时代精神。新文化运动的旗手陈独秀宣称:"本志诋孔,以为宗法社会之道德,不适于现代生活。"①我们知道,时代的发展离不开精神文化的潜在力量,每个时代自有其较具独特性的时代精神。从文化上来看,时代精神是一定时间内社会共同体的集体性文化意识,这种文化意识体现在大多数人的精神选择趋向上,往往以某一种思想学说主张作为其象征。牟宗三先生曾提出,"文化意识,在历史的曲折发展中,有时向上,有时向下,有时是正,有时是反是邪,这种曲折的表现形式就一个民族的'历史精神'。此亦叫做'时代精神'或'时代风气'。"②"历史精神,文化意识,乃一民族之生活承续所必然呈现者。"③历史地来看,儒学正是牟宗三所指的这种"历史精神"或者"文化意识",在中华民族历史上的"必然呈现者"。儒学在中国历史相当长的时期内是主流的时代精神和文化意识,引导着政治生活与社会生活。但这一情况,在一百年前的新文化运动时期,发生了巨大的转折,儒学不复被人们视为时代的精神动力,反而被视为阻碍时代前进的绊脚石。

今天,距新文化运动已经 100 年了,时代发生了巨变,在中国大陆,儒学又一次呈现复兴的趋势,而新文化运动也时过境迁。在新的时代背景下,如何看待新文化运动与儒学的纠缠,如何看待儒学与时代的关系,随着儒学的再次复兴,又成为了一个重要的思想史命题。

---

① 陈独秀:《答佩剑青年》,民国丛书第一编,《独秀文存》卷三,上海:上海书店出版社,1989 年,第 47 页。
② 牟宗三:《历史哲学》,长春:吉林出版集团有限责任公司,2010 年,第 6 页。
③ 同上,第 9 页。

新文化运动与儒学命运的转折

儒学作为主流的时代精神和文化意识,自西汉以来,虽间或有佛道的袭扰,但其在精神上的主导性地位几乎很少受到质疑。众所周知,晚清以降,儒学究竟还能不能担负起民族心理的职责,儒学还能不能推动中国进入现代国家的序列,这个问题逐渐成为困扰知识分子的时代迷思,而"新文化运动"更是将"儒学是否适应现代生活"之问题以极为尖锐的方式提出来,并对其做了否定的回答。

1923年,梁启超在《五十年中国进化概论》一文中指出:"革命成功将近十年,所希望的件件落空,渐渐有点废然思返,觉得社会文化是整套的,要拿旧心理运用新制度,决计不可能,渐渐要求全人格的觉醒。"①梁启超的这句话颇能代表"新文化运动"时期批评儒家的知识分子们的心态。陈旭麓先生曾总结道,新文化运动是"以辛亥革命后的中国社会现实为认识起点,进而追溯到几千年历史凝结而成的文化传统,并对这种传统进行了总体性的理性批判。这场带有摧毁性的批判矛头首先指向旧伦理及其人格化代表。"②所谓"辛亥革命后的中国现实",就是袁世凯、张勋等人都曾假借孔子来搞帝制的复辟,以及当时遗老遗少们的复古主义等。在这一社会现实乃至上溯至鸦片战争以来的国家衰弱现实的刺激下,陈独秀、胡适、李大钊、鲁迅、吴虞等知识分子,将矛头指向了儒家的传统。陈独秀曾说,"我们反对孔教,并不是反对孔子个人,也不是说在古代社会无价值。不过因他不能支配现代人心,适合现代潮流,还有一班人硬要拿他出来压迫现代人心,抵抗现代潮流,成了我们社会进化的最大障碍。"③可见,新文化运动的主将们并不是刻意要诋毁历史上的孔子,而是认为儒学已经很难回应现实问题,反而还被人所利用以抵抗现代潮流,故而,必须反对之。这种情况的出现,既有主张新文化的知识分子对现实的判断和批判等因素,也有儒家传统确难回应现实的现代性问题等深层次的原因。

新文化运动的旗手们对儒学展开的猛烈抨击,有目者所共睹,鲁迅更是以"吃人的礼教"一词将儒家文化贴了一个形象的标签,为人所熟知。如果说,

---

① 梁启超:《五十年中国进化概论》,《饮冰室合集》文集之十四,北京:中华书局,1989年影印版。
② 陈旭麓:《近代中国社会的新陈代谢》,熊月之、周武编《陈旭麓文集》第1卷,上海:华东师范大学出版社,1996年,第542页。
③ 陈独秀:《孔教研究》,《独秀文存》卷一,第626页。

科举考试和帝制的废除摧毁了儒家赖以生存的制度化条件,那么新文化运动则从思想上对儒学做了更为彻底的清除,从那时起,儒家传统声名狼藉,厄运不断。以"文革"为代表的运动式破坏,更是对儒学的命运都带来了几近毁灭的危机。

新文化运动往往被人们称作是中国新的诸子百家时代,是新的思想解放、人文启蒙的时代。胡适曾经用"中国的文艺复兴运动"来形容新文化运动[①],瞿秋白于1925年在《向导》杂志上发表了《五四纪念与民族革命运动》一文,称新文化运动顶峰的"五四运动"之爆发,"在世界史上实在是分化中国之政治经济思想等为前后两时期的运动"[②],这也就是我们通常讲的"划时代"。作为"划时代"事件新文化运动,不仅是从政治革命层面来说是恰当的,更重要的是从文化和价值观念层面界定的。比如说,"新文化运动"中出现的以白话文为代表的新文学,就是对汉语书写的一次革命性改造,为后来的文学创作奠定了基本模式,是20世纪以来汉语文学创作及其他各种汉语书写的源头。虽然,新文化运动后来逐渐由文化运动转变成政治革命,但新文化运动从文化心理层面上完成了对儒学的致命一击。在新文化运动的推动者看来,新文化运动所倡导的价值替代儒学传统成了新的时代精神。

如胡适等亲历新文化运动的历史人物所言,新文化运动对现代中国进程的影响至大至重,为现代中国从引进的基础上通过政治文化运动的方式缔造了民主、科学、自由、进步的新统。这一传统首先体现在知识分子或者精英文化中,20世纪重要的学术、思想、文化的革新、变化基本上都会溯源到"新文化运动"。同时,随着在新文化运动中成长起来的中国共产党人的逐渐壮大,将新文化运动之顶峰的"五四"运动定位为"新民主主义革命的开端","新文化运动"影响显得愈发重要而深远。

以传统为批判对象的新文化运动所宣传的民主科学等价值观念逐渐深入人心,导致信奉这些现代性观念的人对儒学传统逐渐忽视。概括地讲,即使是部分知识分子对儒学传统还心存留恋,但理智上大多还是接受了民主科学的价值。从20世纪中国的发展历程来看,新文化运动似乎完成了对儒家传统的

---

① 胡适曾在"五四运动"39年后的1958年5月4日做过"中国的文艺复兴运动"的演讲,认为"五四"新文化运动的名称用"中国的文艺复兴运动"最好,该演讲见姜义华主编:《胡适学术文集·新文化运动》,北京:中华书局,1993年,第285页。
② 瞿秋白:《五四纪念与民族革命运动》,《瞿秋白文集》(政治理论编三),北京:人民出版社,1989年,第155页。

颠覆,儒学似乎已经彻底被时代所抛弃,不能担负现代社会的时代精神,但历史远非如此简单。

历史上的儒学与时代精神

我们知道,儒学自孔孟时代开始,就与时代精神关联在一起。孔孟时代,诸侯纷争、天下大乱,诸子百家围绕"如何实现好的社会"展开了论辩,社会急需一种解决纷乱的思想意识形态来改变社会现实的乱局。孔孟栖栖惶惶周流天下游说列国,念兹在兹的是在现实政治中如何实现"从周""仁政"等政治理想,期望通过提出道德仁义的思路,主张社会应该由仁义而走向和平、安宁乃至繁荣;老庄著书立说无外乎在思考怎样回到"小国寡民""清净无为"的社会;而墨家更是在身体力行地践履"兼爱""非攻""尚同"的政治理想;其余所谓百家争鸣的问题之中,也总有对"治国之道""礼法""古今"等政治问题的理想认识贯穿于其中。① 孔孟所处的时代,呼唤一种能够解决乱局的思想和观念,正是在这一历史情境下,孔孟的仁义思想天然地与当时之时代精神关联起来。

到了汉代,历经董仲舒和汉武帝等推动的"罢黜百家,独尊儒术",儒家思想成为主导性的时代精神,或者说成为了国家"意识形态",按照《布莱克维尔政治学百科全书》中对于"意识形态"一词的解释,"意识形态是具有符号意义的信仰观点的表达形式,它以表现、解释和评价现实世界的方法来形成、动员、指导、组织和证明一定行为模式和方式,并否定其他的一些行为模式和方式。"② 从这个角度看,儒学自汉代开始,就成为一种象征性的符号,开始发挥解释、评价、指导现实世界的精神力量,并且在社会生活中成为具体的现实力量。虽则由于谶纬神学的泛滥,导致儒家精神走向歧途,但从社会崇尚的角度而言,儒家依然牢靠地占据了汉代的主流意识形态之地位。

儒家在精神领域所占据的主导地位,从汉末到隋唐,遭受了前所未有的冲击。道教、佛教在精神文化、社会生活领域的异军突起使得儒学在义理层面裹

---

① 李泽厚先生就曾经指出:"大体来看,中国传统思想的哲学方面经历过五个阶段。在先秦,主要是政治论的社会哲学,无论是儒、墨、道、法都主要是为了解答当时急剧变动中的社会基本问题,救治社会弊病。"李泽厚:《中国古代思想史论》,合肥:安徽文艺出版社,1999年,第318页。
② 戴维·米勒、韦农·波格丹诺主编:《布莱克维尔政治学百科全书》,邓正来等译,北京:中国政法大学出版社,1992年,第345页。

足不前,在整个时代精神的格局中承受了佛道两家的巨大压力。而儒学在时代精神格局中的式微,表现在社会生活中,则是人们对佛教的狂热追随,韩愈在《论佛骨表》里,曾痛心地描述当时佛教的兴盛,"灼顶燔指,百十为群,解衣散钱,自朝自暮,转相效仿,唯恐后时,老幼奔波,弃其生业。"[①]人们在日常生活中对佛教的狂热性情绪,意味着对儒家精神的冷漠与忽视。

从时代精神的角度来看,儒家的尴尬地位一直到北宋时期才得到改善。北宋以来,儒家学说的新形态——理学——的出现,使得儒家在道德形上学的层面获得了新生,儒学在思想上开始对佛道进行了有效的反击,并在这一反击中逐渐夺回了精神领地。此后历经宋元明清,儒家都一直坚定地守住了社会精神的阵地,成为真正意义上的时代精神。

但是,宋明儒学在义理上的精致发展并没有带来儒家社会的进步,正如有论者指出,儒家在宋明时期的胜利可称之为"得不偿失的胜利"[②]。宋明新儒家在道德形上学上取得的理论性进步,却在一定程度上使国家社会在思维上逐步陷入惯性和停滞。因此,宋明新儒家将道德理想主义、道德保守主义树为"国家正统",逐渐导致了政治上专制独裁、社会上约束个人自由的加重、改良和变革的步履维艰,这一点常常为人们所诟病。新文化运动中对传统儒学的批评,也正是针对了儒学及运用儒学来控制社会的政权对于人心与社会的束缚。故而,儒家在宋明时期的精神主导地位也不能改变儒家理想从未实现的局面。朱熹曾慨叹道:"尧、舜、三王、周公、孔子所传之道,未尝一日得行于天地之间也。"[③]朱熹所感叹的儒家理想从未实现的状况,在近代中国,更是每况愈下,新文化运动将儒家命运的衰落推至极点。科举废除、帝制消亡使得儒学丧失了其制度性保障,而新文化运动的思想批判又使得儒学的精神价值在现代社会中岌岌可危。

在中国历史上,儒学长期与社会政治生活紧密地联系在一起,某种意义上,二者有着休戚与共的关系。儒学长期在中国历史上处于主导性精神价值的地位,也保证了历代王朝的社会秩序在一定时期内保持稳定,然而,由于儒学自身的理论推进远远跟不上近代以来社会的急剧变迁,使得儒学在中国近

[①] 韩愈:《韩昌黎文集校注》,马其昶校注,马茂元整理,上海:上海古籍出版社,1986年,第615页。
[②] 刘子健:《中国转向内在:两宋之际的文化转向》,赵冬梅译,南京:江苏人民出版社,2012年,第148页。
[③] 朱熹:《晦庵先生朱文公文集》卷三十六,《朱子全书(修订本)》第21册,朱杰人、严佐之、刘永翔主编,上海:上海古籍出版社,合肥:安徽教育出版社,2010年,第1583页。

代社会的急剧转型中迅速衰落。

现时代的儒学复兴运动

历史地来看,儒学在社会秩序混乱的时候,未必受到政权和社会的重视,但一旦社会秩序得到恢复的时候,儒学就会在思想版图上力图找回属于自己的核心位置。从20世纪80年代以来,随着政治运动的减少和经济持续增长带来的社会稳定,大陆儒学在政府的理性支持、知识群体的深度发掘以及民间的强烈关怀下,一改新文化运动以来的颓势,又开始了"一阳来复"的新生命历程。进入21世纪,儒学复兴的势头一直没有衰减,并随着政治力量的推动而呈扩大的趋势。

新文化运动曾经彻底否定了儒学在现代社会的价值,这一点多为后来学者所诟病。随着我们对于传统之认识越来越趋于理性,对儒学的现代意义的认识也越来越有所改观。毋庸赘言,儒学在现时代依旧可以发挥作用,这一点,几乎可以获得普遍性的共识。但是问题在于,儒学发挥什么样的作用以及如何发挥作用,却很难取得共识。其争论的焦点一般在于,儒学发挥的是积极作用还是消极作用?儒学是"博物馆里的陈列品"(列文森)还是中国人的"心灵鸡汤",抑或是实现中华民族伟大复兴的基石?另外,如果儒学对现时代具有积极意义的话,那么儒学的积极作用主要是体现在生活领域,还是在学术文化领域,或是在政治领域?新文化运动中,对于儒学的负面作用曾经作了多重批评。吊诡的是,在复兴儒学的过程中,对于儒家的积极作用之认识,也呈现了分歧百出的态势。

当前,众多儒者扩大儒家影响、发掘儒家价值的文化努力,对儒学本身发展和中国社会发展都有一定意义。儒学在中国历史上的影响,虽然或大或小,或隐或显,但却从没有断绝过。杜维明先生曾在从时间跨度的角度分析儒学传统时提出这样一个预设:"任何精神传统,如果不发展、不扩大,就会死亡。它绝不是一个静态的结构;而一定是一个动态的过程;只是这个动态的过程受到冲击以后,它可能变成潜流,有的时候在思想界被边缘化,但它总是在发展的过程中;甚至有的时候断绝了,但它的影响力在社会各个不同的层级是一定存在的。"[1]从时代精神的角度来看,儒学精神在中国历史上的发展确实符合

---

[1] 杜维明:《儒家传统与文明对话》,彭国翔译,石家庄:河北人民出版社,2006年,第218页。

上述预设,即使在儒学被边缘化、成为潜流的时代,儒学精神对中国社会生活的影响从未停息。在现代中国思想界里,虽然儒学饱受现代性的质疑和西方思想的冲击,但儒家学者对儒学在各个层面的不懈发挥就是这样一种表现。

我们认为,当前对于儒学复兴所做的各种理论和现实努力,其目的是在扩大儒学精神的影响力,使得儒学精神绵延不绝。就中国大陆而言,新时期以来的儒学复兴首先是从儒家心性之学、道德哲学等角度开展的,尤其是 20 世纪 80 年代以来对于先秦儒学、宋明理学的深入研究,如学者们对传统儒家思想的深入分析与整理等,在这些研究中,儒家心性之学、道德哲学得到了全新的诠释与发挥。但是随着政治文化与社会生活的变迁,尤其是近十几年来,当代中国儒学研究者已经不满足于仅从心性角度、伦理角度去探讨儒学的思想内涵和道德作用,而是希望从多层次、多角度来理解儒学的社会政治功能①,并以此回应新文化运动中对儒学在社会政治领域中的所谓"毒害"之质疑。

更直接一点说,最近一段时间以来,大陆新儒家以儒学为旗帜提出了政治诉求,表现或为建立"儒教政权",或为创设"儒家文化特区",或为"儒士共同体的仁政",或为"儒家宪政"②,或从文化、政治的大根大本之角度来为儒学张目。随着经济发展和民族自信心的增强,很多人尤其是对中国传统文化保持敬意的人,为了实现探索中国思想和中国制度的突破,更愿意将目光投向曾在中国几千年传统中切实发挥过砥柱中流作用的儒学及其制度体系,并从思考传统儒家政治哲学范式乃至具体的政治思想、政体改革等出发来从事当代中国政治思想的建构,希望以此来丰富和完善中国的政治改革。

这一现象的发生,除了儒学思想自身蕴含的体大思精之外,我们认为可能还有其他一些因素被纳入考量体系,比如说,儒学是真正"中国"的,绝非舶来品,容易在情感上接受;又比如说,儒学是"成功"的,中国几千年的历史表明,儒学在维系人心、保证社会秩序上确有其独到之处。以上两种考量,大多无外乎基于新文化以来的文化保守主义和民族主义的立场,这也是由于近代以来中国急剧变革所带来的刺激及其反应。当新的社会并没有表现出足够良好时,对于过去时代的怀念总是人们从最简单的比较中首先获得的答案;而当异质文化强势入侵的时候,基于对本民族的认同也会激活对于本民族之固有精

---

① 台湾学者李明辉先生最近就指出,目前的"大陆儒家"更愿意从"政治儒学"的角度来诠释与理解儒学在新时期的发展。臧继贤:《专访台湾儒家李明辉:我不认同'大陆新儒家'》,www.thepaper.cn 澎湃新闻,2015 年 1 月 24 日"思想市场"专栏。

② 马立诚:《当代中国八种文化思潮》,北京:社会科学文献出版社,2012 年,第 178—205 页。

神文化的"乡愁"。

不管文化保守主义者和民族主义者从情感上愿不愿意,从事实上看,进入现代以来,中国传统儒家思想都要面临现代化、西方化的冲击,因此要重新确证儒学的地位,儒家学者必须要对现代性的问题予以回应并在此基础上挺立自信。因此,诸如牟宗三先生期望从传统的内圣理路开拓出现代意义上"外王"(民主、科学)的融合古今中西的现代儒学思想,甚至一些儒者还提出了各种儒家政体设计的思潮,层出不穷并流播深远。然而,由于对于现代性缺乏深入的理解以及对现实社会的复杂性估计明显不足,很多理论上的设想,虽然也能博一时之眼球,但多年来也只能是仅仅流于观念上的设想或者理想,难以发挥实际的作用。

我们认为,近年来儒家的各种设计,从历史的角度来看,在一定程度上仍然还是在回应新文化运动中对儒学提出的挑战与质疑,儒学究竟在何种程度上能为现代社会做出理论和现实的贡献?无论是从心性伦理还是从政治制度方面来论证儒学的意义,其实都是在为儒学在新的时代寻找一种新的存在必要性。新文化运动对儒学的责难始终笼罩在当代儒学推动者的头上,要想真正意义上实现儒学的复兴,就必须回应这种责难。

儒学传统的多重维度

新文化运动责难儒学在政治上、道德上、生活上都难以适应现代社会,对儒学做了全方位的批判。这里面隐含了一个预判,那就是儒学传统的多维性,而非我们常常强调的儒学的政治性。因此,要想更好的回应儒学的时代性意义问题,就有必要认真的梳理儒学在历史发展中形成的传统。我们认为,由于儒家思想的多维致思路向,所以很难用现代学术范式的某一种形态概括之,如道德哲学、政治哲学、文化哲学等。因此,讨论儒学传统的时代意义,保证传统的延续性,使得儒学传统与现代社会有机接榫,有必要拓宽对儒学的传统的理解。

无论从历史还是现实角度来看,儒学思想及其影响都是多维的,可以称之为"儒学多重性",我们认为,从宽泛的意义上来看,结合儒学在现代社会的表现,儒学主要通过如下几种形态来呈现其面貌:

儒学首先是一套对于世界和社会的认识的基本观念和理论,这就是所谓观念化的儒学。自殷周时代,对天、天命的认识开始,历经千年以来儒者的深入发挥,其核心概念从天命、性与天道、仁、义、天人感应到天理、良知,范围广泛、论题繁杂。这些核心的观念,以及围绕其生发的本体论、认识论、价值观、历史观、人生观、修养论等,构成了儒学的观念论向度。

儒学还呈现出伦理化的特点,它是一套价值系统,以伦理规范的形式在生活中出现。儒学在社会生活中发生作用,主要体现在伦理层面,范围涉及政治生活伦理、家庭生活伦理、个人道德选择等等,如三纲五常;温良恭俭让、仁义礼智信;忠孝节义、礼义廉耻。这些儒家伦理规范,曾经发挥过至关重要的作用,有些价值直到现在依然有着重要的意义。作为伦理的儒学也往往被统治者利用,即把伦理秩序转化成政治秩序,通过道德来规范人们的行为,进而演变成为巩固政治权力的手段。

在伦理化儒学的基础上,儒学还具有政治性的特点。政治化的儒学首先是建制化,即通过文献的经典化、政治礼仪的程序化、选举(科举)制度等一系列制度设计,来保证儒家的尊崇地位及其与政治权力的联系。政治化的儒学也包括在日常生活层面落实儒家精神来实现社会控制与制度设计,如在国家的文教制度、乡间的宗族制度、人际交往的礼仪制度等制度中强化儒家的精神。另外,政治化的儒学还通过"王道""仁政""礼治"等理念来实现国家善治的构想,同时进行社会治理、秩序维护。政治化的儒学在历史上曾经长期是国家治理的理论基石和制度依靠,近年来也逐渐成为现代中国政治哲学的重要理论参考。

从思想史的角度看,古代儒学还构成了一种学术传统,也就是谱系化的儒学。儒学还意味着一个学术传统,一个道统谱系。在古典儒学系谱中的儒学人物,既是知识分子的优秀代表,又是士大夫的杰出人物。如孔子、孟子、荀子、董仲舒、韩愈、周敦颐、程颢、程颐、张载、陆九渊、朱熹、王阳明、王夫之、戴震等儒学人物,已经以其杰出的思想贡献,成为中国古典精神的象征性符号。儒家知识分子的思想及其人格所构成的传统,通过他们的著作、思想与生平,代际传递,已成为中国知识分子的精神源泉,这个传统激励着历代知识分子为善之理念而努力。

儒学还是一种生活方式的表现,我们把这种儒学形态称之为生活化的儒学。梁漱溟先生曾提出认知儒学和认知孔子一样,最重要的还是要从生活角度去体认,他指出,"在孔子主要的,只是他老老实实的生活,没有别的学问。说他的学问是知识、技能、艺术或其他,都不对。因为他没想发明许多理论供给人听,比较着可以说是哲学,但哲学也仅是他生活中的副产物。所以本着哲学的意思去讲孔子,准讲不到孔子的真面目上去。因为他的道理是在他的生活上,不了解他的生活,怎能了解他的道理。"①诚如此言,儒学最终是要落实到日用常行中,儒家生活道德、传统礼仪制度、理想人格追求、艺术审美情趣都要在日常生活场景中去落实,并借此实现价值、理想的追求,所谓"百姓日用即是道"。

以上述几种形态呈现的儒学在中国古典社会里处于主导地位,也确实起到了维护世道人心的独特作用,多种形态的儒学也保证了儒学旺盛的生命力。在当代中国,我们依然需要在既有的传统下来创造时代的文化与精神。"儒学"作为中国传统的核心要素,在新的时代文化塑造中将从多个维度发挥作用。当然,这种作用的发挥是建基于儒家义理的全新推进基础之上的,而非简单地让儒学与政治捆绑在一起。与现实政治的简单性关联,将会使儒学陷入历史的兴衰循环中去。孟子曾说:"待文王而后兴者,凡民也。若夫豪杰之士,虽无文王犹兴。"(《孟子·尽心上》)对于当代儒学的发展来说,也是如此,儒学要想再次成为对时代有着巨大贡献的精神力量,就应该摆脱作为政治符号的命运。发挥多重向度的儒学精神,避免单一化的政治儒学,有益于儒学的振兴。

如上所述,儒学表现为观念化、伦理化、政治化、谱系化、生活化的多样形态,正是多重向度的"多维儒学",满足了时代的多重需求,才使得儒学在中国古代社会生活中成为"时代精神"。新的时代要想承续儒家的伟大传统,发挥其积极的价值,应该从上述多重的维度予以阐扬,而非仅仅单向度地利用儒学的某一个方面。只有重视儒学的多重向度且兼收现代世界文明,进而在义理上对儒学有所推进,才能使得儒学避免20世纪以来的"衰兴皆忽"的坎坷命运,真正回应新文化运动提出的责难。

儒学传统与新文化运动传统的融合

余英时先生曾经说,新文化运动中的人物"把民主和科学放在和中国文化传统直接对立的地位,那更是不可原谅的大错误"②,而他认为,"中国文化

---

① 李渊庭、阎秉华整理:《梁漱溟先生讲孔孟》,上海:上海三联书店,2008年,第13页。
② 余英时:"试论中国文化的重建问题",《中国思想传统的现代诠释》,南京:江苏人民出版社,1995年,第57页。

重建的问题事实上可以归结为中国传统的基本价值与中心观念在现代化的要求之下如何调整与转化的问题。"①照余先生的看法,新文化运动的缺失在于简单化地否定了中国文化传统,而这种否定无益于中国文化的现代重建。可见,中国文化的重建在于如何协调传统文化与现代性的关系问题,这种协调绝不是一方否定一方,各自将对方置于对立面,而是应该在新文化运动所主张的现代化视域里对传统文化予以转化。这种思路,显然是要将儒学传统与新文化运动传统予以融合,实现综合意义上的创新。

多维的儒家传统代表着中国传统的基本价值,而新文化运动传统则代表着中国在现代化道路上的新价值探索,如何实现新旧两种传统的对接和融合,应该是现时代中国文化重建的核心命题。简单地否定儒家传统,同简单地否定新文化运动的传统一样,都会流于一种立场和情绪上的表达,而对中国文化重建的历史命题之解决有所蔽碍。

前面我们对儒家传统已多有阐述,现在来看看新文化运动的传统。作为一种新的传统,新文化运动精神可大致以概括为一种思想解放和思想启蒙的精神:反对等级、反对迷信、反对帝国主义,弘扬爱国、民主、科学和理性精神,同时还伴随着对马克思主义、社会主义的广泛传播和深入理解。新文化运动以来,知识分子怀着高度的历史责任感,对旧有的文化进行反省、批判,并"重新评定一切价值",成为思想文化界的常态。② 关于这一点,我们经常看到的一个有趣的现象是,"新文化运动"曾是激进的"反传统"的运动,新文化运动时期的陈独秀、胡适、鲁迅等人都曾对中国旧有的文化传统进行了激烈的批判和全面的否定,然而这种"批判"和"反思传统"的精神现在正成为一种新的"传统"。新文化运动时期缔造的激进"反传统"的"进步主义"传统,虽然今天看来有一些值得讨论的地方,但在事实上,这种传统为20世纪的中国人尤其是知识分子在从事文化反省和社会批判的时候提供了强大的精神力量。

自新文化运动以来,民主、科学、进步、自由等成为20世纪中国最为神圣的几个字眼,也是最主要的价值标准。民主、科学等作为价值观念,不同于古

---

① 余英时:"试论中国文化的重建问题",《中国思想传统的现代诠释》,第52页。
② 李泽厚有见于此,在著名的《启蒙与救亡的双重变奏》一文中指出:"历史的解释者自身应站在现时代的基地上意识到自身的历史性,突破陈旧传统的束缚,搬进来或创造出新的语言、词汇、概念、思维模式、表达方法、怀疑精神、批判态度,来'重新估定一切价值',只有这样,才可能真正去继承、解释、批判和发展传统。"李泽厚:《中国思想史论·中国现代思想史论》,合肥:安徽文艺出版社,1999年,第864页。

典中国"三纲五常"的主导性社会价值,它们突破了传统的等级制度、蒙昧因素,启发了广大知识分子和文化精英的思想和觉悟,再经知识分子和文化精英运用文学、诗歌等艺术手段,推广到大众中去,从而对20世纪以来的中国的政治、经济、文化和社会产生了长足的影响。民主、科学和社会主义等文化和价值观念,正是随着新文化运动成为中国人政治生活和文化生活中的主题,为几千年古典中国的文化注入了新鲜的内容和话题,甚至可以称之为构造了新传统。

作为新文化传统中的主要内容,"民主""科学""社会批判",以及"马克思主义""社会主义"等文化和价值观念,无论从表述形态还是从实质的价值诉求上,都和古典中国的文化精神有着鲜明的不同之处,在许多地方甚至和古典中国的等级制、迷信思想等都有着本质的对立,具有革命性和颠覆性的意义。因此,我们将其视之为不同于以儒家为核心的古典传统的一种新的文化精神和文化传统,其中蕴含的"民主""科学""自由"的精神,会成为未来中国社会发展的精神助推器。

从以上对新文化运动传统的简述来看,新文化运动所崇尚的民主、科学、自由等现代性精神,已经对中国的社会生活产生了深远的影响。但这种完全摒弃古典传统的做法以及激进的反传统主义,并不能真正实现文化重建。马克思曾说过:"人们创造自己的历史,但是并不是随心所欲地创造,并不是在他们自己选定的条件下创造,而是在直接碰到的、既定的、从过去承继下来的条件下创造。"①对古典儒家传统的彻底抛弃,把"民主""科学"等现代性价值与传统文化完全对立起来,这种"矫枉过正"的取向,的确值得反思。同样地,激烈地批判新文化运动中形成的"批判"传统,进而质疑新文化运动所传播的民主自由精神,也是一种历史虚无主义的态度。

现时代的中国,既有政治现代性的构建问题,也有世道人心的匡救问题,同时还有中国之民族性与世界性的问题,因此特别需要各种思想和精神资源来支持回应和解决这些问题。在所有的资源中,精神传统和思想传统是非常重要的内容。新文化运动在一定意义上曾经急剧地割裂了传统,造成了传统的截然断裂,从这个意义上看,今天我们反思新文化运动的不足,的确是有意义的。但是,反思新文化运动对儒学传统批判的过激问题,并不意味着要彻底否定新文化运动的传统。在这个意义上,理想的中国文化重建之道路,似更应

---

① 《马克思恩格斯选集》第1卷,北京:人民出版社,1995年,第585页。

该是将以儒学为主干的古典传统与新文化运动的现代传统结合起来考虑。形象地说,我们应该将"孔夫子"代表的儒学传统与"胡适之"代表的新文化运动传统从对立的历史纠结中解脱出来,把儒学的礼乐文明与新文化运动的民主、科学、自由精神结合起来,把科学、民主、自由的精神贯彻到观念化的儒学、伦理化的儒学、建制化的儒学、谱系化的儒学以及生活化的儒学等多重传统中去,使得"孔夫子"与"胡适之"一起合力重建中国的文化精神,在古典精神与现代精神相得益彰的基础上来回应当前现实的文化重建问题。

本文作者系上海大学哲学系教授
原载《船山学刊》2015 年第 6 期

儒家政治理想之新唯物主义重估

徐英瑾

历史唯物主义对于儒家政治哲学的挑战

2015年1月,《学术月刊》编辑部等单位对2014年年度中国人文社科界"十大学术热点"进行了盘点。在这些热点中,"儒家思想的政治哲学解读"赫然在目。根据该报告的描述,目前国内对于该话题的研究主要聚焦于如下五个子话题:1.对儒家政治哲学的特质、使命、概念和方法等主题的重构;2.对儒家"民为邦本""为政以德""尊贤任能""廉政勤政"等政治伦理信条所展开的探讨;3.对《尚书》《春秋》等经典文本中的政治思想所进行的深度挖掘;4.对孔子、孟子、荀子、董仲舒、二程、朱熹等儒家代表人物的政治思想所作的评析;5.对儒家王道政治理想的现代意义的重新阐发,以及对于儒家思想与国际秩序构建之间的关系的重新认识。根据该热点的学术点评人彭永捷教授的见解,与当代中国向学界提出的实际需要相比,上述对于儒家政治思想资源的爬梳和整理还显得有些"不接地气",尤其在儒家基本义理和社会科学及社会政策结合方面,学界还需要作出更多的努力。[①]

笔者基本赞同彭永捷先生的意见。从上面所提到的五个子话题所展现出来的学术图景来看,目前从事儒家政治思想重构的学者,其精力基本的确都集中于古代文献的解读工作,而未将更多的注意力投向"如何将儒家思想资源和中国的现代化建设相结合"这个更带时代感的话题。那么,我们又该怎么来克服这个缺点呢?一种不假思索的回答便是:未来中国的儒家政治哲学研究,只需要将学术关注点更多地投向当下便行了。然而,谁又能够保证这种

[①] 《2014年度中国十大学术热点》,《学术月刊》,2015年第1期。

"注意力"的转向,就一定能够带来富有洞见的新理论成果呢？古代文献解读虽"不接时代地气",但毕竟是按照传统学科范式训练出来的人文学者最为熟悉的工作。如果脱离了这个范式转而去讨论一些更接"地气"的题目——如中国的人口老龄化、雾霾治理、转基因食品的安全性、大学的产学研一体化、人民币的国际化、中国的油气能源战略、电子商务的资本扩张对于实体店零售商的市场份额的挤占、机器人大生产时代对于中国产业布局的挑战,等等——儒学工作者们又如何保证自己能够提出比相关领域内的专家更为深刻的见解呢？

对于笔者的这项批评,儒家政治哲学的同情者或许会提出两项反驳:第一,在理想的情况下,一个内化了儒家价值理想的政治家可以在面对上述这些具体问题时"自然地"想到一些符合儒家价值理想的解决方案；第二,从长远来看,儒学工作者也可以去学习具体的社会科学和自然科学知识以丰富其应对现代社会的技术和手段——只要这样的学习只是丰富了其思想体系中的"用"的层面,而不会动摇其中"体"之核心。这样的回答看似机巧,却回避了一个非常关键的理论问题:难道具体社会科学或自然科学的"用"就不会和儒家价值的"体"产生逻辑矛盾吗？而在"体不驭用"的情况下,儒家之"体"本身的效用难道就不会遭到质疑吗？

与其说将自然科学和社会科学的研究本身视为某种"无体之用"的观点,本身就是源于对于科学的傲慢与无知,毋宁说,与具体的科学研究相匹配的"科学精神"本身就是某种"体"或"道",而大量的科学工作者所秉持的素朴的唯物主义本体论,也正是这样的一种"体"或"道"；具体到社会科学领域,很多社会科学工作者所自觉或不自觉秉承的哲学思想前提——历史唯物主义——更是这样的一种"体"或"道"。那么,科学研究的"体"或"道",是否可以与儒家价值的"体"或"道"相互融合呢？或问得更具体一点,儒家价值的"体"或"道"是否可以和历史唯物主义相互融合呢？答案恐怕不容乐观。

按照马克思和恩格斯在《德意志意识形态》中所提出的观点,"思想、观念、意识的生产最初是直接与人们的物质活动,与人们的物质交往,与现实生活的语言交织在一起的。人们的想象、思维、精神交往在这里还是人们物质行动的直接产物。表现在某一民族的政治、法律、道德、宗教、形而上学等的语言中的精神生产也是这样。"[①]这也就是说,任何一个民族的道德和宗教精神都

---

① 光松涉:《文献学语境中的〈德意志意识形态〉》,彭曦译,南京:南京大学出版社,2005年,第29页。

必须被回溯到该民族的物质生产形式中才能够得到透彻的理解——而这些精神的事项自身并不构成任何独立的历史。因此,中国儒家的价值体系,也必须回溯到相关历史时代的物质生产活动中才能够得到透彻的理解。儒家价值体系并不具有一部独立于社会的物质生产活动的自足的观念史。

我们所了解的大部分经验事实是,中国儒家价值体系的大量内容,都和基于血缘的宗法制度,以及与之配套的农业生产、生活方式息息相关。所以如果基于血缘的宗法制度,以及与之配套的农业生产、生活方式本身大量消亡的话,随附于其上的儒家价值也会难以维系。这一判断也被下述经验观察所证实:(甲)一胎化政策的执行已经使得传统中国的家庭结构发生质的变化;(乙)大量农民工进城,社会关系由此按照现代工业的分工逻辑被重组,抽象的"陌生人关系"正日趋取代传统的"熟人网络"而成为人际关系的基准;(丙)随着农村土地流转和"农转非"进程的深入,中国传统的农村生产关系也会按照"分工化、专业化"的工业标准而被改造。可以看出,由于儒家价值观念所赖以生存的物质生产方式正在(且还将继续)被削弱,在现代化条件下全面复兴这一价值,并将其成功熔铸于现代政治操作的概率,绝不容被高估。

儒家价值的捍卫者们,将如何回应历史唯物主义者所提出的这一理论质询呢?从逻辑上看,他们所可能采用的回应策略或许有以下三类。第一,否定"历史唯物主义"这一哲学前提是正确的,因为这一哲学思想明显是颠倒了传统儒家"体用论"中的"体用关系",即将经济学、社会学事实视为"新体",将"性命义理之学"视为"新用"。儒家价值的捍卫者或许会说:由于这个前提本身就预设了儒家性命义理之学的边缘学地位,因此,整个论证就犯下了"在前提中预设结论"的论证谬误。第二,默认中国儒家价值体系的确和中国人的具体生产、生活方式高度相关。但正因为如此,儒家价值的捍卫者或许会反对中国工业化和城市化进程的深入,鼓吹复活前现代的生活方式。第三,承认中国儒家价值体系的确和中国人的具体生产、生活方式高度相关,但是,否认这些"底层事件"会随着近现代中国的工业化进程而得到彻底、全面的更新。也就是说,总是会有些"底层事件"保持相对的恒定性,以使得儒家价值的复兴始终具有可能。

这三个理论选项中,唯一值得"精细加工"的,目前看来只有第三个选项。它既能够巧妙规避儒学价值的传统捍卫者所经常陷入的"历史唯心主义陷阱",又可以援引大量的经验科学证据为所谓的"某些不变的底层事件"提供注解,由此可以非常自然地为对儒家的理论重述工作披上"现代性"的外衣。

然而,正如笔者所将要论证的,即使是这个对"现代性"作出最多妥协的儒家价值重述方案,也难以令人满意地回答这样一个亟待当代儒学工作者回答的问题:如何从关于儒家价值的"内圣之学"中开出可被顺畅施用于现代政治的"外王之学"?

新唯物主义视野中的儒家道德学说

现在我们的任务,便是以尽量同情的态度,来看看一种接受了现代自然科学或社会科学话语方式的儒家价值重述方式,究竟能在多大程度上将其加以"现代化",并由此将前文所说的"选项三"予以具体化。具体而言,为了能与马克思主义的主流意识形态的唯物主义预设无缝对接,在这里我们所提到的新话语框架,将大量采纳演化心理学、社会生物学、认知科学、神经科学等新兴交叉学科的成果,并由此一扫教科书版唯物主义带给人们的陈腐印象。为了强调这些新科学内容对于唯物主义理论传统面貌所起到的"升级"效应,这一话语框架就不妨被称为"新唯物主义"。

为何这些看似新锐的理路因素的加入,反而可能会对给人以"保守"印象的儒家价值观念带来新的理论生命力呢? 其关键就在于,这些新兴学科更感兴趣的乃是相对恒定的人类的"自然存在"(如脑的神经组织架构),而不是更易变的"社会存在"(如经济产生关系)——而这一点,亦正好与前述"选项三"对于某些"在历史流变中相对恒定的底层事件"的聚焦遥相呼应。换言之,如果儒家价值的捍卫者能够为与这些价值对应的认知架构提供证据的话,那么,在假设这些架构在智人物种的头脑中普遍且稳定存在的前提下,他们就更容易在物质世界中为儒家价值本身的复兴寻找到支点。

下面我们就具体来看看,在新唯物主义的理论视野中,到底有哪些对儒家价值的捍卫者有利的经验证据或科学假设会浮现出来。我们知道,儒家价值学说有两个特点:一是强调以血缘关系为基准的利他主义行为模式,即亲属之间的互助行为;二是承认这一利他主义模式可以被推广到非亲属对象上去,所谓"老吾老,以及人之老;幼吾幼,以及人之幼"(《孟子·梁惠王上》)。关于如何解释这些行为产生的演化论根源,新唯物主义者是有着丰富的理论资源的。具体而言,英国的演化论专家汉密尔顿提出所谓的"亲属选择"模型,就完全可以被儒家价值的捍卫者所利用。该理论的数学细节虽然繁复,其核心思想却很简单。试问:你为何要牺牲你个体的适应性去帮助你的家人和亲戚呢? 道理很简单:他们身上的基因和你的基因之间的重叠程度,要高于某个家族外成员的基因和你的基因之间的重叠程度。因此,帮助他们,就等于帮助你自己的基因得到传播!

既然提到了"亲亲相隐",读者或许马上还会联想到《孟子·公孙丑上》中的这句话:"今人乍见孺子将入于井,皆有怵惕恻隐之心,非所以内交于孺子之父母也,非所以要誉于乡党朋友也,非恶其声而然也。"孟子说得清楚,我们见孺子入井心生恻隐,不是因为我和他有血亲关系,而是因为我们皆有善心啊!汉密尔顿的亲属选择理论又当如何解释孟子的这段话?相关的演化论解释其实也不难给出,施惠于亲属的利他主义行为产生的逻辑前提是:施惠者能够从非亲属中辨别出亲属来。但这是不是就意味着施惠者的认知架构需要发展出一个特定的模块,如"亲属探测器"呢?关于这种假设中的"亲属探测器",没有很强的证据表明智人的大脑中真的具有这样的认知模块,否则现代人就犯不着发展出专门的技术来进行亲子鉴定了。对于生活在采集—狩猎时代的先人来说,纵然没有这样的探测器,一般也不会碰到"误将非亲戚当亲戚"的麻烦,因为一个采集—狩猎部落中的成员往往都彼此是亲戚,且由于部落的人口总量较小,要分清楚谁是部落内部的人,谁是外部人,还是非常容易的。从这个角度看,自然选择是不太可能会帮助我们的人科动物祖先演化出一个专门针对部落外来客的专门探测器的——因为这个探测器用处太少,专门将其演化出来显得有些"不合算"。很显然,由于这种探测器的缺乏,所以在某个特定部落成员看来,"陌生人"和"远亲"的心理表征类型是彼此不可分辨的。这样一来,某个偶然混入该部落的外部落成员,就很可能会被当地人当成远亲来看待,并从该部落的利他主义网络中获得分红。而随着人类进入文明社会,这种视"陌生人"为"远亲"的远古心理机制因为跟不上环境变化的步伐而得到了保留,并使得我们会对和自己毫无血缘关系的入井孺子产生恻隐之心,甚至在我们的日常语言中留下痕迹(譬如,我们在和陌生人套近乎的时候,喜欢以"兄弟姐妹"相称)。[①]

按照这样的思路,我们甚至可以在更为广义的孟子式性善论所说的"仁义礼智非由外铄我也,我固有之也"与演化论的说明方式之间,发现某种对应关系。譬如,对于基于道德情绪之先天性的儒家性本善说而言,美国著名心理学家巴斯的下述言论,就可以被视为对其给出的某种积极的唯物主义回应:

---

① Richard Joyce. *The Evolution of Morality*. Cambridge (MA):The MIT Press,2006:21—22.

"总而言之,道德情绪或许起到了某种'承诺机制'的作用,以便促进个体的亲社会行为,使之能够对伤害进行补充,对欺骗者加以惩戒,并向他人表明自己是一个值得信赖的联盟对象。每种道德情绪看来都适应于某一种特定的行为。它们能够被用以解决的适应性问题可以被分为以下三个大组:(甲)尊重权威——以便抑制个体的自私欲望,服从那些占据主导地位的人,并服从来自更高权威的法律和规则和命令;(乙)对于公正的渴望——对于互助和互惠的适应性价值,包括对于欺骗者的惩罚,以免互惠关系被破裂;(丙)对于他人的关心机制的演化——奉献啊,同情啊,帮助盟友、配偶以及亲属啊,这些行为都具有适应性价值……"[1]

然而,细心的读者或许会发现,在对于自发性利他主义行为的新唯物主义解释和儒家的伦理价值体系之间,似乎还存在着一个解释性鸿沟。概而言之,前一种解释显得有点太泛化——它针对的是所有智人物种成员的道德情绪的生物学根源,却未解释中国人对于道德直觉(而不是抽象的道德推理)的特殊偏好;同时,它亦未在逻辑上排除反思性的推理活动在伦理抉择之中所扮演的角色——相反,在"大规模模块性"的心智架构假设中,这些反思活动完全可以被识别为一些特殊认知模块的功能,并由此依旧在一个泛唯物主义的本体论框架中得到安顿。这也就是说,一个康德式的义务论者,或者一个边沁式的功利主义者,同样也可以通过对于相关认知模块之功能的援引,而完成对于自身规范伦理学立场的"唯物主义升级",并由此抵消掉儒家价值学说和新唯物主义的结盟策略对其所构成的威胁。而在一种对儒家价值的提倡者最为不利的形势下,义务论者和功利论者甚至还可以通过对于如下生物学事实的引用,而对儒家价值的"低等性"进行暗示:由于与复杂的道德反思相关的前额叶皮层在演化历史中较晚出现,因此,其所执行的大脑活动也就更为高级——这样一来,依赖于相关脑区活动的义务论和功利论推演,似乎也应当比那个简单的道德情绪的发泄,更能够体现人之为人的"人性"而非"兽性"。

儒式"语境定义"与现代政治操作之间的张力

为了检验儒家的道德直觉中心主义是否能够顺利地回应上面的挑战,

---

[1] David Buss. *Evolutionary Psychology*: *The New Science of the Mind*(Third Edition). New York: Pearson, 2007:402.

我们就必须为其所可能提出的回应,预先准备好一块试金石。具体而言,这块试金石关涉到的,乃是儒家道德直觉中心主义对于一种稳定的、明晰的政治经济学立场的支持力。至于为何要专门谈及"政治经济学"而不是泛泛言及"政治学"或"政治哲学",则又是得缘于马克思主义的基本洞见:任何政治理论都必然会或显或隐地反映理论提出者对于经济利益分配格局的诉求,而不可能在真正脱离一切物质利益的前提下去空谈"正义"或"仁政"。这种观点甚至也在当代一些非马克思主义的思想家那里得到了应和:比如,在罗尔斯的《正义论》中,对于经济利益的分配问题的讨论就占据了非常大的比重。而在当代社会的政治管制中,对于税收多寡、征税对象核定、产权界限厘定、财政支出方向、货币政策等事项的讨论,更是成为各国政治生活的核心议题。很显然,在这个现实背景下,我们很难相信一种无法支持清晰的政治经济学立场的儒家学说,竟然可以在当代的政治生活中具有理论指导性与可操作性。

但从儒家学说在古典中国的政治-经济实践中所扮演的角色来看,我们却很难对其所可能支持的经济政策的内涵作出清楚的解读。这倒不是因为儒家学者从来不讨论经济问题,而是因为他们对于经济问题的讨论往往会引出完全不同的解读方案,让人摸不着头脑。譬如,孔子在有些场合明确表露出了统治阶层不应与民争利的想法,并特别强调了执政权和产业经营权的剥离(参见《礼记·坊记》:"君子不尽利以遗民……故君子仕则不稼,田则不渔,食时不力珍,大夫不坐羊[皮],士不坐犬[皮]")。这或许可以被理解为朦胧的自由市场经济意识,因为当作为政治资源占有者的诸"君子"被剥离了经济资源的分配权,而只能构成一个今日经济学家所说的"小政府"之后,市场机制本身就会有更大的机会发挥自身的功能。然而,孔孟对于西周井田制的留恋却又带给了我们相反的印象。当孟子说"夫仁政必自经界始,经界不正,井地不均,谷禄不平"(《孟子·滕文公上》)的时候,他显然赋予了执政权以很大的生产资料分配权威,以构成个体家庭经济活动开展之基础。这似乎又和前面所说的"小政府"假设相互抵触。先秦儒家在经济政策问题上的这种含糊和自相矛盾,使得后世的儒家追随者几乎可以随心所欲地从中引申出自己真正中意的经济学理论。譬如,司马迁在以赞赏的口吻评论文景时代的低税政策时(参见《史记·平准书》:"自天子以至于封君汤沐邑,皆各为知奉养焉,不领于天下之经费"),遵循的显然是前述的"小政府"路线;至于独尊儒术的汉武帝强制推行盐铁专营制度的执政实践,则分明是"大政府"路线的彰显。而在儒学已经高度发达的宋代,王安石和司马光集团在经济政策方面的水火不容,则更清楚地彰显了儒家思想在经济学基本问题方面的实际指导力的匮乏。这自然会使得今天的儒家学者在试图重构儒家的政—经立场时面临某种理论尴尬:他们如何能够保证自己重构出来的理论成果的确是忠实于儒家的原始立场的,而不是某种套着"儒家"外衣的凯恩斯主义或者哈耶克主义?

儒家立场的同情者或许会说,儒家之所以在具体的经济政策上采取暧昧态度,乃是因为其在知识论问题上预设了一种"语境主义"立场,即根据不同的语境参数而给出不同的知识指派结果。所以,要在脱离特定历史参数的前提下要求儒家回应"怎样的经济政策才符合'仁政'的要求"之类的问题,乃是不合理的,这个回复本身就预设了语境主义的合理性。

似乎有大量的文本证据可以证明:将"语境主义"这个标签指派给儒家价值理论是具有解释学上的合理性的。如《论语·先进》中的这段话:子路问:"闻斯行诸?"子曰:"有父兄在,如之何闻斯行之?"冉有问:"闻斯行诸?"子曰:"闻斯行之。"公西华曰:"由也问闻斯行诸,子曰有父兄在。求也问闻斯行诸,子曰闻斯行之。赤也惑,敢问。"子曰:"求也退,故进之;由也兼也,故退之。"

从现代知识论的角度看,这段话的核心命意是试图为"听闻某事"和"付诸行动"之间的蕴含关系的成立寻找前提条件。而儒家的语境主义立场则驱使孔子本人在不同的语境中列出不同的前提条件,由此避免在毫无语境信息的情况下匆忙地作出真值指派。这些前提包括:父兄是否在家等环境性因素,以及行为者自身的气质禀赋等主体性因素。有意思的是,在这些前提之中,主张"因材施教"的孔子更为关注的似乎乃是行为者心理倾向所扮演的角色,而对于外部环境的提及在某些场合甚至会沦为一种借口,比如在与性格鲁莽的子路的对话中,"有父兄在"就成为阻止其匆忙行动的一种借口。也就是说,孔子版本的语境主义视角同时带有一种浓郁的"德性伦理学"关怀——只不过和一般的德性伦理学不同,在这个理论框架中,他人的德性首先要以"他心知识"的形式而被知识指派者或伦理判断者所内化。

不难看出,这种知识指派要得以成功实施,指派者就必须得具备非常丰富的他心知识,以便在由不同的行为主体所参与的语境中,始终能够精准地调整"听闻"和"行动"之间弹簧的松紧程度。在孔子的核心门徒据说只有72人的情况下,满足这个条件似乎还是不难的,因为其核心团队的数量大约和采集—狩猎时代的一个部落的人数相当,这样一来,对于这些"他心信息"的处理一般就不会超越团队领袖心智能力的上限。但在社会关系高度复杂的现代社会中,我们所面对的陌生人数量正以一种古人难以设想的方式激增,因此,即使是聪慧如孔子者,也不可能在其大脑中稳固存储那么多关于其他社会成员的心理数据,遑论对于在不同气质的行动主体相互作用时所产生的海量次生效应的预估。但对于高度复杂的现代社会治理工作来说,对于这些复杂数据的搜集以及整理,则是不可或缺的一项治理技能。从这个角度看,语境主义和德性论相互捆绑的儒式知识指派方案,由于过多依赖于指派者自身的心智能力,在面对复杂的现实政治—经济问题时所面临的失败风险,恐怕是不容低估的。

在古典中国的历史中,对于这一风险的适当诠释,或许就是王莽的改制。在登上权位之前,作为儒学学者的王莽,无论在"知"和"行"上都充分体现了儒家的道德理想:他熟读经典、克勤奉俭、爱民如子,甚至后世文人所说的"王莽篡汉"之举,在当时看来,也颇为符合上古禅让制度之仪轨。称帝后的他亦全面激活了孔孟对于西周井田制的憧憬,试图用国家政权强力干预的方式解决土地分配之不均。而其禁止奴婢买卖的法令,其中所包含的儒式人道主义色彩,简直不输给后世美国林肯颁布的《解放黑奴宣言》。但为何这些看似美好的"仁政",最后却激起了绿林、赤眉的遍地烽火呢?问题就在于,统治继承于西汉的"新"帝国所需要的治理技能及专业知识,并不是基于道德直觉和简单的语境式推理的传统儒式思维方式所能够顺畅把握的。要获取这些海量的治理信息,统治者既需要有能力从大量的运作可靠的基层传感器中了解到帝国经济运行的实时动态,又要有能力根据这些信息完成精密复杂的顶层设计。但从王莽的履历上看,他并不具备这样的能力。他按照标准儒者所接受的读经以及礼仪训练,最多只能支持他完成下列任务:在一个规模类似于采集—狩猎时代部落的执政团队内,根据人生阅历所获取的他心知识,作出种种敏感于语境的知识指派。然而,西汉末年中国所面对的空前人口压力所带来的土地资源分配难题,既是生活在人口资源反而相对匮乏的东周时代的儒家思想家们所难以预计的,也是始终在官宦圈内生活、学习的王莽本人所无法真正获悉的。更麻烦的是,通过小圈子的微观政治实践而获取的基于直觉的政治习性,一旦被放大到宏观政治管制的规模,其本来所具有的"因地制宜、因人制宜"的语境敏感性优势,就会被迅速转化为"朝三暮四、言而无信"的管制劣势——而王莽本人在币制改革问题上的反复无常，以及由此所导致的全国经济生活的大紊乱，便是相关的明证。由此看来，对于大国的治理，需要的是一些超越于语境因素的抽象知识的辅助。这些知识必须以脱离于语境因素的形式逻辑和统计学法则为骨架，以脱离主观偏见的客观数据为血肉，否则，纯粹的道德愿景往往会使得执政者陷入"目的正确，不论手段"的认知谬误，最终陷社稷于水火而不可救。

与王莽的反面典型构成鲜明对比的，则是基于真人真事改编的美国电影《点球成金》所描述的现代体育制度中的棒球明星遴选机制。从某种角度说，一个棒球队的管理层决定出资与哪位球员签约的行为，本身也是一种微观政治操作，而一般棒球队较小的建制规模，似乎也允许球队管理者以儒式语境式知识指派方式，针对不同的队员"因材施教"。但影片中的奥克兰运动家棒球队的总经理比恩则反其道而行之。他不顾教练团队通过长期养成的职业直觉而完成的对于球员能力的评估报告，而是雇佣了一个对棒球本身反倒有点外行的统计学专家，完全根据统计科学提供的数据分析结果，重订球员遴选标准。譬如，按照通常人的直觉，接不住球且跑步慢腾腾的球员肯定成不了器——可比恩的专家却根据数据挖掘的结果告诉他，上垒率才是攻击成功的关键，因此，真正能成大器的球员肯定就是上垒率高的那些人。依据此标准，比恩大量引入了在别的教练看来毫无价值的"垃圾股"球员，并依靠着一场场的胜利，最终验证了新遴选标准的威力。若将比恩的成功范例和王莽的失败案例作一番对比，我们就不难发现现代管理技术和儒式管制技术之间的根本的思路差异：前者将个体视为某些抽象量化属性的结合，因此，对于个体行为的预测就必须得诉诸某些专司数据处理的统计学机制；后者则将个体视为不可在本体论上被还原的诸心理倾向所彼此咬合而成的"家族相似体"。这些心理倾向及其之间的蕴含关系，则可以为那种不诉诸于定量分析的常识心理学词汇所穷尽，与之对应，对于个体行为进行预测的任务，就仅仅被托付给从采集-狩猎时代演化而来的原始直觉产生机制。然而，考虑到人类社会的演化速率大大高于人类固有心智架构的演化速率这一事实，一种过度依赖心智直觉的政治治理技术，恐怕是很难获得在当代政治现实中的"适应性"的。这也就是说，从儒家之"内圣之学"出发，要开发出符合现代政治操作要求的"外王之学"，恐怕只能是缘木求鱼。

儒学教育及通识教育的衍生性讨论

需要澄清的是,上述观点并不意味着笔者反对通过传统儒家价值文化的熏染来提高青少年的道德情操。作为德育活动一部分的儒学教育,既能够加强青年一代和传统的联系,提高其古汉语水平,也能够加强青少年的民族认同感,甚至还可以在广义的儒家文化圈中获得东亚邻国的精神应和,具有多重积极功效。但现在的问题是,一部分国内学者的确给予了儒家思想以过多的理论和实践期望,试图用儒家思想取代现代国家的一般治理原则(特别是法治原则),让其承担其所不能承担的政治责任。从长远来看,这种"通盘皆吃"的"理论大一统"态度有可能最终会损害儒家的名声,因此不得不诚。

从唯物主义立场看来,人类的心智架构亦是自然演化之产物,不可能不受到一般科学规律(包括心理学规律)的支配。因此,儒学教育必须重视青少年的心智发育特点,防止以经典学习为名恢复填鸭式教育之陋习,并同时注意经、史、子、集之间教学内容的平衡,以及广义上的人文教育与自然科学教育之间的内容的平衡。习近平总书记在2014年9月9日视察北京师范大学心理学院时,就在强调传统文化教育之重要性的同时,又明确申明了科学的心理学研究成果对于现代教育的重要指导意义[1],其中深意,的确值得学界同仁反复体会和学习。

同时需要指出的是,近年来已在中国大陆一些高校展开的"通识教育",虽在教育内容上并不限于儒家经典教育而兼容西方学术经典,但是在理路上依然遵循的是"内化经典,塑造人格"的传统儒式训练思路。关于融入现代社会所需要的一些基础数理技能(如帮助比恩"点球成金"的统计学知识),纯粹人文学科的学生反而没有机会掌握——这既为这些学生未来的市场生存能力构成了隐患,也使得他们中有志于学术研究者,难以理解结合数理形式化工具的本学科最前沿学术成果。与之相类似,团队管理工作所亟须的现代心理学知识,也未在现有的"通识教育"方案中得到普遍的重视——而这一点又与心理学研究在我国相对弱势的学科地位相关。目前心理学在我国隶属于教育学的二级学科,地位远不如其在美、日等国显赫,甚至构成了不少人文社科研究

---

[1] 《习近平北师大谈教育》,《新京报》,2014年9月10日。

者的知识短板(目前国内一般的非专科人文社科刊物,一般不包含心理学研究板块)。这种跛脚的"通识教育"方案,或许会和设计者的规划初衷相反,反而会逐步增加各个学科从业人员之间的职业壁垒,尤其会增加未来文科出身的企业管理人员和政府公务员理解现代科技与现代社会科学理论的心智成本,或至少增加业内专家与之进行沟通的成本。而面对机器人革命、页岩气革命、物联网革命等新技术革命接踵而来的当代社会,以及更多技术革命必将随之应运而生的未来社会,此类过于朝向过往而忽略当代与未来的古典教育理念,的确值得加以全面之重估。

本文作者系复旦大学哲学学院教授

原载《探索与争鸣》2015 年第 3 期

专题三
"启蒙"的百年流变

反思启蒙:超越激进人类中心主义

舒衡哲

回望40年前开始的启蒙研究,我脑海中充满了从18世纪的法国到20世纪的中国的那段思想史,其中有空白,有阴影,也有困惑。在今天看来,不仅对理性和科学的过度追求所造成的恶果,需要我们重新评估"启蒙"这个概念,同时我们也需要这样的机会,在全球范围内展开对话,以期让弥漫着思想的专制、独裁和陈规陋习的世界重焕生机。

当我20世纪70年代前期刚开始研究中国的启蒙时,我对于中国知识分子在攻克传统壁垒中扮演的角色还持乐观态度。作为一个历史学家,我跟随周策纵和彼得·盖伊研究的脚步,但是我关于激进思想的赎回权则是受安东尼奥·葛兰西和萨特的启发。那时,在国民党统治时期的台湾地区,阅读新文化运动(1916—1921年)的思想先锋,例如鲁迅和陈独秀的著作是闯入"禁区"的冒险行为。后来,当我开始对中国大陆年长的知识分子进行口头采访时,我听到他们在探索启蒙之路上的黑暗面,我开始意识到,那些想把新文化的遗产延续至20世纪四五十年代的人所承受的思想上的扭曲和幻灭。很多曾在20世纪10年代还是学生的知识分子,开始后悔他们自己曾对传统儒家文化的无心的攻击。很多人也继续冒着政治迫害的危险,只为追求在被覆盖或丑化的启蒙思想中的破碎真理。

当我终于领悟中国当代知识分子的复杂命运之后,我才开始真正欣赏杜维明号召对"启蒙精神中的人类中心主义特征"重新评估的行为。这位睿智的儒家学者让我们注意到,器物理性是通过支持浮士德精神用知识征服世界,从而开始了他对于"沉船"的探险之旅的。"新式异教徒"的说法,曾经被彼得·盖伊用于对欧洲启蒙的研究,被广泛承认是科学和技术伟大进程中灵感的源泉,为西方工业资本主义、民族国家建立、民主政治和司法体系的法律所用。这些都是激烈的世俗人文主义的产物。他们不能被颠覆,也无法被颠覆。

但是，杜维明强调，我们有机会去调和这种启蒙留下的激进的遗产，用新的资源，加深其道德敏感性，"创造性地改变它天生的束缚从而充分地认识到它的潜力，即用一种国际视野把人类群体看成一个整体"①。杜维明提到的改变天生的束缚，很大程度上就是把儒家思想精华和它的天人合一的观点，融入到世界启蒙的遗产中去。我自己持更加谨慎的观点，希望扩展关于思想上光明和黑暗、真理和自欺等词汇的意义。这是一种对中国启蒙时期提出的某些关键概念的重新审视，也许会带领我们不那么人类中心式地理解启蒙，以及为一种更加真切的、比较性的视角做准备。

超越光芒耀眼的"启蒙"

在欧洲背景下，"知识就是力量"的说法在18世纪的法国启蒙运动之前就出现了。早在伏尔泰和雅克·杜尔哥开始在人类智慧的路上朝拜时，弗兰西斯·培根和勒内·笛卡尔早已手握"理性"大旗好几十年了。1694年，《科学院词典》把"光"定义为个人批判精神的敏锐力量："'光'喻义为智慧，亦指一切启示灵魂的事物。"这里，思想和精神还没有彻底分离，信仰和不确定性仍在科学智慧的伟大发现的边缘徘徊着。

直到1750年杜尔哥写出《对于人类思想的持续进步的哲学评论》时，气氛已经明显改变了。短短的50年证实了两件事，一是理性的发展步调；另一个是人类不再质疑理性能够划分其与宗教信仰的关系。当杜尔哥开始说"最后，乌云终将散去！艳阳普照！人类理性完美之极！"②时，这种对人类智慧毫无置疑的赞美已表露无遗，逐渐走向灼人的傲慢，并开始破坏传统、信仰和怀疑精神，最终导致了法国大革命和恐怖统治时期。

今天，当我们回望18世纪法国知识分子的盲目自信时，就会看到，当他们陶醉于人类的智慧而蔑视阳光背后的阴影时，会失去很多东西。同时，如果我们试图为后代拯救启蒙的遗产，需要批判的精神和超越人类中心主义的精神。在此，中国启蒙运动时期的一些词汇或许可以开启一条思考之路，从而在对人类智慧力量至上的盲目信仰中有所"觉悟"。

---

① 杜维明：《超越启蒙心态：对伦理、移民和全球性工作的儒家解读》，《国际移民评论》，1996年第1期。
② Murray Rothbard. *L'éclat de Turgot*. Paris, 1986: 4.

随着《新青年》杂志在陈独秀手上诞生，"新文化运动"开始挑战传统的思维模式。由于深谙法国启蒙运动的历史和困境，陈独秀希望使全中国的同胞从专制主义的枷锁和对儒家父权文化的绝对服从中解脱出来。对新世界观的渴望引导着陈独秀及其同道们探索包括伏尔泰、易卜生、弗洛伊德、尼采、杜威、罗素和马克思在内的许多西方思想家的思想。尽管最后，马克思对中国革命产生了最大的影响，但是其他人的智慧遗产在今天依然影响着中国的批判精神。

在新文化运动时期，"enlightenment"一词对应的中文翻译是"启蒙"。这是一个复合词，而当时的中国知识分子借鉴了日语的译法。日本在20世纪初就接触到一些西方思想，但只是囫囵吞枣般的不假思索地全盘接受，而不是像陈独秀和一起创办《新青年》杂志的知识分子那样谨慎地对待这一问题。在日语中，"启蒙（keimo）"既包含着从西方有所取舍地借鉴，同时也包含着对于物质世界正在消逝的美的一种禅意的觉醒。在汉语中则恰恰相反，启蒙意味着从盲目信仰的麻木中幡然醒悟。不像那些欢欣鼓舞的法国哲学家，中国启蒙运动的支持者在对人类理性进步的赞扬中，仍深刻地铭记着阳光背后的阴影和黑暗。"启"，在古汉语中意味着打开封闭的圈并照亮灵魂，很像17世纪欧洲思想家所说的"清晰的头脑"，彼时他们还没有完全沉浸在对人类智慧的崇拜中。"蒙"也是在古汉语中代表引起动物原始本能的觉醒，作为"梦"的同音词，"蒙"允许慢慢地苏醒，而不是像柏拉图那样对陷入欺骗牢笼的人毫无耐心。

在中文的话语语境中，"enlightenment"与另一个复合词"觉悟"的联系更为紧密，这个词也来自于中国的佛教和儒家的词汇。"觉悟"这个词在新文化运动中的许多作品里大量出现，意味着"觉醒的意识"，即发现和达到一个人自身最深的潜力。这个词完全没有指向沉醉于人类理性的威力，而是指向当一个人开始追求真理时，不断提醒他留意人类灵魂中存在的阴影。在此征途中，激进的知识分子除了陈独秀外，还有同时代的熊十力（他围绕着儒家的"精神"和"真理"概念建立了新哲学）。他们二人于1907到1909年间在日本求学期间，都参加了佛教学习小组，用一些欧洲思想家感到陌生的概念进一步丰富了思想的词汇。

到1916年陈独秀写出《吾人最后之觉悟》之时，他在对汉语和西方启蒙思想的把握上已经有所收获。这篇文章同样发表在《新青年》杂志上，对其自身及同时代的人都是一种召唤。这并不代表他征服了所有的阴影，或者到达了一种理性光辉战无不胜的境界,而是表明他清楚地意识到在启蒙道路上仍然存在的外部和内部的困难。陈独秀所宣称的"伦理的觉悟"是"为吾人最后觉悟之最后觉悟"。如同20世纪著名的作家鲁迅一样,陈独秀注意到"黑暗之门"始终压在想要成为"哲士们"的同侪的心上。多虑的内心意味着这位思想家本身也存在着偏见、误解和傲慢,这些东西妨碍了他找到光芒。简而言之,外部的专制和内心的自负都会成为问题。

把人从一种舒服的偏见中唤醒过来,是两个非法语表达"启蒙"词汇的核心意思。希伯来语"haskalah"和德语"aufklarung",它们更想表达通往光明之路充满艰险的意味,而不仅表达光明的终点。18世纪的犹太作家,并没有对继承其古老传统报以冷眼,而是全盘接受了"haskalah"这个词语,其中包括德国犹太哲学家门德尔松。他们试图反思如何保持批判精神的同时,不陷入对唯物论极端的崇拜中。门德尔松一生最大的抱负是写出一篇深刻的关于灵魂不朽的犹太人文章,同时也是为诚实和真诚的道德准则创立了一种哲学基础。

在外部呼唤启蒙,内在意识必须先一步存在,这种想法体现在康德1784年的《何谓启蒙?》一文中。康德并未想使该文成为一把切断信仰咽喉的理性的匕首。虽然康德对宗教的某些方面有过一些抱怨,但他主要的目的是要人们关注启蒙过程本身。就像中国知识分子在从古汉语中找出"觉悟"一词一样,康德回忆起罗马诗人贺拉士的呼吁"要有勇气运用你的理智"。目标则是战胜一种自我强加的"幼稚"。在康德看来,阻挠人们实现启蒙的正是人们对自我反思的恐惧。因此,真正实现"启蒙"取决于意识到,"新的偏见如同它们所取代的旧的偏见一样,会成为限制大多数无暇思索的普罗大众的桎梏"[1]。

有先见之明的康德意在警告世人,他反对把启蒙作为一个目标,而是强调了在没有"觉悟"的"启蒙"下,统治政权无法逃脱循环的悲剧命运。只是一味地追求光明的终点,没有考虑随之而来的偏见,这种思想反映在许多革命运动中,例如法国大革命后的恐怖时代和中国的"文化大革命"。康德试图在文中提醒腓特烈大帝,"一个本身是经过启蒙了的、不畏惧幽灵的君主"[2]。只可惜历史上只有极少的君主留心过这样的警告。当大权在握时,独裁者将自己奉为理性的主宰者,不惜发动战争来消灭思想上的异己。清除光明背后的阴影的要求似乎都会和所谓的"解放运动"联系在一起。谨慎、谦虚地确认光明背

---

[1] Hans Reiss. *Kant's Political Writings*. London, 1970: 56
[2] Ibid., 1970: 61.

后所谓"非法的黑暗"范围有多大,也许是迈向捍卫人类精神尊严的有意义的第一步。这样,我们也许最终会找回"精神"最广泛的意义,这正是曾经的启蒙运动试图拯救的,而不是揭穿的东西。

超越一种世俗的"启蒙"

日本作家谷崎润一郎在《阴翳礼赞》中提出的一种谦逊的观点可以帮助我们理解启蒙。表面上,这篇文章仅是对日本美学、特别是建筑美学的单纯的鉴赏。但在其简单的文字背后,隐藏着一种对人类中心主义中所谓光明的质疑。例如,他提到,西式风格的建筑(例如京都的 Miyako 酒店)把天花板压得很低,灯火通明,让顾客有一种炫耀自己的财富和掌控一切的自信。谷崎润一郎指出,日本对抗阴翳的战争始于 1867 年的明治维新。日本自身迷恋于启蒙:"日本人民对启蒙的追求永无止境。但最近这些年,日本前进的速度如此急躁,以至于我们国家偏离了正常的道路……"[①]作为"重事轻说"风格的大师,他在说到启蒙思想令人惋惜时用悲伤的语气说:缺乏内在的空间和精神上的约束力,剩下的只有外部自然世界有越来越多的粗暴要求。

幸运的是,日本对于古老的房屋建筑那种传统美学的鉴赏力依然存在,所以就像谷崎润一郎和很多现代人士渴望的那样,现代日本仍然保留了一部分谦逊的态度。他在文学作品中写出他的希望"有些是可以保留下来的:在文学的宅邸中,我喜欢深深的屋檐和暗色的墙面,我会将太明显的东西推回阴翳之中,我会去掉无用的装饰。我不求所有的地方都可以实现我理想中的建筑,只希望至少有一座这样的宅邸,我们关掉所有的灯光,看看黑暗中它原本的样子"[②]。

谷崎润一郎的诉求看上去似乎是纯文学的。那个他渴望的隐居的宅邸已经被其他思想家描绘出来,他们不想否认启蒙,仅仅想重建部分被激进的人类中心主义摧毁的那部分内在特性。这些希望重拾启蒙遗产的人中,首先是当代儒家人文主义思想家杜维明和知识渊博的犹太思想家英国大拉比乔纳森·萨克斯。在不同背景下,当我们继续手持理性和科学大旗向前奔跑时,这些思想家要求的是人性的回归。

---

① Junichiro Tanizaki. *In Praise of Shadows*. Stony Creek:CT, 1977:37
② Ibid., 1977:42.

大拉比乔纳森·萨克斯,也像杜维明一样,试图捍卫启蒙的成果,同时他希望给予这个由18世纪的哲士们创造的成果更多喘息、思考和反思的空间。启蒙,如果想要继续,必须包含很多自我启发式的批判。他使用希伯来语圣经中的语言说:"当合同取代誓约,财富成为一切,我们不求甚解,只要自由,这样当然更快乐,但不见得就是充实……世界主要宗教的力量不仅仅在于他们是一种哲学体系,把真理的精华用严格的逻辑布局串在一起;而在于他们在遵守誓约的群体中,权力被规范,他们不会受经济因素的影响,他们将真理生动地展示于世人。"[1]萨克斯的思想在杜维明那里也产生了共鸣。2011年,在主题为"一个多极世界需要的新精神"的联合国特别会议上,杜维明谈的是"儒家人文主义和西方启蒙运动",后成为《黑暗中的烛光》一书中的一章。他主张用更适度的态度看待科技改变世界。他认为,用中国儒家文化所提的"天人合一"的宇宙观看待启蒙更加合适,即人文和自然以一种神圣的、互相依靠的方式形成一个统一。

其他一些与会学者接受了这个观点,例如著名的瓦茨拉夫·哈维尔。哈维尔自身的学识和精神积淀使他对世俗人文主义控制的世界未来持怀疑态度。他不满足于把人文主义想象成为一个"偶然的反常"或者一个"细微的幻想",他希望与会者接受这样一种宇宙哲学的原则,即对我们的现实的不确定性和神性都给予思考空间。结论是,他希望通过这样的过程,当我们继续点亮"黑暗中的烛光"和"为21世纪塑造一种道德和精神上的启蒙盛宴"时,能够让自己沉淀下来。

谷崎润一郎所提到的阴翳和哈维尔闪烁的烛光放在一起有特别的寓意,他们都希望现代人不要用激烈的世俗主义观点看待人类和自然。三个世纪之前,浮士德式的启蒙仅满足于用完全的光明之说来掩盖挥之不去的偏见。杜尔哥对于没有阴影的世界的狂喜,则为对于例如"东方人"和"犹太人"的歧视留下了空间。就像狄德罗和伏尔泰在18世纪贵族沙龙中指出的,思想的自由并不是所有人都能享用的。尽管有"哈斯卡拉运动"(也称为犹太启蒙运动)呼吁哲士们给予更多的宽容,但"反犹太主义"的顽固势力仍然存在。在他们眼中,无论如何,犹太的伦理和宗教价值总是带有种族色彩的缺点,不能够纳入启蒙思想的宝库之中。

---

[1] Jonathan Sacks. *The Dignity of Difference: How to Avoid the Clash of Civilizations*. New York, 2002: 158.

这种狭隘的理性和人文主义观点所失去的,是神学的思想和人类成为宇宙共同创造者的可能性。对于自我意识的缺失,我们沦落为种族主义的伪君子。就像哈维尔在1994年于费城独立大厅接受"自由勋章"时发表的演讲一样:"现代的人类中心主义不可避免地让人类以为自己有从世界消失的特权。人类中心主义逃离了现代科学的掌控,渐渐地被推入私有的范畴中——公共责任不再适用的场域。一种比人类更高的权威轻易地阻碍了人类的渴望。"①"私有"一词,让我们回想起萨克斯曾对世界完全被市场关系所主宰的批判。在那样的环境中,想象力只是提升了人类对于自然宇宙的控制和消费的渴望。

在哈维尔看来,正如杜维明的儒家人文思想和大拉比的契约关系,"自我超越"必须重新回到启蒙的话语体系中。在哈维尔1994年的演讲中,"超越"只是相对于"灭绝"的另一种选择。他同时大方地把"创造者"(Creator)作为定义人类自由的来源:"只有当人类记住谁赐予他自由的时候,才能够真正实现自由。"②

21世纪,这种质疑世俗主义缺陷的努力显得尤为紧迫。如果我们深挖其意,不能仅仅靠寻找启蒙更广泛的定义。相较于一遍又一遍地发掘过去那些哲士们有限的见识,从中国古代那些名言警句中寻找答案会更有效。根据历史学家张芝联的看法,17、18世纪基督教欧洲缺失的是一种以过程主导看待启蒙的视角。虽系研究法国历史的专家,张芝联却认为我们应该用汉语看待启蒙这个词——这是一个复合词,可以追溯到比伏尔泰早1600年的汉代学者应劭(汉代应劭《风俗通义》曾提到"祛蔽启蒙",译者注)。张芝联认为,根据应劭对启蒙的提法,对自身性格和内在心理的慢步调、自我反省的发展提供了广阔的空间。

在汉语的解释中,摆脱偏见和专制不能一蹴而就。相反,它需要对新知识长期的探索,也需要对自身存在的盲点进行批判式地探索。张芝联指出,对这种多层次的启蒙的探索,中国并不比18世纪的欧洲差。中国思想家们在20世纪探索新文化时,并不是简单地全盘接受了18世纪欧洲的思想火花。事实上,他们对"启蒙"和"觉悟"的定义,借鉴了本土思想家如黄宗羲、戴震、顾炎武等人的思想。因此,中国启蒙思想家在质疑政治专制时,既能够坚持个人的

---

① Vaclav Havel. "Acceptance Speech of the Liberty Medal". http://constitutioncenter.org/libertymedal/recipient_1994_speech.html.

② 同上。

权利,也能够尊重经典的权威。

张芝联认为,中国对于思想解放的渴望早在19世纪遭受西方侵略之前很久就开始了。在20世纪20年代,一些文化激进分子试图用新的政治局面定义新的思想,却忽视了启蒙需要结合本国特色、以过程为主导的特性。从1919年五四运动到20世纪40—60年代,"启蒙"与"觉悟"渐行渐远,传统文化被社会改革滚滚向前的车轮碾压得面目全非。1999年,在德国萨尔吕布肯的一次会议上,张芝联谈到中国迫切需要自我批判式的启蒙,比过去任何一次提倡的都更加需要:"作为结语,我想大胆地说,今天,我们,我指的是中国人,对我们自身、其他文化和世间万物的了解还远远不够。我们对很多事情仍然懵懵懂懂。同时,我们所生活的世界和社会充满了不确定性。我们仍然受制于人类和自然的严峻的奴役关系。在我看来,在康德思想中出现的少数(或不成熟)的问题,不能够立刻全部解决。我们永远需要启蒙,我为那些认为'只需要启蒙他人,而不需要启蒙自己'的人感到悲哀。"

在张芝联发出这些警告后的15年,我们才对他的话有所留意。在中国和其他一些地方,人类中心主义和世俗人文主义的傲慢甚嚣尘上。许多意在把人性从"不成熟"的状态解放出来的哲学和意识形态,却只是加重了傲慢和偏见。我们绝对需要更多的启蒙——只要它具有内省精神,是真正全球性的以及具有解放意义的。

超越一种表面化的世界主义的"启蒙"

后现代的全球主义,经常讽刺广泛意义上的人文主义的启蒙观。世界越来越小,我们可以自由地借鉴其他国家和地区的文化,穿着从其他国家进口的衣服,不论是否在特别的场所都可以随意跳舞。这些行为都是否会影响我们的想法?我们如何定义值得追求的价值观?遗憾的是,几乎永远不会。就像哈维尔10年前说过的那样,"我们全都是骑在骆驼背上的贝都因人的亲戚,传统的长袍下是牛仔裤,手执半导体收音机,骆驼背上背着可口可乐"。

即使我们今天拿的不是半导体,而是苹果手机或黑莓手机,那幅画面仍然差别不大。如果这是我们通过破坏所谓"不成熟"和"浅薄"所获得的,那么不得不承认,欧洲哲士们是我们这个时代最后的"现代人"。如果我们希望将全球的启蒙视野拓展到中国(甚至更远),也许会对曾被全球化消费习惯破坏的人文主义有新的理解。为了帮助理解,我想借用在新文化运动中的一个不太出名的短文,即1919年12月罗曼·罗兰的《精神独立宣言》中译版。

让我们想象一下当时世界的样子:一战刚结束,满目疮痍。中国学生于5月4日走上街头,抗议凡尔赛条约的签订。该条约把中国刚刚从德国手里收回的胶东半岛交给了日本。而诺贝尔和平奖则准备颁发给伍德罗·威尔逊,这位让许多对他寄予厚望的人感到失望的美国总统。

为打破这种压抑的氛围,北京大学《新青年》杂志上刊登了整篇的《精神独立宣言》的译文。这篇由罗素和爱因斯坦共同签名的文章,在短短几个月内引起了广大中国知识分子的极大注意。宣言的译者张申府,一位年轻的数学教师,明确强调其内容同样适用于中国。罗曼·罗兰在文中呼吁摒弃民族仇恨,成立"神圣联盟",可以和中国自身对启蒙运动的追求联系在一起。正如张申府在序言中指出的,从对自身文化和其他文化不假思索的信以为真中觉醒过来的过程,将是缓慢而疼痛的。它需要不断地对各种偏见质疑。

对中国提倡启蒙和觉悟的知识分子而言,最吸引他们的就是实现精神上彻底的解放,即罗曼·罗兰所说的"多元的和不分国界的"。可惜这个愿望是短暂的。欧洲随之而出现的反犹太主义并没有给知识分子留下足够的时间或智慧的空间,来发展这种微妙而具有普遍意义的启蒙。无论如何,中欧跨文化交融的一刻仍然意义非凡。中国知识分子在欧洲知识分子那里找到思想上的共鸣的事实,进一步表明启蒙的遗产不仅仅局限于某一个人或某一段历史时期。

35年后,我们可以看到,这种认为偏见和迷信能够彻底消亡的想法无疑是幼稚的乐观态度。小小的蓝色星球并没有发生变化。巨石堆砌的长城象征着现代化进程中的中国的传统价值观。怀有启蒙思想的知识分子仍在致力于反对摒弃所有中国历史上的价值观和思想。取精华、去糟粕的努力取代了之前解放全人类灵魂的希望。

2009年,在北京五四运动90周年的纪念中,我曾被问到如何看待中国的启蒙问题,再一次潜入这艘"沉船"是一场令人生畏的挑战。我怎么能够表达清楚,在一个中国大学生对中国和欧洲的启蒙知之甚少的时代,像张申府那样富有远见卓识的人有哪些思想仍可以为今天所用呢?"科学"和"民主"的口号并没有失去力量,只是随着时间变弱了。所以,我选择聚焦于西方和中国,二者都需要重新审视"精神觉醒",在我们正朝着更光明的理性和解放的前景大踏步迈进的时候,偏见依然存在。

对于我所说的这些话,最有意义的回应来自于《生活》杂志的副主编张泉,他在《生活》杂志上为五四运动 90 周年做了一期特别策划。那期杂志再现了 1919 年的《新青年》杂志的版式。杂志看上去很老旧,但是文章对于启蒙必要性的认识却开辟了新视野。这种在过去和现在之间进行艺术的穿梭手法也在张泉本人 2009 年的诗里体现出来。他没有使用类似于"启蒙"或"觉悟"的字眼,但他的诗却也表现出启蒙经久不衰的吸引力。

　　对那些消逝已久的哲士们的精神火种有两种态度,既要放手,又要紧握。张泉这一辈人知道他们将成为"失明的旅人"。不同于张申府那些新文化运动期间的知识分子,张泉他们没有几十年的时间去探索中国和欧洲启蒙的思想。他们能做的是,对政治和思想的标语口号保持清醒的距离。如今,科学和民主的观点似乎已经是赘语了,也许要等到新一代人发现这座休眠火山的力量时才能改变这种状况。中国年轻的知识分子也在渴求康德的"启蒙",他们必须一再地"用勇气运用理智"。因此,我们这些有幸在这里探讨和比较中西方启蒙这个话题的人,需要从张泉"书写之魂"那里学习的,不仅仅是写作,更是一种思考的过程。在这个令人忧虑的、亟待启蒙的时代,这种精神也许会成为中国最宝贵的思想财富。

本文作者系美国维思里安大学历史和东亚系教授

原载《探索与争鸣》2015 年第 7 期

何为启蒙？哪一种文化？
——为纪念新文化运动百年而作

方维规

新文化运动的性质难下结论

新文化运动已经百年。同许多运动一样，它并非事先设定，乃历史发展使然，后人称之为运动。"新文化运动"名称的流行，发生在五四运动以后。1915年9月5日《青年杂志》的创刊，一般被视为新文化运动的肇始，学界对此似有共识，但也不是没有异议。关于这场运动究竟迄于何年，则有各种说法：至五四运动爆发？包括五四运动？延续至1923年的"科学与玄学"之争？或者更长时间？各种说法本身，自然包含对这场运动的定性和总体评估。各说各的原因，是"五四"这个关节点：是分界还是连接点或者起点？把新文化运动定于五四前或五四后，均以五四为界。

对于这个名称，时人已有分歧。比如都认为五四造就了"新文化"的周氏兄弟，当初对"新文化运动"之说就很反感。在鲁迅眼里，新文化运动是指五四以后兴起的文学革命，却被"反套在《新青年》身上"[1]。周作人则认为："由我们旁观者看去，五四从头到尾，是一个政治运动，而前头的一段文学革命，后头的一段新文化运动，乃是焊接上去的。"[2]甚至连文学革命的领袖人物胡适，起初也极力与这一说法保持距离，并在1920年说他"无论在何处，从来不曾敢说我做的是新文化运动"[3]。尽管众说不一，我以为用五四

---

[1] 鲁迅：《〈热风〉题记》(1925)，《鲁迅全集》第1卷，北京：人民文学出版社，1981年，第292页。
[2] 周作人：《四九年以后》，《知堂集外文》，长沙：岳麓书社，1988年，第27页。
[3] 胡适：《提高与普及》(1920)，《胡适文集》第12卷，北京：北京大学出版社，2013年，第385页。

来"焊接",把新文化运动看作一场跨越五四的运动,还是可取的。一场运动可以有不同阶段,一个重大事件可能会带来变化,但很难改变运动的内在发展逻辑和自身动力。五四后的运动面貌,无疑承接了《新青年》的基本主张。此外,对一场运动的定位,并不都是时人或当事人说了算的,或许"只缘身在此山中"。换句话说:"反套"未尝不可,这类追认在世界史中亦不鲜见,比如文艺复兴和启蒙运动,都是追认的;并且,它们的起止时间,在后人的阐释中也常有出入。

无论如何,有一点是可以肯定的:"新文化运动"之命名,是五四学运之后的事,即人们在1920年前后以"文化"取代"思想"来指称这场运动。1920年10月,君实在《东方杂志》上发表文章《新文化之内容》,他说:"一年以前,'新思想'之名词,颇流行于吾国之一般社会,以其意义之广漠,内容之不易确定,颇惹起各方之疑惑辨难。迄于最近,则'新思想'三字,已鲜有人道及,而'新文化'之一语,乃代之而兴。以文化视思想,自较有意义可寻。"[1] 所谓五四之后鲜有人道及"新思想"三字,实为勉强之说;而"文化"概念的勃兴,却是事实;"新文化"三字甚或有泛滥之虞。

青睐"文化"概念,可以追溯到德国思想界早已有之的对于精神性的内在文化与器物性的外在文明之区分;特别是一次大战所导致的对物质"文明"的批判,使得这一区分不仅在德国愈加稳固,也在对文明和现代性进行反省的整个西方流行,亦迅速传至深受德国影响的日本。"文化"概念的使用在日本大正时代急剧增多,接着又影响到中国。1915年至五四学运爆发,汉语中现代意义的、与"文明"概念相差无几的广义"文化"一词的运用越来越多,但形成于民国初年的狭义"文化"概念还未时兴。[2] 嗣后,情况发生了变化。1920年4月1日,陈独秀在《新青年》第7卷第5号上刊文《新文化运动是什么?》,文中对狭义"文化"概念的界说,奠定了新文化运动未来走向的认知基础。同年,罗家伦在《近代中国文学思想的变迁》一文中对"文明""文化"的区别使用,凸显出狭义"文化"概念的确立。

新文化运动对20世纪中国的社会发展和历史走向产生了深远的影响。对于它的评价,在这一百年中虽时续时断,却时常成为讨论的焦点。褒之者颂

---

[1] 君实:《新文化之内容》,《东方杂志》,第17卷第19号。
[2] 参见黄兴涛:《晚清民初现代"文明"和"文化"概念的形成及其历史实践》,《近代史研究》,2006年第6期,第28—30页。

扬它的启蒙意义、它的民主和科学大旗；贬之者针砭它的反传统主义、民族虚无主义和文化激进主义，以及由此带来的"恶果"。在20世纪80年代中国的"文化热"亦即新启蒙思潮中，新文化运动之"启蒙与救亡的双重变奏"之说，产生了极大影响。当代"五四"叙事，或多或少还带着双重变奏的痕迹。新近的研究，比如"文化与政治的变奏"①论，或其他一些考察，都试图突破旧说，并取得了可喜的成果。但我以为，新的视角固然很有价值，甚至可谓突破，但并未颠覆启蒙与救亡的宏观框架。

舒衡哲在其论述"五四运动"的专著中指出，这场独一无二的运动只是作为一种"寓意"在发挥作用："要得出关于1919年事件的结论，确实非常困难；不管是第一手资料还是二手资料，都无法从中提炼五四经验。那些历史经验及其细节，随着岁月流转而发生了变化。每一代人对五四启蒙运动都有不同的认识，这更多的与各自的需求和追求有关。为当代而塑造一面历史的批判之镜，是一种寓意化过程；从这个意义上说，寓意是为了指导当代的特定目的而重构记忆。"②新文化运动不是无源之水，它接续了清季西学东渐而来的各种新观念及新学新政的巨大能量，"五四"叙事离不开晚清求新求变的现代性叙事。有学者认为，鸦片战争后的60年是一个独特的历史过渡时期，也是西方影响下的中国近代思想的酝酿期。中西接触引发出多样而复杂的文化反响，其主要表现形式之一，便是痴迷于对外开放和对外来文化之无保留的接受。这最终导致激进派对于传统的决绝态度，见之于今天听来依然如惊雷乍起的"打倒孔家店"口号，或"新青年"在五四前后"东西文明论战"中与"东西文明调和论"的对峙。

那个时期的"东西文明调和论"，自然与第一次世界大战直接有关。战争引发的深重的文明危机，不但在西方让人猛醒，也激发起中国人反思晚清以来被看作楷模的西方文明的破绽，从而引发对本土文明的自觉。民国初年时政败坏，更令人怀疑西方制度与价值观。因此，从两个重大事件，亦即战争与共和的双重危机，查考文化与政治的变奏，从而见出新文化运动如何将政治问题转化为文化问题，揭示运动的成因及相关论争的缘由（作为对两个重大事件的回应），实能让人看到以往研究中未能看到的一些问题，不失为值得称道的

---

① 参见汪晖：《文化与政治的变奏——战争、革命与1910年代的"思想战"》，《中国社会科学》，2009年第4期。
② 舒衡哲：《中国启蒙运动：知识分子与五四遗产》，伯克利：加利福尼亚大学出版社，1986年，第240—241页。

新视角。① 另一个值得深思的问题是:救亡也好,振兴也罢,在那个寻找出路的年代,各种言论竞相争艳,为何偏偏是有着明显缺陷的新文化运动最终取得话语霸权? 有学者试图从彼时的政治社会现实和思想文化现实出发,即同样从事件出发,解析新文化运动何以在各种竞争性思潮中胜出:洪宪帝制时期的共和危机起了决定性作用。袁世凯1916年复辟帝制,是令人深恶痛绝的大事件,令人从温和走向极端,这也是激进的新文化运动获得"笼罩性霸权历史地位"的关键时期。② 这两种从事件看运动的认识路径,更强调时势造运动。

从社会心理来看,时人对中国政治和社会状况已经绝望。梁启超1915年有言:"我国民志气之消沉,至今日而极矣! ……我国民积年所希望所梦想,今殆已一空而无复余。……二十年来朝野上下所昌言之新学新政,其结果乃至为全社会所厌倦所疾恶。"③钱智修发问:"今吾国病源何在耶? 向谓种族问题之为梗也,救之以革命而如故;向谓专制政治之厉民也,药之以共和而病亦如故。"④继续循着重大事件这一线索探寻新文化运动,那么,这一运动之反传统、"反封建"的显豁特征,其最直接的动因来自反复辟,同袁世凯称帝、把孔教写进宪法有着直接联系。"儒学准确无误地和当时所有复辟帝制运动建立了联系。"⑤加之共和危机时的其他复古论调,孔孟之道在很大程度上只是替罪羊而已。当时不少思索和理论的魅力或影响,其情绪性多于分析性,亦当源自于此。

1919年,章太炎在少年中国学会演说,以长者身份对年轻人提出一些告诫。年少气盛的胡适接着发表了完全不同的观点,并用章太炎不懂的英文念诵了一句荷马的诗来结束其发言:"You shall see the difference now that we are back again."早先在其日记中,胡适把这一诗句翻译成"如今我们已回来,你们请看分晓罢。"⑥这一场景颇具象征意义,是新派与老派的角力。新文化运动

---

① 参见汪晖:《文化与政治的变奏——战争、革命与1910年代的"思想战"》,《中国社会科学》,2009年第4期。
② 参见贺照田:《为中国脱中国再中国——重读陈独秀、梁启超、严复有感(下)》,《中国图书评论》,2010年第9期,第63—68页。
③ 梁启超:《〈大中华〉发刊辞》,《饮冰室文集》之三十三,林志钧编,上海:中华书局,1936年,第79—80页。
④ 钱智修:《惰性之国民》,《东方杂志》,第13卷第11号(1916年11月),第1页。
⑤ 列文森:《儒教中国及其现代命运》,郑大华译,北京:中国社会科学出版社,2000年,第156页。
⑥ 这个故事参见罗志田:《再造文明的尝试:胡适传(1891—1929)》,北京:中华书局,2006年,第1页。

是"新青年"的运动,即新主体和新观念的运动。强烈的情绪化、不妥协和偏激的言论则是其主导特征之一,怪习俗、怪祖宗、不配做人、活该等言论极为常见,那是对政治和社会现实的极度失望。所谓情绪性,肯定同哀其不幸、怒其不争有关,亦同矫枉过正有关。其结果是,新文化运动也强调运用理性重估价值,却往往表现出非理性的情绪。或许,矫枉总须过正,如陈独秀所言:"譬如货物买卖,讨价十元,还价三元,最后结果是五元,讨价若是五元,最后的结果只不过二元五角;社会进化上的惰性作用,也是如此,改新主张十分,社会惰性当初只承认三分,最后自然的结果是五分。"①

新文化运动不是孤立现象,只有观照当时守旧、复古等对立语境,尤其是民国初年政治危机中的复古思潮,才能更好地理解激进派的极端思想:有利于传统者,睨而视之;传统之弊病,则过甚其词;哪怕是"东西文明调和论",也一概拒绝之。《新青年》与其强劲对手、相对保守的《东方杂志》,在很多问题上长期处于对垒和"对质"状态。两相比照,一些观点的来龙去脉才清晰可见,例如,《东方杂志》批判盲从西方文明、全盘否定中国传统的言说立场,与《新青年》针锋相对。另外,张东荪主持的《时事新报》,也与《新青年》《新潮》时有龃龉。战争引发的西方文明危机,改变不了新派人物对西方社会的总体看法,战后亦无明显改观。下面,我们就来翻检一下当年的几个突出现象,尤其涉及激进派的《新青年》及其追随者《新潮》,即以北大为中心的新文化人的观点,尽可能从启蒙内部考查启蒙,重温它的贡献和内在缺陷以及由此而来的历史命运。

新文化运动:怎样的启蒙

百年前的新文化运动,常被看作一场启蒙运动,而且起始就被政治化,往往也只有作为带着意识形态和政治色彩的斗争概念才获得其整体意义。即便没有得到普遍认可,但却已被证实,这场运动既离不开民族救亡的呼声,甚至以"救亡压倒启蒙"的历史条件来理解,也不能仅依托于西方的启蒙概念,即一个在欧洲哲学史和文学史中具有普遍意义的时代概念来比附。尽管如此,人们还是喜于采用"启蒙"之说,为了显示新文化运动与启蒙运动的类似之处。

若从词源或就词论词的角度来看欧洲"启蒙"概念,并考察它同中国近代

---

① 陈独秀:《调和论与旧道德》,《新青年》第7卷第1号,1919年12月1日。

新解"文明"概念(以"文""明"译"civilization")的亲和性,以及文化先觉者的伦理立场和诉求,那么,"启蒙"确实是一个恰切的说法。如同17、18世纪的欧洲启蒙运动,新文化运动也体现出特定的企图和诉求,面对特定的社会对峙格局。不少学者认定新文化运动的基本历史属性即启蒙性,不会没有原因。可是,一旦把它同欧洲"启蒙"的"公式"联系起来,并以此来探究新文化运动,那么,它"是否启蒙运动"这一问题便马上会被提出。欧洲中心主义一再表现出的支配性,以及欧洲的启蒙词义被赋予的普遍性,人们因而很少揭示和诘问其本身的意识形态内涵。另外,我们还能发现"启蒙"用法的中国化,即从字面上理解"启蒙"。正因为此,只要提出能否用启蒙之说来形容新文化运动的问题,便会出现分歧。若说是启蒙,那是怎样的启蒙?

依托于某些界定"启蒙"的欧洲主导思想和观念的推演方法,一开始就会带来问题,这是可想而知的。"因为启蒙运动具有的真正持久的关键成果",用卡西尔的话说,"不是其努力创建并视之为不变信条的学说存储"①。启蒙思维的"最精粹、最明晰之处,并非见之于单个学说、法则和定理,而是体现在思想还在形成的过程之中,在怀疑和求索之时,在破坏和建设之时。这个来回涌动、起伏不定的运动的全貌,不是单个义理就能把握的"②。另外必须指出的是,英国、法国或德国的启蒙运动,都无法成为理解其他欧洲封建国家启蒙运动之历史特征和作用的标准;在那些国家,因为不同的社会结构和统治形式,或不一样的发展变化,其启蒙运动的前提是很不一样的。将新文化运动比附欧洲启蒙运动,且不论大不相同的历史和社会背景,中间还横亘着西人所说的"漫长的19世纪",因此,比附的只能是一种意象,更在于其寓意,而不是"公式"或"公理"。

盖伊认为,启蒙哲学家"向之讲道的欧洲,是一个已经做好了一半准备来听他们讲道的欧洲。……他们所在进行的战争是一场在他们参战之前已取得了一半胜利的战争"③。与这一状况相比,20世纪初的中国还相去甚远,广大民众是麻木的,只是社会悲剧的看客。虽有不同的思想动机和其他许多不同之处,还是存在一些能够把欧洲启蒙运动的全部发展连为一体的东西:克服先验的神学世界观,敢于求知求真,培育市民社会的思维形态。正是在这里,中国的"启

---

① 卡西尔:《启蒙哲学·前言》第二版,图宾根:Mohr,1932年,第Ⅸ页。
② 同上,第ⅩⅢ页。
③ 格里德(Jerome B. Grieder):《胡适与中国的文艺复兴——中国革命中的自由主义(1917—1937)》,南京:江苏人民出版社,1989年,第333页。

蒙"走近了欧洲启蒙运动,但二者的区别也在于此。共同之处或相似之处是推翻"旧世界"。就思想层面而言,新文化运动与欧洲启蒙运动的相似性是显而易见的:按照康德的看法,启蒙运动的核心就是人能自主、自由地运用其理性;而这自主和自由,正是新文化运动的先驱者所追求的东西。他们申斥时弊,批判民众的愚昧和落后,旨在唤醒良知、理性、自尊以及改变现状的能力。

二者昭著的区别,是其行动方式或形式。新文化运动在很大程度上缺乏欧洲那种"启蒙思维之真正的创造性意义"和"哲学思想之全新的独特形式":"作为整体的启蒙精神,体现于其纯正的功用,探索和发问的特殊方式,它的方法,它的纯正的认识过程。由此,18世纪所有那些似乎直接取自传统的哲学概念和问题,实现了移位和独特的意义嬗变。"①毋庸置疑,新文化运动有着范畴新解和语义移位的端倪,然中国先觉者与欧洲启蒙主义者的结构性区别,见之于对传统或外来思想的态度和运用,见之于思想交锋的方法及重组能力。卡西尔告诉我们,对于18世纪的欧洲来说,如下情况或许是真实的:"启蒙思想一再冲破僵化体系的藩篱,摆脱森严的制度规训,在超尘拔俗的思想家那里尤其如此。"②正是这"一再",是彼时中国大多数新文化人没能做到的。他们中的许多人,仿佛"一劳永逸地"挣脱了儒家思想的束缚,只信奉西方学说,将自己的思想搬入坚固的西方学说之大厦,这样便可皈依"一劳永逸的"法则。而这正是西半球的启蒙主义者所坚决反对的做法。新派人士把西方思想作为学说、法则和定理引进中国,作为精神活动的成果、救世良药、新的范式,似乎不用投以批判的目光。如此,他们展现在人们眼前的,倘若还算成功的话,只是舶来品,即便不是毫无用处的舶来品。由于"启蒙性思索的短促"③,新文化运动常被看作"浅薄的启蒙"。

因此不难理解,甚至极为自然,为何那个时代的不少外来理论以及理论输入者的相关思索,多半只是漂浮在实际社会生活之上,与现实经验的隔阂颇为显著。可以说,"新的社会理想,是在社会之外去创造一个新的社会,使得现实与理想之间距离拉得非常大"④。连胡适、陈独秀等新文化运动主将,当时也曾反复批评这种理论脱离实际的状况。出现在各种论争中的一些"卓见",

---

① 卡西尔:《启蒙哲学·前言》第二版,图宾根:Mohr,1932年,第IX—XI页。
② 同上,第XIII页。
③ 参见刘再复、林岗:《"五四"文化革命与人的现代化》,《文艺研究》,1988年第3期,第51—53页。
④ 王汎森:《"主义"时代的来临——中国近代思想史的一个关键发展》,《东亚观念史集刊》第四期,2014年。

往往都很惊人,且有轰动效应,只是很少得到全社会的关注。与欧洲启蒙运动在历史、哲学、文化等方面所创造的丰硕成果和文化经典相比,新文化运动的文化实绩是单薄的。我们或许也不能做此比较:人家是一个多世纪的事业,我们只是十年左右的运动。激进派的主要战绩在于破坏,而在建设上是无力的。浓重的功利主义和浮躁的心态,使他们除了批判传统和宣扬各种"主义"之外,没有更多时间来从事严谨的学术研究和文化建设,多半只在讲述他国的主义和他人的故事。

在"这个来回涌动、起伏不定的运动"方面,新文化运动的中国式启蒙,完全可以与其欧洲前辈相比。同样,我们在另一方面也能看到中西类比的合理性,即卡西尔所说的运动中的思想:"启蒙哲学之最奇特的魅力和最本真的体系价值,体现于其运动性、推动其前行的思想能量、探索各种问题时的思想激情。"[1]这在"东西文明论战"中可见一斑,亦见之于1919年的"问题与主义"之争,或关于中国社会改造是局部解决还是整体解决争论中的颇为活跃的思想动态。时人吴康很生动地描述了那个时代的思想运动和激情:"你今日鼓吹一个马克思的主义,他明日主张一个蒲鲁东、克鲁泡特金的学说,后日再出来一些个什么'工团主义''行社主义'等,出奴入主,互相搘击,有如泥中斗兽,闹得个不亦乐乎。……各捧着一个洋偶像,闹得不休。"[2]

"语乱天下"与"充满'主义'的中国"

鉴于"启蒙"在很大程度上意味着荡除旧势力、解放思想,以及它在百年前的中国所体现出的启"封建"之蒙、摧毁"封建主义"纲常礼教的作用,有必要再次审视"反封建"大旗,以此揭示一个概念的误释及其在中国的命运。

现当代中国正统历史观,多半把1911年之前的中国社会说成"封建社会",而它当为中央集权制官僚社会。大部分中国历史学家,似乎对封建概念的词源,也就是其词语和概念的语义变迁无多兴趣。其实,当今的"封建"概念运用,至多只是约定俗成的用法而已。而在史学界外,人们更是视之为理所当然,信手拈来。在各种《英汉词典》或《汉英词典》中,"封建"对应"feudal","封建主义"对应"feudalism",而它在百年来的实际运用(内涵)是同西方的封

---

[1] 卡西尔:《启蒙哲学·前言》第二版,图宾根:Mohr,1932年,第Ⅶ—Ⅷ页。
[2] 吴康:《从思想改造到社会改造》,《新潮》第3卷第1号,1921年10月1日。

建概念不能对接的。首次以"封建"对应英语"feudal system"或"feudalism",发生在日本,即美国传教士平文(J. C. Hepburn)编纂的《和英语林集成》(1867)。柴田昌吉、子安峻编纂的《附音插图英和字汇》(1873),亦起用汉语古词"封建"与 feudalism 对应,用"封建的"翻译 feudal。这都是极为精当的,原因是日本体制酷似欧洲封建制,以及日本自古袭用的汉语"封建"之名与西洋概念的匹配。

用"封建"写照欧洲中世纪的社会和政治形态,已经见之于魏源的《海国图志》(1843)和徐继畬的《瀛寰志略》(1848)。在这两部介绍外国史地、政治习俗等概况的名著中,"封建"一词虽不常见,但却用得恰到好处,例如魏源说欧洲诸国近代"变封建官家之局,而自成世界者"①。19 世纪下半叶,"封建"概念还未异化。薛福成在《变法论》中指出:"洎乎秦始皇帝吞灭六国,废诸侯,坏井田,大泯先王之法。……以是封建之天下,一变为郡县之天下。"②谭嗣同在《仁学》中说"自秦以来,封建久湮"③。时至 19、20 世纪之交,也就是"封建"概念从日本返回中国时,梁启超将"封建"与 feudal 相对应,将中国周代国体与古希腊国体相比④,或论述春秋战国至秦代由地方分权趋于中央集权,"及秦始皇夷六国,置郡县,而封建之迹一扫"⑤。此时,梁氏所用的"封建"一词,既是正宗的中国概念,又是接受了西方学术、经日本与西方 feudalism 相通约的概念;换句话说,在真正的中西日互动之时,"封建"还是一个纯正的概念,而且成功地实现了与 feudal 的对接。清末民初,基本上还未出现"封建"术语紊乱之象。

误植或对一个纯正概念的歪曲,发生在新文化运动时期。陈独秀于 1915 年夏天从日本回到上海,创办《青年杂志》。在《敬告青年》一文中,他称中国各种陈腐、落后现象为"封建制度之遗"。之后,他发表了一系列反封建檄文,抨击两千年来的孔教为"封建时代之道德""封建时代之礼教""封建时代之生活状态""封建时代之政治"⑥。陈氏不但把封建制和(原本与之对立的)专制

---

① 魏源:《海国图志》卷 60,陈华等校点注释,长沙:岳麓书社,1998 年,第 1662 页。
② 郑观应:《郑观应集(上册)》,上海:上海人民出版社,1982 年,第 433 页。
③ 谭嗣同:《谭嗣同全集》下册,北京:中华书局,1981 年,第 368 页。
④ 参见梁启超:《论中国与欧洲国体异同》,《饮冰室文集》之四,第 62—63 页。
⑤ 梁启超:《中国专制政治进化史论》,《饮冰室文集》之九,第 66 页。
⑥ 陈独秀:《孔子之道与现代生活》,《新青年》第 2 卷第 4 号,上海:上海书店出版社,2011 年合订本,第 2 册,第 331 页。

君主制混为一谈,也把封建制与中国延及近代的宗法制混为一谈,此为概念相混之始。在他那里,"封建"成了"前近代"的同义词,即陈腐、落后及反动制度之渊薮,而且及至当世(即所谓"半封建")。因"儒者三纲之说,为一切道德政治之大原",孔家店乃封建堡垒,"打倒孔家店"即缘于"反封建"。陈独秀的舛误,源于他忽视了中国直至清末的"郡县"的中央集权制与日本封建制的区别,移植了日本的"封建"之说。明治期间,日本启蒙思想家效仿法国启蒙主义者,称过去的腐朽制度和观念为"封建的",把"封建制度"和"锁国政策"看作德川时代的基本特征。儒学(朱子学)和国学是江户时代封建制度(幕藩体制)的两大精神支柱,因此,作为明治维新之精义的"反封建",不乏反孔批儒之声。明治末、大正初,也就是陈独秀游学日本之时,那里的"反封建"声浪依旧;"封建"承接前说,是陈腐、落后、非人道的代名词。

陈氏归国以后,下车伊始,以其泛化的封建说,导致"概念的时空错置之误"①。他的新文化运动同道,很少在学理或概念上附和其标新的封建说,罕见采用"封建"用法。新派人物陈独秀是斯时言论界的明星,新思想的重要来源之一,作为反孔批儒的主帅,他的泛化封建观、把孔教(儒家思想)视为封建专制的根源,对当时和后世都产生了巨大影响。"五四时期的反孔批儒,其证明逻辑的三段论式是:封建=落后、反动,而孔子=封建,故孔子=落后、反动,应予打倒。"②这种论述逻辑,剑指社会沉疴和积疴,见之于鲁迅、吴虞、钱玄同及后来的茅盾、郭沫若等人的文字。将封建与专制并列兼容,实属离奇之事,而这在当时并不鲜见,甚至必须连用;吴虞、傅斯年、李大钊视家族制为"封建专制"的"万恶之源",便属此类。"吃人的就是讲礼教的!讲礼教的就是吃人的呀!"③之命题,实与陈氏宽泛的"封建"即宗法的、专制的、等级的含义合拍。

这里需要说明的是,陶希圣在1930年前后把近代中国社会说成"宗法制度已不在,宗法势力还存在",或曰"封建制度已不存在,封建势力还存在"④,这在情理上可以理解。但我们在理解时,必须给"宗法势力""封建势力"打上引号。而以此或以陶氏"封建制度已坏而封建要素尚存的社会构造"⑤之说法,证明近代中国"半封建"社会的存在,自然是无力的,因为这显然是把两个

---

① 冯天瑜:《"封建"考论》,武汉:武汉大学出版社,2006年,第215页。
② 同上,第218页。
③ 吴虞:《吃人与礼教》,《新青年》第6卷第6号,1919年11月1日。
④ 陶希圣:《中国社会现象拾零》,上海:新生命书局,1932年,第429—430页。
⑤ 陶希圣:《中国封建社会史》,上海:南强书局,1929年,第2页。

层面的东西混为一谈。不可否认,秦汉以降仍有某些封建遗留,但这改变不了中央集权郡县制的基本特性,我们也不会把唐宋说成"半封建"社会。换言之,"封建社会"或"专制社会",说的是基本体制、社会形态及其共性特征,不排除一些例外现象,尤其在中国这样一个幅员辽阔的国家。

真正赋予新文化运动以"反封建"性质,是事后的追认,尤其是在左联成立以后。茅盾在左联机关刊物《文学导报》上发表《"五四"运动的检讨》一文,把五四运动定性为"中国资产阶级争取政权时对于封建势力的一种意识形态的斗争。换句话说,'五四'是封建思想成为中国资产阶级发展上的障碍时所必然要爆发的斗争"①。之后,毛泽东把帝制时期地主阶级对农民的剥削看作中国"封建社会"的典型特征,并在《五四运动》(1939)一文中给这场运动做出了"反帝反封建的资产阶级民主革命"②的定论。从陈独秀到毛泽东,"封建"这个汉语古词发生了指称的变化,获得了"新"的涵义和标记,其词义特征与古义"封建"大相径庭。这才会有侯外庐针对今用"封建"概念所说的"语乱天下"③。无封建说封建,给传统中国的郡县的帝国冠以"封建社会",就不再是世界上公认的、或马克思主义所定义的"封建社会"。这里可以套用梁启超曾说过的"封建而变为有名无实、有实无名之封建"④。一个概念一旦确立,便获得其自在生命。于是乎,20 世纪 30 年代以降,特别是 50 年代以来,泛封建词语组合泛滥,给人无限"封建"之感。还有上文所说的"封建专制"("封建专制主义")这一"固定"用法,延及当今中国学界,这在论述"反封建的"新文化运动和文学革命的诸多论文中比比皆是。

新文化运动输入学理和主义,其直接动因是反传统和反封建。那是一场"新学"与"旧学"的斗争;而起始于清季的"新学",实为"西学"。启蒙与传统并不必然构成矛盾,但在新文化运动中,启蒙主要借助西方思想,在新文化人眼里,中国传统文化是输入西方文化的最大障碍。在陈独秀看来,不对"新信仰不可相容之孔教"进行彻底批判,新学理便无从输入,即所谓"不塞不流,不止不行"。在"问题与主义"之争中,蓝公武的思路颇具代表性:在"文化不进步的社会,一切事物都成了固定性的习惯,则新问题的发生,须待主义的鼓吹

---

① 丙申(茅盾):《"五四"运动的检讨——马克思主义文艺理论研究会报告》,《文学导报》第 1 卷第 2 期,1931 年 8 月 5 日,第 7 页。
② 毛泽东:《五四运动》,《毛泽东选集》第 2 卷,北京:人民出版社,1991 年,第 558 页。
③ 《侯外庐史学论文选集》(上),北京:人民出版社,1987 年,第 203 页。
④ 梁启超:《中国专制政治进化史论》,《饮冰室文集》之九,上海:中华书局,1936 年,第 70 页。

成功,才能引人注意。因为这种社会,问题的发生,极不容易。非有一种强有力的主义鼓吹成熟,征服了旧习惯"。换言之:在中国,"无论何种事物,都有一个天经地义的因袭势力支配在那里。有敢挟丝毫疑义的人,便是大逆不道。如何能拿来当一个问题,去讲求解决方法呢?故在不进步的社会,问题是全靠主义制造成的"[①]。

新文化运动也是一次大规模输入新学理的运动。新文化人所崇拜和宣扬的新思想,几乎都来自西方,而非源于对本土社会结构的特定分析,不是产生于本国历史发展。诚然,我们不能完全否认当时的文化精英对本土状况的分析,或引进的思想或多或少也针对自我文化的缺失,回应自我社会的特定需求。但那些被当作"药方"来接受的源于西方社会文化语境的法则、思想和理论,常会显示出方枘圆凿之状,这就更需要对外来思想的批判性吸收。对于那些用来讥弹本土糟糕状况的进口"批判工具",本该先接受诘问,然而在那个时期,人们肆力"拿来",怀疑和批判并不多见。在一个相当短的时间内,几乎同时输入了西方哲学、文学和社会理论思想,不少学理主要是绕道日本而来(其中不乏泛泛而论),或通过蹩脚译文得到传播,常给人雾里看花之感。以文学为例,"他们主要是依据日本思维中的西方文化阅读体验,重新对西方文学进行思想定义与自我消化,进而间接获得了一些有关西方人文主义的零碎知识"[②]。或如梁实秋所说:"将某某作者的传略抄录一遍,再将其作品版本开列详细,再将主要作品内容展转的注释,如是而已。"[③]就《新青年》骨干分子的外语而言,胡适而外,其他人基本上只能借助二三手资料获取西方近现代人文知识。"五四文学革命的发难者,他们对于西方近现代文化与文学的认知程度,实在不比晚清的思想精英高明多少;并不像后人所想象的那样,是全方位引进了西方人文主义的哲学思想体系。"[④]这就无法充分了解西方思想的历史成因和逻辑关联。且不说对西方思想的历史和社会政治土壤的了解程度,更要指出的是不同西方思想或学说之间的分歧,有时甚至是不可调和的矛盾,时人却以同样的好奇心和激情吸纳无误。

同一个人在何种程度上接受和加工相互抵牾的理论,最终使其"和谐"共

[①] 知非(蓝公武):《问题与主义》(五),《国民公报》,1919年7月29日。
[②] 宋剑华:《五四文学精神资源新论》,《中国社会科学》,2006年第1期,第158页。
[③] 梁实秋:《现代中国文学之浪漫的趋势》,《浪漫的与古典的文学的纪律》,北京:人民文学出版社,1988年,第11—12页。
[④] 同②。

存,居然没有导致理论的左右为难,这种状况甚至见之于富有批判精神的鲁迅所吸收的"信仰",他能同时把施蒂纳或尼采与托尔斯泰和卢梭放在一起大加赞赏。这种现象在当时是很常见的,例如陈独秀在《敬告青年》一文中,倡言科学与民主,志在高扬理性,却借重非理性主义哲人尼采、柏格森、倭铿来立论。陈独秀信奉马克思,而其思想中尼采色彩颇为显豁。周作人曾说,在20世纪20—30年代,"知识阶级的人挑着一副担子,前面一筐子马克思,后面一口袋尼采,也是数见不鲜的事"①。尼采的"重新估定一切价值"名言,常被视为非理性主义者反省和批判现代性的宣言;进入中国以后,却被胡适在《新思潮的意义》一文中用来总结反传统的意义,而不像尼采那样,一并审视19世纪的新观念、新价值和整个现代文明。新派人士当然知道,不管是尼采的"上帝死了",还是柏格森、倭铿为代表的生命哲学,斯时已成为西方的时兴精神。罗家伦曾不无警示地指出,输入西方理论不能"同从前'迎神赛会'一样抬了一位'洋菩萨'四处跑的"②。

"多神信仰"以折中形式在新文化运动参与者那里再生。一个人同时膜拜马克思、巴枯宁、克鲁泡特金、列宁、达尔文、尼采、罗素、卢梭、杜威、易卜生、托尔斯泰、陀思妥耶夫斯基等迥异"神祇",这么说或许有点夸张,但在那个时代不是不可想象的。"有些后来以为冲突的观念,对当时当地的当事人而言,未必就那样对立,反有相通之处。"③毋庸赘言,这种并行不悖的现象,显然是对被接受的理论和信条之间的龃龉缺乏认识,时常背离了有些理论之最根本的前提。时人各取所需,谁都想认识问题,谁都有自己的认识。那情形犹如盲人摸象,谁都为他所认识的西方学说而欢呼,并视之为圭臬。

在那个"有主义比没主义好"的时代,青年精英们为"主义"所陶醉。周德之在《晨报副刊》的说法,虽属夸张之言,但也不无实情:"自从'主义'二字来到中国以后,中国人无日不在'主义'中颠倒。开口是'主义',闭口是'主义',甚至于吃饭睡觉都离不掉'主义'!眼前的中国,是充满'主义'的中国;眼前的中国民,是迷信'主义'的中国民。"④或许是"研究问题,输入学理"⑤之

---

① 周作人:《志摩纪念》,《看云集》,北京:十月文艺出版社,2011年,第73页。
② 罗家伦:《近代中国文学思想的变迁》,《新潮》第2卷第5号,1920年9月1日,上海:上海书店出版社,1986合订本,第二册,第887页。
③ 罗志田:《因相近而区分:"问题与主义"之争再认识之一》,《近代史研究》,2005年,第3期。
④ 同上。
⑤ 胡适:《新思潮的意义》,《新青年》第7卷第1号,1919年12月1日。

心切,只要不是中国的,与传统相异的,拿来就好。"从新文化运动到后五四期间,青年思想世界是一个调色盘,什么颜色都有,而且思想来源不一,只有'杂糅附会'四个字可以形容。""能在各种场合谈着'主义',是当时青年进步身份的象征。而且当时青年还有一种将西方思想文化概念当成主义的现象。"①

由此,我们还可以充分看清另一个现象,那或许也是新文化运动的本质特征之一:在让人兴奋的政治和思想探索过程中,各种"主义",如自由主义、无政府主义、个人主义、民主主义、马克思主义、社会主义、实验主义、实证主义、唯物主义、进化论等,甚至连那响亮的"民主"和"科学"口号,与其说是作为理论亦即思想体系被输入和宣扬的,毋宁视之为价值评判模式和意识形态旗帜。然而,这些在功利主义意义上被当作理所当然之"出路"的口号,只有在人类史上空前的"全盘性反传统主义"的语境中,才能得到淋漓尽致的表现。一方面,我们肯定不能以为,当时的启蒙思维毫无结构性意义;另一方面,"启蒙"思想在当时呈现出五光十色,特别是它在政治、伦理、哲学、文学等讨论中所体现出的内在矛盾,加上各种论争之十足的功利性,乃至辩论方式的挖苦化和对骂化,使它由于不同的立场而具有见仁见智的含义。

何为新范式

启蒙运动而外,把新文化运动视为中国的文艺复兴,学人对此都很熟悉。另外,偶尔也可见到把它与狂飙突进运动相比的论述。新文化运动所呈现的一切,似乎都能在这些类比中得到证实,然只能说是部分近似。例如,新文化运动对"人的发现",追求个性解放,与文艺复兴时期追求思想自由、情感自由和感性生存颇为相似。文艺复兴之有机组成部分的人文主义,不再把人只看作种族、党派、家族或社团的一员,重新思考和发现人性,将人的价值、人的个体和社会生存放在所有理论和实践的中心位置,也可以拿来做比较。把新文化运动同德意志狂飙突进运动联系起来的,是站在时代转折点的感受,以及文学之强烈的政治化倾向:反封建主义文学以前所未有的极端姿态鞭笞封建制度;还有感伤的自然概念,那是中世纪之严苛社会习俗的对立概念;另有反映

---

① 王汎森:《"主义"时代的来临——中国近代思想史的一个关键发展》,《东亚观念史集刊》第四期,2014。

新人形象的天才崇拜与普罗米修斯的创造神话。所有这些类比,肯定有助于理解某些现象和事物,但也常常——尤其关乎不同时代与不同社会状况之时——不是毫无问题的,它必然有其局限性。

新文化运动时期不少怀有布道感的"先锋派"人物,多少有些自以为是;他们的文字往往带着"此即真理"的霸气,却又时常流露出幼稚病。在一个风云变幻的时代,历史"事实"常常充满矛盾,对同一件事情有不同的说法,这会给重构记忆带来困难,或许也是总结这一运动并非易事的重要原因。比如,"在不同的场合,对不同的听众,说不同的话"的胡适,他对新文化运动的回忆和评价,未必完全符合历史实情。格里德的胡适思想传记《胡适与中国的文艺复兴》,显然顺从了胡适的思路;而胡适称新文化运动为中国的文艺复兴,在很大程度上也属于事后认定,更多的是对运动的反思,或曰理念和信念,不能用来证明他们在新文化运动中就是如此思考和行为。不可否认那些知识精英也受到文艺复兴的启发,将之运用于文学革命,即倡导白话文、语言革新和新文学运动,"由神相而转为人相,……弃鬼话而取人话"[1],无疑有其独到之处。而将文艺复兴推演至整个新思潮和新文化运动,除了凸显胡适在那场运动中的地位、作用和影响外,对于整个运动及其总体精神来说,这一比附是失当的。

尽管欧洲的"文艺复兴"也是一种事后认定,是 19 世纪以降用来统称欧洲的一场延续几百年的思想文化运动的时代概念,但其所指是明确的,即在复兴古希腊文化精神的名义下,否定所谓"黑暗的中世纪"及其经院哲学的基督教文化,宣扬人文精神和思想解放。换言之,文艺复兴所追求的是一种独创的、新的精神文化,从而更好地继承古典遗产。人文主义者抨击时政及文化,以反传统主义的姿态回归"遗产",即古希腊知识、文学艺术乃至人生观。文艺复兴时期的人,已把这些奋斗目标看作伦理、政治或宗教上的"革新"(renovatio)、"恢复"(restitutio)、"修复"(restauratio)或"再生"(palingenesie)。而新文化运动则极力隔断与本土古代文化及大部分历史传统的关系。"复兴"也好,"再生"也罢(胡适早年将"Renaissance"译为"再生")。倘若如格里德所说,胡适所理解的"再生","不是通过任何实际意义上的古老文明的再生来实现的,而是通过创造一种新文明来实现的"[2],那么,它与"文艺复兴"本义就有

---

[1] 蔡元培:《中国新文学大系(1917—1937)·总序》,赵家璧编,上海:上海良友图书印刷公司,1935/1936 年,第一集,第 10 页。
[2] 格里德:《胡适与中国的文艺复兴——中国革命中的自由主义(1917—1937)》,南京:江苏人民出版社,1989 年,第 337 页。

很大距离,甚至格格不入。同样,欧洲的启蒙运动,虽然痛斥"旧秩序"即教会和国家,视之为万恶之源,但并不排斥整个西方传统。相反,有文艺复兴在先,启蒙主义者在很多方面得益于传统,得益于古代文化,尤其是古罗马文化。而中国激进的新派人物所表现出的文化认同上的深沉危机,在欧洲启蒙哲学家那里是陌生的。

若说新文化运动终究无法制定统一的路线和方针,也没有获取新知的统一方法论基础,无法窥见其内在发展逻辑,加上如许"主义"以及由此而来的公婆之见,那么,是什么协调了那个时代各色人等的不同学说、观点、理论和观念,并最终"上演"了一场运动?胡适曾总结说:"据我个人的观察,新思潮的根本意义只是一种新态度。这种新态度可叫做'评判的态度'。……'重新估定一切价值'八个字,便是评判的态度的最好解释。"[1]胡适所言"评判的态度"即"批判的态度",当为切中肯綮之论,它涵盖几乎所有反传统主义的力量,并且"对传统观念和传统价值采取嫉恶如仇、全盘否定的立场";处在运动中的狂飙突进者"得出了一个相同的基本结论:以全盘否定中国过去为基础的思想革命和文化革命,是现代社会改革和政治改革的根本前提"[2]。对于极端的文化革新者来说,"重新估定一切价值"当然意味着坚定的范式转换,他们偏执地拒绝中国传统,同时追求全盘西化。吊诡的是,这一切都是为了中国在政治和文化上的新生或复兴,如胡适所言,"目的和前途就是一个古老民族和古老文明的再生"[3]。而他在1935年在香港大学演讲"中国文艺复兴"时又说,"检讨中国的文化遗产也是它的一个中心的工夫"[4],这在很大程度上只能视之为事后的反省之言。

对于彼时文化先驱者来说,中国之再生几乎只意味着奋起反抗传统,唯一出路是创造一种全新的文明,成功之路则是范式转换!这便出现了一个我们无法回避却很难回答的问题:范式无疑已经转换,可是何为新范式?如何有效置换被否定的传统文化?在被当时知识界视为典范的欧洲,一个新思想、新思潮或新时代,比如文艺复兴或启蒙运动,或其他一些思想或艺术运动,几乎都

---

[1] 胡适:《新思潮的意义》,《新青年》第7卷第1号,1919年12月1日。
[2] 林毓生:《中国意识的危机:"五四"时期激烈的反传统主义》,穆善培译,贵阳:贵州人民出版社,1986年,第2、9页。
[3] 格里德:《胡适与中国的文艺复兴——中国革命中的自由主义(1917—1937)》,南京:江苏人民出版社,1989年,第337页。
[4] 胡适:《中国文艺复兴》,《胡适文集》第12卷,北京:北京大学出版社,2013年,第28页。

有其历史根由、思想背景和社会文化基础,因而总能展现其内在发展逻辑,以及或多或少的结构性因素和建构力量。这却是彼时中国的大多数"新思想"所缺乏的。人们"一下子"认识了西方的许多"新"思想,而自己的观念视野显然不能总是跟上步伐,即没有因此而变得更为清晰和确定。看到这一点便不难理解,为何新文化运动时期的许多思想缺乏结构性特点,也没能发展成一种思想体系来充当社会实践的理论基础。不能奢望、甚至绝不可能,在很短时间里通过输入思想来走完他国用了百年乃至几百年时间走过的路程。

"'五四'新文化运动高潮过去之后,像鲁迅这样坚定的战士,感到自己呐喊的空洞并陷入彷徨、孤独、悲凉的巨大苦闷中,原因就在于此。当时许多知识分子感到醒来了但又无路可走的极大悲哀,……"①外来时髦词"民主"和"科学",主要不是被当做学理,而往往是标语式的,显得颇为笼统和模糊,且时常被实用主义地随意组合,成了"西化"的代名词。这两个一开始就很抽象的理念,能够充分概括那个时代纷至沓来的理论、学说和主义吗?甚至连新文化运动中的"人的解放""完整的人"等理念,也常常是空泛的口号。若因为准确定位的困难而忽略范式的内容,只关注新文化运动参与者的心理状态,"评判的态度"便是"新"之所在吗?"重新估定一切价值"只是一种行为,"新态度"也成不了范式。我们确实能够重构百年前的范式迷宫吗?要想令人信服地确认明晰而肯定的新范式,或将永远是徒劳的。尽管如此,为了就上文提出的问题给出一个暂时的答案,我想把整个追求归入一点,即现代的、(更)人性的文明。而这对那个时代大多数求新求变者来说,无外乎西方事物。

陈独秀在1915年9月《青年杂志》创刊号上发表《法兰西人与近世文明》一文,宣称"可称曰'近世文明'者,乃欧罗巴人之所独有,即西洋文明也,亦谓之欧罗巴文明。"并且,"近代文明之特征,最足以变古之道,而使人心社会焕然一新者,厥有三事:一曰人权说,一曰生物进化论,一曰社会主义,是也"。②持此观点者,绝非他一人。需要强调指出的是,此论发表之时,第一次世界大战早已爆发,西方现代文明已经穷相毕露,论者不会不知道。虽然,对"欧罗巴人之所独有"之近世文明的膜拜心态,文中尽显无遗。陈氏所谓"文明",亦涵盖彼时的广义文化观。受到西方文化的冲击,新的"文明"概念代表了现代西方的精神文明和物质文明,以区别于中国没落的传统文化。汪叔潜在同一

---

① 刘再复、林岗:《"五四"文化革命与人的现代化》,《文艺研究》,1988年,第3期,第52页。
② 陈独秀:《法兰西与近世文明》,《青年杂志》第1卷第1号,1915年9月15日。

期杂志上论述"新旧问题"时说:"所谓新者无他,即外来之西洋文化也;所谓旧者无他,即中国固有之文化也。"①

在以效法西方近代文明为宗旨的新文化运动过程中,陈独秀、胡适等主流派人物所主张的新文化,类同于西化。这里说的是他们的终极主张,而不是他们对这个问题的一些前后矛盾的说法。新派人士在夜以继日地传播日新月异的西方知识和文明。而西化与反传统实为一体两面:不但要"打倒孔家店""拥护德先生和赛先生",更有"废除汉字""改良人种"等极端主张。梁漱溟后来批评说:"有人以五四而来的新文化运动为中国的文艺复兴,其实这新运动只是西洋化在中国的兴起,怎能算得中国的文艺复兴?"②如此说来,胡适所谓"整理国故,再造文明",在国故被批得体无完肤的反传统之时,还无法拿来作为运动的印证,只能是他个人"对于新思潮运动的解释"和"对于新思潮将来趋向的希望"。③

本文作者系北京师范大学文学院教授

原载《探索与争鸣》2015 年第 6 期

---

① 汪叔潜:《新旧问题》,《青年杂志》第 1 卷第 1 号,1915 年 9 月 15 日。
② 梁漱溟:《东西文化及其哲学》,《梁漱溟全集》第 1 卷,济南:山东人民出版社,2005 年,第 539 页。
③ 胡适:《新思潮的意义》,《新青年》第 7 卷第 1 号,1919 年 12 月 1 日。

知识分子如何避免观念的陷阱
——从新文化运动的启蒙理性到政治激进主义

萧功秦

近30年以来,知识界对新文化运动的心态发生了明显的转向。如果说,从上世纪80年代初期,处于改革开放初期的中国主流知识界对这场思想文化运动怀有强烈的道德激情与浪漫审美心态,那么,现在更多的是转向平和、冷静与审慎的反省。本文尝试以一个保守主义者的视角,从经验主义立场,怀着同情理解的态度,对20世纪这场决定中国命运的思想文化运动中的激进主义作进一步的反思。

中国激进反传统主义是世界思想史上的独特现象

众所周知,发端于1915年的新文化运动,其内部始终存在着两种思潮势力,一种是北方以《新青年》为代表的激进反传统派;另一种则是南方以《学衡》为代表的,被汪荣祖先生称之为具有新古典主义的人文主义立场的保守派。[1] 在这两种思潮对话与碰撞中,保守派与激进派在现代思想史上都有重要地位,都为中国20世纪的思想发展作出了自己的贡献。然而,必须承认的是,北派的激进反传统主义思潮是新文化运动的主流。陈独秀在"敬告青年"中宣称,"固有之伦理、法律、学术、礼俗,无一非封建制度之遗","吾宁忍过去国粹之消亡,而不忍现在及将来之民族,不适世界之生存而归消灭也"。[2] 这种激进反传统主义思想可以说是新文化运动北派的宣言,这种话语在当时占有优势地位是毋庸置疑的。

---

[1] 汪荣祖:《新文化运动的南北之争——重新认识新文化运动的复杂面相》,参见本书相关专题。
[2] 陈独秀:《敬告青年》,《中国现代思想史资料简编》,杭州:浙江人民出版社,1982年,第5页。

这种激进的全盘传统主义的强烈程度，吴稚晖、钱玄同与鲁迅三人表现得最为典型。吴稚晖喊出"把线装书扔到茅坑里去"的著名口号。钱玄同提出要"废除汉字"，在他看来，"2000年来用汉字写的书籍，无论哪一部，打开一看，不到半页，必有发昏做梦的话"，"初学童子则终身受害不可救药"。[①] 他还说："欲使中国不亡，欲使中国民族为20世纪文明之民族，必以废孔学灭道教为根本之解决，而废记载孔门学说与道教妖言之汉文，尤为根本解决之根本解决。"[②]在他看来，为废孔学而废汉文之后，可用世界语取而代之。陈独秀则对钱玄同的激进反传统思想予以坚决支持，他认为自古以来汉文的书籍，几乎每本每页每行，都带着反对"德""赛"两先生的臭味。

鲁迅最著名的观点是"礼教吃人"，他在《狂人日记》写道，"我翻开历史一查，这历史每页上都写着'仁义道德'几个字，我仔细看了半夜，才从字缝里看出字来，满本都写着两个字，是'吃人'"。《狂人日记》的意象在于，中国的传统文化是如此的畸形，人性是如此被彻底扭曲，以致生活在这种文化中的所有的人都不正常了，唯一的正常人则被整个社会看作是"疯子"。鲁迅通过这个奇特的文学意象，表达了他心目中的中国传统历史、文化与社会的荒诞性，《狂人日记》可以说是中国激进反传统主义思想达到的巅峰，其激进与极端程度在人类思想史上可以说是独一无二的。尽管有些咬文嚼字的学者曾质疑鲁迅的《狂人日记》有抄袭果戈理作品之嫌，但绝大多数人并不认同这一点，因为这个具有激进反传统的文学意象，太具有颠覆性、独特性与原创性了。

值得注意的是，这种全盘的反传统主义思潮对新一代中国人的思想文化与政治选择，均具有持续的影响力。在接受马克思主义以前，1917年9月，青年毛泽东在对友人的谈话中就鲜明主张，"现在国民性惰，虚伪相从，奴隶性成，普成习性。安得有俄之托尔斯泰其人者，冲决一切现象之网罗，定展其理想之世界。行之以身，著之以书，以真理为归，真理所在，毫不旁顾。前之谭嗣同，今之陈独秀，其人者，魄力颇雄大，诚非今日俗学所可比拟"。他还主张，应"将唐宋以后之文集诗集，焚诸一炉。又主张家族革命，师生革命。革命非兵戎相见之谓，乃除旧布新之谓"。[③]

[①] 钱玄同：《中国今后之文字问题》，《中国现代思想史资料简编》，杭州：浙江人民出版社，1982年，第417页。

[②] 同上，第420页。

[③] 《张昆弟记毛泽东的两次谈话》，《毛泽东早期文稿》，长沙：湖南人民出版社，2008年，第575页。

毫无疑问,20世纪初期中国现代思想史上的激进反传统主义,是前无古人、后无来者的独特文化现象。众所周知,在20世纪历史上,几乎所有的非西方民族,在走向现代化的发展历程中,都曾不约而同地诉之于本民族的古老传统,来强化民族凝聚力与认同感,以此来推进本民族的现代化进程,日本是如此,"复兴传统的土耳其"为号召的土耳其基马尔是如此,以"印加帝国"作为民族共识的来源的秘鲁现代化精英也是如此,而中国的知识界主流,却选择了与传统文化公然决裂的方式,来启动本国的现代化运动。英国著名历史学家汤因比曾经说过,中国是人类有史以来的23种文明中,唯一一个没有中断过的古老文明。然而在20世纪初期,这个唯一没有中断的文明中,却出现了一代最激烈、最彻底地誓与本民族文化传统决裂的新人,他们以其激进的思想来宣称现代化时代的来临。这是世界文明史上何等吊诡的奇特景象。

浪漫主义与进化论:激进反传统主义的两重动力

为什么会产生这种激进的全盘反传统主义思潮?事实上,后发展民族意识到本国文明与西洋文明的差距,都会产生西方文明先进与本土文明落后的意识,但这并不意味着非要全盘地否定自身传统。例如,《文明论概略》的作者福泽谕吉认定当时的欧洲各国与美国是世界上最文明的国家,土耳其、中国、日本等亚洲国家则被他判识为"半文明"国家,他把非洲、澳洲地区的一些民族判识为处于"野蛮"阶段。他得出的结论是:"现在世界各国即使处于野蛮状态或是还处于半开化地位,如果想使本国文明进步,就必须以欧洲文明为目标。确定它为一切议论的标准。而以这个标准来衡量事物的利害得失。"[①] 福泽氏用"文明阶梯论"作为分类的标准,在这一分析框架中,他采取的是实用理性的观念,用文明程度高低为标准,这种文化比较并没有导致全盘反传统主义。

中国的全盘反传统思潮产生的原因,可以从情感与思想逻辑两个层面来考察。在心态情感层面,浪漫主义崇尚自发的冲动、独特的个人体验,强调人在冲决世俗平庸生活的规范信条时,在破除习俗、铁笼般的制度对人心的束缚时,所产生的高峰生命体验,在他们看来,由此而形成的生命美感体验要比可

---

① 福泽谕吉:《文明论概略》,北京:商务印书馆,1982年,第11页。

能导致的实际后果更为重要。用罗素的话来说,浪漫主义者在推开对人性的种种束缚时,往往会获得"一种新的元气",一种"权能感与登仙般的飞扬感"①,这会使他觉得即使为此遭到巨大的不幸也在所不惜。浪漫主义在人类思想解放中,具有重要积极作用。思想解放不可能是冷冰冰的理性判断的结果,它肯定要伴随着人们在精神上强烈的对"登仙般的飞扬感"的追求。罗素认为,平庸是人类生活的宿命,而冲破这种平庸,又是人类精神上最深层的渴望。任何重大的思想解放运动中都可以看到人类的浪漫主义的影子。而中国近代史上的浪漫主义,是对僵化的、死气沉沉的、铁屋般的保守习俗与现状的一种刚愤的反向运动。

浪漫主义还有另一种由此派生的涵义,那就是通过这种"主体向外扩张"的移情作用,来宣泄、抒发、寄托内心的深层愿望。用欧洲思想史学者斯特伯朗伯格的说法,就是"主体的心灵参与了对客体的塑造"②。

当人们用激情、悟性、意志、"以美为真"(英国诗人济慈语)的快感来张扬理想时,就会油然而生一种强烈行动趋向。浪漫主义,就是快感至上主义,它由此产生的一种改变现状的强烈热情,在人类历史上曾产生巨大的变革作用。

新文化运动中的浪漫主义,不同于18世纪欧洲以"回归中世纪"为主旨的牧歌式的浪漫主义,这是一种在极端反传统的快感宣泄中,在与传统的断然决裂中获得精神飞扬感的浪漫主义。陈独秀的《敬告青年》,是对青年的浪漫礼赞,他歌颂青年"如初春,如朝日,如百卉之萌动,如利刃,如人身新鲜活泼之细胞"。李大钊也同样热情地歌颂青年:"青年之口头,无'障碍'之语;惟知跃进,惟知雄飞,惟知本其自由之精神,奇僻之思想,锐敏之直觉,活泼之生命,以创造环境,征服历史。"③新文化运动的浪漫主义者通过对青年的礼赞,来呼唤新时代所需要的勇气、意志力、雄心、直觉、想象力与理想精神。虽然浪漫主义者常常因其不切实际而四处碰壁,经受挫折与失败,但浪漫主义可以极大地激发人的主观精神,而主观精神的调动,又产生改造现实的能动的影响。

如果说,19世纪末谭嗣同"冲决网罗"的呐喊是中国20世纪浪漫主义思

---

① 罗素:《西方哲学史(下卷)》,北京:商务印书馆,1956年,第221页。
② Roland N. Stmmberg. *European Intellectual History Since 1789*. New Jersey:Pint-ice Hall, 1981:50.
③ 李大钊:《晨钟之使命》,《中国现代思想史资料简编(下卷)》,杭州:浙江人民出版社,1982年,第115页。

潮的滥觞,那么,邹容、陈天华等人则是20世纪初中国浪漫主义的开先河者。《革命军》的作者邹容鼓吹"非尧舜,薄周礼,无所避"继之,陈天华以《猛回头》《警世钟》再继之。陈天华对中国人的民族性的判断,与近代中国人在现实生活中显示出来的经验事实并无关系,也完全不涉及前辈知识分子如严复、梁启超等人经常提到的中国国民性的种种负面表现,陈天华对中国民族性的美化还表现在他把西方民主政体视为"珍馐已罗列于几案之前,唯待吾之取择烹调,则何不可以咄嗟立办"。他鼓吹"吾民之聪与明,天之所赋也"。[①] 这种浪漫主义可以说是新文化运动激进文化主义的核心价值。

如果说浪漫主义是心态层次的因素,那么,社会达尔文主义的进化论则是支撑激进反传统主义思潮的学理与思想逻辑层面的因素。根据进化论的逻辑,"适者生存,不适者淘汰",那么,适者为优,不适者为劣,由"优者"淘汰并取代"劣者",就是"物竞天择"的必然逻辑。既然传统渗透着腐败与没落的东西,它扼杀了自由人性,使我们民族陷入生死存亡的危机,那么,为了求生存而淘汰它,那就成为一个理性人必须接受的"无上命令",再也没有比这更强大的命令了。陈独秀说:"吾宁忍过去国粹之消亡,而不忍现在及将来之民族,不适世界之生存而归消灭也。"社会达尔文主义为激进地抛弃传统提供了一种完整的理论逻辑框架。

要看到的是,社会达尔文主义是一剂具有强大摧毁力的话语猛药,它是一把双刃剑。一方面,只有近乎极端的"优胜劣败"两叉分类,才具有刚性的话语力量,来摧毁顽固、封闭、僵化的专制文化对人心的束缚,才能砸碎传统官学的保守壁垒;然而,另一方面,到了新文化运动时期,激进反传统主义者把自己祖先创造的文化,整体上看作是必须淘汰的"劣者",使人们进入一种"文化自虐"状态,这种"文化自虐"心理恰恰是宣泄浪漫主义快感的温床。可以想象,当吴稚晖、钱玄同与鲁迅说出这些极端反传统的言论时,会产生"痛即美"的快感。事实上,心态上的浪漫主义与进化论提供的逻辑,在此时已经交融在一起了。

启蒙理性的程序漏洞和两种启蒙理性的崛起

传统,包括习俗、习惯、制度与文化,乃是一个民族千百年来应对自身的环

[①] 陈天华:《论中国宜改创民主政体》,《辛亥革命前十年间时论选集(第2卷)》,北京:生活·读书·新知三联书店,1960年,第120—125页。

境压力与挑战过程中形成的集体经验,传统被打倒后,它们不再成为人们行动的准则与选择的标准,那么用什么东西来取代传统,以引导人们作出自己的行动选择?

在扫荡传统之后,填补空白的就是启蒙理性。启蒙理性主义者认为,抛弃传统后,就可以经由启蒙理性,根据这种理性认定的原则、公理与价值,推论出一个好的社会。在启蒙主义者看来,这个好社会的蓝图,是无须以经验为基础的,只要根据理性与"科学"原则,就可以在人的头脑中建构起来。此前大凡人类的传统制度,都是以千百年来各民族在应对自身环境挑战过程中形成的集体经验为基础的,人们根据这种经验组织社会生活,形成社会规则与制度,而启蒙理性主义者心目中的理想社会,则是可以通过"理性的""科学的"方法,通过理性的建构,来予以确定并作出选择。当人们运用启蒙理性设计出重建社会的施工蓝图,它就进一步发展为建构理性。在建构理性主义者看来,理性人就完全可以如工程师设计机械一样,设计出理想社会的施工蓝图,建构一个好社会。在这里,建构理性与我们在经验生活中运用的常识理性不同,常识理性也可称之为世俗理性,它是指健全人在日常生活中,摆脱宗教狂热、信仰教条的影响,追求功效最大化而使用的世俗理性。

用建构理性取代经验有什么问题?以往的人类总是依据经验来作出选择,一个在传统经验世界中生活的人,一般不会未经经验中的尝试,就去争取历史上不曾存在的东西。对理性推导能力的崇拜,让人的理念具有了独立性,人们就可以脱离经验,直接根据理性推导的观念来重建社会,这就使人们的行动具有与经验事实脱节的可能性。

激进反传统主义导致两种启蒙理性的崛起。一种以个人自由为基础的启蒙理性。陈独秀在1915年发表的《东西民族根本之差异》一文中认为,东方宗法制度的恶果是"毁坏了个人独立自尊的人格,窒碍了个人意思之自由,剥夺了个人法律上之平等权利,养成依赖性,戕贼了个人之生产力,东洋民族种种卑劣不法惨酷衰微之象,皆以此四者为因。欲转善因,是在以个人本位主义,易家族本位主义"[①]。《新青年》提倡的正是这种以西方个人主义为本位,以道德、伦理、政治与法律系统为准则的启蒙理性。以个人本位为基础的价

---

① 陈独秀:《东西民族根本之差异》,《辛亥革命前十年间时论选集(第2卷)》,北京:生活·读书·新知三联书店,1960年,第9页。

值,对于冲击专制文化造成的奴性人格,固然具有革命意义,但以此为基础设计好社会,就会陷入全面脱序的困境。

除了这种以个人自由为基础的启蒙理性,还有一种是左翼的启蒙理性,包括工团主义、基尔特主义、安那其主义、暴力革命主张的平等世界论。以上两种启蒙理性,都相信可以在脱离本土经验的条件下,按主体认定的有效的价值,建立起好社会。这个社会不是根据本民族已往的经验为根据,而是以道德理想与美好价值为依据。

虽然,启蒙主义思潮在打击专制旧传统方面有其正面贡献,然而,由于传统不能成为中和、缓冲启蒙理性的中介物,启蒙理性就会在自身逻辑的支配下,走向建构理性主义,由于理性本身具有的缺陷,会使这种对理想社会的追求,容易演变成对左或右的乌托邦世界的追求。另一方面,观念与精神对人心的吸引力是如此强大,又可以使崇尚这种观念、主义与精神的知识分子成为唯心主义观念的奴隶,而观念、主义与现实经验的完全脱节,又会给社会带来无穷的灾难与始料不及的危险后果。

知识分子与观念的陷阱

自新文化运动以来,中国知识分子在历史上的作用表现得更为明显,与传统时代相比,20世纪的人们是以主义来行动的,20世纪是思想主义盛行的世纪,是由知识分子创造的各种主义支配人们的历史行动的世纪。知识分子在人类文明进步中的重要性就在于,他们通过自己的思想,在社会上形成一种话语的力量,正是这种舆论场上的话语力量,会进一步形成群体性的思潮与主义,认同这种思潮的人们,就会结合起来进行集体行动,并经由行动而形成人类生活中的历史选择。正因为如此,20世纪的知识分子通过他们的话语、思想而影响、改变、甚至改造了世界。

人们相信知识分子,因为知识分子比一般人能讲出道理来,知识分子也很自信,因为他们觉得读了书就有知识,对自己往往有很高的估计。然而,人们对知识分子的期望不能太高。事实上,正如历史上所表明的,知识分子也会造成时代的灾难。这是因为,知识分子是运用自己的理性能力来进行思考与思想创造的,而人的理性本身却有着一些先天性的缺陷,它有一种逻辑上"自圆其说"的能力,它会编织出一种观念的网罗,让人脱离现实,变成作茧自缚的

"观念人"。一般说来,理性的缺陷主要表现在以下几个方面:

首先,个人的理性是通过抽象思维,把复杂事物予以简化。抽象与简化对于概括事物是不可避免的,也是必要的,但简化的结果往往忽略了客观事物的复杂性、多元性、多面性以及多义性。运用简化的理性思维来作出判断与历史选择,其结果往往是消极的,甚至是灾难性的。例如,观念型知识分子对西式民主具有的认识,造成民国初年的"旧者已亡,新者未立,怅怅无归"的社会失范状态,建构理性简单地把西方历史上演变过来的体制搬用到落后的第三世界中,这样造成的结果是,旧的传统体制被打破了,而新的西化的体制却由于缺乏西方社会的各种条件,而无法有效运行,这种脱序会形成全面的整合危机。辛亥革命后的议会失败固然有多种原因,但这种体制缺乏本土资源的支持而造成的弱政府化、党争、军阀混战与国家碎片化,也是中国20世纪灾难的起源。

又例如,中国"穷过渡"的平均主义,当人们要用全面的计划经济这个"完美"的制度,来取代历史上形成的有缺陷的市场经济时,往往只想到这种由理性建构的"计划"的好处,却忽视了它的另一面,它同样也可能产生计划体制下的官僚主义化,压抑了劳动者的积极性与创造力。

其次,个人理性的缺陷还表现在,一个社会主体所掌握的信息总是不全面的,当人们根据这种片面的信息来决定历史性的行动选择时,就会导致历史选择与判断的失误。

再次,主体自身的信仰、激情、人性中的幽暗的心理,以及浪漫心态,这些情感性的非理性因素,如同海面下的冰山,会不自觉地在人们的潜意识中,支配着显露在海面上的理性,主体的理性受感情与其他非理性因素的支配,也就会发生判断的扭曲与错误。

更具体地说,人们总是以为自己是根据理性原则来进行判断与推理的,但支配人的理性的,往往是混杂着潜意识中的非理性的东西。人们总是把自己内心所希望的东西视为当然的、可以实现的东西,然后用"理性"的、逻辑的语言,把内心浪漫主义的意愿,论证为"社会规律"的第一原理,论证为"客观"的实在法则。这些浪漫主义的、非理性的东西,经过华丽的理性外壳的包装,被误认为是真理。换言之,建构理性有许多"程序漏洞",容易被浪漫主义乘虚而入,人的建构理性可能被人的信仰、感情、浪漫心态等非理性因素无形支配,建构理性很容易变成浪漫主义情怀的俘虏。脱离人类集体经验的建构理性,往往最容易与人心中的浪漫主义结缘,将浪漫主义者追求的美,视为客观实在的真。于是,浪漫主义就披上"理性"冠冕堂皇的外衣,登堂入室,大行其道。

当主体把浪漫主义的东西论证为真理来追求,把浪漫主义付诸于社会实践,就会造成乌托邦的灾难。这种把浪漫主义的心灵投影,自圆其说地论证为"科学",是建构理性陷阱,这种"建构理性"是被浪漫主义包装起来的"类理性",它与自然科学的理性并不是一回事,它只是看上去仿佛与科学理性是一样的,但它其实是浪漫主义的衍生物。用一套看起来符合逻辑的语言,把自己心目中的实际上是乌托邦的东西,当作行动的目标来追求。其结果就可想而知了,无论左的还是右的激进主义与极端主义,都是左右乌托邦主义的实践者。

社会上的左与右的激进主义者,他们所推崇的愿景,无论是"穷过渡"的"一大二公"的平均主义乌托邦世界,还是在落后专制基础上直接建构起来的民主,实际上,都是在浪漫的"类理性"基础上形成的观念的陷阱。

回归有方向感的经验主义

早在百年以前,严复就对当时如日中天的激进反传统主义思潮抱有深切的忧虑,他指出,当人们把旧价值完全抛弃,"方其汹汹,与之具去,则斯民之特性亡,而所谓新者从以不固"。他还认为,对传统进行精择,这样的任务并非老朽国粹家所以完成,"只有阔视远想,统新故而视其通,包中外而计其全,而后得之,其为事之难如此"。[①]

激进反传统主义对集体经验的否定与扫荡,使之不能承担过滤外来经验与信条的功能。导致乌托邦主义大行其道,五四新文化运动以后的建构理性主义与"泛科学主义",进一步导致各种超越本土经验的舶来的主义在中国的长驱直入,人们经由主义而行动,并改变着周围的世界。

正因为如此,对21世纪知识分子来说,要避免成为"观念人",最重要的就是回归经验主义。所谓经验主义,就是尊重历史中形成的经验的连续性,就是在尝试过程当中,在错误中不断地进行纠正,来找出有效地解决问题的办法

---

① 严复:《严复集》,北京:中华书局,1986年,第560页。

来。经验主义和理性主义这两条理路中,经验主义比较安全、比较稳妥,知识分子应该用经验主义来避免"建构理性主义"的缺陷,因为生活太复杂,历史制约因素太多,我们只有在经验与试错中,找出相对而言更适合我们的路径与制度。

知识分子对本民族的文化传统,也应该有一种"同情的理解"态度,知识分子做一个批判者并不难,只要你执著于某种价值尺度,就可以评点万事万物,难的是,还要同情地理解包括文化传统在内的各种事物的多面性,因为人类现实生活永远是"神魔混杂"的,充满两难性与矛盾的。所谓同情地理解,就是不要根据自己的价值喜好,对所看到的事物随便贴用一些标签,不要仅仅用"好""坏"褒贬来进行简单判断,而要有一种同情地理解事物的复杂性、多元性、多义性、两难性。从它们的历史渊源中,从它们产生的背景与面对的疑难矛盾中去理解传统,并从中找到其内在的有意义的东西。只有具备了这种客观态度,才能更客观地对待传统,并从传统中获得启示,更务实地、更有效地提出解决矛盾的建议与办法。

从近代以来,中国历史上最伟大的历史人物之一就是邓小平。他在思想史上的贡献就在于,从20世纪初的唯理主义思维回归经验主义思维。他摆脱了唯理主义的教条信仰的干扰,以经验主义的实事求是为出发点。他的"摸着石头过河"以及"实践是检验真理的标准"的理论,就是回归到经验主义哲学,就是尊重事物的复杂性和多面性。通过经验试错,来寻找实现富强的合适路径,渐进地走向强国、富民、法制与民主的目标,实现中国向现代文明转型。

需要指出的是,单纯的经验主义有其缺陷,我们在经验摸索过程当中,还需要一种方向感,这种方向感就是追求更美好的价值,这个美好价值是与人类共同的价值相通的。之所以称之为"方向感",这是因为,方向感意味着,当人们在坚持追求美好价值的方向时,仍然谦虚地保持着对事物复杂性的尊重,意味着存在着对未来可能性的更大的思考空间。

一个世纪后,当人们对新文化运动进行反思时,应该意识到,对社会进步真正有积极贡献的知识分子,应该是尊重事物的复杂性与多面性、警惕意识形态化的启蒙理性对我们判断力形成干扰、有方向感的经验主义者。只有这样,知识分子才能避免左与右的各种激进主义和极端主义思潮对自己思想的干扰与支配,避免陷入观念的陷阱;而只有以有方向感的经验主义为基础的中道理性,才能客观认识世界,这样的知识分子才能摆脱主观主义,为社会进步作出真正的贡献。

本文作者系上海师范大学历史系教授

原载《探索与争鸣》2015 年第 11 期

清末民初公共说理的发轫

徐 贲

在人类开始有剪子之前,他们是如何处理指甲的呢? 手指甲还好说,脚趾甲呢? 在人类能够有效处理指甲之前,自然不会有今天所谓"美甲服务"(Manicure)的存在。同样,在出现现代大众媒体写作"报章体"(语出谭嗣同)之前,写作者是如何议论他们感兴趣的政治或社会问题的呢? 又是如何评论发生在他们周围的"时务"(事件或现象)的呢? 我带着这样的问题阅读了丁晓原的《媒体生态与现代散文》,得到的答案是,由于没有合适的文体,以前的写作者无从进行我们今天意义上的公共议论写作,甚至可以说,他们根本就无法意识到自己有公共议论写作的需要。有人说,报章体是一种写作形式的"创新"或"变革",实际上,在形式发生了深刻的变化时,它也必然与内容上的深刻变革有着密切的联系。相反,由于旧形式的限制,内容上的变革也会因此而不可能。清末民初正是一个大众媒体、思想启蒙使命感和公共议论形式同时在发生大变化的时期,因此也形成了这个历史条件下三者之间的积极互动。

公共写作的"新文体"

德国哲学家和文学批评家姚斯(Hans Robert Jauss)在《走向接受美学》中认为:"文学的形式类型既不是作家主观的创造,也不仅是反思性的有序概念,而主要是一种社会现象。类型与形式的存在依赖于它们在现实世界中的功能。"文体之所以得以形成,乃是因为有社会文化的需求,然而,文体虽说源于其自身的独特功能,但若无富有能动开创力的杰出写作者,仍然难以设立好的标准或成为有效的写作样式。丁晓原把"报章政论体"的创始追溯到清末的王韬、郑观应诸人,但他对"新文体"的讨论显示,梁启超才是中国现代公共说理和议论文体杰出的开创者。

梁启超在1899年首次明确地提出了写作文体创新（他称之为"文界革命"）的想法，这一想法来自他阅读日本著名政治家、报人、历史学家德富苏峰著述的启悟。他说："余既戒为诗，乃日以读书消遣，读德富苏峰所著《将来之日本》及国民丛书数种。德富氏为日本三大新闻主笔之一，其文雄放隽快，善以欧西文思入日本文，实为文界别开一生面者。余甚爱之。中国若有文界革命，当亦不可不起点于是也。"令梁启超兴奋不已的"欧西文思"包括两个方面：一是丰富的政治、社会、文化思想新议题，二是言说这些新议题所必不可少的写作形式。正如丁晓原所说："梁启超'文界革命'的表述中核心语词是'欧西文思'。'欧西文思'相对于桐城派散文的'义法'自然是一种前所未有的异质，一种散文革命的要义。'欧西文思'的意义是丰富的，但主要意指的是现代西方的价值理念和话语体系。"

写作不仅是一种话语形式，而且包含着特定的价值。16世纪文艺复兴时期，法国作家蒙田创立了"随笔"（essay），这不仅是一种个性化的写作样式，而且蕴含着人的主体自由和独立判断的价值。用法国学者福柯（Michel Foucault）的话来说，那是一个知识从"注释"向"评说"转型的时代。18世纪，随笔在英国作家艾迪生（Joseph Addison）那里成为早期公共传媒（《旁观报》）的写作样式，"把哲学从国王议事厅和图书馆、学校和学院搬进俱乐部、公民议会、茶桌和咖啡馆"。新随笔蕴含的价值也从个体自由扩展为公共说理的平和、理性、教养和尊重。从晚清到民初，中国的"报章体"写作在短短二三十年间完成了西方随笔一个半世纪从个人写作到公共写作的转变。

在梁启超那里，"报章体"是一个尚未得名的"新文体"。梁启超自述道："启超夙不喜桐城派古文，幼年为文，学晚汉魏晋，颇尚矜炼。至是自解放，务为平易畅达，时杂以俚语、韵语及外国语法，纵笔所至不检束。学者竞效之，号新文体，老辈则痛恨，诋为野狐。然其条理明晰，笔锋常带感情，对于读者，别有一种魔力焉。"丁晓原指出："梁启超这里并没有指出'新文体'的具体命名者，他揭示新文体之'新'关键所在。新文体，是对旧文体，对桐城派古文束缚的'解放'，是一种没有规矩的（'纵笔所至不检束'）的自由的文体。思想上解放，精神上自由，可以视为新文体区别于传统古文的最主要的特质。"新文体又因为它关注公共时务议论而被称为"时务文体"（或因为梁启超所办的刊物而被称为"时务体"或"新民体"）。有意思的是，"报章体"也好，"时务体""新民体"也罢，甚至之后出现的"杂文""散文""小品文"等，它们都与西方的essay不尽相同——它们至今没有能在中国形成一个像西方essay那样具有文体传承和人文价值内涵的"文类"概念(genre)。

西方随笔的文字写作形式包含着一些普遍认同、共同遵守的人文价值,如注重每个人独特的个人经验、自由思想和独立判断的知识观、坚信"理"来自每个人自己的理性,而不是外力灌输或强迫,这些价值观的写作理念便是:说理必须文明,即自制、温和、稳健、不走极端;说理关于公众利益;说理不只是技能,而且更是有教养的行为;说理应该以逻辑、深入、令他人愉悦的方式为规范;说理的权利与把理说清的责任是结合在一起的,因此说理有责任观点明确、条理清晰、措辞准确。更重要的是,说理是就多种多样的"人的事务"提出看法和主张,是对普通人和广大公众说理,而不只是在一个狭小的圈子内(政党、教派、小专业等)的同声相求和互相吸引。这些人文价值在梁启超那里大致都可以找到。但是,在后来的许多"杂文",如《新青年》的"杂感"或鲁迅的"杂感"那里,就完全不是这样的景象。而恰恰是那些后梁启超时代的"杂文",至今仍然还在给公共说理带来不少负面影响。

"新文体"的"骂"

梁启超的议论文带有演讲的特征,修辞的感染与逻辑的说理并重,他说自己是一个感情充沛之人,文笔所至,情不自禁。尽管如此,他对待不同意见的看法和态度还是冷静、理智的。在《评非宗教同盟》一文中,他论及公共辩论中宽容和多元观点的重要,认为言论自由和思想交锋才是有利于社会的活力的。他说:"凡从事于公开运动的人,有一个原则必要遵守。那原则上:一面坚持自己的主张,不肯抛弃,一面容许旁面或对面有别的主张、不肯压迫。为什么必须如此?因为凡一个问题总有多方面,又惟有多方面才成问题。我从这方面看,有这样的主张,你从那方面看,有那样的主张,于是乎问题成立。若只许甲方面的主张,不许乙丙丁等方面的主张,那么结果还是'不成问题'四个大字完事。德谟克拉西(民主)精神存在与不存在,所争就是这一点。"

体现民主精神的辩论和公共说理视对手为与自己一样的自由思想主体,因此会平等而尊重地对待他人,避免相互丑化、谩骂或恶语相向。因此,梁启超认为:"'灭此朝食''铲除恶魔'一类话,无益于事实,徒暴露国民虚骄的弱点,失天下人的同情。"章炳麟曾经这样赞许梁启超,从《新民丛刊》前二册中可见:"任公宗旨较前大异,学识日进,头头是道,总之以适宜当时社会与否为是非之准的,报中亦不用山膏骂语以招阻力,大约此报通行,必能过于《清议》

也。"章炳麟《为柳亚子题扇》诗曰:"江湖满地呜呼派,只遂山膏善骂人。""山膏"是传说中的一种野兽,形貌像小猪,喜欢骂人,满口脏话。章炳麟称赞的不仅是梁启超的说理能力,而且还有他"不骂"的文明礼仪。

如果说社会文化的需求造就了文体的话,那么,文体的文明和礼仪(civility)水准是要靠每个运用者来共同维持和提高的。文体的文明和礼仪一旦遭到破坏,便有可能为后来的效仿者提供方便的不良先例。丁晓原在《媒体生态与现代散文》关注的主要是现代"散文"的正面变化、发展和传承,不妨也可以对"散文"在梁启超之后的一些不良倾向做些介绍和评价,"五四"杂文的"骂"就是一个例子。

《新青年》杂志以其"杂文"著称,且被称为后来杂文的先导。散文史学家俞元桂说:"《新青年》创办初期,陈独秀、李大钊等人的一些议论文,思想新颖,激情充沛,又写得生动活泼,平易畅达,可说是白话散文的一种最初形式。该刊从1918年4月号起开辟'随感录'专栏,专登短小泼辣的议论文字。这些具有文学意味的杂感短评便是后来统称为'杂文'一类作品的先导。"但是,《新青年》却是以"骂"为人诟病。我最近读到宋声泉《文学革命时期的"林纾败北"问题新探》一文,其中有一节专门就是谈《新青年》骂人的。更令人骇然的是,《新青年》不仅骂人,而且还坚持骂人有理,对此,当时的人就有所批评。不妨从宋文中取几个例子。

1919年2月,胡适致信钱玄同说:"适意吾辈不当乱骂人,乱骂人实在无益于事。……若他真不可救,我也只好听他,也决不痛骂他的。"钱玄同回信称:"老兄的思想,我原是很佩服的,然而我却有一点不以为然之处:即对于千年积腐的旧社会,未必太同他周旋了。平日对外的议论,很该旗帜鲜明,不必和那些腐臭的人去周旋。老兄可知道外面骂胡适之的人很多吗?你无论如何敷衍他们,他们还是很骂你,又何必低首下心,去受他们的气呢?"胡适主张,即使意见对立,骂也不是公共说理的正当方式,钱玄同则认为,说话太平和、理性,便是"旗帜不鲜明",太迁就"那些腐臭的人"。"好人骂坏人,应该!"这种对人不对事的态度,与"文革"斗争哲学的"好人打坏人,活该!"是同样的斗争逻辑。如张耀杰在《北大教授:政学两界的人和事》中所说:"由《新青年》杂志开启的新文化运动路线图由胡适而陈独秀而钱玄同、刘半农、周作人,就是从'平等讨论'到'不容匡正'到'骂人有理'。"

同是在1919年2月,蓝志先致信胡适时,再次谈及《新青年》的"骂人"问题:"讲到《新青年》的缺点,有许多人说是骂人太过,吾却不是如此说。在中国这样混浊社会中讲革新,动笔就会骂人,如何可以免得。不过这里头也须有个分别,辩驳人家的议论说几句感情话,原也常有的事,但是专找些轻佻刻薄的话来攻击个人,这是中国自来文人的恶习,主张革新思想的,如何自己反革不了这恶习惯呢?像《新青年》'通信'栏中常有这种笔墨,令人看了生厌。本来通信一门是将彼此辩论的理由给一般人看的,并不是专与某甲某乙对骂用的,就便骂得很对,将某甲某乙骂一个狗血喷头,与思想界有什么好处呢?难道骂了他一顿,以后这人就不会有这样的主张么?却反令旁观者生厌,减少议论的价值。吾敢说《新青年》如果没有这几篇刻薄骂人的文章,鼓吹的效果,总要比今天大一倍。"这也就是梁启超说的,骂人"无益于事实,徒暴露虚骄的弱点,失天下人的同情"。

蓝志先说,彼此辩论的理由是给"一般人"看的,不是辩论双方用来相互顶嘴或打口水仗的。这指明了公共说理的一个重要特征:辩论是一种公共议论性质的说理,意在影响"第三者",即普通公众。但是,他对"骂"的社会不良影响显然估计不足,他说,"在中国这样混浊社会中讲革新,动笔就会骂人,如何可以免得"。其实,骂本身就是一种混浊的语言,混浊的语言存在于混浊社会之中,帮助混浊社会的延续与再生,甚至使它越来越混浊。因此,社会越是混浊,就越需要清晰、平和、理性的不混浊说话方式来为其做出改良的示范和进步的目标。只有这样的说话方式才能促使人的内心和社会发生良性变化。

"应于时势"的觉世写作和启蒙宣传

"五四"之后论辩杂文的一些不良发展更让我们看到梁启超的价值,这也是丁晓原文中阐述最精彩的部分。他指出,晚清至"五四"相对自由的媒体言论条件对觉世启蒙的公共写作样式有多方面的积极意义。至少包括这样三个方面:一是在工具的层面上,媒体为这种写作及其传播提供了新的载体和方式,为满足社会传播的需要,它的语言更多地趋向平易通俗,它的形式得以随意自由。二是在价值的层面上,特定历史语境中的媒体价值设置影响着它的价值取向,主流媒体倡导的"新民""立人"等启蒙新思维,成为媒体公共写作表达的基本主题,为新文体的丰富变化提供了现代性要素。三是在话语空间的层面上,面向社会传播的媒体,作为一个开放的公共空间,同时也创设了公共议论的自由开放话语空间。时论写作的话题、体式、作者个人风格等的多样性由此而成为可能。

梁启超的时代需要他那样的启蒙者,他充满激情的启蒙方式也是极其有效的。用丁晓原的话来说:"以思想启蒙为己任的作家,自然设计启蒙优先的话语策略,在审美与宣传的选择中,他们会取宣传而弃审美。这样他们与新闻合成就成为了必然。梁启超的一段话对此作了注释。他说:'吾辈之为文岂其欲藏之名山,俟诸百世之后也。应于时势,发其胸中所欲言。'(《三十自述》)这里梁启超表达了写作意在传播的思想,'应于时势'的写作观念是吻合新闻的基本精神的。'应于时势'不仅表示写作取材的现实方位,而且也表示写作旨在社会传播的价值期待。"一直到今天,这仍然是公共知识分子媒体写作,包括时事议论、思想评论、文化分析等的基本取向。这样的写作不仅教人如何用一种新的方式去理解生活,而且致力于用自己的言语方式去促进和维护这种生活。

梁启超从事的是一种以启蒙为目的的"觉世写作",而不是后来出现的那种以压倒对手为目的的"党争写作"。丁晓原写道:"《时务报》期间梁启超的文名不胫而走,而《清议报》《新民丛报》时期他又以《少年中国说》《呵旁观者》《新民说》等挟情入理的论说文字,召唤着读者的阅读注意力,成为牵引当时舆论风向的精神领袖式的人物。梁启超实现了一个报人散文家所期望实现的'双赢'目标:报纸因文章的魅力而成为人们一时关注的信息中心,而文章又借助于报纸而广泛流布,使作者的写作价值有了一种极大化的可能。"

启蒙是一种人文主义——让人变得更优秀——的理想,正如意大利历史学家加林(Eugenio Garin)在论及文艺复兴时期人文主义理念时所说,"人这个字本身就包含着赞扬人自己的含义('人用人这个字表现人的本质'),它通过文化来为人自己充分定义……通过有说服力的语言,展示它在现实生活中的有效作用",并以此对生活于同一共同体里的他人"进行真正的教育"。这样的启蒙者"懂得恰如其分地使用语言,有很好的表达能力,其威力胜过军队。"(《中世纪与文艺复兴》)

启蒙的目的需要有与之一致的写作手段和运用语言的方式,其目的与言说方式都体现了一种自由、平等、尊严的价值观,即便在其说理方式因运用"过度修辞"手段而偏向宣传的时候也是如此。梁启超便是非常善于运用修辞手段——大量的排偶和类比、非此即彼的两分对立、短语式的口号体和一言概之、犹如抒情诗的情感倾诉等——的写作者。以今天的标准来看,他的写作优势和局限都在于感情的充溢与奔放,这也使得他更适宜于演说家,而不是时论或评论说理者效仿。斯泰宾在《有效思维》中这样评价公共言说的情绪和感情作用:"如果我们说话是为了引起感情态度,那么使用带感情色彩的字眼就是好的语言。可是如果我们的目的是把我们相信是真实的情况作一直截了当的报道,那么,带感情色彩的语言就是坏的语言。在诗歌中,在雄辩中,带感情色彩的语言也许对于说话的人所要达到的目的是必要的。这个时候它就是好语言,因为合乎当前的目的。但如果我们要思考一件事情,使用带感情色彩的语言就妨害我们达到我们的目的。这种语言可能成为有效思维的不可克服的障碍。"

公共言论领域中的个体应该是自由的主体,每个个体都是一个有价值的"自我"。但是,公共言论并不是个人可以任意宣泄情绪或情感的环境,正如布鲁斯·阿克曼(Bruce Ackerman)在《为什么对话》(Why Dialogue?)一文中指出的那样,公共的环境和共同的约定要求人们放弃或积极克制自我的特定组成部分,包括诸如愤怒、妒忌、仇恨一类的强烈情绪。这是自由言论的基本规范。如果人们忽视或根本无视这样的规范,那么,在自我克制岌岌可危的环境里,公共理性就会受到极大威胁。梁启超的"富有情感"尚未越出公共话语礼仪的范围,因为他总是能够做到对事而不对人。但是,一旦激情在另一些人那里变成了对人而不对事,那就会生发出像《新青年》这样的"骂"来。这样的恶性情绪宣泄至今仍在威胁和危害着我们的公共话语。

在一个理性而非暴力的社会里,所有精神和语言活动的一个重要任务就是要创建和维持能充分体现自由、平等和人的尊严价值的共同群体,公共议论、劝说和说理是这个任务中的关键部分。一般来说,以公共事件、社会现象、伦理道德、政治或文化为题材的写作或言说,都是某种人际对话和公共讨论的形式,媒体应该为这种对话和讨论提供没有偏见的、不预设立场、不受权力和金钱支配或操纵的公共空间。清末民初的媒体为此做出了虽不完美,但非常难能可贵的示范。在这样的公共空间里,梁启超以鼓吹民权和铸造新民为目标的觉世写作,更是一种公共写作的成功先例。即使我们今天从事公共写作不具备梁启超那种超群的语言魅力和才华,只要坚持运用符合礼仪规范的、有说服力的语言,我们应于时势的写作,也还是能帮助促成和维护一种合理的、具有优秀人文价值观的公共生活。

本文作者系美国加州圣玛利学院英文系教授

原载《读书》2015年第9期

从"大启蒙思想"到"新文化启蒙"
——反思当今中国思想与文化的整合之路

刘悦笛

新世纪已过去十多年了,中国社会发展到了哪一步?中国思想状况又发生了哪些新变?中国社会需要什么样的思想与文化?这些都是亟待思想界与文化界予以解答的大问题,而这些问题又都与"启蒙"的老问题直接相关。

"超越启蒙"还是"拓展启蒙"

百年来中国知识分子的基本观念中,无论是认定救亡压倒启蒙,还是认定启蒙压倒救亡,都存在这样的基本共识——"启蒙乃救亡的唯一途径"[①]。2011年在北大"李泽厚与80年代中国思想界"研讨会上,笔者公开提出这种观点,并得到了杜维明先生的赞同,他认为,"我们不加反思地认为我们追求的启蒙就是西方的启蒙,以科学和民主为代表,因此'启蒙是救亡唯一的路'。这种思路需要扩大,还有很多人类不可或缺的价值必须认真考虑"[②]。

如果沿着这一思路走下去,就会反思由西方舶来的启蒙的诸种缺陷,进而去追问,以科学与民主为代表的启蒙,到底是不是中国唯一追求的道路?这就是杜维明先生提出并引发讨论的"超越启蒙心态"的重要问题。[③] 然而,超越启蒙心态的观念,仍是建基于中西文化分立之上的,似乎中国走自己的路就要走出西化的启蒙,这又与西方社会兴起的"反启蒙"思潮基本同向。

这就需要做出两个判断,一个是对当今中国社会发展现状的判断;另一个

[①] 刘悦笛:《"启蒙与救亡"的变奏:孰是孰非》,《探索与争鸣》,2009年第10期。
[②] 杜维明等:《李泽厚与80年代中国思想界》,《开放时代》,2011年第11期。
[③] Tu Weiming. "Beyond the Enlightenment Mentality". *The Global Significance of Concrete Humanity: Essays on the Confucian Discourse in Cultural China*, Center for Studies in Civilizations, 2010:112—129.

是对中西反思启蒙的不同语境的判断。应该说,在 20 世纪中叶之前,救亡图存的任务压倒了启蒙,而中叶以后,启蒙重任则逐渐压倒了救亡。在前一个时代,张申府划分了中国社会发展的四步走:"团结救亡—民族解放—争取自由—民主政治"①;在后一个时代,李泽厚又提出了另一种四部曲:"经济发展—个人自由—社会正义—政治民主"②。他们的最后一步皆为政治民主化,但是,在前者那里,救亡与独立问题成为前提,而在后者那里,经济发展问题则成为必要前提,这恰恰是历史转型后"思想调整"的必然结果,而"自由的实现"无论在张申府还是李泽厚那里都是通向政治民主化的必经之途。

当今中国社会,"个人自由"应该说也得到了初步实现,"言语(而非言论)自由"在目前显然是高于"行动自由"的。如果按照李泽厚所设定的四步发展逻辑,当今中国社会应该说在经济发展基础之上、个人自由初步实现前提之下,正在处于走向"社会正义"的历史阶段中。当然,正如政治体制改革举步维艰一样,政治民主最后阶段的完成还尚待时日,以"社会正义"的实现作为政治民主的逻辑前提还是适宜的,正如个人自由成为社会正义的逻辑前提一样。正是在这个意义上,我们说,当今中国的启蒙重任尚未完成,因为启蒙的本意就是掌握自我的理性,而这种理性的掌握与个人自由是内在相关的。

与西方社会相比,为何欧美"先发现代化"国家如今开始"反启蒙"了呢?道理很简单,启蒙的缺陷在"后现代社会"被凸显出来,特别是以"启蒙的理性""对进步的信仰""经验科学"与"实证主义"为主要内涵的启蒙运动及其思想的偏失,在后现代主义思潮中得到了更多质疑与纠偏。然而,问题在于,作为"后发现代化"国家的中国,在多大程度上才是"后现代"的呢?实际上,后现代话语对于全体中国社会而言仍是超前的,"现代性的规划"在中国并未彻底完成,中国社会目前的主要任务,仍是去完成仍未完成的现代性事业。那些以"民族主义"为旨归的思想者之所以对西化启蒙采取拒绝与隔绝的姿态,那是没有意识到,在中国,与启蒙有关的现代性问题依然悬而未决,与特权、蒙昧、专制有关的"前现代"问题依然困扰着我们。

所以说,我们不能抛掉启蒙,而是要"扩充启蒙",然后把中国的要素放到里面,走向"大启蒙"才是明智之途。我们还是在启蒙中,现代化尚未完成,启

---

① 张申府:《什么是新启蒙运动》,上海:生活书店,1939 年。
② 李泽厚、刘再复:《告别革命》,香港:天地图书公司,1994 年,第 22 页。

蒙需要中国式的拓展,而不是中国式的消解,当然,启蒙的缺陷在推展启蒙过程中还是要避免的。

"大启蒙思想"的融汇贯通

启蒙到底有没有错?启蒙到底错在哪里?理念中的"启蒙思想"乃至于现实中的"启蒙运动"当然都有功有过,但启蒙最核心的褊狭之处,就在于它基本上是以理性为基础的。这意味着,西化的启蒙原本只是"理性的启蒙",这在康德那里获得了合法性的明证,这也是为何在西方出现了以"审美现代性"思潮来对抗"社会现代性"的原因。[1] 然而,中国的启蒙及其运动,却始终具有不同于西方的本土化特质。启蒙在中国并非仅仅是理性所主宰的,"感性的解放"也是启蒙的应有之义,而且启蒙最终所要达到的理想状态,更是包孕着感性化的积极要素。

五四运动就是一场"启蒙运动",这已经成为普遍共识,但它是不是"理性启蒙运动"呢?其实,五四运动更多是一场以激情反击传统的社会运动,它本有的激情有余而理性不足的特性,在其后的革命浪潮中被彰显出来。拉纳·密特认为,"五四事件"本身的特点就是青年参与、国际化与诉诸暴力,这也影响了此后20世纪中国的发展路数。[2] 有趣的是,从1936年开始的"再来一次的启蒙运动",恰恰走向了五四运动的对立面,它才开始主张真正的理性启蒙。1937年,"新启蒙学会"的成立,可以被看作是将这场"新启蒙运动"推向高潮的标志。虽然这批知识分子所倡导的"新启蒙",声称以继承和超越五四作为基本主旨,但是它确实更接近西化理性启蒙的趋向。

如果说,新文化运动更倾向于"感性主义"的话,那么,新启蒙运动才是接近"理性主义"的,正如后者的倡导者们将"理性的主宰""思想的解放"和"新知识新思想的普及"视为启蒙运动三个基本特性,认定启蒙的主要目标就在于"反迷信""反武断""反盲从""反权威"和"反传统"。[3] 尽管新启蒙运动也同样是反传统的,但是,它所主导的"理性主宰"却无疑是其思想的内核,这就

---

[1] 刘悦笛:《在"批判启蒙"与"审美批判"之间——构建"全面的现代性"》,《学术月刊》,2006年第9期。
[2] Rana Mitter. *A Bitter Revoluistion: China's Struggle with the Modern World*. Oxford: Oxford University Press,2004:11.
[3] 张申府:《张申府文集》,石家庄:河北人民出版社,2005年,第189页。

不同于五四新文化运动情感化的"打倒孔家店",而是在反思基础上的继续反传统,甚至更明确表示对"旧礼教"的反对就是为了反帝。遗憾的是,这次"新启蒙运动"只是书斋里的风波,由于抗日救亡的危机以及缺乏"社会动员"的基础,这场小规模运动的无情夭折是必然的,但其所开启的"理性主义传统"却仍需承继。

我们所说的"大启蒙",就是要既继承启蒙成果,又反思启蒙缺陷,既发展"启蒙理性",又关注"启蒙感性"。在继承与反思的意义上,"大启蒙"试图在"前现代""现代"与"后现代"的三种传统之间保持"调和持中";而在发展与关注的意义上,"大启蒙"应试图将五四运动的"感性主义"与新启蒙传统的"理性主义"两种传统结合起来。这是从启蒙与现代性的传统来看"大启蒙思想",我们还可以从当前中国思想界的现状来审察。

当前中国思想界有三种主流思潮,20世纪"90年代后半期开始的自由传统跟新左派的争论是中国思想界最主要的问题,但从最近的事态来看,有关传统文化与民族主义出现了一些新的争论……现在传统文化与民族主义的复兴势头比新左派和自由主义有过之而无不及"①。这个判断是基本符合事实的,"自由派""新左派"与"民族派"基本形成了三大思想潮流,尽管前两派有明确的思想倾向而缺乏深入的思想主张。与此同时,甘阳也曾提出"通三统"的说法,认为目前中国有三种传统可以统合起来:如果从近往远说,一个是改革开放以来的传统,以"市场与自由"作为核心;一个是毛泽东时代的传统,以追求"平等与正义"作为核心;另一个则是"中国传统文化或儒家传统,这在中国人日常生活当中的主要表现简单讲就是注重人情乡情和家庭关系"。②

如果我们将思想界的"三派主张"与当今中国的"三种传统"加以考量,就会发现,实际上"三派主张"分别是以"三种传统"作为渊源的。我们从远往近说,"民族派"无疑生根于2000多年来形成的以儒家为主的思想传统,"新左派"是以共和国成立之后形成的以马克思主义中国化为主导思想的传统为源头的,而"自由派"则是在改革开放30多年以来的市场理念当中形成的。但严格说来,自由派作为西方"新自由主义"的本土化形态并不是完全从改革传统中脱胎而来的,邓小平模式也被视为一种"政治紧"而"市场松"的改革模式,③但是主张

---

① 徐友渔:《中国三十年各派社会思潮》,天益思想库,2009年,9/10。
② 甘阳:《中国道路:三十年与六十年》,《读书》,2007年第6期。
③ 同上。

市场化,无论中西都是基本一致的。然而,究竟是完全自由的市场,还是有政府介入的市场,在中国特色的市场经济与新自由主义经济模式之间,还是在取向上存在根本差异的。

如果从比较文化的角度来看,似乎只有"民族派"才是本土的,而"新左派"与"自由派"好像皆为舶来品,但事实并非如此。这是因为,"民族派"虽然植根于本土,但却是与现代思想结合起来的流派,它其实并不赞同"反现代的传统主义",而是主张一种试图融入现代化当中的现代思想。牟宗三试图以"良知自我坎陷说"来建构由内圣而外王的中介桥梁,竭力由此来解决如何开出现代科学民主的问题就是明证。然而,道德主体究竟如何自觉地通过"自我否定"(亦曰"自我坎陷")转为"知性主体",[1]进而由传统德行修养的运用表现转出现代民主政治的架构表现,却仿佛是沙上建塔般难以为继。同理可证,"新左派"同样也是最中国化的传统,虽与西方的左派形神皆不相似,但其所坚持的平等观念在20世纪90年代后期仍在得以彰显;"自由派"尽管是最西化的,但也适应了中国国情,并进行了自我适度调整。

按照"大启蒙"的思想构架,无论是"自由派""新左派"还是"民族派",无论是数千年的重"人情乡情"的传统、60多年的"平等"传统还是30多年的"市场和自由"的传统,实际上恰恰可以统合在一起。如今中国思想界的主流趋势,就是经过了20世纪90年代后期的分化之后,各派思想出现了某种合流的趋向。新左派拒绝市场,但是市场浪潮不可阻挡;自由派追求自由,但是制度重建仍需时日;民族派回归本土,但是重归体制之路已被阻断。在各派都难以一统的时候,最新出现的趋势则是,随着国强与民富,新左派与自由派都逐步出现了向民族主义靠拢的新趋势。

这种民族主义也被汉学家史华兹视为是一种"想象共同体",甚至为大多数的中国人提供了一种"准宗教"意义上的支撑,并成为实现其他目标的必要工具。[2] 按照史华兹的见解,"一旦国家的民族主义模式被确立下来,这种民族化的模式就会被集体的行动者们所接受下来",但是在中国却面临着更为全面复杂的现代性的格局,并与前现代的文化之间形成了复杂甚至悖论性的关联。[3] 事实的确如此,当代中国文化似乎被形容为"超现代"(trans-modern)更为合适,

---

[1] 牟宗三:《现象与物自体》,台北:学生书局,1975年,第122页。
[2] Benjamin I. Schwartz. "Cultural, Modernity, and Nationalism-Further Reflections". *China in Transformation* Cambridge, Mass.: Harvard University Press, 1994: 249, 250.
[3] Ibid.

先发展起来的大城市在某种程度上部分进入了后现代文化当中,但是未发展的许多地域甚至还是前现代的,这就构成了前现代、现代与后现代共存与交融的局面,因而谓之"超现代"。

实际上,我们可以认同"温和的民族主义",但是极端的民族主义的确是危险的,这可以日本近代思想的"社会达尔文主义"的急遽流变为鉴。当然,目前中国的"民族主义是兴起于现代的产物,因民族主义而需对中国传统文化有着相当程度的自尊心",这是"现代对民族主义的需要"。[1] 这种现代思潮的形成,也要从内部与外部两个方面来看。从内部来看,本土思想者们正在实现着一种从"文化主义(culturalism)到民族主义"的内在转换,[2]从原本的文化反思逐渐上升为一种民族思潮;从外部来看,新左派本来就是建基在马克思主义"中国化"基础上的,倡导中国性也是其应有之义,而自由派如今出现的在儒家与自由思想之间嫁接的新趋势,恰恰说明了它也在向民族主义迫近,这也恰恰为"大启蒙思想"的多方整合提供了最佳历史契机。

回到前述问题,启蒙在中国为何尚未完成呢?我们还是以感性主义占据主导的五四启蒙来分析,到目前为止,五四时代所倡导的"科学精神"与"民主精神",多大程度上在中国民众中间生根发芽了?历史的实情往往走向了反面,甚至给出了许多经验教训。西方启蒙的本义是让世界"祛魅化",这也同时意味着从宗教控制中得以解脱的"世俗化",市民社会的建立与科学知识的确立都是启蒙的结果。然而,正如林毓生所指出的那样,中国现代性的特征却在于"世界令人十分着迷",科学成为了"自然主义的宗教",政治领域也出现了"造神运动"。[3] 这意味着,启蒙本身变成了神话,从大跃进到"文革"都可以被看作是启蒙不彻底的产物。当民主作为一种"生活方式"并固定为制度的时代,当科学成为一种"日常意识"并逐渐成为惯例的时代,也许才是中国的启蒙得以完成的时代。而只有到了这个时代,我们才能说,中国真的无需启蒙了。

---

[1] 本杰明·史华兹:《思想的跨度与张力——中国思想史论集》,郑州:中州古籍出版社,2009年,第25页。

[2] Prasenjit Duara, "De-constructing the Chinese Nation", Australian Journal of Chinese Affairs, 1993 (30).

[3] 林毓生:《中国现代性的迷惘》,《"自觉"与中国现代性》,宋晓霞编,香港:牛津大学出版社,2006年,第6、12、16页。

"文化离散"还是"文化融通"？

从五四运动开始,中国文化就是以"断裂式"发展的。新文化运动是对"儒家传统"的决然了断,共和国是对"资本主义传统"的决然断裂,改革开放则是对"文化革命传统"的决然断裂,此后,中国文化方步入了渐进发展的轨道。在前三次的文化断裂当中,我们发现,都明显缺乏起基础性作用的市场要素,这三次文化断裂真正形成主导性的力量仍是政治与革命。

实际上,政治化的主导往往带来的是文化的单维发展,各种文化都高度统合为一体,不可能出现文化的多元化发展,离散化(disporas)的现象更不可能;而市场化的主导却往往带来文化的多元共生的局面,各种文化之间得以相对分离,但这种"文化分化"的过度发展,就会形成文化之间的相互离散。但无论怎样说,从"政治统合"到"市场分离",这是当代中国文化发展的大势所趋,而且,这种趋势从整体上说是越市场化就越趋于离散。

历史地看,20世纪后半期的中国文化的总体发展格局经历了三大阶段。就历史发展的顺序来看,最先是意识形态的一度空间;随着社会转型的开始,精英文化开始游离出来,形成主流文化与精英文化的"文化二元分立"局面;最后则是随着市场经济的全面兴起而来的大众文化漫卷之势,并由之而构成与主流文化、精英文化并存的另一极。至此,文化"三分天下"的格局便已露出端倪。可见,中国文化的格局变化是一个由整体统合到逐渐裂变的历史过程,这种观念已经成为共识。

主流文化、精英文化与大众文化,围绕各自相对独立的价值轴心运作。作为以官方从业人员为制造、执行、传播主体的文化,主流文化以政治引导的形式出现,具有主导性和控制性,其意识形态运转的目标是社会秩序;作为以人文知识分子为创造、播撒、分享主体的文化,精英文化所指向的是超越性的生活意义,它以文化累积的形式出现,具有前导性和必要性;作为为都市大众而生产、并以之为消费主体的文化,大众文化的轴心则在于生产的"效益原则"与消费的"娱乐原则",这种文化具有自发性和扩张性。大约十多年前,这三种文化的发展趋势是,主流文化:权威性的政治引导功能趋于收缩,但仍占据主旋律位置;精英文化:知识分子总体上的边缘化,在文化格局内分层与分流;大众文化:大众地位日趋上升,对精英文化形成强势挤压,并对主流文化开始构成侧面影响。

然而,21世纪的头十年,当代中国文化又开始面临了新的变局。追随着过去的文化从一元走向多元的理路,当今的中国文化的离散遽变出现在两个方面:一方面是主流文化与政治文化相互脱离,主流文化作为被最大多数人所接受的文化,成为一种吸纳了其他文化要素的独立层面;另一方面则是青年文化逐渐脱颖而出,由此以新文化青年为载体的重要文化就形成了。如此一来,当代中国文化就从原本的"三角形架构",转变成了一种"五角星架构":

在下面这个架构图里,主流文化、政治文化、大众文化、精英文化与青年文化,各自占据了文化的一维,这就是当今中国文化的"五分天下"。主流文化,不再仅从20世纪50年代始的政治文化那里获取资源,也可以从80年代始的精英文化、90年代始的大众文化那里获取资源。随着精英文化逐渐被边缘化,青年文化也成为为主流文化提供资源的生力军。从量化的角度来看,位于这个五角星的最顶端的当然是主流文化,开始衰落的政治文化与持续扩张的大众文化,形成了第二个层次,而被排除出主潮的精英文化与方兴未艾的青年文化,则无疑居于这个架构的最底层,但区别在于,青年文化还会愈演愈烈,精英文化则会更加式微。

在这种文化进一步离散的格局当中,我们理应倡导一种"文化融通"的新理念。这是由于,文化格局愈趋于多极化,那么,越多极的文化之间就可能愈加相互熔铸起来。这就需要接受一种观念,那就是多元文化就是主流文化,我们的主流文化本来也应该是由多元文化所构成的。当代中国的文化分化其实并未完全到位,但毕竟走出了政治一统的过度集中,却又面临着市场同化的趋同结果。所以"文化来融通"的道路,一定是独特的,一方面不同于以政治来统合,另一方面又不同于以市场来离散。

"新文化启蒙"的本土经验及展望

中国社会的"现代化"转型,属于所谓"传统的第三世界社会的现代化"类型,它所面临的临界门槛主要有"人口控制的危机""城市化危机""阶级冲突门槛""大众教育门槛""国家参政危机""妇女角色与地位转变"及"环境问题"。[①] 然而,中国文化的"现代性"转化,却由于文化发展本有的超前性而与

---

① 艾伯特·马蒂内利,李国武译:《全球现代化——重思现代性事业》,北京:商务印书馆,2010年,第74—79页。

西方迥异,后现代的西方发达社会无需面对中国这种积重难返的传统难题。在前现代的要素得以保留的基础上,后现代的要素也逐渐介入其中,当然,其中占据最核心地位的仍是现代性的建设问题,这三种文化所形成的"超现代景观"在当今中国还是有目共睹的。

对于中国而言,"现代化"的成就并不仅仅在于科学与知识革命或者经济与技术的理性化,而且,还在于开启了一种具有"现代性"的生活方式。如果我们的"文化观"得以根本的转化,从克利福德·吉尔兹意义上的"文化人类学"的角度来重新定位文化,而不是将文化只视为是精英化的抑或精神化的,那么,我们所谈论的文化,就可以被看作是"日常的""生活的"与"情感的"。这样,我们就可以用一种"新文化启蒙"的视角,来重新审视当今中国文化的多元取向与相互整合的重要问题。

为何我们要采用一种"新文化启蒙"的视角呢?这还要从"启蒙现代性"的缺憾谈起。如前所述,启蒙最大的成功之处就在于自觉运用理性,但是成也萧何败也萧何,启蒙最大的缺憾也在于启蒙仅仅是"理性的启蒙"。更开放地看,"理性主义、个体主义/主体性、功利主义、对知识的不断探求、创新与发现、作为自主主体的自我的建构、解脱禁锢、自由的原则以及权利和机会的平等代表了现代特性的核心要素"。[①] 更凝练地说,启蒙现代性的"价值观",就在于"理性主义""个人主义"与"功利主义",这也是对西方启蒙思想中的"价值论"的高度概括。

"新文化启蒙"要应对启蒙的"理性主义""个人主义"与"功利主义",就需要给出本土化的解答。在这个意义上,儒家传统首当其冲,儒家的"感性主义""社群主义"与"实用主义"恰恰可以弥补启蒙的三种"价值观"的偏失。

首先,要以儒家感性化的力量,去溶解启蒙的理性内核,晚年李泽厚提出了所谓"情本体"的思想就是属于这一思路。"理性"的无限增长压制了人的感性本能,它的"线性"的科学分析与逻辑思维,不仅抽取了人的活生生的生命,而且抽掉了自然事物的生命,乃至根本忽视了整体性的"原型思维",这就需要以感性的力量来对抗之。"现代性的文化也体现在对感情与情感的控制中。这主要关涉到公共生活,在那里期望对人们的情感、情绪和冲动有更高程度的控制。情感性的表达局限于私人生活,在那里,更为亲密和私人的关系呈

[①] 艾伯特·马蒂内利,李国武译:《全球现代化——重思现代性事业》,北京:商务印书馆,2010年,第31页。

现出来。私人与公共领域之间的区分以及相连的对情感的控制程度在传统社会中是不存在的或者非常不明显。"①如果将中国的新文化启蒙视为是以"情"为本的,那么,就可以使得中国化的启蒙在理性与感性之间保持一种均衡的状态,这可能也是中国启蒙拓展西化启蒙的重要维度。

其次,中国化启蒙的"个性解放"也始终摆脱不了社群化共存的语境。个体与社群的保持平衡,也应是中国化现代性的独特特征:走出了集体主义但不能走向极端的个体主义。个人自由问题在中国仍要在——中国化的"社群主义"而非西方化的"原子主义"的——基石上才能加以解决,理性的"公共性"问题在中国应该是更加突出的。"个人主义与集体主义"的绝对两分,恰恰也被视为是现代性的核心规定,②这与公共领域与私人领域的分离也是间接相关的。从五四运动之后,中国人的"个性解放"是通过感性化的突破口来得以实现的,然而,公与私的分离却使得"公德"与"私德"也得以离分,这也恰恰使得儒家伦理失去了立命的基础。因为"私德"在传统社会中被作为"公德"的基础,而今则需要重新找到这种结合的新的基础,如何重新获得"公"与"私"之间的平衡尤为珍贵。

最后,西方启蒙的"功利主义"被市场经济所推动,目前在中国价值观当中也已经成为绝对主流,在此应以更为传统的"实用主义"来弱化之。李泽厚提出,中国传统中具有一种"实用理性"的智慧,其实也有一种"实用感性"的智慧。功利主义往往是无"情"的,而"实用理性"则是有"度"的,而这种掌握"度"的艺术恰恰是属于感性维度的。所以,这种度"首先是对人的活动自身与外在天地自然同构契合的感受、体验、把握、认识,而后才是关于对象的,它成为为人所拥有的规范外界的物质性力量与技艺"③。我们都知道,不能为了个人利益而一味地盘剥他人,对功利主义的最大辩驳就在于,如何与他者共存的问题。然而,现代性又必然诉诸于个人的权益,但如何把握实用的"度"就成为了一门感性化的操作艺术,中国智慧在此可以为世界提供新的经验。

实现中华民族伟大复兴,已经成为中国人的共识。然而,必须意识到的

---

① 艾伯特·马蒂内利,《全球现代化——重思现代性事业》,李国武译,北京:商务印书馆,2010 年,第 50 页。
② Benjamin I. Schwartz, "Cultural, Modernity, and Nationalism-Further Reflections". *China in Transformation* Cambridge, Mass.: Harvard University Press. 1994:241.
③ 李泽厚、刘绪源:《该中国哲学登场了？——李泽厚 2010 年谈话录》,上海:上海译文出版社,2010 年,第 85 页。

是,中华民族的伟大复兴最终还是"文化的复兴"与"思想的复兴"!特别是在经济得以快速发展与国际政治地位不断提升的时代,如何"创造性转化"与"转化性创造"出一套新的文化与思想就显得至关重要。中国政府目前还在倡导"走出去"的策略,但是我们究竟以何种文化走出去?这就要走出一条新的内圣而外王之路,内圣的应是文化和谐,外王的应是政治公平,中国文化的发展不能重蹈"军事化"的元代模式(当前的美国文化也在偏向这个方向),而只能翻新出一种"文化化"的新盛唐模式。所以说,走向"大启蒙"与熔铸"新文化"就可能成为民族复兴道路之一。

本文作者系中国社会科学院哲学研究所研究员

原载《探索与争鸣》2013年第2期

关于启蒙的"中国化"实践及其逻辑路径的思考
——纪念"五四"新文化运动一百周年

张光芒

探寻中国化的"启蒙辩证法"

20世纪90年代以来,随着霍克海默与阿多诺反思启蒙运动的"启蒙辩证法"理论传入中国,不少学者似乎找到了一把反思20世纪中国文化史与思想史的金钥匙,"启蒙过时论""后启蒙时代到来了"等论调纷纷登场,仿佛不告别启蒙就不足以显示论者的高明,就无法跟上这个多元化时代的潮流,就不能适应全球化语境的挑战。"启蒙辩证法"固然是法兰克福学派极为精辟的理论创造,并从深刻的哲学层面对西方启蒙精神进行了有力的反思与清算。但它是否可以被完全"舶来"用于对中国启蒙思潮论断的理论前提乃至言说者自身的价值预设呢?如果过度地依赖于这一理论,会不会使我们对本土启蒙历史的阐释陷入更大的混乱呢?进言之,在中国,启蒙作为一个"事件"、一个过程,难道不必然地具备独特的历史规律与内在逻辑吗?这一系列问题即使在"重提启蒙"的论者那里也并未引起充分的警惕。

一个首要的事实是,"启蒙辩证法"脱胎于充分成熟了的"启蒙了的"(enlightened)文化母体之中,它严厉地揭示了"启蒙的自我摧毁"的根源在于:启蒙推翻了信仰的合法性,不仅将科学与理性视为最高的裁判,而且将其"绝对化"为客观知识的惟一来源。主体导致了自然的被征服、物化和脱魅,而主体自身又在自己眼里变得如此被压抑、物化和脱魅,以至于他们争取解放的种种努力走向了反面——自己落入了自己设置的圈套。由此,为告别神话而斗争的启蒙自身最终也"衰退为神话",乃至"启蒙精神与事物的关系,就像独裁者与人们的关系一样"①。

显然,"衰退为神话"的启蒙精神是理性充分发达、主体性充分解放的产物,而这一前提反而正是20世纪中国启蒙运动最为缺乏的。我们有过政治至上的狂热,也有过金钱至上的狂欢,缺少的恰恰是理性至上的热情。尽管"启蒙辩证法"告诉我们理性至上将使人们成为理性与理性体制的奴隶,启蒙精神是一个可怕的独裁者,但对我们来说,我们何曾有资格做这样的奴隶。正如鲁迅指出的:"即使所崇拜的仍然是新偶像,也总比中国陈旧的好。与其崇拜孔丘关羽,还不如崇拜达尔文易卜生;与其牺牲于瘟将军五道神,还不如牺牲于APOLLO。"②同样,在一个"权力拜物教""金钱拜物教"风行的时代,"理性拜物教"虽然算不上最高的普世价值,但至少不比"权力拜物教"和"金钱拜物教"更远离人性解放的终极目标。

就启蒙精神所孕育的社会结构——即阿多诺在《否定的辩证法》中所命名的"被管理的世界"——而言,我们更未曾达到过。相反,我们受困于各种各样无孔不入的"人治",而不是工具理性或者机械管理的发达。我们能自欺欺人地说后者较之前者是一种进步吗?所以说,就像一个刚刚会爬行的人还没学会走路,就站在跑步者的位置嘲笑步行者一样,将"启蒙辩证法"作为一种凝固的思想范式来批判否定中国启蒙,不但难以做出准确的判断,甚至不无僭越的意味。

另一个易被忽视的事实是,"启蒙辩证法"即使对于西方启蒙思想也并不具有绝对全面的概括性,它主要是取其启蒙思潮的一个重要趋向或者以某一阶段启蒙运动为主体视野,并未覆盖整个启蒙思潮的复杂而深微的逻辑规程。这一点,《启蒙辩证法》的作者做过解释。在他们看来,此理论中的"启蒙"并不专指18世纪西方启蒙运动,而是泛指那个把人类从恐惧、迷信中解放出来和确立其主权的"最一般意义上的进步思想"。而且该著作系写成于纳粹恐怖统治崩溃前夜,他们自己在后来也深感其中有些观点业已过时。

美国学者埃里克·布隆纳就如此反思过《启蒙辩证法》所存在的问题:集权主义的确将本能从一般被称为良知的东西中解放出来,霍克海姆和阿多诺提出以下观点时,的确是正确的:"反犹行为产生于这样背景中,在那里被剥夺了主体性的盲目的人被作为主体而放出,行为本身就成为自治目的,从而伪

---

① 霍克海默、阿多诺:《启蒙辩证法》,洪佩郁等译,重庆:重庆出版社,1990年,第7页。
② 鲁迅:《随感录四十六》,《鲁迅全集》第1卷,北京:人民文学出版社,1981年,第333页。

装起它自身的无目的性。"然而,想将这个哲学观点与启蒙联系起来,就只有将它拓展,使它容纳它最伟大、最自觉的批评家:萨德、叔本华、柏格森和尼采。对他们中任何一位,都可以说——尽管所有主要的启蒙哲学家都不可能是这样——行动成为了它自身的目的,掩盖住其目的性的缺乏。它再次是既非理性主义也不是实证主义的,而毋宁说是唯意志论的,尽管它属于一种活力论的唯意志论,影响过右翼集权主义者的思想。总之,"不管《启蒙的辩证》推出的大量理论观点是什么,从历史和政治的出发点来看,它都建立在错误的具体性和误置的因果关系上"①。

实际上,西方整个启蒙运动中始终贯穿着一种理性与信仰的张力,"启蒙辩证法"不过是将考察对象集中于理性取代信仰这一条主线之中。在这一点上,卡西勒的《启蒙哲学》梳理得十分清楚。理性与信仰的矛盾在西方越到启蒙运动的后期越突出,从某种意义上说,许多启蒙思想家穷其一生为的就是最终解决这一矛盾。他们在把理性建立在信仰之上时,念念不忘重新梳理、重新阐释理性与信仰各自的内涵及二者的关系。当时人们争论的一大核心问题是:理性高于信仰还是信仰高于理性?或者还包括相似的命题:理性宗教与启示宗教的关系如何?启蒙思想家莱辛之所以执意于对神学的反思便基于这样的动因:"有什么比使自己相信自己的信仰更必要的,有什么比不曾事先检验的信仰更不可能让人接受的?"可以说,他"渴望"信仰就像笛卡尔的"怀疑一切"那样,对任何不假思索的接受下来的信仰(包括他自己的信仰)进行严格的、铁面无情的审判。正如邓晓芒在维塞尔著《莱辛思想再释》的"中译本导言"中指出的:"莱辛对基督教信仰的重新反思决不是摧毁了这个信仰的根基,而是锻造了它,使它摆脱了伪善和自欺,哪怕因此陷入无休无止的动摇、自疑和反复验证,也比毫不怀疑的中止判断要更诚实。他是在宗教信仰本身的范围内掀起了一场启蒙,他使信仰成为了一个过程。"②

鉴于此,笔者认为对中国启蒙的阐释需要立足于揭示其"中国化"的"启蒙辩证法",同时这种阐释所取用的思想参照系也不应局限于法兰克福学派视野中的启蒙思想模式。具体说来,一方面我们当然应该看到中国启蒙的不足与缺失;同时也要注意到这种不足并不等同于西方"启蒙辩证法"所揭示的不足,甚

---

① 斯蒂芬·埃里克·布隆纳:《重申启蒙——论一种积极参与的政治》,殷果译,南京:江苏人民出版社,2006年,第119—121页。
② 维塞尔著,贺志刚译:《莱辛思想再释》,北京:华夏出版社,2002年,第5页。

至它或许正是克服后者弊病的有效措施。中国启蒙从一开始就未设置那种使理性与主体性极度扩大化后走向自身反面的"圈套","五四"新文化运动对理性与情感的两极崇拜、近现代启蒙家对宗教精神的追寻、对自由意志的求索等,其中所蕴含的启蒙张力使自身脱离了唯科学主义或"一只眼的""冷冰冰的"唯理性主义的轨道,自然也就不存在"物化"与"脱魅"扩大化的危险性。

西方启蒙思潮在个体自我展开的整个过程中,都不可避免地以科学/宗教、理性/信仰、启蒙/上帝为思想的基本框架,而中国的启蒙没有"上帝"这个大的文化语境和深层的哲学语境。宗教、信仰诸范畴应中国近代思想危机之需尽管进入了启蒙探讨的视野,但也未从根本上改变中国启蒙的"人学"方向。因此,与西方启蒙的人学/神学、理性/上帝的思想格局不同,中国启蒙在形而上意义上以小我/大我、个人主义/人类主义为文化域场;在形而下层面上则以个体/集体、个人/民族为基本价值域,总之是以"人"自身的范畴为思想重心。

在西方启蒙进一步展开的过程中,构成的是一种以启蒙——上帝——真理为主要结构模式的思想走向。与此不同,在中国的文化语境中,人无论怎样"超脱""逍遥"仍然是基于人与历史自身的力量资源,是不需要外在于人的某种异己力量的拯救的。因此人的解放在根本上依赖于对人的内在秘密与潜在力量的开掘的程度。此种价值求索趋向与资源利用方式生成的是对中国式自由意志的追问。理性在中国启蒙思潮的深层结构中并不具备西方那种决定性的意义或本体性的价值,理性的走向——理性对人性的作用,理性对民族的作用,乃至理性对整个宇宙的作用——才是更重要的。在此,马克思那句名言——从来的哲学都是要解释世界,而哲学的真正的任务是要改造世界——深得中国启蒙家的偏爱。

显然,我们所要探寻的中国化的"启蒙辩证法"只是借用了霍克海默与阿多诺的概念形式,在内涵上已经明显不同。当然,这并不意味着中国启蒙就较之西启蒙"高明",如同硬币的正反两面不可分割一样,其特点与缺陷恰恰构成了中国启蒙运作的独特规律。挖掘中国化的"启蒙辩证法"不仅是为了阐释历史和反思历史,更是在思想迷乱的全球化语境下重新规划中华民族自身启蒙这一"未竟之事业"的时代需求。

理性/非理性的辩证法

关于启蒙与理性、非理性的关系问题,无论在现代启蒙思想讨论中,还是在后人的研究视野中,一直存在着一些不无偏见的思维习惯。诸如将理性主义与非理性主义机械对立,将理性主义等同于启蒙主义,简单地以欧陆理性主义为反思中国新文化运动的思想框架等。这种思维定势反映在对中国现代启蒙主义的考察中,就是常常从西方理性主义或非理性主义这些并不适用于研究对象的价值原则出发,结果不可避免地造成种种以偏概全或彼此相反的结论。

这些观点的两种极端就是分别从情感与理性两个方面立论。一方强调"五四"前后的启蒙主义是情感压倒理性,如有人说"五四是一个抒情的时代",有人认为"五四"文学创作的普遍特征在于"印象的、情绪的产物,而还没有达到成熟的任何'主义'的艺术自觉"①,有人将"五四"文学精神的突出特征归纳为"悲剧意识、自由精神和感性生命特征"②。再如李泽厚批评"五四"有一个"激情有余,理性不足"的严重问题,它延续影响几十年直至今天。他所谓的"激情"就是指急进地、激烈地要求推翻、摧毁现存事物、体制和秩序的革命情绪和感情。王元化则从"激进主义作为采取激烈手段、见解偏激、思想狂热、趋于极端的一种表现"来批评"五四"是"一种历史的切断,带来不好的后果"。何新也说,"我说激进反传统不利于现代化","一百年的历史经验表明,中国总是吃激进主义、急躁情绪的亏"。这些观点在理性与情感的关系上都或多或少地使用了二元对立的思维方式,仿佛情感强烈就必然会导致对理性的漠视,"激情有余"必然伴随着"理性不足"的失误。另一方则强调其理性精神,或科学与民主的精神,或现实主义精神等,但同样也存在着思维与价值判断上的机械化。如林贤治反对以上观点,认为他们的激进"并不就像李泽厚说的那样惟凭一时'激情'的冲动而失去理性的支持,或如王元化所说的那样全出于'意图伦理'而不讲'责任伦理'。相反,这是非常富于理性,富于历史责任感的一代"③。在笔者看来,他们的激情同他们的理性一样是值得肯定,值得后人认真研究的。早在提倡科学主义的《科学史教篇》中,鲁迅就十分警惕地告诫人们,科学与理性虽然是消除愚昧和盲从的奴性主义精神状态所必需的,但若"使举世惟知识之崇,人生必大归于枯寂",同样不可能"致人性于全"。因为,它将会造成"美上之感情漓",非但如此,它还会反过来进一

---

① 赵学勇:《论五四文学创作的情绪特征》,《兰州大学学报》,1989 年第 2 期。
② 李俊国等:《五四文学精神——变异、复归与超越》,《河北大学学报》,1989 年第 3 期。
③ 王元化等人的观点及林贤治观点,参见林贤治:《五四之魂》,《书屋》,1999 年第 5 期。

步导致"明敏之思想失,所谓科学亦同趣于无有矣"。① 即唯科学主义、唯理性主义必会走向科学与理性的反面。这就意味着在中国现代启蒙主义的视野之中,感情与思想、审美与理性、物质与精神必须服从于人性解放与进步的全面要求,决不可只取一隅,或者以偏概全;更重要的是,这种做法实际上也否定了中国启蒙的思想原创性。

在此还需要提及另外一种与上述二者不同的观点,即认为:"思想而言,五四实在是一个矛盾的时代:表面上它是一个强调科学,推崇理性的时代,而实际上它却是一个热血沸腾、情绪激荡的时代,表面上五四是以西方启蒙运动主知主义为楷模,而骨子里它却带有强烈的浪漫主义的色彩。一方面五四知识分子诅咒宗教,反对偶像;另一方面,他们却极需偶像和信念来满足他们内心的饥渴;一方面,他们主张面对现代,'研究问题',同时他们又急于找到一种主义,可以给他们一个简单而'一网打尽'的答案,逃避时代问题的复杂性。"②还有的论者说:"五四既是一场理性主义的启蒙运动,也是一场浪漫主义的狂飙运动。如果说德国的狂飙运动是对法国理性主义的反弹,带有某种文化民族主义意味的话,那么中国的狂飙运动从发生学上说,却与理性主义并驾齐驱。"这样的观点虽然同时承认"五四"时代的强烈理性主义追求与同样强烈的主情主义倾向,但仍将这两个方面机械地对立起来,仅仅指出这是一种"极其复杂和吊诡的两歧性"③,其论证明显地体现着如前所述的研究方法与思维定势。如将推崇理性、启蒙运动、"研究问题"分别与情绪激荡、浪漫主义、寻找主义视为"五四"的表面现象与内在实质,且处于对立的状态;或者认为二者是"并驾齐驱"、有着本质区别的两个范畴。

而根据我们的理解,这两种倾向的本质区别仅仅存在于理论之中,或者只是部分地存在于西方文化范畴之内;在中国的"五四"这里,前后诸对概念的内涵与范畴已发生了严重的畸变,由是,它们原来的"吊诡"也一并被转化为对立的统一。即如"问题与主义"之争,表面看来,一方持"研究问题"的实证态度,另一方坚持寻求"主义"的思想力量,但实际上却远非如此。正如周策纵指出的,"多研究些问题"这个建议是切中要害和适时的,但自由主义者在这方面并不比与其对立的其他主义的信奉者做得更好。实际上很难分清,他

---

① 鲁迅:《科学史教篇》,《鲁迅全集》第1卷,北京:人民文学出版社,1981年,第35页。
② 张灏:《重访五四:论五四思想的两歧性》,《学术集林》卷八,上海:上海远东出版社,1996年,第268页。
③ 许纪霖:《另一种启蒙》,广州:花城出版社,1999年,第140、139页。

们所争论的问题到底是什么。"具有讽刺意味的是,就在自由主义者提出'多研究些问题'建议后不久的1920年,很多社会主义者及其追随者开始走向工人和农民中去研究他们的生活状况,而自由主义者很少参加社会调查和劳工运动。"①

从中读出"讽刺意味"当然不是我们的目的,问题的关键在于,作为研究者,我们不能在历史现象面前先在地赋予这些概念以"想当然"的内涵,对于历史现象本身来说,这些"想当然"的东西是"莫须有"的。这就需要我们将理性与情感问题的阐释置于梳理中国现代启蒙现象的过程中。也就是说,由于他们将自由意志作为人的价值建构的支点,那么无论是理性还是非理性、情感等,对实现一个自律的创造的个体生命而言,都不具备完整的本体价值,它们只有被纳入自由意志的塑造中时才是有意义的;同时从另一方面说,由于自由意志创造性与自律性的内涵特质,决定了它既要从人的欲望、情感、直觉等非理性入手以激发人的生命本能、生命强力和个体自我的独特价值,又要以理性净化、提升人的生命强力,使之向着创造的方向运动。

罗素在评价希腊人时曾这样说:他们"一方面被理智所驱遣,另一方面又被热情所驱遣,既有想象天堂的能力,又有创造地狱的那种顽强的自我肯定力。他们有'什么都不过分'的格言,但事实上,他们什么都是过分的,——在纯粹思想上,在诗歌上,在宗教上,以及在犯罪上。当他们伟大的时候,正是热情与理智的结合使得他们伟大的"。单只是情感或单只是理智,"在任何未来的时代都不会使世界改变面貌"。② 同样,大卫·贝斯特在研究艺术欣赏与情感、理性的复杂关系时也明确指出:"过分地强调理性,可能会敌视自然的和直接的情感,但这决不是说,理性必定敌视自然的情感,相反,至少在大多数情况下,如果不懂得把它们理解为理性的结果,就不可能在艺术反应中有这种自然的情感。"③罗素对希腊人"什么都不过分"和"什么都过分"的推崇,大卫对情感与理性关系的理解,至少在思维方式上都是值得我们借鉴的。

20世纪40年代,雷宗海在《本能、理智与民族生命》一文中,说他发现了中、英民族性的一种"最奇怪"的差异,即英国人生存本能较之其他民族最强,但其本能强而不害其理智之高,理智高而不掩其本能之强。与此相反,中国人

---

① 周策纵:《五四运动:现代中国的思想革命》,南京:江苏人民出版社,1996年,第311页。
② 罗素:《西方哲学史》(上),何兆武等译,北京:商务印书馆,1981年,第46页。
③ 大卫·贝斯特:《艺术·情感·理性》,李惠斌等译,北京:工人出版社,1988年,第151页。

却是"理智不发达而本能却如此衰弱",中国人的本能"衰弱到几乎消失的程度"。雷宗海之所以说此乃"最奇怪"者,我想正是因为他也知道在一般人那里,正像上述提到的那样认为情感、非理性与理性、理智之间天生就是一对难以调和的矛盾。雷文实际上可以给我们这样两个启示:其一,理智与本能并不是相互对立的关系。它改变了人们习以为常的看法——"理智强则本能弱,本能强则理智弱",也即人们常说的"四肢发达头脑简单"之类。中、英民族性各自的特点作为一种事实否定了理智与本能之间那种强弱此消彼长的反比关系。其二,理智与本能不仅不对立,相反,恰恰会成为一种相互促进,一强俱强,一弱俱弱的关系。当然雷宗海本人的用意并不在此,而是要说明理智是本能的工具,而不是本能的主人。他认为推翻历史、支配社会、控制人生的是本能,绝不是理智。

显然,雷文偏于本能的直接决定性作用,而忽视了理智对本能的提升作用。尽管如此,他的独特发现无疑为切实理解中国现代的文化境遇与启蒙策略提供了颇有价值的视角。当然,雷文中尚未使用"理性"一词,这使他在分析中缺少了一个可以深入的逻辑层面。这一问题被梁漱溟指了出来,他在《中国文化要义》中引用了雷宗海的观点,认为"此其所论,于中英民族性之不同,可称透澈",但惜于对人类生命犹了解不足。如雷文认为理智是本能的工具而不是本能的主人,推翻历史、支配社会、控制人生的是本能,绝不是理智。梁则认为,"说理智是工具是对的,但他没晓得本能亦同是工具"。同时理智诚非历史动力所在,而本能亦不能推动历史、支配社会、控制人生。由此梁说雷文的缺乏即在"不认识理性"。在此,罗素的"本能、理智、灵性"三分法深得梁的赞同,其中"灵性"大致相当于梁的"理性"。梁指出,雷文认为英民族生存本能强,而其理智同时亦发达,没有错;指摘中国民族生存本能衰弱,而同时其理智不发达,亦没有错。"错就错在他的二分法"。[1]

那么梁漱溟又是怎样论证理性的呢?他认为人们通常混淆使用的理性与理智这两个概念实质上分属两种"理":前者为"情理",后者为"物理"。其区别在于前者"离却主观好恶即无从认识",后者"则不离主观好恶即无从认识"。它们分别出自两种不同的认识:"必须屏除感情而后其认识乃锐人者,是之谓理智;其不欺好恶而判别自然明切者,是之谓理性。"[2]通过比较他还得

---

[1] 梁漱溟:《中国文化要义》,上海:学林出版社,1987年,第321页。
[2] 同上,第129—131页。

出结论说,中国文化传统的最大特点乃"理性早启,智慧早熟",而西方恰恰相反,"长于理智而短于理性"。梁不但用这一理性理论剖析人的文化心理与行为实践领域,而且应用于对中国社会问题的分析,甚至作为解决中国问题的最佳途径。尽管梁在理论与价值标准上的偏颇,尤其与马克思主义唯物史观相抵触之处是显而易见的,而且他对理性概念内涵的规定及关于中国文化的特点在于"理性早启,智慧早熟"的说法,也是我们不能完全认同的,但他那种穷根究元的研究个性和体系意识,毕竟使他的分析富有极其独到的见地,尤其是他将情感这一维度纳入理性的内涵结构之中,并以"情理"称之,确是非常透辟的。这不仅为我们深入理解理性的本质开阔了视野,而且对我们进一步探讨中国现代启蒙思潮的内在逻辑,也有着方法论上的意义。

近年来关于"五四"新文化运动的性质一直存在着许多悬而未决的争论,如有的认为它属于中国的"文艺复兴",有的认为它更接近西方的"启蒙运动",而像余英时等则断言五四"既非文艺复兴,亦非启蒙运动";再就是像前面提到的五四启蒙是"情感的解放"还是"理性的觉醒"的争论。其实这些观点作为对于思想史现象的描述概括,虽然看来相互抵牾,但都有其充分合理的理论依据和历史证据,同时也并不能以自己的合理性而否定对方的合理性。这正是因为这些观点是对现象的把握,它们展现的恰恰是现象的复杂性,而这种似乎充满矛盾的复杂性的产生,正是缘于现代启蒙思潮背后存在着一种共同的理性与非理性相互运作的新的关系范式,再次借用霍克海默的说法,可称其为"理性与非理性的辩证法"。只有通过这一动态的中国化的"启蒙辩证法",方可能考察中国现代启蒙的真正本质。

启蒙哲学的中国化逻辑

上述可见,对于理性/非理性二元对立思维方式的超越是重建启蒙观的理论前提。对于20世纪初叶的中国启蒙主义来说,试图对其作出唯物主义与唯心主义的区分是没有多大意义和针对性的,因为它将物质与意识统一于"人"的存在形式之中。如胡适就十分反感那种将西洋文明与东方文明判分为唯物主义与唯心主义的做法。他认为西洋近代文明绝非唯物的,乃是理想主义的,乃是精神的。作为论据,他先从理性着眼,指出西洋近代文学的精神方面的第一特色是科学,科学的根本精神在于求真理,而"求知是人类天生的一种精神上的最大要求"。所以东西文化的一个根本不同之点在于:一是自暴自弃的不思不虑,一是继续不断地寻求真理。其次他又充分肯定了西洋文艺、美术在"人类的情感与想象力上的要求"。综此理与情两个方面,他认为近世文明"自有他的新宗教与新道德",这个新宗教的第一个特色是它的"理智化";第二个特色是它的"人化",即"想象力的高远,同情心的沈挚";第三个特色是他的"社会化的道德"。① 早在30年代,何干之就曾指出:"五四的启蒙运动家,人人都想做到一个唯物论者,但不幸他们的哲学始终是二元论。"② 在谈到胡适的实验主义思想方法时,他又指出胡"把一个抽象的'人'的概念,来抹煞了党派的意义"③。作为马克思主义理论家,何干之的本意是用辩证唯物主义对"五四"启蒙家在世界观与认识论上的"局陷性"进行批判,不免带有贬低否定性的倾向,不过这种评价也正从另一个方面印证了笔者的观点。何干之曾讽刺胡适的历史观是"唯人史观"④也可谓"一语中的"。

人既非单纯的理性存在物,也非单纯的非理性存在物,单纯强调任何一个方面都会导致人性的偏至。换言之,一味突出人的理性解放,必会走向"枯燥的理性主义",使人成为理性之神的奴隶,人在他所供奉的这一理性神像之下会使自身原本丰富的精神世界干瘪,产生异化的失望感和绝望感;而一味突出人的非理性,则又会使人陷入价值真空状态,在欲望、情绪的大海中迷失人生的方向,失去人性的意义和价值。所以理想的状态,应该是将理性与非理性综合统一起来,使二者达到相互为用、彼此促进的辩证统一状态,使其成为人性发展、人性解放的内在张力。它蕴含着西方哲人从数世纪思想发展的经验教训中所得出的一大真理——"感情不经过理性的过滤就变成了伤感,理性没有感情便失去了人性"⑤。五四运动爆发前一个月,陈独秀就从青年学生乃至未受教育的群众那不可扼止的爱国主义热情中发现了这一危机,在《我们究竟应不应该爱国》一文中他指出,"爱国大部分是感性的产物,理性不过占一小部分,有时竟然不合乎理性",这种导源于"感性"的"爱国"只能是"害人的别名",为此他呼吁学生们坚持理性的怀疑主义,而不要让盲目的爱国激情冲昏了头脑。甚至"五四"学生一代知识分子也对此深有感触:"最纯粹,最精

---

① 胡适:《我们对于西洋近代文明的态度》,《东方杂志》第23卷第17号,1926年9月10日。
② 何干之:《何干之文集》,北京:中国人民大学出版社,1989年,第346页。
③ 同上,第349页。
④ 同上,第365页。
⑤ 约瑟夫·祁雅理:《二十世纪法国思潮》,吴永泉,北京:商务印书馆,1987年,第10页。

密,最能长久的感情,是在知识上建设的感情,比起宗族或戚属的感情纯粹得多。"①胡适则为理想中的新文学规定了两个方面的必要条件:即一方面强调情感是文学的灵魂,"文学而无情感,如人之无魂,木偶而已,行尸走肉而已";另一方面,又强调文学还必须具有高深的思想,这种思想绝不是自古皆然的"道",不是依违于"圣贤"之间,傍人篱壁、拾人涕唾的陈腐观念,而是机杼独出的见地、识力、理想和个人独特的发现等。② 显见,我们过去只是注意到了胡适文章在形式革命上的首倡之功,而忽视了它所隐含的对情感与理性关系的重新厘定与双重性的追求。

在"五四"那个东西文化大碰撞的时代,启蒙先驱者面对着许许多多的文化命题与迫切解决的现实社会问题,这样未免会使得他们的思想理路不时地从启蒙思想的轨道上发生偏离,但尽管如此,他们仍然有一种反思调整的自觉意识。1920年陈独秀对"新文化"的内容重新进行阐释时,就不主要地用"科学"与"民主"这些显得较为笼统的概念,而针对性地对"知识"和"本能"两个方面的重要性同时加以强调,指出人类的行动方式,"知识固然可以居间指导,真正反应进行底司令,最大部分还是本能上的感情冲动。利导本能上的情感冲动,叫他浓厚、挚真、高尚,知识上的理性、德义都不及美术、音乐、宗教的力量大。知识本能倘不相并发达,不能算人间性完全发达"。由此,他进一步进行了自我批评,认为"现在主张新文化运动的人,既不注意美术、音乐、又要反对宗教,不知道要把人类生活弄成一种什么机械的状况,这是完全不曾了解我们生活活动的本源,这是一桩大错,我就是首先认错的一个人"。③

由此也可见,这种自觉意识的获得不仅仅是因为他们看到了理性与非理性、知识与本能的同等重要性,而且更重要的在于二者的动态作用能够直接"指导"人们的行动,即能够使人们获得有力的自由意志。这在鲁迅那里表现得更为明显:"生命的路是进步的,总是沿着无限的精神三角形的斜面向上走,什么都阻止他不得。自然赋与人们的不调和还很多,人们自己萎缩堕落退步的也还很多,然而生命决不因此回头。无论什么黑暗来防范思潮,什么悲惨来袭击社会,什么罪恶来亵渎人道,人类的渴仰完全的潜力,总是踏了这些铁蒺藜向前进。"④一旦这所谓"渴仰完全的潜力"发挥出来,自由意志就会焕发

---

① 傅斯年:《新潮之回顾与前瞻》,《新潮》第2卷第1号,1919年10月。
② 胡适:《文学改良刍议》,《新青年》第2卷第5号,1917年1月。
③ 陈独秀:《新文化运动是什么》,《新青年》第7卷第5号,1920年4月。
④ 鲁迅:《随感录六十六》,《鲁迅全集》第1卷,北京:人民文学出版社,1981年,第368页。

出冲决一切黑暗的无畏精神,"世界上如果还有真要活下去的人们"的话,就是这获得自由意志的人们,他们"敢说,敢骂,敢打,在这可诅咒的地方击退了可诅咒的时代"。①

这种潜在的和独特的启蒙人学观念,使中国的启蒙主义者将作为理性与非理性合而为一的"人"作为思想展开的逻辑重心,并进一步将自由意志作为人的价值建构的支点,因此理性与非理性、情感等人性与人生的对立因素被纳为一体。同时由于自由意志创造性与自律性的内涵特质,又决定了它既要从人的欲望、情感、直觉等非理性入手,以激发人的生命本能、生命强力和个体自我的独特价值,又要以理性净化、提升人的生命强力,使之向着创造的方向运动。换言之,理性与非理性在中国近现代的启蒙主义体系中被吸纳和统一于自由意志中,因此它的激情色彩与理性色彩同样是非常强烈突出的。从这个意义上说,中国近现代启蒙主义,既非单纯对情感的推崇,亦非只是对理性的张扬,而是对二者之"合力",即自由意志的高扬。

从一定程度上说,自由意志构成了中国现代启蒙主义建构的更为关键性的理论支点。由此,我们会进一步看到,情感、理性、意志的动态运作与交互作用构成了启蒙主义探讨的思想框架。

早在龚自珍那里,即表现出以情——理——意为启蒙思想框架的文化取向。他率先提出了影响深远的这样两个观念,即自我与创造。在他看来,自我的核心是独立人格、自由意志;创造作为一种实践活动,也须由意志来推动。而且他认为,人的主观精神是万能的创造力量,它并不需要按照外在法则行动;相反是它创造了对象与法则。那么,龚自珍所谓"自我"依靠什么才足以不受拘束地创造历史呢?——他提出的是"心力"这一概念,即用"心力"来表达意志和情感的力量,以及行为的驱动力与持久力。依靠"心力",人就可以成就一切。正如有学者指出的,正是在对"心力"——自由意志的高度推崇下,龚自珍在中国近代率先恢复起道德自律的尊严。② 他还进一步提出了道德自律与个人利益的关系问题,即道德自律一方面指人出于意志自愿,要做到不为利欲所动,贫贱不能移,富贵不能淫;另一方面毕竟要以一定的物质需求的满足为必要条件,即人的自然的、正当的欲望。因为,只有满足了这种私欲,真正的道德自律才可能出现。在这里,龚自珍的自由意志论与西方康德等思

---

① 《华盖集·忽然想到(五)》,《鲁迅全集》第3卷,北京:人民文学出版社,1981年,第43页。
② 参见高瑞泉主编:《中国近代社会思潮》,上海:华东师范大学出版社,1997年,第187页。

想家的自由意志表现出明显的区别。康德的道德自律强调非功利性,认为道德行为若服从于功利的目的,就变成意志的"他律";而龚自珍既主张道德自律、意志自由,又重视欲望等非理性的满足与功利的原则。而当梁启超提出"民族意力"这一命题时,就显得对前者更为重视。过去我们的研究过多地强调近代启蒙思想家在理性与非理性、道德与自由诸对关系上表现出的矛盾与悖论,却忘记了正是在对这样一种矛盾的整合努力中体现出"中国化"启蒙主义的思想特征与内在逻辑。

中国现代启蒙实践的独特路径

由于情感——理性——自由意志三个互相交织彼此渗透的层面组成了一个独特的逻辑框架,而启蒙价值与启蒙思想就是在这一中心框架之中展开的,因此无论说它是感性的启蒙,或是政治的启蒙,或是理性的启蒙,或是审美的启蒙等,都是不够全面和恰当的。正如美国学者托马斯·奥斯本所说:"启蒙的精神实际上是力图将真理与自由联系起来的精神,是力图以真理的名义进行控制的精神,这种真理也是一种关于自由的真理。它是一种热情或一种精神,而不是某种现实。我们发现,关于启蒙的现实主义导致关于这种精神的现实主义。"①中国现代启蒙思想方案本身就不像西方启蒙那样首先以纯粹逻辑与思辨性见长,而更倾向于直接的启蒙实践与人格建构,具有明显的和整体性的"精神的现实主义"特色。因之,无论是与中国前现代的启蒙主义相比,还是与西方启蒙运动相比,它都能体现出自己独特的实践路径。

现代启蒙对于情感与理性统一的追求与古典主义在情理问题上以"和谐"为标志的审美境界就有着本质的区别,后者的"和谐"表现为以外在的道德理性来要求情感,同时又以被动的情感要求人的理性符合自身,追求的是二者之间低层次的平衡状态;而前者的本质特点在于对情感与理性相互激荡、彼此促进之动态平衡关系的追求,二者之间不再是相互压抑的关系。像梁实秋等人借鉴白璧德的"新人文主义",主张"文学的纪律"和理性主义,提倡"和谐美"。白璧德依据人性善恶二元论的观点,提出自己所谓"自然的""超自然的"和"人文的"三种生活方式的观点,并贬前二者,而推重后者。梁实秋说:

---

① 托马斯·奥斯本:《启蒙面面观——社会理论与真理伦理学》,郑丹丹译,北京:商务印书馆,2007年,第277页。

"人在超自然境界的时候,运用理智与毅力控制他的本能与情感,这才显露人性的光辉。"① 基于此,他认为文学家应该"沉静地观察人生","不是观察人生的部分,而是观察人生的全体",文学表现的是"普遍的""常态的"人性,其表现的态度应该是"冷静的""清晰的""有纪律的"等原则。但他所谓"普遍的永恒的人性"又是指:文学不是表现时代精神,也不应该去过度表现人的本能和情感,文学应该去描写和表现的对象——"普遍永恒的人性"——还需加一限定词,即"健康"二字。由于梁实秋既排斥"本能"又拒绝"情感",因而其理论在本质上只能表现为"新古典主义",与现代启蒙主义及现代理性主义是有着本质的区别的。

而同被划归京派的沈从文则与此不同,他在谈到经典性作品应有怎样的原则时说:"更重要点是从生物学新陈代谢自然律上,肯定人生新陈代谢之不可免,由新的理性产生'意志',且明白种族延续国家存亡全在乎'意志',并非东方式传统信仰的'命运'。"② 可见他强调的是从理性到意志的提升,而不是对情感的仲裁,或梁实秋所谓的"控制"。

如果说沈从文强调的是理性在意志产生中的关键性作用,那么蔡元培更为强调情感——审美在意志中的作用。他认为,从心理学的角度看,"人有意志、情感、知识三者,斯三者并重而后可"。"人之意志,分为二:一方面情感,一方面知识。有情感,有知识,于是可讲求因果。但人有因境遇之关系,不能求因果之实在者。"这就往往使失望者"抱厌世主义",甚至"演成自杀者"。其原因就在于这些人只看到可用因果关系来分析的现实社会,而不关心难用因果关系来分析的理想和抱负,"单重知识不及情感之故"。而美学正可以用来填补人在这方面的心理缺陷,"无论何时何地,或何种学科,苟吾人具情感,皆可生美感。如见动物之一鸟一兽,植物之一草一木,以情感的观察,无一不觉有美感也"。③ 在他看来,人通过审美可领悟到"本体世界之现象",而在心理上"提醒其觉悟",从而树立起崇高的观念,即"为将来牺牲现在",不屈不挠,奋勇向前,那么人类社会的发展,"其所到达之点,盖可知矣"。④ 沈从文与蔡元培所论尽管分属意志中的不同侧面,但分明又并不只取一端,而强调三者之"并重",他们所担心的正是,如果只重情感或理性中的一方,将会造成意志的

---

① 梁实秋:《补遗·〈论文学〉序》,《梁实秋文集》第7卷,厦门:鹭江出版社,2002年,第737页。
② 沈从文:《长庚》,《沈从文文集》第11卷,广州:花城出版社,1984年,第292页。
③ 《蔡元培全集》第2卷,北京:中华书局,1984年,第484页。
④ 《蔡元培哲学论著》,石家庄:河北人民出版社,1985年,第118页。

"偏狭"。换言之,他们极为重视理性与非理性两个方面的互动对于形成健全的意志的必要作用,而且尤其强调只有将二者合理、完美地联系起来才能实现这一"提升"的过程。

也许这样说尚只是从其总体的精神意向上做出的论断,具体说来,在不同时期的不同启蒙家那里,围绕着自由意志这一中心问题,在理性与情感问题上又表现出不同的侧重点;但只要我们不远离启蒙主义的范畴仔细体会这诸多的不同侧重点,将会发现其相异相左之处并未从根本上抵消上述启蒙精神的逻辑同一性趋向,甚至可以说各种思想探讨实际上是作为一种矛盾的张力而运动着,作为"历史的合力"推动着中国启蒙主义实践的步步深入。

由于理性与非理性的交互作用,中国化启蒙思想中心框架中的每一个方面——情感、理性、自由意志都不是像西方不同哲学流派那样作为一元论的"本体"而存在的,也不具备"绝对精神"的意义。郁达夫说"艺术的冲动",即"创造欲","就是我们人类进化的原动力";[1]成仿吾把"内心的自然的要求"作为艺术活动的原动力,认为这是一个"根本的原理"。[2] 这里的"原动力"其实都是经过情理激荡后而形成的"自由意志",它是被塑造的和被提升的。由此也就引出哲学意义上的另一个问题:情、理、意构成了强有力的启蒙动力系统,而情、理、意都属人的意识层面,即精神世界的有机组成部分,那么它自身有没有来自物质世界的"原动力"呢?如果有的话,它自身的原动力又在哪里呢?

如上所述,试图对中国现代启蒙主义进行理性与非理性的裁决,在唯物与唯心的两大阵营中对号入座是没有意义的。在中国启蒙家这里,唯物论与科学是被作为一种精神来理解的,而唯心论、唯意志论则又是被作为一种物质的创造力量来使用的。换言之,人作为一种灵肉一体的存在既是物质的又是精神的,既有物质的欲望也有精神的欲望,但当这种种欲望尚未经过情感的主动化与理性的导引达到一种自由意志时,在其支配下的人还仅仅是"自在状态"的人,这时的欲望只是一种本能欲望,其方向是不定的,因而对于中国启蒙主义来说,它仍不具备本体论的意义。然而,正是这种本能欲望所深潜的"力"为启蒙的动力系统提供了物质的前提与可能性。

鲁迅曾指出个体生命既有适应生活的"生"的本能,又有承接已逝生活

---

[1] 郁达夫:《文学概说》,《郁达夫全集》第5卷,杭州:浙江文艺出版社,1992年,第347页。
[2] 成仿吾:《新文学之使命》,《成仿吾文集》,济南:山东大学出版社,1985年,第90页。

"死"的本能,这两种逆向生命本能的"形变之因,有大力之构成作用二:在内谓之求心力,在外谓之离心力,求心力所以归同,离心力所以趋异。归同犹今之遗传,趋异犹今之适应"。① 郁达夫则强调在人的"种种的情欲中间,最强而有力、直接摇动我们的内部生命的,是爱欲之情。诸本能之中对我们的生命最危险而同时又最重要的,是性的本能"。② 二人所论角度虽然有异,但都强调了这样两点:首先,人的本能欲望是一种"力",而且是一种强力,"渴望完全的潜能"。从这一意义上说,人的生命虽是从动物进化来的,但不复是机械式的繁衍递增,而蕴含着一种向上的冲动力与竞争力,这亦如周作人所说身体生发出的力量是"惟一的生命"。其次,这种本能欲望之力又是会朝相反方向生发的,有时甚至是危险的,它并不必然地和自动地导向人生理想的崇高境界,所以鲁迅在分析了离心力与求心力之后还强调说,只有当离心力大于求心力,生命才会"浡然兴作,会为大潮"。而对于作家来说,只有"生命力弥漫"者方能生出"力"的艺术来。③ 对于中国的启蒙主义来说,这样两个方面的理解既标示了它在生命哲学上所达到的深度,同时也是其特色之所在。至此,中国的近现代启蒙主义思想探讨终于找到了原动力根源。马克思在批判"关于禁欲主义的科学"时曾精辟地指出,其根本原则即在于"自制,对生活和一切人的需要的摒弃",在其所造成的异化状态之下,"人不仅失去了人的需要,甚至失去了动物的需要"。④ 从这个意义上说,中国启蒙主义的原动力思想正是通过恢复"动物的需要"而实现"人的需要"。

如果说中国的启蒙家从"立人"这一目的追溯到人的原动力经过了一番深刻而复杂的探讨历程,且有一种强烈的思辨力量与严密的逻辑理路包含于其中,那么在有些美学家那里,对这一过程的思考相对要"玄虚"、直观一些。如现代美学家向培良从艺术创造的角度来思考这一问题时作了这样的推论:艺术创造的动力是什么?——就在于"创造生活的欲望"。"人类最特殊的也是最高尚最宝贵的生活就是创造的生活"。人类在创造中确定着自身的存在,同时"更创造一种范围极广大的存在,以为本身的精神之续";而艺术就是其中之一。因为艺术"最能不受环境拘束,最能自由发挥",⑤所以类的创造欲

---

① 《鲁迅全集》第1卷,北京:人民文学出版社,1981年,第11页。
② 《郁达夫全集》第5卷,杭州:浙江文艺出版社,1992年,第266页。
③ 《鲁迅全集》第10卷,北京:人民文学出版社,1981年,第244页。
④ 《马克思恩格斯全集》第42卷,北京:人民出版社,1979年,第134页。
⑤ 胡经之编:《中国现代美学丛编》,北京:北京大学出版社,1987年,第477、480页。

望能最充分、最方便地表现于其中。在向培良看来,艺术品具有双重的身份:它既是艺术家创作欲望的体现,又是外物的美的凝固。在向培良这里,"创造"的生活——这种人类生活的最高境界,直接就可以导源于创造生活的"欲望"。在另一位理论家项黎那里,"爱憎喜怒"等生命的原真状态具有同样的作用,不过,他使用的是"感性"一词。他说:"很显然的,企图在人生中降低感性的意义,甚至根本抹煞感性的作用,其实是完全湮没了真实生活的光彩,使生活既失掉了强大的向上向前的推动力,也失掉了其所追求着的实际的目标。……假如没有了爱憎喜怒,而只剩下是是非非的判断,只剩下逻辑的推理与命题的演绎,生活还有什么光彩?"他还说,哲人斯宾诺莎的名言是:"勿哭勿笑,而要理解",但我们的格言是要能哭能笑,并能理解。① 尽管向培良等人省略了启蒙理论建构中的一系列过渡性环节,但在根本点上却正与上述启蒙设计殊途同归。

  作为客观唯心主义者的黑格尔其实也认为"欲望是人类一般活动的推动力",将人的物质自然属性——本能、欲望、生命等,视作同自我意识同等重要的存在规定。同时他也指出"迫切的需要既然得到满足,人类便会转到普遍的和更高的方面去"。② 前者是自然的规定性,后者是精神的规定性。不过他强调的是"精神生活在其朴素的本能阶段,表现为无限天真和淳朴的信赖。但精神的本质在于扬弃这种自然朴素的状态,因为精神生活之所以异于自然生活,特别是异于禽兽生活,即在其不停留在它的自在存在阶段,而力求达到自为存在"。③ 也就是说,他关注的是理性对本能或非理性的扬弃、超越,重心在理性的层次;而不是追求本能欲望向理性意志提升的必要性,以及二者的相互激荡。因此他对"禽兽生活"极为反感,这与中国启蒙主义者所刻求的"兽性精神"显然恰恰相反,这也从一个侧面凸显出西方之理性精神与中国之人学精神的区别。

  正如卡西勒论述启蒙哲学时强调的:"启蒙思想的真正性质,从它的最纯粹、最鲜明的形式上是看不清楚的,因为在这种形式中,启蒙思想被归纳为种种特殊的学说、公理和定理。因此,只有着眼于它的发展过程,着眼于它的怀疑和追求、破坏和建设,才能搞清它的真正性质。"④ 本文考察中国启蒙实践中

---

① 项黎:《感性生活与理性生活》,《中原》创刊号,1943 年 6 月。
② 黑格尔:《历史哲学》,王造时译,北京:生活·读书·新知三联书店,1956 年,第 126、124 页。
③ 黑格尔:《小逻辑》,贺麟译,北京:商务印书馆,1980 年,第 89 页。
④ 卡西勒:《启蒙哲学》,顾伟铭译,济南:山东人民出版社,1996 年,第 5 页。

其理性与非理性、自由意志与本能欲望之间辩证的和动态的逻辑路径,探寻它们的先在来源与前趋方向,即是力图由此思考中国化启蒙的"真正性质"及特征,而造成这些特征的根源无疑是多方面的。从普世价值上来说,西方从文艺复兴到启蒙运动先后解决了人性的发现、个体的建构、人权的追求三个层面的命题,而以"五四"为发端的中国现代启蒙没有经过文艺复兴的长期洗礼和思想积累,在短时期内把西方依次完成的三个层面共时性地压缩在一起。如果将其置于西方的理论视野之下,就难免表现出明显的食而不化或顾此失彼的特点。另一方面,中国现代启蒙运动缺乏来自本土的自然神论与理性主义这两个方面的宗教支撑与哲学推动,更多的是通过借鉴西方理论并以"人学"为核心,如此也造成了其启蒙实践的内在逻辑与西方的不同取向。

本文作者系南京大学中国新文学研究中心教授

"新启蒙"及其限度
——"八十年代"话语的来源、建构及革命重述

赵 牧

我们知道,"八十年代"以来,漫长的20世纪前半叶的革命及随后的政治实践成为了反思的对象,而与启蒙有着天然联系的"人道主义"和"人性论",则成了现代化道路上竖起的标尺。在这样的背景下,所谓"八十年代",就与"新时期"相重叠,不再仅指20世纪80年代这样一种时间概念了,而被视为改革叙事兴起和革命叙事解体的象征。它不仅意味一个开始,也意味着一个终结,为革命时代到后革命时代的转换提供了历史契机。所以,从"断裂"的意义上肯定"八十年代"的同质性,成为一种核心观念,突破"阶级斗争"的束缚和解除"为政治服务"的禁锢,则被当作"八十年代"的"最大公约数"。"拨乱反正""人道主义""人性论""主体回归""审美自律"等,顺理成章地成为理解"八十年代"的"关键词"。这些有关"八十年代"的总体判断,构成了"观察历史和现实的透视镜",从而"再生产"了我们这个时代对启蒙、革命及现代化的新的理解和叙述方式。但"八十年代"的同质和断裂,究竟在何种程度上是一种历史真实,又在何种程度上是一种话语建构?为此,有必要像程光炜倡导的一样,深入"八十年代"内部诸多文学思潮、文学现象、作家作品及其周边,解构其"文学实践过程和知识制度",使"八十年代重新变成一个问题"[①],探究其之所以成其所是的合力。李泽厚的《启蒙与救亡的双重变奏》一文,无疑为此提供了一个恰当的个案,而借由重识它在"八十年代"的"新启蒙"运动中

---

* 基金项目:本文为河南省高校青年骨干教师支持计划"'新时期'文学转型与革命重述关系研究"(编号:2013GGJS-171)和河南省教育厅规划项目"新时期以来河南城乡小说改革话语研究"(编号:2015-CH-554)的阶段性成果,并在写作中受到中国博士后基金第58批面上资助(编号:2015M580623)的支持。

① 程光炜:《文学讲稿:"八十年代"作为方法》,北京:北京大学出版社,2009年,第5页。

所产生的影响及其后引发的争论,则或不仅像贺桂梅所说的"打开整个当代文学的新视野"①,而且有助于揭示"八十年代"话语的来源、表现及困境,呈现其与"革命重述"之间的复杂互动。

"启蒙"与"救亡":双重的变奏?

1986年4月,适逢纪念"五四"运动67周年之际,李泽厚在金观涛所主编的《走向未来》杂志上发表《启蒙与救亡的双重变奏》一文,将"五四"概括为两个互不相同方面,一者是以思想文化启蒙为己任的"新文化"运动,一者为以反帝爱国为主要内容的青年学生运动。这两种运动在"五四"时期本是互为因果相互促进的,但后来却因民族危机的日渐深重,政治救亡的紧迫超越思想文化启蒙而成为压倒性的时代主题,结果,不仅"反封建"的文化启蒙被迫"中断"而成了一项未竟的事业,而且在革命与救亡中,封建性文化观念改头换面渗透入马克思主义,挤走原本少得可怜的民主和启蒙观念,最终演化成"文革"式的封建专制。② 这篇文章虽是在"文革"结束10年后发表的,但其中核心观点,却早已埋伏在"新时期"之初"拨乱反正"的思想政治文化氛围之中了。很大程度上,"新时期"的合法性,就建立在对"文革"极"左"政治的批判之上,但所谓的极"左",最为核心的一点,就是披着马克思主义外衣、却躬行着封建主义的集权观念,而在那时,无论是《关于建国以来若干历史问题的决议》党内文件,还是文学界所盛行的"伤痕"、"反思"抑或"改革"叙事,基本上都在这个层面上进行着极"左"政治的批判和"改革开放"的论证。所以,完成"新时期"与"十七年"完美对接并开启新的时代,既是目的也是底线,而在革命话语中曾被深度压抑的知识分子,他们所进行的"反思",却将思想的触觉前探到整个左翼革命政治的历史。在这个过程中,"五四"这一曾被广泛界定为"反帝反封建的爱国学生运动"也成为重新认识和解读的对象,从而相互争夺对"五四"运动的解释权,就在很大程度上构成了"八十年代"思想文化运动的重要组成部分,并由此而埋下了其与"拨乱反正"的官方意识形态分化的伏笔。李泽厚的《启蒙与救亡的双重变奏》,就内在于这一思想文化运动逻辑,其对"五四"的认识,也基本上能在周扬1979年发表的《三次伟大的思想解放

---

① 贺桂梅:《"新启蒙"知识档案:80年代的文化研究》,北京:北京大学出版社,2010,第2页。
② 李泽厚:《启蒙与救亡的双重变奏》,《走向未来》,1986年第1期,第18—39页。

运动》一文中找到依据。正在这个意义上,李泽厚的文章虽发表于1986年,但却充当了"八十年代知识分子理解共同历史与现实的一个寓言式话语来源地",从而占据某种"元叙事"的地位。①

因为这篇文章的影响,李泽厚更进一步地巩固了其作为八十年代知识分子思想文化"教父"的地位。或者更确切地说,"救亡压倒启蒙"这一简洁明快的表达方式,虽是对"文革"后主导性的中国近现代史叙述的概括,但却因为李泽厚的关系,而获得了更巨大的知识传播力。很多时候,当某一种观念或有关这一观念的表述出现在面前时,我们之所以迅速地发现它,抓住它,并进而产生阐释和传播的欲望而不是视而不见和充耳不闻,就是因为这个观念已以某种不可知的方式存在于我们的内心之中了。从这个意义上,李泽厚虽一再声称他是"救亡压倒启蒙"论的知识产权拥有者,但这一知识之所以能够上升为一种"元叙事",不过是因为他有效地充当了"八十年代"知识分子"代言人"的身份。这里并无否定李泽厚的意思,而只是强调"救亡压倒启蒙"的论述,在八十年代思想政治文化氛围中所具有的"共识"意味。其中貌似开创性的认识,已经在《关于建国以来若干历史问题的决议》等党内文件中埋下根苗了。很大程度上,李泽厚对于农民意识渗入到马克思主义而演变成"文革"式的集权政治的论述,就是对于党的决议所进行的思想史演绎。所以,是因为"文革"被批判,使得当时的知识界重新认识革命与救亡成为一种可能,而将之与传统或封建联系起来,实在并非知识界的创造,而是特定政治语境决定的。从这个意义上,不是李泽厚提出了"救亡压倒启蒙"的论断,而是这一论断选择了李泽厚,并进一步地成就了他作为"八十年代"知识权威的地位。

在这里,稍微回顾一下"救亡压倒启蒙"的知识产权争议,或者有助于支撑我们将其视为八十年代知识分子共识的论断。这争议主要地发生在美国学者舒衡哲(Vera Schwarcz)和李泽厚之间,但在论辩的过程中,杜维明、林毓生、王若水及刘东等人也介入进来,所以,作为一个"学术事件"曾引起不小的反响。争论的焦点,是舒衡哲认为李泽厚的"救亡压倒启蒙"论受到她的影响,但却在宣传和传播这种思想时"从不提她的名字"。舒衡哲的理由是,她早在1982年秋季在卫斯廉大学的人文中心任教时,就提出了"救国与启蒙"的主

---

① 李杨:《"救亡压倒启蒙"?——对八十年代一种历史"元叙事"的解构分析》,《书屋》,2002年第5期,第4页。

题,而在1984年时,她在海外发表的《长城的诅咒》一文中,也论述了救亡与启蒙之间的多重冲突。舒衡哲还曾将这篇文章寄给李泽厚,而据刘悦笛考察,李泽厚也确在发表《启蒙与救亡的双重变奏》之前读了这篇文章并在上面作了标注。由此,李泽厚在提出"救亡压倒启蒙"的论断之前受到过舒衡哲的影响,应是毫无疑问的了。但问题是,此前两人在这一问题上也曾有过交流。据李泽厚所言,舒衡哲1981年之前就来过北京,他不仅请她吃过饭,而且两人还做过几次长谈,所谈内容,就关乎中国近代史及相关思想史问题的评述。证之舒衡哲的履历,她也确实在1979年2月到1980年6月之间在北京大学中文系学习。此外,据杜维明回忆,1981年李泽厚到美国访学还是应了舒衡哲的邀请,而据舒衡哲的说法,这期间他们还再次进行过相关问题的讨论。[①]

像这么一种复杂的学术交往,要考辨究竟谁抄袭或借用了对方的观点,实在一件非常困难的事情。依刘悦笛的研究,舒衡哲虽在《长城的诅咒》一文中使用的是"救国"而非"救亡"的概念,且没有明确提出"救国"压倒"启蒙"的说法,但比起其后李泽厚的《启蒙与救亡的双重变奏》,两者在核心理念上,却是高度一致的。然而,在这篇影响力巨大的文章之前,李泽厚在1979年公开发表的论文中就已明显包孕了这一说法的雏形,这就比舒衡哲在1982年授课时提出相关论断早了几年。所以,尽管有种种同情舒衡哲和批评李泽厚的声音,但最可能的情况,是他们共同存在这么一个"模糊的共识"。为此,刘悦笛指出,知识产权的归属,对两位学者本人而言,似乎还有些意义,但是就问题本身而言,可能还在于这一论断究竟在多大程度上给中国近现代史阐发提供了新意。[②] 不幸的是,这里所谓"新意",因这一论断的持续影响力,早已变成公共知识,所以,更为重要的,或是从舒衡哲和李泽厚相互的影响过程,我们发现,类似于"救亡压倒启蒙"的思想,其实已成为"八十年代"的共识。该论断的影响力,虽来自李泽厚发表于1986年发表的《启蒙与救亡的双重变奏》,并且着眼于对于"五四"的"重识",但根源却在"文革"后"拨乱反正"的意识形态,以及这一意识形态给知识分子带来的话语自信,使他们期待并有可能以另外一种方式重新认识和叙述近现代中国复杂而纠结的历史。

不管是不约而同,还是相互启发,舒衡哲和李泽厚将他们的研究共同转向

[①] 顾昕:《中国启蒙的历史图景——五四反思与当代中国的意识形态之争》,香港:牛津大学出版社,1992年,第36页。

[②] 刘悦笛:《"启蒙与救亡"的变奏:孰是孰非》,《探索与争鸣》,2009年第10期,第36—37页。

"五四",重新评价其性质、过程及其在中国近现代史展开过程中地位和影响,发掘其间的"救亡"与"启蒙"两大互不相同的主题,这充分地折射了八十年代知识氛围中普遍存在的重构"五四"的冲动。"五四",作为一个历史事件,它或指曾发生在 1919 年 5 月 4 日前后的爱国学生运动,而其前奏,则可回溯到 1915 年陈独秀在《新青年》杂志上所发起的"新文化运动"。在这个过程中,众多接受过新式教育的知识分子,包括广大青年学生,纷纷起来反抗以孔孟为代表的儒家传统文化,倡导西方的科学与民主思想,并逐渐将批判的锋芒从文化领域而转入政治领域,喊出了"内惩国贼,外争国权"的口号。但这个事件,却在随后的不停叙说中演变成为一个"神话",其经验或事实的层面不断被抽离,而其意义,却不断被重新赋予和提升。因"五四"在 20 世纪中国思想史上的这一"神话"地位,所以每当历史转折关头,就会有一番对其意义阐释权的争夺。正是在这个意义上,罗岗指出,八十年代无疑是一个重大的历史转折期,重述"五四"就成为那时期重要的"思想事件"之一。①

这期间,"林林总总的五四编史学模式不断问世"②,而张伟栋,则就此解释了八十年代有关"五四之争"的问题③。李泽厚的"救亡压倒启蒙"说,就内在于这一重述"五四"的思想史脉络,而他所针对的,则是曾广为传播的视"五四"为"反帝反封建的资产阶级民主革命"的论断,但论述的策略,却是分解其中"反帝反封建"的内容,并将"反帝"与"救亡"等同起来,将"反封建"作为了"启蒙"的主要内容。这两个方面本是相互协作的。正是因为"救亡"的外在压力,才在"五四"知识分子群体中掀起了民族文化更新的"启蒙"运动,但随后却又因"启蒙"遇挫,民族危机得情势愈发紧迫,才又回到了"救亡"的起点。很大程度上,李泽厚承认"工农群众"在"救亡"中的作用,但在重释"救亡"的过程中,却将"农民意识和传统文化心理结构"的渗入,作为"文革"悲剧之所以产生的根源。这一方面是重复了主流意识形态对"文革"的批判,另一方面则又将 20 世纪 80 年代之前中国政治精英和知识分子所积极投身其中的"救亡"运动,与"传统"抑或"封建"等负面价值勾连在一起了。

---

① 罗岗:《五四:不断重临的起点——重识李泽厚〈启蒙与救亡的双重变奏〉》,《五四运动与现代中国(《思想史研究》第 7 辑)》,上海:上海人民出版社,2009 年,第 5 页。
② 顾昕:《中国启蒙的历史图景——五四反思与当代中国的意识形态之争》,香港:牛津大学出版社,1992 年,第 33 页。
③ 张伟栋:《〈启蒙与救亡的双重变奏〉与八十年代的文化逻辑》,《现代中文学刊》,2010 年第 5 期,第 36 页。

启蒙抑或现代:未竟的事业?

按照这样一种阐释,"启蒙"价值就被重新发掘出来。我们知道,启蒙是针对蒙昧而言的。在西方的话语体系中,以理性对抗神性,以科学对抗蒙昧,以个人自由对抗皇权专制,构成了启蒙核心的价值诉求。康德指出:"启蒙运动就是人类脱离自己所加之于自己的不成熟状态,不成熟状态就是不经别人的引导,就对运用自己的理智无能为力。当其原因不在于缺乏理智,而在于不经别人的引导就缺乏勇气与决心去加以运用时,那么这种不成熟状态就是自己所加之于自己的了。"[1]在这里,康德似将个人的不成熟当作自身甘于蒙昧了,但其实他更多强调了社会权威所发挥的作用。个人之所以不能或不愿运用自己的理性,是因为"监护人"的存在,这些监护人,就像牲口管理者一样,"小心提防着这些温顺的畜生不要冒险从锁着他们的摇车里面迈出一步",然后"向他们指出企图单独行动时会威胁到他们的种种危险"[2]。质是之故,在康德看来,"任何一个个人要从几乎已成为自己天性的那种不成熟状态之中奋斗出来,都是很艰难的,他甚至于已经爱好了它了,并且确实暂时还不能运用他自己的理智,因为人们从来都不允许他去做这种尝试"[3]。正是在这个意义上,福柯认为应将启蒙视为集体参与的一种过程,它的实现,需要众多社会力量的介入。[4]

很大程度上,晚清以降的严复、梁启超等人的启蒙论述,与西方启蒙观念相比,既有高度的同一性,但却给人本末倒置的感觉。所谓的"本",指的是个人的解放,所谓的"末",指的是"社会改造",或者说现代民族国家建构。这两者在西方的启蒙话语体系中本是互为因果的。作为封建教会对立面的西方启蒙思想,不仅仅是否定宗教神学对个人理性的压制,而且包含了民族国家这一世俗政治的建构意图。将这两者区分开来,不仅强调前者优于后者,而且试图将这一等级秩序,视为西方启蒙思想的"真谛",实际上是八十年代知识分子一厢情愿的创造。李泽厚强调"五四"启蒙是偏重于文化而远离政治的,并将

---

[1] 康德:《答复这个问题:"什么是启蒙运动"?》,《历史理性批判文集》,何兆武译,北京:商务印书馆,1990年,第22页。
[2] 同上。
[3] 同上。
[4] 福柯:《何为启蒙?》,《福柯集》,杜慎译,上海:上海远东出版社,2004年,第532页。

其"批判封建传统,主张全盘西化"这一在民族危机情势下被迫"中断"的观念作为一项重要遗产来指引八十年代的文化变革,也反映了这一时期知识分子的偏好,似乎个人主义或个人本位,才算对于启蒙的正本清源,但却忘记了即便是其西方源头,现代民族国家既是启蒙的目的,也是启蒙的产物。而晚清中国,正如李杨所指出的,作为一个"被现代化的国家","民族国家"意识当然要比"个人"意识更具有强烈的现实意义。① "新民"在于"立国",也即民族国家的命运是当时启蒙知识分子的核心关切,而个人独立与解放,基本服从和服务于这一目的。"五四"新文化运动时期的陈独秀等人,即便是在李泽厚的考察中,也继承了这一启蒙理念,只不过因为前辈失败的教训而更进一步强调"多数国民"的参与。以前的洋务、变法、革命,最多只是运动群众去实现反帝或反清目的,结果虽晚清覆亡和民国成立,但无论"共和"还是"立宪",却都徒有其名而已。多数国民并没得到民主权利,也没自觉到民主要求,也即康德所谓的,不能自觉地运用自己的理性,不愿摆脱"自己加之于自己的不成熟状态",他们的希冀,仍不过"圣君贤相之施行仁政"。②

为改变这种状况,陈独秀提倡"多数国民之运动",将矛头对准"儒者三纲之说"猛烈抨击,转而鼓吹"西洋之道德政治",将"自由、平等、独立"之说视为多数国民的"最后觉悟之觉悟"。按此,陈独秀之所谓"觉悟",实与康德所谓"启蒙",在内容上相当一致,只不过康德意义上的"运用自己的理智"及其所针对的宗教神学("监护人"),其间无论解放的力量还是压抑的力量,都是西方传统内部生成的,而陈独秀,却是借助外来观念置换内在传统以达至民族文化自我更新目的。③ 所以,"启蒙"本身就内在于"救亡",两者在根本上,并没有什么大的不同。这在鲁迅所述的"幻灯片事件"中就有着真切的反映。所谓"幻灯片事件",是指鲁迅在仙台医专读书期间的一次经历,他与日本同学在课堂上观看幻灯片,这本是一种教学手段,但因为正值日俄战争期间,老师就插入了一段日军处死俄军间谍的时事,然而不仅这间谍是中国人,而且又有一群麻木的中国人在那里围观,结果就在日本同学欢呼的时候,夹在他们中间的鲁迅因为自己作为中国人的民族认同而感到了"耻辱"④。通常的阐释,往

---

① 李杨:《"救亡压倒启蒙"?——对八十年代一种历史"元叙事"的解构分析》,《书屋》,2002年第5期,第4页。
② 陈独秀:《吾人之最后觉悟》,《独秀文存》,上海:亚东图书馆,1927年,第54页。
③ 张宝明:《启蒙与革命:五四"激进派"的两难》,南昌:江西教育出版社,2009年,第199页。
④ 鲁迅:《呐喊·自序》,《鲁迅全集》第1卷,北京:人民文学出版社,2005年,第433页。

往顺着鲁迅在《呐喊·自序》中的表示而找到他"弃医从文"的根由,但这种阐释,却忽视了鲁迅背后日本同学的目光,而正是这些日本同学的目光,才使他将目光从刽子手身上移开而将外来的危机转化为内在批判了。[1] 鲁迅的批判,很大程度上跟陈独秀一样都指向传统文化,而作为置换的则是西方的科学和民主思想。也就是说,无论是陈独秀还是鲁迅,虽然他们的启蒙诉求,如李泽厚所指出的,都集中于文化而远离政治,但根本上,却还是以"救亡"为潜在前提的。

其实,在李泽厚所购置的"启蒙"与"救亡"的二元对立中,也并不否认它们的同一性。李泽厚说,"作为启蒙思潮的新文化运动和作为政治救亡的爱国反帝斗争,是迄今为止的中国现代交响乐中交替奏响的两个主题",这两个主题有相互和谐的一面,"这既表现在它们在社会运动中的相互诱发和促进,又表现在人们在思想深处把启蒙时代的理想社会状态和爱国反帝运动的现实目标合而为一",但他的论述重心,却放在它们"不和谐的一面",并将"实际中的社会演进与理想中的文化偏离"作为出发点和落脚点。[2] 很显然,"文革"的被批判和"救亡"的不完美状况,是李泽厚此番论述的原因所在。但正如哈贝马斯所言,启蒙这种"以最大限度地实现主体自由的社会改造方案"从没被完美实施过,而总是充满多种矛盾因素的相互斗争。[3] 晚清以降,中国这个"被现代化的国家"与启蒙现代性方案的遭遇,无疑更加充满内在矛盾和张力。杜赞奇曾指出,启蒙现代性方案到戊戌变法前后已成为中国知识分子的"共同信仰",但因在个过程中西方列强的坚船利炮的外力,社会线性进化的观念,就在其间无意识中转换为一种"弱国子民"心态。[4] 借鉴西方,倡导民主和学习科学成为"富国强兵"的唯一选择。然而在这个过程中不断遭遇的挫败,不但助长了这些知识分子的国家危机意识,而且增加了他们的启蒙现代性焦虑。以激进或者说"革命"的方式"毕其功以一役"地解决"社会的根本性重建"越来越成为主导选项。所以,此后活跃在民国政治舞台上的各种力量,无论是以资产阶级启蒙为指导,还是以马克思主义为圭臬,便都以"革命"作为

---

[1] 赵牧:《视觉呈现与主体位置》,《文艺研究》,2014年,第154页。
[2] 李泽厚:《启蒙与救亡的双重变奏》,《走向未来》,1986年第1期,第18页。
[3] 哈贝马斯:《现代性:一个尚未完成的方案》,《关于一个公正世界的"乌托邦"构想》,上海:上海人民出版社,2001年,第36页。
[4] 杜赞奇:《从民族国家拯救历史:民族主义话语与中国现代史研究》,北京:社会科学文献出版社,2003年,第21页。

自我表述与认同的方式。从这个意义上说,"启蒙"非但从没被"救亡"压倒,相反,"救亡"的合法性就内在于"启蒙"的危机论述之中,而"革命"则不过是"启蒙"理念虽深入人心但却在实践中受阻而产生的一种激进形式。

所以,启蒙现代性的社会改造逻辑,至少在理论层面上,使革命区别以往王朝更替过程中的造反而具备了现代意义并从而参与全球现代化进程①。正是在这个意义上,李杨认为近代中国的"救亡"运动"并非以拯救一个已经存在的传统中国为目标,而是一个具有现代民族国家(nation-state)意义的全新的中国的创造过程"。② 然而问题是,李泽厚并不否定"革命"抑或"救亡"的现代性,尤其他只将矛头对准"救亡",并以此回避对革命本身的评价。不过,从他对革命话语与农民意识的刻意区分中,我们发现,他承认革命的现代意味,但却因实践中对工农革命主体的过分倚重,而使得本应成为"启蒙"对象的"传统文化心理结构"渗透其间。革命理论与救亡实践的冲突乃至其间理论不得不向实践的让步,才是李泽厚的论证前提,而他之所以如此者,就是要借助"启蒙"价值的再发现,重新阐释"救亡",将前者归于"现代",将后者归于"传统",并通过这种二元对立,"二十世纪五十至七十年代的中国被视为'封建'时代或'前现代'历史而剔除'现代'之外,而'文革'后的'新时期'则被理解为对'五四'的回归和'启蒙'的复活"。③ 在这种情况下,"启蒙"抑或"现代",成了未竟的事业,所以,李泽厚一再将马克思主义与传统农民意识的结合界定为"救亡",并以之为前提重述了中国共产党所领导的工农革命。

革命话语及其再生产

实际上,像这样一种重述革命的方式,在20世纪80年代"拨乱反正"的思想文化氛围中早已是蔚为大观了,但李泽厚的"救亡压倒启蒙"论,却在理论上将一度被"革命"抑或"救亡"所贬抑的知识分子解救了出来,给他们重新确立了一种新的启蒙者的身份。我们知道,在"救亡"抑或"革命"的话语体系中,小资产阶级出身的知识分子一方面向往革命,一方面又心存疑虑,

---

① 赵牧:《启蒙、革命及现代性:被终结的话语?》,《华东师范大学学报》,2010年第2期。
② 李杨:《"救亡压倒启蒙"?——对八十年代一种历史"元叙事"的解构分析》,《书屋》,2002年第5期,第5页。
③ 同上,第4页。

即便是投身于革命的阵营之中,也会时不时倾倒一下个人主义的酸楚,所以,被动或主动接受工农大众的改造,似成了他们无法摆脱的命运。① 但"文革"结束,"革命"抑或"救亡"的封建性被揭发出来,工农大众批斗知识分子的场景,也被赋予庸众围观启蒙者的意义,于是,在"伤痕"与"反思"的书写中,知识分子又一次感到"他们的存在和一个国家有关",一方面以积极反思近现代史,另一方面热切干预新的社会矛盾,结果就在"拨乱反正"和"改革开放"的思想文化氛围中,在"八十年代"的知识分子群体中形成了一场影响广泛的"新启蒙"运动。李泽厚作为"新启蒙"运动的领袖人物,他的《启蒙与救亡的双重变奏》,很大程度上,并非这场运动的纲领而是一份思想文化总结,他在其中所表述的,当然也就不是创见而是一种共识了。就在这种共识中,"新启蒙"之"新",其当下性是一个方面,而另一个方面,则强调了它与"五四"的关联。所谓"五四"启蒙精神的"回归",在这样就被突显出来,从而再次将启蒙置于传统/现代的二分法之中了。② 这就在八十年代的知识话语体系中,再生产了一种理解和叙述"救亡"抑或"革命"的方式,并将它作为所谓"封建主义"腐朽的遗物和传统、暴力、造反、专制关联起来而从启蒙谱系中剔除出去了。

李泽厚"救亡"压倒"启蒙"的论断之所以获得广泛认同并成为一种"现代性装置",很大程度上就因这种剔除手段,将革命归入"救亡"范畴,并因其间农民传统的渗入而与"重估一切价值"的"启蒙"对立起来了:"具有长久传统的农民小生产者的某些意识形态和心理结构,不但挤走了原有那点可怜的民主启蒙观念,而且这种农民意识和传统的文化心理结构还自觉不自觉地渗进了刚学来的马克思主义思想中。"③结果就给我们苦心孤诣地发掘出了"革命"的"封建主义"以及"集权主义"面相。显然,这并非意在向"世界无产阶级革命"的原始教旨回归,而是为了重启"西化"的大门。也就是说,"救亡压倒启蒙"的论断虽然导源于"拨乱反正"的意识形态,但在思想路径上,却与其有着极大的分野:"拨乱反正"的意识形态,乃许纪霖所谓的"马克思主义内部的一场路德式的新教革命"④,它一方面宣称"大规模急风暴雨式的群众性阶级斗争基本结束",另一方面,则要求"全党工作的重点应该从一九七九年转移到

---

① 南帆:《四重奏:文学、革命、知识分子与大众》,《文学评论》,2003年第2期,第40页。
② 许纪霖:《另一种启蒙》,广州:花城出版社,2000年,第17页。
③ 李泽厚:《启蒙与救亡的双重变奏》,《走向未来》,1986年第1期,第35—36页。
④ 同②,第251页。

社会主义现代化建设上来"①,所以,完成"新时期"与"十七年"完美对接并启发"改革开放"的历史任务,既是目的也是底线,而长期在革命话语中曾被深度压抑的知识分子,他们所进行的"反思",却将触觉前探到整个左翼政治的历史,并由此获得一种新的自我认同,"把自己理解成与反宗教专制和封建贵族的欧洲资产阶级相似的社会运动"②。这正是短暂的蜜月期后"八十年代"的"思想解放运动"频频遭遇挫折的原因,但在批判"极左政治"的前提下,其有关革命的论断,却与"十年浩劫""人道灾难"等词汇一道,给我们重塑了一个在"无产阶级专政"下"继续革命"的冷酷形象。

尽管李泽厚及其他"新启蒙"论者并没有否定"革命"之所以成其所是的原因,但在这种德里克所谓的"后革命氛围"中,不仅仅是革命及其历史几乎成为任意谈说的对象,而且为之辩护的声音也难得听到了。事实上,国际政治和社会生活中的重大事件,不再以马克思主义经典理论作为解释,这就已显露出向"后革命转折"的迹象。安德森曾在他的《想象的共同体》一书中指出,20世纪70年代后期中国同柬埔寨、越南之间的冲突,不仅体现了社会主义阵营矛盾的公开化,而且这几个革命政权各自所作的辩护,也让人看到"正面临的马克思主义思想与运动上一次根本的转型":"因为交战国中没有任何一方尝试使用马克思主义的理论观点来为这些战争辩护。"③这种以"民族自我界定",在安德森看来,这表明社会主义阵营内部对"向世界输出革命"意识形态的背弃,但实际上,中国革命的历史和话语实践一开始就与"救亡图存"的民族意识纠结在一起,所以这种所谓的"民族主义转向"并非新的"趋势",但在20世纪70年代末,它却给我们重构了出一个虚妄的"世界无产阶级革命"的前身,从而构成了此后革命话语再生产的一个方面。所谓的"后革命",就成为一种思想文化氛围,浓重地包括在"八十年代"的知识分子的周围。结果在种种"告别革命"的主张中,"革命"的历史决定论遭到否定,其想象未来的信心被怀疑,乌托邦的理想被视作一种虚妄,而其暴力一面则被无限放大出来。马尔库塞也被请来参与这一形塑:"每一次革命所释放的能量都过多了,超过

---

① 《中国共产党第十一届中央委员会第三次全体会议公报》,《三中全会以来重要文献选编》,北京:人民出版社,1982年,第1页。

② 汪晖:《当代中国的思想状况与现代性问题》,《死火重温》,北京:人民文学出版社,2000年,第57页。

③ 本尼迪克特·安德森:《想象的共同体——民族主义的起源与散布》,吴叡人译,上海:上海人民出版社,2004年,第1页。

了努力废除统治和剥削的目标","在每一次的革命中,似乎都有一个与统治者战斗而获得胜利的时刻——但这一时刻很快就过去了,自我击败的要素似乎卷入这场变动。从这个层面上,每一次革命也是一场对革命的背叛"。① 由此,发现并描述革命"释放的过剩能量",寻找其中"自我击败的要素",以及阐释"革命话语的自我循环",则又成为"革命重述"的一个重要方面。

当然,并非所有对"革命"的"重述",都充满了寻求"意义"的冲动。实际上,当任何一种超凡入圣的价值观走向极致之后,紧跟而来的社会大众还俗需求都必然会在实用与享乐两个最为主要的方面对这种穷途末路的价值观进行一番征用或戏仿。所以,自20世纪70年代后期出现革命转折的趋势以来,拒绝或消解"意义"的实用主义和享乐主义就开始潜滋暗长了,而这情形到了20世纪90年代以后,随着大众文化异军突起和消费主义极度高涨,就越发变本加厉起来。这时,正如陶东风所指出的,"大众文化消费的巨大胃口"就开始大肆"攫取"和"盗用"中国革命历史和叙事的遗产了。曾经的革命圣人被拉下"神坛",曾经的革命圣经被移作商业或迷信的用途,曾经被广为追捧的"红色经典",则成为文化快餐消费的新材料。"无厘头的喜剧风格""大话西游式话语方式"及商业性和娱乐性的文化生产,似乎已经暴露出这种革命话语再生产所潜藏的"犬儒主义和历史虚无主义"意识。② 尽管它们并没有提供出多么新鲜别致的对革命的理解,但不可否认的是,它们这种对"意义"的拒绝,以及以戏仿、调侃等方式对于"革命阴暗面"的呈现却可能具备致命的颠覆效果。

总而言之,在"后革命氛围"中,所谓"革命的阴暗面"被一再重复,源头当然与"拨乱反正"的意识形态的不无关系,尤其是其间因为批判"文革"政治的"封建性"而发掘出来的农民意识或传统价值的渗入,在"新启蒙"知识分子获得了积极的相应,他们借助"救亡压倒启蒙"的论断而再生产出来的有关"救亡"乃至"革命"的理解和叙述方式,也相应地成为八十年代诸多小说或影视作品中重述革命的前提。在这种情况下,它们似乎不约而同地对宏大的历史事件采取回避的态度,或最多不过一个背景和道具,而一些被历史叙述所"压抑"的小人物则成为关注的热点,种种边缘、琐碎、家常、暴力和情色的记忆浮上水面。纠缠于个人悲欢,热心梳理家族谱系,书写村落传说,再现地方传统,

---

① 赫伯特·马尔库塞:《爱欲与文明》,北京:华夏出版社,1987年,第56—57页。
② 陶东风:《后革命时代的革命文化》,《当代文坛》,2008年第1期,第11页。

也相应地成为一种时髦,而种种后设的叙事,情节上的空白和自相矛盾,结局的出乎意料,成为最受青睐的叙述方式。社会进化论信仰被否定,启蒙现代性逻辑被质疑,有关未来的梦想,不仅虚妄,而且猝不及防,就会带来意想不到的灾难。在这些"革命重述"中,"革命"成为几代人的集体梦魇。似乎在那并不遥远的年代里,人们的日常生活都服从着革命的逻辑和教条,但种种人性的丑恶、残暴、奢靡与贪婪却也在其中被发挥到了淋漓尽致的地步。此或正是尼采讽刺的"渺小事物的伟大效果"[1],但究竟是什么力量将革命绑在羞辱柱呢?这或是一个无解的问题,但这问题之所以在诸多"革命重述"文本中被提出,却跟"八十年代"的"新启蒙"话语有着密切联系。

本文作者系许昌学院文学与传播学院副教授

原载《汕头大学学报(人文社会科学版)》2016 年第 5 期

---

[1] 尼采:《哲学与真理》,田立年译,上海:上海社会科学院出版社,1993 年,第 21 页。

探索与争鸣

现代化与化现代
新文化运动百年价值重估

中

主编 叶祝弟 李梅

上海三联书店

专题四
世俗化与转型时代的伦理困境

中国近代思想中的"未来"*

王汎森

"未来"是一个重大的问题,它包含的子题很多:"未来"会是什么样子?如何达到"未来"?是谁的"未来"?是谁决定"未来"应该怎样?是谁决定要用什么样的方式达到"未来"?在"现在""过去""未来"三际之中,"未来"的分量如何?它只是"过去""现在""未来"这"三际"中共通的一际,还是压倒性的、唯一最重要的时间?另外,"未来"究竟是邈远难知,因而可以置而不论,还是能知的甚至是"已知"的?以上问题不只牵涉到现实、政治、人生,也牵涉到学术等许多方面。

既然"未来"是个包罗广大的问题,本文不能不对讨论的范围有所限制。我想要谈的不是近代中国对"未来"想象之内容,而是从1900年至1930年左右,短短二三十年间,新派人物的时间意识及其连带的对未来世界的想象与计划呈现巨大变化,"未来"成为一个无以名之的巨大力量。我尽量将讨论局限在三种与"未来"有关的议题。第一,"未来"如何浮现成为一个极重要的观念,"未来"如何成为正面的、乐观的想象,以及"未来"的内容如何成为无限开放,而且成为随不同个人或团体拟议的对象。因为"未来"意识的不断膨胀,使得人们自古以来习以为常的"过去""现在""未来"三种时间概念的分量发生了重大的变化。第二,探讨一种特殊的时间意识及其对未来世界的想象与规划是如何产生的?这种时间意识与想象隐然认为"未来"为可知的甚至是已知的[①],"过去"反而是未定的或未知的,并从未来完成式出发去思考生活或思考历史。第三,两者互相加乘,对近代中国许多层面尤其是日常的生活与抉

---

* 本文系北京师范大学方维规教授召集举办的第二届"思想与方法"国际高端对话暨学术论坛的论文。本文曾得到包括施耐德(Axel Schneider)教授、罗志田教授等人的评论,深表感谢。本文构思甚久,后来在实际撰写过程中也受到科斯雷克(R. Koselleck)著作的启发。

① 虽然从后来者的眼光看,这些只是种种价值观,并不代表对未来真有所知,但当时许多人是这样相信的。

择产生了重大而无所不在的影响。

这是一个"过去"与"未来"的分量急遽调整的时代。至少在有意识的层面中,"过去"的分量变得愈来愈无足轻重,而"未来"愈来愈占有极大分量,使得这个时代的思考、决定、行动的方式也莫不染上这个色彩。

近代思想中的"未来"

"未来"这个观念在中国古代虽不罕见,但传统概念中最常使用的词汇是"来者",有时候则用"将来"。"来者""将来"与"未来"的意思并不相同,它们意味着三种不同距离的"未来"。"来者"是近而可见的,"将来"是将会来者或将要来者,"未来"则指离得更远、更不确定的未来。

传统概念中"未来"与"现在"的距离很远,有时候甚至带有预测性,如"预度未来""卜占可以知未来";有时与图谶有关,如说"图谶能知能观未来";有时是宗教性的,如佛教"三际"中的"未来际",禅宗的"如何识未来生未来世",指的是下一世的事情,或者说"未来佛",指的是下一个阶段,不知多少年以后的佛。从台湾"中研院"的汉籍文献数据库中可以看出,"将来"远多于"未来"[1],而且不像我们今天常三句话不离"未来"。

引发我觉得要好好思考"未来"这个问题的缘由,是因为晚清、民国以来,好像伟大的人物都在推销或买卖对"未来"的想象。台北政治大学有个网站的名称是"未来事件交易所"[2],我一直对他们做的工作感到好奇——没有发生的事情为什么可以交易?这不就是晚清以来伟大人物在推销或买卖的概念吗?在传统概念中,未来才会存在的东西似乎不大可能有交易价值。随便翻翻古往今来的史书,都绝对不会像现代人那样处理"未来",即便谈到未来,也是想回到"黄金古代"的想法。但晚清以来的"未来"很不一样,而且愈不一样越好,愈不一样愈吸引人。像康有为《大同书》里讲的"未来",是所有星球都可以按电钮投票,所有星球可以选一个共同执行委员会之类的想象——这个"未来"离古书太远、太远了。由于过去的历史与现代的世界相似性太少,所以许多人宣称历史不再有教训,过去是通过"历史"寻找合法性,现在往往是

---

[1] 以台湾"中研院""汉籍文献数据库"的检索"未来"一词,大约出现了1000多笔资料,其中有许多是指人没有出现的意思,至于"将来"与"来者",则有12000多笔资料。
[2] 由政治大学预测市场研究中心和未来事件交易股份有限公司合作的网站:http://xfuture.org。

通过"未来"获得合法性。康有为的《大同书》也许比较极端,但近代许许多多的概念和想象都带有沉厚的"未来"性,在现实上产生了极大的影响。令人不禁要问,在过去百年,究竟是什么促成了新的"未来"观如此畅行?

描述过近代中国的新未来观后,在此想简单地先回顾一下新未来观形成的几个因素。一是西方知识的大量引入,近代西方重视未来的思想文化大幅移植到中国。二是进化论思想引导人们想象美好的时代是"未来",而不是"黄金古代"。[1] 三是以"未来"为尊的新型乌托邦思想的引入。传统的乌托邦理想往往以上古三代为依托,新型的乌托邦则大抵是依托于未来。当时从西方传入的一些带有乌托邦色彩的文学作品,如《万国公报》自1891年起刊载的《百年一觉》这篇乌托邦小说产生了不小的影响,这些带有乌托邦色彩的文学作品,展示了一个与传统中国非常不一样的"未来"想象。四是在近代中国,"未来"常代表极度乐观、有光、有热、有主观能动性,甚至带有强烈乌托邦的色彩。"未来"往往与变革或革命连在一起,成为变革中一支有利的武器,任何人只要掌握"未来",就可以有极大的力量。辛亥革命的成功便是最好的例子,它使得历史跟现在、未来有了完全不同的关系。顾颉刚说:"辛亥革命后,意气更高涨,以为天下无难事,最美善的境界只要有人去提倡就立刻会得实现"[2],即是一证。"未来"变成是一蹴可就的,而且在现世中就可以达到。不论是戊戌变法还是辛亥革命都极大幅度地引进全新的事物,并且带来无限的可能性,使得现在与未来变得和过去完全不再相似,并以新的、不相似的为正面价值。所以它们不但带来一个新的"未来",也因为人们对过去想象的改变,带来一个新的过去。必须注意的是,并非所有人都向往新的"未来",事实上许多人在这个问题上虽然转步,却仍未移身,他们不一定都向往过去,他们也可能重视未来,但不一定都向往如此崭新的、陌生的"未来"。因而,新型"未来"的出现造成两种文化,一种是比较向往美好的"过去",另一种是向往美好的"未来"。这两者往往成为分裂的派系,文化上如此,政治上亦如此。

这一时期的思想家可以非常粗略地分成两大类,一类面向过去,一类面向未来。晚清以前,局势非常动荡的时候,人们往往会想回到更好的、更良善、更道德、更淳朴的古代,道光咸丰年间的许多思想文献中,便有这个特色。当然

---

[1] 关于这个方面的研究很多,包括我的几篇论文,如王汎森:《时间感、历史观、思想与社会:进化思想在近代中国》,陈永发:《明清帝国及其近现代转型》,台北:允晨文化出版公司,2011年,第369—393页。

[2] 顾颉刚:《古史辨(第1册自序)》,《顾颉刚选集》,天津:天津人民出版社,1988年,第17页。

像龚自珍、魏源等人是向往未来的,但他们所想象的未来,是一个与传统完全不一样的未来。晚清以后,在思想家的世界中,不可知的事物变得更有力量,不可知的"未来"渐渐压倒了已知,与现实离得愈远的"未来"吸引力愈大。

如果以光谱上的深浅浓淡作区别,那么在三民主义阵营中,也有基本上比较面向"过去"与比较面向"未来"两种类型的区分。戴季陶的《三民主义之哲学的基础》显然是比较面向过去,而周佛海的《三民主义之理论的体系》则是偏向未来理想的构建。相比之下,国民党的文宣大将叶楚伧在新文化运动之后,仍然坚称中国古代是由黄金美德所构成的,胡适在《新文化运动与国民党》中便特地提出叶氏的观点作为攻击批评的靶子。

以政治领袖来说,也有比较面向新"未来"和比较不面向新"未来"两种类型。前者的例子是毛泽东,后者的例子是蒋介石。蒋介石好谈四维八德、好谈道统、好谈中国古代圣贤的美德;而毛泽东则是破除传统、不断以未来社会主义的前景来说服同志与人民。蒋介石、毛泽东提到传统与未来的频率,也是截然不同的。他们所读的书也各有代表性。蒋介石好读哲学书,尤其是宋明理学及先秦诸子。他说自己读明朝胡居仁的《居业录》"不忍释卷";对黑格尔、贺麟《朱熹与黑格尔太极说之比较观》及周敦颐的《太极图说》,也都表现出很大的兴趣。[①] 从蒋介石的《五记》,尤其是《省克记》和《学记》可以看出,蒋介石最根本的想法还是想寻找通向美好过去的途径,或在有意无意之间思考着如何把经书里讲的哲理变成现实。毛泽东则是好读历史、重视现实,历史的价值除提供许多可资参考的范例外,辩证唯物论及社会发展史则是了解"未来"、迈向"未来"的指引。向往美好的过去和向往美好的未来变成两种非常不同的思想和行动型式。

历史书写与新"未来"观

"未来"变得重要,与"未来"变成是可知的或已知的是两回事,后者是比较令人诧异的。我想在这里从历史书写的角度,试着为这种新"未来"观作出一些解释。

近世西方因为革命及各种重大的社会变动,使得过去的历史与当代社会之间的相似性愈来愈少,因此,过去那种提供相似的古代范例作为现代人的历

[①] 黄自进、潘光哲:《蒋中正总统五记》,台北:国史馆,2011年。

史教训的方式渐失效用。这一情形也发生在近代中国,经过晚清以来的历史巨变,过去与现在变得愈来愈不相似,而范例式史学也变得不像过去吃香了。另一方面,晚清民初流行的几种新史学,所带出来的新时间观与传统史学有所不同,也使得历史与未来的关系,以及"未来"的性质产生重大的改变。这些史学带有寻找并建立公例、律则、规律的特色。它们表现为两种形式,一种是认为历史中可以找到规律;另一种是以律则或类似律则的方式书写历史。

这些律则式的史学使得史学与新的"未来"之间产生了密不可分的关系,新的"未来"观便从它们的字里行间浮现出来,到处发生影响,使得人们日用而不自知,尤其是使得新一代的历史著作中"未来"的意识变得很浓厚。过去士人之间流通最广的是《纲鉴易知录》之类的史书,这些书绝对不会告诉人们未来是可知的,只有图谶、占卜才能预测未来,史学不行。可是现代史学中的律则派却发展出以前史书所没有的功能,它不再只是以范例或历史的趋势来提供历史鉴戒,而是信誓旦旦地主张从历史中可以归纳出事物发展的规律,不管是进化论史学还是公例史学都是如此。

前面已经提到,晚清几十年对"公例""公理""公法"的信仰是非常坚定的,它们认为世界各国都在同一个表尺上面,可以找到共有的发展阶段与发展规律,即"公理""公例";并认为历史的功用不仅在于提供个别事件的鉴戒,更重要的是可以从历史发展的过程,找到一条又一条的定律,进而推知未来。

"公理""公例""公法"的崛起是有时代背景的。晚清以来,传统的"大经大法"日渐废堕,在求索新的"大经大法"过程中,西方科学定律或真理观产生了递补作用,成为新的"大经大法",而在律则式思维的巨大影响下,兴起"公理""公例"式的真理观。这种真理观的影响真是无远弗届,从晚清最后二十几年开始,一直到五四运动之前,可以说是它们当令的时代。在这一真理观之下,人们可以从任何现象求得"公理"或"公例"。任何学问中皆有"公例",如"生计学公例""智力学公例"。历史学也是求公例之学,这种新历史观也影响了比较具有保守倾向的史学家,柳诒徵即宣称史家的任务是"求史事之公律"。

仔细追索"公理""公例""公法"三个概念的来源并不是本文的目的,不过我们可以比较确定这三个词汇的使用进程:(1)"公法"一词起源最早,在1850年代的《六合丛谈》中就可以看到"公法"一词,它通常是用来指自然科学的定律。(2)从一开始,这三个词汇每每互相混用,大抵皆指自然科学中所发现的律则。(3)后来这三个词汇逐渐分用,"公法"指国际公法,"公例"指定律,"公理"则指具有普遍性的道理。西方自然科学的庞大威力,使得大自然是有律则的思维,给人们带来极大的憧憬,而且认为西方的律则可以普遍适用于全世界,正因为西方的即是全人类的,所以它们是"公"的。此时许多人都兴奋地找到这个新的"大经大法",宋育仁写过《经术公理学》这样洋洋洒洒、发挥儒家道理为人类公理之大书,康有为早期几部野心极大的书,如《康子内外篇》《实理公法全书》也都是这思想脉络下产生的。

"公理"与"公例"固然是自然科学的,但是当时人认为人文社会领域同样适用。譬如晚清《心学公例》一书,即是讲心理学的定律。传统的"大经大法"是由儒家的经典提供,现在的"大经大法"却由"公理""公例"接手,但两者之间的性质并不相同。儒家经典提供的"大经大法"是让人们在它的道理中"涵泳",或者借用查尔斯·泰勒在《黑格尔与现代社会》中的话是一种表现式的真理,而"公理""公例"所提供的是律则式的,是将现象归纳、演绎之后所得到的律则式,而且每一件事皆有其"进化之公例"。①

综合言之,"公理""公例"式的真理观常带有以下特质:第一,古今可能是相通的,故并不排除儒家的古典时代的价值,常常主张"经"与"公例"相合。其真理是"律则"式的,不是儒家原来"表现"式的,故与儒"经"原先又有不同。第二,此真理观有许多时候是通贯中西的,"公理""公例"既通于西方,往往也通于中国,但通常是以"西"为主体来评断"中",后来则逐渐发展成"中"是"中","西"是"西",它们不再在一个"公理""公例"的笼罩之下。第三,"公例"可以是科学、人事兼包式的大经大法。第四,"公例"观之影响,可以是激进的理论,也可以是保守的思维,因为动静、新旧、中外皆宜,所以如此吸引人。第五,它是"科学"的,但又不纯是"科学",是一群业余的自然及人文科学者,而且常常变成人人都可宣称自己发现了某一"公例",或自己代表了某一"公例"。这个时候,谁宣称"公例"?如何宣称"公例"?"公例"的内容是什么?像带有强烈的现实权力意涵。第六,"公理""公例"与"文明""文明史"或其他价值框架相配拟,成为一个向上发展之阶梯式目标。

历史变成是寻求"律则"之学,甚至有人认为能求得"公例"的史学才是"历史",否则是"非历史"。梁启超的《新史学》说:"历史者,叙述人群进化之现象而求得其公理公例者也。"②据此,西方国家所经历的历史阶段,虽然东方及其他落后国家尚未发展到达,但依据"公法""公例""公理"所预定的步骤,

---

① 赫胥黎:《天演论》,严复译,台北:台湾商务印书馆,1969年,第4页。
② 梁启超:《新史学》,《饮冰室合集》(第1册),北京:中华书局,1989年,第10页。

现在的西方即是我们的"未来",所以未来是可知的。

除梁启超外,我们还可找到许多相近的例子,譬如吕思勉。吕思勉曾说:"史学者,合众事而观其会通,以得社会进化之公例者也。"①吕思勉是一位在梁启超的新史学、进化史学、左派史学影响下,但又是比较传统取向的史家,在他的诸多史学言论中,居然明白地表示"未来"是可知的。未来之所以不可知,是因为没把过去弄清楚,只要弄清过去,求得"公例",则"未来"必可知。

吕思勉说:"因为社会虽不是一成不变,而其进化,又有一定的途径,一定的速率,并不是奔逸绝尘,像气球般随风飘荡,可以落到不知哪儿去的。所谓突变,原非不可知之事,把一壶水放在火炉之上,或者窗户之外,其温度之渐升渐降,固然可以预知,即其化汽结冰,又何尝不可预知呢?然则世事之不可预知,或虽自谓能知,而其所知者悉系误谬,实由我们对于已往的事,知道得太少,新发展是没有不根据于旧状况的。假使我们对于已往的事情,而能够悉知悉见,那么,我们对于将来的事情,自亦可以十知八九,断不会像现在一般,茫无所知,手忙脚乱了。……现在史学家的工作,就是要把从前所失去的事情,都补足,所弄错的事情,都改正。这是何等艰巨的工作。现在史学家的工作,简言之,是求以往时代的再现。任何一个时代,我们现在对于它的情形,已茫无所知了,我们却要用种种方法钩考出这一个时代的社会组织如何,自然环境如何,特殊事件如何,使这一个时代,大略再现于眼前。完全的再现,自然是不可能,可是总要因此而推求出一个社会进化的公例来,以适用之于他处。"②他又说:"然则史也者,所以求知过去者也,其求知过去,则正所以求知现在也。能知过去,即能知现在,不知过去,即必不知现在,其故何也。曰天地之化,往者过,来者续,无一息之停。过去现在未来,原不过强立之名目。其实世界进化,正如莽莽长流,滔滔不息,才说现在,已成过去,欲觅现在,惟有未来。"③

从这两段史论,就可以发现律则化史学,加上"公理""公例"观点如何为当时中国的历史意识带来一个新的范式,即从史学所发现的"公例"中,我们可能预知"未来",只要我们的研究够精进,"未来"可以是已知的。

即使是在"公例史学"流行的时代,仍有两种区别,一种认为中国历史自有其公例,如保守派史家柳诒徵认为史学的新任务便是"求史事之公律",但

---

① 吕思勉:《史籍与史学》,《吕著史学与史籍》,上海:华东师范大学出版社,2002年,第41页。
② 吕思勉:《吕思勉遗文集》(上),上海:华东师范大学出版社,1997年,第471页。
③ 同上,第279页。

所求的是中国历史自有之"公例";另一种则是认为大部分或全部的公例是西方的,中国或世界其他各民族都是循这一个普遍的公例前进的。相比之下,前者是极少数,后者才是主流。梁启超《新民说》中就曾说,"吾请以古今万国求进步者,独一无二不可逃避之公例"①,鲁迅说,"据说公理只有一个,而且已经被西方拿去,所以我已一无所有"②,即是两个显例。革命阵营的《民报》上则往往将"公例""公理"的层级定位为不可逃的普遍真理,"如谓不能,是反夫进化之公理也"③,把在"公理""公例"的阶梯上拾级而上规定为个人或国家的道德义务,既然"公例"像表尺一样精确,且放诸四海皆准,那么中国的"未来"不就在这只表尺上刻画得清清楚楚的吗?

19世纪是一个历史的世纪,因为历史思考渗透到了人文及科学的各个领域。故英国大史家艾克顿说:"历史不仅是一门特殊的学问,并且是其他学问的一种独特求知模式与方法。"④所以在20世纪初年的中国,人们总把史学当作能找到新"大经大法"的资具,史学成为一种新"经"。这个角色是与社会学结盟而取得的,譬如史学家刘咸炘总认为"一纵(史)一横(社会学)",正好包括所有人事的纵、横两面,从中所得到的"公例",事实上即等于六经的"道"。

求得"公例"既然是史学的新任务,当时人所关心的是如何求得这些"公例"。除了传统的综观历史之大势外,有的人认为西方的"公例"即是中国历史的"公例",所以只需套用西方的观念、方法即可,有的认为应该运用统计方法。譬如晚清翻译巴克尔的《英国文明史》中,便曾连篇累牍地指出,史学也需像自然科学般可以找出"公例",而找出公例的办法是运用统计学。巴克尔运用统计学找出的公例非常多,而且将自然环境、物产、人事甚至心性结合成一个系统,其中无不可求得公例。陈黻宸的《独史》等文章也大力宣扬统计方法是从历史中寻得"公例"之重要法门(事实上也就是寻找真理之一种法门),陈黻宸到处宣扬"史"+"统计"="公例"的公式。

"公例"观使得新派人物宣扬西方式的普遍真理,也让保守派有一个工具可以拿来与新派人们争衡,譬如张尔田,他对胡适等新派人物,一贯存有敌意,却又想在思想上与之争衡,于是他不断地用"历史公例"来重新说明儒家的本质与历史。他说:"夫天下无无源之水,亦无无因之文化,使其说而成立也,则是各国

---

① 梁启超:《新民说》,台北:台湾中华书局,1972年,第60页。
② 王汎森:《近代中国的线性历史观——以社会进化论为中心的讨论》,《新史学》,2008年第6期。
③ 过庭:《纪东京留学生欢迎孙君逸仙事》,《民报》(第1号),1905年11月25日。
④ 黄进兴:《后现代主义与史学研究》,台北:三民书局,2006年,第245页。

文化皆有来源,中国文化独无来源,一切创筑于造伪者之手……即以论理而言,世界历史有如此公例乎?"①又,《与人书二》中论证孔子为宗教家②,最重要的是"最普通之公例,求之景教而合,求之孔教亦无不合"。还有《与陈石遗先生书》讲到谶讳时说:"某尝病我国上古神秘太少,为违反世界历史公例。""公例史学"使得历史教训的方式、真理的性质皆改变了,在这个新真理下,"未来"是可以依"公例""比例"而得的。西方文明所经历的阶梯,即宇宙万国之阶梯,所以只要能知道目前中国在西方文明史中的哪一阶段,便可以知道"未来"会是如何。

另一种与本文所讨论的"未来"观相关的是"文明史观"。晚清的文明史观认为中西都在同一条发展的路上,所以只要把历史弄清楚,人们就知道这一条定律如何发展。因此那时候人们认为,中国未来某一个阶段的文明大概就发展到像当时最进步的西方,所以"未来"是可知的,而且是进步的、乐观的。

"进化史观"亦然,当时人认为进化是人类的"公理",是"自然规则",而且"进化"的秩序具有阶段性,是世界各国共遵的阶段——"宇宙各国无不准进化之理","世界虽变迁而皆不能出乎公例之外"。③那么中国的"未来"是可以在这个表尺中很容易找到的,通常就是现在或未来的西方。

不过并不是所有人都有这么浓厚的"未来"感,此中有非常显著的光谱浓淡之别,譬如顾颉刚《宝树园文存》中的文章,常可见到"发展""未来的发展",但是程度不深,而且对"未来"也没有特定的想象。即使如此,还是有许多人对过度重视"未来"不以为然,或者认为"未来"不应是史学论著的重要关怀,这一点是要特别强调的。

此外,晚清民国各种历史"阶段论"的引入也与本文讨论的主题密切相关。从晚清以来各种形式的历史阶段论相当盛行。从19世纪前半叶即已出现了一种中西历史"合和"的潮流④,即合中西历史为一家式的写法,事实上就是把中国纳入"普遍历史"之中。我们不能轻看这个潮流的影响,愈到后来"合和"得愈紧,也愈趋公式化,事实上,其中有不少历史著作已经是以西方历史驾驭中国历史,以西方的"过去"与"未来"取代中国之"过去"与"未来"。比如,苏格兰启蒙

---

① 张尔田:《论伪书示从游诸子》,《遯堪文集》(卷二),傅斯年图书馆藏古籍线装书。
② 张尔田说:"然则孔教之为宗教,南山可移,此案殆不可复易矣。"《与人书二》,《遯堪文集》卷一,第24a页。
③ 熊月之:《晚清新学书目提要》,上海:上海书店出版社,2007年,第454页。
④ 章清:《"普遍历史"与中国历史之书写》,载《新史学:跨学科对话的图景》,北京:中国人民大学出版社,2002年,第236—264页。

运动以来非常流行的阶段论,即"渔猎—游牧—农业—商业",在近代中国有不少信从者,但它与近现代中国思想却有不大融洽之处。第一,中国人心中对苏格兰启蒙运动哲学中与四阶段论密切相关的推测性历史的背景并无了解。第二,如果不是"黄金古代"的观念被打破了,四阶段论之类的想法也不可能被接受。在"黄金古代"没落之后,如何解释从野蛮到文明的变化变得很迫切,四阶段论式的思维正好填补了它的空隙。第三,四阶段论在学术上颇有影响,但在考虑现实问题时并不特别吸引人,因为在一般人的认知中,它的最高阶段"商业社会"并未超出当时中国之状况,因此对中国人未来的前途不具强烈指示性。

民国初年,孔德的三阶段论也有一定的地位,当时北京即有孔德学校。孔德的论述是基于人类知识与社会的发展经历三个阶段:神学阶段、形而上学阶段、实证阶段。由此孔德认为按照科学发展的序列,就是首先产生作为自然科学基础的数学,然后用数学方式考察天文,依次会产生天文学、物理学、化学、生物学,最后产生研究人类学问的社会科学,即社会学。孔德的第三阶段,即"实证阶段",就是以科学取代形而上学的阶段,无异于预测这是人类共有的"未来",这对当时中国思想界产生了一定的影响。1919年12月,蔡元培在"北京孔德学校二周年纪念会演说词"中强调的即是这一点,他说:"我们是取他注重科学精神、研究社会组织的主义,来作我们教育的宗旨。"[①]随着严复所译《社会通诠》而大为流行的三阶段论是:"图腾—宗法—军国",它不只影响到线性历史观的写作,更重要的是在这个阶段论架构中,人类最高的发展阶段是"军国社会"。这也使得当时许多人认为,"军国社会"必将成为下一个阶段的中国,所以"未来"是已知的,"现在"的任务是再清楚不过了,那就是加快军国社会的到来。但在中国真正带来弥天盖地影响的是马克思主义的五阶段论,五阶段论在学术与现实政治上的影响,比前述的各种阶段论不知大过多少。

新"历史哲学"与"未来"

前面提到过,在新未来观的影响之下,历史的角色产生了巨变,由研究"过去"变成照应"未来"。科斯雷克说革命解放了一个文化,同时带动一个"新的过去",但此处所说的主要是对历史写作的影响。在这里让我们回味海德格尔的说法,海德格尔提到,"过去""现在""未来"三种时间时时刻刻都在

---

① 蔡元培:《蔡元培全集》(第3卷),北京:中华书局,1984年,第373页。

互为影响、互相建构,人们总是依照想象的(或甚至认为已印证)"未来"来规划"现在"并研究"过去"。海德格尔又说:对于作品的预期性反应,不可避免地会影响哪些内容非被涵盖,哪些非被排除。或者我们可以认为这与佛经"三世一时"的观念相近,而在这一时的三世却以"未来"这一世占了过于突出的地位。在此前提下,"过去""现在""未来"之意义与以前不同了。

近代几种史学影响到这种可知或已知的未来观的形成,即使有程度轻重的不同,但不可否认的,近代有不少历史著作似乎有过于明显的"未来"是已知的色彩。在20世纪30年代,中国史学有两股重要的新潮流,一支是"历史主义化",另一支是"历史哲学化"。前者是尽可能地重建古代历史真相,并在那个历史重建的过程中,为新文化的建立找到一些基础;而左翼史家为主的"历史哲学化"主要是为了建构"未来",要在"未来"中寻找解释过去与现在的一切的基础,它是历史的,但也可能是反历史的,是隐隐然以"未来"为已知,进而形塑对过去历史的解释,或者用一个时髦的词汇说,就是"回忆未来"[①]。

在各种新的"历史哲学"中最为关键的,是20世纪20年代后期以来流行的"五阶段论"。1919年,列宁在《论国家》中介绍了恩格斯的《家庭、私有制和国家的起源》,即"原始公社制""奴隶制""封建制""资本主义制""社会主义制"的五阶段论,后来斯大林更有具体的表述:"历史上生产关系有五大类型:原始公社制的、奴隶占有制的、封建制的、资本主义的、社会主义的"[②]。在中国方面,范文澜于1940年5月发表《关于上古历史阶段的商榷》,完全接受这一论述,"人类历史的发展,要经过原始公社、奴隶占有制度、封建社会制度、资本主义制度,而后达到社会主义的社会"[③]。

有许多人批评这纯粹是"反历史"的,如沃格林说的"在二十世纪,历史作为一种根本的伪造,对异化的生存状态之实在的伪造"[④]。不过新的历史哲学并不像沃格林所说的全是"伪造",譬如在20世纪30年代的中国,它往往是既吸收了当时最新历史研究的成果,但又宣称(或实质上)涵盖之、凌驾之、修

---

① "回忆未来"是 Harald Welzer 在《社会记忆:历史、回忆、传承》的序中说的:"制作历史总是从'预先回顾'(Antizipierte Retrospektion)出发,就是人们将回顾某种尚待创造性的事情曾经是怎样的。"但 Welzer 是从杨·阿斯曼(Jan Assmann)的论文中得此观念的。哈拉尔德·韦尔策编,季斌、王立君、白锡堃译:《社会记忆:历史、回忆、传承》,北京:北京大学出版社,2007年,第10页。
② 中共中央马克思恩格斯列宁斯大林著作编译局:《斯大林选集》(下册),北京:人民出版社,1979年,第446页。
③ 范文澜:《范文澜历史论文选集》,北京:中国社会科学出版社,1979年,第81—92页。
④ 埃利斯·桑多兹,徐志跃译:《沃格林革命:传记性引论》(第二版),第107页。

正之,并赋予较高层次的科学规律解释,因而超脱出历史主义过度问题取向式的零碎性,赋予历史大图景、大时段、大跨度的解释。

更值得注意的是,有一个重要的时代心态在支撑"历史哲学"派的生存,这个特殊的时代心态从晚清以来已经逐渐出现:既要承认中国落后于西方,应该吸收、模仿西方,但同时又终要能超越西方的一种复合性的心态。而"历史哲学"借着历史发展规律,使得这三种看来互相矛盾的思维形成一个有机体,它"把构造者及其个人的异化状态,解释成所有先前历史的顶峰"[1]。

社会发展的"五阶段论"既把前述三种矛盾结合在一起,而且又为"未来"赋予清晰的图景。由于相关的史料太多,所以我只征引比较早的作品。蔡和森《社会进化史》"绪论"的标题即表明"人类演进之程序",文中叙说摩尔根对美洲土著考察数十年后,得知从"群"到"国家"的形成是"挨次追溯社会的进化","我们所知道的一切历史时代的各民族莫不经过这样的幼稚时期",其中四个字"莫不经过"尤其值得注意,既然"莫不经过",则中国的"未来"即可在五阶段的格局下推定而知。在社会发展史的影响下,许多历史哲学家对胡适等所代表实验主义史学进行猛烈的批判,批判的层面相当广泛,其中非常重要的一点就是实验主义史学不谈"未来"。翦伯赞说:"(实验主义)历史学的任务就是研究这个社会怎样一点一滴的和平进化到了现在,而且也只准到'现在'为止,对于历史之未来的发展倾向,是不许研究的。"[2]

在社会发展史中,"未来"不但是可确知的,而且是确定会实现的,诗人聂绀弩说:"总有一天,谁是混蛋就要倒下去的。当然,马克思主义的胜利,无产阶级的胜利,这是不成问题的,这是历史确定了的。"[3]"未来"是确定的,是可知的,或已知的,"过去"反而是未知的;这种思维变得相当普遍,差别只是程度的轻重而已。以20世纪40年代的吕思勉为例,他并非左派史家,但受当时史学思潮的影响就曾经说过这样一段话:"新发展没有不根据旧状况的。我们现在之所以不能知现在及未来,正是因为我们对以往的事情知道得太少了,

---

[1] 埃利斯·桑多兹,徐志跃译:《沃格林革命:传记性引论》(第二版),第107页。
[2] 翦伯赞:《历史哲学教程》,石家庄:河北教育出版社,2000年,第249页。
[3] 章诒和在《总是凄凉调》的《告密》中说:聂绀弩对抗打击他的人,用的还是"未来"可知的思维,他接着说:"不过,马克思主义绝不是这些人,他们什么马克思主义,是封建主义。"章诒和:《总是凄凉调》,台北:时报出版公司,2011年,第16页。

如果对历史了解得更多,我们对未来就能知道一个十之八九。"①所以这个时候相当流行的一种历史观念是弄清"过去",即可以找出定律,如果能掌握发展规律,那么这条在线的许多点都可以弄清楚,"未来"当然也就在掌握之中。吕思勉又说,"然则史也者,在知求过去者也。其知过去者,则正所以求知未来"②,"过去""现在""未来"平摆在一条定律上。如果好好把过去的历史研究清楚了,"未来"就是可知的。

另一个例证是"中国社会性质论战"。在这个论战中,"未来"也是非常清楚的,"过去"反而不清楚了。"未来"就是五阶段论中的某一阶段,"过去"则决定于如何定义中国传统社会的性质。这个论战中的积极主张者们往往从"未来"一定会前往的地方回过头去解释中国历史,提供了不少因确定的"未来",而大幅影响对过去历史重建的例子。

不过当时另外有一些历史学家,像钱穆、柳诒徵、胡适、傅斯年,他们在谈历史与未来时,其叙述方式便不是那么突出。主要原因之一是他们并不服膺或根本反对进化史观和阶段论史观。但史观派的信徒越来越广大,当"未来"是已知时,做事情的方式就不同了,人们不再是那么瞻前顾后、犹豫不决了,生命的意义也在这里得到最积极的提升。领导人的任务也变得很清晰,也就是指挥人们向那条路走,因为那条路可到达可知或已知的"未来"。

综上所述,"未来"还代表了一种对无限理性力量的乐观情绪,想象力有多高、未来就可能有多高,一切由"有限"变"无限",包括对物质的想象。"未来"是希望的,甚至是判断是否合乎道德的准则,违反它似乎带有伦理上的负罪感。人们不应有太多迟疑,应该毫不迟疑地顺着这条路往"未来"走,所以这个已知的未来带有巨大的行为驱动力,政治行动的性质和决策者的思考角度都发生改变,史家与政治家或所有人的任务变得非常清楚。"未来"是已知的,史家或政治家的角色成了"推动者"或"加速者"。

孙俍工的小说《前途》,就把"未来"当成一列火车往前开,"现在的火车开满了机器,正向着无限的前途奔放!""车上的人或沉默地坐着,或高声笑谈着,或唱着不成调的乐歌:大都是在那里等候着各人所想象的前途到来。"③刘少奇1939年在延安马列学院演讲时,也有类似的这么几句话,"马克思列宁主义整

---

① 吕思勉:《吕思勉遗文集》(上),第471页。
② 同上,第279页。
③ 孙俍工:《前途》,《中国新文学大系·小说一集》,上海:上海文艺出版社,1981年,209。

个的理论作了无可怀疑的科学说明;而且说明那种社会由于人类的阶级斗争的最后结局,是必然要实现的","而我们的责任,就是要推动这一人类历史上必然要实现的共产主义社会更快的实现"[1],仿佛在告诉人们,路都帮你指好了,你就往前冲吧。这是有史以来第一次在日常生活文化中出现这样突出的时间感与未来观,影响所及的不只是政治,而且广及人们的日常生活世界。

"未来"与日常生活行动

对于过度"未来"性的政治思考,钱穆有扼要的观察,"不知以现在世来宰制未来世,而都求以未来世来改变现在世"[2]。"未来"不但是已知的,而且如果加以适当的推动,是必然会实现的。政治家的任务便是加快它的实现,而且不向前推动是有道德责任的,恰如《民报》中所说的"如谓不能,是反夫进化之公理也"。或是如同俄国诗人马雅可夫斯基的名诗《把未来揪出来》:"未来/不会自己送上门来",我们必须采取些办法,不管是"共青团""少先队"或"公社"都应该计算好,对准目标,才能把未来揪出来。而为了到达那个未来,所有人都应服务于这个任务,转变成"驯服工具"。

"未来"既是已知的,则有一种与"未来"进程亲近的,或可导向其实践的、或适合当时之情境性质的行动,所以不是处于作了这个决定究竟与整个未来前景会发生什么作用完全没有把握的状态。因为"过去""现在""未来"如常山之蛇,首动则尾动、尾动则首动,既然"未来"是已知的,那就使得常山之蛇的另一端也要跟着调整,才能说明已知的"未来"的形成。

新的未来观也成为近代人人生行为的指标,这里以冯亦代为例。冯亦代是章伯钧后期最信任的后辈,常常在章家走动,可是后来人们从冯亦代的日记中发现,不断向党中央报告举发章伯钧的人便是他。冯亦代的例子显示,按照历史发展规律,"未来"社会革命一定会成功,所以反推回来,此时应当举发章伯钧才是合乎历史发展规律的方向,所以从冯本人的角度看来,他的报告举发与他和章伯钧的私人情谊似乎并不矛盾。从这个例子,我们可以看到对"历史发展规律"的信仰,从"未来"完成式出发来作日常生活的抉择的实况。

社会发展史就好比是一列火车,开向美好的"未来",作为个人,安心地坐

---

[1] 刘少奇:《论共产党员的修养》,《解放》(第82期),1939年。
[2] 钱穆:《现代中国学术论衡》,台北:东大图书公司,1984年,第102页。

上车跟着往美好"未来"前进,生命的行为与抉择,应该心安地被"未来"所决定。早在新文化运动之后,这种乘坐火车往"未来"行驶的态度便已非常清楚了。如同前面所引孙俍工小说中所讲的,丢掉过去,面向未来的、前途的,只要向着这无限的前途走即可,上了火车就不要多问了。

此外我还想引一首1945年7月的一联诗。民国年间人李仲骞有诗云"生我不于千载上",诗人夏承焘说他要把这一联诗改一个字——"恨不生于千载下"[①]。"上"是过去,"下"是未来,向往"未来"式的人生,上下之别,显现了传统与近代对人生态度、对事情的看法、对行动的策略等层面的重大不同。

在一种新的时间感与未来观之下,人们思维世界的凭借变了,人们闭眼所想已与前人不同,新"未来"观广泛渗入日常生活世界。至少,认为最好情况是在"未来",而不只是在"黄金古代"这一点,就足以产生重大的影响了。

余　论

晚清以来,从新的历史哲学或各种历史律则论、历史阶段论中,浮现出一种非常普遍的意识,认为"未来"是已知的,"过去"反而是未知的,这种"未来"观迅速渗透到各个层面。在这一个新的思想格局中,"历史"与"未来"关系密切,可信的"未来"是由社会发展史所背书的。"历史"是"未来"的靠山,历史成为一种"新宗教"。在社会发展史的框架下,形成了一个"大小总汇",可以解释人生宇宙的种种困惑,即使在人生观方面的影响,也非常明显,包括存在的意义、生命的目标都可以在其中得到安顿。

不过,本文所讲的主要是当时的乐观派、激进派,当时也有许多人并未受此影响(如学衡派)。他们虽然与乐观派一样都关心如何建立一个好的社会,但是他们并不把心力用在"未来"之上,而且也有许多人认为这种具有社会达尔文主义色彩的"未来"观是不道德的。我在另一篇文章中提到近代中国的一种"扶弱哲学",即是一个例子。对于倾向保守的知识分子,如何不将"时间等级化",如何不总是接受"线性"的时间格局——即"过去、现在、未来"的格局,使自己的国家与历史文化总是处在下风,是一个持续关注的问题(譬如梁启超晚年即有此变化)。

而且上述的"未来观"与西化激进并不能简单画上等号。晚清以来"西化

---

① 夏承焘:《天风阁学词日记》,杭州:浙江古籍出版社、浙江教育出版社,1992年,第609—610页。

激进派"对"未来"的见解差别很大,其中并不一定都是如钱穆所说的"求以未来世来改变现在世",尤其不同的是,以"未来"为"可知"或"已知"的态度,也不一定是西化激进派所共有的。

最后我还想借机说明几点:第一,清末民初的中国受到西方武力、经济、文化的侵略或压迫,感受到亡国灭种的忧虑,却意外地对"未来"抱持乐观的心态,究竟应该如何解释?对于这个困惑,我个人以为至少可以提出一种说明:各种历史哲学或阶段论,往往强调亡国灭种的危机与充满希望的"未来"同在一条发展脉络中,既揭露了现在的落后不堪,也保证努力之后可以达到无限乐观的"未来"。第二,从今天的"后见之明"来看,本文提到的那些未来说,基本上是套用西方的理论公式,提供国家社会政治改革的方案,实际上仍只是种种主观的价值信念,并不全然对未来真有所知。但是我们不能忽视当时的人的确乐观地相信自己对"未来"已完全掌握,而且还能说服广大群众相信他们代表着"未来"。这件事当然有很复杂的时代背景,它跟晚清以来的现实环境与学术思潮有分不开的关系,值得进一步探究。第三,"未来"究竟是单一的还是多元的。在"公理""公例"的时代,"未来"似乎是一元的。当时人们往往宣称自己掌握了"公例",但大体而言,"公例"的世界是西方历史经验所归纳的"普遍真理",人们模模糊糊中感觉到"公例"是一元的真理。但是到了后来,尤其是在"主义"的时代,每一个政党都宣称它拥有一个具有寡占地位的"未来"。而且"未来"也由学理的探讨,变成政治指定,由谁来规划"未来"等于是由谁来规定新的政治图景,于是规划者成为新的政治、道德、秩序的权威;同时,也有不少人靠着"贩卖"自己所预见的"未来",为自己谋得一个有权威的角色与地位。第四,由对理想的"未来"的想象,或学理的探讨,变成人们被"未来"所挟持。为了达到这个美好的"未来",人们要用许多政治力去落实它,所有人要做的只是"跟上来",最后,整个国家就形同被"未来"挟持了。

不过,我们现在对"未来"似乎又由"已知"变成"未知"了。我小时候看过一部漫画,说未来最快的送信方式是直升机在每个家里降下来把信放进信箱,万万没想到几十年后,突然跑出 E-mail——"未来"显然是"未知"的。本文所提到的几种史学,不管是文明史学、公例史学、进化史学、或阶段论史学,现在都已退潮,在现代史学中,"未来"几乎没有什么角色,而且也不再是"可知"或"已知"的了。

本文作者系台湾"中研院"历史语言研究所特聘研究员

原载《探索与争鸣》2015 年第 9 期

"俗世化"理论是否适用于近代中国*

黄克武

前 言

"俗世化"(secularization)即韦伯所谓的"理性化"[①]与"除魅"的过程,意指在科学理性的引导之下,人类逐渐消除宗教信仰以及与形上世界的关连,进入一个以理性主导的科学时代[②]。此一变化是全球近代史中的核心议题,它所造成的对立与冲突,也是当今世界许多动乱的根源。"俗世化"理论源于西方,过去已有不少学者借此来探索近代转型,多数研究都从现代社会之形成的角度,强调宗教、迷信的消退,科学、理性的昂扬。然而,诚如哈力士在《信仰的结束》一书所述,在现代社会之中,随着科学、民主的进展,宗教信仰并未退居生活的边缘,反而仍持续活跃于现代世界,并影响到人们的思想与行为。[③]加拿大哲学家泰勒的著作《俗世的时代》对于此一议题有较深入的反省。他强调公元1500—2000年的500年间,西方社会的重大改变是无宗教信仰成为生活的一种选择,而此现象的产生是一个非常复杂的历史过程。在此过程中,俗世化并未扼杀宗教,科学有时反而强化信仰,俗世化的许多思想根源其实是来自宗教,因此,从西方发展出的"俗世化主流权威论述的霸权"在今日已逐

---

* 本文系北京师范大学方维规教授召集举办的第二届"思想与方法"国际高端对话暨学术论坛的发言修改而成,文章原标题为《俗世化与近代中国思想变迁》。
① 在近代的英华字典之中,以"理性"来翻译 reason 要到 1908 年颜惠庆所编辑的字典才出现,在此之前该词多被译为"理"或"道理"。颜惠庆等:《英华大辞典》,上海:商务印书馆,1908年,第807页。
② 高承恕:《理性化与资本主义:韦伯与韦伯之外》,台北:联经出版事业公司,1988。
③ Sam Harris. *The End of Faith: Religion, Terror, and the Future of Reason*. New York: W. W. Norton & Company, 2004.

渐受到挑战。① 这样一来,即使在西方,"俗世"并不是一个与宗教、神圣等截然相对的概念,它与自由、人权、民主化、现代性、知识范畴、终极关怀等议题密切相关。同时,俗世化的过程也并非一往直前,而是折冲、反复,具有多重的历史背景。

随着西方科学传入所引发近代中国俗世化的过程亦颇为复杂,其主轴是从"圣"到"凡",或具体地说,意指宇宙观方面从"天地人""阴阳五行"的宇宙观到科学的宇宙观的建立;在历史观方面,从传统的三代史观、循环史观到线性演化史观(包括历史发展的阶段论)具有主导性;以及在知识方面,从具有神圣性的儒家经典作为"道"的载体所树立的权威,②转移到依赖实证方法以经验研究为基础而建立的科学权威等。在近代中国"思想转型时期"的知识分子,几乎都经历过此一转变③。不过,如果我们仅从线性、目的论式的进程,即重视实证科学逐渐成为研究典范之角度来观察,往往会忽略一些复杂、细致的历史面向。④ 诚如王尔敏所述,19 世纪中国士人普遍应用宋代邵雍的"运会""公羊三世说"观念来理解近代的"变局"。⑤ 笔者在分析严复《天演论》时亦指出:"严复《天演论》之中以《易经》中'翕辟成变'来解释宇宙变化'相反而相成'的观点,为熊十力与唐君毅所继承。……当'科学'的宇宙观取代传统的'阴阳''天地人'的宇宙观之后,'形上智慧'的追求并未被打消,二十世纪中国思潮的主流是建立一种能与现代科学相配合的形上学而形成的宇宙观。"⑥可见近代中国俗世化现象的复杂性。

---

① Charles Taylor. *A Secular Age*. Cambridge: The Belknap of Harvard University Press, 2007: 534.
② 儒家经典不但对士人而言有其神圣性,对庶民百姓来说,亦与释道信仰结合,而具有宗教性质的神圣性。吕妙芬指出从晚明到清代,《孝经》因具有"至孝能感通天地神明"之理念,因此与文昌、关帝信仰结合,或与功过格、福祸指南等书籍合刊,表现出十足的宗教性。参见吕妙芬:《孝治天下:孝经与近世中国的政治与文化》,台北:联经出版事业公司,2011 年,第 279—286 页。王汎森亦指出儒家经典如《易经》《孝经》在民间被用来驱鬼、祈雨、敬神等。参见王汎森:《中国近代思想文化史研究的若干思考》,《新史学》第 14 卷第 4 期,2003 年。
③ 王汎森等:《中国近代思想史的转型时代——张灏院士七秩祝寿论文集》,台北:联经出版事业公司,2007 年。
④ 参见笔者有关民初灵学论辩与科玄论战的研究。黄克武:《民国初年上海的灵学研究:以"上海灵学会"为例》,《"中央研究院"近代史研究所集刊》,2007 年第 55 期;黄克武:《灵学与近代中国的知识转型:民初知识分子对科学、宗教与迷信的再思考》,《思想史》,2014 年第 2 期。
⑤ 王尔敏:《近代中国知识分子应变之自觉》,《中国近代思想史论》,台北:华世出版社,1977 年,第 407 页。
⑥ 黄克武:《何谓天演? 严复"天演之学"的内涵与意义》,《"中央研究院"近代史研究所集刊》(第 85 期),2014 年,第 172 页。

本文首先将厘清俗世化概念的意义，以及近年来西方学者对此概念之反省。其次，将分析以俗世化来讨论中国近代思想变迁所引发的争议，特别环绕着黄进兴、余英时与墨子刻等人对此议题的思考。近代中国俗世化的讨论与五四话语的出现，以及新儒家等人文主义学者对五四启蒙思想的反省与批判密切相关。五四话语的支持者接受单纯的俗世化理论，认为随着现代化（民主、科学与物质生活的进步）的发展，宗教、迷信逐渐衰微；反五四论述则质疑以此观点认识历史传统及由此提出的未来中国蓝图。余英时与墨子刻均继承新儒家所开创的"内在超越"与"外在超越"的对照，思索轴心文明建立之后，中西文化之差异及其对近代中国"俗世化"历程之影响。

何谓俗世化：西方学界之理解

俗世化[①]是西方宗教社会学所提出来的理论概念，主要用来形容近代社会形成过程之中所发生的重要变化，即宗教逐渐由原先在现实生活中无处不在、影响深远的地位，经由社会分化、政教分离，退缩到一个相对独立的、私人的领域。俗世化之后，政治、经济、文化等层面的生活逐渐除去了宗教的色彩，从宗教制度与规范之中"解放"出来。例如，以往由宗教所主导的慈善事业逐渐为"非营利组织"所取代。

美国学者拉里·席纳尔在题为《经验研究中的俗世化概念》一文中，认为俗世化具有以下几种含义：第一，表示宗教的衰退，即指宗教思想、宗教行为、宗教组织等逐渐失去其重要的社会意义；第二，表示宗教团体的价值取向从"彼世"向"此世"的变化，即宗教从内容到形式都变得更能适合现代社会；第三，表示宗教与社会、政治的分离，宗教逐渐失去其公共性与社会职能，变成较属于私人的事务；第四，表示信仰和行为的转变，即在俗世化过程中，各种"主义"（特别是民族主义）发挥了过去由宗教团体承担的职能，扮演了宗教代理者的角色；第五，表示人们在现实世界的生活安排上渐渐摆脱其神圣特征（如空间、时间或食物等消除其神圣性），即社会的超自然成分减少、神秘性减退，经验与理性的成分增加。此即由一个"神圣"社会转向一个"俗世"社会。

[①] 过去学界一般多将此词译为"世俗化"，然此一翻译易与"风俗习惯""庸俗"等混淆，故笔者采用余英时的译法，改为"俗世化"，参见余英时：《从价值系统看中国文化的现代意义》，台北：时报出版公司，1984年，第30页。

席纳尔的理解大致概括了俗世化的重要含义。但如果考虑到俗世化一词来源与其使用的方式,根据席纳尔的观点,俗世化就是"非神圣化",它意指一个漫长的社会变化过程。这个过程涉及两个方面,一是社会的变化,即指人类社会各个领域逐渐摆脱宗教的羁绊,社会种种制度日益理性化;二是宗教本身的变化,即传统宗教不断调节自身,以适应现代社会所发生的变化,一方面与政治分离,另一方面退居私人领域。

以上俗世化所引发的变化源自思想与价值来源的变迁。泰勒在《世俗时代》一书中,为了描绘西方社会此一转变,提出了"超越的"与"内涵的(或内在的、固有的)"之区别,来看"圣"与"俗"的对照。他了解到所谓"自然的内在秩序"一词并不排除在此之上有一超越的造物主,不过所谓"内涵的"意指反对或质疑在"自然之物"与"超自然"之间,有任何形式上的"互相贯通"之处。[①]

泰勒所谓的"超越的"与"内涵的"之区别,可以说明西方俗世化过程中价值源头的转折。根据泰勒的《正当性的危机》一文,传统时期人的自我理解必须将自己视为是宇宙大秩序中的一个部分(或源自神谕);俗世化之后(特别是笛卡尔的主体性革命之后),自我的理解则是在认识自我本性中的种种冲动、渴望和理想,换言之,自我身份必须在自我之内寻求。因此,对现代人来说,理想的生活不是实现宇宙所赋予个人的职责,而是使自我本性中的欲望与理想得到充分的实现。[②] 就此而言,俗世化与西方"个人主义"的发展息息相关。用泰勒的话来说,俗世化背后有一个世界观的改变,他称之为"伟大的抽离"之后建立的一种"内涵的架构",此一架构构成了与"超自然的"、神圣的秩序相对的一种"自然的"秩序。[③]

此一变化也涉及知识论的改变。上述自我的实现与个人自由的追求对知识论有深远的影响,而知识论又影响道德观与个人自由之范围。在俗世化过程中,知识论方面的变化即墨子刻所谓的"西方认识论的大革命",此一革命促成"悲观主义的认识论"的出现。悲观主义的认识论源于以笛卡尔、休谟、康德、尼采、韦伯、波普、维特根斯坦和柏林等思想家为代表的西方认识论的转变。构成此一转变的思潮包括怀疑主义、逻辑实证论、分析哲学,与所谓"语言学转向"等,此一转变最重要的主张就是将知识的范围缩小到可以充分证

---

① Charles Taylor. *A Secular Age*. Cambridge: The Belknap of Harvard University Press, 2007: 15—16.
② Charles Taylor. *Legitimation Crisis. Philosophy and the Human Sciences Philosophical Papers*. Cambridge: Cambridge University Press, 1985: 248—288.
③ 同①, 2007: 146—542.

验的范围之内。墨子刻引用波普"三个世界"的理论而略微转换其内涵,来说明此一认识论的革命。他认为革命之后,知识的范围仅限于波普所说的"第三个世界",即能以实验来反驳某种命题之境界,而关于"道德与本体的世界",只有"心理的一些立场"或意见,而没有客观的知识。① 西方认识论大革命之所以把知识范围如此缩小,最重要是沃格林所强调的,大约从800年以前的欧洲开始,人们开始把知识化约为完全精确的观念。② 为了追求知识的精确性,很多欧洲思想家偏到金岳霖《知识论》一书中所说的"唯主方式"(主观的唯心论)。据此,知识的渊源限于"经验"或"所与","所与"的内容则限于主体意识中的"当下呈现"或感觉,而"当下呈现"的内容与客观真实之间的关系,是一个有待探索的问题。换句话说,明显地指涉真实的命题只能指主体心中当下呈现的命题,而不是指个人内心之外的真实。指涉人心外真实的说法仅是一个有待反驳的猜想或假设,而这种猜想当然不一定是知识。这样一来,无论是上帝、天经地义的"常道"(即道德实践的标准)、关于"人性"之本体,或中国马克思主义哲学家与新儒家所说的"智慧"都渺不可得。

知识论的变革也连带影响其他方面的改变。根据泰勒的看法,俗世化的观念不但用来描写环绕着"现代化"的社会变化之过程,其背后也有一套相应的政治发展理论。此一理论源自18世纪西方启蒙运动的"科学主义",认为自由、平等与科学研究的进步是绝对的价值,因此在组织公共生活之时,这些以科学为基础的绝对价值要超越并取代所有宗教的观念。上述的发展也与现代国家主义的出现若合符节。这种政治观点不但反对宗教,也反对柏克的保守主义政治哲学与海耶克的观点:认为人们只有在文明社会之中才能繁荣发展,而文明社会之整合与福祉在很大程度上依赖于传统的连续性。这样一来,俗世化的政治理论可以说是一种激烈的"反传统思想"。③ 不过,诚如论者所述,无论是18世纪的启蒙思想所创造的"天堂",或现代国族主义之下的仪节、情操,乃至不容忍之性格,都受到宗教观念的影响。④ 由此观之,俗世化的

---

① Karl R. Popper. *Objective Knowledge: An Evolutionary Approach*. Oxford: Oxford University Press, 1994: 154.
② Thomas A. Metzger. *A Cloud Across the Pacific: Essays on the Clash between Chinese and Western Political Theories Today*. Hong Kong: The Chinese University of Hong Kong, 2005: 43.
③ Thomas A. Metzger. *Overdosing on Iconoclasm: A Review of Sam Harris, The End of Faith: Religion, Terror, and the Future of Reason*. Hong Kong: Chinese University Press, 2012: 705—713.
④ Carl Becker. *The Heavenly City of the Eighteenth-Century Philosophers*. New Haven: Yale University Press, 1932.

反传统思想其实具有浓厚的传统思想之根源①。

俗世化的政治哲学也是当代美国个人主义、自由主义与实用主义的核心理念,如美国哲学家罗蒂认为人们不仅应该放弃基督教,也要放弃苏格拉底式的人文主义。他秉持功利主义的宇宙观,对他而言,宇宙只是为了实现人类的目而存在的客观环境,不具有道德的意涵。② 又如罗尔斯的"政治自由主义"同样将民主的理论奠基于免除对特殊文化传统之偏好的"原初状态"与"合理性"。对他而言,所有的信念(包括宗教信仰在内)乃是所谓的"整全论说",并非绝对的真理。"理性的"公民同意对于这些涉及人类终极问题的普遍性理论,人们无法论断其真伪。③ 此一观点虽具有较强的容忍性,却与马克思主义无神论有配合之处,即反对宗教具有本质上的意义,仅将之视为人们"精神上的鸦片"。

西方学者所提出的俗世化理论主要处理近代以来人与宇宙的关系之中"由圣入凡"的重大改变,伴随着人文主义与个人主义的兴起、教育的推展,出现了政教分离、宗教在公共生活中消退、信仰与实践的衰微,以及与信仰相关情况的改变。④ 同时,俗世化也带来价值来源、知识论与相对应的政治理论的变迁。简单地说,近代西方社会的主要变化均与俗世化的现象有密切的关系。

不过,俗世化作为一种认识历史发展的社会理论,本身历经了许多变化,并在西方学界引发了诸多争议,这些讨论不但涉及理论内涵之讨论、适用性问题(社会学家、人类学家与历史学家的讨论)⑤,也涉及对西方俗世化发展趋势的批判(哲学家的讨论)。例如,泰勒认为西方自由主义、个人主义思潮所指引的方向是错误的,他和许多天主教徒一样相信"历史的意义不是生命的保存,而是灵魂的解救;不在于努力并拥有私人财产的权利,而在遵守道德秩序之责任;不在市场之贪婪,而在圣堂之恩宠"。泰勒对西方俗世化的批判奠基

---

① Carlton Hayes. *The Historical Evolution of Modern Nationalism*. New York: The MacMillan Company, 1968: 299.
② Thomas A. Metzger. *A Cloud Across the Pacific: Essays on the Clash between Chinese and Western Political Theories Today*. Hong Kong: The Chinese University of Hong Kong, 2005: 136—140, 607—670.
③ Thomas A. Metzger. The Contemporary Predicament of Political Philosophy East and West: The Epistemological Implications of Culture in The Ivory Tower and the Marble Citadel. 567—570.
④ Charles Taylor. *A Secular Age*. Cambridge: The Belknap of Harvard University Press, 2007: 424.
⑤ Michael Szonyi. *Secularization Theories and the Study of Chinese Religions*. Social Compass 56, 2009: 312—327.

了他的社群主义、古典共和主义与天主教的信仰。① 同样,当我们将俗世化概念运用到中国时,也触及到上述几个方面的讨论。

"俗世化"理论是否适用于近代中国

如上所述,许多学者都同意一部西方近代史主要就是一个"由圣入凡"的俗世化过程。然而中国近代是否也经历同样的过程?"俗世化"的观念是否适用于中国? 若不适用,其原因何在?

对于认识近代中国,俗世化观念无疑有其适用性。如果我们将中国近代的历程视为追求西方民主与科学的过程,俗世化代表了一个"普遍历史"的进程,那么近代中国的一个核心变化无疑就是俗世化。20世纪初期以来,许多接受西方启蒙理性的中国思想家,以及受到20世纪60年代美国"现代化"理论影响的中国学者几乎都同意:近代中国的方向是以理性扫除蒙昧(即传统社会中的"封建迷信"),朝向现代化(有些人同意即西化)的路途迈进,此一理念在五四新文化运动中凝聚为对科学与民主的追求,可以称之为"五四话语"②。在"五四话语"所主导的"现代化"史观之下,近代中国历史是一个追求经济成长、科学进步、物质提升、政治参与、教育普及、社会平等、个体解放等目标之历程。许多学者同意,中国传统文化对于上述现代化之追求有助力,亦有阻力③。简言之,现代化史观基本上可以配合"俗世化"的观点,将中国近代的演变视为儒家经典、宗教信仰与普遍王权崩解,追求西化的过程。此外,现代化史观影响下的历史视野还包括以下几个议题探讨,如时间观念的变化,即追求时间安排的精确性、历法的改变(如祭祀时间的消退)、西方纪元的实行④;历史观念的变化,即传统三代史观与循环史观的消失,线性进步史观的出现;知识观念的变化,即注意到"经典的消逝"⑤、信仰的衰退与科学知识的推广等。

随着人们对五四启蒙观念的反省,现代化史观或者说以西方线性进化的

---

① John Patrick Diggins. The Godless Delusion. *The New York Times*,2007.12.16.
② 黄克武:《"五四话语"之反省的再反省:当代大陆思潮与顾昕的〈中国启蒙的历史图景〉》,《近代中国史研究通讯》(第17期),1994年,第44—55页。
③ 张朋园:《中国现代化初期的助力与阻力》,《知识分子与近代中国的现代化》,南昌:百花洲文艺出版社,2002年,第177—201页。
④ 吕绍理:《水螺响起:日据时期台湾社会的生活作息》,台北:远流出版社,1998年。
⑤ 罗志田:《经典的消逝:近代中国一个根本性的变化》,台湾"中央研究院"第四届汉学会议,2012年6月20日—22日。

俗世化经验来认识中国历史的观点,才开始受到质疑。这一类质疑有许多不同的面向,有的涉及儒家思想对超越世界与俗世世界之关系的认识,有的则涉及从比较文化的观点而产生的对中西文化差异的体认。本文无法讨论所有的研究,仅举几例来做说明。

例如,黄进兴认为泰勒所说的西方近代从"超越"到"内涵"的俗世化过程并不适合用来理解近代儒家思想的转变。其原因在于"儒教从古至今即具有鲜明的俗世性格",在"天人之际""生死之际"的两个面向,都显示出儒家俗世之特征,此点与释、道思想形成明显的对比。黄进兴所说的"俗世"主要是指儒家所论者乃"在世间法",并非"出世间法",虽然儒者亦有"天"的观念,却是就人生而来谈天命。简言之,"从原始儒家开始,孔、孟、荀便把儒家的价值摆在俗世里边,并不另外托诸一个超越的世界"①。黄进兴的讨论着重于显示儒家"现世主义"的特征,强调儒家思想主张在此世之中实现最高的道德,并以绝对之道德来分配权力、财富与声望。此观点与基督教有所不同,基督教认为理想的分配要在人死之后才能实现,而在现世之中是永不存在的。然而,即使如黄氏所述,俗世化的观念不适合用来讨论近代中国儒家思想,而他似乎也不反对在讨论释、道的现代转变之时,俗世化的观念有其效用。事实上,在近代中国除了李文孙所提出之"儒家中国及其近代命运"之外,佛教、道教(及一些民间宗教、新兴宗教等)也经历了俗世化的冲击,而有所调整,将科学与宗教之关系作新的整合。② 同时,黄进兴也指出新儒家以"内在超越"来阐释儒教之方向,是"由'内涵'隐摄'超越'",与泰勒所论近代西方俗世之过程由"超越"迈向"内涵",乃"背道而驰,然而复有异曲同工之妙",二说汇聚或可开出新论。③

由此可见,俗世化的观念在讨论中国议题时虽有其限制,但可作为思索中

---

① 黄进兴:《论儒教的俗世性格:从李绂的〈原教〉谈起》,《思想史》(第1期),2013年,第60—84页。
② 巫仁恕、康豹、林美莉:《从城市看中国的现代性》,台湾"中央研究院"近代史研究所,2010年,第221—296页。该书中刘迅、范纯武与康豹的文章均讨论道教与佛教在近代中国的适应转变。此外,David Ownby 所研究的李玉阶创办的"天帝教",及李氏所写的《天帝教教义:新境界》,均尝试将科学与宗教教义(及政治关系)结合在一起。参见 David Ownby. "The Politics of Redemption: Redemptive Societies and the Chinese State in Modern and Contemporary China".《信仰、实践与文化调适》,"中研院"2013年版,第683—741页。有关俗世化理论与中国宗教的研究,参见 Michael Szonyi. "Secularization Theories and the Study of Chinese Religions". Social Compass 56, 2009;312—327。该文指出中国宗教的研究成果可与社会学中俗世化理论对话,反之亦然,此种对话可促成各自领域之反省。例如在俗世化过程中,中国宗教并不必然走私人化,反而更积极地扮演公共角色。此外,在中国政教分离的结果不是政治不干涉宗教,而是以更复杂的方式介入。
③ 同①,第78—79页。

国议题的参考。这方面的研究涉及学术界对"五四话语"的检讨,以及人文主义者对五四启蒙论述之批判。其中,余英时《从价值系统看中国文化的现代意义》一书直接处理俗世化观念在近代中国的适用性议题。余氏认为,传统中国人将人间秩序与道德价值归于超越人间的一个来源——天。不过中国的超越世界与现实世界却非泾渭分明,而是"不即不离"。那么如何才能进入超越世界呢?中国采取"内在超越"一途,即孔子所谓"为仁由己"与孟子所谓"尽其心者知其性,知其性则知天"的方式。换言之,追求价值之源的努力是向内,而非向外、向上的。①

在《天人之际——中国古代思想的起源试探》与《中国轴心突破及其历史进程——〈论天人之际〉代序》中,余英时采用雅斯培所谓"轴心突破"之后标志着"超越世界"出现的观点,从比较文化史之架构解析中国"道"的超越所具有的性质,而将以往"内在超越"一词改为"内向超越"来概括中国轴心文明之特点。余著更引用大量的考古与文献资料,细致地讨论从"绝地天通""天人合一""心道合一"到"内向超越"的发展,归结到"内向超越"为中国轴心突破后一个主要的文化特色,并对中国精神传统产生了基本影响。他指出:第一,内向超越预设了"心"为"天"与"人"之间的唯一中介,自轴心突破以来,"心"在思想史上的地位不断提升;第二,价值之源的"道"可直通于心,故道不是外在的,这样一来在超越世界与人伦日用之间的关系有两个特点,一方面来说二者清楚分隔,另一方面双方却非断为两极,而是"不即不离"。

如前所述,余英时所谓"内在超越"或"内向超越"是出于比较文化史的考虑,是与西方文化"外在超越"或"外向超越"相比较的结果。希伯来的宗教信仰将宇宙起源、价值来源等问题归诸无所不知的上帝。西方超越界至此具体化为"人格化的上帝",对他们而言,上帝是万有的创造者,也是价值的源头。因此,西方文化采取"外在超越"之路径的两个基本特征为:超越世界或生命与价值之源在人之外;此一超越世界与现实世界高下悬殊,形成两极化。②

上述中西之对比与中国轴心突破后的思想特色,影响到中国近代的过程。余英时指出近代中国知识分子往往希望套用西方的历史经验,如西方"政教分离"之模式来追求中国的现代化。例如康有为要立孔教为国教,五四知识

---

① 余英时:《从价值系统看中国文化的现代意义》,台北:时报出版公司,1984年,第35—39页。
② 余英时:《天人之际——中国古代思想的起源试探》,《中国史新论:思想史分册》,台北:联经出版事业公司,2012年,第85页。

分子要在中国推动"文艺复兴"与"启蒙运动"。余氏认为:"他们对儒教的攻击,即在有意或无意地采取了近代西方人对中古教会的态度。换句话说,他们认为这是中国'俗世化'所必经的途径。但事实上,中国现代化根本碰不到'俗世化'的问题。"①

余氏强调,随着西方科学的传入,中国近代思想界并未出现类似西方那样宗教与科学的两极化。他认为,这是因为中国人价值之源不是寄托在上帝观念之上,也没有包罗万象的神学传统。在西方,科学排斥宗教,科学知识不可避免地要与西方神学中的宇宙论、生命起源论等发生冲突。但是在中国,儒者并不极端排斥释道等宗教,而且他们对于西方科学知识的接纳几乎都是"来者不拒",各种科学知识传入之时并未引起太多的争端,而且常常引用传统观念来解释("格义"或"附会")西方科学。例如"达尔文的生物进化论在西方引起强烈的抗拒,其余波至今未已。但进化论在近代中国的流传,几乎完全没有遭到阻力"②。又如谭嗣同在《仁学》中以"以太"来解释儒家的"仁",用物质不灭、化学元素的观念来解释佛教的"不生不灭"。对谭嗣同来说,西方科学与儒家的根本理想可以会通在一起。③

余英时认为,这是因为中国人认定价值之源虽出于天,而实现则落在心性之中,所以对于"天"往往存而不论,只肯定人性之中具有"善根"即可。中国思想中"天地之大德曰生""生生不已""一阴一阳之谓道""人之异于禽兽者几希"等观念,并不与科学处于尖锐对立的地位。总之,余氏认为"内在超越的中国文化由于没有把价值之源加以实质化、形式化,因此也没有西方由上帝观念而衍生出来的一套精神负担",内在超越的价值系统影响近代中国对西方科学的接纳,因而表现出一种异于西方的历史过程。④ 余氏的著作显示他以批判性的方式引用西方俗世化的观念,并借此说明近代中国的思想历程在

---

① 余英时:《从价值系统看中国文化的现代意义》,第36页。
② 这一点与笔者对严复"天演之学"及其影响的分析相配合,参见余英时:《从价值系统看中国文化的现代意义》,第36—39页。参见黄克武:《何谓天演?严复"天演之学"的内涵与意义》,《"中研院"近代史研究所集刊》第85期,2014年9月。
③ 参见余英时:《从价值系统看中国文化的现代意义》,第39页。王汎森指出谭嗣同在《仁学》之中将"仁"的观念与"最科学性"的"以太"观念结合在一起。他又把亨利·乌特《治心免病法》的思路套在中国固有的心性之学上,加以改变、激化,并把'心力'扩充到难以想象的地步"。参见王汎森:《"心力"与"破对待":谭嗣同〈仁学〉的两个关键词——〈仁学〉导论》,《仁学》,台北:文景书局,2013年,第14、17—18页。
④ 同①,第38—40页。

"内向超越"影响下,展现出了独特的性格。

墨子刻基本上同意余英时从雅斯培"轴心突破"的观点对中国思想所做的分析,他也同意余英时所谓儒家传统与现代价值可以兼容,因为儒家价值体系环绕着并非威权主义的"名教""礼教"观念,而是具有道德自主的"内在超越"。墨氏对于余英时的观点有两个评论。第一,他指出"内在超越"的观点应该是余英时借自新儒家,不过很可惜余英时在书中却没有提到新儒家如唐君毅、牟宗三、冯友兰等人的开创之功。墨子刻指出至少在余文发表前的30多年前,当新儒家要为儒家思想辩护之时,他们不提传统儒家的宇宙观,而强调工夫论以及儒家道德理念与宇宙之关连,为阐明此一关连他们提出了"内在超越"的观念。[1] 墨子刻的观点是有根据的。1951年唐君毅在《中国文化之精神价值》一书就提到中国文化中"既内在又超越"的特点,并指出他与熊十力、牟宗三有相同的见解。[2] 至于牟宗三关于"内在超越"观念之阐述,可以参考郑家栋的研究。[3] 这些观点显示从"内在超越"来谈中国文化,不始于余英时,而是源自20世纪50年代的新儒家。事实上,余英时所谓"不即不离"的观点在20世纪40年代冯友兰的《新原道》中已有阐述。冯友兰认为,中国哲学有一个思想的主流,即是追求一种最高境界,但是这种最高境界却又不离人伦日用,是"超世间底""即世间而出世间",是"极高明而道中庸"。[4] 在超越之观点虽源自新儒家,然余氏将之衍伸至俗世化的讨论则属创见。

墨子刻提出的第二点评论是:无论新儒家或余英时以"内在超越"来形容古代思想,很可能是"把二十世纪人文主义的看法投射到周代思想之上"[5]。墨子刻觉得讨论中西文化之对照,谈内外,不如谈生死。中国"生生不已"的观念环绕着"生",即从宇宙进入形而下的生活;西方思想,尤其基督教思想,环绕着"死",即从形而下的生活之中出来,回到宇宙的根本过程。这样一来,即使在俗世化之前,儒家思想与基督教有异亦有同,不宜简单地划分为内与外。

墨子刻不倾向于从内在超越、外在超越的单一对照来讨论中西文化之比

---

[1] Thomas A. Metzger. *A Cloud Across the Pacific: Essays on the Clash between Chinese and Western Political Theories Today*. Hong Kong: The Chinese University of Hong Kong, 2005: 189.
[2] 唐君毅:《中国文化的精神价值》,台北:正中书局,1955年,第2页。
[3] 郑家栋:《牟宗三》,台北:东大图书公司,2000年,第126—158页。
[4] 冯友兰:《新原道》,上海:商务印书馆,1946年,第3页。
[5] 墨子刻:《中国近代思想史研究方法上的一些问题:一个休谟后的看法》,《近代中国史研究通讯》(第2期),1986年,第47页。

较。他将文化视为一个辩论的过程,其中有共有的预设,也有不同的宣称。墨子刻指出中国轴心突破之后,思想上有八个重要的预设,而"内在超越"是其中之一。他所说的八个预设包括:第一,现世主义,即无论是冯友兰所谓"极高明而道中庸"、牟宗三所说的"内圣外王",或新儒家与余英时所说的"内在超越",都显示中国文化的核心是"现世主义",意指在这一个世界实现人类最高的道德与权力、财富与声望的合理分配;第二,乌托邦思想倾向,即认为"德治"可以实现,因而缺乏张灏所说的"幽暗意识"[①];第三,政治构造是一元性而非多元性的,不过其中有"治统"与"道统"的张力,或说"位"与"德"或"尊君"与"由己"的张力;第四,"认识论的乐观主义",即认为可知的范围很广,而与休谟怀疑主义所代表的"认识论的悲观主义"有所不同;第五,缺乏"原罪"的观念;第六,"生生不已"的想法,即显示个人尊严的基础与宇宙有密切的关系;第七,环境的乐观主义,即主张天然资源十分充足,人生问题在于人为的努力;第八,礼的精神,即在社会活动上强调"礼"的重要性,这也包括对家庭的重视。[②]

墨子刻认为上述八项预设可以帮助我们思考中国传统文化与现代思想的关系,并有助于讨论"俗世化"的议题。他同意现代世界的一个重要特点是"俗世化",即人与宇宙关系的科学化。不过,他强调中西俗世化的特点有所不同。西方的俗世化与"怀疑主义"有关,而中国的俗世化过程中却缺乏类似西方的认识论革命。墨子刻又根据麦金太尔的研究指出西方怀疑主义思潮引发对于知识范畴的讨论,将知识范围缩减,并衍生出"道德的相对论",成为当代西方国家所面临的重要挑战。相对来说,中国俗世化过程却没有出现怀疑主义,也没有引发类似西方所出现的道德与知识危机。[③]

余英时与墨子刻均受到当代人文主义思潮的影响,同时也都从全球视野下轴心文明的"哲学突破"与"比较文化史"的观点来探讨中国传统文化的特点、中西文化的差异,以及此一差异对中国近代俗世化过程的影响。墨子刻更将历史视野进一步地从"内向超越"拓展到其他植根于传统的思想预设。这

[①] 墨子刻:《乌托邦主义与孔子思想的精神价值》,《华东师范大学学报(哲学社会科学版)》,2000 年第 2 期。
[②] 墨子刻对于植根于中国传统的思想预设又有进一步的探讨,参见 Thomas A. Metzger, *A Cloud Across the Pacific*: *Essays on the Clash between Chinese and Western Political Theories Today*,以及 Thomas A. Metzger, *The Ivory Tower and the Marble Citadel*: *Essays on Political Philosophy in Our Modern Era of Interacting Cultures*, Hong Kong: The Chinese University Press, 2013.
[③] 墨子刻:《中国近代思想史研究方法上的一些问题:一个休谟后的看法》,第 47、44—48 页。

些研究有助于我们认识中国思想的现代演变。

也有西方学者提出类似的观点,卡萨诺瓦2006年在"Rethinking Secularization: A Global Comparative Perspective"一文中,从全球视野与"多元的现代性"之角度来看"俗世化"。他指出,在西方世界之内(如美国与欧洲),对于神圣与俗世领域之分化,采取不同的路径;同时,在非西方世界也有不同的面貌。例如,俗世化的范畴并不适用于像儒家或道教等"宗教"之上,一方面它们与"此世"之间不具有高度的紧张关系,另一方面,它们所具有超越的型态也很难说是"宗教性的"。就此而言,这些"宗教"一直具有俗世的性格,因而根本不需要经历俗世化。换言之,俗世化的定义是"变得俗世"或"从与基督教会相关的运用转移到民间的运用"的过程,在中国文明的脉络之中,此一概念并没有太多的意义,真正的问题是我们假设现代化与俗世化具有本质性的关连。然而在事实上,我们看到美国社会是一个俗世社会但却具有很深的宗教性,而前现代社会如中国,从欧洲中心的宗教视野来看,具有很深的俗世性格,而且是非宗教的。从历史角度来观察,近代以来,西欧基督教的俗世化随着欧洲殖民主义、资本主义与俗世主义的意识形态的扩展,而传播至全球各地。这样一来,重要的问题不是以此一特殊经验来衡量其他文化在俗世化上的程度,而在于探讨儒家、道教等其他世界的"宗教"如何来回应"西方俗世的现代性",以及探讨人们如何重新诠释固有的宗教传统,以响应此一全球性的挑战[①]。

结　语

从以上对"俗世化"议题的讨论可以导引出几个初步的结论。首先,俗世化的观念经由中外学者细致的讨论后,已放弃了过去单线进步的观点。就中国近代思想变迁来说,应注意到从历史的面向认识由"圣"到"俗"的演变,以及中国思想如何来响应西方"俗世的现代性"。其次,学者们注意到中西俗世化过程的差异,而造成二者不同的重要原因是思想的连续性。余英时强调到"轴心突破"之后,两种文化中寻求价值之源的不同型态,或说"超越"与"内涵"之关系所扮演的角色。他指出中国人"价值之源虽出于天而实现则落在心性之中";西方在俗世化之前将价值之源寄托在"人格化的上帝观念之上",

---

[①] José Casanova. "Rethinking Secularization: A Global Comparative Perspective". Hedgehog Review (volume 8), 2006: 12—13.

俗世化之后转为"理性"与"科学"。用新儒家与余英时的观念来说，西方那种"外向超越"型易引发宗教与科学的两极化冲突；而在中国的"内向超越"型之中，科学与传统的伦理价值及宗教信仰没有根本的矛盾。这也涉及墨子刻所强调的认识论面向，他将此一面向放在八个中国古代思想的预设来谈这个问题。墨子刻特别指出近代西方俗世化伴随着认识论的革命与道德相对论的危机，即余英时所谓"价值无源论的危险"[①]；中国的俗世化没有经历悲观主义认识论的挑战，也没有产生"道德相对论"的思潮。以此观之，近代中国随着西方科学的引介所导致科学对"价值之源"的冲击显然不如西方来得严峻。再次，如果我们接受以"内向超越"与"外向超越"之对照来讨论中国古代思想的特点，姑且不论是否有墨子刻所谓以今论古的"投射"问题，此一对照的提出不能忽略新儒家的开创之功，及其对五四启蒙论述之反省。同时，此一特点必须放在如墨子刻所述的其他七种预设之中来合并考察，方易彰显其意义。换言之，如果我们用墨子刻所说的"自我""群体""知识""宇宙"，以及"目标"与"现实世界"等范畴来看，"内向超越"所指涉的自我与宇宙的关系，不能与群己关系、知识对现实世界与实现目标之方法等议题割裂。最后，在应然的层面，余英时与墨子刻均同意中国近代思想在因应俗世化的挑战时，中国人所面临的问题不但在于五四思想家所指出传统之缺失与西化之不足，也在于人文主义者所强调以西方的模型来解释历史并面对未来所产生的"扞格不入"的问题，以及如何以"继往开来"之精神来"接引"西方的民主与科学，并合理安顿涉及精神面向的伦理与宗教生活。

以"俗世化"的概念来观察近代的变化仍是一个极富挑战性的工作。泰勒以800多页的篇幅来处理西方"俗世的时代"，而仍意犹未尽。他说："我尝试去澄清这一个过程所涉及的各个面向，但它仍然不是很清楚。要妥当地完成此一工作，我应该要述说一个更密集与更连续的故事……"[②]近代中国"由圣入凡"的历史经验也是如此，余英时与墨子刻等人对此已提出初步的考察，然而这无疑仍是一个十分广阔而有待开发的学术领域。

本文作者系台湾"中研院"近代史研究所特聘研究员

原载《探索与争鸣》2015年第10期

---

① 余英时：《从价值系统看中国文化的现代意义》，第31页。
② Charles Taylor. *A Secular Age*. Cambridge: The Belknap of Harvard University Press, 2007: 4.

个体主义与家庭主义:新文化运动百年再反思

孙向晨

自1915年《青年杂志》出版以来,在所标举的新文化运动的旗号中,人们更多的记忆是"民主与科学""问题与主义""科玄论战"这些大纲目,其实在1919年著名的"问题与主义"辩论之前,那时更直接、更触动人心的却是关于"个体"与"家庭"的论述,个性解放与个体主义一时成为时代的主旋律。新文化运动的主将们普遍看到对于现代社会来说,个体的独立平等自主之于新文化的重要价值;另一方面他们也深知家庭之于中国文化传统的核心地位,要破除旧的文化价值就必须对"家庭"来一个彻底批判。"个体"与"家庭"的问题不只是新文化运动诸多论题之一,"个体"问题牢牢抓住了现代性的要害,而"家庭"问题则是中国文化传统的核心价值,新文化运动一上手就触及到了现代文明与中国传统的根基之处。在新文化运动早期就形成了一整套关于"个体"与"家庭"的叙事,形成正反两个命题:关于"个体主义"的正命题与关于"家庭主义"的反命题。但是"个体"与"家庭"在现代中国的命运多舛,我们有必要再次检视一下关于"个体"与"家庭"这两个命题在中国的百年历程。令人悲哀的是,一百年过去了,对于独立自由之个体的追求,我们依然在路上,"家庭"伦理价值观的颠覆却让我们饱受其害,重新检视这两个命题的合理性显得尤为必要。

个体主义与家庭主义的正反命题

在新文化运动早期,个体主义一直是思想界的主流话语形态,这一话题甚至可以追溯得更早,从谭嗣同的《仁学》到梁启超的《新民说》,对此都有涉及,梁启超的西学学案对此有着更为系统的论述。到新文化运动时期,特别是透过陈独秀的论述,"个体"与"家庭"问题的对峙产生了更为广泛的社会影响。

陈独秀在《新青年》上推动了新一轮对个体本位主义的颂扬，并以此对中国文化传统的家庭宗法思想进行了激烈的批判，在社会掀起巨大波澜，影响至深。1915年底他在《青年》杂志首卷总结"东西民族根本思想之差异"时，标举的就是西洋之以个体为本位，东洋之以家庭为本位。1916年初，他又号召青年人"自负为一九一六年之男女青年，其各奋斗以脱离此附属品之地位，以恢复独立自主之人格"；以"尊重个体独立自主之人格，勿为他人之附属品"标示新时代的开始。① 个体主义一时成为新文化运动诸多思想者的支柱性观念。这意味着中国传统社会在价值形态上开始向现代社会转化。"个体主义"一度作为个性解放的代名词，成为反对传统礼教的利器，也是反抗传统宗法压迫的武器。

陈独秀关于个体本位与家庭本位对峙的经典论述是这样的："西洋民族以个人为本位，东洋民族以家族为本位。西洋民族，自古迄今，彻头彻尾个人主义之民族也。……举一切伦理、道德、政治、法律，社会之所向往，国家之祈求，拥护个人之自由权利与幸福而已。思想言论之自由，谋个性之发展也。法律之前，个人平等也，个人之自由权利，载诸宪章，国法不得而剥夺之，所谓人权是也。人权者，成人以往，自非奴隶悉享此权，无有差别，此纯粹个人主义之大精神也。……所谓性灵，所谓意思，所谓权利，皆非个人以外之物，国家利益，社会利益，名与个人主义相冲突，实以巩固个人利益为本因也。……宗法社会以家庭为本位，而个人无权利，一家之人，听命家长。宗法制度恶果盖有四焉：一曰损坏个人独立自尊之人格，一曰窒息个人意思之自由，一曰剥夺个人法律上平等之权利（如尊长卑幼，同罪异罚之类），一曰养成依赖性，戕贼个人之生产力，……欲转善因，是在以个人本位主义，易家族本位主义。"②

陈独秀在这里特别强调了现代社会中个体本位的思想，尽管他在这里论述的对象是西洋民族，以揭示东西民族根本思想的差异为目的，但他认为西洋民族代表了"近世文明"，③因此东西民族思想的差异也就是近世与古代文明的差异。此时，在个体与国家的谱系中，陈独秀的论述明确透露出个体本位的价值取向：个人平等自由的权利，是国法所不可剥夺的；国家祈求的不过是个人的权利与福祉，国家利益和社会利益并不与个体主义冲突，反而是以巩固个

---

① 陈独秀：《一九一六年》，《社会改革的思潮》，台湾：唐山出版社，2001年，第6页。
② 陈独秀：《东西民族根本思想之差异》，《文化的道路》，台湾：唐山出版社，2001年，第70—71页。
③ 陈独秀：《法兰西人与近世文明》，《文化的道路》，台湾：唐山出版社，2001年，第63页。

人利益为目的,社会文明应该为个人所享受。在此前提下,陈独秀强调了对于人权的肯定,"晓然于人权之可贵",①强调思想自由的可贵,并以之为"吾人最后之觉悟",对家族本位主义之于个人的荼毒进行了猛烈批判。

新文化运动的另一位主将胡适也提出了"健全的个人主义"口号,他以"易卜生主义"论述家庭之不堪与个体的挣扎,更深入地论述了发展个性的条件,"第一须使个人有自由意志;第二,须使个人担干系,负责任",只有锻造出这样独立自主的人,才能无惧于社会多数意见的打压;他借易卜生剧中铎曼医生之口,呼喊道:"世上最强有力的人就是那个最孤立的人。"②只有确立了自由独立的人格,社会的发展才是有动力的,才是有意义的,"社会国家没有自由独立的人格,如同酒里少了酒曲,面包里少了酵,人身上少了脑筋:那种社会国家绝没有改良进步的希望"。③ 独立自由的个体之于国家乃是其神魄。

新文化运动领袖们在讴歌个体主义这个正面命题时,"家庭"作为一个反面例证则处处立于个体本位的对立面,因而新文化运动的口号是要以个体主义"替代"家庭主义。这似乎是现代社会的必经之路,近代西方的政治哲学似乎也做过相同工作,通过消解"家"在伦理学中的独立地位,使之归于个体本位的叙事话语。从霍布斯、洛克,乃至黑格尔,有着一系列解构"家庭"的论述。霍布斯和洛克把家庭关系还原为个体的契约关系,休谟和亚当·斯密把家庭亲情还原为个体的同情心,康德更是只在法律和契约的层面上来理解婚姻关系。只有黑格尔理解"家庭"作为现代社会伦理生活形式的意义,但他看到更为强劲有力的市民社会逻辑会对家庭产生强剧烈冲击,使家庭趋于瓦解。确实,在对现代社会的研究中,"家庭"作为一种特定的社会结构处于严重地被削弱的地位。④

如果说,在近代西方确立"个体本位"时,其传统中关于"家"的论述是默默地被消解掉的话,那么在中国,由于传统价值观念特别重视家庭的伦理地位、作用与功能,所以新文化运动对于家庭主义进行了大张旗鼓的批判,家庭作用似乎与个体本位大相抵牾,成为个体成长、个性解放的最大桎梏,必须先除之而后快,只有破除基于家庭的纲常名教,才能有所谓现代个体的确立。

---

① 陈独秀:《法兰西人与近世文明》,《文化的道路》,台湾:唐山出版社,2001年,第64页。
② 胡适:《易卜生主义》,《社会改革的思潮》,台湾:唐山出版社,2001年,第28页。
③ 同上,第28页。
④ 参加拙文《"家"在近代伦理话语中的缺失及其缘由》,《神圣的家:在中西文明的比较视野下》,北京:宗教文化出版社,2014年。

陈独秀有感于中国"家族本位主义"的根深蒂固,故对之进行了激烈批判,他总结了"家庭本位"的四大弊端:一是破坏个体的独立人格,二是窒息个体的意志自由,三是剥夺个体的平等权利,四是戕害个体的创造力。"家庭"俨然成了阻碍中国社会进入"近世文明"的最大障碍。胡适的"易卜生主义"在倡导独立自由之个体的同时,借助易卜生所描画的家庭,亦列数了家庭的四大恶德:自私自利、依赖性、假道德、怯懦。"家庭"的形象极端不堪,这样的论述几乎成了新文化运动批判"家庭"的总纲领。

那时以一篇《家族制度为专制主义之根据论》而爆得大名的吴虞更是批判"家庭本位"的主要旗手,他以"孝"来分析家族制度,以《孝经》为例,开宗明义即提出:夫孝,德之本也,教之所由生也。他认为孔子的学说认为孝为百行之本,故其立教莫不以孝为起点。但孝并不只是在家事亲,而且事君不忠、莅官不敬、朋友无信,都算是"非孝"。"孝"固然为家庭之首要德性,但家族制度之于社会有着广泛的影响,因此"孝"有广泛的社会作用,吴虞由此得出"家族制度之与专制政治遂胶固而不可分析"。他更以有子所言"其为人也孝弟,而好犯上者鲜"为依据,说明儒家就是以"孝弟"来连结二千年的家族制度和政治专制制度,认为其流毒不亚于洪水猛兽。共和确立之后,儒家的尊卑、贵贱等不平等思想属于落后思想,应该被时代所淘汰。他还特别引用孟德斯鸠对于中国立法的分析,指出:中国的礼教"其资若甚重者,则莫如谓孝弟为不犯上作乱之本是已。盖其治天下也,所取法者,原无异于一家"。[①] 由此,吴虞推断说:夫孝之不立,则忠之说无所附;家庭之专制既解,君主之压力亦散。这也道出了吴虞激烈批判家庭主义的目的在于瓦解专制政治的基础。最后他呼吁,共和国的国民不能囿于传统风俗形成的道德观念,而与现代共和国的原则背道而驰,这犹如螳螂挡臂,自不量力。这些关于家族制度的批判,每每批判态度猛烈,批判立场尖锐,但立论性内涵却相当单薄。既然要破除孝弟,那么用什么来替代呢?吴虞给出的回答是:"老子有言,六亲不和有孝慈。然则六亲苟和,孝慈无用,余将以和字代之。既无分别只见,尤合平等之规,虽蒙离经叛道之讥,所不恤矣。"[②] 只可惜,传统文化的核心价值一经推到,"和"的观念也就无从立起。

[①] 吴虞:《家族制度为专制主义之根据论》,《社会改革的思潮》,台湾:唐山出版社,2001年,第329页。

[②] 同上,第329页。

之后关于家庭的负面论述更是排江倒海,傅斯年以"万恶之原"论中国之家庭,以之为破坏个性的最大势力,而个性正是善的来源。傅斯年的文章也正是以"个性"与"家庭"相对立,在他看来,中国的家庭从来就是"教人如何舍自从人,怎样做你爷娘的儿子,绝不肯教他做自己的自己"。① 现代社会最为本根的个性,就这样淹没在父母的权威之下。不仅如此,中国道德文化中,家庭负担的拖累,也使人不能有丝毫自由,所有的事业追求完全化为乌有。因此,在傅斯年看来,尽管《大学》上说"修身然后齐家"。事实上,修身的人必不能齐家;齐家的人必不能修身。因为修身必须要"率性",而齐家则必要"枉己"。两者根本上不能相共容。这种对"个性"的摧残,就是"名教杀人",就是"万恶之源"。

顾颉刚也有一系列关于"家"的负面论述,试图全面检讨"家"在中国文化中的地位。顾颉刚看到所谓"家庭革命"若只是去反对那一班老人,无非是在他们的就痛苦之外,更加一层"新发生的苦痛",顾颉刚的立意在于"家庭的坏处乃是坏在制造家庭的模型",因此要同"制造家庭的模型"革命。在这一家庭的模样中,最主要的是名分主义,所谓"名分"就是他要定"家庭"的礼仪,形成"名分"的观念,这一传统在中国源远流长,最终在儒家手里完成了"名分"系统。"中国人的名分观念,总说是受了儒家的教育了。"② 但是名分主义的只有尊卑,没有是非心;只强调亲亲,对人世故相待;最关键是没有独立人格存在,把自己看作长辈的所有物,把子孙看作自己的所有物。于是中国人都只是祖宗的子孙,而不是社会中的独立分子。于是家庭组织越顽强,社会组织也就越薄弱。顾颉刚得出的结论是"为家庭拆了社会"。更关键的是,在名分主义中,妇女在家庭中地位低下,在夫妇中,男子不认女子人格,女子自己也不要人格。顾颉刚更引班昭的《女诫》来说明,在传统社会中女子如何为了事夫而到了不能分判是非曲直的地步,由此女子不得离开家庭,不得接近社会。这都是家庭主义对于中国社会的戕害。

新文化运动时期,对于家庭的批判不胜枚举,鲁迅以"吃人"形容传统礼教,周建人则以"中国的旧家庭制度是君主专制政治的雏形"来说明之,等等,不一而足。对于家庭的批判是新文化运动中最为主要的一个题材,其间的种种批判不可备述。经过新文化运动的狂飙突进,以新文化运动的巨大影响力,"家庭"在某种意义上成了中国传统文化负面价值的载体,"家庭"在现代中国

---

① 傅斯年:《万恶之原》,《社会改革的思潮》,台湾:唐山出版社,2001年,第341页。
② 顾颉刚:《对于旧家庭的感想》,《社会改革的思潮》,台湾:唐山出版社,2001年,第351页。

始终缺乏正面的理论阐述,失去了它应有的价值。

我们看到在新文化运动之初,最为鲜明激烈的论题是关于"个体主义"与"家庭主义"这两个正反命题:倡导独立自由之个体,批判桎梏依附之家庭。这两个问题相互依存。新文化运动以来的思想家们在认识到个体本位的逻辑之后,清醒地感受到中国文化传统的要害,都紧紧抓住了"家"这个至关重要的问题进行批判。他们批判的缺失在于,只抓住中国文化传统核心观念"家"在历史上衍生的种种机制化制度,以及扩而言之的社会影响,而罔顾"家"的生存论基础和伦理价值观念之于中国文化传统的重要意义。事实上,在他们的论述中也特别指明他们所批判的是"家族制度",是"宗法社会",是"纲常名教",是"家族本位主义",可是他们并没有深刻反思何以这种基于家庭观念的基本价值历千年而不坠,何以其价值观念依然是维系中国文化传统的要害所在。这里的秘密就在于"家"体现的是"生生不息"的生存论意蕴,[①]而宗法制度对于个体自由的窒息主要是其僵化的机制化的制度和措施。新文化运动的主将们对于家庭的批判对此完全没有做出区隔,因而会出现洗澡水与婴儿一起被倒掉的现象。

个体的沉沦与家庭的没落

从《新青年》前期的内容上可以看出,新文化运动一开始就提出了"个体"与"家庭"这双重命题,通过正反两个向度的深入推进,试图为建立新文化做好准备。这两个命题百年来的命运却非常值得我们深思。

就个体主义在中国的发展而言,其好运并不长久,至1919年陈独秀的思想就开始发生变化,革命和阶级的叙事逐渐替代了"个体主义"的声张,之后发展出来的集体主义对于个体本位思想的压制更成为现代中国的一种常态。在胡适看来,大概自1923年起,党国体制、思想一统的趋势开始慢慢压制了个体主义的流行,他甚至称之为"新名教"。百年来,新文化运动明确起来的"个体主义"原则似乎从来没有真正在现实中建立起来,反之集体主义、革命主义以及民族主义的叙事更是现代中国社会的主要思想取向。

关于"个体"的沉沦,林毓生教授曾有过一段精辟的分析,他说,"中国知识分子所以接受西方个人主义的思想与价值,主要是借它来支援并辩解反传

[①] 孙向晨:《生生不息:一种生存论的分析》,《中国哲学与文化》,桂林:广西师范大学出版社,2015年。

统运动",但是"个人应当做目的,不可当作手段;个人的自主和独立,源自个人本身价值的体认——便遭到了曲解"。[①] 这一点非常关键,新文化运动以来,尽管时时有对个体主义的讴歌,但个体主义的价值只是被当作冲决某种桎梏的"手段",始终没有真正认清"个体"在现代社会自身的真正价值,始终没有达到康德所说的"人是目的"的高度。

由此可见,个体主义的正面价值,即现代社会对个体自由、权利和尊严的重视始终没有得到真正实现,既没有在中国语境中得到理论梳理,也没有在社会生活中通过机制化形态而渗入生活的毛细血管。于是,个体主义在历史中释放出来的消极后果亦没有办法得到真正的正视。由市场经济培育出来的强烈"占有型个体主义"在现代社会越来越充分地显现了它的消极后果:利己主义横流,相对主义流行,虚无主义蔓延。确实,从逻辑上讲,个体本位以自我为中心的情感和行为倾向,在其后的发展中有消极后果:在精神层面则会带来心灵的孤独,个体作为价值选择的唯一支撑力量难以持续;在道德问题上有自私自利的利己主义倾向;在价值取向上有虚无主义的面向;在文化观念上相对主义盛行;在群体认同上则趋于消解,这对于现代社会的凝聚力和平稳发展构成了某种破坏性影响。现代社会的个体本位对道德认同、价值认同、文化认同、国家认同都提出了极大挑战。我们看到当个体主义得不到正确对待时,个体在现实中就不断地处于沉沦状态,其积极价值也难以实现。

事实上,"个体主义"之于现代社会具有双重性,既有现代社会基础性地位的一面,又有内含的消极因素。要真正确立起个体本位的现代价值,必须在社会层面上建立起制衡个体本位的价值观念。单纯形式化、教条化地理解个体权利非常危险,这会导致社会生活全面无根化、松散化,现代自由主义政治制度之所以在很多后发现代化国家遭遇失败,这是很大原因。因此现代哲学对于消极的个体主义非常警惕,从左翼的社会主义运动到现代的社群主义思潮,从保守主义到古典价值观的回归,都可以在批判个体本位的消极性上找到它们的共同点。对于一个成熟的现代社会来说,真正的挑战在于,既要确立起个体本位的现代思想,又要有超越个体主义消极后果的价值维度,明确个体主义的双重性是现代性成熟的标志。

从西方历史经验来看,一方面个体主义的积极作用是思考现代价值形态的起点,另一方面个体主义的消极面向也在西方内部的文化传统中得到

[①] 林毓生:《中国传统的创造性转化》,北京:生活·读书·新知三联书店,1988年,第162页。

某种制衡。这是个体主义存在的一个相对健康的状态。在近代,基督教经过宗教改革以后,很好地完成了自身转型,一方面确立了个体自身的价值,另一方面基督教内在的社群性格很好地抵御了世俗个体主义所带来的负面效应,多层次地因应了个体性的价值诉求。从某种角度讲,基于"家庭"的价值观念亦是抵御"个体"消极因素的重要路径,这也是黑格尔何以在抽象的个体权利和内在的道德自律之外,还要在伦理层面讨论"家庭"的重要原因。可是,新文化运动的批判使我们彻底放弃了"家庭"这一有着积极伦理作用的面向。

新文化运动对于"家庭"的污名化,使"家庭"的正面价值在百年的现代中国思想史中始终没有得到正确对待。究其根本,在新文化运动的思想家们对家庭的批判中始终没有做好两种区分:首先是从来没有把"家庭"背后中国文化的生存论结构与"家庭"在历史中沉积下来的机制化表达作出清晰区隔;其次没有把家庭的伦理意味与家庭的泛社会化理解作出清晰的区隔。这一混淆导致了"家庭"的沉重面目,一如巴金的《家》所显示给我们的。于是百年来,"家"在中国现代思想的历程中不断趋于没落。

"家庭"作为一种礼法和宗法的制度受到了新文化运动激烈批判,但他们没有看到在"家庭"背后更有着深层的生存论基础。在中国文化传统中,"家"乃"承世之辞","承世"表达了"生命"的世代相续,它是无限"生命延续"的承载者。这一有着形而上学基础的论述,自周代以来慢慢得到加强。中国文化传统中特别强调"亲亲尊尊"即落实于此。最能体现中国文化传统下生存论结构的莫过于"生生不息"的概念,只有从"生生不息"的道理中,才能把握中国文化传统的生存论结构。就是在"生生不息"的生命运动中孕育出"孝",这一"接续生命"的德性之源。但新文化运动在论述"孝"的时候并不深入其背后的生存论基础,而常常拘泥于过去的具体做法,也就是这种德性观念在历史上的机制化形态,如生养、死葬、祭祀、等级等礼制方面的具体规定,历千年之久,这方面的论述难免迂腐不堪,从而被新文化运动的主将们视之为"万恶之源",成为了新文化运动批判的主要对象。举例来说,新文化运动时期的易家钺曾对"孝"的观念做了"全面"总结,在他看来:"孝"是奴隶性的,"孝"是迷信,"孝"是丧失人格,他将"孝"完全与"人格"对立,于是他大胆预言:"社会愈文明,世界愈进化,'孝'是一定会消灭于无形的。"[1]确实,"孝"在漫长的历

---

[1] 易家钺:《我对于"孝"的观念》,《文化的道路》,台北:唐山出版社,2001年,第451—456页。

史中有其机制化的制度习俗,更有传统政治体制的巨大支撑作用,其中若干要素与现代追求的自由独立之个体大相扞格;但从生存论上来看,子女对于父母的"孝"体现的是对生命诞生的感恩,是对父母生养的回馈,是对天地间"生生不息"之德的高度敬拜。人们通过"孝"的机制,以最切己的方式把人从自我中心和自私自利中超拔出来,以对生命感恩的方式来超越自我而热爱自己最亲近的他人——父母,这是对个体主义的最大制衡。

其次,新文化运动把家庭作为一种伦理生活与对家庭的泛社会化理解混为一谈。在吴虞、傅斯年、顾颉刚和易家钺等人的批判中,所着眼的已经不仅仅是家庭和个人的关系,更是家庭与社会的关联。确实从《孝经》中,我们就可以看到,孝可以做狭义和广义的理解,狭义而言,孝是一种家庭伦理的德性,是对于父母的敬从以及延续家族的后代。但是"孝"在中国传统社会从来不仅仅是一种私德,"孝"这种源于家庭的代际感恩关系,在传统社会扩展成一种泛化的社会品德,"居处不庄,非孝也。事君不忠,非孝也。莅官不敬,非孝也。朋友不信,非孝也。战陈无勇,非孝也"。[①] 正因为这种延展,"孝"的等级、顺从等观念在社会生活中发酵,并通过制度化的表达,形成传统的宗法社会,这也是新文化运动时期最为诟病的地方。在传统社会中,制度化宗法主义败坏了作为最基本德性的"孝"的观念。

正因为没有区分出"家"的生存论基础与历史上机制化的表达,没有区分出"孝"作为家庭的德性与"孝"之被泛化为社会品德,连带着使"家庭"在新文化运动时期遭受污名化。尽管对于家庭生活的重视在中国文化中根深蒂固,但由于上述的这些混淆,使家庭在现代中国缺乏理论上的叙述和表达,造成了"家庭"在现代生活中的没落,家庭伦理得不到哲学上的阐发和现实中的培养。

可见,新文化运动最初的命题:个体主义与家庭主义,事实上都没有得到清晰梳理;于是健康的个体主义并没有在现代中国真正建立起来,其负面的影响却流传甚广;反之家庭主义在中国文化中的地位受到真正地冲击,其应有的抵御消极个体主义影响的作用也无从发挥。

现代中国文化运动需要双重命题

从新文化运动这百年来的中国历史来看,"个体"与"家庭"实在应该是现

[①] 《礼记·祭义》。

代中国文化运动不可或缺的双重命题。

"个体主义"是一种现代文明的价值取向:它是一种以尊重"个体"意志为标志的"个体主义"观念,是现代性思想的基础。在个体与整体之间何者为本位,并不只是一种价值选择。无论传统的东方社会还是西方社会,个体皆淹没于整体之中,无论那个整体是城邦、是国家,还是家族。亚里士多德曾说过,个体要么是城邦之上的神,要么是城邦之外的野兽。就人而言则天生是城邦的动物。只有到了现代社会,"个体"才真正具有独立价值。现代社会的这个特点,按亨利·梅因的看法是:"在以前,'人'的一切关系都是被概括在'家族'关系中的,把这种社会状态作为历史上的一个起点,从这个起点开始,我们似乎是在不断地向着一种新的社会秩序状态移动,在这种新的社会秩序中,所有关系都是因'个人'的自由同意而产生的。"[1]也就是说,在传统社会中,每个人的义务都取决于其在共同体中的位置和角色,而非其自身独立的价值,梅因称之为人的"身份"。在这个意义上,从传统社会到现代社会的变迁,也就是个人从"身份"到"自由个体"的变迁。所以"个体"的价值和地位并不是不同文明所作出的价值选择,或者不同文明独特的喜好,而是现代性的价值基础。在价值层面上,是否尊重"个体"是衡量一个社会是否达到现代文明的试金石:表现在文明化程度上是对每一个生命的珍惜,表现在经济生活中是对欲望合理性的肯定,表现在政治上是对个体权利的保护,表现在社会生活中是个体自由的追求。现代文明的诸多价值观念都是以此为基础的:自由、平等、人权。我们看到,对于个体意志的尊重是人类对于自身尊重的极限单位,西方自近代以来兴起的人本主义或人道主义(humanism)强调人的解放,其终极单位便是要体现在对于每一"个体"自由的尊重上。贡斯当以此区分了古代人的自由和现代人的自由,即便像黑格尔这样被视为保守主义的哲学家,在他看来,个体最终表现为一种"普遍的人"的概念,而不是德国人、法国人,这是现代社会的进步。马克思也认为:每个人的自由发展是一切人自由发展的条件。[2] 尽管个体观念的产生可以在西方文化传统中找到很多源起,但现代社会"个体主义"的观念已经脱离了西方文化传统的支撑,在理性层面获得了自洽的界定。因此,"个体主义"的确立已经成了现代社会的灵魂,是建构现代社会制度的基础。一旦确立了"个体主义"的命题,就会建立起相应的法律体系、经

---

[1] 亨利·梅因:《古代法》,北京:商务印书馆,1959年,第111页。
[2] 马克思:《马克思恩格斯选集》第1卷,北京:人民出版社,1995年,第294页。

济体系、政治体系等一系列以个体为本的体系,现代社会与此有着结构性的密切关系。因此,"现代文明"的核心价值绝不是保守人士认为的那样是"外学"或者是"应世事"之学,而有着"本体"的地位。

"家庭主义"是中国文化传统的核心价值,具体体现为中国文化传统对于"家"的守护和重视。近代自谭嗣同以来,尤其是自新文化运动以来,激进主义者们对"家"进行了激烈批判,他们来自传统,但对传统反戈一击,往往是最为致命。这从反面印证了"家"之于中国文化的重要性。王国维认为:中国政治与文化的巨大变革,莫过于殷周之际。故他作《殷周制度论》,特别指出周代以来的"诸制,皆由尊尊、亲亲二义出。然尊尊、亲亲、贤贤,此三者治天下之通义也。周人以尊尊、亲亲二义,上治祖祢,下治子孙,旁治昆弟,而以贤贤之义治官"。[1] 这里的"亲亲与尊尊"体现为一种传统的家庭主义,但这遭到来自近现代思想的猛烈抨击,在"家庭伦理"上,亲其所亲,尊其所尊的伦理秩序被认为是专制社会的基础,必先除之而后快。正如我们一再强调的任何一种核心价值观念的理念化理解与其历史上机制化的存在都必须有所区隔,不能因为历史上机制化存在的落伍,而忽视理念自身的合理性。中国文化传统自殷周转化之际,确立了"家庭主义"的价值观念,"亲亲、尊尊"是人性中最直接、最自然的爱的情感。"家庭主义"的情感作为一种观念的确立显示了中国文化传统对于生存世代连续性的强烈体认,在中国文化传统下,人的生存论结构的基本取向不是"向死而在"的结构,一如海德格尔所刻画的;而是一种面向"生生不息"的生存论结构。"孝"作为连接世代的核心德性,体现了"亲亲人伦"的价值观念,也是中国文化传统中伦理体系的基础所在,传统的仁义礼智莫不以此为基础,孟子说:"仁之实,事亲是也。义之实,从兄是也。智之实,知斯二者弗去是也。礼之实,节文斯二者是也。"[2] 由此可见,在"家庭主义"的基础上,中国文化传统建立了一整套有关家庭的、伦理的、国家的、历史的、天下的价值观念。这种传统的价值观念具有强烈的合理性内容,彻底否定中国文化传统中这一支柱性的价值观念,这等于把整个中华文明安身立命的根基给抽除了,整个社会价值系统亦随之崩塌。其实"个体"的张扬正需要"家庭"的制约,一如"个体"观念在西方有着拯救性宗教的精神制约。今天中国社会处于一个道德沦丧,价值失序的时代,这一切正是否定自身传统的

---

[1] 王国维:《观堂集林》第二册,北京:中华书局,1961年,第451、472页。
[2] 《孟子·离娄篇》。

恶果。

　　个体主义与家庭主义在现代中国各有其价值,体现现代性价值观的"个体主义"的到来有其不可避免的趋势,但单纯的个体性价值观念并不足以支撑起一个完整的"现代"社会,西方的个体性观念背后有着西方文化传统的支撑。只是强调现代文明的这一重"命题"是远远不够的,还必须诉诸自身的文化传统来加以制衡。个体主义起源于西方,其在西方社会的发展有着种种问题与危机,但它依然可以依靠西方自身的文化传统,诸如救赎宗教、公民共和等传统来加以平衡和补救,黑格尔也通过诉诸希腊的伦理传统来补救现代个体的抽象性。西方近代历史就是各种文化充分运用自身传统价值观念来应对和补救抽象现代性的历史,他们各有自己的选择,在历经磨合的艰难之后,各自形成自己"完整的现代性"。对于现代中国的价值形态而言,我们也需要在确立"个体主义"的基础上,来建构一个稳健的、完整的现代社会。这也是我们为什么必须重视中国文化传统的"家"的核心价值的原因所在。因此,我们需要"家庭主义"命题以使个体性的危害降低到最低限度。新文化运动以后,"个体"曾经张扬,却没有真正确立起这个现代性的原则;放弃了"家庭"的价值观念后,却没有其他真正可以补救的价值观念。这直接导致了现代中国社会的一系列价值失范。是时候正视"个体"与"家庭"这双重命题了,这样新文化运动的百年纪念才有其真正意义。

本文作者系复旦大学哲学学院教授

原载《复旦学报(社会科学版)》2015年第4期

科学和玄学:几种典型进路的考察

郁振华

近代以来,随着西学东渐的逐步深入,实证主义对形而上学的挑战成了中国哲学界无法回避的问题。1923年的科玄之争,更是以论战的形式使之上升为中国思想界普遍的问题意识。

论战所凸现的科学和哲学(形上学)的关系成了中国现代哲学进一步发展所不能回避的问题,几乎所有重要的哲学家都对此作出了严肃认真的思考。科玄论战之后,哲学家们从不同的角度对"在科学时代,形而上学是否可能;如果可能,又如何界定科学和玄学的关系"这一问题作出了积极的回应。其中,对于形而上学是否可能的问题,除了极少数的人(如主张哲学消灭论的叶青)。绝大多数的哲学家是持肯定态度的;而对于如何界定科学和哲学的关系,则众说纷纭。稍加梳理,我们可以发现,大致有如下几种比较典型的思路:有强调对科学加以综合统一、从科学上升到哲学的进程;有强调科学和哲学之种类差别的截然二分的进路;有强调从玄学中下开出科学的进路;有强调科学和哲学的积极互动的相对比较综合的进路。这几种进路都各有其思想代表,试分述如下。

一

在科玄论战中,吴稚晖和胡适试图建立一种"科学的玄学"。这种"科学的玄学"实质上蕴涵了一种处理科学和哲学的思路。但由于吴稚晖和胡适当时更多地关注于这种"科学的玄学"的内容本身,而不是在元哲学层次来反思科学和哲学的关系,所以,这种思路还是隐而不彰的。在科玄论战后,科学派的另一个代表人物王星拱,对科学和哲学的关系问题进行了积极的思考,在其1930年出版的《科学概论》中,他陈述了自己在这方面探索的结果,可以说,他的观点体现了一种"上升"的进路。

王星拱认为,要界定一种学术,关键是要确定其范围和方法,对于科学和哲学及其相互关系之问题,亦当如是观。在他看来,哲学和科学之间既不能有此疆彼界的区分,而二者之研究方法,又渐趋于一致,此所谓一致,是指哲学要借鉴科学的方法。因此,在宇宙方面凡哲学所应研究的,都可以付于科学去研究;在人生方面,凡哲学所应解决的,都可以付于科学去解决。既然如此,又何必有哲学呢?王星拱的回答是:"哲学固然不能脱离科学而另有独立的存在,但是哲学仍然有它的合法行使的职权。它的职权在什么地方呢?就是各种科学之和一。哲学和一各种科学,与各种科学之和一其范围内的真理(即各种科学中之假定理论定律,等等)一般。各种科学之和一,可谓低级的和一,哲学的和一,可谓高级的和一。"[1]如果说,科学是对自身范围内的事实的综合统一,那么,哲学则是对科学的综合统一。王星拱对哲学任务、性质的这种界定,和斯宾塞关于"哲学是科学的概括统一"等提法十分接近:"最低级的知识是不统一的知识,科学是部分统一的知识,哲学是完全统一的知识。"[2]"科学之每一最广泛的概括能理解和统一那些比较狭隘的概括,哲学之概括能理解和统一科学之最高的概括。"[3]

王星拱认为,哲学对科学的综合统一不是各门具体科学的简单相加,而是对各局部的知识经过"抽引汇归"的手续,将其安置于一个原理之下,组成一个系统。在这个意义上,哲学可以说是"科学的科学":"哲学之所以叫做科学的科学,是因为哲学要用科学所得的材料,来构造它的系统。"[4]当然,他认为哲学的综合统一也要谨慎而行,在科学的分析未抵于完密之际,急速的综合常常是危险的。

所以在王星拱看来,科学和哲学关系的理想状态是:"科学致力于事实之分析,哲学致力于原理之综合,只要我们以科学为基础,而综合又不陷于急遽的弊途,则哲学不会成为幻想的构造,同时,有哲学以总科学之大成,则科学不至于破碎支离而无所归宿。那么:哲学和科学可以得着一和多的谐和,而各种科学又可以得着彼与此的谐和,那就是分工合作的好结果了。"[5]

---

[1] 《科学的概论》,上海:商务印书馆,1930年,第231—232页。
[2] *First Principles*, London, 1904:104.
[3] 同上。
[4] 同[1],第234页。
[5] 同上。

总之,王星拱认为哲学是"科学的科学",哲学是对科学的综合统一,从科学到哲学是一种由低向高、由下至上的转化。这种哲学观的长处是既看到了科学的局限性以求有所超越,又看到了哲学和科学之间的联系,强调了哲学的科学基础。但是,由于他所用来阐明"上升"进路的关键词(如"综合统一""抽引汇归"等)还很笼统抽象,所以在具体的理论研究中,哲学和科学的层次区别往往会模糊,其结果是将哲学研究理解为类似于编写一部科学概论。

二

在中国现代哲学家中,冯友兰对科玄之争的回应可谓独树一帜。他认为这场争论似乎没有必要发生,因为按照他的看法,哲学(严格地说是形上学,更严格地说,最哲学的形上学)和科学(严格地说是自然科学)属于两种完全不同的学问类型,两者本来没有冲突,而且永远不会有冲突,所以也就没有争论之必要。

对科玄之争的这种回应,亦蕴含了一种处理科学和哲学关系问题的独特思路,其基本特征乃是极言两者之分(用冯友兰自己的话来说,哲学和科学有种类的不同)。冯友兰以一贯的逻辑,从不同角度对这一论断进行了分析,揭示了这一命题的多重意蕴:

首先,哲学和科学的对象不同。哲学的对象是真际,科学的对象是实际,"真际与实际不同,真际是指凡可称为有者,亦可名为本然;实际是指有事实的存在者,亦可名为自然"。[①] 两者的关系是,属于实际者必亦属于真际,但属于真际者未必属于实际,即有实者必有真,但有真者不必有实。科学对实际有所肯定,而哲学特别是最哲学的形上学,则只对真际有所肯定,而不特别对实际有所肯定。

其次,科学和哲学的目的不同。哲学和科学都起自经验,但科学的目的是对经验作积极的释义,而形上学的目的则是对经验作逻辑的释义。在此,所谓积极的即实质的、有内容的,而所谓逻辑的,即形式的、没有内容的、空的。由此,冯友兰认为,科学命题的特征是"灵而不空",而形上学命题的特征是"空而且灵"。科学命题对经验作积极的、实质的、有内容的释义,所以不空,但一科学命题可适用于一类事实而不沾滞于一件事实,所以是灵的。形上学命题

---

① 冯友兰:《三松堂全集》第4卷,郑州:河南人民出版社,1986年,第11页。

对经验作逻辑的、形式的、没有内容的释义,所以是空的,它对于一切事实,无不适用,所以是灵的。

再次,科学和哲学的方法不同。科学的方法是实验的,其结论之成立,要靠经验的证实。形上学的方法有二:正的方法和负的方法。正的方法即用逻辑分析法讲形上学,负的方法注重直觉,两者和科学实验法都相去甚远。冯友兰着重比较了正的方法和实验方法的差异。他认为,最哲学的形上学靠思辨,即自纯思之观点,对经验作理智的分析、总括及解释(思),又以名言说出或写出,其结果即是形式的、逻辑的形上学命题,这类命题之成立,不须以经验中的事例为证明。

复次,科学和哲学的功用不同。科学对实际有所肯定,而实际是可予以统治、变革的对象,我们可以利用科学中的命题统治实际、变革实际,因此,科学具有一种实用的效力;哲学对真际有所肯定,而不特别对实际有所肯定,离开实际之真际,并非可予以统治、变革者,所以,哲学不仅不能使人对实际事物有积极的知识,而且也不能使人有驾驭实际事物的能力,就此而言,哲学可谓无用,即无实际的效用,但另一方面,关于真际的逻辑的、形式的形上学命题又能提高人的精神境界,使人尽性至命,成为圣人、至人,就此而言,哲学又有科学所无可比拟的大用。

最后,科学和哲学的进步情况也不同。科学有日新月异的进步,其主要原因有二:(1)科学对实在有所肯定,它对一类事物之理必知其内容,才能对此类事物有所肯定,事物之类的数量无限,事物之理内容亦很丰富,科学家的工作可以说是"今日格一物,明日格一物",不断地有新知识得到,所以科学能有日新月异的进步。(2)科学是实验的,而实验工具时常有甚多、甚速的革新和进步,这使科学也能有甚多、甚速的发展。冯友兰认为,哲学的进步情况与科学适成对照:一方面,哲学之肯定真际,不必取真际之理一一知之,更不必将一理之内容详加研究,所以哲学没有科学那样日新月异的进步;另一方面,哲学是思辨的,人的思辨能力古今无多差别,思辨的工具如语言文字又未能有甚多、甚速的改进,数理逻辑对语言文字的改造,和实验工具的进步相比,简直是微乎其微,因此自古及今,不可能有全新的哲学。当然,由于今人有不同于古人的言语方式,今人有古人不能有的新经验,今人对思辨能力之训练优于古人,全新的哲学虽不能有,较新的哲学仍可以有。

上面的讨论除了指明哲学的进步不能和科学的进步相比拟之外,实质上还蕴含了一个更强的主张,即哲学的进步和科学的进步了无牵涉。对此,冯友兰的态度是明确而坚决的。他认为,最哲学的形上学不以科学为根据,所以不受科学理论的变动的影响:它既不因科学的发展而加强,也不因科学的发展而削弱。科学的发展只能削弱那些以科学理论为出发点或根据的哲学,使其丧失存在的价值,如汉人的阴阳五行说、天人交感论,使人至今对之只有历史的兴趣;而具有最哲学的形上学品格的哲学如公孙龙的哲学,则永远具有存在之价值,永远引人以哲学的兴趣。

综上所述,在科学和哲学的关系问题上,冯友兰的基本主张是,科学和哲学有种类的差别。以此为立足点,他批评了把哲学看作"先科学的"科学或"后科学的"科学、把哲学看作诸科学之综合以及把哲学看作"太上科学"的观点(即认为哲学或形上学的目的是追求作为一切科学原理之原理的第一原理的学问)。在冯友兰看来,这些哲学观的致命弱点是没有看到哲学和科学之间的本质差异和层次分别。

通过强调科学和哲学的种类差别,冯友兰实有见于科学和哲学之间的层次分别,这可以说是他解决科学和哲学关系问题的进路的合理之处。但是他显然是过于强调了这一点,以至将分别(differentiation)引向了分离(separation),把区分(distinction)强化为割裂(isolation),以至于在他那里,科学和哲学像两条永不相交的平行线一样,了无牵涉。其结果是,如冯友兰所说,哲学因摆脱了实际的内容而一片空灵,但反过来也可以说,哲学正因此而变得空洞无比。新理学之所以难有后继者,除了各种非哲学的因素外,其哲学本身的这一缺陷也许是更为内在的原因。

三

熊十力对科玄之争的回应及对科学和哲学的关系问题的解决,可以说是玄学派所指示的进路的一种延续和深化。他不仅论证了玄学的必要性,而且试图从玄学中开展出科学来。如果说立足于科学来建立玄学走的是上达之路、是转识成智,那么,从玄学出发来安顿科学走的则是下开之路、是转智成识。

和玄学派一样,熊十力十分强调形上学的重要性。针对科学派的反形而上学倾向,他明确指出:"科学不能反对玄学。哲学家更不宜置本体而不究。除去本体论,亦无哲学立足地。"[1]对本体的探求是哲学的本务,本体论是哲学

---

[1] 熊十力:《十力语要》,北京:中华书局,1996年,第139页。

的基础和核心。熊十力从科学的局限性出发,对玄学、本体论的合法性作了有力的论证。具体地说,熊十力为形而上学作出如下几个方面的辩护:

第一,科学注重分析,对宇宙万象作了分门别类的研究,解析至精至细,足以发现宇宙各方面的奇秘,但宇宙原是变化不测、生生不息的全体,科学于此全体的宇宙大生命,未免有所隔膜。也就是说,注重分析的科学无力把握宇宙的整体,所以需要玄学。这一论证蕴涵了这样的看法:科学和玄学的区别在于前者重分,后者重合。

第二,熊十力认为,宇宙人生本来不二,通过一定的修养功夫,就能体会宇宙真谛,与宇宙大生命同流无间。但是,科学的客观化方法即主客二元分立的对象化方法,恰恰破坏了宇宙人生的统一。也就是说,客观化的科学无从把握宇宙人生不二的真理,所以需要玄学。这就意味着科学是立足于主客二元分立之上的,而玄学的智慧则是超越了主客二分的对象化思维方式的。

第三,科学的主客二分、妄立外境,主要是为了满足日常实际生活的需要,所以熊十力把科学的真理称为俗谛。也就是说,科学是随顺世间的权宜之计,不能把握宇宙的真实,真正要把握宇宙真谛,需要玄学。在此,把科学和玄学区分开来的关键词是实用和真实,俗谛和真谛。

第四,既然宇宙人生一体同流,则人生在世,必视宇宙内事皆人生分内事,必注重即知即行,参赞化育,促其富有和日新。但是,科学纯持知识的态度,徒事解释,难以成就参赞化育的伟业,所以需要玄学,玄学是知和行的统一。

在科玄论战时期的玄学派其他哲学家那里,我们大致也能看到类似的论证和对科学和玄学的特征的把握。但熊十力的上述辩护与其具有个性色彩的新唯识论思想体系联系在一起,所以这种辩护具有一种特有的力量。当然,熊十力在这些论证中也犯有明显的错误:仅仅在实用维度上来看待科学,把科学视为俗谛,视为应付实际生活的权宜之计,忽视了科学的内在价值。

熊十力反对科学万能论,却不反对科学(当然只是在俗谛的意义上不反对),不仅不反对,他甚至还试图从玄学的视角为科学的地位作出阐明,为之奠定一个本体论的基础,这就把玄学派的思想向前推进了一层。

熊十力分辨了科学真理和玄学真理。他认为科学真理必须设定有客观存在的事物,即日常实际生活的宇宙或经验界,否则,科学真理将无有安足处所:"据此而谈,科学真理得所托足,实赖玄学给以稳固的基地。"[1]何以如此说呢?

---

[1] 熊十力:《十力语要》,第 137 页。

这就牵涉到《新唯识论》的主旨:体用不二。在熊十力看来,玄学的本务是探求宇宙的本体,但是本体不是静体死物,它必然表现为无限的功用,"本体是空寂而刚健的,故恒生生不已,化化不停,即此生生化化,说为流行,亦名作用或功用"。① 因此,一言体便摄用,大用流行具体表现为翕辟两种势用,翕辟的势用皆非实物,刹那刹那,生生灭灭,迅疾流驶,而幻现迹象,"虽本无实物而有迹象诈现,依此迹象可以施设物理世界或外在世界,如此便有宇宙论可讲,亦可于科学知识以安足处。(如果完全遮拨物理世界,科学知识便无立足处了。)"②这种因大用流行而施设的宇宙万物或经验界,就是科学知识的对象领域。熊十力正是以这样的方式,为科学奠定了本体论的基础,从玄学的角度对科学知识何以可能的问题给予了说明。

本体发用流行,依流行而施设宇宙万物,便有了科学知识的对象领域,玄学和科学在对象上的这种体用关系同样也反映在认识成果上:"故智者依本智丽起后得。(佛家依根本智,起后得智。)德性之智既扩充,而同见之知,亦莫非德性之用。(儒家认识论中,以此为极则,实与佛家本后二智义相通。)"③ 佛家的根本智、儒家的德性之智相当于我们所说的形上的智慧,而佛家的后得智、儒家的同见之知即属于我们所说的知识的范畴。因此,熊十力实质上在此阐发一种处理科学和玄学关系的独特思路,即玄学是体,科学是用,科学真理汇归于、依附于玄学真理,科学真理为玄学真理所内涵,科学真理是玄学真理称体起用之所得。

总起来说,在科学和哲学的关系问题上,熊十力沿承玄学振的思想端绪,反对科学万能论,并从科学的局限性出发证成了玄学、本体论在哲学中的基础地位。他进而指出:(1)在本体论的层面上,要达到玄学的智慧(以知行合一的方式,在能所合一的境界中把握全体的宇宙的大生命),必须超越科学的思维方式(在主客二元对立的基础上,执著外物,作纯知识的解析),在此,超越的涵义就是否定和遮拨,而不是黑格尔意义上的克服或扬弃,因此,从科学到玄学不啻是一种思想范式的根本转化,是一种精神的断裂,这种对科学和哲学在精神上的异质性的强调,与将哲学建立在科学知识基础之上的胡适、吴稚晖、王星拱的进路,以及与马克思主义者将唯物辩证法视为科学之概括总结的

---

① 熊十力:《新唯识论》,北京:中华书局,1985 年,第 465 页。
② 同上,第 436 页。
③ 熊十力:《十力语要》,第 124 页。

进路适成对照,倒是和冯友兰认科学和玄学为有种类的差别的思想有相通之处,虽然两人立论的基点相去甚远。(2)在实际生活的层面上,熊十力还是把科学作为俗谛加以肯定,并且从本体论上对科学知识何以可能的问题予以阐明。他以体用范畴来论说玄学和科学的关系,认为玄学含藏科学,科学依附于玄学,是由玄学发用以随顺世间之所得。一句话,在熊十力那里,玄学不以科学为基础,而科学却以玄学为根据。这可以说是他讨论科学和玄学问题的基本结论。

熊十力以体用范畴来界说玄学和科学,认为科学是和真谛异质的俗谛,因此,转智成识的过程实质上包含着一层曲折。熊十力的学说蕴涵了这一层曲折,但对之尚无充分的认识。讲明这一层曲折的,是沿着熊十力所指示的精神方向前进的牟宗三。在牟宗三看来,科学知识具有不同于德性之智的独立的特性和内在价值,所以,从德性之智转出科学的过程不是直通,不是顺承,而是曲通,其中包含着一种转折上的突变,具有一种"逆"的意义。也就是说,理性之运用表现为要求一个与其本性相反的东西,它所要求的东西必须由其自身的否定,转而为逆其自性之反对物(即成为观解理性)方始成立。牟宗三把这个过程称之为"道德理性之自我坎陷(自我否定)"。不难看出,这种"曲通""自我坎陷"不是形式逻辑的直接推理所能比况的,它显然包含着一种黑格尔式的辩证的矛盾发展的观念。可见,就如何从形上智慧下开出科学知识的课题而言,牟宗三显然比熊十力更清楚地看到了问题的复杂性和困难之所在。比较一下"自我坎陷"和"称体起用"这两个概念,就可以看到,前者显然比后者多了一层曲折的意蕴。不能说熊氏的哲学不包含这一层曲折,但起码可以说,在他那里这还未成为反思的对象,这就是牟氏有进于熊氏的地方。

总之,下开的进路之意义在于揭示了科学和哲学的关系问题上的一种新的理论可能性。当然,无论是熊十力的"称体起用"还是牟宗三的"自我坎陷",对下开进路的阐发都还失之笼统,只能给人一种思辨的满足。

四

早期的马克思主义者(如陈独秀、邓中夏)在强调唯物史观的科学性、实证性的同时,明确地打出了反形而上学的旗帜。因此,在他们那里,如何进一步界定科学和哲学的相互关系问题在某种程度上被消解了。这种情形到了瞿秋白开始有所改观。在20年代,他就开始在中国传播辩证唯物论,进而对唯物辩证法和科学的关系作了探讨。在他那里,辩证唯物论是世界观和方法论的统一;作为世界观,辩证唯物论是综合纵贯各门具体科学的结果;作为方法论,唯物辩证法又对具体科学的研究有指导作用。以后的哲学发展表明,这是中国马克思主义哲学者解决科学和哲学问题的基本思路。继瞿秋白之后,不少马克思主义者加入了研究与阐发唯物辩证法的行列,使唯物辩证法在中国得到了广泛的流布。唯物辩证法在得到普遍关注的同时也引起了激烈的争论,在 30 年代的"唯物辩证法论战"中,通过批判叶青的"哲学消灭论",中国马克思主义者(特别如李达、艾思奇)更明确地表达了马克思主义解决科学和哲学的关系问题的思路:辩证唯物论既是对科学的概括、总结,又对科学具有方法论的指导;科学和哲学既有层次上的分别,又有积极的双向互动关系。与当时各种抹煞科学和哲学的层次分别的科学主义倾向以及割裂科学和哲学的思路相比,这种进路显然要合理得多。但是,就当时的实际情形而言,大多数的马克思主义者对这种进路的理解还比较简单、缺乏深度,他们基本上只是在论战的过程中、在批判错误思想时,对这一思路作一番原则性的陈述,而且这种陈述基本上只是复述经典作家和苏联教科书的有关论述,而积极深入的理论探讨和创造性的发挥还相当少见。

在这样的背景下,年轻的马克思主义者冯契对知识和智慧关系的探讨就具有一种特别的理论意义。在 1947 年的《哲学评论》第 10 卷第 5 期上,冯契发表了他的硕士论文《智慧》。这篇以智慧何以可能为主题的论文,对智慧学说有多方面的贡献。就本文的论题而言,笔者以为,此文的最大成就在于,通过深入的理论探讨和创造性的发挥,充分展示了上述既强调知识和形上智慧的层次分别,又看到知识和智慧的双向互动的合理进路的丰富内涵,从而把中国现代哲学史上的科学和玄学之辩带入了一种新的理论境界。

冯契的论文一开始就提出了人类认识的三种形式,即意见、知识和智慧之间的关系问题。冯契认为,意见是"以我观之",知识是"以物观之",智慧是"以道观之",意见、知识和智慧之间,有层次的分别,有高低的不同;但是强调层次的分别,并不意味着其间有鸿沟悬隔,无法沟通,相反,意见、知识和智慧之间是一种黑格尔意义上的扬弃的关系:"扬弃包含否定、保存和提高"[1],所以,意见、知识和智慧之间,既有严格的层次分别,即断裂的一面,也有连续性的一面;因此,阐明意见、知识和智慧之间既连续又断裂、既有层次高低之异又

---

[1] 冯契:《智慧》,《哲学评论》,1947 年第 10 卷,第 5 期。

能相互沟通的辩证关系,就成了《智慧》一文的主旨。

冯契对意见、知识和智慧关系的探讨是从两个方向上进行的:由意见、知识向上溯而引出元学的智慧,即转识成智;由元学的智慧往下推而影响于知识和意见,即转智成识。而无论是转识成智还是转智成识,知识和智慧的中介都是元学理论。正是由于发现了元学理论这一中介,冯契对转识成智和转智成识的过程作出了比较合理的阐明。

由意见和知识向上溯引出智慧,要以元学的理论为中介。在此过程中,要完成两层扬弃的工夫,首先是超越知识经验而得元学理论。知识经验取自器界,在无量的器界,有个体(项羽、刘邦等),有种类(如动物、植物等),有最高类(如事物、形象、变化等)。与此相应,我们的意念有个体观念、种类概念和最高类概念,我们的命题有表示历史事实的命题(如"颜渊问仁")、表示科学理论的命题(如"水是氢氧化合物")和表示元学理论的命题(如"事物有形象,有变化")。前两者属于知识经验的范畴,后者则是元学理论的内容。冯契认为,从知识经验到元学理论是一种辩证的否定:一方面,知识经验和元学理论之间有层次的分别,从前者到后者是一种飞跃,知识经验的意念是相互对立的,而元学理论的概念是相互融通的;知识经验的命题的真是或然的,而元学理论的命题则是常真的;知识经验的判断的正确是有分别的、相对的,而元学理论的判断的正确是无分别的、绝对的。另一方面,元学理论虽扬弃知识经验,但还保存了知识经验的某些特征:"元学理论本是从相对的知识发展而来的,所以也保存着知识的精神,那种分析的、概括的精神。元学概念虽彼此相等,然而是从不同的种类概念或个体概念分析而得,各自概括或者规范着它的最高类的分子,故作用有差异,直接含藏着的意念有分别,外延虽皆与器界同大,内涵的意义却彼此不同。"①

转识成智的第二层飞跃是从元学理论到智慧。元学理论何以能够成为通向智慧的桥梁呢?从理论机制上说,元学理论之所以能够成为智慧的引线,正是因为有了"无量"这一元学概念。知识所能处理的是有限的领域,智慧则是对无限的天道的把握。无限不同于无量,器界可称为无量,它是有限的个体的总和,是无限的分化。所以无量介于有限和无限之间。堆棋有限,一而十,十而百,百而千地数下去,总也数不出无限来,但是,无量地数下去,的确能达到无限这一极限,也就是说,抓住整个无量的链条,作一次飞跃,就能超越有限,

---

① 冯契:《智慧》。

把握无限。正是靠了"无量"这个概念的妙用,元学理论能够成为知识和智慧之间的桥梁。

从元学理论到智慧的飞跃,从对象上说,是要从无量的器界而上升到无限的宇宙,从最高类的范畴上升到天道①。从表示认识成果的意念工具上说,是要从元学的概念上升到元学的观念,如从"彼我""形象""变化"等,上升到"大一""大有""大化"。元学概念的相互含藏、相互联系即为元学理论,元学观念在相互含藏、相互联系,就是智慧或称真谛。元学概念和元学观念的区别在于前者产生于概括的了解,后者源自混成的认识,"概括,则有见于现实分析的诸方面,混成,则整个地把握住多方面的同一。"②冯契进而指出,智慧对元学理论的扬弃,除了否定和提高之外,还包含了保存的因素,因为同一天道可有不同的元学观念,如"大有""大化""大一"等,它们同实异名,互有分辨。元学观念之间的这种分辨,可以说受了元学概念的影响:万"象"的统一谓之大有,万"变"的玄会谓之大化,有"彼""此"之分的"小一"(个体)相因,玄同为一,谓之"大一",如此等等。

准上可知,在从知识经验经元学理论的中介而向智慧的飞跃中,经历了两层扬弃的工夫,真中既有否定和提高,也有保存。也就是说,一方面,知识和智慧有严格的层次分别,从知识到智慧要经历一种"质的蜕变";另一方面,两者之间还是存在着联系,智慧以知识为基础。而且,冯契认为,在悟得智慧之后,并不是一了百了,可以无所用功了,而必须继续致力于智慧的保持和扩养,即智慧的"量的扩大"。只有居之安、资之深,方能左右逢源,臻于自由之境。智慧的保持和扩养,当于事上磨炼,和知识更有密切的关系,"所以,不但论蜕变,要以下层为基石,智慧由超越知识而得,明智由扬弃知能而显;而且,论扩大,明智与自慧,也要应机接物,在知识发展中,才能转深转广。"③可见,无论就"质的蜕变"而言,还是就"量的扩大"而言,智慧都不能割断和知识的联系。

冯契不仅深入细致地刻画了由知识向上溯、以达智慧的历程,而且对由智慧往下推而影响于意见和知识的过程作了考察。智慧对意见、知识的反作用表现在两个方面:消极地说,它能纠正偏见、偏识而使它们各得其所;积极地说,它通过元学理论而为知识建立规矩尺度。具有了智慧,由上视下,我们就

---

① 此处说智慧以天道、无限、宇宙为对象,只是为了行文的方便。严格地说,这样讲是不准确的,因为智慧的究竟是能所双泯,无所谓对象的。
② 冯契:《智慧》。
③ 同上。

能化偏知为知识,化偏见为意见,还它们的本来面目,使它们各得其所,各尽其职。

"体会天道而有真谛。以真谛应物,则为一切节目时变,建立起不可逾越的规矩尺度,这就是元学理论。"[①]以真谛应物而建立起来的元学理论的概念命题是常真、有效的,为任何的个体和种类所不能逃,所以,元学理论虽然不能为我们提供积极的历史和科学的知识,但却贯通于一般的记述和科学的理论中,为它们建立起知识的最高规范。在冯契看来,知识经验建立在逻辑和归纳原则的基础之上,"逻辑"是一个无学概念,而归纳原则则为"个体莫不属于种类,种类也莫不包含个体"的元学命题所蕴涵。所以超验的元学模念和命题是知识经验所以可能的条件,元学理论作为知识者的理论骨干,贯通于各方面的科学,处于不可动摇的地位。

总之,在冯契那里,由于对转识成智和转智成识的具体环节作了真正深入而富有启发性的探讨,使中国马克思主义者解决科学和哲学、知识和智慧的进路不再只是一种抽象的原则,而得到了一种富有内容的落实,和其他各种解决知识和智慧、科学和哲学问题的进路相比,它在理论上的优越性才得到了真正的体现。不难看出,冯契之所以能对知识和智慧、科学和哲学的关系问题作出比较合理的阐发,实得力于辩证法。对辩证法的强调可以说是马克思主义者的共同特征,但是,和一般的马克思主义者只是满足于对辩证法的基本原则的一般陈述不同,冯契在《智慧》一文中,结合对知识和智慧的关系问题的探讨,对辩证法、特别是辩证的否定即"扬弃"的原理作了创造性的发挥。冯契的探索再一次证明了:脱离了内容的辩证法,只是抽象、空洞的教条与公式,是没有生命力的一具理论僵尸,只有在和内容相结合时,它才会生命洋溢,释放出巨大的能量,显示其以思想的成熟为特征的理论上的优越性。坚持马克思主义,不等于执守某些现成的结论,马克思主义哲学的生命力的源头,在于理论的创造和发展。

本文探讨了科玄论战之后中国现代哲学在科学和玄学关系问题上的四种典型的进路。就从知识到智慧的向度而言,冯友兰和熊十力都有见于知识和智慧、科学和哲学的层次分别,但是,对形上智慧的科学基础这一点未免有所忽视。科学主义者于此颇为强调,但对科学和哲学的层次分别则不甚敏感。以元学理论为桥梁,冯契把转识成智的飞跃理解为一个扬弃的过程,其中有否

---

① 冯契:《智慧》。

定、提高,也有保存,从而兼综了上述各家的洞见,又避免了他们在理论上的盲目性。熊十力、牟宗三的下开进路和马克思主义者对唯物辩证法的方法论意义的强调,实质上都有见于在知识和智慧问题上的从智慧到知识的向度,这些下开的进路以思辨的形式提出了一个有意思的课题。从提供方法论指导的角度来讲智慧对知识的反作用,确实是一种颇为切实的思路,但是,在大多数的马克思主义者那里,这还只是停留在一般原则的陈述上。冯契对转智成识过程的认识有二:(1)纠正偏见、偏识使各得其所;(2)通过元学理论为知识经验建立规矩尺度。这样的探讨就比较具体落实,特别是第二点中所谓规矩尺度,其具体所指就是逻辑和归纳原则。这就大大地深化了马克思主义哲学所强调的哲学为科学提供方法论指导的命题。

需要指出的是,本文只是考察了中国现代哲学在知识和智慧、科学和哲学关系问题上的几种典型的进路,事实上,还有其他一些难以归结为这些典型进路、但又和它们有这样那样的叠合与交错的思路,比如金岳霖对知识论的态度和元学的态度的区分,张东荪从知识社会学的角度、熊伟从海德格尔存在哲学的角度出发的对科学和哲学的探讨,都从不同侧面丰富了中国现代的知识和智慧、科学和哲学之辩。

总之,科玄之争之后,在二三十年的时间中,中国现代哲学对科学和哲学、知识和智慧的关系问题进行了广泛的讨论,展开了各种研究的进路,揭示了多种理论的可能性,取得了不少成绩。当然,我们也要看到,中国现代哲学在此问题上也有不足之处。比如,就对科学的理解而言,中国现代哲学家基本上持一种哈贝马斯所说的客观主义的科学观(objectivistic conception of science),他们所说的科学主要是自然科学,即使涉及到社会科学或精神科学,也大多是从自然科学的因果说明(causal explanation)的模式来理解的,因此,他们对人文、社会科学中的理解(understanding)缺乏敏感,即使在直觉上能感觉到自然科学和社会、人文科学的差别,但由于概念框架上的欠缺,他们对社会、人文科学的了解在理论上是不充分的,这也必然地影响了他们对科学的哲学、知识和智慧之辩的探讨。

本文作者系华东师范大学哲学系教授

原载《学术月刊》1999 年第 5 期

启蒙视野中的庄子

陈少明

新文化运动百年之际,以纪念或反思的名义举办的各种活动,可谓盛况空前。而反思的主题,多集中在新文化运动的反传统声浪及启蒙意义上。启蒙与反传统关系密切,但有所区别。一般来说,反传统指称的对象比较明确,多集中于以"打倒孔家店"为标识的反儒家文化,特别是反其政治功能与伦理价值的思想运动。而以启蒙为对象的反思,除杜维明先生对"启蒙心态"略有讨论外,可能没有形成多大的共识。直观地看,似乎是纪念启蒙与反思反传统,各有侧重。我的问题是,由于孔子或儒学在时下的政治氛围中,符号形象有了改头换面的变化,为儒学辩护的呐喊虽然正当而合乎时宜,但是否会因此而遮掩反传统思潮中其他重要思想流派的处境,便成疑问。例如,传统不只有孔孟,还有老庄;不仅儒家,且有释道。儒家以外的重要思想流派,在新文化运动或者启蒙视野中的命运如何,并非可有可无的问题。本文以庄子为对象,探讨它在现代思想学术中的形象,意义不仅在于加深对传统丰富性的理解,还可能在于,由此而接触到反传统思潮的某种思想特质,后者与启蒙有关。

庄学、启蒙与新文化

庄学是古学,但它不是正统或者主流,其地位往往是通过参照儒学来界定的。对庄子比较完整的评估,当从西汉的司马迁开始。《史记·老子韩非列传》说庄子:

> 其学无所不窥,然其要本归于老子之言。故其著书十余万言,大抵率寓言也。作渔父、盗跖、胠箧,以诋訿孔子之徒,以明老子之术。畏累虚、亢桑子之属,皆空语无事实。然善属书离辞,指事类情,用剽剥儒、墨,虽

当世宿学不能自解免也。

"诋訿孔子之徒",或"剽剥儒、墨"之说,意味着庄子很早就被置于儒家的对立面。然至魏晋,儒道交汇,"三玄"之一的《庄子》,大行其道。因郭象注而影响深远,取得与儒家经典相提并论的荣耀。宋明理学虽以辨道统、拒二氏为主旨,但为庄子抱屈的儒者大有人在。王安石就辨析说,在"天下陷溺以至乎不可救"的情况下——

> 庄子病之,思其说以矫天下之弊,而归之于正也。其心过虑,以为仁义礼乐皆不足以正之,故同是非,齐彼我,一利害,则以足乎心为得。既以其说矫弊矣,又惧来世之遂实吾说,而不见天地之纯,古人之大体也,于是又伤其心,于卒篇以自解。故其篇曰:"《诗》以道志,《书》以道事,《礼》以道行,《乐》以道和,《易》以道阴阳,《春秋》以道名分。"由此观之,庄子岂不知圣人哉![①]

其后如苏东坡《庄子祠堂记》、王夫之《庄子解》所持,大致不出王说的范围。站在儒门的立场上,判断庄子非儒、属儒(或真儒)的关键,在于如何看待庄子对仁义观念的态度。换言之,仁义是传统庄学评判庄子的基本范畴。而在儒家传统备受责难的年代,这评判的标准自然不再由儒家提供。

新思想的标准来自"启蒙"(enlightenment),不过它有借喻与实指两种用法。有人用它来形容清代近三百年学术思想,如侯外庐的《近代中国思想学说史》,[②]将其上限推至17世纪,显然是抽取它的反思与批判精神后比较得出的结论。梁启超与胡适将同一时段称为中国的"文艺复兴",也是由同一方法运用所致。这种启蒙的用法只是借喻。至于实指,则是指受西方启蒙运动所带来的现代价值观念影响而形成的思想运动,以《新青年》为代表的新文化运动,是它的高潮。据伯林对启蒙思想的概括:

> 持进步主义信条的法国思想家,不管其内部有何分歧,他们都是基于

[①] 谢祥皓、李思乐辑校:《庄子序跋论评辑要》,武汉:湖北教育出版社,2001年,第241—242页。
[②] 侯外庐:《近代中国思想学说史》(上海:生活书店,1947年),后易名为《中国近代启蒙思想史》(北京:人民出版社,1992年)。

一种以古代自然法学说为根源的信念：无论何时何地，人性基本上都是一样的；地域或历史中的多样性，与恒久不变的内核相比是不重要的，因为人之所以为人，也正是因为这个内核，这与定义动物、植物或矿物的道理相同；存在着普遍适用的人类目标；可以制定出一个合乎逻辑的、易于检验和证实的法律和通用规则的结构，以此取代无知、精神惰怠、臆断、迷信、偏见、教条和幻觉造成的混乱，尤其是人类统治者所坚持的"同利益有关的错误"，它们应对人类的挫折、罪恶和不幸负主要责任。

牛顿物理学在无生命的自然王国里连连获胜，人们相信，和它相似的方法，也可同样成功地用于几乎没有多少进步可言的伦理学、政治学以及一般人类关系的领域。一旦这种方法生效，不合理的、压迫人的法律制度及经济政策就会被一扫而光，取而代之的理性统治将把人们从政治和道德的不公正及苦难中解救出来，使他们踏上通往智慧、幸福和美德的大道。①

简言之，启蒙相信在自然、人类与社会中，存在一种普遍的内在秩序，它能为理性所把握。人类充分地运用这种能力，就能通过斗争，从迷信与不道德的禁锢中解放出来。就能征服自然，改造社会，走向进步，迎接美好的明天。与此对照，一百年前陈独秀在《敬告青年》中的主张，则可简化为要自觉的为科学与人权而奋斗。关于人权：

……等一人也，各有自主之权，绝无奴隶他人之权利，亦绝无以奴自处之义务。奴隶云者，古之昏弱对于强暴之横夺，而失其自由权利者之称也。自人权平等之说兴，奴隶之名，非血气所忍受。世称近世欧洲历史为"解放历史"：破坏君权，求政治之解放也；否认教权，求宗教之解放也；均产说兴，求经济之解放也；女子参政运动，求男权之解放也。②

关于科学：

科学者何？吾人对于事物之概念，综合客观之现象，诉之主观之理性

---

① 以赛亚·伯林：《反启蒙运动》，《反潮流：观念史论文集》，冯克利译，南京：译林出版社，2002年，第1—2页。
② 陈独秀：《独秀文存》，合肥：安徽人民出版社，1987年，第4页。

而不矛盾之谓也。想象者何？既超脱客观之现象，复抛弃主观之理性，凭空构造，有假定而无实证，不可以人间已有之智灵，明其理由，道其法则者也。在昔蒙昧之世，当今浅化之民，有想象而无科学。宗教美文，皆想象时代之产物。近代欧洲之所以优越他族者，科学之兴，其功不在人权说下，若舟车之有两轮焉。今且日新月异，举凡一事之兴，一物之细，罔不诉之科学法则，以定其得失从违；其效将使人间之思想云为，一遵理性，而迷信斩焉，而无知妄作之风息焉。①

新文化运动的基本价值观念，如自由、人权、平等、阶级、斗争、解放、科学、理性、进步等，均出现或包含在陈独秀这篇吹响时代号角的战斗檄文之中。虽然日后随着意识形态的变迁，这些不同词汇的重要性或其所处位置不一样，但毫无疑问的是，它们基于共同的思想根源。它是反传统的思想支柱，同样也是现代庄学所运用的评判原则。只是由于庄子的思想特质，使其所呈现的形象，与儒家很不一样。一般的读者也许会好奇：处于传统边缘甚至异端位置的庄子，其新的时代形象，会来个大逆转吗？

时代形象

一开始，庄子研究的确出现顺应时代情势的新面貌。新形象的设计师，是真正大师级的学者与思想家章太炎，代表作是《齐物论释》。虽然该书成于20世纪，《新青年》创立之前，但它的核心范畴——平等，无疑与影响新文化的启蒙观念相关。《齐物论释》序曰："齐物者，一往平等之谈。详其实义，非独等视有情，无所优劣，盖离言说相，离名字相，离心缘相，毕竟平等，乃合齐物之义。"②表面上看，太炎思想借重佛学，但比较此前儒家立场的启蒙读物，谭嗣同的《仁学》可知，谭氏把仁学解成"平等学"，同样也是庄学、佛学混说。可以说，平等是组织在启蒙旋律中的重要音符。③ 但章太炎表述理路更为幽玄，所

---

① 陈独秀：《独秀文存》，合肥：安徽人民出版社，1987年，第8—9页。
② 章太炎：《齐物论释》，刘凌、孔繁荣编校：《章太炎学术论著》，杭州：浙江人民出版社，1998年，第269页。
③ 石井刚教授对章太炎的庄学与启蒙的关系，有独到的关注。参见其《敢问"天籁"：中文哲学论集》中《庄子·齐物论》的清学阅读：反思启蒙的别样径路"一章的讨论，东京：朝日出版社，2013年，第121—145页。

以引来大家的连番喝彩。梁启超说:"炳麟用佛学解老、庄,极有理致,所著《齐物论释》,虽间有牵合处,然确能为研究'庄子哲学'者开一新国土。"①胡适说:"《原名》、《明见》、《齐物论释》三篇,更是空前的著作。"②

当然,太炎对平等的追求,并不止于西式的启蒙观念。在他的心目中,文明与野蛮之分,或者进步与落后之别,同样与庄子的平等义不相容:"原夫《齐物》之用,将以内存寂照,外利有情,世情不齐,文野异尚,亦各安其贯利,无所慕往,飨海鸟以大牢,乐斥晏以钟鼓,适令颠连取毙,斯亦众情之所恒知。""然志存兼并者,外辞蚕食之名,而方寄言高义,若云使彼野人,获与文化,斯则文野不齐之见,为桀跖之嚆矢明矣。""故应物之论,以齐文野为究极"。③ 不过,这种对启蒙的"启蒙",在启蒙时期,并没有太多的回响。

与启蒙相应的另一面,是"科学"注庄的方式。正如新近的研究者指出的,"《齐物论释》中,章太炎引用了许多西方近代的自然科学知识,但多用相对主义的视野去理解,这也是他不同于前人的地方。生物进化学说、细胞学说、天体演化学说、基本粒子研究方面的最新成就,《齐物论释》中都有不同程度的涉及。"④这也同有意援西入中的康有为、谭嗣同满纸声光电化一个样。新文化运动的健将胡适,虽然对齐物论的思想很排斥,但他也讲科学,居然在《庄子》中发现了进化论的思想:《寓言》中"'万物皆种也,以不同形相禅'这句话总括一部达尔文的《物种由来》(Origin of Species)"。⑤他评《至乐》:"仔细看来,这一段竟可作一篇'人种由来'(Descent of Man)读。你看他把一切生物都排成一部族谱:从极下等的微生物("蠿"即古文绝字,像断丝,故知为微生物之一类也),到最高等的'人',一步一步地进化。这种议论与近世的生物进化论相同,正不用我们穿凿附会。"⑥胡适特重进化论,是因为达尔文学说挑战神造万物的观念,在西方造成广泛的影响。

---

① 梁启超:《清代学术概论》,第 28 节。
② 胡适:《中国哲学史大纲》卷上,《胡适学术文集·中国哲学史》上册,姜义华主编,北京:中华书局,1991 年,第 27 页。
③ 章太炎:《齐物论释》,《章太炎学术论著》,刘凌、孔繁荣编校,杭州:浙江人民出版社,1998 年,第 309、310 页。
④ 朱义禄:《章太炎和他的〈齐物论释〉》,《十家论庄》,胡道静主编,上海:上海人民出版社,2004 年,第 491 页。
⑤ 胡适:《庄子的进化论》,《胡适学术文集·中国哲学史》上册,姜义华主编,北京:中华书局,1991 年,第 582 页。
⑥ 同上,第 583 页。

冯友兰论庄子也带欣赏的态度,且也借助西学的观念。《中国哲学史》论庄章节的标题,就有"变之哲学""何为幸福""自由与平等""纯粹经验之世界""绝对之逍遥"等。其中,关于自由的说法是:

> 庄学中之社会政治哲学,主张绝对的自由,盖惟人皆有绝对的自由,乃可皆顺其自然之性而得其幸福也。主张绝对的自由者,必主张绝对的平等,盖若承认人与人、物与物间,有若何彼善于此,或此善于彼者,则善者应改造不善者使归于善,而即亦不能主张凡物皆应有绝对的自由矣。庄学以为人与物皆应有绝对的自由,故亦以为凡天下之物,皆无不好,凡天下之意见,皆无不对。此庄学与佛学根本不同之处。盖佛学以为凡天下之物皆不好,凡天下之意见皆不对也。①

冯氏论庄,对自由与平等关系及庄、佛不同之理解,似乎是接着太炎的话头来的。不过,他的哲学诠释,更倾向于西方哲学。例如,对庄子关于"知无"的观念的理解:"在纯粹经验中,个体即可与宇宙合一。所谓纯粹经验(Pure experience)即无知识之经验。在有纯粹经验之际,经验者,对于所经验,只觉得其是'如此'而不知其是'什么'。詹姆士谓纯粹经验即是经验之'票面价值'(Face value),即是纯粹所觉,不杂以名言分别,佛家所谓现量,似即是此。庄学所谓真人所有之经验即是此种。其所处之世界,亦即此种经验之世界也。"②

郭沫若的《十批判书》,辟有专章《庄子的批判》。他的特色是强调庄子的个性,并且是在同儒墨的对比中评价的:"自有庄子的出现,道家与儒、墨虽成为鼎立的形势,但是在思想本质上,道与儒是比较接近的。道家特别尊重个性,强调个人的自由到了狂放的地步,这和儒家个性发展的主张没有什么大了不起的冲突。墨家是抹杀个性的,可以说是处在另一个极端。"③"从大体上说来,在尊重个人的自由,否认神鬼的权威,主张君主的无为,服从性命的栓束,这些基本的思想立场上接近于儒家而把儒家超过了。在蔑视文化价值,强调生活的质朴,反对民智的开发,采取复古的步骤,这些基本的行动立场上接近

---

① 冯友兰:《中国哲学史》上册,北京:中华书局,1961年,第288页。
② 同上,第298—299页。
③ 郭沫若:《十批判书》,北京:人民出版社,1954年,第178—179页。

于墨家而也把墨家超过了。"①郭氏是通过庄、颜一派的推测来界定庄子与儒家的关系的。他关于儒家主张个性的说法,不大可能得到当时主流意见的认同,但用个性来肯定庄子,无疑是纳入启蒙的思想范畴。

用平等、自由、科学、个性等观念读出来的庄子,与以辨道统或正道德为目标的传统庄学相比,自然大异其趣。不过,这只是庄子现代命运中比较风光的一面而已。启蒙视野中庄子的另一面,同样引人注目,甚至可能更耐人寻味。

反面典型

其实,现代庄子的反面形象,比正面形象给人印象更为深刻。而且,批评与赞扬相比,常常更显得理直气壮。焦点在于由齐物论引出的齐是非问题,它是庄子哲学的核心所在。胡适在侈谈庄子进化论的同时,就表达他对其厌恶的一面。他斥责齐是非的观点,"却不知道天下的是非得失全在高低半寸之间。人类的进化,全靠那些争这高低半寸的人。倘若人人都说'尧也未必是,桀也未必非,我们大家姑且当其时顺其俗罢了,何必费神多事呢?'倘使人人都打这样的主意,天下还有革命吗?还有进步吗?"②

鲁迅也针对无是非的观点,在他的文章中,时不时拿庄子来开涮。"我们如果到庄子里去找词汇,大概又可以遇着两句宝贝的教训:'彼亦一是非,此亦一是非',记住了来作危急之际的护身符,似乎也不失为漂亮。……喜欢引用这种格言的人,那精神的相距之远,更甚于叭儿之与老聃,这里不必说它了。就是庄生自己,不也在《天下》篇里,历举了别人的缺失,以他的'无是非'轻了一切'有所是非'的言行吗?要不然,一部《庄子》,只要'今天天气哈哈哈……'七个字就写完了。"③这种文学化的讽刺,有时比学理的分析更有影响。

当然也有对此进行哲学分析的,代表作是侯外庐等著的《中国思想通史》。作者认为,齐是非的观点,会导致实践中互相矛盾的立场,即"一个是弃世的脱俗,一个是处世的顺俗",而最终的结果,便是"处世的宿命论":

---

① 郭沫若:《十批判书》,第180页。
② 胡适:《庄子的进化论》,姜义华主编:《胡适学术文集·中国哲学史》上册,北京:中华书局,1991年,第586页。
③ 鲁迅:《且介亭杂文二集·文人相轻》,《鲁迅全集》(第6卷),北京:人民文学出版社,2005年,第308—309页。

为什么有这个矛盾呢？因为他把自然与自然的关系和人类与自然的关系视同一律,然他的主观理论上形式的统一,与事实上的不统一,是不能相容的。在这里,他很巧妙地以宿命论解决了这一裂痕,所谓"知其不可奈何而安之若命",从逻辑上来讲,就是遁词。自然的"天"与社会的"俗"混而同之,于是四时之序和贵贱贫富之序相等,一切高下长短的自然和一切不平等的阶级,都是合理的,人类只要顺俗而生,就是"天"了。然而"与造物者游"的空想,事实上是没有的,而"与世俗处"的实际,却又并非理想的。故最主观的理想到了最后便成了最没有理想的主观了。庄子诡辩的道德论的秘密就在这里。应该指出,这一有毒素的思想影响了不少过去中国的唯心主义者。[1]

侯著是革命意识形态未占领统治地位之前,一种系统的马克思主义思想史观点。它不但同样拒斥不利于革命的宿命论,同时,还把胡适或冯友兰称之为神秘主义的东西,称作"唯心主义"——这是日后给所有不符合新意识形态要求的哲学观设计的黑标签。关锋便是顺着这一套路,把批判庄子的立场推到极端,把虚无主义、阿Q精神、滑头主义、悲观主义等,都安到庄子主观唯心主义头上。他发明了对庄子哲学的解读公式"有待—无己—无待",并由此推出其主观唯心主义的归属。关锋说:"庄子哲学毒性最烈的,就在于使人醉生梦死、精神堕落,特别是它被裹上了一层糖衣。庄子不是一般地提倡醉生梦死、精神堕落,而是有一套'理论'。有了一套'理论',就可以自欺欺人。……所以有'理论'的醉生梦死、精神堕落,就更加反动。"[2]他较有创造性的说法,是把"精神胜利法"的发明权归于庄子:

"精神胜利法"即起源于庄子,而为历代反动阶级、堕落的政客、文人所继承的。如果说阿Q是一个落后的、不觉悟的并带有流氓气的农民的典型,那末"精神胜利法"却不是这个阶级本身固有的意识,更不是什么"国民性",它是反动没落阶级的精神状态,阿Q其人不过被传染了这样一些东西。[3]

---

[1] 侯外庐等:《中国思想通史》第一卷,北京:人民出版社,1957年,第327页。
[2] 关锋:《庄子哲学批判》,《哲学研究》编辑部:《庄子哲学讨论集》,北京:中华书局,1962年,第20—21页。
[3] 同上,第24页。

把庄子说得如此不堪,在庄学史上是很少见的。原因在于,关锋口中说的是庄子,心里想的是现实的意识形态敌人:"我解剖和批判庄子哲学,目的是为了现实的战斗,为了和虚无主义、悲观主义形态的资产阶级个人主义战斗。"①与其他反庄的前辈比,关锋更强调阶级的立场。

羞辱庄子几乎成为50年以后、80年代之前庄学的主调。虽然任继愈极力为庄子"脱罪",但成效不大。他利用《庄子》文本包含的不同思想倾向,通过颠倒《庄子》内、外篇作者的归属,认为外篇才是庄子本人所作,而内篇反而不是,从而达成为庄子辩护的途径。但是,这一说法证据勉强,且论庄的思想框架与关锋也无实质区别,同样讲唯物、唯心,讲阶级,讲斗争,因而无力颠覆已经高度意识形态化的庄子形象。所以,任也承认:"像儒、墨学派的人生态度,虽然也有他们的偏见,但他们可以为了他们的理想牺牲性命,他们能产生可歌可泣的悲剧性的殉道者,庄子这一派道家思想是不能有殉道者的。中国历史上有不少的思想家,他们尽管对不合理的社会有所不满,但他们不敢进行斗争。这些人往往是采取了庄子思想中的消极态度。"②

只是到了80年代,在意识形态有所松动的状况下,庄学的调子才开始改变。来自台湾的陈鼓应起了号手的作用。新的关键词还是"自由":

> 庄子哲学中的"游"是非常特殊的。他大量使用"游"这一概念,用"游"来表达精神的自由活动。庄子认为,要求得精神自由,一方面,人要培养"隔离的智慧",使精神从现实的种种束缚下提升出来;另一方面,要培养一个开放的心灵,使人从封闭的心灵中超拔出来,从自我中心的格局中超拔出来。③

陈鼓应甚至断定,"五四运动以来,我们中国的思想家,如陈独秀、鲁迅、李大钊,都不同程度地受到了尼采和庄子的影响,特别是在个性解放和精神自由方面。"④这意味着,一个重新评估庄子甚至反思庄学的时代已经来临。

---

① 关锋:《庄子哲学批判》,第31页。
② 任继愈:《庄子的唯物主义世界观》,《新建设》1957年第1期,后收入《哲学研究》编辑部编《庄子哲学讨论集》,北京:中华书局,1962年,第162页。
③ 陈鼓应:《庄子的悲剧意识和自由精神》,《老庄新论》(修订版),台北:五南图书出版股份有限公司,第317—318页。
④ 陈鼓应:《尼采哲学与庄子哲学的比较研究》,《悲剧哲学家尼采》,北京:生活·读书·新知三联书店,1987年,第236页。

从庄学看启蒙

表面上看,现代庄子形象经历了前后两个阶段的变化。一个是前期与新文化思潮关系更密切,更具正面意义的庄子,另一个是后期特别是文革前后呈现的,只是反面教材的庄子。而庄子同孔子等儒家人物一样被羞辱的时代,也是我们的政治生活、精神生活高度封闭、压抑的时代。这种区别很容易让人觉得,从革命意识形态中把庄子再"解放"出来,同回到新文化运动的启蒙理想,是可以合二而一的事情。但问题没有那么简单。

重读当年的批判文章,可以找到两个指控庄子的基本概念,相对主义与唯心主义。与这两种指控相联系的,当是"齐物论"和"逍遥游"的观点。"齐物论"因齐是非而由相对主义滑向无是非,混世随俗;而"逍遥游"则无视客观世界的规定性,回避现实,是主观唯心主义,并且是一种精神胜利法。作为批判出发点的观念,则是科学真理、唯物主义、阶级斗争等。而这些观念,几乎都可以追溯到新文化运动体现的启蒙价值上。在前面所列一组大词中,自由、人权、平等、阶级、斗争、解放、科学、理性、进步,等等,几乎就是一个世纪以来取代传统的仁义理智或天理人伦而流行的主流价值观念。革命意识形态在其变动中对这些价值可能有所筛选或重新排序,如自由、人权的地位后来下降了,这使得庄子在启蒙期的好时光变得短暂;又如阶级与斗争的重要性上升了,因此庄子刚好撞到枪口上。这部分解释了现代庄子形象的变迁。然而,有几个重要的观念,科学、理性与进步,却是百年来几乎没有争议的。这几个重大概念对现代意识形态的支撑关系,需要进一步分析。

科学是最没有争议的。从康、谭、章满纸声光电化,到严复对西方科学及其思想的译介,再到新文化运动科学与人权(或民主)的口号;从科学与人生观论战中科学派的得势,再到马克思主义以科学的名义对意识形态的支配,科学扮演启蒙最重要的角色,在中国现代史上可以说是一路高歌。而现代中国人对科学的理解,首先是与技术的效能相联系。在一个物质贫乏的年代,拥抱科学意味着追求富强,意味着现代化的展开,其正当性几乎是无须证明的。而科学与客观知识、物质利益的联系,又恰好成了唯物主义哲学宣传的依据。在科学与人生观论战中,科学派就有人把科学与物质文明,人生观与精神文明对位连结起来。这种思想逻辑演化出来的唯物主义对唯心主义的斗争,就把一切重视精神生活意义的思想,都当成虚妄无用的观念甚至维护反动阶级利益的说辞加以谴责。在科学派为说明科学如何支配人生观挖空心思而未能服人之际,陈独秀就声称唯物史观就是能够说明社会与人生问题的科学。对照前引伯林对启蒙运动精神的概述,陈独秀的这份信心,其实就是理性的独断。在这副启蒙的照妖镜里,任何怀疑主义、相对主义及逃避主义,自然都会"原形毕露"。

庄子哲学的核心"齐是非",在《齐物论》中有一连串的论述。其要点是指诸子尤其是儒墨的文化或政治立场,即那种今天可以称之为"主义"的问题没有是非。依其观点,定是非的困难在于对立的各方之间没有或不愿意接受公共评判标准,同时又不能以自己的标准作为标准。尽管有人会根据《人间世》中支离疏的行径,指责其混世的人生导向。或者从逻辑上指出无是非观点因自相矛盾而不能成立。但是,庄子不是在任何层次的问题上强调无是非,他对权势者不合作与拒绝的立场非常清楚。今日各种宗教以及意识形态斗争的现象,表明庄子的假设更合乎事实。任何一种以抽象信念为出发点的原教旨主张,都会造成冲突的激化而非是非的解决。

与齐是非相联系的另一个重要观点,是庄子向我们指出,什么是美好的生活没有公认的标准。与孟子不同,他强调独乐,不讲共乐。其不讲共乐的动机不是见不得别人幸福,而是每个人可以各乐其乐,但不要把自己的愿望、标准强加于人。从而也不能设计自以为让每个人都能幸福的社会秩序。他怀疑儒家的仁义礼乐,就是怀疑这种制度设计不合乎人类参差不齐的自然天性,它可能在实践中起反作用。当然,人类对什么是不幸福的生活比什么是幸福的生活,也许看法更趋一致。因此,社会制度的改善,作用就在于减少导致人们公认的不幸的条件,而非依某种普世价值法则,设计人们过什么样的幸福生活。

庄子这两种观点,在现代庄学中都没得到应有的回应。它与斗争哲学、进步主义及科学的人生观格格不入。关锋式的批判当然是革命意识形态的一种表述,社会主义不但是斗争来的,而且要给每个人规划有意义的生活。虽然这种理论受其革命胜利者的身份所左右,但思想来源与启蒙思潮相关。其要点是相信自己(有知识者或进步阶级)具有掌握真理的能力,相信依某种科学的思想方式,就能发现、规划让每个人行为统一的整齐的社会秩序,如人民公社、五七干校之类的生活模式。同时,要清除那些落后的、非科学的、或者无用的观念,给健康的精神生活规定方向。所以对庄子式的思想表现得特别的不宽容。

如果我们把儒、庄与中国现代启蒙的关系作一个简介的对比,就会发现:

虽然启蒙以儒家维护纲常伦理为理由，批评其缺乏平等、抹杀个性。但启蒙与儒家一样，试图设计一套普遍有效的生活规则，只是内容有所不同。因此，当庄子对儒家的社会建制思想持拒斥态度时，它与启蒙的理想同样处于对立的立场。启蒙的平等与解放要通过斗争并最终由新的制度设置来保障，庄子则会认为，任何制度设计都是对个性的限制，而斗争的结果不过就是用一种限制代替另一种限制而已。庄子有超脱于物质生活之上的精神向往。启蒙越有追求科学化的方式控制社会的理想，就越落入庄子所指斥的境地。这就是为什么启蒙从最初欣赏庄子，最终演化为不能容忍庄子的简明思想史逻辑。

本文不是针对庄子而是庄学。其实，不论是褒是贬，现代庄学所依托的信念都与启蒙有关，不管自由、平等，还是科学、斗争（革命）。但庄子形象前后反差极大，还意味着启蒙虽有某些共同的倾向，但不是一个完整的思想系统，即不是从一个前提推演出来的诸观念的集合。这些可以称作启蒙的观念必须在广泛的社会生活实践中协调起作用，而非按理性序列可自动实施。因此，每种价值的作用都有自己的限制，它们本身是需要被反思的。庄子思想可以被压制，但不会被消解。你很难把它归结为现代的什么"主义"。90年代以后，庄子又逐渐作为正面形象出现在学术或相关文化读物中，就是它思想不屈的证明。庄子哲学一直作为文明的批判者的角色而存在，其避世逍遥的主张也许对人类社会生活没有普遍的吸引力，但它提出的问题，特别是对理性作用的质疑，对启蒙的推动者来说，也是重要的思想考题。

本文作者系中山大学哲学系教授

原载《中山大学学报（社会科学版）》2016年第3期

"去家化"与"再家化":当代中国人精神生活的内在张力[*]

陈赟

考察当代中国人的精神生活,不能不注意到传统向现代的转化。传统中国的现代转型,体现在精神文化生活自我确证的场域上,便是身—家—国—天下的"四重域"向个人—国家—社会的"三重域"的结构性变化。考察"家"在现代的位置及其与精神生活的关联,是理解当代中国精神生活的独特视角。

现代民族建国与"去家化"

作为社会性的存在,一定历史文化传统中个人的自我确证往往是在一定的场域中进行的。传统中国所谓的身—家—国—天下,就是精神文化生活自我确证的结构整体。在身—家—国—天下的"四重域"中,身是家之本,家是国之本,国是天下之本;无国则无以有天下,天下必由国而见;无家则无以有国,国必由家而显;无身则无以有家,家必由身而立。另一方面,身体及其视、听、言、动必展现在家、国、天下,在家、国、天下中有其影响与效应,而同时后者又成为对前者的范导。身、家、国又可以涵纳到"天下","天下"最终则指向一个弥漫于六合的作为宇宙秩序之根源与引发者的"天",而天之道即内在于身、家、国之中,成为"四重域"的最终根源与最高范导。以"四重域"为基础的政治文化构造,必然导向"自天子至于庶民,壹是皆以修身为本"的伦理构造,即梁漱溟所谓的伦理本位、向内用力的社会结构,它将道德意识、伦常关系、客观规范以及仪式制度等整合到一个一以贯之的系统中去,落实在个人的精神文化生活上,修身是根本,家、国、天下种种社会、政治与文化的构造都围绕着修身的主轴而运作。而身并非仅仅

---

[*] 国家社科基金重大项目"现阶段我国社会大众精神生活调查研究"(12&ZD012)。

指生理—生物学意义上的躯体,而是生理与伦理、精神与物质等结合而成的有机体,是生理、生意与精神能量的统一体,现代机械主义世界图景中以分化形式呈现的广延性身体与不占空间的心灵—精神,只不过是传统中国身体的不同机能的抽象而已。修身在社会政治构造中的内核化,意味着安分守己的自省成为中国传统精神生活的底线性目标。换言之,对自己的要求,尽自己对自己的责任,构成对他人、对国家、对社会的要求的基础,所有处在自我与外部的伦理关系,都被要求奠基在自我对自我要求的地基上,"己所不欲,勿施于人"。由于重在自我反省、自责,故所谓忠恕之道(尽己之谓忠,推己及人之谓恕),很好地表达了这种自反性、自向性的人生态度。

在基于上述人生态度与伦理样式而构筑的秩序中,国家对社会与个人的动员与组织能力,无法达到最大化;相反,它甚至内在具有一种消解来自政治权力的动员的反向力量。而且,国家无法支配个人,遑论垄断,在国之外,家与天下仍然可以为个人自我确证提供另类空间。身—家—国—天下的这种结构因其松散、和平的特征,而无法确立团体生活的主导地位,在现代世界体系中不能带来政治凝聚所需要的全民动员而类似"一盘散沙"。故而在由传统到现代的转变过程中,国家动员与组织能力被空前突出。建立现代国家的过程,即是不断消解"家"与"天下"的两极。而把个人的确证方式聚焦于国家这一特定场域的过程,即将上述四重域变成个人与国家的二重域,这一取向在"国家"这个词语中淋漓尽致地表达出来,"国家"意味着以国为家,将"国"建构为个人安居于其中的"家"。这意味着自晚清特别是"五四"新文化运动以来,不得不矮化以父权与夫权的支配、吃人的礼教等建构的"家",以解放任何形式出现的"家"对个人的占用,而将之收归于"国"。这构成此运动的目的指向,所谓"娜拉出走",所谓"反封建"、"破四旧",等等,在某种意义上都与这一现代诉求有关。现代中国启蒙思想的要义便在于将个人从传统的身—家—国—天下的四重结构,蜕变为无所倚傍的个体,而后才能成为国家秩序缔造的真正原子化单位,也即为现代国家的建构生产相应的主体。而现代化与启蒙有着同样的要求,即以总体性意识形态的方式,为这种原子化个体的生产提供动力基础与正当性。在这个意义上,现代意义上的个体是被建构出来的,是长期政治文化积极努力的后果。与此相应,现代的单位制度、生育制度、婚姻制度与现代的宗教制度一样,都在客观上支持着个人的原子化,即抵御任何一种个人在国家掌控范围之外的有机团结形式,以使得国家作为一种强大的权能全面嵌入个人生活的整个过程得以成为可能。惟其如此,由国家发动进行的组织动员才是巨大的,不可阻遏的。自从市场模式等更为灵活、开放因而也更具自由度的体制,被纳入到治理体系中以后,为国家生产其主体的方式内卷化了,即它采用了非动员的动员形式,动员本身成为个人自觉自愿的选择。

在上述"古今之变"大背景下,家、国、天下在现阶段产生结构性变化。民族—建国的要求突出了国的主轴性位置,而天下也被转换为由诸多国构成的现代世界体系,而不是传统中国时代以"礼乐教化"等为核心的"文明论"含义,也即,天下蜕变成为"国"的集合。与此相应,"家"在工业化与现代化的进程中也发生了深刻的变化,在今天,家已不再是包含众多主干家庭的家族,而是结构日趋简单的小型化家庭;家庭与家庭之间的彼此联结形式——如家族与宗族等——成为民族建国着力消解的对象。更重要的是,家在传统中是人伦秩序得以构建的伦理实体,是人生礼乐教化的初始场域,但在今日,发生在"家"里的伦常已经被贬抑为私德,发生在家中的伦常教育已经被由国家推行的思想政治与道德教育所替代。在这种情况下,处身于个人与国家之间的家,是否还能维系其伦理实体的功能,则是需要探究的话题。毫无疑问,对"无所倚傍"的现代个人而言,家与国是现阶段我国社会大众精神文化生活最关键的两个场域。这两个场域之间的张力,折射了精神文化生活本身的张力。如果与其他国家进行比较,就会发现,以个人信仰形式通过上帝名义结成的教会社团在西方国家仍然极为重要,甚至不可或缺;而在中国,虽然近年来教会力量不断扩张,但从人口总量上来说,仍然不能取得与家、国那样构成与每一个体切身相关的直接性与普遍性地位。我们课题组2005年与2013年的调查都显示了,组织化宗教所占的比重在人口总量中并不高,2005年关于精神生活的调查表明有宗教信仰的人占31.4%,而2013年的调查则显示有宗教信仰的占30.9%。在宗教信仰者中,佛教的信仰者所占比例最高,为14%,而佛教本身乃是非组织化宗教,其恰当定位是更趋近于没有固定组织、也没有定期仪式的个体化宗教。[①] 这样的个体化宗教,只能作为家—国体系的补充环节发生作用。另一方面,在个体原子化的现代社会,随着国家这一庞大"利维坦"的不断扩张,个体往往通过民间志愿社团的方式,以维持自己利益的诉求,确证自己存在的意义,但类似于英美与欧洲那样遍地开花的志愿社团,在现阶段的中国也并不普遍,更何况,在民族建国的过程中,它也并不会得到政策性鼓

[①] 佛教并没有固定的教堂与组织形式,因而在佛教的仪式行为中,被没有长期不变的固定人员构成的团体在其中形成,因而可谓是个体化的宗教。

励。加上个人工作所在的"单位",愈来愈多地成为获取经济来源的机构,并不具备认同与归宿的意义。所有这些,都强化了家与国在个人精神文化生活中的特别地位。而传统的身—家—国—天下的文化政治构造,也从历史文化积淀的层面支持着家、国对于个人精神文化生活的构成意义。

"再家化":社会意义的强化与伦理意义的弱化

尽管现代性展开的历史过程,曾经呈现为"黜家贵国"的趋势,但这只是在公共体制与制度的层面,而在人们的"集体无意识"中,家的复归乃是一个值得关注的现象。2013年关于观众偏爱的电视剧的调查发现,家庭伦理剧居第一,超出了反腐、谍战、抗战、偶像、穿越等其他各种类型的电视剧,这表明家庭在人们心中的首要的地位;与此相应,2013年上半年黄金档电视收视榜排名前十的基本上都与家庭有关,至少掺杂家庭因素。2005年、2013年关于节日态度的调查则显示了中国人对节日的一致态度,即春节构成第一大节日,中秋节是第二大节日,其次是国庆节、清明节以及母亲节。这几大节日与家的关联不难发现。春节、中秋节是家庭成员团聚的节日,而清明节则是通过上坟、扫墓等方式缅怀已经去世的先人,而母亲节更以对亲情的关注彰显了人伦关系。国庆节的意义,当然在字面上与国相关,但在个人生活的层面,则是七天的长假日,正好构成家人旅游、相聚的重要时机。这里最值得提及的是已经具有四千年历史的春节,它将家人团圆、共同祭祀、人神相通、拜年、新衣服、压岁钱、熬年守岁、春联、扫尘、放鞭炮、年夜饭等结合在一起,显示了最浓郁的家庭氛围与意味。耐人寻味的是,交通、运输、工商、教育等几乎所有制度与政策,都要为春节让位。与此相联系的是,1928—1934年间,国民党政府试图废除春节,但最后只能以失败告终,再度予以恢复。作为最能体现中国文化传统的节日,春节体现了数千年文化传统的无意识积淀。

在千年传统中,家是人伦秩序的核心。费孝通以"差序格局"所表述的秩序典范,就是以家人为中心圆、按照亲疏远近关系由内而外的层层外推。在这样的秩序典范中,家具有集政治、伦理与文化于一身的意义,家的伦理原则是孝道,而汉代以来以孝治天下乃是一项基本原则。这其中虽然有孝(家的伦理原则)与忠(国的伦理原则)之间的张力,但更受重视的逻辑是孝悌于家的人鲜有政治上犯上作乱的可能性,故而《礼记·大学》提出这样的看法,家齐而后国治。从衣食住行开始,渗透在生活的每一个细节中的初始教育、气质之熏陶、日常的礼仪,都显示了家作为人生起源与归宿地的意义。但家所承担的,既不是宗教上的"应许地"里的教堂,也不是希腊归于家政—经济学意义上的领域之地,而是在教养与熏陶、生活与教育等方面,承担代际传承、文化与传统基因更新的伦常事业。成家与立业既是人生的两大支柱,又是父子之间代际相承者,孝道的实质就是守护这份家业。传宗接代,维持家族祭祀的香火不绝,是家的重要功能;它进而要求耕读传家,承传家族的文化理想于不坠。此中深含着中国人所具有的世代生成的时间意识。

这种时间意识由于下述情况而得以巩固:家的共同体固然由在世的家庭成员构成,但通过祭祀、家谱等方式建立在世者与去世者之间的关联,由此使得家的意义远远超出了今日意义上的由生者与生者构成的社会,而成为生人与业已去世的先人即鬼神共同构成的共同体。这种生者与死者之间的绵延连续,使得历史过程中的文化维度得以在家中聚集,由此,我们不难理解在传统中国出现的那些与家相关联的词语,比如,传达家作为教化—伦常共同体的"家学""家风""家教""家礼""家训""家道""家法""家规""家范"等,体现家的时间历史意识与宗教精神的"家谱""家祠""家世""家业""家语""家神",等等。所有这些词语,都体现了家在传统中国所具有的特别意义。即便是当家在现代的公共体制与制度中不断边缘化的情势下,家也依然超出了古希腊意义上作为私有领域的"家政学"(经济学)的意义。换言之,在古希腊人那里,日常生活基本物质需要的满足构成家的主体功能,但即便在现代中国,家的意义也没有被限定在日常生活的生理—生物需要之满足,家依然被视为教化与伦理的策源地之一。

由于民族建国的要求,传统的君臣与父子的关系发生了颠倒,"君臣"一伦成为奠基性的人伦,故而不是人伦秩序与孝道,而是"爱国主义"成了现代国民伦理的根本。它强调的是对国家的忠诚,这种爱国主义的忠诚通过社会这一场域不断被强化。家在传统时代所承担的功能,一点一点地移交给国家主导的社会,而国家与社会显然已经进入了家庭的每一个角落,家庭其实已经不再构成社会与国家的基本单位。出生、死亡、结婚、生子等,这些原本是家中的头等大事,今日都不再发生在家中。居住地与工作的现代分离,使得"家"极大地降低了意义归宿感;而且,世家大族、宗法共同体一般不复存在,以齐家方式经营天下的可能性不再,"耕读传家"的理想已经难以为继,家庭与家族甚至从教育中不断退出,教育的体制化与社会化被资本化与市场化力量所再造并不断被强化。于是,无法自外于宗族之家的意识已经被无法自外于社会的意识所取代,更重要的是,现代以个人—国家—社会为指向的思想道德与伦理教育,使得作为伦理实体的家,作为人伦秩序的诞生地与归宿地的家,经受着解体的威胁。由此,在传统之"家"中发生的天、地、人、神的沟通,在今日已经变成"社会"这一复杂"系统"与大型"工地"之构成环节。家的功能的弱化,使得国家与社会可以无中介地直接使用与支配个人,而个人所遭遇到的问题大都与社会和国家这些系统有关,而依靠家的力量却无法面对。这便是随国的扩展而来的家的式微。

但是,在当代精神生活的深处,依然涌动着伦常之家的复苏冲动。通过在各地悄然兴起的修族谱、续家谱的途径,家所具有的社会意义被人们期待;各种组织社团组成《弟子规》、《四书》等的学习共同体,围绕着家的孝道在这里被弘扬、被激活,而传统的国学的核心更是伦常秩序意义上的家的守护者。在这个意义上,当代兴起的国学热,如果说对一般大众有所催动的话,很大程度上也是由于它调动了对伦常之家的情感。在潮汕之地,当家族与宗族的力量被激活时,对古老的传统文化的需求也就随之被强化。在民族建国大体完成之后,不管"再家化"的进程多么艰难,但显然已经没有人再会质疑"家庭是个好东西"。

同时也要看到,再家化在当代还以畸形的方式发生,比如在"二代"话语中到来的"家",其意味就值得深思。所谓"二代"话语,指流行语中所谓的"官二代""红二代""富二代""学二代""穷二代""工二代""农二代"等与"二代"相关的词语。"二代",毫无疑问与"家"相关,它体现的是父子关系的世代绵延。在生存竞争加剧的现实状况中,"家"介入了这一不断被推向个体生存前台的竞争,本来业已原子化的作为社会成员的个体,在市场体制中不得不陷入为生存而战的生存情境。而家给予了对于个人的努力与修为而言具有"先天性"的资源与条件的不平等,于是,由于家庭所占据的资源而不是由于个人的自由努力形成了凝固化的社会分层,这一固化的分层由于拒绝向个人努力的开放,由于不再与个人的德能对等,因而无论是家还是家所在的社会,都不再具有伦理实体的特征。家的这种伦理功能的式微意味着向内用力、伦理本位的社会的瓦解,"二代"话语中的家虽然有其力量,但这种力量不再与德、能而与势、力相关,因而可以说家的社会意义的强化与伦理意义的弱化甚至式微同时来到当下。

家庭一旦不再成为教养与仪礼的策源地,一旦伦常教育从家庭中被拔出,社会就会渗透家庭,而当社会成了资本的流动市场时,利益与欲望的链条就会锁住家庭,家庭将其成员送进由资本化了的社会所包装的"成功"的愿景中。

一个最重视子女身心教育的民族,但在现代却被"社会化"的系统架构牢牢地绑架在恶性竞争的起跑线上,家庭对"教育"的当代介入,恰恰是拔苗助长的方式加快了基础教育的产业化与非教养化的完成,基础教育培训的资本主义力量又反向推动了家庭对竞争的介入,由此而形成家庭对子女教育投入的困境。当家庭放弃了伦常熏陶,放弃了父母作为第一导师的责任时,而将子女教育完全交付给社会化与专业化的教育机构时,我们看到了教育的扩张与教养的瓦解。"再家化"同样畸形的出场方式表现在官僚腐败上,家族链进入了腐败的环节,为家族成员攫取利益,已经成为腐败的经常化形式,而在这家族成员中恰恰包含着不是家族成员的成员,即所谓"二奶""小三"。当周永康案发布后,网络上马上流传关于周永康家族与集团的图解。这个图解传达的信息是极为深刻的,它暗示着家族与统治的深层关联。在权力的金字塔尖,君主"家天下"的时代已经成为历史,但在塔尖的下层,通过主导某一产业、某一领域的方式,支配依然隐秘地以家族形态存在。

总体言之,"再家化"若无教化的支撑,其社会意义的强化到底意味着什么,其不确定的结果尚需面对;而那种在传统中国与家相连接的反求诸己的自向的伦理要求,一旦式微,家的尽头也许就是"去公共化"而仅仅归属私人领域的"家政学"或"经济学"。

公共政策中"去家化"和"再家化"的张力

"去家化"与"再家化"在当代的交织也出现在公共政策中。2012年12月全国人大通过《老年人权益保障法(修订草案)》,该法因包含"常回家看看"条款而备受争议。法律明确规定:与老年人分开居住的家庭成员,应当经常看望或者问候老年人。这一法律出台的背景是随着老龄化社会到来,老年人空巢家庭(包括独居)比例越来愈高,大中城市几乎高达56.1%。赡养老人本来属于家庭伦理的孝道的一部分,现阶段却进入到法律的条文规定中,而它显然只是属于法律的倡导性条文,其实际的执行并不能得到法律的保障。然而它传达了某种精神文化生活的消息,正如评论所说的那样,"将孝亲伦理写入法律,一方面体现了社会对维护家庭关系的重视,但另一方面也体现了传统孝道的式微。原本天经地义的行为竟然要靠法律这条最后'底线'来保障,不能不说是一种尴尬,抑或是一种悲哀"。这种伦常与法律的错置,从深层传达了"家"的困境。虽然在传统中国,在家中发生的也有家规、家法,但它与家学、家风、家礼等结合为一体,更多的是教化与伦理相关;就"齐家"或"治家"的方式而言,与它相称的是"礼",而不是"法"。"礼者禁于将然之前,而法者禁于已然之后。"①礼是事前之"豫",是预防性的;法是事后之"禁",是补救性的。礼可贯穿全部公私生活的每一个细节与角落,而法则限于公共生活的共同底线。因而礼对人的要求更高,教化可以通过礼导入,而不能通过法达成。当家门之内都需要依法而治之时,这意味着社会上人与人之间最低限度的秩序与安全已经成为问题,"正人心"已经成为这个社会的急务。

相比之下,传统中的齐家与宗道,实际上是将很多社会上出现的问题化解在家族之内。"古之王者不忍以刑穷天下之民也,是故一家之中,父兄治之;一族之间,宗子治之。其有不善之萌,莫不自化于闺门之内;而犹有不帅教者,然后归之士师。然则人君之所治者约矣。"②无论是"父慈子孝",还是"父为子纲",都强调了父亲在家中的责任,《三字经》以"养不教,父之过"这一简洁的概括将这一责任表述为教化的责任;而孝悌之道则意味着对父亲与兄长的责任。在以礼构筑的家庭之治中,传达了中华古学对人性的理解,即人性是以具体的人伦关系如父子、君臣、兄弟、夫妇、朋友来体现的;而人伦又是"彝伦"的一部分,因而又必须在天、地、人之道的整体视野中加以认识。对自己人性的认识,就是摆正自己在家庭、社会、国家、宇宙中的位置,因而这种认识本身并非仅仅一套观念,而是宇宙秩序、社会结构与社会状态的构成性事实。但现代思想通过将个人原子化的方式,将个体性、平等性、法权性自由为指向的价值,构筑为人性理解的教条。而这个教条将人置身其间的彝伦关系抽掉之后,从根源上不能不孤独的现代个体,只能诉诸抽象价值的情感认同,而这反而进一步支持了国家与社会在个人及其家里的扩展。由此而言,在当代发生的法对家族伦常秩序的介入,并非究本穷极之策,而是救急之方,它传达了对人性理解的价值化限制,以及建基于对天、地、人的认识而发现的纲纪的退隐。于是,以继志、述事、承业的方式将上下世代关联起来,将人与鬼神关联起来的孝道,在现代价值中便不再有其位置;父子如兄弟的观念,反而被当代人肯定,并且冠以民主与平等的政治价值之美名。父亲以此而卸掉了教养的负担,孩子因此而不再承担孝悌的责任。伦常的贬黜与褪色的结果,自然是在一旦失序的情况下,只能求助于法律了。

---

① 《大戴礼记·礼察》。
② 顾炎武:《日知录集释》卷6,长沙:岳麓书社,1994年,第222页。

但现代法律体系在骨子里如何对待本应为伦常居留地的"家"呢？2011年8月发布的《婚姻法》"司法解释三"更构成对盛行了数千年的"同居共财"的家产制的彻底颠覆，它从资本主义的投资性个人的角度或法权意义上的原子化个体的角度，将婚姻视为夫妇双方的一次投资行为。解释三第8条将婚后父母出资购买的房产，由原先夫妻共同财产变更为夫妻一方的个人财产。有学者认为它是确定了物权法上的不动产登记的效力高于《婚姻法》上结婚的效力。它所照顾的最大利益，不是家庭伦常秩序，而是那个人格化的作为"善意第三人"的交易性市场，由此它使得自己从人身关系法转变为投资促进法。这些变化根基于从传统的家产制到个人财产制的下行路线，使得赵晓力认为，"解释三"通过将家庭大宗财产界定为出资者所有的方式，彻底抛弃夫妻共同财产这个家产制仅存的法律概念，从而彻底告别家产制，驱赶中国人集体走向鲁滨逊那个孤家寡人的荒岛世界。这种自我放逐，是中国家庭三千年未有之大变局[①]。"解释三"发布后不到半年，苏小年编著的《婚前协议时代，你准备好了吗》在2012年4月出版，该书封面显要的位置对其做了准确的定位："婚前婚后，不得不知的'财富算计'。"这种家庭资本主义化的趋势，与其说是对孝道、对伦常秩序的彻底颠覆，毋宁说是伦常孝道废弃后的必然结果。相比之下，在改革开放初期，"家庭联产承包责任户""个体户"等表达，都可以看出公共政策的基本单位是家庭而不是个人；但数十年后的今天，尽管家在个人意识与集体行动中有所复归，但毫无疑问，公共政策却以"去家化"了的个人为其主体。

但另一方面，似乎"再家化"又在法律中以某种方式回归。2011年《刑事诉讼法》进行了第二次大修，新的《刑事诉讼法（修正案）》新增第188条反映了"亲亲相隐"的回归：即对于证人作证方面，规定除严重危害国家安全、社会公共利益的案件外，一般案件中近亲属有拒绝作证的权利，此处近亲属指父母、子女和配偶。虽然这一修订可以在与国际接轨的意义上加以理解，但鉴于中国学术界郭齐勇教授引领的对"亲亲互隐"长达十多年的讨论，更应该视为对家秩序长期不懈努力辩护的结果。

《婚姻法》的"解释三"与"亲亲互隐"在诉讼法中的回归，表明当代的公共政策在理解个人方面的不一致性：一者从启蒙运动以来的个人主义与现代资本主义视域出发，推动个人的无家化；再者从伦常之家的角度观照个人，体现了中国固有思想的某种复归。这两个例子结合在一起，显示了当代中国公

[①] 赵晓力:《中国家庭资本主义化的号角》,《文化纵横》,2011年第2期。

正政策背后对家的模糊与歧义的态度。2012年河南发生的影响巨大的平坟与反平坟运动也折射出，自新中国成立以来，中央政府对具有深刻民间基础的传统家秩序与家族文化尚未进行通盘的理念性考虑，故而在制度安排上一再出现相关的摩擦。

与之相联系的是社会主义核心价值观的推行。对核心价值的概括，显然是以启蒙以来的个人—国家—社会的思想结构为背景的现代化与现代性意识的继续，在这里，核心价值的三个层面分别指向个人、国家、社会，但其实它鼓励的是国家效忠与社会认同，因而其核心也是国家与社会动员个人的方式。但几千年来的以伦常为核心的家文化与以孝道为指向的家族制度，在现实生活中尽管有其深厚的土壤与潜在的政治与文化能量，显然并没有得到根本性的关注。儒家传统曾给出了一个历经千年而不易的经验，这就是家庭中的孝悌在社会与政治上一定是安定和平的正能量。但是在现代治理中，虽然社会动员通过市场等机制达到了深入意识与无意识的最大化程度，家庭仍然是一个幽暗地带。如何通过家文化与家秩序，营造长治久安的氛围，仍然是摆在现代中国的治理实践的一个课题。

总而言之，从公共政策方面可以看出，家文化与家秩序，在现代公共政策中，依然是歧义的、模糊的、缺乏理念性的通盘定位。而且，由于与启蒙以来对人性的理解相呼应，社会与国家依然是人性理解的坐标，由此公共政策力图造就的，是"社会人"而不是"天地人"，是作为国家动员对象与效忠主体的"国民"，而不是与天地消息的君子。之所以形成这种状况，其深层原因则在于中西文化会通存在问题：西学强势东渐，但至今还没有彻底消化之而建立新的中学。王国维所谓的"自三代至于近世，道出于一而已。泰西通商以后，西学西政之书输入中国，于是修身齐家治国平天下之道乃出于二"[①]，仍然是今日公私生活的实际状况。当代精神文化生活中的诸多问题，在更深层次上都可以由这一状况获得理解。礼法之间，法权性要求与伦常性秩序之间，直到今日也没有完成有机地整合，而所谓"多元价值论"更是将这一有待克服的状况正当化了。

本文作者系华东师范大学哲学系教授
原载《探索与争鸣》2015年第1期

---

① 王国维：《论政学疏稿》，《王国维全集》第14卷，杭州：浙江教育出版社、广州：广东教育出版社，2009年，第212页。

"娜拉"走后:弃儿创伤与解放的误区

杨联芬

五四新文化运动兴起之时,"现代思潮正倾向于两个相反的方向,一方面把人类社会生活拓展到全世界,他方面又把社会生活收缩成个人生活。前者是世界主义(Internationalism),后者叫作个人主义(Individualism),两个潮流,互相激荡,互相融会,便孕育成将来社会的新生活"。[①] 在世界主义与个人主义两个维度中,传统家族制度,都是阻碍文明进步的。五四时期有大量文章批判家族主义,指出以家族为单位的宗法制结构,一方面使社会一盘散沙,另一方面在家族内部建立起一种主从关系的等级制度,其父权制本质,与现代民主生活格格不入;[②]家族制度"蔑视个人人格","阻碍个人自由",并养成团体内部个体的依赖心,[③]"是不自然的男性支配的产物","是束缚及压制女性的人间地狱"。[④] 与此相应,新文学作品将批判家族主义作为重要的主题——从五四"问题小说"和浪漫抒情小说,到巴金长篇小说《家》及路翎《财主底儿女们》,我们看到,控诉家族主义罪恶,激励青年叛逆与出走,一直贯穿了新文学创作的始终,成为现代文学中最富浪漫色彩的一种叙事。

在这样的时代氛围中,在传统大家庭随家族主义式微而解体的历史过程中,清末民初曾经作为"女权"议题的"贤母良妻主义",迅速成为被否定的对象;女性的理想形象,也由清末民初具有现代色彩的"贤母良妻",转换为"超于贤母良妻"的新女性。当"娜拉出走"在五四以后成为女性主体确立的神话时,女性角色与地位的激进转换,隐藏着哪些潜在的危机?"解放"的叙事,如

[①] 黄石:《组合的家庭》,《妇女杂志》9卷12号,1923年,第22页。
[②] 陈顾远:《家族制度底批评》,《家庭研究》1卷1期;易家钺:《中国的家庭问题》,《家庭研究》1卷2期;黄石:《组合的家庭》,《妇女杂志》9卷12号。
[③] 瑟庐(章锡琛):《家庭革新论》,《妇女杂志》9卷9号,"家庭革新"专号,1923年,第4页。
[④] 同①,第21页。

何因此而扑朔迷离？

一

晚清从日本引进的"贤母良妻"一词，①源自儒家经典，因而保留了儒家关于女性道德之慈淑、贞顺、谦卑等核心元素，但更包含了传统儒学所没有的日本近代国家主义精神，如"奉公""胸怀国家的观念""具备科学的素质"等。②更重要的是，做"贤母良妻"的前提是女子须接受完整的现代学校教育，具有公共意识与国家观念。因此，从日本"词侨"归国的"贤母良妻"，已是一个比传统儒教论述中的"贤母""贤妇"等都更具现代性的概念。这使"贤母良妻主义"在晚清民初发展女子教育时，有力地狙击了社会保守势力对女学的诟病，成为中国女子教育合法化的重要保障。③至五四运动前夕，"贤母良妻主义"在各级国立女校，一直都被作为教育宗旨。④然而，这个原本调和了"传统"与"现代"的有关女性角色与地位的"新概念"，在五四新文化运动兴起后，很快便被更激进的观念所否定。

1918年，刚从美国留学归来的胡适，应邀到北京女子师范学校做演讲，他以美国妇女为榜样，介绍了新兴的"新妇女"，并向中国女学生们提出了一种"超于'良妻贤母'的人生观"。他说："美国的妇女，无论在何等境遇，无论做何等事业，无论已嫁未嫁，大概都存一个'自立'的心。别国的妇女大概以'良妻贤母'为目的，美国的妇女大概以'自立'为目的。自立的意义，只是要发展个人的才性，可以不倚赖别人，自己能独立生活，自己能替社会做事。"⑤他以最近的经历，对什么是"超于良妻贤母"的新女性，进行了如下的描绘：

---

① 陈东原《中国妇女生活史》指出："'贤母良妻'这个名词，是清末从东洋输入的。"这个复合词最初在晚清出现时，作"贤母良妻"；民初有"良母贤妻"或"良妻贤母"；20世纪20年代中后期，第四种词序的"贤妻良母"出现，并在20世纪30年代以后成为最通行的一种，沿用至今。陈姃湲考证，前三种主要在日文和韩文中使用，第四种则是"现代中文"的用法。(《简介近代亚洲的"贤妻良母"思想》，《近代中国妇女史研究》第10期，2002年。)
② 李卓：《近代日本女性观：良妻贤母论辨析》，《日本学刊》，2000年第4期。
③ 1907年，清廷颁布《学部奏定女子小学堂章程》和《学部奏定学子师范学堂章程》，女子教育自此走上正轨。
④ 在办学章程中，官办女学普遍比一般民办女学更明确将培养贤母良妻作为教育宗旨。
⑤ 欧阳哲生：《胡适文集》第2册，北京：北京大学出版社，1998年，第490—491页。

去年冬季,我的朋友陶孟和先生请我吃晚饭。席上的远客,是一位美国的女子,代表几家报馆,去到俄国做特别调查员。同席的是一对英国夫妇,和两对中国夫妇,我在这个"中西男女合璧"的席上,心中发生一个比较的观察。那两位中国妇人和那位英国妇人,比了那位美国女士,学问上,知识上,不见得有什么大区别。但我总觉得那位美国女子和他们绝不相同……这个不同之点,在于他们的人生观有根本的差别。那三位夫人的"人生观"是一种"良妻贤母"的人生观。这位美国女子的,是一种"超于良妻贤母"的人生观。我在席上,估量这位女子,大概不过三十岁上下,却带着一种苍老的状态,倔强的精神。他的一言一动,似乎都表示这种"超于良妻贤母"的人生观;似乎都会说道:"做一个良妻贤母,何尝不好?但我是堂堂地一个人,有许多该尽的责任,有许多可做的事业。何必定须做人家的良妻贤母,才算尽我的天职,才算做我的事业呢?"这就是"超于良妻贤母"的人生观。①

胡适这里描绘的那位美国女子,从外形到精神,都具有一种男性化的特征,这也是被反对女权运动者称为"第三性化"的特征。② 胡适推崇美国妇女的,正是她们身上这种"男性特征",即特立独行的气质。有趣的是,四年前,尚在康奈尔大学留学的胡适,对于中美妇女的评价,眼光完全不是这样。

查胡适日记,1914 年 1 月 4 日,他感叹"吾国女子所处地位,实高于西方女子",原因竟然是,中国女子看重名节,婚姻之事由父母做主,不必毫无廉耻地周旋于社交场中,"仆仆焉自求其偶"。在西方,女子"长成即以求偶为事,父母乃令悉音乐,娴舞蹈,然后令出而与男子周旋"。形象不美或行止木讷的女子,因不能取悦于人,结婚遂成为问题。他认为这是"堕女子之人格",是"西方婚姻自由之罪也"。③ 同年 1 月 27 日,他记载自己向美国友人"演说吾国婚制",仍然大谈"吾国旧婚制实能尊重女子之人格","女子不必自己向择偶市场求炫卖,亦不必求工媚人悦人之术"。④ 但四年之后在北京女子师范发

---

① 胡适:《美国的妇人——在北京女子师范学校讲演》,欧阳哲生编:《胡适文集》第 2 册,北京:北京大学出版社,1998 年,第 490 页。
② 日本山川菊荣女史著:《女性解放与男性化之杞忧》,瑟庐(章锡琛)译,《妇女杂志》6 卷 6 号、7 号,1920 年 6 月、7 月。
③ 曹伯言:《胡适日记全编》第 1 册,合肥:安徽教育出版社,2001 年,第 213 页。
④ 同上,第 223 页。

表这篇演讲时,观念判若两人,个中缘由,与几年来他同美国新女性韦莲司的相处与交流关系甚大。①

1914年下半年,胡适与韦莲司相识,并逐渐成为密友。韦莲司"极能思想,读书甚多,高洁几近狂狷",给予胡适一种从未有过的对于女性的经验。二人几年间的深度交往与思想碰撞,导致胡适的女性观及两性道德观发生巨大变化。对此,他这样陈述:

> 吾自识吾友韦女士以来,生平对于女子之见解为之大变,对于男女交际之关系亦为之大变。女子教育,吾向所深信者也。惟昔所注意,乃在为国人造良妻贤母以为家庭教育之预备,今始知女子教育之最上目的乃在造成一种能自由能独立的女子。国有能自由独立之女子,然后可以增进其国人之道德,高尚其人格。②

胡适在女高师演讲中描述的"言论非常激烈,行为往往趋于极端,不信宗教,不依礼法,却又思想极高,道德极高"的美国"新妇女",大约与他通过韦莲司对美国新女性的了解有关。③ 这使他对中国女性也怀着这样的期待:"我们中国的姊妹们若能把这种'自立'的精神来补助我们的'良妻贤母'观念,定可使中国女界有一点'新鲜空气',定可使中国产出一些真能'自立'的女子……渐渐造成中国无数'自立'的男女,人人都觉得自己是堂堂地一个'人',有该尽的义务,有可做的事业。"④

五四新文化运动推崇两性"人格"的平等,因而对贤母良妻主义不能容忍。叶绍钧指责当时的女子教育:"'良母贤妻'又是女子的大教训。近时开了女学校,至标这四字做施教的主旨,这岂不是说,女子只应做某某的妻、某某

---

① 韦莲司是康奈尔大学地质系教授 Edith Clifford Williams 的女儿,胡适在康奈尔大学期间,是教授家常客。胡适1914年开始与她通信,二人后来交往颇深,成为终身知己。胡适经常在日记中记述韦莲司的观点,赞叹有加,并承认自己思想受其影响甚大。参见周质平:《胡适与韦莲司:深情五十年》,北京:北京大学出版社,1998年。
② 周质平:《胡适与韦莲司:深情五十年》,第14页。
③ 1915年2月3日胡适在日记中摘录了韦莲司来信中关于男女交际的观点。韦莲司认为男女的交际,完全可以超越性关系而升华,不必在意礼法。胡适赞日记中称她"思想不凡","超然尘表"。《胡适日记全编》2,第32—34页。在《美国的妇人》中,胡适又不提名地将韦莲司的做派行为作为新女性例子来讲述:"这位女士是一个有名的大学教授的女儿,学问很好,……只穿极朴素的衣裳,披着一头短发,离了家乡,去纽约专学美术。"《胡适文集》第2册,第498页。
④ 胡适:《美国的妇人》,《胡适文集》第2册,第501—502页。

的母,除了以外,没有别的可做了。母为什么要良? 因为要抚养成男子的儿女。妻为什么要贤? 因为要帮助着男子立家业。试问一个人活在世间,单单对于个人有关系,这种人生,不是同'阿黑''阿黄'一样的没有价值么?""女子被人把'母''妻'两字笼罩住,就轻轻把人格取消了。"①胡适、罗家伦翻译易卜生《娜拉》后,这部剧被五四新文化人誉为"世界妇女的经典",因为它指出了从来妇女的命运,只是"供男子的玩弄,最好的也不过是'夫唱妇随',逃不出'良妻贤母'的范围,忘却了人类应尽的责任,和应享的权利";而欧美女权运动的实践和意义,"无非因为有觉悟的妇女,不能再安于从前'非人类的生活',要求'人权之回复',和'人格之独立'。所以妇女问题,当然就是'人的问题'"。②

在"人"的观念上提倡女权,成为五四新文化女性问题的基本论述。"养成女子完全之人格",取代贤母良妻主义,成为女子教育的新宗旨。③ 正是五四新文化运动这批人文主义者,利用其在大学讲堂和报刊媒介的权力,以个人主义促进了女性主义。1919 年,罗家伦在刚创办不久的《新潮》发表论文《妇女解放》,指出"中国女子精神上最重要的解放,就是打破良妻贤母的教育,而换以一种'人'的教育"。他指责"中国办女学的人到现在却开口还只是谈良妻贤母主义,并不愿女子做独立的人",认为那是一种"奴隶教育"。罗家伦考察了美国的女子教育与女子就业现状,提出女子教育的改革应从两个方面入手:"(1)超于良妻贤母的教育,(2)男女共同的教育。"④后来的历史,果然照这两个方向运行。

二

鲁迅的《伤逝》,打破了新女性做"新贤妻"的小家庭梦想;而《幸福的家庭》中,"良母"消失。当新文学进入个性主义的纪年后,"贤妻良母"的叙事,显然难以进行下去。1931 年,丁玲曾经为她的母亲写长篇小说《母亲》,其母

---

① 叶绍钧:《女子人格问题》,《新潮》1 卷 2 号,1919 年。
② 曾琦:《妇女问题与现代社会》,《妇女杂志》8 卷 1 号,1922 年 8 月。
③ 蔡元培:《在爱国女校之演说》,《东方杂志》14 卷 1 号,见《蔡元培全集》第三卷,北京:中华书局,1984 年,第 12—15 页。
④ 罗家伦:《妇女解放》,《新潮》2 卷 1 号。胡适在《美国的妇人》中分析,美国女性独立精神的养成,"全靠教育",尤其是从小学至大学的"男女共同教育"制度。新文化运动的成效之一,便是大学男女同校的实现。

余曼贞,正是一个晚清民初因受教育而脱颖而出的"贤母良妻"。她在丈夫去世后,带着一双儿女辗转求学,尔后自己办学。但这部小说最后没有完成,① 而母亲这位"贤母良妻"式的晚清新女性,在三四十年代"娜拉革命"的最新主题下,显得有些"过时"——或许,这是丁玲这部小说未能继续写完的潜在原因?茅盾、巴金、老舍,都有对其贤明慈母表达敬爱的文字,但在他们的虚构性作品(小说)中,贤母良妻的角色,却不再具有典范性——巴金《家》中的瑞珏,老舍《离婚》中的张大嫂、《四世同堂》中的韵梅、《正红旗下》的大姐等,她们的母性,在被作家与愚昧、顺从的奴性放在一起善意讽刺后,不再具有任何理想性。除了冰心,现代作家笔下,很少出现值得赞美的母亲形象。

而露骨表现新文学对"贤妻良母"批判态度的,有叶绍钧。叶写于1928年的长篇小说《倪焕之》,在小说前半段,当怀抱教育理想的男主人公倪焕之与其爱慕已久、志同道合的新女性金佩章结合后,他对自己的婚姻生活满意极了。但小说后半段,当金佩章因怀孕、生育而离开教师岗位,回到家中一心一意哺育孩子、料理家务时,夫妻关系变得疏离。自从妻子怀孕,倪焕之的所有感觉,就都变成了消极和负面的了:他对她的牺牲感到惋惜,对她退回小家庭做贤妻良母,深感"不值"。最后"他得到一个结论:他现在有了一个妻子,但失去了一个恋人,一个同志!幻灭的悲凉网住他的心……"②后来,他竟像老托尔斯泰似地以离家出走,表明其对庸俗现实和家庭的否定。倪焕之的死亡,固然与其教育实践的受挫和大革命的失败有关,但更与他对爱人和小家庭的失望与疏离直接相关。小说最后,金佩章带着忏悔之心,丢下孩子只身来到丈夫死亡的上海,矢志继承丈夫意志投身社会运动,不再回家——没有什么比这概念化的尾声,更能生动地表明作者及其绝大多数新文学同道们,对于知识女性做贤妻良母的完全否定的态度。

当"娜拉出走"乃至"娜拉革命",成为新时代女性主体确立的神话时,"贤妻良母"便不可挽回地走向被放逐的命运,成为"过去"和"传统"的幽黯象征。巴金《寒夜》中的两位女主角,汪文宣的母亲和妻子,不但显示了传统贤母良妻与现代新女性无法兼容的现实,而且象征着中国文化的断裂——传统与现

---

① 1933年丁玲被国民党绑架后,人们一度以为她已被害,其未完成的手稿《母亲》,被当作她的"遗稿"出版;这部未完成的小说,不到原计划的三分之一。参见《文艺月报》1卷2号《女作家丁玲遗著〈母亲〉〈夜会〉出版》。另见王增如、李向东:《丁玲年谱长编》上卷第81—82页,天津:天津人民出版社2006年版;李向东、王增如:《丁玲传》上册,第87页,北京:中国大百科全书出版社,2015年。
② 叶绍钧:《倪焕之》,上海:开明书店,1949年,第176页。省略号为引者加。

代之间,已经没有修复与调和的可能。

巴金在《寒夜》中,一如既往将"家"作为文化的隐喻来叙述,只是,这已经不是四世同堂的宗法制大家庭,而是现代都市夫妻小家庭。汪文宣与妻子曾树生,曾经是充满理想、志同道合的大学生,他们是五四的产儿,鄙弃世俗,自由恋爱而同居,不屑于世俗的结婚仪式与结婚契约。这种恋爱同居式的婚姻,在五四以后成为新知识阶层信仰与身份的象征。① 然而,这种同居式婚姻,成了婆媳矛盾的由头。汪母曾是大家闺秀,读过四书五经,或者还念过清末刚刚开设的女子学堂,②属于她那代女性中受过良好教育的"贤母良妻"。因为战争,她屈居于儿子的小家庭中,过着忍辱负重的生活。在与儿子一家相处的艰难日子里,汪母所为,也体现了传统贤母的特征,过着实际的老妈子生活。她竭尽全力照顾儿孙,含辛茹苦,任劳任怨。最初,在儿子儿媳发生争吵时,她通常躲进自己的小屋,一声不吭,这体现了她的涵养。后来,当她对儿子可怜巴巴祈求儿媳回家的"没出息"样儿感到失望和恼怒时,她作为旧式母亲的狭隘和作为婆婆的刻薄,才放肆表现出来。曾树生,不但年轻、漂亮、健康,而且经济独立,生活也独立。"他们中间只有同居关系,他们不曾正式结过婚。当初他反对举行结婚仪式,……她始终有完全的自由。"(第四章)曾树生为挣得较高的薪金,过舒适的生活,宁愿在银行当"花瓶"。下班以后,常有应酬,经常因跳舞而深夜才归。汪母对她鄙夷而怨忿,婆媳二人终日战火不熄。汪母与曾树生属于两个时代的女人,秉持完全不同的价值观和生活态度。汪母对儿媳的新派行为煞是看不入眼,她说自己宁肯饿死或者做老妈子,也不会去当花瓶;况且,还有银行那位年轻的陈主任,隔三差五差人给她把"情书"(汪母语)送上门。曾树生深知婆婆的偏见与嫉恨,却偏要故意说她最不爱听的话刺激她。汪文宣既爱妻子,又爱母亲,夹在母亲与妻子间痛苦呻吟。但在母亲与妻子之间,妻子的存在显然更重要——当她回家,无论多么像一个过客而不是主妇,他都会因这短暂的相聚,享受恩惠一般感激而安宁;而她的每一次负气离家,都使他如丧家之犬,惶惶不可终日。

妻子离去,家不复完整。汪文宣经常凄凉地叹道:"家,我有一个怎样的

---

① 1920 年代,新文化报刊媒介经常有否定契约式婚姻、主张恋爱同居的文章,而不经法律手续的同居式婚姻,在新知识群体及革命阵营中,比较普遍。
② 河村昌子在《民国时期的女子教育状况与巴金的〈寒夜〉》一文中,通过《寒夜》情节所提供的内容考证,认为汪母除了上过私塾,还可能上过清末刚刚开办的女子学堂。见《中国现代文学研究丛刊》2002 年第 2 期,第 181—182 页。

家啊!"(第五章)那么,他们的孩子汪小宣,又该如何感受呢?在《寒夜》中,儿子小宣像个影子,无声无息地出现过几次。由于曾树生的固执,他被送进昂贵的私立学校,平时住校,周末才回家。然而,这个神情黯然的沉默男孩,无论出现或是不在场,都令人感到心疼。曾树生作为母亲,对儿子并没有什么感情,经常觉得"他好像不是我的儿子",以致她的男朋友陈主任,知道她"有一个丈夫和丈夫的母亲",并"知道她丈夫多病,她又跟那个母亲合不来,他也知道她不大喜欢这个家",却并"不知道她还有一个十三岁的男孩"(第十五章)。相应地,孩子也并不依恋她,与她相当疏远。她对孩子的尽责,仅仅是拿钱送他进贵族学校。至于这种家境贫寒的孩子,穿着祖母改过的旧衣裳,在那些纨绔子弟成群的同学当中,有没有受过委屈,是否会感到孤独,却是这位母亲从不关心也不想过问的。"贫血,老成,冷静,在他身上似乎不曾有过青春。他还是一个十三岁的孩子,但是他已经衰老了。"(第二十章)他偶尔回答祖母的询问,告诉功课吃紧,足以表明他的学校生活一点也不快乐。这样一个沉默寡欢、过早成熟的孩子形象,凡有母爱的女人,无不感到心酸。但曾树生的情感世界中,仿佛没有"母爱"这一维。当婆婆指责她不关心孩子时,她认为花巨资送孩子进了好学校,她的责任就尽到了——"小宣有学校照顾他"(第十二章),这是她的口头禅。汪文宣自己,则因无力养家,灵魂早已被自卑压得萎缩。作者并没有指责曾树生的意思,但通过这位新女性,我们看到了五四以来崇尚个人、轻视家庭、否定贤妻良母的新文化,所存在的一个致命缺憾。

娜拉出走以后,被弃的孩子们,将如何成长呢?

三

弃儿的主题,在激进的左翼文学中,一再出现,[①]而这不过是革命现实中屡见不鲜的残酷景象的偶然记载。[②] 谢冰莹与萧红,都写过以"弃儿"为主题的小

[①] 在张凌江的论文《扭曲的母神——现代女作家"拒绝母职"的革命书写探微》中有更多作品例证。该文收入乔以钢等:《中国现代文学文化现象与性别》,天津:南开大学出版社,2012年。
[②] 现代革命史上,女性生下孩子后把孩子送人,是极为常见的现象。1926年参加革命的曾志,在二三十年代先后生下三个儿子,两个送人,一个被组织卖给富人解决经费问题。晚年曾志在回忆录中反省道:"可怜三个儿子,为了革命事业,或是卖人或是送人,没有感受过多少母爱……""当时我总认为,一个真正的共产党人,应该一心扑在工作上,不该花那么多时间和精力去带孩子。现在看来这种思想确实太偏激了。"见曾志:《百战归来认此身:曾志回忆录》,北京:人民文学出版社,2011年,第139、120页。

说。无论是否可以当作作者的自传来读,弃儿的故事,都发生在一种极其相似的境遇中——年轻的父母,因为生活困窘,为救出自己而抛弃孩子。谢冰莹1932年完成的《抛弃》,写"一对革命爱侣,因为生活艰苦,所以将自己的爱的结晶品,——产儿——一生下来就抛弃了"。① 这篇小说以绝大部分篇幅,渲染和描写革命情侣不得不抛弃孩子的缘由,以及女主人公内心的搏斗。最终,丈夫(同居男友)用革命的大道理,说服了女主人公,使她战胜了母爱:"你要救孩子吗?……为什么不救大人,不救自己,不救千千万万勇敢的战士?不从根本着手,努力革命,以期我们的世界早早实现?……""你想怎能因一个孩子而妨碍到我们整个的事业,你爱她,就在现在创造我们的社会,等到我们的社会成功了,一切穷人都得到了解放,得着了自由,得着了幸福时,一切孩子都有了归宿有饭吃……"②以一己的牺牲,换来千千万万人的自由,这是革命(文学)最具魅惑的语言。而当时的评论者对于这篇小说的解释,则进一步揭示了社会达尔文主义与乌托邦理想的结合,在20世纪30年代初已经成为激进文化的通行思维:"是的,为了革命,为了工作,为了生活,是顾及不得那些育儿琐事的。为了大众的爱情,自然可以战胜这为婴儿的慈爱。同时我们可以晓得,革命的生涯,必须要有最大的艰苦性和永久性。小资产阶级的波浪般的疯狂的情绪,当然配说不上。"③

萧红写于1933年的《弃儿》,与谢冰莹稍不同,弃婴计划并非出自年轻的父亲,而是女主人公独自的决定;她早有此心,因而在医院里听凭孩子饥饿啼哭而一直拒绝哺乳。然而,当她将弃婴计划告诉男友时,他的欣喜和感激,与谢冰莹小说中的男主人公,立场并无两样。我无意苛求处于饥饿与困窘中的年轻父母,生存危机下的残忍选择,既是人的本能,更是社会的罪恶——悲剧的制造者,首先是社会的黑暗与不公。然而,对社会的批判,丝毫不能代替我们思考个人应负的责任。萧红为弃婴行为找到的比生存更具正当性的理由,仍然是"牺牲一个救出多数"——

> 当芹告诉蓓力孩子给人家抱去了的时候,她刚强的沉毅的眼睛把蓓力给怔住了,他只是安定地听着:"这回我们没有挂碍了,丢掉一个小孩

---

① 丽倩:《评冰莹〈前路〉》,《女子月刊》1卷6期,第102页,1933年8月。
② 冰莹:《前路》,上海:光明书局,1932年,第66页。省略号为引者加。
③ 同①,第102—103页。

是有多数小孩要获救的目的达到了。现在当前的问题就是住院费。"

蓓力握紧芹的手,他想——芹是个时代的女人,真想得开,一定是我将来忠实的伙伴!他的血在沸腾。①

倘若从"民族国家寓言"的角度解读这些作品,新文化所包含的社会达尔文主义倾向,竟然成为民族国家建构的一种价值选择,"人"最终成为了民族国家借用的载体。当女性在"个人"与"民族"的功利期求下放逐母性,那么,失去母爱庇护的"弃儿"们,会否成为新的民族创伤的"寓言"?

作为一个心理上有"弃儿"创伤的作家,张爱玲成名以后,曾经以极其理性和宽容的态度思考"母爱"的问题,对母爱,作过极为通达的理解:

自我牺牲的母爱是美德,可是这种美德是我们的兽祖先遗传下来的,我们的家畜也同样具有——我们似乎不能引以自傲。本能的仁爱只是兽性的善。人之所以异于禽兽者并不在此。人之所以为人,全在乎高一等的知觉,高一等的理解力。此种论调或者会被认为过于理智化,过于冷淡,总之,缺乏"人性"——其实倒是比较"人性"的,因为是对于兽性的善的标准表示不满。②

这个深刻的理论,是生活经验一点一滴教给张爱玲的。理性的母亲和理性的姑姑,就是最早的教员。她自己,因此成长为一个理性的人,以姑姑似的冷淡,对待她那瘦弱、卑怯的弟弟。她小说中那些善于算计的男女,大都因了这过分真实的人性而令人寒心,张爱玲因此长期给人自私冷漠的印象。近几年陆续发现和出版的她创作于1956至1976年之间的自传性长篇小说《雷峰塔》《易经》与《小团圆》,却以大量令人心酸的细节,反证了她对于"兽性的善的标准"——母爱——的渴望。正是母爱的缺失,造成张爱玲心灵终身不愈的创伤。

张爱玲四岁时,母亲因父亲的沉溺和堕落而负气出走。在她的记忆中,母亲"很早就不在家里了","在孩子的眼里她是辽远而神秘的";但对母亲的爱,是她幼年生命中宝贵的秘密:"我一直是用罗曼蒂克的爱来爱着我的母亲。"(《私语》)以致爱屋及乌,凡是母亲喜欢的,她都喜欢,包括色彩、英格兰、法兰

---

① 萧红:《弃儿》,秦弓:《大家小集·萧红集》,广州:花城出版社,2006年,第14页。
② 张爱玲:《流言》,北京:北京出版社出版集团、北京十月文艺出版社,2009年,第103页。

西、老舍小说《二马》等;因为母亲喜欢弹钢琴,她就学了自己并不怎么喜欢的钢琴。她记忆中幸福的顶点,是八岁那年母亲的归来。"我们搬到一所花园洋房里,有狗,有花,有童话书,家里陡然添了许多蕴藉华美的亲戚朋友。我母亲和一个胖伯母并坐在钢琴凳上模仿一出电影里的恋爱表演,我坐在地上看着,大笑起来,在狼皮褥子上滚来滚去。"为了这满溢的幸福,小爱玲忍不住给天津的一个玩伴写了三页纸的信去炫耀(《私语》)。母亲的归来,不仅拯救了沉溺毒瘾的父亲,也使这个家庭充满阳光和希望。然而,这样的幸福没有能够持续下去,"我父亲把病治好之后,又反悔起来,不拿出生活费,要我母亲贴钱,想把她的钱逼光了,那时她要走也走不掉了"。(《私语》)母亲在与父亲发生更加严重的争吵后,再次出走,再没回来。父母离婚以后,张爱玲"把世界强行分作两半,光明与黑暗,善与恶,神与魔。属于我父亲这一边的必定是不好的";父亲家里的一切,鸦片、私塾先生、章回小说,"什么我都看不起"。(《私语》)相反,母亲及姑姑,代表着文明、现代,一切都是温暖而富于生趣的。正是因对母亲怀着罗曼蒂克的信任和爱,使她在遭父亲毒打和禁闭后,毅然出逃投奔母亲。直到与母亲和姑姑住到一起以后,她对母爱的期待,方才一点点幻灭。《私语》中写道,起初,问母亲要钱"是亲切有味的事","可是后来,在她的窘境中三天两天伸手问她拿钱,为她的脾气磨难着,为自己的忘恩负义磨难着,那些琐屑的难堪,一点点的毁了我的爱"。当她终于明白,"看得出母亲为我牺牲了许多,而且一直在怀疑着我是否值得这些牺牲"时,她在寄人篱下的孤独无助中,有时甚至绝望得想自杀。

《雷峰塔》《易经》和《小团圆》,用大量的篇幅详细描写母亲对她的伤害及母女的疏离。其实,这些受伤的体验中,也有青春期少女的偏执,以及因母女长期疏离导致的隔膜。不过,弃儿的心理一旦形成,母亲任何哪怕正常的不满和指责,都会造成意想不到的深刻伤害。何况,在新女性母亲的天平中,她自己的自由,远远重过孩子的成长。人对幸福的体验,最初就是从护犊的母爱开始的。然而张爱玲对母爱的幸福体验只有短暂的一瞬;生长于钟鸣鼎食之家的她与弟弟,在孤独漫长的成长中,心灵的体验更多时候像无父无母的孤儿。①《私语》中的一段描写,读来令人心碎:

---

① 周芬伶采访张爱玲表兄妹时,他们告诉她:张和弟弟"从小就孤僻内向,两个人个性很像,见了人都退缩,张子静尤其严重……"见周芬伶:《艳异:张爱玲与中国文学》,北京:中国华侨出版社,2003年,第29页。

我逃到母亲家,那年夏天我弟弟也跟着来了,带了一双报纸包着的篮球鞋,说他不回去了。我母亲解释给他听她的经济力量只能负担一个人的教养费,因此无法收留他。他哭了,我在旁边也哭了。后来他到底回去了,带着那双篮球鞋。

这个细节,在《雷峰塔》和《小团圆》中,也一再出现——反复作为一种修辞手段,是情之郁结不得不发所致。母亲的"理性"带给孩子的创伤,在张爱玲那里,是终生不愈的——后来,弟弟变成"劣迹"斑斑的问题少年,"逃学,忤逆,没志气",受到亲友厌弃(《童言无忌·弟弟》)。《茉莉香片》中,张爱玲以弟弟为原型,塑造了一个因母亲早逝、被父亲继母虐待而心理变态的聂传庆;而在《雷峰塔》中,她干脆让怯懦堕落的弟弟,没等长大成人就染疾而亡。世上还有什么比母爱缺失所导致的人的畸零与毁灭,更令人痛心呢!冰心曾怀着慈悲,让母爱具有上帝那样超验和普度的力量,让世上失去母爱的畸零儿,回归正常的社会大家庭(《超人》)。然而,母爱是具体的,不是超验的,没有"兽性"的相濡以沫、亲抚亲爱,它便只是虚幻的彩虹,徒有美丽光影,而不能给予丝毫温暖。

张爱玲的母亲,也曾经与一般的贤妻良母一样,拥有"兽性"的母爱。《私语》中,写母亲出洋前夕,"上船的那天她伏在竹床上痛哭",那分明是舍不下孩子。《对照记》中收录的张爱玲和弟弟两张被母亲着色的单人照片,一直被母亲珍藏,后来作为遗物留给了张爱玲,那其实就是母爱的见证。张爱玲晚年回忆起幼年看母亲为她照片涂色时的情形,还在为那安详、亲切的母爱氛围感动。[①] 然而,这份母爱可惜太薄太轻,托不起孩子漫漫生命成长中无限的孤独、渴望与辛酸。没有自我牺牲的母爱,人就得不到马斯洛所说的生存层面的"安全需要"以及"爱与归宿"的需要。缺乏母爱的成长,使张爱玲最终在理性上认同了"人性"的母亲,但心理的创伤,却跟随了她一生,使之成为一个"古怪的女孩"(《天才梦》),除了天才,一无所有。

张爱玲的《雷峰塔》、《易经》和《小团圆》,某个角度看,可视为继续和反思巴金关于"家"的叙事。小说中的琵琶/九莉,作为新女性母亲的弃儿,替《寒夜》中未能发声的小宣,写出了内心的伤感——"家"破碎以后,被母爱遗弃的孩子,如何在孤独中扭曲地成长。同时,两位母亲,巴金笔下的曾树生,与

[①] 张爱玲:《对照记》,北京:北京出版社出版集团、北京十月文艺出版社,2007年,第4页。

张爱玲笔下的露/蕊秋,尽管作品是从完全不同的视角进入,隐含作者的评价也很不相同,然而,作为坚持"出走"的母亲,她们难以逃脱一个共同的指摘——当个性自由创造出新时代的孤独者(弃儿)与病态儿时,新女性舍身奋斗成为娜拉,结果却将自己的孩子留在了感情的荒漠。被"娜拉"抛弃的孩子们,能否成长为娜拉所追求的"我自己"呢?

  冰心曾说:"世界上若没有女人,这世界至少要失去十分之五的'真'、十分之六的'善'、十分之七的'美'。"[①]当女性的解放,被预设为"使所有的女子都须走一条相同的路",甚至是"以任何外界的势力,来越俎代庖,替所有女子择定一条相同的路"时,[②]"娜拉"的出走,造就一代"弃儿"。20世纪30年代中后期,舆论界出现"新贤妻良母主义"的倡议并引发讨论时,有人提出"贤妻良母"的问题,必须与"贤夫良父"一道,作为社会的公共问题谋求解决。[③] 这场讨论,尽管在抗战危局纷扰和左翼阵营的激烈批判中黯然退场,但其实触及了"解放"话题长期以来的某种父权盲区,今天仍有讨论的价值。

本文作者系中国人民大学文学院教授

原载《华东师范大学学报》(哲学社会科学版)2016年第5期

[①] 男士(冰心):《关于女人·后记》,上海:开明书店,1947年。
[②] 陈衡哲:《妇女问题的根本谈》(1944年4月),陈衡哲:《衡哲散文集》,石家庄:河北教育出版社,1994年,第135页。
[③] 蜀龙:《新贤良主义的基本概念》,《妇女共鸣》4卷11期,1935年。

头发的政治学阐释

张永禄

无论是福柯知识考古式的方法,还是伊格尔顿美学意识形态的理路,都让我们越来越明白那些一度被我们视为天然的事物,如身体,在长期的历史过程中被某种无形的权力规训,由意识形态所征询。那个物质意义上的肉体(即躯体),作为人存在的先决条件的躯体,是被政治和文化改造的产物,是意志和灵魂管理的作品。而问题在于,人们并不是很清楚这一点,他们一味倚重文化,遗忘了作为个体在世基础的躯体,造成了身体和灵魂的二分,并认为灵魂优越于身体,更有甚者,为了走向上帝,获得灵魂不朽,主动舍弃自己的肉体生命,如海子。而海子死后形成的"海子热",再次让我们看到了人们对躯体的不信任。而在形而下层面,为了政治、文化、宗教、伦理等目的对躯体的任意篡改、编辑、压迫随处可见。"文学是人学",不用说,人们这种对身体偏见自然带到了文学作品中。文学中的"身体政治"研究是以身体作为对象,从政治的视角研究文学作品中的躯体怎样从生理的属性移用为政治编码,最后异化为政治符号,从而达到对"人"的主体确立和解放主题的再次解构和反思,在人类学层面矫正自孟子以来"杀生成仁"思想所造成的身体异化,企图恢复先秦思想体系中的"贵生论"传统。[1] 身体是由一系列器官和组织构成,"身体政治"可以从解读这些器官和组织开始。本文企图通过对现当代小说中头发的政治学阐释,来验证上述识见。

头发是人体的一部分。它从我们的躯体内部生长出来,伴随着躯体的始终,和我们的健康状况息息相关。它由黑而白,由浓密而稀疏,是生命轨迹的自然弧线;我们用脑过度,透支躯体时,头发最先警觉;当我们的躯体发生危机

---

[1] 本文关于身体的理论主要来自葛红兵先生身体伦理学,见葛红兵:《人言与人为》,上海:上海三联书店,2003年。

时,头发悄悄发出警告;当我们精力不济时,头发最先耷拉下来。头发是我们躯体最自然的状态,它天然地诉说躯体的种族属性、生命阶段、身体状态、情绪活动。即使有人企图控制它、践踏它(如剃光头,染发),它也会从肉体里生长出原来的它,向世界呈现自己的本来面貌。

自古以来,中国就有贵生的传统。头发被视为人生命的一部分,一毫一发都是父母赐予的,要好生呵护。人们戴上帽子保护自己的头发,免受外部自然对它的伤害。小孩成人的庄重仪式也用头发体现,男孩子束发插簪,女孩子则把头发盘起来。可是,头发在近现代史上命运不济,处在反自然的状态。它由生物学、人种学范畴向社会学和政治学的意义转变,成为文化的符号,成为身体的政治编码。在历史的演进过程中,头发一旦失却了其本源意义,打上政治标签后,给人带来的不仅是生理上的痛苦,更有精神上的不堪重负。头发本质上成为了躯体的异己者,毋宁说,头发的历史,就是一部向人诉说它被异化的历史。饱受头发之灾的鲁迅在他的作品中,假主人公之口痛斥:"我不知道有多少中国人因为这不痛不痒的头发而吃苦,受难,灭亡。"[1]

由于篇幅所限,本文拟历史地截取几个典型的头发意象阐释,窥一斑见全豹。

留辫子/剪辫子 = 保守/革命

鲁迅曾借 N 先生之口感慨:"头发是我们中国人的宝贝和冤家,古往今来多少人在这头发上吃毫无价值的苦呀。"[2]不错,满清入关,汉人要实行满式发型——剃发留辫,遭到了汉人的强烈抵抗,那场"留发不留头,留头不留发"的斗争里,有多少是爱国成分,又有多少是习惯使然。有后人评说:"其实也不过一种手段,老实说,那时中国人的反抗,何尝因为亡国,只是因为拖辫子。"好不容易,"顽民杀尽了,遗老都寿终了,辫子早留定了",到了太平天国起义,洪杨又玩起辫子的游戏,要求留发不结辫(称长毛)。于是,非常时刻,辫子和长毛成了旗帜鲜明的阶级标签。这可苦煞了咱老百姓,"那时做百姓才难哩,全留着头发的被官兵杀,还是辫子的便被长毛杀"。[3] 长在自己头上的头发,

---

[1] 鲁迅:《头发的故事》,《鲁迅作品全编》(小说卷),杭州:浙江文艺出版社,2002 年。
[2] 同上。
[3] 同上。

自己不知道该怎么办？如果说，满清政府为了征服汉人，把自己的胜利永远写在每个汉人的辫子上，内化为一种装饰性的习性，使自己对汉人的统治对社稷江山的编次自然化。渐渐地，辫子就成了一种"国籍"——大清的象征。当一批批"逃异地、走异路"的大清子弟来异国他乡，"油光可鉴的辫子"就把大清的形象带到了那儿。在外国人的眼中，辫子是"东亚病夫"的标签。但在大清国看来，辫子却是大清的象征。一些留学生们不以为耻，反以为荣，故意炫耀自己可爱的小辫子。无怪乎鲁迅在《藤野先生》中要讥讽这些把辫子做国粹盘起来形成富士山或解下来，展示它们油光可鉴的标致。异国生活的事实告诉他们，辫子给自己的生活带来不便，出于生活和卫生需要，要剪辫子。重要的是，那些反对满清政府的留学生也用剪辫子的行为和满清决裂，或许在他们的无意识里：国人头上的辫子掉了，大清的数气亦尽。但是满清政府不愿意承认自己的大限已到，要固守传统，这种救亡运动很鲜明地体现在"辫子意识形态"上，当时的留学生N先生以自己的亲身遭际证实了这一历史的片断：

> 我出去留学，便剪掉了辫子，这并没有别的奥妙，只为他太不便当罢了。不料有几位辫子盘在头顶上的同学们便很讨厌我，监督也大怒，说要停了我的官费，送回中国去。……
>
> 过了几年，我的家境大不如以前，非谋点事做便要受饿，只得也回到中国来。我一到上海，便买定一条假辫子，那时是市价，带着回家。我的母亲倒也不说什么，然而旁人一见面，便都要首先研究这辫子，待到知道是假，就冷笑一声，将我拟为杀头的罪名；有一位本家，还预备去告官，但后来因为恐怕革命党的造反或者要成功，这才中止了。
>
> 我想，假的不如真的直接爽快，我便索性废了辫子，穿着西装在街上走。一路走过去，一路便是笑骂的声音，有的还跟在后面骂："这冒失鬼！""假洋鬼子"。
>
> 我于是不穿洋服，改了大衫，他们骂得更厉害了。[①]

这个故事讲述了辛亥革命前后头发的命运，人的命运。头发属于个人，可是却不属于你自己，你对它失去了支配权，它天然地和你的国籍、你的政治立场挂钩，和你的身家性命牵连，且不是隐而不现的，而是立竿见影的。在以有

---

① 鲁迅：《头发的故事》，《鲁迅作品全编》（小说卷），杭州：浙江文艺出版社，2002年。

辫子为正常的社会里,没有了辫子就不正常了。于是,N先生们不愉快的遭遇接二连三了。

不过,其时,在留辫子和剪辫子之间,还有第三条道路可走——盘辫子。在《阿Q正传》中,就有赵司晨、阿Q和小D盘辫子的场景,既可笑又大有深味。不要凭常识推理,以为赵司晨之流是改良派。他们是没有什么政治立场和信念的,不过是投机革命而已:把辫子盘起来,相时而变,革命成功了,我就剪掉;革命失败了,我就把辫子放下来。那么,阿Q和小D把辫子盘起来也是投机革命吗?客观来说,阿Q和小D迫切需要革命却不了解革命,又没有人来启蒙他们,对革命的直觉憧憬使得他们向赵司晨这些投机分子学习。以为通过盘辫子,他们就和革命联系起来了。无论是阿Q和小D,还是赵司晨,尽管他们处在对立阶级地位上,但他们的盘辫子行为却是不二的,共同演绎了盘辫子的闹剧。

盘辫子、留辫子,其时中国社会政治地图写在男人们的发型上,1644—1919年的辫子风波,演绎的就是辫子政治学。

短发、平头/汉奸头、白毛女:革命战争图绘意识形态

民国建立10多年后,辫子的风波终于过去了。但是头发作为革命的传统仍延续下来了,那时进步女青年一般都要剪短发。一般说来,中国作家多不重视静态描写,对人物的外貌,特别是头发是忽视的,但是,我们依然能零星地发现头发所承担的革命者形象的使命。杨沫的《青春之歌》就描写了上街游行示威的进步女青年徐辉的形象:

> 她旁边站着一个年轻女学生,小个子,黑黑瘦瘦的,穿着破旧的蓝布夹袍,披着短短的头发。

如果说杨沫的描写尚带有偶然性的话,那么王愿坚在《党费》里就指出了短发的普遍必然性,他是这样描写地下共产党员黄新的:

> 头发往上拢着,挽了个髻子,只是头发先短了点;当年"剪了头发当革命"的痕迹还多少可以看的出来。

"剪了头发当革命",革命时代的男青年,特别是学生,剪平头。在梁斌的《红旗谱》中,学生示威游行中被校方监管的张嘉庆受伤住院,女护士劝他不要外出,就是以"头发"为由的:

> 女医生抬高声嗓:"小心点儿,这是'平头'有个一差二错,我负不起责任!"

女医生的话是出于当时反动势力对平头的警惕和敌视,凡是留平头的就有"赤共"的嫌疑。

而另一类人,汉奸,帝国主义的走狗,民族叛徒和人民公敌,也有自己发型上的特征——汉奸头,以至于解放后"汉奸头"成了对人道德品性的借代。

> 老黄,此人矮短身材,梳着常常在抗日电影里见到的"汉奸头",长着一付凶神恶煞的脸。①

当时的汉奸们实际上并不一定都是这个发型。对汉奸们文学形象的处理可能受到革命发型的启发,类型化脸谱化了。虽然只是文学手法,可是却反映了当时人们的思维特征,是头发上的二元对立政治学,它意味着辫子政治学适时顺义的进化,富有了新的时代气息和精神内涵。于是,晚清以来的留辫子/剪辫子的分野,在20世纪20—40年代转化成了平头、短发/汉奸头的对峙,它分明暗示由保守与革新、封建专制和民族资本主义的斗争,转化成爱国和卖国的斗争。

20世纪40年代,解放区文学通常被看作是意识形态一体化最初实践的产物,其文本的政治隐喻是不言而喻的。无疑,《白毛女》是延安文学的典范。不过,本文关注的不是《白毛女》的政治内容,而是这一政治内容的叙述竟然由"头发"来直观指引。一般来说,如果不是由于人种的原因,白发是由生理或者病理原因引起的,人到了老年,生命的历程快到头了,黑发就变成白发,浓发变得稀疏,这是自然规律,不可抗拒;再者,由于人体某种元素的缺少,头发也会变白。那么白毛女的头发是怎么回事呢?《白毛女》是根据民间传说"白毛仙姑"的故事改编的。主人公喜儿因父亲被地主逼债而抵押给黄世仁,惨

---

① 晓庄:《事出有因》,http://www.car-hy.com/bbs/show.asp? id=718 &bid=538K。

遭蹂躏后,逃进山洞,在山洞里生活了三年,因缺少盐和阳光,头发全白了。八路军来后她重见天日,报仇雪恨,从而揭示了一个深刻的主题:旧社会把人逼成"鬼",新社会把"鬼"变成人。山洞里暗无天日的生活使年纪轻轻的她"早生华发"。返回人间后,喜儿过上了正常的人间生活,黑发重生。剧本中,白毛女头发的生理变化内含这样的逻辑:政治身份获得——生活上翻身——生理回到常态。这是两条平行线索,头发状态:黑——白——黑(显形);政治地位:人——"鬼"——人(隐形),前者依附后者,表现后者。当然,促使社会地位和身体状态变化的动因是阶级斗争。

长辫子和短发:因时而变的审美趣味

20世纪50年代,走上了社会主义康庄大道的人民共和国,在严酷的国际环境中和毗邻社会主义老大哥唇齿相依。在两大阵营对立的思维中,追求社会主义一体化,不仅意识形态,社会体制,就连生活方式和审美情趣也向老大哥看齐,头发自然也"苏化"。据有人回忆:

> 到50年代初,不知怎么城里、镇上的年轻女人忽然都留起辫子,这可不是我们乡下那一根长辫子拖到腰下,而是两根辫子拖在胸前,辫子还用花布打了结。当时我们男同志还不明白是怎么回事,问及单位辫子最长的姑娘小王,"这是学习苏联老大哥啊!你没有看见苏联电影里的姑娘不都是两根长辫子吗?"这时我才恍然大悟。那时"全盘苏化"正浓,正动员男同志穿苏联大花布的衬衫,我们单位的领导都快五十了,还带头穿呢。[①]

本来,我们的年轻女孩有自己的辫子,不过是一条,现在看到苏联女孩是两根辫子,于是纷纷自觉效尤,可能也有领导动员。一条辫子改成两条辫子,恐怕不仅是生活习惯和审美趣味的问题,或许暗含当时社会的政治趣味,把一个生活习惯和审美趣味的问题时事化,政治化,"头发"成了那个时代的风向标之一。与此相应的文学,对女孩的头发描写,几乎千篇一律的"一体辫子化",不过它的命运和意味和上个世纪初的辫子,则差之千里。但是,至少可以看到这

[①] 侯民治:《头发演变和世纪沧桑》,中国学术期刊网,1997年。

一时期人的身份和状态是集体化人格,政治化人格。

20世纪60年代,中苏关系恶化,留辫子不合时宜了。再说,留辫子对劳动和生活也不方便。社会主义的劳动美学对女性美有全新的诠释,相应地,头发有了新的审美要求和标准:短发。韩少功在回忆当时的社会劳动模范——女铁人时,有这么一段话:

> 到后来革命的高潮时代,女性美更多地定型为这样一种形象:短发,圆脸,宽肩,粗腰,黑皮肤,大嗓门,常常生气勃勃地扛着步枪或者铁锨,比如出现众多的突击队"铁姑娘"。小燕和很多女同学身上就有过这样一股呼呼呼的铁气。这当然是一种劳动的美。……这种美可以注解那个时代的诸多重大事件。①

在体现男女平等,提倡劳动美的时代氛围下,女性美的定型:短发,圆脸,宽肩,粗腰,黑皮肤,大嗓门,肥大的男装,是以性别模糊为代价的,用政治要求来规范女性美,用高强度的体力劳动来改造女性,体现男女平等的社会理想,女性的身体(包括头发)无形中被政治化了。短发与其说是自然美的变化,不如说是政治美学使然。在时代风气下,短发和女性美,和社会主义的劳动美学就画上等号,引发的美学思考是别有深味的。在一些作家的笔下,其主人公自然是无条件地服从劳动美学的召唤,割下辫子变短发。作家管桦和陆文夫的作品这一变化最为明显。50年代的女主人公是辫子姑娘,60年代则是短发青年。

阴阳头和光头:惩罚罪人

"文革"期间,激进的红卫兵们拿着剪子到处剪人家的头发,和20世纪初的革命党人剪辫子运动差不多,他们设计了特别的发型:阴阳头,以示该人阳奉阴违,是野心家和阴谋家,让这些黑帮时时处处在人民的监督下。当年杨绛先生也未能幸免于难,她对自己头发的故事有文记载:

> 我们都是陪斗,那个用杨柳枝鞭我的姑娘拿着一把锋利的剃头推子,

---

① 韩少功:《暗示·铁姑娘》,北京:中国青年出版社,2002年。

把两名陪斗的老太太和我都剃成"阴阳头"。

……

我带着假发硬挤上一辆车,进不去,只能站在车门口的阶梯上,比车上的乘客低两个阶层。我有月票,不用买票,可是售票员一眼就识破我的假发,对我大喝一声:"哼!你这黑帮!你也上车!"①

剃阴阳头,有损人的外表美观,倒在其次,关键是对人格的侮辱,把政治审判书写在头发上,大白于天下,让人无处逃遁。杨绛带着假发,也逃不过售票员的"火眼金睛",被训斥,被剥夺坐公汽的权利。知识分子的遭遇和N先生们当年剪辫子受到的社会冷遇有过之而无不及,况且还要戴高帽、架飞机、游街、批斗,是一场从躯体到灵魂的毁灭性打击。这种不幸首先就表现在"阴阳头",躯体(头发)被任意奚落,知识分子不能保护自己的头发,自己的发型都被革命小将们来谋划,贴政治标签。

光头被认为是非自然的。因为它除去了一切自然生长出来的头发,它是彻头彻尾地反自然。如果说头发是生命力的话,光头是对生命力的扼杀,是连根拔起式的摧残,光头就具有某种暴力倾向。和尚是剃光头的,那是要和世俗绝缘。可是,现在的犯罪分子进监狱头发要被刮得干干净净。董立勃的小说《白豆》中,女主角白豆去监狱看胡铁,就有犯人都剃着光头干活的场景。

为什么要给黑帮剃阴阳头、给犯罪分子理光头呢,恐怕和我们的历史有渊源。正如前文所述,中国古代有一种和头发有关的刑罚,髡刑,是五刑(墨、劓、宫、刖、髡)之一,把犯人的头发剃掉,算是给他很重的惩罚。本来,剃去发毛,于人的肉体伤害似乎不大,那为什么要把这作为一种很重的惩罚呢?这涉及到我国先秦时代的"贵生"传统。对此,民俗学者江绍元有过精彩分析,他说:"至于发须呢,如我们曾说明,它们尤其是人生的精华,几乎与血和精这一红一白两种汁占有同样重要的地位。罪人饶他一死也可以,他的头发,却必须除尽——岂但光脸秃头可供众人的玩赏,主要的真正的目的,在伤他的魂,这似乎换个法子取他的命。"②头发是肉体的,同人的血和精液一样宝贵。剃光头,就是伤你的魂,换个法子取你的命,这种精神的苦役胜于肉体的拷打,中国的犯罪分子,无论情节轻重,在精神上的量刑是一样的,都是极刑。对此,我们

---

① 杨绛:《丙午丁未年记事》,《杨绛文集》,北京:人民文学出版社,2003年。
② 江绍元:《发须爪》,中国学术期刊网,1998年。

不难理解,"文革"期间有些"黑帮"因不愿忍受"阴阳头"而自杀,他们用贱生来维护生命的尊严(贵生)。

进入新时期以来,人们的日常生活形式(包括发型等穿戴打扮等)在一步步剥落政治的痕迹,个性化日益彰显,这恐怕与人们的日常生活在不断淡化政治意识,以及意识形态领域的宽松大有关系。可是,随着20世纪90年代市场经济的启动,消费主义的日趋盛行,命途多舛的头发又陷入了消费主义的陷进,成为商品符号,五光十色,千奇百怪,各个领域,在头发上造假成风。这是另外一个话题,此不赘。

以上是对文学头发意象流变的梳理。我们看到,在头发的历史地形图上,其命运不济。作为躯体的重要组成部分,虽然在先秦时代贵生论思想传统的庇护下被珍视过,但后来就一直被误用,被借贷,越来越成为躯体的敌人。特别是自清代起来,头发就被迫与民族身份、王朝、阶级地位、信仰立场等意识形态的极品词捆绑在一起,演绎了一幕又一幕头发的悲喜剧,而那个本源意义上的头发一直就被遮蔽,被遗忘和被抛弃。一部头发故事史,不过是中国近现代史的头发版本,是谓"头发政治学"。

然而,从"身体政治"的视角关照"五四"以来文学中人的解放和个体主体的张扬,仍不难发现这一主题的沉重性,或许,倾听所有关于头发的故事,我们在不安中领会到:把一切去魅、还原,让头发回到头发。

本文作者系上海政法学院新闻传播与中文系教授

原载于《文艺理论与批评》2004年第5期

造人·"伪士"·日常生活
——重读《伤逝》,兼及"五四"新文化运动的意义

金　理

托多罗夫《启蒙的精神》一书设专章讨论"求真"与"向善"这一启蒙内部最复杂纠缠的命题①,《伤逝》中也留下过"善"/"爱"与"真实"之间惊心动魄的搏斗痕迹:

> 我要明告她,但我还没有敢,当决心要说的时候,看见她孩子一般的眼色,就使我只得暂且改作勉强的欢容。但是这又即刻来冷嘲我,并使我失却那冷漠的镇静。

当面对子君"孩子一般的眼色",涓生曾经尝试换上"欢容"以示慰藉,在这一个瞬间,"爱"差点突破"真实"的樊篱,但随即人格分裂,另有一个"我"——一个由"五四"启蒙理性及真实律令所支撑的"我"——登场,对上述举动抱以"冷嘲"。从涓生忏悔的话语——"我为什么偏不忍耐几天,要这样急急地告诉她真话的呢?""我没有负着虚伪的重担的勇气,却将真实的重担卸给她了。"——来看,他所有"悔恨"展开的前提,是认定两个人的感情已经死亡,这是不容置疑的"真实"。他需要"悔恨"的"错误",并不是当两人日渐淡漠的时候无法让爱情重新创生,而仅仅是在"真实"和"说谎"之间,时机不当地选择了"真实"。"爱"的问题,在此被置换成了关于"真实"的问题。启蒙精神对科学求真的崇拜引发"信服的伦理":"它有一种绝对无条件的禁欲主义态度,从不追问它自己的意义和它行动的后果。它是没有责任的,它也应该没有责任。"②正是对启蒙理念的

---

① 托多罗夫:《启蒙的精神》,马利红译,上海:华东师范大学出版社,2012年,第100页。
② 格奥尔格·皮希特:《什么是启蒙了的思维?》,詹姆斯·施密特:《启蒙运动与现代性:18世纪与20世纪的对话》,上海:上海人民出版社,2005年,第377页。

坚执,视"真实"为至高无上的法则,促使涓生无视责任而不惜抛弃子君。在鄙弃这个男人负心薄幸之余,我们也必须看到涓生对子君感情"变化"的背后是他对启蒙理念不变的忠诚,①由此才能体察到启蒙的困境、启蒙理念内部的冰冷与残忍。

鲁迅有着强大的叙述自觉,在《伤逝》中,作家的态度似乎介于"可靠的叙述者"与"不可靠的叙述者"之间,有的时候鲁迅分享着涓生的困境与无奈,有的时候又起身与涓生展开辩难,正是这种游移/犹疑的姿态造成了《伤逝》的歧义性,以及巨大的阐释空间。或许更有意思的追问是,这种游移到底是鲁迅在表达形式上精心甚至是理性的选择?抑或本就源自作者自身的内在困惑和分裂?鲁迅是新文化运动最伟大的体现者,也是这场运动最深刻的批判者。我把《伤逝》理解为启蒙之父对"五四"启蒙的反思。鲁迅的批判和反思,主要从如下几个方面展开。

"从解放中把自己解放出来":"造人"神话的反省

涓生是《伤逝》文本世界里的第一主体,以创世者/主宰者的身份存在,如同上帝造人,涓生创造出子君这样的新生主体。"人类在启蒙运动之前所受的监管首先是宗教性质的",启蒙运动将人从宗教监管下解放出来,将人的创造力量和理性能力绝对化。子君的诞生令涓生一度感到"震动"和"狂喜",这样的感受,既包含了涓生自我印证为创世者之后的优越感,也流露出他引领子君协同进步、趋向完善的自信心。启蒙伴随着"祛魅",但创世者在造人过程中启蒙心态的意识形态化,使得启蒙的信仰往往也会成为"关于上帝意图的基督教教义在世俗空间中的一种移植"②。类似造人故事在"五四"所开启的时代中当不少见,张恨水《啼笑因缘》第五回:家树拿着凤喜的照片,端详那"含睇微笑的样子","踌躇满志"地开始设计造人计划:"等她上学之后,再加上一点文明气象,就越发地好了。我手里若是这样地把她栽培出来,真也是识英雄于未遇,以后她有了知识,自然更会感激我……"这个细节进一步敞亮了造人故事中权力意志和男性思维的勾连。

霍克海默和阿多诺早就论证过,启蒙是在对神话的"祛魅"过程中确立自

---

① 卢建红:《涓生的"可靠性问题"》,《现代中文学刊》,2012年第6期。
② 托多罗夫:《启蒙的精神》,第15页、第25页。

身的,但是两者之间又存在隐秘关联,"启蒙精神用以反对神秘的想象力的原理,就是神话本身的原理","启蒙精神摧毁了旧的不平等的、不正确的东西,直接的统治权,但同时又在普遍的联系中,在一些存在的东西与另外一些存在的东西的关系中,使这种统治权永恒化"。[①] 我们不妨来勘查涓生如何处置与子君的"关系",如何维护其"统治权",如何将启蒙反转为了神话。涓生的"启蒙"导致了"新人"子君的诞生,前者的世界由于后者的出现而一度生气勃勃,意义充盈;更有趣的是,涓生曾经想过,子君要求独立的思想,"比我还透彻,坚强得多"。然而,当子君日益获得自身的主体性去成长和行动时,涓生发现,"她不仅日渐脱离了自己的控制,建立起她的'功业'和一个属于她自己的世界,而且大有反过来凌驾于他之上,以她的规则来规划他的生活的趋势:'这是我积久才看出来的……自觉了我在这里的位置:不过是叭儿狗和油鸡之间。'"。诚如张业松指出:"创世者竟然沦落到与叭儿狗和油鸡争位置的地步,这样一种主体性的沦丧当然不可容忍"[②],所以涓生要奋起"抗争和催逼",在他的要求下,油鸡被杀掉,阿随被抛弃,一步步剥除掉子君周围的事物,终于宣布"我已经不爱你了!",导致子君二度出走,抑郁而终。

造物主/涓生在"虚空"当中创造出新的主体/子君,但最终,又以"不爱"的名义亲手剥夺了附丽于子君的意义,导致新生主体的隐匿,"从虚空中创生,复归于虚空","过去一年中的时光全被消灭,全未有过","只有寂静和空虚依旧",启蒙行动的后果蛀空了启蒙过程本身的意义。这样的结局,对于涓生来说,在"悔恨和悲哀"的同时,是使促使其自觉:"像自己这样的'创世者'和'救世主'说到底只是'僭主',不仅外强中干,而且根本无法承担自己的行为所导致的后果"。创造者亲手"杀死"了自己的创造物,一个轮回下来,这个创造者陷入"更深的虚空",还负担了毁灭的罪孽,这是"涓生的焦虑和痛苦根源,也是鲁迅的焦虑和痛苦根源;为了抵御这一焦虑和痛苦,'我要将真实深深地藏在心的创伤中,默默地前行,用遗忘和说谎做我的前导……'一种反对'瞒和骗'、以'揭出病苦,引起疗救的注意'为目的的反抗遗忘的文化努力,竟然走到了自己的反面,到了要'用遗忘和说谎做我的前导'的地步……《伤逝》让涓生陷入的,是极其复杂难言的处境和'后果',而这个处境和'后果',却是

---

① 霍克海默、阿多诺:《启蒙辩证法》,洪佩郁、蔺月峰译,重庆:重庆出版社,1990年,第10页。
② 张业松:《文学史线索中的巴金与鲁迅》,《当代作家评论》,2006年第1期。下一节中引用的评论也来自此文,特此说明并致谢。

由他自己一手造成的。而'涓生'(谐音'捐生'?)也正是鲁迅自己和整个新文化先驱阵营的镜像,涓生的努力、成就、罪孽、'悔恨和悲哀',他的整个处境和'后果',也正是他们的。由此,这个作品所表达的鲁迅内心之苦,其苦何如,不问可知"。

诚如小说副题所示,这是"涓生的手记",而非"涓生和子君的故事",鲁迅既呈现涓生在自由恋爱和结婚时的所思所想,又呈现涓生事后对当日所思所想的解释甚或修饰;[1]既让"悔恨和悲哀"穷形尽相,也使得隐秘心计无处遁形,有意以子君沉默不言来成全涓生"独霸"舞台,而造人神话的专断与暴力由此显露无遗。由于涓生的干涉,子君在奔向自由途中未及发展成熟却香消玉殒。三年后,茅盾在《创造》中续写/改写了发生在子君身上"早夭"的故事。此时造物主的名字叫君实,找来"一块璞玉",准备"亲手雕琢而成器",将娴娴"造成为一个理想的女子"。于是在短短两年内,娴娴"读完了君实所指定的书","以他的思想为思想以他的行动为行动",君实当然"自以为创造成功"。然而渐渐地,娴娴"跳了出去,有自己的思想,自己的见解了","对于丈夫的议论常常提出反驳"。非但君实"觉得夫人是精神上一天一天的离开他,自己再不能独占了夫人的全灵魂",也如子君一般,创造物反过来干涉造物主的生活,君实"看见自己的世界缩小到仅存南窗下的书桌",甚至创造物反转了启蒙和训导的主权,甚至在旁人眼中,"娴娴近来思想进步,而君实反倒退步"。最终造物主痛苦地承认"煞费苦心自以为按照了自己的理想而创造的,而今却发现出来完全不是那么一回事"!茅盾日后在《创作生涯的开始》一文中指出此篇"暗示了这样的思想:革命既经发动,就会一发而不可收,它要一往直前,尽管中间要经过许多挫折,但它的前进是任何力量阻拦不住的。被压迫者的觉醒也是如此"。[2] 其实除了几处零碎语句暗示"革命"意味之外,整个文本更像是用甜腻、肉感的语言编织成的小资市民通俗剧。倒是不妨把茅盾自述中的"革命"置换成"新人"主体性的成长,创造物"既经发动,就会一发而不可收","任何力量"包括创造者都"阻拦不住",就像弗兰肯斯坦无法控制自己创造的巨人怪物。《伤逝》讲述的故事是:启蒙者塑造出一个新的主体,新生主体日益成长,日益有摆脱原先创造者的意志而自行独立的倾向,此时创造者出面干涉,导致了被创造者中途夭折。我们可以为《创造》拟一个副标题——子

---

[1] 郜元宝:《鲁迅精读》,上海:复旦大学出版社,2005年,第64页。
[2] 茅盾:《创作生涯的开始》,《茅盾全集》第34卷,上海:人民文学出版社,1997年,第393页。

君们的复仇:新生主体被创造出来以后,渐渐不受创造者的掌控,终于以强旺的生命意志"推翻统治",反过来带给创造者沉重的挫败感①。此外,在基督教的创世神话中,上帝创造的亚当、夏娃在试图反抗上帝的意志后被区分出了性别,而《伤逝》与《创造》呈现的是,女性/创造物的独立给予男性/造物主沉重的挫败感。②

将眼光转向历史情境,在小说文本之外,现实中的"造人"事件及悲剧不绝如缕地上演。比如 1920 年的袁舜英自杀事件③:袁舜英与其丈夫李振鹏在新婚后有过"一段安乐的日子",冲突开始于李到城市读书,接受新思潮后"眼界渐高",假期回家"对于女士很严厉的督责她读书",并安排进城求学,李对袁说:"你不要再学那乡里大娘的样子,总要学城里的女学生。"袁此前从来"没有开过眼识过字",尽管遵照丈夫的指令发奋读书,成效却不显著。终于李下了最后通牒:"能改良就好,不能改良,顶好,就回家去算了","我不久要留美,前途正远,她我何能管得许多。"李振鹏所规划的"造人"工程,是把"乡里大娘"改造成"城里的女学生",但是,袁舜英以自杀说明了"造人"的失败。再比如 1923 年东南大学教授郑振埙将自己的婚姻史写成长文刊于《妇女杂志》,引发热议。郑希望自己的妻子"改良",但见效甚微,"郑在北京读书,其妻留在家中,与之共处的邻居和女仆都是旧式女子,如果妻子改变了习惯,她在女伴中必然受到孤立。郑开导她说:'别人的妻学时髦旁人会笑她,你是我的妻,你有资格可以学时髦,没有人笑的。'"这番话一方面见出启蒙精英对自身文化领导权的极度自信,另一方面也让人联想起涓生,他对于子君在狭小的寓所中、在房东太太的嗤笑与冷眼下"终日汗流满面"的生活,不会有同情而

---

① 与子君不幸被禁锢在狭小的寓所内不同,娴娴获得了更多与现代都市、社会互动的空间,女性这一今不同昔的"逃逸",在《创造》中促使男性感受到主体性的危机。
② 还能联想到 1905 年鲁迅译作《造人术》,发表于《女子世界》第四、五期合刊。正如刘禾所说:"《女子世界》既然是一份专门讨论女性话题的杂志,那么,鲁迅翻译《造人术》,对于当时正在展开的有关女界的讨论具有何种意义呢?"(见刘禾:《鲁迅生命观中的科学与宗教——从〈造人术〉到〈祝福〉的思想轨迹》,《鲁迅研究月刊》2011 年第 3、4 期)而王德威则指出:"造人"被视为"一种现代中国文学或文化想象主体",其肇始人之一正是鲁迅,"鲁迅翻译小说的动机显然超过介绍泰西科技或挑战上帝造人的神学观念。他毋宁希望借此表达对中国国民主体重生的热切渴望"。(见王德威:《从摩罗到诺贝尔——现代文学与公民论述》,《现代中国文化与文学》,2015 年第 2 期)上述议题都值得进一步思考。
③ 本节中袁舜英事件的引文,原始材料出自 1920 年《大公报》(长沙)等对该事件的报道,此处转引自海青:《"自杀时代"的来临?》,北京:中国人民大学出版社,2010 年,第 116—121 页。本节中郑振埙的《我自己的婚姻史》及相关评论,同样转自上述专著,特此说明并致谢。

尽责的理解。"造人"过程耗尽了丈夫的全部耐心,郑最终将妻子送回老家(如同涓生对子君的处置),决定离婚:"近年来,我因失了爱情,觉得世界上一切富贵功名,都没有竞争之兴趣,非与她离婚,不能恢复我的竞争性与奋斗性。"——这口吻,与涓生的辩解"我一个人,是容易生活的,……只要能远走高飞,生路还宽广得很",如出一辙。

肖特曾指出,18世纪的启蒙运动对女人的看法是矛盾的,"既对女权主义的出现提供了鼓励,又提供了将它缴械的武器","虽然康德说'要有勇气运用你自己的理性!',但这个勇气究竟从何而来,它在个人生活中碰到了什么冲突,什么因素干扰它的实现,对这些问题,康德漠不关心。他的计划是要正式把启蒙宣称为个人对理性使用的一个要求;理性,就像康德的批判著作所证明的那样,被看作是一个普遍的、非历史的才能"。① 同理,"五四"启蒙也可能忽视了子君这样特殊群体"在个人生活中碰到了什么冲突,什么因素干扰它的实现"。1916年美国无政府主义者艾玛·高德曼在赴华计划失败后,请求巴金将其著作译成中文"贡献于中国的青年",《妇女解放的悲剧》刊发于1926年《新女性》杂志,恰好与《伤逝》被收入《彷徨》出版同一年。高德曼注意到,妇女解放运动的效果完全和其目的背道而驰,"解放的目的是要使女子成为一个真正的人,她的判断力和活动力应该达到完全的地步,一切人造的障碍都应该来毁坏掉,并且向较大的自由去的道路上的千百年来压制和奴役的迹印都应该洗清的","然而现在所达到的结果反因禁了她的精神,把她所重视的幸福之泉源阻塞了。仅仅表面的解放把近代妇女弄成了一个不自然的人造的东西",她们改变自己的天性换来枯涩的生活,最终变成"人造的新女子",而"所谓智识界"女性受误导尤深,恰如子君。为纠正这种趋势,"她们第一步便应该从解放中把自己解放出来"。② "从解放中把自己解放出来",前一个"解放"指向一套抽象人为的价值观念,后一个"解放"才真正体贴女性的身心感受。

"造人"神话的反省,一方面如上所言指向女性的自由自决,另一方面也指向启蒙者的自省。"启蒙运动假设人性是无限可塑的"③,这是启蒙的逻辑

---

① 罗宾·梅·肖特:《启蒙运动的性别》,《启蒙运动与现代性:18世纪与20世纪的对话》,第477、480页。
② 高德曼:《妇女解放的悲剧》,李芾甘译,《新女性》1卷7号,1926年7月。
③ 詹姆斯·施密特:《什么是启蒙?问题、情景及后果》,《启蒙运动与现代性:18世纪与20世纪的对话》,第1页。

起点,但是否也隐含着启蒙的限度。至少《伤逝》提醒我们启蒙降落在现实境遇中有可能导致的复杂性。鲁迅在这一文本中探索性地试验了长篇内心独白的叙述方式,这一方式赋予涓生的叙述以强力的话语覆盖,而我们必须深入去辨析作者与叙事者的多重关系。简单地说,一方面,鲁迅"入乎其内",感同身受涓生的困境,涓生的成就、罪孽、"悔恨和悲哀",以及"后果",正是以鲁迅自身为代表的整个新文化先驱阵营的镜像。另一方面,鲁迅又从这个阵营中"选择出自己",拉开一定的间距,以此"出乎其外"的超越性视角(《伤逝》中不时出现反讽语调)来审视现代启蒙的缺陷,甚至在实践中已有"自别异"的尝试,由此需从"伪士"批判说起。

拒绝"从外部被赋予的救济":"伪士"批判的形象化书写

"伪士"批判是贯穿鲁迅思想与实践历程的一根通轴。我将《伤逝》理解为对这一批判命题的文学化、形象化。鲁迅在早年的文言论文《破恶声论》中提出:"伪士当去,迷信可存","当"字显示出斩钉截铁的决断,故而首要问题是:何谓"伪士"?

"今之中国,其正一扰攘世哉"[①],中国现代是大规模输入西潮的时代,也是一个名词爆炸的时代,各种口号、学说、主张、思潮、主义……如过江之鲫。在喧嚣的舆论场域中,形形色色的人发表五花八门的意见,这些"扰攘"的言论,被鲁迅归纳为"恶声"。作为"恶声"的理论后盾,"则有科学,有适用之事,有进化,有文明",这四者都是当时最典型的启蒙话语,代表着进步的意识形态,"腾沸于士人之口",但何以它们会转变为"恶声"?如同鲁迅说"新名词,传入中国,便如落在黑色染缸,立刻乌黑一团"[②],而这就跟"伪士"有关。当新名词在中国传播的时候,当读书人与知识分子在接受新名词的时候,往往会发生如下几种情形:"轻才小慧之徒"对新学话语一知半解,什么"德先生""赛先生",根本没有深入钻研与独立思辨,而仅止于浮光掠影地皮相了解,就在"函胡不明"中汲汲运用于现实。也有的人是被"众嚣"所挟持,"莫能自主",随波逐流般摇旗呐喊,实则自欺也欺人。还有更等而下之的,为私欲所蒙蔽,"号

---

① 鲁迅:《破恶声论》,《鲁迅全集》第8卷,北京:人民文学出版社,2005年,第27页。本节中对此文的引用不再一一注出。
② 鲁迅:《偶感》,《鲁迅全集》第5卷,第506页。

召张皇"新学话语者大抵假"公名"而"钓名声于天下"。1922年的时候,郁达夫写过一篇小说《血泪》,第一人称叙事者"我"自日本留学归国后,每每遇到青年们追问:"你是主张什么主义的?""足下是什么主义?"当"我"再三表示无法作答时,其中一位"主义的斗将"就谆谆告诫:"现在中国的读书人,若没有什么主义,便是最可羞的事情,我们的同学,差不多都是有主义的。……现在有一种世界主义出来了。这一种主义到中国未久,你若奉了它,将来必有好处。"这是普遍情形,1929年柔石在《二月》中写小镇中学里一群青年教师热衷谈论"主义","好似这时的青年没有主义,就根本失掉青年底意义了"。上述作品真切描绘出当日的时代风气:"主义"成为判明个体类属甚至安身立命的重要依据,大多数"主义"自西方移植,而且成为与个人利益息息相关的象征资本。《血泪》中的"我"恰因为于"主义"无所属而潦倒不堪,而一位"主义的斗将"因为其所提倡的"主义""现在大流行了"而"阔绰得很"。不过,与其说这是相信、宗奉"主义",不如说是投机、消费"主义",诚如沈定一所言:"只是借传播主义来维持生活,就活现一个择肥而噬的拆白党。"[1]

据此可以发现"伪士"的特征:"伪士"是一批炮制、传播、推广新名词、新话语的人。这些新名词、新话语的内容往往基于科学、进化论等新思想;而鲁迅"伪士"批判的锋芒所向,是将口号、名词、言论、学说、主义等同主体相剥离,勘查实际操守,结果往往发现"提倡者思想不彻底,言行不一致"[2],"只偷一些新名目,以自夸耀,而其实毫无实际"。[3] 此即流弊所在,因为"倘以欺瞒的心,用欺瞒的嘴,则无论说A和O,或Y和Z,一样是虚假的"[4]。这种知人论世的方法,可以视作"鲁迅思想的原点"[5]。伊藤虎丸先生对"伪士"有过一个经典的归纳:

> 鲁迅所说的"伪士",(1)其论议基于科学、进化论等新的思想,是正确的;(2)但其精神态度却如"万喙同鸣",不是出于自己真实的内心,唯顺大势而发声;(3)同时,是如"掩诸色以晦暗",企图扼杀他人的自我、个性的"无信仰的知识人"。也就是,"伪士"之所以"伪",是其所言正确

---

[1] 沈定一:《告青年》,《劳动与妇女》第2期,1921年2月20日。
[2] 鲁迅致宋崇义信(1920年5月4日),《鲁迅全集》第11卷,第382页。
[3] 鲁迅:《〈奔流〉编校后记》,《鲁迅全集》第7卷,第194页。
[4] 鲁迅:《论睁了眼看》,《鲁迅全集》第1卷,第255页。
[5] 钱理群:《与鲁迅相遇》,北京:生活·读书·新知三联书店,2003年,第89页。

（且新颖），但其正确性其实依据于多数或外来权威而非依据自己或民族的内心。①

章太炎在《辨性》中论"伪"："计度而起，不任运而起，故曰伪。……伪者，谓心与行非同事。"②"伪士"口头播弄的话语，与内心（"自己或民族的内心"）没有关联。我们其实可以再细分清楚一些，借名、盗名以"遂其私欲"者，是"伪士"群体构成中最等而下之者。例如，上海《民国日报》副刊《觉悟》"评论"和"通信"栏中曾经展开过一场关于"浮荡少年"的讨论（自1920年8月到1921年4月）。受过新式教育的学生，满口"自由恋爱""妇女解放"，依靠这些新名词构成的"象征性资本"来诱骗女学生，老舍小说《赵子曰》就讽刺过"浮荡少年"，他们标举"美名词"而满足私欲，等同于"伪士"。然而，问题并不是仅仅纳入道德论范畴就可以解决的。有一类"伪士"，我们考察其"精神态度"时，发现弊端并非出于"欺瞒的心""欺瞒的嘴"之类道德素质的低劣，症结在于名词符号是新的，精神态度与思维方式却是旧的。在此我们必须重温康德在《答复这个问题："什么是启蒙运动？"》中的告诫："一场革命也许能够废除专制的政府及其私利的追求。但革命本身不能够改变思维方式。新的偏见如同它们所取代的旧的偏见一样，将会成为驾驭缺少思想的广大人群的圈套。"舒衡哲在讨论"五四"启蒙时提醒道："关于自然和社会的新的科学知识本身不足以对抗长期以来形成的屈服于专制权威的习惯。这样，启蒙就不仅仅意味着是新的知识，而是意味着一种新的思维方式。"③启蒙必须经由"新的知识"与"新的思维方式"这两个支点来实现④，但是"一场革命"爆发与"新的

---

① 伊藤虎丸：《亚洲的"近代"与"现代"》，载《鲁迅、创造社与日本文学》，孙猛、徐江、李冬木译，北京：北京大学出版社，2005年，第13、14页。
② 章太炎：《辨性上》，载姜玢编选：《章太炎文选》，上海：上海远东出版社，1996年，第387页。
③ 舒衡哲：《"五四"：民族记忆之鉴》，李存山译，载中国社会社会科学院科研局、《中国社会科学》杂志社编：《五四运动与中国文化建设——五四运动七十周年学术讨论会论文选》（上册），北京：社会科学文献出版社，1989年，第173页。以上对康德的引用，借鉴、综合了舒衡哲文与何兆武先生的译本，参见康德：《答复这个问题："什么是启蒙运动？"》，何兆武译，北京：商务印书馆《历史理性批判文集》，1990年，第24页。
④ 黄兴涛先生也以"现代基本观念"和"现代思维方式"这两方面的关怀来理解"思想现代性"（Modernity of Thinking and Ideas）。在现代汉语中，"思想"是名词，但传统的思与想的动词涵义也仍有保留；从事实逻辑上讲，人类进行思想活动时，思维方式与基本价值观念当然也是紧密联系在一起共同发生作用的。"没有这种'思想现代性'的整体性形成，社会'现代化'的整体使命将是无法全面实现的"。参见黄兴涛：《清末民初新名词新概念的"现代性"问题》，《天津社会科学》，2005年第4期。

知识"出现并不必然确保思维方式的更新,诚如王元化先生所言:"思维模式和思维方式,是比立场观念更具有稳定性和持久性的东西。它在相当长的时间内,不会随着时代的不同和社会条件更易而变化,因此成为文化传统的一个重要基因。在一定的条件下,相同的思维模式和思维方式也会出现在立场观点完全相反的人身上,也就是说,有些人虽然立场观点迥然不同,但他们的思维模式和思维方式却是一模一样的。因为后者是一种抽象的传承,并不涉及立场观点的具体内容。"①思维方式很可能跨越时代鼎革而持久地延续下来,甚或出现以"旧的思维方式"去接受、运思"新的知识"的情形。不幸这样的情形为现代以来中国的历史实际所一再印证,也被老舍等敏感的文学家写入小说加以讽刺,②钱玄同就曾感慨:"改变中国人的思想真是唯一要义。中国人'专制''一尊'的思想,用来讲孔教,讲皇帝,讲伦常,……固然是要不得;但用它来讲德莫克拉西,讲布尔什维克,讲马克思,讲安那其,讲赛因斯,……还是一样的要不得。"③而今天的史家也观察到:"通观中国启蒙运动发展的全过程,不能不痛苦地承认,人们在更多的场合,其实仍在继续使用着传统的思维方式,包括对于进化论、人权论及社会主义这样一些西方启蒙运动最具体的卓越成果,人们也经常是以传统的思维方式来对待来处置的。"④上述情形,被鲁迅形容为"皮毛改新,心思仍旧"⑤,所谓"旧",是指并没有在主体内心培育出坚实的接受、含纳、消化新名词的根基。打个比方,"伪士"批判的实质,类似一个"接球手"⑥的问题:当"球"迎面飞来时,首先应该有主动"迎击"、吸收、消化的意愿与行为。(鲁迅讽刺过不敢直面"球"的人:比如神经"衰弱过敏"

---

① 王元化:《思辨录》,上海:上海古籍出版社,2004年,第42页。
② 在老舍小说《赵子曰》、《猫城记》中,年轻学生单凭对新知识的一知半解就盲目地追求新思想,打着"新名词"的旗号混日子,这种学习知识的态度,使得"新制度与新学识到了我们里便立刻长了白毛,像雨天的东西发霉",因为"采取别人家的制度学识最容易像由别人身上割下一块肉补在自己身上,自己觉得只要从别人身上割来一块肉就够了,大家只管割取人家的新肉,而不管肌肉所需的一切养分。取来一堆新知识,而不晓得研究的精神",最终在一星半点的"新"知识底下填充着"糊涂"的"老底","他们在平日以摹仿别人表示他们多知多懂,其实是不懂装懂。及至大难在前,他们便把一切新名词撇开,而翻着老底把那可笑的最糊涂的东西——他们的心灵底层的岩石——拿出来,因为他们本来是空洞的,一着急便显露了原形,正如小孩急了便喊妈一样"。老舍:《猫城记》,载《老舍全集》第2卷,北京:人民文学出版社,1999年,第237、283页。
③ 钱玄同致周作人信(1932年4月8日),载沈永宝编:《钱玄同五四时期言论集》,上海:东方出版中心,1998年,第373页。
④ 姜义华:《"理性缺位"的启蒙》,上海:上海三联书店,2000年,第5页。
⑤ 鲁迅:《随感录四十三》,《鲁迅全集》第1卷,第347页。
⑥ 伊藤虎丸:《早期鲁迅的宗教观》,载《鲁迅、创造社与日本文学》,第96页。

者,"每遇外国东西,便觉得仿佛彼来俘我一样,推拒,惶恐,退缩,逃避,抖成一团",[1]"有力量,有自信力的人是不至于此的"[2]。)接下来要自我追问:当"球"迎面飞来时,是否已经做好准备伸手牢牢地接住它;当遭遇那些代表着科学、进步价值的名词、话语之后,主体是否有健康的精神态度、坚实的根基去接受,并且"把它变成我自己的"[3]。

我们再深入一步,"名"(学说、主义、思想……)在现代中国的创制——新的字词符号以及其所代表的崭新的概念、思想内容的出现、撒播——大抵离不开一个翻译、引介西方现代思想知识的过程。所以,"接球手"问题的特殊性在于,它粘连着后发国家在特殊时代中的困境,这是"一个离开了中国近代化问题就不存在"[4]的问题。具体而言:一方面,"接球手"面对的"名",大多是在西方历史发展中已然产生的"名",其中蕴含着"无论是在物质文明还是精神文明方面都优越于亚洲的价值"[5],也就是说,这些"名"是现成的(已经产生)、优越的(已被证明)[6];而另一方面,在中国与亚洲,又往往缺乏产生这些"名"、思想与价值的社会经济基础、制度条件等。这个时候,"近代主义"式的"伪士"往往应运而生。"近代主义"是竹内好独创的概念,主要指"在残存着等级制意识的前近代社会里,将欧洲近代思想作为权威从外部拿来时产生的意识形态","也就是说,基督教也好,马克思主义也好,存在主义也好,被拿来的确实都是欧洲近代思想,但是,接受这些思想的主体方面的意识,仍残存着前近代的等级制意识,即尊卑观念、权威主义,欧洲近代思想是被作为权威接受下来的"[7],借用上文所述正是新的知识勾连着旧的思维方式,这并不是真正的、充分的启蒙。那么鲁迅的态度是怎么样的?这就是竹内好提炼的关键词——"挣扎""抵抗":"面对自由、平等以及一切资产阶级道德的输入,鲁迅进行了抵抗。他的抵抗,是抵抗把它们作为权威从外部的强行塞入。……总

---

[1] 鲁迅:《拿来主义》,《鲁迅全集》第6卷,第40页。
[2] 鲁迅:《关于知识阶级》,《鲁迅全集》第8卷,第228页。
[3] 威廉·巴雷特:《非理性的人》,杨照明、艾平译,北京:商务印书馆,2004年,第169页。
[4] 伊藤虎丸:《早期鲁迅的宗教观》,载《鲁迅、创造社与日本文学》,第95页。
[5] 伊藤虎丸:《鲁迅与日本人——亚洲的近代与"个"的思想》,李冬木译,石家庄:河北教育出版社,2002年,"序言"第5页。
[6] 因此才有史家认为,"近代中国新名词的思想史意义之所以格外突出",从根本上说,取决于"它们所携带的先进西方思想文化及其物化形态的'现代性'因素之能动作用"。参见黄兴涛:《近代中国新名词的思想史意义发微——兼谈对于"一般思想史"之认识》,载杨念群、黄兴涛、毛丹主编:《新史学》,北京:中国人民大学出版社,2003年,第325页。
[7] 伊藤虎丸:《鲁迅与日本人——亚洲的近代与"个"的思想》,"序言"第7页。

而言之,他并不相信从外部被赋予的救济。"①真正的启蒙,就是要摆脱"伪士"而成为"真的人"。

我们把上述这番思考落实到《伤逝》文本内部:

> 默默地相视片时之后,破屋里便渐渐充满了我的语声,谈家庭专制,谈打破旧习惯,谈男女平等,谈伊孛生,谈泰戈尔,谈雪莱……。她总是微笑点头,两眼里弥漫着稚气的好奇的光泽。

《伤逝》中的这番叙述,也许是极具代表意味的"五四"启蒙图景吧:一个渴望学习新观念的年轻女性,无助地爱上了类乎上帝般存在的男性。子君将涓生视为启蒙者,涓生通过从西方文学中获得的观念、价值征服了子君,以至于涓生求爱的动作都是沿袭自西洋电影("我含泪握着她的手,一条腿跪了下去……"),而这个"食洋不化"的举动竟然成为子君后来无数次怀旧、温习的对象。还有一个细节:涓生热爱散步,而"散步"作为一种极富浪漫主义色彩的资产阶级文化生活方式(或者说,将"散步"标举为生活方式),也有可能移植自西方。②

"五四"启蒙者的绝大部分说服力源自于他们的欧美和日本文学知识,由这些知识组织出来的现代性话语无疑具有一种威权,如杜赞奇所说,因为它的表达者可以用现代性的名义来压制他人。③ 启蒙者通过翻译的供给(注意涓生的职业身份:译者)获取了文化与象征资本,又在播撒现代性话语的过程中取得了一种想象性的领导权,涓生正是其中的一个。其实即便在当时,启蒙运动的领袖也隐隐地对此生出了某些质疑,1920年9月,胡适在北大开学典礼上的演讲中,就以为这是"浅薄的'传播'事业":

---

① 竹内好:《作为思想家的鲁迅》,载《近代的超克》,李冬木、赵京华、孙歌译,北京:生活·读书·新知三联书店,2005年,第148页。
② 福楼拜笔下的包法利夫人邂逅赖昂,提的第一个问题是:"附近总该有散步的地方吧?"见福楼拜:《包法利夫人》,李健吾译,杭州:浙江文艺出版社,1992年,第76页。1900年,颜惠庆从弗吉尼亚大学学成回国任教于上海圣约翰大学,"他带回一把吉他、一辆自行车以及与未婚妻在月光下长久散步的习惯",而"散步习惯令校园周围的村民感到惊奇"。见叶文心:《民国时期大学校园文化》,北京:中国人民大学出版社,2012年,第44页。
③ 杜赞奇:《现代性话语的知识和权力》,转引自史书美:《现代的诱惑:书写半殖民地中国的现代主义(1917—1937)》,何恬译,南京:江苏人民出版社,2007年,第82页。

现在所谓新文化运动,实在说得痛快一点,就是新名词运动。拿着几个半生不熟的名词,什么解放,改造,牺牲,奋斗,自由恋爱,无政府主义……,你递给我,我递给你,这叫做"普及"。这种事业,外面干的人狠多,尽可让他们干去,我自己是赌咒不干的,我也不希望我们北大同学加入。[①]

鲁迅在《伤逝》中的叙述,以及胡适的不满,其实指向同一幅图景——"半生不熟的名词"的传递。在这些经典的启蒙图景中,完成的只是话语的翻译、编排、传递与默认,这些自然也是必须的,但问题在于这样的启蒙完全只是观念形态的存在(到这一步是远远不够的),《伤逝》告诉我们这种观念形态的存在甚至凌驾于生命与死亡之上。一个类似上帝般的启蒙者在宣谕("破屋"里"充满了我的语声"),一个被启蒙者默然地接受("总是微笑点头")。喊着"我是我自己的"子君只是在"半生不熟的名词"的意义上被涓生从西方文学中贩卖的观念所征服,而没有将这些观念内化为自身的血肉。"他们谁也没有干涉我的权利!",但这恰恰是一个被干涉、被权威从外部导入而塑型的"自我"。

所以,只停留于名词传递式的启蒙——准确地说,未经生命机能化的启蒙——是脆弱而不堪一击的;子君是一个不合格的"接球手",没有勇气或能力贯彻他们一切类似"我是我自己"一般的伦理冲动。这样的理解对子君来说确实非常残酷。我把《伤逝》解读为"五四"启蒙之父对"启蒙"未经合法化的深刻质疑。自然,这里质疑的矛头,更主要地指向涓生,由他所主导的启蒙是失败的,本质上这就是"伪士"的启蒙。甚至可以说,子君的缺陷,几乎毫无例外地也集中在涓生身上。

先前关于《伤逝》的理解中,有一种具有代表性的意见,在讨论悲剧何以发生时归咎于"历史原因":"宣扬个人解放爱情自由的资产阶级民主主义思想,在反对封建制度和封建思想的斗争中,曾经起过进步的历史作用,在中国,在五四前后,它构成了反封建革命潮流的一个部分。但是,这种思想有着严重的局限。当革命形势向前发展,特别是在十月社会主义革命以后,中国无产阶级登上历史舞台,马克思列宁主义开始在中国传播的历史条件下,它愈来愈显得软弱无力了。"这样的意见着力于在历史条件的变迁中考较思想的科学性

[①] 胡适:《提高与普及》,《胡适文集》第 2 卷,北京:人民文学出版社,1998 年,第 65、66 页。

与革命性,它集中于"思想"而对获得、运思"思想"的"主体"关注不够,我要追问的是:即使涓生"跟上形势",选择了正确的思想解放武器,他是否一定就能避免成为"伪士"? 如果回答是肯定的,即判断的最终根据只在思想的真伪,那么鲁迅在革命文学论战中与创造社与太阳社的辩难,胡风和阵营内部"航空战士"们的苦斗,意义何在? 顺便说一句,胡风给"航空战士"勾勒出这样一副嘴脸:"急于坐着概念的飞机去抢夺思想锦标的头奖"①,"把思想概念当作一面大旗,插在头上就可以吓软读者的膝盖。旗子是愈高愈好,于是他自己也就腾空俯视了"②。——"航空战士"分明可以纳入鲁迅诊断的"伪士"谱系中。

"重返人间现实":日常生活的辩证法

涓生是一个发现了旧社会黑暗根源的独醒者、先觉者,但还不能说他已经获得了真正的主体性,在这个阶段,"他虽然确实摆脱了过去自己深信不疑并且埋没于其中的'被赋予的现实',但他是被作为'新的权威'的新的'思想'和'普遍真理'所占有"③。对于这样一批独醒者的心灵世界,可以借用俄罗斯宗教哲学家弗兰克的话来描述:

> 企图"逃避"世界的虚华琐事,以便在与世无争的孤独中安享平静的生命,这种感伤主义—田园式的愿望是虚伪的和错误的。这种愿望的基础是一种暗自的信念:我之外的世界是充满邪恶和诱惑的,而人本身,我自己,是无罪孽的和善良的……然而实际上,这个恶的世界就包含在我自身之中,所以我无处可逃……谁还生活在世界中和世界还生活在他之中,谁就应当承担世界所赋予的重担,就应当在不完善的、罪孽的、世俗的形式中活动……④

《伤逝》的叙事中让人颇感费解的是,先前可以使涓生"骤然生动起来"的子

---

① 胡风:《如果现在他还活着》,《胡风全集》第2卷,武汉:湖北人民出版社,1999年,第669页。
② 胡风:《今天,我们的中心问题是什么》,《胡风全集》第2卷,第614页。
③ 伊藤虎丸:《鲁迅与日本人——亚洲的近代与"个"的思想》,第120页。
④ 弗兰克:《精神事业与世俗事业》,《人与世界的割裂》,徐凤林、李昭时译,济南:山东友谊出版社,2005年,第254页。

君,何以在涓生的视域中,那么快的显现出退步、保守、甚至庸俗:"子君竟胖了起来……管了家务便连谈天的工夫也没有,何况读书和散步","她近来实在变得很怯弱了","子君又没有先前那么幽静,……子君的功业,仿佛就完全建立在这吃饭中……她似乎将先前所知道的全部忘掉了","子君很颓唐,似乎常觉得凄苦和无聊,至于不大愿意开口,我想,人是多么容易改变呵!","但子君的识见却似乎只是浅薄起来"……如果我们参照弗兰克的论述,这可以理解成:从一个有着"我自己,是无罪孽的和善良"的信念、依借着"新的'思想'和'普遍真理'"从原先身在其中的现实世界脱离出来、"企图'逃避'世界的虚华琐事"的"我"的眼光看出去,仍然处于世界内部和世俗形式中(在相识初期,涓生就认为子君"大概还未脱尽旧思想的束缚",显然涓生意识中子君和自己在启蒙结构中的位置是不同的,他原本就高高在上)、并且担负着"虚华琐事"("喂阿随,饲油鸡")的子君,无可避免地变得"怯弱""无聊""浅薄"……

为什么在涓生看来,一个抗争者和现实的日常世界必须是脱离的?

关于这个问题,日本学者伊藤虎丸先生有过至为精彩的论述:"获得某些思想和精神,从以往自己身在其中不曾疑惑的精神世界中独立出来,可以说是容易的。比较困难的是,从'独自觉醒'的骄傲、优越感中被拯救出来,回到这个世界的日常生活中(即成为对世界负有真正自由责任的主体),以不倦的继续战斗的'物力论'精神,坚持下去,直到生命终了之日为止。——这是比较困难的。"①准此理解,《狂人日记》中"然已早愈,赴某地候补"的惊人逆转,就能获得不同一般的正面解读:"鲁迅轻描淡写地交代的狂人的痊愈,不可不谓是意义重大的新生","标志了'超人'的'精神界之战士'重返人间现实的再次自觉。……从表面上看个人主体从上向下的位移,内部却发生了对现实世界真正构成意义的变化:一个多少带着浪漫色彩、处于脱离状态的主体,质变为一个'对世界负有真正自由责任的主体'",鲁迅没有"让他的狂人坚持他的狂并以此作为空泛的批判之所——在另一个意义上也正是逃避现实之所,而是让他清醒地认识到他的失败,并且进一步从狂中走出来。走进复杂的现实中,从而与他置身的环境恢复有机的联系"。②

---

① 伊藤虎丸:《〈狂人日记〉》,《鲁迅、创造社与日本文学》,第 116、117 页。
② 张新颖:《20 世纪上半期中国文学的现代意识》,北京:生活·读书·新知三联书店,2001 年 12 月,第 79—82 页。

从伊藤虎丸先生上述这番话中可以分析出两个不同阶段,而我们会发现涓生恰恰还处于第一个阶段:

在第一个阶段,人被"新的'思想'和'普遍真理'"从上面或从外部被赋予、所占有,他越是身陷这些往往裹挟着权力色彩的观念形态中,其个人的存在越是容易从他置身的世界中、从他与周遭事物的交互关系中抽离出来。这个时候,"如果价值外在于己身,如果身外强力迫使我们行动,那么我们就会沦为它们的奴隶——也许那是一种极其崇高的奴役方式,但奴役就是奴役"。[1] 在这个阶段,他常常以"先觉者"自负(涓生在子君面前陶醉于"独自觉醒"的优越感),因独握真理而对"后进者"示以轻蔑、焦躁(涓生对子君日益生出的"鄙弃感",但鲁迅通过祥林嫂的追问深刻地颠覆了启蒙者精神和道德上假想的领导权),又往往因"独异"而感受到来自社会的伤害(涓生总是感觉到被"讥笑,猥亵和轻蔑的眼光"所包围)。满足或止步于这一阶段的个体,一方面,在这个世界内部找不到自己的位置(涓生四处碰壁,"不知道怎样跨出那第一步"),他越是沉迷于观念形态的存在,越是与日常生活格格不入,但是,"记住某种一般性教条,熟读某种普遍性理论,并且去信奉它们,并不是具有思想"[2],"强迫的敬重"反而"限制一个人""狭隘其自由"[3]。另一方面,他对现实的批判往往会沦为"抽象的姿态"而"逃遁到空空荡荡的世界里去"[4],他的实践无法进入历史,甚至可谓无效,涓生自叹"过去一年中的时光全被消灭,全未有过","只有寂静和空虚依旧"。于是,由于启蒙的结果蛀空了启蒙本身的意义,如涓生这般被"悔恨和悲哀"所缠绕的启蒙者很快地坠入疲劳、颓废……总之,这一阶段的个体并未将"半生不熟的名词"内化到血肉机能中,如果对此无所自觉则止步于不合格的"接球手",甚或变成"伪士"。

所以,进入第二个阶段的意义不言自明。必须在这个阶段获得再次的"觉醒",此时的"觉醒"并不是抛弃在第一个阶段获得的那些"思想"和"普遍

---

[1] 以赛亚·伯林:《浪漫主义的根源》,吕梁等译,南京:译林出版社,2008年,第76页。这段话出自伯林对康德道德哲学的转述。
[2] 伊藤虎丸:《鲁迅与日本人——亚洲的近代与"个"的思想》,第122页。
[3] "强迫的敬重"出于赫尔岑《法意书简》:"人惟不屈物以从其理,亦不屈己以就物,始可谓自由待物;敬重某物,如果不是自由的敬重,而是强迫的敬重,则此敬重将会限制一个人,将会狭隘其自由……这就是拜物——你被它压服了,不敢将它与日常生活相混。"转引自以赛亚·伯林:《赫尔岑与巴枯宁论个人自由》,《俄国思想家》,彭淮栋译,南京:译林出版社,2001年,第110页。
[4] 卢卡契:《现代主义的意识形态》,《现代主义文学研究》(上),北京:中国社会科学出版社,1989年5月,第148—151页。

真理",而是"从被一种思想所占有的阶段,前进到将其作为自己的思想所拥有的阶段——真正获得主体性的阶段"。[①] 他将"外在于己身"的主义、思想、学说等收归于个人,甚至化为一种生命感觉,持存着这样的生命感觉,将主体位置降落到现实境遇中,投入现实世界成为负有自由责任的主体。这个时候他已经完全滤去了疯狂、焦虑、忧郁等在"五四"文学中经常可以发现的"现代主义者"似的症状,而置身于具体的世界中,脚踏实地、沉稳坚毅、埋头苦干,鲁迅笔下的黑衣人、夏禹、墨子正是其中典型。

为什么操劳着日常家务的子君在涓生视野中变得"不可爱"?根源在于"人生要义"与日常生活的分裂,涓生反复表达过类似的悔悟:"回忆从前,这才觉得大半年来,只为了爱,——盲目的爱,——而将别的人生要义全盘疏忽了……"在"五四"的典型话语尤其是青年人的话语表达中,日常世界以及与此相关的具体性事务往往遭到贬斥,1919 年毛泽东在《恋爱问题——少年人与老年人》一文中就义正辞严地宣告:"烧菜、煮饭等奴隶工作,是资本主义的结果。"[②]显然以阶级分析的方式设置了压抑形态(在涓生看来,是"吃饭""家务"与"读书""散步"的对立,而子君就不幸将生命消耗在了"烧菜、煮饭"之中)。日常生活与"人生要义"的分裂,往往还与性别结构相比附:女性意味着家庭、传统、现世、安稳、日常;男性意味着社会、现代、未来、创进、超越。由此,日常生活中的女性,承受着多重转喻:一是象征着落后的"分利者"。以梁启超、郑观应、严复等为代表的思想界将男女两性塑造为"生利者"与"分利者"的二元对立,"当现代意义上的经济发生时,妇女的家务劳动因其只有使用价值而没有交换价值从而被视为是一种没有创造性的劳动"[③],涓生不时流露出对家庭生产和劳动的轻视,子君任劳任怨操持家务却只落得"识见浅薄"的评价。二是被视为必要的牺牲品。女性一旦埋没于日常生活,就将昔日的斗志与激情完全涣散,甚至沦为男性前进的羁绊。"五四"以来不少作品涉及到这一主题,比如 1920 年代叶圣陶的《春光不是她的了》、1940 年代路翎的《谷》。这些作品,一方面表达男性启蒙者对作为一度的启蒙对象与同盟军的女性最终"掉在无边的空虚里"的不满,如同《谷》中林伟奇在"艰难的理想的道路"上行进时无法忍受左莎"所需要的日常的家庭生活";另一方面,更隐微的企

[①] 伊藤虎丸:《鲁迅与日本人——亚洲的近代与"个"的思想》,第 122 页。
[②] 毛泽东:《恋爱问题——少年人与老年人》,载《毛泽东早期文稿》,长沙:湖南出版社,1995 年,第 436 页。
[③] 刘慧英:《女权、启蒙与民族国家话语》,北京:人民文学出版社,2013 年,第 30 页。

图,也为"五四"高潮时狂飙突进却又在现实重压下疲软虚脱的男性主体作自我开脱。如同为了确保肌体的健康,必得排除已被感染的痈疽,将退守日常生活的女性批判为负面象征,由此才能修复、重塑男性的自我形象。故而涓生才不惜一切要与子君"分离":"我觉得新的希望就只在我们的分离;她应该决然舍去……"

由此可知,"重返人间现实""回到这个世界的日常生活中",在"五四"以来的氛围中并不容易达成,甚至不妨说这种主体下降的方式隐含着对"五四"启蒙的反思。涓生的困境当非孤例,再以丁玲创作于1929年的中篇小说《韦护》作参照。两篇小说几乎用同样的人物结构与情节元素"编码"而成:一对"新人"恋爱、同居,但好景不长,男方渐渐在童话般的爱情与事业之间感到难以两全,同时也感受到周围环境的压力,当女方(子君/丽嘉)仍然沉浸在爱情的梦幻中时,男方(涓生/韦护)开始转变(毫无例外,男方终于"看不惯"女方),最终男方离开了女方。对《韦护》这一革命加恋爱的作品当然有多种解读,但韦护同样可以被理解为"被一种思想所占有"却无法将主体位置降落到现实境遇中的个体。涓生宗奉民主与科学,韦护更为"先进"地接受了马列主义,但一致的是,这些信仰对于他们而言更多是一种抽象名词,正如丽嘉近乎直觉般地对韦护们的批评:"你们有些同志太不使人爱了。你不知道,他们仿佛懂了一点新的学问,能说几个异样的名词,他们就也变成只有名词了……"韦护的原型是瞿秋白,在其绝笔《多余的话》里,瞿秋白沉痛地说,中国现代的"文人""书生""对于宇宙间的一切现象,都不会有亲切的了解,往往会把自己变成一大堆抽象名词的化身。一切都有一个'名词',但是没有实感。……对于实际生活,总像雾里看花似的,隔着一层膜"。[①] 这是作为"抽象名词的化身"的启蒙者的幡然自省吧。无法赋予"抽象名词"以"实感",习惯于关注大问题,习惯于被崇高感、使命感所感召,与此同时,对真实的日常生活问题、对切身的身心状态问题往往无法处理与安置,无法将历史、政治的大课题安放在"实际生活"的情境中展开。

顺着这个思路,我们尝试着来理解《伤逝》中最让人费解的段落之一——

> 我看见怒涛中的渔夫,战壕中的兵士,摩托车中的贵人,洋场上的投机家,深山密林中的豪杰,讲台上的教授,昏夜的运动者和深夜的偷

---

① 瞿秋白:《多余的话》,载《多余人心史》,北京:东方出版社,1998年,第63页。

儿……。子君,——不在近旁。她的勇气都失掉了,只为着阿随悲愤,为着做饭出神……

发出此番自白之前,涓生已经产生了"独自开溜"的想法,"其实,我一个人,是容易生活的,……只要能远走高飞,生路还宽广得很",每当他这么想的时候,就在向往中依稀"看见"种种生活,这种种生活组成了远方的乌托邦,投身到这一乌托邦之中就能兑现自身价值与"人生要义";而相比之下,子君却是在浪费生命。但是,涓生的自白并不等于鲁迅的态度,正是在这一刻,叙述者和作者发生了分裂,鲁迅在其间设置了反讽:涓生认识不到,子君的"吃饭""家务"其实和"怒涛中的渔夫,战壕中的兵士"并无区别。涓生所设想的种种生活与子君的生活似乎有高下之别,我想理解这一语段的关键是暂且放弃价值上的褒贬而寻找到这几者之间的共同点——各安其位,子君和"渔夫""兵士"一样,各在"当下之行"中从容尽着生命之理。鲁迅其实是通过涓生这面反思之镜来启示读者:扎根当下,"斗争总要从此时此地前进"[1],"我"的脚站在哪里,生命的意义就从哪里开始创造。这并非闭塞掉人类超越性的精神向度,而是将"向上之需要"拉回到"此岸"的实践中,如同"过客"一般,在不断的行走中使过去和未来收入当下以生成化、生命化。

可相参证的是,鲁迅在逝世前不久写下感人至深的《"这也是生活"……》,临近生命的终点,发现"外面的进行着的夜,无穷的远方,无数的人们。都和我有关"[2]。初看这个表达——"无穷的远方,无数的人们",似乎和《伤逝》中浮现在涓生眼前的种种生活很相像,但鲁迅马上把由"无穷的远方,无数的人们"所组成的远方乌托邦世界紧紧地拉回到了最切身的生命经验上。下面这段话特别具有警醒的意味——

> 第二天早晨在日光中一看,果然,熟识的墙壁,熟识的书堆……这些,在平时,我也时常看它们的,其实是算作一种休息。但我们一向轻视这等事,纵使也是生活中的一片,……我们所注意的是特别的精华,毫不在枝叶。给名人作传的人,也大抵一味铺张其特点,李白怎样做诗,怎样要颠,拿破仑怎样打仗,怎样不睡觉,却不说他们怎样不要颠,要睡觉。其实,一

---

[1] 胡风:《给为人民而歌的歌手们》,《胡风全集》第3卷,第439页。
[2] 鲁迅:《"这也是生活"……》,《鲁迅全集》第6卷,第624页。

生中专门耍颠或不睡觉,是一定活不下去的,人之有时能耍颠和不睡觉,就因为倒是有时不耍颠和也睡觉的缘故。然而人们以为这些平凡的都是生活的渣滓,一看也不看。……删夷枝叶的人,决定得不到花果。

强行区分生活的整体性,比如像涓生那样区分"吃饭""家务"与"读书""散步"的生活,进而凛然地设定价值高下,"决定得不到花果"。《"这也是生活"……》的最后一句话发人深省:"战士的日常生活,是并不全部可歌可泣的,然而又无不和可歌可泣之部相关联,这才是实际上的战士。"

日常生活的辩证法,这一反思性态度可从以下层面把握。首先,"五四"启蒙张扬的个人主义,斩断自我与世界、与他人的纽带,轰毁与家庭、传统和社会的关联,先觉者饱尝依归无所之苦,同时也无法重建与社会环境新的有机联系以展开有效的历史实践。涓生的遭遇告诉我们,由"伪士"所引导的启蒙并不具备合法性,必须身经第二次觉醒。而鲁迅的文学,是一种关乎生命具体性的文学,"今天和当下的事业以及我对自己周围人的关系,是与我生命的具体性,与生命的永恒本质相联系的……我就必须完成切近的具体事业,因为生命的永恒因素就是表现在这些具体事业之中"。[①] 所谓"生命的具体性",在我的理解,是不将"个人"凝固成一个自外于现实世界、高高在上而又一尘不染的封闭"自我",而是舍身到"不完善"、甚至污浊罪孽的现实中,通过"完成切近的具体事业"——哪怕它们是平庸、烦琐的(往往如此)——来担负起变革现实世界的责任。这也接通了知识分子岗位意识对此前高蹈的广场取向的反思。[②] 其次,"五四"启蒙的主流所追求的个人解放,事实上关注的是那个普遍意义上的"人",而非现实生活中具体鲜活的生命个体。实则启蒙是整体性的工程,其变革必然通过日常生活的细密纹路渗透进"人生安稳的一面"中去。《伤逝》追问的正是,如何将宏大叙事允诺的解放目标,从抽象名词的状态中解脱出来,与具体个人的在场体验相对接。"生活的意义就在它的各种可能

[①] 弗兰克:《精神事业与世俗事业》,载《人与世界的割裂》,第 262 页。
[②] 关于"岗位意识",参见陈思和:《现代知识分子岗位意识的确立:〈知堂文集〉》,收入《中国现当代文学名篇十五讲》,北京:北京大学出版社,2003 年。陈思和将周作人视作岗位意识的代表,饶有意味的是,与鲁迅一样,周作人深谙"生活的整体性"之理:"有些人把生活也分作片段,仅想选取其中的几节,将不中意的梢头弃去。这种办法可以称之曰抽刀断水,挥剑斩云。生活中大抵包含饮食,恋爱,生育,工作,老死这几样事情,但是联结在一起,不是可以随便选取一二的。"周作人:《上下身》,《雨天的书》,石家庄:河北教育出版社,2002 年,第 74 页。

生活中展开和呈现,生活的意义就在于生活自身,而不可能在别处,人没有必要生活在别处,无须多此一举地去以纯属幻想的某种高于人的目的为目的,但这并不意味着生活的意义会成为无解的困惑,因为生活本身就先验地包含生活意义的答案。"①

结　语

我把《伤逝》理解为"五四"启蒙之父对"启蒙"的反思,至少包括以下几个方面:"造人"神话的反省、"伪士"批判的形象化书写、日常生活的辩证法。

詹姆斯·施密特曾经将孟德维尔、德·萨德、尼采、霍克海默等对启蒙运动的历史演变进行过无情的"否定主义"的批评者,视作启蒙运动的"黑暗作者",辩证的是,恰恰只有经过上述批评,"才有可能赎回启蒙运动的希望","这些黑暗的作者对启蒙运动与支配的同谋关系的无情揭露,'把隐含在康德的理性概念以及隐含在每一个伟大的哲学那里的那种乌托邦从它的外壳中释放出来……'这样,悖论性地,只有通过吸收和占据启蒙运动的最激烈的批评者的论证,才有可能让启蒙的希望永葆生机"。② 亦如托多罗夫所言:"正是通过批判启蒙思想我们才能始终忠实于它,才能发挥它的教益。"③

同样,"五四"的一系列基本命题(比如自由、民主、个人主义等)乃至具体的展开方式(比如"名词传递"的启蒙、学生运动等),都遭遇过挑战,但是借用余英时先生的话来说,这些来自反面的力量并不是 Anti-May Fourth,而是 Counter-May Fourth。④ 也就是说,"五四"开启的传统并非稳固不变与日趋僵化的,在外部有强大的"对手方",在内部诞生"自反性叙事"⑤,甚或怀疑的声音往往来自"五四"时期的领军者。于是,不断在辩难中深化,不断面对怀疑

---

① 赵汀阳:《论可能生活》,北京:中国人民大学出版社,2004 年,第 14 页。
② 詹姆斯·施密特:《什么是启蒙?问题、情景及后果》,《启蒙运动与现代性:18 世纪与 20 世纪的对话》,第 25 页。
③ 托多罗夫:《启蒙的精神》,第 29 页。
④ 余英时:《论士衡史》,上海:上海文艺出版社,1999 年,第 370 页。
⑤ 关于"自反性叙事",参详逢增玉阐释:"如果说五四新文化和新文学在反对'旧传统'中实际上使自己成为与现代性中国匹配的'新传统',那么这种从新文化内部诞生的、对五四思想价值的整体或某一方面的质疑和解构性叙事,就构成了对新传统的'反传统',而这种自反性的'反传统',实际上又成为新文学建立的'新传统'的组成部分。"见逢增玉:《内生的自反性叙事》,载王风等编:《对话历史:五四与中国现当代文学》,北京:北京大学出版社,2014 年,第 297、298 页。

和反思,最后把这些怀疑、反思也吸纳到自身的传统中。在这一意义上,"五四"新文化是一个具有内在紧张性的传统,其中既包含着明确的主张,也不断生成对这些主张的重新检讨,惟其如此,这才是一个具有韧性和回旋空间的"活的传统"。

本文作者系复旦大学中文系副教授

原载《南方文坛》2015年第5期

论1922年非基督教运动中的民族主义话语

平 瑶

1922年3月,上海、北京学生发起非基督教运动,非基督教运动很快席卷全国,在全国知识界引起轩然大波。这成为当时"思想界之大问题"[1],"中国思想界的重要人物几乎无人能对此不作表态"[2]。外界描述这次运动,却往往认为它与义和团运动类似[3]。非基督教—非宗教运动在当时可谓声势浩大,颇具波谲云诡之处。民族主义话语在当时具体历史语境中的复杂面相,值得考察与深思。

民族主义话语作为现象

(一) 确定感:作为共识进入历史

"民族"概念在1922年非基督教运动中,一直被当做透明的能指符号,用以塑造并指涉一个"同一的、在时间中不断演化的民族主体,为本有争议的、偶然的民族建构一种虚假的统一性"[4]。在1922年非基督教思潮中,以民族立场表达对基督教的强烈反对,产生极大影响。其中对于民族的表述,无一例外地充满确定感:"吾人所以反对基督教,因其为国际帝国资本主义用来侵略

---

[1] 一苇:《再论宗教问题》,《学衡》,1922年,第6期。对于此次运动,蔡元培、李大钊、王星拱、陈独秀、李石曾、吴虞、汪精卫等纷纷表示支持。周作人等表示反对,梁启超提出批评。本文第二节将会详细论述。
[2] 吴小龙:《理性追求与非理性心态——20年代中国非基督教运动平议》,《浙江社会科学》2003年第3期。
[3] 日本学者山本达郎对1922年中国非基督教运动作出如下描述:"在1949年共产党占领中国前的半个世纪里,中国发生过两次规模巨大的反基督教运动:一次是1900年的义和团运动,一次是1922—1927年的非基督教运动。两次运动都引发了东西方冲突以及中国人民反对外来文化的严重危机。"(山本达郎:《中国的反基督教运动,1922—1927》,《远东季刊》,1953年2月,第12卷第2号。)另外,傅铜的《科学的与宗教的非宗教运动》里也提到,"驻上海的美国领事馆往本国打电报,说这种运动与义和团相似。"(傅铜:《科学的与宗教的非宗教运动》,《哲学》,1922年6月,第6期。)
[4] 杜赞奇:《从民族国家拯救历史——民族主义话语与中国现代史研究》,王宪明译,北京:社会科学文献出版社,2003年。

中国之一种工具。"①"世界基督教学生同盟,无端集合于我国之首都;吾爱国青年之血泪未干,焉能强颜以颂上帝……此而不拒,中国无人矣!"②"他底正义人道是弱肉强食的正义人道,他底使徒是强大民族征服弱小民族的先锋队。"③

"国际帝国资本主义"与"中国""世界基督教学生同盟"与"中国""强大民族"与"弱小"的"中华民族",并非对等的概念,却被人为地置于二元对立的关系中。这些话语以一种毋庸置疑的陈述方式,掩盖了民族国家自身具有的不确定性:在政治范畴,"国际帝国资本主义"与中国哪些政治力量形成对立?作为宗教团体,世界基督教学生同盟是否包含中国基督教学生?作为民族国家,"中国"或"中华民族"的概念是否不证自明?各个民族(如满族等少数民族)如何看待他们的国族身份?

无论民族国家概念存在着多少问题,"中国""中华""中华民族",在这样二元对立的强力表述方式下,显得不可置疑而充满感召力。"弱"者的角色,为人们进行民族国家的自我想象提供了清晰的定位;民族国家的宏大想象,满足了"弱者"对于力量感的急切需要;以弱者抗衡强者的文学性修辞,更使得这一表述充满了张力和悲壮感。民族国家概念本身充满问题,却为1922年的非基督教思潮提供了坚实不可撼动的基础和神圣不可侵犯的价值感。

"共同意识(或常识)是一整个阶级、一整个人民集体、一整个民族乃至整个人类所共有不假思索的判断。"④共同体的形成,需要以一些无需置疑的共识作为基础。而民族主义话语恰逢其时地扮演了这个角色,以言之凿凿的口吻为反教运动提供确定性和价值感。然而,"在一个真正的共同体中,没有任何反思、批判或试验的动力"。⑤民族主义话语被广泛接受、产生影响的前提,即在于它是作为一种常识进入历史,而非被质疑反思的对象。

(二) 紧迫感:拒绝反思

1922年非基运动中的民族主义话语,"很少从事实和学理上讨论,多是偏

---

① 《时事汇报:非基督教同盟大会纪》,《回光》,1925年,第2卷第1期。
② 《非基督教学生同盟通电》,《先驱》,1922年3月15日。
③ 《中华心理学会》,《非宗教同盟之东电及应声》,《晨报》,1922年4月2日。
④ 维科:《新科学》,朱光潜译,北京:商务印书馆,2009年,第108页。
⑤ 齐格蒙特·鲍曼:《共同体:在一个不确定的世界中寻找安全》,欧阳景根译,南京:江苏人民出版社,2003年,第8页。

于感情的话"①,充斥着"誓不两立"②"灭此朝食"③"扫尽妖魔"④"铲除净尽"⑤的言语。并且,这些带着浓烈民族主义色彩的言语为非基督教运动营造出一种万分紧迫的氛围,否决了考察思索的必要和可能。

影响甚广的《非宗教大同盟通电》中即有"凡我同志,尚希明决,急起直追,幸勿犹豫"⑥的言辞,也确实在全国引发了广泛的相应:"同人等虽不敏,敢不随诸同志与彼恶魔决一死战,并希各界,速起共谋以期魔障肃清。"⑦"同胞,速起,快快起来把从前反抗了日本侵略的热忱拿出来抵制这比日本侵略还要可怕的'世界基督教学生同盟',速起,速起,速起。"⑧"我们希望杭州的青年们,无论那界,只要从良心上感觉着宗教的罪恶而主张非宗教的,赶快起来加入我们的同盟。以扫荡世界一切宗教的流毒……杭州的青年们赶快起来,全国的青年们赶快起来呵。"⑨非教函电,充斥着一种仓促的氛围。它们几乎从不仔细考察宗教教义,不研究教会在教育、医疗等社会实践上的功过,甚至并不鼓励学生知识分子对于宗教进行细致的分析,而是仅凭"良心"对宗教"大非特非"。⑩

更有文章论证了不经考察而反宗教的理由:"人类是否有需要宗教的必要,现存的宗教是否对于人类有功而无过,和中国现行的宗教是否得宗教的真义,这三层我们就暂且不论;而但就中国现在一般的状况和中国现行宗教的现象而言,亦实非热烈的反对或排斥不可。为什么呢?因为现在中国水深火热的状态,决不是现行的宗教所能拯救的;许多青年的学生推行宗教上多费一分力气,就是在改造社会实际事业上少一分功效。到现在的中国,以上文极浅显的理由,已足以反对宗教而有余。所以我以为低等宗教不必谈,就是极高等的宗教,现在的中国人也无信仰的必要。"⑪强烈的民族主义话语往往是在深重

---

① 静观:《忠告非宗教诸君》,《真光》,1922年,第21卷,第10、第11两号合册。
② 《反对宗教之文电又一束》,《晨报》,1922年4月3日。
③ 我觉得这回各处非宗教同盟团体发出来的电报,那态度有点不对……"灭此朝食,铲除恶魔"一类话,无益于事实,徒暴露国民虚骄的弱点,失天下人的同情。梁启超:《评非宗教同盟》,《哲学》,1922年,第6期。
④ 《长沙湘乡中学非宗教同盟宣言》,《晨报》,1922年3月30日。
⑤ 《新中学会宣言》,《晨报》,1922年4月10日。
⑥ 《非宗教大同盟 第一次通电》,1922年3月21日。
⑦ 《北京新华大学生非宗教同盟宣言》,《晨报》,1922年3月30日。
⑧ 《非宗教同盟之东电及应声》,《晨报》,1922年4月2日。
⑨ 《杭州非宗教大同盟通电》,《晨报》,1922年4月8日。
⑩ 刘维汉:《非基督教声中基督教会应当注意的三个问题》,《真光》,1926年,第25卷第1号。
⑪ 予同:《论非宗教同盟》,《教育杂志》,1922年4月,第14卷第4期。

的威胁之下产生。而民族主义话语也往往以局势的紧迫性,要求成员绝对的忠诚,拒绝反思追问。民族主义话语因拒绝思辨而浅显易懂,因情感丰富而极具煽动性,在青年学生中极具感召力。

"共同体最强烈的感觉,可能来自那些发现他们集体性的生存的前提条件受到了威胁的群体,以及那些在这之外建立一个提供强烈的抵抗力和能力感的身份认同共同体的群体。"[1]中国作为后发展国家,自觉追寻"现代"的动力,是源于"救亡";对民族国家这一共同体的感知想象,也始终与"救亡"相关。这使得中国现代化的进程充满了危机感、紧迫感。这种民族主义话语弥漫成一种紧张迫切的社会氛围,直接影响着群体的历史选择。人们以寻找救命稻草的心态追寻现代性,时而急于"全盘西化",时而保守"民族性"。对于种种问题,没有考察研究的余裕和耐心。

世界基督教学生同盟第十一次大会的主题是"基督教与世界改造","是一次致力于战后世界改造、维护世界和平的大会。这次大会的宗旨与中国知识界与日俱增的民族主义并不构成冲突"[2]。然而,基督教外来宗教的身份,成为与日俱增的民族主义思潮攻击的理由。民族主义话语提供确定性、营造紧迫感,使得这一场原本并不必要的社会运动,成为必需。

(三) 必需感:必需性的暴力[3]

民族国家成为 19 世纪、20 世纪影响全球政治体制的一大政治现象,实有其必然性。民族国家是一种想象的共同体,用以填补当"真正的"社群或网络组织,因退化、解构或失效后所出现的人类感情空隙。[4] 让人们可以"把由生存的不确定性产生的情感转移到对'共同体安全'的疯狂追求上去"。[5]

在内忧外患的局势中,民族主义话语成为人们恐惧的避难所,情感的安置

---

[1] 此为鲍曼在《共同体》一书中引用威克斯的论述。齐格蒙特·鲍曼:《共同体——在一个不确定的世界中寻找安全》,欧阳景根译,南京:江苏人民出版社,2003 年,第 123 页。

[2] 详见杨天宏:《基督教与民国知识分子》,北京:人民出版社,2005 年,第 104 页。

[3] "必需性""暴力"等概念,参考阿伦特:《人的境况》:"劳动意味着被必然性所奴役,而这种奴役内在于人类生活状况中。因为人受到生命必需品的统治,他们就只能通过统治那些由于被迫而服从必然性的人,来赢得他们的自由。"(汉娜·阿伦特:《人的境况》,王寅丽译,上海:上海人民出版社,2009 年,第 62 页。)

[4] 参考本尼迪克特·安德森:《想象的共同体——民族主义的起源和散布》,吴叡人译,上海:上海人民出版社,2011 年。

[5] 齐格蒙特·鲍曼:《共同体:在一个不确定的世界中寻找安全》,欧阳景根译,南京:江苏人民出版社,2003 年,第 145—146 页。

地,信心和勇气的来源。民族主义话语区分出鲜明的敌我阵营,为人的行为提供正当性、确定感;使自感困乏的人摆脱孤独,在想象的共同体中找到伙伴和战友。民族主义宏大的话语方式,夸张的修辞手法,给予孤立贫弱者改变自身境地的想象和幻觉。民族主义话语被广泛接受,甚至成为社会必需品,不在于其学理的融通,而在于它契合了人们强烈的求生愿望。个体的求生言辞,显得孤立薄弱而自私,而民族求生意志的表达,则显得理所当然,大气磅礴,无私无畏。

生存是每个个人、每个民族必需必然的追求。然而,必需性并不能为其行动言辞提供正当性的保障。相反,必需性带来的,常常并非正当的理由,而是暴力。生存本身,就是加诸于人身上最根本的暴力,使人无法摆脱劳作、物欲等束缚,而带来战争和奴役。个人为求生存而盲目依附群体,群体为求生存而一味崇外或排外,都是必需性暴力的延伸,并无崇高可言。

必需性是必须的,但仅仅是必须的而已。人必须生存,20 世纪 20 年代的中国需要民族主义话语,需要想象的共同体。这是由于人的脆弱、无奈、别无选择,而非高尚。民族主义话语在非基督教运动中一再强调,这是"不得不"为之,实属"忍无可忍",实为必需性暴力的体现和延伸。

民族主义话语对其他话语的吸纳转换

民族主义话语一方面有着明确的针对目标(排外),另一方面也具有极大的包容度,能够将种种与自己不同甚至不合的话语纳入麾下,勃发出更加旺盛的生命力。

(一) 科学主义与民族主义话语

1922 年非基运动在当时被认为是"宗教与科学的战争"[①]。《非宗教大同盟通电》宣称自己"本科学之精神,吐进化之光华"[②]。科学主义话语在当时可谓一呼百应:"科学与宗教,决不能两立。"[③]"知识与迷信,绝对不能相容,迷信

[①] "这明明是宗教与科学的战争。"吴天放,《宗教与科学的战争——为非基督教大同盟诸君进一言》,《晨报》,1922 年 3 月 22 日。"科学与宗教的战争"。《时事:(一)学术界消息:非宗教大同盟的发生和进行》,《学生》,1922 年,第 9 卷第 6 期,第 124—125 页。
[②] 《非宗教大同盟通电》,《晨报》,1922 年 3 月 22 日。
[③] 《武昌高等师范附中非宗教学生同盟通电》,《晨报》,1922 年 4 月 20 日。

日盛,真理日泯,事理昭然,不得深辩。"①这些言辞,均把宗教置于科学的绝对对立面。

关于科学与宗教之间的关系,在当时引起了许多讨论。非宗教思潮的科学主义话语并非从未受到质疑,相反,一些商榷意见在今天看来仍有价值。一方面,不少人从正面论证科学与宗教之间并不冲突:科学与宗教分别作用于人类的"物质欲望"和"精神生活",宗教亦有与时俱进的一面,科学的起源或与宗教有关,许多科学家也同时是基督教徒,等等。

另一方面,也有一些从反面质疑科学主义话语的声音:"科学既非万能,决不能迷信科学。"②"到底是什么是进步?……物质上的文明,果真代表了进步的真谛么?"③"科学之不能安慰人生,不已是了如烛照了么?"④"要是说护卫自己,能杀人呢,那宗教倒不如科学的用处大。"⑤种种疑问,是对科学主义有力度的怀疑,有深度的反省。

此外,针对非基督教运动本身,也有诸多批评:"他们对于宗教的言论和行径,实在与他们所主张科学的精神,和进化的见解不符。"⑥"运动的人都不持科学家的态度,不用科学的方法……所发表的都是些感情上的话,都是门外汉反对……它们不持科学家的态度,不用科学的方法,真正的科学家绝对不能赞成。"⑦

但种种质疑商榷的声音,并未能引起非宗教运动者的反省,也未能遏制非宗教思潮中各种话语的继续进行。科学主义话语在面临这些质疑和挑战时,并未继续就科学与宗教的关系进行深入的探讨,而是转向了民族主义等其他话语,借用了民族主义话语的权威。

"阻止我进化,灭绝我智慧,桎梏我人性,侮辱我人格,腐败我脑筋,遏抑我思想,束缚我良心。我国素无宗教,自从基督教传入以来,光明灿烂之中华,倏然变色,天昏地黑,日色无光。……是可忍孰不可忍。同人等依其良心之鞭

---

① 《保定直隶保定师范学校全体学生宣言》,《晨报》,1922 年 3 月 30 日。
② 徐庆誉:《非宗教同盟与教会革命》,收入张钦士编:《国内近十年来之宗教思潮》,燕京华文学校,1927 年,第 213—214 页。
③ 《宗教与进化》,《青年友》,1923 年,第 3 卷第 7—9 期。
④ 济澂:《评"非宗教同盟"》,《东方杂志》,第 19 卷第 5 期,1922 年 3 月 10 日。
⑤ 罗素:《宗教问题演讲》,收在张钦士选辑:《国内近十年来之宗教思潮》,燕京华文学校,1927 年,第 78 页。
⑥ 简又文、范子美、杨益惠等:《对于非宗教运动宣言》,《青年进步》,第 54 期,1922 年 4 月 10 日。
⑦ 傅铜:《科学的与宗教的非宗教运动》,《哲学》,第 6 期,1922 年 6 月。

策,受科学之感觉,特组织非宗教同盟,为真理争一线光明,为人类存一份人格,誓必扫尽妖魔,斩除邪说。"①短短一段宣言,将科学主义、道德判断、民族主义话语混成一片。民族主义话语的加入,为科学主义的论断更增添了忧国忧民的情怀,同时回避了如下问题:科学与道德之间的关系,中国是否真的"素无宗教",民族主义话语是否"科学",是否合道德,是否有利于"人格"的完善……

科学主义话语与民族主义话语之间的横向联合,抹杀了两种话语之间的参差龃龉。非基督教运动并用这两种话语,掩盖了两者之间的差异,而同时取得了两种权威话语带来的权力。科学主义话语无论怎样武断,也不能否认调查研究的必要性。而民族主义则以其紧迫感、必需性,免除了科学态度不利于群众运动的后顾之忧,为受到质疑的科学主义话语提供了强有力的支持。

(二) 共产主义与民族主义话语

非基督教运动是从反对资本主义的共产主义话语开始的。首先,1922年3月15日发表在《先驱》上的《非基督教学生同盟宣言》,率先以基督教与资本主义的关系为由对其发难:"我们认定:这种残酷的压迫的,悲惨的资本主义社会,是不合理的,非人道的,非另图建造不可。所以我们认定这个'助纣为虐'的恶魔——现代的基督教及基督教会,是我们的仇敌,非与彼决一死战不可。""现代的基督教及基督教会,就是这经济侵略底先锋队。"②同时发表的《基督教与资本主义》,观点言辞与此近似。

《宣言》臆测了世界基督教学生同盟第十一次大会的宗旨,并由此与之宣战:"所讨论者,无非是些怎样维持世界资本主义、及怎样在中国发展资本主义的把戏。我们认彼为侮辱我国青年、欺骗我国人民、掠夺我国经济的强盗会议,故愤然组织这个同盟,决然与彼宣战。"③关于世界基督教学生同盟第十一次大会的内容,在当时的报纸杂志上有不少讨论。有亲历者指出,大会涉及国际问题、种族问题,社会问题等,并不拥护资本主义,而对于资本主义"攻击甚烈"。④《真光》杂志也一再发文澄清大会宗旨。

另外,在《先驱》同时刊发的《基督教与共产主义》宣称"共产主义与宗教

---

① 《长沙湘乡中学非宗教同盟宣言》,《晨报》,1922年3月30日。
② 《非基督教学生同盟宣言》,《先驱》,1922年3月15日。
③ 同上。
④ 徐庆誉:《非宗教同盟与教会革命》,1922年5月7日,《大公报》。

信仰也不能调和"。① 李璜在《社会主义与宗教》中提出:"社会主义自认与宗教不是并立的,社会主义者与宗教家是莫有商量的余地。"②

关于基督教与资本主义的关系,在当时引起激烈讨论。张亦镜等根据基督教教义,提出基督教不仅不支持资本主义,更与向来资本主义为敌;均默等从社会实践上,提出教会也并非盈利机构,而无产阶级是基督教徒的重要组成部分。有文章提出基督教"是共产主义底渊源"③,是"共产党推倒资本制度的先锋队"④。"中国的基督教和社会主义的希望,就是在于他们的协进和同化,而使中国变成一个'新中国',世界改为一个'新世界'。"⑤

但檄文式的宣言通电并未因为这些批评而减少,反而愈演愈烈。当共产主义话语受到质疑,非宗教运动将民族主义话语援引到话语场中。"'世界基督教学生同盟',要于本年四月四日,集合全世界基督教徒,在北京清华学校开会,引诱中国将来之柱石的纯洁学生,讨论资本主义的国家侵略我神圣中华的策略。"⑥"福音书多印一章,中国人即多死一个,礼拜堂多建一座,中国无产阶级身上的肉就躲被割去一方。……凡属有血性的中国人,凡属有血性的中国青年,还不蹶起反对吗?湖南底青年呀!湖南底教育界同志呀!大家起来和各地同志一齐反对罢。"⑦

共产主义与民族主义之间,存在着明显概念上的差异甚至冲突。在共产主义话语中,工人阶级没有祖国,它要联合的是"全世界无产阶级",这与民族主义对强调自身独特性,追求民族独立的异旨殊途。但是,在话语世界中,两者的碰撞却产生了奇异的效果。民族主义话语凭借其与人自我认同的切近,拉近了共产主义话语与受众之间的距离:如"资本主义侵略我神圣中华"的表述,使得抽象的"资本主义"作为侵略者与每个人息息相关。作为世界现象的"资本主义",与单一国族的"中华"的并置,使"侵略"的威胁显得深重危急,加强了民族主义话语的紧迫性。民族主义话语通过为共产主义话语限定范围,如"中国的无产阶级",使得共产主义话语的陈述显得更加清晰切近。另

---

① 绮园:《基督教与共产主义》,《先驱》,1922 年,第 4 期。
② 李璜:《社会主义与宗教》,收入罗章龙编:《非宗教论》,成都:巴蜀书社,第 130 页。
③ 均默:《基督教与共产主义是这么样的么》,《真光》,1922 年,第 21 卷第 9 号。
④ 张亦镜:《批评非基督教学生同盟宣言》,《真光》,1922 年 4 月 7 日,第 21 卷第 8 第 9 两号合册。
⑤ 张仕章:《中国的基督教与社会主义》,《青年进步》,1922 年,第 56 期。
⑥ 《反基督教学生同盟武汉支部宣言》,《非宗教同盟之东电及应声》,《晨报》,1922 年 4 月 2 日。
⑦ 《湖南非宗教大同盟宣言》,《各地非宗教同盟之应声》,《晨报》,1922 年 4 月 10 日。

一方面,民族主义话语又打破了阶级的界限,对所有"有血性之中国人"发出召唤,扩大了参与的范围。

"反帝国主义绝不只是一种国际团结的表现,而是一种与他们切身相关的诉求。"①民族主义话语的参与,使"反帝""反侵略"的话语与每个人"切身相关"。它遮蔽了共产主义话语中存在的诸多问题,为其注入了强大的生命力。

(三) 自由主义与民族主义话语

周作人在非宗教运动中"感到一种迫压与恐怖"②,于1922年3月31日与钱玄同、沈兼士、沈士远、马裕藻联名发表《主张信教自由宣言》,以自由主义知识分子立场对非基运动表示反对,从此引发一场关于"信教自由"的大讨论。宣言刊出,立即引来一片指责之声。面对"袒护"宗教的批评,周作人继续发表《拥护宗教的嫌疑》《思想压迫的黎明》等文,反复重申自己的自由主义立场,声明要维持的是"个人的思想自由"。而吊诡的是,对他提出批评的陈独秀、吴虞、蔡元培等,也同样是出于"自由"之名。

陈独秀在非基督教运动前后对基督教态度的转变颇值得玩味。在非基督教运动的两年之前(1920年),陈独秀曾在《新青年》上发表《基督教与中国人》,对于基督教充满了钦佩赞许之情:"要把耶稣崇高的、伟大的人格,和热烈的、深厚的情感,培养在我们的血里;将我们从堕落在冷酷、黑暗、污浊、坑中救起。"③他认为基督教义与科学并不冲突:"耶稣所教我们的人格、情感"是"崇高的牺牲精神","伟大的宽恕精神","平等的博爱精神"……"这种根本教义,科学家不曾破坏,将来也不会破坏。"④当时的陈独秀认为"基督教是穷人底福音,耶稣是穷人底的朋友"。⑤ 他认为基督教在中国传播,中国受益不多的原因,大多是错在本国而非他者。⑥

---

① 埃里克·霍布斯鲍姆:《民族与民族主义》,李金梅译,上海:上海人民出版社,2003年,第175页。
② "我平常怕见诏檄露布的口气,因为感到一种迫压与恐怖,虽然我并不被骂在里面。古人有言,'城门失火,殃及池鱼',我所怕的是做宗教战争的鱼。"见周作人:《报应》,《晨报副刊》,1922年3月29日。
③ 陈独秀:《基督教与中国人》,《新青年》,1920年,第7卷第3号。
④ 同上。
⑤ 同上。
⑥ "基督教在中国行了几百年,我们没得着多大利益,只生了许多纷扰……平心而论,实在是中国底错处多,外国人底错处不过一两样。他们这一两样错处,差不多已经改去了……我盼望尊圣卫道的先生们总得平心研究,不要一味横蛮! 横蛮是孟轲韩愈底态度,孔子不是那样。"陈独秀:《基督教与中国人》,《新青年》第7卷第3号,1920年。

在 1922 年非基督教运动中,陈独秀的态度发生急转。虽然并未加入"非基督教学生同盟"或"非宗教大同盟",他却对学生界的非基督教运动表示"十分赞同"①,并举出十条理由②对基督教及教会予以批判,其中第六条带有明显的民族主义色彩。此时陈独秀虽反对基督教会,却也对非宗教运动的宗教色彩保持着一定警惕,批评运动不应多消极破坏而少积极建设。然而,当周作人等发表《主张信教自由宣言》后,陈独秀完全倒向学生运动一边。4 月 6 日,陈独秀在致周作人的信函中写道:"青年人发点狂思想狂议论不算什么","公等真尊重自由吗? 应尊重弱者的自由,勿拿自由人道主义许多礼物向强者献媚!"③

周作人依据"约法"为"信仰自由"辩护,仅得到一些基督教徒的响应。而吴虞却进而对"约法"提出质疑和攻击:"法律是什么东西?"④"我对于中国的法律,向来不信任。"⑤由此引发一片对约法的怀疑声讨:"法律是根据人民意思产生,如人民觉得此条法律于人类进化大有妨害,何至不可立予修改。"⑥"'信教'自由是法律规定的,但法律是什么东西,是不是基督教的上帝呢?"⑦等等言论,列举不尽。吴虞等对法律的攻击不遗余力,并不担心若将法律的大堤冲开,人的基本权利将失去保障,"自由"亦将失去依托。

蔡元培等以"自由"之名,继续推动非宗教运动:"有人疑惑以为这种非宗教同盟的运动,是妨害'信仰自由'的,我不以为然。信教是自由,不信教也是自由。若是非宗教同盟的运动,是妨害'信仰自由',他们宗教同盟的运动,倒不妨害'信仰自由'么。我们既然有这非宗教的信仰,又遇着有这种'非宗教'

---

① 陈独秀:《批评:对于非宗教同盟的怀疑及非基督教学生同盟的警告》,《先驱》,1922 年,第 9 期。
② "1. 基督教教义的缺点,如原始罪恶说与上帝全善全能说不相应。2. 使徒之虚伪,当危急之时彼得尚三次不认基督,可见复活前无一真信徒。3. 诞生奇迹及复活均过于非科学。4. 教会尤其是天主教会仍然因袭中世纪的恶风以残忍态度仇视压迫异己。5. 教师说教以利害胁人者多,以理性教人者少,绝对迫人信,绝对不许人疑。6. 新旧教在中国都有强大的组织,都挟有国际资本帝国侵略主义的后援,为中国之大隐患。7. 教会尤其天主教会,仍然在农村袒护吃教的恶徒欺压良儒。8. 青年会有结识权贵富豪猎人敛钱种种卑劣行为。9. 教会设种种计划垄断中国教育权。10. 教会学校对于非教会学生强迫读经祈祷及种种不平等的待遇。"陈独秀:《批评:对于非宗教同盟的怀疑及非基督教学生同盟的警告》,《先驱》,1922 年,第 9 期。
③ 《信教自由之讨论》,《晨报》,1922 年 4 月 11 日。
④ 吴虞:《"信教自由"是什么》,载罗章龙编:《非宗教论》,成都:巴蜀书社,1989 年,第 124 页。
⑤ 同上文。
⑥ 云深:《〈主张信教自由者的宣言〉正谬》,《晨报》,1922 年 4 月 5 日。
⑦ 苍生:《信教与自由》,《晨报》,1922 年 4 月 5 日。

运动的必要,我们就自由作我们的运动,用不着什么顾忌呵!"①蔡元培的《以美育代宗教》②试图以理服人。而他在4月9日演讲时针对周作人作出的回应,则显得激愤急切。

北京非宗教同盟的第二次通电对自己的立场作了比较冷静的陈述,但综观整个非宗教运动,却并不具备《通电》宣称的宽容态度:"宗教的信仰……心灵上必受神定的天经地义的束缚,断无思想自由存在的余地。"③"我们非宗教者实在是为拥护人人的思想自由,不是干涉他人的思想自由。"④"人类的信仰应当自由,但那妨害人类自由信仰的教会,决不可自由。"⑤运动者始终对异己持零容忍的态度,并不为宗教问题的讨论留下余地空间。

正反双方,都是以"自由"为理由,他们话语中的"自由",却有不小差别。周作人始终坚持捍卫的是"个人的思想自由"。而陈独秀呼吁的"弱者的自由",却染上了群体的色彩。陈独秀并不尊重处于弱势的周作人的言论自由,却警示他勿"向强者献媚"。这里的"强者",带着强烈的国家民族色彩。一方面指当时维持社会秩序,压制非基督教运动的国民政府;另一方面也指在政治经济上居于强者的外国别族。

非宗教运动所要争取的"自由"范围不断扩大,渐渐冲决了"个人"的界限,由"我们的自由"(蔡元培)、陈独秀的"弱者的自由"(陈独秀),进而争取"国家"甚至"人类"的自由。"个人自由"反而淹没在一片对"自由"的呼喊中。民族主义话语作为集体性概念,从自由主义本身存在的困境中撕开了裂口,偷换了"自由"的概念,混淆了"自由"的范围。民族主义话语,由此进一步占据了价值制高点:"民族自由",显得比"个人自由"更加重要、更加宏大、更加紧迫;当"民族自由"宣布需要以牺牲"个人自由"为代价,这种以"自由"之名对个人自由的剥夺,顺理成章地得到了广泛的认可拥护。

自由主义自身存在着这样的困境:人有着作为个体和社会存在的双重属性,个体自由和群体自由之间如何取舍,如何平衡? 自由有无范围,限度何在?"自由"作为一种价值理想,是每个人的憧憬,然而当"自由"成为一种政治话

---

① 蔡元培:《在非宗教大同盟的演说词》,1922年4月9日。(蔡元培:《北京非宗教大会演讲》,收在张钦士选辑:《国内近十年来之宗教思潮》,燕京华文学校,1927年,第201页)
② 蔡元培:《以美育代宗教》,收入罗章龙编:《非宗教论》,成都:巴蜀书社,1989年,第48—53页。
③ 李守常:《宗教与自由平等博爱》,罗章龙编:《非宗教论》,成都:巴蜀书社,1989年,第153页。
④ 同上,第154页。
⑤ 苍生:《信教与自由》,《晨报》,1922年4月5日。

语,却容易成为权力斗争的遮羞布,甚至党同伐异的大纛。当人们对"自由"的真伪和范围失去警惕,当"自由"失去限度失去原则,则容易演变为任意的谩骂、无底线的攻击、无上限的斗争。

此时,梁启超演讲撰文,自称"非非宗教者"①,认为宗教是情感的结晶,只能作为目的而不应被作为手段用于其他目的,是"人类社会有益且必要的物事"②。同时,他也对周作人表示同情和支持。但此时的梁启超思想有着怀疑论色彩,思想深度的拓展反而影响了文章的力度。他的言辞颇为中正持重,批评也颇为成熟中肯,却也因此显得温吞游离,终于被淹没在一片口诛笔伐声中。

这一场争论,以对"个人自由"的争取开始,却以对"集体自由"的强调结束。"自由"话语丧失了维护个体自由的初衷,而泛滥成为政治斗争的口号。民族主义话语,对于"自由"话语进行了巧妙的转换篡改,使得"自由"的口号泛滥,却已是南辕北辙,渐行渐远。

政治民族主义与文化民族主义

"这类为争取民族自由而战的民族主义运动,从未认真思考过'民族'的定义是什么,只假定它是不辩自明的。"③政治民族主义话语专注于功利目标的达成,无意于民族文化的研究和建设。这场有着鲜明民族主义色彩的非宗教运动,几乎不讨论自己民族的语言、族裔、风俗、文学、文化等内容。相反,以"昌明国粹"为宗旨的《学衡》杂志,在1922年第6期发表有关非宗教运动的文章中,几乎找不到科学主义、共产主义、自由主义话语,有关"民族"的言辞也并非口号标语式的呐喊,在当时可谓风格迥异。

一方面,这些文章有着坚定的民族立场,却褪去了民族主义话语的紧迫感,以从容的态度表达出对本民族传统宗教的激赏。景昌极将基督教与本土宗教进行比较,认为西方宗教逊于东方。"余敢谓广大、悉备,足称完备宗教者,唯佛教为能。老庄略当于佛教之出世法,孔孟略当佛教之世间法。耶教之

---

① 梁启超:《评非宗教同盟》,《哲学》,1922年6月,第6期。
② "人类所以进化,就只靠这种白热度情感(宗教)发生出来的事业。"梁启超:《评非宗教同盟》,《哲学》,1922年6月,第6期。
③ 埃里克·霍布斯鲍姆:《民族与民族主义》,第181页。

最高处,则仅当于佛教方便设法,愚夫愚妇心目中之净土宗耳。"①他以传统宗教的视角衡量基督教,并在传统文化格局之中为基督教找寻到安置之所。

另一方面,在极力推崇本民族宗教文化的同时,《学衡》文章对基督教教义有着同情之理解。刘伯明对于基督教所倡的道德价值表示赞同:"其宽大、有容,又能感人之心……在吾国则适与墨子孔孟宋明诸儒爱论仁之旨相同。"②刘伯明等并不因信仰不同而贸然排斥外来宗教文化,而是发掘出基督教与儒家墨家等传统文化在道德伦理等方面的共通之处。《学衡》文章认为宗教不仅于科学无碍,更有益于人的艺术创造,能够提升人的品格修养、精神境界。在《学衡》诸君的视野中,珍视本民族的宗教、艺术,与欣赏其他民族的宗教、艺术,并不矛盾。同样基于民族立场,《学衡》文章超越了政治民族主义敌我对立的思维方式,对于外民族的宗教文化持包容理解态度。

一苇从社会实践上论证基督教在中国所做的建设,认为"基督教最近之发展,尚非赖其教义"。"教会所以赖以维系人心者,曰医药,曰科学,曰音乐图画等。平心而论,基督教徒于中国文化上绝非无功。"③一苇对教士的人格修养,在社会公益上的贡献表示赞许。他在强调教会学校在教育上的优点的同时,也指出了本国教育令人担忧的现状,并由此对非基督教运动提出批评:"一日不自己整顿国民教育,则一日不能阻碍教会学校之发展。空言排斥,果何益也?"④

刘伯明对于非宗教运动的批评,主要集中在运动对学生人格思想的影响:"今之非宗教运动始于北京未几及于他处,处此潮流之中,屹然不动者,寥寥无几。吾恒谓吾国教育宜培养完整之人格,所谓完整之人格,即遇风潮之来,毅然自持而不为所压迫。历观近年来学校风潮,盖皆少数学生把持其中,而大多数则挽手贴耳,为所劫持,不能自立。其人格之处于其中,犹瓦之坠地而解。"⑤"更可惜而可痛者,此风传布以后,举国学子,靡然从之,如风行而草偃。而外人不明此事真相者,且斥之为拳匪复生……予以为实犯笼统之病,而乏思想之独立也。"⑥《学衡》文章以本国学生独立人格与思想的丧失,对于非宗教

---

① 景昌极:《论学生拥护宗教之必要》,《学衡》,1922年,第6期。
② 刘伯明:《非宗教运动评议》,《学衡》,1922年,第6期。
③ 一苇:《再论宗教问题》,《学衡》,1922年,第6期。
④ 同上。
⑤ 刘伯明:《非宗教运动评议》,《学衡》,1922年,第6期。
⑥ 同上。

运动提出批评,这与作为自由主义知识分子的周作人,作为基督教徒的张亦镜等颇为不同。周对"个人自由"的呼唤在"民族自由""人类自由"等的呼声中显得孤立而单薄,张的回应虽然直接却显得主观而激愤,有失范之处①。《学衡》文章着眼于国民教育、国民品格等方面,同样立足"民族",却在某种程度上超出了当时高度同质化的民族主义话语。《学衡》文章表达出民族知识分子在艺术、教育、道德上的热切关注,显示出传统民族在宗教等民族文化问题上的包容态度,体现出民族关怀可以有的多种面向、丰富可能。

《学衡》文章对基督教的理解宽容,实际上并非出于对基督教本身的提倡;而是一方面出于对基督教在中国社会教育、医疗、公益等领域的事功价值的认可,更多的则是出于对宗教信仰作为不同民族共有特征的尊重和同情。②民族作为一种文化(而非政治诉求),与宗教有着天然的亲近关系。"世界上无一族人无宗教。"③"拿残酷迷信和无神论放在一个天秤上衡量轻重,这究竟是不公平的,因为从前者曾产生出一些最文明的民族,而世界上却不曾有哪一个民族是根据无神论建立起来的。"④

《学衡》文章认为宗教不仅于科学无碍,更有益于人的艺术创造,能够提升人的品格修养、精神境界。"西洋自希腊以来,宗教上之形象,凡所以表现人心之情意者,皆有不朽之价值。希腊之塑像,中正优美,在代表希腊民族之精神……如东方庙宇之飞檐表示精神飞升之意,所垂之风铃,喻天乐和谐之美。凡此皆表示人性中有精神上之希冀而非科学所能侵犯者也。"⑤在《学衡》

---

① 张亦镜的反驳,在当时颇引人注意,但毕竟影响有限。一方面,作为基督教徒,他的反驳多是立于自己的信仰和宗教情感,在其他人看来缺乏说服力。例如,"基督教那么高洁,哪有反肯做外国资本家经济侵略底先锋队的道理。"(张亦镜:《批评非基督教学生同盟宣言》,《真光》,1922年4月7日。)另一方面,张亦镜的反驳虽力图据理力争,却充满激愤的言语,少许言辞有人身攻击的色彩:"抑你立心要干涉宗教的信仰自由,知道信基督教的人,不肯承认他的信仰是哲学的信仰,不是宗教的信仰;你就可以再宣言:哲学的信仰,只是个人精神的自由,不容受外界的干涉;宗教的信仰,实实在在不是个人精神的自由,当然要受我们外界的干涉,故才这样说?哈哈!蔡元培你的心好阴!你的计好毒!"(张亦镜:《驳蔡元培在非宗教大同盟的演说词》,《真光》,1922年,第21卷,第10、第11两号合册。)
② 一苇等并不同意非宗教同盟对"中国素无宗教"的论断:"最进步的宗教数千年来支配中国民族之思想而为其精神生活之根本者,为信天。其曰乐天,知命,曰畏天命,固认为天为全智全能之神。"一苇:《再论宗教问题》,《学衡》,1922年,第6期。
③ 冠路特博士讲述,刘昉、徐曼笔录:《二十世纪的社会还要宗教么?》,《晨报副刊》,1923年4月6日。
④ 维科:《新科学》,北京:商务印书馆,2009年,第277页。
⑤ 刘伯明:《非宗教运动评议》,《学衡》,1922年,第6期。

诸君的视野中,珍视本民族的宗教、艺术,与欣赏其他民族的宗教、艺术,并不矛盾。"人生多遭际无常,生老病死、离合悲欢之际,惟有一种精神的修养者其生活润泽而幸福,耐久而有勇。"①"人类之贵重的品性,如博爱,如克己,如牺牲,如乐天,皆非知识所能赋予者,尤若身处逆境或遭逢灾祸其能发挥抵抗之勇气,保精神之安泰,则必赖诸一种超智识的力量是也。"②"宗教不满意于现实,而思所以超脱之,苟其所构造引人升入高洁之境界,绝非理性所能桎架干涉。"③这是从珍视自己民族的文化出发,对他者文化作出的理解和欣赏。基于民族立场,《学衡》文章超越了民族主义二元对立的思维方式,对于本民族和外来民族的宗教有着包容理解的态度。

《学衡》文章对于宗教问题,并非盲目接纳,也非一味排斥破坏。对于宗教问题,他们秉持并鼓励研究的态度,"苟有发大愿,现大勇,与各宗教宣战,当持彻底的态度。自其历史上,教义上,彻底的讨论之"。④ 不同于民族主义话语在宗教问题上的消极态度,《学衡》文章更关注积极的民族文明的建设:"窃愿当代绩学之士群相讨论如何涵养吾国民之精神生活使之俱成较沉勇坚定光明坦白之人,以共谋我民族文明之进步。"⑤

《学衡》文章力图超出同质化的民族主义话语的遮蔽,脱离民族主义话语裹挟下的政治诉求,表达出民族知识分子在艺术、教育、道德上的热切关注,显示出传统民族在宗教等民族文化问题上的包容态度,体现出民族关怀可以有的多种面向、丰富可能。但这样比较谨慎的态度,最终仍然淹没在喧嚣浮躁的民族主义话语之中。

在大致和平的情况下,不同文化、不同宗教信仰、不同经济制度的民族之间的相遇,并不必然造成冲突。信仰不同的民族之间,并非没有理解交流的可能。其他民族的存在,并不必然对本民族造成威胁,也可以成为本民族反观自身,寻求发展的契机。对其他民族文化、宗教信仰的尊重欣赏,是民族交流的基础,也是一个群体自尊自信的表现。造成冲突的,是利用领土、语言、宗教信仰、族裔血缘、风俗习惯等民族特性进行民族主义(乃至军国主义)操作的政治力量。在1922年非基督教思潮里排斥外来宗教者,大多并非基于对民族文

---

① 一苇:《再论宗教问题》,《学衡》,1922年,第6期。
② 同上。
③ 刘伯明:《非宗教运动评议》,《学衡》,1922年,第6期。
④ 同①。
⑤ 同①。

化的维护,而是出于民族主义话语掩饰裹挟下的种种政治诉求。

综上所述,民族主义话语,在1922年席卷全国的非基督教运动中膨胀蔓延,赋予人们存在的确定感、行动的紧迫感、斗争的必需感。在这一话语场域中,民族主义话语容纳了科学主义、共产主义、自由主义等话语,其中进行着支持、粉饰或扭曲的种种操作。而民族主义话语造成的最大遮蔽,或许竟是对于民族文化本身。

本文作者系南开大学文学院博士生

原标题为《民族主义·类民族主义·文化民族主义——1922年中国非基督教运动中民族主义话语反思》

原载《原道》2015年第4期

"进步的科学"与"科学的进步"
——试论新文化运动中的科学主义

鲍文欣

一

"新文化运动"树立了两面鲜明的旗帜:"民主"与"科学"。从此,这两个观念明确地上升为中国现代精神传统中的基本价值。但是,在"科学"这面旗帜的背后,我们总能发现"科学主义"(scientism)的阴影。观念的复杂性需要通过历史的复杂性来加以理解,"科学主义"作为"科学"的变形,有其历史的必然,同时自身又有着演化的趋势。今年是新文化运动发起100周年,这给了我们一个机会,去以历史的眼光审视这一时期的"科学"及其"主义"。

"科学"向中国人展示了一个新的世界图景,并提供了与这个新世界打交道的手段。与此相应,"科学主义"也有两个基本面向:本体论上的科学主义和方法论上的科学主义。[①] 科学的本体论预设是:这个世界能够为科学方法所认知;而本体论上的科学主义则将某些特殊、局部的科学定律上升为关乎普遍、整体的本体论叙述。同时,科学方法原本局限于科学认知活动,而方法论上的科学主义则试图用科学方法涵括人类活动的全幅领域。这两种在科学中原本统一的部分在各自上升为"主义"之后就产生了冲突与联合的互动。一

[①] 杨国荣教授将其概括为科学提供的"形上的世界图景"和"科学方法的泛化"。参见杨国荣:《科学的形上之维》,上海:上海人民出版社,1999年,第4页。与之类似的是郭颖颐对"唯物论的唯科学主义"和"经验主义信条的唯科学主义"的区分,参见郭颖颐:《中国现代思想中的唯科学主义》,雷颐译,南京:江苏人民出版社,1998年,第19页。另外,刘青峰教授曾认为,"作为知识的科学"比"作为方法的科学"更为强大,是中国科学主义相对于西方科学主义的一大特征。参见刘青峰:《二十世纪中国科学主义的两次兴起》,《二十一世纪》,1991年第4期,第32—47页。

方面,方法论上的科学主义一旦觉醒之后,就无法容忍本体论上的科学主义在方法论上的僭越;另一方面,当方法论上的科学主义试图扩张到关乎伦理、道德、存在的"人生观"领域时,就会发现它不得不依赖于本体论上的科学主义,而这无异于宣告自身的破产。

可以发现,这两种科学主义分别展开于传统哲学中"天道"和"人道"的领域。传统哲学内部当然充满争论,但仍有一些基本的共同预设使之能与现代哲学相区分。就"天道"来说,一个有序的自然提供了理解人之"在"——包括历史、伦理、价值等领域的基本范畴;就"人道"来说,存在一些方法能够顺利地认识自然的秩序,而这种知识同时是安顿人之"在"的关键。中国科学主义的形态与这些基本信念有关:在更新了的知识架构之上,寻求"天道"与"人道"的契合,是科学主义得以发生的深层动力。也正缘于此,两种科学主义的冲突就显示了传统哲学在古今之变中遭遇的危机,亦即我们实际上无法在这一更新了的知识架构上来完成"天道"与"人道"的契合。我们可以从这个角度来理解两种科学主义的互动与演化。这一演化的结果是,中国人发现了一种不能提供存在意义的"真理"和一种不能提供伦理教导的"方法"。此时科学完成了对自身的"去魅",在天人视野下进行进一步探索的中国化的马克思主义和文化保守主义登场了。

在"新文化运动"推崇"民主"与"科学"的背后,还隐含着"进步"的预设。作为现代性的核心观念,"进步"与其他现代价值之间往往有相互论证的关系,亦即"进步"既是现代性的前提,又是现代性哲学话语的论证目标。值得注意的是,"进步"不仅形成了"进步史观"意义上的历史学叙述,还在很大程度上保留了传统哲学中的天人视野,历史进步是"大化流行"的有机组成,君子的"健行"也转化为历史性的创造活动:古今之变中,一个重要的事件就是"道的历史化"或"历史的道化"。在此过程中,科学提供了对进步的两路论证,一是"进步的科学",它指通过机械论和进化论的联合,来描绘一个贯穿宇宙—生物—社会的整体进步过程;二是"科学的进步",它着眼于科学方法带来的知识增长,并将科学知识的线性增长泛化为人类整体的线性进步。[①] 它们分别对应于本体论上的科学主义和方法论上的科学主义。我们可以将科学主义的理论意图概括为如何构建一个进步着的"天道"和适配于这一天道的、

---

① "科学的进步"和"进步的科学"这两个术语借鉴自赵修义、童世骏:《马克思恩格斯同时代的西方哲学》,上海:华东师范大学出版社,2008年,第417页。

强调奋进和创造的人生观。这也为我们提供了理解科学主义在20世纪20年代初的主要论敌——"玄学派"——的视角,在构建现代价值的问题上,两者实际上形成了一种共谋关系。

因此,探究"进步的科学"与"科学的进步"之间的互动与演化,就有可能使我们对中国近代的科学主义以及新文化运动的深层意蕴达致更丰富的理解。

二

在欧洲思想史中,对"科学的进步"的信仰是在近代科学的胜利中逐渐建立起来的。这种相信人类理性能运用科学方法以征服世界的乐观主义几乎贯穿于整个18世纪。"进步的科学"则出现于19世纪中后期,以"能量"为中心概念的热力学机械论和达尔文的生物进化论促成了这一变动。"进步的科学"是"科学的进步"发展的结果,这不仅指对世界整体进步的论断是在科学知识不断积累充实的前提下形成的,还指"进步的科学"所涵有的乐观主义迎合了在"科学的进步"下养成的深层心理。但与此同时,两者之间又酝酿着深刻的冲突。"科学的进步"建基于那种"科学"的在世态度,它包括了客观世界与认识主体的分立,以科学方法论为形式的合理性追求,知识各部门、尤其是自然科学与人文科学的划分,以及控制与征服的欲望。而在"进步的科学"产生之后,它就反过来将"科学的进步"纳入到自身的一体化叙述中去,并试图打破自然科学和人文学科之间的藩篱,要求某些科学成果跳过科学方法论的审查,转化为思辨性的实体内容,去填充各学科之间的缝隙。同时,人类的创造性活动仍被想象为"向自然开战",但这些控制与征服的行动现在可以被归属于一个更大的宇宙论进程。换言之,人类正在通过征服自然的方式复归自然。在西方思想的语境下,这一策略既满足了浮士德式的欲望,又缓解了人类作为孤独个体的焦虑。而在中国思想的语境中,这种一体化叙述中暗含着的天人视野,显然与中国传统哲学有更强的亲和力。

在近代中国,"科学"则首先以"进步的科学"的形式,为人们带来了一个新的世界图景。在时代的新旧交替中,首先吸引人们注意力的是那些构成日常生活基础的"真理"的变化,紧接着的才是关联于这一真理的方法。新真理要求人们运用新方法的武器去清除传统之"魅";科学知识的线性增长则在证明着这一新真理的正确性。因此,在新的本体论框架下,对"科学的进步"的信仰也得以建立,作为方法论的科学逐渐发展出了自身的科学主义倾向:科学方法转化为一种普适的方法,将人类所有活动领域纳入到科学分科的范围之内,实证性的科学知识转化为所有知识的典范,科学的进步转化为了人类整体历史的进步。

近代中国的科学主义就是运行在由上述"进步的科学"和"科学的进步"所构成的一个张力结构中。这一结构本身又经历着历史性的演化。大致说来,从19世纪末到20世纪初,本体论上的科学主义占据着主导地位,这相当于冯契先生所说的中国近代哲学革命中的"进化论阶段"。20世纪20年代前后,随着学院体制的确立、科学家共同体的成熟以及实用主义和马赫主义的兴起,方法论上的科学主义逐渐成为主流。"进步的科学"在这一方法论意识之下显得越来越可疑,但两者尚未达到决裂的地步。

"科玄论战"是决定科学主义命运的标志性事件,两种科学主义陆续闯入人生观的战场。从表面上看,方法论上的科学主义是在"科学方法万能"的激励下试图将人之"在"的全部意蕴纳入到科学知识的霸权之中。而其更深层的意图则是在科学方法论的指导下建立适配于"进步"观念的、强调创造和奋进的人生观。但"科学派"们逐渐发现,仅仅依靠"求真"的"科学态度"无法构建出一套完整的人生观,更有甚者,在实证主义和机械论的语境下,"求真"的态度反而将导致对"真"的消解。这迫使科学派从激进的方法论态度上退却下来,转向本体论上的科学主义,去寻求一种"受过科学神的洗礼"的玄学。① 另一方面,本体论上的科学主义作为一种一体化的哲学叙述,需要通过思辨性的类比和无法证实的假设来提供宇宙与人生观之间独一无二的联合,而在"新信仰的宇宙观和人生观"被正面提出之后,方法论上的科学主义就很难忽略这种推理方式在方法论上的僭越。两种科学主义在人生观领域的联盟掩盖着两者之间剧烈的冲突。因此,"科玄论战"以"科学派"表面上的胜利宣告了科学主义在理论上的破产:"科学的人生观"中所潜伏的矛盾在实际上证明了人文主义者在人生观领域的抗议是有效的;而这种抗议中所蕴含的"划界"思维,反过来又成为科学自我去魅的方式。在这一被汪晖教授称为"公理世界观的自我瓦解"②的过程中,一种在知识、道德、审美领域产生分化的"现代情境"逐渐生成了。

在典型的现代情境下,科学作为知识的线性积累,仍被视为人类"进步"

---

① 张君劢、丁文江等:《科学与人生观》,济南:山东人民出版社,1997年,第337页。
② 汪晖:《现代中国思想的兴起》下卷第二部,北京:生活·读书·新知三联书店,2004年,第1403—1410页。

的典范。但知识领域的进步现在不再能直接关联于道德和审美领域。在自然科学领域,宇宙物理学的探讨仍在继续。同时,在人文学科的范畴内,"科学的态度"能够提供一种"科学的教养",但这些知识成果和人文教养不再与一种排他性的、号称唯一正确的人生观相联系。此时"科学"与"进步"的关联度达到一个低点。不过,在近代中国,这种现代情境并没有就此稳定下来。在"科玄论战"后的文化分化中,中国化的马克思主义和文化保守主义从不同侧面质疑现代情境的合法性,并发展出了各自的一体化哲学叙述。在这些理论创制中,科学主义的某些特点不同程度地得到复现。可见,"进步的科学"与"科学的进步"的演化显示了中国思想在古今之变中某些共通的内在肌理。

三

在中国近代思想史中,首先明确表示上述张力结构的是严复。严复的《天演论》主要通过"质力相推"的机械论原则构建了一个贯通天人的进化论宇宙,在致力于引进这一"进步的科学"的同时,他又以翻译《穆勒名学》而成为科学方法论的热心宣传者。在他看来,密尔注重归纳法的逻辑学与斯宾塞充满演绎跨越的普遍哲学是一个适配无间的整体。不过,经过考察我们会发现,严复为了填充"天行"与"人治"之间的空隙,实际上采用了传统哲学中的"体用"框架,而这一框架是无法被现代知识规范所允许、甚至为他本人所激烈反对的。①

严复所感兴趣的是一种与传统天道相竞争的新真理,此种真理比传统天道能更全面地解释世界,并提供了在这一新世界中的更为合适的行动原则。有必要为这一新真理寻找方法论上的基础,但这种方法论上的兴趣不能导向对这一真理的检验。因此,《天演论》中本体论上的科学主义构成了严复理论活动的中心,这也决定了此后近二十年中国人对科学的主要理解。

四

在新文化运动时期,以陈独秀等人为代表,本体论上的科学主义继续发展着。不过,这一时期"科学"观念更引人注目的特征是方法论上的科学主义的

---

① 篇幅所限,此处行文从简,详细的论证参见鲍文欣:《进步与体用:严复思想探析》,《中国思潮评论》第5辑,上海:上海古籍出版社,2014年。

兴起。本节将以新文化运动时期的《科学》杂志为例来说明此种变化。

首先,胡明复等人将科学的本质特征归结为"科学方法":

> 夫取材相同,而科学与非科学乃判然两分。物质不类,而反同列为科学。是何故欤?盖科学必有所以为科学之特性在,然后能不以取材分。此特性为何?即在科学之方法。①

所谓科学方法,主要指归纳法与演绎法的结合②,这并没有超出严复所总结的"内籀"与"外籀"。③ 与之不同的是,胡明复进一步将这一科学方法上升至"科学精神":

> 然科学方法之影响,尚远出于科学自身发达以外。科学知识于人类思潮、道德、文化之影响,视其有功人类犹远过于此。虽不得不合科学之方法与精神二者为一谈。精神为方法之髓,而方法则精神之郭也。是以科学之精神,即科学方法之精神。④

将"方法"上升为"精神",实际上是将运用于特定领域的特殊方法上升为一种具有普遍意义的在世态度,只有在经历这种转变之后,科学方法的普适性才能得以建立:"科学之范围大矣。若质,若能,若生命,若性,若心理,若社会,若政治,若历史,举凡一切之事变,孰非科学应及之范围。"⑤

在这一方法论意识之下,作为知识系统的"科学"之"万能"成为批评的对象,取而代之的是对作为方法的"科学"的信心。⑥ 同时,对宇宙论的预设也相

---

① 胡明复:《科学方法论一》,《科学方法与精神之大概及其实用》,《科学》第 2 卷第 7 期,1916 年。
② "科学之方法,乃兼合归纳与演绎二者。先作亲测,征有所得,乃设想一理以推演之,然后复做实验,以视其否合。不合,则重创一新理。合而不尽精切,则修补之。然后更试以实验,再演绎之。如是往返于归纳演绎之间,归纳与演绎既相间而进,故归纳之性不失,而演绎之功可收。斯为科学方法之特点。"胡明复:《科学方法论一》,《科学方法与精神之大概及其实用》,《科学》第 2 卷第 7 期,1916 年。
③ 严复:《严复集》第 5 册,北京:中华书局,1986 年,第 1319—1320 页。
④ 同①。
⑤ 同①。
⑥ "科学之材料诚无垠,谓其研究万有可也。然研究万有者未必万能。试以科学所已知之事物与未知者较,犹微云之在太空耳。……科学何敢以一得遂自命万能乎?然以科学不能万能为科学病,又不可也。……本其科学之方法努力前进,虽未敢以必达科学之终鹄许人,然循此以进,必率人类日趋光明之域,则可自信也。"佛:《非'科学万能'》,《科学》第 5 卷第 8 期,1919 年。

应发生了变化。曾经在严复笔下那个激动人心的变易宇宙退居幕后,现在这个宇宙最为显著的特征是它在运行中表现出来的合规律性,这些规律必然能够被人类理性在科学方法的武装下所把握。严复同样注重宇宙的合规律性,但其重点在于直接点明宇宙内确凿无疑的进化真理:"翕以合质,辟以出力,始简易而终杂糅",而胡明复明确区分了"合规律性"和"规律"本身:

> 第一,事物之相互关系,非临时的与例外的,而为不易的与公同的。……
> 第二,宇宙事物,严守通律。……
> 第三……大统系配列各部分成比较的彼此无关系而较小之诸统系;而每一较小之统系,又各有其通律。每一较小之统系,更分作又较小之诸统系,比较的彼此无关系,而又各自有其通律。若是,每一统系包括数个较小之统系,每一较小之统系包括数个又较小之诸统系;如是以近,愈分愈小,然每分必成统系,而每统系必自有其通律。①

胡明复兴趣的重点是这一宇宙和科学方法之间的适配性,在这个意义上,科学的宇宙观与科学的方法论之间有共生关系。② 而我们究竟能针对这一宇宙得出何种具体的规律,则需要归纳与演绎相结合的科学探索过程。在这一方法论意识下,"进化"不再构成宇宙的基本特征,而转变为一个需要经过科学方法持续审查的生物学假设。③ 建基于自然与社会的类比之上的那些社会科学,由于生物学假设的变动而时时面临倾覆的危险。④ 更为重要的是,在胡明复对诸"统系"的区分中,显露出了科学方法所涵有的分科意识。除了"合

---

① 胡明复:《近世科学的宇宙观》,《科学》第 1 卷第 3 期,1915 年。
② 胡明复本人对此有清楚的认识:"自科学之观点观察宇宙,有上述之三特性,而上述之三特性,又为科学发达必需之原因,不有上述之三特性,则无科学;故欲有科学,则不可不先假设科学自己之可能为其起点,即不能不先假设宇宙之有此三特性。是以先有科学的宇宙观而后有科学,有科学而后科学的宇宙观有真正价值,则科学的宇宙观,科学的结果,亦科学之起点也。"胡明复:《近世科学的宇宙观》,《科学》第 1 卷第 3 期,1915 年。
③ 钱崇澍:《天演新义》,《科学》第 1 卷第 7 期,1915 年。
④ "自达氏学说首创以还,以生物而言群治者,一时蜂起,然治斯学者每知生物学不详,或生物学家之言未可微信者,群治学者乃奉为圭臬,所有确径证明之事实,除非群治学家之所措意者。……要之,生物学处今日之世,尚未发明昌大,至于确定不移之境,他学本兹过渡时代之学说而立论者,必有随之倾覆之危也。"开洛格(Kellogg):《达尔文天演学说今日之位置》,胡先骕译,《科学》第 2 卷第 7 期,1916 年。

规律"这一特征之外,任何能够贯穿各个"统系"的具体规律就显得十分可疑了。正是在这一语境下,《天演论》中赫胥黎的原本意旨得到了重视:

> 微论物竞天择,非生物界惟一之公例,纵使其然,亦非强权者所得援为口实。盖人类一方为自然势力所驱率,一方复具驱率自然势力之能,非真"不识不知,顺帝之则",与草木昆虫侔也,……①

在这一时期的"科学"观念中,最为重要的是对科学的方法论理解以及由此而来的分科意识。通过区分自然科学中的"进化"和社会科学中的"进步",对科学的方法论意义的强调构成了对"进步的科学"的消解。自然界有可能是进化的(这尚待审查),人类社会则在科学方法的指导下不断进步着(这毫无疑问),但两者方向的相似性不再构成一种类比的推理:它们是两件分别在"比较的彼此无关系"的两个"统系"中发生的事情。

吊诡的是,在此过程中,这一方法论意识也发展出了自身的科学主义倾向。在对事物分门别类的安排中,科学方法建立了自身的霸权。它的作用无可辩驳地被西方在近代的历史进步所证明了:

> 在智识、权力、组织这三个方面,近代的进步,都比较从前最为显著、最为特别,……我们上面所说的智识、权力、组织都是生活的样子,我们还有一个生活的态度。生活的态度,是我们对物的主要观念和作事的动机。我们晓得科学的精神,是求真理,真理的作用,是要引导人类向美善方面行去。……我们可以说科学在人生态度的影响,是事事要求一个合理的。这用理性来发明自然的奥秘,来领导人生的行为,来规定人类的关系,是近世文化的特采,也是科学的最大的贡献与价值。②

"科学"再次与"进步"紧密地联合在一起。不过,这次"科学"不再使用哲学的语言去描绘一个贯穿天人的整体进步过程,它现在被想象为一项独特的人类事业。这项事业的关键在于将由科学方法所定义的"科学精神"运用于人类活动的所有领域,除了自然科学以外,它还包括政治、经济等社会科学,以及主要与道德、

---

① 唐钺:《科学与德行》,《科学》第3卷第4期,1917年。
② 任鸿隽:《科学与近世文化》,《科学》第7卷第7期,1922年。

价值有关的"人生观"领域。"进步"一方面指科学方法在上述领域的拓展,另一方面,方法论上的科学主义相信,一旦采用科学的方法,这些领域也会产生与科学类似的线性知识积累:"进步"就是指在科学方法的指导下,人类整体向"真"的无限趋近。然而,人类在政治、社会、价值领域的活动原则,是无法由科学认知意义上的"真"来穷尽的。这意味着方法论上的科学主义为了论证科学进步带来的整体进步,就必须在"真""善""美"之间建立关联,而这种关联必须交由一个形上的世界图景来完成。因此,"科学的进步"对"进步的科学"的消解,反过来又是建立在对"进步的科学"所具有的世界观功能的深刻依赖之上。两者之间的这种复杂关系充分体现在20世纪20年代初的"科玄论战"之中。

五

科玄论战是近代中国文化分化的分水岭。从表面上看,张君劢以人生观问题首先发难,而后在"科学派"的群起围攻之下,"玄学派"始终处于守势。但实际上双方互有攻防,在这一过程中,双方共享的一些预设也逐渐凸显出来。因此,从价值系统的古今之变来看,科玄两派除了对抗之外,还存在着共谋的关系。

胡适在《〈科学与人生观〉序》中曾批评"科学派"只是一再强调科学可以解决人生观问题,而没有提出一个正面的"科学的人生观"[①]。其实,在论战之初,张君劢也只是从知识形式之差异的角度,抗议性地提出科学不能解决人生观问题,同样也没有正面提出"玄学的人生观"。不过,从他的第二篇论战文章中,我们可以推测"玄学的人生观"的大概:

> 此新玄学之特点,曰人生之自由自在,不受机械律之支配,曰自由意志说之阐发,曰人类行为可以参加宇宙实在。盖振拔人群于机械主义之苦海中,而鼓其努力前进之气,莫逾于此。[②]

在玄学派反对科学霸权的背后,是对"自由""创造"等现代价值的维护。"科玄论战"与"东西文化论战"之间有历史的延续性,在玄学派对人生观领域

---

① 张君劢、丁文江等:《科学与人生观》,第14—16页。
② 同上,第100页。

自主性的辩护中,隐含着对相应于"西方文明"的"东方文明"和相应于物质文明的"精神文明"的辩护。① 但在东西文化论战中,论战双方有一个大致相同的预设:东方文明是注重顺从自然的"静的文明",西方文明是注重征服自然的"动的文明",所争论者,则在于东西文明是古今之别还是两种不同的"路向"。② 而在科玄论战中,玄学派的论辩策略发生了重大的变化。与"论理学"或科学方法的"静"相比,人的精神活动恰恰是"动"的。③ 而且这种能动性不再局限于与物质、功利相隔绝的人生修养领域,相反,玄学派相信,自由意志的能动性是社会改造过程中的决定性力量。④ 因此,张君劢在这一时期的思想代表了文化保守主义发展的重要阶段:文化保守主义者的理论模式,正经历着从佛学式的"体用隔绝"到新儒家式的"返本开新"的转变。

正是在这一关节点上,张君劢这一时期的思想蕴涵着深刻的现代性。他虽然认为"人的行为可以参与宇宙实在",但在与科学霸权的对抗中,这一"宇宙实在"的内涵其实相当模糊。为了能够让自由意志在现实中发挥它的创造性力量,这一"实在"必须与科学描绘的那个客观世界达成一定程度的和解,但为了强调人生观领域的自主性,张君劢又必须将这一"实在"设想成完全与科学世界观不相容的。通过此种两难,张君劢展示了一个典型的现代场景:一个不再提供任何存在意义和道德暗示的物质世界,在此世界之上,漂浮着一个完全凭空发生的、又能对物质世界施加创造性作用的意志之流。在对科学霸权的抗议中,张君劢完成了对世界的彻底"去魅"。⑤

---

① "'东/西'文化二元论与'科/玄'知识二元论的关系是极为紧密的。对人的内在性和主体性的思考直接起源于对现代(西方)文明危机的反思,因为这种文明被理解为压抑和规范了人的自由的'物质性'的文明。"汪晖:《现代中国思想的兴起》下卷第二部,北京:生活·读书·新知三联出版社,2004年,第1333页。
② 例如杜亚泉将东西文明的差异总结为"动"与"静"的不同,继而认为"两文明之结果,其不能无流弊,盖相等也"。倾向于双方的调和。而陈独秀在类似的预设上,认为两者是"古代文明"与"近世文明"的差别,在文化变革的态度上更为激进。参见杜亚泉:《静的文明与动的文明》,《杜亚泉文存》,上海:上海教育出版社,2003年,第342页;陈独秀:《法兰西与近世文明》,《独秀文存》,合肥:安徽人民出版社,1987年,第10—11页。
③ 张君劢、丁文江等:《科学与人生观》,第80—82页。
④ 张君劢甚至以俄国革命的胜利为例来说明意志的作用,可见其"自由意志"强烈的社会改造意味。参见张君劢、丁文江等:《科学与人生观》,济南:山东人民出版社,1997年,第107;张君劢:《中西印哲学文集》,台北:学生书局,1987年,第991页。
⑤ 张氏后来将科学与人生观的关系放在"现象与物自体""用与体""理与气或曰器"等范畴中来讨论,显示了现代新儒家的思想发展方向。参见张君劢:《张君劢集》,北京:群言出版社,1993年,第370页。

在认识到玄学派的现代性之后,我们才能来理解科学派思路的传统特征。在吴稚晖之前,科学派阵营中的任鸿隽已经描述过一个"科学的人生观":

  第一,科学的目的在求真理,而真理是无穷无边的,所以研究科学的人,都具一种猛勇前进,尽瘁于真理的启沦,不知老之将至的人生观。……
  第二,因为科学探讨的精神,深远而没有界限,所以心中一切偏见私意,都可以打破,使他和自然界高远的精神相接触。……
  第三,……研究科学的人,把因果观念应用到人生观上去,事事都要求一个合理的。这种合理的人生观,也是研究科学的结果。[1]

  科学派并不一般性地反对"自由"和"创造"的价值。但他们将人生观的重点放在作为科学精神的"求真"之上,这一方面指人类针对物质世界创造性活动需要具备符合规律的品格;另一方面,"真"不仅提供了人类宰制世界的手段,而且还具有审美和道德方面的功能,这无疑使得"真"超越了认知的维度,而与"善"和"美"发生了关联。任鸿隽的"科学的人生观"中包含着这样的倾向:决定人生意义的创造性活动是在一个具有"真"性的场景中进行的,同时,这一"真"境又能带来审美的愉悦和道德的指导。换言之,与张君劢将物质世界放逐到无意义领域相对照,通过"科学精神",任鸿隽正试图将这个物质世界重建为能够包容人之"在"全部意蕴的"天地"。

  不过,与张君劢类似,任鸿隽也面临着自身的困境。科学方法需要去除"心中一切偏见私意",在严格的科学认知态度面前,任何审美情趣和道德直觉实际上都无法建立自身的合法性。即使我们先退一步,承认科学的"真"能够与"善"和"美"产生合法的关联,我们也会发现,科学的"真"是一个极限概念,它表现为一系列没有终点的"求真"历程。如果说这一类型的"真"构成人类活动之基础的话,那么人类活动将会在对无穷因果链条的计算中无限推后。因此,方法论上的科学主义只能为人生提供一种形式上的对"真"的承诺,而人类实践则需要建立在一系列自以为"真"的信念之上。这些困难使得科学派必须从激进的方法论立场上退却下来,转而依靠由一些"大假设"搭建起来的本体论上的科学主义。

---

[1] 张君劢、丁文江等:《科学与人生观》,第129—130页。

六

吴稚晖自称《一个新信仰的宇宙观及人生观》酝酿于科玄论战五年前,彼时东西文化论战正酣,梁启超的《欧游心影录》和梁漱溟的《东西文化及其哲学》都在这五年间出版。在吴氏作文之初,他尚未读到张君劢的《人生观》及其后续文章,而早已将二梁立为论敌。而在读过张文之后,吴稚晖也并没有留下太深的印象,仍将其与二梁归为一类。[①] 因此,从吴文树立"科学的人生观"来看,它可被视为"科玄论战"的总结,而从其主要论敌是二梁来看,它也可被视为对东西文化论战的回应。我在上文已经指出,从东西文化论战到科玄论战,"自由意志"的含义已经发生了重大变化:意志重新成为创造的动力因。二梁与杜亚泉等人当然存在着个体差异,但在以"动/静"来区分"西/东"这一论式上,双方并没有根本上的不同。尤其是梁漱溟还以此发展出了一种具备本体论基础的文化哲学,这一"三路向"说正是吴文的主要批评对象。但吴稚晖基本上没有发现张君劢与二梁之间的区别,这种混淆掩盖了科学派与玄学派之间的共谋关系:在对以"进步"为前提的"创造""自由"等现代价值的维护上,二者并没有决定性的分歧,问题在于,如何为这些现代价值提供论证。

为了说明"科学的人生观",吴稚晖回到了严复的本体论上的科学主义的思路,描绘了一个"质力相推"的"一个"宇宙:

> 我本来只承认万物有质有力,言质则力便存在,言力则质便存在;无无质之力,亦无无力之质。质力者,一物而异名。假设我们的万有,方其为"一个"之时,就其体而言曰质,就其能而言曰力,加以容易明白的名称,则曰活物。及此一个活物,变而为万有,大之如星日,质力并存;小之如电子,质力俱完。[②]

机械论常与决定论相联系。王国维曾区分了决定论中"福祸寿夭之有命"的"定命论"(fatalism)和"善恶贤不肖之有命"的"定业论"(determinism),

---

[①] 张君劢、丁文江等:《科学与人生观》,第346—347页。
[②] 同上,第345页。

古代哲学家往往持定命论,同时又有意志自由论倾向。① 吴稚晖的机械论并没有导向万事皆由前定的"定业论",反而是将具有自由选择功能的意志导入到这一机械论宇宙中,从而具有传统哲学的特征。在批评梁漱溟的"三路向"时,他承认这三种人生态度都是客观存在的,而没有费心去论证,这三种态度分别是由宇宙进程的哪些侧面所决定。② 同时他又认为,三种态度具有不同价值,大体上看,只有第一种向前的态度才与宇宙的方向相合。③ 在一个客观的宇宙下,对各种人生态度保持宽容,是现代思想的一大特征。而在传统主义者看来,人生观花样迭出的表面繁荣,是现代性的虚无主义症候。这正是张君劢的观点所可能导向的结论。④ 而传统哲学共同的预设是:某种特定的宇宙观能够合理地推导出某种特定的、唯一正确的人生观,宇宙自身就能够给出道德上的指导与训诫。但天道下贯的"性"并非是"定业论"式地给定的,人类总是需要通过一系列智性和道德努力来体知"天命",这些努力构成了人类自由活动的场所。这正是吴稚晖的观点:这个"漆黑一团"的宇宙恰恰能够给出正面的、无可怀疑的道德启示,同时又留存下来足够的人类活动空间,它既不是上帝死后的那个冷漠宇宙,也不是机械论描述下的那个"定业论"宇宙——这时他已经接近"天命之谓性"的说法了。

不过,吴稚晖逐渐趋近的并非原始儒家。"漆黑一团"的宇宙主要在两个方面体现出了道德性。首先,他将宇宙的无因而起归结为"不惮烦",这马上推导出了人类应有"不惮烦"的创造精神:

> 可以理想而知,当我们宇宙全体大喊一声:共造宇宙! 必一粒微尘,莫不应之曰:唯。我们要造好的宇宙,我们决不好惮烦造成一个二百五。此当初之契约,即所谓天理,天然,应当如此,决不容有争论。此又宇宙不

---

① "命之有二义,其来已古,西洋哲学上亦有此二问题。其言祸福寿夭之有命者,谓之定命论(fatalism);其言善恶贤不肖之有命,而一切动作皆由前定者,谓之定业论(determinism)。……我国之哲学家除墨子外,皆定命论者也。然遽谓之定业论者,则甚不然。……孟子之持定命论者,而兼以持意志自由论。"王国维:《王国维文选》,上海:远东出版社,2011年,第90页。
② 张君劢、丁文江等:《科学与人生观》,第352—353页。
③ 张君劢、丁文江等:《科学与人生观》,第401—402页。
④ "'人生观'由其'直觉''综合''自由意志'等性质而被说成是'主观''单一'而'最不统一者',……这结论也明显与张君劢在人生观上的儒家取向发生了抵牾。儒家人生哲学的一个基本信念是'心之所同然';张君劢是从这里发见儒家义理的源头的,但他对人生观所作的'主观''单一'而'最不统一'的证说,却使那在'直觉'中自明的信念再一次蒙上重重理智的疑团。"黄克剑:《志在儒行,期于民主》,《张君劢集》代编序,北京:群言出版社,1993年,第15页。

惮烦之惟一解答。①

宇宙的永恒运动,作为科学意义上的"真",并不一定能提供人类行为的向导。客观地说,人类的"惮烦"同样体现了宇宙的"不惮烦"——在苟且混世的人身上,质力相推的运动并没有停止。吴稚晖从宇宙的事实上的"不惮烦"直接推导出人类应当"不惮烦",这类似于易学中"天行健,君子以自强不息"的论式。值得注意的是,"健行"与"创造"之间当然还有不小的距离,将传统道德修养论范畴内的"健行"改造为作为现代价值的"创造",正是后来现代新儒家的一项重要理论活动。

其次,这个宇宙运行于一个特定的轨道之上,这一轨道的目标与人类的价值目标恰好重叠:

> 自从我们不安本分,不甘愿做那听不到,看不见,闻不出,摸不着的一个闷死怪物,变了这个大千宇宙,我们的目的何在呢?我是不敢替我们自己吹一句牛皮的,却逼住我不得不说他是要向
> 真善美!②

由此,人类"不惮烦"的创造活动,其后果又被一个进步着的宇宙所保证。在方法论上的科学主义那里需要被不断审查的假设,被吴稚晖重新确立为作为人类行动基础的信念。在符合现代知识规范的外观下,吴稚晖描述了一个不断趋向人类价值目标的客观宇宙过程,并在此基础上给出一个特定的人生观。在这一点上,吴稚晖与这一时期的张君劢拉开了距离,而与参赞"大化流行"的熊十力等人站在了同一阵营。换言之,"进步的科学"正是在"科学"这一反传统武器的名义下,宣扬了那种后来被现代新儒家称之为中国"文化精神"的东西。

七

胡适在《〈科学与人生观〉序》中看似公允又充满自信的评论显示了这一

---

① 吴稚晖:《吴稚晖全集》第 1 卷,北京:九州出版社,2013 年,第 109 页。
② 张君劢、丁文江等:《科学与人生观》,第 362 页。

"科学的人生观"的内在危机。他敏锐地觉察到此前的争论都只是"破题",直到吴稚晖的"新信仰"才算是真正"起讲"。① 而为了能够"起讲",科学派必须做一系列"大假设"。"假设"在胡适的用语中联系于实验主义方法论的根本性原则:"大胆假设,小心求证"。由此我们可以问:吴稚晖的"新信仰的宇宙论"中"真善美"的宇宙方向和"不惮烦"的伦理训诫是否仍属于能够"求证"的范围?在胡适对这一问题的沉默中其实暗含了某种批评,这种批评在他自己提出的十大"假设"中表露得更为明显。②

胡适号称这十大假设只是"总括他(指吴稚晖,引者注)的大意,加上一点扩充和补充",但实际上胡适已经对吴的"新信仰"有了重大的修改。首先,胡适区分了天文学、物理学、地质学、生物学、人类学、社会学等学科,并严格限制了这些学科之间的思辨性的类比联系。例如生物界的生存竞争现象,曾在严复的"天演论"那里直接类比于人群之间的竞争,胡适则弃用了这一在中国近代思想史中十分常见的类比,而将其归结到对"无主宰"这一机械宇宙论原则的论证中去。再如物理化学界对物质活动性的发现,曾在吴稚晖那里引申出伦理学上"不惮烦"的训诫,胡适则在引述完这一发现之后意味深长地戛然而止。其次,胡适说明了时空的无限,而并没有再提及这一无限宇宙有"真善美"的特定方向,这意味着胡适在抛弃自然与人文之间的思辨性类比之后,认为不再需要一个宇宙方向来指导人类伦理的方向了。最后,总结条目一至九,我们会发现胡适重申了一个客观变动着的宇宙,这个宇宙大致符合科学方法论的规范,它运行的方向与人类的愿望无关,也不提供任何道德上的启示。这就形成了对"进步的科学"那种一体化思维方式的内在批评。因此,胡适自己的"假设"绝不仅仅是对吴氏观点的"扩充和补充",而是在科学方法论的审查下,对吴氏过于玄学化的宇宙观进行的一次清洗。这显示了本体论上的科学主义与方法论上的科学主义之间的深刻分裂,这种分裂迅速导致胡适必须重新面临曾困扰大部分科学派的问题:如何提供一种正面的"科学的人生观"?这一重任落在了条目十的"大我不朽"上:

> 根据于生物学及社会学的知识,叫人知道个人——"小我"——是要

---

① 张君劢、丁文江等:《科学与人生观》,第18页。
② 篇幅所限,此处恕不俱引,张君劢、丁文江等:《科学与人生观》,济南:山东人民出版社,1997年,第23—24页。

死灭的,而人类——"大我"——是不死的,不朽的;叫人知道"为全种万世而生活"就是宗教,就是最高的宗教;而那些替个人谋死后的"天堂""净土"的宗教,乃是自私自利的宗教。①

在"补充和扩充"吴稚晖之"新信仰"的语境下,这种"大我不朽"论同样暗含着对"一个"不朽论的批评。剔除"新信仰"的宇宙观中自然与人文之间的思辨性联系后,胡适只能从人类共同体的存续中寻找"科学的人生观"的论证资源。但"大我"——人类的不朽同样是难以"小心求证"的,在胡适所描绘的那个不断变动着的无限宇宙中,这种不朽显得尤为可疑。也就是说,即使在胡适这一极度重视科学方法论的实验主义者那里,为了论证"科学的人生观",他也不由自主地越过了"科学"的界线。

退一步说,即使我们先假定"人类不朽"的判断是可以"求证"的,也并不一定能得出"为全种万世而生活"的人生观。持着客体化的眼光,"我"便不能在"他人"中体验到责任感和归属感。从"我"属于一个共同体的客观描述,到"我"投身于这一共同体中,其间需要大量的通感、移情和想象等人文范围内的活动,这些活动是无法在科学方法论中得到描述的。而当我们正视这些人文"方法"的合法性之后,就会发现,"人类不朽"与其说是一种科学假设,还不如说是一种道德上的直觉和情感上的需要。就此而言,胡适与曾被他严厉审视的吴稚晖其实殊途同归。甚至可以说,"一个"的不朽论要比"人类"的不朽论更为率真和彻底,毕竟,"大人"是要"与天地合其德"的。30年代,梁漱溟曾指出胡适这一遮遮掩掩的人文主义的不彻底性:

> 记得梁任公先生、胡适之先生等解释人生道德,喜欢说小我大我的话,以为人生价值要在大我上求,他们好像必须把"我"扩大,才可把道德收进来。这话最不对!含着很多毛病。其实"我"不须扩大,宇宙只是一个"我",只有在我们精神往下陷落时,宇宙与我才分开。如果我们精神不断向上奋进,生命与宇宙通而为一,实在分不开内外,分不开人家与我。②

---

① 张君劢、丁文江等:《科学与人生观》,第24页。
② 梁漱溟:《梁漱溟全集》第二卷,济南:山东人民出版社,2005年,第90页。

八

在拒斥本体论上的科学主义、亦即"进步的科学"之后,方法论上的科学主义无法在不越出科学方法的前提下建立"科学的人生观",而这就意味着人类整体的进步不能仅仅依靠科学方法,"科学的进步"同样归于失败。因此,胡适的"起讲"在实际上宣告了科学主义在理论上的破产。此种失败一方面源于科学主义内部:本体论上的科学主义和方法论上的科学主义之间的辩证运动必然导致科学主义的自我瓦解;另一方面,从二十年代文化分化的思想史背景来看,科学主义的内部运动是在马克思主义和文化保守主义的层层逼近下趋于深入的。不过,科学主义的失败并不意味着"科学"价值的失落。在中国化的马克思主义那里,"科学"的主要含义从自然科学转向了以历史唯物主义为核心的社会科学,并通过对辩证唯物主义的建构一定程度上保持了天人视野;以现代新儒家为代表的文化保守主义则在其本体论建构中继续深入挖掘意志主体的创生性和理性主义面向,试图借助"体用"等从传统翻新而来的范畴"开出"现代价值。如何安置"科学"价值始终是这些理论活动的重要侧面,同时,上述两种科学主义的某些特征也在此过程中不同程度地复现。这就说明,中国现代精神传统仍在生成的过程中。今天,新文化运动发生已有百年,"进步""创造""科学""民主"等观念已成为公认的社会价值。但对这些观念的检讨和反思还在继续,建立一种"反省型的现代性"仍将是时代的中心任务。上述对"科学"及其"主义"的历史回顾,于这一任务来说,或许不无裨益。

本文作者系上海社会科学院哲学研究所副研究员

专题五
新文化运动中的新文学

帝制・共和・复古
——李欧梵教授访谈录

陈建华

"我永远挣扎在两种角色之间"

陈建华：我发现您到香港之后的这十年心情很舒畅。虽然自己不以学者自居，但在更大的文化环境中思考和写作，不断有新作品问世，而且讲课和参加讨论会，还是很学术的。您在不断兑现和挑战自己的许诺。

李欧梵：自我挑战。

陈建华：我有点困惑，似乎您把近年所做的文化研究看作脱离您的专业？

李欧梵：对，对，我几乎是故意脱离自己的专业，甚至放弃了我的专业，这跟心情有关。我提早从哈佛退休，因为我对自己在美国所扮演的中国现代文学研究学者的角色不过瘾，不过现在我觉得只有一件事情没做完，就是晚清小说研究。当初哈佛为我开的退休会上，你也去了，告别的时候，我说，你们在这里搞理论，我要回香港做文化实践。回到香港，一发不可收拾，以香港为对象，写了一大堆文化批评和文化实践的文章。我所关注的文化的背后，是我对于整个人文传统——中国和外国文化的关心，最后归结到《人文六讲》。最近我在香港中文大学上课，关于中国传统文化方面的，说不定也会写本书。我永远挣扎在两种角色之间，一个是专业的研究者，一个是广义的人文主义者。有时候我觉得在香港讲了这么久，似乎对香港现代社会产生不了什么影响，反而我觉得真正有一点影响的是在西洋古典音乐方面。我对香港的大学制度有很多批评，但我认为一定要在大学里做一个我愿意做的学者，于是又回来做晚清研究。我要对自己证明，我的专业尽管几年没有做，但是还可以做。

陈建华：现在台湾有一些年轻学者从事晚清研究，做得挺扎实，像颜健富。

李欧梵：是。他最近要出晚清小说乌托邦研究方面的书，我在为它写一篇序。提起晚清小说，我首先想到的是翻译。记得我在哈佛的最后两年，和韩南教授一起开了一堂研讨班的课，你那时候已经离开了，这令我难以忘怀。

陈建华：我是2001年离开哈佛的，很可惜。韩南先生最近过世，我写了一篇文章，登在《南方周末》上。

李欧梵：他走得太突然了。有人约我写文章，我反而说不出话来了。

陈建华：您前几年写过一篇谈韩南先生学问的文章，给我的印象很深刻。

李欧梵：在那一堂课上，我们教的是晚清的翻译，选读了一些晚清的小说。我的一个基本的设定就是，晚清的小说和翻译不可分：翻译进入小说里，小说改写了翻译。所以光研究晚清小说不谈翻译不行，于是就开始讨论。韩南教授有板有眼。我就说晚清这么多小说，我要看多少本？从哪里开始？他大笑，他说他自己看得太多，已经记不得看过多少本了。他说就从《上海游骖录》开始吧，因为四大小说经典我都看过，看得不过瘾。谈起晚清小说，大家都觉得是谴责纪实之类，我特别喜欢《老残游记》《文明小史》，也写过一些东西。后来我觉得大家没有注意晚清对想象时空的拓展方面。晚清小说之所以比传统中国小说开拓了一个新的境界，是因为它有想象的世界。一般学者会从民族国家这个模式来研究，我觉得不尽然。要进入晚清的语境，就要从大量的翻译和小说中，看出想象的模式，那就是虚构的作用。这方面最基本的是科幻小说，里面牵涉到时间的问题。另外，晚清小说从中国社会进入其他国家和地域，很明显是一个空间的拓展、一个想象的过程。从大量的科幻小说——潜水艇到了海底，气球到了空中，这时候我就发现，我已经和海峡两岸研究晚清小说的年轻一代全部接上轨了。像陈平原写过关于气球的，王宏志召集过晚清翻译的会，我就把这些归纳起来，作为晚清研究的新的理论思考的角度。后来我发现这个题目太大，不如先把以前博士论文的题目中找出一个很小的选题先试试，就是林琴南翻译的西洋小说。他翻译的大多是二流小说，但是为什么却能在中国引起这么大的轰动？而且那些小说都是维多利亚时代的英文小说，只有《茶花女》除外。在那个讨论班上，有一堂课专门研究《茶花女》，把法文原文、林琴南的以及五四时的剧本来对照，韩南的法文相当好，同学们听得很过瘾。回想那个时候就有了仔细研究的念头，现在通过晚清这条线，我又和那些年轻学者接上线了。

陈建华：您提起维多利亚的流行小说，台湾大学的潘少瑜组织了一个维多利亚读书会，我也参加过几次。

李欧梵：对呀，就是从这里开始的，她做晚清翻译，从文本的来龙去脉，从英国、日本到中国一步步做过来，做得不错。而我做哈葛德的研究，一个更冷的领域。哈葛德被美国的后殖民主义学者骂得一塌糊涂，但是为什么林琴南那么喜欢他，而且翻译了20多本？中国连钱钟书小时候都看过哈葛德的书。

我就这么一头扎进去，一搞就四个月。我的角度不一样，追踪哈葛德小说在殖民地的影响，比如印度和澳洲。

陈建华：您研究的哈葛德的小说是言情还是探险？

李欧梵：探险的比较多，言情的很少。

陈建华：大概是因为晚清时候梁启超说中国人缺少冒险精神，所以林琴南翻译了许多探险小说？

李欧梵：这倒不一定，许多小说是商务印书馆指定叫他翻译的。林琴南很崇拜梁启超和严复，特别是严复的小品文，他后来在一本翻译的序里说是献给梁启超的。

陈建华：这些冒险小说很有趣，里面有很多神怪想象的内容。

李欧梵：对，我发现西方学者把哈葛德一棒子打死是不对的。其实他是一个神怪小说家，他的成名作《所罗门王的宝藏》就是一部探险小说，林译的书名叫《钟乳髑髅》。有一段时间他在英属非洲殖民地总督手下任职，他对非洲土著的生活和文化非常感兴趣，找到希腊罗马或者更早的古文明。所罗门是希伯来文明的一种回归，他的小说对于古文明的衰落灭亡有一种怀古情绪。为什么他要创作复古式的小说？因为他认为维多利亚的时代太过文明，英国元气已经伤了，英国那种 gentlemen 绅士风的东西不行了。他一方面奉行英国殖民主义，一方面不自觉地仰慕非洲。我和马泰来常常联络，他有一个重大发现，林琴南的弟子朱羲胄所编的林琴南著述年表里把《鬼山狼侠传》弄错了，马泰来通过逐字逐句对照，把它的原文找了出来。我根据这个线索追踪下去，发现这部小说是林琴南译哈葛德小说中最好的，名叫《鬼山狼侠传》，是讲黑人的故事，为黑人民族作传，我一进去就出不来了。研究哈葛德等英国作家，不能把他们一股脑儿放在"后殖民"理论的框架中研究。现在似乎没有一本英国学界研究哈葛德能回到其本身，作为一个华裔学者，我不怕"政治不正确"，又不从事这方面的专业，于是敢冒天下之大不韪为他打抱不平，因为大家公认他是一个最糟的作家。我一不做二不休，回到神话研究，找弗莱的神话原型理论。后来有一本书是研究时间观念的，名叫 *The Cosmic Time of Empire*，作者是 Adam Barrows，文中有一章提到哈葛德，说到白人用新的时间观念压倒黑人的神话时间。我为了搞清楚这几条线,花了一个月时间。

陈建华:有这么多线索,一方面回到晚清的脉络,如林纾的翻译、西方的现代性与神话。一方面在方法论上要面对后殖民话语,但您发现林纾和哈葛德在复古这一点上勾连起来。这个发现很重要,在那里有您的问题意识,出发点不同,和后殖民角度不一样。我们一般认为林纾用古文来翻译小说,提高了小说的地位,正合乎梁启超的意思。但是经您这么一说,通过哈葛德照亮了林纾,他们背后都有一种对古文明的现代命运的焦虑。

李欧梵:对。不光是为了赚钱,个中还有更复杂的东西。

陈建华:这让我想起徐枕亚的《玉梨魂》。"五四"时期周作人、钱玄同说它是"鸳鸯蝴蝶派"倒还在其次,更严重的说它是"复古",跟袁世凯称帝一个鼻孔出气。最近我对这个复古现象很有兴趣。我觉得徐枕亚是被冤枉的,《玉梨魂》确实是复古的产物,不过徐枕亚是属于南社的,文学上都受了"国粹"的影响,思想根源要追溯到章太炎、刘师培那里。《玉梨魂》写在1912年,那时袁世凯称帝八字还没一撇呢,而且这部小说最初在《民权报》上连载,那张报纸是反对袁世凯中最激烈的。

李欧梵:那就跟"共和"有关系了?

陈建华:是的。我最近在关注"共和"这个概念,看的东西越多,就越有兴趣。梁启超、章士钊、戴季陶有好多论述。从观念史角度看,"共和"主宰了民初的思想界,至少在十年里"革命"相形失色,在20世纪中国,"革命"是断裂的。

李欧梵:你这个"共和"研究很值得做。

"为什么不能像王国维那样将对20世纪的追悼融入21世纪"

陈建华:您刚才提到,西方学者把哈葛德和康拉德放在一起研究,一个是雅一个是俗,康拉德一开始是不是就是俗的?现在是不是对他们改变了看法,是因为文化研究的缘故?

李欧梵:很多作家都是后人定位的,现在我们认为康拉德是经典作家,哈葛德不入流,但是在当时尽管他们写小说的笔法不一样,但是叙事的套路很像。康拉德笔下是一个叙事者套着另一个叙事者,哈葛德也是这样,我所谓"还原"是方法上的还原,就是不要以为一个二三流的作家,他的方法就很粗糙,不一定。也不能说哈葛德是一个殖民主义者,所以内容和形式都很差。哈葛德的粗糙在于语言,康拉德语言好。一个同时代的作家,不可能不受当时文化语境的影响,这本身就是整体性的。到底什么是雅？什么是俗？

陈建华：经过重写文学史,好像形成了新的"通俗"和"纯文学"的二元论。西方学者从 popular literature 的角度来谈"鸳鸯蝴蝶派",在中国就理所当然地把 popular 翻译成"通俗"。比方说林培瑞就把19世纪维多利亚的流行文学和都市文化作为鸳蝴派的参照,有时也说得通,周瘦鹃在编杂志的时候总是说他的杂志是以英美某某杂志为榜样的,《礼拜六》仿照美国《星期六晚邮报》的。您说哈葛德和林纾是同时代的,那林纾是直接把维多利亚一套搬过来,还是他们都有某种文化移植的想法？

李欧梵：是文化的对应而非移植。因为中国和维多利亚时代的英国有很多区别,周瘦鹃面对五四的潮流,但是哈葛德当时没有。维多利亚的一代文化光辉灿烂,到第一次世界大战才终于走到了尽头,所以英国的现代主义原则上是从大战以后开始的。从1850年维多利亚女王登基一路下来,60多年里它已经形成一个通俗层面,中国是一股脑儿传过来。中国人有自己的阅读习惯,之前有才子佳人言情小说,这部分大家很熟悉。另外西方神仙鬼怪的东西是不熟悉的。加进来要改头换面,有的进不来,像康拉德经过老舍才介绍进来。在这之前只在《月月小说》上面提到他的名字,我到现在也不知道《黑暗之心》最初是什么时候翻译过来的。我们现在把康拉德提得高,很大原因是李维斯的书和萨义德的论文都写他,没有人写哈葛德,一写就骂,哈葛德后来在英国读者那里就变成儿童读物。从后殖民立场来看,当时侵入中国最多的是英国,文学翻译最多的也是英国。

陈建华：在20世纪30年代胡适就抱怨过维多利亚是多么辉煌的时代,中国人哪里及得上。但是现在人人讲社会主义,一讲维多利亚就是资本主义,就嗤之以鼻。

李欧梵：晚清毕竟是一个衰落的帝国。但是帝国很重要,它是一个庞然大物,1900年全世界有几个帝国？帝国有自己的文化观念和传统,我就想到土耳其为首的 Ottoman Empire、维也纳为首都的奥匈帝国,当然还有英国这几个 empire,每个衰落的帝国都面临现代化的民族革命的挑战,终于败亡,背景都是类似的。我们太受五四文化影响,就把这个帝国的背景忘记了。

陈建华：您说得很有意思,最近章太炎研究一直在热起来,他和刘师培等人提倡"国粹",文学上也有很多看法,影响了一代精英分子。吴稚晖主张取消汉字而使用世界语,章太炎坚决反对,一面说在满人统治下,汉人已经亡国,是亡国奴,一面又觉得中国文字不能灭,如果大家都用了世界语,那中国的历史典籍怎么办？就都废了。他那些国粹派说中国文化汉代以前最好,唐宋以后就变成奴性了,我觉得他还是在强调 empire 的东西,中国虽然已经这么衰落,但他提倡复古,中国不但要富强,更重要的是要把精神振兴起来。

李欧梵：那是一种想象的文化范畴,不是振兴清朝,而是振兴一个大的、文化的整体性的东西。我从你的书里感到帝制的重要,帝制不等于帝国,它关涉典章、制度、文化,属于一个大的文明整体。就好像古埃及,林琴南对此很哀悼。当然民国之后,共和是不可逆转的,问题是怎么能够建立新的典章制度和新的精神文明。现在讲大国崛起,但是将这个精神源头忘了。

陈建华：清末的文学复古也包括王国维、林琴南,那是和梁启超的文学革命平行的,但现在的文学史不这么看,因为复古用的是文言。梁启超提倡新小说,在语言上主张言文合一,多半受了清末一些传教士的影响。他们抱怨中国的文字太难学,阻碍了对于民众的文化传播,因此要提倡拉丁化,对语言改革非常热心。

李欧梵：林琴南是国粹派,是复古的,包括王国维、章太炎。他们用不同的方式复古。你可以解释王国维的自杀,是为了帝国的某种理想,不是晚清王朝的问题。

陈建华：对,我觉得把王国维自杀看成和清皇室的关系,解释得太直接了。实际上他写《红楼梦》理论的时候非常激进。他说小说是纯艺术,是从德国的康德、叔本华那里一路过来的。德国的美学思想是经过一两个世代累积形成的。王国维是不是有一种想法,就是中国改革首先要面临选择,清朝在 1905 年的时候教育改革,制定出一个章程。王国维说,张之洞你定章程把哲学排除在外是不对的。不过有意思的是,他提出一套怎么教文学史的主张,等于汇集了欧洲、日本的经验,非常激进,要改革就要把整套东西一下子搬过来。革命派和改良派争论的时候,改良派说要君主立宪,但革命派说要把满族人赶走,也要结束一姓一家的专制制度,就是种族革命和政治革命同时并进,的确辛亥革命就是一步到位。

李欧梵：太过一步到位了。你这样一说,就对王国维有新的理解,为什么他把叔本华移植到中国的语境中来。他背后关心的不一定是政治的问题,而是中国文化圈最精华的东西——美学。美学是最超越的,没有它,中国文化就垮了。美学直接是从德国过来的,整个德国浪漫主义传统都是 esthetics（美学),一直到奥匈帝国都是,包括马勒的音乐,是 romantic esthetics(浪漫主义美学)演进到 modernism(现代主义)。林琴南不知道,王国维把它移植进来。一个帝国的没落,就是政治的没落,与美学脱节了。

陈建华:我有一个感觉,无论思想史还是文学史,20世纪开头的20年要比五四复杂,包括军阀时期的一些事情都很有意思。

李欧梵:从文学来讲,绝对如此。五四提出一套新的论述,是新的知识论和宇宙观,以为新的出来就可以笼罩一切,这其实简单化了。清亡国前最难,明明知道旧的不行了,可是却要排斥新的,这之间充满了矛盾。可是从我们的研究来讲,要还原这些矛盾非常不容易,很有挑战性。你不能先入为主,用意识形态把它一棒子打死,用"半殖民半封建"这样的政治术语去解决。为什么20世纪的前20年对我们这么有吸引力,站在21世纪回头看,我发现最重要的东西全是那20年出来的。包括现代主义本身的来源,西方也是,要推到1900年代左右。怎么把19世纪带入到现代文明?这至少需要20年,在文化史上第一次世界大战的影响是惊天动地的,今年是这场大战100周年纪念,为什么中国没有人反思?是在中国国内的媒体和学术界不太注意,还是我孤陋寡闻?

陈建华:中国在二战中发挥的作用现在倒是有人在研究。一战和中国的关系非常微妙,当时《东方杂志》跟得很紧,关于欧战的历史和根源等,报道和讨论得不少。1914—1915年正好是《礼拜六》等30多种杂志出现的时间,这些杂志中对大战中的武器很着迷。比如德国的飞机、潜水艇,特别是有关外国女飞行员的故事,或者中国女子乘着飞机上天了,从《百美图》到妓女去照相馆拍照,用飞机做背景。这种想象好像在迫切召唤现代性。

李欧梵:我现在回头看奥匈帝国没落的小说,我找到一些例子,比如一位叫 Elias Canetti 的德国作家,得过诺贝尔奖,写过一本自传式的书。第一章是讲他在奥匈帝国出生,1911—1915到了英国,后来去了维也纳。交代了整个奥匈帝国文化的没落,还有一本更精彩的,就是 Hermann Broch 的《梦游者》(*The Sleepwalkers*),写三个不同的知识分子,个个以悲剧收场,这类小说中国几乎没有。憧憬和向往的反而是民族国家和建国故事,梁启超的《意大利三杰传》的翻译就是一个例子,还有《新中国未来记》。帝国没落的小说,《老残游记》勉强算是。《二十年目睹之怪现状》只写当时社会,《文明小史》有这个潜力,但是资料太多了反而给压下去了。

陈建华:《文明小史》是一种全景式中国的描写,关注的是民族共同体问题,但是谴责小说没有反思的内容。

李欧梵:对,没有时间性。《红楼梦》之后,小说很难超过它。

陈建华:梁启超新小说的基本思路就是对现实进行观照,而且小说是给妇孺看的,现在有人认为梁启超使小说走向雅的方向,这是一个方面;但另一方面是要通俗,这是值得探讨的。《红楼梦评论》才是走向雅。

李欧梵:《红楼梦》是反思衰落的,后继无人。为什么一开始就说新小说,因为整个时间观念都改了。反思帝国衰落的小说,到后来发展为诗意的叙事,《老残游记》就有诗意,像王国维的评论背后也在反省帝国的没落。这些讲起来容易,研究起来难。我现在正在看这类书籍,为的是进一步了解德奥文化为什么那么重视美学。

陈建华:为什么《老残游记》的序言讲哭的理由,当然跟帝国的衰亡有关,但是对当时的中国人流眼泪这件事好像是一种了不起的发现。林琴南翻译的《巴黎茶花女遗事》出现,掀起了民族的伤感,也不光是因为茶花女的悲剧故事。最近讲"抒情传统"也成为潮流。您刚刚讲德国浪漫主义……

李欧梵:德国浪漫主义是追悼式的,一千多年的文明灭亡了,难道不值得追悼吗?德国是一个注重哲学反省的民族,但是独创性的现代主义对立反省不够。中国的这一段历史,大家把它浅薄化,不是进步就是保守,不是革命就是封建,一刀切,一分为二。再讲下去我们又要被人骂了,我们为什么不像王国维那样地追悼,为什么不能将对20世纪的追悼融入21世纪?

"五四时间观"反思

陈建华:刚才谈到时间的问题,晚清小说研究中有关乌托邦方面的话题已经谈得很多了。

李欧梵:我现在研究的乌托邦的东西就是这么多了,好在颜健富在这一方面很有成就,我不必再费工夫了。目前我刚写完两篇文章的草稿,一个是林琴南翻译的《撒克逊劫后英雄略》,就是把哈葛德研究再进了一步,因为他后来更喜欢司各特。司各特小说中赞扬的是一种骑士精神,骑士和非洲武士精神类似,但又不相同。林琴南虽然对司各特的这本小说赞誉有加,但他还是不懂为什么小说中的英雄 Ivanhoe 那么崇拜妇人,非但和哈葛德笔下的非洲黑人英雄不同,而且又和中国通俗小说中的侠客大异其趣。还有一篇文章是研究一个短篇科幻翻译小说《梦游二十一世纪》,写得很好很完整,原著是一个荷兰作家。1870年左右翻译成日文出版,我先查翻译从何而来,然后找到英文本,然后对照英文、荷兰文、中文、日文,这些中国学者几乎都不提,但是在日本影响很大,是明治维新后翻译的第一本外国小说。这篇小说开启了明治的"未来学",早于《回头看》20年。梁启超后来的小说是从《回头看》套过来的。我现在和一个日本的年轻学者,也是王德威在哈佛的高足桥本悟先生合写这篇文章,日文部分由他负责。这篇科幻小说一开始就是描写伦敦的大钟,上面有四种世界时间。它暗示全球化的来临,世界各国有不同的时间,但接轨需要找一个最标准的时间。这个小说很重要,它第一个带入一种崭新的时间观念。晚清的小说里空间的想象和扩展很快,但是空间观念的发展也必然会导致时间观念的改变。这方面,晚清的知识界似乎跟不上。晚清小说中的时间结构很模糊,也许是因为中国传统的时间观念不是通过直线时间到达未来的"现代性"时间。没有现代性的时间观念,"未来学"也不能成立。中国传统的乌托邦理想主要是回归过去,像桃花源。现在把乌托邦对准将来,晚清作家似乎不知道如何应付:一种是怎么好,一种是怎么坏;梁启超一边写《新中国未来记》,一边翻译《地球末日记》。

陈建华:这可能和21世纪初的复古思潮有关,对未来时间不感兴趣,因为19世纪是末世。

李欧梵:对于时间观念,我还没开始仔细研究,目前只是泛泛而论。我们日常生活时间都是西方时间,但是澳洲土人、非洲土人还没有。现代主义进入小说叙事,就是从时间观开始的。如果要反对西方现代性,就要在小说中故意引入神话时间,例如哈葛德的小说《三千年艳尸记》,文中的女王竟然是三千年的"艳尸"复活!

陈建华:现代中国人相信的还是五四时间观。五四反对前20年代的复古心态,提出了新的范式。

李欧梵:五四的时间观是陈独秀他们在《新青年》推行"全盘西方"观念时带进来的。包括现在的中国也视西方时间观念为理所当然。

陈建华:中国对于西方现代主义的接受很复杂。有一种意见认为,现代主义是从20世纪开始的,以立体派绘画、超现实主义诗歌为代表,突破了传统的自然之间的再现方式。有人也从这个意义上说,刘海粟之类的不算现代主义,20世纪30年代的决澜社才标志中国的现代主义的出现。

李欧梵:这些留法留美的艺术家很奇怪,艺术和建筑上的现代主义全没学到,学的全是以前的东西。这些人都听过现代主义的课,学的却是西方艺术的复古派。文学方面也是如此。因此我很佩服施蛰存,他说自己的小说那时没有人响应。他写的一篇小说是乘火车碰见一个老太婆。这个"巫婆"很有意思,五四小说几乎没有出现过。它代表的是什么?

陈建华:《魔道》有点像聊斋,又有点像侦探,但是从作为现代交通工具的火车角度来看,会另有意趣,如果火车公认是现代性的表征的话,那巫婆呢?

李欧梵:我有个学生专门研究火车与现代性,也牵涉到后来的时间观。印度的民族主义就是和火车有联系的,英国殖民主义者希望用火车统一时间。日本也是,时间表是因为火车才有的。先有火车后有新的时间观念,交通器物的发明带动时间观念的改变。

陈建华:对于火车的文学表现很有意思,一种是五四式的,象征时代的巨轮、历史的进步等。另一种讲火车带来了灾难。周瘦鹃写过几篇有关火车的小说,和人的失忆有关,经过灾难之后人就没有记忆了。一篇是讲在火车上遇见了仇人,把他杀死,然后火车失事撞了车,他就完全失忆了,醒过来发现原来是一个梦。

李欧梵:梦与时间也有联系,因为晚清小说没有办法交代时间,就用梦来代替。中国传统也有这样的写法。

陈建华:梦的写法也很有意思,你读的时候还不知道他是在做梦。

李欧梵:还有催眠术,这是我和韩南研究时所遗留下来的问题。我问他《电术奇谈》是谁写的,他说是一个日本人,我不信,认为一定是翻译的,现在还是个谜。我想进一步研究,有难题给卡住了,就是维多利亚时代的 popular science(大众科学)的主要内容是什么?我猜一个是地质学,刚好从另一方面印证了达尔文主义,所以后来有《地心游记》之类的小说。另一个主题就是电,例如用电做催眠,《电术奇谈》说的就是这样一个故事。据说目前有人在研究?

陈建华:催眠术在《小说时报》等杂志上也有小说。也有不少人跟现代时间捣蛋,经常说摄影里有鬼影,五四时有一班人研究"灵学",这都是反科学主义的。

李欧梵:柯南道尔晚年也很相信这个。一个人催眠之后可能变成另一个人,也可能变成双重身份。这代表空间和时间都可以改变。科学的"声光化电"直接进入人的时间想象中,纠缠不清,非常有意思。

陈建华:您原先的训练基本上是历史的,《上海摩登》也是一种文化史,是否与文化研究有什么交集的东西?

李欧梵:我开始做《上海摩登》的时候没有想到做文化史,本来想研究新感觉派小说,后来发现仅仅看文本不够,这才向外部延伸。不知不觉写成文化史,但我认为还是没有真正进入文化研究领域。我后来对文化研究中某些时髦理论不满,因为先入为主的"政治正确"观念太强。我想把它复杂化。在香港,文化研究都是当代的、后现代的,很少人研究20世纪或以前的东西。我就偏偏要搞历史,从文化研究回归文化史。现在欧洲的文化理论全在讲空间问题,时间观念很少有人提及了。你关心时间的时候,才会关心历史、回忆、创伤、悼亡,我后来发现我关心的全和历史有关。我现在关心的都是和时间有关的大题目,比如帝国的衰亡,所以我就说,恐怕这辈子没法交代了。人到某个年纪会有叹息,希望有人反对我、补充我、超越我,但我不太赞成很多东西都过时的论调。大家在说什么是最新的,但过了一两年这个最新的又过时了。我们永远在一个"过时"的焦虑中,何必呢?

原载《探索与争鸣》2014年第10期

"五四"文学审美心理研究

葛红兵

感性个体:"五四"作为一个美学时代

如果说"五四"美学理论家主要是将自己的学术基础立定于赶超西方近现代美学,以追求美学思想与西方的同步,反对卫道宣道型封建美学,试图建立以"人"为中心的现代美学系统;那么"五四"作家的审美选择与这一趋向是一致的,"五四"作家的美学观念在理论以及创作上的成型标示了一个美学的新时代——感性论、个体论美学时代的到来。

胡适在总结"五四"文学革命时说,文学革命有两个作战口号:第一个是要建立"活的文学",这是胡适和陈独秀提出的;第二个是要建立"人的文学",这是周作人提出的。如果胡适的概括不错,我们研讨"五四"作家的审美观念就不能不首先谈到胡适和周作人。以往,研究者基本认为"五四"作家的美学观念属于功利主义一派。但是综合考察"五四"时代的整体的美学氛围我们就会发现功利主义美学并不占据主导的地位。胡适、周作人等的美学观念也不像我们过去所普遍认为的那样功利主义。如胡适,他在《文学改良刍议》一文中认为文学改良须从八事入手,第一条是"须言之有物",而这"物"的含意则是指"情感"和"思想",胡适在这里极为强调"情",将"情"的有无看成文学和非文学的分水岭。胡适提出的其余七项主张背后其实都是由这个基本观念支撑,这里"不作古人的诗,而惟作我自己的诗"的"活的文学"的理念作为美学的要求也就是主个体、主感性的美学理念。周作人"人的文学"观念来源于他对人性二重性的认识(他认为人性包含灵和肉两个方面),从反封建要求出发周作人特别重视人性中"肉"的方面:我们承认人的一种生物性。他的生活现象,与别的动物并无法不同。所以我们相信人的一切生活本能,都是美的善的,应得完全满足。另外他所讲的"人"还是一种个人性,他说:"我所说的人道主义是从个人做起。""无我的爱,纯粹的利他,我以为是不可能的。"如此周作人的人道主义有一个不一般的词汇:"个人主义的人间本位主义"。

无论是胡适的"八不主义",还是周作人的"个人主义的人间本位主义",在强调个体优先,强调感性自由,强调文学是存在的感性显露上是一致的,这带来了"五四"文学审美的感性论(情感主义)个体论(个性主义)特征。许多人看到周作人以及胡适等人的美学思想的功利性,殊不知胡适以及周作人的美学观念是从感情的个体的人的观念出发的,所谓"为人生"是这一观念的一个自然的衍发,而不是相反。也正因为他们的美学思想是感性论、个体论美学,30年代他们才会与革命文学派的功利主义美学思想发生冲突。对于这种冲突一般的解释是胡适、周作人等在"五四"落潮以后落伍了。其实这是没有真正吃透他们的美学思想,就个体论感性审美观念而言他们的美学思想是一以贯之的,在这样的美学观念的主宰之下,文学自然可以是"为人生"的,但是为的是个体的人间本位主义的人生,而不是阶级的党派的群体主义。

"五四"文学作为狂飙突进的文学风格的时代其内里如果没有感性论、个体论美学思想支撑是不可想象的。"五四"文学审美心理方面的特征也源于此,"四"文学的审美心理是青春性的,冲动、苦闷、彷徨、感性是它的显著特征。"五四"作家笔下的人物如狂人(鲁迅《狂人日记》)、超人(冰心《超人》)、匪徒(郭沫若《匪徒颂》)、孤独者(鲁迅《孤独者》)等,"五四"作品中的意象,如星空(郭沫若《星空》)、野草(鲁迅《野草》)、茫茫夜(郁达夫《茫茫夜》)等,都说明了这一点。"五四"作家是感情型的,李唯建就承认他的感情过量:"思想的重载和感觉的锐敏和情绪的热烈"被他称为附在身上的三种魔鬼。"五四"作家的感情又是那么浓烈,郁达夫在《沉沦》中直接喊出了一代"五四"作家的心声:

"知识我也不要,名誉我也不要,我主要一个能安慰我体谅我的心,一副白热的心肠!从这一副心肠里生出来的同情!
从同情生出来的爱情!
我所要求的就是爱情!"

那种将感情抑制在韵、调、典故里,以一种幽雅的、文静的方式写作的古典文学(韵文—文言文),对于他们来说,是一种极大的束缚,他们需要的是自由的抒情,从这一角度说,他们的用白话文就是极为自然的事,只有白话文才能适应他们表达青春气息如此浓郁情感,这种激情主义的写作要求一种自由的、没有约束的语言。

从倪贻德、杨振声、冯沅君、庐隐等人的作品中我们不难体验到这种对情的宣扬和重视,对人的感性生命的发现,对封建时代的理念压抑感性、群体压抑个体的反抗,这本身就构成了一种价值。

"五四"作家笔下流淌出的往往是作家过量的人生经历和情感体验,纵情任性的写作几乎是一种时代风气,他们提倡"动"的、"反"的精神(闻一多:《〈女神〉之时代精神》),打破了中国古典诗歌静穆悠远的艺术境界,创造出"五四"一代凌厉峥嵘质朴狂热的艺术风格,这是"五四"文学与古典文学在审美上的质的不同。"五四"作家的自我表现不是压抑的克制的,而是如洪水漫天,春雷哮雨,似狂澜澎湃,一泻千里。

"五四"作家的美学原则的心理基础是现代人的生存苦闷,而理念基础则是对于感性个体生命的认同,进而其审美心理总则可以表述为"自由地表现本源的自我"。

青春心态:"五四"文学审美心理素描

这个概括来源于徐志摩,《默境》中他写到:

> 但见玫瑰丛中,青春的舞蹈/与欢容,只闻歌颂青春的谐乐与欢踪;/轻捷的步履,/你永向前领,欢乐的光明,/你永向前引:我是个崇拜/青春、欢乐与光明的灵魂。

这里青春、欢乐、光明是三位一体的。"五四"作家的宗教就是青春,就是与欢乐、光明三位一体的"青春教"。"五四"作家不是将欢乐当成是一种消费和闲暇来对待的,"五四"作家不是简单地将光明当做外在于个人的目标来认识的,他们是将欢乐、光明融合在个体的人的生命形态——"青春"之中,"五四"作家的青春教又是光明教和欢乐教。正是以此,"五四"文学开辟出一条以欢乐、光明、青春心态为宗的审美战线以反对封建文学的自虐、黑暗、老年心态。

"五四"新文化运动的倡导者们是以青年为突破口来建设"五四"青春型

文化的。1915年陈独秀创办《青年杂志》，在其发刊词《敬告青年》中极力赞美青年，《新青年》杂志将"改造青年之思想，辅导青年之修养"作为自己的天职；1916年李大钊在《新青年》第2卷第1号上发表《青春》一文，认为中国以前之历史为白首之历史，而中国以后之历史应成为"青春之历史，活青年之历史"。"五四"新文化运动从本质上讲就是一场青年文化运动，它标志着中国传统的长老型文化的终结和中国现代青春型文化的诞生。由此"五四"文学运动在这一背景中是与整个"五四"文化运动的青春型转向相应和的。

"五四"新文学作家主体是青年，从新文学的创作主体这一角度来说，将"五四"文学说成是青年的文学是全不过分的。以1918年时"五四"作家的年龄为例，陈独秀、鲁迅两人算是比较大一些，其余李大钊29岁，周作人33岁，钱玄同31岁，刘半农28岁，沈尹默35岁，胡适27岁，都是很年轻的，至于郭沫若、郁达夫、张资平、陶晶孙、冯沅君、庐隐、石评梅、冰心、丁玲等他们冲上"五四"文坛时许多只二十出头。他们的出现给现代文坛带来一股青春风，一扫中国文坛的暮年气。以什么作家为主体往往会决定一种文学的性质。中国古代文学以士大夫为主体，他们写作常常是从载道或消闲的角度出发。"五四"文学则是情感的自燃，青春的激情和幻想，青春的骚动和焦虑，青春的忧郁和苦闷，青春的直露和率真……"五四"文学是青春性的文学，"五四"文学的审美是一种青春心态的审美。

"五四"文学的青春性审美心理特征不是空穴来风。梁启超的"新文体"可算是它的精神先兆，梁氏文章"雷鸣怒吼、恣肆淋漓、叱咤风云、震骇心魄"，一扫四平八稳、老态龙钟之气。1900年他在《少年中国说》中表现了希望变老大中国为少年中国的憧憬，前文所及李大钊《青春》一文与上文有着气脉上的承续关系，郭沫若也说："五四"以后的中国在我的心目中就像一位葱俊的有进取气象的姑娘，是"年轻的祖国"，"五四"作家的青春气息是如此的富有感染力量，主体的气息投掷于对象的身上，使得对象也变成青春勃发的了，祖国在更生，是年轻的祖国，时代在变化，是年轻的时代。这种整体的青春气息在"五四"时代的文学杂志的名称上也可以明确地见出，《新青年》《新潮流》《少年中国》《猛进》《创造》《狂飙》等都是一种青春风格的命名。"五四"文学审美心理上的青春气息几乎是不证自明的。"五四"作家的忧郁是青春的忧郁，"五四"作家的幻想是青春的幻想，他们对于青春的迷恋已经到了走极端的程度，钱玄同甚至说过不可理喻的话"人过40该枪毙"。

情感中心:"五四"文学审美心理本质

对于"五四",如果抛开这一概念所蕴含的政治和历史含义,仅就文学审美心理而言它实际是指一种情感中心、冲动炽烈、本真开放的青春性文学类型。它的基本的审美心理特征是:追求自由,自我中心,又犹豫矛盾,焦虑不前;破除禁忌,感性第一,又畏缩恍惚,表达障碍;热情如火,盲冲冒进又心理不定、自我设防;理想主义,浪漫炽情,又幻想破灭,悲观抑郁;反抗威权,蔑视道统,叛逆心理,又迷惘自怜,自我消耗。"五四"作家的审美心理是复杂的,是一种交织着浪漫与现实、冲动与抑制、焦虑与犹疑等相悖因素的矛盾的混合体,许多矛盾因素统一在同一个作家身上。如周作人,一方面他是激进的文学革命的倡导者,慷慨激昂的文字不少,另一方面他又时常故作老人语,以一种怀旧的心态来做文章。又如鲁迅,《野草》中就出现了如"我想我竟是老了"的语式,激荡的情感过于浓烈,被压抑得过于酷烈以致表现得畸形。但是,在这极为复调的审美心理中,仔细地考查我们依然可以看到它的基线,对于这个基线徐志摩的一句诗最有表达力:

感情是我的指南,冲动是我的风!

"五四"作家强调"情"。作为"五四"文学革命第一声,胡适的《文学改良刍议》将"情感"放在了首重地位;"五四"阶段的郑振铎认为:"文学是人生的自然的呼声。人类情绪的流溢于文学中的……是以真挚的情感来引起读者的同情"(《新文学观的建设》)。"五四"时期的沈雁冰也说:"诗中(新文学)多抒个人情感,其效用使人读后,得社会的同情、安慰和烦闷。"可以说强烈的情感性是"五四"新文学审美的一个显著的特征。奔突在《女神》各诗篇之间的始终是一个充满浓情欲罢不能的诗性精灵,他的诗是诅咒,是哭号,是宣泄。郁达夫在谈到自己的写作动机时说道:"愁来无路,拿起笔来写写,只好写些愤世嫉邪,怨天骂地的牢骚,放几句破坏一切,打倒一切的狂语(《忏余独白》)。"徐志摩说:"我一生的周折都寻得出感情线索,这不论在求学或其他方面都是一样"。

爱情是青年的财富,激情时代的人们往往将爱情视作突破口,因爱情的名向旧时代挑战,"五四"文学的审美心理特征其情感性尤其突出地表现在"五四"作家对爱情题材的钟爱上。《小说月报》18卷8号《评四五六月的创作》一文统计当年四五六月小说恋爱题材占了总数的百分之九十八,由此,作者得出结论认为"他们(作家)最感兴趣的还是恋爱"。苏冰说:"新文学的前面20年堪称是中国的浪漫爱主题的文学的黄金时代。有如此多的作者涉足这个领域,使这个主题文学成为新文学最有影响也最有生命力的几大主题之一。"此说不无道理。中国文学史上"五四"作家对浪漫炽情的热衷也是破天荒的,其中情感中心的意味不言而喻。胡怀琛《第一次的恋爱》和吴江冷的《半小时的痴》均以调侃的口吻讲述理性主义者突然间一见钟情地陷入对女子的痴迷之中,"情感之潮的涌发冲垮了理智的脆弱之坝",嘲讽了理性主义的虚弱,肯定了情感的伟大。冯沅君的《旅行》中的一段话很能够说明,"我们又觉得很骄傲,我们不客气地以全车中最尊贵的人自命。他们那些人不尽是举止粗野,毫不文雅,其中也有很阔气的,而他们所以仆仆风尘的目的是要完成他们名利的使命,我们的目的却是要完成爱的使命。"这里男女主人公是靠了爱的神圣感和使命感而把"我们"和"他们"区别开来的,爱使人高贵,使人骄傲,拥有爱就拥有人的一切尊严。这种对于爱的宣告是冯沅君笔下的主人公的,也是整个"五四"那个时代的作家们共同的。

作为"五四"文学审美心理中心的这个"情"和中国旧文学中(包括中国晚清一代作家)所宣扬的那个"情"是不一样的。晚清作家吴趼人在《恨海》第一回中对"情"字有一个议论:

> 忠孝大节,无不是从情字生出来的。至于那儿女之情,未免把这个情字看得太轻了。并且有许多小说不是在那里写作情,是在那里写魔,写了魔还要说是在写情,真是笔端罪过。

吴趼人意识中的那个"情"字不过是"忠孝大节"而已,而"五四"作家真正着意的那个"情"字在他看来不过是"魔"罢了。如果说吴趼人的说法还不够有代表力度,那么其时被誉为小说界泰斗的林纾的观念可能更有说服力。林纾翻译过大量的外国小说,在有清一代他是开风气之先的,但是也正是这个人反复叹息"迩来辟孔锄经,坏法而乱常……不十年,兽蹄鸟迹交中国矣";强调"艺事、学理皆可言新,而人伦道德安有新者"。由上述论述可知,"五四"作家的情感中心和晚清作家的"情理"思路不可同日而语。"五四"作家的"情"是从身体中爆发出来的白热的心肠,从个人的遭际中激发出来的炽烈的爱恨,是冲动,是唯一,是生命的标底。

冲动激锐:"五四"文学审美心理类型

"五四"文学审美心理上是"冲动"型的。他们是诗神的狂热信徒、他们的情感是冲动而激烈的,"五四"是一个激情主义的时代。闻一多认为浪漫主义最突出的而且也是最本质的特征是它的主观性。为了反对理性对文艺的束缚,他把情感和想象提到首要地位,从这个观念出发,他在评论俞平伯的诗集《冬夜》时说道:"(《冬夜》)大部分情感是用理智的方法强迫的,所以是第二流的情感。"徐志摩走得更远,他用一种诗化的语言说道:

"充分地培养艺术的本能,充分地鼓励创作的天才,在极深刻的快感与痛感的火焰中精练我们生命的元素,在直接的经验的糙石上砥砺我们生命的纤维","从剧烈的器官中烘托出灵魂的轮廓。"

在这里艺术和"本能""快感""痛感""生命的元素""直接的经验""剧烈的器官"联系了起来,对于情感他直白地说:"我是个信仰感情的人,也许我天生就是个感情性的人。"的确,"五四"作家的情感不是发于内而禁之于外的,他们不是封建时代的发乎情止乎礼的那种知识分子,"五四"作家审美心理之所以是青春性的,其根本的理由不在于情感的有和无,而在于情感的表现方式,他们的情感的表现方式是"冲动型"的。这方面郭沫若对自己的描述很可以给我们以说明。他说:"

'"五四"运动发动的那一年,个人的郁积,民族的郁积,在这时找到了喷火口,也找到了喷火的方式,我在那时差不多是狂了(《序我的诗》)。'"

每当灵感袭来,他"全身作寒作冷,牙关发战,观念的流如狂涛怒涌,应接不暇"(《诗歌的创作》),这种"神经性发作",使他写下了《女神》中一系列诗篇,他说:"我所著的一些东西,只不过尽我一时的冲动,随便地乱跳乱舞罢了"(《论诗三札》)。"我回顾我所走过的半生行路,都是一任我的冲动在那里奔驰;我便作起诗来,也任我一己的冲动在那里跳跃,我在一有冲动的时候,就好像一匹奔马,我的冲动窒息了的时候,又好像一只死了的河豚"(《论国内的评论及我对于创作上的态度》)。

希腊神话中的狄俄尼索斯是象征直觉和激情的艺术之神;与之相对的是阿波罗,象征理性和意象;前者疯狂迷醉,后者理智和缓,前者重宣泄,后者重再现。"五四"文学审美心态则是狄俄尼索斯型的,冲动、灼热,带着青春的迷狂气息。他们任心灵的诗意鼓荡张扬,如疾风、如暴雨,他们的审美是狄俄尼索斯型的,在感性与理性、激锐与和谐、冲动与平静、焦虑与安详的二元对立之间,他们大多居于前者,郁达夫不无偏激的说:"天才的作品,都是 Abnormal(变态的)、Eccentric(偏执的)、甚至有 Unreasonable(非理性的)"。

当然"五四"作家的这种审美心理偏向并不是绝对的,"五四"时代作家们的审美心理是狄俄尼索斯式的,同时也不无阿波罗式情思的交织,但是狄俄尼索斯是"五四"作家审美的主神。

苦闷彷徨:"五四"文学审美心理时代症

"五四"文学的青春性审美心理又常常带着苦闷彷徨的性状。"五四"人是冲动的、激情的,而冲动和激情的另一面是苦闷彷徨。富于幻想的人、充满激情的人对于生活总是有着超出现实的想象,当这种想象在现实面前被击垮时,它给予想象主体的就无一例外的是失望、苦闷,这方面冰心 1920 年《一个忧郁的青年》中主人公彬君的思想历程很有说服力。

大爱者必有大痛,"五四"作家就是这样大喜大悲、爱极恨极的人,他们生活得过于感性,因而常常因为时代的限制而感到悲观失意。杨义说"发端于'五四'新文学运动的中国现代小说,比以往历代小说更为饱含时代忧郁",杨义先生的感觉是很准确的。赵家壁在《中国新文学大系小说一集〈导言〉》中说:

> "这一时期,两种不同的对于人生问题的态度是颇显著的。这时期以前——五四初期的追求'人生观'的热烈气氛,一方面从感情到理智的,从抽象到具体的,于是一定的'药方'在潜行深入,另一方面从感情到感觉的,从抽象的到物质的,于是苦闷彷徨与要求刺激成了循环,然而前者在文学上并没有积极的表现,只成了冷观的虚弱的写实主义倾向,后者却热狂地风靡了大多数青年,……苦闷彷徨的空气支配了整个文坛。"

这种苦闷彷徨有时甚至发展到绝望、厌世。如于赓虞的诗,感伤中带着病废,包含着对生存的厌倦,现代人为现世所烦闷的种种,渗透在萧森鬼气的诗美中。徐志摩的诗(如他写于1925年的《毒药》)有时也在相当的程度上表现出对这个世界的不信任:世界是恶毒的,我的思想是恶毒的,灵魂是黑暗的,真理在蝎子的尾尖,蜈蚣的触须上,准绳在墓宫里……诗人写道:"因为我的心里比毒药更强烈,比诅咒更狠毒,比火焰更猖狂,比死更深奥的不忍心与怜悯心与爱心,所以我说的话是毒性的,诅咒的,燎灼的,虚无的"。作家们的心中有着强烈的爱和憎反而显得过于决绝以至"恶毒"与"黑暗"。这导致"五四"文学在审美上对于中国文学和谐型、虚文型的审美传统的颠覆,"五四"文学中蕴动着现代人独有的焦灼激锐的悲剧性体悟。

本文作者系上海大学文学院教授

原载《求是学刊》1999年第5期

鲁迅早期文言论文里所探索的新文化

寇志明

在清末,鲁迅获两江总督资助赴日留学。从1902年开始,他在东京的弘文学院学习日文。后来(1904年)到仙台医学专门学校学习医学,但一年半后辍学。他在1922年《呐喊》自序中提到,课间间隙放映了有关时事的幻灯片,内容是在日俄战争时期,一个中国人在东北被砍头的场景,而周围则站了一群百无聊赖的中国看客。鲁迅对一群中国人站在一旁当无聊的看客表示惊讶、厌恶。他回忆年轻时的感触道:

> 这一学年没有完毕,我已经到了东京了,因为从那一回以后,我便觉得医学并非一件紧要事,凡是愚弱的国民,即使体格如何健全,如何茁壮,也只能做毫无意义的示众的材料和看客,病死多少是不必以为不幸的。所以我们的第一要著,是在改变他们的精神,而善于改变精神的是,我那时以为当然要推文艺,于是想提倡文艺运动了。①

不管事实是否如此,②在他回国结婚后的1906年夏天鲁迅带他二弟周作人回到东京,同许寿裳会合在一起从事文学研究,打算办自己的期刊《新生》为的是要推行一个文学运动,③这个文艺运动在内容上其实很像五四运动所提倡的新文化、新文学,主要的区别只是鲁迅他们当时写的是文言文,他们还

---

① 鲁迅:《鲁迅全集》第1卷,北京:人民文学出版社,1981年版(下同),第416—417页。
② 最近有些学者怀疑《呐喊》自序关于幻灯片的部分,认为全是虚构的。但有一些类似鲁迅叙述中的照片被发现过,而且鲁迅本人在1933年5月22日接受了朝鲜记者申彦俊(Shen On-jun, 1903—1938)的采访。当时鲁迅回答申氏关于《呐喊》自序解释辍学动机的问题,说它:"基本上符合事实",见申彦俊,*Sin Tonga*(《新东亚》),1934年第四期第三十号,第150—152页。
③ 值得注意的是他自己在《呐喊》序文中称之为"文艺运动"。

没有提倡要写白话文而已。①

鲁迅本人对这场文学运动的贡献,是写了一系列带有批评性的文章来介绍西方浪漫主义、新理想主义思潮,其作家、思想家以及文学、哲学作品,申述了自己对中国和西方文化、哲学和文明发展的看法。这些文章有五篇,最著名的是《摩罗诗力说》《文化偏至论》《破恶声论》《人之历史》《科学史教篇》,②本是为鲁迅、周作人及许寿裳他们筹备的文学杂志《新生》写的(该杂志因为种种原因未能问世,鲁迅在《呐喊》的自序等文中提到了《新生》杂志未出版的主要原因),后来在留日的中国学生创办的《河南》杂志上发表,这份杂志在国内也有一定的发行量,是同盟会的综合性刊物。

从内容上说,这些论文从鲁迅思想发展的角度而言是特别重要的。尽管他表达的很多观点自然注定要随着时间的变化而变化,但有些观点他一直坚持到自己盛年时期,可以说贯穿了他的一生,前后的一致性相当明显。而且,从长度和细节上说,鲁迅还未曾在其他论文中如此直接地,如此自由和无所顾忌地表达自己的个人立场。我们必须记住,他的成熟时期的论文大多是短篇的讽刺性的"阜利通"(feuilletons),他用来鞭挞他的政治对手,但他自己经常用论辩策略的烟幕和镜子掩藏自己,那是为了对付当时的检查制度和斗争的需要。

其次,尽管这些早期论文中的许多材料确实有其他来源,③但鲁迅选择、翻译和重新组织材料的方式,是按照自己的需求来进行的,本身既十分重要,同时也指明了他对当时知识界关于文明话题的创造性的贡献所在。④ 这些文言论文具有的古典风格是受了当时反清文字学家章太炎主编的刊物《民报》的影响,后来鲁迅曾在 1908 年在东京听他讲《说文解字》约半年。章太炎可以说是在试图摆脱他认为受了满清异族政权的影响的中国语文,而返回到汉、

---

① Kouzhiming "Lu Xun's *wenyan* Essay Moluo Shi Li Shuo (On the Power of Mara Poetry) and the Concerns of the May Fourth" in Marian Galik, ed., *Proceedings of the International Symposium on Interliterary and Intraliterary Aspects of the May Fourth Movement of 1919 in China*, Bratislava: Slovak Academy of Sciences, 1990:45—58.
② 本论文还包括了另外一篇《拟播布美术意见书》的内容,该篇于 1913 年发表。
③ 详细的研究,参看北冈正子:《〈摩罗诗力说〉材源考》,原载日本《野草》第 9—30 号(1972 年 10月—1982 年 8 月)。中译本(部分)见北冈正子:《〈摩罗诗力说〉材源考》,何乃英译,北京:北京师范大学出版社,1983 年。
④ 丸尾常喜 Maruo Tsuneki 等:《鲁迅文言语汇索引》*Rojin Bungen Goi Sakuin*,《东洋文学》Tooyoo Bungaku 第 36 号,东京:东京大学东洋文库,1981 年,序第 5 页。

魏、六朝时的古文,换言之,就是通过"恢复"到"原本"形式而纯洁中国的书面语言,正如他希望把中国"恢复"到原来的人民(即汉族)统治状态,而洗刷掉满族文化影响一样,而这种纯洁化既是政治的也是语言的,因为章太炎认识到后来被福柯(Foucault)视为语言和权力之间的那种联系,他决心重新调整这种关系使之有利于汉族人民,无论有多么艰难。我在另一篇论文考察了鲁迅这种新创的文言散文风格,集中笔墨于具体词汇。[1]

今天要发表的这篇文章是跟它的内容有关,而且集中笔墨于鲁迅为创造新文化所构想的具体蓝图。过去有人说鲁迅只会批评,不会提出任何解决问题的方案。可是如果我们详细地阅读他的早期文言论文,我们会发现那个看法是不对的。这不只是我个人的观点,资深的鲁迅研究者如王得后认为鲁迅的早期论文可以合起来看作是一本书:从《人之历史》中"人"的观念开始,鲁迅后来在《科学史教篇》和《文化偏至论》转向了社会,由此又转至中国与西方文学(《摩罗诗力说》),最终在1908年的《破恶声论》中以关于宗教信仰的论述结尾。[2] 孙拥军也曾经指出,有的学者认为这些论文"构建起鲁迅思想发展的两条线索:即由人的发展而至社会的发展,标志着鲁迅'进化论'思想和'立人'思想的逐渐成熟。"[3]哈佛大学(原台湾)学者王德威最近说鲁迅早期文言论文包含中国土生土长的文学理论:"无论是《文化偏至论》里的'新神思宗',还是《摩罗诗力说》里的'撄人心者',到后来1925年《墓碣文》里讲的'自觉其心'的对'心'的关照,这是非常特别的传统和现代交错的文论的典型例子。"[4]无论未来学者们是否同意这些分析,然而确有充足的证据表明,鲁迅的这些文章构成了一个宣言,不仅是关于他的文学事业,同时也是关于他的智性兴趣。我的另一篇文章[5]以及我即将出版的论著《精神界之战士》对此题目有

---

[1] 寇志明、黄乔生:《鲁迅早期论文中的语言学意图:用文言为汉语文学创造"纯正"词汇》,《上海鲁迅研究》,2006年第2期,"新文化、新词汇:鲁迅早期论文中为中国文学意图创造的'纯正'词汇"。

[2] 王得后:《鲁迅教我》,福州:福建教育出版社,2006年,第234—238页。

[3] 孙拥军:《鲁迅和〈河南〉杂志的渊源》,《河北经贸大学学报(综合版)》,第10卷第2期,2010年6月,第77页。

[4] 王德威2015年6月18日在复旦大学以"现代中国'文论':一个比较文学的观点"为题作的主题讲演。2015年6月28日引自澎湃新闻记者徐萧网上的文章《文学研究已如死水,亟须打破西方理论的话语霸权》http://www.thepaper.cn/newsDetail_forward_1343644。

[5] Jon Eugene von Kowallis. "Lu Xun's Early Essays and Present-Day China". *Studia Orientalia Slovaca* 12-1, 2013: 19—34.

更详尽的论述。①

年轻的鲁迅在清末已经非常关心中国的前途。在1908年发表的《文化偏至论》的开始他就写:"中国既以自尊大昭闻天下,善诋諆者,或谓之顽固;且将抱守残阙,以底于灭亡。"②那么,问题的根本在哪里?鲁迅已经给我们指出来了:第一"自尊大昭闻天下"也就是说中国以妄自尊大闻名于世界。说得更不好听就是"顽固"。他用的"顽固"是什么意思呢?下边就告诉我们:"且将抱守残阙,以底于灭亡"。为什么需要建立一个新文化呢?为了要避免国家和民族的"灭亡"。这是在骂中国吗?不是,这是在设法救国救民。同年发表的《破恶声论》言辞比这还激烈:"本根剥丧,神气旁皇,华国将自槁于子孙之攻伐,而举天下无违言,寂漠为政,天地闭矣。狂蛊中于人心,妄行者日昌炽,进毒操刀,若惟恐宗邦之不蚤崩裂,而举天下无违言,寂漠为政,天地闭矣。"③

由此可见问题所在第二点就是:"本根剥丧[根本受到创伤],神气旁皇[神气彷徨不定],华国将自槁于子孙之攻伐[中国将由于子孙们的互相攻伐而自行枯槁灭亡],而举天下无违言[可是全国无人抗议],寂漠为政[寂寞主宰着一切],天地闭矣[整个天地都闭塞了]。"④关键在哪里呢?是在寂漠[无声]。也就是接近他后来讲的"无声的中国"⑤和他的无题旧诗:"万家墨面没蒿莱,敢有歌吟动地哀。心事浩荡连广宇,于无声处听惊雷"。⑥《周易》《坤》有一句:"天地闭,贤人隐"。在鲁迅描写的这种困境里,有才能的人难以出现。但他继续写:"吾未绝大冀于方来,则思聆知者之心声而相观其内曜。内

---

① Jon Eugene von Kowallis. *Warriors of the Spirit*: *Lu Xun's Early wenyan Essays*. Berkeley: University of California, Institute of East Asian Studies, China Research Monograph Series, forthcoming. 该书也收录本人翻译的鲁迅早期四篇文言论文,译文过去已借给别的学者如李欧梵、王班、汪晖、慕伟仁(Viren Murthy)、胡志德(Theodore Huters)、那檀(Nathaniel Isaacson)等用,但最近修订过,并加了些其他注释。
② 《文化偏至论》,《鲁迅全集》第1卷,第44页。
③ 《破恶声论》,《鲁迅全集》第8卷,第23页。
④ 《破恶声论》的白话译文见《鲁迅文言论文试译》(南京师范学院中文系资料室编译,1976年),第213页。感谢孙玉石老师提供。
⑤ 原来这是鲁迅在1927年2月18日在香港YMCA(基督教青年会)的讲演。后来收入《三闲集》。此篇主张发扬五四精神,创造新文学,将"无声"的中国变成"有声"的中国,大胆地说话,勇敢地进行,忘掉一切利害。
⑥ 鲁迅日记1934年5月30日:"午后为新居格君书一幅云:'万家墨面没蒿莱……'"《鲁迅全集》第7卷,第448页。笔者的注释及英文翻译见寇志明(Jon Eugene von Kowallis),*The Lyrical Lu Xun*: *a Study of his Classical-style Verse*(Honolulu: University of Hawaii Press, 1996:311—315.)

曜者,破黮暗者也;心声者,离伪诈者也。"这表示他对中国的将来还有希望。中国需要敢于说真心话的作家,知识分子。这类作家的著作,话语也将成为鲁迅所渴求的"心声"。① 他自己原来要办的期刊也叫作《新生》。《新生》和"心声"是同一个音。

"心声"就是鲁迅所期待的摩罗诗人也就是敢于反抗旧势力而有国际意识的作家知识分子。其典型是英国诗人拜伦。鲁迅告诉我们:"摩罗之言,假自天竺[印度],此云天魔,欧人谓之撒旦,人本以目裴伦[今译拜伦](G. Byron)"…拜伦"立意在反抗,指归在动作。"②其次是雪莱(Shelley),还有俄国的普希金 Pushkin,莱蒙托夫 Lermontov,波兰的密茨凯维支 Mickiewicz,斯洛伐茨基 Slowacki,克拉旬斯奇 Krasinski,以及匈牙利裴多菲 Petöfi。鲁迅的文章里介绍得很详细,也加以评价比较,他对普希金和莱蒙托夫的比较很有意思,因为我们从此可以看到鲁迅肯定莱蒙托夫的反抗精神而鄙视普希金开始倾向于狭隘爱国主义而投降给旧势力(沙皇)。鲁迅写道:

> 丹麦评骘家勃阑兑思(G. Brandes)于是有微辞,谓惟武力之恃而狼藉人之自由,虽云爱国,顾为兽爱。特此亦不仅普式庚为然,即今之君子,日日言爱国者,于国有诚为人爱而不坠于兽爱者,亦仅见也。③

---

① 鲁迅《摩罗诗力说》第6部分参考的材料是滨田佳澄 Hamada Yoshizumi 的日文书 Shieri 雪莱(东京:民友社 Minyuusha,1900 年)。滨田的书基于 J. A. Symonds(西蒙兹)英文著作 Shelley《雪莱》——这是作为明治时期日本单卷的唯一带有批评分析的雪莱传记。它包含雪莱不少还没有被翻译[成日文]的代表作品。它强调雪莱的纯净和理想化的头脑(sekishin 赤心)——他的革命精神(灵感来自戈德温 W. Godwin 的思想)。滨田的看法是雪莱的纯心所表现的是一位先知的声音,他称之为"人[类]的声音"(jin no koe 人の声)。日本鲁迅专家北冈正子 Kitaoka Masako 认为这是跟鲁迅所说的"心声"有间接的关系。她也认为滨田的《雪莱》对《摩罗诗力说》的主要思想(koso 构想)有很大的影响。见《鲁迅全集》(东京:学研,1985)第 1 卷,第 161 页。日语译者(北冈正子)注释里第十注。
② 《摩罗诗力说》,《鲁迅全集》第 1 卷,第 66 页。
③ 同上,第 88—89 页。鲁迅创造的新词"兽爱"指兽性爱国主义,可能是翻译勃兰兑斯《对俄国的印象》中英文翻译"a brutal patriotism",原来的丹麦文是 raat Faedrelanderi(raw/crude fatherlandishness 耍粗鲁的祖国主义)在其书 Indtryk fra Rusland [Impressions of Russia],见丹麦文 Georg Brandes, Samlede Skrifter 勃兰兑斯全集[Collected works] X 第十卷,第 465 页。参见 Brandes, Impressions of Russia, Samuel C. Eastman 的英文翻译(London:Walter Scott,1889), p. 240 用"a brutal patriotism"来翻译。尼采也提过群众的 Bestialität("bestiality"当时的日文翻译是 jusei 獣性),见伦道夫·佩塔拉莉亚 Randolph Petralia:《尼采在明治时代的日本:文化批评,个人主义以及 1901 到 1903 年对"美生"争论的反应》(Nietzsche in Meiji Japan: Culture Criticism, Individualism and Reaction in the "Aesthetic Life" Debate of 1901—1903),两册,西雅图:华盛顿大学博士论文,1981 年,第 298 页。

> 普式庚在厌世主义之外形,来尔孟多夫则直在消极之观念。故普式庚终服帝力,入于平和,而来尔孟多夫则奋战力拒,不稍退转。波覃勒迭[Bodenstedt]氏评之曰,来尔孟多夫不能胜来追之运命,而当降伏之际,亦至猛而骄。凡所为诗,无不有强烈弗和与踔厉不平之响者,良以是耳。来尔孟多夫亦甚爱国,顾绝异普式庚,不以武力若何,形其伟大。①

这是一个具体的例子。中国有了这样的诗人、知识分子以后,中华文化才会有"新生"。"新生一作"鲁迅告诉我们,"虚伪道消"。② 这就是一个蓝图。但在后来写的《破恶声论》中他说:"心声也,内曜也,不可见也……[在]今之中国。"③怎么样解决这个问题呢?他下面就告诉我们:"发人之内曜,人各有己,不随风波,而中国亦以立。"④也就是说:要培养个人的才能和独立思考。只有靠这个,中国才站得住脚,才能以现代国家的身份加入世界各国的共同体(to enter the world community as a modern nation)。因为modernity其实是一种思想状态,一种精神。它不是要看国家到达哪个物质方面的层次。鲁迅早就理解这一点。可是现在很多人好像还不明白。鲁迅告诉我们:"欧洲十九世纪之文明,其度越前古。凌驾东亚"。⑤ 什么叫做"凌驾东亚"?西方挑战了东方,它带来了武装侵略,但也带来物质文明。然而,结果如何呢:

> 顾新者虽作,旧亦未僵,方遍满欧洲,冥通其地人民之呼吸,余力流衍,乃扰远东,使中国之人,由旧梦而入于新梦,冲决嚣叫,状犹狂酲。⑥

也就是说:"但新思想虽然兴起,而旧思想并未僵死,他正遍布欧洲,和那里的人民呼吸暗暗相通,它的残余流传开来,于是扰乱了远东,使中国人从旧梦坠入新梦,奔走呼号,好像喝醉了酒。"⑦

---

① 《摩罗诗力说》,《鲁迅全集》第1卷,第91页。
② 《文化偏至论》,《鲁迅全集》第1卷,第55页。
③ 《破恶声论》,《鲁迅全集》第8卷,第25页。
④ 同上书。
⑤ 《文化偏至论》,《鲁迅全集》第1卷,第55页。
⑥ 同上书,第50页。
⑦ 这里引用王士菁的白话译文,《鲁迅早期五篇论文注释》,第128页。

那么,中国应该走哪条路?鲁迅认为千万要避免"偏至"。"偏至"是什么?鲁迅告诉我们:"是何也?曰物质也,众数也,其道偏至。"①

第一个弊病是崇拜物质;第二个是用多数("凡庸")压抑"英哲";②第三个是沙文主义("兽性之爱国")③,也就是崇拜侵略。他说这些形成了"十九世纪文明一面之通弊"。④"根史实而见于西方者不得已;横取而施之中国则非也。"⑤这种物质文明与以众数压少数[知识分子]的政治体系出现在西方是不可避免的历史产物,但硬要拿到中国来,那就错了。⑥应该如何避免这样的历史悲剧发生呢?鲁迅强调两个办法:"故所述止于二事:曰非物质,曰重个人。"⑦也就是说反对物质主义,鲁迅的意思不只是说个人与社会应该反对对物质文明的崇拜,也是说工商业的发展不能解决现代化的问题,而关键在于发扬个人的才能;也就是说要保护少数人的权利与知识分子的言论自由。他在《文化偏至论》写:

> 至丹麦哲人契开迦尔(S. Kierkegaard)则愤发疾呼,谓惟发挥个性,为至高之道德,而顾瞻他事,胥无益焉。其后有显理伊勃生(Henrik Ibsen)见于文界,瑰才卓识,以契开迦尔之诠释者称。其所著书,往往反社会民主之倾向,精力旁注,则无间习惯信仰道德,苟有拘于虚而偏至者,无不加之抵排。更睹近世人生,每托平等之名,实乃愈趋于恶浊,庸凡凉薄,日益以深,顽愚之道行,伪诈之势逞,而气宇品性,卓尔不群之士,乃反穷于草莽,辱于泥涂,个性之尊严,人类之价值,将咸归于无有,则常为慷慨激昂而不能自己也。如其《民敌》一书,谓有人宝守真理,不阿世媚俗,而不见容于人群,狡狯之徒,乃巍然独为众愚领袖,借多陵寡,植党自私,于是战斗以兴,而其书亦止:社会之象,宛然具于是焉。⑧

---

① 《文化偏至论》,《鲁迅全集》第1卷,第46页。
② 同上书,第52页。
③ 鲁迅在《文化偏至论》没有提,但在《摩罗诗力说》与《破恶声论》直接或间接提到了兽性爱国主义十次,例如"是故嗜杀戮攻夺,思廓其国威于天下者,兽性之爱国也,人欲超禽虫,则不当慕其思。"见《破恶声论》,《鲁迅全集》第8卷,第32页。
④ 同上书,第53页。
⑤ 同①。
⑥ 参见王士菁的白话译文,《鲁迅早期五篇论文注释》,第124页。
⑦ 同①,第50页。
⑧ 同①,第51页。

鲁迅在这里推崇丹麦哲学家克尔凯郭尔（Søren Kierkegaard, 1813—1855）和挪威戏剧家易卜生（Henrik Ibsen, 1828—1906）为主张发挥个性的榜样。他举易卜生的《国民公敌》为例，告诉我们这个话剧"描写有人坚持真理，不随波逐流，不讨好世俗，因而不被世人所谅解；而那些诡诈狡猾的家伙，竟高高在上，成为愚民的领袖，借众欺寡，结党营私，于是战斗因此发生……"①这是知识分子被压迫的故事，鲁迅把它用来当作一个寓言。他在《摩罗诗力说》讲得更具体：

> 此其[拜伦]所言，与近世诺威文人伊孛生（H. Ibsen）所见合，伊氏生于近世，愤世俗之昏迷，悲真理之匿耀，假《社会之敌》以立言，使医士斯托克曼为全书主者，死守真理，以拒庸愚，终获群敌之谥。自既见放于地主，其子复受斥于学校，而终奋斗，不为之摇。末乃曰，吾又见真理矣。地球上至强之人，至独立者也！其处世之道如是。顾裴伦不尽然，凡所描绘，皆禀种种思，具种种行，或以不平而厌世，远离人群，宁与天地为侪偶，如哈洛尔特；或厌世至极，乃希灭亡，如曼弗列特；或被人天之楚毒，至于刻骨，乃咸希破坏，以复仇儦，如康拉德与卢希飞勒；或弃斥德义，蔑视淫游，以嘲弄社会，聊快其意，如堂祥。其处世之道如是。顾裴伦不尽然，凡所描绘，皆禀种种思，具种种行，或以不平而厌世，远离人群，宁与天地为侪偶，如哈洛尔特；或厌世至极，乃希灭亡，如曼弗列特；或被人天之楚毒，至于刻骨，乃咸希破坏，以复仇儦，如康拉德与卢希飞勒；或弃斥德义，蔑视淫游，以嘲弄社会，聊快其意，如堂祥。其非然者，则尊侠尚义，扶弱者而平不平，颠仆有力之蠢愚，虽获罪于全群无惧，即裴伦最后之时是已。彼当前时，经历一如上述书中众士，特未欷歔断望，愿自遯于人间，如曼弗列特之所为而已。故怀抱不平，突突上发，则倨傲纵逸，不恤人言，破坏复仇，无所顾忌，而义侠之性，亦即伏此烈火之中，重独立而爱自繇，苟奴隶立其前，必衷悲而疾视，衷悲所以哀其不幸，疾视所以怒其不争，此诗人所为援希腊之独立，而终死于其军中者也。②

鲁迅在这里不只是讲易卜生，他又回到拜伦概括了西方知识分子在被

---

① 南京师范学院中文系资料室编译：《鲁迅早期文言论文试译》，1976年，第85页。
② 《摩罗诗力说》，《鲁迅全集》第1卷，第79页。

"众数"压抑之下的反抗措施。他佩服拜伦的国际主义精神:像毛泽东赞扬的白求恩大夫,拜伦为了援助希腊独立战争把自己的财富都花光了,最后也牺牲了自己生命。鲁迅认为拜伦的动机不是同情,不是慈善,也不是认同而是出于他个人对压迫本身的痛恨。拜伦也如白求恩大夫一样,他们的根本出发点在于压迫本身的反抗,而鲁迅对这一点是高度认同的。同时,鲁迅也为中国"明哲之士"设计了一个计划:

> 中国在今,内密既发,四邻竞集而迫拶,情状自不能无所变迁。夫安弱守雌,笃于旧习,固无以争存于天下。第所以匡救之者,缪而失正,则虽日易故常,哭泣叫号之不已,于忧患又何补矣?此所为明哲之士,必洞达世界之大势,权衡校量,去其偏颇,得其神明,施之国中,翕合无间。①

中国在当时,"内情已经暴露,四方邻国一齐争着前来逼迫,情况自然不能不有所改变。安于软弱退缩,死守住旧的习俗,固然无法在世界上争取生存。但力求补救的人,如果采取错误的办法,虽然天天在改变旧观,并为此而哭泣号叫不停,对于国家的忧患又有什么补益呢?所以志在救国的明哲之士,必须明了世界各国的概况,加以权衡比较,抛弃其中偏颇的东西,吸取其中的精华,然后拿到中国来实行,才能完全结合在一起。"②引文的最后一句:"此所为明哲之士,必洞达世界之大势,权衡校量,去其偏颇,得其神明,施之国中,翕合无间",在他后来1934年发表的名篇《拿来主义》中得到了更详细地阐述。《拿来主义》对中外文化遗产的正确处理提出了具体的方案:"要运用脑髓,放出眼光,"③把国外的好东西,好文化拿到中国来,但同时要抛弃他的废物。要以"沉着,勇猛,有辨别,不自私"的精神,分别作出不同处理。"没有拿来的,人不能自成为新人,没有拿来的,文艺不能自称为新文艺。"④这也就是新文化的蓝图。

以上所用的文言论文都是民国元年前发表的。但在1913年所发表的《拟播布美术意见书》⑤鲁迅还讨论过另一个对新文化很重要的题目:"何谓美术"

---

① 《文化偏至论》,《鲁迅全集》第1卷,第56页。
② 见王士菁,《鲁迅早期五篇论文》,第136页。
③ 《拿来主义》见《且介亭杂文》《鲁迅全集》第6卷,第39页。
④ 同上书,第40页。
⑤ 此篇最初发表于1913年2月北京《教育部编纂处月刊》第1卷,第一册。

(即艺术),"美术之类别","美术之目的致用","播布美术之方"等题目。在关于"美术之目的与致用"的部分他把自己的立场讲得很清楚:

> 言美术之目的者,为说至繁,而要以与人享乐为枭极,惟于利用有无,有所牴午。主美者以为美术目的,即在美术,其于他事,更无关系。诚言目的,此其正解。然主用者则以为美术必有利于世,傥其不尔,即不足存。顾实则美术诚谛,固在发扬真美,以娱人情,比其见利致用,乃不期之成果。沾沾于用,甚嫌执持,沾沾于用,甚嫌执持,惟以颇合于今日国人之公意,故从而略述之如次……①

他的意思是"谈到美术的目的,众说纷纭,主要都以能给人享乐为标准,但在有无功利作用这一点上有矛盾。唯美主义者以为美术的目的就在美术本身,与其他事物毫无关系。如果真要谈到目的,这是正确的解释。然而主张使用的人却以为美术必须对社会有利,如若不然,就没有存在的价值。其实美术的实质,就在于发扬真正的美,使人娱乐,至于功利的用途,乃是意外的效果。如果拘泥在功利方面,那就未免太嫌固执,但是因为这种说法很符合今天我国人士的公意,所以简述如下……"②在这里鲁迅反对艺术的商业化、政治化和宣传化,他告诉我们:"其实美术的实质,就在于发扬真正的美,使人娱乐,至于功利的用途,乃是意外的效果"。同时他也不主张美术要完全脱离现实。在这篇1913年发表的论文中他也预先提出了新文化对艺术的若干主张。这篇文章的初稿原为鲁迅于民国元年(1912年)为教育部写的演讲稿。

从上面可以看到鲁迅早期文言论文篇幅长而且涉及的范围很广,但讨论的问题也就是后来的新文化运动所关心的问题。与其说鲁迅是新文化运动的代言人,不如说他在清末民初所发表的文言论文,已经吹响了新文化运动的前奏。

本文作者系澳大利亚悉尼新南威尔士大学中文系教授

原载《鲁迅研究月刊》2015年第8期

---

① 《拟播布美术意见书》《鲁迅全集》第8卷,第47页。
② 《鲁迅早期文言论文试译》,1976年,第251—253页。

1908年的"文学革命"
——以王国维、鲁迅、周作人的四文为对象

刘锋杰　尹传兰

长期以来,谈及文学革命,言必称"五四"新文学运动。这没有错。胡适发表《文学改良刍议》,主张建设"国语的文学,文学的国语";陈独秀发表《文学革命论》,提出了建设写实文学、国民文学、社会文学的新口号;周作人发表《人的文学》,强调以人道主义为本来记录描写社会人生。很显然,"五四"新文学运动的总引擎是欧洲思想,确立了六个要点:(1)确立发展"人的文学",反对传统的"非人的文学";(2)强调文学创作的情感性,不要成为"载道"派;(3)确认用白话取代文言;(4)提倡写实主义,反对不切实际的神怪、趣味主义的创作;(5)强调文学通过作用于人的精神来建构民族生命;(6)形成崇尚美大刚健而反对柔靡低回的艺术风格。其核心是"人的解放"与"文学自觉"的统一,代表了新的文学发展方向。但这六点不仅是"五四"文学革命的特定内涵,也是1908年王国维《人间词话》、鲁迅《摩罗诗力说》与《文化偏至论》、周作人《论文章之意义暨其使命因及近时论文之失》四文的基本内涵,要论文学革命的早与迟,早在1908年,王国维、鲁迅与周作人就发动了一场静悄悄的文学革命。[①] 由于超前于时代需要,没有全民族的求变作支撑,又因以非白话的语言方式加以表达,其中鲁迅与周作人的文章还发表在出版于日本的杂志《河南》上,这就缺乏天时、地利与人和的共同促成,因而除了为后起的"五四"文学革命做了理论宣传外,也就只能留在文论史上任人凭吊,难以进入重大文学史事件之列而被全面阐释,不免有些默默无闻了。实际上,1908年文学革命实是"五四"文学革命的思想准备,它是发生在先进思想者大脑里的一场文

[①] 以"1908年"来命名这场文学革命,因为是年王国维、鲁迅与周作人发表了主旨极为相近的四篇名文,而非指他们在这之前的文学观点就与文学革命无关,所以引证的王国维材料就稍早于1908年。

学风暴,还没有付诸实践。"五四"文学革命则是1908年文学革命的广场实验,真正开始了文学革命的宏大演出。鉴于学界评说"五四"文学革命者众多,我们在这里说说1908年那场文学论述,何以是革命的,又有何内涵与意义,并且尝试着建构认识文学革命的思维模式——即从审美、启蒙与革命的三个维度来评价它,而非继续采取被多数学者接受的那个"启蒙与救亡的双重变奏说"。

一

先说王国维。他最有资格进行文学革命,因为他掀起了中国文论史从古代进入现代的思想革命。王国维引进了康德的无功利美学、席勒的游戏说、叔本华的欲望说、尼采的生命说,这些哲学与美学思想,构成了中国现代文论的第一思想资源。"五四"前后随着"十月革命一声炮响",才输入马列主义,构成中国现代文论的第二思想资源。但王国维又是一位看起来最没有资格成为文学革命鼓吹者的学者,他创作的诗词是古典形态的,写下的文论著述也是讨论古代文学的。其最负盛名的《人间词话》中除出现一处尼采外,全部用于阐释古典诗词,好像与西方不相干,也与文学革命不相干。不过,王国维实是1908年文学革命的标志人物之一。明证有两处:一是他的美学研究,一是他的《人间词话》研究。前者是后者的基础,后者是前者的演化。

王国维颠覆了中国传统美学。他认为:"美之性质,一言以蔽之曰:可爱玩而不可利用者是已。"[①]因而作为把握"真理"的一种方式,审美活动与哲学一样,是对"真理"的追求与揭示,并不为当世服务。不以审美与现实政治之间的关联作为认识起点,成为王国维的思想内核。他指出:"天下有最神圣、最尊贵而无与于当世之用者,哲学和美术是已。……真理者,天下万世之真理,而非一时之真理也。其有发明此真理(哲学家),或以记号表之(美术)者,天下万世之功绩,而非一时之功绩也。唯其为天下万世之真理,故不能尽与一世一国之利益合,且有时不能相容,此即其神圣之所在也。且夫世之所谓有用者,孰有过于政治家及实业家者乎?"[②]在论及文学时,王国维强调中

---

① 王国维:《古雅之在美学上之位置》(1907),《王国维文集》第三卷,北京:中国文史出版社,1997年,第31页。
② 同上,1997年第6页。

国文学受政治、教化的直接影响,少有"纯文学",认为"《三国演义》无纯文学之资格,然其叙关壮缪之释曹操,则非大文学家不办。"此文在论及文学范围时,只提及诗词、小说、戏曲,甚至在提及叙事文学时都没有涉及史传散文,可见其"纯文学"概念迥异传统定义:其一,指的是诗词、小说、戏曲,与西方现代文学概念相一致,实开中国现代"纯文学"运动之先河;其二,在提出"纯文学"概念时,援引康德观点加以佐证,可见这个文学观是超功利的。① 王国维认为,中国"纯文学"之所以不发达,原因就在于不合这个现代的文学定义。他说:

"披我中国之哲学史,凡哲学家无不欲兼为政治家者,斯可异已! 孔子大政治家也,墨子大政治家也,孟、荀二子皆抱政治上之大志也。汉之贾、董,宋之张、程、陆,明之罗、王无不然。岂独哲学家而已,诗人亦然。'自谓颇腾达,立登要路津。致君尧舜上,再使风俗淳。'非杜子美之抱负乎?'胡不上书自荐达,坐令四海如虞唐。'非韩退之之忠告乎?'寂寞已甘千古笑,驰驱犹望两河平。'非陆务观之悲愤乎? 如此者,世谓之大诗人矣! 至诗人之无此抱负者,与夫小说、戏曲、图画、音乐诸家,皆以侏儒倡优自处,世亦以侏儒倡优畜之。所谓'诗外尚有事在','一命为文人,便无足观',我国人之金科玉律也。呜呼! 美术之无独立之价值也久矣。此无怪历代诗人,多托于忠君爱国劝善惩恶之意,以自解免,而纯粹美术上之著述,往往受世之迫害而无人为之昭雪者也。此亦我国哲学美术不发达之一原因也。"②

王国维提出了"为文学而文学"的主张,是对西方"为艺术而艺术"的仿用。他说:"职业的文学家,以文学为生活;专门之文学家,为文学而生活。"③"以文学为生活",会以文学作为谋取功利的手段;"为文学而生活",会忘记世俗功利去创造纯粹的文学作品。王国维主张回到文学自身来发展文学,开启了中国现代文学审美论的历史进程。

其实,《人间词话》是"五四"文学革命的"古典预演版"。说是"古典"的,

---

① 王国维:《文学小言》(1906)十六,《王国维文集》第一卷,北京:中国文史出版社,1997年,第29页。
② 王国维:《论哲学家与美术之天职》(1905),《王国维文集》第三卷,北京:中国文史出版社,1997年,第7页。
③ 同①。

指它分析的对象是古典诗词;说是"预演",指它与"五四"文学革命有相一致的倾向,都是引进西方近现代美学思想的结果。只是一者表现得深藏不露,而另一者表现得有所夸张而已。

王国维的"境界"指什么?争议不断。但我们认为,考虑到"境界"形成的整体思想背景,它应指作品中创造出来的那个自由活泼、具有极深刻精神意蕴、极高级精神追求的审美生命,换句话说,就是使生命敞亮。达此目标,诗词的境界即出;不达此目标,诗词的境界则无或弱。达此目标,艺术所需要的一切东西都有了;不达此目标,艺术所需要的基本条件都不具备。所以王国维说:"词以境界为最高,有境界自成高格,自有名句。"(《人间词话》一)又说:"沧浪所谓兴趣,阮亭所谓神韵,犹不过道其面目,不若鄙人拈出'境界'二字为探其本也。"(《人间词话》二)这个"探本",就是说审美生命的创造是境界的创造之本。而所谓的"兴趣"不过是创作主体的一种特性,"神韵"不过是作品的一种特性,都没有涉及文学之为文学的根本处——创造审美生命,并散发自由活泼的魅力。具体地说,就如"唐五代北宋之词,可谓生香真色。"(《人间词话》删稿二十)此种陈述,与"五四"文学革命倡导的文学与生活相结合、体现作家的真实情感、运用浅近的白话作为媒介创造民众青睐的"活文学",都是极其吻合的。

(1)强调情感的创作地位。王国维说:"境非独谓景物也,喜怒哀乐,亦人心中之一境界。故能写真景物、真感情者,谓之有境界;否则谓之无境界。"(《人间词话》六)表现真景物与真感情才能有境界,说明境界的创造离不开情感的发酵。王国维高度评价李煜,原因在于这位词人的情感真挚,怀赤子之心,才成就了赤子般的艺术。王国维引尼采的"血书文学"来证明李煜的"真所谓以血书者也",(《人间词话》十八)强调文学是生命的呈现,只有以全副的生命投入创作,创作才会臻于极境。若缺乏真情,任是如何调动艺术技巧,也不会真正成功。他评姜夔"有格而无情"(《人间词话》四十三),意指姜夔的创作中缺乏真情的充沛灌注,虽然格调不低,但却境界难出。他评李煜的创作"眼界始大,感慨遂深,遂变伶工之词而为士大夫之词。"(《人间词话》十五)其中的"感慨遂深",实指感情更深厚。王国维认为李煜身上"俨有释迦、基督担荷人类罪恶之意",(《人间词话》十八)此一高评,更是将李煜词作所蕴之情推向一个巅峰状态,即正因为诗人承担并抒写人类苦难,才完成了伟大艺术的创造。诗人可能是孤独的,但却通过自己的抒写,感染同类,让经历的与未经历的一起同感人类苦难,直面苦难的存在。李泽厚在近年提出"情本体"概念,用以阐释人类生存与发展。若用于研究诗词创作,王国维可谓现代运用"情本体"的先锋者。王国维与胡适、陈独秀等人一样,建构的实为重情的创作观,所以他们都反对"文以载道",反对文学在政治面前失去独立性,并把改变创作风气的希望寄托在重情上。如就中国文学发展趋向言,王国维主张的是言志的文学、缘情的文学、性灵的文学、"物不得其平则鸣"的文学、"愁苦之言"的文学(《人间词话》删稿八),与"五四"文学革命反对"文以载道",倡导表现情感,提出"血泪文学"的方向相一致。

(2) 推崇"写真实",近乎肯定了写实主义文学方向。王国维有"写境"与"造境"之别,了解西方的理想派与写实派这两种创作思潮。但就其偏好而言,应当是倡导"写真实"的,即写出人的情感与物的风貌的真实状态。这虽然不是写实主义涵义上的真实,可二者是相通的。写实主义亦强调毫无矫揉造作地进行创作,以呈现情感与事物本真为目标。王国维说:"大家之作,其言情也必沁人心脾,其写景也必豁人耳目。其辞脱口而出,无矫揉妆束之态。以其所见者真,所知者深也。诗词皆然。持此以衡古今之作者,可无大误矣。"(《人间词话》五十六)在王国维看来,言情要感人,写景要鲜明,用语要脱口而出,都因为作者看到了事物的本质,写出来才不会走样跑调。评及纳兰容若,用的就是这个标准:"纳兰容若以自然之眼观物,以自然之舌言情。此由初入中原,未染汉人风气,故能真切如此。"(《人间词话》五十二)所谓"自然之眼"与"自然之舌"是指没有被文明所污染的"真实之眼"与"真实之舌",这样看出来与唱出来的才是事物的真实本身。王国维在强调"写真实"时没有鄙视下层生活题材,也没有否定人生欲望,认为"淫词"若能达到真实的高度,同样可以"亲切动人"。他赞扬了古诗十九首中的"昔为倡家女,今为荡子妇。荡子行不归,空床难独守。""何不策高足,先据要路津? 无为久贫贱,轗轲长苦辛。"原因在于:这此底层人们表现出来的对于爱情与生活的正常欲求,是合情合理的。王国维反对应景、应酬之作,也表明他的取向是写实的。胡适反对"烂调套语",与此高度一致。胡适说:"惟有人人以其耳目所亲见亲闻阅历之事物,——自己铸词以形容描写之"才能"不失真",才能"达意状物"。① 陈独秀推崇"自然派",也与此大体一致。

(3) 反对用典,近乎肯定了白话语言观。王国维反对用典与胡适极其相近。胡适反对用典的理由是:"吾所谓'用典'者,谓文人词客不能自己铸词

---

① 胡适:《文学改良刍议》,《新青年》,第 2 卷第 5 号,1917 年 1 月 1 日。

造句以写眼前之景,胸中之意,故借用或不全切,或全不切之故事陈言以代之,以图含混过去。"又说:"用典之弊,在于使人失其所欲譬喻之原意。若反客为主,使读者迷于使事用典之繁,而转忘其所为设譬之事物,则为拙矣。"其义有二:一从创作意图讲,若自己不会创新地表现事物,却以用典方式蒙混过关,原本属于陈词滥调一类,当然要反对。二从修辞角度讲,如果用典带来的是读者对典故的关注,而非对事物本身的关注,事物的鲜明性失去了,这属于效果不佳,当然也要反对。胡适以王国维的咏史诗为例予以说明,王诗云:"虎狼在堂屋,徙戎复何补。神州遂陆沉,百年委榛莽。寄语桓元子,莫罪王夷甫。"全诗专论晋代历史,涉及司马氏、曹操、荀彧、贾充、石崇、季伦、祖逊、戴渊、桓元子、王夷甫等人,用典不少,可用得贴切自然,没有模糊史事的流畅呈现,获得了胡适赞扬:"此亦可谓使事之工者矣"。[1] 可见,是否用典,取决于是加强了还是削弱了诗作的艺术水准。王国维也作如是观:"词忌用替代字。美成《解语花》之'桂华流瓦',境界极妙,惜以'桂华'二字代'月'耳。梦窗以下,则用代字更多。其所以然者,非意不足,则语不妙也。盖意足则不暇代,语妙则不必代。"(《人间词话》三十四)又说:"说桃,不可直说桃,须用'红雨''刘郎'等字;说柳,不可直说破柳,须用'章台''霸岸'等字。"如此这般,"果以是为工,则古今类书俱在,又安用词为耶?"(《人间词话》三十五)王国维认为,多用代字者,不是立意不足,就是用语不妙,可这无助于提高艺术质量。王国维提出"隔与不隔"问题,就与用典有关,如果能够做到"语语都在目前",不用典,直陈情感与事物的生香活色,那就是"不隔",反之就是"隔"。王国维关于诗词语言的看法,曾被视为"专赏赋体,而以白描为主",轻视比兴。[2] 但与五四时期主张白话写作却是一致的。反对用典,其实是希望创作能够在立意上有所创造,在表达上力求自然,不要成为"文抄公",专意"克隆"。早在王国维之前,黄遵宪已经提出"我手写我口"的主张,将这个观点引申,就有可能反对用典。王国维的反对用典,虽然还不是"五四"文学革命所主张的"言文合一",却也透露了"言文合一"的"早春气息"。"五四"时期的白话语言观助成了写实文学走向,王国维的"不用典"语言观也助成了他的重情写真的文学倡导。

(4)重构所需要的文学史图景。文学革命的倡导者,除了提出新文学设

---

[1] 以上未注均见胡适:《文学改良刍议》,《新青年》,第2卷第5号,1917年1月1日。
[2] 唐圭璋:《评〈人间词话〉》,《斯文》,卷一,第21—22合期,1941年8月。

想外,必然回述文学史,期望从中找到力量以证明还没有整体出现的新文学将是一种健康的生命体。王国维的讨论限定在词学范围内,所以他从词史来寻找这种革命力量。他重构的词史是尊"北宋以前"而贬"南宋以后"。王国维说:"五代、北宋之词所以独绝者在此",这个"在此"就是在于"有境界"。(《人间词话》一)论及"言有尽而意无穷"时,又以"北宋以前"为例,"余谓:北宋以前之词,亦复如此。"(《人间词话》九)在讨论写景的"隔与不隔"时,竟然又以北宋与南宋加以区分,"白石写景之作,如'二十四桥仍在,波心荡、冷月无声''数峰清苦,商略黄昏雨''高树晚蝉,说西风消息',虽格韵高绝,然如雾里看花,终隔一层。梅溪、梦窗诸家写景之病,皆在一'隔'字。北宋风流,渡江遂绝。抑真有运会存乎其间耶?"(《人间词话》三十九)在王国维这里,姜夔、史达祖、吴文英都是南宋词人,所获评价就低于北宋词人。王国维甚至还认为"南宋词虽不隔处,比之前人,自有浅深厚薄之别。"(《人间词话》四十)即"隔"是南宋词的病,"不隔"也成了南宋词的病,前一个病在"隔",后一个病在"不隔"中还是存在着浅薄。王国维提出了继承学习的问题,也是尊北宋而贬南宋:"南宋词人,白石有格而无情,剑南有气而乏韵。其堪与北宋人颉颃者,唯一幼安耳。近人祖南宋而祧北宋,以南宋之词可学,北宋之词不可学。学南宋者,不祖白石,则祖梦窗,以白石、梦窗可学,幼安不可学也。学幼安者,率祖其粗犷、滑稽,以其粗犷、滑稽处可学,佳处不可学也。幼安之佳处,在有性情,有境界。即以气象论,亦有'傍素波、干青云'之慨,宁后世龌龊小生所可拟耶?"(《人间词话》四十三)在南宋词人中,王国维只肯定了辛弃疾,再次表示他对南宋词的整体评价不高。王国维提出的可学与不可学之别,也是用以判断北宋与南宋词作艺术水准的一个标准。不可学者,是指本为天然生成,当然难学或根本不能后天学习。可学者,是指已经人工雕琢,当然可学甚至还好学。由于在中国文学传统中,视不可学者高于可学者,前者代表的是艺术,后者代表的往往是技艺。如此一来,王国维当然肯定北宋而再次否定南宋。叶嘉莹评价到:"静安先生之尊北宋而抑南宋,就个别作家与作品言,虽有时似不免有欠公允。然而如就南宋词风之一般倾向及其对后世之影响而言,则静安先生在晚清之时代提出此种尊北宋抑南宋之说,实在也自有其针对词坛之流弊,想要挽狂澜于既倒的一番深意在。"[①]所谓"挽狂澜于既倒"就是挽形式主义词风于既倒,要转向富有生命力的创作道路上去。王国维说:"真正文

[①] 叶嘉莹:《王国维及其文学批评》,石家庄:河北教育出版社,1997年,第238页。

学"往往"托于不重于世之文体以自见。逮此体流行之后,则又为虚玄矣。"①或曰:"盖文体通行既久,染指遂多,自成习套。……一切文体所以始盛而终衰者,皆由于此。"(《人间词话》五十四)王国维尊北宋词作,其中的一个原因是此时词体还处于早期发展阶段,没有被后来的功利主义与技巧主义所侵蚀。胡适与陈独秀均以"言文合一"的白话文学为标准重构文学史。胡适推崇"元代文学",陈独秀肯定"元明剧本,明清小说",并提出要建设"国民文学""写实文学"与"社会文学",这些与王国维反对"餔餟的文学""文绣的文学""模仿的文学"在内涵上是一致的。

由上可知,王国维与"五四"文学革命一样,都在提倡豪健的风格以取代萎靡的风格,主张写实的精神以取代玄虚的高蹈,追求自我的创造以取代死板的模仿。在寻找思想资源时,都不免向自然、原始、民间要力量,同时也都不免怀疑文明、庙堂、规范会束缚文学。期望民族生命力的恢复与创造,从奄奄一息之"死文学"转向生机勃发的"活文学",建构一条通向"五四"文学革命的通道,是王国维的功绩之所在。"五四"举起的那面"活文学"的大旗,早在王国维那里就高高飘扬了。

二

鲁迅既参与了"五四"文学革命,亦为1908年文学革命的主将之一,他于是年发表姐妹篇《文化偏至论》与《摩罗诗力说》。不同于王国维的《人间词话》尽说中国古代以翻新,鲁迅的这两篇文章尽说西方以为中国借鉴,即所谓"别求新声于异邦"。鲁迅从"纯文学"观点出发,揭示文学的精神功用特征,同而又异于王国维。鲁迅说:

"由纯文学上言之,则以一切美术之本质,皆在使观听之人,为之兴感怡悦。文章为美术之一,质当亦然,与个人暨邦国之存,无所系属,实利离尽,究理弗顾。故其为效,益智不如史乘,诚人不如格言,致富不如工商,弋功名不如卒业之券。特世有文章,而人乃以几于具足。英人道覃(E. Dowden)有言曰,美术文章之桀出于世者,观诵而后,似无裨于人间者,往往有之。然吾人乐于观诵,如游巨浸,前临渺茫,浮游波际,游泳既

---

① 王国维:《文学小言》(1906),《王国维全集》第一卷,北京:中国文史出版社,1997年,第24—25页。

已,神质悉移。而彼之大海,实仅波起涛飞,约无情愫,未始以一教训一格言相授。顾游者之元气体力,则为之陡增也。故文章之于人生,其为用决不次于衣食,宫室,宗教,道德。盖缘人在两间,必有时自觉之勤劬,有时丧我而惝恍,时必致力于善生,时必并忘其善生之事而入于醇乐,时或活动于现实之区,时或神驰于理想之域;苟致力于其偏,是谓之不具足。严冬永留,春气不至,生其躯壳,死其精魂,其人虽生,而人生之道失。文学不用之用,其在斯乎?……涵养人之神思,即文章之职与用也。"①

此段文字有如下涵义:其一,承认从本质上(即"质当亦然")看,文学是与直接功利(如"邦国之存")无关的("实利离尽")。其内在逻辑是:物质的、政治的功利在人生中所占地位本非绝对,且易成偏至,所以得用"纯文学"的非功利思想加以区隔,降低物质与政治功利的效力。但这并不表明文学对于社会人生没有任何作用,只是文学作用不同于物质与政治的作用。其二,所以强调文学的精神价值,即人之为人,除了拥有衣食、宫室、宗教、道德需要外,还需要文学来涵养人的精神,提升人的精神境界,谋求人的精神健康。其三,文学虽不直接作用于民族国家,可如果这个民族国家的个体在精神上是健康的、活泼的、自由的,那么,这个民族国家就可自立,即使这个民族国家处于衰败之中,若个体的人保持或恢复了精神健康,也就奠定了重建基础。在鲁迅这里,文学的"曲线救国",远比军事的、物质的乃至政治的都更关键与重要。鲁迅要改掉这个初识,得在多年后他成为左翼文坛的盟主之际。

(1) 鲁迅期望中国作"根本之图",从精神气质上彻底改造国人,而非头痛医头,脚痛医脚。依其划分,当时已出现三种挽救中国颓局的方式:一曰"言兵","谓钩爪锯牙,为国家首事",所以提出"以习兵事为生"。但鲁迅认为今非昔比,昔日可依强力胜过对方,今则局面已变,只是一味地野蛮而没有文明身心,即使有了好武器也取不了胜。"举国尤孱,授以巨兵,奚能胜任,仍有僵死而已矣。"鲁迅嘲笑"言兵"主张:"虽兜牟(即军盔)深隐其面,威武若不可陵,而干禄之色,固灼然现于外矣!"这是说,再厚的军盔也掩盖不了急于谋求功利的私心。在鲁迅看来,"文野之分"才是当今能否取胜的关键。二曰"言商",即在财富上胜过对方。"即有不幸,宗社为墟,而广有金资,大能温饱,即使怙恃既失,或被虐杀如犹太遗黎,然善自退藏,或不至于身受;纵大祸

---

① 鲁迅:《摩罗诗力说》,《河南》月刊第2—3号,1908年2—3月。

垂及矣,而幸免者非无人,其人又适为己,则能得温饱又如故也。"但鲁迅又认为,只注重财富,也许可令个人温饱,却不足以立国。三曰"言政",即主张宪政改革,鲁迅也不看好。他担心造成"多数的暴政",于民于国无补。鲁迅说:言政者可能会"思鸠大群以抗御,而又飞扬其性,善能攘扰,见异己者兴,必借众以陵寡,托方众治,压制乃有烈于暴君。此非独于理至悖也,即缘救国是图,不惜以个人为供献"。尤其提醒人们,那些无赖之徒加入进来,更使"众治"成了乱治,"鸣呼,古之临民者,一独夫也;由今之道,且顿变而为千万无赖之尤,民不堪命矣,于兴国究何与焉。"鲁迅在强烈质疑上述三种方式后给出自己的结论:"今敢问号称志士者曰,将以富强为文明欤,则犹太遗黎,性长居积,欧人之善贾者,莫与比伦,然其民之遭遇何如矣?将以路矿为文明欤,则五十年来非澳二洲,莫不兴铁路矿事,顾此二洲土著之文化何如矣?将以众治为文明欤,则西班牙波陀牙二国,立宪且久,顾其国之情状又何如矣?莫曰惟物质为文化之基也,则列机括,陈精食,遂足以雄长天下欤?曰惟多数得是非之正也,则以一人与众禺处,其亦将木居而芧食欤?此虽妇竖,必否之矣。然欧美之强,莫不以是炫天下者,则根柢在人,⋯⋯是故将生存两间,角逐列国是务,其首在立人,人立而后凡事举;若其道术,乃必尊个性而张精神。"鲁迅要找的"根本之图"就是这个"尊个性而张精神",认为它才是挽救颓局、解决中国问题的根本药方。

那么,如何立人呢?鲁迅认为,兴起于西方的"物质"与"众数"并非中国的适时之需,从而提出了"掊物质而张灵明,排众数而任个人"的对策。"掊物质"的原因是物质容易使人坠落,"诸凡事物,无不质化,灵明日以亏蚀,旨趣流于平庸,人惟客观之物质世界是趋,而主观之内面精神,乃舍置不之一省。重其外,放其内,取其质,遗其神,林林众生,物欲来蔽,使性灵之光,愈益就于黯淡,十九世纪文明一面之通蔽,盖如此矣。""排众数"的原因是民众不能接纳与理解天才的独特性,"凡个人者,即社会之一分子,夷隆实陷,是为指归,使天下人人归于一致,社会之内,荡无高卑。"致使"全体以沦为凡庸"。鲁迅引进尼采等人的个人主义以对抗"庸众"而为社会注入活力。如此一来,"重精神"与"重个人"合而为一,就是尊重人的个体性与创造性,将社会本位主义转换为个人本位主义。鲁迅认定这个"根本之图"的功用强大:"内部之生活强,则人生之意义亦愈邃,个人尊严之旨趣亦愈明,二十世纪之新精神,殆将立狂风怒浪之间,特意力以辟生路者也。"这将彻底改变中国:"外之既不后于世界之思潮,内之仍弗失固有之血脉,取今复古,别立新宗,人生意义,致之深邃,则国人之自觉至,个性张,沙聚之邦,由是转为人国。人国既建,乃始雄厉无前,屹然独见于天下,更何有于肤浅凡庸之事物哉?"①在鲁迅这里,改变中国的当务之急不是先谈军事、财富与政治,而是先谈人的精神内涵的改造,做好了这一点,中国才可能真正地有改变,有起色。

(2) 基于上述估计,鲁迅全面述评"立意在反抗,指归在动作"的"摩罗诗派",向中国这潭沉睡的死水里投进了一枚重石,击起千重万重的波浪。"摩罗"义指"撒旦",它被天神目为"魔鬼"。"摩罗诗派"实指具有激进反抗意识的浪漫派文学。鲁迅的推论建立这样的基础上:声音之道与政通。"盖人文之留遗后世者,最有力莫如心声。"一民族一国家的诗音越是慷慨激越,越具有生命力,越具有希望;越是悲凉乃至低沉至无,越不具有生命力,也越无希望。"递文事式微,则种人之运命亦尽,群生辍响,荣华收光;读史者萧条之感即以怒起,而此文明史记,亦渐临末页矣。凡负令誉于史初,开文化之曙色,而今转为影国者,无不如斯。"他举印度、犹太民族、伊兰、埃及这些古老文明为例证。所以,当其世,只要诗音不断,这个民族国家就有希望,就有可能奋起。他认同这个观点:"得昭明之声,洋洋乎歌心意而生者,为国民之首义。"鲁迅评及的"摩罗诗人"有英国的拜伦、雪莱,挪威的易卜生,俄国的普希金、莱蒙托夫,波兰的密茨凯维支、斯洛伐茨基、克拉旬斯奇,匈牙利的裴多菲等。鲁迅评拜伦"超脱古范,直抒所信,其文章无不函刚健抗拒破坏挑战之声。平和之人,能无惧乎?"其他所介绍的"摩罗诗人"也都秉承拜伦的反抗传统,抵抗虚伪,抨击黑暗,坚持独立,追求自由与光明。鲁迅引进"摩罗诗派",意在借助其美学特征,达到改造国人精神面貌的目的,所以着意其反抗,赞扬其刚健。鲁迅概括了"摩罗诗派"的特点与作用:"大都不为顺世和乐之音,动吭一呼,闻者兴起,争天抗俗,而精神复深感后世人心,绵延至于无已。虽未生之前,解脱而后,或以其声为不足听;若其生活两间,居天然之掌握,辗转而未脱者,则使之闻之,固声之最雄杰伟美者矣。"又说:"无不刚健不挠,抱诚守真;不取媚于群,不随顺旧俗;发为雄声,以起其国人之新生,而大其国于天下。"具体而言,"摩罗诗派"具有如下特点:其一,这些诗人是反抗的。反抗弊政,反抗流俗,追求自由与解放。他们"入世"而非"出世",都深得鲁迅之欣赏,因为鲁迅也是一个"入世"诗人。其二,这些诗人都深刻影响了本民族的文学史与心灵史,心灵一旦改变,就化为重建民族国家的动力。这些诗人都是有功于民族国

---

① 以上未注均见鲁迅:《文化偏至论》,《河南》,1908年8月第7号。

家创建的。其三,他们所追求与建立的是一种崇高的而非柔靡轻弱的美学风格,这也是鲁迅所推崇的。这种崇高风格像狂风暴雨那般,能卷起柔弱的灵魂,使它们幡然醒悟,养成刚健雄伟的精神气质,用于拯救沉沦中的民族国家。

(3) 以"立意在反抗,指归在动作"为宗旨来阐释中国文学史,为文学革命寻找革命对象,证明文学革命的必要性。鲁迅认为,中国文学史上就少见"摩罗诗人"。中国有的是"复古的倾向",不是将眼光看向未来,而是将眼光转向过去。"吾中国爱智之士,独不与西方同,心神所注,辽远在于唐虞,或径入古初,游于人兽杂居之世;谓其时万祸不作,人安其天,不如斯世之恶浊贴危,无以生活。"可实际上,这既违背人类的进化史,又违背古初事实,那时恶劣环境,根本不利于人的生存。出现此种想法,只表征了"无希望""无上征""无努力","较之西方思理,犹水火然;非自杀以从古人,将其身更无可希冀经营,致人我于所仪之主的,束手浩叹,神质同隳焉而已。"所以中国古有的是"隐逸的文学",不是将眼光转向社会,而是将眼光转向山林,向山林讨安逸。"惟自知良懦无可为,乃独图脱屣尘埃,惝恍古国,任人群堕于虫兽,而己身以隐逸终。思士如是,社会善之,咸谓之高蹈之人,而自云我虫兽我虫兽也。其不然者,乃立言辞,欲致人同归于朴古,老子之辈,盖其枭群。"鲁迅认为,老庄的清静无为思想强化了中国文学逃避社会现实的趋向。他后来主张不读或少读中国书,也是这般评价的。他认为,看中国书,总觉得让人沉静下去,与实际人生离开;读外国书(印度除外),就与人生接触,想做点事。鲁迅对于隐逸文化的批判,实开陈独秀炮轰"山林文学"的先河。

中国少有"摩罗诗派"的另一原因,则被鲁迅视为有了儒家思想。他指出:"如中国之诗,舜云言志,而后贤立说,乃云持人性情,三百之旨,无邪所蔽。夫既言志矣,何持之云?强以无邪,即非人志。许自繇于鞭策羁縻之下,殆此事乎?然阙后文章,乃果辗转不逾此界。其颂祝主人,悦媚豪右之作,可无俟言。即或心应虫鸟,情感林泉,发为韵语,多亦拘于无形之囹圄,不能两间之真美;否则悲慨世事,感怀前贤,可有可无之作,聊行于世。倘其嗫嚅之中,偶涉眷爱,而儒服之士,即交口非之。况言之至反常俗者乎?"鲁迅赞"言志的文学",但他认为儒家思想又"设范以囚之",偷换"言志"内涵,使其成为不能表现天地之真美的假文学。

鲁迅从屈原的创作中看到了某种希望:"惟灵均将逝,脑海波起,通于汨罗,返顾高丘,哀其无女,则抽写哀怨,郁为奇文。茫洋在前,顾忌皆去,怼世人之浑浊,颂己身之修能,怀疑自遂古之初,直至百物之琐末,放言无惮,为前人所不敢言。然中亦多芳菲凄恻之音,而反抗挑战,则终其篇未能见,感动后世,为力非强。"在鲁迅看来,这位表达强烈不满却最终没有表达强烈反抗意识的诗人,在中国也缺乏继承者,没有形成传统。"试稽自有文字以至今日,凡诗宗词客,能宣彼妙音,传其灵觉,以美善吾人之性情,崇大吾人之思想者,果几何人?上下求索,几无有矣。"结果却是"中国汉晋以来,凡负文名者,多受谤毁。"于是,中国文学界缺少"精神界之战士","新声迄不起于中国也"。

至此,鲁迅发出了文学革命的呼唤:"今索诸中国,为精神界之战士安在?有作至诚之声,致吾人于善美刚健者乎?有作温煦之声,援吾人出于荒寒者乎?家国荒矣,而赋最末哀歌,以诉天下贻后人之耶利米,且末之有也。非彼不生,即生而贼于众,居其一而兼其二,则中国遂以萧条。劳劳独躯壳之事是图,而精神日就于荒落;新潮来袭,遂以不支。"鲁迅提出的实是以文学来救国,期望通过文学的精神作用以唤醒民众,"令有情皆举其首,如睹晓日,益为之美伟强力高尚发扬,而污浊之平和,以之将破。平和之破,人道蒸也。"[1]

鲁迅提倡的是能够体现反抗精神、追求精神自由、维护个性独立、弘扬人道新生的新文学。这与"五四"文学革命的目标是高度一致的。从精神气质的角度看,鲁迅近于陈独秀,担当了1908年文学革命中最能体现反抗精神的那一面。

三

周作人同样是一位既参加了"五四"文学革命的主将,也是1908年文学革命的主将。他区别于王国维的主要说中国与鲁迅的主要说西方,既说西方也说中国,在中西文论对话的状态下重新界定文学,代表了文学思想的现代转换。周作人将在王国维、鲁迅那里已经出现的现代文学概念,用自己的思考加以说明,宣布了中国现代文学概念的正式诞生。

(1) 强调文学所表征的精神活动具有重要价值。用鲁迅的话说是"特意力以辟生路",用周作人的话说是"文风渊朗,足以自雄。"周作人从民族兴亡的历史命运上看文学与精神的作用。评及埃及,说它两千年来"国将不国",文物凋零,道德沦丧,古国王孙竟然降身为奴。但正因为它的文学没有死,埃及还能发挥重要影响。周作人说:"试一披图藉,为按种文化之留遗,见其祠

---

[1] 以上未注均见鲁迅:《摩罗诗力说》,《河南》,1908年2—3月第2—3号。

墓像石块然仍存,益以碑碣之所镌镂,贝叶之所纪书,古厚庄严,靡不足见精神之所寄。又试研其经文,一读《死书》(埃及最古典册之名),则感于思想之神秘幽玄,有不禁瞿然起灵思念者,此所以立教明鬼,为万国宗,而洮汰之余,莫可终绝。"埃及不灭的原因在于埃及的文学与精神还在。评及希腊,又是一个文明古国,曾产生诗人荷马、欧里庇得斯、索福克勒斯,哲学家苏格拉底、柏拉图、亚里士多德,虽经曲折,但"前既泽流深长,宏被天下矣,后亦卒以此为力,能自再造。"其他又以俄罗斯、波兰等国为例,说明文学与精神的重要性。如说到俄罗斯,虽然属于"后起"者,"百度咸亚于欧土诸邦,第特美所钟,乃在艺文,思潮奋发,一日而千里。席卷之患,故不尽在甲兵;灵明之蚀,犹城下也。"周作人认为,威胁民族国家生存者,不是败于兵战,而是缘于文学与精神所蕴藏。再说到波兰、保加利亚等国,都历经磨难,但能够展现希望,谋求崛起,全都因为"文风渊朗,足以自雄。""岂有他哉,神不亡焉而已。"周作人的看法是:"试披文史,或检时载,当见其文艺作兴,如春花之开,如新潮之涨,浩焉无所底极,于以知高明华大、不觍于生之国民,诚不可与贪偷浇薄者同日语,而兴替之由亦正有不苟者在也。"能够创造出美伟宏大文学作品的民族,必定可以兴旺起来,而那些苟且偷生之辈,则只能等着衰败了。

周作人像鲁迅一样,对"期诸工商"、追求"实利"的"富强说"持批判态度。他认为,即使"诸业骏盛",遍布中国,但那仅仅只是"贸易盛、工业兴",并不能尽人生之能事。"况中国精神萎靡,有走阪之势。闭关之世既以是而坐致摧残,及西化东来,激于新流,益岌岌有席卷之恐。虽或幸安,而质体徒存,亦犹槁木耳。实利之祸吾中国,既千百年矣,巨浸稽天,民胡所宅?为今之计,窃欲以虚灵之物为上古之方舟焉。虽矫枉过直,有所不辞,矧其未必尔耶?"周作人明知只强调精神作用,可能有些偏颇,但为了矫正中国过重实利的老毛病,还是主张痛下这副药石。

周作人亦走在"精神立国"的道路上。他指出:"今夫聚一族之民,立国大地之上,化成发达,特秉殊采,伟美庄严,历劫靡变,有别异于昏凡,得自成美大之民族(nation,义与臣民有别)者,有二要素焉:一曰质体,一曰精神。""质体"指的是人、地、时三者,所有民族都具备,且没有什么区别。但"精神"各不相同,人区别于动物,这个人区别于那个人,缘由都在此。"徒以性灵作用,故心思言动,既因之各表异于人人,而善恶因缘,亦焉而附丽,智愚得丧之故,可由是洞然如观火也。""精神"作用如此之大,也是形成民族凝聚力的关键力量,"凡种人之合,语其原始,虽群至庞大,又甚杂糅而不纯,自其外表观之,探其意气之微,且然无所统一。然究以同气之故,则思想情感之发现,自于众异味之中,不期而然趋于同致,自然而至莫或主之,所谓种人之特色,而立国之精神是已。"所以,周作人认为,精神的作用重于质体的作用,"质体为用,虽要与精神并尊,顾吾闻质虽就亡,神能再造,或质已灭神不死者矣,未有精神萎死而质体尚能孤存者也。"鉴于此,周作人当然特别重视文学在建构民族精神、赓续民族生命中的决定作用了。这正是他与鲁迅一样重视文学的原因所在。

(2) 揭示中国传统"昧于文章"的不堪局面,以唤起文学革命的热情。他指出:"试观上古文章,首出厥推《风》诗。原数三千余篇中,十三国美感至情,曲折深微,皆于是乎在,本无愧于天地至文,乃至删《诗》之时,而运遂厄。孔子以儒教之宗,承帝王教法,割取而制定之,曰:'《诗》三百,一言以蔽之,曰思无邪。'"周作人强调这造成了如下恶果:"删《诗》定礼,夭瘀国民思想之春华,阴以为帝王之右肋,推其后祸,犹秦火也。夫孔子为中国文章之正宗,而束缚人心至于如此,则后之零落又何待夫言说欤。是以论文之旨,折情就理,唯以和顺为长,使其非然,且莫容于名教。间有闲情绮语,著之篇章,要亦由元首风流,为之首倡,逸轨之驰,众未敢也。况乎历来中国文人,皆曰士类,则儒宗也,以是因缘,文字著作之林遂悉属宗门监视之下,不肯有所假借。道家继起,益务范人心,积渐以来,终生制艺。制之云者,正言束缚。试观于此,即知中国思想梏亡之甚,此非逾情之词矣。"因而,中国文学无法走上良性发展之途,"文章之士,非以是为致君尧舜之方,即以为弋誉求荣之道,孜孜者唯实利之是图,至不惜折其天赋之性灵以自就樊鞿。……偶有立异,久已为众所排,遂以槁丧矣。"①周作人认为,统治阶级的防民之术,加上儒家的规范文学,还有八股文的流行,严重制约了文学创作的自由发展,从而影响了民族精神的自由发展。周作人对于统治者与儒家思想的批判,与鲁迅高度一致,他们都没有从传统中寻找到热烈追求自由与反抗的文学精神。

直至20世纪30年代,周作人还是坚持了这种批判,提出了中国文学以"言志"与"载道"为冲突、演递的发展模式,肯定"言志",批判"载道",期望新文学能够接过言志的旗帜走下去,不要重蹈载道的覆辙。周作人指出:"言志派的文学,可以换一名称,叫作'即兴的文学',载道派的文学,也可以换一名称叫做'赋得的文学',古今来有名的文学作品,通是即兴文学。"②周作人推崇

---

① 以上未注周作人:《论文章之意义暨其使命因及近时论文之失》,《河南》,第4—5期,1908年5—6月。
② 周作人:《中国新文学的源流》,北京:人文书店,1932年,第70页。

"性灵说",认为"文学只有感情没有目的。若必谓为是有目的的,那么也单是以'说出'为目的。正如我们在冬时候谈天,常说道:'今天真冷!'说这话的用意,当然并不是想向对方借钱做衣服,而只是很单纯的说出自己的感觉罢了。"①若创作文学而包含实用目的,这已经不是纯正文学了。"欲使文学有用也可以,但那样已是变相的文学了。椅子原是作为座位用的,墨盒原是为写字用的,然而,以前的议员们岂不是曾在打架时作为武器用过么?在打架的时候,椅子墨盒可以打人,然而打人却终非椅子和墨盒的真正用处。文学亦然。"②周作人的批判仍然指向八股文、桐城派与现代的革命文学,是从古代一直反到现代,可算是一个彻底派。

(3) 重新定义文学概念,为文学革命指出发展方向。周作人说:"顾欲言一物而不立其义,则论者或疑之曰:文章小道也。意非讥其远阔,不切用于日常人生,则疑文章经世之用,必如训诂典章而后可,其惑正根于旧习。"既然定义如何重要,抛弃旧有的文学定义,弄清新的文学定义,就可从根本上消除对于文学的误解,赋予文学以参与民族精神建构的功能。周作人关于文学的定义,代表了那个时期的最高水平,体现了从传统的"经世说"到现代的"缘情说"的转变。

周作人介绍了西方诸种文学定义,或指用文字来保存的学问、知识与意象,或指籍册所传的知识,或指表现思想与情感并足以娱乐读者,或指在于定式,或指是美文,或指具艺术之特质等。周作人不满上述定义,原因有三:一是多描述,少诠释,难见事物的性质精神特点;二是所言之理,只及文学的部分特性,不及整体特性;三是偏向一端,缺少综合与平衡。周作人的评议很重要,他说:"夫言文章者,其论旨所宗,固未能尽归唯美,特泛指学业,则肤浅而不切实情,亦非所取。"这表明两点:其一,文学不等于知识学业,影射了中国古代的文学与文章不分的定义状态。其二,不认同文学就是唯美的,为文学保留了参与社会人生的通道,后来的周作人不愿只成为艺术派的主张者与此密切相关,导致他想调和人生派与艺术派,提出了"人生的艺术派"这样折中的主张。

基于这种调和,周作人接受了美国学者宏德(Hunt)的文学观:"文章者,人生思想之形现,出自意象、感情、风味(Taste),笔为文书,脱离学术,遍及都

---

① 周作人:《中国新文学的源流》,北京:人文书店,1932年,第27—28页。
② 同上,1932年,第31页。

凡，皆得领解（Intelligible），又生兴趣（Interesting）者也。"这一定义包含两个意图：一是抛弃传统的"杂文学"概念，取而代之以现代的"纯文学"概念，即以诗、小说、戏剧与散文为文学内涵，不再笼统地将所有书于竹帛的文字都视为文学。一是保持文学的精神功用，以便文学可以参与社会人生的改造。

就第一个意图言，周作人突出了"媒介（Mediums）"的作用，此媒介指"意象、感情与风味"。周作人说："文章中不可缺者三状，具神思（Ideal）、能感兴（Impassioned）、有美致（Artistic）也。思想在文，虽为宗主，顾便独在，又不能云成，如巴斯庚所前言是矣。夫文章思想，初既相殊而某一，然则必有中尘（Mediums）焉为之介而后合也。中尘非他，即意象、感情、风味三事（即顷所举三状之质地）合为一质，以任其役，而文章之文否亦即是以是之存否为衡。"这表明，文学可以表现思想，但必须将这种思想意象化、情感化与美致化，才能成为文学。否则，只是一味地表现思想，那不是审美活动。这样理解文学，导致了周作人与中国传统分道扬镳。中国传统主张"文以载道"，显然偏向于强调表现思想、伦理、政治，是"求知"的文学；周作人强调表现个体情感，并要求具备美致的特征，是"主情"的文学。周作人视"教训诗什独缺情思"而将其驱离文学队伍，正是他的题中之意。

就第二个意图言，周作人再引宏德的观点，强调文学具有四种使命：其一，在裁铸高义鸿思，汇合阐发；其二，在阐释时代精神，的然无误；其三，在阐释人情，以示世人；其四，在发扬神思，趣人生以进于高尚。其中有三点值得重视：其一，强调文学要"言中有物"，这个"物"应当是"灵智之思，又必独立不羁，得尽其意而后可。"甚至提出"作者于此，当自立不倚，惟一以己意为衡。"意在肯定独立思考，建构个人主义的创作主体论，百年之下，也觉掷地有声。否则，"模拟肖似有类袭于他人"，就不够创作资格。这一"言中有物"的主张，与胡适的"言之有物"完全一致，但更突出个人主义，因而也更加鲜亮。其二，确认文学要阐释人情世故，但明了这是一种深度介入，与心理学相关联。周作人指出："发表人生里面的生活，盖文章主观的责任也。由是言之，文章犹心灵之学，其责在表示意志、心思、良知、自性，以供研究，又务写人世悲欢罪苦得失之故，而于善恶莫不推之至极。"[①]这是中国现代文学心理学的滥觞，其中"文章犹心灵之学"与20世纪80年代刘再复的思想遥相呼应，刘再复认为："人的

[①] 以上未注均见周作人：《论文章之意义暨其使命因及近时论文之失》，《河南》第4—5期，1908年5—6月。

精神世界作为主体,是一个独立的、无比丰富的神秘世界,它是另一个自然,另一个宇宙。我们可称之为内自然、内宇宙"。[①] 周作人从心理学的角度切入新的文学定义,可谓技高一招,在相当长的时间内具有领先性。其三,认为文学创作应当超越短期的功利思想,此处既指超越工商活动的物质利益,也指超越政治活动的权力利益。周作人说:"高义鸿思之作,自非思入神明,脱绝凡轨,不能有造。凡云义旨而不自此出,则区区教令之属,宁得入文章以留后世也。"强调只有充满了高远宏阔的想象与幽深玄妙的思考,才能创造出杰出作品。如果追逐功利,"萦情利名,甘自束其心思,为干时之计",甚至依傍政权,"假名教之余义,驱除旁解,为朝廷立大勋者,其亦将不作欤?"那又怎么能够名垂青史呢?周作人强调"志气清明,则诸惑自祛,自由之心,非恶世炎威所能牵者也。"这是说作家在创作时只有进入想象境界,摆脱世俗的牵挂,才能体现创作的审美规律而成功。如果说,中国传统文论"昧于文章"的话,就是"昧于"这三点,才把文学引向了错误道路。周作人此时还没有像"五四"时期那样提出"人的文学"与"非人的文学",且将中国传统文学一古脑儿地打入"非人的文学"的范畴予以否定,但也差不多,他在回顾中国传统文学时,已经没有从中发现多少有益的思想资源了。就此言,虽然是矫枉过正,但也体现了在重新界定文学时,为了现代化,不惜极端一下。

总之,周作人在维护个性自由、批判传统文学等方面,与鲁迅完全同调。他关于文学的重新定义活动,则成为中国文学观念实现从传统向现代转型的标志性一步,从此中国才有了属于现代意义上的文学概念。就周作人对现代文论的贡献而言,他的成就大过王国维,也大过鲁迅,不仅代表着1908年文学革命的核心思想,也代表了"五四"文学革命的核心思想。

四

如何评价1908年文学革命乃至"五四"文学革命呢?我们认为仅用李泽厚的"启蒙与救亡的双重变奏说"是不够的,还应加上阿伦特关于革命的解说,建构"审美、启蒙、革命的三维视角",才能更好地阐释文学革命的性质与特征。

李泽厚曾提出"启蒙与救亡的双重变奏"说。其中"启蒙"指的是从思想

[①] 刘再复:《论文学的主体性》,《文学评论》,1985年第6期、1986年第1期。

文化上研究中国问题并试图解释问题,"它的目的是国民性的改造,是旧思想的摧毁。它把社会进步的基础放在意识形态的思想改造上,放在民主启蒙工作上。"①"救亡"指的是从反帝爱国的角度理解中国问题并解决问题,"反对帝国主义和反动军阀的长期的革命战争,把其他一切都挤在非常次要和从属的地位;更不用说从理论上和实际中对个体自由个性解放之类问题的研究和宣传了。"②"双重变奏"指的是:"救亡的局势、国家的利益、人民的饥饿痛苦,压倒了一切,压倒了知识者或知识群体对自由平等民主权利和各种美妙理想的追求和需要,压倒了对个体尊严、个人权利的注视和尊重。"③这就是时代的救亡图存和现实斗争的实际需要压倒了从根本上改造人的思想启蒙工作。

这用于观察现代思想史自有深刻之处。正是救亡压倒了启蒙,中止了思想的现代化,导致了封建主义的延续与复活,使得百年后的中国仍然面临封建主义的强大压抑,不能自由自在地接续现代世界的思想潮流。李泽厚的这个观点也被许多学者运用在现代文学史的研究上,从而判定现代文学同样遭受救亡的压迫,导致了启蒙写作的中止或弱化。

这一双重变奏说其实隐含了对于文化自性的肯定,由于没有揭破这一点,以至运用者们只是简单地从启蒙与救亡的两个维度来观察所研究的问题,悬置了文化自性问题,未能建构文化、启蒙与救亡的三维研究视角,不免压抑或忽略了文化自性的主体地位与根本作用,将论述的重点放置在启蒙与救亡的冲突上,而较少思考文化与启蒙、救亡的多边复杂关系。所以,我们认为,仅仅只运用双重变奏说,只能勘探出现代文学的启蒙症候,不能很好地勘探出现代文学的审美症候,因而也不能很好地评价现代文学的审美价值。当我们试图将双重变奏说置入近百年的文学革命研究时,我们认为应当增加审美维度,就像应该增加文化自性维度一样,建构由"审美、启蒙与革命(即救亡)的错综变奏"说,才能更好地说明文学革命的实质及其不同类型之间的差别,即文学从审美属性出发,或启蒙或革命,将会造成不同的文学事实,产生不同的文学革命类型。

关于革命的定义,同样需要新的界定,才能弄清革命的真实涵义。现代中国革命的通行定义可谓是"一个阶级推翻另一个阶级"的阶级斗争,通俗地

---

① 李泽厚:《启蒙与救亡的双重变奏》,《中国现代思想史论》,北京:东方出版社,1987年,第11页。
② 同上,1987年,第32页。
③ 同上,1987年,第33页。

讲,就是"翻身得解放"。一旦获得翻身与解放,革命就算大功告成,完成了自己的任务。可是,这样的革命仍然是有局限性的,翻身与解放只表明不再遭受经济上与政治上的压迫,只意味着一部分人的地位与身份的改变。翻身与解放以后,到底应该如何做人这个启蒙的话题并没有解决,应该如何对待他人的自由与平等的话题也没有答案。美国政治学家阿伦特思考了这个问题。她认为,有两种革命形态,一种是以阶级斗争为目标的革命,这一形态追求被压迫者的翻身与解放,而非使得被压迫者获得自由和平等;另一种革命以追求自由与平等为目标,包括了翻身与解放,可终极目标是使被压迫者获得自由。就这两种革命看,一种以法国大革命为代表,追求翻身与解放,将"衣食温饱和种族繁衍"作为目标。如罗伯斯比尔所说:"我们错过了以自由立国的时刻",①这表明,法国在革命只是围绕翻身所进行的斗争。这样的结果,会有翻身与解放出现,但这还不是将自由视为革命的目标并为此付出努力。"解放是免于压制,自由则是一种政治生活方式。"②照此看来,也就是翻身与解放还会产生新的压制,政权虽然易手了,但是"政府形式岿然不动"。获得翻身与解放的人们可以利用获得的政权实施对于曾经的压迫者的压抑,并阻止他们进入正常的政治活动空间。翻身者还会根据自身的标准,设定其他人群的社会地位,限制他们取得应当取得的权利。因此,这一革命的成果,并没有体现出它的宏大视野与广阔胸怀,相反,则有可能接过压制,创造更多的压制。一种以美国革命为代表,革命的结果是"发生了新开端意义上的变迁,并且暴力被用来构建一种全然不同的政府形式,缔造一个全新的政治体,从压迫中解放以构建自由为起码目标"。③ 所以,自由超越了解放,具有新的目标,那就是构建真正的共和制,保证所有公民"参与公共事务,获准进入公共领域"。④ 如此一来,自由意味着所有公民而非一部分公民拥有参与公共事务的平等权利。

因此,在观察文学革命时,除了确认审美、启蒙与革命的三维视角外,就革命而言,包括了两种形态:翻身的革命与自由的革命。它们的变量与组织形态,标识了文学革命的性质。这产生了两种基本的文学革命模型:第一种是审美、启蒙与自由的革命相结合,三者处于良好互动状态。由于这一模型中的不同要素间的同质要求极高,因而是较少出现的,它往往作为一种理想模型存

---

① 阿伦特:《论革命》,陈周旺译,南京:译林出版社,2011 年,第 49 页。
② 同上,第 21 页。
③ 以上未注见阿伦特:《论革命》,陈周旺译,南京:译林出版社,2011 年,第 23 页。
④ 同①,第 21 页。

在,诱使人们反思第二种模型的不足。第二种是审美、启蒙与翻身的革命相结合,三者间往往产生较大的冲突,不是革命征服了审美与启蒙,就是审美与启蒙离革命而去。从逻辑上讲,文学革命的第二模型向第一模型的转换生成是长存的,标志了文学革命所追求的最大的审美创造力仍然是唯一目标,虽历经挫折,但不会消失。但就实践而言,又是第一模型向第二模型的蜕化,因为任何一场真实意义上的文学革命,都会受到各种复杂关系的制约,不可能出现纯粹意义上的文学革命。在我们看来,这就产生了文学革命的内在变迁,既有谋求翻身的文学革命向谋求自由的文学革命的升华,又有谋求自由的文学革命向谋求翻身的文学革命的蜕化。考虑到问题的复杂性,从自由的文学革命到翻身的文学革命,共存在四种形态:第一模型的两种形态分别是自由的文学革命与反抗的文学革命,后者是前者的亚形态;第二模型的两种形态分别是翻身的文学革命与压迫的文学革命,后者是前者的反形态。从自由向压迫的过渡,或从压迫向自由的升华,构成文学革命的内在张力与价值意义。

自由追求自身的独立与充分展示,它可以反抗其他形态,但坚持多样发展,不求同一,成为它的最高目标。反抗是用一种状态去反抗另一种状态,在其表达反抗的诉求之际,它与自由结伴,因为它欲与另一状态相平等,此时代表的是多样性。但如果反抗结束,获得了翻身,就否定其他状态存在的合理性,那么反抗就指向了非自由。翻身的设定不同于自由,它期望从被压迫状态下解放出来,稍不留意,就会翻身越界,将过去的压迫者打翻在地,而自己则从被压迫者转变成压迫者。所以,翻身有类似反抗的一面,也类似自由,可因包含了翻转,有导向压迫的一面。压迫是翻身的顺势延伸,将主仆关系颠倒,或者是说"把颠倒的历史再颠倒过来"。在压迫中,自由彻底消失,没有其他状态,没有多样性。

若加比较,如果说1908年文学革命主要是谋求文学自由的革命,必然伴随着反抗性;那么,"五四"文学革命作为一场反抗的革命,已经带有一定程度的翻身性质。而1928年的文学革命才真正将谋求翻身推向了新的高潮,开启了由翻身向压迫的直线发展。本文只论1908年文学革命的性质。

五

1908年文学革命是追求文学自由的。这与其说是完全自觉的,不如说是出自反抗本性的,因为面对一个专制的传统与制度,向其反面求解文学之道,也就不期然而然地走上了自由之路。此时的文学革命与自由相关联,也与文学革命者没有成为统治者有关,他们没有实施压迫的能力。1908年文学革命的自由就这样被简单地炼成了。

1908年的文学革命是以观念的更新为开端的,这源于"根本解决"的思想冲动。所谓"根本解决"就是从"立人"上来思考与解决中国问题。而欲"立人",通过审美与文学是其一种可能,所以是否重视审美与文学也就成为解决中国问题的基础。王国维关于美育的倡导就是一例,他说:"盖人心之动,无不束缚于一己之利害;独美之为物,使人忘一己之利害而入高尚纯洁之域,此最纯粹之快乐也。孔子言志,独与曾点;又谓'兴于诗','成于乐'。希腊古代之以音乐为普通学之一科,及近世希痕林、希尔列尔等之重要美育家,实非偶然也。要之,美育者一面使人之感情发达,以达完美之域;一面又为德育与智育之手段,此又教育者所不可不留意也。"① 王国维指出:"完全之人物"包括"身体之能力"与"精神之能力"两方面,苟若只发展其中之一,都不能称为"完全"。所以就发展人的"精神之能力"而言,王国维强调智育发展人的知识,德育发展人的意志,美育发展人的情感。认为只有人的精神境界得到了改造与提升,才能建设一个更好的民族国家。在王国维这里,审美的重要性获得了确认,他虽然未像席勒那样详细论述审美与人的自由的生成关系,可强调"人的完全",实已包含了对于人的自由的肯定。

鲁迅同样从"立人"角度思考问题,他也引述席勒的思想,认为"希籁(Fr. Schiller)氏者,乃谓必知感两性,圆满无间,然后谓之全人。"即理智与情感都发达而至和谐状态,人才能成为"全人"。这就需要发展人的"精神生活"。这是鲁迅提出"掊物质而张灵明"主张的依据,也就有了"内部之生活强,则人生之意义亦愈邃,个人尊严之旨趣亦愈明,二十世纪之新精神,殆将立狂风怒浪之间,特意力以辟生路者也。"② 那么,如何做到呢? 文学的审美活动成为当然方式之一。鲁迅倡导"纯文学",就是意在与工商、制度变革相区别,用"纯文学"来培养人的品质,提高人的修养,实现人的"精神生活"。鲁迅认为,只有培养了"全人",才能建立一个全新的民族国家。可在鲁迅眼中,我们的民族国家已经到了这般地步:"失者则以孤立自是,不遇校雠,终至堕落而之实利;

---

① 王国维:《论教育之宗旨》(1903年),《王国维文集》第三卷,北京:中国文史出版社,1997年,第58页。
② 鲁迅:《文化偏至论》,《河南》,1908年8月第7号。

为时既久,精神沦亡,逮蒙新力一击,即砉然冰泮,莫有起而与之抗。加以旧染既深,辄以习惯之目光,观察一切,凡所然否,谬解为多,此所为呼维新二十年,而新声不起于中国也。"①解决之道当然就是多多出现"精神界之战士",由其引导而改变国人思想,从根本上改变立国的基础。

周作人同样如此,他认为"精神""性灵"是人的"魂气","国民精神"就是"国魂",从精神建设的角度考虑中国重建。文学就肩负了这样的责任,原因在于"特文章为物,独隔外尘,托质至微,与心灵直接,故其用亦至神。言,心声也;字,心画也。自心发之,亦以心受之。"既然文学与心灵有着如何密切的关联性,通过文学来改变人心,当然是方便快捷的。所以,周作人又说:"文章或革,思想得舒,国民精神进于美大,此未来之冀也。"②周作人把文学产生的精神作用视为民族的未来,可见文学作用,功莫大矣。

在评价1908年的文学革命时,要注意分清两个方面:一个是此际所论及的文学审美性是与启蒙相统一的,无论是在王国维那里,还是在鲁迅与周作人那里,它除了发达人的情感之外,还与丰富提升人的精神品质相关联。王国维明确表示过美育是德育与智育的手段、渠道。鲁迅强调文学在人的精神方面的建设作用,着眼点是想通过文学以建立民族国家。周作人重视文学,也是希望"国民精神进于美大"。1908年文学革命,革的是旧思想的命,革的是旧文学的命,想建立的是新思想与新文学。出于反对传统的文学观,确立了文学的审美第一性。但由于只是将这种第一性视为塑造新人的手段,为启蒙服务而非为政治服务,没有赋予它以更多的社会功能,使得这个第一性获得了保障。就此而言,1908年文学革命受到了康德的影响,但更多地受到了席勒的影响。受康德的影响是确认文学是审美的,提倡"纯文学";受席勒的影响是确认文学的审美属性可用于提升人的精神境界,创造"完全的人",以此摆脱对于经济与政治的片面依赖。正是因为审美性是纯洁的,来自人的天性又可以作用于人的天性,所以成为抵抗社会腐蚀、促进人的精神提升的培育力量。相反,那些世俗的、功利的、政治的、经济的东西则因可能腐蚀灵魂、降低人格而被统统否定了。

另一个是"不用之用"的提出与论述。1908年文学革命先是肯定文学的

---

① 鲁迅:《摩罗诗力说》,《河南》,1908年2—3月第2—3号。
② 以上未注均见周作人《论文章之意义暨其使命因及近时论文之失》,《河南》第4—5期,1908年5—6月。

审美性,接着排斥文学的功利性,再接着又请回文学的功用性,大谈文学是如何作用于人的精神世界的。这看似矛盾,实则在一种悖论方式下体现了文学功用内涵的转移,即从传统的作用于人的理智、道德感与社会现实,转向作用于人的情感、精神、人格层面,以塑造"完全的人"。在此,文学的功用不是被否定了,而是被机智地转向了;不是被降低了,而是被寻找到的特殊功用提高了;不是仅仅转向审美,而是在转向审美时又向社会敞开了。如王国维、鲁迅与周作人都曾猛烈抨击"文以载道",要撇开与政治、经济、儒家道德的关系来论文学本性,但却转而证明文学与人的智力、道德、精神境界相关,这就再度与社会现实相结合。王国维强调要"诗人之眼",不要"政治家之眼",看似背离政治,却也是试图从更加宽广的角度介入政治。鲁迅认为文学与人的关系如同人在水中游泳,没有明确的意图,但强调可恢复人的精力,也是肯定文学将以作用于人的精神方式来参与社会政治活动。周作人反对儒家思想对于文学的钳制,但并不否定文学对于人的伦理道德的精神作用,所以又说,只要"精神不死",民族国家就不会死,只要精神延续着,民族国家就延续着。他们不是出尔反尔,先反对文学与社会政治有关系,后又肯定文学与社会政治有关系。而是去除文学对于旧有的社会政治的依附,再肯定文学对于新的社会政治的助长。曹丕说:文章者,经国之大业,不朽之盛事。在1908年文学革命中,这一观念没有丝毫的减弱,甚至比后起的文学革命对于文学的重视有过之而无不及。1908年文学革命与后起的1928年文学革命在认识文学的功用时有区别:1908年文学革命将文学视为精神的等同物,予以本体性承认,其对人的精神作用是奠基性的;1928年文学革命将文学视为政治的一种宣传,予以工具性承认,其对革命的助成作用是手段性的。在前者的革命中,高度相信文学;在后者的革命中,时时怀疑文学。

但应当承认,在1908年文学革命中,"不用之用"的矛盾陈述产生了"不用"对于"用"的限制,这使得所强调的文学功用没有超出文学的审美自限,控制在文学审美性可以承受的范围内,是对文学审美性进行了合理引申,而非颠覆。强调文学通过作用于人的精神这一途径从而作用于社会,这个"精神中介"的引入,最大限度地揭示了文学与社会关联的内在性,这既符合文学的审美属性(这是精神性的),也符合社会政治必然具有一定的文化心理基础(这也是精神性的)。我们发现,1908年文学革命那么高强度地强调文学的审美属性,但却没有主张"为艺术而艺术",而是异口同声地赞成"为人生的艺术",反映了倡导者们已经将"不用"与"用"统一起来了。王国维写的是"人间词",说的是"人间词话",与人生融为一体。鲁迅主张"立意在反抗,指归在动作",是典型的人生派。周作人期望文学可以"大有造于吾国",也是"人生的艺术派"。结果,1908年文学革命起于审美,用于启蒙,止于政治,即起于情感的自由倾诉,用于精神上的觉醒,止于为政治服务,但并非对政治没有影响,不过这一切都是在审美之维上建立与延展的。

1908年文学革命当然充满了反抗精神,但却没有形成压迫之实。这场革命处在摆脱旧的束缚的初始阶段,它向往自由,虽然未必明了自由的内涵。王国维低评南宋以降的词作,这不能视为实际的打压,而只能视为创作上的自由竞争。鲁迅的两篇文章均以反抗为基调,以追求自由为目标。鲁迅建构了一个"思想对抗"的话语空间,由个人与众数、精神与物质、超人与庸众、自由与专制、主观与客观、内在与外在、新生与旧有、异邦与古国、刚健与纤弱等概念组合,缺少属于中间状态的词语。但其时的"思想对抗"只表明鲁迅对于旧有文明的否定与新生文明的向往,鉴于他处身边缘,也不可能造成压迫的事实,鲁迅代表的还是自由的革命精神。周作人有所不同,他在坚持"立人"文学观时也坦承不要"求全责备",搞得文坛千篇一律。他指出:"所说文章使命,大较已毕,合以前言意义,乃为具体,天下至文,皆当如是。虽然,吾为此言,故非偏执一说,奉为臬极,持以量文章,求全责备,必悉合于是而后可也,亦不过姑建此解,为理想文章之象。……天下至文,浩何所极,才性异区,文词繁诡,欲为品别,斯信难矣。"周作人认为,"理想文章"只是自己读书取舍的标准,并非要求所有创作都按照它去做。他区分了"具全德"的文章,"有数德"的文章,没有"数德"但"异采殊华,超轶尘俗"的文章,承认有不同于己的创作,为文学发展的多样性留下了肯定理由。当然,周作人也有一个原则是不放弃的,即文学创作不能扼杀自由,即"虽文章乂有弘隘,说有殊分,而夭阏精神,斯与文即两不立,其宜见摈于艺林,夫何俟于繁解欤。"①这是说,文学创作一旦成为压迫自由的东西,那就必须坚定反对,没有什么好商量的。文学不妨碍自由,这是坚持自由者的底线,也是从事文学创作应当守住的底线,当然也是1908年文学革命的底线。

比较起来,王国维、鲁迅与周作人之间的区别是:王国维重视文学的精神功用,但只言抒发自己的感情,最多只言及不喜南宋以降作品,并未多言其他

---

① 以上未注均见周作人:《论文章之意义暨其使命因及近时论文之失》,《河南》第4—5期,1908年5—6月。

社会问题。王国维更加个人化,在他那里,审美、启蒙与自由保持着统一性。鲁迅以全面介绍西方的个人独立思潮为起点,亦肯定文学的精神功用,但与"立国"更深地捆绑在一起,多了政治维度,文学成为邦国大事。照着鲁迅的追求走下去,若控制不住审美与启蒙的边界,那会接上激进革命的路线。这用于处理文学的多样性,将会造成压抑。但在此时的鲁迅这里,审美、启蒙与自由还未分裂。周作人主张己见,可看到了己见不应绝对化,宽容地理解不同观点,更重精神的自由度,最为充分地体现了审美、启蒙与自由的高度统一。周作人最能尊重文学的多样性,强化了1908年文学革命的自由度。

最后想说的是,本文写作灵感来自吴文祺写于1924年的《文学革命的先驱者——王静庵先生》,承认王国维的文学观构成"五四"文学革命的先声。近年有人认为这是将"表面的相似当成了实质的一致",并强调吴文祺"未能看到王国维与'新文学家'的文学革命的某些大的不同",从而否定吴文祺的这一观点。[①] 这是需要辨析的,我们将另外撰文分析。在此,我们不仅赞同吴文祺的观察与结论,还进一步认为王国维所揭开的这场文学革命,在审美、启蒙等关键问题的理解深度上是超过"五四"的。评价1908年文学革命的整体质量,也可作如是观。

在中国现代文学史上一直连续地上演着多场文学革命,有1908年文学革命、"五四"文学革命、1928年文学革命(以革命文学论争为代表)、1942年文学革命(以《讲话》为代表)、1966年文学革命(以榜样戏为代表)、1979文学革命(以为文艺正名为代表)、20世纪90年代文学革命(以文学再政治化为代表),用形形色色的"革故鼎新"推进着或伤害着中国现代文学的发展。对它们加以全面清理,也许不失为回答文学是什么、文学怎样才能顺利发展的一次好机会。我们愿抓住这个机会一试,这是作此文的理由。

本文作者刘锋杰系苏州大学文学院教授
尹传兰系浙江越秀外国语学院教授

[①] 程文超:《1903:前夜的涌动》,济南:山东教育出版社,1998年,第199页。

"吃人"叙事与中国文学现代性的开端:从《人肉楼》到《狂人日记》

朱 军

"吃人"叙事一直是理解中国文学现代性的一个核心命题,近来学界更多有激烈地相互考辨。① 如吴义勤等学者所指,"'吃人'由一个历史的经验性事实而成为一个文化政治问题,源于现代性在中国地平线上的出现。只有在现代情境下'吃人'作为一种文化传统(或对传统文化的本质性认定)和文化政治问题才成为了一个被反复言说的话题。在现代知识分子和作家看来,这一话题不仅有不断重提的必要,更是确立其现代主体的必需"。② 本文试图在前期讨论的基础上继续追根溯源,从晚清"小说界革命"和"新小说"入手,对作为现代文学"史前史"的"吃人"叙事做深入探究,并且基于西学、儒学与中国革命三方对话的立场,对"吃人"意象在文学史和思想史中的知识背景及其生成演化作进一步理清,以期更好地理解中国文学近、现代传统之间的转化问题,为相关讨论的进一步展开提供一些新的视角和空间。

从"吃人"主题重新理解"开端"

《狂人日记》一般被定义为现代白话小说的起点,其中的"吃人"叙事也是文学史研究的核心命题之一。事实上,清季至五四,"吃人"问题的探讨已多有铺垫,最终才成就了鲁迅的不朽之作。

---

① 李冬木:《明治时代"食人"言说与鲁迅的〈狂人日记〉》,《文学评论》,2012年第1期;王彬彬:《鲁迅研究中的实证问题》,《中国现代文学研究丛刊》,2013年第4期;祁晓明:《〈狂人日记〉"吃人"意象生成的知识背景》,《文学评论》2013年第4期等。
② 吴义勤、王金胜:《"吃人"叙事的历史变形记——从〈狂人日记〉到〈酒国〉》,《文艺研究》,2014年第4期。

近年来,论者多有将中国美学和文学的"现代传统"追溯到康门一脉。这种源于儒家传统,形成于康有为、梁启超诸人的文学现代性,既有对西方文学审美主义思潮的吸收,也有中国知识人对文学艺术背后人学意义的超越性理解。发表于《新民丛报》第五号"小说"一栏的《虞初新语·人肉楼》(1902年),堪称晚清"小说界革命"开路先锋之一。小说系康有为弟子韩文举(字树园,又名"扪虱谈虎客")所作,因为以"吃人"映射黑暗的现实与历史被梁启超推为康门激进思想的代表作。[①] 这部小说是《狂人日记》的先声,近年学界一般将其认作受无政府主义、社会主义革命思潮影响的第一部重要作品。[②] 其间,康门诸人与鲁迅对"吃人"亦同亦异的理解,提供了我们观察中国文学"现代传统"生成、转换的重要切入点。正如王德威所言,以"五四"为主轴的现代性视野,不可错过晚清更为混沌喧哗的求新之声。[③] 这也印证了现代文学史起点的"向前位移"问题,[④]并且只有"向前位移"才能更好地理解《狂人日记》作为"开端"的意义。

所谓起点与开端,逻辑学上往往意味着一个循环的终始。[⑤] 以逻辑学观之,鲁迅所提出的"吃人"命题是现代小说的开端,但也是一种思想体系阶段性的终点。正是在鲁迅笔下,数千年来中国文人,特别是中西碰撞下的晚清文人对"吃人"命题的思考,上升为一个系统性的"概念"。

康有为及其弟子理应充当"开端"的重要一环。康有为《大同书》以人生之苦开篇,全文论述了人生、人情、人道之苦,以及国界、级界、种界、行界、家界、产界、乱界、累界之害,这为康门弟子乃至晚清文人理解人类历史的苦难荒谬定下了基调。韩文举《人肉楼》的主人公"天冶子"原本生活在"华胥国"。一天,"天冶子"漫游到"须陀",被一群人擒住押往"人肉楼"。自数百年前"扣焦人"来定居后,就专以吃人为事。其中"须陀人"脑力甚大,人脑至为美

---

① 梁启超:《与夫子大人书》,丁文江、赵丰田编,欧阳哲生整理:《梁任公先生年谱长编》,北京:中华书局,2010年,第144页。
② 耿传明:《决绝与眷恋:清末民初社会心态与文学转型》,上海:复旦大学出版社,2010年,第140页;耿传明:《清末民初小说中"现代性"的起源、形态与文化特性》,《文学评论》2010年第5期;耿传明:《清末民初"乌托邦"文学综论》,《中国社会科学》2008年第4期;张全之:《中国近现代文学的发展与无政府主义思潮》,北京:人民出版社,2013年,第37页。
③ 王德威:《被压抑的现代性——晚清小说新论》,王伟杰译,北京:北京大学出版社,2005年,第56页。
④ 范伯群:《论中国现代文学史起点的"向前位移"问题》,《多元共生的中国文学的现代化历程》,上海:复旦大学出版社,2009年,第43页。
⑤ 黑格尔:《小逻辑》,贺麟译,北京:商务印书馆,1980年,第59页。

味"最为可啖"。"人肉楼"上坐一少年,后坐一老妪。"老妪啖人肉最多,十余年间,啖'须陀人'数百万"。"天冶子"最终获救,华胥帝问道:"吾种不同须陀,非易烹也。岂有野蛮烹文明者乎?"此时"须陀人"方才醒悟:"扪焦人专食我种也。""须陀"指汉人,"扪焦"影射满人,少年显然是光绪,老妪则指慈禧。所谓"人肉楼",堪为人间活地狱的写照。

小说中,"吃人"既是清季满族对汉族残酷统治的写照,更是对数千年来统治者"人吃人"历史的揭发。中国数千年历史被浓缩为一堆堆"人皮""人耳""人眼"……无论英雄还是常人,他们都是新的、旧的"人肉"。英雄被挂上"比干心""鄂侯脯""子胥目""方孝儒舌"的标识,作为权力炫耀的资本,也是历史的政治意志失败的自我安慰。常人则是终将就烹的、无名的人皮、人耳、人眼……那"一堆"。

比较中西吃人史,如鲁迅《狂人日记》所言,中西方都存在一个人禽不分的时期。蒙田《话说食人部落》和伏尔泰《哲学辞典·吃人的人》中,西方文明"食人主义"的记载亦比比皆是,并且"文明人"杀害野蛮人的手法比"野蛮人"更加野蛮。"文明"吃人在西方主要表现为两方面:其一是与东方一样的战争吃人、专制吃人;其二则是比东方更为突出的宗教、信仰吃人。① 随着道德教化与启蒙运动的展开,这"吃人的人"比"不吃人的人"才会感到"何等惭愧"。人类历史上都有一个"扪焦国"和"狼子村",其间的屠戮、征伐、专制、礼教吃人种种显然不是个人故事、个人经验的表述,而是民族寓言的复述。

《人肉楼》和《狂人日记》的重要影响力在于,它们在小说——这一西方占主导地位的再现机制基础上首次构建了一部以"吃人"为主题的民族寓言,一部现代意义上的"第三世界文本"。詹姆逊《处于跨国资本主义时代中的第三世界文学》以《狂人日记》为例,证明"第三世界文本"带有寓言性和特殊性,应该被当作投射一种政治的民族寓言来读。② 詹姆逊解读《狂人日记》所采纳的"历史—寓言"分析框架是非常有效的。詹姆逊将作品置于资本主义对旧文化渗透的历史情景之下,提供了我们观察"吃人"主题流行的历史动因和契机的重要窗口。

詹姆逊指出,当资本主义扩张到全球时,抵制这一经济制度影响的有两种

---

① 蒙田:《蒙田随笔全集》上,潘丽珍等译,南京:译林出版社,1996年,第235页;伏尔泰:《哲学辞典》,王燕生译,北京:商务印书馆,1991年,第135—146页。
② 詹明信:《处于跨国资本主义时代中的第三世界文学》,《晚期资本主义的文化逻辑》,张京媛译,北京:生活·读书·新知三联书店,1997年,第523页。

不同的社会和文化。一是原始或部落社会;二是亚细亚生产方式,也称为庞大的官僚帝国制度。《人肉楼》和《狂人日记》的写作语境,正是清末民初资本主义侵入中国之际,亚细亚生产方式和帝国的官僚制度已经千疮百孔,儒家道德文明面临数千年未见之天人危机。"专制"已经是朝野的共识,甚至最为保守的帝国官僚也自认中国是一大专制政权,而晚清和五四文人更是不惜以"人禽之辨"的刻薄比附(比"夷夏之辨"更甚),将中华文明史讽喻为与原始部落的兽行为伍的"四千年吃人史"。

某种程度说,《人肉楼》延续了儒家传统中对"人禽之辨"的理解。"天治子"误打误撞走进一个陌生之地,首先看到的是远看像豚子,近看则似猴子,侧面看既不是猴子也不是豚子的异兽,就在此时,他被一老翁发现。老翁命众人准备"支解之",天治子大呼"予人也,非禽兽也"。在"扣焦人"的统治下,"须陀人"只是一具具终将被贴上标签分类存放的行尸走肉。"老妪"是这一吃人集团的领导者,而吃人行为发生在从底层到官僚的各个层面。正如詹姆逊对《狂人日记》"吃人主义"的解读:"这种吃人现象发生在等级社会的各个层次,从无业游民和农民直到最有特权的中国官僚贵族阶层"[1]。现实中国是"人肉楼",历史则充斥着禽兽的恶行,两部小说都是对"人禽之辨"为代表的东方批判性话语体系浓缩地展示。数千年来,这一批判话语时时提醒人们回到人本身,给人以价值,并且观察、反省、感悟、发掘人生的意义,抵达"人的觉解"。就此而言,对"吃人主义"的批判性解读,并非如詹姆逊所言始于资本主义传入中国,或者始于中国成为所谓的"第三世界",也不是单纯在现代西方现代小说基础上发展起来的。

总而言之,对"吃人"主题的讨论既是人类学研究的开端,也是中国现代小说的开端。其中渗透着东西文明的对话,也交织着误读、曲解与困惑。从《人肉楼》到《狂人日记》,从晚清文学到五四文学,儒学"人禽之辨"的转化与"第三世界文学"的身份焦虑纠结在一起,构成了这一时期文学的独特美学特质。

民粹主义、中国革命与儒学的三方对话

詹姆逊虽然对中国吃人文化的具体演变未加详述,但是他抓住了晚清微

---

[1] 詹明信:《处于跨国资本主义时代中的第三世界文学》,《晚期资本主义的文化逻辑》,张京媛译,北京:生活·读书·新知三联书店,1997年,第525页。

观历史情景的巨大变迁。尽管"第三世界"一词难以定义洋务运动之后的中国境遇,但正如梁启超关于"中国之中国""亚洲之中国"和"世界之中国"三阶段论所揭示的那样,中国已非"铁屋子"中封闭帝国,资本主义经济扩张的脚步叩开了大门。王一川以修辞学的视野定义此时的中国是一个"三方僵局语境中构造的历史'他者'","三方僵局"分别是:正在生长而尚未成形的现代主体为第一方;第二方是裂岸涌来的陌生的西方文化;第三方是日趋衰颓却幽灵不散的中国古代传统。后两方是两位"他者"。① 具体到《人肉楼》,西方无政府主义、现代中国革命与儒学的三方对话,具象地呈现了"他者"与"主体"之间的话语交锋。

考辨韩文举以及康门弟子此时的译介与创作,影响最深的西方的"主义"主要指法国革命思潮与欧陆无政府主义、俄国虚无党精神。无论是《人肉楼》还是无政府主义重要小说《东欧女豪杰》的评点中,韩文举显然挣扎于三方语境的激烈交锋之中。《东欧女豪杰》发表于《新小说》第一至第五号,系岭南羽衣女士(罗普)著,谈虎客(韩文举)批注。第一回批语说,"俄国虚无党思想是由德国黑智尔、麦喀士、法国仙士门诸大哲孕育而来,日人所谓社会主义也,其条理与礼运大同之义颇相近,将来普及世界必矣"。② 但是在另一处眉批中则宣称"虚无党是主张共产主义,全从柏拉图的共和理想生出来,今日却是行不得的"。③ 与梁启超以及不少近代知识人一样,韩文举只是虚无党暗杀手段的追随者,并非无政府主义信徒。耿传明和张全之的研究忽略了这一点。对于梁启超和韩文举来说,显然要比五四文人更加重视东西文明的"对话",而非"僵局"。譬如韩文举说,《东欧女豪杰》是虚无党思想、社会主义等西方启蒙思想的产物,也与礼运大同为内容的晚清儒学(公羊学、今文学派)意气相通。

论者多把鲁迅"礼教吃人"追溯到戴震"以理杀人"之论,而没有注意到清儒"以理杀人"之说也是"人禽之辨"内部转化的结果。戴震认为,"若夫乌之反哺,雎鸠之有别,蜂蚁之知君臣,豺之祭兽,獭之祭鱼,合于人之所谓仁义者矣,而各由性成。人则能扩充其知至于神明,仁义礼智无不全也",④儒家的伦常也并非完全是理学所谓的先验道德,而是经过人心的认知构建的,是人类不断实践的

---

① 王一川:《历史真实的共时化变形——"狂人"典型的修辞化阐释》,《天津社会科学》1995 年第 5 期。
② 岭南羽衣女士著,谈虎客批:《东欧女豪杰》,《新小说》第一号,第 45—46 页。
③ 《东欧女豪杰》,《新小说》第二号,第 35 页。
④ 戴震:《孟子字义疏证》,《戴震全书》第 6 册,黄山:黄山书社,1995 年,第 183 页。

产物。换言之,清儒已经部分认识到,作为一种绝对秩序的天理不是被发现,而是在实践中被制造的。道德的目的不是回到先天的礼教,而是"使人之欲无不遂,人之情无不达"。至焦循和龚自珍,清季的"人禽之辨"已经逐渐摆脱道德主义的说教,成为知识论意味的讨论。理学的重义轻利和以理杀人的负面作用被持续地清洗,人的生存权利和合理欲望得到逐步肯定。借助认识论的转向,清儒"人禽之辨"中道德先验主义已经发生了松动,进而带动了对义理杀人的反思。清末民初,"人禽之辨"虽然讲述的与先贤同样的"道德语言"(moral language),但是已经表现出不同的"道德观念"(moral position)。

"语言"与"观念"的差异显著地表现在梁启超、韩文举和吴趼人等晚清小说家的身上。后人因此对他们的小说创作有"提倡新政制,保守旧道德"①的评价。小说中,他们依然宣讲的是一种"道德语言",但是这一"道德"所指向的却是不同的"道德观念"——包含了新政制的道德。

总的看来,韩文举《人肉楼》中最没有歧义的"道德"就是反专制。这既符合康门以仁为核心的大同乌托邦追求,也符合无政府乌托邦反对一切权威的理论初衷,自然与鲁迅《狂人日记》对"吃人主义"的彻底批判两相契合。韩文举一代的反专制受黑格尔唯心论、卢梭民约论以及俄国思想的深刻影响,具有民本主义和暴力革命的特质。罗普《东欧女豪杰》第二回如此描写俄国留学生莪弥的办公室:"东边放着一个书架,架上齐齐整整插着黑智儿的《权利哲学》、卢梭的《民约论》、耶尔贞的《谁之罪》、遮尼舍威忌的《如之何》。"②苏菲亚曾"暗里托人在外国买了遮尼舍威忌及笃罗尧甫即杜勃洛留波夫等所著的禁书,潜心熟读,大为所感。"《北极星》和《钟》等刊物广为传颂以至于"表皮也破了,纸色也黑了"。韩文举在第二回眉批道:"黑智儿唯心派哲学是虚无党经典,《谁之罪》《如之何》两小说皆开出虚无党宗旨者。"③黑智尔即黑格尔,耶尔贞即赫尔岑,遮尼舍威忌即车尔尼雪夫斯基,柏格年即巴枯宁。可见,学习西方新政制,特别是西欧民权主义和俄国革命思想已经在知识分子内部形成某种共识。

《东欧女豪杰》《新中国未来记》等小说中多次提到19世纪俄国享有盛誉的作家、作品和刊物,这是学界多将《人肉楼》看作无政府主义小说代表作的

---

① 包天笑:《钏影楼回忆录》,香港:大华出版社,1971年,第391页。
② 《东欧女豪杰》,《新小说》第二号,第20页。
③ 同上。

理由。但不能忽视的是,与梁启超一样,韩文举并不赞成无政府主义,只是赞同以新主义作为反专制的手段。无政府乌托邦固然符合儒家礼运大同观,但现阶段贸然施行百害无一利。韩文举的思想以反专制和自由为核心,更接近于赫尔岑,而与巴枯宁相距较远。

罗普、韩文举提及的《谁之罪》是赫尔岑代表作之一。《北极星》和《钟》作为俄国民粹主义运动的重要刊物,都为赫尔岑所创立。作为"空想社会主义即民粹主义的创始人",赫尔岑 1852 年在伦敦建立"自由俄罗斯印刷所",出版文艺丛刊《北极星》(1855—1869),1857 年与奥加辽夫合办《钟》杂志,宣传"解放农民,打倒地主"纲领,在俄国革命运动中发挥了重大作用。这些杂志和作品同样对中国知识分子影响巨大。赫尔岑与巴枯宁等人不同,他的思想中自由主义成分非常浓厚,以至于一度与俄国国内革命者分歧很大,需要车尔尼雪夫斯基从中给予思想帮助。不过,正是赫尔岑自由主义与民粹主义相交驳的思想特色,暗合了康门弟子的徘徊心态。严格来说,康门的文学创作是"破坏美学"与保守美学的结合体,赫尔岑思想的复杂性提供了他们阐释自我的空间。

特别在"吃人主义"的批判上,韩文举与赫尔岑表现出高度的一致性。他们都对为"未来幸福"而屠戮今日众生的"吃人"道路异常警觉。赫尔岑《致老友书》的首要目标就是批评巴枯宁的谬误。巴枯宁自称畏见武断暴力或纯真之人受屈遭辱,但是,在热切的语句、豪壮如狮的勇气、宽大能容的俄国天性以及其乐天、魅力与想象背后,有着迥不相当之物。即对个人命运的一种犬儒式漠不关心,为社会实验而草菅人命的幼稚热情,以及为革命而革命的嗜欲。赫尔岑察觉到巴枯宁有一种非人性质:憎恨抽象的奴役、压迫、伪善、贫穷,对显现这些的东西的具体例证,却并无实际的厌恶。在巴枯宁启示录式的灵见里,个人权利与自由并无多大的分量。[①] 赫尔岑对巴枯宁的批评,与康有为梁启超韩文举等晚清知识人对破坏主义、无政府主义的警觉非常类似。《人肉楼》中的"吃人"寓言,是对历史中种种专制严厉地批判,其中包括异族征服屠戮的狂暴、本国"肉食者"对民众的残酷统治,也排斥以天道或自由为名行杀戮吃人之实。俄国的历史情境与中国高度一致,如韩文举谈及俄国虚无党革命时所言"俄国风俗本极野蛮,故有此等淫风与欧美文明各邦决然不同"[②],这也

---

① 以赛亚·柏林:《俄国思想家》,彭淮栋译,南京:译林出版社,2011 年,第 124—125 页。
② 《东欧女豪杰》,《新小说》第五号,第 123—124 页。

是中国知识人与俄国知识分子心有戚戚的原因。

以赛亚·柏林认为,"赫尔岑痛恨专制,尤其俄国体制,但是,他也终身相信,他自己的社会主义与革命盟友所倡之事同样危险"①。与赫尔岑的摇摆心态一样,韩文举对个人的自由与权利的信仰远远大过对破坏的执著。换言之,韩文举既赞同民粹主义的反专制观念,但在终极的目的论层面,他坚持西欧知识分子的自由主义传统,破坏主义只是达成目的的过渡手段,并且仅仅是手段。韩文举在对《东欧女豪杰》的批语中有一段极为经典:

> 怨毒之于人甚哉,凡专制国民爱国心与破坏思想两者不得不相缘并起,亦如自由国民爱国心与平和思想相缘也可不鉴诸。②

从《人肉楼》《东欧女豪杰》到《狂人日记》,其中暗含了中国近代"吃人"叙事演化的逻辑链条。唯有对晚清到民国的思想转型抱有整体性的理解,才可以发现这一历史寓言的整体面貌。"吃人"主题小说是对"人禽之辨"的延续,但清儒"人禽之辨"所包含的"以理杀人"内涵显然不足以概括这几部小说的创作主题。从韩文举、梁启超、罗普等康门弟子群体开始,中国文人对"人的解放"的理解已经逐步超越了生命对"人欲"的朴素同情,他们所讨论的命题也不再局限于"礼教杀人"的狭窄框框,而是现代个性自由基础上的立国乃至立人问题。他们的诉求暗合了赫尔岑流传很广的名言,"自由何以可贵?因为它本身就是目的,因为自由就是自由。将自由牺牲于他物,就是活人献祭。"③他们不仅超越了"四千年吃人履历",也流露出超越"这历史没有年代"的历史本身,试图回到生命美学的本源——回到人本身。就此而言,这一循环式的寓言结构不只存在于第三世界文本中,也存在于第一世界的文本中。如詹姆逊所言,这一文本虽然隐秘,但在我们的潜意识里,必须被诠释机制来解码。④

可以取得共识的一个诠释口径是,东方"吃人主义"与黑格尔的主奴关系论的互文性解释。他们本质都是对于自由作为人的本质的诠释。黑格尔

---

① 以赛亚·柏林:《俄国思想家》,彭淮栋译,南京:译林出版社,2011年,第233页。
② 《东欧女豪杰》,《新小说》第一号,第41页。
③ 同①,第232页。
④ 詹明信:《处于跨国资本主义时代中的第三世界文学》,《晚期资本主义的文化逻辑》,张京媛译,北京:生活·读书·新知三联书店,1997年,第536页。

《历史哲学》中也认为,东方只有君主才是作为人的唯一主体,而作为奴仆在"精神"上是被吃的对象。黑格尔说,"东方人还不知道,'精神'——人之所以为人的本质——是自由的,因为他们不知道,所以他们不自由。他们只知道一个人是自由。唯其如此,这一个人的自由只是放纵、粗野,热情的兽性冲动,或者是热情的一种柔和驯服,而这种柔和驯服自身只是自然界的一种偶然现象或者一种放纵恣肆。所以这一个人只是一个专制君主,不是一个自由人"。①

君主在黑格尔的东方人物谱系中被定义为"禽兽",这与《人肉楼》不谋而合。"君主"一词绝不是华胥国的圣王,而是专制的代名词,因此无论他们的个人脾性是放纵、粗野(老妪、慈禧),还是柔和驯服(少年、光绪),都只是自然界的兽性的化身。至于"须陀人"被吃了几千年也不自知,以至于脑力最大最为可啖,争先恐后地大呼"烹我,烹我,烹我。"《狂人日记》中,鲁迅借狂人之口,明白了吃人履历后,"我"才知道这个世界上"难见真的人"。即便是君主本人,在鲁迅眼中也只是"刻板的格式"的一个物件,"无聊极了"。"精神"——人之所以为人的本质已经消解于历史的奴性之中,无论君主还是子民都并非一个"真的人",这也暗合了朱熹"大道不行"的千年之叹。五四运动作为一场针对"普遍王权"的革命,在此可以被看作第一世界的历史寓言在第三世界复写的文本。

综上,晚清以来的"吃人"叙事展现出东方式对主奴关系的深刻转化。它源自一种古典的伦理美学,但又表达出对这一伦理美学的超越。西学的引入,特别是启蒙思想中自由主义和无政府革命思想的导入,触发了中国文人精神深处有别于原始儒家的生命升华。这一围绕"吃人"批判展开的西方民粹思想、儒学与中国革命的三方对话,提供了一个启蒙与救亡相互促进的文学范本。与其后现代文学日益走向"救亡压倒启蒙"相比,"新小说"更为强调"保群"(救亡)与"新民"(启蒙)皆不可偏废。据此脉络看待近现代文学转型,我们才可以超越偏见。既不对《狂人日记》作片面的"礼教吃人"的解读,也可以不为熊以谦"奇哉!所谓鲁迅先生的话"②所流露出的俗见所困扰。梁漱溟、熊十力、史华慈等新儒家知识人的雅识中对鲁迅的些许敌意,也应该成为最终共识的一部分。

---

① 黑格尔:《历史哲学》,王造时译,上海:上海书店出版社,2001年,第18页。
② 熊以谦:《备考:奇哉!所谓鲁迅先生的话》,《京报副刊》1925年3月8日。

吃人主义－吃饭哲学：现代文学审美功利主义的演化逻辑

《人肉楼》和《狂人日记》作为现代文学史上宣扬"破坏美学"的两部代表作，其中的"否定辩证法"尤为深刻地影响了文学现代性的生成，也塑造了中国现代文学审美功利主义的独特内涵。

西方的美学精神中，神与人、神与神往往是冲突的，由冲突而延展出破坏的美学；中国美学是充实和谐的美学，礼乐美学又是儒家美学中心思想。晚清以来的"吃人"主题对礼乐美学中"礼"所强调的差别观念构成了颠覆。人对人的否定并不只表现为戴震所强调的人类与禽兽、贵族对奴仆、尊者对卑者、长者对幼者的关系之中，而在于对每个人的存在，对他人应然的自由状态的一种否定。鲁迅甚至后来说"自己被人吃，但也可吃别人"。这是一种从否定之否定出发的寓言式的历史观。历史不是永恒生命的过程，历史甚至服从于本能的自然状态，是不可抵抗的腐朽和死亡，这在某种意义上构成了对中西"人禽之辨"最彻底地嘲弄。林毓生所强调的五四"全盘性反传统主义"的起点也在于此。

中国传统的意识中的确存在着一种"僵尸性"，西方亦然。《人肉楼》和《狂人日记》分别代表了"吃人主义"的两个历史侧面。前者展现了军事征服专制吃人；后者更为强调蒙田所谓的"以虔诚与信仰为借口"的吃人。《狂人日记》的超越性也正在于此。蔑视生命肉体的宗教文化在任何时代任何国度都是不道德的，鲁迅试图重新唤起对人的生命最基本的宗教关怀。人不论归附于何种概念和文化之下，都必须以肉体的存在作为物质性前提，"吃人"是非人的意识。鲁迅"吃人"批判所展现的"人间性"，也是东方传统美学的精髓所在。

清儒以重启"人禽之辨"的讨论为突破口，对"以理杀人"做出了有限度地清洗，而鲁迅则真正确认了人首先是一种生物意义上的人，其次才是文化意义上的人，本末倒置的结果，只是轻视甚至取消人生物存在的意义，进而取消人精神与文化的意义。人的生命原则为种种"伟大而可怖"的、形而上学的伪问题所遮蔽，才会有吴虞《吃人与礼教》所言"戴着礼教假面具吃人的滑头伎俩"，才会有一场又一场"人肉的盛宴"。所谓"无物之阵"，表面上是"阴谋"与"暗猎"逼人"自戕"，本质往往是"真的人"陷于"虔诚与信仰"之中无力自拔。

"吃人主义"批判完成了一个信仰现象学的循环,即"回到人本身",这正是儒家美学的超越性所在。相比西方或是印度的宗教传统,中国的"道"最基本的特征是"人间性"。余英时认为,中国原始的宗教思想是"天道"观,但在"哲学的突破"过程中,天道观已经发生了动摇,从"天道"转向"人道"是一个关键性的发展,这也是孔子"未知生、焉知死"态度的滥觞。① 再如李泽厚所言,中国的 Being 不是那具带神秘、难以捉摸知晓的"是"(存在),而知识与自然、宇宙相关联的人类总体的生活进程本身。所有的理性、反理性、合理性都将由"历史的人"来裁决其意义、价值和地位。② 清末民初的大转型时代,"人间性"与作为"历史的人"依然是这个时代的终裁者,并且在大变局中充当承前启后的角色。

　　以梁启超、韩文举为代表的康门知识人群体,虽然有抨击礼教吃人的一面,但其美学取向还是"借思想文化作为解决问题的途径"。康有为与弟子之间在保教尊孔的分歧非常明显,但分歧在于是否尊孔的技术层面,他们之间的传承与发展的脉络还是很清晰。梁启超《新中国未来记》第五回中的确有"尧舜禹汤文武周公孔夫子王八蛋","他们造出什么三纲五伦,束缚我支那几千年,这四万万奴隶,都是他们造出来的"。③ 这与韩文举乃至鲁迅对"吃人主义"历史根源的概括如出一辙。不过,我们应该注意到,康门知识人群体并非对儒家道德价值观失去了信仰,而主要出于宗教在现代社会如何发挥新功用的实际考虑。将《保教非所以尊孔》与《狂人日记》做一个对读,会发现前者对礼教吃人的理论阐述已经非常深刻,而后者是更形象化地表达。

　　《保教非所以尊孔》特别强调了宗教作为民族间敌视、冲突和杀戮的重要原因,宣扬孔教无疑会落入这一历史的陷阱,并可能危及民族的存亡。就西方宗教发展史而言,科学主义的兴起既是基督教衰落的原因也是结果,政教分离是现代文明社会的必然趋势。《狂人日记》所揭示的正是"以虔诚与信仰为借口"的吃人,深受西方启蒙运动与宗教革命的外在激发。《狂人日记》揭示出西方宗教革命与中国儒学现代转型之间的潜在共振,提示出第一世界文本与第三世界文本之间暗藏着共同的寓言结构,具有划时代的超越价值与革命性

---

① 余英时:《中国知识人之史的考察》,桂林:广西师范大学出版社,2004 年,第 58 页。
② 李泽厚:《实用理性与吃饭哲学》,《历史本体论·己卯五说》,北京:生活·读书·新知三联书店,2008 年,第 39—44 页。
③ 梁启超:《新中国未来记》,阿英编:《晚清文学丛钞》小说一卷上册,北京:中华书局,1960 年,第 65 页。

的意义。

马克斯·韦伯以来,西方学界对新教伦理与资本主义精神已经多有探讨,从梁启超、韩文举到鲁迅对"吃人主义"的探讨之中,后人也获得了一个观察儒家伦理与资本主义精神的独特视角。不少小说家不赞成康有为尊孔之说,但对儒家人格美学在激励人们创造伟业中具有与宗教相通的社会功能并无异义。康有为、章太炎、梁启超、韩文举、蔡元培、刘师培和鲁迅都是暗杀主义早期的追随者和实践者,因为俄国的虚无主义者通常果敢决绝,是杀身成仁的勇士,往往被转译为儒家人格的最高代表。梁启超《论宗教家与哲学家之长短得失》中指出,俄国虚无党精神的要义在于其对黑格尔哲学怀有宗教般信仰,这和王阳明的心学非常类似。① 这一唯心主义哲学能够激人奋发向上,是明末士大夫狂人气质的源泉,也是资本主义精神在日本明治维新中获得成功的一股重要力量。

韩文举在对虚无党小说的评点中也多次点及黑格尔唯心主义哲学对现代革命的影响,不过他关注的并不是形而上的层面,而是进一步关注宗教精神激发的社会团结、政治认同、自由启蒙以及勇敢的革命行为。反专制的革命是韩文举"吃人"批判的核心观念,而革命的目的则是"生计主义"。在《东欧女豪杰》第二回批语中,韩文举说:"欧美工群同盟会近来日多一日都是为生计问题联络,以求自保,俄国虚无党亦大半因此问题而起,故借此为起笔引线"。② 因为在韩文举看来,"生计问题是现今地球上第一大问题,同盟罢工之事,日多一日,故政治家常言二十世纪为生计革命时代,稍读西史者必能知其情状也。"③在总批中他也说,"生计问题是现在地球上第一大事,中国人未蒙产业革命之影响,于此事犹懵然也。十年以后必有大大波动,此回略述泰西所谓社会主义之大概,读者幸毋以对岸火灾视之"。④ 韩文举此言不仅预言了社会主义革命在中国爆发,而且为我们揭示出一种新的历史主义主导下的小说美学的盛行。这种新的历史主义强调历史即文学,是权力支配下的想象与虚构。无论东方和西方,最为权力忽略的就是"日常生活",衣食住行和生计问题正是"日常生活"的核心。

---

① 梁启超:《论宗教家与哲学家之长短得失》,《饮冰室合集》文集之九,北京:中华书局,1956年,第45页。
② 《东欧女豪杰》,《新小说》第二号,第29页。
③ 同上,第31页。
④ 同上,第45页。

由"吃人主义"的反思转向对"吃饭哲学"的追求,是儒学"人间性"原则的传承,也是现代文学审美功利主义的开端。李泽厚在探讨实用理性与新历史主义的关系时提出"吃饭哲学"这一形象化的表述。历史规律性和必然性正是围绕"吃饭哲学"而展开。[1] 梁启超韩文举以及康门弟子的小说创作,较五四一代更早与"吃饭哲学"发生了联系。这一源自儒家传统,形成于康有为、谭嗣同、梁启超等近代知识分子,"借思想文化作为解决问题的途径"构成了"中国美学的现代传统"。林毓生总结说:"借思想文化作为解决问题的途径,是一种强调必须先进行思想和文化改造然后才能实现社会和政治改革的研究问题的基本设定。"[2]从梁启超《新中国未来记》开篇,到韩文举《人肉楼》,再到鲁迅《狂人日记》,借由"新小说"之"新民"进而展开社会和政治改革的思路贯穿始终。伴随着"新人"对"吃人主义"的彻底反思,"人禽之辨"、虚无党精神、反专制、自由主义、破坏主义等种种"思想文化"日渐勃兴,但它们只作为过渡的"手段"而存在,在终极目的论层面,"吃饭哲学"以及审美功利主义才更接近"中国问题"的核心,也呈现为近现代文学的精神内核。

从《人肉楼》到《狂人日记》,其中不乏历史与时代的癫狂,同时始终渗透着审美功利主义的理性自觉。比如鲁迅与韩文举一样,也认为"在目下的社会里,经济权就见得最要紧了"[3],第一要义是温饱、生存、发展。纸上声是一种有限的力量,要有经济的力量,政治的力量,武装的力量作为背景。在枪炮的力量面前,诗歌的力量是当不得真的,最有力的是剑与火。一首诗赶不走孙传芳,一声炮响却把他吓跑了。至于他和陈独秀一样,批评最革命的无政府主义在20年代后堕落为虚无主义,也是因为无政府的信徒们放弃了暗杀主义的手段,转向对"主义"本身的信仰以及温和的社会革命路线。不过,鲁迅未尝没有体会到"梦醒了无路可以走"的悲凉。阿尔志跋绥夫借他的小说质问黄金世界的梦想家,因为预约的希望总是代价太大,先要唤起自己的苦痛,说谎和做梦此时才见得伟大,而"我们所要的就是梦,但不要将来的梦,只要目前的梦"。[4]

综上所述,"吃人"叙事指向的一种绝对理性的批判,这一绝对理性在东

---

[1] 李泽厚:《实用理性与吃饭哲学》,《历史本体论·己卯五说》,北京:生活·读书·新知三联书店,2008年,第31页。
[2] 林毓生:《中国意识的危机》,贵阳:贵州人民出版社,1986年,第44页。
[3] 鲁迅:《娜拉走后怎样》,《鲁迅全集》第1卷,北京:人民文学出版社,2005年,第168页。
[4] 同上,第167页。

方表现为先验的礼教、圣王甚至是儒家对于黄金世界的想象。所谓"全盘性的反传统主义"的根本诉求正在于推翻种种先验的教义。"吃饭哲学"强调的是,历史建立起来、与经验相关的合理性才是"立人立国"的新原则。从对"吃人主义"批判转向对"吃饭哲学"的关怀,是中国传统实用理性的延伸,也是现代文学审美功利主义的开端。由康梁、韩文举等晚清诸公到鲁迅,这一开端之所以具有"端始"的意义,因为它开启了现代文学的新时代,也回归到了儒家美学的开端处——回到人本身。与西方审美主义的差异在于,中国现代文学的审美功利主义不仅是对审美和艺术的形而上理解,同时更加强调审美和文学的人学意义,肯定文学对于人和人生的积极作用。这是中国文学的"现代传统"不断给予今人以启迪的历史价值所在,也是不应"被压抑"的文学现代性的开端所在。

本文作者系上海师范大学中文系副教授

原载《中国现代文学研究丛刊》2015年第10期

从"无法"到"有法"?
——清末民初的新文法与新文学

陆　胤

光绪二十九年十一月(1904年1月)颁布的癸卯学制,奠定了清末民初新式教育的学科框架和教学取向,却也留下了不少缝隙。其中,关于本国语言文字课程,分为初等小学的"中国文字"科与初小以上的"中国文学"科两种。前者要义在识字解文,使学生掌握俗语叙事及日用简短书信的写法,"供谋生应世之要需";后者则在通常文理及官话之外,要求讲授古文及"古今文章流别"。① 相对于受到压抑的诗赋内容,"作文"仍是文学训练的重点。② 奏定章程规定中学堂讲究"为文之次第",一曰"文义",二曰"文法",三曰"作文以清真雅正为主";而尤斤斤于"文法"之讲读:

> 文法备于古人之文,故求文法者,必自讲读始。先使读经、史、子、集中平易雅驯之文,《御选古文渊鉴》最为善本,可量学生之日力择读之,(原注:如乡曲无此书,可择较为大雅之本读之。)并为讲解其义法,次则近代有关系之文,亦可流览,不必熟读。③

此处所说的"文法",仍重在作文法,以讲读古文选本为途径,以古文"义法"为旨归。而与此同时,随着西洋语法学、修辞学新知的传入,清末的"文法"观念

---

① 张之洞、张百熙、荣庆:《奏定初等小学堂章程》《奏定高等小学堂章程》《奏定中学堂章程》,见璩鑫圭、唐良炎编:《中国近代教育史数据汇编·学制演变》,上海:上海教育出版社,2007年增订版,第302页、第319页、第329页。
② 陈国球:《文学立科——〈京师大学堂章程〉》与"文学",《文学史书写形态与文化政治》,北京:北京大学出版社,2004年,第24—25页。
③ 《奏定中学堂章程》,前揭《中国近代教育史数据汇编·学制演变》,第329页。

早已进入了拆解、重组的时期。知识体系碰撞带来的丰富可能性,尚未能充分体现于学制章程的字里行间。

　　清末民初"文法"一词的内涵委实繁杂,至少包括三个层次:(一)传统上的文章作法,特别是古文家所提倡的"义法"。(二)作为 Grammar(语法)的翻译语,引进西洋语法学的词类、属格、句法等范畴,为读书作文提供入门途径。(三)对应于 Rhetoric(修辞法),利用修辞格及叙事、记事、解释、议论等"构思"分类,含纳传统文章作法及文章总集的文体区分。后二者对日本明治时期的"文典"及修辞学译著的形式多有借镜,成为小学堂以上"中国文学"教科的重要资源,进而开启了清末民初独有的"修辞文法混淆时期"。①

　　出于特定的学科立场,以往语法学、修辞学界对这段"混淆时期"多有不满。本稿则立足于考察"文典"这一源自日本的"文法书"体式之流变,并上溯《马氏文通》前后近代文法观念的萌发,强调此种混淆、交错或学科未定的状态,反而能够激发多元不羁的学科想象力。在"文法"的广阔概念空间内,不仅可以折射出清末民初新式国文教育依违于普及、应用与专业研究之间的曲折进路,更有可能呼应知识传递方式的变化,触及近代以降读书作文持续追求"法度"的内在困境。②

戊戌前后的"文法"论

　　明末中西交通以来,关于中国文言或官话、方言的语法,欧洲传教士和汉学家相继撰有多种著作,却对中国士大夫主导的知识世界影响甚微。③ 近代"文法"概念的刷新,实造端于戊戌维新前夜康、梁一派的改革主张。随着甲午以后国族危机意识的勃发,教育革新的呼声日益高涨。其核心内容之一,就是要赋予此前强调"熟读精思""虚心涵泳""切己体察"的读书生活以更明确、更具可操作性的"规矩""法度"。作为变革传统蒙学、提高识字作文效率

---

① 陈望道:《修辞学发凡》,上海:上海教育出版社,2001年,第285—287页。
② 清末的"文法书"或"文法教科书",至少包括"文典"、修辞学、古文作法三方面的著作系列;限于篇幅,本稿暂只涉及从《马氏文通》到《汉文典》,以今日所谓"古文语法"为核心内容的著作。关于清末修辞学类著译与文章学的互动,笔者另撰有〈清末西洋修辞学的引进与近代文章学的翻新〉(《文学遗产》即刊)一文,或可参看。
③ 17—19世纪西人所撰中文语法书甚多,参见姚小平:《〈汉文经纬〉与〈马氏文通〉——〈马氏文通〉历史功绩重议》,《当代语言学》1999年第2期,第1—16页;卡萨齐(G. Casacchia)、莎丽达(M. Gianninoto):《汉语流传欧洲史》,北京:学林出版社,2011年,第92—158页。

的途径,结合西洋 Grammar 新知与传统小学、蒙学、文章学资源而成的新式"文法"论述,带有强烈的工具论意味,未必执著于语法知识体系本身。

据日后及门弟子的追忆,康有为素有改良蒙学之志,曾述"蒙学假定书目",在《童学名物》《童学南音》《幼雅》《童学或问》《小说》《童学文字》《读书入门》等识字、问答、门径书之外,尚有《文法童学》一种,专讲"实字联虚字法,读字成句,续句成章,续章成篇,皆引古经史证成之"。① 当时康有为关于"文法"的认识,已包括分别虚、实字类及字法、句法、章法、篇章等内容,初具西洋近代语法书的规模。光绪二十三年(1897),康有为刊行《日本书目志》,所附识语提到幼学书体例,内亦有《幼学文法》一种。② 康有为还在《日本书目志》的"语言文字门"下,抄录了多种明治时期日本学者译撰的"文典"、修辞学类书籍。③ 只是,从其按语所述的内容来推测,这些书目的列举,未必能够充当康有为此一时期"文法"观念的直接佐证。④

光绪二十二、二十三年之交,梁启超在《时务报》上连载《变法通议·幼学》篇,承袭康有为的"假定书目",提出新编七种蒙学新书的规划。紧随在初学"识字书"之后的第二种书,即为"文法书"。在近代西方与日本"言文一致"观念的影响下,梁氏指出上古语言与文字合,所以"学言即学文";后来二者分离,"自魏文帝、刘彦和始有论文之作。然率为工文者说法,非为学文者问津。故后世恒有读书万卷,而下笔冗沓贫俗,不足观者"。而西洋人则在识字之后,就有"文法专书",讲授"若何联数字而成句,若何缀数句而成笔,深浅先后,条理秩然"。⑤ 值得注意的是,梁氏首先在"文法书"和曹丕《典论·论文》、刘勰《文心雕龙》等传统文章学著作之间作了区分,关于文学教育的目标,提出了"工文者"和"学文者"的区别。这一观点,随即引起较为保守者的反弹。如叶德辉虽承认《典论》《文心雕龙》"初非为教人而撰",却认为此后

---

① 卢湘父:《万木草堂忆旧》,夏晓虹编校:《追忆康有为》,北京:中国广播电视出版社,1997 年,第 234 页。
② 康有为:《日本书目志》,卷十,"教育门·小学读本挂图"类识语,姜义华、张荣华主编:《康有为全集》第 3 集,北京:中国人民大学出版社,2007 年,第 409 页。
③ 康有为:《日本书目志》,卷十二,《康有为全集》第 3 集,第 458 页、第 460 页。
④ 沈国威推断《日本书目志》利用了当时日本的图书目录,许多内容康有为并未过目。参见其所撰:《近代中日词汇交流研究——汉字新词的创制、容受与共享》,北京:中华书局,2010 年,第 248—271 页。
⑤ 梁启超:《论学校五(变法通议三之五 幼学)》,《时务报》第 17 册,光绪二十二年十二月十一日(1897 年 1 月 13 日)。

中国以能文著录，代有闻人，更何况"八家派别，大开圈点之风，时文道兴，而开阖承接之法，日益详密"，仍将文法书与古文圈点之学甚至八股讲章相混淆。①

更重要的是，从康有为到梁启超，戊戌前后的"文法"问题，始终不出蒙学革新的范围。叶瀚的《初学读书要略》在光绪二十三年（1897）刊行，内有"文法"一节，指出古人文法亦有定例："其文字有借近、通转、代用之例，其解字有本义、引伸、转伸、旁伸诸义之例，其辨口气法有长短开合之法，其论辞势有缓急轻重之法。"叶瀚所说的"文法"包括了音韵、训诂、文章声气等内容，范围较广。他更指出文法书亦有本土渊源，即刘淇《助字辨略》、王引之《经传释词》、俞樾《古书疑义举例》三种。② 叶瀚与友人书信中，屡屡提及撰写"中国文法书"的意图。③ 同年冬，叶瀚、汪钟霖等编辑的《蒙学报》发刊，涉及"文法"内容，就有《中文释例》、《文学初津》、《文法捷径》等栏目之设置。

《蒙学报·中文释例》为叶瀚所撰，根据《经传释词》的体例，第一卷明音读，第二卷明义类。叶瀚指出："实字古人谓之名字，活字古人谓之语字，虚字古人谓之辞字。"在此三纲之下，再细分名字、表名字、界说字、数说字、原活字、辅活字、形容虚字、位置虚字、承转虚字等小类；亦即在实字（名字）、活字（语字）、虚字（辞字）等传统字类的框架内，接引西洋语法学的词类区分。④ 在其"开端小引"中，叶瀚论"文法"与言文分合、词章演进之关系，显然与同时期梁启超的论述为同调：

> 中国诗歌赋颂，及唐宋古文家，均属词章家。凡词章须规橅格调字句，词多而例少，故规橅之文，其所用虚字、活字，多是仿用留存的，以致古文词例之字，日即销亡，于是语言、文字相离日远。⑤

---

① 叶德辉：《非幼学通义》，苏舆编：《翼教丛编》，上海：上海书店出版社，2002年，第133—134页。
② 梁启超：《论学校五（变法通议三之五　幼学）》，《时务报》第17册，光绪二十二年十二月十一日（1897年1月13日）。
③ 叶瀚：《初学宜读诸书要略·文法》，《初学读书要略》，光绪丁酉（1897）夏仁和叶氏刻本，无统一页码。
④ 叶瀚：《中文释例》，卷二，《蒙学报》第5册，光绪二十三年十二月（1898年1月）。在此之前，致力于切音字的沈学也在其《盛世元音》的《文学》一节，按"活字""虚字""实字"三纲，将西方的九类词归并为动作、形容、名号三大类。
⑤ 叶瀚：《开端小引》，《中文释例》，第一卷（八岁至十二岁初学启蒙书），《蒙学报》第1册，光绪二十三年（1897）十一月十一日。

当时教育改革论者多认同上古言文一致,故有文法(语法)可言;三代以后言文分离,词章家以摹仿为能事,讲究章法格调,遂致文法衰落。类似论调,在清末民初的文法类著作中不断得到回应,影响深远。《蒙学报》另一针对较高年龄段的栏目《文学初津》,亦为叶瀚所撰,目标在于使作文"易于通顺"。① 此外尚有王季烈所编《文法捷径》一种,包括"区别字类、推论文义、由字以成句、由句以成文'等内容,意在'使童子略识字义,即可缀句为文"。该书分为实字、活字、形容字、对偶字四部分,"对偶字"是讲对仗,故其词类划分,仍是在实、活、虚三大类下分小类。② 这一时期,包括《蒙学报·读本书》、南洋公学师范生编《蒙学课本》等最初的新式蒙学读本,逐渐在生字之下加注"字类"。③ 借助于传统蒙学在"属对"环节区分字类"虚实死活"的经验,戊戌前后引进的以字类划分为核心的"文法学"新知,大多仍以促进识字作文的实际能力为首要目的。

在《变法通议·幼学》篇的"文法书"条下,梁启超提到:"马眉叔近著中国文法书未成",此"中国文法书"即《文通》。④《马氏文通·例言》有云:"此书在泰西名为'葛朗玛'。'葛朗玛'者,音原希腊,犹云学文之程式也。"⑤"葛朗玛"即 Grammar 之音译。故梁启超将《文通》纳入"文法书",实可看作是"文法"一词与 Grammar 概念对接的直接用例。据梁启勋《曼殊室戊辰笔记》,光绪二十二年(1896)梁启超在沪"更从马相伯、马眉叔兄弟习拉丁文";⑥其时《时务报》馆、梁启超住宅与马氏兄弟寓所相隔甚近,故能"晨夕相过从,……自丙申(光绪二十二年)秋至丁酉(光绪二十三年)冬一年半之间,与马相伯先生几无日不相见",而"马眉叔先生所著之《马氏文通》,与严又陵(复)先生所译之《天演论》,均以是年脱稿,未出版之先,即持其稿以示任兄(梁启超)"。⑦

---

① 仁和叶瀚:《文学初津》,《蒙学报》第 5 册,光绪二十三年十二月。
② 长洲王季烈:《文法捷径》,《蒙学报》第 23 册,光绪二十四年四月。在此之前,沈学也在其宣扬切音字的《盛世元音》一书中特辟的《文学》一节,按"活字""虚字""实字"三纲,将西方的九类词归并为动作、形容、名号三大类。见沈学:《盛世元音·文学》,《时务报》第 12 册,光绪二十二年十月二十一日。
③ 拙撰:《清末"蒙学读本"的文体意识与"国文"学科之建构》,《文学遗产》,2013 年第 3 期。
④ 梁启超:《论学校五(变法通议三之五 幼学)》,《时务报》第 17 册,光绪二十二年十二月十一日。
⑤ 马建忠:《例言》,见《马氏文通》,卷首,光绪二十四年(1898)孟冬上海商务印书馆初版铅印本(笔者自藏,共六卷,订为 4 册),「例言」叶 1b。
⑥ 丁文江、赵丰田:《梁启超年谱长编》,上海:上海人民出版社,1983 年,第 51 页。
⑦ 同上,第 56—57 页。

《文通》一书，据说"积二十年而成"，为马建忠主撰，而其兄马良亦有所参与。①

很可能受到康、梁一派蒙学革新论的影响，光绪二十四年（1898）马建忠先后为《文通》撰序、后序、例言，均针对传统蒙学教法的不足，强调服务于识字作文的宗旨："西文本难也而易学如彼，华文本易也而难学如此者，则以西文有一定之规矩，学者可循序渐进而知所止境，华文经籍虽亦有规矩隐寓其中，特无有为之比拟而揭示之。"②又指出："童蒙入塾，先学切音，而后授以'葛朗玛'，凡字之分类与所以配用成句之式具在。明于此，无不文从字顺。而后进学格致数度，旁及舆图史乘，绰有余力，未及弱冠，已斐然有成矣。"马氏以Grammar 为学习一切近代科学的门径，"先学切音而后授以'葛朗玛'"的思路，亦与梁启超〈幼学〉篇首列"识字书"、继列"文法书"的排列顺序若合符契。③

《马氏文通》引进的"葛朗玛"新说，主要根据拉丁语法，同时又"取材于《经传释词》、《古书疑义举例》独多也，……亦食戴（震）学之赐也"。④ 而其在传授语法学新知的同时，包含有一定程度的修辞意识或古文观念。⑤ 这种文章学倾向，更体现于马氏对引书的选择上：

> 为文之道，古人远胜今人，则时运升降为之也。古文之运，有三变焉：春秋之世，文运以神，《论语》之神淡，《系辞》之神化，《左传》之神隽，《檀弓》之神疏，《庄周》之神逸；周秦以后，文运以气，《国语》之气朴，《国策》

---

① 方豪：《马相伯先生事略》，见朱维铮等著：《马相伯传略》，上海：复旦大学出版社，2005年，第290页。
② 马建忠：《后序》（光绪二十四年九月初九日），前揭《马氏文通》，卷首，"后序"叶2b。
③ 马建忠：《例言》，见前揭《马氏文通》，卷首，"例言"叶1b。
④ 见中国之新民（梁启超）：《论中国学术思想变迁之大势·近世之学术》，《新民丛报》第55号，光绪三十年（1904）九月十五日。关于《马氏文通》的著作来源，历来纷说不一。参见 Alain Peyraube. "Some Reflections on the Sources of the *Mashi Wentong*". Michael Lackner, Iwo Amelung and Joachim Kurtz（eds.）, *New Terms for New Ideas: Western Knowledge and Lexical Change in Late Imperial China*. Leiden et al.: Brill, 2001:341—356; 姚小平《〈马氏文通〉来源考》，《〈马氏文通〉与中国语言史》，北京：外语教育与研究出版社，2003年，第112—137页。
⑤ 吕叔湘、王海棻在《马氏文通读本》导言中指出："《文通》的作者不愿意把自己局限在严格意义的语法范围之内，常常要涉及修辞。"例如修饰语与被修饰语"之"的用与不用、字数的奇偶、语句的节奏、段落的起结等问题。见吕叔湘、王海棻：《马氏文通读本》，上海：上海教育出版社，2005年，第31—33页。

之气劲,《史记》之气郁,《汉书》之气凝,而《孟子》则独得浩然之气;下此则韩愈氏之文,较诸以上之运神、运气者,愈为仅知文理而已。今所取为凭证者,至韩愈氏而止。先乎韩文而非以上所数者,如《公羊》《穀梁》《荀子》《管子》,亦间取焉。惟排偶声律者,等之自郐以下耳。①

此间标举"为文之道,古人远胜今人"的宗旨,从文章史神、气、理三者的更替立论。马氏选材注重先秦经子、两汉史书,而止于韩愈,与清代桐城古文推崇"八大家"的观念有所区别,也有可能是受到其所引用王引之、俞樾、刘淇等清儒小学著作取材的限制。而排斥排偶声律,则奠定了此后"文法"研究的基本取向。《文通》还注重语气、语意、语势等"辞气"要素的语法作用和修辞动能。② 正如论者所指出:"这种语法和修辞、作文的相结合,原来是传统选文家'评点'所擅长。《文通》时而使用'评点'术语应付局面,解释文法。"③

《马氏文通》"在20世纪初期的教育界……广汛流行"。④ 当时已有蒙学读本采用《文通》的字类(词性)划分。如光绪二十七年(1901)南洋公学师范生朱树人重编的《新订蒙学读本》,不仅在卷首专列〈字类略式〉,介绍《文通》的九大字类,更以此分类编排其书"初编"的课文。然而,就《文通》本身作为启蒙教科书的适用性而言,历来评价多为负面。清末最后十年间出世的不少文法、文典类教科书,纷纷批评《文通》"不合教科书体例"(猪狩幸之助原著、王克昌译《教科适用汉文典·凡例》)、"非童蒙所能领悟"、"引据宏博,辨释精微,于蒙学教科之程度,尤相去甚远"(王绍翰《寻常小学速通文法教科书·序》)、"文规未备,不合教科"(来裕恂《汉文典》)、"详赡博衍,小学生徒领会匪易"(商务印书馆编译所《初级师范学堂教科书中国文典》)。民国以后,语法学的专门研究兴起,学者又转觉《文通》在专业性和普及性之间进退失据,非驴非马:"往者中国无葛朗玛,【马氏】故作危词,谓后生必不识字;三十年来已有《文通》,考其成绩,知成材都出他书。"⑤ 这里所说的"他书",未必如《马

---

① 马建忠:《例言》,前揭《马氏文通》,卷首,"例言"叶2b—3a。
② 参见袁本良:《〈马氏文通〉的辞气论》,侯精一、施关淦编:《〈马氏文通〉与汉语语法学》,北京:商务印书馆,2000年,第92—110页。
③ 平田昌司:《光绪二十四年的古文》,《现代中国》第1辑,武汉:湖北教育出版社,2001年,第164—165页。
④ 同上,第165页。
⑤ 缪子才:《马氏文通答问·导言》(1931),见张万起编:《〈马氏文通〉研究资料》,北京:中华书局,1987年,第38—39页。

氏文通》那样直接取材于拉丁语法或清儒考订,却多有借鉴甚至抄袭当时日本既有和汉"文典"(ぶんてん)书籍的情况。

对日式"文典"的接受

光绪三十年(1904),梁启超在《论中国学术思想变迁之大势》的续篇中断定:"中国之有文典,自《马氏文通》始。"①可知其时中文世界已有"文典"的观念。梁启超且以《文通》为其代表,说明"文典"就是戊戌前后"文法书"之类。"文典"这一新称谓,多少折射出取法典范的转移。光绪二十九年十一月,朝廷颁布《奏定译学馆章程》,内有"编纂文典章第七",惟其所谓"文典",仍"以品汇中外音名、会通中外词意、集思广益、勒成官书为宗旨。……应分英、法、俄、德、日本五国,每国分三种"。② 实际上是指字典、专名词典或百科全书。"文典"一词作为文法书的含义,还没有完全稳定。

其实,早在光绪二十六年(1900),就有署名"仁和倚剑生"的《编书方法》一文流传于新教育界,内有一节专论"汉文典"之编纂:"尚有最要者,即编'汉文典'是也。中国文理甚富,而文法则甚无定例。其故由于沿变而不求本,如古文只讲格段,八股只知局法、调法、字法,此皆为沿变而不返者也。"又称:"中国汉文讲明词句之法,久已失传,秦汉诸古文多用国语入文,故有释词之法。后至骈文兴,则只以积句积章为重矣;韩柳古文兴,则又只讲积章之法矣。文体屡变,故文法难明。"这与戊戌前夜叶瀚在《蒙学报》上的论调非常接近。惟其所说的"汉文典",却是19、20世纪之交来自日本的全新著作体裁。

"仁和倚剑生"特别强调编辑《汉文典》须有三部分:(一)"讲文字造作之原"。作者将世界文字分为连字(英法德文)、交字(日本和文)、积字(中国汉文)三种,指出汉文须讲明六书,字法分为名字、语字、词字三类。(二)"究明语词用法"。作者深知"东文讲明词性,属于文典之第二部,西文文典亦如之,大致分为字法句法两种。……词法宜求诸上古文,句法、章法宜求诸中古近代之骈散文"。(三)"宜讲明文章结构之体裁"。将上古文体分为"韵法文"(诗歌、骚赋、箴铭)、"词法文"(志语、经、论、史传、书、疏)两种,中古为"章句

---

① 中国之新民:《论中国学术思想变迁之大势·近世之学术》,《新民丛报》第55号,光绪三十年九月十五日。
② 张之洞、张百熙、荣庆:《奏定译学馆章程》,前揭《中国近代教育史资料汇编·学制演变》,第441—442页。

文",韩柳以后为"格段文",近代则成"复合文体"。观此可知,仁和倚剑生心目中的《汉文典》,并非《马氏文通》式的单纯"葛朗玛"著作(尽管《文通》也含有若干修辞、古文因素),而是囊括了(一)文字训诂、(二)词性句法章法、(三)文章结构共三部内容。正如其所自陈,应是受到了"东文文典"分部体制的启发。①

　　日本在幕府末年、明治初年通过英、法、德文途径接受西学。其时的洋文教科书,即被冠以"英文典"、"佛〔法〕文典"、"独逸〔德意志〕文典"等名目。同一时期传入日本的 The Elementary Catechisms, English Grammar(著者不明,译名《英吉利文典》,俗称"木の葉文典")、Primary Grammar of the English Language for Beginners(美国 Timothy Stone Pinneo 著,译名《ピネヲ英文典》)等语法读物的原版或训点本,亦以"文典"之名行世。明治初年开始出现解说和文文法的"国文典"。总体而言,随着"言文一致"观念的深入人心和"国语"的确立,明治中后期日文当中的"文典"、"文法"概念,逐渐脱却东洋流文章作法的色彩,接近 Grammar 在同时代西文当中的意义。语言学家大槻文彦(1847—1928)在其集大成的著作《广日本文典》(1897)中,确立了"文字篇""单语篇""文章篇"三部分立的结构,亦即仁和倚剑生文中提到的"东文文典"分部体制。不过,《广日本文典》的"文章篇"主要涉及句法成分(主语、说明语、客语、修饰语等)、句子结构(联构文、插入文、倒置文等),相当于《马氏文通》解说"词"(句子成分)、"次"(格)、"句"(主句)、"读"(从句)的部分,仍在 Grammar 的范围之内。而仁和倚剑生则将此"文典第三部"的"文章篇"误解为"文章结构之体裁",掺入了文体分类、文章演进、格调结构等溢出西洋近代 Grammar 概念的内容。

　　至于以日本所谓"汉文"(中国古典文章)为研制对象的"汉文典",虽可上溯江户时代伊藤东涯(1670—1736)、东条一堂(1778—1857)等汉学者解说虚字、助字的著作。但若严格按照著作体例来讲,则相对发端较晚。② 明治10年(1877),大槻文彦和金谷昭(生卒年待考)分别将美国传教士高第丕(Tarlton Perry Crawford, 1821—1902)与中国人张儒珍合著的《文学书官话》(Man-

---

① 仁和倚剑生:《选录教育一得:编书方法》,原载《中国旬报》第12、13、14期,庚子年(1900)四月二十五日、五月初五日、五月二十五日;引自张一鹏辑:《便蒙丛书·教育文编》,光绪壬寅年(1902)苏州开智书室刻本,叶19a—21a(卷叶)。
② 关于明治时期广义上"汉文典"著作的概况,可参看三浦叶:《明治年间に於ける汉文法の研究—その著书について》,载其所撰:《明治の汉学》,东京:汲古书院,1998年,第311—389页。

darin Grammar）改写为训解版，各自题作《支那文典》和《大清文典》。该书虽对此后日本"文典"、文法学的完备不无作用，却是以官话为对象，并不涉及古文的分析。① 同年，汉学者冈三庆（生卒年待考）推出《开卷惊新作文用字明辨》，题下注明"一名《汉文典》"。其书参用唐彪《读书作文谱》等清人著作和西洋语法，重点则在于分析虚字用法。十年以后（1887），冈三庆又撰《冈氏之支那文典》，"大体以 Pinneo 之《英文典》为母本"，注重"辞学"（词性、用词法）辨析，被认为是"日本人所创作的最初的洋式汉文法"。②

光绪二十八年（1902）八月，杭州东文学堂刊行了日本猪狩幸之助（生卒年待考）原著，杭州府仁和县王克昌翻译的《教科适用汉文典》。管见所及，似为目前所知最早题为"汉文典"的中文著作。全书分为品词篇、单文篇、复文篇、多义文字篇、同义文字篇、同音相通篇。该书〈例言〉指出《马氏文通》不合教科书体例，而本书作者为日本有名文学士，"虽以东西文典为本，而中国文法之大要，已尽于此"。关于引书，则强调："古今文虽有异，而文法则无不同，故文典必以古文为主，此编引用各语，皆以《史》《汉》以上之书为限。"此种推崇上古的引书原则，本与《文通》不无相近。③ 但其译介同时期日文的文法体系，却认为"其中用语有沿用东名者，意极明显，亦不难一览而了然"，故多不做加工。如"品词篇"介绍词性分类，完全搬用了名词、代名词、形容词、动词、副词、前置词、后置词、接续词、终词、感动词等日式"品词"划分和称谓，而置《马氏文通》已有的九大字类名称（名字、代字、静字、动字、状字、介字、连字、助字、叹字）于不顾。

猪狩幸之助此书原题《汉文典》，明治 31 年（1898）5 月由东京金港堂出版，自然不可能受到同年孟冬才初版前六卷的《马氏文通》的影响。考虑到当时日本人读写"汉文"的实际需要，其书以供汉文"古文钻研之资"为目的。书前有《序论》述字体、文字之构成、音义、四声、字音、外国语汉译、音读、训读共九篇内容；书后附有〈《韵镜》之解释〉、〈本朝（日本）音韵学史〉以及意大利外

---

① 袁广泉：《明治期における日中间文法学の交流》，载石川祯浩、狭间直树编：《近代东アジアにおける翻译概念の展开》，京都：京都大学人文科学研究所，2013 年，第 119—141 页。该文注重近代中、日"文法学"观念的相互影响，但具体涉及的中、日"文法学"著作尚不完整。
② 见三浦叶：《明治年间に於ける汉文法の研究—その著书について—》，前揭《明治の汉学》，第 361 页。
③ 日本猪狩幸之助著，仁和王克昌译：《（教科适用）汉文典》，光绪壬寅（1902）仲秋杭州东文学社铅印本，卷首。

交官福罗秘车利(Zanoni Volpicelli, 1856—1936)撰〈古韵考〉(*Chinese Phonology*)等内容。凡此,均为王克昌的中译本所删。猪狩在〈凡例〉中声称"从来国语有国语文典,外国语有外国语文典,而汉文却无文典,此为教育上之一大缺点",根本无视此前冈三庆等汉学者流所撰《汉文典》《支那文典》之类。①〈序论〉提及艾约瑟(Joseph Edkins, 1823—1905)、华特士(Thomas Watters, 1840—1901)、阿恩德(Carl Arendt, 1838—1902)、贾柏莲(Georg von der Gabelentz, 1840—1893)、翟理斯(Herbert Allen Giles, 1845—1935)等欧美传教士、外交官、汉学家的成果。② 罗列参考用书,除了江户时代伊藤东涯、东条一堂的旧派汉文法,更有贾柏莲的《汉文经纬》(*Chinesische Grammatik*, 1881)和华特士的 *Essays on the Chinese Language* (Shanghai: Presbyterian Mission Press, 1889)。其注重古文文法的观念,很可能就来自贾柏莲的《汉文经纬》。猪狩还提到:"本书是在【东京帝国大学】文科大学教授上田万年(1867—1937)指导下创作,经过上田教授的校阅而公之于世。"③可知其与当时日本主流语言学界的密切关系。该书与汉学者流所编"汉文典"的最大不同,可以说是更集中于语法、语言学问题本身,由词性分类(品词篇)进入单句(单文篇)、复句(复文篇)等句法层次,内容较为简明。中译者强调其书为"教科适用",自有补救此前《马氏文通》等书流于庞杂的用意。

与《教科适用汉文典》规定"文典必以古文为主"形成对照,上海开明书店在光绪二十九年(1903)十月出版刘光汉(师培)编撰的《小学校用国文典问答》一书,虽也难免日本"文典"著作的影响,却坚守俗语启蒙的立场,视"国文"为"古文"的对立物。刘师培以为:"中国人动言中国文词非他国所及,岂知西人之于文字也,皆有一定之规则,不可稍违。而中国之所谓『文法』者,仅曰效周秦诸子效八家已耳。即儿童之初学作文,亦仅授以唐宋文数十篇,使之诵习,便以为文法可通,此诚孔子所谓贼夫人之子者矣。欲授国文,先自罢诵古文始,而《东莱博议》、《古文观止》诸书,尤宜深戒。"④

刘师培的《国文典问答》其实是模仿丁福保《东文典问答》(1902)的体例,"以分析字类为主,而以国文缀系法继之",定位为"小学校国文教课本";

---

① 猪狩幸之助著,上田万年阅:《汉文典》,东京:金港堂书籍株式会社,1898年,"凡例"第1页。
② 同上,"序论"第8页。
③ 同上,"凡例"第3页。
④ 刘师培:《国文杂记》,《左盦外集》卷十三,南桂馨编:《刘申叔先生遗书》,南京:江苏古籍出版社,1997年影印本,第1658—1661页。按:《国文杂记》实为刘氏《国文典问答》的附录。

同时把《马氏文通》付与中学校以上的课程,并参用《文通》,对丁福保原书的词性分类作出修正。① 当时采用问答体的语法启蒙书籍,至少还可举出王绍翰的《寻常小学速通文法教科书》,光绪三十年(1904)十一月由上海新学会社印行。该书同样标榜"为训蒙而作",故"不得不求粗浅,故全用白话解说,但求易知,不嫌其措词之土俗也";在分析字类时则注意变通,如"介、连等字名义未尽明显,故此编略以臆见变通之,亦求其明显而易知也",又如其立说"详虚字而略实字";教法上强调"教者将此编逐条讲解以后,必须令童蒙练习,或举数实字以令其分别字类,或举数虚字以令其仿造句式,如此方见功效"。②

清末民初"文法教科书"一语含义复杂,如《桐城吴氏文法教科书》《左传文法教科书》《孟子文法教科书》之类,实际上就是古文读本。坊间则更多像《寻常小学速通文法教科书》那样,立足于传授字类、句法等语法入门知识的著作,功能相当于"文典"。文法教科书的第三种形式,则是作为蒙学读本配套的讲解书。光绪二十八年(1902)文明书局出版无锡三等公学堂《蒙学读本全书》,就有"文法书续出"的预告。次年六月,同样由文明书局出版的朱树人编纂《蒙学文法教科书》,似即为与此种蒙学读本配套者。其书更兼顾文言文、白话文两方面的"文法":

> 动字一
> 　　　　语式　属一人或一物之两动字式
> 鸦鹊飞而鸣　白马惊而驰童子趋而进　老人醉而卧　儿惧而不入客笑而不答
> 大家又笑又说　我一人悄悄儿坐着　一个孩子哭勒走　一个孩子笑勒跑　我快活到睡不着　他只管笑不说话
> 按此课两动字中间。以而字连之。以类相从。此而字乃类辞连字也。前四句而字可省。后二句而字不可省。

此课讲两动字连用的体式,分别以大字的文言文段落和小字的白话文段落为例,并对连接两动字的"而"作出语法上的解释(类辞连字)。值得注意的是,

---

① 刘光汉:《国文典问答》,万仕国辑校:《刘申叔遗书补遗》(扬州:广陵书社,2008 年),上册,第 72—97 页。
② 《例言四条》,王绍翰:《寻常小学速通文法教科书》光绪三十年十一月上海新学会社铅印本,卷首。

白话文段落的句法形式要比文言文段落丰富，如"悄悄儿"是北方官话中的儿化，而"哭勒走""笑勒跑"却又带有吴语等方言的色彩。① 总之，应对蒙学教育的需要，当时"文法"教科的范围，虽然仍以浅近文言为主要对象，却早已溢出《马氏文通》规定的文学性古文的范围。

这一时期，还出现了署名为戴克敦和"伟庐主人"的两种《汉文教授法》，内容迥然不同。戴克敦著《汉文教授法》在光绪二十八年(1902)八月由杭州编译局初版铅印，实际上也是讲授词性、句法的文法教科书。该书原拟分上下二编："上编所言有识字、造句、分类辨用诸法；下编所言有句中之字、句中之句、句中各字之排列、句中各字之联属诸法。"目前仅见上编。其〈凡例〉声称："于汉文则采诸《马氏文通》《蒙学课本》《文学初阶》等书，于西文则采诸司温吞氏(William Swinton, 1833—1892)、耐司非耳氏(John C. Nesfield, 生卒年不详)、麦格斯活氏(待考)、克赖格氏(待考)、门由耳(待考)诸文法书，虽只语单词，间参臆说，而宏纲巨目，悉有折衷。"似是直接取则于西方。但从其所用名词、形容词、代词、动词等日式"品词"分类来看，至少参用了日人翻译的西洋文典。其课文在字类项目下采用摘编蒙学教科书例句的形式，"专为童蒙而设，故各字各句皆就浅易立说。"戴氏《汉文教授法》在清末蒙学、小学教育实践中颇具影响力。光绪二十八年十二月(1902年12月至1903年1月间)，京师大学堂刊布《暂定各学堂应用书目》，便在"字课作文"类中编入此种，并下按语："此书以西人文法部居汉字，以西文教法施之汉人，最为明确。惜太少。然以此发凡，不难推广。"笔者所见为该书光绪三十年十一月(1904年12月至1905年1月间)的再版石印本，内封即有癸卯(1903)五月管学大臣张百熙的题笺。不妨顺便一提，《暂定各学堂应用书目》亦列有《马氏文通》，仅注明"须节要讲授"而已。②

从戊戌维新前后到壬寅、癸卯学制颁布，新撰、新译的文法类书籍多着眼于辅助蒙学识字作文的需要。惟其所模拟的典范，却呈现出从拉丁语法向同时代日本"文典"类著作转移的趋势。正如戴克敦在其《汉文教授法·例言》中所云："中国向无文法课本，惟马氏独创巨制，足启支那文字未宣之秘。"③《马氏文通》系统地引进"葛朗玛"体系，无疑大为拓展了国人对于"文法"的

---

① 朱树人：《蒙学文法教科书》，卷中，光绪二十九年六月上海文明书局铅印本，无统一页码。
② 《暂定各学堂应用书目》，"字课作文"类，光绪二十八年十二月京师大学堂刻本，无统一页码。
③ 泉唐"钱塘"戴懋哉克敦编：《汉文教授法》，光绪甲辰(1904)仲冬再版石印本，"例言"叶1a。

理解,但规模过于宏大、不适合教科实际等特性,却使其并未能发挥所预想作为科学津梁的启蒙功用,反而指向了一种专门之学。取代《马氏文通》成为典范的日式"文典",本有"文字""品词""文章"等多部,但在清末时期受到关注的,也主要是"品词"即词性分类的部分。

学制颁布以后,以古文作文为中心,中学堂、师范学堂、高等学堂的国文教育次第展开。这时期在中学堂、师范学堂流行的《中国文典》与《初等国文典》等著作,仍以讲述词性分类等语法内容为主,延续了以日式"品词"区分章节的形式。

光绪三十二年(1906)九月,商务印书馆编译所编纂的《(初级师范学堂教科书)中国文典》出版。由于初级师范学堂以培养小学教师为目标,该书实际上仍以"小学生徒"程度为准,分为正文和"参证"两部分。语法解说的正文部分译自儿岛献吉郎(1866—1931)《汉文典》中分析词性分类的第二篇《文辞典》(详下节),在体辞、用辞、状辞、助辞四大类之下分别"十品辞"。"参证"部分则"列《马氏文通》并本馆《国文教科书》句,……非敢掠美,亦使初学一目了然,索解极易。"[①]《马氏文通》、《最新国文教科书》均为商务印书馆所出。通过《中国文典》的节取、参证,不仅打通了国文教科书(读本)与文法教科书的界限,更激活了此前因不适教科而遭到批评的《文通》内容,形成了商务馆从读本到文法的教科书序列。因此,《中国文典》亦可视作从教学实际的角度,利用日本文典的框架,对《文通》的庞杂内容进行了一次实用化、简捷化改写。

相较之下,光绪三十三年(1907)由东京多文社初版,商务印书馆改版行世的《初等国文典》,更具有章士钊本人的原创性。据章氏自述,光绪三十二年有长沙同乡的女士数人赴日本留学,入学下田歌子(1854—1936)所办的实践女学校,而嘱其教授国文。章士钊遂择取姚鼐《古文辞类纂》授之,诠释之时,则用"西文规律",大获成功。遂整理而著为《初等国文典》,供"中学校一、二、三年级用之"。章士钊特别提到与刘师培之间的分歧:"吾友仪征刘子,其文学当今所稀闻也。特其持论以教国文必首明小学,分析字类次之。刘子著有《中国文学教科书》。余则以为先后适得其反。"章士钊认为"小学"(语言文字之学)实为专门之业,并举苏洵、苏轼父子长于文章而不通训诂为例,说

[①] 《中国文典第一编凡例》,商务印书馆编译所:《(初级师范学堂教科书)中国文典》,上海:商务印书馆,光绪三十二年九月初版铅印本,卷首。

明"为应用之文,固亦不必深娴雅诂者也。……故小学者,当专科治之,不可以授初学。"①章氏指出"文典不外词性论、文章论二部,今以初级之故,专分词性,文章论暂未涉及也",则其对于日式文典的分部体裁,亦有一定程度的了解。惟其设想中的"文章论",应是以联句成章的句法为主,并非有关"文章结构体裁"的讨论。

取代马建忠最初的启蒙教科书定位,《马氏文通》最终被确立为中学堂参考书。光绪三十三年(1907),学部批复章士钊上呈《初等国文典》文,首斥马氏书"执泰西文法以治国文,规仿太切,颇乏独到之处;又征引浩繁,本非教科体裁,不适学堂之用";而章氏《初等国文典》则"分类详备,诠解精当,实为近今不可多得之书,亟应定为中学堂一二年级国文教科用书",并要求更名《中等国文典》,以符名实。② 但是到了次年(1908)五月二十一日,《学部官报》第57期刊载《审定中学暂用书目表》,却同时列有《马氏文通》及《中等国文典》两种文法书。《马氏文通》被认定为中学教员参考用书。部员所拟审定意见,一改前次的苛责态度,指出:"近时作『国文典』者颇多,类皆袭其似而未知其所以然,亦可见此书之精审矣。虽非教科书,应审定为参考之善本。"针对"马氏征引稍繁,本非教科体例"的缺点,又规定章士钊的《初等国文典》作为学生参考用书,亦即同时认可了清末两种渊源不同的文法体系。③ 至此,"文典"类著作正式被官方纳入了中学国文教育的范围。

作为文章学的"文典"

光绪三十四年(1908)春,时任日本早稻田大学讲师的广池千九郎(1866—1938)来华进行学术调查。其间,得到与学部左侍郎严修见面的机会,并就中国文字、文典等问题与严氏交换了意见。在广池即将回国之际,严修赠以三部中国人自著的"支那文典书",分别为:

  初等国文典 一册 光绪三十三年出版 长沙章士钊著
  汉文典   二册 光绪三十二年出版 萧山来裕恂著

---

① 章士钊:《序例》,载其所撰:《初等国文典》,上海:商务印书馆,丁未年(1907)四月改版铅印本,卷首。
② 学部:《长沙章士钊呈初等国文典请审定禀批》,《学部官报》第31期,光绪三十三年七月二十一日。
③ 学部:《本部审定中学暂用书目表》,《学部官报》第57期,光绪三十四年五月二十一日。

>   文字发凡　　一册　光绪三十一年出版　桂林龙伯纯著

广池千九郎读过这些书后,觉得三者"都是以《马氏文通》为底本,此外还参照了从普通日语教师的日本文典教学上——相当于日本这边教育支那人的水准——得到的知识。因此,固然是教育式的,而非学者式的著书;并非研究性的创作,而是说明性的教科书"。① 广池称三书皆以《文通》为本并不准确。但他提到日本游学经验对于早期国人自撰文典的意义,致憾于三书停留在普通语法的水准,则颇为切important。尤其值得注意的是,严修赠与广池的这三部书,在内容、风格、体裁等各方面都有很大差别:《初等国文典》为解说词性分类的纯粹语法书,《文字发凡》被后人视为修辞学著作(详另文);来裕恂的《汉文典》,则介于二者之间。尽管最后只有《初等国文典》一种通过了学部的中学用书审定。② 但在严修等朝廷教育主导者的眼中,三者至少被认为是内容相近的书籍。可知当时"文典"的著述意识已趋于宽泛,逐渐从文法启蒙的门径深入到文章修辞的堂奥。

《汉文典》的作者来裕恂早年肄业诂经精舍,师从俞樾、孙诒让等朴学名家,③据说"颇能通许、郑之学";④光绪二十六年(1900)任杭州求是书院(二十八年改浙江大学堂)教习,与高凤岐为同事,亦熟识其弟高凤谦,奠定了日后与商务印书馆合作的人脉。⑤ 继而任桐乡县学堂教务。⑥ 二十九年(1903)夏,来裕恂赴日留学,入弘文书院普通师范班,次年应邀襄助横滨中华学校教务。⑦ 光绪三十年(1904)夏初返里,"暑日在家无事,著《汉文典》以自遣"。⑧

---

① 广池千九郎:《应用支那文典·序论》第二章"支那古文文典研究の起原沿革",早稻田大学明治42年度(1909)文学科第二学年讲义录,第4—5页。
② 学部:《本部审定中学暂用书目表》,载《学部官报》第57期,光绪三十四年五月二十一日。
③ 来裕恂辛丑年(1901)的〈怀孙先生(诒让)〉诗,有句:"杖履企高贤,师资得比肩。论文称小友,把袂已忘年。……"则与孙当在师友之间。见张格、高维国校点:《匏园诗集》,天津:天津古籍出版社,1996年,卷十三,第235页。
④ 俞樾:《叙》,前揭《匏园诗集》,卷首,第1页。
⑤ 来裕恂:《赠高梦旦(凤谦)江伯训(畲经)》、《赠高啸桐(凤歧,时大学堂共事)》,《匏园诗集》,卷十四,第254—255页。
⑥ 来裕恂:《知桐乡县事方雨亭(家澍)创立县学堂邀余主教务因赴县署谒之》,《匏园诗集》,卷十五,第274页。
⑦ 来新夏:《汉文典注释》说明,载高维国、张格注释:《汉文典注释》(天津:南开大学出版社,1993年),"卷首"第1页;吴云:《来裕恂年表》,载《萧山记忆》第2辑,杭州:浙江人民出版社,2009年,第75—77页。
⑧ 来裕恂:《暑日在家无事著汉文典以自遣》,《匏园诗集》,卷十六,第302页。

三十一年(1905)至海宁州中学堂任教,①先后撰有《汉文典》及《中国文学史》稿本。②

当时商务印书馆的《新出各种教科书广告》,将《汉文典》列入"中学堂用"教科书之列。③但这部针对中学生的《汉文典》,仍受到此前文法教科书启蒙意识的影响。书前自序即指出:

> 吾国之文难哉难哉,不知非难之为患,无指示其难之书之为患。向使西人必以希腊奥衍之文,拉丁古雅之字,童而学习,长而研究,而通国之人,舍通用之文典,一其耳目心思之力群从事于此,吾安知夫文明国之无人不读书,无人不识字者,几何而不如吾国也?……爰不揣梼昧,以泰东西各国"文典"之体,详举中国四千年来之文字,疆而正之,缕而晰之,示国民以程涂,使通国无不识字之人,无不读书之人。④

来裕恂计划赴日时,曾约《汉文教授法》的作者戴克敦同行。⑤ 甲辰年(1904)归国后,来裕恂撰写《阅白话报》诗,有序述"欧洲当十六世纪前,本国言语尚未用诸文学。自达泰氏以国语著书,而国民精神因之畅达。我国自古代来,言文不一,与欧洲十六世纪前同。欲救其弊,舍用白话文。其道何由?……他日教育普及,必于白话收其效"云云。读其诗,可知他对普通教育、白话文运动及新小说的启蒙意识,都有相当程度的理解。⑥

在日本留学期间,来裕恂曾致力于教育考察,参观过高等师范学校附属小学校、女子职业学校、商学校、第一高等学校、女子师范附属小学校、音乐学校、帝室博物馆等教育机关。他还掌握了译读日文著作的能力,曾翻译政治类书籍邮寄回国。⑦ 留学经历和语言能力的获得,使来裕恂有机会接触到日本"汉文典"著述的最新成果。借着《汉文典》书前的自序,来氏更有一段文字点评

---

① 来裕恂:《海宁朱稼云(宝璐)在长安办中学校邀任教科》,《匏园诗集》,卷十七,第316页。
② 来裕恂:《暑日予著文学史内子尝伴予至夜分或达旦》,《匏园诗集》,卷十七,第321页。
③ 《上海商务印书馆新出各种教科书广告》,附载前揭《(初级师范学校教科书)中国文典》,卷末。
④ 来裕恂:《汉文典序》,前揭《汉文典注释》,第2页。标点有所调整,下同。
⑤ 来裕恂:《约戴懋斋(克敦)同赴日本》,《匏园诗集》,卷十五,第278页。
⑥ 来裕恂:《阅白话报》,《匏园诗集》,卷十六,第300—301页。其诗云:"教育首当谋普及,言文一致用方宏。中流社会程犹浅,高等词章理曷明。但使俗情能露布,会看文化自风行。灌输民智此为易,常识多从说部生。"
⑦ 来裕恂:《条译政治书邮寄内地冀开民智》,《匏园诗集》,卷十五,第296页。

东西洋"文典"著作,罗列书目颇丰,却不无启人疑窦之处:

> 今【未】有合一炉而冶之,甄陶上下古今,列举字法、文法,如涅氏《英文典》、大槻氏《【广】日本文典》之精美详备者也。而或以《马氏文通》当之。夫马氏之书,固为杰作,但文规未备,不合教科;或又以日本文学家所著之《汉文典》当之,然猪狩氏之《汉文典》、大槻文彦之《支那文典》、冈三庆之《汉文典》、儿岛献吉郎之《汉文典》,类皆以日文之品词强一汉文,是未明中国文字之性质。故于字之品性、文之法则,只刺取汉土古书,断以臆说,拉杂成书,非徒浅近,亦多舛讹。①

此处提到著《英文典》的"涅氏",即戴克敦《汉文教授法·凡例》当中"耐司非耳氏"(John Collinson Nesfield)的日式译名。其书(*Idiom, Grammar and Synthesis for High Schools*)在明治后期的日本英语教育界颇为流行。来裕恂似是以涅氏《英文典》与大槻文彦的《广日本文典》为本国人为本国文撰写"文典"的标准,既不满《马氏文通》不合教科书体例,又批评猪狩幸之助、大槻文彦、冈三庆、儿岛献吉郎等日人所著"汉文典",都是使汉文强就日文的词性分类,未明中国文字的性质。

然而,大槻文彦的《支那文典》实是高第丕与张儒珍合著《文学书官话》的日文训解本,并不存在采用"日文之品词"的问题。可见来裕恂未必都看过他所批评这些著作。至少涅氏和大槻文彦的楷模,应是循着日本汉学家儿岛献吉郎的《汉文典》"例言"发现的:

> 初,予读涅氏《英文典》及大槻氏《广日本文典》,聊有自得之处,始有欲著《汉文典》之志。后获马氏之《文通》及猪狩氏之《汉文典》,于我心有甚慊者焉。因益欲完成前志,遂至于执笔起稿,时明治三十四年(1901)七月也。②

儿岛献吉郎著有《汉文典》及《续汉文典》,先后在明治35年(1902)8月和次年2月初版行世,正好赶上来裕恂赴日游学的时段。其时中国国内文典、文法

---

① 前揭《汉文典序》,《汉文典注释》,第2页。
② 儿岛献吉郎:《汉文典》,东京:富山房,1902年,卷首,"例言"第1页。

类教科书,受猪狩、大槻等语法学家"汉文典"体例的影响,基本上局限于词性分类、句法解说等单纯语法内容。来裕恂的《汉文典》则分有"文字典""文章典"两部分,在文字学、词类划分之外,更着重文法、文诀、文体的探讨,涉及修辞知识。其在选材和分部上的创新,看似完全承自中国固有的文章之学,实则多受到儿岛献吉郎《汉文典》古典倾向和分部体裁的影响。

明治15年(1882),作为近代日本"国粹保存运动"的先声,东京大学增设"古典讲习科",次年又在该科设乙部(后改名"汉书课")专研汉籍。出身备前国汉学世家的儿岛献吉郎,即为古典讲习科乙部的第二届毕业生。①

在其《汉文典》一书开卷,儿岛献吉郎设置了一段颇为有趣的自问自答:"知我者评此书,曰:'参酌国文典、欧文典者也。'予答曰:'然。'不知我者读此书,曰:'并无参酌国文典、欧文典之处。'予答曰:'然。'"接下来,便解释自己受到涅氏《英文典》和大槻氏《广日本文典》触动,又不满于马氏《文通》及猪狩氏《汉文典》,遂起意著书。但到了起稿之时,却"发誓斥去前日诵读一切之文法书"。故其书体制、内容,与同时代的文典著作有较大差别。针对当时"说汉字不便者"指斥汉字"点画易谬""音义难记"之说,儿岛认为当谋教授法之改良,先以六书、音韵训诂教授诸生,故有第一篇"文字典"。②

明治37年(1902),儿岛献吉郎的《汉文典》由东京富山房出版。该版包括第一篇"文字典"和第二篇"文辞典"两部:前者述文字、语言、意思及字形、字音、字义的关系,文字的创作、构造,字形的变迁,字音的转移,并及音韵学、训诂学的常识;后者则分述十种词性,亦即当时一般"文典"著作的主体部分。儿岛氏在该书〈例言〉最后提到:"当余欲著此书之时,本期能出版第一篇文字典、第二篇文辞典、第三篇文章典。今单有第一篇第二篇之上梓,盖欲第三篇他日作为《汉文修辞法》出版,读者幸谅之。"③然而,取代原先计划的《汉文修辞法》,第二年儿岛出版了《续汉文典》,分为第一篇"文章典"和第二篇"修辞典"两部分。其"文章典"所述的"文章"概念,迥然不同于大槻文彦《广日本文典·文章篇》以句法成分、句子结构为主的"文章",而是呼应了儿岛早年强调的文章区别于语言而独有"规矩""法式"的论点:

---

① 关于儿岛献吉郎生平与著述的简要情况,参见三浦叶:《儿岛星江(献吉郎)とその学问——古典讲习科汉书课卒业生の一活动》,前揭《明治の汉学》,第231—243页。
② 儿岛献吉郎:《汉文典》,卷首,"例言"第1—4页。
③ 同上,"例言"第4页。

> "文章典"者,论文章构成之典则。……文章者,汇集言语及文法上的词汇,作句、为章、成篇,以完整表彰意思。故于"文章典"论述之范围,应自用字造句之方法,推及于篇章之法则。若夫修辞学上之典型,则于第二篇修辞典有所叙述。①

由此进入第二篇"修辞典"的探讨,则更"不止教授构成规则性的文辞之法则,乃指示作为美术性的文章之方法"。儿岛并没有在这一部分直接援引明治期日本颇为流行的西洋近代修辞学(Rhetoric)或美学概念,而是更多地采用了和汉传统文章学的术语。他将文章分为"达意"和"修辞"两种:"达意之文,根据规矩典型,以正确与明晰为主,即以既能很好地发抒己意,又能使人很好地领解我意为主。而修辞之文则不一定遵守规矩典型,有抑扬,有擒纵,有正反,有详略,于正确中求圆活,明晰背后,以婉曲为旨。"②同时代日本的"汉文典"编辑者,或者出自新兴的语言学科,多从学理上强调语法(Grammar)内容的辨析;或者就实际应用的要求着眼,注重教科适用性。儿岛氏涵纳古典文章学与修辞内容的新著《汉文典》,正是其早先古典讲习科背景与反"言文一致"③论调的延伸,与大槻文彦、猪狩幸之助、冈三庆等人的小册子相比,实在显得异类。

前文已述,光绪二十六年(1900)"仁和倚剑生"著《编书方法》,向国人介绍编辑"汉文典"体例,指出《汉文典》应包括"文字造作之原"、"究明语词用法"、"讲明文章结构之体裁"三部分内容。在同时期日人所撰的"汉文典"序列中,真正实现此种分部结构的,正是儿岛献吉郎的《汉文典》和《续汉文典》。无论是儿岛最初设想的文字典、文辞典、文章典三部分,还是他对文章结构体裁的强调,均与仁和倚剑生的议论桴鼓相应。

当初在论述"文典第二部"时,仁和倚剑生曾声言:

> 东文讲明词性,属于文典之第二部,西文文典亦如之。大致分为字

---

① 儿岛献吉郎:《续汉文典》,东京:富山房,1903 年,第 1—2 页。
② 同上,第 117—118 页。
③ 儿岛献吉郎曾于明治 22 年(1889)挑起关于"言文一致"的论战,主张"言文一致乃未开之风习,言文分离乃文明之常态。"引来山田美妙(1868—1910)等知名作家的反驳。参见山本正秀:《明治二十一年前后的言文一致论争》,载其所撰:《近代文体发生的史的研究》,东京:岩波书店,1965 年,第 704—727 页。

法、句法两种。惟中国汉文讲明词句之法,久已失传。秦汉诸古文,多用国语入文,故有释词之法。后至骈文兴,则只以积句积章为重矣;韩柳古文兴,则又只讲积章之法矣。文体屡变,故文法难明。今为略标文体之流变,曰词法宜求诸上古文,句法、章法宜求诸中古近代之骈散文。①

与此极为相似的一段话,出现在来裕恂《汉文典·文字典》论述词性分类的第三卷"字品"题下:

东文讲明词性,属于文典之第二部,西国文典亦如之,大致分字法、句法两种。中国讲明词句之法,久已失传。秦汉以上,多以国语入文,故有释词之法。至骈文兴,以积句积章为重,而释词之法废矣。厥后韩柳作古文,亦只作积章之法,而词法鲜有究及者。②

两相对照,便可知来裕恂读过仁和倚剑生此文。《编书方法》述毕"汉文典"的编法,更论及"取材于诸史文苑传、《文心雕龙》及诸家诗文集,可以创立一文学小史稿本,依文学史定例,再编文典",对于来氏稍后创编《中国文学史》之举,亦不无影响。来裕恂应是在赴日以前就看过《编书方法》等介绍"汉文典"体裁的文字,到日本后,又读到儿岛献吉郎等的《汉文典》著作。在文字、文辞(词性)、文章分三部体裁的启发下,来氏《汉文典》增加了当时一般文典著作所无的文字训诂和"文章典"部分:其《文字典》述"字之源流与品性",包括文字学和词类学内容,相当于儿岛氏《汉文典》的"文字典""文辞典"。其《文章典》"论文之法规与品格",相当于儿岛氏《续汉文典》的"文章典""修辞典"。

按照儿岛献吉郎《汉文典》的分部顺序,来氏《汉文典》首列"文字典",先述汉字的起源、功用、称谓、变化以及六书、形音义的原理。与儿岛注重用"六书"改良汉字教授法的初衷不同,出身清代汉学重镇诂经精舍的来裕恂反而认为:"六书之学,繁赜研几,考证家纷纷聚讼,言人人殊。此编于六书,悉统以形、声、义三者,不局蹐于汉学旧说,以戾文典义例。"③但在"六书"的具体阐

---

① 仁和倚剑生:《编书方法》,《中国旬报》第12、13、14期,庚子年(1900)四月二十五日、五月初五日、五月二十五日;引自前揭《便蒙丛书·教育文编》,叶19a—21a(卷叶)。
② 来裕恂:《汉文典·文字典》第三卷"字品",前揭《汉文典注释》,第74页。
③ 《本书大旨》,《汉文典注释》,第7页。

释上,来裕恂却比儿岛献吉郎在行得多。如关于历来小学家聚讼的"转注",儿岛《汉文典》释为"转其义,或注其意昧[味],遂转化其音",并举日文训读汉字的一字多音为例(如"齐"有せい、さい二音,"乐"有がく、らく二音之类),实为曲解。① 来裕恂则就《说文》"考""老"二字论之,强调转注不属于声,应"以义统之",并历数自许慎、卫恒、贾逵直至清初顾炎武、潘耒论转注之说以明之。② 来氏"文字典"第三卷"字品"即词性分类部分,对应于儿岛《汉文典》的第二篇"文辞典",完全没有采用儿岛的日式词性分类,而是沿用了《马氏文通》九类字的区分。

来氏《汉文典》下部为"文章典",分为文法、文诀、文体三卷。其所谓"文法",并非作为 Grammar 的翻译语,而是分述字法、句法、章法、篇法的文章作法。论者不难从中发现宋代陈骙《文则》、元代陈绎曾《文筌》、明代高琦《文章一贯》、李腾芳《文字法三十五则》、归有光《文章指南》等"文话"著作的影子。③ 又如来裕恂在"字法"一篇述"语助法",分为起语字、接语字、转语字、辅语字、束语字、叹语字、歇语字七节,各举例字进行解说,实是取自清初唐彪《读书作文谱》论"文中用字法"的一大段。④ 尽管如此,涉及文章的界说、变迁、品格、分类等问题,来氏仍不能不参考外来的新资源。这些接近于后来文学理论、修辞学和文学史的内容,却在通向专门之学的"文法"名义下,纳入了"文典"的著述框架。

(一) 关于文章的定义和功能

来裕恂在《汉文典·文章典》第四卷"文论"的〈原理〉篇中揭櫫:"地球各国学校,皆列国文一科。始也借以启普通知识,继则进而为专门之学。果何为郑重若斯哉? 以文之盛衰,系乎国之存亡,故知保存其文,即能保存其国。……故有文斯有国,有国斯有文。"⑤除了呼应《学务纲要》等朝廷教育方针宣扬的"国文"即"国粹"论,更重要的是,来氏此处指出了"国文"有"普通知识"和"专门之学"的区别。此前教育家多就启蒙识字谈国文的重要性,作

---

① 儿岛献吉郎:《汉文典》,第27—28页。
② 《汉文典注释》,第37—40页,第44页。
③ 宗廷虎、李金苓:《中国修辞学通史·近现代卷》,长春:吉林教育出版社,1998年,第177—185页;朱迎平:〈《汉文典》的文章学体系及其特点〉,王水照、朱刚:《中国古代文章学的成立与展开》,上海:复旦大学出版社,2011年,第483—495页。
④ 唐彪:《读书作文谱》,卷之七,见王水照主编:《历代文话》,上海:复旦大学出版社,2008年,第4册,第3493—3500页。
⑤ 同②,第374—375页。

为"专门之学"的国文又应如何定位?"文论"卷的第二编"界说"讨论文与辞、文与字、文与学、文与道的关系,提出古今学术分为讲万殊之学的"理学"和讲一本之学的"道学"两种;"文学"则属于"理学"中的"无形理学"范围。如下图所示:

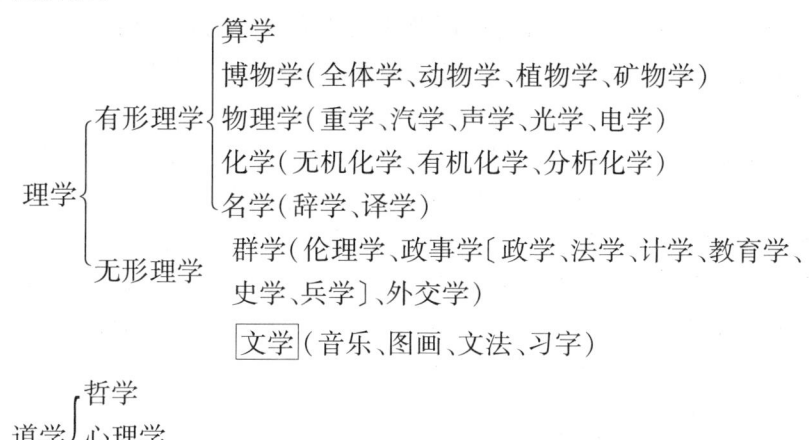

$$
\text{理学}\begin{cases}\text{有形理学}\begin{cases}\text{算学}\\ \text{博物学(全体学、动物学、植物学、矿物学)}\\ \text{物理学(重学、汽学、声学、光学、电学)}\\ \text{化学(无机化学、有机化学、分析化学)}\\ \text{名学(辞学、译学)}\end{cases}\\ \text{无形理学}\begin{cases}\text{群学(伦理学、政事学〔政学、法学、计学、教育学、}\\ \quad\text{史学、兵学〕、外交学)}\\ \boxed{\text{文学}}\text{(音乐、图画、文法、习字)}\end{cases}\end{cases}
$$

$$
\text{道学}\begin{cases}\text{哲学}\\ \text{心理学}\\ \text{宗教学}\end{cases}
$$

用"五四"以后通行的学科术语讲,大概"理学"与"道学"之分即"科学"与"玄学"之别,而"有形理学"即自然科学,"无形理学"即社会科学和人文科学。来氏说"中国所谓文者,不过科学中之一科目,其范围甚狭"。但在其定义的"文学一科"之下,却又包括了音乐、图画、文法、习字的内容,并强调必须通一切之学,才有可能振起一国之文,所以"于学中求文,谓之不知务;于文中求学,谓之不知本"。[①]

(二) 关于文章史的变迁

《汉文典·文章典》第四卷"文论"中还有《变迁》一篇,推崇春秋战国为"极盛时代",魏晋、六朝为"薄弱""淫靡"时代,尚不出词章家讲述文体流变的常识。但如说起元代文章衰微,却指出"小说戏曲……最发达";认定明代为文章兴复时代,"惟震川一派稍褊薄耳,然不得谓非文章之正宗也";声言清朝文章昌明,"方(苞)以理胜,刘(大櫆)以才胜,姚(鼐)则兼采所长。……后得曾涤生(国藩)以雄直之气、宏通之识,合汉学、宋学,发为文章,不立宗派";而近今文章"以适用为主,……于论说、诗歌、小说等力为改良,以求适用"。[②]

[①] 《汉文典注释》,第383页。
[②] 同上,第412页、第414页、第416—417页。

凡此数点,均可见其文章史的观点。辛丑年(1901)与好友评点当代学林,来氏曾写下"桐城(吴汝纶)、湘绮(王闿运)文章擅,艺苑犹资一木支"的诗句,可见他对同时代文章家数的熟悉。① 光绪三十二年《汉文典》出版时,又写诗自陈:"学希许郑文班马,法准欧苏义柳韩。"学问宗主汉学考据,同时以马班格调扩充八大家的门庭,的确与曾国藩古文不立门户的宗尚相近。② 相关论点,来裕恂在稍后撰写的《中国文学史》稿本中有更为详尽的发挥。③

(三)关于文章内在的品致、风格

来氏《汉文典·文章典》专设有"文品"一篇,首举"文品如人品,大抵不外阴阳二性",似乎仍是援用姚鼐、曾国藩论阴阳刚柔的旧说;进而提及钟嵘、司空图的《诗品》。然而,通过文本对读,不难发现:来裕恂在具体阐释六类三十三种"文品"时,并没有那么依傍于中国古典文论关于"诗品""文品"的丰富资源,而是大量取用了儿岛献吉郎《续汉文典·修辞典》中"文之品致"一章的论述:

	儿岛《续汉文典·修辞典》文之品致	来裕恂《汉文典·文章典》文品
庄重	雄浑、典雅、崇大、宏肆、森严、高远、苍古、沉郁……	典雅、雄浑、崇大、闳肆、谨严、高远
优美	丰润、浓艳、敦腴、富赡、委婉、流丽	丰润、殊丽、委婉、和易、秀美、蕴藉
轻快	平淡、洒脱、清新、奇巧、圆活、滑稽、嘲谑	神妙、飘逸、平淡、潇洒、新奇、圆适、滑稽
遒劲	豪放、跌宕、奔逸、锐利、奇峭、老健、简练、高峻	清刚、强直、豪放、倾险、峭刻、英锐、劲拔
明晰	精核、简洁、平正、明凯、疏通	简洁、平正、明畅
精致	精炼、详悉、曲折、周密	精约、缜密、纯粹、温厚

来裕恂虽对儿岛献吉郎的所举"文章品致"的具体内容多有增删窜改,却完全挪用了其"庄重、优美、轻快、遒劲、明晰、精致"六大类的划分。他的改写策略,是将儿岛氏在每类下列举出的各种评语扩写为类似《二十四诗品》的赏析段落。如儿岛论"庄重":

---

① 来裕恂:《与宋燕生论近代学》,《匏园诗集》,卷十三,第246页。
② 来裕恂:《赴沪为汉文典出版》,《匏园诗集》,卷十八,第338页。
③ 王振良:《前言》、陈平原:《折戟沉沙铁未销——新刊来裕恂撰〈中国文学史稿〉序》,均载《萧山来氏中国文学史稿》,长沙:岳麓书社,2008年,卷首。

庄重者,用谨严之笔,遣浑厚之意者也。即雄浑、典雅、崇大、宏肆、森严、高远、苍古、沉郁,气魄渊厚,丰采莹彻,词尽而有余韵,意止而有余情。所谓有渊然之光、苍然之色者,皆属此部。远则如《尚书》之典雅,《春秋》之谨严,近则韩退之〈平淮西碑〉之庄重,〈原道〉之崇大,及苏老泉〈张益州画像记〉之雄浑,皆此类也。①

到了来裕恂《汉文典·文章典》中,则先总述"庄重"宗旨,实为曩括儿岛氏语:"庄重之文,必运以浑厚之意,出以谨严之笔,其气魄则阀而大,其丰神则莹而澈,渊然之光,苍然之色,时发见于外。此类是也。"然后将儿岛氏所举"雄浑、典雅、崇大、宏肆、森严、高远、苍古、沉郁"及引书时提到的"谨严"、"庄重"等要素改并为"典雅、雄浑、崇大、闳肆、谨严、高远"六节。

正如儿岛献吉郎将"文之品致"纳入《修辞典》所提示的,其书讨论各种"文品",实与当时日本学界译介西洋修辞学的"品格"或"风格"论颇为相通。作为近代日本修辞学的开山之作,明治12年(1879)菊池大麓(1855—1917)译自钱伯斯百科全书条目的〈修辞及华文〉一文,论及"一般文体之品格"(Styles in General)就已列有:简易(Simplicity)、明晰(Clearness)、势力(Strength)、感动(Feeling)、彻底(Expressiveness)、洗新(Freshness)、典雅雍容(Taste Elegance)、音调(Melody)、奇警(Epigram)、跌宕(Sublime)、富丽(Beauty)、哀情(Pathos)、滑稽(Ludicrous)、讥刺(Wit)、戏谑(Humour)等多种风格要素。同时期日本的修辞学、作文法著译,大多包含此类辨析。古典讲习科出身的儿岛献吉郎对西洋学问不无抵拒,却仍有可能受其影响。儿岛论"文之品致"所用的"优美""遒劲""明晰""典雅""崇大""滑稽""跌宕""周密"等名目,均可在同时代修辞学著作关于文体(Style)或"嗜好"(Taste)的描述中找到。② 这些与近代修辞学相关的风格要素,继而又经过来裕恂的改写,被赋予中国既有的"文品""诗品"赏析形式。

(四)关于文章辨体

来裕恂在《文章典》的"文体"一卷开头,追溯了中国古来文章家辨体的谱系:

---

① 儿岛献吉郎:《续汉文典·修辞典》第二章"文ノ品致",第126—127页。
② 《嗜好(Taste)·文体の要素一览》,参见速水博司:《近代日本修辞学史—西洋修辞学の导入から挫折まで》,东京:有朋堂,1988年,第351页。

中国文家,辨体者众矣,自《昭明文选》分类三十七,宋元以来,总集别集,虽稍更其列目,要以《文选》为主。但《文选》分类,前哲已多有议之者。至明吴讷《文章辨体》径增为五十类,而徐师曾之《文体明辨》又细别为百一类,徒从形体上观察。故近人毛西河、朱竹垞之徒,痛斥《文体明辨》。自姚惜抱《古文辞类纂》分部十三,于是古文之门径,可于文体求之。然赠序、书说之分类,于义究有未安。曾涤笙《经史百家杂钞》易为十一类,文义较密,而体裁则未之及焉。①

来氏赞成清初毛奇龄、朱彝尊等学者的观点,认为从《文选》到明人《文章辨体》《文体明辨》都仅从形式上考察,失之于繁琐,而较认同姚鼐、曾国藩的分类。只是此段评议古今文体分类的文字,同样取自儿岛献吉郎:

梁昭明太子之《文选》类别文章,分为……三十七类。宋元以来文集即列朝之总集、名家之别集等,多据《文选》之分类法选次,或更有细别其名目者。明吴讷之《文章辨体》分文体为五十类,徐师曾之《文体明辨》更细别之为百一类。然而,此等分类,毕竟不过文题上所见之皮相的观察而已。细讨其内容,则百一之分类中,其名殊实同,题目异而性质相齐者,所在多有。宜清之毛西河、朱竹垞之徒,对徐氏之《文体明辨》痛加贬斥,谓之不可视为书籍。故姚鼐之《古文辞类纂》分文章之部门为……十三类,大体得其要。然若从作家之著意及著笔上概观之,则应知毕竟不过叙记、议论而已。(原注:论辨、奏议、书说、诏令:议论体;赠序、传状、碑志、杂记:议论[叙记]体;其他序跋、箴铭、颂赞、哀祭等,或用议论体,或用叙记体。)②

但与儿岛仅从体裁上别为叙记、议论二体不同的是,在来裕恂在"文体"卷中将古今文章分为叙记(序跋、传记、表志)、议论(论说、奏议、箴规)、辞令(诏令、誓告、文词)三大类。这实际上是延续了南宋真德秀《文章正宗》分辞命、议论、叙事、诗歌四类以来,按照功能划分大类的方式。来裕恂最后提到曾国藩的《经史百家杂钞》,则为儿岛献吉郎未曾提及的资源。参用真德秀的四大

---

① 《汉文典注释》,第292页。
② 儿岛献吉郎:《续汉文典·文章典》第六章"体裁上ノ分类",第57—59页。

类和姚鼐《古文辞类纂》的十三小类,曾国藩的《经史百家杂钞》以著述(论著、词赋、序跋)、告语(诏令、奏议、书牍、哀祭)、记载(传志、叙记、典制、杂记)三门统摄十一文类,亦对来氏的分类法有不小影响。

来氏分类中"文词"、"奏议"两类的归属尤为特别。真德秀《文章正宗》单独列"诗歌"为一大类;曾国藩《经史百家杂钞》不录诗歌,而以词赋入"著述门";来裕恂则将包括狭义之"文"(俳谐文或杂著文)、诗歌、词赋、乐府、小说在内的"文词"纳入相当于真氏"辞命类"(或曾氏"告语门")的"辞令"类。

与此同时,不同于真氏、曾氏列奏议在"辞命类"或"告语门"的惯例,来氏又将奏议放入了"议论"一类。言及"议论"当中最为重要的"论说类"文章,来裕恂认为:

> 盖原于名学,而合于论理学者也。①

清末时"名学"和"论理学"二词均为西方逻辑学(Logic)的译语,前者源自严译,后者则取自日本名词。然则此句实有同义反复之嫌。鄙意此处"名学"似应为"名家"之讹,正可呼应"议论"篇题旨中"议论之文……有诸子之遗风"等语。无论如何,强调议论文的逻辑要素,并将之上溯到先秦名家,应是晚清西学盛行和诸子学复兴之后的独有认识。在诗词歌赋不再被视为"著述"而挪入"辞令"的同时,原本在"辞命"或"告语"范围内,强调其措辞应对当否的奏议,却被纳入了注重逻辑论理的"议论"一类,正可看出近代文体观念的细微腾挪。

除了借鉴传统资源进行"文章辨体",《汉文典·文章典》在与"文体"卷并列的第四卷"文论"之下,又设有〈种类〉一篇,从体裁(撰著之体、集录之体)、格律(韵文、骈文、四六文、散文或古文)、学术(儒、道、阴阳、法、名、纵横、杂家之文)、世用(名世、寿世、经世、酬世之文)、性质(理胜、情胜、才胜、辞胜之文)、通俗(公移、柬牍、语录、小说之文)六方面,以更为宏观的视野区别文章种类。② 其中,从"性质"上按照理胜、情胜、才胜、辞胜区分文章之能事,固然是古文或小说评点中早已有之的套路,却同样可以在儿岛献吉郎《续汉文典·文章典》中找到直接源头:

---

① 《汉文典注释》,第310页。
② 同上,第385—398页。

> 从性质上,文章分为理的、气的、情的、才的、辞的五种。①

儿岛在此段下又辨别谢枋得《文章轨范》分"放胆文""小心文"亦可谓性质上的分类,却难以从中认识作者的意趣,故不能纳入。来氏亦云:"昔谢枋得分放胆、小心二体,亦从性质上观之,惜范围稍狭。"②两相对照,给人亦步亦趋的感觉。惟在具体论述时,来裕恂却颇表现出自主性:不仅有细节上的调整(如儿岛推崇苏轼、袁枚为"才的文章"之作手,来氏则改为贾谊、苏轼),更将儿岛所分五类当中"气的文章"一类完全删去。儿岛书中曾提及"相对而言,汉文家当中气的作家比较多"。③ 来裕恂有意忽略向来古文家津津乐道的"气胜之文",或亦与此评价有关。

在来裕恂利用儿岛著述体例撰述自家《汉文典》之时,儿岛献吉郎《汉文典》在中国新学界,已经有了一定程度的接受。光绪二十九年(1903)章太炎致书刘师培,论"辞典当分词性",就提到:"日本九品之法,施于汉文,或有进退失据,儿岛献吉【郎】复增前置词为十品,此皆以欧语强傅汉文。"④宣统元年(1909)章太炎致信罗振玉,又称"儿岛献吉【郎】之伦,不习辞气,而自为《汉文典》";⑤继而在《教育今语杂志》上大骂:"可笑有个日本人儿岛献吉【郎】,又做一部《汉文典》,援引古书,也没有《文通》的完备,……近来中国反有人译他的书,唉!真是迷了。"⑥儿岛《汉文典》的中译本,除了光绪三十二年(1906)商务印书馆所出《中国文典》对其书第二篇"文辞典"的摘译,此前在光绪三十一年(1905)八月,上海科学书局还出版过无锡丁永铸译的《国文典》,实即儿岛氏《汉文典》第一、二篇的节译本。⑦ 要之,当时国人对儿岛此书的批评或译介,多集中在分析词性的第二篇。在此知识氛围中,来裕恂独能注重该书(特别是其续编)涉及文章修辞内容,实为难得。

然而,来裕恂的《汉文典》出世后,却遭到了与儿岛《汉文典》类似的境遇。

---

① 儿岛献吉郎:《续汉文典·文章典》第七章"性质上ノ分类",第63页。
② 《汉文典注释》,第395—396页。
③ 儿岛献吉郎:《续汉文典·文章典》,第64—65页。
④ 章太炎:《再与刘光汉书》,徐复编校:《章太炎全集》第四册,上海:上海人民出版社,1985年,第150页。
⑤ 章太炎:《与罗振玉书》,前揭《章太炎全集》第四册,第172页。
⑥ 章太炎:《教育的根本要从自国自心发出来》,见吴其仁编:《章太炎的白话文》,上海:泰东图书局,1927年,第103页。
⑦ 有东京弘文堂和上海作新社两种铅印本,均署光绪三十一年八月出版。

商务印书馆出版来氏此书,版权页上题有英文:"Chinese Middle School: A Manual of Chinese Grammar";章士钊《中等国文典》版权页的英文则为:"Intermediate Chinese Grammar"。可知连出版者都将此二书视为同属于 Grammar 的一类。在这种单纯语法书的视野下,来氏《汉文典》的缺点自然相当明显。宣统元年十一月二十二日(1910 年 1 月 3 日),学部批复商务印书馆经理夏瑞芳呈审的教科书,即指出:"查《汉文典》分'文字典''文章典'二种。'文字典'征引有本,条理亦颇明晰,可作为参考用书,错误处另纸批出,务即照改。'文章典'未免臆说,兹事体大,非可率为。"①来裕恂用力较多的"文章典"部分,反而被视为"臆说"而未获学部采纳。

余　论

从《马氏文通》、《初等国文典》、来氏《汉文典》到后来题为"中学文法教科书"的《文字发凡》(详另文),无论其重点在"葛朗玛"还是文章修辞,清末新知识界引进"文法"的初衷,多半是要赋予原先被认为无规矩可循的文章学以一种可在新式教育体制下授受的"规矩方圆"。②背后又隐含从诵读涵泳到课堂讲授这一知识传递方式的变化。正如章士钊在《初等国文典·序例》中指出的:"学课各科之配置,皆有定限。其国文一科,必不复能如吾辈当年之吟诵者,则不易辙以求其通,万无几幸。夫所谓易辙者,当不外晰词性、制文律数者矣。"③然而,对这种几乎成为国文教育界共识的论调,亦不无唱反调者。宣统二年(1910)有《中国文学指南》一册出世,自命为"中学堂、师范学堂、高等学堂及大学堂凡为教员为学生习文科者不可不备之书",实则不过选录古来诗文评名篇而已。但其对于当世"文法诸书"施以酷评,却相当犀利:

> 吾国近时所出文法诸书,句磔字裂,至不稍假借。乌呼严已!然类盗窃东籍,窜以己意,支离破碎,阅未终卷而已昏昏欲卧矣。窃谓文之径涂广,有直记事实者,有偶抒性灵者,必一一取名、代、动、静等字如柿之比,

---

① 学部:《商务印书馆经理候选道夏瑞芳呈汉文典及希腊各史请审定批》,《学部官报》第 134 期,宣统二年九月一日。
② 马建忠:《马氏文通序》(光绪二十四年三月十九日),前揭《马氏文通》卷首。
③ 章士钊:《初等国文典·序列》(丁未〔1907〕二月),《章士钊全集》,上海:文汇出版社,2000 年第 1 卷,第 180—182 页。

如发之数,非特无此体制,亦适以文为桎梏而已。且未闻吾国之以文名家者,如昔之韩柳氏、欧苏氏亦曾有事于此与?等而上之,左、庄、马、班亦曾肄业及之与?是皆未窥吾国文学之富且美,偶眩于东人糟粕之言,已食其毒,欲更以之鸩人者也。①

在清末民初中学堂及以上国文教育的现实中,真正占有势力的教科书,并非那些采用文典或修辞学新框架的文法读物。反而是一些运用古文选本形式的读本,如吴汝纶的《桐城吴氏古文读本》(1903)、潘博的《高等国文读本》(1906)、吴增祺的《中学国文教科书》(1908)、林纾的《中学国文读本》(1908—1910)、唐文治的《高等国文读本》(1909)之类,占据了国文教科书的主流。正所谓"不拘拘于文法,而文法亦卒莫能外是",这些读本未必严格遵循所谓的"姚选标准",却基本上都是传承晚清曾国藩、张裕钊、吴汝纶一系扩充古文门径、注重吟诵声调的思路,保留了古文选本圈点或评注的体式。或者采用《古文辞类纂》《经史百家杂钞》的标准区分文类,或者按照时代逆溯,甚或还有模仿曾氏《古文四象》,从风格上划分文章类别的例子。

古文评选家的这番逆袭,甚至在新教育界亦不无回响。作为商务印书馆《最新国文教科书》及其《教授法》的主创者,蒋维乔在宣统元年(1909)论述"小学以上教授国文"的方法,亦对于古文诵读有一定程度的认可。蒋氏认为小学以上国文教育,所需人才、教授法与小学校启蒙阶段截然不同。故在批评"能文之士"不能专心研究教授法(pedagogy)的同时,更指出"竭力趋时者,则鉴于昔者学塾之背诵呆读,为世诟病,以为学堂中宜讲解不宜诵读"的盲点。结合在中学校考察国文教育现场的经验,蒋氏发现"学生至成篇而后,再求进步,尤宜置重诵读,今乃忽之,必至毫无成效"。②

有趣的是,蒋维乔本身就曾是"竭力趋时者"。其回到诵读的中学国文教育观,除了援引古文家在此方面的丰富论述,更直接采用了来自日本的新学话语。他提出文章有"知的文章""情的文章""美的文章"三种区分,各自以"明晰""势力""优丽"为主,实是取自日本学者武岛又次郎《修辞学》一书关于"体制"(Style)的论述。③ 在此基础上,蒋维乔提出学文三阶段:"其始则求明

---

① 邵伯棠:《序》,《中国文学指南》,宣统二年五月上海会文堂粹记石印本,卷首。
② 蒋维乔:《论小学以上教授国文》,《教育杂志》第1年第3期,宣统元年闰二月二十五日。
③ 武岛又次郎:《修辞学》,东京:博文馆,1898年。第一编"体制",第10页。

晰,以适日常之应用,小学校学生所有事也;进之则尚势力,中学校学生所有事也;又进之则取优丽,则文学者之事。"至于如何从小学生作文的"明晰"进入中学生作文的"势力",蒋氏的方案则是以诵读来"行气"。

蒋维乔认为武岛又次郎讲的"势力",就是古文家所谓"行气"。他又引韩愈气盛言宜之说,并提及曾国藩自道得力之处在声调、行气,将修辞学新说与晚近古文家因声求气的理论相沟通,得出的结论是:"讲求声调,首在诵读。"只是接下来蒋维乔陈述的诵读法,却与历来古文家的门径有所出入:

> 诵读之法有三:一曰机械读法,就文字读之,琅琅上口,可以熟练口齿,使敏而确。二曰论理读法,一字一句,析之至明,使文字意义跃于心而发诸口,期其意思与文字联络。三曰审美读法,注意音节之抑扬顿挫,使古人之声调,拂拂然与我喉舌相习,以畅发作者之感情。至是而读法之能事毕,而在中学生徒,尤宜置重审美读法也。

蒋维乔所说的"机械读法""论理读法""审美读法"三种诵读法,实际上来自日本明治时期知名的文学者、美学家坪内逍遥(1859—1935),却又对其旨趣不无改动。

明治24年(1891)4月,坪内逍遥发表了〈欲兴起读法之趣意〉一文,分辨"机械的读法"(Mechanical Reading)、"文法的读法"(Grammatical Reading)、"论理的读法"(Logical Reading)三种朗读法的区别,即蒋维乔相关论述所本。[①] 所谓"机械的读法"者,"也就是俗称的'素读',连文章的句读都不加注意,只是沿着文字排列、连接的顺序,就像小儿素读《论语》《大学》,老练的洋泾浜英语学者朗读英文那样,就这样哗哗地读下来了"。值得注意的是,坪内逍遥对"机械的读法"完全持否定态度,认为其朗读声音中"没有情感、没有温度、没有生活,或者应该名之为'死读法'"。而在蒋维乔的论述中,"机械读法"是诵读的第一步,朗朗上口,可以收训练口齿之效。

与机械的"死读法"相对,坪内逍遥称第二类"文法的读法"为"正读法"。由于这种读法要求"发音合法,句读得宜,读声之缓急抑扬能与文意调和,故称之为正当。亦即在文章朗读诉诸他人听觉之时,力求能与诉诸其视觉生出

[①] 坪内逍遥:〈读法を兴さんとする趣意〉,《国民之友》第115—116号,1891年4月13日、23日;加藤周一、前田爱:《日本近代思想大系16 文体》,东京:岩波书店,1989年,第183—204页。

同样的感铭",实际上相当于蒋维乔强调意思明晰的"论理读法"。至于作为坪内逍遥第三类读法的"论理的读法",又可称为"美读法"(fine reading),不仅止于使文义明了、有力、有趣,更欲达成如下的效果:"若其文乃是自作,则在朗读时可以使自家的感情活动起来;若是他人之文,则在朗读时可以使原作者的本意活跃起来;又若是院本(按:此处指戏剧)中人物的台词,则可以使人物的性情在朗读之间跃然纸上",亦即蒋维乔所谓"使古人之声调,拂拂然与我喉舌相习,以畅发作者之感情"的"审美读法"。

坪内逍遥对于"美读法"的阐发,注重朗读者与作者(或作品中人物)精神意气的沟通,的确容易让人联想起古文家"因声求气"之说,类似曾国藩所谓"句与句续,字与字续者,古圣之精神语笑胥寓于此"的追求。[①] 然而,蒋维乔取之以作为中学堂古文诵读必要性的论证,却与文学改良家坪内逍遥的本意大相径庭。因坪内此文所说的美读法,主要针对"言文一致"文体,特别强调将文章按照"演剧式的表现"来朗诵,被认为是"规定了近代日本小说读者的享受姿态"。[②] 至于作为蒋维乔"审美读法"对应物的古文诵读法,在坪内逍遥看来,恐怕还是小儿素读《论语》《大学》之类的"机械的读法"。

无论如何,在外来新学说的曲折影响下,原本停留于梁启超、王国维、刘师培、严复等少数新学倡导者言论的"美术""美学"论说,逐渐进入了中学国文教育的视野。这对于拓展"国文"的定义、教授法、教授对象,使新学制下"中国文学"课程与近代意义上的"文学"相对接,都有一定程度的触发作用。然而,一旦进入了近代"文学""美学"的抽象领域,原先追求"有法"的可操作性,难免会打折扣。随着民初"纯文学"观念的渗透,"文法"逐渐失去在基础教育阶段指导写作的意义;或者说写作本身的目的也在改变之中。当"国文"由"应用的古文"变成"国语的文学",专属于那个概念未定时代的语法、修辞、古文作法相混淆的时期,自然要宣告终结了。

本文作者系北京大学中国语言文学系副教授
原标题为《清末"文法"的空间——从〈马氏文通〉到〈汉文典〉》
原载《中国文学学报》(香港)第四辑

---

① 曾国藩:《致刘蓉》,《曾国藩全集·书信一》,长沙:岳麓书社,1990年,第5—6页。
② 小森阳一转引批评家前田爱(1931—1987)语,见前揭《日本近代思想大系16 文体》,第182页。

文学革命时期"林纾败北"问题新探
——兼论共和语境与新文学合法性的建立

宋声泉

在新文学的历史叙述中,林纾形象历来不佳,俨然一位守旧的卫道士,虽然于1924年林纾离世后,郑振铎、周作人等新文化人撰文重新评价其在译介外国文学方面的成绩,但同时亦对其在"五四"时期的言行表示惋惜。[①] 这种一分为二的人物评价方式长时间影响着后世史家为林纾定位时的眼光。近二十年来,一些学者尝试对"五四前后的林纾"[②]予以重新勾勒与评价,或表示应"着重从新文化人的策略效应的角度"探析林纾攻击新文化运动的动因和手段[③];或认为林纾反击《新青年》同人"本意只在泄愤而并非从根本上反对白话"[④];或"依据一些材料推断徐树铮在'五四'时期并没有充当'荆生将军',干涉新文化运动的企图"[⑤];或指出"林纾的文化命运:牺牲在实质正义中"[⑥];或"阐明林纾坚守文化保守立场,自有其历史与文化意义"[⑦];或从"'五四人'与'晚清人'的代际文化心态差异"看到"林纾与五四时期'新青年派'的文化价值冲突主要表现在一种传统主义的常识与全能主义的理性之间的冲突"等。[⑧] 尽管成绩颇为明显,但随着林纾形象的渐趋翻转,也引起了一些争论,

---

[①] 郑振铎:《林琴南先生》,《小说月报》第15卷第11期,1924年11月10日;开明(周作人):《林琴南与罗振玉》,《语丝》第3号,1924年12月1日。
[②] 王枫的《五四前后的林纾》(《中国现代文学研究丛刊》,2000年第2期),结合大量报刊史料,将"林蔡之争"的始末和盘托出,钩沉全面,体贴入微。
[③] 洪峻峰:《林纾晚年评价的两个问题》,《齐鲁学刊》,1995年第1期。
[④] 刘克敌:《晚年林纾与新文学运动》,《中国现代文学研究丛刊》,1997年第1期。
[⑤] 陈思和:《徐树铮与新文化运动——读书札记二则》,《中国现代文学研究丛刊》,1996年第4期。
[⑥] 杨联芬:《晚清至五四:中国文学现代性的发生》,北京:北京大学出版社,2003年,第108页。
[⑦] 胡焕龙:《林纾"落伍"问题研究》,《文艺理论研究》,2004年第6期。
[⑧] 耿传明:《在"新""旧"对峙的背后——从林纾看"五四人"与"晚清人"的代际文化心态差异》,《天津师范大学学报(社科版)》,2004年第4期。

其间尚存若干需要继续讨论的问题。

目前,既有研究多从林纾被迫应战的姿态及其言论的合理性出发,追究《新青年》同人的言语暴力,似乎林纾的败北一是中了新文化者们的圈套,以小说影射人的回应方式失策;二是源自其不擅长富于逻辑的表达,故有理无法说清。与这两类就事论事的分析路径不同,罗志田别出心裁地揭示,"林纾之所以在社会学意义上被战败,一个主要原因是他的个人身份有些尴尬",即"因其旧派资格不足"[1],但因其"侧重于论战当事人这些精英人物",对"林纾败北"的分析止步于林氏的认同危机。

平心而论,"林纾败北"的根源既不能在论争双方的你来我往、唇枪舌剑中找到,也不能仅靠探求林纾个人身份的尴尬获得。诚如杨联芬所言:"在这场'新'与'旧'的交战中,对立的双方,无论是论辩的发动,还是实际的矛盾,都还未能形成真正的历史冲撞。"[2]那么,林纾何以在这样一场未能充分展开便已宣告结束的较量中失势的呢?难道林纾批评白话文的言论在当时完全得不到认可吗?还是《新青年》同人的话语修辞确有能偷天换日的魔力?所谓"正宗的旧派"真的是因为林纾的小说家身份而袖手旁观吗?

对于民国初年新旧之争而言,"林纾败北"具有丰富的象征意味,亦在文学革命声势壮大之中扮演了重要角色;剖析这个历史现象的根源,有助于今人理解共和语境之于文学革命的意义。

一

分析"林纾败北"对文学革命的历史影响,有必要先讨论当时新文学主张的接受情况。笔者曾梳理过《申报》《时事新报》《东方杂志》《国民公报》《新潮》等杂志对文学革命的反应,考察了文学革命成为公共舆论的过程,发现1918年的夏秋之际,文学革命在公共舆论中只是崭露头角,至年末才真正声势日隆[3]。然而,新文学的合法性并没有在这个时刻建立起来。文学革命在受到社会舆论广泛关注的同时,也开始遭到越来越多的质疑与反对。1919年1月,陈独秀曾感慨:"本志经过三年,发行已满三十册;所说的都是极平常的

---

[1] 罗志田:《林纾的认同危机与民初的新旧之争》,《历史研究》,1995年第5期。
[2] 杨联芬:《晚清至五四:中国文学现代性的发生》,第119页。
[3] 宋声泉:《论"五四"前公共舆论空间中的"文学革命"》,《南京师范大学文学院学报》,2014年第4期。

话,社会上却大惊小怪,八面非难,那旧人物是不用说了,就是咭咭叫的青年学生,也把《新青年》看作一种邪说,怪物,离经叛道的异端,非圣无法的叛逆。本志同人,实在是惭愧得很;对于吾国革新的希望,不禁抱了无限悲观。"①

除了思想方面,《新青年》最为时人所诟病的是"骂人"的问题。早在1918年6月,4卷6号《新青年》刊出的署名为"崇拜王敬轩者"的读者来信,便批评刘半农对钱玄同所假扮的王敬轩的回复是"肆口侮骂"。在文学革命渐起反响的1918年年末,读者"爱真"充分肯定了《新青年》是"沉沉地狱之中国"仅有的"新声"后表示:

> 自从四卷一号直到五卷二号,——四卷以前我没有读过。——每号中,几乎必有几句"骂人"的话,我读了,心中实在疑惑得很!
> 《新青年》是提倡新道德——伦理改革、新文学——文学革命和新思想——改良国民思想——的。难道"骂人"是新道德、新文学和新思想中所应有的么?②

可见,即便赞赏《新青年》的读者也不满杂志的"骂人"。

面对读者的质疑,陈独秀不断调整自己的说法。答"崇拜王敬轩者"时说:"其不屑与辩者,则为世界学者业已公同辩明之常识,妄人尚复闭眼胡说,则唯有痛骂之一法。"回应"爱真"时,他对"骂人"正当与否的看法略有改变,称:"'骂人'本是恶俗,本志同人自当有则改之,无则加勉,以答足下的盛意。但是到了辩论真理的时候,本志同人大半气量狭小,性情直率,就不免声色俱厉,宁肯旁人骂我们是暴徒是流氓,却不愿意装出那绅士的腔调,出言吞吐,至使是非不明于天下。"不再明说"痛骂之一法"的合理,而是绕着弯子辩护,已然显得不是十分理直气壮。一个月后,陈独秀以肯定的方式感谢那些质疑《新青年》骂人的读者,认为他们"恐怕本志因此在社会上减了信用",并说:"像这种反对,本志同人,是应该感谢他们的好意。"③

此时,在"骂人"问题上,《新青年》同人内部的意见也有很大不同。1919年2月,胡适致信钱玄同说:"适意吾辈不当乱骂人,乱骂人实在无益于

---

① 陈独秀:《本志罪案之答辩书》,《新青年》第6卷第1号,1919年1月15日。
② 爱真、独秀:《五毒》,《新青年》第5卷第6号,1918年12月15日。
③ 陈独秀:《本志罪案之答辩书》。

事。……若他真不可救，我也只好听他，也决不痛骂他的。"钱玄同回信称："老兄的思想，我原是很佩服的，然而我却有一点不以为然之处：即对于千年积腐的旧社会，未免太同他周旋了。平日对外的议论，很该旗帜鲜明，不必和那些腐臭的人去周旋。老兄可知道外面骂胡适之的人很多吗？你无论如何敷衍他们，他们还是很骂你，又何必低首下心，去受他们的气呢？"[①]如果说强调"旗帜鲜明"，还算得是一种论争策略，那么坚持不受论敌的气，则颇显意气之争。

也是在1919年2月，蓝志先致信胡适时，再次谈及《新青年》的"骂人"：

> 讲到《新青年》的缺点，有许多人说是骂人太过，吾却不是如此说。在中国这样混浊社会中讲革新，动笔就会骂人，如何可以免得。不过这里头也须有个分别，辩驳人家的议论说几句感情话，原也常有的事，但是专找些轻佻刻薄的话来攻击个人，这是中国自来文人的恶习，主张革新思想的，如何自己反革不了这恶习惯呢？像《新青年》通信栏中常有这种笔墨，令人看了生厌。本来通信一门是将彼此辩论的理由给一般人看的，并不是专与某甲某乙对骂用的，就便骂得很对，将某甲某乙骂一个狗血喷头，与思想界有什么好处呢？难道骂了他一顿，以后这人就不会有这样的主张了么？却反令旁观者生厌，减少议论的价值。吾敢说《新青年》如果没有这几篇刻薄骂人的文章，鼓吹的效果，总要比今天大一倍。[②]

蓝志先指出许多人说《新青年》骂人太过，即可知当时社会舆论的一个方面。虽然他也认为动笔骂人是难免的，已经是能够理解《新青年》处境的人了，但仍然对通信栏的笔墨感到生厌。胡适作答时，表示完全赞同他的看法，称"这真是我们自命为革新家的人所应该遵守的态度。"可见，就在文学革命成为热点话题之时，使读者产生信任危机的原因，不仅来自于旧派文人的压力，很大程度上要归因于《新青年》言说方式的问题。胡适早已注意到了这个问题的重要性，陈独秀也转变了看法，只有钱玄同还持着一贯偏激的态度。

---

① 《胡适来往书信选·上》，北京：中华书局，1979年，第24—26页。
② 《蓝志先答胡适书》，《新青年》第6卷第4号，1919年4月15日。此信原载于1919年2月11日《国民公报》。

与胡适交往密切的留美学生群体,也因"骂人"之事对《新青年》多有非议。1918 年 11 月 3 日,任鸿隽在写给胡适的信中说:

> 足下当知我并非为此类人作辩护,此类人虽较钱先生所说的更加十倍毒骂也不足蔽其辜而快吾心,特以欲为文学界挽此颓风,办法不当如是。第一,要洗涤此种黑脑经,须先灌输外国的文学思想,徒事谩骂是无益的;第二,谩骂是文人一种最坏的习惯,应当阻遏,不应当提倡。兄等方以改良文学为职志,而先作法于凉,则其结果可知。吾爱北京大学,尤爱兄等,故敢进其逆耳之言,愿兄等勿专鹜眼前攻击之勤,而忘永久建设之计,则幸甚。①

任氏的着眼点与蓝志先相同,谩骂的方法不仅无益于文学革命,甚至还会起到反作用。1919 年,张奚若在致信胡适时,对《新青年》同人的评说更加严厉,称之为"一知半解的维新家",还说"他们许多地方同小孩子一般的胡说乱道",尤其是反感《新青年》的言说方式:

> 吾非谓《新青年》等报中的人说话毫无道理,不过有道理与无道理参半,因他们说话好持一种挑战的态度,——漫骂更无论了,——所以人家看了只记着无道理的,而忘却有道理的。这因人类心理如此,是不能怪的。

平心而论,张奚若或多或少对《新青年》同人存有偏见,如认为他们大多数是"无源之水";但笔者所引的这段话确实是他的肺腑之言,颇能见出部分读者的心理。

综上来看,1919 年前后,尽管《新青年》的社会知名度已然提升,文学革命的主张也引起了人们的重视,但质疑之声仍不绝于耳,甚至十分有力。然而,就在此时,《荆生》的问世,为新文学合法性的广泛建立提供了重要的契机。

二

《荆生》在 1919 年 2 月 17、18 两日连载于《新申报》。其发表原本不会引

---

① 《胡适来往书信选·上》,第 17 页。

起社会上太多的注意。但该小说刊行不到10日,便传出《新青年》同人受政治压迫面临被辞退的消息,而这消息竟然是由林纾的学生张厚载放出的。1919年2月26日,张厚载在其为《神州日报》主持的一个不定期的"半谷通信"栏目中说:

> 近来北京学界忽盛传一种风说,谓北京大学文科学长陈独秀即将卸职,因有人在东海面前报告文科学长、教员等言论思想多有过于激烈浮躁者,于学界前途大有影响,东海即面谕教育总长傅沅叔令其核办,傅氏遂讽令陈学长辞职,陈亦不安于位,故即将引退。又一说闻,谓东海近据某方面之呈告,对于陈独秀及大学文科各教授如陶履恭、胡适之、刘半农等均极不满意,拟令一律辞职云云。然陶、胡两君品学优异,何至牵连在内,彼主张废弃汉文之钱玄同反得逃避于外,当局有此种意思诚不能不谓其失察也。①

"东海"是时任民国大总统的徐世昌的号。这条消息显示,《新青年》同人或因言论、思想方面的问题,而遭受政治清算,甚至涉及总统的直接干预。如此详细的传言显然不是张厚载捏造而成的。

据传言内容推测,辞退陈独秀等人似乎和林纾的活动无关。因为《荆生》中没有陶履恭和刘半农,而有钱玄同;如果真的是林纾向北洋军阀吹风的话,钱玄同不可能不被纳入名单。张厚载却有些居心叵测,不仅丝毫没有对政府干预言论自由有何指责,反而说政府失察——陶履恭与胡适不该被辞退,钱玄同才是最不能被放过的人。其言外似有希望政府打压《新青年》同人之意。

3月2日,陈独秀在第11号《每周评论》"随感录"中,以《旧党的罪恶》为题写下:"言论思想自由,是文明进化的第一重要条件。无论新旧何种思想,他自身本没有什么罪恶。但若利用政府权势,来压迫异己的新思潮,这乃是古今中外旧思想家的罪恶,这也就是他们历来失败的根源。至于够不上利用政府来压迫异己,只好造谣吓人,那更是卑劣无耻了。"联系张厚载放出的消息,不难体会陈独秀这段文字的背后之意。

3月3日,《神州日报》再次刊出张厚载的传言:"前次通信报告北京大学文科学长、教授将有更动消息。兹闻文科学长陈独秀已决计自行辞职,并闻已

---

① 本文所引《神州日报》的文字,均转引自王枫的《五四前后的林纾》。

往天津,态度亦颇消极。大约文科学长一席在势必将易人,而陈独秀之即将卸职,已无疑义,不过时间迟早之问题。"如果仅是《神州日报》这样来说,恐怕未必会引起社会上格外的注意;但3月4日,《申报》郑重其事地在"专电"栏中大字号写到:"北京电——北京大学有教员陈独秀、胡适等四人驱逐出校,闻与出版物有关。"从后来的报刊媒体上对此事的反应看,即多因看到这条《申报》消息。

3月5日,李大钊在《晨报》发表《新旧思潮之激战》,指责中国旧派势力"想用道理以外的势力,来铲除这刚一萌动的新机",斥其"想抱着那位伟丈夫的大腿,拿强暴的势力压倒你们所反对的人,替你们出出气,或是作篇鬼话妄想的小说快快口,造段谣言宽宽心,那真是极无聊的举动"。"伟丈夫"一词即来自林纾小说中对荆生的描述——"伟丈夫鳄足超过破壁"。这是新文化人首次将《荆生》与谣言、旧派希冀借助政治势力联系起来。

3月6日,《申报》登出"静观"的《北京大学新旧之暗潮》,文中说道:"日前宣传教育部有训令达大学,令其将陈、钱、胡三氏辞退,并谓此议发自元首,而元首之所以发动者,由于国史馆内一二耆老之进言。但经记者之详细调查,则知确无其事,此语何自而来,殊不可解。"这实际上是在为3月4日《申报》所载"专电"辟谣,但也揭示出坊间的传闻是说"国史馆内一二耆老之进言"。在该文中便说过:"国史馆之耆老先生如屠敬山、张相文之流,亦复视新文学派若蛇蝎而深表同情于刘、黄。"可见,传言中尚无牵涉到林纾。这也与张厚载的说法相印证。林纾在当时显然不具备向大总统进言的资格,但国史馆的耆老不同。

流言传播易而止谤难。面对外间汹涌的传言,胡适写信给张厚载,责备他说:"此种全无根据的谣言,在外人尚可说,你是大学的学生,何以竟不调查一番。"3月7日,张厚载回信辩解,"神州通信所说的话,是同学方面一般的传言,同班的陈达才君他也告诉我这话,而且法政学校里头,也有许多人这么说"。[①] 3月9日,张厚载在《神州日报》上继续说道:"北京大学文科学长陈独秀近有辞职之说,日前记者往访该校校长蔡孑民先生,询以此事。蔡校长对于陈学长辞职,并无否认之表示。"《申报》明明已有报道辟谣,而张厚载却坚称自己所言不虚。

也是在3月9日,《每周评论》第12号发行。该期新增"杂录"栏,全文转

---

① 胡适与张厚载的通信见于1919年3月10日《北京大学日刊》所刊之《胡适教授致本日刊函》。

载了林纾的《荆生》,称之"林琴南先生最近作",并标明"想用强权压制公理的表示"。"记者"还在小说前加上按语,称:

> 近来有一派学者主张用国语著作文学,本报也赞成这种主张的。但是国内一班古文家、骈文家和那些古典派的诗人、词人,都极力反对这种国语文学的主张。我们仔细调查,却又寻不出什么有理由、有根据的议论。甚至于有人想借武人政治的威权来禁压这种鼓吹。前几天上海《新申报》上登出一篇古文家林纾的梦想小说,就是代表这种武力压制的政策的。所以我们把他转抄在此,请大家赏鉴赏鉴这位古文家的论调。这一篇所说的人物,大约田其美指陈独秀,金心异指钱玄同,狄莫指胡适,还有那荆生自然是那"技击余闻"的著者自己了。

在紧挨"杂录"栏的"选论"栏中,还转载了李大钊3月5日在《晨报》上发表的《新旧思潮之激战》。然而,此文与李大钊对"荆生"形象的看法不同——这里说"荆生"代表林纾自己,而李大钊讲的"抱着那位伟丈夫的大腿"肯定不是说抱着林纾,而是将"伟丈夫"看作政治势力。一面称"荆生"代表林纾,另一面又说《荆生》小说"是代表这种武力压制的政策的",令人感到自相矛盾。

就在《申报》放出消息后的十天中,陈独秀等人的"辞职说"开始发酵。《时事新报》质问道:"今以出版物之关系而国立之大学教员被驱逐,则思想自由何在?学说自由何在?"《中华新报》说:"北京大学教授陈独秀等创文学革命之论,那般老腐败怕威信失坠,饭碗打破,遂拚命为轨道外的反对,利用他狗屁不值人家一钱的权力,要想用'驱逐'二字吓人。这本来是他们的人格问题,真不值污我这支笔。"《民国日报》也对《新青年》的主事者"竟为恶政治势力所摈而遂弃此大学以去"的情况表示愤慨。这些言论均是以3月4日《申报》的"专电"为依据而发表的,并非因张厚载在《神州日报》上的通信而起。

与上述三家媒体不同的是,《晨报》的口径与3月6日《申报》所载的"静观"之言相仿,称:"连日每有所闻,未敢据以登载。嗣经详细调查,知此说实绝无影响。不过因顽旧者流,疾视新派,又不能光明磊落在学理上相为辩争,故造此流言,聊且快意而已。"

3月16日,《每周评论》第13号发行,在"评论之评论"栏中,陈独秀以《关于北京大学的谣言》为题,转载了上文所引四家媒体的报道,并说:"迷顽可怜的国故党,看见《新青年》杂志里面,有几篇大学教习做的文章,他们因为反对《新青年》,便对大学造了种种谣言,其实连影儿也没有。"陈独秀明确地说"政府并没有干涉",并指出国故党造谣是"倚靠权势"与"暗地造谣"两种国民劣根性的体现,还点名道姓地将林纾视作前者的代表,视张厚载为后者的代表。有趣的是,陈独秀改变了一周前对荆生形象的判断,说林纾"所崇拜所希望的那位伟丈夫荆生,正是孔夫子不愿会见的阳货一流人物"。"阳货"是乱臣贼子的典型,亦是武人势力的代表。至此,原本置身事外的林纾被《每周评论》推上了风口浪尖。

林纾耐不住批评之声,变本加厉地创作了《妖梦》,诋毁之意更甚,还牵涉到蔡元培。而恰在这篇小说寄向《新申报》时,林纾收到了蔡元培嘱其为遗民刘应秋遗著题词的信。林纾立即致信张厚载说"《妖梦》当可勿登",但稿子已寄至上海,无法追回,于3月19至23日继续在"蠡叟丛谈"栏中发表。几乎同时,林纾复信蔡元培,在简短地说了题词之事后,大谈对北京大学的看法。

该信抢在《妖梦》发表前,于3月18日在《公言报》上登出。编者于信前冠以《请看北京学界思潮变迁之近状》的标题,又列出"北京大学之新旧学派……两种杂志之对抗……第三者之调停派学说……三者以外之学者议论……林琴南致蔡鹤卿书"等若干小标题于其后,就其内容而言,几乎是照抄3月6日《申报》登出的"静观"的《北京大学新旧之暗潮》,末尾称:"顷林琴南氏有致蔡孑民一书,洋洋千言,于学界前途,深致悲悯。兹将原书刊布于下,读者可以知近日学风变迁之剧烈矣。"

在林纾复蔡元培信发表于《公言报》的当天,蔡元培立即写了很长的回信,分别就林纾责备北京大学的"覆孔孟,铲伦常"与"尽废古书,行用土语为文字"予以回击。这封回信逻辑严谨,论证层层深入,义正词严,挑出了林纾信中的不实之词,一一否定。很多研究者认为,林纾之败正在于此。

然而,笔者认为,如果仅此而已,林纾只是发表了影射新文化人的、语气恶毒的小说,以及错信了谣言,自讨没趣地质问蔡元培的话,最后结果也不会那样糟。不幸的是,不久他就卷入到了更大的风波中。

1919年3月30日,《申报》发表两份"专电"先后称:"参议院耆老派因北京大学暗潮甚烈,傅增湘不加制裁,拟提出弹劾案";"钱命教育部傅总长干涉北京大学,意在禁止新潮、撤换校长,傅以事实上万办不到,拟改为贻书规劝,并设法调和新旧。"同日,《每周评论》15号发行,陈独秀撰随感录"林纾的留声机器"说:"林纾本来想借重武力压倒新派的人,哪晓得他的伟丈夫不替他做主。他恼羞成怒,听说他又去运动他同乡的国会议员,在国会里提出弹劾案,来弹劾教育总长和北京大学校长。"

至4月1日,《申报》发布通讯《傅教育弹劾说之由来》,对两日前的"专电"做了较为详细的叙述,称:"日前,张君元奇竟赴教育部方面,陈说此等出版物实为纲常名教之罪人,请教育总长加以取缔,当时携去《新青年》《新潮》等杂志为证。如教育总长无相当之制裁,则将由新国会提出弹劾教育总长案,并弹劾大学校长蔡元培氏,而尤集矢于大学文科学长陈独秀氏。"《申报》只是说"参议院耆老派"拟提出弹劾,而《每周评论》却揭出了幕后黑手是林纾。因为张元奇确实是林纾的同乡,侯官县人,但至今尚无确切材料能证明弹劾的动议与林纾有直接关系。

在《妖梦》与致蔡元培信发表后的十天之内,林纾只是略被嘲讽而已;但当张元奇弹劾一事见诸报端后,引起了舆论的轩然大波。对林纾的笔诛口伐四面而起。4月5日,《新申报》上刊出《林琴南先生致包世杰先生书》,承认了自己"不慎于论说,中有过激骂詈之言",并表示"知过";但为孔子之道力争的志向不移,只是"以和平出之,不复谩骂"。然而,林纾并不明白,其实舆论对他的指责,根本已经不是言说方式的问题了。

三

分别发行于4月13日与4月27日的《每周评论》17号、19号,皆增加四个版面,以"特别附录"的方式,题为"对于新旧思潮的舆论",转载了全国14家报刊媒体关于新旧论争讨论的27篇文章。可见,此刻无论是文学革命,还是《新青年》都顿时成为全国报界热议的话题。

笔者认真阅读和梳理了这27篇文章,发现林纾受到批评的最核心的根源既不是林纾旧派资格不够的认同危机,也不是林纾采用的谩骂的话语方式问题,而是共和话语。

早在张元奇提出弹劾想法时,15号《每周评论》上的"随感录"就开始以"共和"为武器发表议论。陈独秀说:"无论那国的万能国会,也没有干涉国民信仰、言论自由的道理。"这即是在强调"国会"的功能,亦是凸显"共和"。鲁迅更旗帜鲜明地指出了林纾身份的尴尬。这与罗志田所说的学术资格不同,而是强调其政治身份。鲁迅抓住林纾致信蔡元培时的自我表白——"公为民国宣力,弟仍清室举人"来做文章。其在《敬告遗老》中说:

> 自称清室举人的林纾,近来大发议论,要维持中华民国的名教纲常。……有一句话奉劝:"你老既不是敝国的人,何苦来多管闲事,多淘闲气。近来公理战胜,小国都主张民族自决,就是东邻的强国,也屡次宣言不干涉中国的内政。你老人家可以省事一点,安安静静的做个寓公,不要再干涉敝国的事情罢。"

鲁迅的话直击林纾要害,即自居清朝遗老的林纾根本不算中华民国的公民,没有资格对中华民国的事品头论足。同期中,还刊有一封署名"贵兼"的读者来信,亦特意指出"清国举人林纾,近来真是可怜"。

至第17号《每周评论》发行,陈独秀再次于"随感录"栏中说:

> 日本是君主国,那德莫克拉西主义,和纲常名教主义冲突,原来是当然的事。若在共和国里,纲常名教本当不成问题了,一方面却还把纲常名教当做旧思潮,一方面也把德莫克拉西当做新思潮,两边居然起了冲突,实在是不可思议。更奇怪的竟有一班调和大家、折衷大家,想用那折衷主义来调和新旧。试问德莫克拉西是什么?纲常名教是什么?两下里折衷调和起来是个什么?

之所以"不可思议",是因为中国国体已然变更,不再是君主国,但明明是以民主为政治基础的共和国,却提倡纲常名教。此文之后,还有一篇陈独秀的《林琴南很可佩服》。陈独秀虽然对林纾"写信给各报馆,承认他自己骂人的错处"表示佩服,但反过来又说:"他那热心卫道、宗圣明伦和拥护古文的理由,必须要解释得十分详细明白,大家才能够相信咧!"如果将这两条随感录一起来看,可知林纾的"热心卫道、宗圣明伦和拥护古文"在陈独秀看来,即是与共和国家不适宜的"纲常名教"。

细读《每周评论》上转载的各报文章,可以发现,以共和话语为武器来大做文章,是非常普遍的方式。如《晨报》上渊泉的《警告守旧党》评议张元奇"请干涉北京大学之新潮运动"时说:"兹事非北京大学二三教员去就问题,实吾中华民国国民有无拥护学问独立思想自由之能力问题。……在昔帝王专制时代,往往因个人之爱憎,滥用权力,压迫思想。然其结果,反动愈烈,卒莫之何。试问今日何时,旧派乃欲以专制手段,阻遏世界潮流,多见其不知量耳。"这篇文章紧扣"中华民国"的标签与共和时代的新诉求发问,言"在昔帝王专制时代"即是凸显当下的"共和语境"。此文也将中国与日本相较,称:"以君主国之日本,对于欢迎民主政治之大学教授,尚不敢以权力压迫。谓我堂堂民主国,因区区反对孔子学说问题,便欲干涉思想压迫大学耶?"这种论调与陈独秀的"不可思议"之说很相似。

《国民公报》上的《最近新旧思潮冲突之杂感》,先表示守旧党企图摧残新思想的举动,本不值得批评,但随后却说:"回想民国三四年的时候,复古主义,披靡一世,什么忠孝节义,什么八德的建议案,连篇累牍的披露出来,到后来便有帝制的结果。可见这种顽旧的思想,与恶浊的政治,往往相因而至。现在这辈顽旧思想的人又想借不正当的势力,来摧残新思想。"时人刚经历过袁世凯与张勋的帝制复辟,对复辟问题尤其痛恨。记者甚至说:"这种顽旧的思想,在今日的时候还是这种弥漫,那前途的影响,保不定要发生与帝制一般的危险哩!"这篇文章的作者署名"毋忘",恐怕即是提醒读者"毋忘"帝制复辟。

这两篇尚未直接点林纾的名,而遗生刊于《北京新报》的《最近之学术新潮》则问难林纾致蔡元培函中所说"拼我残年,极力卫道"是"卫桐城派及'文选'之散、骈文体耶?抑卫君主专制政体之学说耶?"作者表示旧派即便想卫道,也不应谩骂,但又说道:

> 且吾人回思旧学界数十年前之状况,无论关于何等学说、何等著述,只要抬出吾夫子、古圣王之招牌,即可横绝一世,而无讨论之余地;而苟有所讨论者,亦遂自陷于"离经叛道、非圣诬法"八大字之罪案之下。虽然,今日其尚适用之乎?吾观于林琴南致蔡氏第一书,其所论列,含糊笼统,绝无条理之可言,平情而论,亦犹是吾夫子、古先王数十年前论学之旧式耳。呜呼!是其出于谩骂,吾又何责已!

这里点出了林纾是以专制时代的方式来对待新思想。"今日其尚适用之乎?"的追问,即是在说"离经叛道、非圣诬法"的旧律条在共和话语中已然威力不再。

再如《顺天时报》、《民治日报》均从立宪国家的角度出发对新旧冲突之事加以评议。前者载《酝酿中之教育总长弹劾案》,称:"按思想自由本为立宪国之大原则,纵使新旧不能相容,不妨以笔舌相争,以待识者之公判,今乃欲借政治的势力,以压服反对之学派,实属骇人听闻之事也。"后者中"隐尘"的《新旧思想冲突平议》亦云:"言论自由,本神圣不可侵犯,而为各国宪法所特别保护者也。新派之主张,多散见于新闻杂志之间。旧派之主张,亦但见诸书函之内。总之,皆是思想问题、皆是言论问题,纵双方互相攻击,亦为思想进步所必由之途径,按诸法律,实无政府干涉之余地也。"

《益世报》所载"翰艺"的《学术与政治》亦称:"夫思想言论自由,为立宪国之原则。"尤其说道:"今吾国脱离专制之羁绊为日甚浅,各种学术均伺在幼稚之列,提倡之不遑,忍从而摧残之耶?且借政治以干涉学术,即舍所愿得伸,而思想言论自由之权,扫地已尽,流弊所极,恐将复蹈专制时代之覆辙。"由此可以感知,民初舆论对防专制复辟、养共和精神的迫切追求。

各报界媒体除了言共和国不应压制言论自由、或称政府干预违背宪法原则之外,还就国故党的所守之"旧"提出批评,如《民治日报》上的《新旧思潮平议》先指出守旧者所言之中国固有文化"无非是孔孟的伦理学说",然后批评孔孟学说的不合时宜,其言曰:"譬如现在我国已改共和,再要行那君臣的伦理,自是不可。因为共和国民与君主制度是相冲突的。不求改造必不能实施。我国文化与现代思想有不相冲突的吗?"这种说法与《新青年》上反对孔教的论调十分相似。

还有《民福报》所载之"仪湖"的《林蔡评议》对当时提倡新旧文学并行不悖的观点加以辩说:

> 真理转因新旧之争而愈显,其应行先决之点亦有三:
> (甲)今之国体,是否为世袭之君统? 答:国体已由君统而入共和矣。
> (乙)今之国势,是否为闭关之时代? 答:国势已由闭关入棟通矣。
> (丙)国体国势变迁,是否仍适用世袭之学理? 答:国体国势已革新,而世袭之学理,自不得不有所递嬗。

这已经不是否定旧派的行为方式了,而是就其所坚持的内容本身提出质疑。

此外,还有《益世报》就北京大学所处环境发表议论,其所载"蕴巢"之《新旧之争》说道:

> 此次外间人对于大学之攻击,即新旧之争之一种。放开眼光,往大方面一看,亦不过官与民之争之一小部分而已。请问现在中国虽高揭民国之旗帜,究之民得意乎? 抑官得意乎? ……北京大学,居于官僚社会之中心,不被旧派攻击,乃情理中必无之事。

其逻辑在于北京大学受到攻击的悲剧根源是"民国"只是徒有其名,"共和"尚未建成实质性的体制。可与之引为同调的是《民国日报》上的《论大学教员被摈事》,称:"北京为数百年龌龊官吏之薮。虽经屡次政迁,而臭腐陈腐之气仍盘桓于上下。政府之人物,无一非专制头脑。征之于事,显然可知。"为民国政府工作的官员"无一非专制头脑",显然是"共和"之悲。

仅以第17号《每周评论》所转载之16篇文章来看,半数以上都以共和话语来衡量守旧派的行为。尽管这些被转载的文章是经过陈独秀的挑选,但陈氏并非带着很强的目的性进行选择,所以由此作为观察当时舆论界反应的一个个案,具有可供参考的价值。由此来看,林纾如果只是写小说影射人、错信谣言给蔡元培写信质问的话,充其量落得个以谩骂为手段的恶名。不过,前文已然梳理过,其实就在《荆生》问世的前后,《新青年》也承受着很多这样的质疑。然而,自3月4日《申报》报道了北大教授因出版物遭受驱逐的消息后,舆论界将矛头都集中于思想自由与学说自由方面,不再特意关心出版物本身的内容问题,同时《每周评论》将林纾塑造为一个企图借助政治势力干预学术的国故党形象,而林纾又不甘被批评,继《荆生》后推出《妖梦》,同时致信蔡元培,蔡元培的复信有理有据地驳斥了林纾,经由媒介报道,林纾的形象已然不佳,但后续又传出张元奇在国会提出弹劾议案,而恰巧张氏与林纾为同乡。至此,舆论界对新旧道理上的分析已然不感兴趣,论争内容的谁是谁非亦变得无足轻重。恰如刊于《成都川报》的《对北京大学的愤言》中谈起文学革命时所说的:

> 安徽出了陈独秀、胡适,主张白话,鼓吹欧风。便伸着两只手,一手指着福建派,骂道:你是桐城谬种;一手指着浙江派,骂道:你是选学妖孽。便造了个安徽派的新文学。人都说安徽派持论过激,我说不错。……不管他议论得是不是,行得到否,总之,是中国思想界的新机括。我认为不可干涉,因为一干涉便造成了"思想专制"的恶现象。

原本被社会上指责过激的《新青年》,经由林纾一事后,舆论对其多了同情与理解。而这很大程度上又源自于民国初年舆论界对来之不易的共和国体之维护。

沃尔特·李普曼的经典之作《公众舆论》曾指出,无论何种舆论,都不是知识,只是主体(公众)对客体(事件)做出的反应,而不是对客体的本相的认知。[①]

---

① 沃尔特·李普曼:《公众舆论》,阎克文、江红译,上海:上海人民出版社,2006年。

其实,《新青年》与所谓的以林纾为代表的守旧派之争是一场没有充分展开的论战。林纾的部分观点,如古文不宜尽废的主张,在当时实际上是真正的主流思想。"静观"在《北京大学新旧之暗潮》的结尾表示"理应顺世界之潮流,力谋改革",赞《新青年》同人"不恤冒世俗之不韪,求文学之革新",同时也建议"第宜缓和其手段,毋多树敌,且不宜将旧文学之价值一笔抹杀也"。可见即便支持文学革命的人,亦不赞同完全否定旧文学。社会舆论之所以一边倒地反对林纾,不仅是他输在道理上、输在说话方式上,抑或输在没有人对其旧派资格认同上,更重要的是,林纾被时人认作言行违背了共和国体,这在根本上是触动了民初公共舆论中最脆弱的政治心理。

1919年春,当众多报业媒体纷纷报道新旧思潮论争之后,《新青年》迎来了鼎盛时期,4月23日,汪孟邹致胡适信中言:"近来《新潮》《新青年》《新教育》《每周评论》,销路均渐兴旺,可见社会心理已转移向上,亦可喜之事也。各种混账杂乱小说,销路已不如往年多矣。"①汪孟邹后来回忆《新青年》时亦说:"至民国六年销数渐增,最高额达一万五六千份。"②大概即是在此之时。早在舆论界中批评林纾之时,已有报人预测说:"至少言之,我知从此以后之《新青年》杂志发行额必加起几倍或几十倍。"③

除了杂志销量与社会知名度之外,《新青年》亦在林纾触动共和话语的过程中,得到了更加广泛的认可。当时众多报刊在为言论自由、思想自由争地位,对所谓遭受"驱逐"的《新青年》同人抱以同情与支持之时,也极大地肯定了文学革命。如《北京新报》所载"遗生"的《最近之学术新潮》赞陈独秀等"提倡中国新文学,主张改用白话文体,且对于我国两千年来障碍文化、桎梏思想最甚之孔孟学说及骈散文体为学理上之析辨,而认为违反世界进化之公例,亟应自根本上廓清更张,声宏实大,确衷至理。"《民治日报》中"隐尘"的《新旧思想冲突平议》亦认同"历史的文学观念论",称:"文学因时代变化,唐之文不同于汉,宋之文不同于唐,一代有一代之文章。苟后之人,必尽同乎古而无所用其变革,则直一古人之留音机器耳,又何贵乎有后人哉!"类似的言论在当时报刊中并不鲜见。

1919年11月16日,《申报》再次刊登了对文学革命的报道,题为《白话文

---

① 《胡适来往书信选·上》,第40页。
② 戈公振:《民国时期的重要报刊》,张静庐辑注:《中国近代出版史料·二编》,上海:群联出版社,1954年,第315—316页。
③ 志拯:《谁的耻辱》,原载《中华新报》,转载于《每周评论》第19号。

在北京社会之势力》,讲到《新青年》提倡白话文时说:

  其初反对者,约十人而九;近则十人之中,赞成者二三,怀疑者三四,反对者亦仅剩三四矣,而传播此种思想之发源地,实在北京一隅,胡适之、陈独秀辈既倡改良文学之论,一方面为消极的破坏,力抨旧文学之弱点,一方面则为积极的建设,亟筑新文学之始基,其思想传导之速,与夫社会响应之众,殊令人不可拟议。

平心而论,新文学合法性能够建立的如此迅速,即与"林纾败北"事件为文学革命开拓的文化空间分不开。

本文作者系北京邮电大学继续教育学院讲师

化古为今:新文化运动中中国章回小说形象再生产

——以"亚东本"章回小说的新文学家所撰序言为中心

鲍良兵

在中国近代古典"章回小说"的出版史上,1920年8月,上海亚东图书馆出版的《水浒》标点本,首开我国标点书的先河。同年12月,亚东图书馆又出版了他们标点的《儒林外史》。在获得市场的良好反馈后,《红楼梦》《三国演义》《西游记》《镜花缘》《官场现形记》《考宋人话本七种》《三侠五义》《水浒续集》《儿女英雄传》《老残游记》《海上花》《今古奇观》《十二楼》等10多种"章回小说"名著陆续标点出版,史称"亚东本"。这套亚东版的"章回小说"产生过极大的影响,鲁迅就曾说:"我以为许多事是做的人必须有一门特长的,这才做得好。譬如,标点只能让汪原放,做序只能推胡适之,出版只能由亚东图书馆。"[1]而以《红楼梦》为例,学者魏绍昌曾这样描述:"亚东本在解放前三十年内排版两次,共发行十六版,流传颇广,影响很大。解放后,一九五三年新中国印行的第一个《红楼梦》本子,又是基本上翻印了亚东重排本,所以直到一九五四年在全国发动了对胡适派《红楼梦》研究问题的批判以前,亚东本始终占据着《红楼梦》各种铅印本中的优势地位。"[2]从此一例中亦可窥一斑。而这套"亚东本"能从当时各家出版机构出版的古代白话小说中"异军突起",除了标点、分段和点校精良之外,一个很重要的因素也与陈独秀、胡适、钱玄同等在"五四"新文化运动中崛起的名学者作家以撰写新序的方式积极推荐有关。受市民大众喜爱的章回小说,因蕴含着新文学精神的新序而凸显出新的艺术内涵,被重塑为"代表一个时代的精神的文学。"书因序传,序以书传,这

---

[1] 鲁迅:《为半农题记〈何典〉后作》,《鲁迅全集》第11卷,北京:人民文学出版社,1973年,第285页。
[2] 魏绍昌:《红楼梦版本小考》,北京:中国社会科学出版社,1982年,第26页。

些序文使"亚东本"一出版就引发读者的关注,具有很强的广告效应。

对于序言,鲁迅认为:"在一本书之前,有一篇序文,略述作者的生涯、思想、主张,或本书中所含的要义,一定于读者便宜得多。"[1]这句话是针对读者而言的。就出版者而论,序文往往是一种吸引读者的强有力招牌,是推销术之一种,名家的序跋因为作者的声望,所起的作用无异于顺风而呼,登高而招。而对于写序者来说,则是表彰自身观点,传播文学观念的重要机会。而从文本生产角度看,更为重要的是,序言同时也参与到塑造该文本的再生产中。根据新文本主义的观点,"在文本生产的语境下,文本不再是一个由原初作者'意图'主导的固定文本,而是由众多生产者再编码的身份体认——后者通过文本词语使用、句式结构、主题意蕴、字体设计、版式装帧等文本内外形式与物质要素体现出来。"[2]新文本重要理论家查克瑞·莱辛通过考察莎士比亚剧本出版史,认为正是通过改变"文本"的标题、插入"序言",加入"致谢"文字等一系列的文本再生产实践,出版者才取代作家而完成了"文本"向"作品"延展的一系列再创造。"这也意味着'文本'不再是一个纯粹自律性的精神存在体,而是一个由多重物质和非物质要素合力而成的混杂'作品'存在物。"[3]而根据法国文论家热拉尔·热奈特所提出的"副文本"和"跨文本性"的概念。副文本是指相对于文本而言的文本,从文本的外延上说,主要指"围绕在作品文本周围的元素:标题、副标题、序、跋、题词、插图、图画、封面。"[4]其所谓的"跨文本性"则大致包含元文本性、互文性、副文本性、承文本性和广义文本性等五类。其中,副文本性的意涵即指"一部文学作品所构成的整体中正文与只能称作'副文本'的部分所维持的关系。副文本处于文本的'门槛'——既在文本之内又在文本之外。"[5]而在所有的副文本中,序跋尤为重要,"序跋因其具有广阔的言说空间和指涉范围,直接与正文本构成一种互文性,这是副文本中最重要的因素"[6]是以,序跋对于文本的生产流播可谓有着相当重要的作用。

在学界对于"亚东本"新作序跋的已有研究中,或注重撰写新序跋的史事考

---

[1] 鲁迅:《〈文艺与批评〉译者附记》,《鲁迅全集》第17卷,北京:人民文学出版社,1973年,第441页。
[2] 谷鹏飞:《文本的死亡与作品的复活》,《文学评论》,2014年第4期。
[3] 同上。
[4] 弗兰克·埃尔拉夫:《杂闻与文学》,谈佳译,天津:天津人民出版社,2003年,第51页。转引自梁伟、张菁、周泉根:《序跋:透析京派的一个副文本视角》,《海南大学学报》(社科版),2012年第4期。
[5] 王瑾:《互文性》,桂林:广西师范大学出版社,2005年,第116页。
[6] 彭林祥、金宏宇:《作为副文本的新文学序跋》,《江汉论坛》,2009年第10期。

辨,或多集中于序跋自身内容的研究,将之纳入到现代学术视野中,强调学者的治学方法和序跋对于古典小说现代学术范式建立的意义。① 而对新作序跋和章回小说出版生产的"原生"关系以及新文学家参与新文化传播则多有忽略。本文则试图将其纳入到新文化运动的视野中,考察新作序跋在"亚东本"小说出版再生产和新文化运动流播中所起的作用。古典"章回小说"发行量大,流通面广,胡适、陈独秀、钱玄同等新文学家不乏体会,是以不厌其劳地为亚东出版物作序。② 作为一种策略,这些序言在塑造着古典"章回小说"的新形象的同时,也是这批新文学家将自身思想和现代小说观念"物质化"的重要过程。正是通过化古为今,出版和新文学相互促进,使得新文化运动的波及面更加广阔。

文学革命和白话及"国语"文学的范本

1917年,胡适和陈独秀分别发表了著名的《文学改良刍议》和《文学革命论》,推动"文学革命"。在《文学改良刍议》中,胡适高呼:"今日之文学,其足与世界第一流文学比较而无愧色者,独有白话小说(我佛山人、南亭亭长、洪都百炼生三人而已)一项。……其他学这个、学那个之诗古文家,皆无文学之价值也。"③1918年,胡适又于《建设的文学革命论》中急呼:"死文字决不能产出活文学。……中国的文学凡是有一些价值有一些儿生命的,都是白话的,或是近于白话的。其余的都是没有生气的古董。"④同时,高举建设新文学的大旗:建设国语的文学,文学的国语。并大力表彰《水浒》《红楼梦》《西游》和《儒林外史》四种白话小说,赞扬其为有价值和生命力的"活文学"典范。这种对新文学的建设思路显然延续到了序言中。胡适在《〈水浒传〉考证》中说:

---

① 相关研究参见刘刚:《陈独秀为古典名著作序》,《江淮文史》,1996年第3期;孙逊、赵真:《亚东本小说序跋与古典小说研究现代学术范式的建立——以胡适为中心》,《天津社会科学》,2009年第1期和陆林:《胡适水浒传高考证与金圣叹研究》,《文学遗产》,2011年第5期等。
② 胡适分别写了《〈水浒传〉考证》《〈水浒传〉后考》《吴敬梓传》《吴敬梓年谱》《〈红楼梦〉序》《〈红楼梦〉考证》《〈西游记〉考证》《〈三国演义〉序》《〈镜花缘〉引论》《〈水浒续集〉两种序》《〈三侠五义〉序》《〈儿女英雄传〉序》《〈老残游记〉序》《〈海上花列传〉序》《〈官场现形记〉序》《〈宋人话本〉序》《〈醒世姻缘传〉考证》《考证后记》等十八篇文章。陈独秀则写了《〈水浒〉新叙》、《〈儒林外史〉新叙》、《〈红楼梦〉新叙》、《〈西游记〉新叙》等四篇序言;钱玄同写了两篇(《〈儒林外史〉新叙》、《〈三国演义〉序》);孙楷第写了《〈今古奇观〉序》《〈十二楼〉序》两篇;刘复和徐志摩则分别写了《读〈海上花列传〉》和《〈醒世姻缘〉序》。
③ 胡适:《胡适古典文学研究论集》(上册),上海:上海古籍出版社,1988年,第22页。
④ 同上,第52—53页。

"我想《水浒传》是一本奇书,在中国文学史占的地位比《左传》《史记》还要重大的多。"①钱玄同在《〈儒林外史〉新叙》中也认为"中国近五百年来第一流的文学作品,只有水浒,儒林外史和红楼梦三部书。"②标榜这些白话小说为一流作品,背后则是对白话文学之为中国文学之正宗,又为将来文学必用之利器,是中国文学唯一的目的地的强调。而经过胡、陈、钱等人的大力提倡和新文学创作的实践,至 1919 年,白话文取得了对文言文的优势地位而上升为主流。特别是 1920 年,教育部以部令的形式宣布:在小学教育中,逐步废止用文言文编写的《国文教科书》,代之以白话文编写的《国语教科书》。教育制度的变迁,牵一发而动全身。正是在这种背景下,暂时还来不及拿出更多国语的文字作品的新文学家,自然以这种新思想(序言)塑造武装起中国古典章回小说,作为白话最形象和最通俗的示范。如胡适认为不少的章回小说的语言精彩,实可堪当白话教科书。在《〈儿女英雄传〉序》中,他虽然批判小说思想的浅陋,但高度肯定《儿女英雄传》的语言,"特别长处在于言语的生动,漂亮,俏皮,诙谐有风趣。……旗人最会说话;前有《红楼梦》,后有《儿女英雄传》,都是绝好的记录,都是绝好的京语教科书。"③在《〈老残游记〉序》中,胡适认为《老残游记》在中国文学史上弥足珍贵的是作者展现出来的描写风景人物的能力,而能提供这种描写风景能力的工具在于铸造新字面和新词句,是真正运用了活文字。称赞"只有精细的观察能供给这种描写的底子;只有朴素新鲜的活文字能供给这种描写的工具。"④在《〈宋人话本八种〉序》中,他在对《拗相公》《错斩崔宁》这两个文本一番分析后,认为因为白话的使用,才使得作品如此精彩。"……南宋晚年(十三世纪)的说话人已能用很发达的白话来做小说。他们的思想也许很幼稚(如《西山一窟鬼》),见解也许很错误(如《拗相公》),材料也许很杂乱(如《海陵王荒淫》,如《宣和遗事》),但他们的工具——活的语言——却已用熟了,活文学的基础已打好了,伟大的小说快产生了。"⑤在《〈海上花列传〉序》中,胡适认为作者最大的贡献在于苏州土话的运用。"我们在今日看惯了《九尾龟》一类的书,也许不觉得这一类吴语小说是可惊怪的了。但我们要知道,在三十多年前,用吴语作小说还是破天荒的事。

---

① 胡适:《中国章回小说考证》,合肥:安徽教育出版社,2006 年,第 9 页。
② 钱玄同:《〈儒林外史〉新叙》,《儒林外史》,上海:亚东图书馆,1920 年。
③ 同②,第 334 页。
④ 胡适:《胡适古典文学研究论集》(下册),上海:上海古籍出版社,1988 年,第 1268 页。
⑤ 同上,第 710 页。

《海上花》是苏州土话的文学的第一部杰作。"称赞韩邦庆用别具一格地运用苏州话作小说,"这是有意的主张,有计划的文学革命。……方言的文学所以可贵,正因为方言最能表现人的神理。古文里的人物是死人;通俗官话里的人物是做作不自然的活人;方言土话里的人物是自然流露的活人。"①方言作为白话的一种,"国语的文学从方言的文学里出来,仍须要向方言的文学里去寻他的新材料,新血液,新生命。"②同样的,钱玄同在《〈儒林外传〉新叙》则将《儒林外史》当作"国语模范本","《儒林外史》这部书,不但是文学的研究品,并且大可以列为现在中等学校的模范国语新读本之一。"他认为《水浒》《儒林外史》和《红楼梦》三书,就作者的思想见解、描写的艺术而言,都有非常可贵之处,但作为青年学生的良好读物而论,《水浒》和《红楼梦》则不乏其不尽适宜的地方。唯独《儒林外史》,兼有两书之长却无其短处。小说中没有肤乏语,没有过火语,没有一句淫秽语,而描写真切,可谓是国语的文学。钱玄同认为要普及国语,一个最重要的方法就是要将国语的文学书作为国语读本,多读多看。"近年以来,有智识的文学家主张文学革命,提倡国语的文学,明白道理的教育家应时势之需求,提倡国语普及,把学校中的国文改授国语;因此要求国语的文学书和国语读本的人非常之多。……要研究文学,固然应该读国语的文学书,要练习讲国语,也决不是靠着几本没有趣味的国语读本——甚而至于专说无谓的应酬话的国语会话书——所能收效的,惟有以国语的文学书为国语读本,拿他来多看多读,才能做出好的国语文,讲出好的国语。……我们要会作国语文,会讲国语,也应该先读国语的文学书。两三年来,新出版的书报很多,其中可以供青年学生作为国语读本用的国语诗,国语小说和国语论文,自然很有几篇,可是还不算多。据我看来,这部《儒林外史》虽然是一百七八十年前的人做的,但是他的文学手段很高,他的国语又做得很好,这中国的国语到了如今还没有什么变更,那么,现在的青年学生大可把他当作国语读本之一种看了。"③

陈独秀在《〈西游记〉新叙》中否定其作品思想,却大力表彰其国语文的代表意义。"这种南北朝以来三教合一的混乱思想,我们是无所取的了。在文学的技术上论《西游记》,那描写人情本非作者之意图,固不当和《水浒传》《金瓶梅》及《红楼梦》相提并论,即述妖怪亦欠深刻。我们所取于《西游记》的是

---

① 胡适:《中国章回小说考证》,合肥:安徽教育出版社,2006 年,第 357—360 页。
② 同上,第 358 页。
③ 钱玄同:《〈儒林外史〉新叙》,《儒林外史》,上海:亚东图书馆,1920 年。

什么？元明间国语文蔚然大气，《水浒传》《金瓶梅》《西游记》都是这时代的代表著作，在研究这时代的语法上，我们不能不承认《西游记》和《水浒传》《金瓶梅》有同样的价值。"①

考镜源流和去"读史癖习"的独创性严肃小说

在中国，由于有悠久的历史，史书因为其"纪实事"而占据高位，文类上的"经史子集"，不仅仅只是顺序上的分类，也包含着价值上的评判。且不说已经入经的史（如春秋三传），亦不论"六经皆史"的提法，在中国文人心目中，史书的地位实非只能入子集的文言小说以及引车卖浆者之流的白话小说所能企及。伴随着对史书的重视产生的则是史传文学的发达。陈平原教授在《中国小说叙事模式的转变》中认为，由于受史传文学的长期熏陶，再加上中国人的核实性格，"从前的文人对于历史和掌故的兴味超出虚幻故事的嗜好"，他认为小说家之所以特别看重历史小说，除了寓"旌善惩恶之意"与"使读者于消闲潜兴之中"仍可获历史知识外，更因为"吾国人具有一种崇拜古人之性质，崇拜古人则喜谈古事"。"其实不只喜谈古事，而且也喜谈今事，关键在于要实有其人其事而又不囿于其人其事。"②而以小说比附史书，"引史传入小说，都有助于提高小说的地位。再加上历来文人罕有不熟读经史的，作小说借鉴'史传'笔法，读小说借用'史传'眼光，似乎也是顺理成章。"③当然，客观上把小说完全混同于史书的读者并不多，但主观上不想细辨稗史与正史之别，读小说评小说中有意无意间附之以读史眼光的则不乏其人。如蔡元培那样评作小说的屡见不鲜："因为影事在后面，所以读起来有趣一点。"④在晚清，这种风气更是浓烈，诸多作家也心有戚戚，通过小说评语隐约中指引读者哪些情节故事是"实而有征"，提高小说的趣味性。也正因如此，基于对中国人以读史眼光读小说的癖习的认识，胡适、陈独秀等新文学家着力强调小说和史书的区别，反对在对历史史实的穿凿附会。

在胡适所撰写的序言中，受进化的观念和国外民间故事研究的启示，在这

---

① 陈独秀：《〈西游记〉新叙》，《西游记》，上海：亚东图书馆，1931年。
② 陈平原：《中国小说叙事模式的转变》北京：北京大学出版社，2010年，第201页。
③ 同上，第197页。
④ 蔡元培：《追悼曾孟朴先生》，《宇宙风》，1935年第2期，转引自陈平原《中国小说叙事模式的转变》，北京：北京大学出版社，2010年，第201页。

些序言中,他关注作者生平、成书年代、版本目录、故事流变和文本诠释。通过索隐、溯源和版本考辨,他发现了一类"由历史逐渐演变出来的小说"。他从查考《宋史》中的记载,辨析南宋时宋江其人,详考民间流传的"宋江故事",层层揭示《水浒传》从龚开的《宋江三十六人赞》《宣和遗事》、元曲中的"水浒戏"发展到文人综合创作出现代样式的演变过程,指出:"《水浒传》不是青天白日里从半空中掉下来的,……乃是南宋初年(西历十二世纪初年,到明朝中叶(十五世纪末年),这四百年的'梁山故事'的结晶。"①他以类似方法,详考《三国演义》从历史上的三国如何成以演义的过程,指出"不是一个人做的,乃是五百年演义家的共同作品",以"宋以来'说三分'的话本,变化演进出来的"②;考证《西游记》如何从历史上的玄奘取经的史实经过五六百年演化成小说《西游记》的过程,指出"《西游记》的中心故事虽然是玄奘取经,但是著者的想象力真不小!他得了玄奘的故事的暗示,采取了金元戏剧的材料,加上他自己的想象力,居然造出一部大神话来!"③在《〈三侠五义〉序》中则考证了包公传说和李宸妃故事的由来。指出其中的李宸妃故事的源头来自《宋史·后妃传》,经过八九百年的逐渐演变,原先的五六百字最终演绎成了一部大书和几十本的连台戏。在胡适的考证下,小说的"本事"和"史实"逐渐清晰。此外,他还考证了《红楼梦》《儒林外传》等更注重作家创作的小说。考证小说的版本,作家身世和流变,固然是胡适彰显科学考证和历史演进法,但其背后也带着"知人论世"的传统。"这种种不同的时代发生种种不同的文学见解,也发生种种不用的文学作物——这便是我要贡献给大家的一个根本的观念。《水浒传》上下七八百年的历史便是这个观念的具体的例证。"④同样的,孙楷第所撰写的《〈今古奇观〉序》和《〈十二楼〉序》关注作者生平事迹,详考每个短篇的出处、成书时间:"我之为文,乃是想把古作家之性情、事迹以及遭逢的身世,把古作家的著作内容与时代、社会以及个人的关系加以考核整理,作一个近于事实的报告,这样贡献给近代研究文学的人或者作文学批评的人,帮助他们的鉴赏或品题。"⑤使读者加强"前阅读"的背景理解,在阅读时得以深化。而这种"知人论世"的目的,更重要的是在于通过考证,把小说和史实分离出

---

① 胡适:《中国章回小说考证》,合肥:安徽教育出版社,2006年,第9页。
② 同上,第266页。
③ 同上,第24页。
④ 同上,第42页。
⑤ 孙楷第:《〈十二楼〉序》,载《十二楼》,上海:亚东图书馆,1934年。

来,反对史实的穿凿附会。在《水浒传》里,他批评金圣叹的评点中的史笔。"金圣叹水浒评的大毛病也正是在史字上。中国人心里的(史)总脱不了春秋笔法'寓褒贬,别善恶'的流毒。金圣叹把春秋的'微言大义'用到水浒上去,故有许多迂腐的议论。"①胡适认为穿凿的议论妨碍文学的阅读。《水浒传》的主旨并非苛责宋江等人。"他(金圣叹)看错了,以为七十回本既不赞成招安,便是深恶宋江等一班人。所以他处处深求《水浒传》的'皮里阳秋',处处把施耐庵恭维宋江之处解作痛骂宋江。这是他的根本大错。"②同样的,在《〈西游记〉考证》中,胡适指出,《西游记》实被"这三四百年来的无数道士、和尚、秀才弄坏了。道士说,这部书是一部金丹妙诀。和尚说,这部书是禅门心法。秀才说,这部书是一部正心诚意的理学书。这些解说都是《西游记》的大仇敌。现在我们把那些什么悟一子和什么悟元子等等的'真诠''原旨'一概删去了,还他一个本来的面目。因为这几百年来读《西游记》的人都太聪明了,都不肯领略那极浅明白的滑稽意味和玩世精神,都要妄想透过纸背去寻那'微言大义',遂把一部《西游记》罩上了儒、释、道三教的袍子;因此,我不能不用我的笨眼光,指出《西游记》有了几百年逐渐演进的历史;指出这部书起于民间的传说和神话,并无'微言大义'可说;指出现在的《西游记》小说的作者是一位'放浪诗酒,复善戏谑'的大文豪作的。"③在《〈红楼梦〉考证》中,胡适则指出历来诸多的研究者舍本逐末:"他们不去搜求那些可以考定红楼梦的著者,时代,版本,等等的材料,却去收罗许多不相干的零碎史事来附会红楼梦里的情节。他们并不会做红楼梦的考证,其实只做了许多红楼梦的附会。"④在序文中,批评了说"红楼梦全为清世祖与董鄂妃而作及当时的诸名王奇女派",说"红楼梦是清康熙朝的政治小说"和主张"红楼梦记得是纳兰成德的事"这三派。通过对版本与家事相关材料的考订,他认为作者是曹雪芹,是一部将真事隐去的自叙小说。在《〈儿女英雄传〉序》中,胡适指出:"纪献唐自然是年羹尧的假名。但年羹尧不过是一个不登台的配角,与作者著书的本意毫无关系。我们读这种评话小说,要知他只是一种消闲的文学,没有什么微言大义。至多不过是带着'福善祸淫'一类的流俗信仰罢了。"⑤同样的,陈独秀主张小说和

---

① 胡适:《中国章回小说考证》,合肥:安徽教育出版社,2006年,第7页。
② 同上,第41页。
③ 同上,第251页。
④ 同上,第119页。
⑤ 同上,第388页。

历史分离。他在《〈红楼梦〉新叙》一文强调小说和历史史实不应该混淆。陈独秀认为历史强调史事,小说家用历史小说去代替历史史实,结果是对小说和历史都是巨大的妨碍。他强调术业有专攻,专注于社会状况的历史学家纯粹地研究历史;留心社会心理的小说家则专心于小说创作,各自发展,才能使历史研究和小说创作处于一个良好的生态循环中。陈独秀希望小说的阅读者能够全情投入和领略小说自身的精彩,而不是一味地拘泥于历史之存在与否。"什么诲淫不诲淫,固然不是文学的批评法,拿什么理想,什么主义,什么哲学思想来批评《石头记》,也失去了批评文学作品底旨趣;至于考证《石头记》是何代何人底事迹,这也是把《石头记》当作善述故事的历史,不是把他当作善写人情的小说。"①钱玄同在《〈三国演义〉序》则关注"通俗教育"问题。钱玄同极力反对当时社会上部分的"上层人"所谓的民众"通俗教育",即让老百姓通过通俗历史来学习历史。他指出:"'通俗教育'这个名词,我以为在共和国家是不应该有的;共和国的教育,当然是一律平等,有什么通俗不通俗的分别。……关于历史的教授,我主张对于无论什么人,都应该将史事严格的'考信'了才讲给他们听,我极端反对,只有老爷少爷们才配看'信而有徵'的正史,小百姓们只合看'齐东野语'的裨史的办法。"②

不但批评对"古事"的附会,也反对于"今事"的影射,在《〈海上花列传〉序》中,胡适替作者辩诬,断言这部书绝不是一部谤书,也绝不是一部敲竹杠的书。要求读者把谣言丢开,把成见撤开,重读这部很有文学风趣的小说。而刘半农在《读〈海上花列传〉》中认为,要分清作者、作品以及"作的动机"。作这部小说作者即便是想敲赵朴斋的竹杠,或者是敲不到竹杠而著书泄愤,乃是作者名下的一笔账,文笔的好坏,方是《海上花》下的一笔账:这是泾渭分明,两无牵累的。强调反对对史实的穿凿附会和注重小说自身,自然也就突出小说想象和虚构的权力,强调作家的创造力和文学技巧。是以,胡适认为,"《三国演义》只可算是一部很有势力的通俗历史讲义,不能算是一部有文学价值的书。为什么《三国演义》不能有文学价值呢?第一,三国演义拘守历史的故事太严,而想象力太少,创造力太薄弱。"③胡适也批评在《官场现形记》的作者没有做到"以含蓄酝酿存其忠厚"。"他只做到了'酣畅淋漓'的一步。这部书

---

① 陈独秀:《〈红楼梦〉新叙》,《红楼梦》,上海:亚东图书馆,1927年。
② 钱玄同:《〈三国演义〉序》,《三国演义》,上海:亚东图书馆,1922年。
③ 胡适:《中国章回小说考证》,合肥:安徽教育出版社,2006年,第269页。

是从头至尾诅咒官场的书。……这部书的记载是少文学兴趣的,至多不过是撷拾话柄,替一个时代的社会情形留一点史料罢了。"①批评小说"既没有结构,有没有剪裁,是第一短处。作者很少官场的经验,所记大官的秘史多是间接听来的话柄,有时作者还加上一点组织点缀的功夫,有时连这一点最低限度的技术都免去了,便成了随笔记账。这是第二短处。这样信手拈来的记录,目的在于铺叙话柄,而不在于描摹人物,故此书中国的人物几没有一个有一点个性的表现,读只看见一群饿狗嚷进嚷出而已。"②他高度赞扬了石玉昆的创造性,"《三侠五义》有因袭的部分,有创造的部分。大概写包公的部分是因袭的居多,写各位侠客义士的部分差不多全是创造的。"③

强调小说的创造性,自然也会强调对文学技巧的表彰,陈独秀在《〈水浒〉新叙》中说,"《水浒》的理想不过尔尔,并没有别的深远的意义,为什么有许多人爱读他? ……在文学的技术上论起来,(水浒传)的长处,乃是描写个性十分深刻……"④胡适曾大力揄扬《老残游记》中的文学技能,称赞小说中作者突出的"描写风景人物的能力"。对于《海上花》,他认为其长处在于小说语言的传神,细致的描写,非常耐读;故事情节经过精心设计,自然地发展,阅后令人印象深刻且蕴含悠然不尽的余韵。"鲁迅先生称赞《海上花》'平淡而近自然'。这是文学上很不易做到的境界。"⑤刘半农在《读〈海上花列传〉》中肯定作者将《儒林外史》中小用了一下的"穿插藏闪"之法发扬光大。"此穿插之法,势空而来,使阅者茫然不解其如何缘故;急欲观后文,而后文又舍而叙他事矣。及他事叙毕,再叙其缘故,而其缘故仍未尽明;直至全体尽露,乃知前文所叙并无半个闲字。"⑥

这些序言中,新文学家着力反对小说和史事的附会,标榜小说作为小说独特的价值。

重估价值和有思想的社会问题小说

作为新文化运动的推动者,胡适和陈独秀他们从批判封建制度,打破专制

---

① 胡适:《中国章回小说考证》,合肥:安徽教育出版社,2006年,第312页。
② 同上,第318页。
③ 同上,第295页。
④ 陈独秀:《〈水浒〉新叙》,《水浒》,上海:亚东图书馆,1920年。
⑤ 同①,第364页。
⑥ 刘半农:《刘半农书话》,杭州:浙江人民出版社,1998年,第45页。

主义的思想统治,争取普遍的精神解放。同时从西方广泛引进文艺复兴以来的各式思潮,以"重新估定一切价值"的批判目光,围绕与现实生活中密切相关的诸如宗教,妇女,教育,文学乃至贞操等社会问题展开讨论,通过报纸杂志等出版物引发社会广泛的论争,引领新思想,以达成思想启蒙课题的具体化、实践化。在文学上,反对旧文学,提倡新文学,激烈批判拟古的骈文和散文为"选学妖孽,桐城谬种,"在批判旧文学的同时,集中力量批判黑幕派和鸳鸯蝴蝶派等游戏消遣的传统文学观念,表现出浓厚的思想启蒙的功利色彩。

正是在这种思路下,秉持新文学之目光观照古典章回小说,小说中符合其观念的一面被凸显出来。胡适在《〈老残游记〉序》中认为这本书的见解很有思想,书中对于清官的看法非常深刻。在《〈镜花缘〉引论》中,胡适高度肯定了小说对女权问题的讨论"我的答案是:李汝珍所见的是几千年来忽略了的妇女问题。他是中国最早提出这个妇女问题的人,他的《镜花缘》是一部讨论妇女问题的小说。他对于这个问题的答案是,男女应该受平等的待遇,平等的教育,平等的选举制度。这是《镜花缘》著作的宗旨。我是最痛恨穿凿附会的人,但我研究《镜花缘》的结果,不能不下这样的一个结论。"①胡适前瞻性地指出《镜花缘》在女权史中占据重要的历史地位,"三千年的历史上,没有一个人曾大胆地提出妇女问题的各个方面来做公平的讨论。直到十九世纪的初年,才出了这个多才多艺的李汝珍,费了十几年的精力来提出这个极重大的问题。他把这个问题的各方面都大胆地提出,虚心的讨论,审慎的建议。他的女儿国这一大段,将来一定要成为世界女权史上的一篇永永不朽的大文;他对于女子贞操,女子教育,女子选举等等问题的见解,将来一定要在中国女权史上占一个光荣的位置。"②

在《吴敬梓传略》中,胡适认为,《儒林外史》中作者批判了科举。"要想抵制这种恶毒的牢笼,只有一个办法:就是提倡一种新的社会心理,教人知道举业的丑态,知道为官的丑态,教人觉得人比官格外可贵,学问比八股文格外可贵,人格比富贵格外可贵。社会上养成了这种心理,就不怕皇帝不给你官做的毒手段了。一部《儒林外史》的用意只是要想养成这种社会心理。看他写周进、范进那样热衷的可怜,看他写严贡生、严监生那样贪吝的可鄙,看他写马纯上那样酸,匡超人那样辣。又看他反过来写一个做戏子的鲍文卿那样可敬,一

---

① 胡适:《中国章回小说考证》,合肥:安徽教育出版社,2006年,第381页。
② 同上,第399页。

个武夫萧云仙那样可爱。再看他写杜少卿、庄绍光、虞博士诸人的学问人格那样高出八股功名之外——这种见识,在二百年前,真是可惊可敬的了!"①赞扬小说弘扬的是一种真自由,真平等的社会心理。

在《〈醒世姻缘传〉考证》中,胡适认为蒲松龄提出了一个值得重视的婚姻问题。"他想把这种事件当做一个社会问题看,想寻出一个意义来:为什么一个女人会变成这样穷凶极恶呢?为什么做丈夫的会忍受这样凶悍的待遇呢?这种怪现状有什么道理可解释呢?这种苦痛有什么法子可救济呢?三乐之前是贤德妻是第一要紧,不能不说是我们的蒲公松龄的高见。然而这位高见的蒲公把这个夫妻问题提出来研究了一世的功夫,总觉得这个问题太复杂了,太奇怪了,太没有办法了;人情说不通,法律管不了,圣贤经传也帮不得什么忙。他想了一世,想不出一个满意的解释来,只好说是前世的因果。他写了一百多万字的两部书,寻不出一个满意的救济方案来,只好劝人忍受,只好劝人念佛诵经。这样不成解释的解释,和这样不能救济的方案,都正是最可注意的社会史料,文化史料。我们生在二百多年后,读了这部专讲怕老婆的写实小说,都忍不住要问:为什么作者想不到离婚呢?……所以《醒世姻缘》真是一部最有价值的社会史料。他的最不近情理处,他的最没有办法处,他的最可笑处,也正是最可注意的社会史实。"②

在《〈儒林外史〉新叙》中,陈独秀肯定《儒林外史》之所以难能可贵就在于它是客观的,写实的,强调这是中国文学书里很难得的一部章回小说。指出其可贵处在于:"看了这部书的,试回头想一向:当时的社会清醒是怎样?当时的翰林秀才,斗真名士是怎么样?当时的平民是怎么样?——那一件事不是历历如在目前?那一个人不是惟妙惟肖。吴敬梓他在二百年前创造出这类的文学,已经可贵,而他的思想更可令人佩服。——极不满意于父母代订婚姻制。对于贞操问题,觉得是极不自然。"③陈独秀指出需要建立一种对小说做切实研究的态度。他认为吴敬梓还很关注劳作与读书的问题,通过第二十五回里倪老爹认为自己坏在读了几句书而拿不得轻负不得重和五十五回里于老者种田快活地过自由舒适的日子相比,肯定吴敬梓把[工]比[读]看得重的思想,肯定其对婚姻、贞操和工读等问题的探讨,"这三个问题,吴敬梓两百年前便把他

---

① 胡适:《胡适古典文学研究论集》(下册),上海:上海古籍出版社,1988年,第1062页。
② 同上,第1046页。
③ 陈独秀:《〈儒林外史〉新叙》,《儒林外史》,上海:亚东图书馆,1920年。

们认作问题,可见他的思想已经和当时的人不同了。国人往往鄙视小说,这种心理若不改变,是文学界的一大妨碍。我从前在新青年里说过有几句话,现在把他写在后面作一结束。喜欢文学的人,对于历代的小说——无论什么小说,都应该切实研究一番。"[1]钱玄同在序言中也表彰吴敬梓在二百年前,能够讥笑举业,怀疑礼教,这都可以证明他在当时是一个很有新思想的人。

徐志摩在《〈醒世姻缘〉序》中也将小说内容与社会问题相联系。他对小说中的素姐这一女性抱有同情,说她是一位有着理性和爽利性格的女性。认为相比小说中的素姐,现代社会中的许多"素姐"更加厉害,相较狄希陈先生的肉体痛苦,现代婚姻中一些人所承受的精神痛苦更加可怕。进而他将问题引入到现代家庭中隐藏的生育、婚姻问题:虽然在外表上尽有不少极像样的,但大多数的家庭只是勉强过得去,可谓家家都有本难念的经。尤其是当礼法和习惯的帽子已经破烂,要求自由的享受眼光与空气的时代氛围中,男女婚姻问题更为值得重视。徐志摩认为,社会应当向合理的方向走,婚姻也更要注重理性,"如果要保全现行的婚姻制度,就得尽量尊重理性的权威——那是各种智识的总和。"在理性面前,一切伦理的道德的宗教的社会的习惯和迷信,都要让路。他肯定苏俄政府和民众对婚姻和男女关系自由结合,自由离散的尝试,认同人类所有的人情礼法制度文化都是相对的,是可以改动的。而对于男女婚姻问题,徐志摩主张普及心理生理乃至"性理"的常识;强调要充分应用智识理性来帮助建设或改造现实生活;强调婚姻爱情的圣洁,一方面使男女结合成为夫妻趋向艰难,另一方面使婚姻解除(离婚)趋向简单便利。"只有这样作我们才可以希望减少恶姻缘,只有这样做才可以希望增加合式的夫妻与良好的结婚生活。……只有这样我们才可以希望成年的男女一个个都可以相当的享受健康,愉快,自然的生活。"[2]指引现代人努力追求健康理想的婚姻生活。

小　结

费夫贺在《印刷书的诞生》中说,"书籍产业为牟取经济利益而鼓励书刊以民族语文出版,最后则助长了这些语文的茁壮,同时造成拉丁文的衰微,如

---

[1] 陈独秀:《〈儒林外史〉新叙》,《儒林外史》,上海:亚东图书馆,1920 年。
[2] 蒋复璁、梁实秋:《徐志摩全集》第 6 卷,北京:中央编译出版社,2013 年,第 228 页。

此发展不仅决定了欧洲语文往后的命运,也确实标记着一种广大民众文化的滥觞;此一历程一旦触发,便会导致深远而难以逆料的影响。"[1]胡适和陈独秀从提倡白话文学出发,以古典章回小说为白话示范,建设国语的文学。"亚东本"一系列的古典白话文学的出版,正是出版商和新文学家联手的一次成功合作。胡适、陈独秀他们通过序言在表达自己的文学思想的同时,重新建构了古典白话的新形象。以白话文学的示范的姿态,指引读者新读法,重新发现章回小说中思想深刻和关注社会问题的一面。正如20世纪20年代初,还在芜湖读书的吴组缃初见亚东本《红楼梦》时所产生的深刻感想,"这就是'新文化'"。他回忆说,芜湖的大街名叫"长街"。快进"长街",在"陡门巷",那里有家书店,名叫"科学图书社"。橱窗里陈列着《新青年》《少年中国》《新潮》《尝试集》等令人触目心跳的书刊。此外,就是分外打眼的亚东版汪原放标点的几种大部头白话小说。那时新的白话小说还不为人所熟知。所谓白话小说,就是指新文化运动提倡白话文因而声价十倍的明清小说名著。"我们不只为小说的内容所吸引,而且从它学做白话文:学它的词句语气,学它如何分段、空行、低格,如何打标点用符号。""一部《红楼梦》不止教会我们把白话文跟日常口语挂上钩,而且进一步,开导我们慢慢懂得在日常生活中体察人们说话的神态、语气和意味。"[2]从真正思想内涵上的"新文化"来看,亚东本与新文学语言工具形态上的革新与思想的深化还有不小的距离。但在新文化运动兴起之初,新文学家们暂时还拿不出更多更成熟的创作实绩来对抗传统势力时,一方面,他们贬斥古典"章回小说"的"后人"——"鸳蝴派""游戏黑幕派"等小说。另一方面,他们又以这种新思想(序言)武装起古典章回小说,作为白话最形象最通俗的示范,可谓是成功的策略。正如吴组缃认为,新文化运动包括多方面,是一个整体。"亚东本白话小说的整理出版,连同汪原放的分段标点和胡适的小说考证,都属于(新文化)运动的构成部分。"[3]但说到底,胡适等人标榜这些章回小说,是服务于其以西方文学为榜样改造中国文学的总体目标。

本文作者系温州大学人文学院讲师

原载《社会科学论坛》2016年第11期

---

[1] 费夫贺、马尔坦:《印刷书的诞生》,李鸿志译,桂林:广西师范大学出版社,2006年,第338页。
[2] 吴组缃:《漫谈〈红楼梦〉亚东本、传抄本、续书——〈红楼梦〉版本小考代序》,见魏绍昌:《红楼梦版本小考》,北京:中国社会科学出版社,1982年,第2—3页。
[3] 吴组缃:《漫谈〈红楼梦〉亚东本、传抄本、续书——〈红楼梦〉版本小考代序》,见魏绍昌:《红楼梦版本小考》,北京:中国社会科学出版社,1982年,第4页。

迟到的"文白"交锋
——胡适与现代文学概念的形成

张学谦

《新青年》自1915年创刊后,陈独秀延续着《甲寅》的编撰模式,使杂志与同期的进步知识分子杂志相比鲜有独特之处,始终是籍籍无名。然而,在蔡元培将陈独秀聘为北京大学的文科学长后,原本以提倡国外进步青年文化、讨论国内政治道德文化与改革为主要内容的《新青年》杂志由此开始全力将目标转向为推动"文学革命",进而成为当时在青年知识分子之间最为流行的进步杂志。而这一切都始于在一九一七年一月间,《新青年》第2卷第5号所刊登了胡适的《文学改良刍议》一文,该文被陈独秀后来称赞为"今日中国之雷音"。《新青年》凭借胡适的这篇文章由此拉开现代中国"文学革命"与文学学术范式变革的序幕。与胡适的"改良"相比,作为职业革命家的陈独秀干脆借着胡适所提出"八事"基础撰写了《文学革命论》明确地提出"三大主义"来推动"文学革命"与新文化运动。与新文化阵营的大张旗鼓的"改良"与"革命"相比较,不但传统知识分子对"文学革命"并没有什么反应,就连同为进步知识分子阵营的严复、王国维、梁启超等人对胡适、陈独秀等所撰所宣都不为所动、沉默不语。到了1918年,新文化阵营在耐不住"寂寞"的情况下,由钱玄同与刘半农撰写了所谓的"王敬轩"来复信的"双簧戏",直接攻击"桐城派"的文言写作后,也只有在这场"双簧"之中被直接点名批评的林琴南不得已以小说的形式作为对新文化阵营批评的回击。即使推行"文学革命"的知识分子如此煞费苦心,将文言文作为写作与学术文体的知识群体大都依然不为所动,整个以"白话文运动"为核心的"文学革命"多少显得颇为寂寥。实际上,文言写作与文言学术文体对白话文范式的创作与学术规范的抗拒,直到"五四运动"后才逐步兴起,以在南京创刊的《甲寅》《学衡》等学术杂志为主,而这些坚持文言写作与述学,希望"昌明国粹"的学人却并非真正传统的文人学者,而是梅光迪、吴宓、胡先骕等进步学人。台湾学者林贤治在审视这一历史现象时,称其为"历史的吊诡"。[①] 实际上,将"文学革命"过程中白话与文言之间的兴替过程视为"吊诡"的现象,无疑是遮蔽了在"白话文运动"与"文学革命"的历史过程中,胡适、陈独秀等学人推行现代文学观念兴起与现代学术范式的实践方式与他们的"文化运动"与"思想革命"内在思路的关联。可以说,正是胡适、陈独秀等学人对"文学革命"的独特理解与实践推动,才有了现代文学概念以及与之相关的学术范式的形成。

冷清的"白话文运动":胡适"文学革命"实践的内在理路

胡适在美国求学的期间,先是跟随清末庚款学生选科潮流在康奈尔大学学习农学,一年之后后才转至哥伦比亚大学跟随约翰·杜威学习实验主义哲学理论。尽管胡适在留学期间主攻方向乃是哲学,其获得北京大学之教职也靠的是哲学博士的学位。可是胡适对白话文学的创作与文学史研究的影响却比他的哲学及哲学史研究影响更为深远。没有《新青年》所倡导的"文学革命",哲学教授胡适不可能会在如此短的时间内爆得大名,亦不可能对引导白话文创作走向与文学史研究的学术范式。[②] 胡适与《新青年》的合作,正是其在美攻读哲学博士期间对改良中国文化的思考结果的实践过程,因此理解胡适与现代白话文学创作与文学史研究范式形成的联系,就需要对理解胡适在留学期间对文学、语言与文体的思路与实践。胡适文学革命的理论观念的形成并非一个缓慢的延展过程,而是集中其转学至哥伦比大学受到杜威的影响之后,换言之,胡适"文学革命"的认识产生于 1915 年到 1916 年之间。根据《胡适留学日记》中的记载,最早出现关于语言文字讨论的札记是在 1914 年 3 月 13 日的所记得《言字》一文,然而该文主要以文字学为主与文学与文学史联系并不大,真正出现在《胡适留学日记》中有关文学改良的札记始于 1915 年 2 月的《裴伦论文字之力量》。从此以后,直至 1917 年,胡适在其日记中撰写了大量涉及文学革命与语言改良的诸多札记。

虽然胡适关于"文学革命"的思想观念爆发式的集中产生于两年之中,但

[①] 林贤治:《五四:没有"学者"的时代》,《鲁迅研究月刊》,1999 年第 7 期,第 52 页。
[②] 陈平原:《中国现代学术之建立——以章太炎、胡适之为中心》,北京:北京大学出版社,1998 年,第 186 页。

是其依然是一个循序渐渐的过程而非一蹴而就。在1915年8月胡适在哥伦比亚大学做所的讲演依然不过是《如何可使吾国文言易于讲授》为题,这篇讲演基本延续着中国传统文学改革的思路,主张"吾国文言,终不可废置",文学革命的目的在于"救此文胜之弊"[1]按照胡适本人的回忆,大约在1916年二三月间,其产生了"一个根本的新觉悟",就是以"活文学"来替代"死文学",[2]从而直接宣判了"古文"(文言文)的死刑。胡适对文言文写作与文体彻底革命态度,使之与清末民初时兴起的"俗语文体"等白话创作有了质的区别。重要的是,胡适"根本的新觉悟"的产生与梁启超、刘师培等提倡"语言文字合一"的"天演"观或者民族政治观不同,胡适对"活文学"的倡导是建立在其以实验主义的方法对语言与文学言语的考察之上的,亦可以说胡适对于语言文学研究是其进入并推行文学革命的起点与基础。在美留学的胡适,一开始就不屑一顾各类唯心主义哲学信仰,而是致力于寻找一种"实用哲学"的探索。[3] 在康尔达大学的胡适,"他随希腊哲学教授佛雷德里克·伍德布里奇所学的课程(在这些课程中主要的注意力都花费在原文的可靠性问题上了),以及林肯·伯尔学的'历史学的辅助科学'课,即比较语言学,考古学和校勘学。"杜威的哲学方法论之所以能够激发胡适爱好的原因在于,"首先,实验主义把真理解释成一种相对的价值,只是在一种具体的判断中才是有意义的并且总是要根据新的经验给予重新评价;其次实验主义对社会与理性文体的独特分析中固有的那种科学方法论。"[4]正是依靠着根据新的经验给予重新评价的实验主义式的"科学方法"以及考证式的历史方法,胡适重新审视了中国传统的语言文字,并将白话文创作提升到了"活文学"的高度。

不过,促成胡适将关注点转移到语言研究上的原因,却多少有些戏剧性。1915年,胡适收到了公使馆秘书塞进生活津贴中劝人支持拉丁字体的宣传单。在胡适看来,这样一个缺乏应有的传统书写语言训练的,缺少良好教育的人提倡拉丁文字无疑是没有贬损文言的权利的,因此胡适寄出了一片言辞激烈的反驳。随后,胡适很快就意识到语言文字问题的价值,并且认为"应该用

---

[1] 胡适:《胡适留学日记》,上海:商务印书馆,1947年,第759页、第844页。
[2] 胡适:《胡适文集》第一卷,欧阳哲生编,北京:北京大学出版社,1998年,第146页。
[3] 同[1],第168页。
[4] 格里德:《胡适与中国的文艺复兴——中国革命中的自由主义(1917—1950)》,鲁奇译,南京:江苏人民出版社,1989年,第48页。

点心思"去研究这个问题,尤其是像他这样具有品评文言资格的人。[①] 不论胡适的自述究竟是否可信,根据胡适日记可以确定的是在 1915 年到 1916 年间,胡适的确大量且深入的研究了中国语言文字。胡适的研究首先体现在古代诗文优劣的重新评价之上。根据《日记》中所选择的古代诗文来看,胡适在评析诗词中所注重的并非是传统诗歌评论中的"载道""意境"与"诗情",而是将评价的重点放到了诗歌表达的形式之上。同时,这种表达词语的重视亦并非传统诗文中的所追求的"炼字",而是以符合文学的科学、符合语言的自由的现代书写方式作为评价的基础。在胡适的评价中,诗文的表达词汇的选用以及文法应用是否做到的文辞表达"以文法上绝不可少",同时又"不觉为硬语""不用力气"是判断传统诗词文章优劣的一个重要尺度。例如胡适在评秦少游的《水龙吟·登建康赏心亭》引"落日楼头,断鸿声里,江南游子,把吴钩看了,阑干拍遍,无人会,登临意。"为例,推崇为"以文法言之,乃是一句,何等自由,何等顿挫抑扬!'江南游子'乃是韵句,而为下文之主格,读之不觉勉强之痕。可见国文本可运用自如。"[②]通过对传统诗文在文法上与灵活性上的重评,胡适重构了一套适于白话文写作的文学语言评价系统,在这一评价系统中传统注重结构,缺少规则,同时又文体死板的文言文自然就成为了胡适眼中的"死文学"。

其次,胡适通过对中国传统音韵学与诗词、对句的平仄与节奏研究,指出了白话文的文体不但在文法与结构上比文言文体更具有优越性,而且在文字词汇的选择与应用上更具有灵活性与广泛性。胡适在《读章太炎〈驳中国用万国新语说〉后》《读音同一公制字母》等日记中,研究诗歌音韵平仄,尝试以白话写韵文,并以白话文诗歌写作的要求对传统诗文做出评价,以支持自己的观点。根据《日记》中的记载,胡适在对宋词的研究中,注意到诗词音韵的变迁,并指出宋代文人词正是因为"词人之豪气横纵,不拘拘于音韵之微",故词为诗之进化。而后世文人对诗文写作的限制乃是由于"不通文耳"[③]第三,除了对文学语言与结构的重新审视之外,胡适还尝试建立与现代白话文写作文法像对应的现代标点符号系统的使用。《〈论句读及文字符号〉节目》《论文字符号杂记三则》《文字符号杂记二则》《文字符号杂记四则》等数篇日记皆为探

---

① 胡适:《胡适文集》第一卷,第 150 页。
② 胡适:《胡适留学日记》,第 660 页。
③ 同上,第 661—662 页。

讨与规划白话文写作所应用之标点符号的札记。这些关于白话标点系统的札记所占用的日记篇幅与数量在《胡适留学日记中》记录的各种话题与思考中的比重,仅次于讨论与研究"文学革命"的篇幅与数量。对语言使用广泛性与标点符号带来的标准性,白话文的写作系统不再仅仅停留在审美意识的层面,而是直接进入的文本写作的实践层面,使"文学革命"不再是停留在意识与思想层面的事物,而是可以直接实施践行的"革命"。

胡适在大量的研究中国传统语言文学的基础上,通过对白话文与文言文在写作中文法、标点符号、音韵以及词汇等各个方面的实验主义式的考察等,其"文学革命"观念雏形终于初步形成。在1916年2月胡适在《与梅觐庄论文学改良》中提出诗界革命"须言之有物""须讲文法""当用'文之文字'"的"三事",①这"三事"正是胡适在整个1915年对中国语言文学,尤其是文言文与白话文写作问题不断思索的初步结论。凭借"三事",胡适否定了文言文的书写系统,并经由对中国古代文学语言的考察与批评,胡适重新建立了一套能够替代文言写作模式,适合白话文书面表达的理论评价与写作实践系统。这可以说是胡适1917年在《新青年》中所提最终提出"八事"的雏形。对于接受了实验主义方法,并借由该方法肯定了自我认识的胡适而言,对中国人、中国文化乃至中国政治的改良与革命,必须通过对"文学"的改良与革命完成,胡适在归国后能够"爆得大名"完全是"由于他提倡文学革命,用白话来代替文言,在胡适的构想中自始即是思想革命或'新文化运动'一个有机组成部分。"正如杜威实验主义所提供给胡适的认识:真理"总是要根据新的经验给予重新评价"才具有意义,将"文学"视为白话文表达的"革命"领域的胡适,显然认为"只有新的白话文体才能表达20世纪的新情况和新思想。"②

尽管胡适依靠自我认识中的实验主义方法,经由对文言写作的重新审视将"白话文运动"与"文学革命"关联起来,并将之视为思想革命与"新文化运动"的有机组成,但是1917年的胡适尚没有完全意识到自己所提出的"文学改良"所蕴含的更为深层的革命性质的含义。虽然胡适区分了"活文学"与"死文学"两种文体形态,但是此时的胡适并没有意识到在这两种文学差异之间所隐含的文化阶层与人的阶层问题。而作为推动新文化运动同人的陈独秀就敏感地发现了潜藏在《文学改良刍议》中的"把通俗文化提上到和上层文化

---

① 胡适:《胡适留学日记》,第844页。
② 余英时:《重寻胡适历程》,上海:上海三联书店,2012年,第153页。

同等地位上来"的意义,所以他在《文学革命论》中将文学革命与伦理革命之间构建起了复杂的联系,"孔教问题,放喧哓于国中,此伦理道德革命之先声也,文学革命之气运,酝酿已非一日;其首举义旗这之急先锋,则为吾友胡适。"并且在胡适《文学改良刍议》的基础之常,提出为人所熟知的"推倒雕琢的阿谀的贵族文学,建设平易的抒情的国民文学,曰,推倒陈腐的铺张的古典文学,建设新鲜的立诚的写实文学;曰,推倒迂晦的艰涩的山林文学,建设明了的通俗的社会文学。"[1]这段话不但"把思想革命与文学革命联系起来,也把通俗文化代替传统上层文化的意思表露得十分明显。"正是因为此所以白话文运动才会激起一些文化保守主义者的强烈反感。1919年林纾给蔡元培的信中极力反对白话文,林琴南认为,口语与白话的使用者大都是属于市井的"引车卖浆之徒",由于地方口语与白话具有不同的规则与语音,倘若以口语白话为写作之用,会使"稗贩"都能成为写作的教授,同时,以《水浒》《红楼梦》为例以期说明熟练的白话使用者,必须是博览群书的文人,换言之,精通文言写作是精通白话写作的前提。[2]

实际上,林琴南的反对将白话文替代文言文的立场是基于对传统中国社会精英文化与通俗文化的区分,在林琴南眼中文言文写作所代表的是中国传统文学、学术乃至文化的传承,而白话通俗作品仅仅是市井走卒的一般娱乐,不能成为知识精英所认同的文化表述形式。尽管林舒的书信与小说并没有得到多少的学人支持,反倒是激起了新文化阵营的知识分子大量批判,不过,在进步学人之中依然有不少知识分子与林琴南的持有着相同的认识。至少与林琴南有着同样想法的还有著名学者严复。严复在与熊纯如的书札中对胡适与陈独秀所推行的白话文运动充满了不屑。深居书斋的严复完全清楚胡适是以欧美文法写作与白话口语结合来推行的语言与文字的统一,不过严复却认为"西国为此,乃以语言合之文字",而非以文字适应语言。在严复看来,只有文言文写作才能做到"导达要妙精深之理想,状写奇异美丽之物态耳"。[3] 这种对文言文体优越性的认识无疑与陈独秀经由胡适《文学改良刍议》中托提炼出的文化的对立有关。严复引用了刘勰、梅圣俞等中国传统文论的观点强调了文言文体在传情达意,描摹状物中优势。深受斯宾塞社会达尔文主义影响

---

[1] 陈独秀:《文学革命论》,《新青年》第2卷第6号,上海:上海亚东图书馆、求益书店影印,1936年,第1页。
[2] 林纾:《答大学堂校长蔡鹤卿太史书》,北京:《公言报》,1919年3月18日。
[3] 严复:《严复集》第三册,北京:中华书局,1986年,第699页。

的严复认为,妄图以白话文文体替代文言文文体,是有违社会文化的"天演"规律的。因为文言文体与白话文文体相比在写作上更具优势,而对白话文学作品、曲艺戏剧的推广,无异于是文体与文化自身的"退化"。依照"物竞天择之用,必不可逃。善者因之,而愚者适与之反,优劣之间,必有所死。因天演之利用,则所存者皆优;反之,则所存者皆劣"的法则①,胡适、陈独秀等人这种推崇的白话文替代文言文的逆"天演"的行动,在严复认为以推广白话为目的文学革命是无论如何都不会成功的。严复甚至完全不屑于去参与这场"文白之争"。在他看来胡适等人的作法无疑只是"春鸟秋虫"只需"听其自鸣自止"即可。②

无论是林纾的强调的不通古文不能精白话的争辩,还是严复以"天演"自居视新文化运动中对白话文的推广不过是"为春鸟秋虫"完全可以"听其自鸣自止",都显示新文化阵营的学人与严复等学人在语言与文学认识之间的根本差异。胡适通过对文法、音韵以及词汇等语言的方式推出的"文学革命",与严复、林纾乃至胡适的同学梅光迪等人既在进入"文学"的思路上有着重大差异,又在对书写文体的优劣认识存在完全不同的评价体系。不同的"文学"进入路径与差异的文体评价体系,造成胡适等推行白话文文体的学人与支持文言文体的学人完全处于不同的理解层面。

正如历史学家卡尔·贝克尔对十八世纪启蒙思想家与经院哲学家之间的缺乏应有的争论一般,白话文推行者与文言文的拥护者在此时,处于两个完全不同的思想认识层面的观念,无论如何是无法形象形成交锋,他们只能依靠行动去实践并展现自己的思想。③ 因此,在新文化的拥护者在不断积极推广白话文时,文言文的拥护者们大都默默不语,因为在他们看来,白话文的推广既不是一种文化上的进步,也不是对"文学"的革命,只不过是试图用市井的通俗代替传统精英文化的妄举而已。何以文言文的拥护者会在二十世纪二十年代白话文已经成为全国在教育与文化事业中同行的写作文体之后,才开始与白话文展开激励反攻。这就需要先理解诸如严复、梅光迪、胡先骕等支持文言文体的学人究竟是如何看待"文学"——被胡适等人试图用白话文为之"革命"——的含义。

---

① 严复:《严复集》第三册,第614页。
② 同上,第699页。
③ 卡尔·贝克尔:《十八启蒙时代哲学家的天城》,何兆武译,南京:江苏教育出版社,2005年,第32页。

"文学"的学术承载:传统文人对于文言文体作用的认识

"文学"古意兼文章、博学二义。《论语·先进》载"文学,子游、子夏。"邢炳疏曰:"若文章博学,则有子游、子夏二人也。"在中国古代知识精英眼中,"文学"的含义并不仅仅是现代大学文学专业中一般所指的小说、散文、戏剧、诗歌等文学创作,同时,包含着学术文体、文化知识等十分驳杂的含义,更为重要的是的"文学"以及与之相关种种素养的高低往往代表着传统文人的文化程度与学术水平,换言之,"文学"多用来描述对诸子百家典籍精熟之文人,故有"文学从事"之名。不过,中国自近代以来,由于受到西方文化的影响,部分词汇的意义才开始逐渐转变,在跨语际的文化交流与翻译实践下,"文学"的内涵才逐步发生了复杂的变化。尽管影响中国"文学"概念内涵变化的因素是十分复杂,但是概括而言,主要有外文翻译,学术流变与辞书编撰等几种各种因素在内。最初出现与古意完全不同的"文学"使用,可以追溯到明代天启年间(1623年)意大利旅华传教士艾儒略所编撰的《职方外纪》。艾儒略在《欧逻巴总说》中指出,"欧逻巴诸国皆尚文学。"之后艾儒略进一步解释了何为欧逻巴所尚之"文学":"其小学曰文科,有四种:一古贤名训,一各国史书,一各种诗文,一文章议论。""中学曰理科""初年学落日加","二年学费西加","三年学默达费西加"[①]显然,艾儒略在《职方外纪》的叙述所描述的"文学"属于欧洲学校体制、涉及学校分科学制的事务以及欧洲教育的制度的总称。何以艾儒略会选择"文学"一次作为制度性与事务性的概念翻译的总称,很可能是因为"文学"在中国文人之间所具有的复杂含义所带影响的。或许传教士艾儒略根据"文学"一词的古意,将之延伸为既然含有中国古典传统意义中的"学问",又具有与现代汉语中"教育"一词的含义颇相似的词汇总和。不过,不论使用"文学"一词的理由如何,艾儒略的"文学"观虽然与传统意义上的"文学"有了显著的差异,但是其依然与现代意义上的"文学"概念有着很大差异。

其次,随着清末中西文化交流增强,尤其是西学的大量输入,辞书编撰开始逐渐影响到"文学"一词的含义。实际上,辞书编撰的交互过程十分复杂不仅有中西之间的直接传译,同时还有来自日本的转译。尤其是在与日本的转

[①] 艾儒略:《职方外纪校释》,北京:中华书局,1996年,第69页。

译之中,存在中文传入日本,再由日本经过改造重新传出的复杂过程。刘禾在《跨语际实践》中精细的描述了这一过程,根据刘禾、郎宓榭、阿梅龙以及顾有信有关语际间翻译流变的研究,直到19世纪90年代末,近代中国知识分子阶层在理解"文学"含义时,依旧延续着文章、博学的传统意义,同时,在辞书编撰与西学翻译中,对英文中Literature的翻译也并没有固定在"文学"之上。比如:在德国传教士罗存德所编译的《英华辞典》中,Literature被以"文""文学""文字""字墨"等多种不同术语翻译。① 实际上,在近代辞书编撰与翻译过程中,具有现代意义上的"文学"的含义与英文 literature 最终对应,是发生在日本复杂传译的过程,而非中国。不过,在传译的过程中,"文学"在兼具古意的同时,也开始具有部分现代意义上的文学含义,不过这种理解更多的是在底层知识分子之中,尤其是清末开放口岸的文人之中。在傅兰雅举行的时新小说征文活动之中,将小说与文学联系到一起大多属于信教的底层文人与口岸的文人群体。而这一群体正是促成晚清到民国初年近代市井世俗文学与文化形成的主流群体。

与底层文人开始接受现代意义上的"文学"含义相比,近代中国不论是传统的精英知识群体还是进步学人,对"文学"的理解,也大都是不出博学、学术等古意的内涵。王韬在《变法自强》中,将中国传统学术分为两类:其中一类就是"文学","即经、史、掌故、词章之学也"。在《变法自强》中,作为学术的"文学"具体是指"经学俾知古圣绪言,先儒训诂,以立其基。史学俾明于百代之存亡得失,以充其职。掌故则知今古之繁变,政事之纷更,制度之沿革。词章以纪事华国而已。此四者,总不外乎文也。"因此,即便王韬将"文学"视作传统学术的一种分科,其仍旧是遵循着传统观念中对"文学"所谓"文章博学"含义复述而已。或许王韬等人的认识有着某种文化保守主义性质,但是清末时期,像康有为、梁启超等代表晚清激进知识阶层的认识同样与王韬等人并无不同。如梁启超,在1896年所写《变法通议》中写"故虽以丁韪良、傅兰雅等为之教习,不可谓非彼中文学之士,然而所成卒不过是,何也?所以为教者未得其道也。"在十九世纪末二十世纪初,梁启超提出的"诗界革命""小说界革命""文界革命"并没有以"文学革命"来概括,可以认定在1902年"文学"的概念还不是现代意义上的"文学"。即使到了民国初年,章炳麟在《文学总略》

---

① 刘禾:《跨语际实践》,北京:读书·生活·新知三联书店,2002年。附录以及拉克纳等著《新词语新概念西学译介与晚清汉语词汇之变迁》,济南:山东画报出版社,2012年。

中论及"文学"时仍称:"文学者,以有文字著于竹帛,故谓之文;论其法式,谓之文学。""凡文理、文字、文辞皆言文。""是故推论文学,以文字为标准,不以彣彰为准。"①尚与清末"文学"的观念有较大的一致性。因此,足见在清末乃至民国初年,精英知识群体大都按照古意理解"文学"之含义。

此外,清末民初的大学学科设置的过程,同样可以发现,整个知识群体对"文学"所应具含义的理解。"文学"开始成为近代学术分科中用词本是源于晚清知识分子对西方学术体系的介绍。在黄遵宪所编的《日本国志》中,详细地介绍了日本东京帝国大学的学科设置,其中就明确指出日本的大学文科分科中具有"文学"一科。虽然对西方学术体系的介绍在一定程度生催生近代中国文学学科的诞生,但是在很长一段时间内中在中国大学的学术分科与体系中"文学"分科的设置大都延续的传统的古意。在《钦定大学堂章程》中京师大学堂学科的设采纳了西方学术分科体系,在其所设的七科之中,就包含有"文学"一科。京师大学堂的"文学"科是包含了中国传统学术的经史子集,词章之学以及外语学习的,其无疑是以博学、文章以及传统学术作为"文学"科的基本内涵。清末的学制改革中,对"文学"学科的更进一步的细化是清政府学部于20世纪初期所颁行《奏定学堂章程》。在这份关于晚清学科设置的《章程》之中,详细的罗列"文学"一科名下所应包含的各项专业课程,其中大致包含古文字学、音韵学、训诂、考据、词章以及经史子集四部学问。而《奏定学堂章程》中所谓"文学"科的含义与王韬等的认识并没有本质的区别。之所以开设这样的学科,张之洞等人在《奏定学务纲要》指出,"文学"的作用在于"涵养性情,发抒怀抱",并以借此"通解经史古书,传述圣贤精理"。在张之洞看来,文学学科的开设一方面是为了保存传统学术与圣贤精理,另一方面则是出于近代知识分子对于行文写作才能的需要。即使是在1913年中华民国的教育部颁行了《大学章程》之后,"文学"之观念也还是受到清末的很大影响以"经传为文学之正宗,一切文章体例,本于经传者居多。故于经传之有关文学者,叙录较详。""研究文学,不可不知训诂、性理。故汉之经师,宋之道学"。

现代"文学"概念的形成:传统认识与现代实践的分轨

显然,胡适在新文化运动初期,所提倡的白话文写作其改革的对象与其说

---

① 章太炎:《国故论衡疏证》,北京:中华书局,2008年,第249页。

是传统的"文学",倒不如说是更接近陈仲甫在《文学革命论》中宣扬的"三大主义",即强调书写文体与口语词汇的"言文一致"以及对通俗文化对传统文化的替代。然而,这些对所谓"文学"的理解与"革命"并不是当时知识界知识精英所认同的以文章、博学为主的传统"文学"观。因此,知识精英们对《新青年》阵营所力倡的"文学革命"必然显得无动于衷。实际上,这种对"文学"内涵理解的差异情况,在胡适留学期间,他与同学的争论中就已经可以清晰地呈现出来。在1916年胡适与梅觐庄、任叔永发生的有关文学革命的论辩之中。当时,梅认为"文章体裁不同,小说词曲固可用白话,诗文则不可。",任认为"白话自有白话用处,然却不能用之于诗","吾人今日言文学革命……非特文言白话之争而已。"①胡适认为梅觐庄没有看到白话在促成由"诗"到"词曲"的文体解放过程中所起重要作用,故直接从文体进化的历史观上直接否定了梅觐庄的认识,重要的是,胡适在回避与梅所提出的"文"的适用适用性同时,默认了白话文体在所有文体写作的广适性。对于任叔永的说法,胡适则干脆直接用白话文做诗数首用以驳斥。当然,胡适这种抛开具体问题只阐释自己观点的争论,其结果自然是谁也说服不了谁,谁也不会影响谁。

  胡适在留学期间思考的有关"文学革命"的内容既源自其对语言文字的重新审视,也与其接受西学"文学"内容有关。不论胡适是如何看待西方意义上"文学"以及这种影响有多大,显然胡适在美期间与同学之间的争论仅仅是将"文学"限定了西方文学的观念中,换言之,胡适口中的"文学"更与当代学术与创作中所理解的"文学"含义颇为一致,即小说、诗歌、散文、戏剧等,同时其在强调白话文与"文学"的进化的意义上,也使其对"文学史"的整理更接近现代学术分科中文学研究的范畴。正是由于胡适在与同学的争论之中,并没有使用中国知识精英所共识的"文学"的概念内涵,导致了胡适在与梅觐庄与任叔永关于"文学革命"与白话文与文言文优劣的争论之中,既没有在白话与文言是否有擅长不同的"文"类区别之上做出回应,也没有反驳自梁启超以来"小说界革命""诗界革命"等改良运动中所强调的文本创作中内容与观念的变革这一传统,只是又一次重复了自己已经思考成熟的观点。正如格里德在关于胡适及其同学在"文学革命"的研究中得出的结论一般,梅觐庄、任叔永等于胡适力倡白话文的争论集中在"白话文用于诗歌和纯文学中是否适当,

---

① 胡适:《胡适留学日记》,第965页。

尽管人们已经普遍承认白话是适于写作像小说、戏剧这类下等文学的。"①应当看到,格里德这一结论所提出的"纯文学"的概念,其实是更接近中国传统认识上的"文学"概念。

正是由于胡适对"文学"内涵的差异性理解,使用新文化运动初期以如此的"文学革命"作为推行白话文的理由,显然难以触动传统知识精英或者文化保守主义者。作为社会与政治精英的清末知识分子,不论其是进步还是保守,在他们之中的大多数人的眼中仍旧始终把"文学"的理解文章、博学的古意,至多再将之视为"通解经史古书,传述圣贤精理"的学术途径。因此,当胡适在《文学改良刍议》中宣称:"今日之文学,其足与世界'第一流'文学比较而无愧色者,独有白话小说一项。""以今世眼光观之,则中国文学当以元代为最盛"是因为"中国乃发生一种通俗行远之文学。文有《水浒》《西游》《三国》之类,戏曲则尤不可胜记。"②并试图将白话通俗小说与戏剧试做"文学"正宗。这些原本就是传统文人中是被认为是远离正途的东西,同时亦不在"文学"所含的"训诂、性理"与"涵养性情,发抒怀抱"认识范畴之中,胡适这种与知识精英对"文学"的认识近乎完全差异的认识,自然难以引起其实知识精英的认同或者反对。同时,胡适在《历史的文学观念论》所提出的"不知韩、柳在当时皆为文学革命之人"与"不知韩、柳但择当时间中最近文言之自然者而作之耳"的论断,在拥护文言写作的知识群体看来,即缺乏有效的论据,又缺少能打动旧文化阵营情感。③ 所以,严复将胡适、陈仲甫所倡导的以推广白话写作为核心的"文学革命"视作"春鸟秋虫,听其自鸣自止",而不予理睬也使情理之中。而"文学革命"中白话文的推广能够取得后来的成就,或许陈独秀的一段话可以作为一种颇为可信的解释:"中国近代产业发达,人口集中,白话文完全是应这个需要而发生而存在的。适之等若在十三年前提倡白话文,只需章行严一篇文章便驳得烟消灰灭。"④

如果说胡适希望在《历史的文学观念论》中解决的是为什么用白话文的问题,建立了白话小说与戏曲作为白话创作的典范,创设了进化的文学创作工具与创作形式的文学革命论的话,那么《文学改良刍议》即是为了解决如何写

---

① 格里德:《胡适与中国的文艺复兴——中国革命中的自由主义(1917—1950)》,第 84 页。
② 胡适:《胡适文集》第二卷,第 8 页。
③ 同上,第 28 页。
④ 陈独秀:《陈独秀著作选编》第 3 卷,任建树主编,上海:上海人民出版社,2009 年,第 168—169 页。

作白话文的探索。① 实际上,如果从内容上理解胡适的《文学改良刍议》的话,不难发现,其实际解决的是在具体的写作实践中应该如何怎样写作白话文的问题。胡适讲求的"八事"之中有五条是关于写作技术的。不过,不管是"怎样写"还是"为什么用"其关注的"文学"领域都不涉及到大部分知识精英所认同的"文学"领域的核心。即使是胡适自认为专属于白话文写作实践的"八事"要求,也难以和文言文体写作的要求有特别的差异。首先,"八事"所要求的"须言之有物"与"不做无病之呻吟"在文言写作亦有相似的要求,不属白话文独有;其次,"不摹仿古人"又缺乏针对民初文言文写作的实际情况,因为在民初的文言文写作已经开始有诸如谭嗣同、梁启超、章士钊等具有个人特色的文言文写作;第三,"怎么写"与"为什么写"这两个问题的解决并不能等同于解决了"为什么不要写文言"的问题,因此,胡适依照自我建立的评价系统与写作模式来推行"文学革命"时,显然并没有打算与支持文言文体写作的知识群体做一番争论。"革命"本身就是一种具体的实践,而非与人无休止争论优劣。此时,胡适的文章更接近于一种自言自语式的宣传,而非有针对的批判,换言之,白话文运动理论与实践与文言及古文的理论与实践在这两篇文章发表的时候,仍然属于两个完全不同的关于"文学"的认识层面。所以,到1917年这两篇文章问世的时候,作为旧文学阵营一方,面对自己平日嗤之以鼻,且内在理路完全不同的东西,感觉不屑亦无必要做出回应也是在其文化逻辑之内。

所以,胡适在"文学革命"提出建设"国语的文学,文学的国语"其重心在于建立"文学的国语",而"国语的文学"实际是形成白话文国语的必要工具。在胡适看来"中国若享有活文学,必须用白话,必须用国语,必须做国语的文学","若要造国语,先须造国语的文学。"胡适之所以用于传统理解不同"文学"概念的应该说为了以文学作为工具来推过白话文书面表达系统,后来胡适在回忆中认为,自己在一九一六年二、三月间的有两大发现,一是发现整个中国的文学史,实际是文学工具变迁的历史,即一种文学语言工具对另外的工具的代替;二是中国文学的历史同时又是"活文学"代替"死文学"的历史。在这一过程中,决定文学活力的并非文学所表达的内容,而是写作文学的工具,换言之,"活文学"对"死文学"的代替本质是一个"活的工具"去替代"已死或

---

① 毛翰:《胡适白话诗鼓吹的是与非》,《华侨大学学报(哲学社会科学版)》,2015年第3期,第101页。

垂死的工具"的历史过程。胡适坦言,"在这种嬗递的过程之中去接受一个活的工具,这就叫做'文学革命'"①胡适利用文学这样的工具推进白话文运动,具体说是用小说、戏曲等通俗文学形式与当时历史环境中已经形成的白话交流氛围相结合的手段,最广泛的开展白话运动,在社会中形成广泛的"言文合一"之后,文言文本身也就不攻自破了,历史的事实也正是如此。

当然,强调在新文化运动初期,胡适推行"文学革命"对"文学"的工具性理解以及与其他知识精英在"文学"概念上理解差异,从而导致的新文化运动时期始终没有产生的"文白交锋",并非认为胡适完全没有意识到在推广白话文时两种"文学"概念理解差异。实际上,在陈仲甫撰写《文学革命论》倡导"三大主义"之后,胡适就已经意识到两种"文学"认识之间的差距。② 在1920年各大报刊改用白话,教育部颁令全国改用国语,白话文运动取得决定性胜利后,胡适在"死文学"与"活文学"的基础之上,又将"贵族文学""平民文学"与"庙堂文学""民间文学"戴在了"文言文学"与"白话文学"之上。到了1922年,胡适就像陈独秀一样,直接指出了传统文言与现代白话之间的真正差异在于传统知识分子的对文言与白话的认识是基于"把社会分作两部分:一边是'他们',一边是'我们'",使用文言的"我们"属于上等社会,而使用白话的"他们"则是"不配吃肉"的"下等社会"。③

"文学革命"从胡适所设计的实践发端就是能够以更高的效率与更广阔范围的思想改革运动的工具,正因如此,当白话文文体写作开始成为文人写作的主要文体时,胡适就开始着手将白话文文体带入知识精英所认同的"文学"内涵之中,换言之,白话文在胡适推动下开始进入一直被文言文体做占据着的学术领域。从1919年开始撰写到1921年完成的《清代学者的治学方法》就是为了建立适合白话文研究学术的方法,从而与文言"文学"的"学术"写作交锋。《清代学者的治学方法》中评价的"朴学"属于民国初年旧文化阵营所认识的"文学"概念的范畴,胡适系统的分析自清以来的学术利弊得失,并将传统的学术方法与"大胆假设,仔细求证"有机地结合起来,形成现代意义上的

---

① 胡适:《胡适文集》第一卷,第311—312页。
② 陈平原指出"这种以文言、白话陪贵族、平民的思路,开始并不被重视;只是在陈独秀主张推到贵族文学以建设国民文学、周作人提倡平民文学之后,胡适才悟出这两者的深刻联系。"参见陈平原:《中国现代学术之建立——以章太炎、胡适之为中心》,第198页。
③ 胡适:《中国新文学大系理论建设集导言》,《中国新文学大系导言集》,天津:天津人民出版社,2009年,第10页。

科学学术方法。1921年的《〈红楼梦〉考证》就是白话文写作与现代学术方法相结合的一片重要的论文,论文批评了传统学术的对《红侯梦》研究错误,并使用白话以清楚的表达,科学的考证论述了红楼梦的来龙去脉,形成曹雪芹自传说。在今天看来,胡适对《红楼梦》的考证方法不但平常,甚于是不学术的,但是对20世纪初刚开始起步具有现代模式的中国古代小说研究来说,这种学术范式却又是十分重要的。《〈红楼梦〉考证》一文实际上也就成为一种可资参照的研究样本,更重要的是《〈红楼梦〉考证》与《清代学者的治学方法》是真正的触及到了文言写作系统。传统的"文学"概念很大程度上还是把"文学"这一概念认作为"学术"即文字、训诂、考订、校勘、制艺等,典型如桐城派"他们不自认是文学家,而是义理、考据、词章集三方面之大成的"古文的应用乃是"为为学之具""使吾之所获达诸笔札而不差"。这样的古文才是胡适在留学时与梅觐庄争论文学革命中梅觐庄认为白话不适合做的"文"。胡适的《〈红楼梦〉考证》恰是用白话文与现代学术方法进入到文言真正占据的领域,做了梅所说的白话不适合做的"文"。1922年以后《学衡》《甲寅》等不少的文言学术期刊的出现,被视为旧文化对新文化运动的反动,这并不是所谓历史的诡吊,而是直到1921之后,白话文运动才真正触及到文言所占据的写作领域,真正的交锋才得以开始。

1923年,胡适在申报刊登的《五十年来中国之文学》可以说是胡适对自己1917年以来推行白话文运动的一个总括性的评价,也是促进现在所理解的文学概念成型与文学学科创设的一篇重要文章。因为在1923年,白话文运动以来白话文在小说、诗歌等创作领域以及学术实践中的各项成就和以白话国语体系的官方确立,使胡适有强烈的自信写这样的一篇文章。实际上,现代意义上的"文学"概念的产生与现代意义上的"文学"的学术分科的最终形成是与胡适的这篇文章分不开的。这篇文章之中虽然还是带有胡适在留学期间与梅、任争论中那种自说自话的痕迹,但是毕竟系统的评判了清末民初从曾国藩到章士钊的各类古文,称桐城派"使古文做通顺了","虽然没有什么大贡献,却也没有什么大害处","为后来二三十年勉强引用的预备";以古文翻译小说"只能供少数人赏玩,不能行远,不能普及""究竟免不了失败";将康、谭、梁的古文成功的原因归为"文体的解放""条例的分明""辞句的浅显""富于刺激性",意图说明语言的解放;以"章炳麟在文学上的成绩与失败"说明"中国文学的改革须向前进,不可能回头去"。暂且不论他的评判是否能是对古文有效的批评,重要的是他批评了传统以"学术"自居的古文文学,大幅提升了小说、戏曲等在文学中的地位,使其地位高于古文,并将古文与小说、戏曲一同纳入现代学术体系中。胡适在新文化运动与白话文推广之中,其真正的独创在于重新塑造中国文学史的流变兴替,用"白话文学史"替代了"古文传统史",在这一过程中,胡适以"革命"的实践方式推广了白话文文体,之后又以其学术成就证明白话文在传统"文学"领域的广适性,并在这一过程中将戏剧戏曲、民间文学等带入了"文学"的领域之中,构建现代文学与文学学科的基本内涵。现代意义上的文学学科的概念与范畴也基本确定下来,其在推动关于现代意义上"文学"概念的形成与文学学科学术转型的中贡献巨大。

本文作者系苏州大学文学院师资博士后

原标题为《迟到的文白交锋:胡适与中国现代文学概念之生成》,原载《华侨大学学报(哲学社会科学版)》2017年第1期

专题六
百年回眸《新青年》:重读与反思

重读有关《新青年》阵营分化的信件
——《新青年》研究中的两个问题

陈思和

前些日子,为编辑《史料与阐释》①,我邀请王观泉先生著文介绍香港收藏家许礼平先生提供的3封书信手迹。王观泉先生认定这3封信件均与现代史上"《新青年》分化"事件有关,他特意撰写了有关《新青年》思想发展及其后分化的研究大文《光芒四射之余辉,也光芒四射》,浩浩瀚瀚,势不可收。我读之怦然心动,勾起进一步探幽析微的兴趣,于是把有关《新青年》分化的信件文献重新系统阅读,现把阅读体会及一些不成熟的想法整理如下,以求教于方家。

《新青年》阵营"分化"书信的文献来源

王观泉先生在文章里提到学术界研究"《新青年》分化"的资料来源时,有如下介绍:

> 上世纪50年代,出版界大老张静庐主编的《中国现代出版史料》分甲、乙、丙、丁(上下卷)四编出版,在第一卷《甲编》第7—16页题为《关于〈新青年〉的几封信》,开启了对于早已被遗忘了三十多年的《新青年》的研究。……又等候了四十年于2001年,出版了由另一出版大老宋原放主编、陈江辑注的《中国出版史料(现代部分)》两卷(山东教育出版社2001年4月第一版),在上册第10—17页刊登题为《涉及〈新青年〉分化的几封信》的一组信件。从标题看是,张编是没有倾向性的史料汇集;宋编陈

---
① 陈思和、王德威:《史料与阐释》,上海:复旦大学出版社,2015年。

辑的资料却有倾向性,指为"分化",必有"左""右"之分。此为一;二,陈江的辑注多出一封信。现在,我因为要考释许礼平先生提供的李大钊致胡适的一封信和周启明致李大钊的两封信,再广收遗漏,列出一份清单……①

我在编辑时,出于校对文献的需要,参考了欧阳哲生的《新发现的一组关于〈新青年〉的同人来往书信》②与《〈新青年〉编辑演变之历史考辨——以1920—1921年同人书信为中心的探讨》③两篇文章。前一篇文章叙述了作者2002年在美国胡祖望家中获得《新青年》同人书信15封的经过,并且发表了这些信件的抄件,其中包括许礼平收藏的3封信件。这些书信中有些内容后来被学界引用,发挥了重要的作用,但书信原件依然保存在胡祖望家属手中。2009年5月,这批信件首次由中国嘉德拍卖公司公开拍卖,6月,国家文物局从嘉德拍卖公司购得,于同年7月整体移交中国人民大学博物馆收藏。2012年《中国人民大学学报》第1期正式公布,这批书信共13封,④其中有11封陈独秀致胡适等人的信件,两封钱玄同信件。对照欧阳哲生发表的15封信件,有10封陈独秀信件是重合的,中国人民大学博物馆收藏的陈独秀信件中多了一件1932年10月10日陈独秀致胡适的信,⑤为欧阳哲生发表的信件所无。两封钱玄同信件与欧阳哲生发表的信件也相重合,只是其中一封因为钱玄同用罗马拼音签名,被专家误认为是陶孟和。⑥唯有欧阳发表的信件中李大钊致胡适一封、周作人致李大钊两封尚无着落。现在清楚了,这3封信件的原件已经被许礼平先生所收藏。

---

① 王观泉:《光芒四射之余辉,也光芒四射》,《史料与阐释》,上海:复旦大学出版社,2015年,第142—153页。
② 《北京大学学报(哲学社会科学版)》,2009年第4期。
③ 《历史研究》,2009年第3期。欧阳哲生的两篇文章后经修订收入作者的《五四运动的历史诠释》,北京:北京大学出版社,2012年。
④ 该期学报以《中国人民大学博物馆藏"陈独秀等致胡适信札"研究》为总标题,发表三篇文章:黄兴涛、张丁整理的《中国人民大学博物馆藏"陈独秀等致胡适信札"原文整理注释》、黄兴涛的《中国人民大学博物馆藏"陈独秀等致胡适信札"释读》、齐鹏飞的《文物价值和史料价值俱珍的重要历史文献——中国人民大学博物馆藏"陈独秀等致胡适信札"刍议》。其中第一篇"释读"包括13封"陈独秀等致胡适信札"。
⑤ 关于这封信件的考释和研究,请参见王观泉:《〈资本论〉在中国》,载《史料与阐释》,上海:复旦大学出版社,2014年。
⑥ 黄兴涛在《中国人民大学博物馆藏"陈独秀等致胡适信札"释读》中对此有详尽说明,可以参考。

欧阳哲生在《新发现的一组关于〈新青年〉的同人来往书信》一文中,除了公布15封信件外,还提供了一组有关"《新青年》分化"的资料来源,十分详尽,比王观泉提供的资料目录更加丰富。如下:

"第一批为1954年2月北京中华书局出版的《中国现代出版史料》甲编,内收《关于〈新青年〉问题的几封信》一文。这篇文章共收入陈独秀、胡适、鲁迅、李大钊等人的六封信。这些信注明原件保存在北京大学。"

"第二批为1979年5月北京中华书局'内部出版'的《胡适来往书信选》上册,内又增收了七封与《新青年》转折时期相关的信……这些信来源于保存在中国社科院近代史研究所的'胡适档案'。在'胡适档案'中还保有陈望道致胡适(1921年1月15日)一信,当时没有公布,后来收入《胡适遗稿及秘藏书信》第35册(黄山书社1994年出版)。"

"第三批是鲁迅博物馆于1979年为纪念'五四'运动六十周年,在《历史研究》(1979年第三期)①、《复旦学报》(社会科学版,1979年第三期)两刊发表了一批与《新青年》有关的信件。1980年鲁迅博物馆为纪念'左联'成立五十周年纪念,再次公布其收藏的一批书信(内含此前在《历史研究》《复旦学报》两刊公布的信)②。此外在《钱玄同文集》第六卷《书信》里还收有一封李大钊致钱玄同信(1921年1月)。"

此外,"第四批"就是中国人民大学博物馆收藏的13封信件加许礼平收藏的3封信件,其中陈独秀致胡适信中有3封信件的时间分别为1925年2月5日与2月23日、1932年10月10日,内容无涉《新青年》分化,今姑且不计在内。这4批信件,可以说是目前研究《新青年》从一个坚持启蒙主义立场的同人刊物转变为宣传马克思主义的共产党组织的机关刊物及其阵营由此分化的最重要的资料文献。

根据王观泉与欧阳哲生提供的文献目录,汇总起来大约如下:

一、宋原放主编的《中国出版史料(现代部分)》第1卷上册(陈江辑注)

---

① 这条信息有误,应该是《历史研究》,1979年第5期。
② 鲁迅博物馆1980年公布的书信刊载《上海现代文艺资料丛刊》第5辑,上海:上海文艺出版社,1980年。题为《胡适、刘半农、陈独秀、钱玄同、郑振铎、傅斯年、陈望道、吴虞、孙伏园书信选》(1917年9月—1923年8月),鲁迅研究室手稿组选注,共63封信件,包括《历史研究》和《复旦学报》已经刊登过的8封书信。但其中内容与《新青年》阵营"分化"相关的,一共有15封。

所收《涉及〈新青年〉分化的几封信》7封：

001①,陈独秀致李大钊等(未注明日期)②

002,陈独秀致胡适、高一涵(1920年12月16日)

003,胡适致陈独秀(未注明日期)

004,鲁迅致胡适(1921年1月3日)

005,胡适致李大钊等八人,(1921年1月22日)

006,李大钊致胡适(未注明日期)

007,陈独秀致胡适(1921年2月15日)

二、选自《胡适来往书信选(上)》的信件6封：

008,陈独秀致李大钊、胡适等(1920年4月26日)

009,陈独秀致胡适(残)(1920年8月2日)

010,陈独秀致胡适(1920年9月)

011,陶孟和致胡适(1920年12月14日)

012,胡适致陈独秀(稿)

013,钱玄同致胡适(残)(1921年1月29日)

三、来自《胡适、刘半农、陈独秀、钱玄同、郑振铎、傅斯年、陈望道、吴虞、孙伏园书信选》中相关信件15封：

014,陈独秀致周作人(1920年3月11日)

015,陈独秀致周作人(1920年8月22日)

016,陈独秀致周作人(1920年9月28日)

017,陈独秀致鲁迅、周作人(1921年2月15日)③

018,陈望道致周作人(1920年12月16日)

019,陈望道致周作人(1921年1月28日)

020,陈望道致周作人(1921年2月11日)

021,陈望道致周作人(1921年2月13日)④

022,陈独秀致周作人(1920年7月9日)

023,陈独秀致鲁迅、周作人(1920年8月13日)

---

① 这里编号是笔者为方便讨论而设,特此说明。

② 编号001的"陈独秀致李大钊等信(未注明日期)",为张静庐主编的《中国现代出版史料》甲编内收《关于〈新青年〉问题的几封信》所无,其余6封,两者收录相同。特此说明。

③ 编号014—017的4封信先曾刊登《历史研究》,1979年第5期。

④ 编号018—021的4封信先曾刊登《复旦学报》,1979年第3期。

024，陈独秀致周作人（1920 年 9 月 4 日）

025，钱玄同致周作人（1920 年 8 月 24 日）

026，钱玄同致周作人（1920 年 9 月 25 日）

027，钱玄同致周作人（1920 年 12 月 16 日）

028，钱玄同致周作人（1920 年 12 月 17 日）①

四、来自《钱玄同文集》第 6 卷的信件 2 封：

029，李大钊致钱玄同（1921 年 1 月）

030，钱玄同致鲁迅、周作人（1921 年 1 月 11 日）

五、来自《胡适遗稿及秘藏书信》书信一封

031，陈望道致胡适（1921 年 1 月 15 日）

六、来自《中国人民大学博物馆藏"陈独秀等致胡适信札"原文整理注释》公布的信件 13 封：

032，陈独秀致胡适、李大钊（1920 年 5 月 7 日）

033，陈独秀致胡适（1920 年 5 月 11 日）

034，陈独秀致胡适（1920 年 5 月 19 日）

035，陈独秀致胡适（1920 年 5 月 25 日）

036，陈独秀致高一涵（1920 年 7 月 2 日）

037，陈独秀致胡适（1920 年 9 月 5 日）

038，陈独秀致胡适、高一涵（1920 年 12 月 21 日）

039，钱玄同致胡适（约在 1920 年 12 月 21 日至 1921 年 1 月 3 日之间）②

040，陈独秀致胡适等（1921 年 1 月 9 日）

041，钱玄同致胡适（1921 年 2 月 1 日）

七、《新发现的一组关于〈新青年〉的同人来往书信》首次公布、原信为许礼平先生收藏的 3 封：

042，李大钊致胡适

---

① 编号 025—028 钱玄同致周作人信件，内容丰富，不完全针对《新青年》，但偶尔有些段落涉及对《新青年》的看法，在此存以备考。

② 原信没有注明日期。根据《中国人民大学博物馆藏"陈独秀等致胡适信札"原文整理注释》："不过从信的内容看，我们认为其写作时间当在 1920 年 12 月 21 日至 1921 年 1 月 3 日之间。因为陈独秀关于胡适和陶孟和与研究系'接近'的埋怨，是在 1921 年 12 月 16 日离开上海至广州前一天的那封信中首次提到，该信到达北京大约需要 5 天，而胡适汇总北京同人有关《新青年》的编辑意见的时间是次年 1 月 3 日。由此，大致可以作出钱玄同此信写作的上述时间推断。"

043,周作人致李大钊(1921年2月25日)
044,周作人致李大钊(1921年2月27日)①
全部信件44封。②

《新青年》阵营"分化"的背景

这44封信件中,最早是1920年3月11日陈独秀致周作人信(编号014)。陈独秀于2月19日除夕之日定居上海后才22天,就围绕着《新青年》稿子筹划致信周作人。其内容有:策划7卷6号(5月份出版)的劳动节专号、代周氏兄弟向群益书社联系出版《域外小说集》,以及向周氏兄弟索稿等。信中透露,之前他还有一信致钱玄同,但未见回信,内容不外是索稿。当时京沪之间邮路时间较长(书刊邮寄时间5天,信件可能快些),陈独秀在3月11日信中催问此事,估计他在3月上旬已经开始《新青年》的正常编辑工作。当时陈独秀尚未进入建党阶段,也不存在《新青年》编辑部内部的分裂。陈独秀编《新青年》还是依仗北京同人,在信中,对守常、玄同、周氏兄弟,都充满怀念之情。

这组信件的最后两封都是周作人致李大钊的信,时间是1921年2月25日(043)与27日(044),内容差不多,主要是声明他赞同《新青年》的分裂:"《新青年》我看只有任其分裂,仲甫移到广东去办,适之另发起乙种杂志,此外实在没有法子了。"但他不希望胡适在北京办刊继续用"新青年"之名:"适之的杂志,我也狠是赞成,但可以不必用《新青年》之名。《新青年》的分裂虽然已是不可掩的事实,但如发表出去(即正式的分成广东、北京两个《新青年》)未免为旧派所笑。"(043)周作人的态度,大致也代表了鲁迅。周氏兄弟此时对《新青年》转向共产主义的政治宣传是有思想准备的,表示同情的理解。但他们也有自己的底线:"如仲甫将来专用《新青年》去做宣传机关,那时我们的文章他也用不着了;但他现在仍要北京同人帮他,那其内容仍然还不必限于宣传可做了。"(044)这话表明,周氏兄弟虽对陈独秀的"专用《新青年》去做宣传机关"表示理解,但他们并不准备介入这种转变。这两封信是写给

---

① 编号032—044,初刊于欧阳哲生的《新发现的一组关于〈新青年〉的同人来往书信》,但个别文字、署名有出入。
② 根据欧阳哲生《〈新青年〉编辑演变之历史考辨——以1920—1921年同人书信为中心的探讨》一文提供的新材料,陈独秀于1920年6月15日、17日、8月2日、7日都有信件给程演生,内容都是为了《新青年》筹款。这4封信件尚未完整公布。故没有列入这批书信目录。

李大钊的,之前李大钊似乎是反对《新青年》分裂的,但在周作人的信里可以看出,《新青年》阵营之分裂已经成为定局了。也就是说,1920年3月11日到1921年2月27日不到一年的时间,新文化运动以来最重要的思想文化阵营——《新青年》编辑部同人之间发生了极为深刻、以致影响20世纪中国走向的"分化"。①

王观泉先生是一位学术视野宏大的学者,他在论文《光芒四射之余辉,也光芒四射》里论述了《新青年》编辑部同人从发展到分裂的过程,正是折射出国际社会在一战前后形势变化的大趋势下对中国思想精英的深刻影响。他把1914年9月5日《青年杂志》的创刊日与欧战中第一次马恩河英法联军击溃德军、促使中国加入协约国同盟,宣布"绝德"(1917年3月14日)的过程联系在一起,如此描述:"《青年杂志》以民主和科学为远程目标。眼下全线投入第一次世界大战与中国之命运。从第1卷1号起,选择政治和军事进展的顶级论文和战场信息和报导,如透视日本绝德的《大隈内阁之改造》,以及《巴尔干半岛之风云》《德意志邻近中立国之态度》《波斯湾排除英法势力之风波》《英法阁员会商军事》,等等。大概由于《青年杂志》的走向,特别登出如《共和国家与青年之自觉》《战云中之青年》《德国青年团》《英国少年团规律》《巡视美国少年团》《青年论》,等等。迟到的《青年杂志》不说超越,至少是跻身于名刊《东方杂志》《晨报(副刊)》等,并且与梁启超、梁士诒、刘彦、伍廷芳父子还是张君劢等朝野时贤多共同语言,更不必提及在全国名牌大学中的影响了。"②王观泉注意到当时笼罩欧洲大陆的战争已经吸引了急于想走进世界格局的中国知识分子的注意力,无论梁任公、梁士诒、刘彦、伍廷芳父子还是张君劢,"朝野时贤",政治立场未必相同,但是对于欧战的关注显示了他们思想的超前性和宽广度。陈独秀主编的《新青年》正是在这一时代"共名"的维度里后来居上,成为一个携带着较多国际视野和信息的、广受欢迎的思想刊物。

近期学界论述《青年杂志》在上海创刊时期,往往强调其"是一本青年文化

---

① 王观泉是不赞成用"分化"来形容《新青年》阵营的分裂事件的,他认为"指为'分化',必有'左''右'之分",不赞成简单地以"左""右"来划分《新青年》这一战斗团体,我对此表示赞成;其实《新青年》"分化"无关左右,而是一部分先锋分子接受俄国第三国际的建议,从理论走向实际运动而发生的结果。
② 王观泉:《光芒四射之余辉,也光芒四射》,《史料与阐释》,上海:复旦大学出版社,2015年,第144页。

修养的时尚读物"①,或者说"是一本以当时的中国青年为预期读者的杂志"②,说它是本青年读物总不会错,但是作为一本自觉引领青年文化潮流的读物,陈独秀的"自觉",首先是在培养青年获得世界视野的制高点,而不是其他。他在创刊之初就向青年读者公布了自己的办刊方针:"今后时会,一句一措,皆有世界关系。我国青年,虽处蛰伏研求之时,然不可不放眼以观世界。本志与各国事情,学术,思潮,尽心灌输,可备攻错。"③为了这个目的,前有陈独秀、高一涵、李亦民等人,后有周作人、胡适、陶孟和等人,或写或译,介绍西方的各种思想学术潮流,"国外大事记""世界说苑"等栏目重点介绍世界形势和正在发生的事情,基本上是围绕着欧战的进展而展开。1918年11月11日欧战以德国战败宣告结束,中国作为战胜国也曾扬眉吐气于"列强"之中,北京的学校宣布11月14日、15日、16日连续放假三天,市民学生集会庆祝,学者教授登台演讲,欢腾一片;李大钊、蔡元培、陶孟和都在公众集会上发表了演讲,李大钊、陈独秀、蔡元培撰写文章,与那些演讲稿一起刊登在《新青年》第5卷第5号,这一期刊物几乎成了庆祝一战胜利的专号。如果说,从《青年杂志》第1卷第1号撰文介绍第一次世界大战中"华沙战役"等开始,到第5卷第5号庆祝协约国的胜利,《新青年》同人中有一部分人始终密切关注世界战争的情报,紧跟着世界大势探寻中国的出路何在;那么,整个世界大势走向也将反过来影响《新青年》同人的思想。再进而论之,发生在第一次世界大战期间的俄罗斯爆发了推翻沙皇统治的"二月革命",紧接着又爆发了以列宁为首的布尔什维克领导的"十月革命",都不能不给以《新青年》同人以深刻的刺激。

我以前曾经讨论过五四新文化运动的先锋性因素④,主要是体现于《新青年》同人倡导的"文学革命"和以鲁迅为代表的新文艺创作实绩。而"先锋"的文化意义绝不局限于文艺思潮,它的彻底反现状、反传统的姿态和立场,必然要以更为直接与社会变动发生关系的形态展现出来,政治斗争往往成为先锋运动最终选取的领域。这也是当时世界大势所致,法国的超现实主义、俄罗斯的未来主义等文艺运动,最终都与正在新兴过程中的激进的左翼政治思潮相结合,成为革命浪潮中的弄潮儿。相反的例子是意大利的未来主义领袖马利

---

① 庄森:《飞扬跋扈为谁雄——作为文学社团的新青年社研究》,上海:东方出版中心,2006年,第26页。
② 左轶凡:《〈新青年〉的青年形象塑造》,《史料与阐释》,上海:复旦大学出版社,2015年。
③ 《青年杂志》第1卷第1号,社告第二条。
④ 陈思和:《试论五四新文学的先锋性》,初刊于《复旦大学学报》,2005年第6期。

内蒂最终走向了法西斯主义运动。但不管最终目的怎样,先锋运动的政治指向是一致地反对平庸的、物质的、死气沉沉的中产阶级社会生活。所以,作为一种先锋运动的旗帜《新青年》,同人们中最激进者必然会把注意力转向正在崛起的俄罗斯革命。而李大钊、陈独秀是其中的佼佼者,先锋运动中的急先锋。俄罗斯爆发的革命对这个先锋运动群体多少都有一点影响,包括鲁迅、钱玄同和胡适等,但是站在先锋立场上最坚决最敏感的是陈李二人。陈独秀始终是站在时代的前沿,紧紧盯住了欧战大势所趋,1917 年中国朝野热议加入协约国参战时,陈独秀就在《新青年》第 3 卷第 1 号发表《对德外交》,呼吁"绝德"而加入协约国,刊物出版日期为 3 月 1 日,而 3 月 14 日中国政府正式宣布与德国绝交,参加第一次世界大战。陈独秀在《新青年》第 3 卷第 2 号又发表《俄罗斯革命与我国民之觉悟》,针对刚刚发生的俄罗斯二月革命推翻沙皇政权以后是否会与德国单独媾和问题发表见解,他说:"吾国民所应觉悟者,俄罗斯之革命非徒革俄国皇室之命,乃以革世界君主主义侵略主义之命也。"①陈独秀所说的"君主主义",是与民主主义相对立;"侵略主义",与人道主义相对立,陈独秀站在民主主义和人道主义的立场上,歌颂了俄罗斯革命的世界性意义。李大钊对俄罗斯革命更为敏感。在 1918 年 11 月欧战胜利的庆祝期间,他连续发表《法俄革命之比较观》《庶民的胜利》和《Bolshevism 的胜利》三篇文章,热烈歌颂列宁和托洛茨基等领导的俄国十月革命。随后他的世界观朝着马克思列宁主义转变,在由他轮值主编的《新青年》第 6 卷第 5 号,他不但发表了著名的《我的马克思主义观》,还策划了一个关于马克思主义的讨论专号,发表了不同立场的学者对马克思主义的论述。很显然,李大钊、陈独秀的立场一直在往前推进,由先锋立场走向了以马克思主义为旗帜的列宁主义,也就是从事实际的革命运动了。

  再回过来看《新青年》杂志同人的本来立场,一般来说,民国初期的知识精英都经历了传统士大夫阶层向现代知识分子的转型,但相对于梁启超的研究系、章士钊的《甲寅》,以及商务印书馆的《东方杂志》等带有浓重庙堂气息的学术派系而言,《新青年》的立场则更接近知识分子的"广场"价值取向:《新青年》阵营基本上采取了拒绝庙堂的立场,偏重思想启蒙、民众教育,批判社会上种种落后和愚昧现象,从事文化领域的"革命"。这一群由留日、留美、留法的海归知识分子构成的新思想阵营,携带了国外引进的不同的思想流派和思想方法,也

---

① 陈独秀:《俄罗斯革命与我国民之觉悟》,初刊于《新青年》第 3 卷第 2 号。

包括西方的民主精神和自由思想,独立于传统庙堂与社会民间之间,形成了一股新的社会力量。这才是《新青年》阵营所显示的区别于别的学术团体的新气象,也是在当时的社会风气中最吸引人的新鲜活泼、充满生命力的精神力量。胡适在1917年回国时"打定二十年不谈政治的决心,要想在思想文艺上替中国政治建筑一个革新的基础"①的计划就是从这个背景而来。"不谈政治"并不是他们真正的目的,也不是《新青年》同人必须遵循的约束,只是他们自觉拒绝庙堂的一种姿态。客观环境不利于谈政治,或者说,政治黑暗到无从谈起,才迫使知识分子放弃谈政治,发奋在思想领域努力。而作为一种先锋运动,其本质就在于对当下社会环境的批判,先锋文化团体即使在艺术领域或者思想领域做功夫,最终目的仍然在于调整与社会的关系,指望通过先锋运动来激化社会批判和社会冲突,先锋运动导致政治介入是有其内在规律的。陈独秀主编的《新青年》屡屡发表有关世界大战的报道、讨论中国的外交立场、"绝德"及俄罗斯革命,难道都不是谈政治吗?待到欧战结束,全民沸腾,中国第一次在列强面前有了面子,谈政治更加受到社会欢迎而变得自然而然了。《新青年》催生了《新潮》《每周评论》等卫星刊物,非但不再回避谈政治,反而大张旗鼓地领导了民众爱国运动。思想启蒙运动的结果总不外乎唤醒人们对于自己命运的自觉,对于社会进步的责任,最终导致社会变革、政治动荡甚至改朝换代,是必然的结果。欧洲的思想启蒙运动导致了法国大革命的流血,俄罗斯革命民主主义者的思想启蒙导致了推翻沙皇统治的二月革命与十月革命,都是历史的先例,因此我们讨论新文化启蒙运动与1919年的五四学生爱国运动,无法将二者截然分开甚至对立起来,以其之矛攻其之盾。从思想启蒙发展到社会运动,继而唤起实际革命,都由其内在的逻辑发展所决定的。

所以,我们今天谈论《新青年》的"分化",其实就是《新青年》阵营中几位文化先锋走出了原来的鼓吹"民主"与"科学"的思想革命藩篱,从《新青年》阵营中分离出来,单独前进,从而促使了原来阵营的瓦解。为什么李大钊发表《我的马克思主义观》,欢呼"布尔什维克的胜利"的时候没有引起《新青年》的"分化"?为什么1919年下半年胡适与李大钊发生"问题与主义"争论的时候没有"分化",而要到1920年陈独秀南下以后才出现了无可挽回的分裂——完成了所谓的"分化"?事实上,只要把"主义"分歧停留在思想理论的讨论范围,坚持民主、自由和尊重对方的立场的《新青年》同人就不会走向分裂。《新青年》不是

---

① 胡适:《我的歧路》,收欧阳哲生编:《胡适文集》第3册,北京:北京大学出版社,1998年,第363页。

一个政党,更不是权力机构,只是一个基于民主理想、先锋做派而自由结合的文人团体,更何况从这个团体建立之初,同人之间就充斥了善意的互相批评。胡适有在《新青年》上宣传实验主义的自由,李大钊当然也有宣传马克思主义的自由,所以"问题与主义"争论并没有影响李大钊与胡适个人之间的关系。在陈独秀南下,与胡适发生"短兵相接"、分裂几乎无可避免的时候,李大钊依然苦口婆心地做和事佬,希望弥合二者的关系,维护《新青年》团结。从这一点上来看,我们过去把"问题与主义"争论的意义看得过于严重了。

但是到了1920年4月陈独秀接受了共产国际的建议,秘密组织建党以后,一切都发生变化了。1919年是陈独秀命运急剧转变的一年。那年3月26日,蔡元培在汤尔和、沈尹默等人怂恿下,决定变相免去陈独秀文科学长之职。原因是陈独秀的嫖妓风波引起了媒体舆论的关注,但这事件正值新旧势力斗争激烈的关键时刻,容易被人理解为社会新旧势力冲突的结果。后人叙述中也未免夸大这个事件的性质,汤尔和几乎成了千古罪人。① 也有学者把汤尔和、沈尹默等人怂恿蔡元培罢免陈独秀,视为浙江籍与安徽籍之间的派系斗争。这些说法都有一定的片面性。陈独秀为人桀骜不驯,对周围人群可能多有得罪,他主编《新青年》的先锋立场和激进态度也让周围在场的知识分子感到不舒服,所以被小人落井下石是可以想象的。至于说到嫖妓,民国初期还保留晚清社会的遗风,文人嫖妓并未触犯法律,北大延续了京师大学堂的许多恶俗风气,只要想想一个文科学长一个理科学长为嫖妓闹出风波,甚至大打出手,校园风气之污秽可想而知。但作为社会名流、新思想领袖,陈独秀在私德上确有不可推卸的责任。蔡元培为端正校风特设进德会,陈独秀是骨干,明知故犯又惹出媒体风波,蔡元培免其文科学长是必要的措施,但为了顾全两位学长的面子,蔡还特意将早已在议的《文理科教务处组织法》提前实施,用教务长来取代两科学长,而夏元瑮出国放洋,陈独秀留任教授。应该说这是一种稳妥的处理方法,体现了蔡元培与人为善的厚道与原则。汤尔和、沈尹默都是当年向蔡元培推荐陈独秀的

---

① 胡适一直坚持这个观点。1935年12月28日,事隔16年之后,胡适仍致信批评汤尔和:"当时外人借私行为攻击独秀,明明是攻击北大的新思潮的几个领袖的一个手段,而先生们亦不能把私行为与公行为分开,适堕奸人术中了。"胡适对1919年3月26日之夜的汤宅会议耿耿于怀,上纲上线,在1935年12月23日到汤尔和信中甚至说:"然独秀因此离去北大,以后中国共产党的创立及后来国中思想的左倾,《新青年》的分化,北大自由主义者的变弱,皆起于此夜之会。……不但决定北大的命运,实开后来十余年的政治与思想的分野。"引自《738.胡适致汤尔和(稿)》和《736.胡适致汤尔和(稿)》,载《胡适来往书信选》中册,北京:中华书局,1979年,第290、282页。

人,对陈独秀素有厚望,如今风波骤起,舆论危及北大声誉,两人急于摆脱干系,建议蔡元培免去陈独秀文科学长,也是可以理解的。事实上,被免职以后的陈独秀并未因此降低其作为思想明星的声誉,这从两个月后陈独秀被捕而激起声势浩大的社会营救事件可以证明。而且,陈独秀这样一个大无畏的人,生命欲望必有异于常人之健旺强烈,他既是清政府也是北洋政府的不妥协的敌人,生命都在所不惜,哪里会把陈腐道学、媒体舆论放在眼里?即使不当文科学长,他依然是北京大学的名教授、思想界的大明星、《新青年》的主编,照样叱咤风云。如果以为被免职事件刺激了陈独秀,让他脱离自由主义而变成共产党,胡适也太低估了陈独秀。在我看来,真正刺激陈独秀的,还是越来越激进的社会环境,当时的社会风潮推动了他走向社会前沿,从书斋走向监狱。五四运动骤然爆发,作为一个文化先锋走向街头散发传单,唤起民众,不管是不是文科学长,陈独秀都会作如是选择。被捕入狱也是他早有思想准备的,他发表随感录《研究室与监狱》才几天①,就以身试法被逮捕了。1919年9月16日陈独秀被保释出狱,还是受到警察的监视,人身行动都不自由。经过这三个多月的狱中考验和社会营救,陈独秀从思想明星变成政治明星,其思想在特殊环境的刺激下日趋偏锋,同时政治活动也深深吸引了他,不能想象这时候的陈独秀还能沉住气在书斋里做一个稳稳当当的教授。既然从研究室走到了监狱这一步,等他出了监狱以后,就再也回不到研究室了。这是典型的先锋做派。这时候唯一能够把他拴在研究室的工作就是编辑《新青年》。10月5日,陈独秀在胡适寓所召开新青年同人会议,会议决定《新青年》自第7卷起仍归陈独秀一人主编。据胡适说,陈独秀在上海失业,编辑部同人请他专任《新青年》的编辑,给他一个具体的职业。②胡适这话似不完全准确,因为1919年10月5日陈独秀收回《新青年》的主编权,还没有到上海定居的准备。③ 编辑部同人之所以同意他一人主编刊物,还

---

① 《研究室与监狱》发表于1919年6月8日出版的《每周评论》第25号。陈独秀在6月9日和11日两次上街散发传单。根据京师警察厅档案,6月11日被捕。
② 《胡适口述自传》,收入欧阳哲生:《胡适文集》第1册,北京:北京大学出版社,1998年,第355页。
③ 关于陈独秀何时离开北大,似乎没有定论。陈明远《文化人的经济生活》一书中引用《北京大学1919年职员薪俸册》记载,陈独秀薪俸300银元发到6月份,说明陈独秀被解除了文科学长以后两个月仍然拿的是文科学长的薪水。陈独秀6月11日被捕,9月16日出狱,他的薪俸是否因为被捕而没有发?还是因为他已经离开了北大而没有发?现在没有可靠证据。但是他出狱后的身份仍然是北大教授。11月份他主持了刘师培的葬礼时,对他的学生陈钟凡说:"校中现已形成派别,我的改组计划已经实现,我要离开北大了。"可见11月份还未离开北大。陈钟凡:《陈仲甫先生印象记》未刊手稿。转引自唐宝林:《陈独秀全传》,北京:社会科学文献出版社,2013年,第225页。

是从道义上鼓励他重回研究室的努力。《新青年》的同人刊物性质没有变化,仍然由编辑部同人提供稿件。所以第 7 卷前几期的内容也没有什么特别的变化,第 7 卷 1 号的《本志宣言》更加强调了编辑部同人的统一立场,议论政治的倾向更加明显。到了第二年 2 月,陈独秀去上海定居,《新青年》也被带到上海去编辑,胡适的回忆材料可能针对这个阶段暗示了一个事实:陈独秀离京南下后是否还能继续担任《新青年》的主编工作,编辑部同人对此有过讨论意见,可能在这个时候,胡适强调陈独秀的生计问题。陈独秀到上海后主编《新青年》是有薪水的,150 银元。[①]

1920 年 4 月,俄共(布)西伯利亚局东方民族部代表维经斯基来到上海与陈独秀见面,商定成立中国共产党,具体日期已无考。当时的情况是,十月革命后不久,联共布尔什维克政权还处于欧洲帝国主义的包围之中,出于稳定大后方的战略,1920 年 3 月,俄共中央正式决定建立远东局(又称西伯利亚局),负责领导远东各国革命的工作。维经斯基就是这个组织派往中国的,任务是建立中国共产党和考察在上海设立共产国际东亚支部的可能性。当时列宁领导的联共(布)政权和第三共产国际派出许多人秘密深入东方各国(中国、朝鲜和日本等)[②],寻找那些国家内部的反叛力量,组织革命政党来推翻或牵制本国政府,稳定俄苏政权的大后方。[③] 联共(布)政权以及第三国际派往中国的人员起先并没有具体的对象,他们在混乱形势中广泛接触中国各种政治力量,物色他们在中国的代理人。为此,他们对吴佩孚、陈炯明、孙中山都产生过兴趣,维经斯基这一路从东北到北京、天津主要接触当时社会革命力量中最有影响的无政府主义组

[①] 根据《〈新青年〉编辑部与上海发行部重订条件》第 6 条款:"发行部每期赠送编辑部一百份外,并担任编辑费 150 元。"陈独秀的编辑费应该是一百五十银元。

[②] 任建树根据《共产国际、联共(布)与中国革命档案资料丛书》第 1 卷所载来华人数统计。"苏俄政府的这两个不同职能的外交渠道,其对华实施从 1920 年起渐渐加强。从这一年的 4 月到 1922 年 12 月止,由俄共或政府先后派遣来华的有 14 人,由共产国际派来的 6 人,共有 20 人。"(《20 年代初联共对华政策的制定——〈共产国际联共(布)与中国革命档案资料丛书〉研究札记》,载《上海行政学院学报》,2001 年第 1 期,第 123 页。)

[③] 唐宝林根据《共产国际、联共(布)与中国革命档案资料丛书》发布的资料:"当时派维经斯基来华的俄共(布)远东局海参崴分局领导人、俄罗斯联邦驻远东全权代表维连斯基把俄共中央政治局给他的指示归纳为四条,其中第一条是'我们在远东的总政策是立足于日美中三国利益发生冲突,要采取一切手段来加剧这种冲突',其次才是'支援中国、蒙古、朝鲜、日本的革命'。这就是说维经斯基以及以后一切来华代表,执行援助中国革命的政策,必须要服从苏俄的外交政策即苏俄国家利益。当时苏俄对华政策最大的国家利益是什么呢? 是追求苏俄远东边界线上的安全。"(《陈独秀与共产国际(1920—1927)》,载《湖北行政学院学报》2002 年创刊号,第 51 页。)

织,以及知识分子领袖李大钊。那是 1920 年 4 月,李大钊身居北京大学图书馆馆长和北大教授,在社会上有崇高的威望,而且公开宣布自己的马克思主义信仰。维经斯基对他肯定抱有期望。但那时候李大钊所信仰的马克思主义理论体系十分复杂,在具体的政治主张里,还是比较倾向于无政府主义的工团主义和克鲁泡特金的互助思想[1],这一点陈独秀也一样[2],他们对于十月革命之"庶民之胜利"高声欢呼,但对于列宁强调的阶级斗争、无产阶级专政并非心仪,维经斯基与李大钊的会晤似乎没有产生具体成果,于是李大钊推荐他去上海与陈独秀见面,可能是李大钊认为陈独秀对中国革命未来途径的判断更具有敏锐性。

维经斯基在上海与陈独秀有过多次商谈。当时的陈独秀正处于人生的十字路口:一方面因为主编《新青年》、发表惊世骇俗的言论、因散传单被捕入狱引起全国性营救的不平凡经历,把他从思想明星一步步推向政治明星,他迫切需要寻找到一种可靠的政治力量来支持他从事社会活动。在 1919 年 11 月,陈独秀对他的学生陈钟凡说要离开北大,离开北大后做什么?陈独秀明确表示:"专心从事社会运动。"[3]这表明陈独秀对北大教授岗位已经无心恋栈,决定转向"广场",从事更为直接的政治运动。但从另一方面来说,书斋里奢谈社会主义比较容易,一旦离开北大跑到上海,等于跃入社会运动的汪洋大海,而那时社会上主要的反抗组织大多是倾向无政府主义和基尔特社会主义,而陈独秀没有扎实的社会基础,具体能够做什么?怎么做?都是需要实践的未

---

[1] 唐宝林在《陈独秀全传》这样评价李大钊:"一般认为,李大钊是中国接受马克思主义第一人。但是细读他的代表作《我的马克思主义观》却发现,李大钊接受的是近似马恩晚年的思想,即恩格斯领导的第二国际社会党的思想——'社会民主主义'。所以他用'总觉有些牵强矛盾'的评说,委婉地批评了马、恩在《共产党宣言》《资本论》中'经济(即物质生产)决定一切''阶级竞争'(即阶级斗争)是历史动力观点,忽视伦理、道德、人道主义、宗教等精神方面的作用的观点。因此,他庄严地宣告:'我们主张以人道主义改造人类精神,同时以社会主义改造经济组织……我们主张物心两面的改造,灵肉一致的改造'。"(第 231 页)我同意这个观点。李大钊、陈独秀、毛泽东等早年都接受过无政府主义的影响,把马克思主义与无政府主义的某些观点进行了调和。1920 以后陈、李都在共产国际指导下才转向列宁主义,强调阶级斗争和无产阶级专政。

[2] 1919 年 11 月 2 日,陈独秀出狱不久写作了《实行民治的基础》,公开宣布:"我们所渴望的是将来社会制度的结合生活,我们不情愿阶级争斗发生,我们渴望纯粹资本作用——离开劳力的资本作用——渐渐消灭,不至于造成阶级争斗。"(载《新青年》7 卷 1 号)表明这时候的陈独秀还不是一个自觉的马克思列宁主义的信徒。唐宝林《陈独秀全传》里说道:陈独秀出狱以后,"与蔡元培、李大钊等人发起成立了北京工读互助团运动,进行空想社会主义的试验。……这个运动最早是外来的'新思潮'——克鲁泡特金的无政府共产主义、托尔斯泰的泛劳动主义和日本武者小路实笃的新村主义——在中国进步青年中影响的结果。"(第 224—225 页)

[3] 唐宝林:《陈独秀全传》,第 225 页。

知数。唯一能够被他紧紧抓在手里的,就是《新青年》及其产生的社会影响。这种压力对陈独秀来说可想而知。但是在与维经斯基见面以后,这一切都变了。陈独秀有了共产国际的支持,他立刻抓住从天而降的机会,迅速调整自己的行动目标,坚决反对与无政府主义组织合作,要求独立地成立中国共产党。他的第一举措就是向昔日盟友无政府主义①开炮,以清理自己的阵营。

在这个问题上,不仅维经斯基及时地支持了陈独秀,陈独秀也及时为维经斯基提供了中国革命的途径。② 以陈独秀的果断强悍、富有革命经验以及置死地而后生的状况,无疑成为维经斯基最理想的革命领袖人选。我们现在从维经斯基1920年6月致组织的信件里所汇报的工作情况来看,他已经明确选定陈独秀为领袖,但是维经斯基对他在中国接触到的无政府主义者还是保持了好感,所以他开始着手进行的工作,是让陈独秀与中国无政府主义谋求联合。维经斯基给组织汇报工作的信件中有一段十分重要的话,描绘了1920年4月到6月期间他在上海的工作情况:

> 目前,我们主要从事的工作是把各革命团体联合起来组成一个中心组织。"群益书店"可以作为一个核心把这些革命团体团结在它的周围。中国革命运动最薄弱的方面就是活动分散。为了协调和集中各个组织的活动,正在着手筹备召开华北社会主义者和无政府主义者联合会议。当地的一位享有很高声望和有很大影响的教授(陈独秀),现在写信给各个城市的革命者,以确定会议的议题以及会议的地点和时间。③

根据这段话我们可以找出三层意思,与本文要解读的文献有直接关系:1.维经斯基确认了陈独秀在未来中国革命中的领袖地位,安排陈独秀出面来整合"活动分散"的各派革命力量;2.他之所以选择陈独秀,是因为陈独秀在中国"享有很高声誉和有很大影响",而这些声誉和影响来自《新青年》,所以

---

① 陈独秀在李大钊掩护下从北京到天津,再转道上海的路途上已经接触了一些无政府主义组织,到上海以后,他也曾经尝试与无政府主义组织和其他社会革命力量谋取合作。当时,另一个共产国际安排来华的代表鲍立维(柏烈伟)也在天津谋求建立包括无政府主义在内的"社会主义同盟"。此事与陈独秀也有一定的关系。
② 这个观点也是来自唐宝林的《陈独秀全传》的推测(第250页),笔者觉得是对的。
③ 《维经斯基给某人的信》,《共产国际、联共(布)与中国革命档案资料丛书》第1卷,中共中央党史研究室第一研究部译,北京:北京图书馆出版社,1997、1998年,第29页。

出现了"群益书店(社)"为核心的意思;3. 当时着手协调和集中各派组织的目标中包括了社会主义者和无政府主义者。广义上说,无政府主义者也是社会主义者,所以这里特指的社会主义者,应该是指不是无政府主义者(但可能受无政府主义影响)的社会主义者。

在俄罗斯十月革命初期,无政府主义与布尔什维克也有过短暂的联合,但不久,无政府主义者遭到了布尔什维克政权的镇压,克鲁泡特金从欧洲回到俄国,曾经企图说服列宁放弃暴力镇压,列宁拒绝了。克鲁泡特金遭到软禁。但在中国,为了组织反叛力量必须调动一切可能参与革命的因素,那些涣散的无政府主义组织也成了俄国布尔什维克的团结目标。据书信的注释者说明,信里说的这个会是1920年7月19日在上海召开的"最积极的中国同志"会议,为中国共产党的成立奠定了基础。但是唐宝林在《陈独秀全传》里认为维经斯基信中筹划的那些与无政府主义者联合的活动最后都没有落实,原因是陈独秀的抵制。后来的事情显然不是按照信中的设计进行的,1920年的5月,上海建立了共产国际的东亚书记处指导东亚国家的革命运动,这以后,"钦差大臣"频频降临,在上海举行了一系列的会议指导中国革命。8月,以陈独秀为核心的中国共产党发起组正式成立,真正地为建立中国共产党奠定了基础。1920年8月2日,陈独秀致信胡适(009)约稿:"我近来觉得中国人的思想,是万国虚无主义——原有的老子说,印度空观,欧洲形而上学及无政府主义——底总汇,世界无比,《新青年》以后应该对此病根下总攻击。这攻击老子学说及形而上学的司令,非请吾兄担任不可。"这时候《新青年》第8卷1号已经付印,陈独秀正在筹备第2号的稿子,《新青年》的经费已经落实,陈独秀心情大好,摆出一副大干一场的姿态,他希望得到好朋友胡适的支持,把古代思想史的老子批判与现实斗争中无政府主义批判巧妙地结合起来,并且把胡适推为"司令"。显然,陈独秀这时候的意气风发,又恢复了1917年与胡适联手发起新文学运动时期的勃勃雄心。由此也可见陈独秀成功地改变了共产国际原来联合无政府主义的想法,独立地担当起领导中国革命的重任。

从这时候开始,《新青年》阵营的分化才渐渐凸显出来了。

《新青年》编辑部同人的构成

1920年4月26日陈独秀在上海致信给12位北京同人(008):

守常　孟余　慰慈
适之　孟和　抚五
申甫　百年　遏先　诸兄公鉴：
玄同　尹默　启明

《新青年》七卷六号稿已齐（计四百面），上海方面，五月一日可以出版，到京须在五日以后。

本卷已有结束，以后拟如何办法，尚请公同讨论赐复：

（1）是否继续出版？

（2）倘续出，对发行部初次所定合同已满期，有无应予交涉的事？

（3）编辑人问题：

（一）由在京诸人轮流担任；

（二）由在京一人担任；

（三）由弟在沪担任。

为时已迫，以上各条，请速赐复。

弟　独秀　四月廿六日①

这是一封值得我们认真解读的信件，从中可以帮助我们解决若干问题：

这是一封陈独秀写给北京十二位同人的公开信（公信）②，内容完全是履行公事：《新青年》7卷编完了，合同已经到期，接下来怎么办？很显然，这12位收信人构成了《新青年》在京同人的基本名单。那么，笔者首先想了解的是：这12位收信人怎么会成为《新青年》同人的？陈独秀为什么要向他们汇报和请示工作？这涉及《新青年》编辑部同人的构成。

本文先梳理一下这些人与陈独秀及《新青年》的关系：

《新青年》（原名《青年杂志》）1915年在上海创办，最初的编辑人员很简单。陈独秀一人担任主撰，其他撰稿者基本上是《甲寅》杂志的班底、陈独秀的安徽籍老乡或多少与安徽有关的人，其中积极撰稿的高一涵、易白沙、刘叔

---

① 录自耿云志主编的《胡适遗稿及秘藏书信》第35册，合肥：黄山书社，1994年，第569—570页。此信首次公开发表于《胡适来往书信选》（上册），中国社会科学院近代史研究所中华民国史组编，北京：中华书局，1979年，第90页。但是整理本文字与原文有出入。本文根据手稿录入。特此说明。

② 1920年5月7日陈独秀致胡适、李大钊信中有"日前因《新青年》事有一公信寄京……"见黄兴涛、张丁：《中国人民大学博物馆藏"陈独秀等致胡适信札"原文整理注释》，《中国人民大学学报》，2012年第1期，第25页。

雅、谢无量、陈嘏等,但在这封信的收信人名单里,一个也不见。而这 12 位收信人中,名字最早出现于《新青年》的是李大钊和胡适。1916 年 9 月出版的《新青年》第 2 卷第 1 号上有李大钊的散文《青春》和胡适的翻译小说《决斗》,紧接着第 2 卷第 2 号上,又有胡适致陈独秀信,提出文学改良的主张。而胡适的论文《文学改良刍议》要到 1917 年 1 月出版的《新青年》第 2 卷第 5 号才发表,同期刊出的还有陶孟和①的社会学文章《人类文化之起源》。(插一句,《新青年》第 2 卷第 2 号起,刘半农的创作频繁发表。)到了 1917 年 2 月出版的《新青年》第 2 卷第 6 号,钱玄同以通信的形式声援北大文科改革及文学革命的主张。——此时开始,陈独秀已经应蔡元培邀请,携带着《新青年》杂志进入北京大学担任文科学长,刘叔雅、刘半农、胡适等也前后进入北京大学②,加上先在北大任教的钱玄同、沈尹默,"四大台柱"③为主角的《新青年》阵营已经布局成功。《新青年》第 3 卷第 2 号通信栏里还出现了张嵩年(申府)④的名

---

① 据陈万雄的《五四新文化的源流》,陶孟和于 1913 年进北大任教。教授社会学、社会问题和英文学戏曲等课程。(北京:生活·读书·新知三联书店,1997 年)。据 1918 年 2 月编制的《国立北京大学廿周年纪念册》中《职员一览》记载,陶孟和担任文本科教授,兼法本科教授和哲学门研究所教员。据 1918 年 9 月编制的《国立北京大学职员履历表》记载,陶孟和日本东京高等师范学校和英国伦敦大学毕业,从事社会学研究。(陈初辑:《京师译学馆校友录》,台北:台湾文海出版社。)

② 陈独秀于 1917 年 1 月始掌北大文科学长时,沈尹默与钱玄同已经在北大任教。刘叔雅于 1917 年上半学期进北大任教。据《钱玄同日记》1917 年 4 月 14 日记载:"大预中新请来一国文教习,为刘叔雅,合肥人。曾在《青年杂志》上登有《叔本华自我意志说》,年纪甚轻,问系刘申叔之弟子。"(杨天石主编:《钱玄同日记(整理本)》,北京:北京大学出版社,2014 年,第 313 页)。《职员一览》记载,担任理科预科教授,兼文科预科教授和国文门研究所教员。刘半农于 1917 年 9 月由陈独秀介绍进北大任教。《职员一览》记载,担任法科预科教授,兼理科预科教授和国学门研究所教员。胡适于 1917 年 9 月起任北大文科教授。《职员一览》记载,担任文本科教授兼哲学门研究所主任,又兼国文、英文两门研究所教员。钱玄同从 1913 年开始在北京高等师范学校历史地理部及附属中学国文、经学教员,兼任北大预科文字学教员。(见《钱玄同年谱》,曹述敬著,济南:齐鲁书社,1986 年。)1917 年秋被聘为北京大学文本科教授。(《钱玄同日记》1919 年 1 月 24 日所记)。《职员一览》记载,担任文本科教授兼国文门研究所教员。沈尹默于 1913 年在北大预科任教。蔡元培引进陈独秀为文科学长,沈尹默、汤尔和都有引荐之功。《职员一览》记载,担任文科预科教授兼国文门研究所主任。

③ 1917 年 10 月 16 日刘半农致钱玄同信:"先生试取《新青年》前后所登各稿比较参观之,即可得其改变之轨辙。……譬如做戏,你,我,独秀,适之,四人,当自认为'台柱',另外再多请名角帮忙,方能'押得住座'"。四大台柱应指陈独秀,胡适,钱玄同和刘半农。(《中国现代文艺资料丛刊》第 5 辑,上海:上海文艺出版社,1980 年,第 303 页。)同信中,刘半农又说:"信中不能多说话,望先生早一二天来谈谈!愿为你之好友者!"从语气上看,这应该是钱、刘最初交往,有相见恨晚之意。《钱玄同日记》1917 年 10 月 18 日记:"三时至大学法科访半农,谈得非常之高兴。"(第 323 页)是应邀约谈的记录。

④ 张申府于 1917 年秋北大数学系毕业留校。《职员一览》记载,担任预科补习班教员。

字。1918年1月,《新青年》第4卷起改为同人刊物,由编辑部同人轮流执编。第4卷第1号开始,频繁出现周作人和沈尹默①的作品,第4卷第4号刊化学教授王星拱(抚五)②的科普文章,第4卷第5号又刊心理学教授陈大齐(百年)③批"灵学"文章,同期还发表鲁迅的《狂人日记》和白话诗。——这里除了鲁迅,其他都是北大的教员。到了1919年出版的第6卷第4号和第6号,连续出现朱希祖(遏先)④的文章,第5号又出现了顾孟余⑤的头条文章。——到此为止,《新青年》进入全盛时期,也就是第二阶段的同人刊物时期。《新青年》的社会影响与发行量都是在这个时期获得充分的扩大。12位收信人中的大部分进入了《新青年》同人行列,惟有张慰慈⑥在《新青年》第7卷前几期才开始露面。第7卷虽然由陈独秀主编,依然属于同人性质。

现在,我们似乎可以看清楚这12位撰稿人与《新青年》关系的深浅了。如果以陈独秀为标杆,以出现于《新青年》撰稿行列的先后及其关系亲疏为序列,大致可以排为三列:

1. 1915—1916年陈独秀主撰时期的朋友:高一涵、胡适、李大钊、刘叔雅等,他们的主要特征是安徽籍人,或者是《甲寅》老臣。

---

① 周作人于1917年4月进附设国史编纂处任职,9月正式任北大文本科教员。(《周作人年谱》,张菊香、张铁荣编,天津:天津人民出版社,2000年,第121、125页)。《职员一览》记载,担任文科本科教授兼国文门研究所教员。

② 据《五四新文化的源流》记载,王星拱于1916年毕业于英国伦敦大学理工学院,获硕士学位。回国被聘北大任教。1918年2月编制的《职员一览》记载,担任文本科兼预科讲师。1918年9月编制的《国立北京大学职员履历表》记载,他毕业于英国帝国科学工程学院,担任文本科教授,薪水240元。后一条信息比较可靠。

③ 陈大齐于1914年进北京大学任教,初授哲学概论、心理学、理则学课程,后授认识论、陈述心理学等课程。(见周进华《经师人师——陈大齐传》,台北:台湾商务印书馆,1986年,第9页)。《职员一览》记载,担任文本科教授兼哲学门研究所教员。

④ 朱希祖于1913年受聘任北大预科教员兼清史馆编修。袁世凯称帝时辞去编修,专任北大教授。《职员一览》记载,担任文本科教授兼国文门研究所教员。

⑤ 顾孟余,又名顾兆熊。1917年任北京大学教授兼文科德文门主任、后任经济系主任。《职员一览》记载,担任文本科教授兼理预科教授。《国立北京大学职员履历表》记载其毕业于德国柏林明星工科大学。

⑥ 张慰慈名张祖训。《职员一览》记载担任法本科兼预科教授。《国立北京大学职员履历表》记载其为美国埃哀亚哀省立大学(似乎是 University of Illinois 即伊利诺伊大学)博士。张慰慈参与《新青年》同人较晚。据《周作人日记》(上)1918年11月27日记载:"下午至学长室议创刊每周评论十二月十四日出版任月助刊资三元。"(影印本中册,郑州:大象出版社,786—787页)。《每周评论》出资人中有张慰慈的名字,可见他参加了1918年11月27日的会议。尽管他那时还没有在《新青年》上发表文章,但已经加入《新青年》同人行列。

2. 1917年陈独秀进入北大掌文科学长后的朋友：钱玄同、刘半农、陶孟和、沈尹默、周作人和张申府等，他们的主要特征是北大文科教员；鲁迅也是这时期的朋友，但不是北大专任教员。

3. 1918年《新青年》轮流执编以后陆续加入的撰稿人：王星拱、顾孟余、陈大齐、朱希祖、张慰慈等，他们与陈独秀及《新青年》的关系不会很亲密，专业背景也很广泛，化学、经济学、心理学、政治学都有，留学背景也比较复杂。

在陈独秀写这封信的1920年4月，刘半农已经脱离了《新青年》[①]并在法国留学，高一涵也出国[②]，不在收信人名单里可以理解。但是第三序列的名单为什么会进入《新青年》编辑部同人行列的？撰稿人与编辑部同人是不是一回事？如果说不是一回事，那么，第三序列的名单似乎不应该成为陈独秀汇报和请示工作的对象。如果说，他们因为撰稿人身份而可以成为收信人，那么，鲁迅、吴稚晖、沈性仁、任鸿隽、陈衡哲等都是同时期《新青年》的重要撰稿人，发表数量也远在上述若干收信人之上，为什么他们不是收信人？因此，弄清楚这12位收信人在《新青年》编辑部里扮演什么角色，究竟是哪些人在领导《新青年》，是解决这个问题的关键。

于是，我们还是要回到《新青年》发展史上的第一次重要改革（1918年1月），即由陈独秀主撰向轮流执编的同人刊物转变开始说起。

《新青年》第3卷第6号出版以后，曾经停刊数月，期间酝酿了一项极其重要的改革方案：从1918年1月15日起，《新青年》第4卷第1号以全新面目推出，标志就是建立《新青年》编辑部，集体执编。《新青年》第4卷第3号正式刊出"本志编辑部启事"，是这样写的：

> 本志自第四卷一号起。投稿章程业已取消。所有撰译悉由编辑部同仁共同担任，不另购稿。其前此寄稿尚未录载者，可否惠赠本志，尚希投稿诸君，赐函声明，恕不一一奉询。此后有以大作见赐者，概不酬赠。录载与否，原稿恕不奉还。谨布。

[①] 刘半农在1919年初就脱离了《新青年》。据《钱玄同日记》1919年1月24日记载："午后三时，半农来，说已与《新青年》脱离关系，其故因适之与他有点意见，他又不久将往欧洲去，因此不复在《新青年》上撰稿。半农初来时，专从事于新学。自从去年八月以来，颇变往昔态度，专好在故纸堆中讨生活。"（343页）刘半农于1920年春赴法国留学。

[②] 据高大同编著《高一涵先生年谱》记载，高一涵于1919年12月27日离开北京去日本，1920年6月18日乘船离开日本回国。（上海：上海文化出版社，2011年。）

这是写给投稿者和读者看的通告,其背后隐含了一场深刻的革命。这里关键的信息有三点:拒绝外稿,编辑部同仁担任撰稿,取消稿费。拒绝外稿,不仅拒绝了一批社会上的盲目投稿者,《新青年》第一阶段即陈独秀主撰时期的同乡关系户投稿者基本上也被拒绝在外;编辑部同仁担任撰稿,体现了《新青年》作为一个集体阵营已经布局完成,《新青年》代表了一种新的理想的传播平台和传播方式。取消稿费,同人撰稿没有稿费,体现了"同人刊物"的原则:为了一份理想而写稿。这样做,对于所有的撰稿者而言,他与刊物的关系就发生变化了:不再是刊物与作者的关系,写稿也不再以换取稿费为目的。撰稿者与刊物之间产生一种新型关系:同人与平台的关系。也就是胡适在家信中说的:"这是我们自己办的报。"①这种新型的办刊形式,后来成为五四新文化运动中涌现出来的大量同人刊物的模型。

既然是同人刊物,谁主编并不重要,同人刊物是集体议稿制度,仅仅是委托某人负责集稿,轮流执编。一般情况下,撰稿者仅限于自己的团体人员,不接受外稿;反过来说,程序上是先允许某人成为同人团体成员,才登载其稿件。那么,《新青年》编辑部同人到底有多少人,又是怎么形成的? 我读了许多相关研究文章,觉得研究者都无意中把《新青年》编辑部同人与轮流执编的编辑混为一谈,其实细究起来,两者是不一样的。按照这份"启事"的意思来看,广义地说,《新青年》编辑部同人是刊物的主要撰稿者,并且承担了刊物发展的某种责任,而轮流分期主编则是更为亲密地团结在陈独秀周围的工作班子。用现在的人事关系而言,有点像刊物的编委会与编辑部的关系。

参与轮流执编《新青年》编辑,回忆者各有说法,研究者也多有猜测,通过白纸黑字留下来的文献,有如下几种:胡适在《五十年来中国之文学》说:"民国七年一月,《新青年》重新出版,归北京大学教授陈独秀、钱玄同、沈尹默、李大钊②、

---

① 胡适:《致母亲》(1918年3月17日),《胡适书信集》(上),北京:北京大学出版社,1996年,第140页。
② 据朱文通主编《李大钊年谱长编》,李大钊于1918年1月就任北京大学图书馆主任。(北京:中国社会科学出版社,2009年,第241页。) 又:《年谱长编》依据《国立北京大学二十周年纪念册》中1918年2月编制的"职员一览"的"前任职员录"(甲类)记载,前图书馆主任章士钊于"民国七年一月"离职,李大钊接任图书馆主任。《现任职员录》已经有李大钊的名字。又,1918年1月20日《北京大学日刊》载"进德会通告",其中甲种会员名单里也有李大钊的名字。可以确定,李大钊到北大图书馆任职时间的应是1918年1月20日以前。

刘半农、胡适六人轮流编辑。"①胡适是当事人,说这个话的时候,离开1918年不过4年,应该记忆不会出错。但他说的6人,是指1918年上半年的《新青年》第4卷的轮流编辑人员,中间也不排除有其他人一起帮忙。周作人回忆说,陶孟和也编过他的稿子。②那是指《新青年》第5卷第6号,说明刊物第5卷的执编人员有变动。而第6卷编辑人员,据《新青年》第6卷第1号刊登"本杂志第六卷分期编辑表",轮流执编的6人依次是陈独秀、钱玄同、高一涵、胡适、李大钊和沈尹默。所有加起来,参与轮流执编的同人,大约不会超过8个人。

另外有一条信息,1918年10月21日,据周作人日记记载:"玄同说明年起分编新青年凡陈胡陶李高钱二沈刘周陈(百)傅十二人云。"③这条记载一般研究者不甚注意,或以为后来没有实施。其实这里保留了一个重要信息,即在1918年下半年《新青年》编辑部同人已经从上述8人扩大到12人,但不是陈独秀"公信"所列的12位收信人,而是从原来的8人增加了周作人、沈兼士④、陈大齐和傅斯年。因为事涉周作人本人,所以他特别在日记里记载下来。而此事又是钱玄同转告的,说明周作人原先确实没参与编辑部工作。傅斯年身份还是学生,因为屡屡在《新青年》写稿,又兼主编《新潮》,也被考虑吸收了。这个决议并非没有实施,因为12人轮流编辑需要一年两卷,事实上《新青年》第6卷只公布了前6卷的执编人,到了第6卷编完,第7卷情况发生变化,才没有轮到另外6人。但作为编辑部同人,上述12位名单都应该算在内的。也就是说,到1918年10月,这个编辑部同人的名单里还没有朱希祖、顾孟余、张慰慈、王星拱和张申府——前面3位的名字都要在第6卷和第7卷撰稿者队伍里才出现。而王星拱、张申府两人的身份只是讲师和助教,不是教授。

---

① 见《胡适文集》第3册,北京大学出版社,第229—230页。但张耀杰提出质疑,认为《新青年》第4、5卷轮流执编的6位编辑应该是陈独秀、钱玄同、刘半农、陶孟和、沈尹默和胡适。参见《北大教授与〈新青年〉》,第2—8页。张耀杰的说法可以从罗家伦1931年的口述回忆里得到印证。口述材料被罗久芳编入《我的父亲罗家伦》,北京:商务印书馆,2013年。
② 周作人《知堂回想录》记载:"在这以前,大约是五、六卷吧,曾决议由几个人轮流担任编辑,记得有陈独秀、适之、守常、半农、玄同和陶孟和这六个人,此外有没有沈尹默,那就记不得了,我特别记得是陶孟和主编的这一回。"香港:香港三育图书文具公司,1980年,第357页。
③ 《周作人日记》(上册),郑州:大象出版社,1996年,第780页。
④ 据《五四新文化的源流》,沈兼士于1913年到北大任教。《职员一览》记载,任文预科教授。周作人在《知堂回想录》里讲到沈兼士患有一种奇怪的肺病,身体状况不好。

我们接下来讨论"启事"所说的《新青年》"编辑部同仁"的概念包含哪些内容。既然"启事"声称"所有撰译悉由编辑部同仁共同担任",那么,我们就从《新青年》第4卷第1号的撰稿名单来看——论文著译:陈独秀、高一涵、周作人、胡适、陶孟和、钱玄同、刘半农;诗歌创作:胡适、沈尹默、刘半农;读者论坛:傅斯年、罗家伦;通信:胡适、钱玄同、刘延陵。这是一份经典的同人刊物名单,我们大致可以从中了解《新青年》编辑部"同仁"的基本人员:傅斯年与罗家伦的身份是学生,所以在"读者论坛"栏目上出现,刘延陵的"通信"是外来稿①,都可以不计在内。那么,成为同人刊物的《新青年》最初同人,就是陈独秀、高一涵、胡适、钱玄同、刘半农、沈尹默、陶孟和、周作人7个教员。傅斯年、罗家伦两个学生以后还继续在《新青年》上发表重要文章,但不一定参与编辑部工作。教员中唯周作人没有参与编辑,只是积极承担撰稿的工作,但当以同人视之。另外《钱玄同日记》记载,他编第2期时有李大钊的稿件;②李大钊自然在同人之列。但他的身份是图书馆主任,高一涵的身份是编辑,均不在北大教授之列。③

《新青年》第4卷第2号到6号的半年里,撰稿者(读者论坛和通信栏目除外)的队伍逐渐增加,粗略统计如下:第2号增加:刘叔雅、林语堂、吴稚晖;第3号增加:吴祥凤、张祖荫;第4号增加:林损、王星拱;第5号增加:陈大齐、鲁迅、俞平伯、陵霜、叶渊、蔡元培;第6号增加:吴弱男、袁振英。

我们不妨分析这些名单:吴稚晖是中国无政府主义的先驱,陈独秀的老朋友,也是《新青年》的老作者;林语堂当时是清华大学英文教员,他发表的是有关汉字检索的文章。吴祥凤是北京医学专门学校教员,发表的是关于瘟疫的医学文章,显然都是外来稿。张祖荫发表的是社会调查报告,属于陶孟和主持的研究课题的参与者;叶渊也属这种情况,这两人可能都是陶孟和的学生。袁

---

① 据《钱玄同日记》1918年1月2日记载:"午后至独秀处捡得《新青年》存稿。因四卷二期归我编辑……略捡青年诸稿,有刘延陵论文学二篇,笔杂已甚。"(第326页)
② 《钱玄同日记》1918年1月12日记载:"独秀交来《新青年》用稿一篇,题为《人生真义》,约千八百字左右,做得很精,又李守常《论俄国革命与文学》一稿,可留为第三号用。"(第328页)李大钊的稿子后来未发表。
③ 据《李大钊年谱长编》1920年7月8日记载:"北京大学评议会议决将图书馆主任改为教授。"(第304页)据《五四新文化的源流》,高一涵是1918年到北大,先在北大丛书编辑委员会工作,1921年任教授。(第54页)但是高一涵不见名于《职员一览》,说明1918年春季,高一涵还没有进北大,1918年9月编制的《国立北京大学职员履历表》,高梦弼任编译处编译员兼编辑,月薪180银元。高梦弼是高一涵的庠名。所以,高一涵应该是1918年秋天进入北京大学担任编辑。

振英(震瀛)、俞平伯、陵霜都是北大的学生。此外,撰稿者中还有蔡元培、鲁迅和吴弱男,蔡元培身为校长,鲁迅在教育部任职,两人都不适合参与这类活动。吴弱男是章士钊的夫人,陈独秀、胡适的朋友,应该也是外稿。以上这些人都不是《新青年》同人,只是一般撰稿者。剩下刘叔雅、王星拱、陈大齐、林损都是北大教员;而林损①是北大国文系著名旧派人物,与新文化运动观点相左,不可能是同人。

我们再往下看,《新青年》第5、6两卷中新增加的撰稿者(读者论坛和通信栏目除外)名单大致有:杨昌济,沈兼士,陈衡哲,沈性仁,顾兆熊(孟余),张申府,朱希祖、任鸿隽、邓萃英等,其中在北大担任教员的有杨昌济、沈兼士、朱希祖、顾兆熊、张申府。

这样,我们似乎可以揭开"《新青年》编辑部同仁"的神秘面纱了:《新青年》编辑部启事中所说的"编辑部同仁",应该是指一批有志于推动新文化运动、并自觉为《新青年》撰稿的北大教职员(主要是教授)。符合三个条件:一是志同道合;二是自觉写稿;三是北大教员。(如胡适所说的:"《新青年》重新出版,归北京大学教授……轮流编辑。"突出了铿锵有力的"归北京大学教授"7字。)以这三个条件为标准,可以解释一系列的问题:1.鲁迅不是北大教授,他虽然在《新青年》上发表了重要的作品,但他不直接参与其活动,不能算是编辑部同人,只是一个重要的作者。从广义上来说,鲁迅是属于《新青年》阵营中的成员。2.北大学生活跃地支持了《新青年》的工作,但也不参与编辑部的工作,也不算是同人。他们有《新潮》杂志作为自己的阵地。(唯傅斯年例外,他可能部分参与过编辑部同人的工作。其他学生如张申府、袁振英等,都是在毕业以后才参与刊物的编辑活动。)3.凡不是北大教员,虽然是刊物的老作者,或者主编者的私人关系,他们给刊物写稿,但不算是编辑部同人。前者如吴稚晖、易白沙、吴虞等;后者如胡适的朋友任鸿隽、陈衡哲;陶孟和的太太沈性仁,章士钊的夫人吴弱男等。4.开放性和流动性的特点:《新青年》的北大同人是在不断变化的,离开了北大(如出国)就不再过问编辑部事务(如刘半农,高一涵)。而较迟参与撰稿的,只要志同道合,也立马成为编辑部同人,拥有对编辑部的发言权(如张慰慈)。就这样,《新青年》编辑部同人由1918年1月的6人执编,到1919年10月5日的会议,已经发展到了12人以上了。

---

① 林损,《职员一览》记载,任法预科教授。

现在我们再排列一下《新青年》编辑部同人的名单:

1918年1月(《新青年》第4卷轮流执编)起:陈独秀、李大钊、胡适之、钱玄同、刘半农、沈尹默、陶孟和、高一涵;(8人)

1918年10月21日(会议决定扩大到12人担任编辑),上述名单再加周作人、沈兼士、陈大齐、傅斯年;

1919年10月5日(会议决定刊物第7卷归陈独秀一人主编)起,上述名单再加:朱希祖、王星拱、顾孟余、张慰慈、张申府,去掉刘半农、高一涵、傅斯年(三人均出国)。

与刊物保持密切关系,可能也是同人之列:刘叔雅(疏离)①、杨昌济(去世)②和程寅生(陈独秀的同乡)③。

还有一个问题是,《新青年》第4卷第3号的"启事"中,明确了"志同道合"和"同仁撰稿"两个条件,而第三个所谓"北大教员"是笔者根据上述分析推断出来的,从未被当事人明确表述过,也不见诸于任何当事人的回忆材料。唯一有相应关系的公开文本,是刊载于《新青年》第6卷第2号的编辑部"启事":

> 近来外面的人往往把《新青年》和北京大学混为一谈,因此发生种种无谓的谣言。现在我们特别声明:《新青年》编辑和做文章的人虽然有几个在大学做教员,但是这个杂志完全是私人的组织,我们的议论完全归我们自己负责。和北京大学毫不相干。此布。

从外界谣言来看,当时人们印象中把《新青年》编辑部同人与北大教员身份是联系起来混为一谈的。而这则启事也承认了《新青年》是一个"私人组织",并且其中有几个大学的教员。所以,笔者把第三个条件理解为当事人并不自觉、但自然而然形成的事实。当时刊物是跟着陈独秀走的。陈独秀在上

---

① 刘叔雅从各方面看似乎都应该是同人,他不仅是早期《新青年》的重要撰稿人,而且参与了同人刊物时期的《新青年》撰稿,据说担任过《新青年》的英文编辑,还参与批判灵学的斗争。但在第6卷第2号发表翻译赫克尔的《灵异论》以后,再无作品发表于《新青年》。什么原因我们不得而知。关于刘叔雅脱离《新青年》的问题,章玉政在《狂人刘文典》一书里有所涉及,但语焉不详。(桂林:广西师大出版社,2008年,第95—100页。)

② 据《五四新文化的源流》,杨昌济1917年进北大任教。《职员一览》记载,任文本科教授。1920年去世。

③ 程寅生,安徽籍人士。《职员一览》记载,任文预科讲师。《国立北京大学职员履历表》记载,任文预科教授。

海时有一批朋友帮忙撰稿和编稿,到了北大以后,原来的朋友就逐渐淡出,他在北大单枪匹马寻找新的盟友。于是就有了轮流执编的"编辑部同仁",形成了以陈独秀为核心的新的圈子。1917年10月,胡适刚刚到北大任教才一个月,在蔡元培的推动下,陈独秀胡适等人提出一系列关于北京大学行政的改革方案,并得到了实施。其中最重要的一条,就是仿欧美大学实行教授治校,建立教授评议会作为学校最高立法机构和权力机构。北京大学治校理念和方法都改变了。这一极为深刻的改革,不会不触动《新青年》主编陈独秀,促使他对《新青年》的编辑理念和形式做出相应的改革。《新青年》编辑部的建立以及轮流编辑、民主决策等一系列方式的产生,与蔡元培、陈独秀、胡适等人推动北大治校理念和形式改革是相一致、同步进行的。这才会产生北大教员志同道合地团结在一起,无偿为《新青年》撰稿,推动新文化运动,同时又拥有对刊物的发言权,用民主表决的方法来处理刊物的"同仁"。毫无问题,这个民主评议决策的理念是胡适从美国带来的,但在具体的实行过程中,陈独秀是主要的推手,如果陈独秀对这个改革的意义缺乏足够认识,《新青年》不可能以雷霆万钧之力实现了同人刊物的理想。换句话说,所谓"一刊一校"的强强结盟,是从1918年第4卷建立北大编辑部开始的。

  不过,《新青年》的改革,除了在形式上确立了编辑部制度和同人撰稿方式外,真正的民主决议可能是逐渐形成的。从《新青年》第4、5两卷的内容上看,陈独秀始终还是占有主导位置,4、5两卷中各有4期都发表他的重要文章,其他主编的风格并不突出。编辑之间的稿子也是互相通用的。从这些迹象看,最初的轮流执编可能只是一种分工,每期有人主要负责,其他人帮忙组稿议稿①,没有那么严格的分工。1918年陈独秀在北京大学参与顶层设计力挺改革,是最忙碌的时候,编辑部有了这帮同人帮忙,他可以轻松许多。以陈独秀惯常的家长独断式的工作方法而论,他能够在主编《新青年》这样的大事上放弃独断,用人不疑,显现了他性格中的重视友情、大度待人的一面。但是具体工作也未必就完全按照民主决策方法来处理。周作人在回忆中说:"《新青年》同人相当不少,除二三人时常见面之外,别的都不容易找,校长蔡孑民

---

① 鲁迅在《忆刘半农君》里曾经说:"《新青年》每出一期,就开一次编辑会,商定下一期的稿件。"现在看来,没有证据可以证明鲁迅参加过这类编辑会,也可能并不存在如鲁迅描写的定期编辑会议。但是不能排除同人们在组稿过程中互相沟通讨论商量稿件,包括为批判王敬轩、批判张厚载、讨论宋春舫文章等所引起的争论,除了书信交流形式以外,同人们集体聚会讨论稿件以及刊物方针,应该是存在的。

很忙,文科学长陈独秀也有他的公事,不好去麻烦他们,……平常《新青年》的编辑向有陈独秀一人主持(有一年曾经六个人,各人分编一期),不开什么编辑会议……"①这里说的"二三人",应该是指与周作人关系比较好的沈尹默、刘半农和钱玄同。周作人是在1918年才开始为《新青年》写稿,他回忆的情况应该是那一年以后的状况,陈独秀仍然发挥着核心的作用。② 但是,由于胡适的参与,《新青年》编辑部出现了另一种新的因素,那就是胡适从美国带来的民主决议的现代观念。《新青年》编辑部同人中间,钱玄同和胡适代表了两种完全不同的编辑组稿方式:钱玄同的组稿方式经常是呼朋引类,啸聚起哄,与刘半农、沈尹默、周作人(背后还有鲁迅)一起在刊物上呼风唤雨,战斗性十足;而胡适的方法经常是主持饭局,邀人讨论,商量办法,明辨是非,理性占上风。陈独秀本人倾向钱玄同一伙的做派,但渐渐受到胡适的影响。经过差不多一年的实践,才有了1918年10月21日会议,决定扩大北大同人轮流分编范围,并在第6卷第1号③公开实施。第6卷的每一期内容都体现出主编者鲜明的主导风格:第1号的《本志罪案之答辩书》(陈独秀)、第2号的全力推出周氏兄弟(钱玄同)、第3号的《斯宾塞的政治哲学》(高一涵)、第4号的《实验主义》(胡适)、第5号的《我的马克思主义观》(李大钊)等,都体现了主编们各有特色的风格。1919年以后,周作人日记里屡屡出现"适之招饮"的记载,说明胡适这种用饭局把工作放在桌面上商量讨论的方式逐渐占了上风。同时,在陆陆续续增加的撰稿者队伍中,倾向于胡适的欧美海归者居多,这才导致了1919年10月5日在胡适家里召集编辑部同人会议,虽然决定《新青年》第7卷仍归陈独秀一人主编。④ 但这个"归"不是无条件的,编辑部同人的

---

① 周作人:《知堂回想录》,香港:香港三育图书文具公司,第470页。
② 傅斯年在《陈独秀案》中回顾说:"《新青年》可以分做三个时期看,一是自民国四年九月创刊时到民国六年夏,这时候他独立编著的。二是自民国六年夏至九年初,这是他与当时主张改革中国一切的几个同志特别是在北京大学的几个同志共办的,不过他在这个刊物中的贡献比其他人都多,且他除甚短时期以外,永是这个刊物的编辑。"(载《独立评论》第24号,1932年10月30日。)文章里说的"除甚短时期"应该是指1919年6月11日陈独秀被捕入狱的一段时期,即陈独秀在同人刊物期间依然把握着刊物的主要方向。
③ 《新青年》第6卷第1号正式刊登《本杂志第六卷分期编辑表》,公布了每卷主编的名单。
④ 关于这次会议,《周作人日记》有记载:1919年10月5日:"下午两时之适之寓议新青年事自七卷始由仲甫一人编辑六时散适之赠实验主义一册。"会议开了整整四个小时。同日钱玄同的日记也记下了这件事:"至胡适之处。因仲甫邀约《新青年》同人今日在适之家中商量七卷以后之办法,结果仍归仲甫一人编辑,即在适之家中吃晚饭。"可以看出,这个主张其实是陈独秀提出来了,由胡适出面召集编辑部同人会议。会议中胡适俨然以会议主人的身份,又是招待又是赠书。

决议对陈独秀有所制约,包括:刊物的同人性质不变,仍由同人担任主要撰稿,以及对于陈独秀收回主编权的时限(只限于一年时间)。这就是陈独秀1920年4月26日给这12位同人写那封公信的主要原因。

在读解陈独秀致《新青年》在京同人的公信之前,笔者一直以为"《新青年》同人"是一个含糊的概念,撰稿者就是同人,或者说,撰稿频繁者就是同人。但从这封信的12位收信人名单来看,"同人"是一个实有的概念,是有具体的人员,也有不是"同人"的界限。事实上,确有一些虽列名于同人的北大教授对编辑事项并不热心,他们除了写稿以外,并不愿多参与《新青年》事务,就如周作人自称的"客师"[①]身份,周作人自然是一个,另外像刘叔雅、沈兼士、顾孟余(可能还有杨昌济、程寅生等人)也都属于此类。在当时,这样一个自然形成的、比较松散的编辑委员会,对于非北大、或者非编辑部同人的其他撰稿者来说也没有构成多大的压力。尤其是那些认同《新青年》立场的撰稿者,他们把为《新青年》撰稿看作是自己理想和立场的表述,把《新青年》视为同道,引为知己,是很正常的。鲁迅就是一个例子。[②] 吴虞也是一个例子。[③] 他们都是把《新青年》作为他们理想和立场表述的一个平台,站在与《新青年》同一立场上发表文章,参与破旧立新的文化革命。所以他们对《新青年》的贡献和影响,可能要大于有些列名于编辑部同人的北大教授。对此,我们可以用另外一个更为确切的概念来称呼:《新青年》阵营。这是一个更为广泛的、而且更加倾向于志同道合、共同反对旧文化势力的阵营。至于对《新青年》阵营的成员,鲁迅有一个更为确切的称呼:战士。[④]

---

① 周作人致曹聚仁信。转引自《周作人年谱》,第862页。
② 鲁迅在《〈呐喊〉自序》里说到自己在《新青年》上发表小说时,这样说:"但既然是呐喊,则当然须听将令的了,所以我往往不恤用了曲笔,在《药》的瑜儿的坟上平空添上一个花环,在《明天》里也不叙单四嫂子竟没有做到看见儿子的梦,因为那时的主将是不主张消极的。"(《鲁迅全集》第1卷,北京:人民文学出版社,2005年,第441页。)自觉把《新青年》编辑视为"主将"而自己听从"将令",不惜修改了小说的细节。由此可以感受到鲁迅对《新青年》阵营的认同。
③ 据《吴虞日记》1919年8月21日:"君毅来信,附来高一涵一函,予《道家法家均反对旧道德说》已编入《新青年》第五号内,恰好这一期是纲常名教号,所以欢迎得很。《星期日》已收到,读了喜欢了不得,我们的同志越发多了,不怕孤掌难鸣了。"(《吴虞日记》上册,中国革命博物馆整理,成都:四川人民出版社,1984年,第481页。)这里看得出吴虞的心态,完全以《新青年》马首是瞻,以《星期日》视为同志。
④ 鲁迅在《忆刘半农君》称刘半农:"他到北京,恐怕是在《新青年》投稿之后,由蔡孑民先生或陈独秀先生去请来的。到了之后,当然更是《新青年》里的一个战士。"(《鲁迅全集》第6卷,北京:人民文学出版社,2005年,第73—74页。)

群益书社与陈独秀的关系

陈独秀在4月26日的公信中,主要是征求北京同人意见的三点内容,其实第一、第三点都不成问题,也无讨论之必要。而真正要做出决定的是第二点:倘续出,对发行部初次所定合同已满期,有无应予交涉的事?看上去这仅仅是一个履行公事的问题,即与群益书社继续合同。但这里我们似乎读出一点暗示:《新青年》与群益书社的关系即将发生变化。

信中所说"对发行部初次所定合同",是指《〈新青年〉编辑部与上海发行部重订条件》,①其合同文本内容如下:

> 一、自七卷一号起,印刷发行嘱上海发行部办理。二、中国北部约每期可销一千五百份,由发行部尽先寄与编辑部分派,以后如销数增加,发行部应随时供给。三、以后发行部当担任每期至少添印二百五十份。四、编辑部担任如期交稿。五、发行部担任如期出版。六、发行部每期赠送编辑部一百份外,并担任编辑费一百五十元。但编辑员于所著稿仍保留版权。凡《新青年》刊载之小说、戏剧,如发行部欲另刊单行本,其相互条件由著作人与发行部商定之。著作人亦可在别处另刊单行本,但承认发行部有优先权。七、此上各条以第七卷为试行期。第八卷以后应否修改,由编辑部与发行部商酌定文。

这个文本的第七条明确指出:"此上各条以第七卷为试行期",也就是说,这些条款是针对《新青年》第7卷合作条款的调整,含有试行性质。第7卷结

---

① 这个合同文本,各家引用著述里都说是初刊于《新青年》第7卷第1号,但我在人民出版社1954年影印版与1988年上海书店的影印本里没有找到该文件。据周本楠在《鲁迅研究月刊》2011年第12期发表《一篇新发现的鲁迅手稿》透露,该文本编印在中国历史博物馆编的《中国近代史参考图片集》(1950年代出版),后被有心人翻拍下来,认作鲁迅手迹。北京大学历史系博士生王波在《近代史研究》2013年第5期发表《关于〈新青年〉的两个问题》对这个文件的初刊提出质疑,他声称遍查北京、上海、成都等地所存的原版《新青年》,从第1卷第1号到第7卷第3号,均未见刊印有此合同。该文件最初发现于北京历史博物馆编的《中国近代史参考图片集》,原注为"北京历史博物馆藏片"(《中国近代史参考图片集》下册,上海:上海教育出版社,1958年,第161页)。我非常赞赏王波博士严谨的治学态度,现在唯一需要查核的是,1935年亚东重印版是否添加了该合同。待查。按常理,出版社不会把一份出版合同印在杂志上。

束,陈独秀必须面临要续订合同的问题。这里暗示了一个学界疏忽的前提:那么,在前6卷的编辑发行中,《新青年》编辑部(具体地说是陈独秀)与群益书社的关系如何?学界对此似没有做过深究。以往的研究文献中,研究者把两者关系都理解成一种亲密无间的合作,群益书社是投入了巨大的资金运作,保证了刊物的顺利运行。在刊物转亏为盈以后,双方都获得了利益。而在这时候,陈独秀单边毁约,决议独立办刊,造成了分裂。现在给人的印象,似乎就是这样一种结论。但是笔者在阅读相关资料是隐隐约约地觉得,陈独秀与群益书社之间的不愉快,可能是冰冻三尺非一日之寒,只是还没有找到相关的可靠资料。所以,我们的讨论还要从《新青年》第7卷以前的两者关系开始。

关于群益书社的资料,现存极少。虎闱根据群益创办者后人采访而写成的《出版〈新青年〉的群益书社》是目前最翔实的材料。据此,我们大致了解群益书社的历史:

群益书社是晚清时期创立的书店。1899年,湖南人长沙人陈子沛、陈子寿兄弟和堂兄陈子美结伴去日本留学,接受新思想。1901年,陈子美在东京神田区南神保町七番地出资创办群益书社,主要出售教材和小说,哲学书籍。1902年陈子沛、陈子寿兄弟把一批日本畅销书带回家乡,在长沙府正中街创办集益书社,1907年又在上海福州路惠福里开设群益分社,形成鼎足三分的格局,后来调整为上海总社,东京和长沙分社。陈子美不久退出,书店主要是陈子沛、陈子寿兄弟经营。陈氏兄弟本人都有较高文化,策划和编辑出版过不少教材和工具书,我们从《新青年》的广告上可以略见一斑。他们是湖南人,又有留学日本的经历,与章士钊等同乡革命者保持了良好的关系,政治上倾向于反清和革命。[①] 群益书社有一定的经济实力,主持人也有眼光,有胆识,看重江湖道义。它因为出版《新青年》而留名史册。这一点我们要充分肯定的。

研究群益书社一定会涉及亚东图书馆。这在当时是出版界的一对双子座。亚东图书馆是安徽人汪孟邹创办。汪孟邹受大哥汪希颜的影响,接受新思想,1903年在芜湖开办了一家书店科学图书社,以卖新书报为主。因为销售《安徽俗话报》而结识陈独秀。1913年汪孟邹移居上海,在陈子沛兄弟的支持下,开始经营亚东图书馆,以绘制、印刷新式地图为主要特色。因病早逝的

[①] 本段参考虎闱:《出版〈新青年〉的群益书社》,初刊于《世纪之窗》,2000年第1期。(收入俞子林《百年书业》,上海:上海书店出版社,2008年。)

汪希颜与章士钊等是好朋友,汪孟邹延续了他们的友情,①章士钊主编的《甲寅》由亚东承担出版发行。因为这层关系,章士钊、陈独秀、汪孟邹、《甲寅》和即将诞生的《新青年》,都联系在一起了。汪孟邹办亚东之前就在上海设了一个点,叫申庄,依附于群益书社。② 亚东图书馆在创办过程中也得到了陈子沛兄弟的帮助,这样就把一家以湖南籍人士为核心、一家以安徽籍人士为核心的两家书店紧紧结合在一起了。

接下来可以讨论陈独秀与群益的关系。汪原放在《回忆亚东图书馆》里引用汪孟邹的回忆:"民国二年(1913年),仲甫亡命到上海来,'他没有事,常要到我们店里来。他想出一本杂志,说只要十年、八年的功夫,一定会发生很大的影响,叫我认真想法。我实在没有力量做,后来才介绍他给群益书社陈子沛、子寿兄弟。他们竟同意接受,议定每月的编辑费和稿费二百元,月初一本。就是《新青年》(先叫做《青年》杂志,后来才改做《新青年》)'。"③为什么陈子沛兄弟会贸然答应陈独秀编刊物的计划,并以每月200元的编辑费和稿费作为酬劳(应该说,这在当时属比较慷慨的举措)呢?我觉得汪原放在转述其叔的回忆时,混淆了两个时间点。陈独秀亡命到上海的时间是1913年,也就是亚东图书馆刚刚创办的时候。那时陈独秀非常贫穷,经常靠汪孟邹的接济。他提出办刊物设想正是这个时期。但当时汪孟邹的亚东在草创阶段,经济上没有条件实现陈独秀的理想。所以说"实在没有力量做"。至于"后来才介绍他给群益书社……",已经是1915年了。那个时候陈独秀在日本帮章士钊编《甲寅》杂志,妻子高君曼在上海贫病交困,咳血住院,汪孟邹写信催促陈独秀回上海。陈独秀于1915年6月回到上海。近一年编《甲寅》的经历促使陈独秀携带了一个宏大计划回来——办《新青年》仅仅是其中一部分。我们不妨看一下汪孟邹的日记:

  6月19日:到志孟处谈。
  6月20日。晚间为志孟、白沙洗尘。

---

① 在汪原放《回忆亚东图书馆》的修订版《亚东图书馆与陈独秀》(上海:学林出版社,2006年)中,第7页编者添加了一个注:"郑超麟说:'(陈独秀、章士钊、汪)三人感情极好,惜江早死,否则也是中国文化界一个有贡献的人。陈、章二人对汪希颜的弟弟汪孟邹有生死之交情,就是由此而来的。'"
② 本段参考《汪孟邹:行走在文化风云人物之间》,收入俞晓红《20世纪徽州文化名家评传》,芜湖:安徽师范大学出版社,2013年。
③ 汪原放:《回忆亚东图书馆》,上海:学林出版社,1983年,第31—32页。

>   6月22日。下午赴叔潜等通俗图书局开会之约,回家已六钟有零。
>   6月23日。上午十一点钟至子寿宅,会议三家合办之约。终以分别筹款为主,回家已五钟。
>   7月4日。在子寿处晚饭后,往志孟宅上谈事,将十二钟方返。
>   7月5日。子寿来告以《青年》事已定夺云。①

陈独秀(志孟)是1915年6月19日与易白沙一起由日本回到上海。当天晚上,他不是在医院里陪伴病重的妻子,而是与汪孟邹连夜谈话。第二天汪又为陈独秀洗尘宴请,继续谈话。谈什么呢?《青年杂志》自然是其中一个话题,但还不仅限于此。从汪孟邹日记看,紧接着连续几天,汪孟邹就积极行动起来,找了汪叔潜(通俗图书馆老板,安徽籍人士)、陈子寿分别"开会",讨论三家合办之议。汪原放回忆录里说:"1915、1916年间,酝酿过一个大书店计划。起初曾有群益书社、亚东图书馆、通俗图书局三家合办之议,未果。后又打算群益、亚东图书局合并公司,并由此有仲甫、孟邹北上之行。"②这个大书店计划显然不是汪孟邹、陈子沛兄弟他们设想的,但确是他们所希望的;而这样一个宏大计划,只有雄才大略的陈独秀能提出来。这个计划的背景是:随着商务印书馆、中华书局等庞然大物的崛起,当时一般中小书店都感到了威胁。汪原放回忆录里引当事人的议论:"群益过去好,近来听说也不很好了。他们的《英汉词典》《英汉双解辞典》,不如以前了。从前,连商务印书馆也要向他们配不少《辞典》,据说月月结账,要用笆斗解不少洋钱给他们。后来商务出了《英华辞典》等等,价钱比群益便宜,内容也很好。群益也急哩。""中国图书公司都搞不过商务,群益怎么搞得过。而且,中华书局也在出《英汉小字典》等等了。群益实在很危险,搞不过资本大得多的商务、中华的。""恐怕子沛翁、子寿翁有眼光,和亚东一并,靠湖南、安徽的资本来大干,也来一个大公司,也说不定。"③汪孟邹在1916年5月19日致胡适信中也抱怨:"时局如斯,

---

① 本文转引自沈寂:《陈独秀传论》,合肥:安徽大学出版社,2007年,第195、347页。并有注:"《梦舟日记》即汪孟邹日记,稿本,共三本。一、民四(1915)3月20日到7月30日;二、民五(1916)正月到7月;三、民五(1916)8月—12月。封面由旨素题词,旨素即陈子寿。日记的稿本今佚。这里是由汪原放《六十多年来:回忆亚东图书馆》的手稿本中辑出。"据《回忆亚东图书馆》的《编后记》介绍,汪原放的回忆录原稿有100多万字,未能定稿。现出版的篇幅不足二十万,肯定还有很多珍贵材料被遗漏。沈寂先生从手稿本中辑录的材料便是一例。

② 同上,第34页。

③ 本文转引自沈寂的《陈独秀传论》,第36页。

百业停滞,吾业尤甚,日夕旁皇,真不知所以善其后,奈何奈何!"①事实上是,民国以来文化事业迅速发展,出版商业机构竞争日益激烈,陈独秀看准了这样一个时机,建议几家小书店合并改组为大公司,招集徽商湘商两帮财力资金,树立起《青年杂志》的大旗,再把胡适从美国请回来当主编,准备轰轰烈烈地大干一场。这已经远不是办一个刊物,做10年、8年才发生影响的小打小闹了。我觉得正是陈独秀这个鼓舞人心的计划激动了书店老板,才使得《青年杂志》的计划得以顺利通过落实。

这个三家书店合并的计划因为通俗图书局的退出或者资金问题而搁浅,一年以后,在汪孟邹日记②里又一次提到了群益、亚东两家合并的计划:

> 9月18日。……二时回社,予遂办公。未几仲甫、己振同来,根本赞成竭力相助亚东与群益合并另行改组之事,云俟子寿回申,拟出"计划书",渠等二人北上一行,以便搜集资本。此事如就,关系甚大,非仅予一人之所愿也。
> 10月19日。(在芜湖)黄昏接仲甫讯,云秋桐已回申,嘱首途回沪。
> 10月24日。……今晚电子佩、子寿"速来"。
> 11月1日。午刻子寿自湘回申,即来畅谈。
> 11月2日。上午九时即到陈宅,与子佩子寿议论各事件,复至己振宅,未几,而仲甫到。互论亚东与群益合并扩充之事,首即资本问题,次即人才问题,然后方及内部如何组织之法。初次会议,结果尚佳。但子寿似乏猛进之气……
> 11月3日。晚间,仲甫、己振、子佩、子寿同来此间开二次会议,并拟"意见书"及"招股章程"。各稿议归子寿起草。谈至十二时方归。
> 11月5日。……晚间略具粗肴,仲甫、己振、子佩、子寿同来此小饭后,即开三次会议,决定各稿,亦近十二时方散。
> 11月7日。晚间秋桐来小饮,予及仲甫、己振、子佩、子寿与他商量书店事甚详。
> 11月10日。晚间为书店事,请烈公、秋桐晚餐。予与子佩、子寿均

---

① 《胡适往来书信选》(上),北京:中华书局,1979年,第2页。
② 这段日记在汪原放的《回忆亚东图书馆》与沈寂的《陈独秀传论》里都有摘录,但内容文字略有差异。本文引用根据《陈独秀传论》,第348—349页。特此说明。

到。此是仲甫主人,即在仲甫宅上设席。菜至丰美异常。谈到十点放散。结果甚佳。

11月11日。午后仲甫来此,谈及黄钟人君愿为吾辈努力,可认一万云云。晚间与子寿谈应预备事务。

11月23日。上午往访仲甫,又同访己振,决定二十六号首途北上。

我们细读目前能够读到的汪孟邹日记,从1915年6月陈独秀由日本回到上海,到1917年1月去北大任职,这期间陈独秀几乎一直在与汪孟邹策划合并重组书局的计划。大致分三个阶段。第一个阶段是陈独秀刚回来的1915年6月,是陈独秀策划,汪孟邹奔走,汪叔潜和陈子寿加入讨论,计划是三家合并。第二个阶段是1916年的9月到11月。策划人和怂恿者依然是陈独秀,积极响应的还是汪孟邹,被说服的是陈子寿,议论的话题是群益亚东两家合并。民国政治人物章士钊、柏文蔚以及国民党背景的张己振①等都参与其间。章士钊是湖南籍人士,柏文蔚是安徽籍人士,两人也可以看作是两家书店的政治背景。可见这次合并计划的讨论非常慎重和具体。第三个阶段就是陈独秀和汪孟邹北上筹款。时间是1916年11月26日启程北行,1917年1月17日,汪孟邹回上海,而陈独秀则留在北京到北大担任文科学长了。

陈独秀在1917年初致信远在美国的胡适:"弟与孟邹兄为书局招股事,于去年十一月底来北京勾留月余,约可得十万余元,南方约可得数万余,有现金二十万元,合之亚东、群益旧有财产约三十余万,亦可暂时勉强成立,大扩充尚须忍待二三年也。书局成立后,编译之事尚待足下为柱石,月费至少可有二百。"②由

---

① 张己振,据沈寂主编《陈独秀研究》(第1辑)记载:张己振为安徽桐城人,清宰相张瑛的后裔,早年留学日本。中华人民共和国成立,曾任上海市高等法院院长。(北京:东方出版社,1999年,第381页)。据滕一龙主编《上海审判志》记载:张鸿鼎(1881—1957),曾用名张己振,安徽桐城人。宣统元年(1909年)毕业于东京明治大学。回国后,担任安徽江淮大学法科教员,讲授法理学及刑法课程。民国元年(1912年)加入国民党,并任国民党安徽省党部政治部部长,长期追随孙中山。次年兼任安徽高等审判厅厅长,后在讨袁运动中离职赴广州。民国7—10年,任广州护法国会参议院议员。民国17年,退出国民党。同年,任芜湖安徽公立职业学校董事长。1949年9月,被邀为第一届中国人民政治协商会议特邀代表。1950年1月在北京参加中国民主同盟。5月,任最高法院华东分院副院长。1954年,任上海市人民代表大会代表。1955年,任政协上海市委员会特邀委员。5月,任上海市高级人民法院副院长。(上海:上海社会科学院出版社,2003年,第481页)。
② 《胡适往来书信选》上册,第6页。

此可以看到,陈独秀对筹建大书局不是停留在嘴上空谈,而是深深投入其中,具体着手招股事项。如果不是横道插进蔡元培三顾茅庐把他请进北京大学当文科学长,这个计划没准就可以实现了。所以陈独秀起先并不愿意去北大就任文科学长,只答应是做3个月而已。

钱玄同1917年日记所记,1月4日:"蔡孑民校长莅大学视事。……得大学信,悉六日午前十时,孑民先生将与文科教员开谈话会。"1月6日:"十时至大学……陈独秀已任文科学长,足庆得人,第陈君不久将往上海,专办《新青年》杂志,及经营群益书社事业,至多不过担任三月。颇闻陈君去后,蔡君将自兼文科学长,此一可慰之事。"① 这条日记内容重要,可以肯定,日记所记的是,那天谈话会中获得的信息:就在蔡元培、陈独秀第一次与北大文科教员见面时,陈独秀就申明只任3个月,急着要回上海"专办《新青年》,及经营群益书社事业"。这与陈独秀致胡适的信所说的内可以互相照应。② 蔡元培是12月26日去陈独秀下榻的旅馆邀请陈独秀出任文科学长,起先陈独秀没有答应,"蔡先生差不多天天要来看仲甫"。③ 这样,陈独秀答应文科学长之约,大约也要到12月底,然后1月6日就到北大上任。而汪孟邹是1月17日才返回上海。也就是说,陈独秀答应蔡元培"暂充乏"以后还在与汪孟邹积极筹款。令人奇怪的是,为什么钱玄同日记里没有提到亚东,而是"经营群益书社事业"呢?由此可见当时汪孟邹和陈独秀都是把眼睛盯住了群益,因为群益书社经济实力比亚东雄厚,如果改组为股份制,群益不仅占着重要的比例,而且是以群益书社为主来进行资本重组。日记里所说的群益书社,显然不是当时陈子沛兄弟经营的群益书社,而是陈独秀计划中的以群益为基础的"大书局"。所以陈独秀当时在进北大当文科学长还是回上海办书局之间摇摆不定。

然而,最后群益亚东合并重组的计划没有成功,具体原因不清楚,汪原放在回忆录里只是含糊地借别人之口说了"同行必娍,合作很不容易"。④ 但亚东还是获得了一些利益,陈独秀推荐亚东在上海代理经售北京大学出版部的书籍。为此,汪孟邹在经济上有了底气,把亚东图书馆从弄堂里搬到了五马路(广东路)棋盘

---

① 《钱玄同日记》,第298页。
② 陈独秀于1917年1月致胡适的信中说到:"蔡孑民先生已接北京总长之任,力约弟为文科学长,弟荐足下以代,此时无人,弟暂充乏。"(《胡适往来书信选》上册,第6页)可见当时陈独秀并未长久在北大当文科学长的计划。
③ 引自《回忆亚东图书馆》,第36页。
④ 同上。

街。而陈独秀也搬到了北京大学当文科学长,每月薪水300元。但是,合作没有成功,群益书社与陈独秀的关系如何呢?这个问题我们一直似乎没有讨论。

首先,陈独秀办《新青年》前两卷非常有声有色,也产生了一定的影响。否则不会有上海基督教青年会来打官司,诉讼刊物的名称侵权;①也不会有汤尔和等在蔡元培面前推荐陈独秀时,特别举了《新青年》的成绩。② 但是,在精英圈里叫好的刊物,未必在市场上卖得也好。《新青年》前3卷的销路是否好呢?可能很难说。尤其是当1917年初陈独秀把《新青年》搬到了北京大学,引来了一批志同道合者的积极响应,前两卷以社会文化批判为主,以世界大战的信息传播为辅的编辑方针被打破,内容逐渐变成了讨论文学教学、语言改革等学院派话语,尤其是海归留学生的加入,刊物变成了知识精英的高端论坛,这不能不损害了刊物的市场效应。钱玄同刘半农演双簧骂倒王敬轩,无非因为响应者甚少,编辑者感到了寂寞的缘故。事实上,《新青年》第1卷和第3卷结束时,都遇到了停刊的危机。第1卷结束后停刊数月,陈独秀在1916年8月13日致胡适的信中解释为"以战事延刊多日,兹已拟仍续刊"。③ 这是可以理解的,但没有想到陈独秀把刊物北迁,《新青年》被一群北大教授搞得轰轰烈烈的第三卷结束时,又面临了一次停刊。

鲁迅在1918年1月4日致许寿裳信中说:"《新青年》以不能广行,书肆拟中止;独秀辈与之交涉,以允续刊,定于本月十五日出版云。"④这封信注意者不多,但似乎透出了《新青年》改组为同人刊物的背后原因,并非全为了理想,而是面临了停刊的危机。胡适称《新青年》改组为同人刊物为"复活"⑤,既有复活,

---

① 关于《青年杂志》改名的最初记载,来自汪原放的《回忆亚东图书馆》,以后学术界基本延续旧说。石钟扬著《酒旗风暖少年狂——陈独秀与近代学人》(济南:山东画报出版社,2014年)第228页引用叶再生的《中国近代现代出版通史》第2卷243页的材料如下:"这里的《上海青年》的名称可能有误。若其名为《上海青年》则与《青年杂志》不存在雷同。《上海青年》则可能是中华基督教青年会1897年创办的《青年》杂志之误。这份基督教杂志,由上海昆山花园4号青年协会书报部发行。到1917年3月与创刊于1911年11月的另一个基督教杂志《进步》杂志合并为《青年进步》杂志。这样,才会有'名字雷同'之嫌,并由上海基督教青年协会向群益书社发难。"
② 蔡元培在《我在北京大学的经历》中说:"我到后,先访医专校长汤尔和君,问北大情形。……汤君又说:'文科学长如未定,可请陈仲甫君。陈君现改名独秀,主编《新青年》杂志,确可为青年的指导者。'因取《新青年》十余本示我。"(《五四运动回忆录》上册,北京:中国社会科学出版社,1979年,第173页。)
③ 《胡适往来书信选》(上),北京:中华书局,1979年,第3页。
④ 《鲁迅全集》第11卷,第357页。
⑤ 胡适在《中国新文学运动小史》中说:"民国七年一月《新青年》复活之后,我们做了两件事……"(《胡适文集》第1卷,北京:北京大学出版社,1998年,第135页。)

之前必有过"死亡",也就是胡适在《五十年来中国之文学》中所说的:"民国七年一月,《新青年》重新出版,归北京大学教授……轮流编辑。"①胡适用了"重新出版"这个词,也暗示了《新青年》第3卷以后曾经停刊的事实。鲁迅信中所说的"独秀辈与之交涉",可见不仅是陈独秀一人交涉,而是"辈"——他们一群,至少应该包括了胡适。这次与群益书社交涉的结果,应该就是群益不再支付每期200元的编辑费。《新青年》同人在北京大学另设编辑部,对外宣布不再支付稿费(当然也无法接受外稿),改由同人撰稿来维持刊物的运行。除此以外,书社在排版印刷发行方面,对刊物也有所制约。汪孟邹1918年10月5日致胡适信中说到:"《新青年》过期太久,炼亦深不以为然。但上海印业,商务、中华不愿代印,其余民友各家尚属幼稚,对于《新青年》以好花头太多,略较费事,均表示不愿。目前是托华丰,尚不如前之民友。炼今日代群益向民友相商,子寿之意如可如期,绝不惜费,奈民友竟一意拒绝,使人闷闷,拟明日更至别印所接洽。"②从信中也可以看到《新青年》对群益印刷发行延期多有抱怨。另钱玄同1918年11月26日致陈独秀等人的信中也说道:"上月独秀兄提出《新青年》从六卷起改用横行的话,我极端赞成。今见群益来信,说,'这么一改,印刷工资的加多几及一倍。'照此看来,大约改用横行的办法,一时或未必实行。"③看来陈子寿在打造《新青年》品牌方面也不是"绝不惜费"的。

出版社印刊物要考虑成本,通过降低成本来确保商家利益,这本无可厚非。但是这些细节上的摩擦,对性格暴烈的陈独秀而言,是有刺激的。这就是陈独秀与群益决裂以后,在给胡适的信中所说的:"我对于群益不满意不是一天了。最近是因为六号报定价,他主张至少非六角不可,经我争持,才定了五角;同时因为怕风潮又要撤销广告,我自然大发穷气。冲突后他便表示不能接办的态度,我如何能去将就他,是万万做不到的。群益欺负我们的事,十张纸也写不尽。"④的来历。

所以,我们在穷究群益与《新青年》的合作关系的历程时,不能简单地认为两者在第7卷结束前一直保持亲密互利的关系。我们如果把两者合作历程各个阶段都假定用合同形式来表达的话,他们至少应该有三个"合同"。第一

---

① 《胡适文集》第3卷,北京:北京大学出版社,1998年,第255页。
② 汪孟邹原信刊于耿云志主编的《胡适遗稿及秘藏书信》第27册,合肥:黄山书社,1994年出版,第276页。
③ 《钱玄同文集》第6卷,第127页。
④ 《陈独秀致胡适(1920年5月19日)》,见《中国人民大学博物馆藏"陈独秀等致胡适信札"原文整理注释》,《人民大学学报》,2012年第1期,第27页。

个合同是1915年7月,陈独秀提出组建大书店计划时定的,内容是群益决定发行《青年杂志》,聘陈独秀为主编,每期支付200银元编辑费与稿费;陈独秀的身份不但是刊物主编,而且将是未来大书店的参与者。第二个合同是1917年秋天,大书店计划泡汤,陈独秀北上当北大文科学长以后,群益取消了每期200银元编辑费和稿费,同意另建北京大学编辑部,无偿为群益工作。群益负责印刷发行和广告运作。第三个合同才是1919年10月以后订的、恢复支付每期编辑费150银元,并且重新规定北方编辑部和南方发行部的任务与责任。因为陈独秀被捕以后失去了北大的教职,仍需要靠编辑刊物来维持生活。群益老板还是向陈独秀伸出了友情之手。当然还有一个理由是《新青年》从1919年开始深受社会欢迎,印数猛涨。汪原放回忆录里说:"《新青年》愈出愈好,销数也大了,最多一个月可以印一万五六千本了(最初每期只印一千本)。"[1]《新青年》是什么时候开始印数暴涨的?现在没有准确的资料,直到1918年5月29日,在鲁迅给许寿裳的信中仍然抱怨刊物销路不佳,青年学生对新文化运动反应冷淡,此时正是鲁迅开始投稿发表《狂人日记》的时候。[2]我认为《新青年》扭亏为盈,销路好转是在1918年的下半年,随着刊物改由北大明星教授轮流执编,又加重了新文艺创作的分量,刊物逐渐获得了首先是北京各大学学生们的欢迎和支持。尤其是《每周评论》和《新潮》两个卫星刊物的推出,形成鼎足三分的犄角之势。加之1918年世界大战的结束,公理战胜强权的社会心理被普及,激起了全社会对世界局势和中国命运的关注。1919年初新旧冲突加剧,庙堂压迫,媒体起哄,主编陈独秀的嫖妓风波以及被捕入狱,以及五四学潮的兴起等,这一连串的政治风波、社会风波、媒体风波以及私事国事天下事纠合在一起,导致了《新青年》销路猛涨。从1919年的合同内容来看,光北方订户就有1500多,势头还在看涨。刊物为群益书社挣得巨大的利益,使得老板也心甘情愿对编辑部有所迁就。在1919年4月中上旬之间,汪孟邹有一封致胡适的信件,经常被人引用:"仲甫去职,已得他来讯。务望兄等

---

[1] 引自《回忆亚东图书馆》,第32页。
[2] 鲁迅1918年5月29日致许寿裳信中说:"《新青年》第五期大约不久可出,内有拙作少许。该杂志销路闻大不佳,而今之青年皆比我辈更为顽固,真是无法。"引自《鲁迅全集》第11卷,第362页。鲁迅不是《新青年》圈内人,有关销路佳否的信息,可能来自钱玄同等人的转述。但《新青年》销路不佳只是指不畅销而言,它在圈内仍然是深受欢迎的。《吴虞日记》1917年4月17日记载:"晚陈岳荃来谈,云《新青年》三十份、《甲寅》二十份均售罄,现又往续带。……"(成都:四川人民出版社,第301页。)

继续进行奋身苦战不胜盼念之至。《新青年》四号起决就北京印行。与子沛函亦已阅悉,子沛今日已函复矣。"[1]有学人依据这封信推论《新青年》自6卷4号起改在北京印刷。这可能过于草率。"北京印行"说明了《新青年》在北方印数上升,为方便发行而议。但即使群益同意在北方印刷,连同排版印刷发行等事务综合起来绝不是小事,等于群益要在北京另办一个发行部,谈何容易。北大的一批知识精英大约无法承担这些工作。所以,第7卷合同第二条规定"中国北部约每期可销一千五百份,由发行部尽先寄与编辑部分派,以后如销数增加,发行部应随时供给"的条款,应为双方最后协商的结果。但不妨猜想,陈独秀在1919年4月之前,仗着刊物在北方地区印数大,确实对群益提出北京另设发行部来印行刊物。群益为了迁就编辑部也可能做过让步,但因为双方是通过亚东的汪孟邹在中间周旋,具体经过未必像他所说的那么简单。

把所有的因素都考虑进去后,我们对第7卷重订合同的条款背景大致可以了解了。合同重点是为了陈独秀去职后,重新以执编《新青年》为主要经济来源,群益也相应地重新支付150银元的编辑部。其次是编辑部在北京自行发行刊物的问题,通过第二条款来协商解决。其三是强调了编辑部和发行部双方的责任:编辑部担任如期交稿;发行部担任如期出版。然而其四,也是最重要的一个条款,《新青年》编辑部拥有刊物所发稿件第二次发表的权益。因为第一次发表没有稿费,第二次结集出版,必须照顾到撰稿者的权益。这一切都可以看作是编辑部向出版社争自己的利益。这些条款是双方谈判的结果,似乎也不是最满意的结果。于是条款的第七条说明,这一切都只是"试行",到第8卷的时候再议。

本文写作过程中,许俊雅教授提供了丰富的网络数据库资料,郭新超在复旦大学图书馆寻找了大量旧版图书,没有他们的帮助笔者无法完成这篇论文。谨此鸣谢。

本文作者系复旦大学中文系教授

本文原文发表时分(上)和(下),其中:《重读有关〈新青年〉阵营分化的信件(上)》发表于《上海文化》2015年第2期;《重读有关〈新青年〉阵营分化的信件》(下)——〈新青年〉研究中的两个问题》发表于《上海文化》2015年第6期

---

[1] 《汪孟邹致胡适》,耿云志主编:《胡适遗稿及秘藏书信》,第27册,合肥:黄山书社,1994年,第285页。

新文化运动二题：青年与政治

何怀宏

本文拟探讨在20世纪中国非常典型的一种现象,即青年与政治的关系,这在新文化运动中已经呈现雏形。笔者曾经提出过一种观点,认为20世纪的主干期是一个"动员时代",即动员大众,主要以运动的方式参与政治。① 而这一运动的先锋,乃至一段时期的主体往往就是青年学子。晚清曾有过以进士官员主导的改革,如清流、洋务运动;有过举人发起或试图主导的变革,如戊戌变法。这还都是体制内的。再晚则有秀才和童生的造反,如他们在取消科举之后的纷纷东渡,为革命党人大大增加了力量。推动变革的主体已经有越来越年轻的趋势,但是,一种新型的动员政治的现象还是主要在20世纪,尤其是新文化运动或者说五四运动之后发生的。我们甚至可以说,为这个"动员时代"揭幕和落幕的都是一种自发性的青年学生运动。此前,体制外的革命党人也有过密谋的武装运动,然而,一种和公开宣传的理念或意识形态直接结合的运动,一种群体的或和群众斗争大规模结合的运动,一种以理想主义为号召的、开始是和平、但最终常常走向暴力的群众运动,还是20世纪主干期特有的现象。而这一现象的源头或萌芽就隐含在新文化运动之中。

一

新文化运动发端伊始,就表现出独特的专注于青年的特点。被视作新文化运动号角或旗帜的《新青年》杂志②,在1915年9月创刊时,陈独秀写了一篇可视作发刊词的《敬告青年》,明显只是将青年看作是自己的主要对象。这

---

① 参见拙文《从"动员式道德"到"复员式道德"》,收在《生生大德》,北京:北京大学出版社,2011年。
② 它是《青年》杂志创刊一年后改名过来的,但为方便统称起见,这里都称之为《新青年》。

份新创刊的杂志还连续几期刊有高一涵的《共和国家与青年之自觉》,以及翻译的《青年论》。陈独秀在《敬告青年》一文中,开宗明义地提出:"予所欲涕泣陈词者,惟属望于新鲜活泼之青年。有以自觉而奋斗耳。"他对中老年人表示失望,但也不是太激进地要批判和打倒他们,而是说"彼陈腐朽败之分子,一听其天然之淘汰"。"雅不愿以如流之岁月,与之说短道长。希冀其脱胎换骨也。"而他之所以持这一观点,抱有这样一种只是属望于"青年"的情结,看来是基于一种"新陈代谢"、物竞天择的社会进化论观点,即不仅是新的总要代替旧的,年轻者总要替代年老者,而且,新的、后来的,总是要比旧的,比先前的要好的。①

因此,陈独秀不希望年轻人"少年老成",对青年提出了六点希望:一、自主的而非奴隶的;②二、进步的而非保守的;三、进取的而非退隐的;四、世界的而非锁国的;五、实利的而非虚文的;六、科学的而非想象的。这六点希望,用今天或者说比较全面的观点来看,第一条的独立自主和第四条的开放而不封闭,大概是现在的年轻人也都不会反对的。而何谓"进步""进取"则需要解释,让生活完全"实利"和"科学"化则更有可能引起质疑。但当时提出这些大概是针对传统与现实的弊病而有一种纠偏的倾向。③

《新青年》创刊那年陈独秀36岁,而围绕着这份新创刊杂志的一些中坚撰稿人物,在1915年的时候,高一涵是30岁,易白沙29岁,稍后加入的李大钊26岁,胡适24岁,刘半农24岁,钱玄同28岁,鲁迅34岁,周作人30岁,即他们自己也是相当年轻的,他们有的人还是前清秀才、之后再习新学者比如陈独秀,但大多数已经是纯粹新学堂出身或海外留学归来者。而像他们的读者

---

① 他在文中说:"世界进化,骎骎未有已焉。其不能善变而与之俱进者,将见其不适环境之争存,而退归天然淘汰已耳。""青年之于社会,犹新鲜活泼细胞之在人身。""人身遵新陈代谢之道则健康。""社会遵新陈代谢之道则隆盛。"见《青年杂志》第1卷第1号。在进化论的影响下,一种重视青少年的思想也由来有自,早就开始,如梁启超的"少年中国说",但在1915年之前,这种思想还未如此普及和发生如此大的社会影响。

② 应该看到陈独秀其时是特别强调这一条的,不仅此文将独立自主放在第一位,而且在随后的《青年杂志》第1卷第5号《一九一六年》一文中,又提出三条对青年的希望是:"第一自居征服To Conquer地位勿自居被征服。""第二尊重个人独立自主之人格。勿为他人之附属品。""第三从事国民运动,勿囿于党派运动。"

③ 该文已表现出一种从"虚文"方面批判传统文化的倾向:"周礼崇尚虚文,汉则罢黜百家而尊儒重道。名教之所昭垂,人心之所祈向,无一不与社会现实生活背道而驰。倘不改弦而更张之,则国力莫由昭苏。""事之无利于个人或社会现实生活者,皆虚文也,诳人之事也。诳人之事,虽祖宗之所遗留,圣贤之所垂教,政府之所提倡,社会之所崇尚,皆一文不值也。"

则更多是20岁左右,可以说是"后科举的一代"了。在这一时期仍然具有较大影响力的文化人物、前清进士蔡元培1915年时是47岁,算是其时年长的了,但他主要是作为北京大学校长发挥作用。

而过去一代有影响力的思想文化学术人物则多已年迈,例如王先谦是年已经73岁,郑观应73岁,沈曾植65岁,张謇64岁,廖平63岁,林纾63岁,严复61岁,辜鸿铭58岁,康有为57岁,章炳麟52岁,叶德辉52岁,夏曾佑50岁,杜亚泉42岁,杨度41岁。42岁的梁启超还富有影响力,但也已从最高峰渐渐衰落。王国维38岁,但心已然苍老,专注于学术。曾经激进的刘师培31岁,现在也完全不谈时政。而像比较典型的传统学者官员、57岁的梁济在思想界几乎还籍籍无名。这是一个一波紧接一波的变革时期,上一代的思想启蒙者和行动者,悠久文化的传承者都在接续退出历史舞台的中心,尤其对年轻人逐渐失去影响力,新文化运动加速了这一过程,并使青年更关注政治。

但《新青年》揭橥的新文化运动在一开始的确主要是专注于文化的,它想在被认为是不太成功甚至失败的器物革命、制度革命之后,掀起一场针对传统的思想文化领域的革命。主持者认为以旧道德为核心的传统文化已不合时宜,必须不仅学习西方的技艺和制度,还应该在价值观和道德观的精神文化领域内有一场变革,这是"吾人最后的觉悟"①。这里关键的是"觉悟"两字,即思想认识的启蒙和解放。而"伦理的觉悟"比起"政治的觉悟"来,又是"吾人最后觉悟之最后觉悟"。所以,他早期著文、用文,多谈思想、伦理、教育。如其著文《今日之教育方针》《东西民族根本思想之差异》《宪法与孔教》《再论孔教问题》《孔子之道与现代生活》《文学革命论》《旧思想与国体问题》《近代西洋教育》《复辟与尊孔》等。用文如易白沙"孔子平议"、胡适《文学改良刍议》、吴虞《家族制度为专制制度之根据论》等,都反映出一种思想文化的关切。②

然而,这种思想文化的关切的确又始终是与对现实政治的焦虑紧密联系

---

① 参见《青年杂志》第1卷第6号陈独秀文《吾人之最后觉悟》。他谈到两种觉悟:"政治的觉悟"与"伦理的觉悟",尤其是后者:"吾人果欲于政治上采用共和立宪制,复欲于伦理上保守纲常阶级制,以收新旧调和之效。自家冲撞,此绝对不可能之事。""则前之所谓觉悟者,非彻底之觉悟,盖犹在惝恍迷离之境。吾敢断言曰,伦理的觉悟,为吾人最后觉悟之最后觉悟。"

② 《新青年》杂志在相当程度上是一个同人刊物,而且是相当集中的一个同人刊物,甚至表现了强烈的精英意识。首先主编发挥了极大的作用,主编且不仅是编稿,也是主撰。有一段时间则是六个人各编一集,不接受外稿。它在一期刊物上常常发表同一个人的多篇文章,或者连续几期发表同一个人的文章。这和当代刊物相当不同。

在一起的,甚至可以说,它直接的动因和最终的目标还是要解决政治问题①,只是现在认为政治问题需要一个根本的解决,这就是从思想文化上解决,从教育启蒙上解决,从改革社会制度风俗(比如改革家族制度上)解决——而批判父权、特别是提携和面向青年也是解决方法之一。

《新青年》时期,李大钊在青年与政治方面都有鸿文,在联结两者,尤其是将青年与一种特定的政治思想联系起来的方面发挥了特别重要的作用。和人们的初始印象不同,其实他本人也是青年,在新文化运动兴起时只有 26 岁。他发表的《青春》一文,富有文学的感染力。1918 年 10 月,李大钊在《新青年》第 5 卷第 5 号上又发表了《布尔什维主义的胜利》《庶民的胜利》等文章,他负责编辑的第 6 卷第 5 号是"马克思主义思想研究专号"。《新青年》从第 8 卷第 1 号(1920 年 9 月 1 日)起,成为上海共产主义小组公开出版的机关刊物。②

《新青年》创始者和一些中坚人物诉诸青年,也许直接来自对民国之后头几年政治的失望,但这种失望看来低估了政治转型的困难,而其后面还有一种完美主义的思想倾向,以及这种思想倾向带来的急切情绪和对现实政治的苛评。中国要从延续了数千年的君主制度,平稳地转向健全的共和制度是需要时间的,但社会的心态却发展到不愿意再给时间。于是,最有生气的一股力量不再致力于参与和改良政治,而是试图完全重起炉灶,更换新人,先是从思想文化上、继而在社会政治上做一种根本和全盘的改造。

二

在《新青年》等报刊发挥唤醒作用之后的两三年后,各种社团、学会组织开始大量涌现,这些社团开始多是以思想、学术、文化乃至道德修身为宗旨,且基本都是以青年为主体,有明确的青年意识乃至强烈的青年情结。

以当时最有影响的全国性组织"少年中国学会"为例,它的创始人和灵魂性人物是王光祈(1892—1936),1918 年 6 月 30 日,他和曾琦、周太玄等在北京聚会,讨论了他对少年中国学会的设想。与会的七人共同发起"少年中国学会",王光祈为筹备处主任。确定学会宗旨为:"振作少年精神、研究真实学

---

① 《青年杂志》第 1 卷第 6 号陈独秀文《吾人之最后觉悟》:"故吾曰此等政治根本解决问题,不得不待诸吾人最后之觉悟。"
② 1920 年末胡适曾写信给陈独秀,提出《新青年》差不多成为美国《苏俄》杂志的汉译本的批评,主张公开"声明不谈政治",但没有结果。

术、发展社会事业、转移末世风俗。"7月下旬,七个发起人又聚会决定:凡加入少年中国学会者,一律不得参加彼时污浊的政治,不请谒当道,不依附官僚,不利用已成势力,不寄望过去人物;断然在青年与过去人物和当时政界之间划出了一条明确的界限。而后来参加学会的会员,尤其中坚人物也都是当时的青年才俊,他们中有后来的共产党人或社会主义者,如毛泽东、恽代英、邓中夏、高君宇、李达、黄日葵、蔡和森、赵世炎、张闻天等,也有后来转向国家主义者的曾琦、左舜生、李璜、余家菊等,还有文人如康白情、郑伯奇等。而当时不论思想倾向,皆有程度不同的青年情结。学会也倡导年轻人求学的工读互助团,互相激励,互相支持。1920年3月,王光祈决定去德国学习。4月船过香港,作《去国辞》五章,一时传诵。其中写道:"惟我少年,乃能奋发!""不恃过去人物,不用已成势力!""惟我少年,乃能自立!""惟我少年,有此纯洁!""愿我青春之中华,永无老大之一日!""惟我少年,努力努力!"

王光祈后来在德国获得音乐博士学位,写了不少研究西方和中国音乐的著作和论文,但国内形势丕变,他对国内已经影响甚微。少年中国学会会员后来大都积极投入了政治,且因为政见不同而激烈冲突乃至水火不容。学会无形中已经解体。取代学会组织的是严密纪律和认定一个指导思想、乃至一个领袖的政党,而政党自然比学会要有力得多。连接人们紧密关系的中心联络词已经不是以年龄划线、特重友谊的"少年"或"青年",而是以政治立场划线、同仇敌忾的"阶级"或"同志"。只有很少的人还像王光祈那样是执著于文化艺术的"永远的少年"。

后来变得著名,但当时还主要是一个省的青年组织的新民学会,成立得其实还要早些。它于1918年4月14日在湖南长沙成立,初以"革新学术,砥砺品行,改良人心风俗"为宗旨,重视个人修身的道德,倡导以下信条:"一、奋斗,二、实践,三、坚忍,四、俭朴。"规定会员要一不虚伪,二不懒惰,三不浪费,四不赌博,五不狎妓。它重视思想学术与个人道德,认为这才是改良政治之本,且其时连其重视实践的核心人物毛泽东也有一种长期准备的心态,希望用较长时间进行思想学术上的准备才真正参与政治。学会的会员共70余人,也大都是20出头的年轻人,是19世纪的"90后",如毛泽东25岁,萧旭东(子升,后改名萧瑜)24岁,蔡和森和向警予均23岁,罗章龙和李维汉均22岁,而夏曦、劳君展只有18岁,蔡畅还只有17岁。42岁的何叔衡、35岁的谢觉哉是其中的两位稍稍"老者",但也并不处在学会领导者的位置。和当时涌现的其他学会差不多,学会的内部纵有寥寥几位年龄较大者,也是因为他们的心灵比较追求年轻,是他们努力向年轻人看齐,以年轻人为中心;而不是年轻人向他们看齐,以他们为中心。

而当五四运动来临,新民学会的会员就不再以修身向学为主旨,毛泽东创办了《湘江评论》,疾呼"民众的大联合"。1919年11月至次年6月,学会积极参与和成功地推动了驱逐军阀张敬尧的运动。1920年中,学会宗旨被修改为"改造中国与世界"。1921年1月,新民学会会员开新年大会,毛泽东在会上重申学会的目的应为"改造中国与世界",且主张应采用"激烈方法的共产主义"去达成这个目的,建立一个布尔什维克式的党。不久,新民学会的许多会员加入了中国社会主义青年团和共产主义小组。1921年后学会逐渐停止了活动。

新潮社实际是杂志在前,社团在后,或者说以编辑杂志为自己的主要工作。新潮社可以说是当时文化水准最高、学术训练最好的青年社团,其主要成员也是五四运动的直接发动者。《新潮》(Renaissance,文艺复兴)杂志是由北京大学几个大二学生:中国文学门傅斯年、英国文学门罗家伦、哲学门顾颉刚首倡,并联络同学杨振声、康白情、俞平伯等,于1919年1月正式创刊。它也是受《新青年》影响,倡导"新道德、新文学"①,且近水楼台,得到陈独秀、胡适、李大钊等人的支持,其主要成员开始以学术和文艺为主要兴趣,但不久就参与发起和领导了五四示威,傅斯年担任游行总指挥,罗家伦起草了《北京学界全体宣言》,但傅当时即反感火烧赵家楼和打人之事,罗家伦等后来也对其参与的运动颇有悔意。他们后来多到欧美留学,回来后担任系主任、大学校长和研究所所长等,成为学术的中坚力量或组织者。② 而新潮社在其主要人物

---

① 有一个对"道德"的误解延续至今,即认为"道德"就是或主要是个人修身、个人追求,但"道德"其实有更优先和重要的方面,即制度的伦理,包括对群体行为的约束。但后来连个人道德和修身也不提了,道德几乎完全被政治淹没或者替代。

② 如傅斯年1919年底赴欧洲留学,先入英国爱丁堡大学,后转入伦敦大学,研究实验心理学、物理、化学和高等数学。1923年入柏林大学哲学院,学习比较语言学等。1926年冬应中山大学之聘回国,1927年任该校教授,文学院长,兼任中国文学和史学两系主任,1928年筹立中央研究院历史语言研究所。同年底历史语言研究所成立,任专职研究员兼所长。后又担任中央研究院总干事、台湾大学校长等。罗家伦1920年秋去美国普林斯顿大学、哥伦比亚大学留学,后又去英国伦敦大学、德国柏林大学、法国巴黎大学学习。回国后任清华大学校长、中央大学校长等职。杨振声1919年底,赴美国留学,先入哥伦比亚大学攻读教育学,后入哈佛大学攻读教育心理学。1924年回国后任武昌大学、北京大学、燕京大学、中山大学教授,清华大学教授兼教务长和文学院院长,青岛大学校长等。顾颉刚算是个"土鳖",他1920年在北大毕业留校任助教,但仅就个人学术成就来说,反而可以说他是最大。

出国之后即趋解体。他们中有些如顾颉刚、俞平伯甚至早就不参与运动,有些则对参与的运动或自己主要的使命有重新的认识,如傅斯年认为:"中国越混沌,我们越要有力学的耐心。"①

但是,五四运动恰恰不是开始一个青年"力学"、文艺复兴的时代,而是一个政党"动员"、政治和军事压倒一切的时代。内忧外患,客观主观,使中国不再容易有平静的课堂和书桌。很快,专注于学术的人们不仅要被推到边缘,乃至要成为革命和改造的对象。前述王光祈在德国拿了音乐博士没有对国内产生什么影响,新文化运动的干将刘半农也有点负气地去法国拿了一个文学博士,但回来也没有多少影响了。新"海归"们不要说对社会有大的影响,甚至对思想文化的影响也很少了。这些留学欧美的"海归"们一无例外地没有再成为当时有影响力的思想政治人物,即便他们有些出国前曾经是风云人物,他们对日后的学术还是有影响,但对当时的思想界、尤其对青年却没有多大影响了。他们已不可能阻挡走向武力斗争的巨轮,而这巨轮也正是他们开始拨动的。而这拨动又几乎可以说是新文化运动从主要是面向青年的刊物阶段,发展到青年社团阶段之后一个难以避免的结果。

除了少数几个中年人,最有活力的年轻一代几乎和年迈的一代脱开了,产生了深深的鸿沟。他们有强烈的政治意识,但和实际政治又几乎不接触,缺乏甚至蔑视实际政治的经验和训练。他们抱一种完美主义的理想,痛恨牟利和强权的"污浊"政治,但一旦他们掌权或试图争夺政治权力,他们自己其实也很难摆脱利益和强力的诱惑。② 人性的善恶在代际之间,在不同身份和职业之间的分布其实相差不多。而如果不重视个人品德,尤其是不重视制度伦理和群体行为的道德,而只强调政治上先进与否,则将走向只要有"政治先进"的标签,就可以为了目的不计手段的道路。

新文化运动在相当程度上也是一场青年运动。它有宝贵的文学激情和生命活力,也有深刻的政治意蕴,甚至就在对单纯文化、文学内容的运动和倡导

---

① 五四运动发生之后不久,傅斯年即在1919年9月5日写的《新潮之回顾与前瞻》一文中谈到:"近两年里,为著昏乱政治的反响,种下了一个根本大改造的萌芽。"而"五四运动过后,中国的社会趋向改变了"。"以后是社会改造运动的时代。"但他个人并不想从事社会运动,而还是想专心学术。他说:"照现在中国社会的麻木,无知觉而论,固然应该有许多提醒的器具,然而厚蓄实力一层也是要注意的:发泄太早太猛,或者于将来无益有损。""我们原是学生,所以正是厚蓄实力的时候。""至于新潮社的结合,是个学会的雏形。这学会是个读书会……我们决不使他成偌大的一个结合,去虑治社会上的一切事件。"原载《新潮》第2卷第1号。
② 后来的鲁迅很快就有了一种对青年人的失望。

方面,其后也有深深的政治的刺激和对理想政治的向往。这是和西方近代的文艺复兴运动很不一样的地方。而最后的结果也是政治引领文化,而非文化引领政治或保持自己的独立性。

的确有一些坚持走与文艺结合、或者与学术结合的青年,还有自结村社寻求一种浪漫理想的共同生活的青年,但他们或很快希望破灭,或渐渐被边缘化。新文化运动中的年轻人更多的是投向政治。而青年与政治的结合,则往往是要走向开始是抗议的社会运动的道路,爱国主义则是一个天然正义的爆发点。所以说,五四运动的爆发几乎可以说是新文化运动一个不可避免的"果"。一种青年与政治的结合并不是它爆发的唯一条件或充分条件,但却是一个非常重要的原因。

三

中国百年前的年轻一代从刊物-社团发展到政党-武力相争,这以后的变化就快了,不过这后面已脱离了"新文化运动"的范畴,我们不再在这里叙述,而是想一般地讨论一下青年与政治、或者说年龄与政治的关系。

青年,尤其是青年书生和政治的密切关系,甚至可以追溯到中国历史上的东汉太学与明末东林党那里去。[①] 但和传统又很不一样的地方在于,新青年的政治虽然仍旧具有使命感,甚至社会上有天然合理的观感,但传统的精英意识已转变成希望"化大众"后来则是"大众化"的倾向。中国现代这样一种独特的青年对政治的运动式介入,或可和强调具有实际政治经验的古罗马、威尼斯的元老政治,以及西方青年学生运动作一比较。

有两种政治,一种政治是治理型的政治,还有一种政治是运动型的政治。前者是常态,是传统,是政府存在的主要形式。后者则是比较新的现象,是从社会方面来运作的,往往表现为一种抗议的政治。但是,一个政府或一种政治权力也可能诉诸运动的方式,这对它自身自然是有危险的,但是,也可能更加强化和集中它的权力,尤其是控制社会的权力,甚至走向极权主义。

治理型政治也可分为两类:一是生长或扩张式的政治;一是守成乃至收缩

---

① 东汉末年的太学生与明末东林党,气节和精神可嘉,或还造成和留下了一种要求政治清明的气氛和念记。但也遭到批评说其太"激切",容易激化矛盾,甚至过于道德高地,持义自负。而他们的确也都没有能够挽救世运。

式的政治。罗马共和国以至早期的罗马帝国就不失为进取式的,而拜占庭帝国则更像是守成式的。罗马共和国实行的是一种以元老政治为核心的混合政体,就像其一直自称其国的那样,罗马就是"我们元老院和罗马人民"(Senatvs Popvlvs Qve Romanvs)。进入元老院的并不都是上年纪的老人,但一定都是具有丰富政治经验的人。而由于元老院都是原来的官员,任期终身,大多还是老人。罗马人17岁可以服军役,富有的公民、骑士等级的成员必须服役满10年才能竞选财务官,其他公民只能在步兵服役,服役15年才能竞选同样的职位。竞选高级市政官的最低年龄要求为36岁,竞选执法官的最低年龄要求为39岁,竞选执政官的最低年龄要求为42岁,对于贵族来说,可以相应放低2岁。[1]

罗马的父权也是很重的,甚至可能比中国更重。罗马的年轻男性在父亲去世以前从属于父亲,没有自己的财产权,甚至没有自己的人身权。父亲可以随便取用儿子的财产,甚至可以随便决定儿子的生命。父亲有权拒绝接受一个新生儿,可以结束他的生命或将其遗弃。父亲也可以卖掉孩子,或者将他抵押给别人和让别人收养。他也可以包办孩子的婚姻,甚至为了政治目的而让已婚的孩子离婚以和其中意的人结婚。只有当父亲去世,或者失去公民权的时候,孩子才获得独立的权力和家族主人的身份。女性也必须完全依赖于父亲或者丈夫的保护。孩子在父亲面前没有地位,但是,父亲也必须承担起对孩子的教育,尤其是政治的教育、公民的教育。罗马人其实是非常重视这种对自家年轻人的这种政治教育和严格训练的,也重视政治的联姻。这种政治教育主要是学习政治的规则,尤其是学习严格遵守法律。家庭而非学校成了培养未来国家公民和执政者的主要场所。[2] 但这种强大的父权和元老政治似乎并不影响罗马共和国的活力和进取。在其崛起的数百年里,它的版图从意大利中部不断扩展为一个横跨三大洲的强大国家。

威尼斯共和国则是一种更厉害的"元老政治",甚至就是一种纯粹的"老人政治",而它也不仅维持了1300多年的独立,且在数百年的时间里维持了强大和繁荣。它的总督被降为一种名义领袖的地位,实权由元老院和官员们掌管。在威尼斯,市民到25岁才能进入大参议会,30岁才能进入元老院,40岁才能成为权力很大的十人委员会的成员。也就是说,等到他在体制内至少有

---

[1] 芬纳:《统治史》第1卷,上海:华东师范大学出版社,2014年,第427、436—439页。
[2] 内罗杜:《古罗马的儿童》,桂林:广西师范大学出版社,2005年,第129—131页。

了15—25年的政治学徒经历之后,并且让自己学会了严守法律之后,他才能获得高级职位。实际上,威尼斯的高级职位多是由70—80岁的人掌管,从1400年到1600年,参选总督的平均年龄是72岁。威尼斯的年轻人大概是先从事各种其他的职业生涯,他们可以在海上,在其他地方释放他们的精力和发展他们的才干,他们许多是先致富之后再从政,金钱也就不构成他们从政的动机。威尼斯共和国在政治上的确是出奇的长期稳定,经济也非常繁荣。这种元老政治似乎也不影响它的数百年的海上扩张与霸权。它的财政收入比任何欧洲国家都要富有,甚至比法兰西都要高出50%。它的城市内部不需要军队,仅用很少的警察就能维持秩序。①

这并不是说要在今天推崇元老政治②,而是说,在父权的家族制度和强大的国家能力之间并没有必然的冲突;国力的强大与否,乃至政治的优良与否与治者年龄的年轻与否也并没有必然对应的关系。成年乃至老年并不意味着缺乏进取性。增长的年龄的确有一种"老成持重"的倾向,但当涉及到政治,涉及到"国之重器"时,的确有必要特别谨慎,有必要有一种"持重"的精神,因为政治是要影响到千百万人的生活的,是要决定国之盛衰甚至存亡的。这里实际上最强调的或还不是年龄,而是经验和责任,只是说处理复杂政治事务的经验和责任感的培养是需要时间的。的确有很年轻就富有政治经验或政治智慧者,但这种情况不可能普遍,往往只是一些稀少的领袖之才,而他们也往往从幼年起就受到了政治的教育和熏陶。

运动型的政治也可分为自发式的和受控式的。自发式的社会运动一般来说是无政治权力者的运动,是一种从社会环境或情绪中比较自然地爆发出来、没有一个严密的政党策划和动员,而至多是一些松散的社团组织起来的抗议活动。虽然同样发生在20世纪的60年代,但中国的"红卫兵运动"其实是一种受控于最高领袖的社会运动,而西方的学生运动,比如法国的"1968年运动"显然是一种自发的抗议运动。③ 晚近发生的"占领华尔街"运动就更是崇拜自发性的,它或是鉴于20世纪社会运动被利用的教训,不仅非常明确地不要政党和领袖领导,不要夺取政治权力,甚至不要明确的纲领乃至目标、不要

---

① 芬纳《统治史》第2卷,上海:华东师范大学出版社,2014年,第408—429页。威尼斯的高度稳定与佛罗伦萨的频繁动荡形成强烈对比,但的确,它也没有取得像佛罗伦萨那样璀璨的艺术成就。
② 今天更是有道德的理由要求所有人的政治平等和社会平等的,但走向这种平等却不一定要采用决裂的方式,采取激烈甚至暴烈的手段。
③ 拙文《受命造反的青春暴力》,《文化纵横》,2011年第1期。

固定的代表。自发式的运动往往有其不得不发的主观和客观的根源,它在运动中容易分裂,不易持久,虽然如果坚持其自发自主性的话,也不易利用。受控式的运动则是由一个严密组织的政党,通过严密的程序,有一套精心动员的模式发动起来的,当然有时也是依靠一种领袖的克里斯玛的魅力,直接向社会动员。它倒是在相当程度上能够有统一领导、收放自如的,也是能够持久有力的。运动型的政治还可分为一种是基本守法或至多是轻微违法、公民不服从的和平抗议的运动,即一种坚持非暴力原则的运动;[①]另一种则是不惜引起或使用暴力、激化冲突、甚至就是为了转向暴力的运动。自发式的运动多是前一种运动,受控式的运动多是后一种运动。

治理型政治应该是政治的主流,政治的常态,甚至讲政治就是指这样一种政治。它是一种制度的政治。政治首先和主要地要包含"治理"的因素。而运动型政治只应是政治的支流,是政治的非常态,它的政治性往往主要表现为是一种抗议政治,但抗议政治有时也能起到很大的作用,改变政治的气氛,甚至改变政治的方向,不过,最后它最好还是要转变或落实为治理型的政治,否则,就可能是只开花而不结果,只流动而无常驻了。政治是需要延续的,需要制度化乃至法治化的,不能制度化延续的政治只有局部和短暂的意义。

我们当然要肯定抗议性政治的作用,但是,除了在罕见的急需变革的时期,它不应当成为主流,不应成为政治的常态。而对于政治的常态来说,更需要的是政治经验。好的政治是需要磨合的。好的政治家也是需要磨炼的。青年政治其实是容易走向浪漫的运动政治的,而20世纪确是相当推崇这样一种政治。我们今天也许有必要重新思考20世纪以来特别推崇青年运动的一些常见说法,例如"学生运动天然正确合理""学生都是纯洁的或者爱国的"等。最重要的还是看事情做得对还是不对,行为是正当还是不正当,而不是以人,尤其是以人的年龄和身份来划线。

任何运动作为一种群体行为都有其某些共性,现代政治运动比较明显的特性一是它的理想性或理念性,一是它的群众性或广泛性。尤其是青年学生运动又具有它的一些特点,比如更具理想性或浪漫性,更加非功利乃至反功利。它富有热情乃至热血,富有献身精神。但也仍然保留作为群体运动容易泯灭个性的大众性和容易颠覆中道的激烈性。青年运动在初始阶段的确是来自比较纯洁的激情和比较单纯的理念。但也不能过分夸大和赞美这种激情,

---

[①] 作为一种抗议政治的运动,的确是不太可能完全守法的。

因为它其实是一柄双刃剑。它常常能激发公众的热忱和良知,引起变革,打破政治的守旧和沉闷,改变社会的气氛以致政治的方向,但也并不总是正确的方向。它是否能够修成正果,甚至是否能够产生结果,还需要许多其他条件的配合。也不必过分夸大年轻人的纯洁性,其实所有的年轻人都会变老,而所有的老年人也曾经年轻过。青年人的热情与活力固然可以弥补经验之不足,老年人的经验也可以弥补热情与活力之不足。

的确,我们也会遇到社会的沉闷期,遇到连年轻人也变得"世故",或者说变成"精致的利己主义者"的局面,这时理想主义的热情是十分宝贵的。但经验常识也依旧非常重要,它提醒我们警惕不仅有权力的僭越,也有某些浪漫空想的观念试图变为实体的僭越。青年罗尔斯曾经谈到追求物欲的"利己主义"(egoism)弥漫的问题,但是他更加警惕一种以理想之名撷取权力的"利己主义"或"自我中心主义"(egotism)。在罗尔斯看来,后者对共同体的威胁最大。[1]

总之,虽然本文试图更多地做一些分析和反省,但无论如何,新文化运动乃至随后产生的五四运动仍然是上个世纪最好的运动,那是青春灿烂的时期,是满怀希望的时期,虽然也是隐藏危险的时期。

本文作者系北京大学哲学系教授

原载《探索与争鸣》2015 年第 8 期

---

[1] 参见拙文《人、共同体与上帝》的分析介绍,《中西视野中的古今伦理》,上海:上海文艺出版社,2014 年。

五四思想界:中心与边缘
——《新青年》及新文化运动的阅读个案*

章 清

不知从何时起,"自五四运动以来",成了固定的叙述模式,描绘个人的成长,揭示社会之变迁,往往都离不开这样的开篇。① 这样的叙述方式,无疑都在明示"五四"的影响力,及其在中国历史上所具有的分水岭地位。近些年,情况才稍有所变。不乏学者持有这样的看法,"没有晚清,何来五四"。② 很显然,打通"晚清"与"五四",多少可以从更为长程的时段来认识"五四"(自然还远谈不上"长时段"),也动摇着历史叙述的架构。不宁唯是,有关新文化运动的"影响"问题,也进入学者的视野。论者阐明了《新青年》从一"普通刊物"发展成为全国新文化的一块"金字招牌",以及"新文化"由涓涓细流汇成洪波巨浪,都经历了一个相当的"运动"过程。还特别提示对于"新文化运动",新文化人的当下诠释与后来史家的言说叙事实际上有相当的出入。③

---

* 本文曾提交北京大学历史系2009年5月6—7日举办"五四的历史与历史中的五四"学术讨论会。
① 且不论今日,"五四"后不久,即有这样的言说方式。1923年《时事新报》一篇讨论思想界潮流的文字,就强调:"凡稍能看报纸杂志的人,大概都知道自五四运动以来,中国发生了新文化运动,随着新出版物一天多一天,所鼓吹的,一言以蔽之,是新思想,分言之:把这思想用到文学上来,便是新文学;把这思想用到政治上去,便是新政治(平民政治);把这思想用到社会上去,便是新社会(互助社会)。"见陈问涛:《中国最近思想界两大潮流》,1923年4月29日《时事新报》,"学灯"第5卷第4册第29号,第1页。也难怪恽代英会以此撰文说:"自从五四运动以来八个字,久已成了青年人作文章时滥俗的格调了。"见恽代英:《"自从五四运动以来"》,《中国青年》第26期,1924年4月12日,第1页。
② 参见王德威:《被压抑的现代性:没有晚清,何来五四?》,《学人》10辑,南京:江苏文艺出版社,1996年,第219—37页。后来又将"没有晚清,何来五四?"作为其所撰《被压抑的现代性:晚清小说新论》(宋伟杰译,北京:北京大学出版社,2005年,第1—19页)一书导言。
③ 王奇生:《新文化是如何"运动"起来的——以〈新青年〉为视点》,《近代史研究》,2007年第1期,第21—40页。

对此,似有必要进一步申论。关键在于,对于"影响"的探究,往往将注意力集中于事件的参与者,关注的是"有";而不受此影响的却成为"失语者",皆归于"无"。对于新文化运动的"影响",林林总总的"回忆",所提供的即是"有"的情况。① 对《新青年》的"阅读"也是如此,各种"回忆"建立起"读《新青年》,参与五四运动"的叙述模式。然而,同样可以基于"无"展开叙述,因为阅读的"时日",同时也在证明此前未曾"接触"《新青年》。这样的音调或许不那么"和谐",却也有所浮现。1907年出生于浙江海宁一个偏僻小镇的王凡西即表示,"北京学生们的'闹事',则连我们'最高学府'里的老师也不曾注意。十余岁的小孩子当然更是茫无所知。"知道这件事,乃至受这运动的影响,已是一二年之后了。② 生于1930年的余英时先生也言及,在故乡安徽潜山官庄乡这个典型的"穷乡僻壤"度过的八年岁月,不但没有现代教育,连传统的私塾也没有。在其16岁以前,根本不知"五四"为何物。③ 生活于偏僻之地,不知"五四",倒容易理解。不过,别的情形却颇耐人寻味,1922年北京大学入学考试的国文试卷,有这样一题——"试述五四运动以来青年所得之教训",据《学生杂志》一篇文章透露,以"五月四日开运动会"解释"五四运动"的考生,"很有几位"。④ 研究的情形也并不乐观。伍启元著《中国新文化运动概观》1934年由现代书局出版,《清华周刊》登载的一篇评论就指出,近几十年所发生的"或者只有春秋战国时代才能相媲美"的空前的思想变动,"不幸得很,一直到现在,还没有一本书,能将这个复杂缭乱的情形,撷英咀华,作简短握要的介绍。有之只是几篇不尽不实的论文,散见于各报章杂志,这又怎能满足青年的希望呢!"⑤ 这样看来,关于"五四"的影响,仍是有待深入检讨的问题。

论者曾提出关于"五四"的记忆问题,指出"1919年事件的参加者、观察者和

---

① 关乎此,陈寅恪曾有精到的诠释,"凡前人对历史发展所流传下来的记载或追述,我们如果要证明它为'有',则比较容易,因为只要能够发现一、二种别的记录,以做旁证,就可以证明它为'有'了;如果要证明它为'无',则委实不易,千万要小心从事。因为如果你只查了一、二种有关的文籍而不见其'有',那是还不能说定的,因为资料是很难齐全的,现有的文籍虽全查过了,安知尚有地下未发现或将发现的资料仍可证明其非'无'呢?"见罗香林《回忆陈寅恪师》,《传记文学》第17卷第4期,1970年10月,第17页。
② 王凡西:《双山回忆录》,北京:东方出版社,2004年,第1页。
③ 余英时:《我所承受的"五四"遗产》,收入《现代危机与思想人物》,北京:三联书店,2005年,第71—74页。
④ 嘉谟:《青年生活与常识》,《学生杂志》第11卷第9号,1924年9月,第42—47页。
⑤ 乔平:《伍启元著〈中国新文化运动概观〉(书评)》,《清华周刊》第41卷第6期,1934年4月28日,第106页。

批评者都学会了相当有选择地使用他们的记忆。"①曹聚仁在回忆中即坦诚:"我之回忆五四运动,已在五十年后,用今天的角度,来看那座纪念碑,观感自有不同。"②事实上,担心五四被"遗忘",也算得上持续不断的声音。1935年5月,胡适接连写下关于"五四"的两篇文章,原因无他,"这年头是'五四运动'最不时髦的年头,前天五四,除了北京大学依惯例还承认这个北大纪念日外,全国的人都不注意这个日子了。"③到50年代的台湾,作为"五四后期人物"的殷海光更发出这样的叹息声,"五月四日这样重要的节日,几乎被人忘记了!"④"记忆"与"遗忘",或许正构成"后五四"时代的历史基调,"五四"的历史也由此"建构"。

这也是本文提出基于"中心"与"边缘"审视五四新文化运动的缘由所在。依拙见,如能在更为广泛的视野发掘具体的阅读经验,即将问题转换为新文化运动是如何被"阅读"的,则对此的认知,或能提供新的视野。近代中国的"多个世界",及所呈现的"多歧性"特质,今日已成研究中国近代史学者的"共识"。⑤ 这既有助于推动从"边缘"看"中心",展示更多的图景,同时也表明,针对所谓的"边缘"立说,并不容易,很难提供全方位的视角。故此,本文对此的检讨,所提供的也仅是私人的阅读经验,试图透过几个个案,分析《新青年》所象征的新文化运动,是如何被"阅读"的。内中不只关注新文化是如何传播的,还期望能展现身处不同地域、不同身份个体"阅读"《新青年》及新文化运动所发生的"变异"。这样的"图景"与"中心"所展现的无论是否相似,或都有俾呈现新文化运动的多姿多彩性,也更为全面把握新文化运动的"影响"。

《新青年》作为"中心"的确立

所谓"中心"与"边缘",实在是过于宽泛与模糊的字眼,⑥这里也无意加以

---

① 舒衡哲:《五四:民族记忆之鉴》,收入《五四运动与中国文化建设——五四运动七十周年学术讨论会论文选》上册,北京:中国社会科学出版社,1989年,第151页。
② 曹聚仁:《我与我的世界》上册,太原:北岳文艺出版社,2001年,第127页。
③ 胡适:《纪念"五四"》,《独立评论》第149号,1935年5月5日,第2—8页;《个人自由与社会进步——再谈五四运动》,《独立评论》第150号,1935年5月12日,第2—5页
④ 殷海光:《重整五四精神》,《自由中国》第16卷第9期,1957年5月5日,第1页。
⑤ 参见罗志田:《新旧之间:近代中国的多个世界及"失语"群体》,《四川大学学报》,1999年第6期,第77—81页;《见之于行事:中国近代史研究的可能走向》,《历史研究》,2002年第1期,第22—40页。
⑥ 著名社会学家希尔斯(Edward Shils)即撰有 *Center and Periphery* (Chicago: University of Chicago Press, 1975)一书,主要基于信仰与价值层面检讨中心社会所具有的权威地位。

严格限定,只是试图说明在不同的时间、空间背景下对《新青年》所象征的新文化运动有着不同的"阅读"体验。换言之,这里所说的"中心"与"边缘",更多来自时人的自我认定,事实上,"中心"之成为"中心"有赖于"边缘";"边缘"也不断产生对"中心"的认同,二者本身形成互动关系,难以划出清晰的界限。因此,不妨首先展示"中心"的情形,论者提出新文化运动是如何"运动"起来的,就阐明了《新青年》之成为"中心"所经历的曲折。换言之,尽管在时间的把握上或有不同的看法,但《新青年》构成"中心",却是难以回避的问题。仅从"中心"所提供的信息,无论是作为"生意",还是"阅读",都不难发现这一点。

作为"生意",《新青年》最初的确可用惨淡经营来形容。陈独秀1913年亡命到上海,找到汪孟邹,表达了出一本杂志的想法,并表示"只要十年八年的功夫,一定会发生很大的影响"。但当时的亚东正在印行《甲寅》杂志,没有力量做,于是介绍给群益书社出版,但最初每期只印一千本。且只发行了6号,就停刊了半年。① 对此,陈也是颇为沮丧的,"本志出版半载,持论多与时俗相左,然亦罕受驳论,此本志之不幸,亦社会之不幸。"② 不过,所谓"生意",却不能限于杂志本身,结合出版杂志的书局加以考虑,就颇为必要。经营商务印书馆的张元济,在日记中就透露出书局对出版杂志的考量。1916年3月13日,张在日记中曾记载一事,"《时报》将不之",颇希望商务能够"附股",他却表示,"本馆近来对于报事甚淡,恐难附股。"③《时报》估价较高,是商务没有兴趣的原因;其所说的对报事甚淡,也未尝不是实情。不过,1916年6月7日日记中又提到另一事:"代售《船山学报》,告傅卿函询湘馆,总馆代印价已收足否。不登报无销路,催交报费方可代登。"④ 这里也指明了书局与报刊形成的关联,"登报"与"销路"是密切联系在一起的。因此,从"生意"的角度,有必要考虑到这一层,不能单从杂志的印数来核算成本。群益书社之所以愿意发行《青年杂志》,除了其他原因,部分也是因为有这个窗口,可以将所出书籍,进行推广。从创刊号开始,群益书社每期都刊登了不少书籍广告(绝大多数为群益书社的出版物,少量是其他杂志与亚东书局的书籍广告),并发布《通信购书章程》,书局由此获益,不可不提。⑤ 而书局业已建立起的发行管

---

① 汪原放:《亚东图书馆与陈独秀》,上海:学林出版社,2006年,第37、33页。
② 陈独秀:《通信》,《新青年》第2卷第1号,1916年9月1日,第7页。
③ 张人凤整理:《张元济日记》上册,石家庄:河北教育出版社,2001年,"1916年3月13日",第38页。
④ 同上,"1916年6月7日",第94页。
⑤ 《青年杂志》第1卷第1号"版权页"即刊出《通信购书章程》,告知购买"本版书籍"的具体办法。而第1卷第2号"版权页"才登出"投稿简章"。

道,对杂志的发行来说,也至关重要。《青年杂志》从第 1 卷第 2 期开始列出"各埠代派处",计有 49 个城市与省份的 76 家"书局"。① 这当是指群益书社已建立起的发行渠道,也大致可推断《新青年》杂志借助这样的渠道可能发行到何地。这也是不可忽略的"生意",也算是《新青年》所搭上的便车。②

与之形成对照的是,1919 年 1 月创刊的《新潮》杂志,就显出别样的情形,其社员只管编辑出版,发行由北京大学出版部主持,"发行面是非常狭小的","代销处也只限于本校,北京的一些高等学校及书报摊",而外埠由于"不登广告,只靠同道的几个杂志互相介绍,知道的人不多"。③ 顾颉刚在日记中也透露,由于不能依托书局,《新潮》的发行颇为曲折;日记中所保留的社员之间通信,也不乏内容关切如何与书店打交道。④ 关乎此,张静庐曾以一个"出版人"的身份有所总结:

> 在几百几千种杂志中,要使你的刊物从那里窜出来,决不是一件容易的事。第一,要使各地的读者都晓得有这样一本东西(买与不买是另一问题),第二,要使它能达到每一家贩卖书店(卖得掉与卖不掉是另一问题),第三,要使读者怎样会拿出钱来买你的杂志(满意不满意是另一问题)。⑤

相应的,《新青年》提供的另一种"生意",也同样重要,那就是与"学"结

---

① 包括北京、天津、保定、大名、济南、烟台、太原、运城、西安、云南、贵州、兰州、成都、重庆、泸州、梁山、开封、广州、汕头、桂林、嘉应州、长沙、汉口、武昌、南昌、广信府、安庆、芜湖、屯溪、福州、厦门、坎市、苏州、南京、无锡、南通州、扬州、常州、杭州、宁波、绍兴、处州、温州、奉天、吉林、龙江、哈尔滨、新加坡等。
② 恽代英对办杂志的设想,也提到这些情况:"凡主办一杂志,应以之为唯一之生活,应视办理杂志如何可以推广销路,如何可以满足读者欲望,为其心目中时时不忘之研究问题、学习问题(窃谓中国最紧要之问题,为将职业学问拍合为一喂,当撰职业与学问篇详述之)。国中办杂志者没轻心以掉,但求一杂志之模型,即出而问世,此所以屡致失败。凡书局所办杂志,尚稍从营业方面着想,未如彼等之轻心以掉之甚,故常较为长命,固非独资本厚薄问题也。然以言研究学习则尚未足。"见中央档案馆、中国革命博物馆、中共中央党校出版社编:《恽代英日记》,北京:中共中央党校出版社,1981 年,第 263 页。
③ 李少峰:《新潮社始末》,见中国社会科学院近代史研究所编:《五四运动回忆录》(续),北京:中国社会科学出版社,1979 年,第 209 页。
④ 《顾颉刚日记》第 1 卷,台北:联经出版公司,2007 年,"1919 年 1 月 14 日",第 67 页。
⑤ 张静庐:《杂志发行经验谈》,《出版界二十年——张静庐自传》,上海:上海杂志公司,1938 年,附录,第 1—14 页。

合,编者有此用意,读者亦复如此。《新青年》创刊时的"社告",第五条即明示:"本志特辟通信一门,以为质析疑难发舒意见之用,凡青年诸君对于物情学理,有所怀疑,或有所阐发,皆可直缄惠示,本志当尽其所知,用以奉答,庶可启发心思增益神志。"该杂志第1、2卷的"通信"栏,也显示出读者所关心的集中于"问学",尤其关切学习某一门知识,该读何书?哪所学校最佳?①

因此,关于"学"与刊物的关联,也是不可忽略的层面。所谓另一种"生意",即是要考虑报章杂志的"色彩"问题。依拙见,且不论来华西人最早创办的中文报刊成为"西学"的重要载体,与"学"的结合同样是晚清士人发行报刊值得注意的"生意经"。这关乎学科知识在近代中国的成长,从学科构成报刊的主要栏目,以及任用学者来办报,都体现出这一点。唐才常所撰《湘报叙》,就强调说:

> 今乃海宇大通,朝野一气,政学、格致万象森罗,俱于报章见之,是一举而破二千余年之结习,一人而兼百人千人之智力,不出户庭而得五洲大地之规模,不程时日而收延年惜阴之大效。凡官焉者,士焉者,商焉者,农工焉者,但能读书识字,即可触类旁通,不啻购千万秘籍,萃什伯良师益友于其案侧也。其使中国为极聪强极文明之国,吾于是决其必然矣。②

一份标榜"觉民"的刊物,也阐明"夫积民而成国,断无昏昏沉醉之民,而能立国于竞争之世"。因此,"学生攻书之暇,出一杂志,以写种种事情,若者良,若者不良,内而己国之事情,外而全球之大势,无不登诸报端,以输入文明,其计至深远也。"③该刊登载的第一篇文字,同样强调"阅报"之有益,指明报者乃"新学之母"。④《时报》1911年刊登的一篇文字,还提出"印刷物可觇文明

---

① 《新青年》第1、2卷的"通信"栏,为求学投函的内容特别多。如上海一所学校的学生盼望了解克鲁泡特金《互助论》与南途博士《人学》的内容。见《青年杂志》第1卷第2号,1915年10月15日,"通信",第1—2页。天津一学生则期望推荐学习逻辑学的译著。见《青年杂志》第1卷第3号,1915年11月15日,"通信",第1页。
② 唐才常:《湘报叙》,《湘报》第1号,1898年3月7日,无页码。该报第14号还登载了《论阅报之有益》一文,论述阅报之益。见杨樑:《论阅报之有益》,《湘报》第14号,1998年3月22日,第53—54页。
③ 《觉民发刊词》,《觉民》第1期,1903年11月,此据高旭等编《〈觉民〉月刊整理重排本》,北京:社会科学文献出版社,1996年,第7—8页。
④ 作者阐明:"顾在古昔,则明诗书已足。而在今日,则非研究新学新理不为功。新书汗牛充栋,莫知适从。学理浅者,又往往不能卒读,则莫若多阅报纸。见闻既广,智识既开,事理既富,而后研究新学,洞若观火。是报者,又为新学之母也。夫报既能通上下之隐情,传内地之动静,使世界大势伏处山麓者,了如指掌。"见觉民:《论阅报之有益》,《觉民》第1期,同上书,第9—10页。

程度之高下":"今夫文野程度,全视印刷物之多寡以为衡。欧美各国近数十年内所以进步如此之速者,皆由印刷物导之先河,各国每年所出新书籍,无虑数十万种,各国每年所出杂志,无虑数十百种,各国之操新闻业者,每日所出纸,无虑数十万份。"换言之,"未有印刷物不发达,而文明程度可以增进者"。作者忧心的是,"试问吾国每岁出版之物有几何?""虽遍登广告,然大抵翻印旧籍者仍有多数,而新籍则几如凤毛麟角焉。以此风气验之吾国今日守旧者仍多于开新者,此则中国前途最可忧之一大事也。"①

《新青年》被带到大学,即产生了意想不到的效果,催生出另一种形态的杂志。可以说明的是,1918年前后读书人广泛介入办报刊的活动,从报业的角度也构成一道独特的景观。戈公振曾表示,"民国以来之报纸,舍一部分之杂志外,其精神远逊于清末。盖有为之记者,非进而为官,即退而为营业所化。故政治革命迄未成功,国事窳败日益加甚。"②正所谓"天下熙熙,皆为利来,天下攘攘,皆为利往"。要说"生意"的兴旺,最说明问题的即是大学中人广泛介入到创办刊物的活动中。以北大来说,据《北京大学日刊》1920年底提供的资料,北大之"定期出版品"包括有:《北京大学月刊》《北京大学日刊》《北京大学学生周刊》《新潮》《数理杂志》《音乐杂志》《绘学杂志》《批评半月刊》《评论之评论》,"其现在暂行停刊者为《国故》月刊、《奋斗》周刊,曾经拟议尚未实现者,有史学系之《史学杂志》与地质研究会之《地质杂志》。"还特别提到:

> 更有许多本校之学生,因鉴于文化运动之事业,仅及于通都大邑,殊未尽善,乃各就其乡土之情形,从事研究调查,以谋补救。即就其调查研究之所得,在北京办各种定期出版品,编辑印刷完竣后,再行寄回各处。如四川学生所办之《新四川》,浙江兰溪学生所办之《新兰溪》、永嘉学生所办之《新学》,陕西学生所办之《秦钟》,安徽学生所办之《安徽旬刊》,直隶武清教员及学生所办之《武清周刊》等,福建学生所办之《闽潮》半月刊等等不下十余种。其余若《新青年》,为本校前文科学长陈独秀先生所主持,撰述者多为本校教职员学生。《新教育》为现代理校长蒋梦麟先生所主持。《新生活》为本校职员李辛白先生所主持。《国民》杂志为北京

---

① 孤愤:《论印刷物可觇文明程度之高下》,《时报》,1911年3月9日,第1版。
② 戈公振:《中国报学史》,北京:生活·读书·新知三联书店,1955年,第178—181、196页。

学生界所办。《少年中国》月刊为少年中国学会所办,而主持之者均为本校学生。①

学人投身到刊物的创办中,也成为自觉的行为。《新潮》杂志发刊时,傅斯年就不无意味地表示,"北京大学之生命,已历二十一年;而学生之自动刊物,不幸迟至今日然后出版。"还解释了刊物之缘起,一致的看法是"学生应该办几种杂志","我们将来的生活,总离不了教育界和出版界,那么,我们曷不在当学生的时候,练习一回呢。"②张国焘也描绘了那个年代读书人之选择办刊物,差不多成为"行动的第一步":"要救国,就要组织团体,发行一种刊物,作为行动的第一步。当时这种组织小团体的想法颇为流行,不少有抱负的青年都想借以一试身手,登高一鸣。"③推而论之,整个新文化运动即是以出版事业为基础的:"中国新文化的勃兴,可说是以出版事业为基础的。举凡革命主张的鼓吹,世界思潮的介绍,现代文学的提倡,新兴艺术的引进,科学精神的展开,哲学理论的探讨……其所持的工具,莫非为报章、杂志、书籍,凡此无一不属于出版事业。"而且,"不但在中国是如此,在世界其他各国也莫不如此。盖因近代印刷术的发达,差不多成了压倒其他一切的文化流传的工具,所以出版事业也成了促进文化的主要动力。"④

从"生意"的角度,由于材料的限制,无法如探究《百科全书》一般去追问五四时期"启蒙运动的生意"。⑤但上述种种,却多少说明《新青年》构成"中心"的缘由及具体展现。基于此,立足"边缘"看"中心",也成为可能。不过,要展示对《新青年》等新文化运动杂志的阅读,还有必要对晚清以降所呈现的阅读生活,略加说明。毕竟,对《新青年》及新文化时期报刊的"阅读",是在这样的背景下发生的。⑥

---

① 《出版品》,《北京大学日刊》,1920年12月17日,第771号,第7版。
② 傅斯年:《〈新潮〉发刊旨趣书》,《新潮》第1卷第1号,1919年1月,第1—4页;《〈新潮〉之回顾与前瞻》,《新潮》第2卷第1号,"附录",1919年10月,第199—205页。
③ 张国焘:《我的回忆》上册,北京:东方出版社,2004年,第43页。
④ 杨寿清:《对于中国出版界之批判与希望》,作为"附录"收入其所著《中国出版界简史》,上海:永祥印书馆,1936年,第75页。
⑤ 达恩顿:《启蒙运动的生意:〈百科全书〉出版史(1775—1800)》,叶桐、顾杭译,北京:生活·读书·新知三联书店,2005年。有关这方面的研究,已有太多相关著作,不在这里一一罗列。
⑥ 这方面的情形这里无法展开,除前揭王奇生的文章,笔者也有所述及。见章清:《民初"思想界"解析——报刊媒介与读书人的生活形态》,《近代史研究》,2007年第3期,第1—25页。

"阅读"报刊:成长的阶梯

系统勾画报纸杂志在晚清的发展,殊无可能。可以明确的是,"京报""邸报"及"宫门抄""辕门抄"这样一些沟通政情的形式,构成帝制时代信息传播的主要管道,也产生着持续的影响。当晚清士人走向报章的创办,也主要基于"上下通""中外通"来理解报章之功能,发展也颇有曲折。宋恕在一通信函中即表示:"康长素拟开报馆于京师,恐无益处。今上海报馆有三,专以逢迎时贵,变乱是非为事。京师忌讳更甚,安可以开报馆?果开之,其逢迎变乱之弊,必更甚上海!"①严复对此也是冷眼相看,他在给汪康年信中念念不忘所谓的"庶人不议之例",就道出报章在中国发展遭遇阻力的缘由。②孙宝瑄更是有言,"今之所谓舆论,乃最不可恃之一物也。"因为,"天下最普通人占多数,其所知大抵肤浅,故惟最粗最浅之说,弥足动听。而一唱百和,遂成牢不可破之舆论,可以横行于社会上,其力甚大,虽有贤智,心知不然,莫敢非之。"③

《时务报》创刊时介绍"都城官书局开设缘由",即指明了这一点:"学会报馆在西国已成习俗,在中国则为创见,是以开办之始动遭疑阻。"④正所谓"大江东流挡不住",到20世纪初年梁启超已感叹,斯时的中国是"学生日多,书局日多,报馆日多"。⑤甚至还不乏文章在传递这样的信息:"二十世纪以前,枪炮之世界也;二十世纪以后,报馆之世界也。"⑥可以说,经历晚清的发展,至民初时,对报刊的定位已不可同日而语。梁启超1912年归国后发表的一次演讲,联系自己18年前之投身报业,不免感触良多,"今国中报馆之发达,一日千里,即以京师论,已逾百家,回想十八年前《中外日报》沿门丐阅时代,殆如隔世;崇论闳议,家喻户晓,岂复鄙人所能望其肩背。"⑦

---

① 胡珠生编:《宋恕集》下册,北京:中华书局,1993年,第544页。
② 信中写道:"津京两处,皆有人拟鸠股本,开设绝大报馆,挽弟为之著述家。独是朝廷虽累有新政之诏,然观其行政用人,似与所言尚非相应者。既开报馆,原与庶人不议之例不符,与其不议,不如勿开;开而议之,窃恐方今之日尚不能言者无罪也。"严复:《与汪康年书》(八),王栻主编《严复集》第3集,北京:中华书局,1986年,第509—510页。
③ 孙宝瑄:《忘山庐日记》下册,上海:上海古籍出版社,1983年,第1132—1133页。
④ 《时务报》第1册,1896年8月9日,第7页。
⑤ 梁启超:《敬告我同业诸君》,《新民丛报》第17号,1902年10月2日,第1页。
⑥ 《续论报馆之有益于国》,《新闻报》1905年3月31日,第2张,"论说"。《东方杂志》第2年第4期转载,1905年5月28日,"教育",第57页。
⑦ 梁启超:《鄙人对于言论界之过去及将来》,《庸言》第1卷第1号,1912年12月1日,第4—5页。

阅读的情况又如何呢？首先值得重视的是官方对于"阅报"的提倡。以张之洞来说，《劝学篇》就列有"阅报"篇，指明"凡国政之得失，各国之交涉，工艺商务之盛衰，军械战船之多少，学术之新理新法，皆具焉。是以一国之内如一家，五洲之人如面语"。由是，"一孔之士，山泽之农，始知有神州；筐箧之吏，烟雾之儒，始知有时局。不可谓非有志四方之男子学问之一助也。"能够实现"寡交游，得切磋"。①《时务报》发刊后，张当即表示："照得新报一项，有裨时政，有裨学术，议论切要，足以增广见闻，激发志气。"不仅通令湖北全省订阅，还为湖北省、府、州、县各衙门以及各局各书院各学堂统一订购共288份。其辖下之两湖，也成为上海之外销量最大的两个省，均超过一千份。② 推广之力度，不可谓不大。

1902年6月17日创刊于天津的《大公报》，从一开始，即有培育"阅读公众"的自觉，呼吁农工商贾、妇人孺子各色人等，"莫不能阅报，莫不视报为《三字经》，为《百家姓》，为《感应篇》，为《阴骘文》，为《聊斋志异》，为《三国演义》。"甚至表示，"世有以予言为为然者乎，请以阅报人数之多寡与报馆之有无推广卜之也。"③1903年创刊的《湖南演说通俗报》，还揭示出地方上的回应，也颇为积极。该报创办后，"抚部院通饬州县，谕令城乡士民，广为购阅，以广化导。"并明确指示，"各乡各团均有公费，各团订购一册，所费无多，收效甚大，亟应谕饬尊办。"④稍后刊登的一篇署名储能子的文章，即讲述了该报如何"畅销"的情形：

> 醴陵县，原由抚宪饬洋务局，派阅通俗报二十份，张大令为之提倡，各团境长，大家购阅演说，近已共销一百四十二份。彼都人士，可谓热心牖民，开通之极。现闻长沙善化湘潭湘乡平江浏阳各团绅，皆拟购买通俗报，共兴演说，况各团皆有公款，报赀甚微，惠而不费，但得贤令尹一谕帖，则不患有人阻挠。上有好者，下必甚焉。⑤

---

① 张之洞：《劝学篇》，"阅报第六"，见沈云龙主编《近代中国史料丛刊》第九辑，台北：文海出版社，2002年，第111—117页。
② 《札北善后局筹发〈时务报〉价附单》，见苑书义主编《张之洞全集》第5册，石家庄：河北人民出版社，1998年，第3317—3319页。
③ 《论阅报之益》，《大公报》，1902年7月7日，第2页。
④ 《醴陵张大令劝令乡团阅报谕帖》，《湖南演说通俗报》第6期，1903年7月，第2页。
⑤ 储能子：《畅销报纸》，《湖南演说通俗报》第8期，1903年8月，第2页。

官方之外，更为普遍的情形则是，各地有识之士纷纷开办阅报所。《政艺通报》1903年就登载有《开办晋明书报所简明章程》，指明"本所之设，在开通晋人之智识，改良晋人之性质，俾知我国与各国竞争在学问而不在血气。无学问，则人挟幽并之健，地负关河之雄，徒酿乱阶，靡雪国耻。至本所阅书报者须咸励此志。"还制订相关规定，如"所中除阅书报外，不得闲谈或任意喧哗。"具体阅读办法也有："凡来所阅书报者，本所备有取书凭条，可自注明所阅之书，向干事员领取。不得擅自取阅，或将各书颠倒错乱，致碍检查。"还鼓励晋省官绅士商能"捐助图籍、经费"，"以志公德"。①《东方杂志》所登载之《各省报界汇志》，除介绍各地新出报刊的情况，也展现了各地所设阅报社的情况。如介绍山东的情况说：

> 济南官报馆主笔李明坡征君，现于布政大街设一阅报馆，各报具备，任人往阅，不取分文。蓬莱李叔坚大令近以寒士阅报无资，特捐廉购报，散给各乡生童阅看。其阅报规则，远者令各社社差限日送到，互相传观，观毕，于下次送报日将上次所看之报缴回；近者于课校士馆时分领回家阅看，每六人共看报章一种，阅讫于下期与课时，将旧报缴回，另领新报云。

还介绍四川推销报刊的情况说："四川官报发行后，各府厅州县均已派定销数，现复推销云、贵、陕、甘、湖北等省，每省各一百分。"②就此而言，成都通俗报社1909年印《成都通览》也提供了颇为重要的信息。该书这样介绍"成都之报界"：

> 成都向无报章，只有各州县驻省之京报，辕门抄而已。自戊戌年富顺宋芸子先生创办《渝报》，《渝报》立未久，尊经书院改立《蜀学报》。马君子波创售《时务报》，始见《国闻报》、《时务报》等类，戊戌均绝灭无存。庚子后，图书局傅樵村始同苏君星舫创立《算学报》，辛丑傅樵村立《启蒙通俗报》，并代派京沪各报。二酉山房、算学书局、安定书屋诸处继之，中外各报始畅行。若成都发行之报，只学务公所之《学报》、官报书局之《官

---

① 《开办晋明书报所简明章程》，《政艺通报》第2年癸卯第19号，1903年11月3日，"中国文明新史卷二"，第23页；第2年癸卯第20号，1903年11月19日，"中国文明新史卷"，第24页。
② 《各省报界汇志》，《东方杂志》第1年第6期，1904年8月6日，"教育"，第146、147页。

报》、《成都日报》三种而已。官报性质为行政机关,系宛平陆天池先生所创立,钱叔楚先生继以《成都日报》,桐城方和斋提学复出《教育官报》,皆派发各州县分阅。官办之报,性质与民报不同,然均不可偏废也。近来阅报之风气,渐次开矣。(傅樵村收藏各报甚多,光绪三十年捐送三十余箱入高等学堂)。

除介绍成都晚清所创办及代派报刊的情况,还具体列出了"成都售报所",及随时可购之报的名录,并且说明"阅报公社"提供的报刊具体有哪些。① 相比于"中心",成都算是"边缘"之地,其展示的图景,多少说明晚清报刊发行及阅读的情况。1903年开明书局出版的王维泰所撰《汴梁卖书记》,还记录了书商也介入此事,"欲在省城设一阅报看书公所",并且"纠合同志,集资赁屋",以推进之。此事也得到积极回应,"已择地开办,并托寄各报"。②

具体到个别人物阅读报刊的情况,也不乏相关的资料说明。生活在成都的吴虞,其民初那段时间的日记,就展示读报章已成为其读书生活的重要部分。有两个数据颇令人惊奇,说明其与杂志的关联已如此之深。1915年吴虞为自己发表的文字做了一份清单,涉及杂志有25种之多,除省内的成都、重庆等地,还远涉东京、上海。③ 舒新城也提供了相似例证。如果说成都已是大城市,舒的家乡湖南溆浦,只算得上偏僻的小县城。其早年教育是在湖南家乡完成的,1907年考入郦梁书院,翌年改入溆浦县立高等小学堂。在县立高等小学读书的三年时间里,因为剩余时间很多,看了很多"新书":"以溆浦那样偏僻的地方,当然购不着什么真的新书,但阅报室中有《时报》《新民丛报》《国粹学报》《安徽俗话报》及《猛回头》《黄帝魂》《中国魂》《皇朝经世文编》《西

---

① 傅崇矩编:《成都通览》上册,成都:成都时代出版社2006年,第356—358页。所介绍的"成都售报所"包括:开智书社(劝业场)、二西山房(学道街)、安定书局(南纱帽街)、粹记(鼓楼街)、公益书社(青石桥)、输文新社(卧龙桥)、图书分局(南新街)、志古堂(学道街)、商务印书分馆(青石桥)、四圣祠(四圣祠街)。"随时可购之报"如下:《顺天时报》《香港商报》《四川官报》《成都日报》《中外日报》《上海时报》《学部学报》《政治官报》《商部官报》《神州日报》《中央日报》《舆论日报》《时事画报》《竞业旬报》《广益丛报》《四川教育学报》《通俗日报》《通俗画报》。至于"阅报公社之报类",则有约82种,还注明"傅樵村立,吴蔚若学使提倡者,岑制台刊示保护"。关于这方面的情况,还可参见孙少荆《1919年以前的成都报刊》,四川省政协文史资料委员会编《四川文史资料集粹》,成都:四川人民出版社,1996年,第4卷"文化教育科学编",第237—249页。

② 王维泰:《汴梁卖书记》,此据张仲民《出版与文化政治:晚清的"卫生"书籍研究》,上海:上海书店出版社,2009年,附录,第345页。

③ 中国革命博物馆整理:《吴虞日记》上册,成都:四川人民出版社,1984年,第230—231页。

学丛书》《皇朝蓄艾文编》《时务通考》,等等。"这表明晚清时阅报室的出现,为青年学子提供了广泛阅读学书籍和报刊的机会。对此,舒也有颇多感受,"我自未满五岁进入私塾就学,至民国六年夏毕业高师为止,共度二十年之学生生活。虽然因为父母与师友的种种教导、熏陶,养成了自学的习惯,数十年来,不曾有一日离开书报与纸笔。"①

上述种种,皆说明清末民初报刊发行及产生影响的情况。② 至于读书人在学业养成阶段受到所读报章的影响,更有太多例证,李欧梵尝试为"五四"一代做一个"集体素描",即突出了读报章这一环节。③ 在这个背景下,再来具体检讨《新青年》创刊以后被"阅读"的情况,及所产生的"反馈",也有所依托。

阅读《新青年》:金毓黻的故事

王汎森曾提出"阅读大众"(reading public)的问题,认为新文化运动培养出一个新的"阅读大众",为争取这些新的读者,以营利为考量的出版业者因而随之变化。④ 就对《新青年》的"阅读"来说,其范围是极为广泛的。通过各种渠道,远在美日的留学生,以及生活于偏远之地的少年,都提供了阅读的证明。⑤ 但如何阅读,是否呈现出"中心"与"边缘"不同的色彩,也值得关注。这里主要选择几个个体的阅读经验加以检讨,试图区分出两种不同的情况,一是已走出校园者情况,一是在校学生的情况。前者以身处东北的金毓黻为个

---

① 舒新城:《我的教育》上册,收入张玉法、张瑞德主编《中国现代传记丛书》第二辑,台北:龙文出版社,1990年,第55、105页。
② 李孝悌已揭示了清末白话报刊的长足发展,其"下层社会"视野,揭示了伴随白话报刊的成长所兴起的"阅报社"及"宣讲、讲报与演说"的情况,对于了解报章如何深入下层社会,影响到普通人的生活,大有助益。见李孝悌:《清末的下层社会启蒙运动:1901—1911》,石家庄:河北教育出版社,2001年。
③ 李欧梵:《五四文人的浪漫精神》,收入周策纵等著《五四与中国》,台北:时报出版公司,1980年,第296—297页。
④ 王汎森:《思潮与社会条件——新文化运动中的两个例子》,收入余英时等著《五四新论:既非文艺复兴,亦非启蒙运动》,台北:联经出版社,1999年,第93页。
⑤ 关于《新青年》的"阅读",其所设"通信"栏,本身提供了不少信息,说明该杂志得到关注的情况。参见李宪瑜"公共论坛"与"自己的园地"——〈新青年〉杂志"通信"栏》,收入陈平原、山口守编《大众传媒与现代文学》,北京:新世界出版社,2003年,第266—281页。杨琥《〈新青年〉"通信"栏与五四时期的社会、文化互动》,收入李金铨编:《文人论政:民国知识分子与报刊》,台北:政大出版社,2008年,第53—80页。

案,后者则选择就读于武昌中华大学的恽代英,和浙江第一师范学校的陈范予为例证。

金毓黻(1887—1962)的读书生活是从6岁入私塾开始的,尽管16岁时曾一度辍学习商,却"一日未尝废书"。从1906年重新就读家乡辽宁省辽阳县启化高等小学堂,就按照新式教育的阶梯一路走下去,1916年毕业于北京大学文学门。返回东北后,金任教于沈阳文学专门学校,兼任奉天省议会秘书,从此往来于沈阳、齐齐哈尔、长春之间。金毓黻留下的《静晤室日记》,从1920年3月开始记录,展示了虽地处"边缘"却广泛接触"新知"的例证。从其阅读范围来看,是颇为广泛的,传统典籍之外,所点评的时人著作包括有胡适《中国哲学史大纲》,任鸿隽《科学方法论讲义》,王星拱《科学方法论》,章太炎《訄书》《检论》,王闿运《湘军志》,梁启超《欧游心影录》《实用国语文法》《清代学术概论》等。1920年9月5日的日记,有这样的记载:

> 由图书馆借到新出版书数种,拟分类读之。一、科学方法论;二、文学概论;三、国语文法;四、文字学;五、史学。近日学术界革新之事业方法有二:一曰整理国故,一曰迎受新潮。新潮之输入者,已具有条理,自无整理可言。至言整理国故,则多主用科学方法。胡氏《中国哲学史》之著,其见端也。然科学方法之何若,为研究学术之阶梯,引为先务,职是故耳。其余三事,皆为余素欲研究者,本无后先可言,所列次第,为明入手之序耳。①

仅以此来看,"中心"之地所流行的针对学者"新派""旧派"之分,就不那么明显。此外,阅读报刊,也成为金毓黻日常生活主要的内容。对于读报刊的意义,日记中有这样的论说:"欧美人喜阅报章杂志,嗜之成癖,一日不废,此其文明所由日进也。日本人虽为后进,阅报之风,亦足与欧美相颉颃。惟吾国人多半不喜阅报,即使阅之,亦时政要闻及市井琐闻而已。至于杂志之专言学术者,几乎无人过问矣。国人日就鄙野,学术日形窳败,有由然也;奚止风俗之日下,人心之日偷,为可忧哉!"②

1920年前后,金毓黻在日记中评说的杂志包括有:《新青年》《新中国》

---

① 金毓黻:《静晤室日记》,卷四,第1册,沈阳:辽沈书社,1993年,第106页。
② 同上,"1920年6月11日",卷二,第1册,第52页。

《教育杂志》《唯是》《大公报》《学艺》《东方杂志》《改造》《时事新报》《晨报》《建设》《太平洋杂志》等。而且,其所在的地方,似乎也很容易买到所需杂志。1920年10月1日记载:"看报,梁任公主撰一报曰《改造》,第一期已出版,拟购阅之。"次日之日记已表示购到。①《改造》第1期发行时间为1920年9月15日,由此亦可知那个时候书报之销售,已建立起颇为便捷的渠道。对于所读过杂志,金在日记中也不乏评点。1920年8月29日的日记就写道:

> 年来国内出版界甚发达,报章一类,日刊以《上海时事新报》、《北京晨报》为最佳,月刊如《新青年》、《新潮》、《大学月刊》、《新教育》及《学艺》亦均可观。同学黄、郑两君组办之《唯是学报》,导扬国学,而以适合时势为归,亦出版界之佳品也。获阅两期,未窥全豹,拟去信订购。②

对于新文化运动所产生的影响,《新青年》与《东方杂志》的易位,是常被提到的例证。金毓黻日记中提供的信息,却未必如此。1920年12月5日的日记有这样的记载:"《新青年》、《建设》皆近年杂志中之上品,往余皆不知购读,闻见之陋,端由于此,继自今宜多方选择,以充俭腹。"③这个记录恐不确,事实上此前的日记中曾言及读过《新青年》,并引用相关文字,但之所以产生这样的"记忆"错位,或许是所读杂志太多,也很可能是因为读后没有留下深刻印象。与之形成对照的是,1921年1月15日的日记却对《东方杂志》抱有更多同情:

> 蒋百里论新文化运动云:"今年是一个危机,去年不过开个头儿,今年若不认真作下去,则并那头儿同归泡影。"吾国人之于百事,皆勤于始而怠于终,去岁新文化运动如火如荼,而今则逐渐衰竭矣。去岁新发刊杂志不下百余种,而今逐渐停版矣。人有讥《东方杂志》陈腐者,然求之国内,运命之长则无与之相等者,今年之《东方杂志》已为第十八年矣。凡

---

① 金毓黻:《静晤室日记》卷四,第1册,第129页。
② 金毓黻:《静晤室日记》卷三,第1册,第99页。1921年1月17日的日记还表示:"北京亚洲同文协会出《时事旬刊》已一年,近改组为周刊,内容甚可观,拟订阅之。"见《静晤室日记》卷六,第1册,第217页。
③ 金毓黻:《静晤室日记》卷五,第1册,第169页。

办何事业者,如《东方杂志》之持久,与吾国之文化岂不有更巨大之补助哉!①

可兹证明的是,1921年1月23日的日记还这样写道:"近日拟定[订]阅之杂志,曰《时事新报》,曰《东方杂志》,曰《小说月报》,曰《学艺》,曰《改造》,曰《新潮》,曰《民铎》,皆国内著名之杂志也,约计年需奉洋二十元,不为多也。"②这个名单中也未列出《新青年》。这似乎也无关于作者趋向保守,或《新青年》过于激进。事实上,金所持看法反倒是认为今日报界所少者,乃"批评之态度"。③

杂志之外,新文化运动中流行的"话语",金毓黻在日记中也多有评说。有意思的是,在其中,或许就看不到新旧派的剑拔弩张,甚至没有新旧之间明显的界限。这也提供了审视新文化运动新的视野。

新文化运动中胡适与梁启超的易位,是基于"中心"立场颇为重要的观察,向被作为解释新文化运动取得成功的象征。然而,金毓黻在日记中涉及对胡适、梁启超二人的评说,却没有划分出明显的界限。1920年10月6日的日记写道:"胡适之论新思潮义意[意义],有研究问题、输入学理、整理国故、再造文明四项。而新思潮的态度,则为评判的态度。《改造》载寓公《新思潮我观》一篇,解释'新思潮'三字之义最为切当透辟。盖胡氏用综合的解释,而寓公则用分析的解释,此其不同之点也。"④1920年11月24日的日记又写道:"梁任公作《欧游心影录》,用语体文作游记,可谓别开生面,造语隽永,富于趣味,盖以说部体出之者也。其于世界现势及政治学说,均用综合法出之,附以批评,并加之以推测断案,读之所以有味。"内中肯定"能知之而能言之,言之

---

① 金毓黻:《静晤室日记》卷六,第1册,第214页。到1921年8月26日,日记中又特别写道:"13期《东方杂志》颇多斐然可观之作,又较上半年为进步矣。《学艺》杂志极朴实,专以研理为旨趣,绝无剽窃卤裂之弊。"《静晤室日记》卷十一,第1册,第408页。
② 同上,第220页。
③ 1921年1月17日的日记即写道:"今日报界所少者,以批评之态度而衡量一切学说、政治书报,而又抉其隐微,得其究竟者也。《新潮》初出版时,实具有批评之态度,迨后数期则无之矣。某君批评北京大学出版之评论,顾名思义,宜以批评为主,而实际只有两篇,可谓名不副实。窃谓批评一事本不易言,即曰能之,或以有所顾忌,不敢肆意为之者亦不在少数也。譬如同为杂志月刊,而此志称许他志之佳,固其所乐闻;若指诃其纰缪,未有不勃然怒于色者。此在他国所不能免,而在中国为尤甚,真正以批评态度办报者之日少,由于此耳。"金毓黻:《静晤室日记》卷六,第1册,第217页。
④ 金毓黻:《静晤室日记》卷四,第1册,第132页。

又能尽量发挥者,惟梁氏耳。"又指出:"近顷能以白话文谈学理而又引人入胜者,厥惟胡适之氏,实可与梁任公并立两大。其大别,则梁氏于政治外尚乏他科专门学识耳,即此一节,乃梁不如胡处。"①

此一评价,也表明在五四时期,梁启超在学识上已处下风。关键即在伴随学科意识的提升,是否有所专长已渐成衡量学者的重要凭据。1921 年 1 月 25 日的日记中,金引述了梁启超《清代学术思想论》中对自我的评价,然后总结说:

> 观以上所论,梁氏可谓自知甚明,彼所揭之短处,虽有知言尚论之士,言能探骊,亦恐无以过此。之数言者,不啻为自身作传论、传赞。人苦不自知耳,如果自知,则他人之论皆无当也,以不若自知之深切著明也。吾国往世学者有一通病,曰不求精而务博。即曰能精,亦精者什一,而博者什九。又此方求精,他方复求博,欲一人之身万物皆备,此吾国学术所以不进步也。梁氏之好博,亦吾国学术界数千年之遗传性使然,梁氏实蒙其影响而非其咎也。新学巨子胡适之亦有好博而不求精之弊,试一翻其著述自知矣。梁氏如能从此彻底觉悟,大加忏悔,而别作狭而深之运动,为学术界作一革新模范人物,诚吾国学术界前途之幸也。②

既批评梁启超"不求精而务博",同时又指出"新学巨子胡适之亦有好博而不求精之弊",可看出金毓黻所持更多是"调和"论点。此亦表明,所谓新旧之争,立于外界的视野,或有不一样的看法。日记中也经常提到新旧两派所发言论,大抵是持平之论,未见偏向哪一方。金似乎也特别主张"兼容并包",1920 年 11 月 17 日的日记中写道:"胡适之极端主张白话文者也,而于教授中学则主文、语并授,所选教材且及于林琴南之作。林之与胡亦世所公认为彼此冰炭而相入者也,而犹不能无所取。学问之道本贵兼容并包,姝姝守一先生之言以自限,究何益乎? 韩文公谓世有圣人出,孔子必用墨,墨子亦必用孔。初非调和之论,盖有至理存焉,人之不知,患有蔽耳。"③《建设》杂志曾刊登胡汉民文章,论儒教喜排斥异己,并举孔子诛少正卯为证,金看了不免感叹:"余因

---

① 金毓黻:《静晤室日记》卷五,第 1 册,第 160 页。
② 金毓黻:《静晤室日记》卷六,第 1 册,第 220—221 页。
③ 同①,第 155—156 页。

之有感于今世之为新文化运动者,设生当孔子之世,有不为孔子所诛者乎?"①获悉对于国语及社会主义的讨论,他在日记中也发表感想说:"近日报纸载国人对于国语及社会主义讨论者甚多,不外正负两方,时能发见真理,不可谓非可喜之现象也。然仍有意气或私见,其甚者,则以谩骂出之。商榷学术,本为发明学理,非同个人之利害,犹不能矜平躁释以求真是,况下于此者乎? 此为贤者之过,甚望其有以改之。"②

这样的"调和之论",也传递出金毓黻对新文化运动整体的评价。1920年12月18日,金在日记中摘录了《东方杂志》第17卷第3号的不少文字,然后评价说:"观上所论,盖以冷静眼光从侧面观察而得之决论,语语切当,足以针砭提倡新文化者之失。特身处潮流中者,或未觉悟及此耳。"③然而,对于《学衡》杂志对新文化运动的评估,金又大不为然。1922年1月22日的日记即写道:

> 阅《学衡》杂志梅光迪《评新文化》一文,语涉偏宕,殊患失平。间亦有中症之论,足箴一般揣摹风气者之失。然如文学一端,近人倡用语体,功盖不在禹下,若亦一概抹杀,非知言也。吾国古文,艰深难晓,中材以下之士习而鲜通,由来久矣。障碍文化,本难为讳。若夫文章口语,组织各异,彼此相通,诚如翻译。而谓此经验为数千年文人所未有,吾不知其何所据而云然也。新文学家之缺点,不在主张之不当,乃在根柢之不深。彼辈太半稗贩西籍,不入我见,日以发挥个性诏人,曾不知己身仍依旁他人门户以讨生活,此根柢不深之失也。尚能之士,宜分别观之,既不能因其主张尚正而为之迴护其失,亦不能因其植根浅薄并其主张亦一概抹杀也。④

1920年前后那段时间,金毓黻游走于东北的几个城市,也提供了从"边缘"审视"中心"的例证。很显然,从"边缘"所感知的新文化运动,与"中心"视野相比,是有所区别的。不过,金本人也提供了受"中心"影响的例证。看了杂志的文章,他就往往会联系自己的研究。1920年9月23日就写道:"看

---

① 金毓黻:《静晤室日记》卷五,第1册,1920年11月23日,第159页。
② 同上,1920年12月15日,第182页。
③ 金毓黻:《静晤室日记》卷六,第1册,第186—187页。
④ 金毓黻:《静晤室日记》卷十三,第1册,第512页。

《新潮》杂志罗家伦氏《什么是文学》一篇。其文学界说以西洋文学为根据,是否与文学原理适合,他日拟为专篇论之。"[1]1920年9月29日又这样表示:"昨读胡适之《谈新诗》一文,谓'凡是抽象的材料,应用具体的写法。'今日途中试为新体诗两首。……二诗为初次试作,自谓尚能合拍,尚有意境。"[2]

来自学生的"声音"

金毓黻对《新青年》及新文化运动的"阅读",所展示的已是学有所成者的情形,在校学生的情况又如何呢？有一点值得补充,回过头去看,无疑会对那个时代弥漫的"青年"气象,留下深刻印象。1915年陈独秀创办《青年杂志》,命名之外,其所有的关切,最初也都是聚焦于"青年"。其"社告"第一句就是,"国势陵夷,道学衰微,后来责任,端在青年。本志之作,盖欲与青年诸君商榷将来所以修身治国之道。"《新青年》之外,还可注意到其他媒介同样表达对"青年"的关切。那段时间,以"青年",乃至"少年"命名的书籍、报刊、社团,可谓多矣。"少年中国学会"也许称得上五四时期最有影响的一个社团,其会员之多,分布之广,存在时间之久,其他社团都只能望其项背。该会宗旨的第一条就是"振作少年精神",把青年"视为创造少年中国之唯一良友"。笔者曾基于"省界""业界"及阶级分析近代中国集团力量的兴起,试图说明"政界""商界"等等提法,在清末民初的报刊中不断出现,乃"业界"形成的标识。[3]这一时期值得重视的变化则是频频出现"青年界"的称呼,表明社会界别已有新的划分。凡此种种,皆表明社会动员围绕着"青年"在展开。在这个意义上,梳理作为在校学生的青年如何"阅读"新文化,或许更能发现饶有兴味的一幕。

不妨先以《恽代英日记》为线索,略陈其中的点滴。关于恽代英(1895—1931)对《新青年》的"阅读",有一点值得先作说明,以此作为对比。在武昌做学生那段经历,恽代英1925年的一篇文章曾有这样的说明,"在五四运动以前,我在武昌做学生","那时候全国一般的思想界都可怜极了,只有《新青年》与其他一二刊物,稍稍鼓吹一点'离经叛道'的思想。这一种鼓吹,对于我便

---

[1] 金毓黻:《静晤室日记》卷四,第1册,第121页。
[2] 同上,第127—128页。
[3] 章清:《省界、业界与阶级:近代中国集团力量的形成及其困局》,《中国社会科学》,2003年第4期,第189—203页。

发生了影响;我可以说我本是一个富于怀疑批评精神的人,我向来又只爱看课外书报而不爱正经功课,所以我的思想便首先被摇动了。"①这样的回溯历史的方式,展现的正是典型的"自五四运动以来"的叙述模式,表明哪怕是当事者在事后的回忆中也不能避免"后见之明"。与那个时期的日记加以对照,即可发现其中的差别不可谓不大。恽留下的日记从1917年开始,那个时期他正就读于武昌中华大学(1918年毕业后担任中华大学附中的教导主任)。一个在校学生与报章有着如此紧密的联系,在恽代英那里,体现得尤为充分。

首先值得重视的,仍然是"生意"。养家负担甚重的恽代英,向报刊投稿换取现金与赠书券,是其支撑家庭生活和学习生活主要的倚靠。据日记提供的信息,1917年2月,恽即以《论奴仆》,"初从《妇女杂志》社得酬现金"。日记中列出有"爱澜阁文稿目录",记录了其投稿各杂志的情况,具体收益也详细登录。整个1917年,共得现洋109元,书券35元2角。② 内中,还不乏详细的描绘。③

投稿之外,是订阅杂志的情况。1917年2月10日的日记列出"今年应买书",书仅有三本,准备订阅的杂志却有《东方杂志》《妇女杂志》《教育杂志》《科学》(各一年),尚有《大中华》《教育界》《学生界》三种未决定。④ 1919年3月20日的日记又记录了订《东方》《北京大学月刊》《实业月刊》《新教育》《新青年》(均为全年)。⑤ 上述对杂志的选择,在别的方面也有所体现。前面提到"阅报社"及"阅读公众",恽的日记也展示了这方面的情况。1918年6月2日的日记表明恽与其同道,议决"设公共图书馆以交换所有书籍,并公之大众",而且,"所备图书,以最近杂志及新书为要,其大部旧书不在重要之列"。此外,1919年7月25日恽所拟"启智图书室附卖最新书报办法",又表明这个图

---

① 代英:《"应该怎样开步走?"》,《中国青年》第96期,1925年9月21日,第689—690页。
② 中央档案馆、中国革命博物馆、中共中央党校出版社编:《恽代英日记》,第211,219—221页。
③ 1917年8月11日记:"今日寄去多稿,如了宿债。计《妇女杂志》社三稿共一万一千三百余字,预计可得酬十六余元。当《禁食篇》恐未必售耳。《小说丛报》社一稿,计八千余字,余索酬十元,但恐未必售耳。如能尽酬,则差可了一切债。余尚拟作文投《新青年》,借问前稿究竟。《东方》、《太平洋》亦各作一稿寄之。"1917年10月1日又记:"余又急于欲赚钱矣。余欠账尚十一、二元,而应办之事尚多。吾所拟方针:于《妇女杂志》赚洋十元(译体育二篇,家政一篇)及书券若干,《女子交际问题》。于《青年进步》赚洋十元,《职业与学问》等。于《新青年》赚洋十元,《基督教平议》。小说与少年读物于《环球》赚洋十元。此外,在《东方》仍赚书券若干,尚须他处赚现洋若干。"中央档案馆、中国革命博物馆、中共中央党校出版社编:《恽代英日记》,第128,156页。
④ 中央档案馆、中国革命博物馆、中共中央党校出版社编:《恽代英日记》,第32页。
⑤ 同上,第506页。

书室"所卖书报暂订如下:《新青年》《新潮》《新教育》《新中国》《少年中国》《教育潮》《学生》《每周评论》《救国日报》。"①

上述信息,表明青年学生广泛阅读报刊,绝非像恽代英那样仅是个别的情况。更为重要的是,内中还显示出恽及周围的人所"阅读"的报刊,在这两年的时间里,已发生着变化。征诸恽代英的个人阅读经验,也说明了这一点。

从最初的日记来看,恽代英无疑是倾心于《东方杂志》的,1917年1月2日记下了读10月出版的《东方杂志》的感想,"《动的文明与静的文明》篇颇有见地,《欧战主因与旧式政策之灭亡》,尤先得我心。"②然而,到1919年6月25日的日记中,却是这样的内容:"阅《申报》编法,较汉口各报远优矣。""阅《时事新报》,亦复如《申报》,此真进步也,均超迈《时报》。香浦谓中国人守旧,旧日以为《时报》与《东方杂志》最好,现在仍作此语,有耳无目,可怜哉。"③这显示出恽对于当时的杂志渐渐有了新的偏好。那么,恽不再认为《东方杂志》"最好",是否就意味着选择了《新青年》呢?

确立这样简单的联系,或许是危险的。日记中的确展示了恽代英逐步建立起对《新青年》的喜爱。1919年4月24日的日记有这样的话:"阅《新青年》,甚长益心智。"④1919年9月9日,恽代英在致王光祈的信中,更是表示:"我很喜欢看见《新青年》、《新潮》,因为他们是传播自由、平等、博爱、互助、劳动的福音的。"⑤但由此即推断为恽代英的"选择",未必合适。说起来,恽接触并向《新青年》投稿,从时间上说不算晚,1917年3月1日出版的《新青年》第3卷第1期,已刊有其所撰《物质实在论》(哲学问题之研究一)。1917年8月11日的日记有载:"拟作文投《新青年》,借问前稿究竟。"⑥在其所整理的"民国六年大事记"中,还道出该年6月20日,曾撰有《破坏与建设》《论信仰》,"投《新青年》共酬洋五元"。⑦ 因此,最晚到1917年初,恽已接触到《新青

---

① 中央档案馆、中国革命博物馆、中共中央党校出版社编:《恽代英日记》,第395、590页。
② 同上,第8页。
③ 同上,第568页。
④ 同上,第528页。
⑤ 同上,第624页。
⑥ 同上,第128页。
⑦ 中央档案馆、中国革命博物馆、中共中央党校出版社编:《恽代英日记》,第220页。查阅《新青年》可获悉,恽所撰《论信仰》,刊于《新青年》第3卷第5号,1917年7月1日出版,第1—4页。而《破坏与建设》一文,则没有刊登。有必要说明的是,恽代英日记记录的"投稿"与"发表"的情形固很详细,也不免有些令人费解之处。如前已提及日记中曾说明"于《新青年》赚洋十元,《基督教平议》。"但《新青年》并未刊登此文。

年》，对比之前已提及的要到1919年3月才订阅《新青年》，不免会问，这个时间似乎长了些？如果再看恽代英对《新青年》具体的"阅读"情况，或许就会发现问题之所在。

1917年9月27日，恽代英注意到《新青年》改革文字，在日记中有此议论：

> 《新青年》倡改革文字之说。吾意中国文学认为一种美术，古文、骈赋、诗词乃至八股，皆有其价值，而古文诗词尤为表情之用。若就通俗言，则以上各文皆不合用也。故文学是文学，通俗文是通俗文。吾人今日言通俗文而痛诋文学，亦过甚也。又言中国小说，不合于少年阅览，因谓中国无一本好小说。究之《红楼梦》，虽不宜少年读之，而其结构之妙，必认为一种奇文，不可诬也。故此亦一种过论。①

次年在《致吴致觉书》的一通书信中，他又表达了这样的看法："新文学固便通俗，然就美的方面言，旧文学亦自有不废的价值，即八股文字亦有不废的价值，惟均不宜以之教授普通国民耳。"②

1919年4月27日的日记中，恽代英又表达了对新旧思想的看法，表示其所主张的是"利用旧思想以推行新思想最妙"："吾等信新学说，非以纯理的脑筋信纯理的学说，乃以此学说有利于大多数人也，由此则苟利大多数人。如利用旧思想之正确者，以传播新思想，何为非最可用之办法。必欲将旧思想一概抹煞，以启争辩，而碍事机之进行，若非为自己好奇立异，殊不必也。"进一步还谈到：

> 孔子之学说，自然不尽可信，然苟确有所见之大学者，其根本观念每每不谬，其余则受当时社会之影响，有不正确处，亦有不可讳者。如孔子《礼运·大同》及《论语·道之以政》章，何曾不好。至谓女子比于小人，事君期于尽礼，则囿于时见，此人之常情。以此责孔子，犹责其不用阳历而行夏之时，不坐摩托车而乘殷之辂，此岂非可笑事耶！甚者，必周纳孔

---

① 中央档案馆、中国革命博物馆、中共中央党校出版社编：《恽代英日记》，第153—54页。顺便说一句，那段时间，恽代英正在读《红楼梦》。

② 同上，第439页。

子之言行,而《礼运》则必谓非孔子所作,此纯为批评陈死人之闲话则可,不然必是与孔子结下不共戴天之仇。不然,何苦必以如此凌辱孔子为快?一个人必定要争孔子是大圣,没有一句错的。一个人必定要争孔子是大愚,没有一句不错的。若不是为孔子,是为世界人,我看这都错了。①

尽管未曾提及《新青年》,但还是不难发现内中为孔子的辩护,部分即是针对《新青年》刊发的文字表达看法。② 多少表明今日视作新文化运动最重要的象征,在恽代英那里,并未激起热烈反响,反倒是另有看法,甚至是负面的看法。1919年2月10日的日记中,恽也留下这样的记录:"寄仲甫信,劝其温和。"③ 话虽不多,征诸以上事例,所要表达的意思,还是清楚的。这也促使我们进一步检讨,作为青年学生对新文化运动的"阅读",是否另有枢机?

就"阅读"的层面来说,这也是不可忽略的。可以明确的是,在"中心"推动新文化运动者的"良苦用心",未必皆能获得"同情之了解"。对于青年学生来说,尤其如此。从恽代英那里,大体可以感受的是,对于自己的未来,自有其设想。因此,"中心"传递的,与他个人的想法,也大异其趣。

恽代英在日记中有对自己的期许:"代英读书时极少,但做事、做文、谈话,处处比读书更有益。自知欲列学者之林,固为无望,亦觉只要做'人'的事,'一命为学者,无足观矣'。作事、做文、谈话,每求有益于人。"总之,"只求为中学事,决不望作大学教授也。精神因有事业而有所倚托,所以心神常愉快。暇或以书报消遣,无书报亦一样愉快也。"④ 可以说,恽并未考虑选择学者之路,这对他来说,多少是属于"不易得"。⑤ 更重要的还在于他对"行动",更有兴趣。前已提及恽在致王光祈的信中,表达了对《新青年》和《新潮》的喜

---

① 恽也不只在这里谈到孔子,为孔子辩护,1919年7月8日又讲到:"为平日不菲薄孔子,而且有些地方很敬重他。但是,我很菲薄孔教徒,自然程、朱、陆、王等在外。"见中央档案馆、中国革命博物馆、中共中央党校出版社编:《恽代英日记》,第530、584页。
② 所谓《礼运》非孔子所作,不用举证别的,在恽代英发表《论信仰》一文的《新青年》第3卷第5号(1917年7月1日),就登载有吴虞与陈独秀的通信,谈的就是这个问题,"通信",第4—5页。至于"阳历"问题,《新青年》第6卷第1号(1919年1月15日)刊登的陈大齐所撰《恭贺新禧》(附钱玄同附记),即涉及这方面的问题,第1—5页。
③ 中央档案馆、中国革命博物馆、中共中央党校出版社编:《恽代英日记》,第483页。
④ 同上,第572页。
⑤ 对于五四人物,恽代英在日记中较少评论,1919年6月8日写道:"不堪蚊扰,起阅《中国哲学史》,颇服适之先生巨眼过人,不易得。"中央档案馆、中国革命博物馆、中共中央党校出版社编:《恽代英日记》,第555页。

欢,这封信紧接着又写了这样一句,"但是我更喜欢看见你们的会务报告,因为你们是身体力行的。"信中也表达了加入少年中国学会的愿望。这应该是由衷的话,实际上,从恽对《新青年》的阅读来看,往往对于学术方面的内容没有什么回应,倒是对行动方面的内容有兴趣,这也显示出青年一代的特质所在。可以说,尽管居于"中心"地位的北京大学一干人,于提升中国的学术品质可谓不遗余力,然而这样的意见却未必能得到青年的赞同。在1917年1月19日的一则日记中,恽也记下了获悉蔡元培入长北大后讲话的感想:"蔡子民先生告北京大学诸生言,大学生专研学问与专门之重实用者有别,故大学生宜专心学业。余意不然,(一)先生以为必如此学术乃昌乎?则学术而不顾实用,不证之实用,必非实学。(二)大学生不重实用,非国家设立翰林院,则将来则何以为生。(三)专门毕业生如能以科学尽职分,非不足者自必勉学,其谬误者自必改正,其研究学术之效必更远且大。"①

这里无意以恽代英作为青年学生的代表,以为青年学生对新文化的认知如何如何。将目光转向另一位学生陈昌标(1901—1941),或许就能看到不一样的情形。

陈昌标,字范予,1918年从诸暨乐安高小毕业后,考上了位于杭州的浙江省第一师范。曹聚仁曾谈到:"时人谈五四运动的演进,北京大学而外,必以长沙一师与杭州一师并提,这都是新时代的文化种子。"②征诸陈范予的经历,也能说明这一点。可以明确的是,这所学校的老师,已将较为时兴的内容传达给学生,如陈在《国文》课上就读到梁启超的《少年中国》,胡适的《不朽》与《建设的文学革命论》。③ 从报上获悉新文化运动的相关信息,他的立场也是鲜明的,1919年4月2日的日记就这样写道:"看报,知蒙古有国暗助独立及今国内新旧派之反对大学生以思潮之思想著书,而张元吉竟诉之教育部,遂致陈独秀辞大学教育职。噫,顽石不化犹如是。"④在日常生活中经历一些事,也有符合类似基调的议论。譬如,针对孔子诞辰放假事,陈在1920年10月8日的日记中就有这样的议论:

孔子诞日为什么放假?孔子在专制时代,是一个不出锋头的圣人,他

---

① 中央档案馆、中国革命博物馆、中共中央党校出版社编:《恽代英日记》,第19页。
② 曹聚仁:《我与我的世界》上册,第116页。
③ 坂井洋史整理:《陈范予日记》,上海:学林出版社,1997年,第143、180、209页。
④ 同上,第75页。

的道德和艺术[学术],真可算是成万世帝王的好商品,无怪乎到这日子,要喧闹了一番。不过是什么时代? 孔子的道德,既然不适用,就是孔子的学术,还有存在的余地吗? ……孔子既然不是现今的人,他的道德、学术配不上做现在的榜样,那末,我们为什么还要空废[费]了一天的工夫,放无意识的假呢! ……我甚不能解。①

问题转向"阅读",日记中也提供了不少信息。1919—1920年间,陈范予所阅读的报刊包括有:《教育潮》《新青年》《新教育》《星期评论》《世界画报》《新潮》《时事新报》《浙江新潮》《学生联合会会报》(杭州)《新社会》《平民教育》《钱江评论》,等等。如要加以区分,大体包括三类:首先是教育方面的刊物,其次则是"中心"所出版的各种刊物,再有就是地方性的报刊。就对《新青年》的"阅读"来说,所提供的信息或许与我们的"期待",颇有落差。日记中有两处提到《新青年》,1919年7月21日的日记这样记录:"阅《新青年》。"同年10月4日的日记也只是这样的内容:"天晴。晚,学习风琴,并阅《新青年》。"②

陈范予的日记较为简略,对于《新青年》没有什么特别的表示,未必能说明什么,这也可归到"无"的一类。那么,"有"的是什么呢? 如果要问日记中较多涉及的内容,主要还是对现实问题,尤其是学生运动有更多关注。1919年5月6日,从《时报》上获悉"月之四日下午二时,北京大学生等五千人往各国使馆求归还青岛并诛卖国贼陆、曹、章等",陈在日记中就写道:

> 此种学生诚足取法。吾人寄旅此间,岂不知国事之紊乱、民生之涂炭,特以才少学寡,不敢效揭竿之首事耳。前既有道之者,吾人当砺行踵之,以国家为前提,庶乎得尽薄国贼,而重新中国黄帝尧舜之光,亦父老子女之荣也哉。余望者是,赞者愿同向之其可乎。

第二日晚,之江大学来函云:"吾侪学生宜结成团体以为北京学生之后盾,所被捕二十余人当思能以出之。"陈在日记中也留下这样的豪言:"国家兴

---

① 坂井洋史整理:《陈范予日记》,第238页。
② 同上,第122、129页。

亡,匹夫有责,况吾辈求学者乎。是以对此大事不得不用心强力计,以成之也可。"①

日记中相关的内容还不少,不必在此一一征引,所显示的是青年学生如何被"唤醒",趋向于具体的行动。关键在于,这也影响到对新文化的"阅读"方式。日记中未见多少对于新文化学理上回应的内容,能够激起其反响的,往往是演讲,远超过杂志本身。日记中较多提及听演讲的体会,此亦表明,影响于学生的,报章之外,演讲是值得重视的形式。1919年5月7日记,"赴省教育会听杜威博士演讲"。1919年10月7日记:"晚四点后,蒋梦麟先生在礼堂演讲。"②此外,还提及包括杜威、蒋梦麟、沈仲九、陈望道、罗素、罗世真等举办的多次演讲,均有详细记录。除了听演讲,辩论式的学习方式也在兴起。1920年1月29日的日记就写道:"下半天,到学校和天池、乃庚辩论新学,也是研究新学,觉得滋滋有味,到晚膳才返家。有这种研究的机会正是促进新学的良机,其乐事也。"③

这一点,亦为舒新城的回忆所证明。"当时青年求知欲之切与各校竞争之烈可称无以复加。九年秋由省教育会延请杜威、罗素、蔡元培、吴稚晖、张继、张东荪、李石岑诸先生赴长沙讲演,对于蔡等以下诸人除去公共讲演而外,各校均请莅校讲演,蔡、吴竟至声哑足软。"其本人,因为是湘人的缘故,在长沙多年,师友关系比较多,也不得不多方应付。④ 因此,这也算"中心"影响"边缘"的方式,只不过是由"中心"之"人物"直接发挥影响力。

余 论

余英时先生讲述《我所承受的"五四"遗产》,集中表达了这一层意思,带有浓厚"自传"意味的"五四",更加值得珍视。在这一特殊的角度下,"五四"便不再是一个笼统的"思想运动",而是因人而异的"月映万川"了。虽然同是此"月",映在不同的"川"上自有不同的面目。⑤ 立足"中心"与"边缘"审视五四思想界,部分也是期望能展现新文化运动"月映万川"的图景。当然,对"阅

---

① 坂井洋史整理:《陈范予日记》,第85—87页。
② 同上,第86、130页。
③ 同上,第183页。
④ 舒新城:《我的教育》上册,第155页。
⑤ 余英时:《我所承受的"五四"遗产》,收入《现代危机与思想人物》,第71—74页。

读"个案的梳理，无意去动摇关于新文化运动的解释架构，也做不到。然而，个体的故事仍弥足珍贵，多少提供了反省这段历史值得注意的一些面向。

所谓"阅读"，原本即是私人性的。事实上，对《新青年》的"阅读"，也未必有什么"通例"可以援引。除上述讲到的几个个案，还不乏更多例证说明此。譬如，在舒新城那里，其所提供的信息，无论是"禁读《新青年》"，还是"读《新青年》"，都算是"例外"。前已述及，约在1917年舒完成了从私塾到高师约20年的学生生活，1918年下半年，任教于湖南福湘女学。该校为美国长老会所办，舒所提供的信息是令人颇感意外的，"该校对于学生禁阅某种书报——当时的《新青年》是被禁的"。他也成为学生阅读新文化报刊的引路人。据其所言，进入该校后，他很快感到学生"国家常识"之匮乏，原因在于：第一是出于文史教员不努力灌输本国知识，第二她们无阅报的习惯，第三她们不与一般教育界接触。而其本人，却延续了此前广泛阅读报刊的习惯："自'五四运动'以后，求知欲更为发展，各种刊物风起云涌，使为应接不暇，竟因读书过度而生胃病。我的教育学术研究及著作生活，也在此时植立较深的基础。"他也将此用以教育学生：

> 我欲养成她们的阅报习惯，每日都为之圈定若干段国内外的重大新闻，强其阅览，且于每次上课之最初最后数分钟或讲到课程与时势有关系时而询问之；对于当时的《教育杂志》《中华教育界》《新青年》《新潮》《星期评论》《解放与改造》《青年进步》《妇女杂志》等等亦复如是。所以学生的常识很有进步。

舒新城的经验还表明，阅读《新青年》，于他来说也属"例外"。他坦诚："我对于当时社会之种种，自然和一般青年一样，而惊醒则比较的快：是因为自民国五年起为便继续不断地阅读《新青年》——最初并不是知道这刊物的价值而订阅，是因为它是由湖南陈家在上海所开的群益书局所发行而订阅——对于陈氏的议论，当然是表同情的，不过因为知识的限制，不能有深切的表示。"此外还提及，"当时长沙无代售各种刊物兼报纸的书店"，只是因为一位黄姓体育教员个人创办了《体育周报》，以之与各种刊物交换，且代售各种刊物，舒也由此有了购买杂志的渠道。"我与他本相熟，托他把能办的刊物都送我一份，同时于本省的报纸而外，并由他代订《时事新报》《民国日报》及北京《晨报》一份。中秋节他送来一张账单，三种报纸连同五六十种定期刊物,共为九十余元。这数目是一年的费用,当然不算大。"①

然而,仅仅勾画私人的"阅读"经验,还远远不够。区分"中心"与"边缘",正可以超越个体的经验,寻找两者的作用机制,亦可从更为广泛的视野认知新文化运动。原因在于,尽管"阅读"是个体的行为,由种种机缘造就,然而,哪怕是私人的阅读,也可以展示"中心"向"边缘"渗透的机制何在。同时"边缘"对"中心"所产生的认同,也是需要面对的问题,否则,"中心"也难以形成。前面所提及的个案,主要展示了"中心"向"边缘"的渗透,需要补充的,正是在此过程中所发生的"边缘"向"中心"的认同。

在本文所涉及的几个个案中,恽代英即提供了这方面的例证。1917 年 3 月 14 日,恽在日记中不无骄傲地表示:"刘子通先生闻余曾投稿陈独秀先生处,因索底稿一阅,并云陈函颇赞美余。余自思,余之地位或已日渐加高。"1919 年 8 月 22 日的日记,又传达了这方面的用心:"写致东荪先生信,与昨致适之先生信,皆我联络善势力,以得正当助力之企谋。"②可以说,恽所开创的事业,颇为希望得到"中心"的襄助。《新青年》第 6 卷第 3 期"通信"栏,曾登有《欢迎〈新声〉!》,内容为武昌中华大学中学部新声社致《新青年》编辑的信,及胡适的复信。信中写道:"我们素来的生活,是在混沌的里面,自从看了《新青年》渐渐的醒悟过来,真是像在黑暗的地方见了曙光一样。我们对于做《新青年》的诸位先生,实在是表不尽的感谢了。"③以这样一种方式推销自己的刊物,在当时是颇为流行的做法。受到《新青年》的影响,自是事实,但无疑也包含着认同"中心",寻求"中心"支援的意味。所谓"嘤其鸣矣,求其友声",从《新青年》的广告看,最初主要是群益书社的书籍介绍,随后,主要即为各种新创办报刊的广告所充斥,展现出各种报刊所形成的"共同市场"。④

试图获得"中心"的认同,不单作为青年学生的恽代英如此,吴虞更提供了借此走向"中心"的例证。其经历显示了,阅读报刊的过程也是选择同道的

---

① 舒新城:《我的教育》上册,第 139、141、146—147 页。
② 中央档案馆、中国革命博物馆、中共中央党校出版社编:《恽代英日记》,第 50、610 页。
③ 《欢迎新声!》,《新青年》第 6 卷第 3 号,1919 年 3 月 15 日,"通信",第 337—338 页。
④ 《新青年》第 7 卷第 2 号(1920 年 1 月 1 日,第 183—184 页),曾刊有《新刊一览》,并注明"以本志收到的为限"。总计登有 35 种期刊,其中发行地点在北京的 11 种,上海 14 种,广州 2 种,杭州 2 种,长沙 4 种,天津 1 种,福建漳州 1 种。下一期第 7 卷第 3 号(1920 年 2 月 1 日,第 149—150 页),同样登载了《新刊一览》,总计列有 33 种期刊,其中发行地点在北京的有 12 种,上海 12 种,广州 1 种,杭州 2 种,长沙 1 种,天津 1 种,福建漳州 1 种,成都 1 种,武昌 2 种。大量刊物是重复的。另外还有不少刊物在《新青年》登载广告。

过程。他在读报过程中，凡觉得思想相近者，便致函相关编辑人员，并奉上自己的文稿，其与《甲寅》、《新青年》的关系，即由此肇端。《甲寅》与《新青年》，也成为吴虞晋升之路的重要一环。从《新青年》"通信"栏，还可发现这一幕，从投函《新青年》开始，逐渐成为该杂志的主要作者的，不单有吴虞，还可开列出这样一长串的名单：钱玄同、常乃悳、张申府、俞颂华、蔡和森、陈望道等。[1]

胡适曾说过："二十五年来，只有三个杂志可以代表三个时代，可以说是创造了三个新时代。一是《时务报》，一是《新民丛报》，一是《新青年》，而《民报》与《甲寅》还算不上。"[2]吕思勉也指出："三十年来撼动社会之力，必推杂志为最巨。凡风气将转迻时必有一两种杂志为之唱率，而是时变动之方向，即惟此一两种杂志之马首是瞻。"杂志之所以产生如此的影响，关键即在于，"皆针对当时之人发言；又其声情激越，足以动人之感情也。"[3]前者言及刊物攸关于时代，后者则强调了刊物与社会的密切关联。无论怎样，《新青年》都当得上。在这个意义上揭示有关《新青年》及新文化运动的阅读个案，以呈现新文化运动的多姿多彩性，以及中国社会的多样性，或不无裨益。而"中心"与"边缘"的区分，亦可帮助后人更好认知新文化运动的"影响"机制。

本文作者系复旦大学历史学系教授

原载《近代史研究》2010年第3期

---

[1] 杨琥：《〈新青年〉"通信"栏与五四时期的社会、文化互动》，收入李金铨编：《文人论政：民国知识分子与报刊》，第53—80页。

[2] 胡适：《致高一涵、陶孟和、张慰慈、沈性仁》(1923年10月9日)，见季羡林主编：《胡适全集》第23卷，安徽教育出版社2003年版，第415页。

[3] 吕思勉：《三十年来之出版界(1894—1923)》，收入《吕思勉论学丛稿》，上海：上海古籍出版社，2006年，第287页。

"公同担任":精神股份制打造的"金字招牌"
——百年回眸《新青年》

张宝明

1915年9月,陈独秀从日本回到上海。辗转迂回,通过亚东图书馆的总经理汪孟邹介绍,他认识了群益书社的老板陈子沛、陈子寿兄弟,由此创办《新青年》杂志,以主撰身份撑起一把伞,赢得了一片独立的天空,开启了20世纪启蒙思想史一道亮丽的风景线。时值1936年,亚东图书馆和求益书社联袂重印《新青年》,在一则"通启"中这样广而告之:"我国近四十年来有两大运动,其影响遍及全国,关系国运:一为戊戌政变,一为五四运动。此两大运动之由来,因其先有两种有力杂志倡导之,前者为《新民丛报》,后者则为《新青年》杂志。"[1]与此同时,商家也不忘火借风威的营销模式,胡适的现身说法无疑起到了活体广告作用:"《新青年》是中国文学史和思想史上划分一个时代的刊物。最近二十年中的文学运动和思想改革,差不多都是从这个刊物出发的。"[2]其实这也不是胡适为推销事功而夸大其词。早在1923年10月,胡适《给〈努力周刊〉编辑部的信》中就有其一以贯之的"成见":"25年来,只有三个杂志可代表三个时代,可以说创造了三个新时代:一是《时务报》;一是《新民丛报》;一是《新青年》。《民报》与《甲寅》还算不上。"[3]的确,无论是褒是贬的何种党派,无论是持何种观点的学者,无论是思想史家还是出版史家,都不能不为《新青年》这样的创制了社会与经济效益双赢的奇迹的平台拍手叫好。

就是在今天,学界同仁每每提及《新青年》,还是都掩饰不住发自内心的

---

[1] 张宝明、王中江:《回眸〈新青年〉·语言文学卷·附录二》,郑州:河南文艺出版社,1998年,第545页。
[2] 胡适:《重印〈新青年〉杂志题词》,《新青年》,上海:亚东图书馆、求益书社,1936年。
[3] 胡适:《致高一涵等四人关于〈努力周刊〉的停刊信(1923年10月9日)》,《胡适书信集(上)》,北京:北京大学出版社,1996年,第321—322页。

一种由衷敬意:一是思想史上那些闪亮登场的字眼排列组合成了一轮最为壮丽的精神日出,撩动并加速我们的心跳;二是出版史上发生的当红奇迹无法阻止我们的好奇心。遥想"新青年派"知识群体搭建的历史世界,故事林林总总,撇开其逶迤曲折,我们摭拾其最为鼎盛的"同仁"时期作为我们触摸的对象:在"公同担任"的编辑部里,"精神股份制"下的启蒙运作规则演绎出了一幕思想史上金戈铁马、鼓角争鸣的故事。一个世纪之后,仍是人文知识分子挥之不去的历史记忆。

一

1915年9月,《新青年》杂志创刊,其初创名为《青年杂志》,后因触及同名刊物的版权才改为后来广为人知的名字。出道前后的"她"也曾有过鲜为人知的不受待见的遭遇,而以"主撰"定位的陈独秀一文不名,二次革命后的他为生计四处奔波。尽管在亚东图书馆老板面前信誓旦旦地宣称"让我办十年杂志,全国思想都改观"①,但汪氏家族企业还是转嫁给了群益书社的陈氏家族。虽说不是嫁祸于人,但总有穷困潦倒、走投无路之嫌。要知道,当年出版商的压力丝毫不亚于今天互联网时代的出版社。在商家那里,"硬通货"才是硬道理。要把启蒙的生意做大需要多重元素的协力,其中有几个基本要素迫在眉睫:一是基本的运转经费,二是优质稿源,三是编辑队伍,四是发行人手。其中最为关键的尤以前两者紧要。

陈独秀一人担当时期时刻不忘两个发展主题:一是资本,二是人才。首先是北上集资,为杂志的运转奔波。汪原放这样回忆:"1915、1916年间,酝酿过一个'大书店'计划。起初曾有群益书社、亚东图书馆、通俗图书局三家合办之议,未果。后又打算群益、亚东合并改公司,并由此而有仲甫、孟邹北上之行。"②对此,我们从陈独秀致友人胡适的约稿信中可以得到佐证:"弟与孟邹兄为书局招股事,于去年十一月底来北京勾留月余,约可得十余万元,南方约可得数万元,有现金二十万元,合之亚东、群益旧有财产约三十余万元,亦可暂时勉强成立,大扩充尚须忍待二三年也。书局成立后,编译之事尚待足下为柱石,月费至少可有百元。……《青年》、《甲寅》均求足下为文。"③陈独秀从一

---

① 汪原放:《回忆亚东图书馆》,上海:学林出版社,1983年,第32页。
② 同上,第34页。
③ 陈独秀:《致胡适.陈独秀文章选编(上卷)》,北京:生活·读书·新知三联书店,1984年,第171页。

开始酝酿《新青年》就已经就把自己摆进去,成为捆绑式的"股东"了。如同我们看到的那样,主撰"招财"与"招才"互为表里、双管齐下。

如上所述,"招股"是为了延揽"柱石",而"柱石"又可以为市场化的运作提供卖点的品牌支撑。汪孟邹给胡适的另一封信足见主撰"招股"与"招才"并行不悖的急切心理:"陈君盼吾兄文字有如大旱之望云霓,来函云新年中当有见赐,何以至今仍然寂寂,务请吾兄陆续撰寄。"即使转达,求贤若渴的焦急心情仍跃然其上。主撰在第2卷第1号的扉页上以两则《通告》更是将人与事的"互为表里"逻辑构成暴露无遗。《通告(一)》云:"得当代名流之助,如温宗尧、吴敬恒、张继、马君武、胡适、苏曼殊,诸君允许关于青年文字皆由本志发表。嗣后内容,当较前尤有精彩。此不独本志之私幸,亦读者诸君文字之缘也。"这个"广告之后更精彩"的自我标榜看似简单,其实它是将"一时名彦"作为卖点捆绑推销。尽管这些作者不可能签订买断的协议,但"文字皆由本志发表"的"通告"却给人以尽收网底之感。这种以名家托举品牌的战略眼光,也不难从其与大腕作者胡适的君子协定中窥见:"他处有约者倘无深交,可不必应之。"言下之意,"不要和陌生人说话"。

恰恰在这里,我们能触摸到主撰捉襟见肘的痛处:经济上惨淡经营,稿件上等米下锅。钱荒和稿荒的双重压力使得《新青年》面黄肌瘦,即偶泛红晕,也不过是涂脂抹粉后的虚胖。

二

说起《新青年》的华丽转身,那是在陈独秀北京"招股"不成反被人招的1916年底。蔡元培的轮番轰炸让一意孤行的陈独秀终于服下软来。1917年初,他携带杂志就任北京大学文科学长,编辑部移到北京。从此,《新青年》一改门可罗雀的冷清,无论是作者、读者还是编辑队伍都开始趋向门庭若市。从《新青年》驻北到"轮流编辑",从"容纳社外文字"到"不另购稿",从作者和稿件"俱乏上选"到切实"尤为精彩","《新青年》愈出愈好,销数也大了,最多一个月可以印一万五六千本了(起初每期只印一千本)"。[①] 由此,如日中天的当红杂志也在不经意现出了"前恭后倨"的原形。探其究竟,《新青年》进入了"公同担任"的同仁期,也就是笔者标意的"股份制"时期。所谓"股份制",是

---

① 汪原放:《回忆亚东图书馆》,上海:学林出版社,1983年,第32页。

指以入股方式把分散的、属于不同人所有的生产要素(诸如场地、设备、材料、技术、人员、资金等)整合起来、统一使用、合理经营、自负盈亏,按股分红的一种经济组织形式。这里所说的"股份制"入股方式不是我们通常说的厂房、设备、资金等"物质",而是以各自的知识、思想、观念、信仰等精神产品作为股份投稿《新青年》,这即是我们标题昭示的"精神股份制"。

《新青年》"股份"的运作是以编辑部"公同担任"作为精神信号的。这里先有第4卷第1号起"陈独秀先生主撰"隐退作为预告,再有1918年3月15日第4卷第3号的《本志编辑部启事》正式公布:"本志自第四卷一号起,投稿章程,业已取消,所有撰译,悉由编辑部同人公同担任,不另购稿。其前此寄稿尚未录载者,可否惠赠本志,尚希投稿诸君赐函声明,恕不一一奉询。此后有以大作见赐者,概不酬赀。录载与否,原稿恕不奉还,谨布。"无独有偶,另一则《本杂志第六卷分期编辑表》则把《新青年》由一个主撰发展为多头主撰或说公共担当的事实大白于天下:"第一期陈独秀、第二期钱玄同、第三期高一涵、第四期胡适、第五期李大钊、第六期沈尹默。"轮流坐庄的事实一改主撰"一揽子"的个人意志决策模式,同时也引入了分庭抗礼的"民主"办刊机制。尽管这里尚留"集中"的余温,但一个自由、独立、联邦式的"共和"与"共斗"之"民主""公共空间"却木已成舟。

论及《新青年》群体开创的公共空间,哈贝马斯的"公共领域"理论是具有重要启示性的。在哈贝马斯的"公共领域"理论的启示下,不少论者都在探讨这一理论对于中国社会的有效性,认为在晚清至20世纪20年代末,中国社会在逐渐孕育生成自己的"公共空间",而"五四"正是一个核心时期,其中新青年的实践创造了一个独特的"公共空间"。笔者之所以强调自由、独立、联邦式的"共和"与"共斗"之"民主""公共空间",就是在说明它的独特性。与西方"公共空间"的生成过程不同,以《新青年》领衔的新闻媒体成为"公共空间"成长的关键因素,在《新青年》群落中,立场接近但又和而不同的人们,由"私人集合而成的公共的领域"[1],在晚清以降国家与社会不可避免地急速分离后,以新闻媒体传播为主体载体,迅速建构起巨大的辐射舆论场,思想文化的讨论批判空间,在一定的历史阶段之内,成为能够参与整体国家社会活动的独立力量。但在现代中国,缺乏市民社会的社会基础,仅由先觉们的临时组合构建坚实的"公共空间",出现各种难解的问题是无法避免的。实际上,正如

---

[1] 哈贝马斯:《公共领域结构的转型》,曹卫东等译,上海:学林出版社,1999年,第80页。

我们看到的那样,在现代性的多副面孔与时刻存在的流变面前,缰绳在握、辔头失手的主撰能否将"新青年派"知识群体这一公共空间潜存的内在张力转化为公开透明的协力,不但是对原主撰一个人的考验,也是对每一位参与者的集体问责。

毋庸置疑,这个考验源自公共性和个人性的紧张。进一步说,是思想史元命题"民主与集中"的张力。坚实强大的作者队伍,一直是办刊人梦寐以求的愿望,但同时也是整合队伍使之"听将令"的难点。在思想家各自为战的时代,怎样让作者队伍"心散神不散"是陈独秀主持这一舆论平台的关键所在。"采取同一步调"、"听将令",则是主编恒久不变的初心。在这一点上,陈独秀的收放自如、把持有度可从鲁迅回忆录中窥见一斑:"《新青年》的编辑者,却一回一回的来催,催几回,我就做一篇,这里我必得记念陈独秀先生,他是催促我做小说最着力的一个。"[①]此外,鲁迅《〈呐喊〉·自序》中有关"听将令"的自述,也确证了《新青年》主编的执著情怀。

《新青年》公共空间的独特性还在于,不同于资产阶级政治公共领域是由文学公共领域演进而来的,在《新青年》的构建中,文学"公共空间"与政治"公共空间"混杂在一起。在《新青年》群体中,最初陈独秀、胡适同人间相约20年不谈政治、批评时政非其宗旨,重在思想与学术的改造。但是他们的内在逻辑其实是为在教育文化思想等非政治因子上建设新的政治基础,因此他们的"离开"是为了更好的"返回",根本无法将思想与政治、问题与主义等截然划开。最后,《新青年》群体的努力结果,变成了同仁们开创的《新青年》杂志既是文学"公共空间",又是思想"公共空间",还是政治"公共空间"。在这个空间里,你可以时不时谈谈自己的政治导向,也可以以"哲学艺文改造"为主;你可以是欧美自由主义代言人,也可以是欧陆的个人主义主张者,也可以是法俄革命的倡导者,还可以是日本思潮的关注者,同时也可以是弱小民族的人道同情者,甚至可以是师"兽性""军国"以自强的模仿秀。凡此种种,不一而足。但有一点却不曾偏向:那就是围绕中华民族现代性目标上的高度一致和统一。陈独秀以最大限度的底线意识(开)"放"、以最小的强度"收"(敛)之编辑原则与蔡元培"思想自由、兼容并包"的办学方针异曲同工。正是在这个意义上,我们说《新青年》是"精神股份制"浇灌出的思想奇葩。

在这个"精神股份制"规则下,《新青年》编辑同仁们的"公同"担任,不只

---

① 鲁迅:《我怎么做起小说来》,《鲁迅全集(第4卷)》,北京:人民文学出版社,1982年,第512页。

是轮流值日的担任,也不只是约稿排版的担任。对同仁们而言,流水账似的业务关系都不算是问题。在编辑部同仁们那里,一旦成为编辑部的一员,他们就有了共同的"进"与"出"、"荣"与"辱"。换句话说,作为公共知识分子的一员,他们以舆论家的身份为民族、国家的民主、独立、富强、自由、和谐等人类普世价值观和终极关怀担当着"道义"、释放着家国情怀。虽然松散、自由,但这种"捆绑式"的思想销售如同上了一列转型加速、飞奔迅猛的高速列车。他们可以在编辑方针上各执己见,可以在选稿内容上智者见智,也可以在论述路径上各自为战,但在中国现代性的演进之大是大非的"国是"问题上唯一不二。对此,我们可以从陈独秀立意的破与立之"革命"大纛上,找到同仁们共同奋斗的目标。

1919年6月,"本志同人"本着"吾国革新的希望"发出的共同宣言掷地有声、振聋发聩。陈独秀开诚布公,毫不隐晦同仁们在"反对"与"拥护"上态度和目标高度的一致性。按照陈独秀"不破不立""不塞不流、不止不行"的逻辑,《新青年》从问世的那一天起,面对的就是"旧"势力的阻碍、质疑和打压。同样的感受和同样的渴望,引发的一定是抑扬顿挫的"同一首歌"。最为率性的"宣言"还在这里:"我们现在认定,只有这两位先生可以救治中国政治上、道德上、学术上、思想上一切的黑暗。若因为拥护这两位先生,一切政府的压迫,社会的攻击笑骂,就是断头流血,都不推辞。"正是这一共同"认定"激励着他们以"铁肩"担负起为中华民族复兴、圆梦"铁肩"重任与道义。在现代性的演进上,以编辑部为主体的"新青年派"这一文化和学术共同体从来没有怀疑过自己认定的方向。所有的发散最终都聚焦在一个关键性的中心:"现在世上是有两条道路:一条是向共和的科学的无神的光明道路;一条是向专制的迷信的神权的黑暗道路。"① 这就是20世纪"新青年"一代知识分子在中国道路上的旨归。在这一个破旧立新"问题"上,同仁们没有歧义,于是也才有了在同一条战线上协同作战、再造中国的默契和诉求。

时至1919年,虽然编辑部已经到了山重水复的境地,但以陈独秀口径出炉的《本志宣言》火力更加迅猛、意志更加坚定:"本志具体地主张,从来未曾完全发表。社员各人持论,也往往不能尽同。读者诸君或不免怀疑,社会上颇因此发生误会。现当第七卷开始,敢将全体社员的共同意见,明白宣布。就是后来加入的社员,也共同担负此次宣言的责任。""全体"、"共同"一扫内部的

---

① 陈独秀:《本志罪案之答辩书》,《新青年》第6卷第1号,1919年1月15日。

张力,他们共同追逐着未来那若隐若现的中国梦:"我们理想的新时代新社会,是诚实的、进步的、积极的、自由的、平等的、创造的、美的、善的、和平的、相爱互助的、劳动而愉快的、全社会幸福的。"遗憾的是,"新青年派"的宣言也预示着一个声名鹊起的团体即将"散掉";残酷的是,"公同担任"的"精神股份制"时代也将成为同仁们难以释怀的心结。

三

对于《新青年》这样的一个"公共空间"来说,"公共性"既是秩序,又是原则。"公同担任"的"精神股份制"之所以能够形成"金字招牌",两点因素不容忽视,其一是因为新青年群体知识分子具有"公开运用自己理性的自由"[①],这是"公共性"的前提,也就是上文所说的陈独秀以最大限度的底线意识(开)"放"。其二则是"具有批判意识公众相互之间达成的共识"[②],即以最小的强度"收"(敛)之编辑原则,意在如此,而这也是启蒙的底线。由此,理性、秩序、公共,成为"公同担任"的核心观念,这也是《新青年》及其知识分子群体得以辉煌的保证。然而这一"公共空间"的同仁性随着时间的推移已逐渐淡化,启蒙共同体内部已然出现分化。

而从哈贝马斯的"公共领域"的理论视域来看,由于公共舆论在合法性取得上的至关重要的基础性地位,因此,《新青年》编辑同仁们以新的启蒙现代性的公共舆论介入了当时复杂的话语场中,试图主导社会思想并赢得公共话语权力,确立自身合法性地位。但是,公共舆论的建立也并非是理想的交往理性的结果,中间依然存在着话语的权力特质与意识形态属性,《新青年》启蒙话语公共舆论中潜藏的"话语霸权",不仅表现在对于传统文化、宗教话语的专制挤压,还包括《新青年》"公共空间"内部的话语权力的不平衡与隐藏的冲突的基因,也就是说,同仁性绝非铁板一块,一旦出现分裂,就会成为集团"散掉"的重要诱因。

论及《新青年》的同仁性,它具有公开、透明的特点,更有开放、包容的气度,还有担当、执著的气象。或许,正是"精神股份制"浇灌的启蒙之花让他们倍加珍惜,以至于以爱恨交织的不同心态和文字流布出依依不舍的复杂情感。

---

① 哈贝马斯:《公共领域结构的转型》,曹卫东等译,上海:学林出版社,1999年,第124页。
② 同上,第125页。

对此，我们不难从同仁们关于"金字招牌"之何去何从的寄托中体味到其中的爱恨情仇。

事情的经过要从陈独秀的个人际遇谈起。1919年4月8日，蔡元培宣布北京大学废除学科的学长制。时值"五四运动"爆发前夜，于是便有了陈独秀个人命运与20世纪中国历史的改变。陈独秀本来对政治就情有独钟，脱离北大便如同一匹脱缰野马飞奔左转，当年与胡适"二十年不谈政治"的承诺也在顷刻间化作历史烟云。如果说此前的"谈政治"尚有"君子协定"的诺言牵制，那么当学长离职后对本志同人"往往不以我谈政治为然"的"不以为然"则完全暴露撕破底线。以这篇发表于1920年9月1日的《谈政治》为标志，陈独秀直接把自己的"主义"提到台面，由遮遮掩掩、拐弯抹角地"谈"变成直言不讳、开诚布公地"说"了。尽管胡适对"色彩染浓"一再申述，甚至"联合抵抗"，但《新青年》上的同仁文章日渐稀少，间或发表一些周作人、鲁迅、胡适的文章，那也不过是不成体系的豆腐块。十分巧合的是，9月1日也是"新青年社"成立之日。同是发表《谈政治》的公开文字的第8卷第1号，"新青年社"的《本志特别启事》"以免误会"的"预先声明"一目了然："本志自八卷一号起，由编辑部同人自行组织新青年社，直接办理编辑印刷一切事务。"杂志封面由"上海群益书社印行"调整为"上海新青年社印行"的"变脸"，标志着陈独秀与群益书社7卷42期的合作画上了完全的句号。

第8卷第1号的《新青年》表现出"经济"（独立）与"政治"（色彩）冲突加剧、分裂在即的双重信号，这使得杂志在内忧外患中陷入剪不断、理还乱的纠结和忐忑中，同时面临着经济和政治歧路。这是一个无法回避的"拐点"，而这一切，又都是围绕他们倾心、精心打造的"金字招牌"展开的。

1920年5月1日，《新青年》第7卷第6号为"劳动节纪念号"，那时的陈独秀终于从其热衷的政治中获取了足够的理论资源。鉴于篇幅增至400多页，书社提出加价，双方相持不下。或许是"劳动者"对"资本家"的意识上升，而且《新青年》的发行对象大多数是下层无产者，所以尽管汪孟邹出面调停，陈独秀还是恼羞成怒、"大拍桌子"，最终还是闹得不欢而散。一贯喜欢自作主张的陈独秀这次依然胸有成竹："自办一书局"，而且"非有发行所不可"。在5月7日给胡适、李大钊的信中，陈独秀对自己的想法与事情的原委都一并交给了同仁："非自己发起一个书局不可，章程我已拟好付印，印好即寄上，请兄等切力助其成，免得我们读书人日后受资本家的压制。……现在因为《新青年》六号定价及登告白的事，一日之间我和群益两次冲突。这种商人既想发横财,又怕风波,实在难与共事,《新青年》或停刊,或独立改归京办,或在沪由我设法接办(我打算招股自办一书局),兄等意见如何,请速速赐知。"①

尽管习惯擅作主张,也是"一个有主张的'不羁之才'",但在这个"独立"问题上却反复追问甚至有点穷追不舍,这多少显得与固执己见、刚愎自用的独秀先生不符。原来,这个声名显赫、大红大紫的《新青年》是以"知识"和"思想"为精神代价换来的如日中天之"金字招牌",用今天的商业话语即是:冠名权就是一个了不起的数字,更何况其社会价值和效益是无法用金钱来衡量的。想当年,从第4卷开始取消了"每千字自二元至五元"稿酬而改为"所有撰译悉由编辑部同人共同担任"也是大幅度降低了办刊成本的。当时虽然同仁自掏腰包,但那靠"智力"所入的"干股"不能不说隐含着很高的含金量,在某种意义上也是精神畛域的"真金白银"。眼下,只是成本降低后还需要面对排版印刷、经营发行等问题,更何况随着《新青年》同仁性的淡化,杂志又慢慢回到原初的路子上来,内容单调、文风单一、空间萎缩、思想式微等不能不影响到《新青年》的发行量。

万般无奈,陈独秀在此想到了当年的办法:"招股"。比起上次的招股,这次是"内外"兼招。就像"空城计"没有第二次可以上演一样,"空手套白狼"的事情至少在同仁"内股"上已经难以再次奏效。原来,政治和经济总是缠绕不清、相克相生。当年《新青年》同仁上演的那一幕,堪称启蒙思想史上的"政治经济学"。说同仁们落井下石有点夸张,若用祸不单行来形容陈独秀却也不算过分。最后,陈独秀绕来转去,"新青年社"招股"不便"是因为像"一个报社的名字";为便于对外宣传"招股"又取名"兴文社",结果还是绩效平平,最终以"兴文社已收到的股款只有一千元"而作罢。

面对窘境,是重振雄风还是偃旗息鼓? 对陈独秀来说无疑是前者。但这关键要看同仁的参与程度。对此,他在上海向北京同仁提出甚为直接的条件:一是同仁慷慨解囊;二是"非北京同仁多做文章不可"。当然,从这两个条件来看,前者属于上海同志的一厢情愿,后者则在于北京同仁的有为还是无为之主动性与否。细说起来,同人内部尤其是胡适,无论是"招外股"(经济)还是"聘外人"(政治)都是颇有微词的。所以我们看到,无论陈独秀在上海怎样的千呼万唤,北京的同仁总是无动于衷:不是软磨就是硬抗。7月2日,他给高

---

① 黄兴涛、张丁:《中国人民大学博物馆藏"陈独秀等致胡适信札"原文》,《中国人民大学学报》,2012年第1期。

一涵的信中催"存款和文稿",并请其"特别出点力",同时也埋怨"编辑同人无一文寄来"。时至9月中旬,陈独秀还在催"适之兄"的股款和演讲稿,那"百元"和讲稿居然都成了救命稻草,足见《新青年》的潦倒。涉及股份,无人回应;论及稿件,寄来的几乎全是应付差事的演讲稿。比起当年的意气风发,陈独秀这回算是"呼天天不灵呼地地不应"了!的确,如陈独秀本人感叹那样:"长久如此,《新青年》便要无形取消了。奈何!""招外股"无效,"招内股"无果。最后,"将稿费算入股本"的做法也只能杯水车薪。

原本我们通常将《新青年》的分化归因于问题与主义、启蒙与革命、思想和政治的分歧,现在看来未免有夸大之嫌。事实上,上述论争恰恰能够说明新青年这一"公共空间"的公共性和自由性,只要把它限制在"思想讨论"的范畴。如陈思和所言:"《新青年》不是一个政党,更不是权力机构,只是一个基于民主理想、先锋做派而自由结合的文人团体,更何况从这个团体建立之初,同人之间就充斥了善意的互相批评,胡适有在《新青年》上宣传实验主义的自由,李大钊当然也有宣传马克思主义的自由。"[①]理性、自由、秩序和同一这一基础尚未被触及,公共空间内部就不易分化。但是当陈独秀迫不及待地打破同仁们的"不谈政治"的承诺,"色彩"急速转向"Soviet、Russia"并付诸于政治实践时,理性便很难保持,自由民主也被集中替代,秩序已被打破,同一业已分化。

陈独秀的万般无奈之本因,还是要算到《新青年》僭越了同仁空间而让"聘外人"破门而入的规则上。北京同仁的被动、冷战、袖手无不因"人"而异。本来,陈独秀这里的"政治"歧异的"色彩"问题"一意孤行"、"成败听之"的誓言在先,完全可以索性让《新青年》顺理成章地完成"从哪里来还到哪里去"的归属使命。如果说在这次的分歧上陈独秀还有固执的话,那就是他在"政治",准确地说是在"Soviet、Russia"倾向上的"不以为然"仍然不减当年。而在京沪去留、停办另立等"拐点"上的"优柔寡断"确有一反常态之嫌。不过在这些不可思议背后,折射出的还是同仁难舍、旧情难割的深层心理。

从1919年9月出狱算起,陈独秀经历了北京、上海、广州的三步走。每走一步,就与同仁们疏远一次。这一时期的北京和上海之间书信往来中心议题基本上都是关于《新青年》的起、承、转、合问题。1920年4月26日,陈独秀写信给李大钊、胡适、周作人等12人,进行公开、广泛地征求意见,显示出作为

[①] 陈思和:《重读有关〈新青年〉阵营分化的信件》,《上海文化》,2015年第1期。

"伙计"应有的民主与公平。细读之下不难发现,"咨询"无非是一种台前幕后的过场,说穿了是无疑而问的(摆)设(之)问。从其相继邀请陈望道与沈雁冰参加《新青年》编辑工作和撰稿工作的情形看,在上海的陈独秀已经胸有成竹了。殊不知,这些正是上海"同志"惹恼北京同仁的冲突升级点。所以其"请速赐复"的请求得到只能一纸空文。

《新青年》北京、上海"两栖"之时,针对杂志"色彩"问题,胡适多次写信与陈独秀交涉。12月16日,他在给胡适和高一涵的信中说:"《新青年》编辑部事有陈望道君可负责,发行部事有苏新甫君可负责。《新青年》色彩过于鲜明,弟近亦不以为然。"①胡适心急火燎,陈独秀却"不以为然",同时倒打一耙:"同仁多做文章"才是。起用新人的做法本来就令同仁不满,更何况陈独秀还给那些素不相识的陌生人诸如沈雁冰、李达、陈望道等支付薪水:不但同仁时期圈存的家底要流入外人的腰包,而且外人以一边倒的思想倾向把控《新青年》,这怎能不让北京同仁义愤填膺?撇开中间飞鸿穿梭的意见征求,精神股份制打造的"金字招牌"花落谁家成为你推我搡的议论焦点。我们看到,在胡适得知陈独秀闻讯而感情用事后,他便很快向在京同仁发出紧急信件,以"征求意见"的名义联合抵制"色彩"与"分裂"。这时的"色彩"问题已经被"分裂"与否所取代,而"分裂"还是"统一"的问题则是在为一个"名目"。胡适曾为消解陈独秀的火气这样安慰过同仁李大钊、鲁迅、钱玄同、周作人、王星拱等伙计们:"《新青年》在北京编辑或可以多逼北京同仁做点文章。否则独秀在上海时尚不易催稿,何况此时在素不相识的人的手里呢?"②这是胡适的真实想法,也是担心破裂而走出的"妥协"一步:《新青年》这一如日中天的"金字招牌"究竟鹿死谁手才是手中的底牌。

归根结底,胡适向同仁"征求意见"的议题只有一个:"把《新青年》移到北京编辑",因为他担心《新青年》会随时失控。于是在陈独秀气急之时,他很快收回"另起炉灶"的要挟,态度上180度大转弯,说"我们这一班人决不够办两个杂志"。当陈独秀在气头上表示"此事(指另起炉灶——笔者注)与《新青年》无关"时,胡适就又换了一种要挟的口气和方式:"然岂真无关吗?"这个疑问的口气中除了要挟外,还有一种对同仁多年心血的讨价意味。这里,胡适不愿意分裂的态度从来没有这样鲜明过,他竟然主动地迁就起陈独秀来:"一个

---

① 《陈独秀书信集》,北京:新华出版社,1987年,第252页。
② 耿云志、欧阳哲生:《胡适书信集(上)》,北京:北京大学出版社,1996年,第75—77页。

公共目的,似比较的更有把握,我们又何必另起炉灶,自取分裂的讥评呢?"结果是:包括胡适自己在内的 9 位北京同仁,有张慰慈、高一涵、陶孟和、王星拱等 6 人态度明确的支持"移回北京";鲁迅、周作人、钱玄同则明确表示"索性任他分裂""不必争《新青年》这一个名目""不在乎《新青年》三个字的金字招牌"。李大钊则以"调和"的态度"主张从前的第一个办法"。更重要的是,鉴于大家与《新青年》都有点关系,不是"你的或他的",所以"大家公决""总该和和气气商量才是"。作为精神股东,《新青年》的同仁董事会是以飞鸿传书的形式进行的,他们往往不在现场,但个个圈阅、人人担当、从不缺席。

其实,《新青年》同仁内部之分化在某种程度上是中国现代知识分子群体的分裂,若往后推至 20 世纪 30 年代,这种趋势无疑一目了然。让我们先回到李欧梵的一篇文章之中:《"批评空间"的开创——从〈申报自由谈〉谈起》,在这篇将"公共空间"与报纸杂志联系起来的研究论文当中,作者似乎委婉但却明晰地将 20 世纪 30 年代公共空间的缩小某种程度上归因于鲁迅式杂文的生产,"这种两极化的心态,把光明与黑暗化为两界做强烈式对比,把好人和坏人、左翼和右翼截然分开,把序语言不作为'中介性'的媒体而作为政治宣传,或个人攻击的武器和工具,——逐渐导致政治上的偏激化,而偏激之后也只有革命一途"①。撇开作者的论点不说,从此文行间论述中,我们就已感受到,20世纪 30 年代新青年式的"公共空间"早已不复存在。如果说鲁迅的《伪自由书》恰恰是为了争取真自由的话,那么胡适等人所力保的"公共空间"充其量不过是权力网络下的"伪公共空间"。

马克思曾运用政治经济学对于资产阶级公共领域的虚假性和背后隐藏的权力关系进行了无情批判,而哈贝马斯不同意马克思仅局限于对资产阶级公共领域的斥责,而是认为一旦一个阶级拥有了绝对权力,真正的"公共空间"便难以存活,不会有更好的希望。自《新青年》同仁群落形成,直至 20 世纪 30 年代的中国知识分子群体的主要分化过程,背后依据的正是这样的历史逻辑。

或许当看到 20 世纪 30 年代无论是上海左翼文人的"公共空间"因其偏激决绝而逐渐缩小甚至被取缔,北方自由主义知识分子的妥协软弱换来的"公共空间"的苟延残喘,我们才意识到五四时期的"新青年"同仁们的"公同担任""精神股份制""金字招牌"的时代早已一去不复返,真正属于中国社会

---

① 李欧梵:《"批评空间"的开创——从〈申报·自由谈〉谈起》,《批评空间的开创:二十世纪中国文学研究》,上海:东方出版中心,1998 年,第 117 页。

的"公共空间"自新青年之后也再难存在。在此种意义,就不难解释同仁们对于新青年分化不可阻挡的五味杂陈之心情。

不言而喻,无论是正能量的"调和""商量""和和气气",还是看似负能量的"索性""不必""不在乎",都从不同侧面反映了同仁们对这个金牌杂志的留恋、珍视和惋惜。前者的心态是一种重整旗鼓的呼应,后者则是一种酸葡萄心理作祟。"索性"背后的寡断、"不必"背后的势必、"不在乎"背后的很在乎,隐匿的是难分难舍的情怀。固然我们必须承认《新青年》在其运作过程中有一定的"物质股份制"成分,但相比之下同仁共同浇铸的这一品牌更多的是灌注着生气淋漓的"精神股份制"神采,由此也才有了因为同仁所以辉煌的《新青年》。在当下关于"知识分子还能感动中国吗""知识分子都到哪里去了""知识分子的背叛"之声此起彼伏、不绝于耳之际,回眸《新青年》同仁以"精神股份制"运作方式浇灌出的思想园地,我们不能不感怀万千并一言以蔽之曰:"你如何能禁止我的心跳?"[①]

本文作者系河南大学历史文化学院教授

原载《探索与争鸣》2015年第8期

[①] 闻一多:《静夜.死水》,上海:上海新月书店,1928年。

《新青年》中的政体之争：康有为的《共和平议》和陈独秀的《驳康有为〈共和平议〉》

干春松

康有为和陈独秀的关系一直是学界感兴趣的问题。就我目力所及，康有为的作品中，似乎没有提及这个在1915年之后在舆论界逐渐独领风骚的"意见领袖"。对于陈独秀而言，从他在创立共产党和国共合作的实践看，其具体的政治设计和政治实践的能力都不甚成熟，但他组织论争的议题的能力却很强。他敏锐地发现民国初年政治乱象背后是国民对于新的政治体制的陌生和犹豫，而这种犹豫的最大原因除了从晚清以来地方军事势力的强大之外，还在于儒家保守派对于共和政体是否能在中国落地所提出的质疑。所以，陈独秀便通过将中西之异简单化为古今之别的方式，要将儒家刻画为封建专制的维护者，纲常伦理是不平等的政治体制的价值基础。由此，在《新青年》（青年杂志）早期，他将对儒家的批判作为核心议题，具体则将论战的焦点聚集于康有为。在这里我以《陈独秀著作选编》为统计的依据，可以发现，自1915年9月15日陈独秀发表《敬告青年》（《青年杂志》第1卷第1号）到1918年12月15日《答真爱》（《新青年》第5卷第6号），陈独秀共在《新青年》杂志发表117篇文章、书信和诗歌等各种类型的文章，其中直接以孔教和康有为为主题的约21篇，占18%左右。其他诸如中西比较的简单归类一般亦以儒家代表中国，进而代表落后。即使是作为《新青年》另一个重要主题的文学革命所占的文章数量，也远远不及此。

在这21篇文字中陈独秀的核心议题有三个：一、孔教与共和政治完全背离；二、康有为对共和政治的理解是错误的；三、康有为自己的主张已由引领时代发展变为落后于时代。特别是在1917年康有为协助张勋复辟失败而声名狼藉之后，陈独秀逐渐把论战的矛头对向在当时更有影响的《东方杂志》的主编杜亚泉。

关于康有为其人，陈独秀的描述也成为后世意识形态叙述的模板，他在发表于《新青年》第2卷2第号（1916年10月1日）的《驳康有为致总理书》中，开篇就说，"南海康有为先生，为吾国近代先觉之士"，表彰康、梁的维新之功。然而，陈独秀认为辛亥之后，康对共和多有攻击，跟复辟牵连，所以为天下痛惜，而至于提倡孔教，则有害于社会进步了。① 类似的言论在同年《新青年》第2卷第4号中《孔子之道与现代生活》中又有所表达。他说康有为提倡变法，遭到叶德辉等人所编《翼教丛编》的攻击。"吾辈后生小子，愤不能平，恒于广座为康先生辩护，乡里瞀儒，以此指吾辈为康党，为孔教罪人，侧目而远之"。② 但在陈独秀眼里，这个曾经离经叛道的名教罪人，而今亦与叶德辉那般成为卫道士。这主要是从人格上对康有为进行攻击。

对于孔教问题，陈独秀亦有一些学理上的分析，比如儒家在传统中国并不能称之为宗教，孔子亦不是教主；将孔教立为国教并不符合信仰自由的原则。但陈独秀反对孔教的主要落脚点，则在于他将孔教视为传统等级秩序的代名词，进而成为他的进步/落后二分中落后部分的代表。

陈独秀在"新青年"时期秉承一种现代与传统、进步与落后的机械对立的理路，大多数的时候，他并不一定认真去探究康有为孔教论的复杂思考，而是简单地将孔教视为三纲五常，认为孔教的伦理与共和政治是不相容的。他在《复辟与尊孔》中说，主张尊孔，就必然会复辟。他说虽然张勋和康有为的复辟活动失败了，但是孔教会依然遍及国内，而孔子之道不绝，则新的政治体系就会遇到障碍，即使建立起来也会遇到障碍。

我们且搁下孔教问题不论，对于民国初年的共和政体为何运行不畅，可以有很多不同的理解。在康有为看来，这是因为共和政体脱离了中国的人心风俗，因此，应该有一个过渡阶段，即虚君共和的阶段；而陈独秀等人则认为正是因为这种妥协性的设想才导致人们始终难以确立对共和政体的信心。因此，在康有为发表《共和平议》一文后一个月，陈独秀便撰长文来加以反驳。这里我们通过康有为的文字和陈独秀发表于《新青年》第4卷第3号（1918年3月15日）的《驳〈共和平议〉》一文，来看他们之间的主要分歧之所在。

---

① 陈独秀：《陈独秀著作选编》，第1卷，上海：上海人民出版社，2009年，第237页。
② 同上，第264页。

"虚君共和"和康有为对革命派共和制的质疑

1911年,中华民国在辛亥革命之后成立,成为亚洲第一个实行共和政体的国家。虽经1905—1906年间"立宪"与"共和"的激烈争论①,但是与大多数西来之政治观念一样,对于何为"共和"的理解中充斥着诸多似是而非或基于政治主张而产生的故意曲解。比如,在翻译过程中的"民主"和"共和"之间的互用。② 出于对美国和法国因民主共和而实现富强的仰慕,久困于帝制和殖民之祸的国人,希冀能借助"共和"而使中国成为富裕强大的国家,形成了对于共和的制度迷信。

有论者认为,以孙中山为代表的革命派,对"共和"的思考,主要集中于如何推翻帝制、推翻满族政权,而对于如何建立糅合不同民族的现代中国,落实共和政治的原则,并没有深入的思考,更没有形成一套可以实践操作的方案。"这样,民初的'共和'成了一个略显含混的概念,越来越偏重于共和之'名',即无君的政体,却逐渐疏远了 republic 之'实',即公共精神的培养和宪政民主制度的完善"。③ 事实上,这样的现象也不仅发生在中国,在19世纪末以来,许多新生的共和国的建构者,都是将"共和制"视为"君主制"的对立物,因此,只要是推翻了君主制国家而建立的新的国家则往往以"共和国"名之。

因为实际的政治操作空间和流亡时期对于众多国家的游历经验,所以

---

① 据金观涛的考察,"共和"一词,在1903年、1906年、1913和1915年出现了四次使用高潮。而1906年则主要是《民报》和《新民丛报》关于革命和保皇的争论,其中大量讨论"共和"与"立宪"的问题,而"共和"政体在当时是作为与君主制度相反的革命派的政治目标。见金观涛、刘青峰:《从"共和"到"民主"》,《观念史研究:中国现代重要政治术语的形成》,北京:法律出版社,2009年,第269页。

② 方维规指出,在19世纪的中国,人们并没有明确地区分"民主"与"共和"概念的区别,"鉴于 Democracy 一直存在不同的译法而且极不固定,加之它在传入中国的时候多半和政体相连,这就和 Republic 结下了不解之缘;又因为 Republic 在19世纪还没有较为固定的中文对应概念,在19、20世纪之交才较多以'共和国'译之,因此,'民主'常常身兼二职:既有西方 democracy 的本来含义,又指 Republic,甚至进入20世纪以后,用'民主(之)国'对应 Republic 亦不属罕见。Democracy 和 Republic 这两个西方概念在进入中国以后的很长一段历史时期内基本上是同义的,甚至进入20世纪以后,还有'英国人之发明代议制民主政,即美国人所谓共和政者'之说。换言之,时人没有刻意用汉语明确区分这两个概念,给人的印象只是遣词造句或修辞上的区别而不是两个概念的界定和阐释"。方维规:《'议会'、'民主'、'共和'等概念在十九世纪的中译、嬗变与运用》,《中华文史论丛》,第66辑,第72页。

③ 李恭忠:《晚清的"共和"表述》,《近代史研究》,2013年第1期,第20页。

康有为、梁启超对于"共和"制度的实质有着更为细致的了解。或许是基于对于"共和"的复杂性的了解,他们对通过暴力革命的手段来实现共和充满疑虑,着力主张在保全既有"中国"的前提下,推进政治改革。康、梁的思路有两个基本的前提:一是共和政体的建立是一个历史的过程,①二是共和政治的实施要以保全中国为首要目标,并要与中国的历史风俗建立起有机的联系。如果共和政体并不能有效地落实这两个前提,那么要怀疑的就是这个政体本身。

具体地说,对于康有为而言,对政治体制的选择并不在于这个体制本身是否完美,而在于这个体制是否符合当时的政治目的。而在民国初年,康有为最大的忧虑则是清帝国确立下的领土和人口规模,如何能够不因以排满为号召的民族主义的兴盛而被分裂和割让,也即如何"保全中国"。

> 仆之素志,以为能保全中国者,无论何人何义,皆当倾身从之;苟不能保全中国者,无论何人何义,必不可从也。且夫中国者,兼满、汉、蒙、回、藏而言之;若舍满、蒙、回、藏乎,则非所以全中国也。此义乎,尤吾国人所宜留意也。②

也是在"保全中国"的政治目标下,他反对盲目模仿美国的联邦制,甚至主张废省,理由是联邦制甚至行省制,都不利于中国凝聚成一个统一的国家。

对于当时大多数人以美国或法国为共和政体之榜样的看法,康有为不以为然,他提出了他自己对"共和"的理解。首先,结合其公羊三世说,康有为认为,共和是比立宪更高一阶段的政体形式,符合儒家天下为公、选贤与能、群龙无首的政治理想,并强调自己曾以《大同书》来阐发此理,但是,这样的政体不符合当时中国的政治发展阶段,所以他将《大同书》隐匿不发。其次,既然民国以"共和"为标榜,那么就需要厘清共和政体在历史和现实中的多样性存在。

在不同的文本中,康有为对历史和现实中存在过或存在着的共和政体有过不同的概括。比如在民国成立不久(1911年11月9日)致黎元洪等人的信

---

① 在1903年的《论语注》中,康有为以三世说来划分不同的政体的正当性,即据乱世为专制,升平世为立宪,而大同世是群龙无首的共和制。而在这个阶段,梁启超一方面介绍伯伦知理的国家学说,另一方面主张开明专制而反对革命派的"突驾"式的制度浪漫主义。

② 康有为:《与黎元洪、黄兴、汤化龙书》,《康有为全集》第9集,第202—203页。

中,说"共和之义,于古也六,于今也四,凡有十种"。他认为历史上的共和政体"各有优劣,利弊互现"。其中,周召共和是为共和之始,而远古人皇氏九头纪、希腊雅典贤人议会、斯巴达二王并立、罗马三头之治、罗马世袭总统,皆为历史上之共和遗迹。

康有为的论述重点在于对现实中存在的共和政体的概括。在此信中,他概括说世界上存在着四种共和政体:一是以瑞士为代表的议会共和制,这种政体实现了真正的多数人的治理,是共和政体的最佳形态。二是以美国为代表的总统制共和国,其特点在于公选一大总统来进行国家治理。三是虚属之共和国,以英联邦国家和奥匈帝国的国家为例,皇帝只是名义上的领袖,实际上由议会治理国家。四是君主共和国,比如英国等国家。[①]

在1911年12月所作的《共和政体论》一文中,康有为又将法国和葡萄牙分别立说,于是"共和之义,于古也六,于今也六"。[②] 在前列四种之外,又于总统制共和政体中进行进一步区分,认为法国虽是议会选总统,总统却属于形式上的元"王",而实质行政权力归属总理;葡萄牙则是议会选举总统,但总统有实际的行政权力。

康有为对"共和"多样性的种种描述,其核心的意图是要破除当时人们心中对于美国和法国共和制的迷信。在公共舆论的"共和"迷思[③]的背景下,要为他所坚持的政治主张找到一种合理的表述,并找到其合法性来源,首先要做的就是对共和制的复杂性和历史沿革做出分析,这有助于破除公众对共和包医百病的偏执。

康有为始终认为君主立宪才是最适合中国的政治体制。辛亥革命之后,君主已不复存在,他依然坚信"形式上"的君主的存在对于承接清帝国的领土和人口具有重要的必要性。在共和不可回避的前提下,他向民国初年的主要政治领袖人物提出了"虚君共和"的构想,认为虚君共和要优于其他类型的共和政体:

> 中国乎,积四千年君主之俗,欲一旦全废之,甚非策也。况议长之共和,易启党争而不宜于大国者如彼;总统之共和,以兵争总统而死国民过

[①] 康有为:《与黎元洪、黄兴、汤化龙书》,《康有为全集》第9集,第202页。
[②] 康有为:《共和政体论》,《康有为全集》第9集,第241页。
[③] 康有为在《共和平议》中说:"吾国民之妄想共和也,如饮狂泉,若服迷药。"见《康有为全集》第11集,第17页。

半之害如此。今有虚君之共和政体,尚突出于英、比与加拿大、澳洲之上,尽有共和之利而无其争乱之蔽,岂非最为法良意美者乎?天佑中国,事变之后,乃忽得此奇妙之政体,岂非厚幸耶!①

很显然,虚君共和是要延续君主制之"习俗",其目的是要防止发生类似于南美洲国家因选举总统而导致的纷争,亦可防止在议长共和制下经常会发生的党派政治。从根本上来说,康有为所理解的政治,并非是"分清敌我"式的争夺和制约,而是使各种政治力量如何协力为一个共同的目标而奋斗。因此,他所接受的"共和"观念,更多地着眼于各方政治力量的协同与和谐。因此,他认为在由君主制国家向共和制国家的转变中,其最根本的差别并非在于是否采用议会、政党政治的形式进行国家治理,而在于国家是否为全体人民所公有。

不过,在民国初期的共和乐观主义想象中,君主制几乎与专制同义,所以,康有为对于君主制度的任何辩护都会招致恢复专制的责难,就此,康有为发展出一套"虚君"的论说。"虚君"与传统君主的最大不同就在于"虚君"只是一个象征性的存在,与具体的政事并无关联,只是作为国家的凝聚力符号和神圣性的标识。②

在前述康有为所罗列的关于共和政体的不同模式中,他将英国式的君主立宪描述成"君主共和"制。康有为指出,世界各国的立宪君主,有些依然可以行使任命首相的权力,甚至还拥有矫正议会决定乃至解散议会的权力。而英国等国的君主,没有行政权力,实际上是"共和之虚君"。据此,康有为构建了从"专制君主"到"立宪君主"再到"共和君主"的三段式发展模式,并将他自己倾心的虚君共和制称为"共和之新体"。他说:"夫但以君主论之,则专制与立宪皆有之,岂不相近哉?以民权论之,则立宪与共和实至近,虽有君主,然与专制之政体实冰炭之相反也。若共和之君主,其虚名为君主虽同,而实体则全为共和。夫凡物各有主体,专制君主,以君主为主体,而专制为从体;立宪君主,以立宪为主体,而君主为从体;虚君共和,以共和为主体,而虚君为从体。

---

① 康有为:《与黎元洪、黄兴、汤化龙书》,《康有为全集》第9集,第203页。
② 康有为说:"立宪之君主者如神乎,故宪法曰君主神圣不可侵犯,尊之为神至矣。夫神者,在若有若无之间,而不可无者也。……孔子之作《春秋》,推王于天,盖天者在有无之间,以无为为治者也。明于是义,可以通欧人立宪君主之制矣。"康有为:《救亡论》,《康有为全集》第9集,第237页。

故立宪犹可无君主,而共和不妨有君主。既有此新制,则欧人立宪、共和二政体,不能名定之,只得为定新名曰虚君共和也,此真共和之一新体也。"①

康有为想要弥合君主与共和不能共存的"偏见",并因为中国存在着较之英国更为悠久的君主传统,所以认定君主政体最适合中国。他说:"中国乎积四千年君主之俗,欲一旦全废之,甚非策也。况议长之共和,易启党争,而不宜于大国者如彼;总统之共和,以兵争总统,而死国民过半之害如此。今有虚君之共和政体,上突出于英、比与加拿大、澳洲之上,尽有共和之利而无其争乱之弊,岂非最为法良意美者乎?天佑中国,事变最后,乃忽得奇妙之政体,岂非厚幸耶!"②

康有为对于"虚君共和"这样的"奇妙"政体的推崇,完全是出于对革命党的民主共和政体的怀疑,尤其是基于超大规模国家如何在交通和通讯不发达的现实下。统一的国家意识能否借助传统的意识资源得以建构的考虑,无论是革命党的排满口号以及共和与联邦之间关系的讨论,都让康有为担心国家的分裂。

康有为的策略也充分考虑到国民追求新的政治格局的心理需求。"虚君共和"从"名"的意义上符合国民对于共和政治的向往,而"虚君"③则可以减少甚至排除人们对于专制的联想。那么,他是如何解决谁有资格作为"虚君"的难题的呢?

在对虚君人选的衡量中,衍圣公的优势是明显的,无疑其最具有文化历史的合法性。但将衍圣公作为虚君,依然存在严重问题:作为一个由少数民族(满族)建立的帝国的遗产继承者,当面对不同信仰体系的民族的诉求时,衍圣公所对应的汉族文化的特性便存在着致命的问题,即如何处理儒家价值与多元民族国家之间的矛盾。这个问题对于康有为而言,并非是新问题,因为此前他所提出的孔教国教论,也遭受着同样的非议。

于是,康有为认为,如果只是保留满清皇帝的爵位,而使之成为新成立的中国之名义上的"君主",以此来换取蒙、满、回、藏对于国家的归属感,是一个特别合算的策略。为了使深受排满革命影响的国人接受这样的思路,他甚至

---

① 康有为:《共和政体论》,《康有为全集》第9集,第247页。
② 同上,第248页。
③ 康有为曾述"虚君"的好处时说:"有虚君,则不陷于无政府之祸,一善也。无美洲争总统之乱,二善也。无法国之总统、宰相政权,致百政不举之失,三善也。总理居摄无道,国会可去之;若其有道,可久留,四善也。"康有为:《汉族宜忧外分勿内争论》,《康有为全集》第9集,第267页。

搬出欧洲国家历史上经常发生的迎立外国人为王的例子,来说明让一个逊帝来担任这样一个虚衔的可行性。他认为这个方案最大的优势,在于像逊帝这样的一个与各政治势力毫无瓜葛的人,可以避免陷入权力争斗之中。他说:"盖国为公民所有,王者不过一乾脩君衔、名誉总理,不关轻重故也。其不立本国人为王也,……若立外国人乎,于国人中绝无党援,但寄虚位,则无争篡之祸也。"①

他进而设想了将逊清帝改造成"虚君"的步骤,包括改汉姓等:"今皇上照诸欧洲,在资政院宣誓入中华籍,并改汉姓,则与清朝无关。如此虚君,不必改作,亦贵爵禄如故,其他一切典礼经费居处,国会有全权,可随时议而进退之。今无烦细及之,以生支离。但若此而可易三千万里之蒙、回、藏,岂不善之善乎?"②或许我们可以质疑即使是将逊帝尊为虚君之后,是否一定能够保全中国,但是在"帝国"体系解体之后,思考帝国权力和责任该如何转移和继承到新的"民族国家"之中,这的确是民初政治变革中最为核心的问题。

民国初年的政局所形成的共和危机,使康有为对他自己的政治主张有着更为坚定的信心。所以康有为除了对"共和"政体进行多样化的思考外,对共和建设的问题,展开了更为细致的思考。在康有为看来,革命派的目标之所以能迅速获得成功,其原因是多样的,在种族主义的鼓荡下,民众愤怒于政府之无能、作恶,于是南北合力,清政府则应声而倒。然而,如何建设共和国家,则需要更为仔细地探索,因为辛亥革命既标榜为"共和"革命,那就并非是对以往历史的改朝换代的简单重复,而是对三千年未有之变局的整体性回应。"今兹之革命,非止革一朝之命也,实革中国数千年专制之命也。今兹建设共和也,于数千年之中国书传无可考,法典无可因,礼俗无可守"。③ 在这样的意义上,共和建设就不能仅仅依赖于政府,而必须人人有责。

康有为说,国人均迷信共和能解决中国需面对之问题,但若要问共和之真义,人则多惘然。有人以为人人自由平等、不复有伦理纲纪就是共和;亦有人认为分立自治、无需纳粮交税,即是共和。即便如此,人们仍对共和持一种普遍乐观之态度,认为一改共和,即可得欧美之富强,但实际的情况却是:共和国家的建设,首先需要具备的就是道德、政治和物质数方面的条件的配合。共和

---

① 康有为:《救亡论》,《康有为全集》第9集,第235页。
② 康有为:《汉族宜忧外分勿内争论》,《康有为全集》第9集,第267页。
③ 康有为:《共和建设讨论会杂志发刊词》,《康有为全集》第9集,第289页。

政治使人人拥有参与政治活动的可能,那么也对国民参与政治的能力和道德素养提出了新的要求。同时,选举活动所需要的交通配备亦是必须具备的:"夫共和之制,与国民共治之,须国民知识通、道德高、道路交通,然后易行也。若我中国,广土众民,各国无比,难遍逮下,一难也。穷乡僻壤,极边异域,民多愚塞,渺不知政治为何物,二难也。铁路多未设,汽船多未达,山川阻深,道路隔绝,三难也。有经大乱,纪纲扫地,法律全废,廉耻弃绝,道德衰弊,四难也。"①

康有为尤其强调共和政治与道德之间的关系,在他看来,既然共和政治崇尚自治,那么就需要国民具备自我约束的能力:"盖共和自治者,无君主长上之可畏,则必上畏天、中畏法、内畏良心;由此恭敬斋戒之心,然后有整齐严肃之治。"②康有为也援引孟德斯鸠的学说,特别引用英人勃拉斯的《美国平民政治》一书中的观点来说明:美国人之所以能建立完满的民主秩序,原因在于其国民所具备的恭敬、爱法、守法的精神。由此,对国民之道德素质的重视,要更重于制度上的巧妙设计。

共和政治的前提是君子人格的养成。康有为认为,如果人人都是君子,那么政府的存在就没有必要。但是如果并非每一个人都有君子之行,那么政府和法律就成为社会运行之必须,由此自由和权力就需要被限制:"若其国民由士君子而化为暴民,则所谓民权者,徒资暴民之横暴恣睢、隳突桀颉而已;所谓平等者,纪纲扫尽、礼法荡弃而已;所谓自由者,纵欲败道,荡廉扫耻,灭尽天理,以穷人欲而已。以若是之俗而为共和,则是附虎以翼,添火以油,共争共乱,岂复可言哉?"③康有为对自由和平等的批评,虽然不尽合理,但也并非完全不符合当时人们对于自由和平等的理解。

而如何才能培植对道德的敬畏之心呢?康有为认为,礼俗和宗教的力量十分巨大,政治制度或可以移植,道德和礼俗却必须要植根于自身的传统中才能获得新的生命。因而,他坚持政治变革不应将中国数千年的教化"尽扫而弃之"。"夫将欲重道德之俗,起敬畏之心,舍教何依焉?逸居无教则近禽兽,今是野蛮之国,犹有教以训其俗,岂可以五千年文明之中国,经无量数先圣哲之化导,而等于无教乎?今以中国之贫弱,及前清之失道,人民慕欧思美,发愤

---

① 康有为:《中华救国论》,《康有为全集》第9集,第322页。
② 同上,第325页。
③ 康有为:《问吾四万万国民得民权平等自由乎》,《康有为全集》第10集,第145页。

革而易其政可也,然岂可并数千年之教化尽可扫而弃之?"①即使是制度可以模仿,而道德意识的建立则不能完全脱离于已有的教化准则。

康有为《共和平议》与陈独秀《驳康有为〈共和平议〉》

如果说民国刚成立的时候,康有为还顾虑"共和"之符号意义,而政局的发展,使他开始直接反对共和。

更为符合中国实际的是"虚君共和"。对于谁可堪为虚君?理论上说,衍圣公最为合适,但是不合多民族国家之实际。于是,康有为认为废帝最为合适,理由包括:年幼,不能亲政;革命后,君臣之义不存;排满后,满族势力已微;国人依旧存有其礼。及其年长,已习而安之,所以是一个最为合适的"虚君"人选,共和政体也可真正安固。②康有为反复强调,这样的做法不能称之为复辟,而是"只复不辟",因为只是复其位,而不恢复位置背后的权威和福利。

在袁世凯称帝之际,康有为曾致信袁说:"仆昔倡虚君共和之说,乃专以防总统之专制如公者。"③这说明,康的确是期待"虚君"而不是实际上的君主制的回归。

康有为认为,以孙中山为代表的革命派和袁世凯都不是真心实行共和的人。孙中山与国民党过于强调党派的利益,袁世凯则是借共和为他的帝制梦想张目。他在1917年1月23日给徐世昌的信中说:"夫袁慰亭既非行共和者,不过借共和二字为帝制转阶耳。其暴民唱共和者,亦非真为共和者,不过借共和美名为争权利计耳。中国举国人实未知共和之政如何,又未识于中国之俗宜否,然皆听有力者为之。"④康有为相信经此事变之后,国人已普遍对共和制失望,只有少数党人和新学生依然借共和鼓噪,因此他希望徐世昌能复旧君实行"虚君共和"。类似的主张,他在1917年6月《致张勋、黎元洪等电》、1917年7月7日《与徐世昌书》反复申说,并在1917年7月1日代张勋等拟《吁各省将领拥戴复辟电》中,明确说:"默察时势人情,与其袭共和之虚名,取灭亡之实祸,何如屏除党见,改建一巩固帝国,以竞存于列强之间。此义近为东西各国所主张,全球几无异议。中国本为数千年君主之国,圣贤继踵,代有

---

① 康有为:《中华救国论》,《康有为全集》第9集,第325页。
② 康有为:《中国善后议》,《康有为全集》第10集,第277页。
③ 康有为:《致袁世凯书(1916年5月)》,《康有为全集》第10集,第292页。
④ 康有为:《与徐世昌书》,《康有为全集》第10集,第359页。

留贻,制治之方,较各国为尤顺。然则为时势计,莫如恢复君主;为名教计,更莫如推戴旧君。"①

张勋复辟的失败,实际上已经宣告康有为给民国开出的方略失灵,但是,康并不从理论上认输。1917年,康有为基于民国成立之后6年的政治动荡的格局,对中国选择共和制度之得失做了一个系统的评论,写成《共和评议》的长文,指出政治制度的选择,并非以制度本身的美恶为准,而是以解决社会问题、保持社会平稳为标准。中国在采用民主共和制度之后,却适得其反,从而强调中国应该采用强力政府的集权统治方式。

《共和平议》分为三卷。第一卷以民国初年的各种事实说明国人以共和求国强,事实却适得其反。其事例包括:在共和的体制下,袁世凯复辟帝制、行总统专制;长年的动荡致使国民的生命财产得不到保障、国家独立主权被侵蚀;代议制度并不能反映民意、约法因非国民所定因此成虚文、武人干政听任政府盗支、道路不通而民情难达、军阀割据等。因此,中国若坚持民主共和制度将导致国家分裂而最终灭亡。第二卷的主要观点是:在民国之后,中国因帝国解体而失去外蒙等地,因军阀割据而导致内乱不绝、内战频繁、军费高企、贤才沦弃、恶吏盈朝、文化学术和道德教化衰败等状况。第三卷是根据上两卷的结论证明民主和共和不适宜20世纪初的中国。康有为认为南美洲和俄国、土耳其等国都因为曾采用民主体制而导致国家分裂、社会动荡。在康看来,民主共和制度只适合于小国,而从历史经验来看,罗马和英国都因为君主制度而强盛,唯一因民主制度而强大的国家只有美国,然美国的强大主要取决于其独特的地理环境、科技大发现和清教徒的德心。因此,世界上主要的共和政体都不能简单模仿。康有为甚至提及了当时逐渐兴起的社会主义思潮,认为这更是远离中国的国情。②

随着新的知识群体的形成,康有为的思想有了更为激烈的反对者。如果说晚清时期的康有为善于利用报纸、杂志等新式媒体与论敌进行论战,那么陈独秀和李大钊等人,则更善于利用媒体来提炼他们的观点。相较于民国以前

---

① 康有为:《吁各省将领拥戴复辟电》,《康有为全集》第10集,第407页。
② 康有为说:"近年工党之变日期,均产之论日多。夫论转石流川之势,则千数百年后,必至太平大同之世、群龙无首之时、公产平均之日。若在今日则无君均产之事,中国固未萌芽,而欧美亦岂能行哉?夫欧美之不能遽行无君均产,犹中国之未可行民主也。欧洲须有立宪君主乃可渐致立宪民主,中国则由君主专制,必须历立宪君主,乃可至共和民主也。"康有为:《共和平议》,《康有为全集》第11集,第64页。

前章太炎、汪精卫等革命派,陈独秀等人攻击康有为的言论更为直接,批评也更有火药味。

1915年陈独秀等创办《新青年》,以科学和民主为口号,以新旧之对立来理解传统价值与现代思想的关系,所以将新文化运动看作是"新旧思潮的大激战"。① 而通观陈独秀的作品,其关心的重点则在于民主与专制、自由平等价值与纲常伦理之间的冲突。一方面呼吁民众的政治主体意识,另一方面则反对任何形式的调和,而主张最后的觉悟,②即从价值观上对儒家纲常加以彻底否定。陈独秀以信仰自由来批评立孔教为国教或教育宗旨,并且直接将康有为试图建立孔教会的努力与民国之后的复辟活动作关联。③ 因此,我们虽然并不能确切地知道康有为是否关注陈独秀的作品,而陈独秀则始终将康有为作为最主要的论敌。而在康有为发表《共和平议》之后一个月,陈独秀即撰写《驳康有为〈共和平议〉》来系统批评康有为在民国之后的政治见解。

在这篇长文中,陈独秀首先批评康有为虽在口头上肯定民国采用共和政体实现了国为公有的目标,但又说目前实行共和并非是合宜之时机,这种自相矛盾的说法,实际上是以"虚君共和"来暗度陈仓,而主张君主制才是康有为的真实动机。

对于康有为之指责追求共和而反得专制,以及将民国以来的政治败坏归结为中国不适合民主共和,陈独秀认为以国民程度不足来说明中国人不适合共和制是站不住脚的,因为如果程度不足,那么立宪君主制也存在国民程度的问题。

任何新的政治制度的实施,都会遭到巨大的阻力,因此民国以来的政治问题,究其实是假共和而真专制所造成的。至于康有为所提出的中国不适宜民

---

① 陈独秀:《吾人最后之觉悟》,《陈独秀著作选编》第1卷,第202页。
② 陈独秀说:"吾人果欲于政治上采用共和立宪制,复欲与伦理上保守纲常阶级制,以收新旧调和之效,自家冲撞,此绝对不可能之事。盖共和立宪制,以独立平等自由为原则,与纲常阶级制为绝对不可相容之物,存其一必废其一。"(陈独秀:《吾人最后之觉悟》,《陈独秀著作选编》第1卷,第204页。)该论的核心在于首先陈独秀将儒家伦理简单化为纲常伦理,其次将之与共和立宪完全对立。而康有为同时期之论说集中于儒家价值与共和之间的兼容性。
③ 陈独秀说:"今中国而必立君,舍清帝复辟外,全国中岂有相当资格之人足以为君者乎?故张、康之复辟也,罪其破坏共和也可,罪其扰害国家也亦可;罪其违背孔教国民之心理则不可,罪其举动无意识自身无一贯之理由则更不可:盖主张尊孔,势必立君;主张立君,势必复辟。理由自然,无足怪者。"陈独秀:《复辟与尊孔》,《陈独秀著作选编》第1卷,第375页。

主共和的三个原因:武人干政、道路未通、银行听任政府盗支等,陈独秀认为,这样的问题跟政体问题无关。民主共和政治固然可能会产生这类问题,而虚君共和制又如何能避免这类困局呢?

对于康有为针对总统制和内阁制所导致的袁世凯称帝和府院之争的问题,陈独秀认为,内阁制和总统制固然各有利弊,但是虚君制依然难以解决总统制所带来的选举难题,以及内阁与议会之间可能产生的争执。

对于代议制并不能代表民意的指责,陈独秀的回应亦很直接:代议虽非直接民意,但总比君主或元老院更能代表民众。而对于巨型国家难以实行民主和民主制度难以使国家富强的结论,陈独秀的反击亦属有力,陈独秀质问说:"今世强大国家果皆君主乎? 君主国果皆强大乎? 民主国果无一强大者乎?"①

对于中国不能模仿美国和法国的问题,陈独秀说:既然美国和法国的经验不能成为中国的模式,那么英国或德国的经验亦难以成为中国的参照。在世界各国中,有因民主制而富强的,亦有因君主制而富强的;有大国民主而富强的,亦有小国君主而被殖民的。

最后,陈独秀总结康有为《共和平议》的两大问题:一是立论自相矛盾,二是借助"虚君共和"掩饰其拥护君主制的真实意图。

总体而言,陈独秀对康有为文中的问题的揭示是比较清晰的,然而,问题在于政治构想的设计并非以逻辑合理为首要任务。相比于陈独秀,康有为的许多理解都暗合共和的精神,比如对于国家认同、国民素质等问题的关注。这主要是基于康有为对于世界上的政治形态有更为丰富的知识,所以他对于制度和习俗的关系、对于理想制度和现实可能性之间的矛盾有着更为深刻的思考。而当这样的思考受制于"共和"的政治合法性的压力的时候,其真实意图就只能被曲折地表达。康有为的《共和平议》一文的确体现出这样的名和实之间的矛盾性。但问题在于陈独秀在批评中,并没有将康有为所面对的问题的复杂性提出基于"民主"或"共和"的解决方案,而以任何共和政治的实践都要经历的磨难来解释。不幸的是,袁世凯和张勋的复辟的确给康有为的政治主张作了丑陋的注脚,这使陈独秀在1918年前后对他的批评看起来十分切中要害。

事实上,陈独秀自己也很快发现了新文化运动的过于激进的立场对于旧

---

① 陈独秀:《驳康有为〈共和平议〉》,《陈独秀著作选编》第1卷,第399页。

有文化的彻底否定所导致的新观念无法落实的问题。在写于1920年的《什么是新文化运动》一文中,他就肯定了宗教的必要性。文章中尤其值得注意的是,他对于孝悌问题的反思,他说,他们原先不满意于旧道德,主要是因为孝悌的范围太窄,呼吁要将家庭的爱扩充到全社会,而实际情况且变成一些人打着新思想的旗号,抛弃了自己的"慈爱、可怜的老母"。① 也就是说旧道德的毁坏之后,并没有有效的新道德的更替。

因为陈独秀的共和论说,或者说他对于民主和科学的认识只是停留在一种极其表面的程度,所以,他的思想一直在变。在苏联革命的成功的鼓动下,他开始转向社会主义,主张以一种革命的方式来达到劳动阶级的专政。他在答柯庆施的信中说:"现在有许多人拿'德谟克拉西'和'自由'等口头禅开反对无产的劳动阶级专政,我要问问他们的是:(一)经济制度革命之前,大多数的无产劳动者困苦不自由,是不是合于'德谟克拉西'?(二)经济制度革命之后,凡劳动的人都得着了自由,有什么不合乎'德谟克拉西'。"②经济制度的革命和人民的幸福当然是民主所追求的,但是民主是否可以置换为生活的改善,这或许是陈独秀所不甚深思的。

对于一个思想家的观点的判别,并不能就当事者自己的经验作为唯一的判断。事实证明,政治体制问题的解决或许不在一时一地的言论上的胜负,也不在于一时一地实践上的成功,而或许是在100年之后。当被陈独秀的立场所忽视的政治模式、国家目标依然困扰着我们的时候,我们可以看到康有为的顾虑远没有得到解释。

民国之后的政治发展,在共和的口号下,我们存在过两种不同的国家形态和政治模式。康有为在《共和平议》中所关注的问题及所面临的困境似乎并没有随着时间的推移而消失。康有为对共和的忧虑似乎也没有失效。如何建立起国家的凝聚力?如何看待政府在经济发展中的作用?国家的目标和个人权力之间的矛盾如何化解?在国家符号层面,我们依然会考虑孔教和信仰的问题,因为价值真空导致了道德危机;在是否需要强力政府面前,我们一方面疾呼需要对外强硬,但又批评政府在经济目标面前对于民众利益的漠视;而对于中国发展道路的总结,似乎又在告诉我们,我们并不是美国、法国以及任何其他国家的简单模仿者。在这些问题面前,我们总是挥不去康有为的身影。

---

① 陈独秀:《什么是新文化运动》,《陈独秀著作选编》,第2卷,第219页。
② 陈独秀:《答柯庆施》,《陈独秀著作选编》,第2卷,第297页。

即使他的回答是如此的自相矛盾甚至可笑,但他的关切:如何建设一个具有历史延续性的统一国家、如何找到一条中国独特的发展道路,依然不断以不同的方式体现在现在的思想论争中。

本文作者系北京大学哲学系教授

本文曾收录于干春松《保教立国:康有为的现代方略》,生活·读书·新知三联书店,2014年版

"民国"危机与"五四"新文化的开展

罗　岗

一

1916年1月,上海迎来了中华民国建立的第五个年头,虽然"欧战"正酣,毕竟远隔重洋,北方的政局也有点飘摇不定,可是南方大体上还算平静。但从元旦开始,一份叫《亚细亚报》的报纸却激起了阵阵风波,它报头上的时间既不是民国纪年的"民国五年",也不是公元纪年的"1916年",而是赫然印上了"洪宪元年"四个大字,似乎在提醒人们不要忘了,去年12月25日民国大总统袁世凯已经下令,改"民国五年"(1916年)为"洪宪元年","中华民国"为"中华帝国",连"总统府"也叫"新华宫"了。尽管沪上各家报纸不愿意跟风素有"袁世凯机关报"之称的《亚细亚报》,可也顾忌他的势力,不敢用民国纪年了,而是纷纷印上中性的公元纪年,有几家胆小的报纸甚至用极小的字体在"1916年"后面添加了"洪宪元年"几个字。

袁世凯想做皇帝,早就不是什么秘密了。关于"国体"问题的争论,从民国建立以来就没有停止过。辛亥革命时,袁世凯接受伦敦《泰晤士报》驻北京记者莫理循的采访,他就说:"……余深信国民中有十分之七仍系守旧分子……进步一派,不过占十分之三耳。今若推倒清室,将来守旧党,必有起而谋恢复帝制……深惧民主国体,不能稳固……不若保存清室,剥夺其实权,使仅存虚名,则国家安全,方能确保。"所以后来清朝遗老、曾经做过学部副大臣的劳乃宣为了迎合袁世凯改变国体的想法,专门写了两篇文章《共和正解》和《共和续解》,合印成一本小册子《正续共和解》,托人送给袁世凯看。书中有一句劳乃宣颇为得意的警句:"以欧美总统之命,行周召共和之事",不仅将袁世凯比作周公召公,而且"共和"两字也有了着落,故称之为"正解"。意思是根据周代的故事,君主年幼不能行政,公卿相与和而修政,这就叫"共和"。因此,"共和"是君主政体,不是民主政体……①这类"遗老"复辟的奇谈怪论,一时甚嚣尘上,都成了袁世凯用来挑动舆论、试探民意的棋子,他自己却在争议和讨伐声中一步步达到了目的。还是梁启超说得妙:"自国体问题发生以来,所谓讨论者,皆袁氏自讨自论;所谓赞成者,皆袁氏自赞自成;所谓请愿者,皆袁氏自请自愿;所谓表决者,皆袁氏自表自决;所谓推戴者,皆袁氏自推自戴。"②

梁启超固然可以痛斥袁世凯"伪造民意",但问题在于,即使如已经身为中华民国终身独裁大总统的袁世凯,在改变的国体问题上也必须顾忌"民意",不可能悍然以命令的方式将"民主体制"改为"君主体制",至少表面上要遵循"程序民主",要求参政院"征求多数之民意"。无论是拟议中的"国民会议",还是最终施行的"国民代表大会"——你可以说袁世凯以"民意"为幌子,却不能不承认出在既定的"民主体制"内,"民意"依然是最重要的制约因素,甚至成为了"合法性"的来源——在"形式"上保证了是"国民代表"而非"总统"决定了对"国体"的选择,这才使得袁世凯在面对推戴书时,可以装模作样地做出高姿态:"民国之主权,本于国民之全体。既经国民代表大会全体表决改用君主立宪,本大总统自无讨论之余地。"尽管谁也不会排除在"实质"上"国民代表大会"存在着收买、威胁和操纵的"黑幕",结果是"国民代表"的1993张选票全部主张君主立宪,无一票反对。当时就有舆论指出,袁世凯大总统的"神威"甚至超过了拿破仑一世,当年法国赞成拿破仑做皇帝的超过350万张选票,但也有2569票反对。难怪梁启超把"拥戴"闹剧比喻成一出"傀儡戏":"啸聚国中最下贱无耻之少数人,如演傀儡戏者然;由一人在幕内牵线,而其左右十数躄人蠕蠕而动,此十数躄人者复牵第二线,而各省长官乃至参政院蠕蠕而动;彼长官等复牵第三线,而千数百余不识廉耻之辈,冒称国民代表蠕蠕而动。"③但他只用"下贱无耻""不识廉耻"之类的道德评价来批评"国民代表",却忽略了这一"如臂使指"的过程高度依赖于"程序民主"和"党派政治"。如果一定要说这是一场"傀儡戏",那么运动"傀儡"的力量显然不只是来自袁世凯的个人私欲以及拥戴者们的品质低下,而和整个民国政体的内在机制密切有关。

---

① 李剑农:《中国近百年政治史》,上海:复旦大学出版社,2001年,第371页。
② 梁启超:《袁世凯伪造民意密电书后》,转引自李剑农:《中国近百年政治史》,第380页。
③ 同上,第381页。

二

借用德国法学家卡尔·施米特的概念,改变"国体"就意味着一种"例外状态"的降临。各省推戴书上虽然只有45个字:"谨以国民公意恭戴今大总统袁世凯为中华帝国皇帝,并以国家最上完全主权奉之于皇帝,承天建极,传之万世",却用"国民公意"推戴"皇帝",把"最高主权"拱手让给"皇帝",可以说将"民国危机"的实质表露得淋漓尽致了。这一危机的实质在于,既然是"国家最上完全主权",也即作为"最高的、独立于法律的、非导出性的权力",谁又有怎样的"权力"把它奉献出去呢?如果有一种"权力"可以把"国家最上完全主权"奉献出去,那么"国家最上完全主权"还能称之为"最高主权"吗?

据说这45个字是袁世凯手下人拟好的,各省国民代表只是照本宣科,不可能体会其中的重重危机,最多只不过意识到"民国"将被"帝国"所取代。但若借用施米特的眼光来看这场危机,则能明了他为什么在讨论"主权"问题时,不接受当时流行的一般性"主权"定义(即"主权"乃是一国范围内的"最高权力"),并且批评这种定义"可以应用于极为不同的政治社会复合体上,并且可以服务于极为不同的政治利益,因而只是一个公式、一个标记、一个记号,可以做出无数的诠释,因而在实践上随着处境的不同而可能极为好用或者毫无价值"。进而在《政治神学》第一章态度鲜明地用第一句话来重新定义"主权":"主权者就是决断例外状态者",并且强调"唯有这个定义能够胜任作为一个界限概念的主权概念"。值得注意的是,施米特用"主权者"而非"主权"这个更具人格化色彩的概念,在某种意义上回应了"谁"有"何种"权力来行使"决断"的问题。"主权者"之所以成为"决断者",这是因为"决断者"既是"正常状态"的"创造者",同时又可以决定何时终止"正常状态",进入"例外状态":"正常的处境必须被创造出来,而主权者即是那对于此一正常状态是否真正存在做出明确决断者。所有的法都是'处境法'。主权者全面地创造并保障了作为整体的处境。他拥有这种最终的决断的垄断权。国家主权的本质就存在于这一点上。因此,正确地说,(国家的主权)在法学上不能被定义为强制与支配的垄断权,而应该被定义为决断的垄断权……例外状态最清楚地展现了国家权威的本质。在此,决断摆脱了法规范,并且(用吊诡的话说)权威证明了:要创造法,它是不需要法的。"①

施米特对"主权"问题的深入探讨来自于他对"国家"的深刻理解。在相当长的时间里,欧洲人基本上把"(现代主权)国家"当作是"政治统一体唯一正常的现象形式",随着欧洲资本主义的全球扩张,到了19世纪,"国家"甚至已经成为了适用于所有时代和民族的普遍性概念,成了"世界史政治上的秩序想象"。但施米特却指出,无论从"语词的历史"还是"概念的历史"来看,"(现代主权)国家"事实上只是一个"具体的、与某一历史时期相联系的概念",也即从16世纪到20世纪形成于欧洲的一种政治组织形式。因此,在"现代"之前,可以有不同于"现代主权国家"的政治组织形式的存在,譬如"帝国",而进入20世纪之后,则可能随着"国家性"的消失,"现代主权国家"也逐渐"中立化"了。具体而言,施米特思考"主权"的重心后来逐渐转移到对"法治民主国"——即"现代主权国家"的当代形态——的"中立化"和"去政治化"倾向的批评上,但最初的出发点却直接对应着"德意志帝国"向"魏玛民国"转化所触发的危机。

刘小枫在研究施米特的文章中曾经指出,1918年革命之后,德国的国体已经从"君主制"变成了"民主制",但国名还是沿用旧称"Deutsches Reich",如果直接按照字面意思来翻译,依旧是"德意志帝国"。这显然不对了,因为原来的"君主立宪制"(帝国)已经被新兴的"民主共和国"所取代,"Reich"应该意译为"民国",突显它与"帝制"的区别,魏玛宪法推翻的是"君主主权",确立的是"人民主权"的原则。② 但问题的复杂性在于,尽管"人民主权"为"现代主权国家"提供了政治上的正当性,不过先于"现代主权国家"存在着的"帝国"却不把基于"自然权利"的"人民主权"当作根本的政治正当性,从"帝国"向"民国"的转化,必然涉及到对"政治正当性"的争夺,因此"革命"几乎难以避免。"革命后的国家通过订立宪法确立'民主'为国家的统治正当性原则,然后在宪法的指引下制定出一套维护人的自然权利的法律秩序","辛亥革命"后的"中华民国"是按照这一程序建立起来的,通过革命推翻帝制的魏

---

① 关于"主权"、"主权者"与"例外状态"和"正常状态"之间关系的论述,可以参见张旺山:《施米特的决断论》,《人文与社会科学集刊》15卷2期,台北:台湾"中央研究院"中山人文社会科学所,2003年6月;也可参见施米特:《政治的神学:主权学说四论》,《政治的概念》,刘宗坤译,上海:上海人民出版社,2004年。在此书中,"例外状态"被译为"非常状态"。
② 刘小枫:《施米特论政治的正当性》,《现在人及其敌人——公法家施米特引论》,北京:华夏出版社,2005年。

玛民国也是如此。

施米特并不质疑"革命"的正当性,可他发现"在人民主权剥夺君主主权的革命中,出现了一时的主权真空……人民的'主权'是宪法赋予的,但人民民主的宪法是革命后才制定的,革命前和革命中,人民都还没有合法的(尽管可能是正当的)'主权'"。这问题不只是纯粹法理学上的缝隙,而且涉及到魏玛民国的宪政秩序是否稳固。施米特追问这一法理缝隙的潜台词是:"人民主权"制定宪法以后自身是否受到宪法的约束?如果不受制约,那么是否可以随时以"人民主权"的名义推翻之前"人民主权"制定的民主"宪法"呢?此处暗含一个内在的悖论,"人民'主权'是宪法赋予的,制宪权力又来自人民'主权',倘若人民主权制定宪法以后自身不受宪法约束,在法理上便无异承认宪法赋予的主权可以推翻宪政自身"。①

果然不出施米特所料,这一悖论导致了魏玛宪政的深刻危机。② 而在这之前,由"袁世凯称帝"引发的另一个民国"危机",同样来源于"宪法赋予的主权可以推翻宪政自身":就像用"国民公意"拥戴"袁世凯"做"皇帝"一样,"民主制度"也可以用"民主"的方式"终止"这一制度。因此,借用施米特的理论,并非要把"袁世凯"简单比附为什么"决断者",而是希望看到围绕着"袁世凯称帝"的一系列"非常态"运作,相当触目地暴露了"正常状态"下难以觉察的"危机"。对这一"例外状态"的把握决定了讨论问题的视野不能局限于袁世凯的个人野心或帝王思想,就像施米特研究魏玛宪政危机那样,我们也需要深入到由晚清开始的从"帝国"向"现代主权国家"的转化过程中,进一步把"危机"加以"历史化"。

三

与"德意志帝国"向"魏玛民国"的转化相比,"清帝国"向"中华民国"的转化更为繁复,由于"清王朝"是一个"少数民族统治"的"帝国",所以晚清以来的"革命"兼具"民族革命"和"民主革命"的双重性,并且需要通过"民族革命"以达到"民主革命"的最终目的。孙中山曾经把这个道理说得非常清楚:

---

① 刘小枫:《施米特论政治的正当性》,《现在人及其敌人——公法家施米特引论》。
② 关于魏玛宪政危机以及与中华民国宪政的关系,特别是张君劢思想与此问题的关联,可以参见刘小枫:《民国宪政的一段往事》,载《现在人及其敌人——公法家施米特引论》。

"中国数千年来,都是君主专制政体,这种政体,不是靠民族革命可以成功。试想明太祖驱除蒙古,恢复中国,民族革命已经做成,他的政治,却不过依然同汉、唐、宋相近。故此三百年后,复被外人侵入,这由政体不好的缘故,不做政治革命是断断不行的……我们推倒满洲政府,从驱除满人那一面说,是民族革命,从颠覆君主政体那一面说,是政治革命,并不是把来分作两次去做。讲到政治革命的结果,是建立民主立宪政体。照现在这样的政治论起来,就算汉人为君主,也不能不革命。"①

按照这种思路,我们很容易理解章太炎在《中华民国解》中为什么首先要把"中华民国"界定为一个建立在"政治认同"基础上的"现代主权国家",作为"革命派"的重要理论家,他的论述具有明显的针对性,所预设的论敌就是"保皇党"那套颇为流行、同时也极具蛊惑力的"文化民族主义"说辞:"中国云者,以中外别地域之远近也;中华云者,以华夷别文化之高下也。即此以言,则中华之名词,不仅非一地域之国名,亦且非一血统之种名,乃为一文化之族名。故《春秋》之义,无论同姓之鲁、卫,异姓之齐、宋,非种之楚、越,中国可以退为夷狄,夷狄可以进为中国,专以礼教为标准,而无亲疏之别。其后经数千年混杂数千百人种,而称中华如故。以此推之,华之所以为华,以文化言,不以血统言,可决知也。故欲知中华民族为何等民族,则于其民族命名之顷,而已含定义于其中。与西人学说拟之,实采合于文化说,而背于血统说。华为花之原字,以花为名,其以之形容文化之美,而非以之状态血统之奇,此可于假借会意而得之者也。"②

为了将"文化认同"转换为"政治认同",章太炎强调"所以容异族之同化者",其前提条件是"其主权在我","吾向者固云所为排满洲者,亦曰覆我国家,攘我主权故",如果"主权未复,即不得举是为例"。因此必须在获得"政治认同"("现代主权国家")的基础上才能形成新的"文化认同"("民族融合")。这也就是孙中山所倡导的"五族共和",他在《临时大总统宣言》中宣布:"国家之本,在于人民。合汉、满、蒙、回、藏诸地为一国,即合汉、满、蒙、回、藏诸族为一人。是曰民族之统一。"

然而,正如有论者指出的,"合汉、满、蒙、回、藏诸族为一人"不是抽象的"民族融合"的口号,而是和"辛亥革命"前后中国未来的走向密切相关,"一个

---

① 孙中山:《三民主义与中国前途》,《孙中山选集》(上册),北京:人民出版社,1956年,第75页。
② 章太炎:《中华民国解》,载《辛亥革命前十年时论选集》(第二卷·下册),北京:生活·读书·新知三联书店,1963年,第735页。

为策划南北融合、妥协而成立的政治结社,在还未知新政权的领土之去向,就认为应是'二十二行省'加'藩属(蒙古、西藏、回部)',当然,这里所指的'二十二行省'是明朝以来的中华之版图,也就是相当于妹尾所说的'小中国'或'内中国'(Inner China, China Proper)。与此相对'藩属'就是以满、蒙、回[新疆]、藏而组成的'外中国'(Outer China)……如果我们把视线放在北京这个连接内外'中国'的场所,就不难想象,革命以后在构想新国家的秩序之际,以'行省'(满汉)加'藩部'(蒙回藏)的组合来规定领土、民族的构成,这种设想应该是很自然的。此时杨度等人想象当中的'中国',不应该是从大清帝国脱离出去的'小中国',而应该是汉人在'光复'的基础上必须所创建的'大中国',更进一步说,统合'满汉蒙回藏'诸族的主张,在当时或许并不是什么很稀奇的事。特别是,对满汉蒙支配者阶层来说,'大中国'的统合与他们的自身利益是相当一致的,所以,并没有过什么非议"。①

正是在这个基础上,确立了"国家之本,在于人民",这就是"人民主权"。倘若套用清末民初流行的宪政术语,即是"民权"。沟口雄三曾经比较过"民权"概念在中日语境中的差异:"日本明治时期的民权不包括对天皇(国体)的反乱权。反之,中国清末时期的民权则含有对皇帝(王朝体制)的反乱权。这种差异,乃是两国不同的历史基体所导致。"②姑且不论日本明治天皇制已经是"君主立宪制",而中国晚清的皇帝制则还是"王朝体制",这两者的差异有可能决定了中日对"民权"的不同接受和阐释。仅就"民权"与"王朝体制"的对抗性关系而言,它确立了"中华民国和'中华帝国'不同,'帝国'是以皇帝一人为主,'民国'是以四万万人为主"。既然"'民国'是以四万万人为主",那么"中华民国"的建立意味着"民权"的"双重复权",既是(汉族)"民权"对(满洲)"皇权"的"复权",也是(全体)"民权"对(少数)"代议权"的"复权"。"人民主权"("民权")的指向就不仅是"资产阶级民主共和国",同时也包含了对"资产阶级民主共和国"的超越。

按照孙中山的说法,1912 年 1 月 1 日所创建的共和国之所以称"中华民国",而不叫"中华共和国",原因就在于:"诸君知中华民国之意义乎?何以不曰中华共和国,而必曰中华民国?此民字之意义,为仆研究十余年而得之者。

---

① 村田雄二郎:《孙中山与辛亥革命时期的"五族共和"论》,《广东社会科学》,2004 年第 5 期。
② 沟口雄三:《中国的民权思想》,《中国的公与私·公私》,郑静译,北京:生活·读书·新知三联书店,2011 年,第 161 页。

欧美之共和国创建远在吾国之前,二十世纪之国民,当含有创制之精神,不当自谓能效法于十八、九世纪成法而引以为自足。共和政体为代议制政体,世界各国隶于此旗帜之下者,如古希腊则有贵族奴隶之阶级,直可称为曰专制共和,如美国则已有十四省树直接民权之模,而瑞士则全乎直接民权制度也。吾人今既易专制而成代议政体,然何可故步自封,始终落于人后。故今后国民,当奋振全神于世界,发现一光芒万丈之奇彩,俾更进而抵于直接民权之域。代议政体旗帜之下,吾民所享者只是一种代议权耳。若底于直接民权之域,则有创制权、废制权、退官权。但此种民权,不宜以广漠之省境施行之,故当以县为单位,对地方财政完全由地方处理之,而分任中央之政费。其余各种实业,则惩美国托辣斯之弊,而归诸中央。如是数年,必有一庄严灿烂之中华民国发现于东大陆,驾诸世界共和国之上矣。"①

"共和"从词源学的角度来说,它并非指某种政体。② 但在孙中山的论述中,把"共和国"和"代议制"联系起来,更加突出了"中华民国"的"民国"二字中蕴含的"人民主权"和"直接民主"的理想。早在《代议然否论》中,章太炎不但反对当时的满清王朝"预备立宪",而且也反对将来的革命政府"代议立宪","要之,代议政体必不如专制为善,满洲行之非,汉人行之亦非,君主行之非,民主行之亦非"。③ 孙中山则在一个更现实的语境下,为了坚持国家主权

---

① 孙中山:《在广州全国青年联合会的演说》,《孙中山全集》第 8 卷,北京,中华书局,1981 年。
② "共和"的拉丁词是"Res publica",在涉及到政治时候,通常,学者们认为,其古希腊文的对应词也是"Πολιτεια";虽然,前者在其他很多方面的意思,与后者并不一致。但是,可以肯定,用作"政府""国家""国家政府的组织结构"等时候,"Res publica"与古希腊文的"Πολιτεια"很为相当。"Res publica"的字面意思是"公共事物、公共事务",与"私人事物、私人事务"("Res privata")相对。词典里列出的它的意思是:"公共财产、国家、共和国、公共事务、国家政府的组织制度或结构、政治,等等。"它常用的意思之一就是"国家";不过,它强调的是,大家共有这么一个性质。英文"Republic"(共和国、国家【古语】),最终就是源自于这个词。这也就是说,"Republic"源自于"Res publica","Res publica"对应于"Πολιτεια"。因此,后来使用英文的人,往往将柏拉图的Πολιτεια,译作 The Republic。许多人由此以为,"Πολιτεια"或者"Res publica",只是指共和国。其实,这是一种大的误解。罗马人使用"Res publica",既用来指称共和时期的罗马国家,也用来指称王政时期与帝国时期的罗马国家。而"Πολιτεια"并非光指共和国,这仅仅从柏拉图那部著作的内容也可以看得出来。因为,在他的理想国家中,是由哲学家做王的;而现代概念上的"共和国",却不应该有王,尤其不能有掌握实权的王;现代政治学上的共和国,是与那种掌握实权的王统治着的君主制国家相对立的一个概念。以上对"共和"词源的解释,可以参见易建平:《从词源角度看"文明"与"国家"》,《历史研究》,2010 年 6 期。
③ 章太炎:《代议然否论》,《辛亥革命前十年间时论选集》(第三卷),北京:生活·读书·新知三联书店,1977 年。

归全体国民所有的"人民主权"原则,他希望用瑞士和美国直接民权发展的历史经验和直接民主的程序,来补充代议制民主政体的不足:"更有进者,本党主张之民权主义,为直接民权。国民除选举权外,并有创制权、复决权及罢免权,庶足以制裁议会之专制,即于现行代议制之流弊,亦能为根本之刷新。"

按照施米特的看法,"民主制"的基本原则不出"主权在民""统治者与被统治者的同一性"等数条,却都共同预设了一群在政治上统一起来的人们。可问题在于,这个"政治统一体"(即"现代主权国家")的"统一性"是看不见的,其"权威性"也就无从自行发挥作用了。因此,即使"人民"才是真正的"主权者",但"主权者"也必须要有具体的人去"代表"他们。这一观点自然和施米特力图恢复"主权"的"决断论和人格主义因素"密切相关,可是它也揭示了在"人民主权"的框架中,无论是"代议制",还是"直接民主制",实际上都具有"代表"的特征。只不过就"理想"与"现实"的关系而言,"民权"思想提供了"民国政治"进行自我批判的可能性。尤其是在"党派政治"失去民众基础,议员议会沦为权力和金钱的玩物,"国民代表"的1993张选票全部赞成"帝制"的情况下,从"民国"自身的"理念"中寻找克服民国"危机"的资源也就势所必然了。

因此,《亚细亚报》的报头上"洪宪元年"四个大字,不仅标志着中国有从"共和民主制"向"君主立宪制"倒退的危险,梁启超从《异哉所谓国体问题》到《国体问题与五国警告》的一系列文章,反复提示的就是这种"复辟"的危险;而且在更深层次上暴露了"中华民国"作为"远东第一共和国"的内在紧张:恰恰是"民国"理想与现实的落差,极大地促成了"帝制"的回归。如果不能有效地克服这一紧张,找到解决危机的方法,即使打倒了一个袁世凯,还会有更多的袁世凯出现。这也就是在上海的陈独秀为什么在《一九一六年》这篇为创刊了半年不到的《青年》杂志所写"新年贺词"中,独独拈出"党派运动"与"国民运动"的关系——也即"代议制"和"民权"的关系——加以申论的原因了。①

在陈独秀看来,"政党政治"遭遇的危机,不单是中国的现象,倘若着眼于"世界","纯全政党政治,惟一见于英伦",英国能够实行完全的"政党政治",有其特殊性:"英之能行此制者,其国民几皆政党也,富且贵者多属保守党,贫困者非自由党即劳动党。政党殆即国民之化身,故政治运行鲜有隔阂。"即使

---

① 陈独秀:《一九一六》,《青年杂志》,第1卷第5号。

如此,"政党政治"也日益暴露出深刻的弊端:"政党之岁月尚浅,范围过狭,目为国民中特殊一阶级,而政党自身,亦以为一种之营业:利权分配,或可相容;专利自恣,相攻无已",由此必然带来"政党"与"国民"之间"代表"的危机,所谓"民主"完全变成少数有权有势者或者专营党派私利者的专利,与广大民众丝毫没有关系。这就造成了晚清以来中国政治的弊端:"吾国年来政象,惟有党派运动,而无国民运动也……吾国之维新也,复古也,共和也,帝政也,皆政府党与在野党之所主张抗斗,而国民若观对岸之火,熟视而无所容心,其结果也,不过党派之胜负,于国民根本之进步,必无与焉。"

从更深的层面来看,这当然不仅是中国的问题,更是"代议制"民主本身的问题,当"绝大多数国民"成为"政治"的最大参考值时,"议会"、"议员"这类体制化的民主形式,究竟能不能代表绝大多数国民的声音和利益?这才是陈独秀痛心疾首所在,政治"不出于多数国民之运动,其事每不易成就;即成就矣,而亦无与于国民根本之进步"。如果"代议制"不能完全代表"民意"甚而不仅不能代表、还有可能操弄"民意",颠覆"民主",直至出现用"民主"方式终结"民主"制度的极端现象,那是否有必要重新想象新的、更加激进的民主形式,来批判、克服既有民主形式的弊病呢?"民国"理想中蕴含着的"以四万万为主"的"人民主权"原则是否能够成为克服危机的资源呢?

"以四万万为主"就是诉诸"绝大多数国民"。在《一九一六年》中,陈独秀只是抽象地表达了对"国民运动"的希望:"自负为一九一六年之男女青年,其各自勉为强有力之国民,使吾党派运动进而为国民运动,自一九一六年开始。"而在一个月后所写的《吾人最后之觉悟》中,他更深切地表达了对"危机"的看法:"吾人于共和国体之下,备受专制政治之痛苦。"

究竟是什么原因造成这种局面?怎样才能做到"共和国体巩固无虞"和"立宪政治施行无阻"呢?最大的问题在于"今之所谓共和,所谓立宪者,乃少数政党之主张,多数国民不见有若何切身利害之感而有所取舍也",突破"困境"的前提条件是"所谓立宪政体,所谓国民政治,果能实现与否,纯然以多数国民能否对于政治,自觉其居于主人的主动的地位为唯一根本之条件。自居于主人的主动的地位,则应自进而建设政府,自立法度而自服从之,自定权利而自尊重之。倘立宪政治之主动地位属于政府而不属于人民,不独宪法乃一纸空文,无永久厉行之保障,且宪法上之自由权利,人民将视为不足重轻之物,而不以生命拥护之;则立宪政治之精神已完全丧失矣"。因此依靠"少数"——即使这"少数"是伟人英雄——是无法实行宪政民主的,"夫伟人大老,亦国民一分子,其欲建设共和宪政,岂吾之所否拒?第以共和宪政,非政府所能赐予,非一党一派人所能主持,更非一二伟人大老所能负之而趋……立宪政治而不出于多数国民之自觉、多数国民之自动,惟曰仰望善良政府、贤人政治,其卑屈陋劣,与奴隶之希冀主恩、小民之希冀圣君贤相施行仁政,无以异也……"

既然不能依靠"少数",那就只能寄希望于"大多数"了,但"多数人之觉悟,少数人可为先导,而不可为代庖。共和立宪之大业,少数人可主张,而未可实现"。在这儿,陈独秀使用了一个非常关键的"类比"策略,把"多数人"和"少数人"对举,将"觉悟"与"立宪"并列,关注的视野从"政治"的范围拓展到"人"的领域,那就是"大多数人"是否已经达到了"觉悟"的程度,足以支撑"宪政民主"得以实现呢?答案显然是否定的,"吾国专制日久,惟官令是从。人们除纳税诉讼外,与政府无交涉。国家何物,政治何事,所不知也。积成今日国家危殆之势,而一般商民,犹以为干预政治,非分内之事;国政变迁,悉委诸政府及党人之手;自身取中立态度,若观对岸之火,不知国家为人民公产,人类为政治动物"。[①]

一方面要用"民权"思想来克服"民国"的危机,但另一方面"民权"的主体"绝大多数国民"却不具备应有的"觉悟"。孙中山曾用"先知先觉""后知后觉"和"不知不觉"来区分国民"觉悟"的程度,他说:"这四万万人当然不能都是先知先觉的人,多数也不是后知后觉的人,大多数都是不知不觉的人。现在民权政治,是要靠人民做主的,所以这四万万人都是很有权的。全国很有权力能够管理政治的人,就是这四万万人。大家想想现在的四万万人,就政权一方面说,就像是什么人呢?照我看来,这四万万人都像阿斗。中国现在有四万万个阿斗,人人都是很有权的。"既有"权",又是"阿斗",怎么改变"绝大多数"的这种状态,好在还有"先知先觉"者:"民权思想,虽然是由欧美传进来的,但是欧美的民权问题,至今还没有办法。我们现在已经想出了办法,知道人民要怎么样,才对于政府可以改变态度。但是人民都是不知不觉的多,我们先知先觉的人,便要为他们指导,引他们上轨道去走,那才能避了欧美的纷乱,不蹈欧美的覆辙。"[②]

就这样,从"民权"思想中很自然地发展出"启蒙"规划,也即陈独秀强调的"政治觉悟"的根源必须来自"伦理觉悟":"绝大多数""无知无觉"的"国

---

① 陈独秀:《吾人最后之觉悟》,《青年杂志》,第1卷第6号。
② 孙中山:《三民主义》,长沙:岳麓书社,2000年。

民"的心理结构仍然停留在专制体制的层面,如果要唤起广大民众的觉悟,自觉争取民主,就必须在文化心理层面有所突破:"儒者三纲之说为吾伦理政治之大原……。近世西洋之道德政治,乃以自由、平等、独立之说为大原,……此东西文化之一大分水岭也……。此而不能觉悟,则前之所谓觉悟者,非彻底之觉悟,盖犹在徜徉迷离之境。吾敢断言曰,伦理之觉悟为最后觉悟之觉悟。"[①]一种来源于"政治的觉悟",进而追求"伦理之觉悟"的"新文化"逐渐浮出历史的地表,这种"新文化"之所以要反对中国传统文化,反对儒教,特别是反对家族制度的核心——"三纲五常",很显然,它的动力来自于现实政治的危机,来自于"民国"理想对"民国政治"批判的可能。

四

1916年1月16日,也就是在陈独秀《一九一六年》发表的第二天,蔡锷率云南护国军出击四川,袁世凯只做了"八十一天"的"皇帝梦"很快就要破灭了;半年后,袁世凯病逝,黎元洪继任大总统;再过三个月,陈独秀主办的《青年杂志》改名为《新青年》,被后世称之为"五四新文化"的帆船在海平面上露出高高的桅杆,越驶越近了……

本文作者系华东师范大学中文系教授

原标题为《一九一六:"民国"危机与五四新文化的展开》,

原载《书城》2009年第5期

[①] 陈独秀:《吾人最后之觉悟》,《青年杂志》,第1卷第6号。

"青年政治"与"青年的消失"

周志强

青年的想象

在1944年,朱自清把五四前后的历史,称之为"青年的时代"。他透露出一个有趣的信息:青年是在那个时候诞生的。

> 这是青年时代,而这时代该从五四运动开始。从那时起,青年人才抬起了头,发现了自己,不再仅仅的做祖父母的孙子,父母的儿子,社会的小孩子。他们发现了自己,发现了自己的群,发现了自己和自己的群的力量。他们跟传统斗争,跟社会斗争,不断的在争取自己领导权甚至社会领导权,要名副其实的做新中国的主人。但是,像一切时代一切社会一样,中国的领导权掌握在老年人和中年人的手里,特别是中年人的手里。于是乎来了青年的反抗,在学校里反抗师长,在社会上反抗统治者。[1]

一般来说,人们习惯把"青年"看作是一个"年龄"概念,而人们用年龄来区分"青年"确实是近代以来的事情。这说明,"青年"并不是自古就有的东西,而是一种现代社会划分族群意识的后果。

法国历史学家阿利耶斯发现,在18世纪以前,人们还没有对现代意义上的青春期进行划分,没有形成青春、青年的概念;童年、少年、青年这些概念,不仅没有形成,青年人也没有成为独立的社会性的存在群体参与历史。而恰恰是法国大革命的那个年代,"青年"才诞生了。简单地说,正是特殊的历史使

---

[1] 朱自清:《论青年》,《中学生》,1944年第78期。

命造就了"青年"这个概念,也正是在改造社会的现代性大变革、工业化大转型的时代里面,青年才成为历史的主体。恰如孟登迎所说的,18世纪晚期的卢梭和歌德,生动描绘了这种新生的社会群体的情感骚动与浪漫韵度。

在这里,所谓"青年",当它指的是特定年龄阶段的年轻人的时候,同时也指的是社会学与政治学意义上具有鲜明特征的人们。不妨说,所谓"青年"者,是被特定的历史内涵和思想力量塑造出来的现代社会群体。事实上,是革命的时代,赋予了命名"青年"的历史动力;而又是在现代社会的管理途中,有了"青年问题"的命题;当消费主义大潮到来的时候,"青年"又理所应当地充当了消费主体的角色,通过被主导和宰制的方式,被动性地成为新的历史主体。

换个角度说,对"青年"的想象性赋义的过程,乃是一个现代社会确立差异性符号,表述另一种生活方式的欲望的表达。正是因为有了现代性的历史语境和现代社会资本主义意识形态的内在焦虑,才有了对"青年"的想象性表述。

就"青年"的年龄意义而言,14岁到24岁青春期,可以看做是一个人生命历程中的"新生"。青春期的浪漫与伤感、激情与悲情、个性张扬与自我贬损同在,它的活力是空前高涨的,同时,也正如美国学者霍尔所说,也将是一去不复返的。这个年龄的人们,享受着只有这个年龄才会有的种种体会。只有恰当的年龄才能谈一场婉约的恋爱、说一种冲动的话语、做一些飞驰的快事。这正是近代以来中产阶级浪漫话语滥觞的一种结果。当我们可以把"身体主义""感性冲动"和"享乐原则"作为对抗贵族阶层律令、把伤感的青春作为一种洁净纯真的想象性符号的时候,"青年"就成了用来标记新生活的东西。

在这里,对于青春期年龄性征的强调,创生了具有强烈的经验性内涵的"青年形象":每个人都能感受到青春期的那种骚动不安,被转化为受压抑的集体自我想象。"青年"从毫无意义的、等待规训和成长的人,变成了抗争统一性和压抑性的"族群"。于是,"青年"就可以在找不到社会变革的阶级基础的时候,成为变革社会的阶级基础——一种不需要通过经济地位的故事和社会身份的差别,就能调动的社会力量。

而就其社会意义而言,没有比这个年龄更值得珍惜的了,因为正是这个年龄中的人,才会用好奇的、实验的和触摸的方式,面对自己的生活和未来。正是在与社会的对立、对抗和握手言和的复杂过程中,"青年"被看是社会改革的巨大动力。可以说,青年的问题,构成了教育、法制、道德和宗教的核心所在;与此同时,应对青年对新生活的各种主张和实践,才有了现代社会的很多新型组织形式。

最终,"青年"获得了政治学的含义。青春期的骚动不安使得"青年"可以被当做是天生的启蒙主义者、天生的理想主义者和天生的社会主义者。青春期的青年那么热情地寻找成长和发展的启迪,那么热情地忠实于对公平与正义的追求,也那么热情地急于立刻实现自己的主张。

在这里,"青年"的想象,乃是通过叙述一个"历史的差异性符号"的方式,将缺少阶级联合基础的时代,魔术一般地变作具有极强的社会鼓动性和普适性的符号,从而能够瞬间达成超社会差别的认同。简言之,"青年"乃是作为一个想象共同体完成自己的历史主体化的。

从这个意义上理解,不难发现陈独秀在1915年《青年杂志》(1916年改为《新青年》)发表的对于"青年"的阐释或者说召唤的内在含义:

> 自主的而非奴隶的
> 进步的而非保守的
> 进取的而非退隐的
> 世界的而非锁国的
> 实利的而非虚文的
> 科学的而非想象的

自主、进步、进取、世界、实利、科学等概念,是"唯一"可以由青年来承担的东西。"青年"作为一种想象性的系列符号体系,可以用来组织关于一个未来中国的形象。也就是说,"青年"变成了一个差异性符号集群的"主词",用来召唤和达成广泛性的社会力量。青年也就天然地跟政治的抗争与进步联系在一起。

换言之,何谓"青年"?青年乃是200年来人类社会不断追求进步理想、不断进行社会变革的启蒙主义精神的载体,是人类进入现代社会以来探索未知、战胜迷信的理性主义精神的载体,更是敢于奋不顾身地反对不公正、抗争腐朽势力的理想主义精神的载体。

事实上,所谓几千年未遇之变局,其中的一种新形态乃是从未遇到过的需要动员不同阶层、身份、性别、族群甚至国别的大运动。也就是说,人类没有过跨种族、跨阶级、跨国别的革命,贵族通过姓氏来组织力量,女权主义通过性别来完成自我的表述,马克思通过想象一个"阶级"来创造全球革命的可能性。在"青年时代"的中国,"阶级"想象不仅没有完成,甚至说还没有有效地启动。

这时,"青年"就成为一个穿越种种定义的差别性符号,令参与者获得认同。

这样,陈独秀对于青年的想象,也就具有了内在的"历史理性":"青年其年龄或身体,而老年其脑神经者十之九焉。华其发,泽其容,直其腰,广其膈,非不俨然青年也;及叩其头脑中所涉想,所怀抱,无一不与彼陈腐朽败者为一丘之貉。其始也未尝不新鲜活泼,寝假而为陈腐朽败分子所同化者,有之;寝假而畏陈腐朽败分子势力之庞大,瞻顾依回,不敢明目张胆作顽狠之抗斗者,有之。充塞社会之空气,无往而非陈腐朽败焉,求些少之新鲜活泼者,以慰吾人窒息之绝望,亦杳不可得。"①这样,"青年"话语,可以通过"身体"这种每个人都具有的"生理基质",实现对鲜明的两种时代、两种人、两种社会和两种国家的未来叙述。

另一个方面,"青年"这个想象的共同体,作为社会性的文化运动基础,和作为未来这种文化运动的后果的"革命"的基础,具有不同的命运。"青年"当然是有效的号召话语,但是,却只能在"文化""思想"的旗帜下有所行动。一种人人都要被革新的冲动,让新文化选择了"青年",也是这种冲动,让这个选择只能困在想象性地解决社会问题的理路之中。

毛泽东的《湖南农民运动考察报告》的另一层含义也就此浮出水面:为一场准备中的大革命,打造"阶级想象",来取代"青年想象"所汇集的、对于革命来说显得松散和无力想象性共同体。与此同时,"青年"依旧在阶级基础上建立起来的团体中起到号召的功能。或者说"青年想象"借此转化为革命集团内部的魅力符号,依旧发挥其差别性职能:

> 少年强则国强(梁启超)
> 青年们先可以将中国变成一个有声的中国(鲁迅)
> 欲救此病,非太息咨嗟之所能济,是在一二敏于自觉、勇于奋斗之青年(陈独秀)
> 队伍中增加一个知识青年,就不啻增加了十个普通士兵(蒋介石)
> 我们的年轻人一定能够创造出中国的奇迹。当年轻一代掌权后,他们会取得了不起的成就(伍廷芳)

毛泽东在其自述中,依然沿用这种"青年想象"方式来"记忆"他的激情

---

① 陈独秀:《敬告青年》,1916年9月《新青年》杂志发刊词。

岁月：

> 渐渐地我在我的四周建立了一群青年，这样造成了日后一个团体的核心，后来这个团体对于中国的革命运动和国事有极大的影响。这是一群严肃的青年，他们没有时间去讨论琐细的事情。他们所说的和所做的每一件事都得有一个宗旨。他们没有时间谈恋爱或"罗曼史"，他们以为在国家如此危急，如此急迫需要知识的时候，是不能讨论女人或私事的。我对于女人本无兴趣。我的父母在我十六岁时就给我娶了一个二十岁的女人，不过我并没有和她一起住过——此后也未有过。我不以她为我的妻子，那时根本也不去想她。除了不谈女人——普通在这时期的青年的生活中极为重要——以外，我的同伴连日常生活中的琐事不谈的。记得有一次在一个青年的家里，他和我谈起"买肉"的事情，并且当面叫用人来和他商量，叫他去买。我动怒了，以后就不和他来往。我和朋友只谈大事，只谈修身齐家治国平天下的事！①

在这里，青年与罗曼史的话语的使用，让我们清晰地看到"青年想象"被重新组织的逻辑：革命青年和资产阶级青年的差异性意识，呼之欲出。沿着这个思路，我们不仅可以重新打量"革命＋恋爱"叙事如何尝试把革命的冲动与肉身的冲动的结合欲望，也可以重新考量《雷雨》中周平作为"新青年神话崩塌"的隐喻性意义："青年"的抵抗只能困在"肉身"的四周，要么是用看海鸥的想象来激活无聊的向往，要么只能用通奸——占有父亲位置的方式来意淫自己的新青年理想。

在"五四"运动发生之前20年的时候，梁启超把"新中国"的未来寄望于青年：新的中国应该是少年中国（"少年强则国强"）；从此，"老年"就与腐败、陈旧的文化想象相关联；而"青年"则成为崭新的、进步的、革命的。而"五四"运动以来，"青年"更是被赋予了特殊的历史使命。进化论的出现、当时海归派知识分子对教育下一代的期望、人们对古老中国文化自救能力的失望，种种驱力把"青年"这个符号制作成了富有召唤力的概念，年轻人被推到了中国历史变革的前台。1927年，鲁迅甚至带点激动地宣导自己的想法，认为中国只有青年才是真实的，是可以与衰败腐朽的制度有所区别的进步力量："青年们

---

① 毛泽东：《毛泽东自传》，北京：解放军文艺出版社，2001年，第129—130页。

先可以将中国变成一个有声的中国。大胆地说话,勇敢地进行,忘掉了一切利害,推开了古人,将自己的真心的话发表出来。"①

由此,中国进入了"青年中国"时段,各种各样的革命思潮和政治运动,都被打上了青年政治的印痕:继往开来的反清革命(19世纪末)、激情四溢的启蒙主义文化(20世纪初期)、浪漫多姿的理想主义思潮(20世纪20年代)、回肠荡气的革命主义运动(20世纪30年代)、前仆后继的反侵略战争(20世纪40年代)、跌宕起伏的社会主义建设(20世纪50年代)、吊诡的文化大革命(20世纪70年代)、启蒙主义返潮(20世纪80年代)、民主思潮(20世纪80年代末),这些现代中国历史的核心段落中,充满了青年政治叙事。凡是有激情、理想和牺牲的地方,就一定会有"青年"这个关键词存在。

不妨说,整个20世纪就是青年世纪,是青年主导了中国乃至全球新社会(现代性)的发生和走势。有趣的是,有学者把20世纪看作是"漫长的20世纪",就其历史发展的内在逻辑来说,这个漫长的20世纪发生了200年(1789法国大革命到1989年全球自由思潮)。而这200年,也正是"青年"浮出水面的200年。

归根到底,波澜壮阔的历史造就了"青年"的抗争政治品格。不是满腹牢骚的絮语和精明练达的冷漠(中年),不是淡泊从容的境界和波澜不惊的衰朽(老年),也不是不知所措茫然无助的脆弱(少年)。作为一种象征和力量,"青年"意味着总是有所作为和敢作敢当,意味着能够从人类的视野而不是自己的生命历程打量生活,意味着用政治领域中的理想主义、社会领域中的理性主义和文化领域中的启蒙主义等精神改造世界。

百年中国崛起的历程中,从辛亥革命到新启蒙运动,青年创造的成就代表了这个国家的最高成就。只要这个群体顺从,这个社会就处于尴尬徘徊;只要这个群体奋斗,这个社会就骚动不安,并不断进步。

当今青年的面孔

韩寒曾经写过一篇趣味生动的文章《就要做个臭公知》,呼喊大家都来"消费政治",因为"面对政府,公权,政治,你不消费它,他很可能就消灭你"。这句话应该能让很多人自省,尤其是那些自以为念一句"宁静以致远"就会摇身变成

---

① 鲁迅:《无声的中国》,《鲁迅杂文全集》(上册),北京:群言出版社,2016年,第298页。

陶渊明的知识分子们,韩寒一语,头顶棒喝。"政治"这个词,不能仅仅理解为党团政治。只要牵连到自己和别人的关系,牵连到我们在社会上的怎样生活能更好,就要追问公平、公正和公理。吃饭睡觉,情恨爱欲,要么是特定政治方式的结果,要么本身就是政治——吃山珍海味与啃干粮度日的生活,绝对不仅仅是"个人自由选择"那么简单;同样,"二奶"能激活的快感,总是能在政客、豪富们的利益交换中像货币一样流通,基本属于特定政治的象征形式。所以,韩寒的深刻,在于能挑破这层窗户纸,让只肯做梦而不肯梦见政治的人们醒过来。

可是,我常常卑鄙地觉得,韩寒能懂得的道理,也一定不会是多么了不起的道理。他永远是写作姿态的魅力大于写出来的东西的魅力。这一次不仅不例外,还干脆自己卖了自己的破绽。不知道有没有回马枪且不论,至少他的"消费政治"的论调,不仅不新鲜,还暴露出了以韩寒为表征的这一代年轻人对待政治的基本方式:"消费"。

说白了,如果采用"消费政治"的态度来对待政府、公权和政治,才真的有可能被他消灭掉。不谈政治就能躲避政治,这是幻想出来的天真;以为谈谈政治、消费它一下,它就像超市里面的大蒜,乖乖任凭你的安排,这是天真的文化里面的幻想。韩寒这种调侃的态度里面,其实隐藏了这一代青年人面对社会政治和群体生存问题的一种漫不经心:政治不过就是微博上的俏皮话或者粉丝们一哄而起的围观与群殴;也许在韩寒所"表征"的这一代年轻人出现之前,社会政治从来还没有被用一种轻松和戏谑的形式处理过。

当这一代年轻人开始用这种想象的方式来解决现实社会的政治矛盾的时候,我可以说,那种曾经激动人心而推动了历史发展、敢作敢当而锐意进取的"青年",消失了。

事实上,"青年"这个词儿,并不是韩寒这种用"USB"来解决问题的聪明,而是群体的智慧与历史的责任的混合物。当韩寒洋洋自得地消费着政治的时候,当他自以为动机不纯、但是效果却很佳的时候,当韩寒以青年人的抗争的口吻,劝告人们安守"屁民"的本分的时候,中国的青年都一下子长大了。"成熟",这个隐喻的背后,是绵绵不断的训诫、劝告、招安和鼓励。现状固然不好,但是,毁掉现状则会更加不好,韩寒也用他的独特的宣言告别了革命,同时,也用一种浪漫而尖锐的方式,告别了青年中国。

当历史进入20世纪90年代,曾经叱咤风云的"青年",消失了!在当时极其流行的校园民谣中,我们听到,代表了"青年"主体的大学生,还没有离开青春,就已经开始怀旧了。校园的种种美好,变成了歌曲中充满伤感又飘若烟云的"非现实",而现实的人生,却总是令他们迅速成熟,令他们在应接不暇之中变得沉默寡言,失去童话的爱情和热情的理想。

在这个时刻,年轻人依旧年轻,但是,"青年文化"独有的理想主义光辉、启蒙主义冲动和个性主义追求,却已经烟消云散。市场经济的来临,消费主义大潮的兴起,我们不难看到,"青年文化"已经被"青春文化"替代。这种替代的过程,呈现为两个截然相反的趋势:青春文化的低龄化趋势和青年文化的老年化趋势。换句话说,"青年"要么变小,要么迅速变老。

20世纪80年代以来,中国社会的年轻人,逐渐面临两种与此前的年轻人不一样的命运。20世纪80年代的恢复高考,造就了大学校园中无数离乡背井的年轻人独立生活的状况。他们离开父母,虽然依赖汇款单,但是,经济却相对独立,可以自由支配自己的购买行为。盒带、言情或武打小说,因为有了这群年轻人,而逐渐成为流行商品。商人开始为了年轻人定制商品,在此之前,工厂很少把他们作为消费的主体来对待。当牛仔裤和文化衫成为商品的时候,"青年"也就变成商品文化的新的产物。在这样的时刻,中国的"青春文化"开始萌芽,逐渐代替了"青年文化"。

紧接着,独生子女时代来临了。年轻人可支配的家庭资金日渐丰厚。动漫卡通、奇幻电影、耽美文学与网络游戏,大众文化的生产者鼓励年轻人用"迷恋"的方式来发生消费行为。五四式的政治广场被超女的电视广场所替代——同样的年轻,同样的嗓门,喊出的却是不同的热情和口号。在这里,启蒙中国的激情被消费生活的激情所替代,塑造自我的理想被狂欢体验的梦想所替代,充满乌托邦精神的"青年文化"被享乐主义的"青春文化"所替代。"青春文化"有一种不断低龄化的扩张趋势,因此"青年"正逐渐丧失在大众话语中的主导地位。定位更加"低龄化"的"青春文化"逐渐开始在公众话语中凸显,慢慢主宰了大众文化的多数话题。

在这种文化中,人们沉浸在过度美好的想象中,恒久停留在童年的梦境之中。而一旦离开校园,童年期的"青年"就会突然长大并迅速老化。在张元的《绿茶》这部电影中,我们看到一个女孩子的校园生存和社会生存的截然不同的面貌。这个面貌变成了一种特殊的社会隐喻:要么清纯可爱,要么成熟精明;要么是年轻的女孩子(青年的低龄化),要么是老辣的社会人(青年的中年化)。

显然,理想主义的丧失,功利主义的崛起,正在造就大众文化和公众话语中"青年消失"的文化现象。我们由此告别了"青年"。在"青春文化"盛行的今天,"青年"只能作为一种文化的幻觉,作为一个消费的符号存在。而年轻人对理想主义热情的放弃,已经让我们看到,只存在青年的消费者,不存在一个青年的社会行为者了。

年轻人变成了被训导和教育的对象,充其量不过是被引导的不理解真实社会的大孩子;而年轻人则错把文化和娱乐的阵地,当做反抗社会的空间,错以为只要让杜甫打手机、蹲大号、超市购物和骑电瓶车,就是对不良教育体制的对抗。这个世界从来不会因为恶搞、涂鸦、戏仿、微博骂战和小清新的文化而实现政治变革,也从来不会因为强大的粉丝和爆粗口的勇气而走向民主体制。简言之,青年消失了,青春来了!

到处是青春文化的优雅美丽或者桀骜不驯,却再也看不到 200 年来"青年"三大精神的存在。用后现代主义的戏谑轻松丢掉启蒙主义的包袱、用现实主义的借口把理想主义当做前台的小丑、用热情疯狂的爱情把理性主义作为丛林社会的恶魔来攻击。

归根到底,青春文化用一种虚张声势的"字由"(符号自由)姿态偷换了青年文化对"自由"的诉求;用脆弱的角色、反转的个性追求抹去了青年的社会角色和功能;用想象性的粉丝们的力量伪装一种具有民主意义的现实性力量……也就是用"伪娘"的去性别化来说明女性主义的胜利,用"恶搞"来宣告底层抗争的存在,用"围观"来确立人们为了公平政治而斗争的蛛丝马迹,用洋洋得意的青春的文化多元主张来掩盖青年政治功能的核心价值。

换句话说,青春文化代替青年文化,乃是用政治领域的屁民主义代替了理想主义、用文化领域的傻乐主义代替了启蒙主义、用社会领域的反智主义代替了理性主义。青春文化崛起,也恰好勾勒了青年文化的坟墓。

"青年"消失的背后

今天的年轻人还没等到长大就迅速地老了。

当他们面对个人的生存问题的时候,他们比以前任何一个时代的青年人都表现得中年化,人情练达、踌躇满志;当他们面对社会的变革课题的时候,他们又比任何人都富有"恶"的想象力,污言秽语、桀骜不驯;当他们恋爱的时候,深深懂得门第家族、拼爹拼二奶;当他们走进影院的时候,却能够装傻充愣、卖萌扮嫩……中年化、低幼化与市侩化,这正是当前"青年"的三张面孔。

在一部《屋顶上空的爱情》小说中,农民出身、刚刚毕业的研究生结婚了。他们住在城中村,冬天寒风刺骨、夏天辗转不眠;刚刚攒够的买房子的首付,变得只够买阳台的首付了;女孩子宁愿做二奶也不愿意做浪漫的爱情守护神;再天真无邪的姑娘,也变得面目狰狞;再雄心壮志的青年,也只有茫然无助;歌声里的学校生活与丛林中的社会生活形成鲜明的对照。在这部小说里,青年,这个与醉人的吉他、迷人的夜空与激情四溢的爱情交织在一起的形象,在神一样的房价面前,变得狼狈破败、虚假无能。

中国利益阶层的定型、社会阶层的分化和资本威权体系的成型,造就了这样一种简单的后果:当一个年轻人准备了25年的个人奋斗,尚不足以买到富人家宠物狗所住得那么大的三平方米空间的时候,"青年"就像夜里的黄鼠狼一样,在臭不可闻的轨迹上消失了。青年的消失,显示了中国社会生活的吊诡:青年作为抵抗不公平机制的主体力量,却成了不公平机制的祭品。

在一次关于青年人的前途的讨论会上,一个同学毫不客气地说,如果年轻人不迅速学会使用社会的这些腐败规则,就立刻变成这个规则的牺牲品。当我大力宣讲"青年"应该具有理想主义的精神的时候,熊培云就立刻提醒我不要一方面鼓动学生"牺牲",另一方面自己缩在一角不敢前行——任何为了神圣的事业而牺牲个人生活的主张,在熊培云看来都是虚伪的政治。

显然,年轻人和年轻人的导师们,都已经不愿意再谈论"青年"的政治功能问题了;与此同时,他们也立刻失去了理解理想主义、启蒙主义和理性主义背后,追求社会公平进步的现实力量的能力。当同学们认为正是中国社会的不良体制造就了青年对腐败的服从和自己的生存困境的时候,他们却选择了对这种潜在规则体系的服从和融合。一方面他们已经不敢想象抵抗政治及其代价问题,另一方面,他们也在敢于参与腐败的现实的同时,却不敢面对这种现实。从来没有这样一个时期,几乎每一个大学生都能懂得一面"卖萌"装可爱,一面毫不客气地学会了社会潜规则;学生会的成员们懂得如何通过各种公益性的活动扮演崇高,却在现实层面为自己创造保研推博的机会;一个女生这样说,谁让我读研,我就让谁"潜规则"……

正是从这个意义上,我理解了"韩寒们"。年轻人需要自己堕入政治的深渊,你死我活,"酱"在一起;另一方面还需要"韩寒"这个符号生产力不断为他们生产"我抵抗过"的童话来自我安慰。青年的消失,来自一种彻底的精神分裂:所有对政治的消费,不过是为了自己活得更麻痹一点。历史不属于我,我可以通过想象性的穿越占有自己的历史;政治不关我事,我却可以通过消费它而让它继续不关我事……

本文作者系南开大学文学院教授

法国道路？还是德国道路？
——欧战与新文化运动的兴起

王 鸿

如果从1915年陈独秀在上海创办《青年杂志》(第2卷后改名为《新青年》)算起,那么新文化运动距今已有百年之久。① 这场百年前的思想运动,曾被广泛地看作是一场法国式的"启蒙运动",来自欧西的"民主"、"博爱"、"世界主义"与"自由"等观念,构成了理解其不可或缺的标签。② 然而,问题在于,如果我们将视野投到历史现场,这种将新文化运动视为"启蒙运动"的见解,却仍存在有待讨论的地方。其中较为关键之处在于,新文化运动扬帆起航之际,也正是欧战(彼时人对第一次世界大战的指称)正酣之时。③ 如果欧西的观念乃是救正中国的正途,那么彼时人又是如何理解这场发生在欧洲的战争及其所释放出的暴力呢?欧战是否曾歆动一时之人心,影响新文化运动的走

---

① 对于新文化运动的起始,大抵有两种看法。一种认为是以胡适的《文学改良刍议》(《新青年》第2卷第5号,1917年1月1日)为标志,侧重的是这场思想运动的文学革命意涵;另一种认为是以陈独秀在上海创办的《青年杂志》为标志。本文取后一种看法。
② 最早将新文化运动理解为"启蒙运动"的是舒衡哲(Vera Schwarcz)和李泽厚。参见Vera Schwarcz: *The Chinese Enlightenment: Intellectuals and the Legacy of the May Fourth Movement of 1919*, University of California Press, 1986。李泽厚:《启蒙与救亡的双重变奏:"五四"回想之一》,《走向未来》第1期(1986年),第18—40页。近期的研究则可见许纪霖:《五四:一场世界主义情怀的公民运动》,《启蒙的遗产与反思》(《知识分子论丛》第9辑),许纪霖、刘擎编,南京:江苏人民出版社,2009年,第256—284页。不过,对此也不乏异议,比如余英时便引介胡适的阐释,指出这场运动的另一性质,那就是"文艺复兴"。参见余英时:《文艺复兴乎?启蒙运动乎?——一个史学家对五四运动的反思》,《余英时文集》第7卷,桂林:广西师范大学出版社,2006年,第167—188页。
③ 时人除了称第一次世界大战为"欧战"外,"大战""大战争"等词也经常可见,但大体以称"欧战"为主。胡适在一战后便坦言:"这一次大战实在不是一场'欧战',乃是一场空前的'世界大战'。但是在汉文里,'世界大战'四个字(The World War)还不成名词,我们中国人的心里仍旧觉得这是一次'欧战'"。胡适:《欧战全史·胡序》,梁敬錞、林凯:《欧战全史》,亚洲文明协会,1919年8月。

向,甚或引起彼时知识分子的观念变化？以往对于欧战与新文化运动的探究,大体集中在新文化运动的高潮,也就是五四运动与巴黎和会,以及此间的东西文化论战上,而对于新文化运动前期[①]中国知识分子对二者之间的看法,则甚少措意。[②] 本文则试图着力于此,探讨新文化运动前期中国知识分子对欧战的看法,以及由此而激发的思想与观念的变迁。

文明的秀场与"德国不败论"

1914年6月28日,奥匈皇储费迪南夫妇在塞尔维亚遇刺。一个月后,奥匈帝国以此为借口,对塞尔维亚宣战。旋即,德、俄、法、英等国相继卷入战局,掀起了欧洲自拿破仑以来罕见的战争。对于这场远在欧洲的战争,当时的中国知识分子却表现出了浓厚的兴趣。战事一起,各方竞相报道。与《新青年》在作者群上有着莫大联系的《甲寅》杂志,便在其"时评"一栏专述欧洲战事。[③] 长期就对外国时事保持关注的《东方杂志》,更是广泛译介欧美及日本对此事的相关分析,而其主笔杜亚泉则在战事之初发表《欧洲大战争开始》[④]一文,对与欧战爆发相关的"奥匈皇储夫妇之惨死""奥塞之宣战""德奥之开

[①] 大抵而言,以1919年的五四运动为界,新文化运动可分为前期与后期。本文所处理的则主要集中在五四之前的新文化运动。与五四后思想界各派之间呈现出"主义化"的倾向不同的是,五四前期各派之间却有着相当程度的共识。用许纪霖的话来说,除了《新青年》等所代表的启蒙传统外,像杜亚泉、《东方杂志》作者群、梁启超等人对新学、新知的推介,也可谓为"另一种启蒙",二者之间并没有不可逾越的此疆彼界的冲突。因而,本文在关注《新青年》杂志之余,也会关注到梁启超、杜亚泉、张君劢等人的看法,从而呈现出更为丰富的历史面貌。相关的研究,可参见许纪霖:《杜亚泉与多元的五四启蒙》,《杜亚泉文存》,上海:上海教育出版社,2003年,第494—498页。王汎森:《"主义"与"学问"———九二〇年代中国思想界的分裂》,许纪霖等编:《启蒙的遗产与反思》(《知识分子论丛》第9辑),南京:江苏人民出版社,2010年,第221—255页。

[②] 代表性的研究有:罗志田:《"六个月乐观"的幻灭:五四前夕士人心态与政治》,《历史研究》,2006年第4期,第105—191页;郑师渠:《欧战前后:国人的现代性反思》,北京:北京大学出版社,2013年;黄金麟:《历史的仪式戏剧——"欧战"在中国》,《新史学》7卷3期,1996年9月,第91—131页。至于欧战与新文化运动前期的历史关系,丘为君和汪晖的相关研究有所涉及,但大体着眼点仍在于五四之后对欧洲文明的反思。参见丘为君:《战争与启蒙:"欧战"对中国的启示》,《"国立"政治大学历史学报》第23期,2005年5月,第91—146页。汪晖:《文化与政治的变奏:战争、革命与1910年代的"思想战"》,许纪霖编著:《中国现代思想史论》,上海:上海人民出版社,2014年,第349—396页。

[③] 渐生:《奥皇储被刺》,《甲寅》第1卷第3号,1914年7月10日。渐生:《纪欧洲战事》,《甲寅》第1卷第4号,1914年11月10日。

[④] 高劳(杜亚泉):《欧洲大战争开始》,《东方杂志》第11卷第2号,1914年8月1日,第5—12页。

战""德俄之宣战""德兵攻法""英国调停之无效"等事件,详细论述。① 以翻译西学闻名的严复,因熟悉国外状况,则直接被延揽入袁世凯的顾问团队,翻译伦敦《泰晤士报》和《每日记事报》上的战事内容,供袁参阅。② 至于虽身处政局,却一直在言论界饶有影响的梁启超,在欧战开始不到半年的时候,广泛搜罗资料,以十天的时间写成《欧洲战役史论前编》一书,将这场战争的原因远溯至百年之前,详述此间欧洲各国的关系变迁与势力消长,鼓噪一时之人心,初版后短短的一年时间内便再版三次。③ 对于当时人这种对欧战的关注热潮,梁启超那时便慨叹道:"吾国人对于世界知识之兴味,浅薄极矣。欧战骤起,四海鼎沸,于是庙堂之士,阛阓之士,每相见必以欧战为一谈资。虽所言半皆影响,不得要领,然求知外事之心,固已日渐恳切,此亦我思想界一进步之机也。"④

梁启超的说法虽说不无夸大之处,但彼时人对欧战的关注热潮却也显而易见,在将欧战作为"谈资"的背后,实际上有着既深且巨的缘由。一方面,此种对于欧战的兴趣,自然联系着对战事所掀起的外交关系的关切,⑤而另一方面,更为重要的,则是欲借此而管窥欧洲文明。清末以来,迭经外来的刺戟,中国人对外部世界的看法经历了从天下到国家的巨变。在这一变化过程中,原本以中国为中心的"夷夏之辨",被西方的"文明与野蛮"观念取代。⑥ 在"夷夏之辨"的视野中,中国乃是文化和德性的中心,"没有绝对的'他者',只有相

---

① 其后,杜亚泉还通过不定期连载的方式,以《大战争续记》为名,系列报道欧战局势,至1917年7月刊出《大战争续记十二》停止。杜亚泉的这些文字,后来被收进《欧战发生史》一书,编入商务印书馆的《东方文库》。
② 黄克武:《严复与〈居仁日览〉》,《台湾师范大学历史学报》第39期,2008年6月,第57—74页。
③ 初版见梁启超:《欧洲战役史论前编》,商务印书馆1914年12月版。至1919年五四运动后,胡适回顾当时中国人对于欧战的研究,便还首推梁著。见胡适:《欧战全史·胡序》,载梁敬錞、林凯:《欧战全史》,亚洲文明协会,1919年8月。
④ 梁启超:《欧战蠡测》,《梁启超全集》,北京:北京出版社,1999年,第2781页。
⑤ 黄嘉谟:《中国对欧战的最初反应》,《"中央研究院"近代史所集刊》第1期,1969年8月,第3—18页。
⑥ 从"夷夏之辨"到"文明-野蛮"的观念变化过程中士人心态的变化,杨国强有过一番提纲挈领、却又恢宏通贯的论述。参见杨国强:《中国人的夷夏之辨与西方人的"夷夏之辨"》,载《东方早报》(2010年5月30日)。后该文编入氏著:《历史意识与帝王意志》,北京:海豚出版社,2011年,第64—97页。而方维规、黄兴涛二人先后从概念史的角度,对"文明"与"文化"概念在清末民初的变迁过程作了详细考订,也可参考。参见方维规:《论近现代中国"文明"、"文化"观的嬗变》,载《史林》(1999年第4期);黄兴涛:《晚清民初现代"文明"和"文化"概念的形成及其历史实践》,载《历史研究》(2006年第6期)。

对的'我人'"。① 然而,当外来的"文明与野蛮"观念,借着坚船利炮叩开国人脑门时,代表文明和开化的乃是外在的欧洲各国,至于中国,则只能被归为野蛮和愚昧的行列。沦为野蛮和愚昧,意味着屈辱和不甘。由此,如何从野蛮或者半开化进至文明和开化,将中国转变成西方式的国家,构成彼时中国人念兹在兹的关切所在。延续着晚清的关切,在彼时人看来,欧战固然释放出了战争的暴力和残酷,但更重要的,它是展现文明的秀场,是中国人窥视欧洲文明的契机。梁启超甚至认为这场"有史以来所未尝睹闻"的战争,乃是"天地间瑰伟绝特之观",可以"予我以至剧之激刺","为是国人求外事之一良机会也"。②

从当时的相关文字来看,这场远在欧洲的战争,给予中国知识分子"激刺"最深的有两个方面,一为战争之初欧洲各国人民所表现出的爱国心及举国一致抗敌的态势,一为战争中各国所展示出的武器和科技之精良。就前者而言,较早注意及此的是杜亚泉,他在欧战爆发后两个月便认为,"此次大战争之印象,其激射于吾国民之眼帘,深刻于吾国民之脑底者,则欧洲国民爱国心之实现是也。"他观察到那些侨寓东亚的交战国人民,无论是"营商业、任教育、及受吾政府之佣雇者","皆弃其职业,讬其妻子,联袂归国,以效命于疆场,曾无观望徘徊之意"。更为触动人心的,则是身处青岛一隅、无本国强大武力护卫的五千德国人,面对着日本举全国海陆军之力的进攻态势,虽众寡悬殊,却都能"效死勿去","寄五千余通之遗言,以示比死。"他不禁感叹,此真"军国民之模范","足使吾人景仰流连而闻风兴起矣"。③

需要指出的是,这一看法,并非杜氏一人的偏见,当时在柏林大学就学的夏元瑮,以其在德国的亲身体会和对欧洲各国开战初期状况的了解,更是坦言道:"今日之战争,均有其至深且远之原因。全国同心,上下一致,非一二军人或政治家所能左右也。"④在法国的蔡元培归国后,则从战时军人的情况出发,认为各国"虽属不同,但为军人者,俱不临阵逃脱。所谓天时地利,可以委而去之,此中之大原因,实系由于国民道德。"⑤梁启超在1915年所作的《欧战蠡

---

① 许倬云:《我者与他者:中国历史上的内外分际》,北京:生活·读书·新知三联书店,2010年,第20页。
② 梁启超:《欧洲战役史论前编》,上海:商务印书馆,1914年,序言部分第3页。
③ 伧父(杜亚泉):《大战争与中国》,《东方杂志》第11卷第3期,1914年9月,第2页。
④ 夏元瑮:《欧洲战祸之原因》,《东方杂志》第12卷第2期,1915年2月,第1页。
⑤ 蔡元培:《蔡子民先生之欧战观——政学会欢迎会之演说词》,《新青年》第2卷第5号,1917年1月1日。

测》一文中,便也注意到无论是"以人种复杂为病,天下所共闻"的奥匈帝国、境内波兰人、芬兰人蠢蠢欲动而虚无党又潜伏其中的俄国,还是当时正为爱尔兰独立问题而焦头烂额的英国,以及为社会党非攻主义歊动一时的德法两国,在战争开始之际,"皆现举国一致之实","不肯漫争意见,自取分裂"。推究其原因,则缘于各国国家组织的日益完善、政治的日日改良、教育的日益普及,所带来的人民与国家之间情如"手足"与"头目"的关系。①

除了对欧洲各国举国一致的观感外,由战争所展现出的科技之高超、器物之精良、战术之完备等,也让当时的中国知识分子叹为观止。像以关注中外时事见长的《东方杂志》,就对关于欧战中潜水艇、大炮、飞艇、飞车、壕沟战的相关报道,广泛搜罗,加以译介和登载,占了该杂志一半以上的篇幅。彼时在德国的张君劢,甚至认为此次战争可谓为一场"技术(Technic)战争",而且还打算成立"欧战研究会",将欧洲各国的军事、财政、外交、社会等各方面所表现出的高超技艺,逐一梳理,分科讲求,以备来日中国之需。在他看来,"居今之日,目击国际间竞争之烈,类无不知国无兵力,不足自存",中国若不早早在科技和武器方面有所准备和研究,最终则不免于败亡。②

可以说,无论是举国一致的爱国心,还是精妙绝伦的科技实力,其背后都笼罩着一个巨灵般的"国家"。在这一以国家为重心的世界视野中,决定一国能否迄于文明之境的,并非德性的文野,而是实力的高下。在晚清,国家实力的标准,无论是严复在《天演论》中标举的"德、智、力",还是梁启超在《新民说》中所阐释的"新民"观念,抑或是杨度在《金铁主义》中所指出的"金权"和"兵权",背后都共享着一套力性秩序。在这种力性秩序中,国家乃是一个意志的存在,其强弱涉及国家之内的各个方面,上至统治者的德性,下至人民的爱国心,从经济到军事,无一不影响着国家的生死存亡。欲达于文明之境和免于败亡,实非易事。欧战的出现,并没有改变这种看法,相反的,却加强了彼时人对这种力性秩序的认同。梁启超便感叹,"吾观此战,吾所最感慨者,则立国于近世,真不易易。盖无时无地,不与忧患相缘,为国民者,稍一自暇逸,自暴弃其国,行即在淘汰之数。试观彼诸国者,岂非泱泱大风今世之雄国哉,而各皆遭值夫遗大投艰,至赌孤注以为救亡之计,则凡有国者其可以鉴矣"。③

---

① 梁启超:《欧战蠡测》,《梁启超全集》,北京:北京出版社,1999年,第2781页。
② 君劢:《英国军需大臣路德乔琦氏之军火与战争观》,《东方杂志》第13卷第4期,1916年4月。
③ 同①,第2788页。

而如果说决定一国能够处于文明与优胜境地的,乃是由人民的爱国心和精良的科技所铸成的实力和强力,那么在战争中,谁既能够紧密团结人民,同仇敌忾,一致对外,又能够拥有所向披靡的武器和军事实力,谁便是胜利者。盱衡欧战初期的战况,在这两方面同时具备的德国,便成为了彼时中国知识分子所预言的胜利者。这一看法的始作俑者是梁启超。在他看来,"德人政治组织之美,其国民品格能力训练发育之得宜,其学术进步之速,其制作改良之勤,其军队之整肃而忠勇,其交通机关之敏捷,其全国人之共为国家一器械而各不失其本能。凡此诸点,举世界各国无一能逮德者"。可以说,"彼德国者,实今世国家之模范"。如若这样的国家败亡,那么自今以后,"凡有国者,其可以不必培植民德,不必奖励学术,不必搜讨军实,乃至一切庶政,其皆可以不讲矣。"只要"国家主义"一日存在,那么"此模范国断不容陷于劣败之地"。①

梁启超的这种看法,在后来同盟国战败的情形下,为时人所诟病②,但在欧战之初,德国的攻势确实令时人叹服。如彼时人所指出的,当时的德国"一战而灭比利时,再战而破法兰西,三战而蹶露西亚,处四战之地,抗天下之师,而能战胜攻取,亟摧敌国,自汉堡之特里埃斯特,由阿斯丁德迄于巴格达,德占领数千万里之地,奴虏三千万之民,奥大利、土耳其、布加利亚之帝王皆执鞭提鼓以从凯撒之戏下"。③ 面对着德国狂飙式的突进,万里之外的梁启超视德国为胜利者自无待言,而即使身在欧洲的张君劢,在广泛搜罗战况的情况下,于1916年初,也不免指出,"自欧战之起,盖一年余兹矣。执人而问曰,最终之胜利,将谁属之,则人必应曰,不知也。又使问曰,以战起迄今之情况言之,德、奥胜乎?英、法胜乎?则鲜有不应曰,德、奥胜也"。④ 与德国的胜利相比,英法诸国在当时中国知识分子眼中则略显困顿,甚至连长久以来对这两国颇有赞词的严复,面对着既成的战局,也不禁感叹"德意志国力之强,固可谓生民以来所未有",竟能以一国之力,抵挡甚至战胜东西两面的"三最强国"。⑤ 至于

---

① 梁启超:《欧洲战役史论前编》,上海:商务印书馆,1914年,第100—101页。
② 在后来举国庆祝参战胜利的情况下,李大钊便不无嘲讽地指出:"著《欧洲战役史论》主张德国必胜后来又主张对德宣战的政客,也来登报,替自己作政治活动的广告;一面归咎于人,一面自己掠功。"见李大钊:《BOLSHEVISM 的胜利》,《新青年》第5卷第5号,1918年10月15日。
③ 刘叔雅:《军国主义》,《新青年》第2卷第3号,1916年11月1日。
④ 张君劢:《欧东新战区之外交潮流》,《东方杂志》第13卷第1号,1916年1月,第15页。关于张君劢对于欧战的看法,具体研究可参见叶其忠:《1923年"科玄论战"前张君劢对欧战四个看法之嬗变及其批评》,《"中央研究院"近代史所集刊》第33期(2000年6月)。
⑤ 严复:《与熊纯如书·二十五》,《严复集》,北京:中华书局,1986年,第624—625页。

英法为代表的平等、自由、民权诸主义,则弊端日见。弊端所在,厥为"难以图强"。①

《新青年》的两种态度

《青年杂志》创刊时(1915年9月),欧战虽已持续一年之久,但关于这场战争的报道和评论在该刊中仍占不少的篇幅,持续到1917年8月的"国外大事记"一栏,甚至每期都必有与欧战相关的内容。② 与欧战最初中国知识分子对德国实力的推崇不同,乍看之下,《新青年》却似乎吹拂着一股浓浓的"法国风",法国的共和观念及其历史变迁,在该刊中被广泛论述。在陈独秀那篇为人所广泛引用的登载在《青年杂志》创刊号上的《法兰西人与近世文明》一文中,其在介绍完使现代社会"人心社会划然一新"的"人权说""生物进化论"和"社会主义"这三种观念后,便认为"此近世三大文明,皆法兰西人之赐,世界而无法兰西,今日之黑暗不识仍居何等!"但他也注意到,"创造此文明之恩人,方与军国主义之德意志人相战,其胜负尚未可逆睹"。随后他以法国人的"爱自由爱平等之心"与德国人的"爱强国强种之心"进行对比,认为多数德国人因爱国心之驱使,行"军国主义",远不如法兰西人之嗜好平等、博爱与自由。而且,还援引尼采对德法关系的评价,暗示假使德国战胜,背后的原因或许也是其"因袭"法国文明之故。③ 对于法国文明,陈独秀可谓是推崇备至。

除了陈独秀外,李亦民在该刊中对德法两国的对比,颇值得注意。他与陈独秀一样,认为法国人富于自由平等博爱思想,而德国人则讲规则、重国家意识。但他在欧战之初德胜法却的战局前,却也承认法国文明"流弊所届,即与放任主义相临,不能勇猛精进",而德国人则服从国家意识,其法律和规则"一字一句,皆必有非常强大之效力;设无效力,则竟宣言废止之,不肯为片纸之虚设"。④ 不过,即使如此,他却仍对法兰西人所展现出的"自由平等之风",不胜留恋,认为:"法人之性格,和蔼可亲,不若英人之傲慢,德人之酷冷,社会阶级,自革命成功后,早已悉数划然。入其国,即觉平等自由之风,灌嘘襟臆,诚

---

① 严复:《与熊纯如书·四十七》,《严复集》,第660页。
② 《新青年》第3卷第5期(1917年7月)是个例外,没有"国外大事记"一栏。
③ 陈独秀:《法兰西人与近世文明》,《青年杂志》第1卷第1号,1915年9月15日。
④ 李亦民:《世界说苑·法兰西人之特性(一)》,《青年杂志》第1卷第3号,1915年11月15日。

人间乐国也。"①

而当时在该刊上三论《共和国家与青年之自觉》的高一涵,更是广述法兰西共和历史,以资为青年之资鉴。在他看来,法国的共和并非天降之物,路易十四以来的法国,"屡行暴政,赋税之担负,至贫民而益重,强制公债,滥发无垠,不良泉币,遍布于市,贫富相悬,益不可以道里计,握持权者,穷奢极欲,而耕农苦力,至贫无立锥"。此种惨状,到了1789年法国大革命时期,更可谓是"国债山积,国家财政,几于破产"。但经由革命之后,法国"建设共和,实施宪政,人民之生命自由,举为宪法所保障"。本着《人权宣言》对自由、平等、主权在民、法律面前一视同仁的观念,"法兰西国民知之,法兰西国民行之",于是而"险阻立化为坦途,危亡立转为安泰","其享受自由幸福,在世界民族中为第一"。即使在此之后,法兰西共和迭遭帝制和"激烈党"的冲击,但"法人求共和之心,谋自由之志,未尝因是而止也"。由法国共和历史出发,高一涵认为"国家之立也立于人,国体之变也变于人,吾人欲创造何种国家,立何种国体,吾人即向何方面着着进行,无所用其顾虑"。②

由这种对政治活动的看法,《新青年》诸人所念兹在兹者,厥为改造"多数国民"("青年")之觉悟,从而为共和政治奠定稳定的基础,摆脱民初以党人、政客、军人为中心的政治局面。③ 对于《新青年》以及彼时知识分子对民初政局的这种反应,相关研究早已注意及此,无复赘言。不过,如若细绎相关的文本,在《新青年》诸人注重改造国民、青年之觉悟,强调法兰西共和文明的同时,对于德国式的以国家重心的、强调国家富强的理念,却也未尝偏废。《新青年》诸人中,对德国道路最为推崇的,是刘文典。在1916年9月,刘文典刊登在《新青年》的《军国主义》一文中,盱衡世局,便道出与上述诸人看似不同的看法。在他看来,彼时的世界决不是一番和平康乐、博爱自由的景象,而是"军国主义之天下","国于今之世界,苟欲守此疆域、保我子孙黎民,舍军国主义无他道;生于今之世,苟欲免为他人之臣虏,舍军国主义无他法"。国家的存在并非为了造福人民,相反的,"国家者,求生意志所构成军国主义者竞存争生之极致也"。秉钧当国者只有明白此间的利害关系,行军国主义,才能使国家立于不败之地。④

---

① 李亦民:《世界说苑·法兰西人之特性(二)》,《青年杂志》第1卷第4号,1915年12月15日。
② 高一涵:《共和国家与青年之自觉》,《青年杂志》第1卷第3号,1915年11月15日。
③ 代表性的文章可见陈独秀:《吾人最后之觉悟》,《青年杂志》第1卷第6号,1916年2月。
④ 刘叔雅:《军国主义》,《新青年》第2卷第3号,1916年11月1日。

与高一涵援引法国共和历史为其主张张目的做法一样,刘文典则以德国史事为资鉴。在他看来,"德意志帝国,天下莫强焉,今日言强国者,殆无不联想及德意志者也"。而德意志的强盛,同法国共和一样,也非突如其来,甚至还与国家的屈辱紧密联系。当18世纪末19世纪初,"拿破仑之雄师劲卒驰骋于其国中,逐之极北之地,路易兹后北面长跪,以迄哀于拿破仑前,而终不能邀战胜者之垂怜,饮泣吞声以为谛尔西特城下之盟,丧其版图人口之半,赏金一万三千万佛郎,限制常备军,数不得逾四万二千人,遵奉其无理之条例,其耻辱、痛苦、损失,十倍甲午庚子之合约"。不过,经此创痛,德国人并没有苟安怀佚、禽视鸟息,相反的,"君臣上下,卧薪尝胆,必欲以十年生聚,十年教训,沼法兰西而洒斯耻"。于是,举国一致,以国家为念,力行军国主义,"其皇室持军国主义,故历代帝王卧薪尝胆以济统一复兴之大业;其政治家持军国主义,故忠贞体国以修政理;其军人持军国主义,故将帅研精覃思以治画策,士卒则奋勇死绥,咫尺无却;其学者持军国主义,故坚苦力学,勇猛精进,以其所得贡献于国家社会;其工商业者持军国主义,故尽智极能以殖产兴业;其思想家文人持军国主义,故摛藻振翰以发扬民族之精神,启迪国民之思想"。最后,刘文典总结道:"军国主义者,德意志强盛之总因也"。①

如果说《新青年》的"法国风",侧重的是国民("青年")的觉悟,那么刘文典的这篇文章则饱含着浓郁的"德国风",呼唤的是国家的强力和实力。事实上,刘文典的看法不独为其所有,至如李大钊在彼时也将英法等"欧土名邦"与德国进行对比,视前者为"白首之国",认为后者是"青春之国",并强调在欧战的洗礼下,英法意等国已成文明史上的"过客",而德意志则以"青春之国"的形态展示其生命力,沛然莫之能御。由此对照,李大钊提醒青年学子,仿效后起之国,"汲汲孕育青春中国之再生"。② 而易白沙则联系欧战之初便为各方势力所觊觎的青岛,提醒中国青年要学习欧洲各参战国人民所展现出的对国家的"责任心","仗剑而起",不作袖手旁观之态,不抱中立的幻想,为国事负责。③ 甚至连曾对法兰西文明不胜褒扬、注重多数国民之觉悟的陈独秀,面对着欧战中德国的猛烈攻势,却也不禁有世界将为德人易色之感,而认为将来"列国鉴于德意志强盛之大原",必"举全力以为工业化学是务"。于此世界时

---

① 刘叔雅:《军国主义》,《新青年》第2卷第3号,1916年11月1日。
② 李大钊:《青春》,《新青年》第2卷第1号,1916年9月1日。
③ 易白沙:《战云中之青年》,《青年杂志》第1卷第6号,1916年2月15日。

势面前,提醒时人"首当一新其心血,以新人格,以新国家,以新社会,以新家庭,以新民族。必迨民族更新,吾人之愿始偿,吾人始有与皙族周旋之价值,吾人始有食息此大地一隅之资格"。① 在这里,国民觉悟虽仍为其强调,但国家与民族的生死存亡,却为其最终目的。

可以说,对于欧战,《新青年》诸人展现出了两种不同的态度。一则褒法国启蒙式的"爱自由爱平等之心"、贬德国的"爱强国强种之心",一则扬德国的"军国主义"、以国家富强为标的的理念,扞格与冲突之处显而易见。这不禁促使我们好奇,为何这两种看似相异的态度会同时出现在《新青年》上,甚至是同一人(如陈独秀)身上,其间冲突矛盾该如何解释?如果说法国式的共和观念构成了《新青年》诸人应对国内政局的密钥,那么德国式以国家富强为中心的"军国主义"又该如何解释?以国民为中心的法国式共和观念,是否与德国式的"军国主义"有并存甚至互为奥援的可能呢?

以"政治主义"实现"国家主义"

正如不少研究指出的,《新青年》诸人对于国民("青年")伦理觉悟的强调,以及对法国共和精神的标榜,与民初以来的政治乱局有着紧密的联系。延续着晚清以来的国家主义狂飙,民初虽以共和政治为号召,但共和的背后仍然是一个巨灵般的国家。知识分子念兹在兹者,乃在于改变国家层面的"国体"和"政体",以打造理想的国家。然而,迭经共和流产的历次刺戟,知识分子对国家的失望之情,却已然溢于言表。② 正如陈独秀指出的:"今之所谓共和、所谓立宪者,乃少数政党之主张,多数国民不见有若何切身利害之感而有所取舍也。盖多数人之觉悟,少数人可为先导,而不可为代庖。共和立宪之大业,少数人可主张,而未可实现。"③对于国家层面的失望,促使彼时的知识分子将视野由上至下,投向多数之国民,特别是青年上。

然而,这并非意味着《新青年》诸人只注重国民,而轻视国家的视角。虽然国内政治的棼乱带来了知识分子对国家的失望,但国际上的欧战却使他们

---

① 陈独秀:《一九一六》,《青年杂志》第1卷第5号,1916年1月15日。
② 新近的研究可参见许纪霖:《国王的两个身体:民国初年国家的权威与象征》,《学术月刊》,2015年第4期。宋宏:《共和还是君主——重思民国初期关于国体问题的论争(1915—1917)》,《学术月刊》,2015年第4期。
③ 陈独秀:《吾人最后之觉悟》,《青年杂志》第1卷第6号,1916年2月15日。

受到了国家观念的洗礼。在欧战之初,德国所展现出的实力和强力,实令彼时的中国知识分子瞠目结舌。欧战之初各国所释放出的暴力,并没有让他们看到其中的弊病,相反的,却加强了晚清就出现的一个观感,那就是,这个世界仍然是一个弱肉强食的世界,作为整体的国家若不亟思奋起,则难免败亡。正如前文所指出的,极端者如刘文典,倡言德国式"军国主义",认为"世界克享所谓和平幸福者,但有两种人:一为战胜者、征服人者,威无不加,天下莫强,既无敢与敌者,又免被征服之祸,斯真能享和平之福也。一为蒿里中陈死人,一棺附身,万事都已,无论何种惨祸,皆不复受,斯亦和平之至也"。中国只有成为强者,才能生存,从而屹立于世界列国之林。① 温和者如李大钊,力图再造中华,筑出"青春中华",认为"吾族今后之能否立于世界,不任白首中国之苟延残喘,而在青春中国之投胎复活"。②

不过,这也并非意味着他们真的要复归晚清以来仅仅以国家富强为标的的窠臼。在他们的论述中,显然存在着一种对内与对外、国内与世界的视野区别。受欧战各国竞相角逐的刺戟,若丢弃了国家富强的视野,那么败亡自然不可避免;但若是只将视角放在国家,汲汲于顶层的"国体"建设问题、党派权力争斗,民初的政治乱局却又在在显示此路不通。如何既能避免于国内的政治纷乱,形成合力,同时又以国家为单位竞逐世界,构成彼时知识分子无可避免的难题和孜孜以求的关切。

在陈独秀那篇向来被视为非议晚清以来爱国观的《我之爱国主义》一文中,他便区分了两种爱国行为,一种为"为国献身",另一种为"笃行自好"。他认识到,彼时"列强并立,皆挟其全国国民之德智力以相角,兴亡之数,不待战争而决。其兴也有故,其亡也有由矣"。在这样一个列强并争的世界,那种为国献身之士或许能救一时之国,但难保长久,"乃一时的而非持续的,乃治标的而非治本的"。维持国家于不败之地,不能靠晚清以来那种"为国捐躯"之士,"欲图根本之救亡,所需乎国民性质行为之改善",培养"笃行自好之士,为国家惜名誉,为国家弭乱源,为国家增实力"。③ 而即使极端如刘文典,倡行德国式的"军国主义",目的所在,也仍指向于提振国民能力,以期对外竞逐。正如他所指出的,"近世国家之强弱,全在民德之盛衰,其民苟能孟晋自强,苟能

---

① 刘叔雅:《欧洲战争与青年之觉悟》,《新青年》第 2 卷第 2 号,1916 年 10 月 1 日。
② 李大钊:《青春》,《新青年》第 2 卷第 1 号,1916 年 9 月 1 日。
③ 陈独秀:《我之爱国主义》,《新青年》第 2 卷第 2 号,1916 年 10 月 1 日。

努力奋斗,则国未有不强者,国家而至于弱,则其民必皆苟偷怀佚、猾诈寡耻无疑"。① 在这里,注重国民的觉悟与强调国家的富强,乃是一个硬币的两面,涵养国民的觉悟,可以促进国家的富强;而欲达致以国家为单位竞逐世界的目的,则也不能不靠国民能力的提升。二者之间,不仅不相扞格,相反的,却相激相荡,互为奥援。

需要指出的,这一看法不仅仅为《新青年》诸人所有,彼时的梁启超亦有此类似的观点。在"二十一条"辱国密约消息放出之后,他曾进行一番自责,书成《痛定罪言》一文。一方面,他放眼东亚的中日关系和彼时的欧战,认为日本此次敢于提出如此苛刻之条件,自然是与欧洲诸国忙于战争,无暇东顾,有莫大关系。但是,他同时也提醒,"就令欧战告终,然或缘此而一破均势之局,则我之藩篱,更何怙恃。又就令均势未破,而凋敝之余,亦谁复有力东顾以捍吾牧圉"。决定国际交涉成败的,仍是"惟力是视",与"权利正当与否"无多大关系。而另一方面,他反观国内,却察觉到,"爱国"二字,十年以来,虽为"朝野上下,共相习以为口头禅,事无公私,皆曰为国家起见,人无贤不肖皆曰以国家为前提",但历经敌国外患的刺戟,国家观念却仍未深入人心,"实则当国家利害与私人利害稍不相容之时,则国更何有者"。在这一国际与国内的对比中,梁启超不禁重提"爱国之义",希冀人人能够爱其所托身之国,涵养个人的爱国心,立国于强盛之境。②

除了梁启超外,当时《东方杂志》的主笔杜亚泉更是以广阔的视野,详述18世纪以来的欧洲历史,认为以国民觉悟为重心的"政治主义",只有与以国家富强为重心的"国家主义"相结合,才能够使中国屹立于不倒之地。在他看来,18世纪的欧洲乃是一个"政治主义"的时代,英法两国"本自由平等之意旨,标民主立宪制鹄的",美利坚独立和法兰西革命由之而起,此后更而"风靡响应,遍于全欧,旁及世界"。然而,与18世纪不同的是,19世纪乃是属于德国的世纪,由拿破仑蹂躏欧洲所带来的刺戟,德意志一兴"国家主义",在此后的普法战争中大败法国,日耳曼统一、意大利统一也都是此种主义的余波。至于20世纪的历史,则同时背负着18世纪的"政治主义"和19世纪的"国家主义",不力行国家主义,则不足以存亡;不力行政治主义,则国家主义基础不稳,国家观念无从发生。对于当时的世局,一方面,他指出欧战前后法国共和

---

① 刘叔雅:《欧洲战争与青年之觉悟》,《新青年》第2卷第2号,1916年10月1日。
② 梁启超:《痛定罪言》,《梁启超全集》,第2775—2776页。

政治对于战事的无能,"全无对德之准备",认为国家主义既已兴盛,则"政治主义,势必不能与之相抗"。另一方面,他也同时指出彼时"帝制派"常用的"以国家为前提"一语的弊病,"一若国家主义之下政治上一切专制腐败,皆当置之勿问",而认为国家主义必须"建立于国民爱国心之上","欲团结吾国民,以发生真正之爱国心,不能不从政治改良入手也"。政治主义与国家主义都为中国所必须,但盱衡当时的世局,他却认为二者的实现,必须有着先后的秩序:"吾人意见,不但不反对政治主义,且极赞助政治主义,而希望此主义之急速完成。必此主义完成后,吾国民乃可应时势之要求,以与列强逐于二十世纪之世界"。因而,与《新青年》诸人一样,杜亚泉也认为当时的中国首先应该提振国民觉悟,实现"政治主义",从而以国家为单位对外竞逐,屹立于弱肉强食的世界之林。[①]

可以说,在欧战和民初的政治形势下,对内以法国式的共和观念涵养国民觉悟,对外则以德国式的富国强兵的"军国主义"竞逐世界,在陈独秀、刘文典、梁启超与杜亚泉等人的论述中存在着充分的共识。然而,随着局中人对欧战的狂热逐渐退去,随着欧战日渐被视为欧洲文明的危机而不是文明的秀场,这种共识也逐渐破裂。在为人所知的那场发生在杜亚泉与陈独秀之间的东西文化论战中,杜亚泉已不再相信单靠外来的西洋文明就能够救济中国于迷途,而陈独秀更是斥责杜亚泉为复辟,是为三纲五常张目。[②] 然而,陈独秀自己呢? 不也转投向了俄国道路,怀抱所谓的"第三种文明"! 至于此后的梁启超、刘文典,则已脱去了狂热,动心忍性,似乎忘记了曾经喧嚣一时的德国崇拜。

结 论

新文化运动至今已有百年之久,相关的研究不胜枚举,但处于中国现代转型关键时刻的这场思想运动,却缘于其驳杂而深远的影响,至今仍聚讼纷纭,莫衷一是。本文不欲也无能对其作全面的考察,而仅仅通过对新文化运动前期包括《新青年》作者群在内的中国知识分子对欧战的看法的查考,以理解其

[①] 伧父(杜亚泉):《论民主立宪之政治主义不适于现今之时势》,《东方杂志》第13卷第9号,1916年9月10日,第1—5页。
[②] 王元化:《杜亚泉与东西文化问题论》,许纪霖、田建业编:《杜亚泉文存》,上海:上海教育出版社,2003年,第1—20页。

间的思想和观念变迁。首先,从欧战爆发初期来看,中国知识分子对这场远在欧洲的战争表达了强烈的关注,并且延续着晚清对世界时势的看法,将之视为一场列国之争,预测国力强盛的德国,必能处于不败之地。其次,通过相关文本的解读,发现《新青年》实际上存在着两种不同的观感,一种赞扬法国共和文明,一种对德国在欧战中所表现出的实力赞不绝口。最后,指出这两种出现在《新青年》上的不同看法,实则并没有非此即彼的区别。在时人看来,只有以国民为中心的法国共和式路径抟成国家的合力,而以国家的合力竞逐欧战所反映出的列国之势,二者相激相荡,中国才得以屹立于世界之林。可以说,从新文化运动前期来看,欧战的刺戟促使彼时的中国知识分子不能不注意到这个列国并争的世局,国家富强的视野始终是他们观察世界的出发点,这与仅仅将其视为民主的、个人为中心的启蒙运动形成区别。至于欧战日渐进入尾声时,知识分子对欧洲文明的反思,以及由此而呈现出的别样的思想界面貌,则是另一时势下的问题了。

本文作者系华东师范大学历史系博士

原标题为《法国道路还是德国道路?——第一次世界大战与新文化运动的兴起》,原载《南京政治学院学报》2015 年第 6 期

"欧战"与新文化运动初期"西潮"之转折[*]

赵 兵

1943年,前北大校长蒋梦麟在边城昆明开始写作自传,他以"西潮"二字来概括古老中国于最近半个世纪的历史。在抗战的激烈炮火中,蒋梦麟陷入沉思:"一个世纪是相当长的一段时间,但是在四千多年的中国历史里,却只是短暂的一个片段,几乎不到四十分之一。不过中国在这段短短的时间内所经历的变化,在她的生命史上却是空前的,而且更大规模的变化正在酝酿中","我常常发现一件事情如何导致另一件事情,以及相伴而生的政治、社会变化"。[①]

正如蒋梦麟所言,近代中国的历史正是在"西潮"冲击下不断演进,作为20世纪中国历史新开端的新文化运动亦不能外。整个新文化运动时期,"西潮"不断更迭,此起彼伏,在20世纪中国思想界掀起一波波回澜。学界已经注意到,欧战(即一战)胜利前后中国思想界之"西潮",一方面由"整体的西方"走向了"分裂的西方"[②];另一方面,五四知识人在思想取向上有一个从"师美"到"师俄"的转变。[③]

本文则试图把目光前移至始于甲寅的"欧战"时期,并试图以整个欧战为背景,来窥探新文化运动初期"西潮"之分裂与转折,及其背后所回应的民初以来之政治与思想问题。

---

[*] 本文系华东师范大学2015年优秀博士学位论文培育资助项目"文化浪漫主义与五四前后的民族想象"(PY2015011)的阶段性成果。
[①] 蒋梦麟:《西潮·新潮》,长沙:岳麓书社,2000年,第5—9页。
[②] 罗志田:《西方的分裂:国际风云与五四前后中国思想的演变》,《中国社会科学》,1999年第3期。
[③] 杨国强:《新文化运动:从"美国思想"到"俄国思想"》,《百年嬗蜕——近代中国的士与社会》,上海:上海三联书店,1997年。

"法兰西文明"

1915年9月,在《青年杂志》的创刊号上,陈独秀发表了《法兰西人与近代文明》一文。陈独秀将"文明"分为"古代文明"与"近世文明",并且将东洋近世文明依然放入古代文明之列,而"可称曰近世文明者,乃欧罗巴人之所独有,即西洋文明也。亦谓之欧罗巴文明。移植亚美利加,风靡亚细亚者,皆此物也。欧罗巴之文明,欧罗巴各国人民皆有所贡献,而其先发主动者率为法兰西人"。①

陈氏为何断言对于整个欧洲文明而言,"其先发主动者率为法兰西人"呢?他分析道:"近代文明之特征。最足以变古之道。而使人心社会划然一新者。厥有三事。一曰人权说。一曰生物进化论。一曰社会主义。是也。"他认为法国人拉飞耶特的《人权宣言》与《美国独立宣言》奠定了人权论的基础,并且将达尔文的生物进化论溯源至拉马克的《动物哲学》。与此同时,作为医治西洋"近世文明之缺点"的社会主义学说,也是受赐于法兰西人。因此,陈独秀得出结论:"此近世三大文明,皆法兰西人之赐。世界而无法兰西。今日之黑暗不识仍居何等。"②

"法兰西文明"在中国思想界享如此之高的地位,实属民初以来的新现象。1898年7月,康有为在进呈《法国革命记》一书于光绪帝时所写的序言中提到:

> 臣读各国史,至法国革命之际,君民争祸之剧,未尝不掩卷而流涕也。流血遍全国,巴黎百日而伏尸百二十九万,变革三次,君主再复,而绵祸八十年,十万之贵族,百万之富家,千万之中人,暴骨如莽,荞走流离,散逃异国……普大地杀戮变乱之惨,未有若近世革命之祸酷者矣,盖皆自法肇之也……
>
> 臣窃观近世万国行立宪之之政,盖皆由法国革命而来。迹其乱祸,虽无道已甚,而时势所趋,民风所动,大波翻澜,回易大地,深可畏也。盖大地万千年之政变,未有宏巨若兹者,亦可鉴也。③

---

① 陈独秀:《法兰西人与近世文明》,《青年杂志》第1卷第1号,1915年9月15日。
② 同上。
③ 康有为:《进呈〈法国革命记〉序》,《康有为全集》(第四集),姜义华、张荣华编校,北京:中国人民大学出版社,2007年,第371—381页。

在一种君民史的观念之下,康有为主要以"君民之争"及"民风所动"的视角来理解法国大革命。因此,康氏在戊戌之际根本没有看到1915年陈独秀所说的法兰西人对于近世文明的三大贡献,反而将它作为君主不主动立宪改革而造成的"君民争祸"。甚至在1905年7月亲游法国之后,康有为对法兰西的印象也并没有多大改观:

> 法人虽立民主,而极不平等,与美国异。其世家名士,诩诩自喜,持一国之论,而执一国之政,超然不与平民齐,挟其夙昔之雄风,故多发狂之论。行事不贴贴,而又党多,相持不下,无能实行久远者,故多背绳越轨,不适时势人性之宜。经百年之数变,至今变乱略定,终不得坚美妥贴之治,徒流无数人血……闻法人质性,轻喜易怒,语不合意,从君万曲梁尘飞。夫轻喜易怒者,野人之性也,法人犹未离之耶?德、英皆沉鸷,不轻喜怒,故强能久。二族之性,可以观其治矣。①

康有为注意到法国民主制度中的不平等性,法国贵族的傲慢、党争以及越轨行为。因此,他对于法国的民主政治评价很低,认为其远不如美、英等国。康氏甚至从国民性的角度来分析法兰西共和政治的乱象,认为法人"轻喜易怒"的特征离"野人之性"不远。这与陈独秀对于法兰西人的印象可谓大相径庭。

然而,在《青年杂志》写作群体中的印象中,法兰西却成为了平等与自由的代名词。1915年11月,李亦民的文章谈到了"法兰西人之特性":"法兰西人富于自由思想,其趋向与德人之艰苦卓厉者不同。且思想界受种种复杂之灌输,故无论对于何种学说、何种事象,初无始终执一之迷信。种种高尚之大发明,皆其思想活泼之赐也。"②在李氏的论述中,法兰西人的特点则是富于自由思想、不迷信。可见,他对于法兰西国民性的分析与康有为截然不同:

> 法人之性格,和蔼可亲,不若英人之傲慢、德人之酷冷。社会阶级,自

---

① 康有为:《法兰西游记》,姜义华、张荣华编校:《康有为全集》(第八集),北京:中国人民大学出版社,2007年,第144—145页。
② 李亦民:《法兰西人之特性(一)》,《青年杂志》第1卷第3号,1915年11月15日。

革命成功后,早已悉数划除。入其国即觉平等自由之风,灌嘘襟臆,诚人间乐国也。①

然而,对于陈独秀及其同仁而言,法兰西文明所代表的"平等"与"自由"究竟具有怎样的意涵? 1915 年 9 月,高一涵在《共和国家与青年之自觉》一文中指出共和国家相对于专制国家有"国基安如泰山而不虞退转"的优点,共和时代之人民"其第一天职。则在本自由意志。Free Will 造成国民总意 General will 为引导国政之先驰"。② 相对于共和政体的形式,高氏更注重"共和之精神":

> 共和原文,谓之 Republic……就法律言,则共和国家,毕竟平等,一切自由,无上下贵贱之分,无束缚驰骤之力。凡具独立意见,皆得自由发表。人人所怀之意向蕲求感情利害,苟合于名学之律,皆得尽量流施,而无所于惧,无所于阻。就政治言,使各方之情感思虑相剂相调,互底于相得相安之域,而无屈此申彼之弊,致国家意思为一党一派一流一系所垄断。故民情舒放、活泼自如,绝不虞抑郁沈湎,以销磨其特性,而拘梏其天机。共和精神,其忼略盖如此。③

与清末民初以来的知识人多注重国体与政体问题(即所谓"共和的形式")相比,高一涵开始注意到"共和之精神"。这一看法首先体现出新文化运动对于民初以来议会政治之乱象之反思,试图替共和政治找到一个更加坚实的基础——"共和精神"与"国民总意"。其次,引发这一思考的近因则是筹安会的成立与袁世凯的帝制危机。

1915 年 8 月 14 日,杨度、孙毓筠、严复、刘师培、李燮和、胡瑛发起"筹安会","直言言共和国之危险,特组会研究国势前途及共和之利害,以筹一国之治安"。④《青年杂志》创刊于筹安会成立的次月,创刊号上便刊有陈独秀答王庸工信,阐明其共和立场。陈独秀批驳了筹安会"君宪易致富强"、"共和不符国情"等观点,他认为民初以来共和政治之所以会陷入困境,乃由于"国人思想尚未有

---

① 李亦民:《法兰西人之特性(二)》,《青年杂志》第 1 卷第 4 号,1915 年 12 月 15 日。
② 高一涵:《共和国家与青年之自觉》,《青年杂志》第 1 卷第 1 号,1915 年 9 月 15 日。
③ 同上。
④ 郭廷以:《中华民国史事日志》(一),台北:"中央研究院"近代史研究所,1979 年,第 191 页。

根本之觉悟",是故"改造青年之思想,辅导青年之修养,为本志之天职"。①

> 顾我青年之欲自负此责。与吾人之欲以此责奉诸青年者。必有其根本之图焉。根本维何。即改造青年之道德是。道德之根据在天性。天性之发展恃自由。自由之表见为舆论。②

高一涵所提倡的共和精神便属于陈独秀所说的"根本之觉悟"。高氏在"共和之精神"中突出"平等"与"自由",这里所谓的"自由"则主要是指一种"自由之性":

> 不佞所欲告我青年之自由,固无取艰深之旨。然亦不必采法律家褊狭之说。囊读黎高克(Leacock.)氏政治学,见其分自由之类。曰天然自由(Natural liberty),曰法定自由(Civil liberty)……前者为卢梭氏之所主张。谓"人生而自由者也。及相约而为国。则牺牲其自由之一部。"是谓自由之性。出于天生,非国家所能赐,即精神上之自由,而不为法律所拘束者。夫共和国家,其第一要义,即在致人民之心思才力各得其所。所谓各得其所者,即人人各适己事,而不碍他人之各适己事也。盖受命降衷,各有本性,随机利道,乃不销磨。启瀹心灵,端在称性说理。沛然长往,浩然孤行,始克尽量而施,创为独立之议。③

高一涵认为共和国家所需要的自由是一种基于天性的、出于自由意志的"精神上之自由",而不是法律学家与政治学家用学理来论证的一些复杂的公民自由(Civil liberty)学说。高氏直接取卢梭的天赋自由(Natural liberty)观,凸显出新文化运动初期的自由观念主要是一种带有精神意态与浪漫主义的色彩。另一方面,他们所谓的"共和之精神"的内涵,诸如"民情舒放"、"活泼自如"等,亦与"法兰西人之特性"十分契合。此乃陈独秀及其同仁亲近于法兰西文明的原因之所在。以法兰西为榜样的共和之下的道德应该是"活泼进取"、合于自由天性的:

---

① 陈独秀:《通信》,《青年杂志》第1卷第1号,1915年9月15日。
② 高一涵:《共和国家与青年之自觉》,《青年杂志》第1卷第1号,1915年9月15日。
③ 同上。

> 持今之道德。以与古较。则古之道德重保守。今之道德贵进取。古之道德。拘于社会之传说。今之道德。由于小己之良心。古之道德。以违反习惯与否。为善恶之准。今之道德。以违反天性与否。为是非之标。古道德在景仰先王。师法往古。今道德在启发真理。楷模将来。古人之性。抑之至无可抑。则为缮练。今人之性。须扬之至无可扬。乃为修养。此则古今道德之绝相反对者也……道德随国势为变迁者。古为专制。故道德停滞抑郁。而奄奄待毙。今为共和。故道德亦当活泼进取。而含有生机。①

与此同时,在他们看来,"共和"的根基应该建立在基于"自由之性"而形成的"国民总意"之上,即"Free Will 造成国民总意 General will"。可以看出,新文化运动初期受卢梭社会契约论与公意说影响之巨。在 1915 年 11 月 15 日发行的《青年杂志》中,高一涵试图用卢梭的社会契约论来重新解释"国家"的形成:

> 夫立国之始,必基于人民之自觉,且具有契合一致之感情意志,居中以为之主。制作典章制度,以表识而显扬之,国家乃于是立。故国家之设,乃心理之结影而非物理之构形。②

高氏认为,"国家"乃人民在"具有契合一致之感情意志"的基础之上,自觉结合而成的一个精神与意志共同体,即所谓"心理之结影"。而国家的典章制度,所谓国体与政体问题,只不过是这一精神共同体的附属物。因此,只有"国民总意"是具有神圣性的,"国家"只不过是人民意志与国民总意的工具而已。陈独秀也持类似的观点:"近世国家,无不建筑于多数国民总意之上,各党策略,非其比也。盖国家组织,著其文于宪法,乃国民总意之表征。"③

由此看来,在新文化运动之始,这股法兰西文明的风潮不仅具有对于民初共和政治乱象与袁世凯帝制问题的回应与思考,同时,也试图逆转晚清以来喧嚣一时的国家主义思潮。根据许纪霖教授的研究,从 1914 年《甲寅》开始,中国思想界的国家观从原来流行的国家有机体论开始转向国家工具论。晚清所

---

① 高一涵:《共和国家与青年之自觉》,《青年杂志》第 1 卷第 1 号,1915 年 9 月 15 日。
② 高一涵:《民约与邦本》,《青年杂志》第 1 卷第 3 号,1915 年 11 月 15 日。
③ 陈独秀:《答汪叔潜(政党政治)》,《陈独秀著作选编》(第一卷),任建树主编,上海:上海人民出版社,2009 年,第 222 页。

弥漫的国民/国家一体化的国家主义,而到了五四前夕,由于知识分子普遍对于国家的失望,开始划清国民与国家的界限。①

与此同时,《青年杂志》群体的注意力并非仅仅局限在国内问题,始于甲寅的"欧战"一直牵动着这一群体的神经。1915年9月,陈独秀对于"法兰西文明"在欧战中的处境深感不安,他说:"创造此文明之恩人,方与军国主义之德意志人相战,其胜负尚未可逆睹。夫德意志之科学虽为吾人所尊崇,仍属近代文明之产物。表示其特别之文明有功人类者,吾人未之知也。所可知者,其反对法兰西人所爱之平等自由博爱而已……英俄之攻德意志,其用心非吾所知。若法兰西人,其执戈而为平等博爱自由战者,盖十人而八九也。即战而败,其创造文明之大恩,吾人亦不可因之忘却。"②

陈氏言下之意对于德意志颇有微词,而于法兰西则以"文明之恩人"置之。并且,在他看来,欧战各国之中,似乎只有法兰西处于正义的一方,乃"执戈而为平等博爱自由战者"。即便是协约国集团中的英、俄两国,也是居心叵测。

"德意志精神"

欧战伊始之际,陈独秀对于德意志发起战争颇为不满:"德人为其君所欺,弃毕相之计,结怨强俄,且欲与英吉利争海上之雄,致有今日之剧战,流血被野,哀音相闻,或并命孤城,或碎身绝域,美其名曰为德意志民族而战也,实为主张帝王神权之凯撒之野心而战耳。"③并且,陈氏开始将德意志视为"帝国主义"之表现。

自1915年底,欧战格局发生变化,德意志在东西两线战事都不断推进,西线比利时与法国均有沦陷之虞,东线战事中德国的前线已经移至波兰,并有沿波罗的海沿岸推进之势。并且,在走向"全面战争"的欧战之中,双方已不再仅仅是国力的较量,同时也是意识形态的斗争。此时,英、法等协约国集团开始在官方宣传中将德意志妖魔化,而将自身定位为民主与法治的斗士。④

---

① 许纪霖:《国本、个人与公意——五四时期关于政治正当性的讨论》,《史林》,2008年第1期。
② 陈独秀:《法兰西人与近世文明》,《青年杂志》第1卷第1号,1915年9月15日。
③ 陈独秀:《爱国心与自觉心》,《陈独秀著作选编》(第一卷),第147页。
④ Micheal Howard:*The First World War*, Cambridge University Press,2002,pp.44—46.

恰在此时,陈独秀对于德意志的印象却发生了一些转变。是年12月陈独秀在《东西民族根本思想之差异》一文中说:"若西洋诸民族,好战健斗,根诸天性,成为风俗。自古宗教之战,政治之战,商业之战,欧罗巴之全部文明史,无一字非鲜血所书。英吉利人以鲜血取得世界之霸权,德意志人以鲜血造成今日之荣誉。"①

1916年1月,陈独秀发表了《一九一六年》一文,开始对于德意志大加赞辞,甚至认为德意志开启了世界历史的新纪元:

> 自世界言之,此一九一六年以前以后之历史,将的然大变也欤?欧洲战争,延及世界,胜负之数,日渐明了。德人所失,去青岛及南非洲、太平洋殖民地外,寸地无损,西拒英、法,远离国境;东入俄边,夺地千里;出巴尔干,灭塞尔维亚,德土二京,轨轴相接。德虽悉锐南征,而俄之于东,英法之于西,仅保残喘,莫越雷池。回部之众,倾心于德。②

在陈独秀看来,欧战在此时似乎已经分出胜负,他甚至认为"一九一六年之世界地图"都会被涂上德意志色彩,英法等国均有被德意志化的趋势。"一九一六年欧洲之形势,军事,政治,学术,思想,新受此次战争之洗礼,必有剧变,大异于前。"③

同年9月1日,李大钊撰《青春》一文,指出诸如意大利、法兰西、西班牙、葡萄牙、和兰(荷兰)、比利时、丹马(丹麦)、瑞典、挪威乃至英吉利等"欧土名邦",均"生华渐落,躯壳空存,纷纷者皆成文明史上之过客矣"。"其较新者,惟德意志与勃牙利(保加利亚——笔者注),此次战血洪涛中,又为其生命力之所注,勃然暴发,以挥展其天才矣"。并且,他对于欧战战局的预言很明显的偏向德意志一方,因为"由历史考之,新兴之国族与陈腐之国族遇,陈腐者必败;朝气横溢之生命力与死灰沉滞之生命力遇,死灰沉滞者必败;青春之国民与白首之国民遇,白首者必败,此殆天演公例,莫或能逃者也"。④ 即便是到了1918年7月,欧战接近尾声之际,李大钊依然认为:"德国之文明,今方如日

---

① 陈独秀:《东西民族根本思想之差异》,《陈独秀著作选编》(第一卷),第147页。
② 陈独秀:《一九一六年》,《青年杂志》第1卷第5号,1916年1月15日。
③ 同上。
④ 李大钊:《青春》,《李大钊选集》,北京:人民出版社,1978年,第70页。

中天,具支配世界之势力,言其运命,亦可谓已臻极盛。"①

促使陈独秀对于德意志印象发生根本转变的不仅仅是欧战格局的变化,更为重要的是,他发现"德意志精神"对于国内沉闷的思想界来说,乃一剂不二之良药。

> 自吾国言之,吾国人对此一九一六年,尤应有特别之感情,绝伦之希望。盖吾人自有史以讫一九一五年,于政治,于社会,于道德,于学术,所造之罪孽,所蒙之羞辱,虽倾江、汉不可浣也。当此除旧布新之际,理应从头忏悔,改过自新。一九一五年与一九一六年间,在历史上画一鸿沟之界:自开辟以讫一九一五年,皆以古代史目之,从前种种事,至一九一六年死;以后种种事,自一九一六年生。吾人首当一新其心血,以新人格;以新国家,以新社会;以新家庭;以新民族。②

陈氏所谓的"新国家""新社会""新家庭""新民族"均建立在"新心血""新人格"的基础之上,这里延续了他在 1915 年"国人思想尚未有根本之觉悟"的思路。此时,陈独秀所欲铸就之"新人格"的内涵却发生了一些变化。他开始强调"征服"与"独立自主之人格",并且,所谓"独立自主之人格"也主要是出于对儒家纲常伦理所造成的"奴隶道德"的反抗。

早在 1915 年 9 月,《青年杂志》同仁便开始撰文分析"德意志之国民性":

> 日耳曼民族,以个人主义著闻于世,故富于独立自尊之心,而为我心之强盛,主张自己权利,不肯丝毫放过,亦为诸族之冠……因其对于他国,主张自国之权利,对于他人,主张自己之权利,争竞之态,溢于词色,不若英人之态度宽宏,法人之温和如玉,相与接近者,自觉蔼然可亲也。实则为我者,人类之本性,德人特率其本真,不作伪以欺天下耳。③

由此看来,李亦民所分析的德意志之国民性非常契合陈独秀于 1916 年初所大肆鼓吹的"新人格"——因德意志民族一方面具有很强烈的征服色彩,另

---

① 李大钊:《法俄革命之比较观》,《李大钊选集》,第 102 页。
② 陈独秀:《一九一六年》,《青年杂志》第 1 卷第 5 号,1916 年 1 月 15 日。
③ 李亦民:《德意志之国民性》,《青年杂志》第 1 卷第 1 号,1915 年 9 月 15 日。

一方面"独立自主之人格",即"为我"之人类本性。

如此一来,1915年以来在"法兰西文明"的旗帜之下的"自由之性""国民总意"等话语逐渐被一套以"德意志精神"为支撑的国民性话语所替代,并且这种国民性话语的影响可以延伸至五四及后五四的中国思想界。[①]

"国民性"的论述,在1912年梁启超《国性篇》一文中便已萌芽:"国于天地,必有所立。国之所立与立者何？吾无以名之,名之曰国性。国之有性,如人之有性然。人性不同,乃如其面,虽极相近而终不能以相易也。失其本性,斯失其所以为人矣。惟国亦然,缘性之殊,乃各自为国以立于天地。苟本无国性者,则自始不能以立国;国性未成熟具足,虽立焉而国不固;立国以后而国性流转丧失,则国亡矣。"[②]直到1925年,秉持国家主义立场的李璜在《释国家主义》中云:"'国性'乃国家的人格。每个国家从静的(Statique)组织成分而言,有种族之不同,地理之不同;自动的(Dynamique)的组织而言,有其文化之特殊,信仰之特殊","这种每个国民人格的放大便是国家的人格,这种国家人格的缩小便是每个国民的人格"。[③]

随着欧战形势的演变,新文化运动中关于所谓"国民性""国民人格""国民精神"的论述中,德意志色彩日益浓厚。1915年,中华革命党人黄展云论及德意志强盛之原因在于"其教育特具一种国民的之色彩也":"潜伏于德意志人民心里之国民的精神,乃勃然焕发,就中哲学者斐希脱(费希特——笔者注)之《告德意志国民》之演辞,则谓欲拯救陷溺之人心以挽回国势。非启发其自力,别无他道。而此唯一之方法,在变革从来之教育法,以养成奋斗活动之国民。"[④]可见,此时国人心中理想的国民开始由法兰西"天性自由"之国民转向德意志"奋斗活动之国民"。

同年11月,谢鸿开始注意到德意志强大的根源在于德意志军国主义教育所养成的"德意志主义"精神:"实际德国之强,不在军容之盛,由于国家之基础巩固,举国人民复能贯彻青年德意志主义,尽其所有智力、能力、财力以供国家牺牲。有此精神,乃有今日之战绩",正是青年团"养成有坚强体力与强毅

[①] 刘禾:《国民性理论质疑》,《跨语际实践——文学、民族文化与被译介的现代性(中国,1900—1937)》,宋伟杰等译,北京:生活·读书·新知三联书店,2002年。
[②] 梁启超:《国性篇》,《梁启超全集》(四),北京:北京出版社,1999年,第2554页。
[③] 李璜:《释国家主义》,少年中国学会编:《国家主义论文集》(第一辑),台北:文海出版社,1966年,第2—3页。
[④] 黄展云:《德意志教育与战争之关系》,《教育杂志》第7卷第5号,1915年。

精神之健全国民。所谓德意魂是也"。①

是年12月,刘文典认识到民初以来的政治乱象使得中国面临一个"国之将亡,本必先颠"的局面,虽然有章太炎试图宣扬佛教以挽救"党人之偷乐""民德之日衰"的局面,但是,他认为"大乘佛教,不可户喻,欲救其弊,斯亦难矣",于是便以叔本华学说为源头追溯出一套"德意志精神"的谱系来:

> 先生(叔本华——笔者注)之说以无生为归,厌生愤世,然通其意,可以为天下之大勇,被之横舍则士知廉让,陈之行阵则兵乐死。绥其说一变而为尼采超人主义,再变为今日德意志军国主义。②

1916年,有人注意到另外一位德意志精神的缔造者——日耳曼主义史学家特赖奇克。作者虽然是站在反军国主义的立场来为特赖奇克(托兰鸠克)立传,然而,他论及这位日耳曼主义史学家对于德意志精神的形成及欧战的发生之重要影响,极具启发意义。在对于德意志将来的预言中,作者引用了1886年德皇威廉一世悼念历史学家兰克的一段话:

> 欧洲列强俱以现状为满足,而吾德则不然。方兴未艾之德意志,不可不再拂其剑鞘,以待时机。苟邀天幸,会逢其适,则欧洲初叶虽为法兰西时代者,安知末叶不为吾日耳曼时代乎?夫吾日耳曼之能力与行为,可依新社会当然之要求,解决传统的国家之统合问题。是以威廉数次之战争,不仅为德意志建设国基。且下正义与合理的命令于所有之文明社会,使国民自觉之心勃然而起焉。于时,则吾等所尊敬之诗人徐培耳之所谓"全世界由日耳曼之性格观之,必有恢复其健康之日也"一语,乃现诸事实矣。③

这位论者注意到德意志民族"以全世界为陷于衰病状态而以日耳曼人为大医家",试图在欧洲历史上开创一个替代"法兰西时代"的"日耳曼时代",并且将德意志精神传播于所有的文明社会。陈独秀在《一九一六年》一

---

① 谢鸿:《德意志青年团》,《青年杂志》第1卷第3号,1915年11月15日。
② 刘叔雅:《叔本华自我意志说》,《青年杂志》第1卷第4号,1915年12月15日。
③ 和士:《大日耳曼主义之德意志历史家托兰鸠克传》,《进步》第9卷第5号,1916年。

文中,似乎已经感受到"日耳曼时代"的临近。因此,他开始礼赞欧战以来德意志所绘制的新的世界历史图景,并试图以"德意志精神"来锻造二十世纪中国之"新人格"。是年8月,李大钊注意到了十九世纪"青年德意志运动"对于德意志文化的影响,他也强调"国民之精神"与"否认偶像的道德"这两个因素:

> 以一八四八年之革命为中心,而德国国民绝叫人文改造□□□也。彼等先俾斯麦、摩尔托克、维廉一世而起,于其国民之精神,与以痛烈之激刺。当是时,海聂、古秋阁、文巴古、门德、洛北诸子,实为其魁俊,各奋其颖新之笔,掊击时政,攻排旧制,否认偶像的道德,诅咒形式的信仰,冲决一切陈腐之历史,破坏一切固有之文明,扬布人生复活国家再造之声,而以使德意志民族回春,德意志帝国建于纯美青年之手为理想,此其孕育胚胎之世,距德意志之统一,才二十载,距今亦不过六十余年,而其民族之声威,文明之光彩,已足以震耀世界,征服世界,改造世界而有余。①

如果从民初以来的政治与思想状况来反观新文化运动初期这股"德意志精神"的浪潮,可以发现它不仅是欧战格局在中国的回声,同时也在回应着民初以来的国内问题。根据汪晖的研究,从1915年至1916年间的《东方杂志》,对于袁世凯帝制问题的看法主要显示出辛亥以降中国政体无法形成有机统一的危机,即国家的政治整合问题,而较少关注于共和与帝制的冲突。② 正如德皇威廉一世所言,"日耳曼之能力与行为,可依新社会当然之要求,解决传统的国家之统合问题"。由此观之,新文化运动初期,"德意志精神"同时也具有"传统的国家之统合"的意涵。

即便在《青年杂志》更名为《新青年》之后,"德意志精神"并未因此而退潮。1916年10月,《新青年》刊出了刘文典《欧洲战争与青年之觉悟》一文:"今而后方知战斗乃人生之天职,和平为痴人之迷梦","愿吾青年,人人以并吞四海为志,席卷八荒为心,改造诸华,为世界最好战之民族,国家光荣,庶可永保弗坠",并且,"近世国家之强弱,全在民德之盛衰,其民苟能孟晋自强,苟

---

① 李大钊:《"晨钟"之使命》,《李大钊选集》,第61页。
② 汪晖:《文化与政治的变奏:战争、革命与1910年代的"思想战"》,《现代中国思想史论》(上卷),许纪霖,上海:上海人民出版社,2014年,第368页。

能努力奋斗,则其国未有不强","德意志人谓德国之兼并世界为合乎公理,谓世界之被德国征服为光荣,语虽近夸,实含至理"。①

次月,刘氏又发表《军国主义》一文称:"求生意志,乃世界之本源,竞存争生,实进化之中心,国家者,求生意志所构成,军国主义者,竞存争生之极致也","国于今之世界,苟欲守此疆域,保我子孙黎民,舍军国主义无他道;生于今日之世,苟欲免为他人之臣虏,舍持军国主义无他法。今日之天下,军国主义之天下也","乞吾青年之觉悟也"。②

"新文明"的期待

1917年1月,德国宣布恢复无限制潜艇战。同年2月3日,德国潜艇击沉美舰"豪萨顿尼克号",同一日美国宣布与德国断交。4月6日,美国对德宣战。③ 美国的参战极大地改变了整个欧战的格局,德国在与协约国的较量中开始处于下风。更为重要的是,美国动用强大的战争舆论机器,以"公理战胜强权"的说辞建构其参战正义性,从道德制高点打击德国。④

这一舆论导向,很快成为了《新青年》的论调。与此同时,国内各方对于参战问题的争论也引起了"对德外交"的问题。1917年3月,陈独秀宣称:"白皙人种之视吾族,犹人类之视犬马。德意志人过用其狭隘之爱国心,尤属目无余子。在彼强大民族,或确有其可以骄慢之理由。而自弱者、被征服者之吾人之地位论之,当然不承认彼强者征服者有天赋之权利,而竭力与之抗争。"⑤从1916年高扬"征服"意志到此时所宣扬的"抗争"精神,《新青年》论调转向之幅度不可谓不大。"此次对德外交,果能全国一致,始终出以强硬态度,无论结果之成败如何,其最低成功,吾人服公理不服强权之精神,已第二次表示于世界(反对袁氏称帝为第一次),一改数百年来屈辱的外交之惯例,虽予以极大代价,所得不已多乎。"⑥在陈独秀的论述中,德意志又一变而成为"强权"与"狭隘之爱国心"的代名词。

---

① 刘叔雅:《欧洲战争与青年之觉悟》,《新青年》第2卷第2号,1916年10月1日。
② 刘叔雅:《军国主义》,《新青年》第2卷第3号,1916年11月1日。
③ 史煦光:《第一次世界大战中美国的"中立"与参战》,《世界历史》,1985年第10期。
④ 程巍:《"洪宪元年"与陈独秀的〈一九一六年〉》,《中华读书报》,2012年06月06日第13版。
⑤ 陈独秀:《对德外交》,《新青年》第3卷第1号,1917年3月1日。
⑥ 同上。

时至1919年,陶孟和发现"自大战以来,德意志式之教育,渐为吾人所唾弃。曩之醉心德意志奉其教育制度为列强中之最完备者,亦应乎一时之趋势,渐转向美法诸邦",而造成这一现象的原因则在于"今人动辄咎德国教育,以德意志教育制度为产生军国主义之母者"。① 在"强权与公理"的话语之下,曾经被尊奉为"德意志精神"之祖的德意志教育,俨然成为了造就军国主义的罪人。刘文典所大力倡导的"德意志学说"也面临着相似的命运,1917年4月,杜亚泉便说:"至十九世纪科学勃兴,物质主义大炽,更由达尔文之生存竞争说,与叔本华之意志论,推而演之,为强权主义、奋斗主义、活动主义、精力主义。张而大之,为帝国主义、军国主义。"② 就在1916年还被《青年杂志》同仁所称道的"奋斗主义,活动主义,精力主义"之德意志精神,摇身一变而成了军国主义与帝国主义的元凶。

欧战格局的演变不仅造成了"德意志精神"在国内思想界的落潮,与此同时,这一时期的中国知识人,诸如严复、梁启超等,开始反思现代文明的弊病,同时也逐渐破除对于"西潮"的迷信。③

早在1916年9月,李大钊便提出了欧战中人类文明的兴衰问题,"生于地球上之人类,其犹在青春乎,亦已臻白首乎?"。他指出现代社会中人类"其趋文明也日进,其背自然也日遐",比如"浸假有舟车电汽,而人类丧其手足矣。有望远镜德律风等,而人类丧其耳目矣。他如有书报传译之速,文明利器之普,而人类亡其脑力。有机关枪四十二珊之炮,而人类弱其战能。有分工合作之都市生活,歌舞楼台之繁华景象,而人类增其新病"。他认为现代文明带给人类社会诸多便利的同时,也使得人类自身丧失了诸多自然机能,并且给人类社会增添了许多新的病症。这一对于现代文明的深刻反思,使得李大钊感受到人类文明的悲观图景,"人类所以日向灭种之途者,若决江河,奔流莫遏,长此不已,劫焉可逃!"。④

1917年4月,杜亚泉则意识到欧战使得西洋文明"露显著之破绽","自受大战之戟刺以后,使吾人憬然于西洋诸国,所以获得富强之原因,与夫因富强而生之结果,无一非人类间最悲惨最痛苦之生活……平情而论,则东西洋之现

---

① 陶履恭:《德意志战时教育之改革》,《新教育》第2卷第1期,1919年。
② 杜亚泉:《战后东西文明之调和》,《杜亚泉文存》,许纪霖、田建业编,上海:上海教育出版社,2003年,第347页。
③ 罗志田:《西方的分裂:国际风云与五四前后中国思想的演变》,《中国社会科学》,1999年第3期。
④ 李大钊:《青春》,《李大钊选集》,第68—69页。

代生活,皆不能认为圆满的生活,即东西洋之现代文明,皆不能许为模范的文明。而新文明之发生,亦因人心之觉悟,有迫不及待之势",并且,"今日东西洋文明,皆现一种病的状态"。①

1919年巴黎和会的外交失败,使得舆论界亦从"制造帝国主义"转向了"打到帝国主义"。邵飘萍在1919年初便感受到一战以后的新变化,他说:"在此最短一年之中,世界潮流千变万化,非但物质之文明经此次世界大战而呈一大改革,即凡哲理学说与夫各种民族之思想皆推陈出新,另辟一新纪元。"②梁漱溟则以一战为分界点,将中国自甲午战争以来的民族自救运动可以分为前后分殊的"两期":"其始也制造帝国主义,其继也则打倒帝国主义"。一战以后,"欧洲潮流丕变"使得"近世潮流"与"最近代潮流"转变为打倒帝国主义。并且,他认为五四、六三以来各种思想主义与直接行动,以至于国民党改组奔共与北伐,其背后都有一种"反资本主义,反帝国主义的空气"。③

在认识到"今日东西洋文明,皆现一种病的状态"的情形之后,五四前后的思想界出现了一种对于"新文明"的期待。从1915年始,钱智修、胡学愚、杜亚泉、梁启超、梁漱溟等人先后出现了诸多不同形态的东西文明调和论,尽管具体内容有异,然其出发点都是在调和东西方文明的基础上克服现代西方文明的危机。④毫无疑问,五四前后的中国知识人所期待的"新文明"是以调和东西方文明为基础的。然而,这一"新文明"的具体样态,对于他们而言,却是模糊不清的。

1922年7月,蒋梦麟与胡适在谈及战后之欧洲情形时,均极为悲观:"这一次大战,真是欧洲文明的自杀,法国已不可救了,拉丁民族的国家意大利,西班牙,葡萄牙——将来在世界上只有下山的前途,没有上山的希望。德国精神还好,将来欧洲必有俄德英联成一片的时候,欧洲将永永为日耳曼斯拉夫民族的世界。"⑤在蒋梦麟看来,战后欧战的"新文明"必定落在日耳曼(德国)与斯

---

① 杜亚泉:《战后东西文明之调和》,《杜亚泉文存》,许纪霖、田建业,第345—346页。
② 飘萍:《余之新年旅行(一)》,《申报》,1919年1月6日。
③ 梁漱溟:《中国民族自救运动的最后觉悟》,《梁漱溟全集》(第4卷),济南:山东人民出版社,1991年,第106—109页。
④ 汪晖:《文化与政治的变奏:战争、革命与1910年代的"思想战"》,《现代中国思想史论》(上卷),许纪霖,第366—367页。
⑤ 曹伯言:《胡适日记全编》(3),合肥:安徽教育出版社,2001年,第714页。

拉夫(俄国)这两个民族之上。

前面提到,德皇威廉一世的讲话中便有"以全世界为陷于衰病状态而以日耳曼人为大医家"之意味。自哈曼、谢林、赫得等人开始,德国思想界便被涂上了一层文化民族主义的色彩,他们秉持对于内在的文化(culture)与外在的"文明"(civilization)两种概念的分立。① 因此,德意志民族一直存在着对于启蒙运动以降的西方现代文明进行反思与批判的传统,试图扮演现代西方文明拯救者的角色。

1919年,姜琦依然注意到德意志在战后所兴起的平民主义教育运动,并将其视为一次"德意志文化运动":"当是时也,彼国学者即将平日蓄积之平民主义的思想,尽量发挥,力谋实现。虽其方法不无过激之嫌,然其总之实有'惟我德国能改造世界全盘文化'之概。昔日之德意志人,皆目之为侵略主义之发源地。今后之德意志,吾人不可不称之为文化运动之大本营也。顾现在协约国,犹惟知庆祝战争之胜利,孰料自国文化程度,不久必落在德国之后。苟不速图振作,愚恐不出数年,各国将共奉德意志为改造文化之神矣。"② 如此看来,即便是欧战以后,作为战败一方的德意志文化依然是五四前后中国思想界构建"新文明"的一个选择项。然而,正如陶孟和所见之情形,"日耳曼"这一选项,在战后"强权与公理"的话语之下被贴上"军国主义"的标签而被舍弃。

与此同时,"斯拉夫民族"的动向则引起了思想界的极大兴趣。自晚清以来,日本一直是中国变法维新与立宪新政的主要榜样。然而,1915年"二十一条"的提出使中国人逐渐摒弃了以日本这一学习榜样,自此中国思想界的"西潮"逐步出现由陈独秀所说的"拿英美作榜样"转向"以俄为师"。前者是短暂的,后者则相对长久得多。③

1917年4月,就在俄罗斯发生二月革命后不久,陈独秀便在《新青年》上发表了《俄罗斯革命与我国民之觉悟》一文,称"吾国民所应觉悟者,俄罗斯之革命,非徒革俄国皇族之命,乃以革世界君主主义侵略主义之命也","吾料世界民主国将群起而助之,以与德意志战,且与一切无道之君主主义侵略主义的国家战。国际今日之抗德,犹吾国前日之讨袁",并且,"吾料新

---

① 艾恺:《世界范围内的反现代化思潮——论文化守成主义》,贵阳:贵州人民出版社,1999年,第22—24页。
② 姜琦:《德意志之平民主义的教育说》,《新教育》第2卷第1期,1919年。
③ 罗志田:《西方的分裂:国际风云与五四前后中国思想的演变》,《中国社会科学》,1999年第3期。

俄罗斯非君主非侵略之精神,将蔓延于德奥及一切师事德意志之无道国家,宇内情势,因以大变"。① 就在《一九一六年》一文发表后时隔一年,陈独秀所盛赞的德意志已经成为了"无道国家",自然,世界新历史的创造者也让位给了"新俄罗斯"。

1918年7月,李大钊开始用一套文明史的观点来重新审视西方列国之文明:"由文明史观之,一国文明,有其畅盛之期,即有其衰歇之运。欧洲之国,若法若英,其文明均已臻于熟烂之期,越此而上之进步,已无此实力足以赴之。德之文明,今方如日中天,具支配世界之势力,言其运命,亦可谓已臻极盛,过此以往,则当入盛极而衰之运矣。"② 其实,这种文明史观在其1916年的相关论述中便已萌芽,他曾说:"人类之成一民族一国家者,亦各有其生命焉。有青春之民族,斯有白首之民族,有青春之国家,斯有白首之国家。"③ 这一分析类似于斯宾格勒的"文化形态史观",即认为文化是一个具有生命的、活泼的流行境界,任何文化类型都要经过前文化(pre-culture)、文化(culture)和文明(civilization)三个阶段,走过一个从兴盛到衰亡的历史过程。④ 通过这一文明史观的分析,李大钊发现欧洲各国文明中,只有"俄国文明"能给人以希望:

> 俄罗斯虽与之数国者同为位于欧陆之国家,而以与上述之各国相较,则俄国文明之进步,殊为最迟,其迟约有三世纪之久。溯诸历史,其原因乃在蒙古铁骑之西侵,俄国受其蹂躏者三百余载,其渐即长育之文明,遂而中斩于斯时,因复反于蛮僿之境而毫无进步。职是之故,欧洲文艺复兴期前后之思想,独不与俄国以影响,俄国对于欧洲文明之关系遂全成孤立之势。正惟其孤立也,所以较欧洲各国之文明之进步为迟;亦正惟其文明进步较迟也,所以尚存向上发展之余力。⑤

在他看来,俄罗斯正是由于蒙古西侵而造成的三个多世纪的文明停顿,使得它未受文艺复兴前后的欧洲文明之影响,用李氏这套文明史观来分析,正是

---

① 陈独秀:《俄罗斯革命与我国民之觉悟》,《新青年》第3卷第2号,1917年4月1日。
② 李大钊:《法俄革命之比较观》,《李大钊选集》,第102页。
③ 李大钊:《青春》,《李大钊选集》,第70页。
④ 孙月才:《斯宾格勒"文化形态史观"评析》,《学术月刊》,1991年第6期。
⑤ 同③。

由于俄罗斯处于文明后进的地位,恰恰使得它"尚存向上发展之余力",仍然处在文明进步的轨道之上。1922年,蒋梦麟便认为美、亚、澳三大洲成为了世界文化的新去向:"世界的文化已在亚美两洲寻得了新逃难地。正如中国北方陷入野蛮人于里时,尚有南方为逃难地。将来欧洲再堕落时,文化还有美亚澳三洲可以躲避,我们也不必十分悲观。"①

相对于欧洲文明而言,俄国文明似乎一直扮演着"他者"的色彩。早在1915年11月,陈独秀便已注意到托尔斯泰对于现代西方文明的反思:"托尔斯泰者。尊人道,恶强权,批评近世文明。其宗教道德之高尚,风动全球,益非可以一时代之文章家目之也。"②

在文明史观之外,李大钊依然用一种东西文明的眼光来分析俄国文明,认为它"具有调和东西文明之资格"。李大钊的这一论述一方面固然是对于五四前后思想界所出现的东新文明调和论的回应;另一方面,李氏似乎已经发现他们所企盼的"新文明":

> 由地理之位置言之,俄国位于欧亚接壤之交,故其文明之要素,实兼欧亚之特质而并有之……而俄罗斯之精神,实具有调和东西文明之资格……考俄国国民,有三大理想焉:"神"也,"独裁君主"也,"民"也,三者于其国民之精神,殆有同等之势力。所以然者,即由于俄人既受东洋文明之宗教的感化,复受西洋文明之政治的激动,"人道"、"自由"之思想,得以深中乎人心。故其文明,其生活,半为东洋的,半为西洋的,盖犹未奏调和融会之功也。今俄人因革命之风云,冲决"神"与"独裁君主"之势力范围,而以人道、自由为基础,将统制一切之权力,全收于民众之手。世界中将来能创造一兼东西文明特质,欧亚民族天才之世界的新文明者,盖舍俄罗斯人莫属。③

李大钊认识到,俄国由于其特殊的地理位置,因而"兼欧亚之特质而并有之",乃东洋宗教文明与西洋政治文明的复合体。而欧战中发生的苏维埃革命正是东西方文明"调和融会"的功效。因此,它认为将来世界上能创造一兼

---

① 曹伯言:《胡适日记全编》(3),合肥:安徽教育出版社,2001年,第714页。
② 陈独秀:《现代欧洲文艺史谭》,《青年杂志》第1卷第3号,1915年11月15日。
③ 李大钊:《法俄革命之比较观》,《李大钊选集》,第103—104页。

东西文明特质的"新文明"历史使命便落在了俄罗斯人的身上。

与其他东西文明调和论者不同,李大钊特别注意到"东洋文明之宗教"与"西洋文明之政治"对于俄罗斯革命的双重驱动。1918 年 11 月,他发现"Bolshevism 在今日的俄国,有一种宗教的权威,成为一种群众的运动,岂但今日的俄国,二十世纪的世界,恐怕也不免为这种宗教的权威所支配,为这种群众的运动所风靡"。① 因此,无论对于世界历史还是中国历史来说,俄国革命带来的一个划时代的"新文明"与"新纪元":

> 一九一四年以来世界大战的血、一九一七年俄国革命的血、一九一八年德奥革命的血,好比作一场大洪水——诺阿以后最大的洪水——洗来洗去,洗出一个新纪元来。这个新纪元带来新生活、新文明、新世界,和一九一四年以前的生活、文明、世界,大不相同,仿佛隔几世纪一样。②

1918 年,北大学生罗家伦便发现了"一股浩浩荡荡的世界新潮",这股潮流便是"俄国革命"。在当时声势日炽的苏俄学说之下,罗家伦更加关注这股潮流的运行路线:"却说现在有一股浩浩荡荡的世界新潮起于东欧,突然涌入中欧;由中欧而西欧,将由西欧出英吉利海峡,分为两大支:第一支直奔南北美洲,经巴拿马运河,来太平洋,同第二支相会;那第二支沿非洲西岸过好望角,入印度洋,经加尔各塔,越菲立滨群岛,进太平洋而来黄海日本海;这支所经的洋面最大,所遇的障碍最多,所以潮流的吼声愈响,浪花的飞腾愈高。"③他指出,1917 年的"俄国革命就是二十世纪的世界新潮",凡所谓"潮"都是挡不住的,中国迟早会被这股"世界的新潮卷去"。

结 语

新文化运动的眼光,从一开始就不仅仅局限于国内的政治与思想议题,始于甲寅的"欧战"一直牵动着《青年杂志》(及《新青年》)知识人的神经。因此,国内问题与欧战格局的不断变化,使得"法兰西文明"、"德意志精神"等不

---

① 李大钊:《Bolshevism 的胜利》,《李大钊选集》,第 115 页。
② 李大钊:《新纪元》,《李大钊选集》,第 119—120 页。
③ 罗家伦:《今日之世界新潮》,《新潮》第 1 卷第 1 号,1919 年 1 月,第 19 页。

断转换的"西潮"在新文化运动初期的中国思想界掀起一波波回澜。然而,欧战的结局使得中国知识人对于"西方"逐渐丧失了信心,他们开始转向在东西文明调和的基础之上寻求一种"新文明"。

正如李大钊在 1918 年 7 月所言:"翘首以迎其世界的新文明之曙光,倾耳以迎其建于自由、人道上之新俄罗斯之消息,而求所以适应此世界的新潮流,勿徒以其目前一时之乱象遂遽为之抱悲观也。"[①]

本文作者系中南大学马克思主义学院讲师

---

① 李大钊:《法俄革命之比较观》,《李大钊选集》,第 103—104 页。

探索与争鸣

现代化与化现代
新文化运动百年价值重估

下　　　　　主编　叶祝弟　阮　凯

上海三联书店

专题七
新文化运动中的知识人

蔡元培的文化品格和民初中国的新文化

杨国强

蔡元培起家翰林,之后又了无牵挂地脱出了这种旧日被称作"游历清华"①并为万人仰视的生涯,一变而为牖启民智的新党,再变而为鼓吹革命的乱党;迨民国继起,又以行其所学为抱负,先后做教育部长,做大学校长,做大学院院长,做中央研究院院长。由此留下的一路行迹,多半都在文化一面。沈尹默后来曾概括而论之曰:"综观先生一生,也只有在北大的那几年留下了一点成绩"②,以说明人生在世的为时势所造就和为时势所限制。但这种事后追论既以历史为尺度来评述作为历史人物的蔡元培,则"留下"的"成绩",指的应是个人对于历史的贡献。因此,20世纪40年代初,梁漱溟说是"中国近二三十年之新机运,蔡先生实开之":

> 蔡先生一生的成就不在学问,不在事功,而只在开出一种风气,酿成一大潮流,影响到全国,收果于后世。这当然非他一人之力,而是运会来临,许多人都参预其间的。然而数起来,却必要以蔡先生居首。③

他说的也是蔡元培"在北大的那几年",而以"开出一种风气"为其力行之所在,又尤其明切地写出了民初中国的文化潮动,以及蔡元培身在潮动之中而能以自己的识见和取向为士林开先,以影响和促成了潮流走向的利己利人。

---

① 陈立夫:《悼孑民先生》,《中央日报》,1940年3月24日。
② 沈尹默:《我与北大》,王世儒、闻笛编:《我与北大》,北京:北京大学出版社,1998年,第75页。
③ 中国文化书院学术委员会编:《梁漱溟全集》第六卷,济南:山东人民出版社,1993年,第330页。

一

19世纪90年代之后,中国社会里思潮涌起,又思潮澎湃。由此形成的是一个以思想改造社会的历史过程,而与之俱来的则是思想和学术在总体上的此长彼消。人在其中,随涌起和澎湃而走,遂很容易以"于道徒见其一偏,而由言甚易"为理所当然。因此,总体而言,这个过程不断地产生出议论,而在一路澎湃的同时,也不断地积累着肤浅和破碎。时至民国初年,严复统论当日的知识人说:

> 至挽近中国士大夫,其于旧学,除以为门面语外,本无心得,本国伦理政治之根源盛大处,彼亦无有真知,故其对于新说也,不为无理偏执之顽固,则为逢迎变化之随波。何则?以其本无所主故也。①

虽说他以"无理偏执之顽固"与"逢迎变化之随波"相对举,但就民初中国的世相作衡量,后一面无疑更明显。而以这种"旧学"与"新说"应对之间的"本无所主"为大弊,则此中的毛病显然不在思想不够,而在学术不够。然则蔡元培生当斯世斯时,以出长大学而与严复笔下的一世颓波相面对,其文化品格的实现,便不能不以此前的历史变迁所造就的既定文化环境为起点。

吴稚晖曾作《蔡先生的志愿》,着意于申论"他的唯一志愿,一定要盼望中国出些了不得的大学问家"。并诠释说:

> 我们总是说:我国有五千年历史,四百兆方里土地,是一个文明大国。但仔细想想,我们所以能够称为文明大国,并不完全是因为历史久,土地广的关系。要是我们没有伏羲、神农、尧、舜、禹、汤、文、武、周公、孔子这些人,也要感觉到国家虽大,内部拿不出什么东西,不免空虚了。我们之所以能够自尊自贵,足以自豪者,因为从前出了伏羲、神农、尧、舜、禹、汤、文、武、周公、孔子这些伟大人物。蔡先生盼望我们能够出一些有学问的大人物,意思也是如此。

---

① 王栻编:《严复集》第三册,北京:中华书局,1986年,第632、648页。

他由历史系乎人物而及人物系乎学问,用意在于说明:蔡元培身当一个学术零落的时代而以振起学术为"唯一志愿",寄托的是怀抱远大。因此,"办大学来造就大人物,他也晓得这不是一时的事,不过是来开一个头。开了头以后,几十年几百年乃至几千年下去,可以继续不断收到效果"①。在吴稚晖为蔡元培概述的这种预想中的"志愿"里,大学因学术而有了一种可以自立的本位;学术因大学而有了一种以学聚人而期人能弘道的生生不息,而后是大学和学术都会变得今时不同往昔。以民初中国的乱世混沌为对照,其间明显地有着学人济时的理想主义。但梁漱溟所说的"开出一种风气"也正是以这种理想主义为起端的。

由于学术成为这种理想里的本位,所以本位所在,则汇集于学术之中,并构成了学术本身的各色流派,虽歧义纷呈,却从一开始便应有彼此之间的平等和对等。其间的道理,蔡元培曾统括而论之曰:

> 我对于各家学说,依各国大学通例,循思想自由原则,兼容并包。无论何种学派,苟言之成理,持之有故,尚不达自然淘汰之命运,即使彼此相反,也听由他们自由发展。

并举"陈君介石、陈君汉章一派的文史,与沈君尹默一派不同,黄君季刚一派的文学,又与胡君适之的一派不同,那时候各行其是,并不相仿",以及"对于外国语,也力矫偏重英语的旧习,增设法、德、俄诸国文学系,即世界语亦列为选科"②的事实,以陈说他按自己的理想行事所曾经达到的程度。他守定学术本位,而学术本位的实质归根到底是一种真理本位。所以,因"言之有理,持之有故"而成"学派",说的应是学派内里之各有趋近真知的合理性;而不同学派之间的"彼此相反"和互相立异,说的又是每一种学派之各持一端以为常态,同时也决定了它们各自所内含的真理性其实都是有限度的。合两面而通论之,则不同学派之应当对等和能够对等,既在于真理尺度之下的各自据有一面之理,又在于其各自的一面之理皆不足以统括真理。因此,"兼容并包"的要义,正是本其对等而予之以平等,在学派与学派的共存之中造就学派与学派

---

① 吴稚晖著,中国国民党党史史料编撰委员会编:《吴稚晖先生全集》第三卷,台北:台湾文物供应社,1969年,第720页。
② 高平叔编:《蔡元培全集》第七卷,北京:中华书局,1989年,第200页。

之间的互相比较、互相交汇和互相攻错。而后形成的学派的各自"自由发展",便实际地提供了一种从总体上超越具体学派,以期在层层累积真知的漫长过程中不断地走向真理的可能。虽说学派由人物构成,人物又因其社会性而成其多样性和复杂性,但以"兼容并包"为取则和立场,则学术之外的多样性和复杂性都被有意地挡在了视野之外和范围之外,于是身在"兼容并包"里的人物便仅仅成了学术的人格化。在数十年中西之争、古今之争、新旧之争,以及十数年政争不断、政朝起伏造成的人以群分之后,这种学术的人格化所致力的,是重造一种"为学问而求学问"的纯粹和明净。1919年蔡元培作《致〈公言报〉函并答林琴南函》,其中一节论"教员"之可否,一"以学诣为主",对于其愿想中的这一面言之尤为详尽明切:

> 其在校外之言动,悉听自由,本校从不过问,亦不能代负责任。例如复辟主义,民国所排斥也,本校教员中,有拖长辫而持复辟论者,以其所授为英国文学,与政治无涉,则听之。筹安会之发起人,清议所指为罪人也,本校教员中有其人,以其所授为古代文学,与政治无涉,则听之。嫖、赌、娶妾等事,本校进德会所戒也,教员中间有喜作侧艳之诗词,以纳妾、狎妓为韵事,以赌为消遣者,苟其功课不荒,并不诱学生而与之堕落,则姑听之。夫人才至为难得,若求全责备,则学校殆难成立。①

作为往昔的志士,蔡元培在晚清已深度地介入过政治,其间的极端,是主持光复会之日曾注力于制造炸弹以图轰然一击。② 但时至民初,这些话又非常了然地说明,作为一个本性上的学人,用其本来的识度相权衡,其实是学术之于人类社会,犹比政治更深一层,从而又比政治更能触及根本:"政治问题,因缘复杂,今日见一问题,以为至为重要矣,进而求之,犹有重要于此者。自甲而乙,又自乙而丙丁,以至于癸子,等等,互相关联。故政客生涯,死而后已"。然则纯然以政治对付政治,"有见于甲乙之相联,以为毕甲不足,毕乙而后可,岂知乙以下相联而起者,曾无已时。若与之上下驱逐,则夸父逐日,愚公移山,永无踌躇满志之一日,可以断言"。以这种了无止境而见不到结果的过程为

---

① 高平叔编:《蔡元培全集》第四卷,北京:中华书局,1984年,第263页;《蔡元培全集》第三卷,北京:中华书局,1984年,第271页。
② 中国人民政治协商会议全国委员会文史资料研究委员会编:《文史资料选辑》(合订本)第26册,第77辑,北京:中国文史出版社,2000年,第10页。

反照,"则推寻本始,仍不能不以研究学问为第一责任也"。同样的意思,更富信心而言之更加切直的,还有"试问现在一切政治社会的大问题,没有学问,怎样解决?有了学问,还怕解决不了吗?"①就思想之前后相接而形成的连续和深化而言,在他所作的这种推比里,应当既有着晚清革命以来自身获得的政治阅历,也有着直面民初政象之潮起潮落而世无宁日的深思。所以,身处南北纷争的天地玄黄之间,蔡元培不会没有自己淑世的政见和归属的政派,然而以学术为本位,则政治取向之异同又不仅是一种外在的东西,而且是一种可以截断的东西。有此绝断,才可能有梁漱溟称为"有容"的器局和顾颉刚概述为"学术自由,百家争鸣"的宏大场面。② 在一个知识分子主动或被动地大幅度趋向政治化的时代里,他显示的这种个体的文化品格,既区别于"政客生涯"中的人物,也区别于同时的新文化人物。

1917年陈独秀致书胡适论"文学革命",说是"容纳异议,自由讨论,固为学术发达之原则,独至改良中国文学,当以白话为文学正宗之说,其是非甚明,必不容反对者有讨论之余地,必以吾辈所主张者为绝对之是,而不容他人之匡正也"。③ 在这一场以新文化为名目的思想过程里,他所说的"以白话为文学之正宗"曾是一个万众瞩目的大问题,比之悬在高处的民主和科学,尤能引发关切而生成回应。因此,陈独秀为之明立噤口的界限,以"必不容反对者有讨论之余地"为理所当然,这种不为他人留一点余地的只手独断,正显出了他所说的"自由讨论,固为学术发达之原则"实际上的言不由衷和没有内在的思想根基。梁漱溟后来追忆,说他以"每发一论,辟易千人"④为常态,指的无疑也是其惯性地"不容"讨论多于"自由讨论"。以此为事实,则陈独秀的文化品格显然另属一类而全然不同于蔡元培。而胡适五年之后论此一段文学革命的史事,以为"当日若没有陈独秀'必不容反对者有讨论之余地'的精神,文学革命的运动决不能引起那样大的注意",并因之而心悦诚服于"陈独秀的勇气"。⑤ 其推重之辞既已把陈独秀的独断演绎为"精神",又说明同在新文化运动之

---

① 高平叔编:《蔡元培全集》第三卷,第313、385页。
② 中国文化书院学术委员会编:《梁漱溟全集》第六卷,第336页;陈平原、郑勇编:《追忆蔡元培》,北京:中国广播电视出版社,1997年,第169页。
③ 生活·读书·新知三联书店编:《陈独秀文章选编》(上),北京:生活·读书·新知三联书店,1984年,第208页。
④ 中国文化书院学术委员会编:《梁漱溟全集》第六卷,第332页。
⑤ 胡适著,季羡林主编:《胡适全集》第2卷,合肥:安徽教育出版社,2003年,第332页。

中,胡适的文化品格中也曾有过与陈独秀相通的一面。而傅斯年当日为《新潮》一群人作自我描画,直谓之"用个不好的典故,便是,'爱之欲其生,恶之欲其死';用个好的典故,便是'见善若惊,疾恶如仇'"。① 他所说的好与坏,显然也都是由这一面衍生而来的。但"爱"与"恶","惊"与"仇"的对立之间,最难以自然生成的正是兼容并包。因此,虽然后人回溯当日的北大,名人往往各有故事,而蔡元培与陈独秀、胡适之间的往来又常常成为其中之为人乐道者。② 但就他们各自的文化品格而论,则与陈独秀、胡适之热心以文字鼓荡天下相对比,蔡元培的心力始终都贯注于北京大学。而后是与贺麟所说的文字鼓荡之下"不惟新与旧不相容,即此派新思想与彼派新思想亦互相水火"③相对比,又有黄炎培所说的"吾师(蔡元培)之长北京大学也,合新旧思潮而兼容之,绝不禁百家腾跃"④的显然不同。此日论史,两者都已被置于新文化运动之中,然则两者之间的差异,同时也正具体地显示了新文化人物群中不同的文化品格施为实际影响之后,最终为新文化运动所带来的不容易概而论之的歧义和多义。在彼时以文字激荡而致天下景从的一派声势里,蔡元培的文化品格只能算是少数,但这种居于少数的文化品格却能以其所拥有的更多的沉潜,为当时和后来造就了富有深度的历史因果。

沈尹默说,"蔡先生曾云'自今以后,须负极重大之责任,使大学为全国文化之中心,立千百年之大计'"。⑤ 以后来的事实作观照,则蔡元培之不同于同时代的文化人物,正源自于其内心独有的这种自觉。在二十年维新思潮的搅动冲刷,以及清末十年新政以来的大幅度社会变迁之后,民初中国的文化与学术,大半已在潮起潮落中变成了以报章的附庸为存在状态,在"旧宅地已毁而不能复建之"⑥的两头不到岸里,找不到一个可以类聚和托身的地方。于是学术本身连同依傍于学术的人物,皆不能不以飘零为常态。与之对应而见的,便是章太炎笔下的"人心之俶诡,学术之陵替,尤莫甚于今日"。⑦ 比之严复的统

---

① 欧阳哲生主编:《傅斯年全集》第一卷,长沙:湖南教育出版社,2003年,第294页。
② 生活·读书·新知三联书店编:《陈独秀文章选编》(下),第642页;欧阳哲生主编:《傅斯年全集》第五卷,第491页;中国文化书院学术委员会编:《梁漱溟全集》第七卷,第191页。
③ 贺麟:《"五四运动"的意义和现阶段的思想》,杨琥编:《民国时期名人谈五四》,福州:福建教育出版社,2011年,第428页。
④ 黄炎培:《吾师蔡元培哀悼辞》,陈平原、郑勇编:《追忆蔡元培》,第117页。
⑤ 王世儒等编:《我与北大》,第75页。
⑥ 汤志钧编:《康有为政论集》(下),北京:中华书局,1981年,第714页。
⑦ 汤志钧编:《章太炎政论选集》(下),北京:中华书局,1977年,第779页。

括而论,"陵替"所指,已不仅是内在的碎裂,而且是外在的脱散。蔡元培出自这个时代,从而面对着这个时代和困顿于这个时代,因此,"自今之后,须负极重大之责任"所表达的自觉,自始已深度浸渍于沉重的危机意识和忧患意识之中。而以"千百年之大计"为心中之所期,来比照"学术之陵替,尤莫甚于今日"的世情,则其怀抱本在收拾与重造中国的文化重心和中国人的文化归依,就志度而论,显然又大过吴稚晖说的"造就大人物"。但在一个道术已为天下裂的时代里,以"全国文化之中心"营造北京大学,其意中的北京大学便不能不成为一个归拢学术的汇聚之地。他质而言之曰"夫大学者,囊括大典,网罗众家之学府也,《礼记·中庸》曰:'万物并育而不相害,道并行而不相悖'足以形容之"。① 由此发端而志在行远的过程本与他个人的文化品格内相感应,而其个人的文化品格进入了这个过程,又成为一种实际的引导和化育。之后是曾经名列于"两院一堂"之中而常常被訾议的北京大学,因蔡元培带来的"学问"与"做官"之间的严分界线和明示取去,已剥掉了京师大学堂以来久积而成的以趋附官场为当然的"衙门"气息。其直接的结果是"当时北大学生与政客和军阀,在蔡先生的教导下分家了",② 遂使原本依附的对象变成了可以审视和评断的对象。北京大学因这种分途而变,使理想中的学术本位获得了转化为现实的可能,又在学术本位从理想转化为现实的过程中,以自己所兼容并包的学术、人物、学风、群体,形成了一种别开生面而自为恢张的既深且大。蒋梦麟曾事后概述其间的景象说:

> 为学问而学问的精神蓬勃一时。保守派、维新派和激进派都同样有机会争一日之短长。背后拖着长辫心里眷恋帝制的老先生与思想激进的新人物并坐讨论,同席笑谑。教室里,座谈会上,社交场合里,到处讨论着知识、文化、家庭、社会关系,和政治制度等等问题。

继之又以追怀之心作历史类比说:

> 这情形很像中国先秦时代,或者古希腊苏格拉底和阿里斯多德时代

---

① 高平叔编:《蔡元培全集》第三卷,第 211 页。
② 陈平原、夏晓虹编:《北大旧事》,北京:生活·读书·新知三联书店,1998 年,第 46—47 页;陈平原、郑勇编:《追忆蔡元培》,第 170 页。

的重演。蔡先生就是中国的老哲人苏格拉底。①

他描述了一种可以直观而见的学术平等和学术自由,使人能够仿佛地感知孔子所说的"君子和而不同"。在三十年洋务运动的取新卫旧之后,维新变法以除旧布新为宗旨开启了另一个时代。而后是一路累积而累进,时至民初中国,已使舆论之强音尽归于"新旧之间,绝无调和两存之余地",以及"建设之必先以破坏也"②一类单面的激越。然则以此日之世景相比照,显见得蔡元培之能够被蒋梦麟比为"中国的老哲人苏格拉底",并不是因为他躢而从之地跟着时趋走,而是因为他身在风会所扇之间的自守定见而不为时趋所夺。在他与时趋之间的这段距离里,为中国人立"全国文化之中心"所怀抱的造就宏大,显然不会仅止于为输入的新学理造沛然莫御之势。因此,单面的激越虽当日已据有炎炎声光,但在北京大学的学术平等和学术自由面前,则同样是只能以其"言之成理,持之有故"而常在蔡元培的包容之中,成为文化的一部分。于是而有林语堂记述中的按人分类而济济一堂:

> 那时的北大前进者有胡适之、陈独秀、钱玄同、刘半农等,复古者有林琴南、辜鸿铭等,而全国思想的潮流交错,就在北大自身反映出来了。此外三沈两马(士远、兼士、尹默、幼渔、叔本等)主持国学方面,在思想上是前进的,方法上是科学的。
>
> 单就刊物而论,《现代评论》、《语丝》而外,还有《猛进》,是徐炳旭、李宗侗等所办的。③

若加上梁漱溟说的蔡元培"以印度哲学讲席相属"为召请,以及罗章龙说的北大"在蔡先生的支持下成立了马克思学说研究会",④则以人物系学术和以学术说史事,后来长久地影响了20世纪中国的自由主义、社会主义和现代意义的文化保守主义,此日皆曾在蔡元培为中国人立"全国文化之中心"的过程里

---

① 蒋梦麟:《西潮·新潮》,长沙:岳麓书社,2000年,第121页。
② 生活·读书·新知三联书店编:《陈独秀文章选编》(上),第186、189页。
③ 林语堂:《记蔡孑民先生》,《我站在自由这一边》,南京:江苏人民出版社,2014年,第146页。
④ 梅中泉等编:《林语堂名著全集》第十六卷,长春:东北师范大学出版社,1994年,第375页;陈平原、郑勇编:《追忆蔡元培》,第222页;中国文化书院学术委员会编:《梁漱溟全集》第七卷,第186页。

咫尺相聚,并就此留下了它们与北京大学有过的深度渊源。然则百年之后回顾当时,显然是蔡元培的力行兼容并包,其文化品格凿成的历史痕迹之既深且远,已在岁月的返照之下灼然可见。

蔡元培为北京大学造就了一种民初中国无可匹比的文化高度,因此蔡元培时代的北京大学便成了民初中国的一种文化象征。1915 入学的冯友兰曾亲历过这种因造就而变化的过程,在这一方面尤言之明了而能中肯綮:"蔡先生把在当时全国的学术权威都尽可能地集中在北大,合大家的权威为北大的权威,于是北大就成为名副其实的最高学府,其权威就是全国最高的权威。在北大出现了百家争鸣,百花齐放的局面,全国也出现了这种局面"。① 他由"蔡先生"说到北大,又由北大说到"全国",而其笔意已经触及的,则是近代中国文化的历史嬗蜕至民初而一变的关节之所在。自有文字记载以来,中国人的文化已在数千年延续不断之中久成其源远流长。与这种源远流长相表里的,是文化本身在每一个时代的中国社会里都能找到和生成对应的社会结构,以承载自己的延续和发展,并得此依托而筑成每一个时代的文化重心。清人赵翼说:

> 汉时,凡受学皆赴京师。盖遭秦灭学,天下既无书籍,又少师儒。自武帝向用儒学,立五经博士,为之置弟子员。宣帝因之,续有增置。于是,施、孟、梁丘、京氏之《易》,欧阳、大、小夏侯之《书》,齐、鲁、韩之《诗》,普庆[庆普]、大、小戴之《礼》,严氏、颜氏之《公羊春秋》,叚丘江公之《穀梁春秋》,皆在太学。成帝末,增弟子至三千人。

之后的代相递进由前汉而后汉,又致"游学增盛,至三万余人"。这些实录说明:汉代中国的文化汇聚和文化延续都实现于太学,太学也因之成为当时的文化重心。继之而起又相为嬗递的是"及东汉中叶以后,学成而归者,各教授门徒,每一宿儒门下箸录者千百人,由是学遍天下矣"。② 而"郑兴父子、贾逵、马融之徒,皆开门讲学,弟子多至万六千人"。③ 与太学相比,由此开始的过程更富广度地传播了文化。但这个过程里有学问之传承却并无典籍之流通,因此

---

① 冯友兰:《三松堂全集》第十四卷,郑州:河南人民出版社,2001 年,第 216 页。
② 赵翼:《陔余丛考》,石家庄:河北人民出版社,1990 年,第 243—244 页。
③ 刘东、文韬编:《审问与明辨:晚清民国的"国学"论争》,北京:北京大学出版社,2012 年,第 113 页。

师之所在即文化之所在,于是而有四面八方负笈而来者的集为"宿儒"门下的成千上万。其间的丕变,已使中国文化的汇聚、延续,从而中国文化的重心从太学移到了"宿儒"的私门之中。而与这个开始于东汉后期的过程相伴而见的,是出现在同一个时间里的由累世经术致累世公卿,以及从这两头派生出来的一茬一茬门生故吏,遂使文化重心常常会化为政治重心。而后是这两种重心在迭合中的一路演变,最终形成了汉末至魏晋南北朝四百多年里以文化为底色的门阀士族,并且一脉长流,在四百多年之后,其余波仍延之于隋唐。虽说在后来的历史评说里,门阀士族曾是一种久被訾议的东西,但四百多年里士族之能够代相承接于君权起落,王朝来去之间,在没有稳定性的世局里成为一种稳定之所在和物望之所归,支撑了这个过程而成为基石的,是士族中人因文化自觉而着力于化文化为教育的代相塑造。一则记载说:"华歆遇子弟甚整,虽闲室之内,严若朝典。陈元方兄弟恣柔爱之道,而二门之里,两不失雍熙之轨焉"。① 另一则记载说:"(何)承天五岁失父,母徐氏,广之姊也,聪明博学,故承天幼渐训义,儒史百家,无不该览"。② 前一面重的是以家风、家范、家教成就其德性,后一面重的是以经训、义理、史事成就其学识。由这一类轶事的累积所催生的《世说新语》一书,把汉末和魏晋人物当作主体,并用"德行""言语""政事""文学"等名目各归事类,以状写那个时代文化景观的总体面貌和局部细节,而其间的人和事大半都出自门阀士族。这种留存于记述之中的历史故事,以其人物的长盛不衰,说明了士族的累世不坠与士族之能够产生出优秀子弟的相为因依;也说明了在一个文化无从拢聚的时代里,中国文化的延续不绝和新机衍生实际上主要是在门阀士族里进行的。若以没有士族的五代比士族影响群伦的南北朝,则后一面的意义尤其明了。迨五代之乱既息,宋初因讲学而聚学人于书院,遂为文化的授受别开一途。此后九百余年之间,书院虽曾历经变迁而有起有伏,但时至清代晚期,时论犹以"各省书院之设,各府州县乡或三四所,少亦一二所;其陶成后进为最多,其转移风气亦甚捷"③为当时的写照。这种"陶成"和"转移"的过程都以文化为内容,通观而论,说的正是九百余年里文化的聚积和传承主要是依托于书院而得以实现的。

两千多年以来,太学、士族、书院在次第代谢中先后成为各个时代文化所

---

① 刘义庆:《世说新语》,北京:中华书局,1983年,第12页。
② 《宋书》第六册,北京:中华书局,1974年,第1701页。
③ 舒新城编:《中国近代教育史资料》(上),北京:人民教育出版社,1962年,第71页。

在的地方,于是而有中国文化的绵延不绝和源远流长。概述这个漫长的过程,意在说明清末仿西法,在兴学的宗旨下用学堂取代书院所导致的这个过程的中断。曾经最早倡学堂,并力主废书院以兴学堂的梁启超,民初已深恶"近世学校"的"学业之相授受,若以市道交也。学校若百货之廛,教师傭于廛,以司售货者也,学生则挟赀延市而有所求者也。交易而退,不复相闻问,学生之与教师,若陌路之偶值"。① 由此发生的"交易"里会有各成一段一段的知识,却不会有文化意义上的"陶成"和正面影响世局的"转移",从而既无从汇集学术和文化;也无从延续学术和文化。这种景况本是中外连属的通病,但对中国人来说,则是十多年之间,已是"中国原有的精神固已荡然,西洋的精神也未取得",新学问和旧学问都无从托身。而"进学校的人"则大半"除了以得毕业文凭为目的以外,更没有所谓意志",显见得人物的委琐出自学校的委琐。他因之而深深怀念旧日的书院。② 在当日的舆论中这一类话远不是仅见的,因此,更锐利一点的,还有直言"今日之教育,操之一二书贾之手",③以见斯文一脉的文不在兹。它们指述的都是本应丛集文化的学校在实际上的不能收聚文化,而后是从晚清到民初,中国文化总体上越来越像一池断梗浮萍。与书院时代的地方各有文化中心相比,已显然地异化为一种前所未有的学无所养和学无所归。虽说这一段追溯涉事长远,但正是借助于这种追溯所显示的两千多年里中国文化之自有承载,用之以对比和返照民初中国文化的承载在社会剧变中的断裂,后人读蔡元培,才能更切入地懂得他倾力于为中国人立"全国文化之中心",同时是在为中国文化再造一种新的承载,以期汇合古今中外而别开一重生面。④ 而蔡元培时代的北京大学在近代中国文化史上的意义也正因此而见。1919 年傅斯年陈说其心目中的北京大学曰:

> 向者吾校作用虽曰培植学业,而所成就者要不过一般社会服务之人,与学问之发展无与;今日幸能正其目的,以大学之正义为心。又向者吾校风气不能自别于一般社会,凡所培植皆适于今日社会之人也;今日幸能够渐入世界潮流,欲为未来中国社会作之先导。本此精神,循此途径,期之

---

① 梁启超:《饮冰室合集》(四),北京:中华书局,1989 年,《文集之三十六》,第 35 页。
② 梁启超:《饮冰室合集》(五),《文集之四十三》,第 5—6 页;梁启超著,夏晓虹辑:《饮冰室合集:集外文》(中),北京:北京大学出版社,2005 年,第 1034 页。
③ 上海经世文编社辑:《民国经世文编》第四册,北京:北京图书馆出版社,2006 年,第 2637 页。
④ 周作人:《知堂回想录》,香港:香港三育图书有限公司,1980 年,第 522 页。

以十年,则今日之大学固来日中国一切新学术之策源地;而大学之思潮未必不可普遍中国,影响无量。①

其间既有着显然的文化自负,也有着显然的文化自觉。两者都出自北大的"今日"不同于"向者",而展示的则无疑都是梁启超向"近世学校"追问、求索而不可得的那种他称之为"精神"的东西。精神表达的是内在一面,与之同时发生而相为对应的,还有已经集聚和正在集聚旧学新知的北京大学以其自身的文化感应社会,并直接影响了当日中国万千人的一面。蒋梦麟说:

> 北大是北京知识沙漠上的绿洲。知识革命的种籽在这块小小的绿洲上很快地就发育滋长。三年之中,知识革命的风气已经遍布整个北京大学。

之后,

> 北京大学所发生的影响发非常深远。北京古都静水中所投下的每一颗知识之石,余波都会达到全国的每一角落。甚至各地的中学也沿袭了北大的组织制度,提倡思想自由,开始招收女生。北大发起任何运动,进步的报纸、杂志,和政党无不纷起响应。②

民初中国久在因党派立异而政争,因军人干政而战争之中。以至杨荫杭曾以"武人与议员之争"和"武人与武人之争"作统括,指为"民国以来"时局之大端和常态。③ 因此,蒋梦麟所记述的北京大学在彼时以其"非常深远"的"影响"声光远播,程度犹在政争和武力以上,实际上写照的已是一种民国历史中的前此之未有。在这种前此未有里,北大把文化引到了一个本由政客和武人主导的世界之中,同时是北大又在用自己兼容并包和思想自由所造就的知识团体与文化气象,为"大学者,囊括大典,网罗众家之学府也"树立了一种举世共见的范式。由此因果相连,遂使风气所到之处,北京大学的变

---

① 欧阳哲生主编:《傅斯年全集》第一卷,第79页。
② 蒋梦麟:《西潮·新潮》,第122、128页。
③ 杨荫杭著,杨绛整理:《老圃遗文辑》,武汉:长江文艺出版社,1993年,第587页。

化又促成了南北大学的变化。于是在宋元明清的书院因清末世变而断截之后,民国大学共性地起而延接二千多年的传统,因汇集学人学派而成为一种重筑的文化载体;又因守护文化而同时为社会守护了出自知识人的清议。若引此以读梁漱溟所说的蔡元培一生的成就"只在开出一种风气",正因之而能看见其间之一端。

二

与这种营造"全国文化之中心"的过程期于层积累进相比,蔡元培长北大之日,以更激烈的思想震荡搅动八方而引来回声不绝的,是起于北大的新文化运动。此后二十年,历史学家肖一山由事及人而总论之说,其间的"胡适、钱玄同、陈独秀、李大钊等都是代表人物,而蔡先生则居于护法地位,也可以说是领袖人物"。[①] 比之"代表人物",显然是"护法"和"领袖人物"又高了一层。其论说出自对于历史现象的观察,因此当年身在局中的罗家伦后来追叙旧事排比前后,持论亦与之相近似。[②] 然而以新文化运动之内含的多义和前后的互歧为着眼点,则被看作"护法"的蔡元培,同时又在以其并不能与这些"代表人物"完全等同而归于一体的文化品格为立场,实际地显示了彼时共聚于新文化之中的人物在相互应和之外,还会有彼此之间的并不相同。1934年蔡元培作《我在北京大学的经历》一文,其中一段由《新青年》说到"文学革命",而自述其当日的主张,则尤以不作一边倒为自觉意识,"我素信学术的派别,是相对的,不是绝对的。所以每一种学科的教员,即使主张不同",但能自为立说,即可共生并存,期能以此提供一片广袤,"令学生有自由选择的余地"。继之又举"胡适之君与钱玄同君等绝对的提倡白话文学,而刘申叔、黄季刚诸君仍极端维护文言的文学,那时候就让他们并存"为共知的实例,以说明自己取则的是常理常情,遂既不全在"绝对"一面,也不全在"极端"一面:

> 我信为应用起见,白话文必要盛行,我也常常作白话文,也替白话文鼓吹;然而我也声明:作美术文,用白话文也好,用文言文也好。例如我们

[①] 杨琥编:《民国时期名人谈五四》,第61—62页。
[②] 罗久芳、罗久蓉编辑校注:《罗家伦先生文存补遗》,台北:"中央研究院"近代史研究所,2009年,第57页。

写字,为应用起见,自然要写行楷,若如江艮庭君的用篆隶写药方,当然不可;若是为人写斗方或屏联,作装饰品,即写篆隶章草,有何不可?①

其时倡白话的一方挟进取之势而成进攻之势,以至尤喜咄咄逼人而且出口伤人的钱玄同直接把文言归本于"独夫民贼"和"那些文妖"②。因此,蔡元培虽"也替白话文鼓吹",而以钱玄同为尺度作丈量,则其不肯一意排他地为白话文归除天下,显然是心中另有一种尺度。这种两者之间的不能完全重合虽在蔡元培的叙述中见之于文学革命一端,但就其各有自己对于中国文化认知和判断是非的来龙去脉,从而各有自己对于中国文化的愿景和愿想而言,又不会仅止于文学革命一端。

作为一种醒目的历史现象,当日身在新文化之中的人物大半乐以西国的文艺复兴运动为新文化运动作历史类比,其自觉自愿的程度犹且过于自比启蒙运动。这一面的意思,傅斯年称之为"人道主义",罗家伦称之为"人本主义",胡适称之为"对人类(男人和女人)一种解放的要求",陈独秀称之为"新文化运动是人的运动"。③ 在此前二十年间的维新思潮瀴浪相逐,以其不止不息的富强意识造就了国家至上的观念以后,斯时一时俱起的"人道主义"、"人本主义"、人的"解放的要求"以及"人的运动",共以人本身为主体和目的,显然是意在为中国人另立一种至上性。而文艺复兴之被用来为新文化作比附,也正在于文艺复兴运动所实现的以神为本位转向以人为本位。有此前后之间的不同,则后起的思想代谢,已在比较完整的意义上催生了近代中国虽由前二十年延续而来,但又不同于前二十年的另一个思想阶段。新文化运动过去十多年之后,蔡元培为《中国新文学大系》作"总序",由"欧洲近代文化,都从复兴时代演出"起讲,而归旨于"五四运动的新文学运动,就是(中国文化)复兴的开始"。显见得其意中的新文化运动,也是一种能与文艺复兴相类比,并在这种类比中获得了可以显示和说明自身意义的东西。而后举"欧洲复兴时期以人文主义为标榜,由神的世界过渡到人的世界"④为通论,又尤其说明,其意

---

① 高平叔编:《蔡元培全集》第六卷,第351页。
② 钱玄同:《钱玄同文集》第一卷,北京:中国人民大学出版社,1999年,第86页。
③ 欧阳哲生主编:《傅斯年全集》第一卷,第291、296、29页;张晓京编:《中国近代思想家文库:罗家伦卷》,北京:中国人民大学出版社,2015年,第200页;唐德刚:《胡适口述自传》,北京:华文出版社,1992年,第192—193页;生活·读书·新知三联书店编:《陈独秀文章选编》(上),第517页。
④ 高平叔编:《蔡元培全集》第六卷,第568、575页。

中的新文化运动能够与文艺复兴相匹配,正在于中国的文化运动所表达的以人为中心的自觉。从晚清到民国,与同属一个时代的人物相比,蔡元培始终以其更多的人道情怀为一己之明显的个性。即使是在反满革命之日,他的论说里也更多地为满汉之间留一点余地和宽厚。① 因此,新文化运动中的"人道主义"、"人本主义"、人的"解放"和"人的运动"便会非常自然地唤出他本有的胸中之所积。他之被看成"护法"和"领袖",其实大半都是因这种感应而起的。然而陈独秀由人权说人本,归结到"个人本位主义"②;胡适由"自由发展"说人本,归结到"为我主义"③。他们以其各自拥有的代表性,典型地说明了新文化运动中的人本主义自始即已落脚于个人主义。而在19世纪末期以来天演进化已弥漫四布的思想环境里,与这种个人主义一路俱来的自由、平等、独立、权利便非常容易地会与"物竞天择"融为一体④,使"个人本位"和"自由发展"都成了只能实现于自我扩张之中的东西。而后是个体的走向解放和个体的自求权利都成为引导潮流的主题。这个过程为个体吹涨了"一种从一切社会关系的羁绊中解放出来的要求"⑤,同时又使作为个体的人在这种论说中一步一步既失掉了具体性,也失掉了差别性,最终同化为一种以外向求取为法则的抽象存在。当时的一则时论说:

> 人生在世,究竟是为什么的,这个问题,人人要问,人人都解答不了,胡适之先生也说:这个问题是没有答案的。⑥

"人生在世,究竟是为什么的",追寻的是人生的意义。在人类的思想历史里,这是一个每一代人都要直面的问题,从而既是一个古老的问题,也是一个恒新的问题。而作为个体人类自己对自己的发问,其间所涉及的实际上是内在于人心之中的精神世界,是人的自我审视和自我超越赖以发生的起点。因此,胡适以"没有答案"为漠漠然置之的了不着意,反映的正是新文化人物之力倡个

---

① 蔡元培著,石峻主编:《蔡孑民先生言行录》,济南:山东人民出版社,1998年,第6页。
② 生活·读书·新知三联书店编:《陈独秀文章选编》(上),第98页。
③ 胡适著,季羡林主编:《胡适全集》第一卷,第614、612页。
④ 同③,第75页。
⑤ 史华慈语。见王跃、高力克编:《五四:文化的诠释和评价》,太原:山西人民出版社,1996年,第252页。
⑥ 陶水木编:《沈定一集》(上),北京:国家图书馆出版社,2010年,第126页。

人主义,但在他们的预设中,这种被置于本位的个体人类,其倾力所注,其实都归向于外在的自由、平等、独立、权利一面,而个体作为人之为人所应有的精神所托和心灵依傍则大半都不在关切之内。① 有此两头之间的不相对称,遂使个人主义造就的一群一群正在不断进取的人,同时又会因其内在一面的意义缺失而成为一种空洞化的人。对于蔡元培来说,这种两头不相对称,以及由此产出的空洞化了的人物类型,其实已不在喜闻乐见之列。

当个人主义唤起的一代人正在努力于"脱离奴隶之羁绊"而走向"解放"②之日,与之同一个时间发生而互相成为对比的,是蔡元培正用心于在北大"推广进德会"。③ 陶希圣后来说:"进德会有三种等第,甲种会员:不嫖、不赌、不娶妾;乙种会员:于前三戒外,加不作官员,不作议员二戒;丙种会员:于前五戒外,加不吸烟、不喝酒、不食肉三戒"。并以其切近而得的感受,把"进德会"对于北大"学风"的影响,列为仅次于"学术自由"的大端④。与"个人本位主义"之视"羁绊"为束缚而以"脱离"等同于"解放"相比,"进德会"的三种等第显然都是在自己约束自己,从而都是自己把自己置入束缚之中。前者是一种向外求取,要的是个体应有的权利和常在不断扩张之中的权利;后者是一种向内求取,要的是个体在德性上的自趋圆满和日趋圆满。身在新文化运动之中而被看成"护法",蔡元培不会不知道个体权利的正当性,以及争取个体权利的合理性。然而这种内向求取和外向求取之间的明显区别又说明,同新文化中多数人的执著于关注权利相比,蔡元培更关注的是正在争取权利和已经拥有权利的人本身。就人生的内在限度和外在限度而言,获得权利的实际意义,本质上不过是获得了一种选择的自由,但选择的自由并不等同于选择的结果,所以权利本身不会天然地趋善和成善。而后是作为本与权利主体重叠的选择主体,人本身便不能不同时又成为这个过程里须用文化造就的对象。这一层道理不为当日的高亢论说所涉及,却具足地映照出"进德会"的由来和立意。人在其间的自我约束虽各立条目,而对个体来说,由条目而引入"进德"的过程是在理一分殊中自我引申,区分什么是对的,什么是错的;什么事是可以做的;什么事是不可以做的;什么人是好人,什么人是坏人。由此以约

---

① 胡适后来回答"人生有何意义"之问说:"生命本身不过是一种生物学的事实,有什么意义可说?生一个人与一只猫,一只狗,有什么分别?"(胡适著,季羡林主编:《胡适全集》第三卷,第817页。)
② 生活·读书·新知三联书店编:《陈独秀文章选编》(上),第74页。
③ 蔡元培著,石峻主编:《蔡子民先生言行录》,第13页。
④ 陈平原、郑勇编:《追忆蔡元培》,第213页。

束为进德,开启的是一种以人生意义为指向的人生过程,然则以"进德会"为实例,显然是曾经作为一个问题已被胡适漠漠然置之的"人生在世,究竟是为什么的",同样作为一个问题,却始终是蔡元培常在心中而不能不去怀的东西。两者的背后各有一种对于人本的理解,因此,以内向的求取和外向的求取为分界,则自始即引人本主义自为标榜的新文化运动,实际上已同时有了两种人本主义。

陈独秀的"个人本位主义"和胡适的个人"自由发展"都以自由、平等、独立、权利为支撑。然而这些出自欧西的观念本是从欧西的历史文化中产生和形成的,因此这些以人为主体的观念在自己所属社会里的运用和表达,都脱不出欧西历史文化在它们形成过程中与之俱生,并在后来一直与之俱存的对于人性中光明一面与黑暗一面的审视和思考。[①] 随后是在审视和思考留下的思想环境里,彼邦的自由、平等、独立、权利都会各有自己的人文内涵和实际限度。然而这些观念移入中国的过程已截断了它们同自己历史文化的联结,并彻底地脱出了它们在本土的思想环境。于是来到中国的自由、平等、独立、权利,便很容易在一路传播中一路自为演绎,从各有内涵和限度的观念蜕化为流失了本义的词汇,并最终成为一种以"自认为独立自主之人格以上,一切操行,一切权利,一切信仰,唯有听命各自固有之智能,断无盲从隶属他人之理"[②]为至高境界的东西。这些文字描画的是一种自我独尊的人,也是一种孑然孤立的人,两者都以"固有之智能"为唯一的因依,遂使其"独立自主之人格"与个体自身的人性自始即全无一点勾连。然而人格本以人性为起点,并且是在人性的根基中养成的,因此这种人格与人性的两相隔绝,已使个体的人格虽被名为"独立自主",实际上却成了一种没有来路而无从附托的物事了。

与新文化运动中用文字作鼓荡的这一面相比,蔡元培以"进德"立会而着力于知行合一,主旨也在造就人格。但造就人格而以进德为起点,则既说明了他识度中的人格本自人性,又说明了他识度中的人性是不圆满的。因此"进德"之取义,表达的正是一个由不圆满走向圆满的漫长过程。然则自外观而

[①] 汉密尔顿说:"我们应该假定每个人都会是拆烂污的瘪三,他的每一个行为,除了私利,别无目的。"(见张灏:《幽暗意识与民主传统》,北京:新星出版社,2006年,第30页)他被尊为美国"开国诸父"之一,参与拟定宪法,显然熟知自由、平等、独立、权利。但对作为自由、平等、独立、权利主体的人,同时又抱有很深的人性怀疑。

[②] 生活·读书·新知三联书店编:《陈独秀文章选编》(上),第74页。

言,显然是在一个群趋权利的时代里,蔡元培对这一面的关注和力行,已以其别成一格于时趋之外,比陈独秀和胡适更贴近地对应于欧西历史文化中本来的思维轨路与既有取向。在当日的文化运动里,这是一种奇异。但就个人的文化蕴积和学术思想渊源,则蔡元培之不同于陈独秀、胡适,却又更能契合欧西历史文化深层内涵的那一部分关切所在,其实并不取之于欧西,而是出自于儒学,从而依托的大半是故家旧物。一则记述说,清末"西洋社会主义废家庭财产、废婚姻之说已入中国。孑民亦深信之,曾于《警钟》揭《新年梦》小说以见意"。但这种被称作"西洋社会主义"的无政府学说,其理想的主义又曾在彼时的中国一经操弄而全失理想:

> 尔时中国人持此主义者,已既不名一钱,亦不肯作工,而惟攫他人之财以供其挥霍。曰:此本公物也。或常作狭邪游,且诱惑良家女子,而有时且与人妒争。以是益为人所姗笑。孑民慨然曰:"必有一介不苟取之义,而后可以言共产。必有坐怀不乱之操,而后可以言废婚姻"。对此辈而发也。①

这个过程里发生的毛病不是出在主义本身,而是出在附着于主义的人。而由此引出的"必有一介不苟取之义"和"必有坐怀不乱之操",则非常明白地说明,主义之能够在真正意义上的得以实现,本与个体自身的德性完善是相为因果的。这一段历史情节发生于新文化运动十余年之前,但以他身在自由、平等、独立、权利蔚为主义之日而力倡"进德"相度量,则绾连两头而贯穿于前后之间的,始终是同一种理路。这是一种在中国两千多年的历史里久已有之的理路。王安石说:"为己,学者之本也;为人,学者之末也":

> 是以学者之事必先为己,其为己有余而天下之势可以为人矣,则不可以不为人。故学者之学也,始不在于为人,而卒所以能为人也。今夫始学之时,其道未足以为己,而其志已在于为人也,则亦可谓谬用其心也。②

儒学相信人性自有善根,同时又深知个体人类并未已善。自前一面而言,则孔

---

① 蔡元培著,石峻主编:《蔡孑民先生言行录》,第 7 页。
② 王安石:《王文公文集》(上),上海:上海人民出版社,1974 年,第 308 页。

子说"吾欲仁斯仁至矣",孟子说"人皆可以尧舜"。① 自后一面而言,则天地之间长有君子小人之分和君子小人之争。两者俱存,便是向善的可能与作恶之可怕的俱存,因此,起源古老的"进德"一词在中国历史中的代相传承,其间之寄托本是以向善的可能抑制作恶的可怕。而蔡元培的关注所及与欧西历史文化之仿佛能够对应,引人深思的其实也在于这些地方。但与欧西相比,王安石的话又说明:在中国人的历史文化里,儒学中的这一部分内容更深远的意义,还在于由此生成的不断面对自我,并把自我当成观照对象和评判对象的自觉。② "学者之事必先为己",是因为"人心惟危,道心惟微"③,个体的"己"是不完善的和不足恃的。与之相为因果,则"为己"的本义正是以克己为"修己",自我省察而自我成全。由此承载的是一个走向君子人格的过程,但这个过程因深入而广延,同时又在引人进入人己之间,天人之间,义理之间,以获得人生价值,获得人生意义,获得人生责任,从而形成一个稳定的精神世界。之后的"卒所以能为人也",则是抱着这种内在的精神世界走到外在世界和应对外在世界。于是而有个体立身的本原和两千多年中国历史里的贤人和仁者。

蔡元培曾是在这种精神世界里长成的,而在同时代人的眼中,即使是在迎受新潮之日,他身上也仍然自觉地保留着这种精神世界所给予的人生取向:

> 蔡先生又以克己为他道德生活的核心。他虽然也和当时的名人一样,醉心于法国革命时代的三个口号"自由、平等、博爱"。可是他解释这三个口号,是从克己方面出发的。博爱是什么?他说博爱就是孔子之所谓仁,"己欲立而立人,己欲达而达人"。平等是什么?就是孔子之所谓恕,"己所不欲,勿施于人"。自由是什么?自由就是义,孟子所谓"富贵不能淫,贫贱不能移,威武不能屈,此之谓大丈夫"。蔡先生就以这仁、义、恕三个字做着日常道德生活的标准。④

在这种取新学而"以古义证明之"⑤的阐发里,蔡元培把出自新学的"自由、平

---

① 朱熹著,金良年注:《四书章句集注》,上海:上海古籍出版社,2006年,上册第128页;下册第425页。
② 这一面的典型,是孔子自述的"吾日三省吾身"。
③ 《尚书·大禹谟》。
④ 倪墨炎、陈九英编:《许寿裳文集》(下),上海:百家出版社,2003年,第546页。
⑤ 蔡元培著,石峻主编:《蔡子民先生言行录》,第10页。

等、博爱"看成是一种精神高度,但引"古义"以"证明之",又说明他更相信对于个体来说,这种外在的精神高度之进入身心而化为己有,只能实现于自我的"克己"之中。与同一个时间里的"个人本位主义"和个人"自由发展"一以贯之地把自由、平等、独立、权利看成是一种可以索取而得的东西和一种以物竞天择为法则的东西相对比,两头之间的差别不仅是明显的,而且是内在的。他陈述的是自己的深思自得和有会于心,而两千多年里儒学以克己成就"修己"的道理则因之而与新学有了一种交汇之途。以此观照他在北大以"进德"立会,则就其意中"进德"一词的本来意义和衍生意义而言,已是把自己认知所在和信受所在的精神世界带入了新文化运动之中。而后是同在新文化运动之中,蔡元培以他所认知而信受的道理为主张,回答了胡适认为"没有答案"的人生问题,并在"个人本位主义"催生出来的,因倾力于单面外向进取而失落掉了内在的意义,又因失落掉内在意义而空洞化了的个体人类面前,展现了一种怀抱一己精神世界、心灵世界、意义世界,与众生一同行走于人世漫漫长路里的具体的个人和真实的个人。以前者为主体的人本主义与以后者为主体的人本主义共存于新文化运动之中,但两面之互相对映,显示的则是这一场文化运动本身内含的错杂、捍格和矛盾。然而通观这一段历史,则作为一种引人注目的文化现象,其间最耐后人长思久想的,其实并不是留下了很多文字的陈独秀和胡适,而是没有留下很多文字的蔡元培。

周作人后来说蔡元培以不尚"偏激"为其文化品格,"我故以为是真正儒家,其与前人不同者,只是收容近世的西欧学问,使儒家本有的常识更益增强,持此以评断事物,以合理为止"。[①] 冯友兰后来说"蔡先生是近代确合乎君子的标准的一个人",并说:

> 一个人成为名士英雄,大概由于"才"的成分多。一个人成为君子,大概由于"学"的成分多。君子是儒学教育理想所要养成底理想人格,由此方面说,我们可以说,蔡先生的人格,是儒家教育理想的最高底表现。[②]

前者说的是他的为学,后者说的是他的为人,而在两者的立意中,是为学为人都被归入文化之中,概以儒学为其共有的本相和根底。然而林语堂说:

---

① 周作人:《知堂回想录》,第332页。
② 冯友兰:《三松堂全集》第十四卷,第207页。

> 蔡先生是我所敬爱钦佩的一个人。在革命元老中,我认为他比较真正认识西方思想。他书真正看,而思路通达。对西方思想有真认识是不容易的,否则班门弄斧,人云亦云而已。①

他印象更深刻的是蔡元培所达到的对西方思想的认识程度。林语堂早年入教会学校,又先后留学美国、德国,是一个熟知西方文化的人。因此他对蔡元培的这一段评说应当是一种出自内行的评说。而以"真正儒家"称蔡元培的周作人,在另一个地方又曾推崇其"独有的自由思想的精神,在他以外没有人赶得上",并具体比较说:"就是现今美国叔叔十分恭维的胡博士,也恐怕还要差一点儿吧"。② 这种引美国人来衬托胡适,又以胡适作衬托来说蔡元培的"自由思想精神",主旨无疑也是在写照蔡元培对西方文化之真髓的把握程度高出一时。周作人、林语堂、冯友兰的这些事后追忆,都刻画了作为一个文化形象而留存在他们心目中的蔡元培。追忆出自历史中的人和事为岁月磨洗之后,自应更加清晰和更加真实。然而以陈独秀说的"固有之伦理,法律,学术,礼俗,无一非封建制度之遗,持较皙种之所为,以并世之人,而思想差池几及千载";③胡适说的"正因为二千年吃人的礼教法制都挂着孔丘的招牌,故这块孔丘的招牌——无论是老店是冒牌——不能不拿下来,捶碎,烧去"④为代表性言论,显然是19世纪末期以来依中西分类别和新旧分类别的思想走向,至新文化运动已达到了极端。则时处此日,一个"真正儒家"的蔡元培和一个"真正认识西方思想"的蔡元培同集于一身,便不能不使蔡元培在新文化运动中非常独特地成了一个不可归类的人。比之各归一类的简单明了,不可归类无疑是一种模糊和复杂。但深而论之,这种对比的背后其实各有其不易直观而见的内容,就一面而言,每一种文化都同时内含着经验、知识、思想的交集;理性与情感的纠葛;诠释与错读的同生;信仰与怀疑的颉颃;共相与殊相的分合;意识与潜意识、个体意识与集体意识的相扶和相歧,等等。而后是作为一种过程的文化,便惯见经验溢出思想和思想溢出语言;以及问题触发纷争和纷争生成派别,并常态地表现为当下对之前的否定和后来对当下的否定之否定,而其

---

① 林语堂:《林语堂名著全集》第十六卷,长春:东北师范大学出版社,1994年,第376页。
② 钟叔河、鄢琨编:《周作人散文全集》,桂林:广西师范大学出版社,2009年,第9卷,第702页。
③ 三联书店编:《陈独秀文章选编》(上),第75页。
④ 胡适著,季羡林主编:《胡适全集》第一卷,第763页。

间最稳定地维持了一种特定文化之根本的精神性存在,则既是一种深处的存在,又是一种抽象的存在。因此引西人所说的"文明本身是一个混合体"①为总而言之,显然是作为整体的文化总是会不同程度地交染于模糊,而处在变迁之中的文化又常常是与模糊相伴而行的。然则真正地进入文化和具体地深入文化,实际上已不能不面对模糊和进入模糊。就另一面而言,时当两种不同的文化交逢之日,纯以各归一类为简单明了,则由此所造就的只能是一种划分壁垒。而以壁垒既成之后的这种以整体性对整体性为起点,被称作文化运动的过程遂只能沿此一路趋进,演化为一种空泛的整体性压倒另一种空泛的整体性的过程,一个既抹掉了本来的模糊性,同时又无从深思于彼此之间,以成其用心审量和层层切入的过程。在后起的学者眼里,遂只见其"清浅"而不见其"深挚",并因之而成为一个"不但对于中国自己的古典文化没有了解,对于西洋的古典文化也没有认识"②的过程。其间用"清浅"对比"深挚",尤其昭然地显示了简单明了之能够形成,本是与人为的选择、过滤和舍弃相为表里的。之后是简单明了得到了易于远播的"清浅",而同时失落掉的"深挚"里却有着许多更真实的东西和更本质的东西。生成于新文化运动之中的这两个方面,以及它们之间的相互对照,构成了一种留存于历史之中的反衬,使人在事后省思之际能够更清楚地看出蔡元培的模糊和矛盾,其实比当日一时群趋的简单明了更具深刻性。因此,1940年蔡元培病逝于香港,蒋梦麟为之作论定说:

> 一位在科举时代极负盛名的才子,中年而成为儒家风度的学者。经德、法两国之留学而极力提倡美育与科学。在北京大学时主张一切学问当以科学为基础。
>
> 在中国过渡时代,以一身而兼东西两文化之长,立己立人,一本于此。③

傅斯年发抒其"景仰"说:

---

① 艾恺:《世界范围内的反现代化思潮——论文化守成主义》,贵阳:贵州人民出版社,1991年,第53页。
② 李长之:《五四运动之文化的意义及其评价》,杨琥编:《民国时期名人谈五四》,第391页。
③ 陈平原、郑勇编:《追忆蔡元培》,第120页。

> 蔡先生实在代表两种伟大的文化,一是中国传统圣贤修养,一是法兰西革命中标揭自由平等博爱之理想。此两种伟大文化,具其一已难,兼备尤不可觊。先生殁后,此两种伟大文化在中国之寄象已亡矣。至于复古之论,欧化之谈,皆皮毛渣滓,不足论也。①

他们两人当年都在新文化之中,而傅斯年尤曾迹近各分一类而简单明了那一脉。但二十年之后返视历史,其共有的敬意和钦服则都归于蔡元培,归于其一身汇合了"真正儒家"和"真正认识西方思想"的文化取向与文化高度,以及由此派生的人生气象。而由这些话引申而思,则其间既可以看到陈独秀的因急迫而褊狭与蔡元培阔大而且从容的不同;也可以看到胡适好以知识泯灭义理与蔡元培广求新知而守定义理的不同。因此以二十年之后说二十年之前和二十年以来,他们的话又折射了民国初年中国文化的曲折嬗蜕。

本文作者系华东师范大学思勉人文高等研究院教授

原载《华东师范大学学报》(哲学社会科学版)2016 年第 6 期

---

① 欧阳哲生主编:《傅斯年全集》第五卷,第 491 页。

校长之忧
——兼听五四"杂音"*

陆建德

广义上的五四新文化运动如何重新定义、评价,不是笔者能力所及。本文说的五四,是中国外交受挫后爆发的旷日持久的学潮。当时,从喧闹兴奋的大街和广场,从罢课的校园和平静的书房,从报馆和东交民巷的密室,从伺机而动的闲居政客的寓所,传来的声音非常杂多。然而历史的进程却用电子合成法把各种异质话语处理成单一的正声。这无助于我们理解纷繁的历史真相,无助于敏锐的政治辨识力的养成。本文略谈几位北大校长五四后发出的忧虑之声,然后带出一两个让人压抑的话题。

一

学潮大概是与20世纪一同来到中国的新生事物。1902年秋,上海南洋公学学生要求总办辞退教习,挟制未成,全体退学。这恐怕就是最早的学潮之一,从此公立学堂学生与校方作对,罢学退学,一时成为风气。1902年11月,蔡元培和中国教育会在上海创办爱国学社(蔡元培任学校总理、学监吴稚晖),一方面让部分南洋公学退学学生有学可上,一方面借此机会建立排满革命的基地。①

---

* 2017年5月4日补记:本文大约在2009年2月底写毕,发表于《书城》月刊2009年第5期。《曹汝霖一生之回忆》大陆版(北京:中国大百科全书出版社,2009年4月)当时未能读到。

① 2017年5月4日补记:黄遵宪在致梁启超信(光绪三十年七月四日)上对爱国学社作过一番评论:"仆所最不谓然者,于学堂中唱革命耳。此造就人才之地,非鼓舞民气之所,自上海某社主张其说,徒使反动之力,破坏一切,至于新学之输入,童稚之上进,亦大受其阻力,其影响及于各学堂各书坊,有何益矣。若章、邹诸君之亡命而口革有类儿戏,又泰西诸国之所未闻也。"见《梁启超年谱长编》,丁文江、赵丰田编,上海:上海人民出版社,2009年,第222页。"章、邹"即章太炎、邹容。

第二年6月"苏报案"发,蔡元培"不愿多问社事",离职而去,学社解散。在他后来的教育生涯上,还有很多学潮在等候他。

郭沫若自传第一卷《少年时代》有一些关于当时学潮的有趣记载。作者曾是"学生小领袖",出了风头后颇有点飘飘然,学起抽烟喝酒来。辛亥革命前几个月,成都的中学生又为"请愿国会"举行罢课,郭沫若长于自剖,拒绝为参加罢课的心理冠以爱国的名号:"平常学生罢课,除极少数是热心运动之外,大多数是趁趁热闹,乐得天天都是星期。所以重要的动机与其说是热诚,宁肯说是偷懒。"[①]"偷懒"没出息,"热心运动"未见得就是夸奖。

五四那天北京学生上街后闹出轰轰烈烈的事来,有的涉嫌犯法被警方拘留。5月7日,被捕学生经蔡元培率领的高校校长们保释,凯旋归校。此时蔡元培已萌生去意,他在5月9日悄然南下。当时学生意气正盛,即使是一校之长也不敢犯他们的逆鳞。蔡元培在一则奇怪的辞职启事上用"杀君马者道旁儿"之类隐晦的古文来曲折表达自己对学潮的忧虑。[②]

蔡元培的辞职经常被说成是被迫的,不然的话他就好像是战场上的逃兵了。所谓"军阀政府决定撤免蔡元培北大校长职务"[③]一说,其实是想用后来合成构建出来的正声来捂住原初未经处理的杂音。五四前一年(1918年5月21日),北大学生到总统府抗议签订中日军事协定,蔡元培劝阻无效,自责"平日既疏于训育,临时又拙于肆应",[④]愤而辞职。后来他在教育部和学生的恳请下留任。谈论五四,还需要看看当时运动的主体即北大的学生。

蔡元培接长北大时,学生风纪败坏,声名狼藉。千百年来的科举制度一方面增加了社会阶层的上下流动性,一方面也腐蚀了读书人求学的目的,以致研究学术的宗旨难以确立。蔡元培在1917年1月9日的就职演说里向听众表白了他想改造北大这个"官僚养成所"的心迹。他所勉励学生的三事(抱定宗旨、砥砺德行、敬爱师友)正是校园中所缺。他奉劝学生"当以研究学术为天职,不当以大学为升官发财之阶梯"。然而当时的北大,"毕业预科者,多入法科,入文科者甚少,入理科者尤少,盖以法科为干禄之终南捷径也"。要在学界移风易俗,即便是一百年,还嫌太短。根据北大统计数字,1917年年底,北大读法科的本预科学生(841人)相当于文理科之和(文科418人,理科422

[①]《郭沫若全集・文学编》(第11卷),北京:人民文学出版社,1992年,第218页。
[②] 详见程巍:《蔡元培的"辞职启事"》,《中国图书评论》2009年第2期。
[③] 周天度:《蔡元培》,人民出版社,1984年,第174—175页。
[④] 高平叔编:《蔡元培年谱长编》(第2卷),北京:人民教育出版社,1998年,第99页。

人），工科十倍（工科80人）。① 蔡元培在1918年5月提出辞呈，他所面对的就是这样一批学生。他1917年年初就任后很快提出学制改革议案，要点是将法科从北大分割出来，独立为法科大学，而法科占用的北大校舍和经费可以用于文理科的扩展。虽然这一方案未能实行，北大依然是文理法三科并存（工科因规模有限，现有学生毕业后即停办），但是蔡元培的亲疏是十分明显的。他心底里对以法科学生主导的北大学生群体并无好感。赵家楼起火之后，他想离开北大的心情必然更加迫切。1919年5月13日的《晨报》在《蔡元培辞去校长之真因》一文转载的这段话实为他的心声：

> 我以为吾国之患，固在政府之腐败与政客军人之捣乱，而其根本则在于大多数之人，皆汲汲于近功近利，而毫无高尚之思想，惟提倡美育足以药之。我自民元以来，常举以告人。

"固在"只是虚应故事罢了，"而其根本"才是他最想说的。这"大多数人"指的恐怕并不是农民、文盲，而是读书人中的主体，北大学生中的主体。到大街上呼喊"政治立场正确"的口号，甚至故意触犯法律，就可以自诩高尚，于是"吾国之患"永远与己无关，罪在他人，罪在政府，罪在体制。

经政府和北大师生一而再、再而三的挽留，蔡元培答应复出，条件是学生必须整饬纪律，不再参加校外集会。他肯定学生唤醒民众的功绩，不敢怠慢，但是他勉励学生尽瘁学术，并希求早日恢复"五四以前教育原状"。1920年5月，他又发表《去年五月四日以来的回顾与今后的希望》一文，再次强调罢课造成的损失，此时他说的话与前面所引郭沫若对罢课隐藏动机的分析（"与其说是热诚，宁肯说是偷懒"）非常相近："况且有了罢课的话柄，就有懒得用工的学生，常常把这句话作为运动的目的，就是不罢课的时候除了若干真好学的学生以外，普通的就都不能安心用工。"细品一下这句话，还能发现，蔡元培没有把"热心运动"和"偷懒"完全分别开来：运动家可能恰恰就是"懒得用工的学生"。偷懒的人有了"话柄"，非但罢课心安，还神气活现。至于"话柄"是什么，慈蔼的校长不便说出。

那年夏天，从7月22日到9月12日，蒋梦麟作为蔡元培的个人代表暂管校务。这位教育学家几次代理蔡元培主持校政，他正式担任北大校长时间之长，也是无人能及的。或许正是这一原因，他说到学生的骄矜自喜，极不客气。

---

① 转引自周天度：《蔡元培》，第90—91页。

蒋梦麟的《西潮》作于二战后期，他把北大五四后那段时期称作"扰攘不安的岁月"，并惋叹"旧日安宁的精神彻底死了"。从他笔下我们知道，蔡元培与胡适早就料到，学生五四逞威成功，将陶醉于自己的胜利。蒋梦麟写道，学生滥用权力，绝无责任感可言：

> 学校里的学生竟然取代了学校当局聘请或解聘教员的权力，如果所求不遂，他们就罢课闹事。教员如果考试严格或赞成严格一点的纪律，学生就马上罢课反对他们。他们要求学校津贴春假中的旅行费用，要求津贴学生活动的经费，要求免费发给讲义。总之，他们向学校予取予求，但是从来不考虑对学校的义务。他们沉醉于权力，自私到极点。有人提到"校规"，他们就会瞪起眼睛，噘起嘴巴，咬牙切齿，随时准备揍人。①

与这班学生老爷相处，还需要很多非关学术的本领。有一次，北大评议会决定收取讲义费，大批学生涌进办公室，要追究有关老师的责任。面对这批闹事者，蔡元培大怒，他卷起袖子，挥舞老拳，喊道："你们这班懦夫！有胆的就站出来与我决斗！"蒋梦麟如此描写当时的场景："这位平常驯如绵羊，静如处子的学者，忽然变成正义之狮了。"学生慑于校长的震怒，未敢使出对付章宗祥的手段。但他们最终还是胜利者。校方就同五四时的政府一样，委曲退让。教务处答应"延期收费"，而延期就等于无限期，乃至取消。② 1928 年 8 月，蔡

---

① 蒋梦麟：《西潮》，香港：学风出版社，年份不详，第 134 页。
② 2017 年 5 月 4 日补注：这次对抗发生在 1922 年 10 月，学生得胜，也有所失，一位叫冯省三的预科法文班学生被北大校评议会议决开除。这位冯省三大概很快就被北大学生遗忘了，鲁迅感慨系之，在 1922 年 11 月 18 日的《晨报副刊》发表短评《即小见大》(《鲁迅全集》第 1 卷，北京：人民文学出版社，2005 年，第 429 页)，颇有为牺牲者祝福之意，可见他是支持学生闹事的。鲁迅还想借此怀念民国元年企图暗杀袁世凯的革命党人：
即小见大，我于是竟悟出一件长久不解的事来。三贝子花园里面，有谋刺良弼和袁世凯而死的四烈士坟，其中有三块墓碑，何以直到民国十一年还没有一个人去刻一个字。
凡有牺牲在祭坛前沥血之后，所留给大家的，实在只有"散胙"这一件事了。
后来他在《两地书》(1925 年 5 月 18 日信，《鲁迅全集》第 11 卷，第 76 页) 又提及冯省三的"牺牲"。1925 年的女师大学潮中，"马前卒"许广平发威，将"拟寡妇"杨荫榆打倒在地，再踏上一只脚，大快其意。许广平少时思慕古代游侠，自以为粗犷豪直，恨不能"杀尽天下不平事"。生逢学潮盛世，这块冲锋陷阵的好料子派上了大用场。与鲁迅通信后，她又迷惑于"祭坛前沥血"的荣光，想"暗中进行博浪一击"。(鲁迅、景宋：《两地书原信》，北京：中国青年出版社，2005 年，第 29—30 页)鲁迅则以为当时的中国学生太急，稍加劝阻。"马前卒"在驱杨运动中，虽没有组织暗杀团，其他种种手段都使了出来，还是受到了惩恵。"文化大革命"时几乎所有民国年间的文学都受批判，鲁迅的著作非但除外，而且人人都读。

元培在国民党二届五中全会上提议,"青年运动现今不宜继续"。

蒋梦麟所说的学生嚣张跋扈的原因,往往未被充分认识。他们都是统治阶级的子女,家里有政府要员和社会闻人,政府有何办法? 至于学生喜欢攻击的目标,蒋梦麟概括很精妙:政府无法解决或者未能圆满解决的国际问题。"因此他们常常获得国人的同情;他们的力量也就在此。"这句话的褒贬,大概不难听出来吧。

二

再来看看严复对学潮的态度。

严复是他那一代人中最早从事西学教学的,称他为中国现代教育先驱,也不为过。1905 年,严复出访伦敦,孙中山正好也在那里(后来有"落难"之说,从中赚得丰厚政治资本)。两人晤谈,话不投机。严复有感于中国"民品太劣,民智太卑",认为改革必从教育着手,以求逐渐更张。那一年蔡元培加入新成立的同盟会,与一些会党朋友歃血为盟,此前他学习过制造炸弹,还想在爱国女校"预备下暗杀的种子"。这位前清翰林后来也坚信教育救国,不过那是晚到的觉悟。

1902 年北大前身京师大学堂复校,管学大臣张百熙聘严复为编译局总办,两年后辞职赴沪。这是他第一次执教北大。1912 年 2 月,严复又受命为辛亥革命后首任京师大学堂总监督(校长)兼文科学长。这一年五月初,在新任教育部长蔡元培提议下,袁世凯批准京师大学堂更名为北京大学校,由严复署理校长。民国初建,财政支绌,唐绍仪内阁中同盟会阁员有意为难大总统袁世凯,也给北大的校务添设了障碍。蔡元培主持下的教育部甚至有停办北大之议,严复闻讯立即向教育部提交了北大校史上十分重要的文件《论北京大学校不可停办说帖》,以及《分科大学改良办法说帖》,北大得以保留,蔡元培辞职而去,但是严复与教育部(尤其是留日归来的教育部官员,他称为"东学党")合作困难,不得不在当年十月去职。[①]

五四学潮爆发后,一波未平,一波又起。严复虽然"老病余生",仍在密切关注时局。他在 6 月 20 日致熊纯如的信上写道:"咻咻学生,救国良苦! 顾中

---

① 张寄谦:《严复与北京大学》,《93 年严复国际学术研讨会论文集》,福州:海峡文艺出版社,1995年,第 403—431 页。

国之可救与否不可知,而他日决非此种学生所能济事者,则可决也。……学生须劝其心勿向外为主,从古学生干预国政,自东汉太学,南宋陈东,皆无良好效果,况今日耶!"①

　　学生应该认真向学,在这一点上严复是和蔡元培、蒋梦麟一致的。而且五四以后,学生领袖如傅斯年也反思运动,认识到从此之后应厚蓄实力,不轻发泄。② 严复略为不同的是从学生的行事风格推断他们的品质,得出他们日后不能"济事"的结论。而在他看来学生的举动与近年来北大的风气和提倡的一些观念相关,蔡元培本人也有责任:

> 蔡子民人格甚高,然于世事,往往如庄生所云:"知其过,而不知其所以过。"偏喜新理,而不识其时之未至,则人虽良士,亦与汪精卫、李石曾、王儒堂、章枚叔诸公同归于神经病一流而已,于世事不但无补,且有害也。③

蔡元培鼓吹俄国虚无党事迹,培养暗杀者,宣传世界语,提倡汉字改用拉丁字母,这些大概都是"偏喜新理"的例子吧。

　　五四学潮波及全国,严复四子严璿当时是唐山工业学校的学生,他在5月22日的家信上汇报,自己也参加了声援北京学生的活动,捐款五元。不料严复回信表示"深为不悦,"批评严璿"随俗迁流",语气极为严厉:"如此直不类严氏家儿,可悲孰逾于此者! 今吾与汝母均极伤心。……嗟夫! 多歧亡羊,吾见汝信,恨不即叫儿回家,从此不在各校求学也。"④可见严复对当时的各类新式学堂都极感失望。整整四十年前(1879年)他从英国留学归来就执教马江(也称马尾或福建)船政学堂,后又先后任北洋水师学堂总教习和天津北师学堂总办,他是西学在中国开展的见证。如果这么多年过去了,中国学生还是以

---

① 王栻主编:《严复集》(第三册),北京:中华书局,1986年,第695—696页。2017年5月4日补注:笔者有一本大中国图书局1953年1月再版(初版时间不详)的小册子《宋代太学生的救亡运动》,作者收尾的一段简短有力:"陈东是中国历史上一个伟大的学生领袖。但我们不要忘记:他的光荣是当时人民的赐予。"(第44页)此书系复旦大学外文系教授丁兆敏先生惠赠,在此向丁老师致谢。
② 耿云志:《傅斯年对五四运动的反思——从傅斯年致袁同礼的信谈起》,《历史研究》,2004年第5期,第106—115页。
③ 《严复集》(第三册),第696—697页。
④ 原件藏南洋大学,转引自孙应祥:《严复年谱》,福州:福建人民出版社,2003年,第514页。本文得益于《严复年谱》处颇多,在此谨向作者孙应祥先生致谢。

街头演说、举旗游行为满足,他能不忧愤吗? 蔡元培和蒋梦麟也会责备学生狂妄,但是他们还是积极入世的,对未来抱有希望。严复则不然。

三

严复关于五四学潮的一些评点有两个特点。一是他认为学生太横暴,不利于形成健康讨论的氛围;二是他把学生运动放在大国在华博弈的背景下,警告国人注意外国势力的小动作。

在那年7月,他寄四子严璿的诗中有这两句:"举国方狂饮,昌披等猘狿。"① "昌披"(昌同猖)语出《离骚》("何桀纣之昌披兮"),指狂乱放纵。这大概是当时对学生最恶毒的攻击了,恐怕不公。最令他失望的是遇到如此重大的问题,大家竟无法讨论。他在致严璿信上说:

> 北京曹、章或亦有罪,而学生横厉如此,谁复敢立异,而正理从此不可见矣。②

国家之间的事务太复杂,他不信严璿那样十几岁的少年能真正理解。③ 如果曹汝霖、章宁祥和陆宗舆(三人都曾是京师大学堂教员)对不起国人,那也应该重视证据,认真分析,交由法律来处理。再说1917年至1918年间的"西原借款"与中国政府对德宣战相联系,很难用简单的利弊来定性。日本自从第一次世界大战爆发以后,对中国步步紧逼,中央政府一次次退让,部分程度上也是南方各分裂势力威逼的结果。加入协约国的好处,不必再说。严复所着重的是"立异"即持不同观点的权利,而且允许、尊重别人"立异",形成讨论、商榷的风气,也是求得"正理"的先决条件。专横的态度最大的害处就是消灭了心平气和研讨问题的气氛。现在我们读到这句话,心里也无法轻松。在北京以德先生、赛先生自榜的青年导师往往"不容他人之匡正",反而是被讥为"保皇""保守"的严复要比那些自以为是地"追求自由"的人开明(liberal)得多。英文里所谓的"自由主义"(liberalism)其实也是涵养与风度,一种行为的习惯。

---

① 转引自皮后锋:《严复大传》,福州:福建人民出版社,2003年,第455页。
② 转引自孙应祥:《严复年谱》,第514页。
③ 民国后,不管谁来执政,都必定仰赖外国借款度日。要借钱就得给别人好处。孙中山对此感受最深。当然,他自己借款是出于爱国。

严复曾说,国民责望政府不宜过深。中国如此屡弱,处境如此艰难,勉强维护大局已经非常不易。有些美好的目标难以用合适的手段实现,那么这样的目标就不一定值得追求。他关注目的与手段的关系,主张暂时搁置"为鹄易见"而"为术难求"①的事业。让我们再回到1905年。当时美国的排华政策在中国很多城市引发抵制美货运动,严复是有深忧的,因为罢市首先伤及各地商民。他担心那些大声鼓噪者并不真正爱国,担心商业上拒美又将如曹州教案和义和团运动招来大祸。1905年深冬,他在致曹典球信上写道:

> 逮今年四月……,适值抵制美约事起,群情汹汹。仆以为抵制是也,顾中国民情暗野,若鼓之过厉,将抉藩破防,徒授人以柄,而所其不成,则语以少安无躁。当此之时,逆折其锋,若将弃疾于复者。乃逾秋涉冬,其祸果发于罢市之一事。于是官绅群然悔之,知前所主之非计。今夫处屡国而倡言排外,使人得先我而防之者,天下之至危也。彼议不旋踵而取决于一击者,初何尝恤国事哉!海上学界,人杂语庞,其高自期许者,大抵云中国迩年程度已进,所持议者,半皆三、四年来《新民》诸报之积毒。②

如果鼓动排外的人纯粹为爱国心驱使,那也可以理解——尽管愚顽于国不利。最危险的是不择手段的"好义之徒":

> 今日好义之徒,必吹求他人之不义,于是或匿名函告,或宣布极端,必使其人于公愤而后已。而其事之实否,公等又无从以深知。③

不幸的是一些"学界少年"唱着高调,实际上另有所图:"持议在我,而受亏在人。此时邀爱国之美名,他日冀成功之可居。此其用意,若明知而故蹈之,可谓至薄。"④

抵制美货运动中不乏激昂的姿态和高亢的口号,但是那种顺昌逆亡的气势预示了不祥的趋势,无数细节又暴露出社会的脆弱。报社不敢犯众,于是舆

---

① 《严复年谱》,第242页。
② 《严复集》(第3册),第568—569页。"《新民》"指梁启超在日本横滨办的《新民丛报》(1902年至1907年)。
③ 同①,第241页。
④ 同①,第248页。

论完全一边倒：

> 匿名揭帖遍于通衢，群情汹汹，不知风潮之所至。夫国民持议最忌主于一偏而不容他人之异说。仆为此正不可禁默之时，于是有通盘筹划之言进于社会，此无论其说之是也。就令理解不圆而际其时，于社会亦有一节之用；况仆此文实以先成，而主报社者颇忧犯众，迟迟累日而后敢出，此所以愈形后时。然而当日众议风气之劲，可想见矣。①

这里严复表达的忧虑是与前面一样的。群情汹汹之际"爱国"少年如"不容他人之异说"就沦为暴徒了。此时的严复还在《中外日报》上发表一系列文章，并回应于右任的批评，他愿意在公共领域尽匹夫之责。到了1919年，热心热血的爱国言论更容不得"他人之异说"，既然正理难求，严复参与社会讨论的热情不免减退。他的表达手段由公而私，这一退缩恐怕不是社会之福。

不合舆情的言论受到打压，严复深有体会。1911年10月，辛亥革命爆发而宣统尚未逊位之际，他对张元济道出自己的担心。他说，中国积弱腐败，原因很多（他曾悲叹中国人缺少"管理财政的道德能力"）并不能全部归罪于满人，汉人自己程度不高，也应为中国现状负责。他意识到当时举国责骂鞑虏，自己发表这样的见解非常危险："且为今日之中国人，又为中国人中之汉族，而敢曰吾人之程度不合于民主，而敢曰中国之至于贫弱腐败如今日者，此其过不尽在满清，而吾汉族亦不得为无罪；则其言一出口，必将蒙首恶之诛，公敌之指，而躬为革命之少年与为其机关之报馆方且取其人而輠裂之矣。"② "愤怒声讨"是有来历的。如果这种对"异说"的压制高度自发，那就更加可怕。

严复对五四学生风潮不抱任何同情心，或许不对，但是他的忧虑却是极有价值的。还在晚清的时候，一些风潮就已暴露出致命弱点。20世纪头几年大批中国年轻人去日本留学，但是当地一些为中国人特设的学校只是借教育之名行营利之实，浪费学生钱财时日，亟须整顿。1905年11月，日本文部省颁布管理中国留学生，以及相关学校的规则，很多中国学生反应过激，或罢课抗议，或退学回国，甚至强行要求一致行动。而梁启超见此非常痛心，撰文（《记东京学界公

---

① 《严复年谱》，第243页。
② 同上，第377页。严复在1910年以"硕学通儒"的身份被聘为资政院议员。这一年他在致汪康年信上说："一哄之谈，其不容立异同，为言论自由如此；此邦之人尚可与为正论笃言也耶。"《严复集》（第三册），第510页。

愤事并述余之意见》)劝学生如陈天华在《绝命书》中所言"可了则了"。他将规则译出,置于日文原文之后,逐条分析,并由此指出这些条文利多害少。最令他难过的是留日学生在中国人中间固然得风气之先,然而连他们也无暇顾及细节,热衷于一哄而上的运动,中国前途何在?为此他深深惧怕:

> 何为惧?惧吾国民常识之幼稚,断事之轻躁。遇一问题之起,不肯虚心研究真相,不虑其结果如何,而凭一瞥之感情以为标准。其异己者则惟挟意气以排之。……以大多数血气用事之人,而支配少数之有学识有经历者,且摧残之,此社会秩序所以一破而不可回复也。夫安得以不惧者![1]

严复所忧惧的也是"学界少年"鲁莽专断的风格,也是自以为是的优秀分子面对错综的局势时意气用事的习性。1919年的北大学生是否愿意听取异见并尊重"异己者"的权利?对1917年8月中国宣布参战以及与"西原借款"相关的利弊交织的难局,对巴黎和会上自己祖国的代表团根据法理与列强艰难交涉的过程,他们是否愿意"虚心研究真相"?那年4月29日和30日英法美召开三国会议,议定凡尔赛公约中有关的山东的条款(第156至158条)。中国代表团探得内容就与中央政府紧急商议,五四那天,时任外交总长兼首席代表的陆徵祥在巴黎向三国会议提出正式抗议,但是同一天北京的学生却以"内除国贼"的名目把矛头指向中国政府。

四

以往我国史学界判断一次公共事件的性质,往往取在野党的立场,过分倚重公开打出的旗号,对该事件与国家利益的关系,从不深究。严复所见是列强在中国争霸的大局,他对"主于一偏"的言论是否会被外人利用尤其担心。

武昌起义时各地争相独立,严复在致张元济信上无奈地写道:"舆论燎原滔天,凡诸理势诚不可以口舌争。"他对狭隘的大汉种族主义厌恶至极,革命党如此贱视少数民族,无意识地帮了强敌的大忙:"充汹汹者之所为,不沦吾国于九幽泥犁不止耳。合众民主定局之后,不知何以处辽沈,何以处蒙古、准

---

[1] 梁启超:《〈饮冰室合集〉集外文》(上册),夏晓虹辑,北京:北京大学出版社,2005年,第305页。

噶尔、新疆、卫藏。不知我所斥以为异种犬羊而不屑为伍者,在他人方引而亲之,视为同种,故果遂前画,长城玉关以外断断非吾有明矣。他日者,彼且取其地而启辟之,取其民而训练之,以为南抗之颜行。"① 这一点不幸被严复预见到了:列强在辛亥革命时煽动少数民族独立,"引而亲之,视为同种"。

严复在探讨五四事件的时候体现出同样的地缘政治的智慧。学生的游行,以及纵火、伤人的行动成功打击了所谓的"亲日派",他们然后又掀起声讨"卖国贼"的巨澜,迫使政府舍法律与事实于不顾,向舆论屈服,允许曹汝霖、章宗祥和陆宗舆(三人都曾任京师大学堂讲师)辞职。② 所有这些对谁有利?是否得到某一外国势力暗中鼓励? 这些问题是我国学者讨论五四学潮时极少提出或有意回避的。还是在那封致熊纯如的长信上,严复如此评论上海各界对北京的声援:

> 上海罢市,非得欧美人默许,自无其事。而所以默许者,亦因欧战以还,日本势力在远东过于膨胀,抵制日货,将以收回旧有市场,而暗中纵容,以学生、康摆渡为傀儡耳。③

这种眼光是当时一般人不具备的。不过"欧美人"所指过于宽泛,以"美国人"取而代之更加切合。英国人主导的上海工部局对游行队伍严加管理,甚至断然弹压,造成人员伤亡(奇怪的是居然没有酿祸)。《泰晤士报》(7月9日)还发表长文和社论,支持日本,指责中国"意气用事",还以拒绝中国参加国联为威胁。④

十九世纪末,美国兼并夏威夷,又从西班牙手中抢得菲律宾和关岛,确立了在太平洋地区的霸主地位,但是西进的图谋并未稍稍收敛。美国在1917年

---

① 《严复年谱》,第377页。严复在此想到的大概是"神经病"章太炎,后者的《驳康有为论革命书》(1903年)里有"引犬羊为同种"之句。又:章太炎这篇文章曾被誉为"生气勃勃的战斗檄文",但从他后来的思想发展来看,他在文中大力主张的"合众共和"意味着旨在削弱、消解中央的分省联治。现在还有少数人士(他们受雇于何种势力,一目了然)在海外鼓噪所谓的"联邦制",他们也利用了民国前期的思想资源。
② 严复1919年6月20日致熊纯如信:"政府俯殉群情,已将三金刚罢职,似可作一停顿矣。"《严复集》(第三册),第694页。
③ 《严复年谱》,第377页。"康摆渡"即 comprador(买办)一词的旧译。
④ 骆惠敏编:《清末民初政情内幕:莫里循书信集》(下册),陈泽宪等译,上海:知识出版社,1986年,第828页。

对德国宣战后,马上考虑战后远东的利益。1917年11月22日,国务卿蓝辛同日本特使石井菊次郎交换两国在华共同利益的照会。美方承认日本与中国的"特殊关系"以及日本在邻近日本地区的"特殊利益",但是迫使日本同意门罗主义的原则,即机会均等,不能独占在华利益。战争期间日本急速扩大在华势力,战后,想统治太平洋地区的美国腾出手来对付日本,五四运动在某种程度上也标示了美日在远东的争霸。当时在各国驻华使节中,美国公使芮恩施"成为中国青年最为深切的同情者之一,他相信青年们是在为他们的民族自由和新生而战,而他的态度是得到了美国政府的认可"①。芮恩施本人也在回忆录中赞同五四学生的理想,他还多余然而又回味无穷地加了一句:"不过我自然还是避免与运动的直接接触。"②他是否通过各种隐蔽的渠道为学生加油,那就难知其详了。他要让中国政府来为学生的极端行为负责:"北京政府由于袒护曹汝霖及其同僚而造成一种错误的手段,因此引起那时相当安静的学生的激情。"③北大几位校长大概不会认为学生"相当安静"吧。那年8月,即五四学潮过去不久,芮恩施从驻华公使一职退休,受聘为中国政府法律顾问,年薪三万金元。④ 日本方面的媒体则一直揭发美国巧妙插手中国学潮,而且投入大量财力。

由于种种原因,巴黎和会上的中国代表拒签和约。此举保持了与会者的名节⑤,满足了国内的呼声。但是,诚如驻法公使胡惟德5月16日电文中所

---

① 周策纵:《五四运动史》,长沙:岳麓书社,1999年,第294—295页。
② 转引自《五四运动史》,第290页。
③ 《五四运动史》,219页注。
④ 见《清末民初政情内幕:莫里循书信集》(下册),第866页。
⑤ 严复支持签约,他的立场可以商榷。不过,称他主张"卖国",就滑稽得很。在有的情况下,牺牲一己的名节,为国受辱,也是很高的品德。严复在1919年7月10日致熊纯如信上感慨几位拒绝签字者私心太重:"和约不签字,恐是有害无利。……此事陆专使及中央政府莫不知之,终究不肯牺牲一己,受不祥,为国家行一两害择轻之事。此自南宋以来,士大夫所以自为谋者,较诸秦缪丑诸人,为巧多矣。"虽然这对陆徵祥、顾维钧等人是不公平的,但也看得出"牺牲一己"(遗臭万年!)之难。在民众压力下拒签,一旦成为先例,对外交涉只会更加困难。严复写道:"所恶于和约不签者,以其不签之后,举国上下,哆口张目,无一继续办法,而齐鲁、奉吉上坠交际漩涡。民情嚣张,日于长官作无理要求,无所不至,用其旧时思想,一若官权在手,便是万能,不悟官吏之无所能为,正复同也。每遇根触挑拨,望其为忍辱,自无事事;甚则断胫蹈海,自诩义烈。而敌人以静待躁,伺隙抵巇,过常在我,此亡国之民所为,每况愈下者也。报纸利在澳时,则散播疑似,每云:某国为我仗义执言,某国为我担保于何时归还侵地。大抵其说皆为子虚,而造事之人愈以得意。"《严复年谱》,第517页。中国读者尤其应该读一读法国雕塑家罗丹名作"加莱义民"背后的故事。

说,中国签字与否,实际上无足轻重。① 其实不能用放大镜来看拒签背后的"骨气",没有适当的外部条件,弱国坚拒不平等条约,就要准备玉碎。在凡尔赛和会后真正迫使日本履行归还山东诺言的还是来自欧美尤其是美国的压力,中国只是大国争霸的战场。美国参议院未批准《凡尔赛和约》中关于山东的条款,而且中国后来也通过华盛顿会议解决山东问题,确实得益于美日争霸。如果有意识地运用李鸿章"以夷制夷"的谋略,那也称得上是弱者的高明。如果只相信并仰赖"友邦"仗义执言,那么自己又会不知不觉沦为别人的囊中物。清末民初关心时局的读报者对古巴、菲律宾的命运记忆犹新,美国都是先支持反抗西班牙的起义,然后毫不含糊地在这两个国家取得西班牙的统治地位,弹压当地要求独立的组织及其武装。阿奎那多将军的故事在当时中国读书人中间是很有名的。对他们而言,这些国家前门拒虎,后门进狼,覆辙可鉴。严复既不反美,也不媚日,他所忧心的是中国轻信威尔逊总统的美好言辞,寄望于外力干涉,将丧失独立自主的立场。

五

五四时期中国南北政府正在议和,北京政府在巴黎和会上的失败将被用作南方打压北方最厉害的武器。中国赴和会使团中有来自南方政府的代表,他们在与北方代表合作的同时也会耍些小动作,损害北方的声誉。1918年一战结束,南方政府就急于得到美国的承认,他们中有的人如陈友仁和郭泰祺曾任南方政府驻华盛顿代表,去巴黎参加会议前先在美国设立强烈反日的中美通讯社(Sino-American News Agency),致力于丑化北方政府。周策纵在研究五四的著作中提到,"有少数和国民党或南方政府有关的能力高强的人士,曾到美国和法国去为这种[反政府]活动作过准备工作"②。这也说明为什么在五四前一两个月就不断有种种不利于北方政府的谣言,有的几乎荒诞不经(如中国政府已准备让日本得益)。从利益上言之,南方政府与美国比较一致。陈友仁等人在美期间如何与美方人士接洽并协调立场,实在是很好的研究课题。

---

① 王芸生编著:《六十年来中国与日本》(第7卷),北京:生活·读书·新知三联书店,2005年,第350页。主张签字者也有充足的理由。详见《六十年来中国与日本》(第7卷),第346页—352页。

② 《五四运动》,第129页。

所以，以北方政府为主体的中国代表团腹背受敌：前有凶恶的日本，后有造谣中伤的南方政府。五四前后不少捕风捉影的消息由中美通讯社故意传播。例如1919年5月16日该社列出的一张曹汝霖财产清单，里面竟然包括他与"梁士诒、徐树铮和袁世凯一位亲戚三人取得的西藏金矿权，曹所占之份价值200万"。统计起来曹氏个人产业至少2000万，"实超过当年和珅之数"。① 言下之意就是曹汝霖招权纳贿，罪在和珅之上，应该凌迟处死。五四时期的声音非常杂多，将它们用电子合成法处理成单一的正声无助于我们理解纷繁的历史真相，无助于敏锐的政治辨识力的养成。当时无数诸如曹汝霖财产清单之类的消息营造了一种不经审判即可行刑的氛围，同时也决定了某些具体的历史进程。

六

笔者手头正好有一本小书，可以演示当时针对中国（北方）政府的谣言。这本《卖国贼之一章宗祥》1919年5月出版，②封面上是一张章宗祥的标准照，两边各有八个字："士颜奴性，甘为伯寮"；"击汝不死，待肆市朝"。编辑者是"大中华国民"，由"爱国社"发行，版权页上盖了一个蓝章，上刻"卡德路三十八号谢宅收信回单"，显然这位爱国公民躲在租界暗处，不愿暴露自己的真实身份。这本小书详细披露了章宗祥的家庭、官阶和卖国的业绩、手段。小报笔法诉求的价值观很是可疑。例如："星家推算宗祥星宫，谓此儿披麻星坐命，有十母，剋十母"；章幼时受过舅父资助，显贵后舅父请托，"仅得一司法部佥事，噉饭而已。忘恩负义如此，无怪其卖国也"；章任驻日大使，其父赴日居住，"宗祥待遇甚薄"，建议他早早归国。从后面两条指控来判断，章宗祥为官

---

① 周策纵在《五四运动》一书引用了这份长长的清单，然后补充说"无法查证"，见第147页。这种记述的笔法对制造谣言者未免太宽容了。在华的外国记者早就注意到中国媒体好造谣而且读者也轻信谣言。曹汝霖在辛亥年就有收受日本人贿赂的名声。《泰晤士报》驻京记者莫里循在1911年4月13日致达·狄·布拉姆信上写道："昨天，北京最出色的报纸之一报道说：日本某高级官员拜访曹汝霖，但曹汝霖不在家。日本人给了他在门口玩耍的儿子一张银行支票，后来查明，那是一张一万两银子的支票！这群驴吃的就是这种饲料。"骆惠敏编：《清末民初政情内幕：莫里循书信集》（上卷），刘桂梁等译，上海：知识出版社，1986年，第716页。进入民国，"这群驴"不断有这等品质的饲料吃。每逢学潮，饲料发酵，往往产生奇效。
② 书中有关于上海和广州两地国民大会的报道，这两个声援北京学生的集会分别于5月7日和5月11日举行，所以具体的出版日期应在5月中下旬。

还比较清廉。"大中华国民"急于责骂"卖国贼",一不小心露出自己的流氓腔。他暗示章急欲卖妻:曹汝霖回国后"令妻与那桐宿,得援引力,已名满京国,章艳羡甚"①。

也许这些只是编者吸引格调不高的读者的商业噱头。他宏大的目标是要向读者灌输这样一种信念:政府一贯的政策都是为了卖国。五四那天,才从日本归来章宗祥被殴。这本书转引上海《时事新报》等报刊完全无中生有的消息:"章宗祥此次回国,入长外交,并出席巴黎和平会议,改善中日和会关系。"②看来打击曹章陆三个所谓"亲日派"还不是有些人的最终目的。"大中华国民"要强调的是北京政府倒行逆施,请出"卖国专家"来主持外交,"势非卖尽中国不止"。

这本爱国宣传小册子上还有很多妙论,笔者再做几回文抄公。在《章宗祥阴谋之鳞爪》一章有四五页的篇幅转谈在巴黎和会上表现出色的顾维钧为巨款变易初心,投靠曹汝霖。作者仿佛亲临其境,将梁启超为顾维钧做媒的虚构故事写得绘声绘色:

> 梁大文妖运动西渡,曹汝霖遂思得良策,厚结梁氏,博其欢心,大排陆徵祥,并许以梁代陆,而梁遂为曹之鹰犬矣。曹梁合谋,顾[维钧]本少川[唐绍仪字]佳婿,今适断弦,财帛美人,不难堕其心志。梁到欧后,急晤顾氏,自任冰人。谓曹家小妹,貌可倾城,财犹山积,如肯缔姻,愿以五十万妆,顾大艳美,婚约以成。于是梁氏倡亲日于前,顾氏和之以后。金钱美人之势力,竟足断送二十一个行省之锦绣河山,四万万之神明裔胄也!③

顾维钧在和会的交涉中已经大露头角,写出这些文字来构陷他的人天良泯灭,还有什么做不出来?

最让人浩叹的是这本书中竟有《西人痛斥卖国贼》一章,编者译出并转载近日《字林西报》上一位布鲁斯·拜克斯特的文章,长达八页。作者设定英国人为主要读者,采用了高明的论说策略。他提醒英美人士注意,学潮兴起,暗

---

① 《卖国贼之一章宗祥》,第 2—3 页。
② 同上,第 36 页。
③ 同上,第 48 页。

含危险,必须谨防中国政府加以利用,将外交失败的责任诿诸英美:"吾人应注意,使华人对于和会之恶感,并非对英美而发,并使华人知此事咎在中国政府,不在吾人。"①拜克斯特先生然后分析二十一条,指出日本势力深入中国腹地,中国丧失的利权,比割让山东更大。他抱怨道,中国利益几乎被日本一国垄断,责任全在中国政府,它偏袒日本,"使吾辈受损,实不能忍受"。拜克斯特先生强调,这样说并非嫉妒日本,而是意欲保护英美应该得到的正当的竞争之权。他的美国人身份和门户开放政策的语言终于浮现了出来:

> 今使英法美三国,果欲维护中国门户开放之政策者,则对于中国人民抵抗恶劣官僚之任何奋斗,必积极赞助之。吾人对于中国官僚之腐败恶劣感情如何,应使华人知之,华人之从事排除卖国党,吾人应起而助之。②

文章最后建议,英美两国同文同种,应该密切合作,"以一致之政策,施行于中国。"③英国当时被英日同盟条约束缚(华盛顿会议后解除),在对华问题上对日本比较迁就。拜克斯特先生这篇高妙的文章劝说英国不要与日本走得太远,现在到了该与美国兄弟在远东携手的时候。美国在美西战争后的1899年提出门户开放政策,二十年之后,它的实力完全可以与大英帝国相颉颃。拜克斯特先生这番高见,英国不能不听。如果一批中国官僚遇事偏袒美国,让渡中国利权,这位拜克斯特先生就会让中国人知道,那些官僚都是热爱自由民主的爱国党。

"大中华国民"向国人推荐这篇追求美国利益的文章,自甘愧儡,这倒证实了严复的忧虑不是凭空生出来的。在讨论华人如何自救的时候,"大中华国民"表达了更直露的想法。他说,自救只有两个办法,"一则华人自己奋起,推翻其恶政府;一则国际同盟或类于国际同盟之物代华人为之。"两者之中,"尤以后者为近"。爱国乎?卖国乎?这一类旨在颠覆中国政府的出版物在五四时期不属罕见,然而直接指望列强操纵的国际组织来推翻中国政权的文字恐怕是不多见的。"大中华国民"究竟是谁?笔者几乎不敢猜测。当时哪一个伟人暂住上海?在1919年闹哄哄的夏天,严复以老病之身在信件中发出

---

① 《卖国贼之一章宗祥》,第94—95页。
② 同上,第95页。
③ 同上,第99页。

细弱无奈的声音。要是他读到过各种奇形怪状的纯粹听由外人摆布的言论，恐怕也不会惊骇。对国人的政治能力，他几年前已经深感绝望。民国元年的首义元勋们以"革命"的名义"逐于声利"，那时他还在北京的报刊发声，痛惜"所争者存乎门户"①（请看南京方面如何定都，如何设计内阁制或总统制）；袁世凯称帝引发纷争，但是谁真正以国为重？此刻他只是在私人空间（致熊纯如信）长叹：

> 中国党人，无论帝制、共和两派，蜂起愤争，而迹其行事，诛其居心，要皆以国为戏，以售其权利愤好之私，而为旁睨胠箧之傀儡。以云爱国，遏乎远矣。②

学生和罢市商人（康摆渡）是不是傀儡，可以不论，拜克斯特先生是"旁睨胠箧"，则是没有疑义的。

本文作者系中国社会科学院文学研究所研究员

原载《书城》2009 年第 5 期

---

① 孙应祥、皮后锋编：《〈严复集〉补编》，福州：福建人民出版社，2004 年，第 126 页。在这篇发表于 1912 年 12 月《平报》的文章（《论国民责望政府不宜过深》）里他还写道："门户所以为声利也，人人死党背公，国利民福之言，徒虚语耳！更有进者，破坏、建设绝然两事也。建设之事，资于经验；破坏之事，由于血气。以破坏当建设，则啧啧大乱！"陈天华早在 1905 年的《绝命书》里就担心孙中山等人身上出于功名心的"取巧的革命"。

② 《严复年谱》，第 458 页。请比较陆宗舆在第二封辞职书中一段议论："现欧洲和会将终，远东角逐方始，世界目光咸注我国，凡稍知大势者当能有所觉悟，宜可泯除政见，群趋一致，以筹对付之策，何忍更藉外交问题以为倾轧之具？长此相持，诚恐踏瑕抵隙者，窥视于旁，驯致行政用人悉受他力之支配。始则由党争以引重外力，终则因外力以颠覆国家。以名爱国，实为祸国，以此救亡，实为速亡，朝鲜覆辙，痛史具在。"王芸生：《六十年来中国与日本》（第 7 卷），北京：生活·读书·新知三联书店，2005 年，第 331 页。北伐胜利前，国民党"藉外交问题以为倾轧之具"，在北京发起学潮和"爱国运动"，一再得手。

"铸造全国青年之思想"[*]

——"五四"前后梁启超讲学路径的变动

夏晓虹

1917年底,梁启超辞去北洋政府的财政总长,从而结束了前期的从政生涯。在随后展开的讲学著述时代,梁氏虽然仍保持着启蒙学者的一贯姿态,但其间的学术导向,在与五四运动相重叠的欧游前后,实有相当明显的变化。就中最可注意者,乃是梁启超对"铸造全国青年之思想"[①]极为重视。这明显投射于梁启超讲学路径的调整与变动上。

政治视野中的"社会教育"构想

早年的求学经历与卷入维新运动,深植下梁启超的政治与学术情结。两者的冲突与纠缠,尽管使得梁氏一生大致可区分为从政与讲学两段,但无论前、后期,其政治情怀与学术兴味始终都是此起彼落,各不相让。不过,对于前期的梁启超,讲学著述大抵是其从政的辅助与退路;对于后期的梁启超,论政则是其讲学著述背后难以割舍的心事。

远者不论。1912年10月,结束了流亡生活归国的梁启超,在享受了凯旋般的盛大欢迎之后,很快便因其加入的共和党在国会选举中失败,而流露出对政治活动的极度失望。与之相应,从事教育、办大学的想法也初次萌现。在1913年4月18日给长女梁思顺的信中,梁启超自认因"吾党败矣"而"心力俱瘁","心绪恶极",以致"甚悔吾归也"。由此想到的解脱之道是:

---

[*] 本文为2015年5月2日在台湾慈济大学"五四精神在东亚的发展与变迁暨跨文化研究"国际学术研讨会上的专题演讲稿。原载《岭南学报》复刊第四辑。

[①] 张元济:《与任公同年兄书》(1920年4月10日),丁文江、赵丰田编:《梁启超年谱长编》,上海:上海人民出版社,1983年,第904页。

> 吾今拟与政治绝缘,欲专从事于社会教育,除用心办报外,更在津设一私立大学。汝毕业归,两事皆可助我矣。若能如此,真如释重负。特恐党人终不许我耳,(所谓党人者,共和党也。民主鬼吾恨之刺骨。)当失意时更不能相弃也。①

虽然明知无法从政治漩涡中脱身,但"设一私立大学"念头的兴起仍引人注目。不过,此时梁启超并未放弃与其政治活动相伴的办报,并正在住居地天津主编政论刊物《庸言》。

至1915年1月,前月刚刚辞去袁世凯政府币制局总裁的梁启超,发表了《吾今后所以报国者》,对其二十年来之政治生涯作了一番痛心疾首的检讨,自认无论政治谈、政治活动还是政务官,均为失败的经历。设想中止政治生涯后将何以报国,梁氏郑重给出的答案是:

> 吾思之,吾重思之,吾犹有一莫大之天职焉。夫吾固人也,吾将讲求人之所以为人者而与吾人商榷之;吾固中国国民也,吾将讲求国民之所以为国民者而与吾国民商榷之。

这一讲求为人与为国民之道的必要性,乃是缘于梁启超对现实社会状况的判断:"质言之,则中国社会之堕落窳败,晦盲否塞,实使人不寒而栗。"欲"在此等社会上而谋政治之建设",自然是徒劳无功。梁氏因此希望"以言论之力,能有所贡献于万一"②。而此文发表在由他担任主笔的《大中华》杂志创刊号上,也正有明志之意。显然,梁其时还是选择报刊作为发言阵地。

意欲脱身政坛的梁启超,实则还是无法超然。袁世凯的帝制自为、变更国体,突破了其一贯坚持的维持现有国体、谋求改良政体的底线,故梁氏毅然远赴广西,亲身参与护国战争。而在1916年3月,间关万里、隐伏越南郊野之际,梁启超仍不忘国民教育,以三日夜之力,著成《国民浅训》一书。该书主旨实在宣讲"国民之所以为国民"的道理,这从各章标题即清晰可见:《何故爱国》《国体之由来》《何谓立宪》《自治》《租税及公债》《征兵》《调查登录》《乡

---

① 梁启超:《致梁思顺书》(1913年4月18日),中华书局编辑部编:《梁启超未刊书信手迹》上册,北京:中华书局,1994年,第252—254页。
② 梁启超:《吾今后所以报国者》,《大中华》1卷1期,本篇4页,1915年1月。

土观念与对外观念》《公共心》《自由平等真解》《不健全之爱国论》与《我国之前途》。而为了与"旨期普及"的目的相符,梁启超在文字上也力求浅显,特意"以俚文行之"①,出版方面更是要求商务印书馆在版租之外,代其自印十万册②,明显对该书的流布全国、影响全民有很高的期待。

而若将《国民浅训》置于梁启超的思想脉络中,即可发现,此书实为其1910至1911年与汤叡(字觉顿)讨论发起"国民常识学会"的嗣响③,或竟可视为此一未能展开的事业之缩微版。梁氏所肯定的"国民常识"主体既为"凡今日欧美、日本诸国中流以上之社会所尽人同具之智识,此即现今世界公共之常识也"④,故拟想中的"国民常识丛书"涵括的主要类别,诸如"政治论""法制论""行政论""财政论""地方自治论""教育论""国民生计概论""国民道德论"等,在《国民浅训》中也均有涉及。

而此一普及国民常识的意念不仅固结于梁启超心中,当年的同道汤叡也一直惦记不忘。尤其因汤氏作为护国军的代表,在1916年4月12日的"海珠事变"中被杀,其遇难前与梁启超的一番对谈,自然令梁氏记忆深刻。护国战争结束后的8月10日,在接受报馆记者访谈时,梁启超表示将以"在野政治家"的身份,"在言论界补助政府匡救政府",同时将着力于国民常识教育,后者即出自汤叡的劝说:

> 又国中大多数人民,政治智识之缺乏,政治能力之薄弱,实无庸为讳,非亟从社会教育上痛下工夫,则宪政基础终无由确立。此着虽似迂远,然孟子所谓"七年之病,求三年之艾,苟为不蓄,终身不得"。鄙人数年来,受政界空气之刺激愈深,感此着之必要亦愈切。亡友汤觉顿屡劝摆弃百事,专从事于此,久不能如其教,心甚愧之。此次汤君同行,间关入广西,在南宁分袂时,痛谭彻夜。汤君力言军可[事]稍平,当决献身社会教育。别后数日,汤君遂殉国于海珠。亡友遗言,安可久负?顷方有所经画,若

---

① 梁启超:《序》,《国民浅训》,上海:商务印书馆,1916年5月。
② 梁启超1916年3月25日《与叔通兄静生弟书》言及:"顷偷此空隙,著成《国民浅训》一书,兹将原稿寄上,请即付印。……其版权则仍以归商务,惟先印十万部,作为代弟印,由弟设法销之,其印费请商务先代垫也。(其由商务分售各处者仍照版租例算,应印多少,商务自酌,此十万部则额外也。)"(《梁启超年谱长编》,第769页)
③ 参见笔者《梁启超的"常识"观》,《天津社会科学》2014年第1期;收入《梁启超:在政治与学术之间》,第224—258页,北京:东方出版社,2014年2月。
④ 沧江:《说常识》,《国风报》1年2期,第8—9页,1910年3月。

能缉熙光明,斯孔子所谓"是亦为政"也。①

在这里,梁启超又一次使用了与女儿梁思顺信中同样的"社会教育"一语,这也是从其拟创"国民常识学会"以来一脉相承的思路。"社会教育"与"学校教育"不同,其预期的施教对象为现在的"社会中坚",而非尚未进入社会的学生。由于"这些人正是立宪国民的主体,将拥有宪法允诺的选举权,会切实决定立宪政治的走向"②,故梁氏言及"社会教育",也更多偏向政治常识一边。

而依据中国的现状,此时决意献身"社会教育"的梁启超,也在不断与同道的探讨中,日益明晰其致力方向与实行方法。政治常识固然是"社会教育"先在、确定的主题,道德伦理的重要性却也在提升与凸显。只是,后者仍然是从政治问题引申而来,起码在梁那里,改良政治实为出发点与归宿地。不妨排比梁氏先后几次谈话,以见其心事。大约1916年10月初与《大陆报》记者的谈话中,梁启超认为,"中国今后之大患在学问不昌,道德沦坏,非从社会教育痛下工夫,国势将不可救"③。年底返回天津的梁启超,与朋友谈话时也提到,其准备开讲的"科目为政治及道德伦理并他种必须之常识"④。至1917年1月底接受《大公报》记者访谈,梁启超又畅言:"吾国人精神界有二大弱点:一为思想卑下,一为思想浮浅。惟其卑下,故政治无清明之气;惟其浮浅,故人心有不安之状。"并断言,"此种精神的病根不除",中国前途"终归无望"。为了救治上述精神疾患,梁开出两种课目以代药方:

> 一为人格修养,一为学问研究法。人格修养者,教人之所以为人,使其有高尚之思想,用以治思想卑下之病也。学问研究法者,教人得自立讲学之法,使其有绵密之头脑,用以治思想浮浅之病也。⑤

关于"学问研究法",在此暂且按下不表。而"人格修养"教育,则显然是接续《吾今后所以报国者》中"讲求人之所以为人者"的思考,且均以求得政治清明为旨归。

相对于"社会教育"的内涵,在推展方式上,梁启超的想法实更为细致,即

---

① 《纪梁任公先生谈话》,《大中华》2卷8期,附录第1页,1916年8月。
② 夏晓虹:《梁启超的"常识"观》,《梁启超:在政治与学术之间》,第243页。
③ 梁启超:《国体战争躬历谈》,《盾鼻集》第二册,第85页,上海:商务印书馆,1916年10月。
④ 《梁任公之教育谈话》,《时事新报》,1917年1月13日,第3张第1版。
⑤ 《梁任公今后之社会事业》,《大公报》,1917年1月30日,第1张第2版。

已拟定巡回讲演之法。此设想初见于梁返津后与友人的谈话：

> ……拟携张君劢办一短期学会,编撰讲义,限一月讲完。……此等学会拟由上海办起,俟一个月讲完后,巡行各内地,每到一地,均限定一个月。如是巡回讲演,以期遍及国中,养成多数有常识之国民。①

而此一讲学构想,无论是编撰讲义,还是期望增进国民常识,其实都与梁启超当年拟创"国民常识学会"时的计划一般无二。甚至"短期学会"之说,也不过是《国民常识学会章程》中"在各地开讲习会、演说会"②的翻版。只是,与流亡日本时期尚以编印定期刊行的《国民常识讲义》为学会重心不同,此时已经活跃于国内政治舞台的梁启超显然更看重的是亲身讲学,以其可增强感召力,故讲义仅为讲学的衍生物与补充。

到与《大公报》记者谈话之际,梁启超关于巡回讲学的想法已很成熟、完善。访谈开始,梁氏照例有一番自我检讨："余(注略)自来好于新闻杂志作文,或对于公众演说,是等皆不外一种兴奋剂,如饮酒然,少则无效,多则有害。"故表示,今后"不欲再以兴奋之酒激动国人,而欲以滋养之饭进之"。此"滋养之饭"即为"周历讲演"。其具体实施办法是：

> 此种讲演,当初理想拟下三年苦功,周历各处。每处以一个月计算,三年之间,可到二三十处。每处讲演三四周,每日讲演两小时。讲义现正在编制,拟只编大纲,临时用笔记详录,讲后加以修饰,即可印刷分配。

梁启超并特别区分了其预备从事的讲演与清末以来流行的面向大众的演说之间的差别："此种讲演与演说不同,带有研究讨论之性质,甚希望有问难,故听讲者至多不能过五百人。"③由此可明了,梁启超所谓"讲演",已带有讲学性质,而非粗浅的启蒙宣传。

尤其值得关注的是,梁启超对于听讲对象的设定已有所更动。实际上,直到1916年底,其拟想的短期学会听众仍为"多数国民",自然,这样的"讲演"

---

① 《梁任公之教育谈话》。
② 梁启超:《国民常识学会章程》,许俊雅编注:《梁启超与林献堂往来书札》,书信原件第95页,台北:万卷楼图书股份有限公司,2007年。
③ 《梁任公今后之社会事业》。

很难具备"研究讨论"的性质。不过,起码至1917年1月底,目标听众已向青年学生倾斜,尽管其间的思虑仍与政治系连:

> 夫今日活动于各种舞台者,胥为十年前之青年。惟其从前之修养不足,准备不充,是以一经开演,便闹笑话。今若专就现时舞台人物施以变革,则前仆后继,演剧者只有此等人物。故不如从后台下手改良,为充足之锻炼,夫然后或有一幕好戏可看。盖今之青年,即为十年后作种种活动之人物。使能陶熔其品性,修养其学识,则后此袍笏登场,总可免蹈今日之覆辙。①

也即是说,虽然"养成多数有常识之国民",诚如梁氏友人所说,"实为国家根本大计"②,但以梁启超个人奔走讲演之力,可想而知,亦很难迅速产生普遍效应。而如将心力集中施于青年,特别是其中的精英——学生,则其影响在十年后的政治社会中必可显现出来。此即梁氏改口称,"此种讲演,固系以对于青年为主,亦希望现在已在社会上活动之人,分少许之时光,为公同之研究也"③的原因。而其施行也有意从天津的各校学生开始。

实则此一讲演听众由"社会中坚"向青年学生的转移,在梁启超此前留下的言谈中不无踪迹可寻。护国战争结束,梁启超于5月30日在上海闻知父亲病逝,守制百日,故9月中旬方离沪外出。此后至次年1月30日与《大公报》记者谈话刊出之间,在目前所知的梁氏16次正式演讲中,有5次是由学校邀约,即1916年10月2日于南京高等师范学校,约11月于广州广东高等师范学校,12月15日于上海南洋公学,1917年1月10日于北京清华学校,1月15日于北京各学校欢迎会。如果再加上在上海青年会、江苏教育总会与教育部的三个演讲,与青年教育相关者已占总数的一半④。

---

① 《梁任公今后之社会事业》。
② 《梁任公之教育谈话》。
③ 同①。
④ 除张撰笔记《梁任公先生演说词》见《学生杂志》4卷1—2号(1917年1—2月),其他《杭州演说词》《在南京军警政各界欢迎会演说词》《在江苏省议会欢迎会演说词》《在广东高等师范学校演说词》《莅潮州旅沪绅商欢迎会演说词》《在蔡松坡先生追悼会场演说词》《在上海南洋公学之演说词》《在上海青年会之演词》《在上海商务总会之演说》《在江苏教育总会之演说》《在教育部之演说》《在清华学校之演说》《对报界之演说》《在各政团欢迎会席上之演说》《在各学校欢迎会之演说》,均见夏晓虹辑《〈饮冰室合集〉集外文》中册,第613—614页、第617—621页、第635—655页、第659—665页、第666—684页,北京:北京大学出版社,2005年。

在多次面对青年学生的演讲中,梁启超也逐渐意识到此前有关"社会教育"思虑的偏失。其时他已不断谈到,"中国社会之坏,实由十年前之青年堕落所致",而这些"中年之人,脑筋渐成僵石,不易印受新事物矣",且习惯已成,更难改变。与之相反,正在学校中学习的青年,年龄"为十五岁至二十五岁间",适值"人生最有希望之时期,然亦为最危险之时期",因其气质未定,故"能为社会最高尚人物",亦可"为最恶劣人物"。梁启超由此得到的启示是,青年学生既易受影响,施以教育自然易见成效。何况,在他看来,"世界无论何种政体,其实际支配国家者,要皆为社会中少数曾受教育之优秀人才。学生诸君,实其选也"。梁氏于是有了新的觉悟:

> 呜呼!吾未敢骤望吾国四万万人同时自觉,吾惟望中国少数曾受教育为将来社会中坚人物之学生,先行自觉而已。①

这便是"从后台下手改良"之说的由来。而对于青年学生的看重,归根结底,还是源于梁氏对现实政治的失望与革新政治的热望。

由上可见,处于从政时期的梁启超,尽管不断兴起"社会教育"之思,但其思虑的主轴仍为政治。在这一限定的框架下,由清末创议的"国民常识学会"发端,进入民国,其实践路径已在逐渐改易。对应梁本人从前期办报到后期讲学的人生轨道更换,其教育重心也出现了由社会向学校的逐步移转。而归国后的五六年,实为连接前后的过渡期,梁在此时已做好足够的准备:普及国民常识的讲义,将替换为带有研究讨论性质的讲演;"讲求国民之所以为国民者"的国民启蒙教育,将让位于"讲求人之所以为人者"的人格修养;特别是受教育者由偏重于"现在为社会中坚之人"②,日益为"将来社会中坚人物"的青年学生所夺占。而隐伏在这一切之后的政治远虑,则成为梁启超日后讲学不容忽视的底色。

"专为青年修养而设"的"讲坛"

尽管已有诸般规划,但前述巡回讲演尚未及施行,便因梁启超1917年7

---

① 《梁任公在广东高等师范学校演说词》,《东方杂志》14卷1号,内外时报第3、第2页,1917年1月;《梁任公先生在清华学校之演说》,《晨钟》,1917年1月12日,第2版。
② 梁启超:《国民常识学会缘起及章程》,《梁启超与林献堂往来书札》,书信原件95页。

月参与反对张勋复辟的讨逆之役及随后的再度入阁而中断。直到11月底辞职后,梁启超才真正实现了其此前多次发出的"拟绝对不近政权,专力于社会事业"①的誓言,学者生涯由此开启。

对于梁启超,1918年可谓蛰伏期。按照《梁启超年谱长编》的记述:"自去腊以来,先生治碑刻之学甚勤,故是岁所为金石跋、书跋、书籍跋最多。春夏间先生屏弃百事,专致力于通史之作,数月间成十余万言。至八九月间以著述过勤,致患呕血病甚久,而通史之作也因以搁笔。"②所述固然是梁氏该年主要的著作情况,但此外还有两件事值得表记。

一为与撰写《中国通史》并行,自6月中旬到8月下旬,梁启超为子女作了长达两个多月的家庭讲学。在写给时任商务印书馆总务处处长陈叔通的信中,梁自述:

> 《史稿》亦赓续无间,惟每日所成较少,一因炎热稍疲,一因上半日为儿曹讲学,操觚之晷刻益少也。(讲题为"国学流别",小女录讲义已彪然成巨帙,为新学小生粗知崖略殆甚有益,惜不堪问世耳。)③

根据笔者的考证,其所讲内容至少包括了清学与《孟子》两部分,分别留下了"前清一代学术备忘录"与《读〈孟子〉记》两种手稿④。

一是当年11月起,梁启超在南北三家报纸,集中发表了近10篇"讲坛"文字,刊出情况如下表:

"讲坛"篇目	时事新报 (学灯·讲坛)	国民公报 (星期讲坛)	天津大公报 (星期讲坛)
人生目的何在	1918年11月7日	1918年11月3日	
无聊消遣	1918年11月12日	1918年11月10日	
将来观念与现在主义	1918年11月19日	1918年11月17日	

---

① 《梁任公之教育谈话》。
② 丁文江、赵丰田编:《梁启超年谱长编》,第859页。
③ 梁启超:《致陈叔通君》,《饮冰室尺牍》,任心白手抄、张元济手校抄本;《梁启超年谱长编》,第865页。抄本原署"十八日",应为1918年7月18日。
④ 两份手稿分藏于梁启勋与何澄一。参见笔者《梁启超家庭讲学考述》,《中正汉学研究》2012年2期;收入《梁启超:在政治与学术之间》,第201—223页。

(续表)

"讲坛"篇目	时事新报 (学灯·讲坛)	国民公报 (星期讲坛)	天津大公报 (星期讲坛)
推理作用	1918年11月25日	1918年11月24日	1918年11月24日
(欧战结局之教训)		1918年12月1日	
自由意志	1918年12月4、13日	1918年12月8、15日	1918年12月1、15日
什么是"我"	1918年12月20日	1918年12月22日	1918年12月22日
最苦与最乐	1919年1月6日	1918年12月29日	1918年12月29日
意志之磨炼	1919年1月13、20日	1919年1月5、12日	1919年1月5、12日
读孟子记 (修养论之部)	1919年2月4—8、10—13日	1919年2月9、16、23日、3月2日	

由北京的《国民公报》、上海的《时事新报》以及后来加入的天津《大公报》同时刊载的布阵,可见梁氏对这组文字极为看重。

而上述家庭讲学与"讲坛"文章之间其实也彼此关联。梁启超为子女解说《孟子》所写讲义,1919年2月以《读〈孟子〉记(修养论之部)》为题连载发表,即放在《时事新报》与《国民公报》特设的"讲坛"("星期讲坛")栏。开场白中特意说明:

> 客岁暑中为儿曹讲《孟子》,略区为三部:一曰哲理论,二曰修养论,三曰政治论。今将修养论之部,刊登报中,聊为青年学古淑身之一助。全书未定稿,不敢以问世也。①

此篇也成为梁氏这组"讲坛"文章的压轴作。

而重新审视梁启超的家庭讲学,1917年因参政被打断的巡回讲演计划,此时虽局限于家中子弟,却未尝不是一种推向社会前的预习。听讲者中,大女儿思顺时年二十六岁,长子思成十八岁,次子思永十五岁,应该还有年纪相近

---

① 梁启超:《读〈孟子〉记(修养论之部)》,《时事新报》,1919年2月4日,第3张第3版。

的侄子梁廷灿,以下则为思忠、思庄,均在十龄以上,大体与梁启超认为"最有希望"亦"最危险"的学生处于同一年龄段。其讲授的"国学流别"(又称为"学术流别"),自许对"新学小生粗知崖略殆甚有益";解读《孟子》亦"非随文解释,讲义略同学案也"。二者的路径又颇近于其原先构想的"学问研究法"与"人格修养"。虽然因为儿曹辈年龄有差,听受能力有限,梁氏也不免存有"对牛弹琴""彼辈如何能解"的遗憾;而其始终不放弃,直至因劳累过度、吐血病倒方停课,却是由于抱定了"予以一模糊之印象,数年以后,或缘心理再显之作用,稍有会耳"①的信念,仍是期望子女青少年时期所得的教育能够影响其一生。这也符合梁此前为青年学生讲演的预设。

不过,《孟子》的讲授显然不同于包括"前清一代学术"在内的"国学流别",后者留下的梁启超墨迹只是流派、学者及书名的简目,讲义则由梁思顺笔录,未见传世;而含有已发表的《读〈孟子〉记(修养论之部)》的《孟子》讲稿手迹,俨然是梁氏的精心结撰,虽未完稿,已达二万字。并且,在病情渐愈后,其"每日常课"中仍有"十一时读《孟子》(加眉批)"②一门,足见用功之深。尽管梁讲《孟子》尚有"哲理论"与"政治论"两部分,但单独发表"修养论之部",显然表明此乃其最为重视的《孟子》精义。以致1923年在清华学校讲学时,梁启超仍如此教导学生:"要之《孟子》为修养最适当之书,于今日青年尤为相宜。"③故1919年在报纸刊出讲稿时,梁也以"为青年学古淑身之一助"相期。

其实不只是《读〈孟子〉记(修养论之部)》一篇属于青年修养读本,"讲坛"所刊梁启超各文,除《时事新报》与《大公报》未予刊载的《欧战结局之教训》,其他均应归入此列。梁即明白宣示,"我这'讲坛'文,专为青年修养而设"④。而《读〈孟子〉记(修养论之部)》以外的各篇均用白话演述,也正含有以代讲演之意,或竟可视为先前规划的"人格修养"课目的讲义。

只是,这组"讲坛"文字并未收入《饮冰室合集》,在记载堪称详赡的《梁启超年谱长编》中也无一语道及。鉴于其在梁启超讲学历程中的重要地位,有必要钩稽前后,稍加考证。

---

① 梁启超:《致梁启勋书》(1918年8月2日、7月27日?),中华书局编辑部、北京匡时国际拍卖有限公司编:《南长街54号梁氏档案》上册,第113、第79页,北京:中华书局,2012年。信札日期由笔者考订,原书编辑时,前信署"一九一八年",后信署"一九一八年七八月间"。
② 梁启超:《致梁启勋书》(1918年9月30日),《南长街54号梁氏档案》上册,第89页。
③ 梁启超:《群书概要》,《清华周刊》288期之"书报介绍副镌"第5期,第15页,1923年10月。
④ 梁启超:《欧战结局之教训》,《国民公报》,1918年12月1日,第5版。

按照上表所列可知,"讲坛"最先在《国民公报》开张,稍迟在《时事新报》刊载。而彼时的《国民公报》由蓝公武担任社长,《时事新报》则为张东荪主编,二人与梁启超关系深厚,两报又是进步党与研究系在北方与南方最重要的舆论阵地。因此,梁的供稿应无分先后,不过由于邮路的关系,《时事新报》一般要迟几日才能刊出。《大公报》的半路加入,则与党派背景无关,纯粹因为梁住居天津,近水楼台反可以先得月。

梁启超的写作速度应是一周一篇,故《时事新报》在副刊"学灯"中专门为其辟出"讲坛"一栏时,便在广告中声明,由"梁任公先生每来复撰寄修养谭及思潮评论"①;《国民公报》与《大公报》的栏目更索性命名为"星期讲坛"。而如《自由意志》《意志之磨炼》这样分载两次的文章,也并非一气呵成完成,梁启超还会要求读者在"拙稿未脱"、等待下回分解之际,"试精心研究","能赐答案,所深幸也"②。只是因1918年底梁启超启程游历欧洲,临行前"百事猬集,但'讲坛'文殊不欲中止",故"拟赶撰数篇,备按期刊登"。以此,尽管梁氏12月24日离开天津,28日晨已在上海登船放洋,"讲坛"文章却还在各报续刊。而其原初的打算是,"以后仍在舟中续作",并为"航邮间阻,或偶愆期"而预先请求读者"恕谅"③。不过,远洋航行,梁忙于学外语和赶写"在巴黎鼓吹舆论"的文章④,这些自是更重要的事体,"讲坛"文就此搁下也很正常。

1919年3月,《时事新报》又将已刊各篇结集为《(梁任公先生撰)讲坛第一集》印行。2月28日该报即刊出广告,预告:"本报自承梁先生撰寄'讲坛'文稿以来,讫其赴欧,已积有十余篇。以社会需要之故,特刊为单行本。"并承诺,出版后,凡订阅该报半年者,皆"附送一册"⑤。而此书内文即"依寄稿的次第"⑥编成,仅在《国民公报》刊发的《欧战结局之教训》未编入(前表加括号以与其他各篇相区别),而以《读〈孟子〉记(修养论之部)》收尾。

该书封二特意添加了"《时事新报》记者志",以代编者序,说明了梁启超撰写"讲坛"系列文章的缘起与编者(很可能为张东荪)的期待:

---

① 《本报特别启事》,《时事新报》,1918年10月26日,第1张第2版。1919年2月4日,《时事新报·学灯》刊出《本栏之大扩充》广告,言明其中"讲坛"一门乃"载名人之著述"。
② 梁启超:《自由意志》,《大公报》,1918年12月1日,第3张第1版。
③ 梁启超:《自由意志》"著者启事",《大公报》,1918年12月15日,第3张第1版。
④ 参见梁启超《欧游心影录》,《晨报》,1920年4月7日,第7版。
⑤ 《(梁任公先生撰)讲坛第一集》,《时事新报》,1919年2月28日,第1张第1版。
⑥ 《〈时事新报〉记者志》,《讲坛第一集》,封二,上海:时事新报馆,1919年3月。

> 《时事新报》创设"讲坛"一栏,请新会梁先生寄稿。先生方在研究精神修养的方法,所以见赐的数篇都是论精神修养,《时事新报》因此顿增了销路。也有人写信来要求刊做单行本,可见现在中国的人欲横流时代,这修养法是一服清凉散,好像夏天饮冰,真是需要得极了。……但是记者却有一句话:这精神修养法是要实行的,不像看小说,看完了就可抛弃。所以记者把这几篇刊成一本,也含有教人看了常常携带时时体会的意思。

从中可见梁文刊出后颇受欢迎,三报的同时揭载自有道理。而梁之讨论精神修养法,既出于个人的研究兴趣,更是针对当下中国社会弊端的药石。编者因此希望借助单行本的印行,扩大流传范围,产生持久的教育作用,使之真正在现实社会中生效。

但如果进一步追踪梁启超"讲坛"文章的源头,起码护国战争胜利后,梁在南北各地发表的多次演讲、尤其是其中关涉青年教育的8次演说,实与之密切相关。排列梁氏各讲的题目或主旨约略如下:

在广东高等师范学校的讲题为"学生之自觉心及其修养方法";而此前于南京高等师范学校的演讲大意类似;在上海南洋公学演说结语称,"质而言之,不外劝诸君自立自励,研精学理,注重道德,有自觉心而已";在上海青年会的讲演题目为"人格之养成";在江苏教育总会的演讲题为"良能增进之教育";在教育部的演说题目为"中国教育之前途与教育家之自觉";在清华学校所讲题为"学生自修之三大要义";在北京各学校欢迎会演说主题为"愿诸君删除为官之念头","养成坚强之意志,以自成人格"[1]。

不难发现,"自觉""修养"与"人格"实为其中频频出现的关键词,这也成为"讲坛"各篇关注的中心。一些具体的话题亦可见出前后承接的线索,最明显的是,在南京高师、广东高师、南洋公学、北京各学校欢迎会上反复讲到的

---

[1] 《梁任公在广东高等师范学校演说词》,《东方杂志》14卷1号,内外时报第1页;张撰笔记《梁任公先生演说词》见《学生杂志》4卷1、2号,讲演第1—5页、第7—10页;《梁任公先生在南洋公学演说纪略》,《时事新报》,1916年12月21日,第3张第1版;《梁任公在青年会之演词》,《时事新报》,1916年12月16日,第1张第2版;《梁任公先生在江苏教育总会之演说》,《时报》,1916年12月22日;《梁任公在教育部之演说》,《教育公报》4卷2期,第1页,1917年1月;《梁任公先生在清华学校之演说》,《晨钟》,1917年1月12日,第2版;《梁任公先生在各学校欢迎会之演说》,《晨钟》,1917年1月19日,第3版。

"磨炼坚强之意志"①,后即扩展成为"讲坛"中《意志之磨炼》一文。不过,相对而言,梁启超1916至1917年的南北演讲,毕竟需要面对不同的社会群体,讲题较为分散,因此,对于人格修养的讨论展开与深入不够。尚有赖于梁氏1918年在家中为子女讲授《孟子》及病后的不断研读,"讲坛"各文才能够以一种系统演述的方式出现。这其间,《读〈孟子〉记》实际充当了其他各篇底本的角色。

按照梁启超的说法:

> 我这"讲坛"翻来覆去,第一件,是最想把孟子说的"人之所以异于禽兽"这句话发挥个透彻。②

因而,对于孟子"人之所以异于禽兽者几希"(《孟子·离娄下》)一语,梁在"讲坛"各处也随着论题的变化,给出各种解说:《人生目的何在》指认"禽兽为无目的的生活,人类为有目的的生活,这便是此两部分众生不可逾越的大界限";《将来观念与现在主义》则肯定人类"天生成有一种极复杂极深远的将来观念","人类所以独秀于万物,最紧要的就在这一点了";《推理作用》又将孟子所说的"善推"誉为人类"参天盖地的一种良能",也是"人类和禽兽最不同的一件事";《自由意志》开篇即追问:"人类和禽兽最不同的还有那件呢?人类有自由意志,禽兽便没有。这又是极要紧的一类分别。"③孟子学说因此成为"讲坛"立论的根基。

在《读〈孟子〉记》中,梁启超已注意到孟子五次提到"禽兽",显然对划清人与禽兽的界限极为重视。而这一辨析实关乎人格修养,梁所下解语可谓直指本心:"所以异于禽兽者何? 即人格其物也。""讲坛"更明言,"认清楚了人和禽兽不同的地方,认真将他发挥出来,便是人之所以为人,便是人格了"④。故而,人格修养的要义,自反面说,即是不堕入禽兽之道。梁启超所推崇的"自由意志"于此间正大有可为。

以"自由意志"阐释孟子学说,可算是梁启超的一大发明。与荀子言"性

---

① 张撰笔记《梁任公先生演说词》;《梁任公在广东高等师范学校演说词》;《梁任公先生在南洋公学演说纪略》;引语出《梁任公先生在各学校欢迎会之演说》。
② 梁启超:《推理作用》,《国民公报》,1918年11月24日,第5版。
③ 梁启超:《人生目的何在》、《将来观念与现在主义》、《推理作用》、《自由意志》,《国民公报》,1918年11月3、17、24日,12月8日,第5版。
④ 梁启超:《读〈孟子〉记(修养论之部)》,《时事新报》,1919年2月5日,第3张第3版;《推理作用》。

恶",故"尊他力"以"变化气质"不同,梁将孟子的教育思想概括为"发挥本能"或"唤起人类之自觉心":"孟子言性善,故尊自力。"而"持自力之教者,必以凡人皆有自由意志为前提。有自由意志,然后善恶惟我自择,然后善恶之责任始有所归也"①。梁氏认为,"自由意志"乃"是我们的神明里头一个主人翁","不受外界的束缚,能彀自发自动"②。处于这一至高位置上的"自由意志",在梁启超的人格修养论中便具有了本原性的意义。

而从"自由意志"追寻,可以发现,除了《孟子》,作为"讲坛"底本的其实还有德国学者费希特(Johann Gottlieb Fichte,1762—1814)的名作《人的天职》(又译为《人的使命》),只是其隐藏很深,梁启超本人也无一语提及。但比照其1915年发表的《菲斯的〈人生天职论〉述评》,实与"讲坛"所言多有重合。如第一节"人生之疑问"与《人生目的何在》,第三节"对于社会之天职"中关于"我"与"物"("非我")之辨析同《什么是"我"》,"讲坛"的论述均明显是承袭前文而来。甚至可以推测,如果"讲坛"幸而完稿,则开篇之《人生目的何在》引而不发的结语——"汝若问我人生目的究竟何在,我且不必说出来,待汝痛痛切切彻底参详透了,方有商量。"③——或许最终也会有一个费希特已然给出的明确答案。

当然,其中最重要的启发来自费希特对"自由意志"的阐论。按照梁启超的概括,费希特认为,人有理性与感觉两面,"理性为人类所独有,感觉则与其他生物同之"。"人类既以有理性为其特征,是宜勿以感觉之我灭理性之我",方为"人类存在之价值"。因此,"人类对于自己第一之本分,莫要于完其理性。理性如何而能完?则在修养其自由意志,使发动时不至与理性矛盾"。由此可见,"自由意志"可善可恶,故需要修养;若承认"自由意志"为理性之主宰,则竟可谓为修养的主体。在这里,梁启超将这位德国哲学家的思想与孟子学说进行了嫁接,其解读也具有了针对当下的意义:

> 标"自由意志"之义以为教者,正所以使我躬超然于气拘物蔽之外,而荡荡以返其真也。④

---

① 梁启超:《读〈孟子〉记(修养论之部)》,《时事新报》,1919年2月8、5、4日,第3张第3版。
② 梁启超:《自由意志》,《大公报》,1918年12月15日,第3张第1版。
③ 梁启超:《人生目的何在》,《国民公报》,1918年11月3日,第5版。
④ 梁启超:《菲斯的〈人生天职论〉述评》,《大中华》1卷4期,本篇8、9页,1915年4月;1卷5期。本篇8页,1915年5月。

此"真"即是"真我",乃费希特所谓"理性",亦即孟子所谓"良心"或"良知"①。

至于这一套貌似迂阔的修养论如何在社会实践中发生效应,从梁启超对费希特的赞语倒可以让人窥见端倪。梁氏认为,费希特乃是"研究一种新哲学,以理想道德奖进国民者"。虽然其在哲学界,开创之功不及康德,集大成之功不及黑格尔,"而其有大造于世道人心则过之"。费氏的特点是把高深的学理付诸实践:"菲斯的之为教也,理想虽极高尚,而一一皆归于力行。其言鞭辟近里,一字一句,皆能鼓舞人之责任心,而增长其兴会。"并且,费希特生活的时代,恰逢拿破仑攻占柏林,普鲁士危在旦夕,其时"所谓日耳曼民族者","人人皆惟亡国是忧,惟为奴是惧,志气销沉,汲汲顾影;而忽有唤醒其噩梦,蹶起其沉疴,拔诸晦盲绝望之渊,而进诸缉熙光明之域者,则菲斯的其人也"。其所著《告德意志国民》,"支配全德人心理者百年如一日",故其人对德国的迅速崛起有大功劳。梁于此反观中国,指认其现在的情况尚好过费希特时代的德国,迫切需要的是对费氏学说的译述。梁启超于是及时撮述、阐发费氏"通俗讲演为一般人说法"之《人的天职》,以之为"最适于今日中国之良策"②。由此可知,梁撰"讲坛"文章,也正含有同样绝大的用心。

因此,我们可以这样论定"讲坛":怀抱着如同费希特一样拯救世道人心的宏大心愿,梁启超写作了"讲坛"系列文。他将目光集注于青年一辈的人格修养,乃是期望从根本上重塑中国国民品格。这组文章以重新释读过的《孟子》讲义为底本,同时隐伏了梁对费希特《人的使命》的理解。而选择以白话文代替讲演,以及在京津沪三家报纸同时刊载的形式,则明示了梁启超对"讲坛"产生广泛深入影响的殷切期待。

"文献的学问"与"德性的学问"

1919 年 3 月《讲坛第一集》出版时,编者尚在预告:"现在先生已到欧陆,吸那战后的新文明了。先生并允继续寄稿,将来这第二集一定比第一集还要好看。"③然而,此言并未兑现,不只因为作为底本的《读〈孟子〉记(修养论之

---

① 见梁启超:《菲斯的〈人生天职论〉述评》,《大中华》1 卷 4 期,本篇 8 页。
② 同上,本篇 1—3 页。
③ 《〈时事新报〉记者志》,《讲坛第一集》,封二。

部）》已先行刊出，原有的话题无法继续；而且，确如《时事新报》记者所说，置身欧洲的梁启超已为战后"新文明"所吸引，亦无心恋旧。

何况，如果翻检与梁启超关系密切的报章，可以看到，其欧游期间在国内发表的文字，大抵均与巴黎和会相关①。因梁此行虽以私人身份出访，却受政府及民间组织委托，在和会场外协助中国代表，不断为争取国家权益发声。也正是由于他的及时通报，学生爱国运动才于5月4日爆发②，梁启超以此成为不在现场的在场者。

至于梁启超在欧期间最具规模的写作应属《欧游心影录》。此篇既未完稿，又系1920年3月5日抵沪前二日始在《时事新报》连载，却是有意为其重返国内舞台大造先声。而原先作为"第一篇"冠于卷首的"欧游中之一般观察及一般感想"，概述了梁游历欧洲一年的诸般思考与心得，实为解读其后来的言行提供了索引。

归去来的梁启超已颇具新气象。《梁启超年谱长编》于1920年有如下提纲挈领的记述：

> 先生这次归来后，对于国家问题和个人事业完全改变其旧日的方针和态度，所以此后绝对放弃上层的政治活动，惟用全力从事于培植国民实际基础的教育事业，计是年所着手的事业有承办中国公学，组织共学社，发起讲学社，整顿《改造杂志》，发起中比贸易公司，和国民动议制宪运动等数事。③

实际上，还在去国前一夜，梁启超和张东荪等友人已有过通宵畅谈，自言"着实将从前迷梦的政治活动忏悔一番，相约以后决然舍弃，要从思想界尽些微力。这一席话，要算我们朋辈中换了一个新生命了"④。而其所谓"迷梦的政治活动"并不意味着完全放弃政治作为，乃是专指摒除了"始终想凭借一种固有的旧势力来改良这国家"的"贤人政治"观念。觉悟后的梁启超于是自觉选

---

① 参见宋雪《还原现场：异域旅行与欧游心影录的写作》之表5《梁启超一行欧游期间著述目录》，《汉语言文学研究》，2013年1期，第65—68页。
② 参见笔者《来自巴黎的警报——五四期间的梁启超》，《文史知识》，1999年4期。
③ 丁文江、赵丰田编：《梁启超年谱长编》，第896页。
④ 梁启超：《欧游心影录》，《晨报》，1920年4月3日，第7版。

择了在野"政论家"的身份①,将《欧游心影录》中倡言的"国民运动"作为嗣后努力推进的政治模式,这也是其发起国民动议制宪运动的由来。

此时可以看得很清楚,"青年"已在梁启超心目中位置超轶。《欧游心影录》中关于"国民运动"一节完全是以梁与青年对话的口气写出,上述第一篇中专门讨论"中国人之自觉"的下篇,也不断出现"我们青年""我们可爱的青年啊!"一类呼唤②——青年俨然成为梁启超预期的第一读者。而其归国后举办的各项文化事业,着眼点也不离青年。4月成立的共学社虽由同人组成,梁氏标举的团体目标"培养新人才,宣传新文化,开拓新政治"③,却是把青年人才的培养放在首位,从而确立了其在这一递进结构中的优先性。张元济的表述因而堪称精要,共学社本以"译辑新书"为"宣传新文化"的主要举措,张故径称之为"铸造全国青年之思想,此实为今日至要之举"④。而讲学社"欲将现代高尚精粹之学说随时介绍于国中","拟逐年延聘各国最著名之专门学者巡回讲演"⑤;《解放与改造》杂志更名为《改造》,宣言将"对于世界有力之学说,无论是否为同人所信服,皆采无限制输入主义,待国人别择"⑥;凡此,都与共学社的宗旨同条共贯。可见,在梁启超看来,用"新文化"陶铸全国青年思想,"新人才"方能够培育出来。

而梁启超及其同人的落脚点实为"开拓新政治"。这在其当年的《"五四纪念日"感言》中已有表露。尽管梁"以为今后若愿保持增长'五四'之价值,宜以文化运动为主而以政治运动为辅",但其间很重要的原因是,"非从文化方面树一健全基础","则无根蒂的政治运动,决然无效"。为此,梁主张,"今日之青年,宜萃全力以从事于文化运动,则将来之有效的政治运动,自孕育于其中"⑦。在要求青年以文化为第一位的同时,文化是政治的基础、政治运动是文化运动的一大目标之意也贯穿其中。而就文化与政治相辅相成的关系而言,政治黑暗,文化的发展亦受阻碍。故梁启超为当下"过渡时代的政治运

---

① 梁启超讲,萧树棠、叶德生笔记:《外交欤?内政欤?》,《晨报》,1921年12月31日,第6版。
② 梁启超:《欧游心影录》,《晨报》,1920年3月19—30日,第7版。第一篇上篇题为"大战前后之欧洲"。
③ 梁启超:《致伯强亮俦等诸兄书》(1920年5月12日),《梁启超年谱长编》,第909页。
④ 张元济:《与任公同年兄书》(1920年4月10日),《梁启超年谱长编》,第904页。
⑤ 梁启超:《讲学社简章》,中华书局编辑部、北京匡时国际拍卖有限公司编:《南长街54号梁氏档案》下册,第520页。
⑥ 梁启超:《发刊词》,《改造》3卷1号,1920年9月,第7页。原刊未署名。
⑦ 梁启超:《"五四纪念日"感言》,《晨报》,1920年5月4日,"五四纪念增刊"第1版。

动"拟定的方策是:"为排除文化运动,社会运动,种种障碍起见,以辅助的意味行政治运动";"为将来有效的政治运动作预备工夫起见,以教育的意味行政治运动"①。由此可见,从中国目前情境出发,政治运动在梁氏那里乃是作为文化运动的辅助,并应在教育中体现出来。

而连接政治、文化与教育三者的中介,正是梁启超欧游归来后大力倡导的"国民运动"。所谓"一部西洋史,一言以蔽之,就是国民运动史",这一新发现也引导梁得出了"国民运动"乃是"共和政治唯一的生命"的结论,"五四运动"也被判定为"国民运动的标本"②。据此,1921年10至12月间,梁启超在天津与北京发表了7次演讲,除报纸刊载外,亦由其弟子杨维新汇编为《梁任公先生最近讲演集》出版。议题虽涉及辛亥革命十周年纪念、"市民与银行"、"太平洋会议中两种外论辟谬"等内政外交时事③,却均系围绕"国民运动"这一中心关怀展开。并且,所有各次讲演无一例外,都以学界、尤其是青年学生为主要对象,比起前述护国战争后的南北演讲,对听众的选择无疑已更集中、纯粹。

从"国民运动"的立场考虑,有关国民品格修养的要点自然也需要有所调整,其大体的趋向是由注重个体转向注重群体。故论及"国民运动"在国人政治生活中的意义,除了普及政治知识、认识且相信政治改进的可能性,梁启超也强调"使多数人养成协同动作之观念及技能"④的重要性。这也成为其1922年7月在中华教育改进社年会讲演"教育与政治"一题时特别的观照点。从"教育是教人学做人,学做现代人"的定义出发,梁启超认为,"现代人"的一个重要标志便是参与国家的政治生活,即成为"国民"。由此,养成青年的政治意识、政治习惯与政治判断能力,或曰"学会政治生活",也被梁启超视为"今日所最需要的"。而"学政治生活,其实不外学团体生活",借鉴英国牛津、

---

① 梁启超:《政治运动之意义及价值》,《改造》3卷1号,1920年9月,第14页。
② 梁启超讲,萧树棠、叶德生笔记:《外交软? 内政软?》,《晨报》,1921年12月24、25、28日,第3版。
③ 梁启超讲,杨维新编:《梁任公先生最近讲演集》,天津:协成印刷局,1922年2月。其中包括《辛亥革命之意义与十年双十节之乐观》(10月10日于天津学界全体庆祝会)、《无枪阶级对有枪阶级》(11月12日于北京国立法政专门学校)、《市民与银行》(11月21日于天津南开大学)、《太平洋会议中两种外论辟谬——重画中国疆土说与国际共管说》(11月26日于天津青年会)、《"知不可而为"主义与"为而不有"主义》(12月11日于北京高等师范学校)、《续论市民与银行》(12月17日于北京朝阳大学经济学会)、《外交软? 内政软?》(12月18日于北京高等师范学校平民教育社)。后三篇讲演的发表时间、地点及学会名称,均据《晨报》作了校正。
④ 梁启超:《外交软? 内政软?》,《晨报》,1921年12月25日,第3版。

剑桥大学学院制的经验,"从学校里养成德谟克拉西的团体生活习惯——尤其是政治习惯",梁启超于是特别推崇两校的"把人格教育放在第一位",并认定"所谓人格,其实只是团体生活所必要的人格"。学校正是培养此一人格的最佳场域,"从学校发展起来,自然便会普及全社会了"①。梁启超因此将青年的政治生活教育判定为教育家的职责,"国民运动"的基础亦可借以奠定。

除了1921年那次带有政治关切的集中演讲,欧游归来的梁启超尚有大规模的讲学活动。以1925年9月正式就任清华学校研究院国学门导师为界,此前重要的学术讲演如下:1920年12月至次年3月,在清华学校讲授"国学小史";1921年秋,在南开大学开讲"中国文化史";1922年春,在清华学校授国史课;4月起,在南北各学校及教育团体作三十余次讲演,其间在天津南开大学与南京东南大学暑期学校讲"中学以上作文教学法";10月,在东南大学讲"中国政治思想史";1923年7月,在南开大学讲"中国近三百年学术史";同年秋,在清华学校开设"群书概要"与"中国近三百年学术史"。1924年5月,在清华续讲"中国近三百年学术史"。就中,1922年的集中讲演,遍历北京、济南、南京、上海、南通、长沙、武汉、天津、苏州等地,其中的26篇讲稿亦汇编成三辑《梁任公学术讲演集》,由商务印书馆及时出版。值得注意的是,梁启超作上述讲演时,即便所授为专题课,也并非以聘任教授而是以兼课讲师的身份出现。这其实关联着梁氏的教育理念。

应该说,欧游后,梁启超对此前巡回讲学的构想已有修正。作为新思考的结果,1921年3月,梁启超在《改造》杂志发表了《自由讲座制之教育》,此文批评现代的学校教育乃是"'水平线式'的教育"及"物的教育",要害是"以社会吞灭个性""陷于机械的而消失自动力"。针对此弊,梁氏提出了"在高等教育方面""创设'自由讲座'"的救治之方。其主要做法是:"以极少数之同志,有专门学术,堪任教授者,组织讲师团体";"其讲座,或独立,或附设于原有之学校皆可";"学科不求备","但各科间须有相当之联络";"讲授时间,不必太多。使学生于听讲以外,能得较多之自动的修习";修课期限约两年;毕业不考试,只由讲座讲师授该科修了证书等。梁启超认为:

> 此种组织,参采前代讲学之遗意而变通之。使学校教师学生三者之间,皆为人的关系,而非物的关系。讲师之于讲座,自为主体,而非雇佣

---

① 梁启超:《教育与政治》,《时事新报》,1922年7月13、14日,附张"学灯"第1版。

的。讲师之于学生,实共学之友,不过以先辈之资格为之指导。学生所得于讲师者,非在记忆其讲义以资一度之考试;乃在受取讲师之研究精神及研究方法。质言之,其获益最重要之点,则学者的人格之感化也。[①]

这一理想的师生关系与教学效果,恰如此前一年张东荪与蒋方震讨论办学方法时所言,"实调和近世大学与古代讲学舍而具其微"[②],即力图以中国古代书院讲学者的人格魅力,弥补现代大学偏重知识教育的缺憾。

尽管梁启超集合同志、团体讲学的设想未能实现,但1923年1月拟定的文化学院创办计划,正是以"自由讲座制"教育的落实为目标。文化学院即为"一讲学机关","采用半学校半书院的组织,精神方面,力求人格的互发;智识方面,专重方法之指导"。承接《欧游心影录》对于西方"科学破产"、精神危机的观察,梁启超"确信当现在全世界怀疑沉闷时代,我国人对于人类宜有精神的贡献",此即梁氏指出的"儒家之人生哲学""先秦诸子及宋明理学""佛教""我国文学美术"与"中国历史"之"发明整理"的必要性。而对青年的培养也与达成此目的相关:"启超确信现行学校制度有种种缺点,欲培养多数青年共成兹业,其讲习指导之方法及机关之组织,皆当特别。"据此可知,其创设文化学院的动因,本是为了"培养将来热心兹业之青年"[③]。

文化学院虽因经费难筹,止步于计划阶段,但在此前后梁启超于南北各地的诸多讲学,倒确是力求贯彻"自由讲座"的方式与意图。其讲学内涵大体是从两个层面展开:一为研究方法,一为人格感化。二者分别指向知识教育与精神教育。

就研究方法而言,乃是以取法西方为主。《欧游心影录》对此已有明白认知,故反复宣示:"要发挥我们的文化,非借他们的文化做途径不可。因为他们研究的方法,实在精密,所谓'欲善其事,必先利其器'。"梁启超并以之作为完成"中国人对于世界文明之大责任"四个步骤的关键一环:

> 所以我希望我们可爱的青年,第一步,要人人存一个尊重爱护本国文化的诚意。第二步,要用那西洋人研究学问的方法去研究他,得他的真

[①] 梁启超:《自由讲座制之教育》,《改造》3卷7号,第22—23页,1921年3月。
[②] 张东荪:《复蒋百里书》(1920年10月),《梁启超年谱长编》,第925页。
[③] 梁启超:《为创设文化学院事求助于国中同志》,《晨报》,1923年1月21日,第7版。

相。第三步,把自己的文化综合起来,还拿别人的来补助他,叫他起一种化合作用,成了一个新文(化)系统。第四步,把这新系统往外扩充,叫人类全体都得着他好处。①

此一推断,如果放在欧游以后梁启超对输入西方文化憬然反省的背景下,实有深意。梁氏既指认"现在我们所谓新思想,在欧洲许多已成陈旧";又肯定西方文化不能照搬进中国,"欧洲所以致此者,乃因其社会上政治上固有基础而自然发展以成者也。其固有基础与中国不同,故中国不能效法",即使效法,亦不成功。因此,梁启超主张:"我们要学的,是学那思想的根本精神,不是学他派生的条件。因为一落到条件,就没有不受时代支配的。"②而要超越时代条件的限制,追求西方文化的根本一贯之道,在其眼中,也只有精密的研究方法对中国最适宜。

于是,1920 年 11 月,讲学社邀请英国哲学家罗素(Bertrand Arthur William Russell, 3rd Earl Russell,1872—1970)来华演讲,梁启超致欢迎词时,除了提请听众"最要注意的,是罗素先生的人格",对罗素本人也"有一个特别要求"。梁以吕洞宾点石成金的故事,请求罗素"把指头给我们",也就是"把他自己研究学问的方法传授给我们"。这样,"我们用先生的方法研究下去,自然可以做到先生一样的学问"③。可见,从学术着眼,梁启超最看重的是罗素的研究方法。而轮到梁氏自己讲学,对方法的提示与强调也成为一个突出的新特点。在南开与东南大学讲授的《中学以上作文教学法》,"主意在根据科学方法研究文章构造之原则";在清华为文学社所作的课外讲演《中国韵文里头所表现的情感》,亦"专注重表现情感的方法"④之归类分析;由东南大学"中国政治思想史"讲义修订成书的《先秦政治思想史》,更在"序论"中专设一章,交代

---

① 梁启超:《欧游心影录》,《晨报》,1920 年 3 月 30 日,第 7 版。该篇另一处亦言及,东西文化的调和为世界文明发展的趋势,"我们青年将来要替全世界人类肩起这个大责任,目前预备工夫,自然是从研究西洋思想入手。一则因为他们的研究方法,确属精密,我们应该采用他"(《晨报》1920 年 3 月 23 日,第 7 版)。

② 梁启超:《欧游心影录》,《晨报》,1920 年 3 月 23、30 日,第 7 版;《梁任公在中国公学演说》,《时事新报》,1920 年 3 月 14 日,第 1 张第 2 版。

③ 《讲学社欢迎罗素之盛会》,《晨报》,1920 年 11 月 10 日,第 3 版。

④ 梁启超:《作文教学法》,《饮冰室合集》专集之七十,第 1 页,上海:中华书局,1936 年;《中国韵文里头所表现的情感》,《改造》4 卷 6 号,本篇 3 页,1922 年 2 月。按:此时《改造》的出版时间有延后。

"研究法及本书研究之范围"。对研究方法的执著关注,也使得点石成金的寓言不断在梁启超此期的讲学中出现。《中学以上作文教学法》中是对教师的告诫:"教学生不能拿所点的金给他,(金子虽多终有尽日。)非以指头给他不可。善于教人者是教人以研究的方法。"《东南大学课毕告别辞》则为学生说法,表白其在此讲学的最大期望,"亦只叫诸君知道我自己做学问的方法","所以很盼诸君,要得着这个点石成金的指头,——做学(问)的方法——那末,以后才可以自由探讨,并可以辨正师传的是否"①。

而所谓"西洋人研究学问的方法",在梁启超的表述中,又可与"科学精神"相置换。梁定义"科学精神"为"可以教人求得有系统之真智识的方法",并特别看重其"可以教人的智识"一层意涵。他批评:"中国凡百学问,都带一种'可以意会不可以言传'的神秘性,最足为智识扩大之障碍。"而西方与之相反,智识可以"传与其人",可以复验,故可以积累增长:"所以别人读他一部书或听他一回讲义,不惟能够承受他研究所得之结果,而且一并承受他如何能研究得此结果之方法,而且可以用他的方法来批评他的错误。"②这才是梁氏心目中求学的最高境界。

回到梁启超本人的讲学,1922年11月10日为东南大学史地学会所作的讲演《历史统计学》堪称典范。梁开宗明义即下一定义:"历史统计学,是用统计学的法则,拿数目字来整理史料推论史迹。"由此方能"看出全个社会的活动变化"。此项研究最符合其倡导的"共学"精神。为使青年学生受益,梁于是把和几位朋友"正在那里陆续试验"的方法迫不及待地广而告之。而作为讲演主要示范的例证"历史之人物地理分配表",便是由丁文江制作完成的。梁启超也把自己常常在"脑子里头转的,不下几十个"统计题目略加举例③,广开法门。可以想象,以这般最先进的研究方法指授学生,一席话确可抵得十年书。

若就人格感化而言,则中国的传统文化、尤其是儒家学说俨然成为讲学的主导。针对一战后西方思想界的悲观与迷茫,梁启超在《欧游心影录》第一篇的结尾已写下如此煽情的文字:

---

① 梁启超讲,卫士生、束世澂笔记:《(梁任公先生讲)中学以上作文教学法》,第44—45页,上海:中华书局,1925年;梁启超讲,李竞芳、王觉新笔记:《东南大学课毕告别辞》,《时事新报》,1923年1月20日,附张"学灯"第1版。
② 梁启超:《科学精神与东西文化》,《时事新报》,1922年8月23日,附张"学灯"第1、2版。
③ 梁启超:《历史统计学》,《时事新报》,1922年11月17日,附张"学灯"第1、3版。

> 我们可爱的青年啊！立正！开步走！大海对岸那边有好几万万人，愁着物质文明破产，哀哀欲绝的喊救命，等着你来超拔他哩。我们在天的祖宗，三大圣（按：指孔子、老子和墨子）和许多前辈，眼巴巴盼望你完成他的事实［业］，正在拿他的精神来加佑你哩。

因此，发扬中国固有文化、特别是儒道墨三家"心物调和"与"求理想与实用一致"的传统，会被梁启超视为"我们对于人类全体的幸福"该负的责任①，因其确信，此一良药足以救治西方现代的精神弊病。基于同样的理由，梁在创设文化学院的宣言第一条亦赫然揭橥："启超确信我国儒家之人生哲学，为陶养人格至善之鹄，全世界无论何国无论何派之学说，未见其比。在今日有发挥光大之必要。"②阐扬儒家人生哲学自然也成为梁氏讲学必不可少的题中应有之义。

对源自西方的现代教育体制，梁启超最大的不满在于专重知识教育而忽视精神教育，故讲学中对此有意力加矫正。他批评胡适的《中国哲学史大纲》卷上，即设立了两个基本的观察点，认为胡"全从知识论方面下手；观察得异常精密"，而关于"人生观方面，什有九很浅薄或谬误"③。梁本人因此开设了与胡适对话、竞争的"国学小史"课，在吸收胡著基于知识论的考察精粹之外，对先秦诸子的人生观研究更为着力，以此凸显了人格教育的现实指向④。即便所开科目为"中国政治思想史"，且明言"人生哲学，不在本讲义范围中"；一旦作为专著出版，梁氏也必要在《先秦政治思想史》的正题外，加上"一名中国圣哲之人生观及其政治哲学"⑤的副题，似乎政治哲学的重要性还在人生观之下，则后者在梁启超那里带有终极关怀的意义也得到明确。

从儒家思想的本位出发，梁启超将教育的目标概括为"学做人"，因而对源自西方的德、智、体三分并不满意，以为"德育范围太笼统；体育范围太狭隘"。儒家哲学于是被赋予补偏救弊的功效，梁也力主以孔子所说"知者不

---

① 梁启超：《欧游心影录》，《晨报》，1920 年 3 月 30 日，第 7 版。
② 梁启超：《为创设文化学院事求助于国中同志》。
③ 梁启超：《评胡适之〈中国哲学史大纲〉》，《晨报副刊》，1922 年 3 月 13、16 日。
④ 参见笔者《梁启超与清华最初的学术因缘——关于〈国学小史〉的考察》，《清华大学学报》，2013 年 5 期。
⑤ 梁启超：《先秦政治思想史》，第 2 页、封面，上海：商务印书馆，1923 年 8 月。

惑,仁者不忧,勇者不惧"(《论语·子罕》)取而代之,并分别命名为"知育""情育""意育"。其说为:

> 人类心理,有知情意三部分;这三部分圆满发达的状态,我们先哲名之为三达德——智,仁,勇。为什么叫做"达德"呢?因为这三件事是人类普通道德的标准,总要三件具备才能成一个人。

按照"三达德"的要求,"知育要教到人不惑,情育要教到人不忧,意育要教到人不惧"。梁启超肯定:"教育家教学生,应该以这三件为究竟;我们自动的自己教育自己,也应该以这三件为究竟。"其中的"知育"虽然似乎与现代西方教育所谓"智育"接近,在梁启超那里仍不等同,所获得的不只是纯粹的"常识和学识",更是与人生相关的"总体的智慧"[①]。故此知、情、意三育,实以道德教育为核心,且均与人生相关。

以此标准衡量,梁启超认定,"欧人对主智,特别注重;而于主情,主意,亦未能十分贴近人生",因而世界文化正需要中国先哲的人生哲学救济[②]。其在讲学中也极力传导给青年学生自己体悟的"救济精神饥荒的方法",并语重心长地告诫青年,"先立定美满的人生观,然后应用之以处世"。甚至自白:"我在此讲学,并非对于诸君有知识上的贡献;有呢,就在(人生观)这一点。"[③]可以认定,梁氏此一时期讲学中关于人生观的论述,不仅是针对西方文化的缺失,也力求有利于听众即青年学生们的人格修养。无论效果如何,起码梁对此已有足够强调。

梁启超在东南大学最后所作的三次演讲均含有曲终奏雅、画龙点睛之意。其要义可以其中两次的讲题概括,即"为学与做人"与"治国学的两条大路",后者所谓"两条大路"分指"文献的学问"与"德性的学问",这确是梁氏此期讲学关注的两大中心。我们也可借用其自我总结,概括梁启超欧游归来后的讲演活动。

梁启超这些以"自由讲座"方式展开的、主要面向青年学生的讲演,虽然有从政治文化向学术文化移转的总体趋势,但"为学"与"做人"两大主线并行

---

① 梁启超:《为学与做人》,《晨报副刊》,1923年1月15日,第1版。
② 梁启超讲,李竞芳笔记:《治国学的两条大路》,《时事新报》,1923年1月23日,附张"学灯"第2版。
③ 梁启超讲,李竞芳、王觉新笔记:《东南大学课毕告别辞》,《时事新报》,1923年1月20日,附张"学灯"第2、3版。

的意识可谓越来越明确。立足于对西方文化反省的新立场,就"为学"即"文献的学问"而言,梁启超主张借道西方,"用客观的科学方法"进行研究。因为中国固有文化是"世界第一个丰富矿穴","从前仅用土法开采,采不出什么来;现在我们懂得西法了,从外国运来许多开矿机器了","自然会将这学术界无尽藏的富源开发出来"。而"做人"即"德性的学问"更得到梁氏的一贯重视,与前一条道路相比,梁以之为"国学里最重要的一部份","必走通了这一条路,乃能走上那一条路",故为安身立命的根本之道。其以"东方的学问"、特别是儒家哲学为极致,乃是由于儒家"纯以人生为出发点"。因此,研究"德性的学问"重点不在知识积累,而在道德实践,即"应该用内省的和躬行的方法"对待。不但研究者从中"可以终身受用不尽;并可以救他们西人物质生活之疲敝"[①]。这才算是完成了中国文化对于世界应有的贡献。

而这些散落各地的讲演,由于讲义的及时刊布,确可产生铸造全国青年思想的广泛影响力。并且,梁启超日后的清华讲学,实为此一路径的延续与推展。即使进入到体制内,梁仍念念不忘讲求"做人的方法"与"做学问的方法","想把中国儒家道术的修养来做底子,而在学校功课上把他体现出来",也即是说,"科学(方法)不但应用于求智识,还要用来做自己人格修养的工具"。如此将"道德的修养,与智识的推求,两者打成一片",正是力图以"自由讲座"的理想弥补学院教育的偏失。尽管梁启超最终自认尝试结果未能如当初所预期[②],但对后来者实有深远启迪。

上述对于梁启超归国后教育思路变迁的考察,虽然分为1912—1917年、1918年以及1920年之后三个时段论说,但其间实有一些通贯的线索值得关注。随着1916年底《大中华》杂志的停刊,梁启超的文化身份从报人向学者转换。与之相对应,以护国战争结束后的南北演讲为发端,梁氏的兴趣也开始呈现出从社会教育向学校教育的移动。以青年学生为施教对象的讲学,因"带有研究讨论之性质",故区别于以政治常识启蒙为主的社会教育,而具有了不同的路数。1917年提出的"人格修养"与"学问研究法"的讲演主题构想,经历1918年家庭讲学的实践与"讲坛"系列文的发表,已初具眉目。不过,欧游的经验与体悟在梁启超讲学路径的调整上仍然具有决定性意义。不

---

① 梁启超:《治国学的两条大路》,《时事新报》,1923年1月23日,附张"学灯"第1、2版;《东南大学课毕告别辞》,《时事新报》,1923年1月20日,附张"学灯"第2版。
② 周传儒、吴其昌笔记:《梁先生北海谈话记》,吴其昌编:《清华学校研究院同学录》,第7、第2—3页,1927年。

但是承接两大课目而来的"德性的学问"与"文献的学问"得以在大学课堂中齐头并进地展开宣讲,更重要的是,经由对一战后西方精神危机的切近体察,梁氏重新确立了对中国固有文化的充足自信,并由此开启了输入与输出同时进行的文化策略。其个人的讲学与著述,重心尤在采用西方科学方法,整理与研究传统文化。而经过如此提炼与重新阐释的中国文化,已属于梁启超所谓"叫人类全体都得着他好处"的"新文化系统",足可融入世界最新思潮,也理所当然地成为"培养新人才"的"新文化"之有机部分。

本文作者系北京大学中文系教授

原标题:《"铸造全国青年之思想"——欧游前后梁启超讲学路径的变动》(繁体字),原载《岭南学报》2016年第1期

"德赛二先生"所遮盖的鲁迅的"问题"与"主义"

郜元宝

"德、赛两先生"所遮盖的"问题"与"主义"

新文化运动提出许多"问题",这只要翻开《新青年》和《新潮》杂志任何一期目录就一目了然,但陈独秀在1919年1月《新青年》第6卷第1号上发表的《本志罪案之答辩书》中,急切地喊出拥护"德、赛两先生"的口号,并且不由分说,将"德、赛两先生"当作新文化运动诸问题中压倒一切的最高问题、诸价值中压倒一切的最高价值,并以此为新文化运动直探东西方文化进步之"本源"的"罪案"(亦即"功劳"):

"追本溯源,本志同人本来无罪,只因为拥护那德莫克拉西(Democracy)和赛因斯(Science)两位先生,才犯了这几条滔天的大罪。要拥护那德先生,便不得不反对孔教、礼法、贞节、旧伦理、旧政治。要拥护那赛先生,便不得不反对旧艺术、旧宗教。要拥护德先生又要拥护赛先生,便不得不反对国粹和旧文学。大家平心细想,本志除了拥护德、赛两先生之外,还有别项罪案没有呢?若是没有,请你们不用专门非难本志,要有气力、有胆量来反对德、赛两先生,才算是好汉,才算是根本的办法。"

"西洋人因为拥护德、赛两先生,闹了多少事,流了多少血,德、赛两先生才渐渐从黑暗中把他们救出,引到光明世界。我们现在认定,只有这两位先生可以救治中国政治上、道德上、学术上、思想上一切的黑暗。"

"德、赛两先生"果真是将西方文明由黑暗入光明的"本源"吗?西方近世文明的突飞猛进,在"德、赛两先生"之外,还有没有其他更为重要的推动力?这是陈独秀为当年备受攻击的《新青年》杂志匆忙撰写的那篇《答辩书》所未能回答的问题。如果今天文明只是简单地接过这个口号而不假思索,不仅难以看到新文化运动的全貌，也难以理解为何高举"德、赛两先生"大旗的新文化运动迅速走向反面，德先生固然"千呼万唤不出来"，赛先生也"犹抱琵琶半遮面"——钱钟书早就在小说《围城》中提出尖锐的讽刺，"外国科学进步，中国科学家晋爵"。

可惜这个局面至今也并未根本改变，而且似乎越来越成为难以摇撼的定局了。今日学界内外和网络上下岂不仍然还是将"救治中国政治上、道德上、学术上、思想上一切的黑暗"的希望全部寄托于"德、赛两先生"的降临吗？谈"五四"，谈"现代中国"，谈中国的"现代化"，许多人仍然仅仅满足于追问：我们果真拥护、果真信仰、果真推行过"德、赛两先生"吗？

这当然值得一问再问。复旦大学中文系退休教授吴立昌先生有本书叫《"德""赛"先生下楼难》，意思就是上海人所谓"只听楼板响，不见人下来"。吴立昌先生为"德、赛两先生"难以"下楼"深感遗憾，也令我感慨万分，但这只是问题的一面。问题还有另一面却很少有人思考："德、赛两先生"在现代中国诸问题和诸价值中压倒一切的优先地位，果真具有不容置疑的合法性吗？这种不容置疑的合法性是否遮盖了"五四"期间甚至早在"五四"之前，就已经被有识之士提出来并加以深思熟虑的其他更为根本的问题？是否恰恰因为独尊"德、赛两先生"而不及其余，反倒误会了"德、赛两先生"在西方文明进程中应有的位置和真正的内涵，由此妨碍、阻止了它们"下楼"？今天在继续呼唤"德、赛两先生"尽快"下楼"的同时，是否还应该回头看看"五四"期间甚至"五四"以前在"德、赛两先生"之外，还提出过哪些更为"本源"的问题，值得我们今天认真反思？

我想这是在纪念和反思新文化运动时最需要考虑的问题，至于新文化运动是否激烈反传统啊、自由主义与左翼孰优孰劣啊——诸如此类一度热门的话题或许倒在其次。最重要的是重新发现因为独尊"德、赛两先生"而被遮盖了的许多可能比"德、赛两先生"更为"本源"的问题，否则无论如何热切地呼唤"德、赛两先生"，无论如何激烈地否定"五四"，或誓死捍卫"五四"，都是舍本逐末。

讨论这个问题有难度，因为陈独秀把话说圆了，一切新文化举措无不囊括于"德、赛两先生"，"五四"诸公也大多自觉站在"德、赛两先生"大旗之下而无异议，所以读他们的书，很难帮助我们跳出"五四"所理解的"德、赛两先生"的范围，找到那些被遮盖的更为"本源"的问题，作为新的立场来反省"五四"新文化运动的遗产。

十分幸运,总算还有一个人,他虽然声称"听将令",即在公开言论上与陈独秀所谓必须替"五四"舆论负责的陈、胡、蔡诸公保持一致,但事实上始终冷静地站在"五四"大潮之外,因为这个人早在"五四"新文化运动发动之前十年就深入思考过"科学"和"民主",并同样深入思考过还没有被"科学"和"民主"遮盖的其他若干根本问题。因此,他可以帮助我们跳出"五四"来反省"五四"。换言之,他在"五四"之前十年提出来、以后又一直默默坚持的"问题"及其解决"问题"的独特方式(或曰"主义")是一个很好的立场,可以帮助我们摆脱因为独尊"德、赛两先生"而造成的认识误区来反省"五四"。

这个人就是鲁迅。

鲁迅问题之一: "科学""武事"和"制造商贾立宪国会"皆非"本根"

1907—1908年鲁迅留日后期撰写的《科学史教篇》、《文化偏至论》、《摩罗诗力说》和《破恶声论》四篇重要文章,其实只讨论一个问题,就是在"第二维新之声亦将再举"之前,中国知识界应该以哪些问题为"本根"?

青年鲁迅认为,自从清末"维新"开始直到他写这些文章的"十余年来","介绍新文化之士人"都错了,"措置张主,辄失其宜","凡所然否,谬解为多",这主要因为他们舍本逐末,"所携将以来归者,乃又舍治饼饵守囹圄之术而外,无他有也",举国上下"惟枝叶之求,而无一二士寻其本"。他预言这局面倘不改变,"中国尔后,且永续其萧条",而他写那几篇文章,目的就是要反省"维新"期间"介绍新文化之士人"的失误(还有比失误更严重的问题,即许多以"志士英雄"自居的"介绍新文化之士人"实际上"志行污下,将借新文明之名以大遂其私欲""不根本之图,而仅提所学以干天下"),从而在真诚的"治饼饵守囹圄之术"以及虚伪的"扰攘"之外,为即将到来的"第二维新"确立新的"本根":"今试总观前例,本根之要,洞然可知。盖末虽亦能灿烂于一时,而所宅不坚,顷刻可以蕉萃,储能于初,始长久耳"(《科学史教篇》)。

鲁迅所谓仅属"枝叶"而非"本根"的"治饼饵守囹圄之术",主要就是"科学"和"立宪"。这在《科学史教篇》中已发其端,《文化偏至论》论之更详,《破恶声论》又有补充,主旨是以西方文明进化的史实为依据,阐明"科学"和"民主"在西方近代的进步"决非缘于一朝","观其所发之强,斯足测所蕴之厚"。换言之,"科学"和"民主"并非西方近世文明进步的"本根",而是尚未被中国士人所了解的更深的"本根"所开出的两朵特别绚烂的"葩叶"。在探得"科学""民主"背后的"本根"为"个人"和"神思"（或"灵明""精神"）之后，《科学史教篇》《文化偏至论》酣畅淋漓地描述了国人对"科学""民主"的浅薄理解，并在最后一篇《破恶声论》中进一步批驳当时甚嚣尘上的"崇侵略"的"兽性爱国"，以及打着"科学"和"破迷信"的幌子而排斥一切宗教信仰的"诈伪"。

所谓"前期鲁迅思想"的上述内容，历来研究颇多，本文不欲展开，只想指出一点：旨在强国的"科学""立宪"是1895—1907年之间清末维新运动中"介绍新文化之士人"最推崇的两件事，但鲁迅认为那恰恰是"抱枝拾叶"。他大声疾呼，要求国人透过西方的"科学"、"民主"，进一步看到"科学""民主"赖以进步的西方文化真正的"本根"。

清末维新运动提出的"科学""立宪"（以及相关的"武事""军国民""制造商贾""国会""破迷信""崇侵略"等），也就是"五四"高喊的"德、赛两先生"。清末"维新之士"也号称"介绍新文化之士人"，这和胡适等不满"五四"学生运动而津津乐道的新文化运动，用语上也是一脉相承。可以说，"德、赛两先生"的口号在"五四"之前20余年清末维新运动中已经喊出来了，而在这以后10余年也是"五四"新文化运动爆发之前10余年，鲁迅就已经深刻分析过"科学""立宪"口号的不彻底（不知"本根之要""惟枝叶之求"）。把鲁迅早期的四篇古文拿来和陈独秀的《本志罪案之答辩书》放在一起读，是如何针锋相对、南辕北辙、泾渭分明！所以"五四"以后，鲁迅与"德、赛两先生"的呼声的距离之远也就可想而知。

新文化运动并没有满足鲁迅当年对"第二维新之声亦将再举"的热切期待，反而原地踏步，停留在1907—1908年鲁迅所全面批驳的晚清"介绍新文化之士人"所主导的"举国惟枝叶之求，而无一二士寻其本"的水平。

鲁迅问题之二："本根"即"神思"

鲁迅是否反科学、反民主？当然不是。

首先，他虽然"弃医从文"，"五四"以后一直和"新月派"民主自由的主张唱反调，但这绝不意味着他竟然昏聩到反科学、反民主。恰恰相反，鲁迅一生都是科学迷，他反中医，就因为认定中医只是毫无科学根据的"以意为之"、"有意无意地骗人"。他深知西医也有缺陷，西医的医院也经常有死人抬出来，但他还是坚决支持西医，甚至到了迷信西医的地步，这也无非因为他相信西医是科学的,至少一步一步朝着科学的方向发展。他自己最后死于西医之手,可谓"求仁得仁",夫何言哉!他和许多新派人士一样,也是"鱼肝油崇拜者"。

其次,鲁迅从来没有说过不要自由、不要民主的话。他不畏强权、反对专制、参加"自由运动大同盟",都是强有力的证据。鲁迅反对的不是科学和民主自由本身,而是不知"本根之要"的孤零零、赤裸裸、缺乏深厚文化支持的无源之水、无本之木的"偏至"的、跛足的"科学",和"偏至"的、跛足的"民主自由"。"偏至"的、跛足的"科学"早就有人看到了也承认了,而且有了谥号,叫"惟科学主义"或"伪科学主义",但"偏至"的、跛足的"民主自由"还很少有人看到更很少有人承认,也没有人敢赠给它一个谥号,比如"惟民主自由主义"或"伪民主自由主义"。

为了发展真正的"科学"和"民主"而必须了解的"本根之要"(类似还有"储能于初""本""始基""本柢""初""所宅"),鲁迅归结为一点,就是"主观内面生活"。他在考察了西方科学发展简史、西方宗教、哲学、革命、政治发展简史、西方文学和文化发展简史之后,给"主观内面生活"作出了具体规定。

鲁迅从西方科学简史得知,西方科学"深无底极",常有"非科学""超科学"的"深因"和"助力",这就是从古希腊、古希伯来社会一直就有的"古民之神思"。"神思"就是"主观内面生活"最宝贵的内容,它包括人类对自然和自身的好奇心、不可遏制的想象力创造力,以及不可捉摸的灵感和伟大的道德力。

"盖科学之光,常受超科学之力,易言以释之,亦可谓非科学的理想之感动"。"谓发见本于圣觉,不与人之能力相关;如是圣觉,即名曰真理发见者。有此觉而中才亦成宏功;无此觉,则虽天纵之才,事亦终于不集。""有人谓知识的事业,当与道德力分者,此其说为不真,使诚脱是力之鞭策而惟知识之依,则所营为,特可悯耳"。总之,"科学"不能以自身为"本根",必须根基于"超科学"和"非科学"的人类心灵活泼自由而美好奇妙的"神思"。

鲁迅从西方宗教史、哲学史、革命史、政治史得知,到19世纪末,因为西方社会思想文化发展的"偏至",重"物质"而轻"灵明"、重"众数"而轻"个人",所以激发了斯蒂纳、叔本华、尼采、易卜生、基尔凯廓尔等"新神思宗徒""神思宗之至新者"起来加以纠正,"或崇奉主观,或张皇意力,匡纠流俗,厉如电霆,使天下群伦,为闻声而摇荡。即其他评骘之士,以至学者文家,虽意主和平,不与世忤,而见此唯物极端,且杀精神生活,则亦悲观愤叹,知主观与意力主义之兴,功有伟于洪水之有方舟焉"。他的结论是:"二十世纪之文明,当必沉遂庄严,至与十九世纪之文明异趣。新生一作,虚伪道消,内部之生活,其将愈深且强欤?精神生活之光耀,将愈兴起而发扬欤?成然以觉,出客观梦幻之世界,而主观与自觉之生活,将由是而益张欤?内部之生活强,则人生之意义亦愈邃,个人尊严之旨趣愈明,二十世纪之新精神,殆将立狂风怒浪之间,恃意力以辟生路者也。"

"主观内面生活"一旦强大,其一可以破物质客观之迷梦,就是不相信科学万能,也不贪恋物质享受而汩没灵明;其二可以破"众数"的迷梦,不再"以众虐独","夷隆实陷",扼杀天才,使全社会都退化到平均线以下。

鲁迅从西方文学简史得知,与"新神思宗徒"同时,英国"恶魔诗人"拜伦、雪莱,挪威易卜生,俄国"国民诗人"普希金和莱蒙托夫,波兰"报复诗人密克威支"等三诗人、匈牙利之"爱国诗人"裴多菲先后起来,这些"摩罗诗人""精神界之伟人""精神界之战士","无不刚健不挠,抱诚守真;不取媚于群,以随顺旧俗;发为雄声,以起其国人之新生,而大其国于天下。"他们的异曲同工之处就在于发挥诗歌之特长,"实利离尽,究理弗存",超脱利害关系,以实现"文章不用之用",亦即"涵养吾人之神思"。"涵养人之神思,即文章之职与用也"。"神思"既得"涵养",则举凡科学、民主政治、宗教、哲学等一切皆有所托,皆得以从"本根"处得到改善。

过去解释鲁迅前期思想,仅以"立人"一语概括,至多伸展至"剖物质而张灵明,任个人而排众数",不知其精髓乃在"涵养吾人之神思"。"是故将生存两间,角逐列国事务,其首在立人,人立而后凡事举;若其道术,乃必尊个性而张精神,假不如是,槁丧且不俟夫一世。"

所以"立人"非他,主要在于"尊个性而张精神",即伸展个人的精神,亦即"涵养吾人之神思"。换言之,"立人"须先立其人之"心",具体地说,就是"涵养吾人之神思"。"神思"既得"涵养",亦犹古人所谓"大其心",则"人既发扬踔厉矣,则邦国亦以兴起"。否则,无论科学如何发达,物质如何丰富,武器如何先进,也于事无补,因为那好比"举国犹孱,授以巨兵,奚能胜任,仍有僵死而已"。如果不能"涵养吾人之神思",不能先立其人之"心",深邃壮大其"主观内面生活",则纵然有好的民主政体,也不过将过去的"独夫"换成"千万无赖之尤,民不堪命矣,于兴国究何与焉"。

"神思"不是《文心雕龙·神思篇》所说"神思",乃从叔本华、尼采等"新神思宗"而来,所以就是 idealism 的 idea。Idea 在鲁迅写这几篇古文时,对中国知识界并不陌生。章太炎《建立宗教论》有言："言宗教哲学者,无不建立一物以为本体。其所有之实相虽异,其所举之形式是同",太炎认为像佛教"真如""涅槃"就是这样的"本体","而柏拉图所谓伊跌耶者,亦往往近其区域"。"伊跌耶"当然就是柏拉图的"idea",也即鲁迅所谓德国哲学新老"神思宗"的"神思"。有人还明确注明"神思"就是 idea,比如周作人在《河南》杂志与鲁迅同时发表的长文《论文章之意义暨使命因及中国近时文论之失》中,提到"文章"最"不可缺"者就是"神思",而何谓"神思"?周氏特地加括号注明乃是idea。

鲁迅问题之三：
"涵养吾人之神思"的文学为"第一要著"

从讨论"科学""立宪",进而讨论西方政治、革命、宗教的历史,最后得出"神思"乃文明之"始基""本根",而中国当时最大问题正是《破恶声论》开宗明义所谓"本根剥丧,神气旁皇",所以最重要的是"涵养吾人之神思",用1922年《〈呐喊〉自序》的话来说,就是"第一要著,是在改变他们的精神,而善于改变精神的是,我那时以为当然要推文艺,于是提倡文艺运动了",这也就是1925年《两地书》中提出的"所以此后最要紧的是改革国民性,否则,无论是专制,是共和,是什么什么,招牌虽换,货色照旧,全不行的。"

这就把"立人"、"涵养吾人之神思"和"提倡文艺运动"三步骤紧密结合起来,成为一而三、三而一的完整结构。由此可见,鲁迅前期思想的系统性以及前后期思想的整体性。鲁迅夫子之道,也诚然"一以贯之"。

陈独秀说他本人、胡适、蔡元培三位要为"五四"舆论负责,后人讨论和新文化运动,也多谈这三人,而不甚措意于鲁迅,因为鲁迅在"五四"时期并不以"议论"见长。但鲁迅对自己在"五四"新文化运动中作用的估计远远超过陈独秀对陈本人、胡适和蔡元培的估计。鲁迅认为只有他的小说"算是显示了'文学革命'的实绩",众所周知,"文学革命"是新文化运动的核心,但如果没有鲁迅成功的文学创作,这个核心运动的"实绩"就甚为可疑。鲁迅很清楚,那时候《新青年》"其实是一个议论的刊物,所以创作并不怎么注重",而"议论",特别是关于"德、赛两先生"的"议论",鲁迅早在年前(1907—1908年)就奏其大功,至于他在 1918 年开始于小说创作的同时在《新青年》"随感录"专栏发表的议论,并非空洞无根地鼓吹"德、赛两先生",而是指向"国民性"并期望能够"改变他们的精神"的本质上属于"文艺"的创作了。

鲁迅的文学,包含了对"科学"、"民主"(《文化偏至论》和《破恶声论》还重点论及"文化""宗教"和"爱国"等内容)的"本根"的"沉思"(《摩罗诗力说》),而以"涵养吾人之神思"("改革国民性")为旨归,这样的"文学"完全有资格和"德、赛两先生"鼎足而三,甚至可以驾乎其上,成为新文化诸问题和诸价值的"本根"。可惜一直以来,鲁迅"文学"的价值似乎只是"听将令",是"德、赛两先生"的"感性显现",附庸于"德、赛两先生"而不得彰显。

鲁迅问题之四:
文学与现代大学学术之对垒

因为鲁迅赋予"神思"以一切文明之"本根"的意义,又赋予文学以"涵养吾人之神思"(1907)、"改变他们的精神"(1922)、"改革国民性"(1925)的"不用之用"(1907),所以他必然罢黜百术,独尊文学。

新文化运动以后,在鲁迅的文学和现代大学的学术之间发生了二马分途的总体态势。绝大多数学者把鲁迅与胡适集团的分野定性为左翼和右翼之争,无视鲁迅代表的独特的文学理想与胡适代表的现代学术之间关乎"本根"的取径之差,甚至根本不认为鲁迅的文学有资格和胡适的学术对垒,因此"胡鲁"之争,争来争去,都不是拿真实的鲁迅与真实的胡适相比较,而只是拿学者们各自心目中的片面的虚幻的胡适和鲁迅做想象性的对比。

"盖人文之留遗后世者,最有力莫如心声。古民神思接天然之秘宫,冥契万有,与之灵会,道其能道,爰为诗歌,其声度时劫而入人心,不与缄口同绝;且益曼衍,视其种人。递文事式微,则种人之运命亦尽,群生辍响,荣华收光,读史者萧条之感即以怒起,而此文明史记,亦渐临末页矣。"(《摩罗诗力说》)

在鲁迅这里,"种人之运命"系乎"文事",而"学术"无与焉。为什么?除了"文事"("文章""诗""纯文学")有上述"涵养吾人之神思"亦即培植文明"本根"的一般属性之外,尚有和"学术"相比而得彰显的特殊优胜:

"此他丽于文章能事者,犹有特殊之用一。盖世界大文,无不能启人生之閟机,而直语其事实法则,为科学所不能言者。所谓閟机,即人生之诚理是已。此为诚理,微妙幽玄,不能假口于学子。如热带人未见冰前,为之语冰,虽喻以物理生理二学,而不知水之能凝,冰之为冷如故;惟直示以冰,使之触之,则虽不言质力二性,而冰之为物,昭然在前,将直解无所疑沮。惟文章亦然,虽缕判条分,理密不如学术,而人生诚理,直笼其辞句中,使闻其声者,灵府朗然,与人生即会。如热带人既见冰后,曩之竭研究思索而弗能喻者,今宛在矣。"(《摩罗诗力说》)

这就明白宣告,"科学""学子"在"启人生之閟机,而直语其事实法则"方面无法与文学相提并论。尤其在"本根剥丧,神气旁皇"、自身文明已经到了"如脱春温而入于秋肃"的"卷末"的现代中国,当务之急更应该是发展文学,而非建设学术。"五四"以后,鲁迅始终坚持这个被竹内好称之为"文学主义的立场",反复阐发此意,对主要由胡适主持的现代大学学术机制和在此基础上取得的足以傲人的学术成就(今日所谓"民国学术")表示极大的冷淡和轻蔑,斥为"诗歌之敌"(1926),并在书信中称之为"邻猫生子"的"瞰饭之道"。

我们身在大学,又处在"文学边缘化""粗鄙化"时代,很难体会鲁迅当年轻学术而重文学的思路。本人从1990年代末开始一直强调,因为鲁迅而引起的中国现代文学与学术之分途值得三思,也一直宣扬鲁迅的"文学主义立场",以期引起讨论,并且狂妄地断言,在文学萧条的时代也不可能希望有真正健康的学术产生,可惜至今仍如空谷足音。

现代文学与现代大学学术之对垒,有两个很好的个案。

第一,鲁迅、胡适在1920年初同治小说史,惺惺相惜,是关系最密切的时期。但胡适偏重"小说考证",而鲁迅在努力考证史实的同时,还希望从小说史的变迁看出中国民族精神发展的线索,所以对具体作品作者常有价值评判。在考证方面,胡、鲁互相借重,胡适的贡献或许在鲁迅之上,而在对作家作品思想艺术的判断上,胡适基本照搬鲁迅的结论而极少个人创见。如今胡、鲁小说考证早已为后人超越,但鲁迅《中国小说史略》所蕴含的思想价值至今还有待重新挖掘。比如他在1918年《狂人日记》发表后致好友许寿裳信中所说"中国根柢全在道教",就绝非灵感来袭或一时读书有得,而是和他对整个中国文化史的研究有关,其中小说史研究关系最大,因为由鲁迅精心结撰的一部中国小说史某种程度上,就是一部不折不扣的道教文学史。胡适研究"中古思想史",尤其研究汉武帝一朝"巫蛊案",也深刻触及了类似问题,但这一点在他的"小说考证"中踪迹全无。可见鲁迅、胡适的小说史研究,一重文学,一重学术,有本质的不同。

第二,胡适开启的"新红学"如今已成为一笔烂账,主要因为胡适研究《红楼梦》仅注意收集材料,进行版本、家世的考证,经周汝昌等人推波助澜,"新红学"基本将小说《红楼梦》研究拒斥于"红学"之外,还美其名曰这就是"红学之所以为红学的特殊性"。胡适当时打出的旗号是"实验主义的科学方法",他公开表示之所以考证《红楼梦》的版本和作者家世,并非将《红楼梦》作为一部文学作品来研究(他认为《红》艺术上乏善可陈),而是借此试验一下"大胆假设、小心求证"的科学方法。按余英时说法,考据派"新红学"已经发生"技术性崩溃",不可能再有新材料来支持正常的考证,晚近所谓新材料大多是今人恶意伪造。"新红学"不研究小说《红楼梦》而只考据版本、家世之类小说以外的问题,看似荒谬,却谬论公行,莫之能御,为什么?因为这背后有强大的"科学方法"和"科学信念"的支持。

如今中国大学的中文系,也很少有学者就文学论文学,大家都抱着"科学的态度与方法"对文学史实进行各种方式的考证式的研究,或基于某种时髦理论的义理之阐发。尤其考据式的文学研究如今已成为中国大学"文学研究"的最高旨趣。中国大学的中文系没有从文学角度出发的中国文学之研究,殆可断言。许多中国文学研究者以考证文学史实为荣,以写"文学批评"和"文学鉴赏"为耻。有些学者比如李泽厚先生晚年"悔其少作"《美的历程》(其实是中年之后的"不少之作"),而更看重自己的义理和考据之作。李先生考据如何,义理怎样,姑且不论,但被他故意轻视的《美的历程》,笔者以为还是他最好也最有益于当时读者的著作。他本人也深知文学的重要性,故《现代中国思想史论》特辟专章"20世纪中国文学一瞥"。饶是如此,他还是重义理考据而轻文学,这视乎现代诸学术大家,未免小气——或许也还是中了胡适派考据学术的毒太深?鲁迅对许广平说,"人的气质不大容易改变,进几年大学是无甚效力的",他为何离开教育部,离开大学,除了众所周知的那些人事纠葛,更重要的还是因为他在厦门大学期间面临了做学问和创作不可得兼的两难境地,"教书和写东西是势不两立的,或者死心塌地地教书,或者发狂变死地写东西,一个人走不了方向不同的两条路",结果他的选择是彻底放弃大学学术和教学而专事创作。研究鲁迅为何离开大学,可能比研究鲁迅后来为何不写小说更为重要。

1934年夏天,鲁迅写过一篇短文《算账》:"说起清代的学术来,有几位学者总是眉飞色舞,说那发达是为前代所未有的。证据也真够十足:解经的大作,层出不穷,小学也非常的进步,史论家虽然绝迹了,考史家却不少;尤其是考据之学,给我们明白了宋明人决没有看懂的古书……"

"我每遇学者谈起清代的学术时,总不免同时想:'扬州十日','嘉定三屠'这些小事情,不提也好吧,但失去全国的土地,大家十足做了二百五十年奴隶,却换得这几页光荣的学术史,这买卖,就是赚了利,还是折了本呢?"

"但恐怕这又不过是俗见。学者的见解,是超然于得失之外的。"

"但是,不知怎地,我虽然并非犹太人,却总有些喜欢讲损益,想大家也来算一算向来没有人提起过的这一笔账。——而且,现在也正是这时候了。"

从鲁迅说这番话至今,新的乾嘉学(洋装考据学)、新的义理学(洋装新理学)与提升中国人思想感情和美感体验的辞章之学(文学)的漫长对立,从未间断。这不是东西古今文化的差异,根本上是有文化与没文化的差异。学者们都不懂更不爱文学艺术,所谓综合性大学终日不闻弦歌之声,甚至许多学术文章连"文从字顺"也谈不上,还讲什么学术,什么文化,什么"通识教育"?严格地说,恐怕只是"文化偏至"或"学术偏至"吧。

"顾犹有不可忽者,为当防社会入于偏。日趋而之一极,精神渐失,则破灭亦随之。盖使举世惟知识是崇,人生必大归于枯寂,如是既久,则美上之感情漓,明敏之思想失,所谓科学,亦同趣于无有矣。故人群所当希冀要求者,不惟奈端而已也,亦希诗人如狭斯丕尔;不惟波尔,亦希画师如洛菲罗;既有康德,亦必有乐人如培得珂芬;既有达尔文,亦必有文人如嘉来勒。凡此者,皆所以致人性于全,不使之偏倚,因以见今日之文明者也。"(《科学史教篇》)

正因为社会文化"入于偏","举世惟知识是崇,人生必大归于枯寂,如是既久,则美上之感情漓,明敏之思想失,所谓科学,亦同趣于无有矣",所以趁机填充进来的就只有"三俗"和对于"三俗"的举国欲狂的追腥逐臭,但其罪不在文学,而在知识界重学术而轻文学的价值取向。

这也是东西"同此凉热"。《哈利·波特》压倒莎士比亚、托尔斯泰、雨果,正是如今西方青少年读书生活的写照。黄钟毁弃,瓦釜雷鸣,文化垃圾驱逐文化经典,举世皆然,不独中国如此。鲁迅的问题不仅适合中国,也有世界性意义。

鲁迅问题之五:
"经济权""革命""破迷信"与"写出灵魂的深"

如今洋装考据学、义理学压倒文学,但"螳螂捕蝉,黄雀在后",政治经济学又压倒洋装考据学、义理学,在人文社会科学中一超独霸。"鲁迅研究"受此沾溉,诸如"鲁迅的稿费收入"的探索也曾热闹一时。其他如"底层""弱势群体""公平正义"之类热门话题,就连许多文学研究者也趋之若鹜。倘若问他们这些热门话题与子君、祥林嫂之死和闰土的迷信、航船七斤的恐惧有何关系,恐怕十分尴尬。时兴的政治经济学只关心国民的钱包、"经济权"、住房、医保、社会保障、"菜篮子"诸如此类"公民的权利与义务",至于国民"灵魂的事"(史铁生小说名)在学者圈内几乎无人问津,甚至无人承认我们亲爱的同胞还有灵魂问题,就像《祝福》里第一人称"我"突然被祥林嫂的"三句问"弄得"遭了芒刺一般,比在学校里遇到不及预防的临时考,教师又偏是站在身旁的时候,惶急得多了"。

《西游记》、《封神演义》、《金瓶梅》、"三言两拍"有两大主题,一是社会经济繁荣、商业兴旺、奸邪当道、贪墨成风、道德荡然;二是国民普遍渴望有所信仰,如鲁迅所说,"人心必有所冯依,非信不以立"。为何商业发达的社会必然带来"三教"疑信摇摆的属灵征战?古人尚有所见,今人视而不见,这就无怪乎有人哀叹目前中国网络文化是"辛辛苦苦一百年,一觉睡到五四前"。我看恐怕不是"五四"前,而是一觉睡到"三言两拍"的时候了吧。

在政治论述方面,今日常见的是只关心船长而不研究海流气候,只见赵太爷、举人老爷、赵秀才、假洋鬼子而不见阿Q、小D、王胡之流,只讲国际国内高端政治而不关心下层国民的思想实际。这样时髦的政治论述一律将政治他者化、对象化,与己无干,所以都只是各种欲望借助各种理论的疯狂表演,很少看到谈论政治者自我出场的见证。鲁迅当年曾奉劝这样的"志士英雄":"若其本无有物,徒附丽是宗,辄岸然曰善国善天下,则吾愿先闻其白心。使其羞白心于人前,则不若伏藏其议论,荡涤秽恶,俾众清明。"(《破恶声论》)

为出走的"娜拉"争取"经济权",为流浪的阿Q、小D、王胡之流争取"革命"的权利,这本来是鲁迅的"主义",绝非现今政治经济学的"发明"。但在争取"经济权"、"革命"权的同时,文学家鲁迅一刻没有忘记国民的灵魂:"用了精神的苦刑,送他们到那犯罪,痴呆,酗酒,发狂,自杀的路上去——在骇人的卑污的状态上,表示出人们的心来——因为显示着灵魂的深,所以一读那作品,便令人发生精神的变化。"(《集外集·〈穷人〉小引》)这段关于陀思妥耶夫斯基的论述,也是他的"夫子自道"。但这样的声音,照样被"五四"以来不知"本根"的"德、赛两先生"所遮盖。在"德、赛两先生"的鼓吹者们看来,"显示着灵魂的深"大概近乎"迷信",需要"破迷信"了。

但请看鲁迅的破"破迷信"论:"破迷信者,于今为烈——顾胥不先语人以正信;正信不立,又乌从比较而知其迷妄也。夫人在两间,若知识混沌,思虑简陋,斯无论已;倘其不安物质之生活,则自必有形上之需求。故吷陂之民,见夫凄风烈雨,黑云如盘,奔电时作,则以为因陁罗与敌斗,为之栗然生虔敬念。希伯来之民,大观天然,怀不思议,则神来之事与接神之术兴,后之宗教,即以萌蘖。虽中国志士谓之迷,而吾则谓此乃向上之民,欲离是有限相对之现世,以趣无限绝对之至上者也。人心必有所冯依,非信无以立,宗教之作,不可已矣。"

"盖浇季士夫,精神窒塞,惟肤薄之功利是尚,躯壳虽存,灵觉且失。于是昧人生有趣神閟之事,天物罗列,不关其心,自惟为稻粱折腰;则执己律人,以他人有信仰为大怪,举丧师辱国之罪,悉以归之,造作蠱言,必尽颠其隐依乃快。不悟墟社稷毁家庙者,征之历史,正多无信仰之士人,而乡曲小民无与。伪士当去,迷信可存,今日之急也。"

"若在南方,乃更有一意于禁止赛会之志士。农人耕稼,岁几无休时,递得余闲,则有报赛,举酒自劳,洁牲酬神,精神体质,两愉悦也。号志士者起,乃谓乡人事此,足以丧财费时,奔走号呼,力施遏止——夫使人元气黯浊,性如沉埏;或灵明已亏,沦溺嗜欲,斯已耳;倘其朴素之民,厥心纯白,则劳作终岁,必求一扬其精神——况乎自慰之事,他人不当犯干,诗人朗咏以写心,虽暴主不相犯也;舞人屈伸以舒体,虽暴主不相犯也;农人之慰,而志士犯之,则志士之祸,烈于暴主远矣。"

有些研究者认为,鲁迅完全赞同蔡元培的"以美育代宗教",证据是鲁迅在教育部期间积极配合蔡元培的"美育"计划,开讲座,撰写《拟播布美术意见书》,自己也酷爱美术(如收集整理汉画石相、提倡现代木刻等),但我以为鲁迅热爱美术是真,而对"以美育代替宗教"则未必苟同。他敬畏宗教,远过于周作人所谓"唯理主义者"蔡元培,有《破恶声论》、大量小说创作、两篇论陀思妥耶夫斯基的杂文和临终前不久的《女吊》作证。笔者有专文讨论这个问题,此不赘述。20世纪20年代初"非宗教运动"期间,陈独秀、周作人、钱玄同等往返讨论热烈,鲁迅未赞一辞,他似乎不愿用简单的议论来讨论复杂的问题,宁愿默而存之,只在适当的时候以适当的文体约略道及,所以益显其对宗教问题的慎重。

结语:"入道之门,积善之基"

鲁迅晚年手定《三十年集》目录,以早期古文起头的《坟》被置于其首,盖有深意。后人编辑《鲁迅全集》,一律遵循,善莫大焉。此犹朱子解《论语·学而》所揭橥的,"此为书之首篇,故所记多务本之意,乃入道之门,积善之基,学者之先务也。"由"科学""民主"出发而探得西方文明之"本根"在"神思",于是断然罢黜百术,独尊"涵养吾人之神思"的"文学",而且守此志业,终生不渝,故阐述此理的早期古文也是《鲁迅全集》的"入道之门,积善之基"。今天纪念和反省新文化运动,正也不妨以此为"学者之先务"。

本文作者系复旦大学中文系教授

原标题:《"德、赛两先生"所遮盖的鲁迅的"问题"与"主义"》,原载《探索与争鸣》2015年第8期

尼采的"超人"与中国反现代性思想

单世联

尼采率先以"上帝死了"的判断宣告了虚无主义（Nihilismus）的降临。所谓"上帝死了"既是指基督教的上帝已丧失了它对存在者、对人类规定性的支配权，也是指一般性的建立在存在者之上、旨在赋予存在者整体一个目的、一套秩序、一种意义的"超感性领域"（如种理想、规范、原理、法则、目标等等）或最高价值的自行贬黜。但尼采仍然渴望着在这个虚无的世界上寻找到一种意义，或者说创造出一种生存的意义。"超人"即是上帝死了之后人类的自我肯定。中国文化的宗教性相对稀薄，引进西方文化时又一直未能对基督教在西方的意义作认真的了解，所以"超人"的形象虽在中国大地上徘徊，国人的观察却不免浮泛。直到20世纪80年代，陈鼓应才综合有关研究对"超人"作出比较明确的概括：（一）"人是要超越自身的某种东西"。每个个体都是巨大的"冲创意志"（即此前所译的"权力意志"），可以不断自我塑造、自我发挥，因此人是一个桥梁而不是一个终点，是一个奔向未来的存在。（二）"超人就是大地的意义"。这固然直接针对基督教否定现实世界、敌视生命、蔑视肉体的唯灵论的人生观，同时也是对西方传统的二元论世界观所作的一种价值转换。"归结地说，尼采所谓的超人，乃是敢于作一切价值转换的人，敢于打破旧的价值表，特别是基督教的价值表，并以丰富的生命力来创造新价值的人。"[①]

1. "超人"与两种个人主义

尼采的论著瑰丽奇峭而又晦涩难解，但其"超人"之说却流行甚广，至少是知识界几乎是耳熟能详。正如茅盾所说："尼采的超人说，便似乎是晴天一

---

① 陈鼓应：《尼采新论》（1987），上海：上海人民出版社，2006年，第79页。

个雷,大家都觉得诧异得很,以为是创举;其实从前也是有人感到的,不过有了尼采的雷声和电光,前人的喇叭声和烛光便给盖住了。"①中国读者所理解的"超人",主要是一种个人主义。综合大量有关论述来看,一种是相对于社会控制的个人权利。如1902年,梁启超就将尼采与麦喀士(即马克思——引按)并列介绍,②后来的胡适也多在此一意义使用尼采。另一种是相对于文明束缚的自我实现。如李大钊所说:"尼杰者,乃欲于其自己要求与确信之上,建设真实生活之人也。对于弱而求强,缺而求完,悲惨而严肃深刻之生活,奋往突进,以蕲人性之解放与向上,有虽犯百战而莫辞之勇,内对一已之自我与生活,为锐敏之省察,外对当时之实状,为深刻之批判,以根究人性之弱点与文明之缺陷,而以匡救其弱点与缺陷为自己之天职。彼固爱自己、爱社会、爱文明,而又酷爱生命者也。"③以个人主义释"超人",与中国学者通过日本来接触尼采有关。日本传播尼采学说的主将是桑木严翼与登张竹风,他们均从"文化批评"的角度强调尼采极端的个人主义。

现代西方的个人主义有两种类型。一是争取个人权利的自由主义的个人主义,二是相对于人人平等、取消差异而言的个性解放和自我实现。前者与文艺复兴、特别是启蒙运动以来的政治经济制度相配合,是与近代民主联系在一起的现代性诉求。后者是反现代性的呼号,主要由德国浪漫派所开创。比如"费希特认为,自我并不是作为某个更大模式的要素而被一个人意识到,而是在与非我的冲突中,在与逝去的事物的猛烈冲突中被意识到的,这是一个人抵制并且必须让它屈服于我自由的创造性设计的:自我是能动的、积极的和自我指导的。它根据它自己的概念和范畴在思想与行动两方面支配、改造、塑造这个世界。"据英国思想家伯林的分析,这种始于19世纪初的"自我观"的政治后果极为重大。首先,人类没有可以确定的本质,因此我们永远无法知道人类实现自我的企图的上限,人只能去企图——既无法对后果负责,也不知自己是否能成功;其次,既然他的价值是被创造而不是被发现的,所以我们无法构建任何命题体系加以描述,它不是在那里等着让科学、伦理学或政治学去分类或

---

① 雁冰(茅盾):《尼采的学说》(1920),成芳:《我看尼采——中国学者论尼采(1949年前)》(下简称《我看尼采》),南京大学出版社,2000年,第113—114页。
② 梁启超:《进化论革命者颉德之学说》(1902),李华兴、吴嘉勋编:《梁启超选集》,上海:上海人民出版社,1984年,第347页。
③ 李大钊:《介绍哲人尼杰》(1916年8月22日),《李大钊文集》上,北京:人民出版社,1984年,第188页。

贴标签；最后，没有什么可以保证不同文明、不同民族或不同个人的价值会必然地和谐共存。"一个人有可能知道了所有可以知道的东西，但仍然去拥抱邪恶，如果他有这方面的心思；如果人不能自由地选择邪恶，他就不是真正自由的。"① 显然，作为对现代性的批判，尼采的"超人"是后一种意义上的个人主义。

严格地说，这两种个人主义都不见之于中国。帝制中国的普遍王权从根本上不承认个人有独立的权利，不认为自我是可以独立于外在世界而存在的实体。与政治、经济、文化权利相关的个人主义正是中国所欲追求的现代性的基本内涵之一。相对而言，缺少政治自由的中国传统文化却非常重视精神自由，儒家、道家和佛教禅宗都有这方面的大量论述。因此可以与浪漫主义的个人主义部分地互释。比如章太炎就把"超人"与大乘佛教及陆王心学联系起来，将"超人"精神纳入其"革命道德"，使之为政治服务。② 在反抗儒家礼教权威、改造中国文化的时代气氛中，不独西方的个人主义吸引着中国知识界，本土传统中的大乘佛学和陆王心学也发挥了巨大的精神动力作用。20世纪80年代，将庄子与尼采进行比较也是新一轮"尼采热"中的重要话题。③

1904年，王国维率先由叔本华而尼采，将其理解为"破坏旧文化而创造新文化"的"教育的哲学者"，所以"氏决非寻常学士文人所可同日而语者，实乃惊天地震古今最诚实最热心之一预言者也！"近代文化的根本问题即是自由民主体制对天才与个性的扼杀，尼采"攘臂而起，大声疾呼，欲破坏现代文明而倡一斩新最活泼最合自然之新文化"。所谓"自然"状态不是卢梭的自由平等状态，而是主人与奴隶不可逾越地生活于其间的状态；所谓"自然人"是严酷、猛烈、好权、尚势，其性稍近于猛禽毒兽的人；所谓"新文化国"则有两种全新的人类模型，一是少数之伟人（或曰君主），这些伟人之中，更有一种高尚而特别的"超人"，二是崇拜"超人"并供超人役使的"兽人"也即"众庶"。所谓"新教化"是代使人柔弱无力、沉沦堕落的"现代"化而起的以"超人"为目标的文化："一切文化不独为伟人而存，亦且为伟人所创造"。至于"众庶""则为欲生可受真正教化之人物而后施之以教化"。文化改革的"根本之方"即在教

---

① 以赛亚·伯林：《浪漫主义革命：现代思想史上的一场危机》，氏著：《现实感》，南京：译林出版社，2004年，第203、212页。
② 参见章太炎：《答铁铮》（1907年），《章太炎全集》第4卷，上海：上海人民出版社，1985年，第374—375页。
③ 其中的代表作是陈鼓应的《尼采哲学与庄子哲学的比较研究》（1986年），氏著：《尼采新论》。

育"高等人类"、造就"超人"。①

王国维准确地把握到"超人"与"众庶"的对立及其"破坏现代文明"的内涵和特质,实际上也提示了"超人"与近代德国"文明批判"思想传统的关联。源于浪漫派的德国"文明批评"拒绝"西方"现代性,在批判英法理性主义和民主体制中探索德意志的独特价值,甚至把暴力审美化以全面改造现代文化,这种"文明批评"为"超人"的横空出世开辟了空间。在"超人"猛烈抨击民主、道德、宗教,明白宣示欧洲虚无主义时代降临之后,德国/欧洲毁灭的事实与意识迅速泛滥开来。一条路线是"追随尼采、斯宾格勒和云格尔的足迹,按照海德格尔的观点,欧洲传统已经极其衰朽,似乎只有同平庸而腐败的中产阶级世界一刀两断,才能开辟出一条合法的新路。"②这一传统最终由纳粹以残酷的方式完成。另一条路线是经卢卡契到法兰克福学派的"启蒙的辩证法"的左翼传统。对这些具有马克思主义背景的批判理论家来说,作为现代性经验核心的"启蒙"只是工具理性的强化,后果则是自由的消失和理性的消蚀。③ 王国维没有也不可能认识到尼采"文化改造"的政治内涵及其终结方式,但在中国社会历史转型之际宣讲以"超人"为核心的"文化改造"确实包含着对西方现代性的一种敏锐的警觉。

数年之后,同样敏感且更为尖锐的鲁迅赓续了王国维的思路,以西方文化精神转移为叙述框架来介绍尼采的"超人"学说。鲁迅认为,启蒙运动以来欧洲的平等主义和物质主义两大潮流滋生了多数压制少数与物质统治精神两个"文化偏至"。"众庶"即自由平等原则虽较"以一意孤临万民"、"驱民纳诸水火"的专制政治进步,但它"于个人特殊之性,视之蔑如,既不加别分,且欲致之灭绝";"物质"的丰盈虽然提高了社会生活水平,却也导致了"诸凡事物,无不质化,灵明日以亏蚀,旨趣流于平庸,人惟客观之物质世界是趋,而主观之内面精神,乃舍置不之一省"的精神危机。④ 所以当19世纪下半叶"众庶"与"物质"两大偏至臻于高峰时,不满和绝望也随之滋生。尼采的意义,就在于他与

---

① 王国维:《尼采氏之教育观》(1904年3月),佛雏校辑:《王国维哲学美学论文辑佚集》,上海:华东师范大学出版社,1993年,第174、177—179页。
② 理查德·沃林:《海德格尔的弟子》,南京:江苏教育出版社,2005年,第91页。参见单世联:《德国的文明批判与人类的文明悲剧》,北京:《中国图书商报》,2006年1月20日。
③ "启蒙的辩证法"不只是霍克海默与阿多诺一本著作的名称,而是整个批判理论的历史哲学,霍克海默的《理性之蚀》、阿多诺的《否定辩证法》、本雅明的《历史哲学论纲》、马尔库塞的《爱欲与文明》,甚至哈贝马斯的《公共领域的结构转型》,均可视为此一观念在不同方向上的展开。
④ 鲁迅:《坟·文化偏至论》,《鲁迅全集》第1卷,北京:人民文学出版社,1981年,第50、53页。

契开迦尔(S. Kierkegaard,通译基尔凯郭尔)、契纳尔(M. Stirner,通译施蒂纳)、伊勃生(Henrik Ibsen,通译易卜生)等人一道,率先表达了新的文化理想:"然则十九世纪末思想之为变也,其原安在,其实若何,其力之及于将来也又奚若? 曰言其本质,即以矫十九世纪文明而起者耳。……所述止于二事:曰非物质,曰重个人。"①"超人"的意义就是在"众庶"与"物质"的压力下维护"独是者"的权利,维护精神价值。

在鲁迅的视界中,西方文化精神在19世纪与20世纪之交发生了重大转折,因此有两个西方、两种个人主义。与五四前后的思想主流一致,鲁迅也是一个强烈而自觉的西化论者。通过转述尼采,他所提出的问题是:我们应当根据哪一个西方来改造中国文化?

鲁迅的基本判断是,现代科学理性造成人的齐一化、均质化,而中国"近世人士""言非西方之理弗道"、"事非合西方之术弗行",所以模仿西方的中国也出现"人界之荒凉"的现象。其《破恶声论》一文更具体地以中国拜物质、非个人的"寂寞"无声之境是"维新之捷"的后果。早期鲁迅信奉进化论,其对现代性的批判,当然崇拜"新"的含义,如民主制度在西方已是过时陈货等等,但又不只是"新"的崇拜。鲁迅以尼采为据,总结了犹太民族的命运和非澳两洲的现代发展,强调指出文明不是富有、不是工矿、不是众治、不是物质,欧美之强"根柢在人"。所以不应走"洋务运动"发展坚船利炮的老路,而应"洞达世界之大势",把握时代的最新潮流:"是故将生存两间,角逐列国是务,其首在立人,人立而后凡事举;若其道术,乃必尊个性而张精神。假不如是,槁丧且不俟夫一世。"②引进尼采等人所代表20世纪思想,就是为了正确把握西方发展趋势,克服早期中国现代性的偏至:"诚若为今之计,所当稽求既往,相度方来,掊物质而张灵明,任个人而排众数,人既发扬踔厉矣,则邦国由以兴起。③

显然,以为中国在模仿西方现代性方面已经走得很远的判断,与20世纪初的中国现实是有距离的。孙隆基指出:"当时中国连君主立宪都未成立,工业也很落后,因此,鲁迅的思想并不'反映'现状,更扯不上'反封建',只能说是早熟地模仿了欧洲世纪末思潮。"④但西方的"世纪末"却参与了现代中国的

---

① 鲁迅:《坟·文化偏至论》,《鲁迅全集》第1卷,第49—50页。
② 同上,第51页。
③ 同上,第46页。
④ 孙隆基:《"世纪末"的鲁迅》,氏著:《历史学家的经线》,桂林:广西师范大学出版社,2004年,第171页。

"创世纪",正是鲁迅的"早熟",使得尼采反现代性的思想虽细若微丝却又不绝如缕渗入到中国现代性的血脉之中。

2. 鲁迅与尼采:非物质与重个人

在阐释与使用尼采的"超人"学说时,鲁迅的叙述模式一直是物质/精神、众数/个人的对立。如"掊物质而张灵明,任个人而排众数"、"尊个性而张精神"、"非物质,重个人"等等,表明他始终以个体性的、精神性的力量对抗现代物质文明与民主政治,并以此为文化改造方案。

鲁迅早期曾抱有与康有为相似的"物质救国"思想,但其1908年的《科学史教篇》一文已提出"理想"优于"科学"的观点,表现出将物质生活与精神生活相对立、更看重内部精神力量的倾向。鲁迅对尼采在《扎拉图斯拉如是说·文化的国土》中对工业社会崇尚物质、缺乏创造的厌恶和失望极为赞同,他所倡导的"主观主义"不是本体论意义上的唯物/唯心之争,其"灵明"也不是严复以来逐步流行的用以对抗西方物质的东方"精神",而是对现代文明中的人为物化的批判,是对精神自由与个性价值的肯定。在《摩罗诗力说》中,鲁迅以尼采"不恶野人,谓中有新力,言亦确凿不可移"开始,指出了文化史的一个规律性现象:"惟文化已止之古民不然:发展既央,隳败随起,……暮气之作,每不自知,自用而愚,污如死海。"所以他特别欣赏那些的"摩罗诗人",且希望中国能有"一二士","或崇尚主观,或张皇意力","俾众瞻观,则人亦庶乎免沦没……"[1] 年轻的鲁迅相信医学可以救人,但留日期间受到"幻灯片事件"的刺激后,就转而相信,重要的不是体格如何健全,如何苗壮,而是改变他们的精神。不同西方启蒙由理性批判走向制度变革,基于其文学家的敏感以及对现实政治的失望,鲁迅总是把改变国民性亦即"他们的精神"视为解决中国问题的"第一要著"。他认为现代中国所需要的,不是发展物质、增加富力,而是解放个性、张扬精神之力。"今索诸中国,为精神界之战士者安在?有作至诚之声,致吾人于善美刚健者乎?有作温煦之声,援吾人出于荒寒者乎?"[2] "精神界之战士"不是在个人与国家/社会的关系上争取个人的权利,而是把个体的精神意志置于现实世界及其现存的秩序、习惯及伦理体系之上,以之为一切

---

[1] 鲁迅:《集外集拾遗补编·破恶声论》(1908年),《鲁迅全集》第8卷,第23页。
[2] 鲁迅:《坟·摩罗诗力说》,《鲁迅全集》第1卷,第100页。

价值之源。

从梁启超的"新民"开始,经五四新文化和 30 年代蔚成大观的革命文化再到 60 年代的"文化大革命",中国现代性的主题之一是以"文化改造"为中心。作为这一传统的杰出代表和强大动力,鲁迅的特点在于,在以精神对抗物质的同时,同时强调以个人对抗群众。与尼采一样,鲁迅对民主政制基本不抱好感,早期一再指控民主政制压制个性的严酷远过于暴君,指出现代盛行的民族主义与世界主义"皆灭人之自我,使之混然不敢自别异,泯于大群"。不同于他的老师章太炎以佛教的"无我论"为据质疑刚刚进入中国的进化/进步论、批判近代自由民主,鲁迅的反民主论以尼采的"超人"为立说依据,且同时明确地含有对中国现代群众政治的批判。五四以来,以学生为代表的"群众"日益卷入中国政治,现代革命更以农民"群众"为主体,思想文化领域也一再奉献出一曲曲"群众"颂歌。当抽象的"人民群众"成为绝对真理和至上权威的化身并在大规模的政治运动中成为限制个人、取消个性的神圣"大我"时,鲁迅对种种假群众之名、借群众之力而进行的政治运动提出了尖锐的批评。"中国人向来有点自大。……只可惜没有'个人的自大',都是'合群的爱国的自大'。……'个人的自大',就是独异,是对庸众宣战。……'合群的自大','爱国的自大',是党同伐异,是对少数天才宣战……"①他推崇"摩罗诗人"的"力抗社会,断望人间"、"立意在反抗,指归在动作"的行为方式;反复以"强壮的体格"配上"麻木的神情"来揭露"群众"的麻木和愚昧,并特别注意那些"要救群众而反被群众所迫害"的人物。在鲁迅看来,"群众"的危害性不只是甘于做无聊的"看客",而且能从事大规模的破坏性行动:"人数既多,创伤自然极大,而倒败之后,却难于知道加害的究竟是谁。"②

20 世纪初的中国还远没有西方式的"大众社会",但一波又一波的革命却都在动员、组织群众方面显示了日益强大的威力和效能。在政治精英的掌握下,波澜壮阔的运动裹挟着越来越多的"群众",既抑制了个人、个性也激活个人、个性的抗议。鲁迅之外,很早就对德国文学情有独钟的冯至也特别欣赏尼采对"群众"的批判:"没有朋友,没有爱人的尼采在他独卧病榻的时候,才能产生了萨拉图斯特拉的狮子吼;屈原在他放逐后,徘徊江滨,百无聊赖时,才能放声唱出他的千古绝调的长骚;尼采,屈原,是我们人中最孤独的人中的两个,

---

① 鲁迅:《热风·随感录·三十八》(1918 年 11 月 15 日),《鲁迅全集》第 1 卷,第 311 页。
② 鲁迅:《坟·再论雷峰塔的倒掉》(1925 年 2 月 6 日),《鲁迅全集》第 1 卷,第 194 页。

他们的作品却永久立在人类的高峰上,绝非一般人所可企及。"冯至相信,人永久是孤独的,诗人的生活永久是寂寞的。"我最看不起群众,有时偶然到会场里,或是市民聚会的地方,竟时时使我感到若置身于群鸦乱噪的林中,万想不到的还是在有思想、有辩解能力的人类的里边。"①如果说冯至的态度更多是诗人的个体关怀的话,那么当年与鲁迅一起在日本接受尼采思想的周作人则有其明确的政治意向。周作人坚持真理的个人性,对群众一直有一种深刻的疑虑:"即使同是一样的坚忍,我们尊重孤独的反抗,却轻视群众的保守。……我们所期望于青年的,是有独立的判断,既不服从传统,也不附和时髦,取舍于两者之间,自成一种意见,结果是两面都不讨好,但仍孤独地多少冒着险前进。这样说来,那些觉着运势兴旺而归依新说者也不能算是自主的人。"②他鲜明地反对在破坏了传统的偶像之后接受另一个偶像:"群众还是现在最时新的偶像,什么自己所要做的事都是应民众之要求,等于古时之奉天承运,就是真心做社会改造的人也无不有一种单纯的对于群众的信仰,仿佛以民众为理性与正义的权化,而所做的事业也就是必得神佑的十字军。……我是不相信群众的,群众就只是暴民与顺民的平均罢了,然而因此凡以群众为根据的一切主义与运动,我也就不能不否认……"③在周作人看来,"群众"被偶像化之后会被权力利用来攫获政治合法性与道德权威,而宗教式地迷信群众实际上是把群众当成统一思想的工具而不只真的以"群众"为主人。直到40年代,朱光潜也还在揭发群众在培养着"怯懦与凶残"。④

鲁迅与冯至等文学家的差异在于,他的反群众是为了建"人国",即以强大的个人来建立强大的国家:"国人之自觉至,个性张,沙聚之邦,由是转为人国。人国既建,乃始雄厉无前,屹然独见于天下。"⑤同时,鲁迅对尼采无

---

① 冯至:《好花开放在寂寞的园里》(1924年6月10日),《冯至全集》第3卷,石家庄:河北教育出版社,1999年,第170—171页。1920年代,冯至所属的"浅草—沉钟社"成员一般都有尊个体、厌群众的思想特征。比如陈翔鹤1924年也在小说《婚筵》中说过:"群众终归是群众,要是你果实是愿意为他们而牺牲时,那么,你无异是跳在粪坑内将你自己淹死!比一个举手即碎的苍蝇还不如!"(参见秦林芳:《浅草—沉钟社研究》,北京:中国社会科学出版社,2002年,第1章第2节、第3章。)
② 周作人:《再说林琴南》(1925年2月20日),钟叔河编:《周作人文类编·十》,长沙:湖南文艺出版社,1998年,第370页。
③ 周作人:《北沟沿通信》(1927年12月1日),钟叔河编:《周作人文类编·五》,第102页。
④ 朱光潜:《谈群众培养怯懦与凶残》(1948),《朱光潜全集》第9卷,合肥:安徽教育出版社,1991年,第357页。
⑤ 鲁迅:《坟·文化偏至论》,《鲁迅全集》第1卷,第56页。

条件的颂扬强者也有不满。在《摩罗诗力说》中，鲁迅虽对比拜伦与尼采，更欣赏拜伦站在弱者一边。"彼胜我故，名我曰恶，若我致胜，恶且在神，善恶易位耳。此其论善恶，正异尼祀（即尼采）。尼怯意谓强胜弱故，弱者乃字其所为曰恶，故恶实强之代名；此则以恶为弱之冠谥。故尼怯欲自强，而并颂强者；此则亦欲自强，而力抗强者，好恶至不同，特图强则一而已。"①鲁迅虽然欣赏"超人"批判"群众"，却又认为群众无法代表自己，因此要以"哀其不幸，怒其不争"的态度叙述"群众"，以"知其不可为而为之"的态度唤醒"群众"。

但历史证明，这种鉴于西方现代性"偏至"而来的"文化改造"，依然是一种"偏至"。

3. 鲁迅的深刻与偏至

当鲁迅把尼采的"超人"理解为20世纪"神思宗之至新者"时，他表达了一种庄严的期待："新生一作，虚伪道消，内部之生活，其将深且强欤。内部之生活强，则人生之意义愈深邃，个人尊严之旨亦愈明，20世纪之新精神，殆将立于狂风怒浪之间，恃意力以辟生路者也。"②但尼采的"新精神"其实是"世纪末"的情调，其特征之一是虚无主义。无论是柏拉图的理念、基督教的上帝还是现代社会的科技进步和民主政制，都无法为世界特别是人类生存提供意义、价值、目标，欧洲文化已经开始丧失对维护其价值、意义及其自信的信心。尼采的所有著作都表现了与虚无主义的战斗。"这是一场胜负交织的战斗：有时他为虚无主义所俘虏，有时又战胜了虚无主义；有时他有力地批判了虚无主义，有时又把自己定位于虚无主义之下。贯穿于这一斗争的有两种力量：首先，他感到有一种不可抗拒的力量在推动着他面对这一问题，其次，他以一种加强的语气宣告虚无主义不可避免地入侵欧洲。总之，他把虚无主主义体验为一种主观的和客观的必然性，一种对他自己和整个欧洲来说不可避免的天命。"③尼采虽然率先表达了西方的虚无主义，但他并没有停留于虚无主义。洛维特指出："尼采真正的思想是一个思想体系，它的开端是上帝之死，它的

---

① 鲁迅：《坟·摩罗诗力说》，《鲁迅全集》第1卷，第79页。
② 鲁迅：《坟·文化偏至论》，《鲁迅全集》第1卷，第55—56页。
③ Johan Goudsblom, Nihilism and Culture, Lodon: Basil Blackwell · Oxford, 1980, pp. 18.

中间是从上帝之死产生的虚无主义,而它的终端则是对虚无主义的自我克服,成为永恒的复归。"①在中国传统已经腐败而现代性在西方正经受严厉审查的背景下,鲁迅吸取了这种否定一切传统价值的虚无主义,但没有转而肯定生命的磅礴热情,没有获得"超人"式凯旋般的自我肯定和充沛的生命激情。

在尼采的著作中,与"超人"相对的有"末人"和"高等人"。"末人"是不再把现代情景当作危机来体验,在世俗泥淖中"发明了幸福"活得心满意足的庸众,"高等人"是在超越"末人"、趋向"超人"的过程中感到痛苦和绝望的人。鲁迅缺乏"超人""炽热而强壮"的力量和气势,其著作中隐约而现的多是"末人"或"高等人"。"末人"是那些以平庸、愚昧、猥琐、低劣等为品质的庸众和"看客"。如以精神胜利法著称的阿Q、《药》中享受了牺牲的革命者的茶馆主人、想做奴隶而不得的祥林嫂、把希望寄托于鬼神迷信上的闰土等。"高等人"就是发现了吃人的历史的"狂人"、曾经激烈过的魏连殳、"要向新生跨进一第一步"的涓生等等,但他们终于被无边的黑暗所吃。如果说尼采可以借"超人"来表现其他文化理想因而虽破坏一切偶像却自己又塑造了一个"偶像"的话,那么鲁迅却更多地在虚无中体验、孤独地前行。原因很明显,物质富强和政治民主既都有"偏至",理性、自由、宽容、民主等现代性的基本理念又不过是权力与利益关系的表现,那么,除了诗意的畅和文学的描绘外,现代中国又有什么凭借可以改造文化、重立新人呢?

鲁迅无法回答这一点。其一,鲁迅对人性缺少信任。鲁迅对人性的黑暗抱有极端的敏感和警觉,《狂人日记》甚至表达出对人间世有一种近于恐惧的心理。他自承"向来是不惮以最坏的恶意,来推测中国人"。② 从人到文,鲁迅始终表现出永不妥协的挑战性、进攻性,主张复仇,至死不宽恕论敌。当然,鲁迅也有其关爱、温情的一面,如对柔石、萧红等青年作家就极具人性人情,但他为现代文化所灌注的精神,却是长盛不衰的战斗热情,是匕首和投枪,是"费厄泼赖应该缓行",是"痛打落水狗"。在鲁迅自己,当然有其充分的理由,且揭发人性险恶和社会不义永远是知识分子的使命之一,但世界不只是刀林戟丛,真善美也不全是谎言,况且仅仅生命不息战斗不止也不一定能赢得清凉世界。说到底,人生和世界都还要有恨、斗之外的观念和行动。其二,鲁迅对能否改造精神与文化也深表怀疑。在他喜欢使用的"黑暗的闸门"、"铁屋子"等

---

① 卡尔·洛维特:《从黑格尔到尼采》,李秋零译,北京:三联书店,2005年,第261页。
② 鲁迅:《华盖集纺编·记念刘和珍君》(1926年4月2日),《鲁迅全集》第3卷,第275页。

意象与隐喻中,表达的是传统文化的坚不可摧和无法逃逸,觉醒的个人"即使寻到一点光明,'径一周三',却更分明的看见了周围的无涯际的黑暗。"①而"人生最苦痛的是梦醒了无路可以走"。从而,鲁迅的力量,不在其指出"梦醒了"之后人生和社会的出路,而在其无情的批判和不妥协的反抗,在其以摄人心魄的文字兴味盎然地挖掘并表现了人性结构中的灰暗、绝望、阴冷、怨恨、复仇等非理性的一面。

当然,鲁迅没有满足于此,他始终在反抗绝望与虚无,寻找意义和希望。20年代中期以后,鲁迅开始摆脱"超人"的魅力,以顽强的批判精神来参与中国社会文化的改革,并部分接受了农民革命主张。1935年,在回顾中国现代文学历程时,鲁迅刻意说明《狂人日记》"不如尼采的超人的渺茫",明确指出尼采是"世纪末"的果汗:"尼采教人们准备着'超人'的出现,倘不出现,那准备便是空虚。但尼采却自有其下场之法的:发狂和死。否则,就不名胜安于空虚,或者反抗这空虚,即使在孤独中毫无'末人'的希求温暖之心,也不过蔑视一切权威,收缩而为虚无主义者。"②不过终其一生,鲁迅都没有完全摆脱虚无主义,也没有放弃对改造国民精神、警惕群众政治的尼采式思想。他的独特性,在于他既批判(西方)启蒙,又献身(中国)启蒙;既感受虚无,又追寻意义。

对于一个正在走向现代性的国家来说,"超人"的呼号有其超越历史的性质。当然要承认,思想文化从来不是被动地反映现实,在中国现代文化中,"超人"的主张和行动风格虽有重视人的建设、反抗以人为物役的意义,不但其强力的批判赋予中国新文艺以一缕新风,而且其虚无主义所导向绝望和阴冷的体验,也赋予其作品以一种独特的魅力。这不但表现在鲁迅的作品中,也渗透进郭沫若的《女神》和郁达夫等人刻意表现其"孤独和冷酷",把个人与国家、'自我'与现实对立起来的小说中。对于文学家、哲学家来说,孤独是创造的契机,但贫困落后的中需要发展现代经济,刚刚推翻帝制的中国需要发展民主政治。在没有稳定强大的现代制度基础的中国,反现代性的思想很可能凌空蹈虚、妨碍现代社会体制的建立。从社会政治实践来看,"超人"的反物质的追求与政治精英"无法无天"的政治第一、思想改造、文化革命蜿蜒相通;"超人"的反民主的诱惑消弥了专制政治与民主政治的区别。比如鲁迅就认

---

① 鲁迅:《且介亭杂文二集·〈中国新文学大系〉小说二集序》(1935年3月2日),《鲁迅全集》第6卷,第243页。
② 同上,第254页。

为现实政治,统统是黑暗的,维系现状的。从1925年给许广平信中的"此后最要紧的是改革国民性,否则,无论是专制、是共和,是什么什么,招牌虽换,货色照旧,全不行的"到1932年自称"见过辛亥革命,见过二次革命,见过袁世凯称帝,张勋复辟,看来看去,就看得怀疑起来,于是失望,颓唐得很了"。在1926年3月13日给许广平的信中,鲁迅说自己对政治"不信任、不屑于、不擅长"。作为个人认识与选择,无可厚非,但如因此而忽略不同政治制度的区别,以为政治形式都是欺骗和压迫因而对之持"大拒绝"的态度,则可能纵容现实中的邪恶权力。20世纪的历史证明,专制与民主是有区别的,"立人"的思想而且先"立人"再建"人国"的路是走不通的,改造人性的政治实践只能导致对人性的更大伤害,从而"超人"很可能成为少数英雄和领袖的自我刻划而与前现代的实践暗中相通。

但中国文化仍需改造。鲁迅之后,对尼采式文化理想的追求并未死灭。1937年,陈铨在介绍尼采有关历史教育的思想时指出:"他认为欧洲的文化,已经到了日暮途穷的末路。基督教的上帝已经死了,科学客观冷静的观察的研究也把人类创造的热情,丰富的幻想,活泼的生命摧残了,他一生整个的努力,就是想创造一种新文化。这一种新文化,一定要充满了生命,充满了创造,充满了自由科学的知识,不能冷静它,历史的事实,不能束缚它。这样的人生才可达到最光明的境界,文化才可以达到最高尚的理想。"[①]问题是,在生气勃勃的"群众"文化和物质主义的消费文化早已把启蒙者的精英文化挤在入边缘,尼采以及中国的鲁迅所担忧的社会的生活同质化、齐一性几成现实。在这种背景下,"超人"又怎样能成为当代中国的"雷声"和"电光"?

本文作者系上海交通大学媒体与设计学院教授

原载《广东社会科学》2008年第5期

---

① 陈铨:《尼采与近代历史教育》(1937年10月),《我看尼采》,第380页。

拿来主义与文化主体性：鲁迅传统中的中国与世界
——纪念鲁迅诞辰135周年暨逝世80周年

钱理群　陈思和　杨　扬　张全之　张文江　吴　俊　梁　鸿
李　怡　张福贵　孙　郁　赵京华　谭桂林　高远东

  鲁迅是现代中国无法绕过的文化存在，每隔五年或十年都有大规模纪念活动，文化界对这位伟大的文学家和思想家的纪念则更加深入而持久。当下，纪念鲁迅的意义在于如何借用鲁迅的思想资源来烛照现实的社会文化问题，从鲁迅那里继续获得医治时代病症的启示，重构鲁迅与我们在精神上的血肉联系。诚如陈思和先生所言，全球化时代该如何纪念这颗20世纪中国最为丰富、孤独而痛苦的灵魂？鲁迅思想的根本是"立人"，立人首在"涵养神思"，即丰富壮大"个人"的"主观内面生活"，培养现代社会个体"美善之情感"与"明敏之思想"。今天纪念鲁迅，应有更契合时代的主题。当下社会物质技术进步极大，但个体内心日趋贫困。重温鲁迅在上世纪初对个体"白心""神思""精神""灵明"之重要性的呼吁，以及贯穿其新文学写作生涯的改造国民性的基本立场，于培养现代社会合格公民无疑具有重要意义。与此同时，在处理中华文明与世界其他文明关系时，重温鲁迅拿来主义，以及"世界人"的理念，对于向世界讲好中国故事，建构真正的中华文化主体性，也具有特别重要的意义。更为重要的是，在今天世界文明诸范式都出现前所未有的危机下，在世界文明大检讨、大反省、大转机的视野下，才能真正重新发现和认识鲁迅对中国文明、西方文明的批判性力量，重新发现鲁迅的意义。有鉴于此，《探索与争鸣》杂志社联合复旦大学中文系、上海东方青年学社于2016年4月2日共同主办了"拿来主义与文化主体性：从鲁迅传统看中国与世界——纪念鲁迅诞辰135周年暨逝世80周年"高峰论坛，本刊将分6、7两期连续刊发两组圆桌会议，以飨读者。

——主持人　郜元宝　叶祝弟

在世界文明大检讨视野下
重新认识鲁迅的超越性力量[①]

钱理群

这些年许多人都在强调,要走中国自己的发展道路,必须特别注意从中国传统文化里吸取优秀资源。这本身并不错,但人们对"中国传统文化"的理解却十分狭窄,局限于中国古代文化,古代文化里又局限于儒家文化,恰恰忽略了已经有百年历史的中国现代文化也是一种传统,鲁迅的思想与文学更被冠以"反传统"的罪名受到普遍的排斥。这叫"抱着金娃娃讨饭吃"。其实鲁迅所面对的问题,是最接近今天的。就文化而言,在诸如如何对待西方文化和中国传统文化这些基本问题上,鲁迅都有非常独到的见解。我曾经提出了一个"二十世纪中国经验(其中也包括文学经验)"的概念,鲁迅的文学与思想无疑是其中的重要部分,当我们面对中国现实问题时,鲁迅的经验(文学经验)就具有直接的启示作用。我还说过,当代知识分子最重要的历史责任,是要创造出对当代中国经验与现实具有解释力与批判力的理论。这样的创造需要理论资源,而鲁迅的思想应该是最重要的资源之一。

鲁迅研究跟其他现代作家研究区别何在

《心灵的探寻》还有另外一个题词:本书"谨献给正在致力于中国人及中国社会改造的青年朋友们"。这背后其实是有一个鲁迅观的,即把鲁迅看作是"致力于中国人及中国社会改造"的思想家和文学家,并与实际从事中国人和中国社会改造的实践者有着紧密的精神联系。这并非我的原创,记得王得后先生就说过类似的话:它代表着我们这一代人对鲁迅及"鲁迅与我们"关系的一个基本看法。这也包含了我们对鲁迅研究的一个基本看法,把"鲁学"看作是"人学"即中国人的改造之学,是"社会学"即中国社会的改造之学。

[①] 本文根据钱理群教授于2016年4月16日在中国传媒大学主办的鲁迅逝世80周年青年鲁迅研究论坛上的发言《在"30后"和"70后"鲁迅研究者对话会上的讲话》修改而成,经作者本人审阅,本刊选发其中部分论述。

这里就有一个很有意思的问题:鲁迅研究跟其他现代作家研究有什么区别?在我看来,区别主要有二。其一,作为"人学",鲁迅文学的最大特点与魅力就在于对人的灵魂开掘之深。这就决定了鲁迅文学不仅要搅动读者的灵魂,首先要搅动研究者的灵魂。至少在我的经验里,面对鲁迅,是无法"隔岸观火",而必然要将自己"烧进去"的。鲁迅对于我,不仅是研究对象,更是精神对话的对象。在我遇到现实生活和人生道路的困惑时,就习惯性地打开鲁迅著作,从他那里吸取精神资源与力量。这样,鲁迅就自然融入了我的生命之中,用现在的说法,我和我的研究对象构成了"生命共同体"。在我研究其他现代作家时,就很难达到这样的境界。与其他现代作家可以有共鸣,却难有生命的融合;可以得到启示,却很难影响生命的成长。

其二,作为"改造中国社会之学",鲁迅文学的另一个巨大魅力,就是他对中国社会问题开掘之深。鲁迅文学特别是他的杂文,面对的都是现实生活里的具体的人和事,但他总要开掘到历史的最深处,中国文化的最深处,人性、国民性的最深处。因此他对中国社会问题的思考,就不仅具有现实性,更具有超越性。他的思想和文学不仅面对他的时代,更指向未来。于是就有了"活在当下的鲁迅"的说法。我常说,鲁迅对于中国,是一个"现代进行时"的存在。有人曾把鲁迅揭露20世纪30年代中国文学界的种种怪事的杂文,改一个题目叫"鲁迅论当代中国文坛"重新发表,大家都觉得好像鲁迅就在对现实发言。这也就使得我们的鲁迅研究很难作纯粹的历史研究,而必须面对当下中国的现实。这就给鲁迅思想与文学的当代阐释,留下了很大的空间。

以上两大特点,也决定了读者对鲁迅的阅读与接受。记得我在20世纪80年代讲鲁迅,不仅自己极其投入,学生也极其投入,那种"生命共同燃烧"的鲁迅接受场景大概永远不会再有。从90年代开始,学生听我的课,就分为两派。尽管可能是受我讲课的影响,大家都尊敬鲁迅,但在鲁迅与自己的关系上发生了分歧。一派学生认为,鲁迅应该进博物馆,我尊敬他,但不愿意让他来影响自己的生活:鲁迅太重,我想活得轻一点。而另一派学生则说,我就是不满意于自己活得太轻,太混沌,我渴望像鲁迅那样思考沉重的问题,活得更清醒、更认真、更有意义,希望鲁迅进入自己的生命。在我看来,从90年代到现在,青年对于鲁迅的态度大概分为这两大派。有意思的是,无论是拒绝,还是接受,都与各人自己的生命选择有关。这恰恰反映了鲁迅文学是真正的生命之学;每个人有权选择自己的生命存在方式,也就有权接受或拒绝鲁迅。青年多变,今天拒绝鲁迅,明天自己有了新的阅历,面对新的问题与选择,又反过来走近鲁迅,这是鲁迅接受史上经常发生的事。而且即使终生拒绝、远离鲁迅,也是正常的:为所有的人都接受的鲁迅反而是不真实的。接受鲁迅,特别是生命投入式的接受,永远是少数人。

这样的接受者不会局限在学院里。我曾经说过,鲁迅的真正知音在民间,那些关心、思考、参与中国人和中国社会改造的民间思想者与实践者,在一定意义上是比我们这些学院里的知识分子更接近鲁迅的。这就涉及有没有民间鲁迅与学院鲁迅的区分,以及两者的关系问题。我觉得民间鲁迅还是有的,我自己就是从民间鲁迅研究走向学院派鲁迅研究的。我最近刚给一位打工者写的《我们还需要鲁迅吗》一书写了篇序言。作者从1990年来北京,在北大附近的中关村漂泊了20多年。在为生计奔波的同时,又为精神的苦闷不能自拔。就在这种情况下,作者遇到了鲁迅。他一遍又一遍地读鲁迅原著,又读我和其他鲁迅研究者的著作。他对鲁迅的熟悉,让我大吃一惊,引述鲁迅著作几乎随手拈来;他对我的研究著作阅读之认真,更让我感动。从他写的大量读书笔记看,他是真正读进去了。他是带着自己的问题阅读鲁迅、研究鲁迅的:他说自己要"以小民之心,从小民的视角,看一看,想一想,鲁迅这位医生,对于我们这个民族的肌体及精神的诊断准确否?我们身上那艳若桃花的红肿还在否?倘若按他开出的药方去治疗,能痊愈否"?最后他对这个时代提出的"我们还需要鲁迅吗"的问题,作出了自己的回答,写成了这本书。我拿着这本沉甸甸的民间鲁迅研究著作,立刻想到40多年前,我也写过一本《向鲁迅学习》的书。这是我在"文革"期间给"民间思想村落"的青年朋友讲鲁迅的讲稿,以及我自己写的读书笔记汇集而成,当时还没有条件打印成册,是一个手抄本。写完后我想寄给大学的老师和研究专家看,却顾虑重重,不敢寄出,又不可能发表,就只好送给老伴,算是一段生命历程的纪念。但这也就奠定了我的"生命投入式"的鲁迅研究的基础。或许正因为有了这一段生命历程,我对民间鲁迅研究有深切的感受与理解,始终认为学院鲁迅研究与民间鲁迅研究是息息相通的,应该相互支持与吸取。

其实,这种对鲁迅的民间接受与阐释,是随时发生的。从去年底到今年年初,有两件事是可以进入鲁迅接受史的。一个是"赵家人"突然成了网络上的热词,这一说法源于鲁迅的《阿Q正传》中赵太爷对阿Q说:"你配姓赵?"这样的等级分明,连姓氏都要垄断的权势者,是很容易让人想起当下中国社会;可以说,鲁迅的"赵家人"一语道破了人们早已不满而又说不清楚的中国现实本质,是极具解释力与批判力的。其实,鲁迅在《狂人日记》里还有一句:"那赵家的狗,何以看我两眼呢？我怕得有理。"这对当下中国思想文化的某些现象也很有解释力与批判力。这是很能显示鲁迅文学与思想的生命力的:鲁迅的思想与语言,在网络上的传播还会继续下去,人们将不断从鲁迅著作中开掘新的批判性资源,鲁迅也将在网络时代更深入地走向中国的民间社会,这是可以期待的。

再就是我们最近讨论的李静编剧的,由80后一代人执导和演出的话剧《大先生》。这是一部思想者的剧作,在这个文学创作与戏剧思想普遍贫乏的当下,是十分难得的,而它的思想资源与灵感正是来自鲁迅。在我看来,这部剧作构思最巧妙的地方在于选择了鲁迅逝世前的瞬间。这正是历史的一个交接点:剧作前半部,鲁迅与许广平、朱安、母亲,以及周作人、胡适的对话、思想的交流、情感的纠葛,结束了"前历史";然后就往后走,一直走向当代。全剧的中心,实际上是在回答一个人们经常提出的问题:鲁迅如果活在当代,会怎么样？也可以说,作者是在"接着鲁迅往下讲"。在熟读鲁迅,又有了自己的感悟以后,一方面,试图以鲁迅的思想与眼光、方法来看现实中国社会;然后又用当代人的思想、观念、情感来看鲁迅。正是这样强烈的当代感震撼了观众。给我印象最深刻的,也是构成了戏剧后半部核心的,一是那把椅子要表达的是鲁迅对中国革命的思考,一是对革命成功以后的被称为"天堂"的中国社会的观察与表现,表达的是鲁迅对"黄金世界到来以后"的思考与隐忧。应该说,这两个方面,都抓住了鲁迅思想特别是《野草》时期与鲁迅生命最后十年的思考的要害;不必讳言,这也是当代中国政治、社会、思想、文化的两个最尖锐也最有争议的问题。在这个意义上,可以说,作者通过抓住鲁迅思想的核心来面对中国当代问题的核心。这本身就显示了作者非凡的眼光与胆识。在我看来,这是《大先生》一剧的主要价值与成功之处。至于作者对鲁迅这两方面思想的理解和表现,是否有些简单化,用戏剧的方式来表现如此重大的时代主题,是否存在问题,这都是可以讨论的,反而不那么重要了。而在这两个关键问题上,鲁迅的观点,以及作者的理解、阐释与表现,会引发各种争议,更是正常的,甚至是我们所期待的。2016年以戏剧形式出现的民间鲁迅研究、阐释,对我们学院里的研究,是一个启示,更是挑战:鲁迅研究在注意其思想与文学的丰富性与复杂性,不断开拓新的研究领域的同时,也要抓住鲁迅思想与文学中的重大课题,面对现实中的重大问题,不断开掘与发扬鲁迅的思想锋芒与怀疑、批判精神。我们的学院研究应该追求精细与大气的结合。

创造属于自己的鲁迅阐释体系

在《心灵的探寻》里，我这样谈自己对鲁迅和对鲁迅研究的理解："鲁迅（鲁迅其人，他的作品）本身即是一个充满着深刻矛盾、多层次、多侧面的有机体。不同时代，不同层次的读者、研究工作者都按各自所处的时代与个人的历史背景、哲学、思想情感、人生体验、心理气质、审美要求，从不同角度、侧面去接近鲁迅本体，有着他自己的发现、阐释、发挥、再创造，由此而构成一个不断接近鲁迅本体的，没有终结的运动过程。也正是在各代人广泛参与的过程中，鲁迅逐渐成为民族共同的精神财富。"这里讨论的是鲁迅研究中的主客体关系问题。一方面强调了鲁迅本体的客观存在，另一方面，强调研究者的主体对研究对象的客体的发现、阐释、发挥、再创造，同时这样的再创造又要受到客体的制约。阐释、再创造的科学性，以是否接近研究对象的本体为标准。这里讲的"发挥、再创造"其实就是前面谈到的"接着鲁迅往下讲"。也就是说，研究者的研究，对研究对象是增添了新的时代内容的。这样的鲁迅研究者跟鲁迅的关系，与儒学研究者和孔夫子的关系是非常接近的。在《论语》成为经典以后，历代儒学研究者的读经、讲经，都是有发挥、创造的，以致形成了朱熹的儒学、王阳明的儒学，等等。因此我们今天讲"儒学"，就不只是孔丘一个人的创造，还包括了已经被称作"朱子学""阳明学"的这些阐释者的再创造。在我看来，鲁迅研究最终也要发展为"鲁学"，每个研究者都应该为这样的"鲁学"作出自己的贡献。我觉得每个人从事鲁迅研究的最高追求，应该是创造出一个自己的鲁迅阐释体系，这当然是一个高要求。我们应该以此作为自己努力的目标。我在前面谈到我对自己的鲁迅研究不满意，就是因为我没有创造出属于自己的鲁迅阐释体系，这是我的一个大遗憾。自己受先天不足的限制，就把希望寄托在后来者。今天我把这个问题郑重提出来，就是期待70后、80后的鲁迅研究者，以此为努力目标，即使做不到，也要心向往之。

重识鲁迅的超越性力量

怎样才能有独立的新阐释，新创造？关键是要有自己的问题意识。我曾经跟我的学生说过，我的鲁迅研究分为前期、后期，面对的是两个不同的当代问题。《心灵的探寻》面对的是"文革"的"极左"思潮造成的思想、文化的混乱,以及自己精神的困惑,目的是要走出"文革",找到在长期奴化教育下失去了的自我。当时的问题意识有二。一是历史的追问:自我独立性是怎么丧失的？一是自我的审问:知识分子在体制中扮演了什么角色？因此《心灵的探寻》强调的是"个体的鲁迅"和"人类的鲁迅",特别突出"作为独立知识分子的鲁迅",以及他对"帮闲、帮忙、帮凶的知识分子"的批判。这也是和20世纪80年代个性解放和"走向世界"的时代思潮相呼应的。我并没有因此完全否认"民族的鲁迅"和"社会的鲁迅",但却将它搁置起来,这就是前文涉及的带着所处时代的问题去阅读与研究鲁迅,在有所发现的同时,也必然有所遮蔽。到2001年写《与鲁迅相遇》时,就面对完全不同的时代问题:中国发生的由社会贫富不均和社会发展不平衡造成两极分化,以及知识分子的分化。由此提出了"知识分子(首先是自我)的历史选择"的问题。在这样的问题意识下,"民族的、社会的、阶级的鲁迅""作为左翼知识分子的鲁迅"进入了我的研究视野。鲁迅与自由主义的论战,鲁迅提出的"真的知识阶级"的概念,鲁迅与左联的关系——都成为《与鲁迅相遇》一书的主要论述内容。退休之后,面对我所说的权力与市场结合的现实,我又明确提出了"左翼鲁迅"的概念,继续强调鲁迅的左翼立场:他的社会平等的理想,站在平民这一边的选择,永远不满足现状的怀疑、批判精神。同时将鲁迅左翼与政治左翼的盲从性区别开来,突出他的独立性,对"革命工头""奴隶总管"的警惕,特别是"革命胜利以后"的中国的隐忧。这都反映了随着对中国现实问题认识的深化,对鲁迅认识的深化。当然,这都是我自己的研究历程,具有很大的个人性。今天在这里讲这些,只是为了说明,不断找到属于时代,又属于自己的问题意识,这是鲁迅研究得以不断涌现新发现,不断深化的关键。这背后又是一个如何正确地把握时代与自己关系的问题。

这正是我最想和大家讨论的问题:你们面对的是时代的什么问题？人们最容易想到的是现实中国的诸多政治、经济、社会、思想、文化问题。但这不是我最想讨论的问题,我更想说的是更具有超越性的问题。这也是有针对性的:我始终觉得,我们的研究包括鲁迅研究,一直存在两个问题:要么脱离现实,要么和现实贴得太近,缺乏距离感。脱离现实的问题,经常有人讲;而缺少大视野、超越性眼光的问题,却鲜有提及。在我看来,这或许是更根本性的。这也涉及对鲁迅的看法,我们都比较注意鲁迅对现实的关怀和介入,却很少注意鲁迅的超越性思考。

我想问的问题是,年轻人到我这个年龄,这一段时间内中国和世界将面临什么问题，自己将面对什么问题？我觉得有必要思考这个问题。别的研究者可以回避，但鲁迅研究者必须面对。在我看来，只有存在一个"未来三、四、五十年的中国和世界"的大视野，在鲁迅研究上才可能有一个大境界，才能更深刻地把握鲁迅的意义。我自己思考这一大问题，是由2008年汶川地震引发的，我敏感地感觉到"中国以至世界，将进入一个自然灾害不断、骚乱不断、冲突不断、突发事件不断的多灾多难的时代"。到2011年发生的许多事情，更使我得出了一个"全世界都病了"的概念：中国病了，美国病了，日本病了，北欧也病了。这就意味着，现在世界上现行的所有的社会制度，无论是资本主义制度还是社会主义制度，所有的发展模式，无论是美国模式，北欧模式，还是中国模式，所有的文明形态，无论是印度文明，中国文明，美国文明，伊斯兰文明，都出现了问题。过去面临局部性危机时，解决问题的方法很简单：中国有病就学美国资本主义，这是右派的观点；学北欧民主社会主义，这是左派的观点。现在美国、北欧自己都有了病，再学习它们就需要多加考虑，至少不能简单搬用了。现在看得越来越清楚，我们原有的知识，原有的理念，都解释不了当代世界和中国的问题。用原教旨自由主义的观点，或左派的观点，分析当下发生的许多事情，都会作出错误的判断：颜色革命并没有像自由主义者期待的那样，成为"第三次民主浪潮"，华尔街占领运动也没有像左派预言的那样，"敲响资本主义的丧钟"。现在中国知识分子的问题，恰恰就是固守自己原来的立场和观念，把现实发生的一切，都硬套到自己的理论体系里来加以解释，结果是相形见绌，漏洞百出。现在正是一个"理论是灰色的，生活是长青的"时代。现实生活在急剧变化，亟须新的理论创造。

现在正需要对既有的制度、发展模式和文明形态进行全面的检讨和反省，并在此基础上进行新的创造。这也要有一个科学的态度。我不赞成文明崩溃论，也不赞成文明崛起论。也就是说，我们既要正视文明危机，但也不要因此而走向"文明崩溃论"：任何文明既然发展到今天，一定有它的合理性。如果因为某种文明发生了危机，而断定另一种文明的"崛起"可以拯救世界，那就更陷入了迷误：我们面临的是一种全面危机，任何制度、模式和文明都不例外。我们的任务是真正深入到现存的所有的社会制度、发展模式和文明形态的内部结构里去，研究它的合理性在哪里，它的危机在哪里。在此基础与前提下，再考虑有没有可能提出一种综合性、超越性的理想，用我的话来说，就是创造新的"乌托邦"，实现世界文明发展的转机。

在我看来，只有在这样的世界文明大检讨、大反省、大转机的视野下，我们才能真正发现和认识鲁迅对中国文明、西方文明的批判性思考的意义。我赞成刘春勇的观点,就是要打破"前现代—现代—后现代"这样一种线性的西方理论模式。它有它的合理性,但已经解释不了现实,也解释不了鲁迅。我们这几代最大的毛病就在于:先是把鲁迅思想与文学强拉进马克思主义、毛泽东思想的框架里,之后不是站在自由主义的立场看鲁迅,就是站在左派立场看鲁迅,看起来讲得头头是道,其实似是而非。我们现在要做的是,超越或左或右的既定立场和理论观念模式,在世界文明大检讨的大视野下,重新发现鲁迅的意义。

本文作者系北京大学中文系教授

原载《探索与争鸣》2016 年第 6 期

"五四"前夕思鲁迅:
全球化时代如何造就伟大的个体

陈思和

今年是 2016 年。100 年前,中国文化新旧蜕变处于最激烈也是最精彩的时刻。从 1915 年到 1919 年,中国思想文化领域发生了很多事情:1915 年,陈独秀主编的《青年杂志》,即后来大名鼎鼎的《新青年》创刊,高举了"民主"与"科学"两面旗帜;1916 年经历了袁世凯称帝复辟的逆流,新文学运动开始酝酿;再往后,1917 年胡适之发表《文学改良刍议》,发起白话文运动,《新青年》阵营已经布局成功;1918 年,鲁迅发表白话小说《狂人日记》,李大钊开始介绍十月革命和马克思主义;1919 年,"五四"学生爱国运动兴起。这短短五年中经历了三个"五四":思想启蒙的"五四"(1915 年),新文学的"五四"(1917 年),以及学生爱国运动的"五四"(1919 年)。中国的命运由此改变。

现在我要问的是,在这个伟大的历史转折过程中,究竟是哪些人起了最重要的作用?我特意查了一下,鲁迅是 1881 年出生,李大钊是 1889 年出生,胡适是 1891 年出生,他们发挥重要作用时的年龄与我们现在在读的博士们差不多;陈独秀算是大一点,他是 1879 年生,但他已经担当了新文化运动的主将。

那时候真正的长者应该是北京大学校长蔡元培,他是1868年1月出生,也是属兔的(丁卯年)。我想了一下,"五四"时期新文化运动的参与者里面几乎没有"50后"出生的一代。康有为是1858年出生,严复是1854年出生,但他们在新文化运动兴起时,已经被看作是过时的人物。而正是陈独秀、鲁迅、胡适这样一批70后、80后和90后的青年知识分子,他们开创了现代中国的新纪元。他们所开创的时代,真正是年轻人的时代。

中国怎么会遇到这样一个风云际会的时代?那个时候,出生于19世纪60年代末的蔡元培先生已经担任教育总长、北大校长,掌一代文化之祭酒。但是我们今天呢?这个念头在我脑海里萦绕,久久挥之不去。中国的知识分子现状和百年前的中国相比,似乎停滞了一轮(十二年)。我们这一批出生于20世纪50年代的学者当中可能有的人当了大学校长,有的人成了知名学者,有了一定的话语权,现在似乎是可以做蔡元培先生当年做的事,虽然肯定没有像蔡先生做得出色,但至少在做。而20世纪60年代出生的一代学人,以及70后、80后的学者,现在能不能发挥像当年陈独秀、鲁迅、胡适他们的作用,引领文化革命的风气呢?这我不敢说。我们高校里的70后、80后的青年教师,可能还在为评职称、发表论文、争取科研项目、买房还贷等繁琐事情而烦恼。也许这样的环境决定了我们今天很难产生陈独秀、鲁迅这样天马行空的人。更不要说90后的青年人了,整个儿还没有登上社会舞台。所以,说整个中国的知识分子现状比100年前的中国要滞后一轮,这种说法还是留有余地的。或许我们可以指责"文革"耽误了十年的人才培养,我们也可以找许多其他理由来进行推诿,而我们以现在这样的姿态来纪念"五四"100周年,我觉得是惭愧的,因为在"立人"的意义上我们似乎没有太大进步。

但是,我接下来还要问的是:当时的中国是不是只有陈独秀、鲁迅、胡适?这也是一个偏见。那个时代确实也有很多年长的学者在积极从事学术工作。但我们现在编撰现代文学史和现代历史,开端就是"五四",中国历史进入现代是从"五四"开始的。"五四"是照亮历史的灯塔,但是灯塔是有局限的,凡是灯光照不到的地方,就是一片黑暗。"五四"以前或者"五四"以外的生活历史,比如当年一批五六十年代出生的"遗老"的工作,就不可能进入我们的视野之中。这样一种情况属于正常吗?从理论上来说,并非不正常,因为之所以会造成这样的历史,不是说当时的"50后""60后"不存在,其实都是存在的,但是一旦遇到那个突变的十年,世界大势(世界大战、十月革命,等等)与中国形势(民主共和)发生激烈碰撞,碰撞的结果就是诞生了革命性、创造性的"80

后""90后"群体,这是历史赋予的一个千载难逢的契机,缔造出了史无前例的新人群体。

我把这样一个现象解释为中国文化发展中的"先锋"因素,"五四"新文化运动本身具有先锋性而非常态的,像我们现在的环境是常态性的、按部就班的自然发展。常态的社会也许千百年来都是在慢慢地进化,而"五四"新文化运动之所以值得纪念,就在于它突然之间产生了"先锋"作用。范式一下子变了,历史话语权一下子被移交到"80后""90后"的青年手中,由他们大踏步地向前迈步。这样一来,中国的命运就发生了改变,20世纪的中国不再是延续了两千多年的皇权专制笼罩下的国度。

关于"五四"的先锋精神,我想稍微多说几句。因为这是中国现代转型过程中产生的一个相当特殊的文化现象,中国历史上是没有发生过的。为什么会有这样千载难逢的机会,给这批年轻人创造了去改变中国命运的客观条件?这个条件不是权力机构给的,而是在中国思想土壤里刚刚崛起的民主意识突然爆发出强大力量。皇权专制体制突然崩溃,千年的封建大厦土崩瓦解,传统断裂了,每个人的个人命运都有机会与国家、社会的命运联系在一起。这种巨大的创造能力就是来自于中国青年当家作主的意识。整个"五四"新文化运动就是一个浩浩荡荡的青春运动,就是青年运动。我们现在为什么定"五四"是青年节?因为这是青春的,是青年的运动。在这个青年运动中,陈独秀和鲁迅没认为他们自己是青年,他们当时都被认为是年长的一辈人,但是他们创造了一个青年的、青春的运动。我把这个运动界定为一种"先锋运动"。"先锋运动"是发生在一战前后世界性文学文化思潮,意大利、俄国、法国、德国都有发生,而在中国就产生了"五四"新文化运动。西方先锋运动对中国自然会发生影响,当时《新青年》《东方杂志》等著名刊物上就有很多介绍西方"先锋运动"的文章。"五四"作为一种"先锋运动"的特征,为什么说它是先锋的?

首先,先锋运动对于社会秩序的猛烈冲击。它不是为艺术而艺术的自律运动,而是企图重新激活艺术与社会进步之间的关系,来打破陈旧、缓慢的社会进化轨迹,用激进的方法来批判社会,推动社会的快速进步。这样我们就理解为什么"五四"精英们对于中国传统文化以及现状做如此激烈的批判,甚至全盘否定。其次,这种批判的彻底性还表现在对于批判者自身也做了同样否定性的反省,批判者不是在批判社会大众时高高在上,把自己装扮成一个"神",而是把自己也看作是旧社会的一员,在自我否定中强调自己必须蜕旧变新,成为新的人。鲁迅在《狂人日记》里最典型地描写了这种极端的心态。

狂人发现了他周围的人都在"吃人"以后,渐渐地发觉一个可怕的事实:原来自己以前也是吃过人的。这样就把人类身上遗传而来的兽性普遍化了,任何人都没有特殊性。唯一的道路就是每个人自己去反省、去觉悟、去克服自身的吃人本性,这样才能做新的人。需要强调的是,鲁迅描绘的这样一种通过自身的反省方法来完成自己的蜕变,正是一种个体的觉悟,让觉悟了的伟大个体从无所不在的庞大的社会传统中决裂出来,并且反过来与之对立、与之斗争。这就是作为先锋性质的"五四"给我们带来的伟大的"个人的发现"(郁达夫语)。鲁迅这种决心自食式的批判精神和个人主义,在郭沫若的新诗、郁达夫的小说里也是可以处处体察的。不是某个先知先觉的天才意识到这些问题,而是整个时代的先锋性思潮决定了激进知识分子的意识形态。

鲁迅、郭沫若这一代人都有着一种大无畏的天马行空精神。他们不仅否定旧的历史社会,还否定了从这种历史社会中产生出来的自己,但这种自我否定不是消极的,而是把自己身上的坏的因素(历史遗留下来的旧因素)否定以后,就能产生新的生命因素。这个新的生命因素就是青春活力,就是最宝贵、最活跃,也是最单纯的、最充满力量的精神。而这正是我认为我们今天最缺乏的精神。今天的社会应该是80后、90后的舞台,应该由80后、90后们来讲"五四",来讲鲁迅,来讨论应该从"五四"继承什么,否定什么,青年人应该是我们这个时代的先锋。青年人要有自信来感应时代对青年的召唤。但这需要青年人自己争取,如果你自己不争取,时代不会提供给你。"五四"时期也一样,也是靠陈独秀、鲁迅他们自己去争取改变自己的命运。青年人自己要充满活力,这样才能把我们国家带到一个新的未来。

然而,"先锋"也有自身的问题。先锋精神不会属于大多数,总是少数有先锋精神的人带动了大多数,"五四"先锋精神最后融汇到激进的政治斗争中去,与革命实践结合起来改变国家命运,那就是陈独秀、李大钊在共产国际支持下的建党活动,张国焘、张申府、毛泽东、周恩来等一批精英都加入进去了。"先锋"是一种具有革命性、反叛性的精神,它本身的存在形态都很短暂。先锋的文化运动最终会转移到实际的政治运动中去,欧洲的先锋运动也是这样。另一方面,当社会主流力量足够强大的时候,"先锋"也会慢慢被主流文化所接纳,"反主流"最终会成为主流文化的一道风景。反叛者一旦成了社会名流、著名学者、媒体明星,那就不再是"先锋",而变成"常态"的一部分。像胡适、傅斯年一代人都是这样。

我们在这样一种对"五四"的整体认知下,再来讨论思考鲁迅所代表的先锋精神，有什么意义？鲁迅的哪一部分是当下的我们最值得学习的？现在所处的大时代、大环境，其实是不利于学习鲁迅的，因为今天是常态的时代而非先锋的时代。凡是在动荡年代、先锋思潮涌现的时代，鲁迅的形象一定是非常活跃的，大家都会把他当作精神旗帜。而在常态的时代又如何理解鲁迅？如果我们把鲁迅归入"常态"的文化系列中去，比如研究"鲁迅如何继承中国传统文化""鲁迅思想里的儒佛道""鲁迅怎样成为一个国学大师"诸如此类的题目，是这样来研究鲁迅，还是把鲁迅作为中国20世纪文化突变时代产生出来的伟大个体？这是我所思考的问题。

谈到这次论坛的主题——"拿来主义与文化主体性：从鲁迅传统看中国与世界"，我不是很理解。我的想法是，今天是全球化时代，我们登录互联网，我们走到街头巷尾日常生活，我们遇见的还有没有纯粹的"中国文化"？可以说是没有的，我们遭遇的是全球化。哪怕一个最缺乏文化素养的人走进麦当劳，他也和全球文化进行了面对面接触。在这样一个时代，我们首先需要思考的当然不是"拿来"不"拿来"的问题，因为根本不需要考虑这个问题，全球化时代的"常态"就已经是被全球文化覆盖了一切。我们要考虑的是，如何在全球化的常态中保持具有先锋性的个体。鲁迅这样的个体就是在痛苦的选择当中慢慢形成的。

我认为鲁迅的精神就是先锋精神，鲁迅的传统就是先锋文化的传统。鲁迅常常喜欢说，不管三七二十一，就这么做了。他比较偏激，喜欢持一种较极端的态度。作为一种对社会有超前认识的先锋，他肯定处于孤独之中。我认为鲁迅对自己深陷其中的孤独状态是不喜欢的，他是希望有集体，有团队，有新生力量来与他合作。鲁迅不是故意沉溺孤独的超人，他早年参加光复会，后来参加《新青年》阵营，参加广东的北伐革命，最后参加共产党领导的左翼作家联盟，他的人生的每一个阶段都在寻找中国社会最尖锐的有代表性的政治力量、最具有革命性反叛性的群体，他一直站在最前沿的位置不停地进行选择，可每次选择和结盟以后，他又感到了失望，到后来都散了，他是在满怀期待过后又陷入失望，最终出走。这也是典型的先锋者的态度，永远激进，永不满足，不停地向前探索。

鲁迅晚年和周扬领导的左联发生冲突以后，他就不再向外寻找先锋力量了。他不愿再去接触比左联更加激进的社会组织（譬如托派），那时的鲁迅完成了独立的个体的战斗性格。晚年的鲁迅有意识地把萧红、萧军、胡风等都拉到左联的外面，有意识地培养黎烈文、巴金、黄源、赵家璧、吴朗西、孟十还等年轻人,却不再和别的政治力量组合。我们要注意到,他聚合了这批年轻人,而这批年轻人的背后是当时的新媒体:文化生活出版社、良友图书公司、《申报·自由谈》、《中流》、《译文》、《作家》、《海燕》等十来家出版社、杂志和报纸副刊。还原当时的影响,就像我们今天的互联网。当时的新文学作家不太关注都市的大众媒体,而市民文学(通俗文学)的作家们则关注较多。新文学作家那个时候还属于学院派,或者左翼战斗团体,比较追求高大上。但是鲁迅却一直都主动参与媒体,将那个时代的新媒体人团结在一起,在上海形成了属于自己的非常独立的力量。鲁迅在他的时代,就已经很注意媒体传播与先锋精神的互动关系。很可惜鲁迅55岁就去世了,他的生命之火燃尽了,很多新的尝试也就无以为继了。

从鲁迅本身的战斗行为来说,他面对的从来不是"中外"问题,也不是"拿来不拿来"或者"寻找文化主体性"的问题,鲁迅是在不断抗拒成为主流,尤其是貌似代表全社会其实只是体现统治者主体的文化。于是他一直站在被压迫的社会底层的族群立场上,站在主流文化体系之外进行战斗,促使其自身的裂变,培养其成熟的战斗的个体,或者说是伟大的叛逆的个体。所以鲁迅是永远的先锋。抗拒奴化,强调立人,他一辈子都在自觉做叛逆者。今天我们面对的所谓全球化,几乎对它无法抗衡,在这样的文化氛围中,鲁迅作为伟大的"先锋"、独立的个体,他在中国给我们后代究竟揭示了什么?我们从什么意义上去理解、感悟鲁迅的传统?这应是我们今天的"80后""90后"思考的问题。

本文作者系复旦大学中文系教授

原载《探索与争鸣》2016年第6期

"党治"与现代文学的应对
——鲁迅二三十年代对国民党的批判

杨 扬

鲁迅研究面临的问题和困难很多,首先是材料的真伪问题。这一问题迄今为止,并没有得到彻底解决。一些研究者提到冯雪峰《鲁迅回忆录》中的一些说法与历史事实有出入，倪墨炎在《一九二八年至一九三六年的鲁迅：冯雪峰回忆鲁迅全编》的编辑说明中，有较详细的解说。《胡风回忆录》中也有与历史事实不符的内容，如涉及茅盾的有些说法。原因之一，是胡风不了解情况。茅盾在20世纪三四十年代受周恩来的指派，有些活动属于秘密性质，包括他到香港、桂林、重庆等地办杂志，从事文学活动等，都属于中共指派。关于这一点，台湾的国民党特种档案已披露了一些材料，可以佐证。胡风不了解这些，觉得茅盾一会儿去武汉，一会儿去香港，包括跟张道藩等国民党要人打交道，在他们的杂志上发表作品等，似乎左右逢源。还有鲁迅病逝，茅盾在乌镇患病无法来沪，只得在病情稳定后才回到上海，见许广平先生，这些在有些当事人眼里，似乎体现了茅盾与鲁迅的微妙关系。其实，从鲁迅生前对茅盾的态度、鲁迅病逝后茅盾的纪念文章以及参与鲁迅纪念活动的积极态度看，茅盾始终是尊重鲁迅，维护鲁迅的。所以，没有必要对鲁迅与茅盾的关系做不切实际的过度阐释。与鲁迅关系最近的冯雪峰和胡风的回忆文章都有那么多的问题，其他材料的真伪程度，也就可想而知了。所以，茅盾晚年曾说，鲁迅研究要破除形而上学的教条主义。

鲁迅研究应该在更广泛的历史范围内进一步研究。正如一些研究者指出的，鲁迅对待"托派"的态度，并不完全合理，他受到了当时中共党内的一些意见的影响而将托派视为敌人。而中共的这些意见明显受制于共产国际的命令。至于鲁迅与"左联"的关系，在今天的研究条件下，也应该更加客观一些。2015年出版的朱正先生《鲁迅的人际关系》一书中，有一篇《鲁迅与左联五烈士》，从文学史研究的角度，提出了一些看法。尽管事实材料很多研究者都清楚，但阐释角度还是值得关注的。

从文学史角度研究鲁迅，我觉得应该将鲁迅放到他生活的那个时代氛围中去理解和解释。从晚清到民国，鲁迅生活的时代，一言以蔽之，前后两个时期：一个是非党治时期，一个是党治时期。鲁迅作品与时代之间有一种紧张感，这种紧张感，可以用不同的方式来命名。但鲁迅与时代的关系，跟之前康有为、梁启超、章太炎、严复等与时代的紧张感完全不一样，甚至与胡适、陈独秀也不一样。为什么不一样？严复也好，梁启超也好，他们生活的时代，基本上还是传统社会，也就是皇权统治，哪怕在民国初年过渡时期，是议会政治，也没有组织严密的党派政治管理国家事务，包括思想文化。康梁变法，公车上书，主张"变成法"、"通下情"和"慎左右"，走的是托古改制路线。章太炎以革命对抗改良，辛亥革命之后，提出"革命军起，革命党消"，依靠光复会来实践自己的政治主张,但会党制度与现代政党组织之间的差距,在现实政治运作中立马见出高下,章太炎本人也不得不自叹"不死于清廷购捕之时,而死于民国告成之后,又何言哉"。中国现代政党的发展,从孙中山开始。他早年组织兴中会,但经过清末民初的政治实践,孙中山感到西方议会政治在中国造就的是"一盘散沙",所以从20世纪20年代起,孙中山决心"再造"国民党。据王奇生先生《革命与反革命:社会文化视野下的民国政治》的看法,孙中山受苏俄模式的影响"以俄为师",接受民主集中制和党在国家之上的理念,主张以党治国。20世纪20年代中后期,国民党成为执政党,开始以党治国,管理国家事务的方方面面。据说"党国"一词是蒋介石的发明。党国社会与传统社会形成鲜明对照的,是出现了党治国家,党在国家之上。如果说中国社会从近代到现代的巨大转变,社会组织形式实际上是从无党到有党的过程,那么鲁迅先生所生活的整个社会过程,实际上也就是经历了从无党社会到国民党统治的党治社会。

鲁迅同时代的很多人都对党治持批评态度,像周作人、胡适等,但他们对党治的批判,很少有像鲁迅先生那样,表现得持久而异常激烈。如胡适主要还是对国民党党治的非人道、不合法的部分,提出批评。20世纪30年代,胡适与国民党发生人权论战,后又加入宋庆龄等发起组织的民权保障同盟。但胡适的人权政治是与西方的法制观念相联系,强调党治应该在国家法制的规定范围内。所以,无论国民党、共产党,胡适认为都应该遵守宪法,在宪法、人权的前提下,再来谈党治的合法性问题。周作人对蒋介石发动的"四·一二"政变,实行独裁统治,给予谴责。他发表《侮辱死者的残忍》《人力车与斩决》等文章,从人性的道德层面,揭露国民党滥杀无辜的罪行。陈独秀作为五四启蒙运动的领导人,国共合作时期是中共党首,他受阶级斗争理论的影响,也赞同党治。但他的党治理念并不彻底,在大革命时代,与苏俄模式时有冲突,最终被中共开除出党。后来一些党史专家常常视陈独秀为政治上不够成熟。其实,陈独秀不是不够成熟,而是思想上受启蒙主义的影响,总是无法彻底抛弃自由、平等、民主、科学等一套观念,所以一旦在实际事务中与绝对化的党治模式相遇,无论左右,难免会发生冲突。

鲁迅生活的时代,兼跨非党治与党治两个时期。在他学习和成长的前期,接受的是中国传统教育和留学期间获得的西方民主思想。五四之后,尤其是20世纪20年代,鲁迅遭遇到国民党的党治统治,尽管有很多激进的新青年以革命手段反抗国民党的独裁统治,但鲁迅与五四中成长起来的新青年不同,他的人生记忆始终无法摆脱以前的教育和思想影响,一旦遇到与此相抵触的新思想、新思潮,包括形形色色的党文化,他总会与过去的经验对照一番。这种复杂的记忆底色,是鲁迅思想中最为复杂,也是最为精彩的。

鲁迅在 20 世纪 20 年代对太阳社批评的回应,以及在广州对国民革命的含蓄批评,其实是思想理念上与党治文化的最初碰撞,他凭自己的感觉经验,觉得党治与五四倡导的个性自由之间,不是一回事。1927 年 4 月 18 日南京国民政府成立,蒋介石推行独裁统治,中国进入到党治时代。鲁迅本能地与党治相抵触,从他的文章到他的实际行动,可以说是全面抵触。这样的抵触,不仅表现在鲁迅一个人身上,而且表现在很多文化人身上,但鲁迅的方式很是独特。以文学史上所说的鲁郭茅三位文学大师为例,1927 年鲁迅愤而辞去中山大学的教职,并发表《魏晋风度及文章与药及酒之关系》的讲演,在接受日本记者的采访时,谴责那些"清党"积极分子为"无耻"。郭沫若发表文章公开谴责蒋介石,并赴南昌参加武装起义,起义失败后流亡日本。茅盾随北伐部队进入武汉后,面临国共合作破裂,受董必武委派赶赴九江,但阴差阳错,困居庐山,受国民政府通缉后也流亡日本。从上述三位文学家面对社会大变局所采取的应对措施看,党治社会的降临,他们没有一个愿意接受,并且都采取了激烈反抗。只不过,鲁迅先生是以个人的姿态,反对党治;而茅盾、郭沫若是作为中共党员,站在政治反对派的对立面,反对国民党的党治。20 世纪 30 年代,是国民党独裁统治的上升阶段,蒋介石由原来的军事独裁,扩展到文化专制。大家都记得鲁迅为悼念"左联"五烈士而写下的《为了忘却的记念》。这一方面是为了纪念被害的柔石、胡也频等青年作家,另一方面也是为了抗议国民党的党治。鲁迅对国民党的党治深恶而痛绝,为了反对这一统治,他不惜与旧时的论敌联合起来,甚至放下手中的工作,转而翻译苏俄的文艺书籍,以便有效地对抗国民党的文化政策。当然这其中也有非常吊诡的地方,因为党治与苏俄模式之间有着千丝万缕的联系。正如我们前面所讲到的,从孙中山开始,国民党立志于将党在国家之上的苏俄模式搬到中国来。1927 年国民党成为执政党后,全面推行一党专制。问题是鲁迅到底知不知道党治与苏俄模式之间的联系?当他满怀希望,大量翻译苏俄文学和理论书籍时,是否意识到党治模式的渊源之一,就是苏俄模式呢?

胡适在 20 世纪 30 年代的日记中,曾记录了他自己对这一阶段的社会变迁的感受。他认为以 1923 年为界,之前是个人主义,以后开始了集体主义。茅盾在晚年回忆录中也有类似的看法,他是从革命文学的缘起,看到中国社会生活在这一时期的变化。他认为最早是恽代英等人从革命斗争的现实需要出发,提出了文学要配合政治的口号。"革命文学"着眼点不在文学,而在文学与政治的关系。这是在党治实践中,文学与政治关系的理论先导。鲁迅受太阳社批评家的批评,某种程度上是遭遇战。太阳社的理论家从日本接受苏俄"拉普"派的理论影响,以此来批评鲁迅。这种批评尽管带有党文化的色彩,但毕竟还是文字之间的论战而已。但面对国民党党治这一现实,不仅那些倡导党文化的太阳社批评家在国民党的扫除之列,而且所有反对国民党党治的思想言论,都在扫除之中。一帮不学无术的党棍,借助国民党党治的力量,进行书报检查,限制言论自由。鲁迅面对这样的党治,当然奋起反抗。但在个人与社会现实之间,鲁迅又时常感到力量的不对称和巨大的思想困扰。如鲁迅与"左联"的关系,从一开始,鲁迅支持"左联"反抗国民党的专制统治,并且希望"左联"真正能有所作为。但事实上,鲁迅与"左联"的周扬等人,以希望开场,以失望告终。最后他甚至劝萧军等不要加入"左联",这在胡风《关于"左联"及与鲁迅关系的若干回忆》《鲁迅书信注释》等文章中可以看到。周扬在"左联"时期的一系列举措,乃至最后解散"左联"的做法,从后来的回忆文章看,并不是他自作主张,他也是奉旨办事。夏衍在晚年的回忆录《懒寻旧梦录》中,有详细记录。按照中共党组织的要求,周扬只是命令的执行者而已。萧三打电报传递共产国际要求解散"左联"的指示,周扬是照章办事,甚至按照组织决定,没什么好解释的。鲁迅先生要求有一个声明,但在周扬他们看来,实在没必要。所以,党治模式无论左与右,行事方式都有相似之处。但鲁迅的思想与这种党治模式格格不入,他痛恨国民党的专制,但对"左联"领导的照章办事方式,也是难以适应。所以研究鲁迅,党治是一个非常关键的问题。他的生活、思想,包括他对社会的反应都受到这方面的影响。我们不妨想想,如果鲁迅没有遭遇党治社会,如果鲁迅不是对"左联"满怀希望,以反抗国民党的文化专制,鲁迅的文学世界或许就不会是我们今天所见到的模样。在这方面,鲁迅与其老师章太炎的遭遇有点相似。章太炎面对越来越强大的党治势力,还怀抱着"联省自治、虚置政府"的乌托邦想象,但在现实面前,一错再错,一筹莫展,最终只得自叹"改步渐知陈纪老",退出政坛,改讲国学。鲁迅不同于章太炎的地方,是至死都没有放弃对国民党党治的反抗。

鲁迅到上海后主要精力在杂文创作上,这从一个侧面体现了鲁迅作为一个自由职业的现代作家跟党治社会的紧张关系。国民党的党治,在上海是中心区域,社会的方方面面都置于国民党的控制之下,包括思想文化。所以,生活在上海的鲁迅,不得不直接面对党治社会这一现实。鲁迅对党治的感受是全方位的,不仅是政治,也包括文化、文学,甚至是朋友之间的人事往来。因为参加民权保障同盟以及与中共保持联系,在政治上鲁迅为国民党所打压,作品的出版发表受到限制。但需要指出的是,这种迫害和限制,未必就是人身自由的限制,乃至所谓的监控。鲁迅先生有几次躲避迫害的记录,据说是上了黑名单。军统特务沈醉甚至在回忆录中说,军统当局曾指使他在杨杏佛追悼会上暗杀鲁迅。我在台湾"国史馆"查阅了戴笠的档案,见到蒋介石对杨杏佛的批语,以及戴笠的惩处令,但没有见到要谋害鲁迅的任何材料。国民党党史馆也没有惩处鲁迅的材料。对于鲁迅等左翼作家作品的限制和查封密令是有的,但是针对作品的出版、发行,而不是作者本人。这样的限制效果如何,可以进一步研究。总之就鲁迅来说,一方面是党治的限制和迫害,一方面鲁迅还在不断地写作,不断地发表文章,揭露国民党的独裁统治。这是20世纪30年代中国文学发展过程中最壮丽的景象。

本文作者系华东师范大学中文系教授

原载《探索与争鸣》2016年第6期

论鲁迅的"志士之祸"

张全之

"志士"一直是一个褒义词,指那些有高尚志向和道德节操的人。孔子曾说"志士仁人,无求生以害仁,有杀身以成仁",从此"志士仁人"或"仁人志士"就成为汉语中极富表彰性的词汇,一直沿用至今。但在鲁迅笔下,"志士"常常成为他讽刺、挖苦甚至贬斥的对象。在《破恶声论》中,他谈到一些所谓的"志士"禁止农人搞祭祀活动时就愤怒地写道:"农人之慰,而志士禁之,则志士之祸,烈于暴主远矣。"[①]正是在这句话中,鲁迅提出了"志士之祸"的概

---

① 《鲁迅全集》第8卷,北京:人民文学出版社,1981年,第30页。

念。从《破恶声论》整篇文章来看,鲁迅对"志士"的讨伐,不只限于禁止农人娱乐这一件事,而是针对当时社会上的种种乱象,充分表达了他对"志士"的厌恶与批判。"志士"历来被看作社会的精英、民族的栋梁,何以会遭受鲁迅如此激烈的笔伐?这不能不引人深思。

要搞清楚"志士之祸"的含义,先要分析"志士"一词在《破恶声论》中的含义。纵观全文,"志士"一词一共出现了15次,分别归属在13句话中。此外还有含义十分相近的"伪士"一词,出现了一次,未列入统计数据。为了后面的论述方便,我将这13句话划分为五组,具体如下:

第一组:……志士多危心,亦相率赴欧墨,欲采掇其文化,而纳之宗邦。

第二组:(1)今者古国胜民,素为吾志士所鄙夷不屑道者,则咸入自觉之境矣。(2)崇侵略者类有机,兽性其上也,最有奴子性,中国志士何隶乎?(3)而吾志士弗念也,举世滔滔,颂美侵略,暴俄强德,向往之如慕乐园……(4)今志士奈何独不念之,谓自取其殃而加之谤……

第三组:(1)虽中国志士谓之迷,而吾则谓此乃向上之民,欲离是有限相对之现世,以趣无限绝对之至上者也。(2)国民既觉,学事当兴,而志士多贫穷……计惟有占祠庙以教子弟。(3)若在南方,乃更有一意于禁止赛会之志士。(4)号志士者起,乃谓乡人事此,足以丧财费时,奔走号呼,力施遏止……(5)农人之慰,而志士犯之,则志士之祸,烈于暴主远矣。

第四组:……然此破迷信之志士,则正敕定正信宗教之健仆哉。

第五组:(1)故病中国今日之扰攘者,则患志士英雄之多而患人之少。志士英雄,非不祥也,顾蒙帕面而不能白心,则神气恶浊,每感人而令之病。(2)顾志士英雄不肯也,则惟解析其言,用晓其张主之非是而已矣。

以上五组言论,除第五组是总论"志士"的特点外,其余四组分别代表了四类人,具体分析如下:

第一组指面对民族忧患,率先赴欧美学习先进经验,"苏古纳新"以图救国的知识分子。鲁迅一方面肯定了他们在救国问题上的积极努力,认为"中国之人,庶赖此数硕士而不殄灭",但同时鲁迅也指出,他们学习西方仅得其皮毛,未能改变中国的"寂漠"状况。

第二组指那些鄙视印度、波兰等落后国家,崇拜武力,崇尚侵略的进化论者和主张以武力解决中国问题的革命者。这一观点在《文化偏至论》中也有表达,他将那些"竟言武事"的人,讥为"轻才小慧之徒"。

第三组指那些反对宗教、反对迷信的文人。清朝末年,由于义和团运动大力宣扬迷信,引发了士人对迷信的反感;又加上庚子事变引发的危机,清政府被迫实行了"新政"。其中一项重要内容,是破除迷信,"废庙兴学"。鲁迅对这一做法十分厌恶,愤怒地写下"伪士当去,迷信可存"的句子,其中"伪士"是对"志士"的进一步贬称。伊藤虎丸认为,"伪士"指保皇派的改良主义者,这是不准确的。在"清末新政"中,主张并实施"废庙兴学"的大有人在,不只是康梁师徒。

第四组指提出"改儒学为孔教"的康有为等人。儒学并非宗教,但康有为有感于西方宗教的强大势力,试图将儒学宗教化来对抗耶教。他在1886年《康子内外篇》中,首次使用"孔教"一词,并与佛教、耶教并称。1895年和1898年,康氏两次上书朝廷,建议遍设孔庙,祭祀孔子,将儒学定为国教。康的主张受到了章太炎的激烈批评。鲁迅显然受到章氏的影响,也对康氏的主张痛加打伐。

由上述四个方面不难看出,"志士"并非专指某一类人,而是指当时活跃在中国社会、文化和政治领域的各类人员。可以说,年轻的周树人满怀激情地横扫了当时中国社会上的各路救国豪杰,这一批判立场跟《文化偏至论》是十分相似的。《破恶声论》其实就是《文化偏至论》的姊妹篇,"恶声"来自于文化上的"偏至",二者互为表里。

鲁迅极善于对复杂的现象进行简洁地分类,像纷繁复杂的中国历史,被他直接划分为"做稳了奴隶的时代"和"想做奴隶而不得的时代"。同样,对于上述这四类人物,鲁迅在《破恶声论》中直接一劈为二为"妄行者"与"妄惑者":"(妄惑者)狂蛊中于人心,妄行者日昌炽,进毒操刀,若惟恐宗邦之不蚤崩裂"[1];他所期待的"独具我见之士",一个最大的特点就是"洞瞩幽隐,评骘文明,弗与妄惑者同其是非"[2]。所以,"妄行者"与"妄惑者"从言论和行动两个层面,概括了他所要批评的"志士"。对于众多的"恶声",鲁迅也划分为两类:"一曰汝其为国民,一曰汝其为世界人。前者慭以不如是则亡中国,后者慭以不如是则畔文明。"前者概括了腾沸于人口的各种救国论调,后者指的是无政府主义者,当时主要是以刘师培为代表的"东京派"和以吴稚晖等人为代表的"巴黎派",本文中的"志士"主要指的是前者。

作为一位年轻人,鲁迅何以对当时活跃在中国舞台上的各类"志士英雄"

---

[1] 《鲁迅全集》第8卷,第23页。
[2] 同上,第25页。

采取如此激进的批判态度？这主要基于他对这些"志士"的深刻观察，发现了他们身上难以克服的缺陷，这主要表现在以下几个方面。

一是自私。早在《文化偏至论》中，他就敏感地意识到，那些主张"以习兵事为生"的革命者"虽兜牟深隐其面，威武若不可陵，而干禄之色，固灼然现于外矣"[①]；那些主张"制造商贾立宪国会"的改良者不过是"假力图富强之名，博志士之誉；即有不幸，宗社为墟，而广有资金，大能温饱"；至于那些"识时之彦"，除了一些"盲子"之外，"少数乃为巨奸，垂微饵以冀鲸鲵"[②]。在《破恶声论》中鲁迅继续批判这些志士"掣维新之衣，用蔽其自私之体"[③]，"不得不假此面具以钓名声于天下"[④]。这些批判，都基于"志士"们的动机：他们在冠冕堂皇的言行背后，隐藏着自私自利的诉求。在这里我们看到，鲁迅将"动机"作为评判"志士"们言行的出发点，表现了鲁迅在评价人物时不仅看你做了什么，还要看你为什么去做，这种深刻的观察，很容易洞穿那些虚伪的假面。但另一方面，它也显示了鲁迅在救国问题上的理想主义倾向和在知人论世方面存在的道德洁癖。所以他强调"爱国出于至诚"[⑤]，"诚于中而有言"[⑥]方是真正的爱国。这种道德上的洁癖，在鲁迅的一生中一直存在着：他做事力求完美，看人总是多疑，到19世纪二三十年代他对中国"正人君子"的批判，也是这一思路的延伸。

二是肤浅。他痛恨那些"近不知中国之情，远复不察欧美之实"[⑦]的"志士"们，"灵府荒秽，徒炫耀耳食以罔当时"[⑧]，实则是欺世盗名之辈。在批评以科学反对迷信时，鲁迅嘲笑了那些只知道"鬼火"是磷、人体是细胞这些皮毛知识就四处卖弄的人，"虽西学之肤浅者不惮，徒作新态，用惑乱人"[⑨]。正是这些人，制造了一个看上去"扰攘"实则"寂漠"的世界。在《破恶声论》中，"寂漠"与"扰攘"是一对相反的概念，中国当时一方面"言议波涌，为作日多"，"靡然合起，万喙同鸣"，但由于这些声音"不搣人心"，都是表面文章，所

[①]《鲁迅全集》第1卷，第45页。
[②] 同上，第46页。
[③]《鲁迅全集》第8卷，第25页。
[④] 同上，第23页。
[⑤] 同①，第34页。
[⑥] 同③。
[⑦] 同①，第45页。
[⑧] 同②。
[⑨] 同②，第29页。

以越是热闹,越显得寂寞。在晚清众声喧嚷、各种思潮腾涌的喧闹声中,鲁迅应该是唯一一个感到寂寞的人,这种寂寞表明了他与当时社会思潮之间的巨大分歧,说明他已经找到了一条属于自己的思想路径。

三是聚众。晚清的义和团事件和庚子事变,导致了封建王朝的严重危机。朝廷开始实行"清末新政",试图延续自己垂危的命脉,同时各路英豪也各显神通,从西方拿来了各种主义和方法,"有科学,有适用之事,有进化,有文明"①。具体来说,当时鲁迅身处的日本,是中国政治家和各种政论家的舞台,改良与革命、世界大同与暗杀、"金石黑铁"与"新民",各种论调纷纷亮相,各自吸引了一批追随者。在鲁迅看来,这些聚众喧哗的各种论调,"寻其立意,虽都无条贯主的,而皆灭人之自我"②。鲁迅似乎是天生的少数派,看到聚众扰攘的场面,就心生疑窦。在《文化偏至论》中就提出了"掊物质而张灵明,任个人而排众数"的主张,到《破恶声论》,这一主张得到了更大的发挥。

四是无信。鲁迅在《破恶声论》中表达了对信仰的态度:有信仰强于没信仰,哪怕信仰的是鬼神之类的原始宗教;但无信仰强于被迫信仰某种外在的宗教(或理论),所以他对康有为等人的儒学宗教化,给予了批评。中国虽然不是一个有严格宗教信仰的国家,但民间自有自己的信仰对象,这就是被"志士"称为"迷信"的东西。面对着以科学反对迷信的运动,鲁迅起来为迷信辩护,这是否意味着鲁迅站在迷信的立场上,反对科学?事实并非如此,这需要从三个方面去理解。首先,鲁迅认为宗教是人类精神生活必须有的依托,他认为"人心必有所凭依,非信无以立,宗教之作,不可已矣"③。其次,中国的原始信仰,保留了人性中极为纯洁的部分。中国虽然没有西方那样的一神教,但中国人"普崇万物为文化本根",是极为宝贵的精神传统,正是这一传统保留了"气禀未失之农人",与之相比,中国的士大夫由于丧失了这种原始信仰,导致人性的堕落,正是在这个意义上,他说出了"伪士当去,迷信可存"的话。再次,鲁迅认为科学与宗教并不矛盾,都是人类精神所依靠的宝贵财富。西方早就有将科学与宗教合二为一的传统;尼采虽然借达尔文的进化学说批判耶教,但他从没有否定信仰。所以科学与信仰并不相悖。至于中国那些借助对科学的一知半解就废庙兴学,或以反对迷信之名,禁止农人祭祀神灵的行为,都是

---

① 《鲁迅全集》第8卷,第26页。
② 同上。
③ 同①,第27页。

粗暴的,这就是鲁迅所谓的"志士之祸"的最直接的含义。

以上四点,其核心就是虚假、虚伪与虚饰。在鲁迅看来,无论是来自西方的种种理论,还是从古代发掘出来的种种救国学说,都不是从提倡者的"渊深之心"发出来的,都是"不撄人心"的外在理论,与人的内心无关,自然就不能解决中国的问题。由此看出,鲁迅这时期的启蒙主张,不是借助西方的种种理论,来破除中国的愚昧和麻木,而是通过反诸内心的方式,唤醒"真的人",他说"患志士英雄之多而患人之少",就将"志士"和"人"对立起来,所谓"人",就是拥有"心声"和"内曜"的独立个体:"盖惟声发自心,朕归于我,而人始自有己;人各有己,而群之大觉近矣"①。这种寻找诚与真的努力,是鲁迅启蒙思想的一大特色,也是他在日本时期思考中国问题的基本思路。据许寿裳回忆,鲁迅在弘文学院的时候,就说中国文化最缺乏的是诚与爱。可见,他将"诚"看作是破人荒的途径,为此他提出了"白心"的概念:"志士英雄,非不祥也,顾蒙帼面而不能白心,则神气恶浊,每感人而令之病。"②"白心"一词出自《庄子·天下》篇,原文为:"不累于俗,不饰于物,不苟于人,不忮于众,愿天下之安宁以活民命,人我之养毕足而止,以此白心,古之道术有在于是者。"③"白心"即是表白心愿,或指赤子之心,都是在呼唤着"志士"的真诚。但在当时的中国,这样的"至诚"之音茫不可见,他只能从西方去寻找知音:"奥古斯丁也,托尔斯泰也,约翰卢梭也,伟哉其自忏之书,心声之洋溢者也。"在鲁迅看来,只有如此真诚的"心声"才是拯救中国的不二法门。

鲁迅对"白心"的期待,对"心声"的呼唤,在晚清时代,可谓空谷足音,没有应者,也在情理之中。今天看来,在一个民族面临危亡的时候,提出这种极端理想化的主张,显示了青年鲁迅心中的浪漫情怀和过高的自我期许。毕竟救国是一件很麻烦的事,一部《忏悔录》到底能起多大作用,是值得怀疑的。在动机与手段之间,过分看重动机的纯洁性,也值得商榷。鲁迅在道德上的洁癖,注定了他孤独的命运,"因为这经验使我反省,看见了自己:就是我绝不是一个振臂一呼应者云集的英雄"④——看来他曾经误以为自己是这样一个英雄。正是这种"英雄"心态,使他走向了一条个人的孤绝之路。

回顾鲁迅撰写早期这些文章时的历史,很多遭到鲁迅批评的"志士英雄"留

---

① 《鲁迅全集》第8卷,第24页。
② 同上,第27页。
③ 陈鼓应:《庄子今注今译》,北京:商务印书馆,2007年,第1000页。
④ 《鲁迅全集》第1卷,第417—418页。

在了历史上，而鲁迅发出的这些愤激之言在当时根本无人问津，沉睡在故纸堆里。所以过分高估这些言论在当时的意义，是不符合历史实际的。鲁迅当时这些思想，与那个时代并不合拍。但今天，当我们重新阅读这些文献，重新思考鲁迅当年思考的这些问题的时候，我们不能不震惊于他思想的穿透力，他这些掷地有声的文字，像电光石火一般激荡着我们的心灵。今天，我们生活在一个更加扰攘的世界，利益的追逐、肤浅的喧嚣、聚众的战术依然环绕在我们周围，"志士"们的高谈阔论依然横行，而"心声""内曜"仍不可见，"正信"不清，信仰倾覆，"至诚"不见，"白心"匮乏仍是当今社会的重要问题。在这样一个扰攘嘈杂的世界里，重读鲁迅这些文字，不能不让人感动、感慨而又颇觉无奈。

本文作者系重庆师范大学文学院教授

原载《探索与争鸣》2016年第6期

一个古典研究者眼中的鲁迅

张文江

我最初走向古典学术，是从研究近现代人物开始的。当时研究生刚毕业，有一个比较长的写作计划。我试图从明末到现代，有选择地考察一些人物的生平和学术，比较深入地理解那些人所处的时代，由此比较深入地了解自己所处的时代。在尝试写了其他几个人物之后，我于1988年阅读《鲁迅全集》，写了一篇大型文章，大约9万字，提出一些新的判断，还请陈思和先生看过。写完后发现此文不可能全文发表，因为它作为论文太长，而作为书稿又太短了。不得已放在一边，过了好几年，此文拆散成若干片段陆续发表，主要内容保存了一些，但原文的线索就此中断了。随着这一进修计划的中止，我的鲁迅研究也中止了。尽管研究不再得到推进，鲁迅并没有完全淡出视野，只是随着古典研究的深入，在整体学术格局中他的形象有所变化。

五四新文化运动和中国现代政治格局的形成密切相关，而鲁迅和五四新文化运动不可分割。从世界范围来看，可以观察到这样的现象，第一次世界大战结束后，重建国际政治的大格局，由于利益分配的不均衡（准确地说是不可能均衡),于世界各地区都造成不同的波动,促进了各自的演变,而在中国产生的波动就是五四运动。我的问题是,在世界其他地区,此一波动早已过去,很快淡化而进入新的演变中。为什么中国的五四运动必须一再回溯,至今是一个不可绕过的重大事件？这到底说明了什么社会和文化现象？此一问题难以回答。在相隔百年的21世纪,中国依然有着重新理解西方文明(以及其他文明)的必要,也依然有着重新理解中华文明的必要。

从中国范围来看,五四新文化运动和鲁迅的出现,跟清末"三千年未有的大变局"有关。以三千年计算,此一变局可以上溯公元前1000年左右的殷周之际,也就是由远古而来的中国文化奠基期。以集权帝制的确立而论,可以上溯公元前200年左右的秦汉之际。以中西文化的交流而论,则可以上溯明末万历十年(1582年)利玛窦入华。而考量清末以来的大变化,就不得不涉及五四新文化运动和鲁迅,而我们今天依然处于此一格局的变化中,必须从这个角度来看鲁迅才有意义。我们刚纪念新文化运动100周年,又接着纪念鲁迅诞生135周年、逝世80周年,其中呈现出来的关联性,意味深长。如果把时间放长,还可以进一步设想,在鲁迅逝世三百年左右(以三千年对三百年,不算太过分),假设还存在相当广阔的中文世界,那时候除了少数研究者以外,很多现代作家不再有人关心,而我相信还会纪念鲁迅,尽管那时候的认识和今天可能完全不同。

三千年未有之大变局,处于这样的特殊时刻,鲁迅的最重要贡献是和传统彻底决裂。《狂人日记》(1918年)中的宣言振聋发聩:"我翻开历史一查,这历史没有年代,歪歪斜斜的每页上都写着'仁义道德'几个字。我横竖睡不着,仔细看了半夜,才从字缝里看出字来,满本都写着两个字是'吃人'!"鲁迅用小说的形式开创了对传统典籍的新读法。原来的读法是横平竖直地读字(《汉书·艺文志》分六艺为九类,最后一类是小学),对文义的理解从训诂开始,乾嘉学派小学昌明发达,莫不沿此路径而行(张之洞《书目答问》:"由小学入经学者,其经学可信")。而自从"把古久先生的陈年流水簿子,踹了一脚"以后,新读法是歪歪斜斜地读字缝,对字本身虚无化,从字缝里读出字来。不如此简单直接,不足以收廓清之功,为新思想的输入腾出空间。"从来如此,便对么？"此一质疑是延续性打断的标志,而过去传统被视为正确性的源头,是不受质疑的。鲁迅后来又进一步提出:"我以为要少——或者竟不——看中国书,多看外国书。"(《青年必读书》1925年,收入《华盖集》)以此扳回龙头,扭转方向。这样激烈的表达,惊心动魄,有其持久的影响力。

然而,观察鲁迅一生的思想和行动,不仅自己依然读中国书,而且和传统有难以脱离的渊源。鲁迅有一段经常被引用的名言:"我们从古以来,就有埋头苦干的人,有拼命硬干的人,有为民请命的人,有舍身求法的人,……虽是等于为帝王将相作家谱的所谓'正史',也往往掩不住他们的光耀,这就是中国的脊梁。"(《中国人失掉自信力了吗》1934年,收入《且介亭杂文》)可见鲁迅实际上是有弃有取,依然对传统有所继承。我尝试梳理《故事新编》(1936年)所呈现的象数结构,认为鲁迅对传统批判的主要是儒道,赞颂的主要是禹墨侠(参见拙稿《论〈故事新编〉的象数文化结构》)。在中国现代文学的作家中,如果从传统角度加以考察,鲁迅可以看成墨家精神的传人。

从"辨章学术,考镜源流"(章学诚《校雠通义》卷一)角度来看,复归清末民初的文化传统,研究鲁迅的学术师承,可以追溯于章太炎(1869—1936年)。研究章太炎,可以追溯于德清俞樾(1821—1907年)。俞樾自同治七年(1868年)起,主讲杭州诂经经舍30余年,门下如吴大澂、张佩纶、缪荃孙、吴昌硕,皆一时之选。而对社会影响最大的,则是另外走出学术道路的章太炎。章太炎门下亦济济多士,有黄侃、朱希祖、吴承仕、钱玄同等承其学,而对社会影响最大的,则是鲁迅、周作人。出入于鲁迅门下的青年,有柔石、萧军、萧红、胡风等,而另外走出学术道路的则是徐梵澄(参见拙稿《略谈梵澄先生的学术》)。

以上师生之间既分又合的情况,呈现的是时间上的曲折变化,可见思想界的激烈动荡。研究俞樾的思想结构,他的治学范围遍及四部,有《群经评议》《诸子评议》等传世,还旁涉稗官小说,修订《三侠五义》,易名《七侠五义》。他临终的《绝命诗》(1907年)通常被认为是预言,其中一句"又见春秋战国风",从传统角度认识世界局势,至今有一定的启发性(陈寅恪《寒柳堂集》有跋语)。还可以研究章太炎的思想结构,其门下如黄侃和钱玄同等人,都有其对古学的不同认识。将鲁迅的思想和章太炎以及章门其他弟子相比较,他们都各自有其脉络系统,如果将鲁迅置身其中,则学问的特殊性消失,却依然有其独立性。在《鲁迅全集》1938年初版中,蔡元培的序言将鲁迅和李慈铭(1830—1894年)并提,许广平的后记将鲁迅和高尔基(1868—1936年)并提。这些比较在当时有一定意义,今天看来都不准确。这里尝试将鲁迅和同时代其他学人并提,观照他们之间的隐隐互动,尽管还是不准确,却也尝试提供一种新的理解角度。

虽然已经不再研究现代文学,但我在写作时依然会征引鲁迅和其他几个人。不是说这些人最好,而是尝试找到相对坚实的踏脚石,以期使自己脱出现代文学的思维模式,看看较远处的景象。学科的演进对人的认知形成引导,也默默制约着认知的深化。我所找到的踏脚石,形成了适合我的脱出点,而其他人根据自己的性情不同,完全可以找另外的脱出点,比如胡适、周作人,又比如沈从文、张爱玲。可以入乎其中,也可以出乎其外,出入无疾,获取相对的自由。当然,有些人走出以后还可以回来,有些人走出以后不再回来了。

对于我个人而言,由于主要精力已集中于古典研究,很多当年的读书印象已经淡忘,至今还经常在脑际萦绕不去的,关于鲁迅的主要有两段。其中一段是收录于《而已集》中《扣丝杂感》(1927年),过一段时间重温,依然叹服心折。试征引原文:"无论是何等样人,一成为猛人,则不问其'猛'之大小,我觉得他的身边便总有几个包围的人们,围得水泄不透。那结果,在内,是使该猛人逐渐变成昏庸,有近乎傀儡的趋势。"

还有"我曾经想做过一篇《包围新论》,先述包围之方法,次论中国之所以永是走老路,原因即在包围,因为猛人虽有起仆兴亡,而包围者永是这一伙。次更论猛人倘能脱离包围,中国就有五成得救。结末是包围脱离法。——然而终于想不出好的方法来,所以这新论也还没有敢动笔"。此文的洞见,照应英国阿克顿勋爵(1834—1902年)的名言:"权力导致腐败,绝对的权力导致绝对的腐败。"文章中的"猛人"(包括名人、能人、阔人三种)是否能够脱离包围,形成破解?

鲁迅思考过方案,结论是不行。再征引原文:"爱国志士和革命青年幸勿以我为懒于筹画,只开目录而没有文章。我思索是也在思索的,曾经想到了两样法子,但反复一想,都无用。一,是猛人自己出去看看外面的情形,不要先'清道'。然而虽不'清道',大家一遇猛人,大抵也会先就改变了本然的情形,再也看不出真模样。二,是广接各样的人物,不为一定的若干人所包围。然而久而久之,也终于有一群制胜,而这最后胜利者的包围力则最强大,归根结蒂,也还是古已有之的运命:龙驭上宾于天。"

我跟着思考是否还有第三种方法,比如说提高政治觉悟,或修养达到古圣贤(王阳明?曾国藩?)那样的程度。虽然不无可能,但成功的概率终究过小,所以对权力作出限制是必要的。

另外一段是阿Q的Q,已基本脱离鲁迅的原意。鲁迅的代表作《阿Q正传》,涉及对国民性的认识,关于人物的分析汗牛充栋,早已说尽(聂绀弩曾提出不同的观点,参见《散宜生诗》后记,人民文学出版社1982年版)。我今天关注的早已不再是人物,而是鲁迅出于巧合而使用的Q这个西文字母,以为天造地设,内含时代的隐喻,有其深远的价值。在三千年未有之大变局中,以历史文化解其意象,阿Q的Q可作为圆相O的对立。如果把圆相O作为中国三千年传统文化的代表,由于清末受到西方外来文化的冲击,其说已不能圆。而Q这一西文字母在圆周上加了一杠子,恰可成为打破圆相的象征。O与Q对立之间包含的对称性破缺,在中西文化交流时代有深刻的意义。这里既有西方文化对中国文化的冲击,也有中国文化上的动力。既然此圆再画也画不圆,那么积极地来看,也可以作为更高等级的组合,成为新时代的象征。

本文作者系同济大学人文学院教授

原载《探索与争鸣》2016年第6期

鲁迅必须活在真实中

吴 俊

鲁迅经常会被谈到,哪怕有时只是出于某种惯性而已。当然,自觉地谈论鲁迅应该说还是鲁迅话题场域中的主要现象。今年谈鲁迅就更加热闹了。在鲁迅诞辰135周年、逝世80周年之际,谈鲁迅成了一种理所当然的选择。但鲁迅被谈多了,审美疲劳或学术疲劳跟着就可能出现了。难道我们不是在过度阐释鲁迅吗?

自从有了网络世界后,许多事物的面相都发生了深刻的变化,甚至是牵涉到价值观层面的变化。比如,政治不像以前那样神秘了,权力不能永远高高在上了,草根屌丝也有发言权了,名人不再有隐私了……还有就是鲁迅也不神圣了。

鲁迅原来应该是神圣的,或者说,他是被塑造成神圣的。对鲁迅的任何不敬或越轨企图都会被视为亵渎。鲁迅及谈鲁迅,都是一种权力的体现,有时还会涉及政治。太远的例子不必举了,就说世纪之交以来的几件事吧,当事人都还健在,记忆犹新。一是著名的文学期刊《收获》开了个栏目请大家谈鲁迅。那时王朔正红,他就写了一篇有点"藐视"鲁迅之意的文章,意谓鲁迅没有接受过长篇小说的挑战,称之为大作家恐怕总有点勉强。好在那时气氛还没完全坏了,虽有人跳起来扣政治帽子,但终究不能奈王朔何。而为鲁迅辩护的学者就举出了诸如莫泊桑、契诃夫这样的作家,云短篇小说同样可以成就大作家。这番道理本来也是对的。但人们最好也应该想想,以短篇小说成名家且成大家的毕竟只是个别少数,为什么绝大多数小说大家都以长篇作为标志性作品?长篇的地位和价值显然不是短篇可以比肩的。从常识上想问题,本来应该是很平常的事,但总有人会把事情搞得很复杂。王朔遗憾于鲁迅没有长篇小说,不过就是一个作家基于常识的看法,而且说的也是事实,实际有无道理并无碍于鲁迅的地位,但犹似平地起了惊雷,引发了好一通鼓噪。第二件是"断裂"问卷调查事件。一群对文学现行体制和秩序不满的年轻作家,自导自演了一场问卷调查的戏,其中就有对于鲁迅的大不敬之词,甚至贬其为茅坑里的一块大石头之类。这是将小人物对于既定权力秩序的愤怒发泄到了秩序的象征物上了,鲁迅倒是有点无辜的。与体制或传统的"断裂"当然是不可能的,同时我倾向于认为,"断裂"事件并不主要出于"炒作"的动机,其中必有其文学抱负的真诚性。但此事后来却又小小地发酵了一下。断裂的涉事者之一的诗人于坚,几年后有望获得鲁迅文学奖了,有人就举报说此人当年反对过鲁迅,参与断裂事件。虽然该举报最终未能阻止于坚获奖,但鲁迅是反不得的,反鲁迅是会有后果的,这是从该事件中可以得出的直接结论。第三件则是笔者亲历的《鲁迅全集》新版注释风波。20世纪90年代中期,有家出版社计划邀集一批学者重新注释出版《鲁迅全集》。一石激起千层浪,各种理由的反对者一时甚众,有一条反对的理由后来成立了:要防止有人打着重新注释研究鲁迅的旗号行反鲁迅之实。这是典型的诛心之论,用尚未验证的动机来治了学术的罪名。古人有"学术杀人"之说,今天则活现出了"鲁迅杀人"之虞。渎神必受惩罚。这也就是鲁迅毕竟不同凡人之处。

不过时代也真是变了。与以往的政治遭遇相比,上述三例中的疑似渎神事件的结果幸而都没有给当事者造成较大的伤害,反而用了一种危险的示范告诉我们:鲁迅已经走下神坛了。那个时代,岂止鲁迅,政治大人物也早被人还原为凡夫俗子了,领袖私生活都在人们日常生活中的段子中流传,且言论治罪也已经行不通了。这种大环境改变了包括鲁迅言说在内的学术话语和日常话语。等到了新媒体席卷天下之势已成的时代,不说鲁迅几乎变得面目全非,至少也已是言人人殊了。

新媒体将说话的权利还给了每一个人,言论的权威性也就同时被摧毁了。这或许是一种民主的体现,但也对言论的专业规范提出了挑战。鲁迅的网络遭遇可以说因此面临了两种尴尬。一是其文化经典地位已经被撼动,这倒不是说有人蓄意反鲁迅,而主要是指传统经典的传播已不再主要经由网络途径,同时人们却又主要通过网络资源获取各种信息,包括阅读和学术的主要凭借手段,这种工具的改变其实产生了将传统经典(包括鲁迅)边缘化的后果。因此,如何在新媒体语境中保持经典的生命力,这是一个极具挑战性的现实问题。二是娱乐化、娱乐消费的流行风气也在严重挑战所有的严肃价值表达。网络构建了一种狂欢、无节操的言论空间,几乎所有的价值表达都会走向不可预料的结局,如果说以前针对主流价值观的"翻案"文章会遭遇政治后果,现在的娱乐化则完全不必担忧任何惩罚性的后果。并且,越是经典的价值越会吸引娱乐的聚焦,这就不难理解鲁迅也会成为娱乐的对象。这其实也可以说是一种特殊的边缘化表现。

或许是为了对抗这种边缘化的危机,近年学术界、特别是鲁迅研究界也加强了有关鲁迅研究的传播力度,一些重要刊物都在刻意突出鲁迅研究的内容,有关的学术活动在今年更是达到了高潮。于是,一种有趣的现象出现了:鲁迅的边缘化、娱乐化、学术化各持一端,貌似交集,实则互不相干。而且,相对处于劣势的学术化鲁迅的心态显得有些失衡:强化鲁迅研究的专业性和权威性,试图借用鲁迅的大旗获取或增强话语权,而这种对于鲁迅的极端强调无形中正成为另一种过度阐释。这不禁使人联想到以往鲁迅的偶像化或工具化的经历与教训。另一方面,过度阐释不也就是一种对于鲁迅的特殊消费或直言之学术消费吗?这与边缘化、娱乐化鲁迅又有什么根本不同呢!我们最需反省、警惕的是,在众声喧哗鲁迅的年代,抱持严肃立场的鲁迅研究必须避免陷入以学术之名而过度阐释、消费鲁迅的陷阱。对此,回归文献常识是我们应该遵守的首要法则。

若干年前有过鲁迅研究必须回到鲁迅自身的呼吁。此说固有其针对性。但在实际研究中,如何才算是回到了鲁迅自身呢?这是个无解的问题。如果说以往定于一尊的鲁迅观不过是一种强权的虚妄,那么后来的戏说鲁迅、过度阐释鲁迅则是走向了极端的反面。回归鲁迅的真实、可行的含义或路径,只能是回归鲁迅文献的立场,即关于鲁迅的所有立论——如果将之作为学术对象的话——都必须首先要有文献的支持。在学术层面上,借鲁迅酒杯浇自己胸中块垒的动机也是对鲁迅的伤害。这种出于功利主义学术动机的鲁迅研究同样是对鲁迅的不尊重,暴露的是工具化鲁迅的意识形态陋习。

就常识而言,求真是学术的基础,学术的价值无不建立在求真的基础上。能够在真实性的基础上言说鲁迅,或者说鲁迅能够接受真实性言说的考验,这应该是鲁迅之所以为经典的根本自信和价值力量之源。任何附会都无助于鲁迅价值的提升。同样,任何诋毁也不能真正挑战鲁迅的地位。这一切都需要有充分文献的强大支持。重视文献,辨析文献,呈现文献的真实价值等,虽说是一种常识的态度,但问题又总出在常识层面。最近有部戏叫《大先生》,在一定范围和程度上很受推崇,但也有人发现:为何鲁研界人士多对此戏未作发言？后来就有人回应了:戏剧是戏剧,学术是学术;作为戏剧的《大先生》可以有其自由发挥的权利,但借助戏剧来进行学术上的鲁迅言说,《大先生》的过度阐释之嫌就很难恭维了,而且它的文献立场也多有可质疑之处。那又有什么必要强拉两者对话呢？广而言之,常有人质问批评家:你们为什么不评论某某作品？但质问者为何不同时考虑:是否存在着必须评论的责任或义务？专业言说自有其选择的考量,保持言说的限度恰恰是专业的态度。这在新媒体语境中已经成为一种学术品质。另一个例子是近期网上有篇堪称"梦魇者的胡说"鲁迅的文章,该文标题《鲁迅——汉奸还是族魂？》,署名清水君(黄金秋)。作者把不同时间、不同地点的完全不相干的一些史料(很多还是似是而非的史料)混做一锅煮了,洋洋洒洒,振振有词,史料、观点均愚蠢可笑至极。而且,文后还附有一篇所谓《鲁迅年谱》中的相关事实,同样是错陋至极。如此毫无文献常识的文章,在网络空间流传,却又实在无法成为学术言说的对象,学术只能保持"谣言止于智者"的期待了。

不过,这都是学术以外的例子,重要的是学界内部的鲁迅研究必须自重,必须怀有学术的敬畏之心,必须牢固确立文献真实第一的治学态度。鲁迅的当代价值归根结底在于能够成为思想、学术、文学的再生资源,成为文化再生产的动力资源,而这一切都只能建立在真实性的基础之上。这是我们必须明白的一条学术底线。坚守这条底线,看似不过是回归常识而已,但底线意识多少能够抵御过度阐释的学术惯性。大多数时候,我们陷于过度阐释的迷幻而不自知,相反更会陶醉在过度阐释的兴奋中,在过度阐释中形成一种创新的认知假象。为什么很多专业人士的言论总会被嘲笑？原因无他,貌似专业,实则违背常识。聪明反被聪明误,就是说的这种现象。如果缺乏对于学术常识的底线思维,缺乏对于基础文献的谦虚和尊重,我们就会偏离学术的初衷,与学术的目标越行越远。在这方面,当代的鲁迅研究领域可谓教训深刻而惨重。特别是对于鲁迅的意识形态利用或工具理性思维仍是今天的普遍现象,强调鲁迅研究的学术底线、常识意识,就是提醒我们自己必须明确学者的道德本分、坚守学术伦理、树立自觉的学术研究责任感。只有回归学术的本源,学术才会强大。面对工具化、娱乐化或边缘化的种种鲁迅言说企图,学术立论的唯一诉求就是真实。鲁迅必须活在真实中。这是所有鲁迅研究者的责任,同时也是鲁迅当下性价值的要义。

本文作者系南京大学中国新文学研究中心教授

原载《探索与争鸣》2016年第6期

重新发现当代乡村的"生活实感"
——穿越鲁迅的思想幽光

梁　鸿

我应该只能算是鲁迅忠实的热爱者,这次我也是以一个写作者,而非理论者的身份来讨论鲁迅。但是,在我的写作中,尤其是关于乡村的书写,有那么一瞬间,和鲁迅突然发生了碰撞,实实在在的不容回避的碰撞。我感到非常疑惑。

哪一个瞬间?写《出梁庄记》开头"军哥之死"时,在反复修改的过程中,我突然意识到我在刻意模仿鲁迅的语调,那样一种遥远的、略带深情但又有着些微怜悯的,好像在描写一个古老的、固化的魂灵一样的腔调。我心中一阵惊慌,有陷入某种危险的感觉。我发现,我在竭力"塑造"一种梁庄。通过修辞、拿捏、删增和渲染,我在塑造一种生活形态,一种风景,不管是"荒凉"还是"倔强",都是我的词语,而非它本来如此,虽然它是什么样子我们从来不知道。我也隐约看到了我的前辈们对乡村的塑造,在每一句每一词中,都在完成某种形象。

那一刹那的危险感和对自己思想来源的犹疑一直困扰着我,它们促使我思考一些最基本的但之前却从来没有清晰意识到的问题:自现代以来,中国知识分子们在以何种方式建构村庄?他们背后的知识谱系和精神起点是什么?换句话说,他们为什么塑造"这样的",而非"那样的"村庄,这一"村庄"隐藏了作者怎样的历史观、社会观,甚至政治观?而我又是在什么样的谱系中去塑造村庄?

鲁迅的先验思想是什么?当他看到"苍黄的天空下,远近几个萧瑟的荒村",当闰土轻轻喊一声"老爷"时,他之前什么样的知识谱系、思想经历及对"中国"的认知参与进来并最终形成故乡的这一"风景"?追寻鲁迅"中国观"初期的形成过程——尤其是在域外,如日本,他看到什么样的事情,接触了哪些与中国有关的叙事,阅读了哪些对他思想产生影响的书籍,这些思想具有怎样的倾向,而这些事件、符号、思想最终在他脑海中沉淀化合出怎样的"中国"——将是一个很有意思的事情,它可以探讨现代初期中国知识分子"中国观"的形成过程及与西方叙事、域外视野的关系。

当"鲁迅"成为我们的前视野时,我们该怎么办?那一震惊感到现在还没有消失,它使我突然意识到,当代文学关于乡村的写作依然是在鲁迅的框架之内。乡村场域的形态,每一个人的形象及其生与死,在一百年前已经发生了。

鲁迅发现了已死的村庄。"苍黄的天空下横着几个萧瑟的村庄,没有一丝活气。""故乡死了",在现代思维和中国现代文学中,"故乡"一出场就死了。一百年后,我们还在写"故乡之死",除了具体的元素变了,其本质竟无变化。这到底是怎么回事?是我们的乡村社会和鲁迅时代在本质上没有发生变化,还是我们的思维始终停留在鲁迅的视野之下?

面对鲁迅,我们甚至还是退步的。鲁迅发现了阿Q,那样一个"积极的黑暗人物"(伊藤虎丸语),在阿Q身上,中国人和中国人生被赋予一种虽缺乏原动力却仍然可以被涤荡,虽然最终仍归于"无",但却具有批判性的独特精神气质。鲁迅发现了未庄,这样一个充满历史性和普遍意义的空间场域,它存在的触角伸向各个方向。

回想一下,我们在阅读当代的乡土小说,或者关于乡村的小说时,有一种非常强烈的不满意感。不是语言、结构不好,而是对乡村的认知,及所塑造的意象,几乎是在对鲁迅的简单化模仿和重复。我们闭着眼睛回想一下这些年文学里的乡村和乡村里生活的人,可曾超越了鲁迅的框架?包括关于当代知识者的描述。比如《陈奂生上城》,很多人说陈奂生就是当代的阿Q,但也只是阿Q,关于乡村人物的书写在某种意义上是退步的,我们用一种特别简单化的方式模仿鲁迅,或者说我们试图通过这种方式塑造我们心目中的农民。

在这样的情况下,作为后来的写作者,该怎么办?当我们的生活还没有走出鲁迅的预言,当鲁迅所描述的人、人性和人生可能都还根本性地存在于我们的时代,我们该怎么办?我们能否给出一个新的预言并塑造一个新的世界?

也是在这样的前提下,我从2014年到2015年9月,开始写一个个乡村人物,在《上海文学》连载,起名为"云下吴镇",后出版为《神圣家族》。试图以另外一种角度重新进入乡村场域。写这部书的时候,我最清晰的想法,就是放弃对他们的文化形象的塑造。放弃鲁迅身上承载文化和时代的命运,我就作为一个普通人来写作。避免"乡村"这样的整体性隐喻,不要文化背负,不要概念,不要"故乡",不要"农民",它们都只是作为人物生长的元素之一存在于文本中。在写作过程中,我特别注意避免用一些象征性、总结性的词语,把村庄、小镇打碎。尽可能地打开那些人物的"内部空间"。这一"内部空间"和作者的"空间"处于同一空间,不是保持距离,而是以一种游弋其中的眼睛来写。

说实话,在某种意义上,是为了逃避鲁迅。另一方面,也想看看在这样一种近乎自然主义的背景下呈现出来的"人",会是怎样的"人"? 但那是一群什么样的"人"? 你的"人"能否与"鲁迅"的"人"哪怕有一点对话的可能吗? 写完之后,我什么也不敢说。如果你所写的人与他生活的环境没有互相生长的关系,那么他的依存在哪里? 但是,如何既能使他具有依存性,又具有独立的、能够展示人类生存新面向的精神? 这是一个新问题。

还是要回到鲁迅。

在面对乡村时,鲁迅既是在面对整个文化系统,但同时也在面对生活场里的一个个人。阿Q不只是流浪农民、雇工,也是人的一种,我们后来的解释太过阶级化和概念化了,它限定我们对鲁迅及对农民的理解。他所塑造的人物,固然有类的属性,但并非只是限于"农民",而是"人类",所以阿Q精神才成为一个原型性的词语。

今天我们在谈"阿Q"时,既不会把阿Q过于贬低化,也不会把它神圣化,虽然阿Q的"精神胜利法"后来被作为一个民族性的话语在使用,但阿Q作为一个人是鲜活的。在这个意义上,鲁迅既没有像左翼知识分子们那样"视民众为神圣,力图以与之同化来实现知识分子自身的解放",而是如伊藤虎丸所言,"通过对自己怀疑(怀疑阿Q式的'自由')的不断抵抗射穿了左翼知识分子民众信仰的盲点,同时也获得了对现状的出色批判"[1]。

鲁迅的思想和语言中包含着一种气息,一种自由的批判力和无所依傍的怀疑。而在更广泛意义上,他是经由自己的"生活实感"建构起来自己对世界的理解。他与闰土、祥林嫂之间的对话,不只是在描述一个固定的乡村场域,也是在向世界提出问题。在他们相遇的那一时刻,鲁迅不只是一个知识分子,同时也是一个生活的参与者和同在者,这一"生活实感"造成了鲁迅作为作家的痛感,也形成更有张力的生活空间。这也使得鲁迅始终没有对乡村进行一种终极化书写和判断。

---

[1] 伊藤虎丸:《鲁迅与终末论:近代现实主义的成立》,李冬木译,北京:生活·读书·新知三联书店,2008年,第340—341页。

我强调"生活实感",是因为我们总是把"鲁迅"看作文献,看作既成的事实,很少经过自我灵魂的涤荡。一个诚实的生活者,要反复涤荡自我(这是竹内好在谈及鲁迅时用的一个概念)。"涤荡",把自我也投入进去,在历史、现实和未来之间,在思想和情感之间,在知识和历史意识之间反复洗涤。也许,直到最后仍然是一个"无",但这一"无",这一"黑暗"的层次会更多,就文学而言,它所产生的对话空间更多元。

从更大层面来讲,也只有当我们谈到乡村时,不再有作为一个整体概念的"乡村";谈农民时,不再承载那么多的象征,文学里的"乡村"和"农民"才可能走出鲁迅的视野,才可能有更加独异的个人的存在。但是,也许到那时,我们笔下的人物比鲁迅笔下的"人"更低。但那也没有办法。所以,"不能像鲁迅那样写乡村",不是背向鲁迅,而是迎向鲁迅,走过去。

而对于乡村而言,今天的我们缺乏"生活实感",不只缺乏深切的情感,更缺乏以历史化的视野来思考它们的能力,包括对鲁迅的重新思考。不管是作家还是学者。要把鲁迅作为我们的问题,而不是思维的原点。也许,唯有把鲁迅打碎,把农民和乡村打碎,经由自己的生活实感,反复涤荡,揉化为自己灵魂的一部分,才有可能在现实的土壤上培养出新的预言,才有可能在面对乡村时,有新的发现和认知。也只有这样,鲁迅才可能是活的鲁迅。

今年春节回家,我在村庄后面的大河里面转悠,看到镇子后面的堤岸上,一堆堆垃圾倾倒下来,远远望去,就像一条条白色的凝固的瀑布。当时只感觉触目惊心,觉得这生活简直让人绝望。这种震惊经验在当代生活中非常普遍,因为我们生活在一个断裂的社会之中,但另一方面也应该有所警惕,因为这里面有一种"悲情",你容易把这些生活的现象作为一种简单的概念和批判对待,而忽略到生活的内景,忽略生活在其中的活生生的"人"。

这个时候,很容易想到鲁迅。他始终在,他不但是我们的传统,是我们一直要与之对话的存在,同时也是一个现实,我们要穿越他的目光,穿越他的思想,去建构一个新的敞开的乡村。一个好的作家,包括研究者,都是在发现、创造一个世界,也因为他们的存在,我们必须重新调整我们行动的姿态,调整我们面对世界的看法。鲁迅有这样的一个作用,他发现并创造那样一个世界,同时他告诉后来者,他的发现不是我们的发现,我们要重新发现。

本文作者系中国人民大学文学院教授
原载《探索与争鸣》2016年第6期

新语文:如何在传统与现代之间"拿来"

李　怡

鲁迅首先是一个文学家,是现代中国的语文创造者,所以今天重新讨论鲁迅的"拿来主义",首先就必须面对鲁迅自己的语文创造如何践行"拿来"的问题。然而,恰恰是鲁迅自己的语文,在今天受到了一些质疑和批评,尤其是在中学语文界,鲁迅作品是否有益于基础教育,作为"课文"的鲁迅是否应该在语文教育中压缩或撤退,这个问题的争论已经持续多年了。前些年就有过人民教育出版社语文教材关于是否减少鲁迅作品的争论,当然其中也包含了媒体夸大其词的渲染,但是,当代媒体以减少鲁迅作品为噱头制造新闻事件本身就是值得深思的文化现象,何况权威出版机构对待语文改革的态度的确有过种种曲折。重要的是,鲁迅的语文价值,特别是鲁迅之于中学生的语文价值问题,并不是一个简单的语文资源的估价和挑选的问题,就像多年以来,一直都有人专门写文章为鲁迅"纠错",哪里用词不当,哪里对词语的理解有误,哪里句子搭配不当,主谓宾不清楚,等等。归根到底,今天人们的质疑和批评的"底气"其实还在于一个根本性的所在:鲁迅的思想追求和语文创造在一部分人眼中是背叛了中国的传统,甚至就是否定和破坏中国文化传统的典型,在"国学"复兴日盛,继承传统文化呼声日高的今天,一些人终于获得了反击鲁迅的"氛围"和"鼓励"。例如,某"国学院长"与"儒家文化研究会副会长"就尖锐地指出:"鲁迅的文字佶屈聱牙,是失败的文学尝试,学生不爱读,教师不爱讲,却偏偏是教师、学生绕不过去的大山,岂非咄咄怪事?"作为鲁迅语文的对立面,他提出的道路是:"母语教育必须回到几千年来教育的正轨上来,即通过念诵的方法学习古代经典,用对对子、作文等方式训练其母语运用能力,让学生不仅能亲近母语,更能亲近中国传统文化。""说实在的,白话文还用得着学吗?"[①]

这样的指责分明又回到了鲁迅关于文化继承的老话题之中:"譬如罢,我们之中的一个穷青年,因为祖上的阴功(姑且让我这么说说罢),得了一所

---

① 悠哉:《鲁迅在造句方面是个大笨蛋——从〈藤野先生〉的开头说开去》,http://blog.sina.com.cn/s/blog_4e276d2c0102e8ge.html。

大宅子,且不问他是骗来的,抢来的,或合法继承的,或是做了女婿换来的。那么,怎么办呢?我想,首先是不管三七二十一,'拿来'!但是,如果反对这宅子的旧主人,怕给他的东西染污了,徘徊不敢走进门,是孱头;勃然大怒,放一把火烧光,算是保存自己的清白,则是昏蛋。"①以鲁迅的语文成效为依据断定鲁迅不能很好地继承中国自己的文化传统,或者说不能践行对文化遗产的"拿来",这样的论述本身就是如此吊诡。看来,如何在中外文化中"拿来",准确地理解鲁迅的"拿来主义",其实并不是一个看上去那么简单的问题。

对于鲁迅而言,如何在自己的语文实践中融汇中外文化,并且在中学语文教育资源的意义上加以评估,这样的工作早就开始了。今天关于鲁迅语文价值的争论可谓是"落后"了起码70年,至于将鲁迅语文的缺陷径直认定是"背叛"了传统则是如此的简单至极,与鲁迅在世之日那些丰富多彩的判断比较,更是相形见绌。

1923年《时事新报·学灯》上,就有人提出将《呐喊》编入中小学课本:"我觉得,如《呐喊》集这类作品,虽不能当作地理与历史课本看,至少也可以用作一部作文法语修辞学读,比较什么国文作法,实在高出十倍。"而鲁迅自己也对此表过态,孙伏园则告诉我们鲁迅的另有自己的态度:"听说有几个中学堂的教师竟在那里用《呐喊》做课本,甚至有给高小学生读的,这是他所极不愿意的,最不愿意的是有人给小孩子选读《狂人日记》。"②

当然这不是说我们必须以鲁迅的当时顾虑作为今天的语文资源标准,而是说从一开始,鲁迅作为基础语文资源的意义就引起了现代学界的注意,这与后来"神话鲁迅"的历史毫无关系,是鲁迅语文自身的意义所呈现的结果。那么,这样的语文特征又是不是鲁迅背弃中国传统的结果呢?根本不是。1923年在《时事新报·学灯》上提出呼吁的那位Y生,他所看重的恰恰就是鲁迅文学中呈现的那种留存文言余韵的简明流利,认为就是这样的文字与"近今语体文"颇有不同,"使人得到无限深刻的印象"③。

1920年,民国政府教育部通令:"兹定自1920年秋季起,凡国民学校一二年级,先改国文为语体文。"④当年4月,教育部再发通告,明令国民学校其他

---

① 鲁迅:《且介亭杂文·拿来主义》,《鲁迅全集》第6卷,北京:人民文学出版社,1981年,第39页。
② 曾秋生(孙伏园):《关于鲁迅先生》,《晨报副刊》,1924年1月12日。
③ Y生:《读呐喊》,《时事新报·学灯》,1923年10月16日。
④ 《小学国文科改授国语之部令》,《申报》,1920年1月18日。

各科教科书,亦相应改用语体文。至1923年,现代白话已经到处流行,但目睹"近今语体文"的Y生却在鲁迅的作品中读出了令他欣赏的古雅,中国语文的传统当然并没有离开鲁迅的创作。

自然,鲁迅的语文却还有另外的面相。1935年,李长之考察了鲁迅在语言文字层面的独特性[①],他特别指出鲁迅作品尤其是杂文对"转折字"的出神入化般的使用——"虽然""自然""然而""但是""倘若""如果""却""究竟""竟""不过""譬如"。李长之从鲁迅作品中发现的"转折字"也就是加强现代汉语精密表述的虚词,这些虚词恰恰是古代汉语表达所要避免和删减的,属于现代汉语欧化的产物。

既然不同的评论者都能够从鲁迅作品中读出各种所需要的传统与现代——古雅的文言文与繁复的欧化白话文。这说明,鲁迅的写作恰恰同时包含了多种语文资源,"拿来"了从文言文到欧化白话文等多种资源,是富有创造性的"新语文"。今天,我们以"背叛传统"来指责鲁迅的语文创造,不仅与鲁迅本身的实绩严重不符,而且恰恰暴露出了我们自己在一系列问题上的肤浅与褊狭:既没有理解现代语文创造的甘苦,又陷入了文言/白话、传统/现代这种粗糙的二元对立思维之中,较之于鲁迅语文曲折、丰富而极具创造性的探索,今人已经肤浅到丧失了真正进入鲁迅、读懂鲁迅的资格!

鲁迅的语文思想与语文实践是一个长期探索的过程,这里有理性的表述,但也有理性表述不能完全涵盖的实践方式;有汇通于五四白话文运动的努力,但也有为一般白话文倡导者所不具备的复杂求索,这都需要我们做出深入的考察和细致的分析。在我看来,理解鲁迅的语文起码应该抓住这样几个环节。

首先,鲁迅始终坚守着白话文写作的大方向,一再提醒我们在文言与白话之间清晰的选择态度,十分明确地维护白话文的现代发展,相信"白话的生长,总当以《新青年》主张以后为大关键"[②],这是他作为五四新文化运动参与者与现代白话文建设者的基本理念。"我总以为现在的青年,大可以不必舍白话不写,却另去熟读了《庄子》,学了它那样的文法来写文章。"[③]他坚决反对

---

① 李长之:《鲁迅批判》,《鲁迅研究学术论著资料汇编(1913—1983)》第一册.北京:中国文联出版公司,1985年,第1324页。
② 鲁迅:《书信集·致胡适》,《鲁迅全集》第11卷,第413页。
③ 鲁迅:《准风月谈·答"兼示"》,《鲁迅全集》第5卷,第358页。

"古书中寻活字汇"①,否认他人对自己古文修养的赞扬②,甚至激情宣示:"我总要上下四方寻求,得到一种最黑、最黑,最黑的咒文,先来诅咒一切反对白话,妨害白话者。"③这样的宣示显然令当今的一些"国学"崇拜者很不舒服,以致它们再也不提鲁迅语文如何"古雅"的基本事实了。

然而,在真正的实践领域,鲁迅的探索却远远不是如上宣示所能够概括的。鲁迅对白话文的选择不是出于某种理论宣传的需要,而是长期具体的语言实践的体会。1903年,他试图用白话来翻译《月界旅行》和《地底旅行》,然而却因为感觉不佳而放弃了,"然纯用俗语,复嫌冗繁"④。这样的文言实践一直持续到1918年的《狂人日记》,而同一年翻译的《察罗堵斯德罗绪言》,依然使用了文言。所以说,文言与白话的选择,在鲁迅那里不仅是一个文化观念革新的问题,同时更是一种现代语文的复杂实践问题。

对于实践而言,重要的就不是理论表述的完善与周全,而是实际创作中的各种细微的考量和处理,而且显然这一类探索也会充满曲折,充满坎坷,不无矛盾,还被人质疑和批评。一方面,语文实践目的何在?当然是切实表达现代中国人更复杂多变的现代人的思想与情感,这样的白话当有别于传统白话而容纳了若干欧化的成分,成为"一种特别的白话",但欧化不是为了标新立异,而是自然表达的需要。用鲁迅话说就是属于"必要"而非"好奇"⑤。但是,在另外一方面,作为实践者的审慎,鲁迅又与某些白话文提倡者的"口语崇拜"或"语音中心主义"的思维区别开来。准确地说,鲁迅并不是在文言/白话的二元对立中径直奔向白话文的康庄大道,而是努力探索着一种能够最大限度地传达现代中国人思想感情的语言方式。这种方式需要以对白话文的充分肯定和全面提升来改变文言文占压倒优势的语文格局,但并不是以白话口语至上,它同时包含了对各种语言资源加以征用的可能,在本质上说,鲁迅所要建构的并不是胡适那样逻辑单纯、表达清晰的白话文,而是能够承载更丰富更复杂的现代情感的语言方式,我们可以称作是一种"现代语文"。"语文"是鲁迅提出的区别于"口语"的概念。他强调说:"语文和口语不能完全相同;讲话的时候可以夹许多'这个这个''那个那个'之类,其实并无意义,到写作时,为了

---

① 鲁迅:《准风月谈·古书中寻活字汇》,《鲁迅全集》第5卷,第375页。
② 鲁迅:《准风月谈·"感旧"以后》上,《鲁迅全集》第5卷,第329页。
③ 鲁迅:《朝花夕拾·二十四孝图》,《鲁迅全集》第2卷,第251页。
④ 鲁迅:《译文序跋集·〈月界旅行〉辨言》,《鲁迅全集》第10卷,第152页。
⑤ 鲁迅:《花边文学·玩笑只当它玩笑》上,《鲁迅全集》第5卷,第152页。

时间,纸张的经济,意思的分明,就要分别删去的,所以文章一定应该比口语简洁,然而明了,有些不同,并非文章的坏处。"①

作为实践的现代的语文创造,其根本目标自然是如何更为准确地承载现代人的思想与情感,它不会也不可能以消灭传统语文方式为目的,这就如同中国现代文学创立的意义是如何传达现代中国人的人生体验,而不是为了对抗中国古典文学一样。为了建设现代的语文,鲁迅理当尽可能地选择他所需要的各种语言资源,包括"欧化"的白话,古典的白话,也包括一定的文言,他不可能作茧自缚地唯口语是从。鲁迅清醒地指出过"大众语"与"口语"的局限性,反对"成为大众的新帮闲"②。

总之,鲁迅所创造的语文实现了在各种语言资源之间的游走往返,践行着文化上的"拿来主义":"没有拿来的,人不能自成为新人,没有拿来的,文艺不能自成为新文艺"③。"采说书而去其油滑,听闲谈而去其散漫,博取民众的口语而存其比较的大家能懂的字句,成为四不像的白话。"④能够创造这种"四不像"的新语文的鲁迅不仅是一般意义上的文化资源的继承人,更具有清晰的现实追求和强大的主体意识,所谓"运用脑髓,放出眼光,自己来拿"。

与之相反,今天以传统语文立场攻击鲁迅和白话文运动的人们,不过是将对文化资源的继承视作一种简单的认祖归宗式的道德规范,这已经从根本上放弃了鲁迅"拿来主义"的主体性,在他们那里,国学也好,传统文化也罢,不过都是抽象的概念,与现代中国的文化发展没有真正的关系,与现代中国的语文建设也不相干。由此一来,人们就不再能够理解鲁迅语文的丰富和现代语文运动的宝贵,不再能够通过鲁迅语文别出心裁的炼字造句进入一个极具独创性的奇崛瑰丽的语文世界。最终,也就是逃避和推卸着现代语文建设这一艰难而重大的历史使命。

本文作者系北京师范大学文学院教授

原载《探索与争鸣》2016年第6期

---

① 鲁迅:《且介亭杂文·答曹聚仁先生信》,《鲁迅全集》第6卷,第77页。
② 鲁迅:《且介亭杂文·门外文谈》,《鲁迅全集》第6卷,第77页。
③ 鲁迅:《且介亭杂文·拿来主义》,《鲁迅全集》第6卷,第40页。
④ 鲁迅:《二心集·关于翻译的通信》,《鲁迅全集》第4卷,第384页。

鲁迅思想的民族主义迷雾

张福贵

任何历史都可以做多角度的阐释,阐释的结果也往往大相径庭。而鲁迅作为一个历史人物或一种历史本身,在相当长的时间里,却一直处于单一阐释的状态。从阶级和民族的立场去阐释鲁迅思想的价值与意义,这无疑是一种历史的真实,同时也是现实的需要。在一般情况下,思想总是来自于客观现实,鲁迅思想的阶级意识和民族意识是百年来中国历史的现实反映,也是弥漫于中国社会的一种普遍社会心理。我们可以断定,今后对于鲁迅思想的这一阐释还将成为其研究的主要价值取向。但是,思想又总是鲜活的,真正的思想是具有自我反思能力的。因此,对于鲁迅思想的阐释仍然要依据当下的现实需要而做出调整,这是政治的逻辑,也是思想和学术的逻辑。当我们使用这样一种思维方式回望鲁迅研究的历史时,就容易理解鲁迅形象与价值的转化和变化,也会为我们未来的鲁迅阐释留下思想的空间。

鲁迅研究的历史实质上是一个被不断选择的思想过程,这种选择包括对其思想的简化和神化。而在鲁迅丰富的思想中,"民族主义"的有无及其评价始终是一团迷雾,无论是对其言语的分析还是行为的判断,都存在着复杂纷争。在"民族魂"的定义下,鲁迅思想中的民族主义属性长期被强调和放大,而他对于民族主义的批判一面则往往被忽略和误解。

在说到鲁迅思想中的民族主义问题时,首先必须将民族主义与民族精神、民族意识或爱国主义等概念区别开来,厘清其本质差异。我们看到,迄今为止在评价鲁迅民族主义思想的论著中,大多对民族主义本身及其在鲁迅思想中的体现做了正面的理解。关于"民族主义"的概念已经有诸多界定,但定义之间不无差异甚至对立,而且在具体使用中更是与民族意识、民族精神混淆。民族主义说到底就是坚持本民族利益至上,以单一国家、民族本位观去理解和判断世界大势,是民族意识和民族精神的极端化表现。在中国一般民众意识和言说中,从来就把民族主义与爱国主义相提并论,使之获得先天正义的地位。民族意识是一种与生俱来的民族自我认同心理,民族精神是由民族传统文化孕育和滋养,进而成为推动民族生存与发展的思想力量。相对于民族意识来说,民族精神具有更明确的价值取向。而民族主义则是在这一思想基础上生成,但具有明显排他性与极端化的价值观念和思想体系。从这一意义上讲,没有所谓的"极端民族主义"之说,因为相对于民族意识和民族情感来说,民族主义思想本身就是极端的,就像科学主义和科学精神之间的差异一样。虽说对于民族主义有着不同背景的解读,但是从马克思到列宁、斯大林、毛泽东以及中共几代领导人那里,几乎都没有对民族主义做过正面的具体阐释。相反,马克思、斯大林等曾从国际主义的阶级立场出发,对民族主义以民族性代替阶级性的思想本质进行了程度不同的否定和批判。

在中国话语体系中,鼓吹世界主义和批判民族主义从来都是不招人待见,甚至是冒道德风险的。因为近代以来民族主义一直是中国社会中最具道德感、普泛性和历史合法性的思想,也是官方文化与民间文化之间认同度最高的时代强音。民族主义往往以国家、民族等现实需要为指涉,以崇高、正义等精神旗帜为标榜,成为一种自我认同度极高、实践结果极为有效的思想口号。而且这一口号也确实在国家危机、民族救亡之际,发挥了巨大作用。然而,在国家发展和社会变革过程中,固执于这种先天正确和必定崇高的伦理逻辑,有时反而会增加民族历史的悲剧性,其本身有可能成为一种排斥外来文化、拒绝变革和保护落后的口号。鲁迅所处的时代有着生长和壮大民族主义思想最适宜的土壤,其思想中的民族意识与民族精神理所当然地成为人们研究鲁迅的最佳视角,而且这一视角不断被集中和放大。因此,在对于鲁迅思想中有无民族主义的探讨中,民族主义一词的属性和判断实质上已经发生了置换和神化,越来越成为民族意识、民族精神和爱国主义的同义语。

如前所述,关于鲁迅是否为民族主义者的问题,曾经在学界产生过不小的争论。其实无论是肯定还是否定,答案并不十分重要,重要的还是如何理解鲁迅思想中的民族主义属性问题。从争论双方的阐释来看,大多对于民族主义做了一种正面的积极理解。有学者指出,"鲁迅一生发生了两次而不是一次方向性转变,因此有三个鲁迅:即留学时期的民族主义、保守主义的鲁迅;五四时期的世界主义、启蒙主义的鲁迅;左联时期的革命民族主义、马克思主义的鲁迅。这三个鲁迅又不是完全分割的,而是有着内在的一致性的、完整的鲁迅的三个不同阶段。三个阶段的内在联系就是民族主义情结,这是鲁迅思想的深层结构,它使鲁迅在变中保持着同一性"。[①] 在这一叙述中,民族主义成为

---

① 杨春时:《鲁迅的民族主义情结及其思想历程——兼答朱献贞先生的批评》,《粤海风》,2005年第1期。

了贯穿鲁迅思想始终的主体思想。"百度贴吧"上有帖子批判鲁迅的反民族主义的思想,称"鲁迅是逆向民族主义始作俑者,必须批倒批臭"[①]。而关于鲁迅思想的民族主义属性,周作人的判断可能最有说服力,他认为鲁迅在那个时代的思想我想差不多可以民族主义来概括。如何看待鲁迅思想中的民族主义元素,是我们理解鲁迅思想属性的关键所在。我觉得,不能把民族主义和鲁迅思想中的民族意识混淆,后者自身也不能做更深的延伸解读。"留学时期的鲁迅选择了民族主义和保守主义,是出自民族主义情结,面对西方和西方文化的强力压迫,他全力维护中华民族和中华文化的尊严,对西方和西方文化有所抵牾。五四时期的鲁迅选择了世界主义和启蒙主义,是出自民族主义情结,为了中华民族的生存和发展,他'哀其不幸,怒其不争',批判国民的劣根性,以决绝的态度批判传统文化、推崇西方文化。左联时期的鲁迅选择了革命民族主义(反帝)和马克思主义,也是出自民族主义情结,因为他认为西方文化救不了中国,只有苏联传来的马克思主义才能救中国。"[②]在这里,鲁迅思想启蒙的目的和动力都来自于民族主义思想的延伸,而在鲁迅的思想和概念中,前者的目的恰恰是对于后者的否定。

鲁迅对于民族主义的批判是和对"庸众"的批判分不开的,而且这一批判也抓住了民族主义与话语权力结合所构成的互为表里的思想关系,并指出其强大的舆论杀伤力:"'合群的自大','爱国的自大',是党同伐异,是对少数的天才的宣战……他们自己毫无特别才能,可以夸示于人,所以把这国拿来做个影子;他们把国里的习惯制度抬得很高,赞美的了不得;他们的国粹,既然这样有荣光,他们自然也有荣光了!"[③]鲁迅很清晰地勾勒出了民族主义通过"多数主义"走向"党同伐异"思想暴力的轨迹。党同伐异行为的深层社会心理是人对于群体本身力量和自我脱离群体后的恐惧,本质上是怯懦,也就是鲁迅所说的"卑怯"。在这样的环境和心理下,人们通过"党同伐异"很容易获得一种自身的安全和荣耀,这对于缺少自主意识的人来说又何乐而不为呢?由此可见,无论民族主义假以爱国主义之名获得多么崇高的赞许,也不可能成为走向个人自由和世界大同的桥梁。最终,民族主义只能成为"庸众"群体性的遮羞布和虚荣面具。

[①] 《鲁迅是逆向民族主义始作俑者,必须批倒批臭》,http://tieba.baidu.com/p/2641777788.
[②] 杨春时:《鲁迅的民族主义情结及其思想历程——兼答朱献贞先生的批评》,《粤海风》,2005 年第 1 期。
[③] 鲁迅:《热风·随感录三十六》,《鲁迅全集》第 1 卷,北京:人民文学出版社,1981 年,第 313 页。

应该看到,鲁迅对于民族主义的批判不是政治性的,而是思想性的。他深挖民族主义的文化之根,把批判民族主义与倡导个性主义的思想联系起来,服从于"改造国民性"的立人之说。民族主义的伦理基础是大众化、群体性的,这对于思想启蒙的个性主义构成了自然的集体围剿。因此,有必要进一步厘清鲁迅思想中民族主义和个性主义之间的真实关系。

第一,民族主义是一种具有排他性的民族至上、群体本位的大众化的民族思想体系。鲁迅思想中从早期的"立人"思想到后来"改造国民性"的主张,都属于以个人为本位的自由主义思想谱系,这是其思想的主体。像孙中山等人一样,早期鲁迅存在着本真意义的民族主义思想元素。但也正是在表达民族主义这一时代思想的同时,鲁迅更倡导当时十分超前的个性主义思想。当鲁迅将"任个人而排众数""不若用庸众为牺牲,以冀一二天才之出世""个性张,沙聚之邦,由是转为人国"[①]的判断组合在一起,来探讨中华文明辉煌传统时,所谓的民族主义元素就已经变成了以个性意识为内核,重构民族精神的思想武器。鲁迅对于"庸众"的批判和对于"个人"的张扬,已经十分清楚地把鲁迅与一般的民族主义者区分开来了。如同鲁迅当时否定中国尚未建立的议会制宪——"众治"一样,都是为了实现"任个人而排众数"的个性主义理想。

第二,不能把鲁迅思想中一般意义的民族精神和民族意识解读为民族主义。千百年来,人类所共有的忧患意识、救亡图存等意志精神并不等于民族主义。正像不能把人类共有的美德归结于某个族群的专属一样,救亡图存的民族意识和民族精神也不只为民族主义所特有,而是人类普泛性的情感和义务。从对于"世界主义"的最终认同,也可以看出鲁迅对于民族主义的批判和否定。而"个人"概念又是与"世界人"概念相关联的。

长期以来,世界主义在鲁迅的思想中是被人们有意无意忽略的一种宝贵的精神资源。对于鲁迅所倡导的"世界人"概念必须放置于其思想的大框架之中去理解,不能单纯地从概念本身去理解。"世界人"是世界主义思想中民族和个人身份的概括,其中包含有对于自我价值的坚守,而不是民族性和个人性的泯灭:个人、民族和人类要"协同生长,挣一地位",表明了鲁迅"世界人"概念的思考过程和最终指向。鲁迅形象地指出,"中国人"要成为"世界人",不是以其特殊性进入世界,而是以人类的同一性进入世界。"有人说:'我们要特别生长;不

---

① 鲁迅:《坟·文化偏至论》,《鲁迅全集》第1卷,第56页。

然,何以为中国人！'于是乎要从'世界人'中挤出。于是乎中国人失了世界,却暂时仍要在这世界上住！——这便是我的大恐惧。"①这与他毕生致力于批判国粹主义和民族主义、坚持改造国民性的宗旨是相一致的。而这并不只是鲁迅一个人的思考,而是他同时代人的思考。1902年,蔡元培提出要"破黄白之级,通欧亚之邮,以世界主义扩民族主义之狭见"②。毛泽东在1920年12月1日致蔡和森等人的信中说:"以我的接洽和观察,我们多数的会友,都倾向于世界主义。凡是社会主义,都是国际的,都是不应该带有爱国的色彩的。……当然应在中国这一块地方做事;但是感情总要是普遍的,不要只爱这一块地方而不爱别的地方。这是一层。做事又并不限定在中国,我以为固应该有人在中国做事,更应该有人在世界做事。"他认为"世界主义"就是"愿自己好,也愿别人好"的主义,"这种世界主义,就是四海同胞主义"③。而习近平提出的"人类命运共同体"的概念,也是与马克思主义基本思想完全一致的。

在人类思想史上,"世界主义从来就是批判民族主义的有力武器。文化发生剧烈转型的时期也是世界主义和民族主义冲突剧烈的时期,而传统文化能否完成真正的转型,就是要看世界主义与民族主义博弈的最终结果。二者的冲突和博弈不单是一种主义之争,更是社会发展与民族文化建构的不同路向的矛盾"④。民族主义的社会功能是与一定的历史境遇分不开的,国家和民族危亡之际,民族主义思想可以凝聚人心,具有现实的合理性和必要性。然而,愈是在这样一种情境下,世界主义思想才愈是不可或缺的。这不仅体现出一个民族的胸怀和视野,而且也决定着民族性格的构成和文化发展的方向。相反,拒斥世界主义,偏执于民族主义,最后伤害的恰恰是民族本身。

鲁迅用世界主义和个性主义的思想平复了民族主义的激情,他的思想总是比时代快半拍。当历史走完了某个时段,人们再回头品味鲁迅的判断时,才发现他的思想早已在这个时段的终点处等待着我们,平静地接受我们的敬意。

本文作者系吉林大学中国文化研究所教授

原载《探索与争鸣》2016年第7期

---

① 鲁迅:《热风·随感录三十六》,《鲁迅全集》第1卷,北京:人民文学出版社,1981年,第307页。
② 蔡元培:《日英联盟》,《蔡元培全集》第1卷,北京:中华书局,1984年,第160—161页。
③ 毛泽东:《毛泽东书信选集》,北京:人民出版社,1983年,第2页。
④ 张福贵:《鲁迅"世界人"概念的构成及其当代思想价值》,《文学评论》,2013年第2期。

鲁迅传播史的几个问题
——在世界主义视界中呈现鲁迅遗产

孙 郁

鲁迅逝世后,关于他的传播主要集中在以下几个群落:一是生前好友、亲属的回忆、怀念文章,周作人、许广平、许寿裳可谓代表;二是弟子的追忆之作,比如胡风、冯雪峰、萧红的文字;三是学院派学者的研究论著,张申府的短论、李长之的专著成了那个时代有学理的言论;四是政治人物的点评,瞿秋白、毛泽东的论述一直被人们所转述。在生前好友之中,自由主义文人胡适、曹聚仁的观点,在思路上溢出一般的框架,是左翼之外的视点。自然,一些作家如茅盾、郁达夫、老舍、巴金的追忆性文字,也成了重要的历史表达。这些不同思想者的表述在差异中构成了有厚度的精神景观,它们实际上成了鲁迅传播史的重要部分。

反观这些不同群落对于鲁迅的叙述,可以看出现代文化发展的多向脉络。文学史与文化史一些重要的话题,有许多交叉在鲁迅的思想里。人们阐释的着眼点有时也完全在不同的空间,内中纠葛着现代中国重要的精神内核。鲁迅是什么,不同时期的描述不同,在各自的表述间,有时仿佛在讲不同的人。比如"文革"期间的鲁迅,就完全不食人间烟火,只是一个斗士的脸孔。而现在,鲁迅成了学院派里热点的文化人,各类标签不一,紧张的冲突语境淡化,又把其斗士风采省略了。从80余年间的叙述看来,鲁迅的价值有时有很浓的政治色彩,有时却极富有个人主义意味。在历史人物描述方面,恐怕没有谁像鲁迅那样给人如此复杂的感觉。

在我个人的兴趣里,草根化的左翼青年对于鲁迅的描述尤值得深思。而那些游离于流行文化的思想者对于鲁迅遗产的把握,可能构成了鲁迅传播史中最为动人的一章。鲁迅的能量刺激了那些底层知识人创造的潜能,他们在这份遗产里发现了走出苦难的资源,而这些恰恰是激活想象力与创造力的原动力。这些来自社会边缘的人群,在自己的选择里有鲁迅遗产的真意的辐射,虽然彼此的逻辑并不重合在一起。萧红、萧军、叶紫、柔石的文化活动,都隐含着鲁迅内在的价值,他们之所以接近鲁迅传统,是和他们抵抗生存环境的程度深切联系在一起的。

但这些草根左翼的深层价值被注意的不多,长达80年间的鲁迅研究,政治话题有时覆盖了一切。我在《鲁迅与列宁主义的几个问题》一文,专门讨论了鲁迅被政治化叙述的历史。自瞿秋白后,关于鲁迅的描述,多在列宁主义的话语里。它的题旨是,鲁迅由旧的阶级营垒,进入革命的世界,那些士大夫与布尔乔亚的痕迹消失了。这种叙述,在狭义的层面有一定意义,鲁迅自己并不反对,但考察鲁迅晚年的写作兴趣与翻译兴趣,溢出列宁主义的思想很多,把他的精神活动限定在列宁主义的语境中,并扩大其思想空间的苏维埃因素,就模糊了其间的问题,把其丰富的意味简化了。不幸的是,鲁迅死后一方面不断被简化地陈述,一方面被封闭性处理,结果都腰斩了其思想的要义。我们看同时代人的回忆文本对于鲁迅思想的简单化陈述,亦能感受到其间的问题。

20世纪80年代,李泽厚在研究中国思想史的过程中,参考了大量的鲁迅遗著。他绕开苏联的语境,从康德、荣格的学说里,融会鲁迅思想,确立了文化积淀说的理论。而由此延伸出的思想,把鲁迅遗产放置到更为开阔的世界性的话语中加以阐释。这是鲁迅资源获得一次重新组合的尝试。实践已经证明,在俄苏传统之外打量鲁迅,可能会有更为丰富的精神对话的空间。

但是李泽厚的思路并没有被继续延伸下去,现实流行话语很快成了阐释鲁迅的主导性表述。这些话语有的是左翼思想的变形表述,其价值在于批判性,但易流于本质主义的倾向也引起人们的警惕。鲁迅一生要颠覆的是本质主义的思维中呈现的奴隶话语。他觉得士大夫语言与大众语言里,都有专制主义的毒素,以一种新的话语方式代替旧的话语,恰是自己的使命之一。即便他"左转"的时候,对于社会主义与马克思主义的理解,也是开放式的,有自己自由阐释的逻辑,并非苏联意识简单的位移。但他去世后,世俗社会对于他的描述,一直属于鲁迅厌恶的话语逻辑,那些关于文艺与政治,个体与群体关系的陈述,与鲁迅文本呈现的思想并不在一个空间里。所以我曾说,我们常常在用鲁迅最为厌恶的方式表达鲁迅的思想,这造成了一种错位。描述鲁迅面临一种新的话语使用问题,假使我们不清楚自己的语言还属于鲁迅攻击过的一种历史遗存,可能永远不能进入鲁迅世界最为隐秘的所在。

最早意识到此问题的曹聚仁,在自己的回忆文字中试图表达这一突围的可能,但因为知识结构的限制,只能做到思想上的超党派,而审美的方式还是晚清文人的意味较多。他的《鲁迅评传》开出一条研究的新路,但也仅仅局限在思想的维度里,审美等判断显示的智慧寥寥无几。在鲁迅研究的思路延伸中,徐梵澄的陈述颇有意义,他在多种语境里把握鲁迅的精神,给我们带来诸多的启迪。某种程度上说,徐梵澄是在语义和哲学层面最能沟通鲁迅精神的人物。但他对于世俗社会的盲点也影响了对于中国问题的判断,而这一方面,胡风、聂绀弩的思想,倒可以成为这种不足的补充。

鲁迅晚年的左翼选择,与毛泽东的思想是在两条路径里。他是从社会批判与文化批判进入马克思主义的路径。但他接受马克思主义是草根式的,没有政党文化的痕迹。只要看他与周扬等人不同的状态,就可以发现其背后的个人化的马克思主义文艺思想,其实与世界主义的许多文化元素交织在一起。在深入了解到马克思主义文学原理之后,他还那么热衷于表现主义与达达主义的艺术,这不是斯大林主义式的,而具有逆斯大林式的普列汉诺夫的特点。这不仅与日本的左派不同,和中国的左翼作家亦多有别。可是,后来中国的文学理论,是抛弃普列汉诺夫而近斯大林主义的,这一路径与鲁迅的思想其实在不同的时空里。

如果我们不能在这个问题上看到原色,或者不能够意识到鲁迅研究与鲁迅传播中这样曲折的历史,我们可能会把鲁迅遗风理解为一种单色调的渲染。而实际的情况是,鲁迅的思想是被以分解式的样式而出现在不同时代与不同领域的。延安时期的王实味对于鲁迅的思考已经被批评,丁玲的思想也被扣上帽子。胡风后来不断受到批判,其实也是删除鲁迅思想最为锋利一面的过程。20世纪50年代,胡风、冯雪峰的命运已经证明,以个性化的方式介入左翼文学批评,是违反斯大林式的逻辑的。周扬、夏衍对于他们的批判,背后有深的精神渊源,鲁迅被抽象的肯定,又具体的否定的历史过程,也恰恰是其思想不合时宜的另一种证明。

在20世纪二三十年代,许多人其实深切地意识到鲁迅的价值。张申府对于鲁迅的哲学化的表述,与他所认识的罗素、维特根斯坦式的智慧虽然不同,但多有相近的精神启迪。张申府可能是最早从思想史的层面洞悉鲁迅精神意蕴的人,他对于鲁迅的认识不是在马克思主义的层面。这个中国共产党最早的理论工作者对于鲁迅的非党派化的描述,更接近鲁迅遗产丰富的特性。而这些观点直到过了50多年之后,才得到人们的认可。而20世纪80年代后许多学者从文化史与思想史层面思考鲁迅精神,与张申府的思路有着惊人的一致性。

日本学者的研究给鲁迅研究带来了学理的厚度,他的哲学性价值和思想者价值,被放置于更为广阔的世界主义视界得以呈现。无论是竹内好还是丸山升,他们将鲁迅遗产放在东亚解放和世界革命的层面上,那些狭隘语境里的表达被消解了许多。日本学者借着鲁迅要解决的是自己的问题,但同时也把中国的焦虑与人类的焦虑置于同样的平台上加以审视,鲁迅的价值就由中国的时空转换到世界的舞台上。有人从尼采、克尔凯郭尔、卡夫卡的对比里研究鲁迅,则无意间把鲁迅在世界主义的话语体系中经典化了。

在诸多日本鲁迅研究者中,木山英雄与丸山升的著述具有象征意义:前者把鲁迅指向形而上的层面,鲁迅思想与德国近代哲学获得了同样重要的意义;后者则把其遗产的革命性与社会改革深切连接起来。这给中国的同行带来了许多启示,近来关于鲁迅的叙述,有许多受到了他们的影响。不过值得思考的是,欣赏他们的人,多是学院派的人物,他们似乎没有这两位日本学者深广的政治情怀,而在借用其思想的时候,渐渐把鲁迅象牙塔化。在关于鲁迅的各种陈述中,象牙塔里的鲁迅,被古典化处理,仿佛是古代文学研究的对象,鲁迅进入了他所厌恶的"悠然见南山"的"美的静观"里。20世纪30年代有学者担心鲁迅被学院派化后的简单化,还是在今天成为现实。

当鲁迅日趋进入学院派的语境时,那些在野的鲁迅研究显得格外重要。而草根化的表述,对于对抗日益象牙塔化的鲁迅研究显得格外耀眼。一方面需要学院派思考的深化,另一方面,民间原动力的思想交流应得以拓展。那些艺术家对于鲁迅的能动的阐释,对于发展鲁迅思想都是必要的选择。我们今天讨论这个话题,看到民间的表述所生成的智慧,可能是抵抗思想弱化的一种精神支援。

在我看来,鲁迅精神的延伸,艺术家的选择起到的作用十分巨大。我们从路翎、聂绀弩、孙犁等人的创作,以及吴冠中、赵延年的绘画里,看出了未完成的传统的闪光。那些并不在主流文化中的文化人,在处理中国文化难题的时候,自觉不自觉走在鲁迅当年的路上。在后来的作家余华、莫言、阎连科那里,鲁迅的主题不是弱化,而是被以不同方式强化起来。这里不仅有国民性话题的再提,重要的是知识分子语境的激活。只要稍加留意就会发现,中国作家在自己的社会职责上,不会也不能丢掉五四的传统。在凝视我们自己的历史与现状时,批判意识与改造社会冲动,是一直伴随其间的。

在这个意义上,鲁迅遗产一方面在学院派的话语里被不断演绎着,一方面在作家的实践中成为时断时续的母题。学院派把他视为思想的资源,其价值与孔子遗产同样不可或缺,而作家的写作也因此拥有了一种审美的底色,仿佛托尔斯泰与陀思妥耶夫斯基之于俄罗斯文学,具有原典的意味。鲁迅传统拥有巨大的政治可能性,但常常是反非人道政治的政治。对于这种政治化的表述,草根左翼和学院派知识分子都有过相当精当的描述。这些已经构成了一个新的传统。鲁迅研究的生命力可能恰在这个传统里,这些年间青年一代对于鲁迅遗产奇妙的对接,似乎证明了郁达夫当年对于鲁迅的判断,热爱自己传统中的伟大的存在的人们,是远离奴隶之路的有希望的群落。现在我们纪念鲁迅逝世80周年,越发感到先生不是远离我们的存在,而是一道与我们息息相关的风景。

本文作者系中国人民大学文学院教授

原载《探索与争鸣》2016年第7期

破解狭隘的民族主义壁障
——作为精神资源的鲁迅后期国际主义

赵京华

日本学者长堀祐造近来出版《鲁迅与托洛茨基》(日本平凡社2011年版)一书,引起东亚读书界的关注。作者以20年实证研究的功力重返历史现场,试图证明鲁迅至少在1925—1932年期间对托洛茨基的文学与革命论有密切的关注和认同。后来他不再引用托洛茨基的文字,恐怕是受瞿秋白的影响所致。鲁迅与托洛茨基的关系是一个悬而未决的历史课题,涉及鲁迅后期的文学观乃至对社会革命的态度。长堀祐造以世界史的视野和反思革命的强韧信念挑战这个难题,并提出有必要深入开掘"鲁迅基于阶级论的国际主义精神"在当今的价值这一重大议题。这促使我开始思考鲁迅后期的国际主义问题。

基于阶级论的国际主义,这是否指20世纪20年代以来以共产国际为主导的无产阶级国际主义,或者托洛茨基以世界革命(不断革命论)为宗旨而否定一国社会主义论的国际主义?长堀祐造在他的著作中文版序言(台湾人间出版社2014版)中提出此议题时,并没有给出明确的说明。我理解,他是在更宽泛的意义上,就19世纪以来世界社会主义运动中的国际主义而言的。那么,这与我们学界基本认可的鲁迅之世界主义是怎样一种关系?或者说,从早期确立起"立人"思想和"世界人"的立场,到1928年"向左转"而参与到中国左翼文学运动中来,鲁迅思想中是否存在着从世界主义向无产阶级国际主义的转变,或者两种"主义"交互共存的现象？这些基本问题，我们以往并没有深究。

实际上在中国，鲁迅的国际主义一般是在讲其爱国主义或民族精神时并列提到，但没有深入探讨。例如，胡愈之在1936年10月22日鲁迅葬礼上代表主席团所宣读的《哀辞》中，就有这样的表述："鲁迅先生不单是一个伟大的作家和思想家，而且是世界劳苦大众之友，青年的导师，中国民族解放的英勇斗士。鲁迅先生一生所企图的，是人类社会自由解放，与世界和平，所教导我们的，是为和平自由而艰苦斗争。"[①]胡风则在发言中直接称鲁迅为伟大的"国际主义者"。这种表述直到1981年胡耀邦在鲁迅诞生100周年纪念大会上的讲话中，依然如此："鲁迅是伟大的爱国主义者，又是伟大的国际主义者。他十分重视中外文化的交流，用很大精力吸收外国的进步文艺。他关心和支持世界上被压迫民族和人民的解放斗争，在30年代国际反法西斯斗争中，他是一个英勇而坚定的国际主义战士。"然而，比之前面上千字的谈论鲁迅爱国主义的部分，这里仅以百余字来阐述其"国际主义"，如此而已。就是说，这里还存在着一个更根本的民族主义与国际主义的关系问题。

这种强调鲁迅爱国主义之"民族魂"的一面，而对"国际主义"精神不予深究的情况，在中国民族解放运动乃至新中国成立后相当长的一段时间里一直存在。而新时期以来，情况似乎发生了变化，但最近30余年来中国的鲁迅研究界又出现了另一种态势，即在认同鲁迅为民族精神代表的同时，更强调其世界主义的一面。毫无疑问，这与冷战结束和社会主义阵营解体乃至全球化时代到来等一系列世界史剧变息息相关。20世纪20年代以来影响了世界反法西斯阵线的形成，并推动了"红色三十年代"出现的国际共产主义运动中的"国际主义"，如今已被人们所遗忘，而成为过去时代的遗物。我们最近更多讨论的是鲁迅与世界的关系，而这个"世界"主要是指近代以来的西欧世界和东亚区域，我们所看重的鲁迅之世界主义，也基本上意味着起源于法国大革命，以启蒙和普遍人性为基本的世界主义。直白地说，那是与后起的无产阶级国际主义性质不同的、以资本向世界扩张之帝国主义时代为背景的所谓自由民主的世界主义。在我们的视野里，20世纪30年代盛行一时的无产阶级国际主义已然消失得无影无踪。因此，当我读到长堀祐造"基于阶级论的国际主义"提法时，甚至有陌生之感。

在20世纪中国，鲁迅是一个特异的不断反抗现存状况的孤独个体，同时

[①] 曹聚仁：《鲁迅年谱》，北京：生活·读书·新知三联书店，2011年。

又是始终关注世界潮流,并在其中思考个人和人类命运的思想家。与其说鲁迅在早期确立起世界主义立场,到了1928年"向左转"成为世界无产阶级文化运动之一翼的中国左翼文学运动盟主后而有了变化,我认为,那也不是完全抛弃前者而投向无产阶级国际主义,毋宁说他是以独自的理路在传统的世界主义之上更倾向于新的国际主义。鲁迅没有直接加入共产党或者共产国际组织,他以自己的方式透过文学和思想理论接触到苏俄革命后的新思潮,包括在东西方迅速传播开来的无产阶级文化运动,而逐渐形成了其国际主义的思想倾向。因此,我们不能用一般国际主义的政治定义去衡量他。鲁迅后期的国际主义,可以从以下两方面来观察。

第一个方面,鲁迅首先是一个文学家。他在坚持早期以人道主义为基础的世界主义立场同时,于文学中看到了这个世界的压迫与被压迫社会结构关系,并在后期上升到阶级关系的认识高度。例如,后来他在《祝中俄文字之交》(1932年)中回顾了当时对俄国文学的观感:"那时就知道了俄国文学是我们的导师和朋友。因为从那里面,看见了被压迫者的善良的灵魂的酸辛、挣扎;还和四十年代的作品一同烧起希望,和六十年代的作品一同感到悲哀。我们岂不知道那时的大俄罗斯帝国也正在侵略中国,然而从文学里明白了一件大事,是世界上有两种人:压迫者和被压迫者!"而到了20世纪30年代,鲁迅更从压迫者与被压迫者,或者压迫民族与被压迫民族的结构关系中,看到了阶级关系的存在。1934年,在回答国际革命作家联盟机关刊物《国际文学》之问"苏联的存在与成功,对于你怎样"时,鲁迅明确表示了对社会主义革命的肯定:"先前,旧社会的腐败,我是觉到了的,我希望着新的社会的起来,但不知道这'新的'该是什么;而且也不知道'新的'起来以后,是否一定就好。待到十月革命后,我才知道这'新的'社会的创造是无产阶级……现在苏联的存在和成功,使我确切的相信无产阶级社会一定要出现。"从始终期待"联合世界上的一切人——尤其是被压迫的人们"(《答世界社信》1936年)而不曾放弃解放全人类的理念这一角度观之,可以说,后期鲁迅的确具有了"基于阶级论的国际主义"倾向。

文学家鲁迅在具备了国际主义精神和视野之后,更从先前的旨在民族文学的创生进而开始追求"无祖国的文学"和"用文艺来沟通"世界的人心。1933年在为曹靖华译高尔基《一月九日》所作小引中,鲁迅肯定高尔基是代表"底层"的无产阶级作家,并慨叹中国因教育落后而一时难以产生这样"伟大的作者",但他同时强调:"不过人的向着光明,是没有两样的,无祖国的文学也并无彼此之分,我们当然可以先来借看一些输入的先进的范本。"我理解,这"无祖国的文学"也正是20世纪30年代鲁迅所追求的新的文学理想,与他《〈呐喊〉捷克译本序言》(1936年)中所表明的"人类最好是彼此不隔膜,相关心。然而最平正的道路,却只有用文艺来沟通"的想法形成互为表里彼此呼应的关系,最终目的在于"联合世界上的一切人——尤其是被压迫的人们",以实现平等自由和普遍公正的社会。这是鲁迅从文学的角度确立起新的国际主义视野的体现。

鲁迅还不遗余力地向国外介绍中国左翼文学新近的作家和作品,如协助山上正义、尾崎秀实等编辑校订的《国际无产阶级文学丛书》在日本出版,参与伊罗生的编译中国现代短篇小说选《草脚鞋》的工作。这也是他"无祖国的文学"和"用文艺来沟通"之国际主义精神的实践之一。在20世纪30年代,鲁迅认同罗曼·罗兰、巴比塞、德莱赛、辛克莱等国际反法西斯进步作家的立场,对帝国主义战争和专制政治势力的迫害人权与言论自由表示抗争,同时不惮于激烈批评在本国实行白色恐怖的国民党专制政府,这也是一种典型的国际主义之体现。而1931年"左联五烈士"被害之后,鲁迅迅速写就的《中国无产阶级革命文学和前驱的血》及《黑暗中国的文艺界的现状》等,则通篇贯穿着阶级论和无产阶级国际主义的连带精神。

第二个方面,鲁迅积极参与实际的社会斗争和政治团体的活动。与此前不同,鲁迅在20世纪30年代以后直接参与到社会政治运动中,成为广泛地发挥文化政治影响力的人士。这一方面是由于他作为文学家、思想家的声望不断升高,成为国内和国际进步势力的关注对象;另一方面也是因为在"向左转"的过程中获得了反帝反专制的社会改造之新目标,从而更积极地付诸实践。例如在国际上,1931年在美国纽约召开工人文化联合大会,据戈宝权讲,鲁迅和苏联的高尔基,列宁夫人克鲁普斯卡娅,法国的巴比塞,德国的雷恩,美国的德莱赛、辛克莱等人,都被推选为大会的名誉主席[1]。而在国内,鲁迅后期主要参与了三个大的社会组织,即中国自由大同盟(1930年)、中国左翼作家联盟(1930年)、中国民权保障同盟(1933年)的运动。这些组织或者是中国共产党直接号召组织的外围团体,或者是根据共产国际的授意而成立的同盟,具有明显的政党色彩和国际主义倾向。我相信,鲁迅是在了解这些组织的政治背景下参与其运动的,是在自觉实践反抗法西斯和专制政治的国际主义路线。

关于中国民权保障同盟,作为组织核心的执行委员之一的鲁迅的活动经

---

[1] 《戈宝权集》,北京:中国社会科学出版社,2009年。

历,包括他与同盟负责人宋庆龄以及史沫特莱、伊罗生等的关系,我们以前也曾有过研究和高度评价。而朱正先生最近在《鲁迅的人际关系》(中华书局2015年版)一书中,通过参照《共产国际、联共(布)与中国革命档案资料丛书》等新近公开的文献,为我们重新勾稽了宋庆龄及几位美国记者与共产国际的关系,由此给鲁迅与当时的国际主义运动之关联提供了新的认识线索。朱正先生还提到1933年9月在上海举行的远东反战会议,这也是在共产国际布置下,由世界反对帝国主义战争委员会筹备举行的。鲁迅没有直接参会,但自愿捐款以示支持,而且秘密会见了共产国际派来的代表——法国作家伐扬·古久烈和英国工党的马莱。

不过,朱正先生在他的著作出版后又表示了这样的看法:鲁迅晚年参加的自由大同盟、左翼作家联盟和民权保障同盟,我们不能一概而论。比如左联尽管是左翼组织,但也是作家联盟,鲁迅作为一个文学家参加作家组织是顺理成章的事。可为了营救外国间谍牛兰,参加民权保障同盟,这绝对不是鲁迅的光荣。[①] 这就让我费解了。我们如果今天不是从对苏联革命和共产国际的认识出发,而是从历史上的无产阶级国际主义及世界反法西斯同盟运动的视角来看,鲁迅参与民权保障同盟正是他努力实践其思想理念的行为,也是其国际主义精神的反映。尽管与第三国际没有直接的组织关系,但鲁迅在后期的确如长堀祐造所言,坚持的是基于阶级论的国际主义精神,同时也不排除19世纪以来形成于欧洲的"进步"之世界主义。或者说,在一生坚持民族立场和世界视野的鲁迅身上,后期更包含了以共产国际为中心所形成的国际主义内涵,这体现了历史中的鲁迅其思想意识的丰富性。

我们今天重提鲁迅后期的国际主义,并不是要掩盖他作为20世纪中国革命之伟大民族魂的一面。也就是说,讨论鲁迅后期的国际主义势必还要处理其与民族主义的关系问题。我的基本认识是,从20世纪世界历史的大视野观之,可以看到殖民地半殖民地国家的民族解放运动,从一开始就是与反抗资本之跨国运动——帝国主义全球扩张的世界社会主义运动深深联系在一起的。无论是一战之后以国际联盟为中心的国际主义,还是20世纪20年代以后出现的以共产国际为核心的无产阶级国际主义,它们的出现从根本上都是针对19世纪资本从其民族基础上独立出来并向全球扩张的时代,从而形成的对抗运动。正

---

① 读书会:《朱正、陈子善谈鲁迅的教育文化军政人脉》,http://book.sohu.com/20151105/n425413968.shtml。

如资本的扩张是全球性的,每个民族的独立解放斗争也必然是全球连带的。

1936年10月19日鲁迅逝世,人们在他身上覆盖了"民族魂"的旗帜,成为中国民族解放斗争的象征。这在当时中日战争一触即发,民族危亡在即的现实形势下,实属自然而然。但是,我们不能忽视鲁迅的民族精神是建立于世界主义乃至无产阶级国际主义基础之上的。后期鲁迅激烈批评国民党专制政府,置身于世界无产阶级文化运动之一翼的中国左翼文学阵营指导地位上,坚持用文艺与世界人民,特别是被压迫民族实现沟通。这些都不是一个单纯的民族主义者所具有的品格。实际上,第一次世界大战结束后世界各地出现民族自决的潮流,而发生于殖民地或半殖民地的民族解放斗争必然和世界社会主义运动连接在一起,不如此就无法突破帝国主义式的民族主义(德、意、日法西斯主义)压迫。社会斗争的情形是这样,民族解放斗争的象征性人物也是如此,他们必定同时是伟大的民族主义者和国际主义者。我甚至想到,鲁迅临终前依然感到"外面的进行着的夜,无穷的远方,无数的人们,都和我有关"(《"这也是生活"……》),就在于他青年时代便培养起世界主义立场,晚年则进一步有了明晰、具体、充实的全新内涵。他所言"无穷的远方"和"无数的人们",应该是指涉全世界和一切被压迫、被侮辱、被损害的人们。

而环顾当今世界,全球化并没有给我们带来世界大同的图景,从美国到欧洲,世界秩序即资本主义经济政治制度反而遇到全面的危机。与此同时,世界财富的两极分化,区域主义、民族主义、原教旨主义,各种国族复兴的浪潮彼此起伏,我们的世界变得更加不安而人心越发难以沟通。历史上,在敌对的民族和国家之间,人们可以依托某种超越性的"共同精神",比如国际主义等,构筑起反抗法西斯和专制统治的跨国跨民族界线的国际联合现象,在今天这个全球化时代反而不再容易见到。因此,我们有必要重提无产阶级国际主义。虽然它在历史上未能最终阻止资本的全球扩张与帝国主义战争,其本身在体制和组织上亦有种种问题,但它试图联合世界被侮辱与被损害的人们以实现民族解放并最终达成世界革命,包括扶贫济困、同情弱小,以反抗斗争实现人类自由平等和普遍公正的高迈理想,作为一种精神遗产,是可以帮助我们破解今日之种种狭隘的民族主义壁障,并获得追寻"新国际主义"愿景的灵感。这是我在此重新检视鲁迅后期国际主义问题的主要目的。

本文作者系中国社会科学院文学研究所研究员

原载《探索与争鸣》2016年第7期

鲁迅：用世界眼光讲叙中国故事

谭桂林

在一种世界的背景上，用一种世界的眼光来讲叙中国故事，这是五四时代里以鲁迅为首的一代新文学家们最为突出的思维特点。采取这样的眼光，当然与五四时代新文学家大多出身留学知识分子有关，他们手里都掌握着丰富的西方文化资源，可以信手拈来。但更为深层的原因是，这群留学知识分子自觉或者不自觉地感受到了中国历史上文化变革的一个从未跳脱出去的怪圈，这就是台湾学者龚鹏程曾指出的，揭橥主流文化的非主流因素来反主流。这种体制内的反叛，虽然有时也能热闹一阵，但最终结局要么被收编，要么沉入主流文化的汪洋大海中再无消息，儒家传统不仅稳坐江山，而且把整个中国文化变成更加密不透风的大染缸。所以，陈独秀发起新文化运动，高高举起的旗帜是西方的"赛先生"和"德先生"，胡适提倡白话文学，虽然也做做《白话文学史》，说说禅宗语录的贡献，但那只是以子之矛攻子之盾的一种战法，他的理论依据乃至思维方式都是地地道道的杜威实验主义。鲁迅也许最为突出，他不仅以进化论观中国情势，以尼采学说看国民性格，而且在个人心境上深深地咀嚼着背负"鬼气"与"毒气"前行的生命之重，以至于发出要么全有，要么宁无的时代绝叫，不留丝毫的折中与妥协的空间。

应该说，由君主向民主的国家政治体制的改变，由臣民向公民的个人社会身份的转换，天然地给了新文学家用西学来反传统的理论自信，从世界来看中国的方法自觉。所以，20世纪20年代初期，新文学运动与国粹派和文化保守主义的论战刚刚交锋，新文学家就十分不屑地宣称，不必再和国粹派、保守派们进行理论上的较量。这一自信带来无穷后患，在后来的历次与保守主义的论战中，那些新文化运动的后辈们既没有前驱者们那种国学功底，也没有那种亲身感受，所以屡屡失语，挡不住新儒家的气势。不过，那时的新文学家们确实坚信新瓶怎能装旧酒，在现代民主政体下，作为君主专制政体的精神支柱，儒家传统自然已经失去它的精神引导的现实正当性。

20世纪20年代末期，时代转换了主题，情形发生了变化。普罗文学的兴起突破了五四时期文学的写实与古典、社会与山林、国民与贵族的对立结构，阶级性与普遍人性的对立在新文学自身阵营里划开了一道意识形态的鸿沟，世界也不再是一个混沌的整体，而是俨然划分成了东西两个阵营。在这样的时代背景下，轰毁了进化论，在马克思主义理论的火里面煮过自己的肉的鲁迅，在思想观点、思维方式乃至个人兴趣上发生一些变化，这也是很正常的。但值得注意的是，当人们纷纷转向，以集体主义的名义轻易放弃自己的个性时，鲁迅的文学创作与文化活动却由五四时期的"听将令"转向了对自己独立观察与自由思考的信心与权利的坚守。"左翼鲁迅"主张阶级性的文学，看到了民族的脊梁，但他一如既往地表现出对改造国民性的重视，表达出对佛学的欣赏，对儒家的缺乏好感等，这些其实都是"左翼鲁迅"对"五四鲁迅"的坚守。尤其是当普罗文学阵营中的文学家们张扬起阶级的大旗，用阶级的眼光和阶级的意识来观物抒情，或者用苏俄式的方式来讲叙中国故事时，鲁迅依然像五四时期一样，用一种超越东西阵营意识形态鸿沟的整体性世界意识来讲叙中国故事。讲叙现实中国的故事，这是新文学家们自我赋予的一份社会责任。无论是写实派还是浪漫派，唯心主义还是唯物主义，革命作家还是非革命作家，概莫能外。不同的是，怎样讲叙中国故事，以什么样的眼光，在什么样的背景上讲叙中国故事。正是在这一点上，文学始终和政治保持着暧昧的关系，而文学家个人思想的深浅、志趣的大小、品位的高下等，也判然有别。看不到"左翼鲁迅"与"五四鲁迅"在这一点上的一致性，恐怕也就难以真正理解鲁迅的伟大之处。

鲁迅写于1934年的《关于中国的两三件事》就是一篇非常典型的讲叙中国故事的杂文。文章讲叙的是"火""王道"和"监狱"这三件事情的"中国特色"，但论述的方式却是以中西文化比较的方式。从世界眼光看出"中国特色"的例子，在鲁迅晚年的作品中俯拾即是，不可胜数。如《难行和不信》讲叙中国的儿童教育，"请援，杀敌，更加是大事情，在外国，都是三四十岁的人们所做的。他们那里的儿童，着重的是吃、玩、认字，听些极普通，极紧要的常识。中国的儿童给大家特别看得起，那当然也很好，然而出来的题目就因此常常是难题"。《从孩子们的照相谈起》讲叙中国儿童的性格塑成不在于儿童而在于大人："我曾在日本的照相馆里给他照过一张相，满脸顽皮，也真像日本孩子；后来又在中国的照相馆里照了一张相，相类的衣服，然而面貌很拘谨，是一个道地的中国孩子了"。"为了这事，我曾经想了一想。这不同的大原因，是在照相师的。他所指示的站或坐的姿势，两国的照相师先就不同，站定之后，他就瞪了眼睛，伺机摄取他以为最好的一刹那的相貌。"《运命》从内山完造所谓丙午年出生的日本女人克夫命运而且无法禳解的迷信谈起，批评中国人的

"无特操",指出"信运命的中国人而又相信运命可以转移,却是值得乐观的。不过现在为止,是在用迷信来转移别的迷信,所以归根结蒂,并无不同"。《中国文坛上的鬼魅》将中国与日本对比,批评中国的出版审查制度:"日本固然也禁止,删削书籍杂志,但在被删削之处,是可以留下空白的,使读者一看就明白这地方是受了删削,而中国却不准留空白,必须连起来,在读者眼前好像还是一篇完整的文章,只是作者在说着意思不明的昏话。"

值得指出的是,"左翼鲁迅"的政治观点较之"五四鲁迅"确实发生了重要的变化,但这种政治观点的变化并未影响鲁迅的比较文化思维方式。在著名的《答国际文学社问》中,第三点关于"在资本主义的各国,什么事件和种种文化上的进行,特别引起你的注意"的答问可谓意味深长。鲁迅说:"我在中国,看不见资本主义各国之所谓'文化',我单知道他们和他们的奴才们,在中国正在用力学和化学的方法,还有电气机械,以拷问革命者,并且用飞机和炸弹以屠杀革命群众。"鲁迅这段话的意思,我觉得应该理解为在中国还看不见资本主义各国之所谓文化,而不是指鲁迅站在中国,看不见资本主义国家的文化。这样,前一句的"看不见"和后一句的"单知道"语义与语气上就都连贯起来了。这段话明显有两层意思,后一层意思具有明确的政治意义,既符合国际文学社的问话用意,也符合鲁迅的左翼文坛领袖的身份。而第一层意思则显示出鲁迅将文化与政治区别开来的深刻思想。政治是一时的、现世的、党派的,而文化则是长久的、历史的、民族的,就当时的具体历史情境来看,资本主义国家的政治是反动的,但这些国家的文化体现着世界文明的进步性,仍然是值得中国学习和借鉴的。所以鲁迅才有点遗憾地表示自己在中国还看不见资本主义各国之所谓"文化",这一点与"五四鲁迅"将中国比喻成一个大染缸,什么国外的新东西都被同化掉的悲观心境何其相似。正是这种思想的坚持,鲁迅在1930年代才敢于不断犯忌,不断地指出应该向日本人学习,"即使那老师是我们的仇敌罢,我们也应该向他学习。我在这里要提出现在大家所不高兴说的日本来,他的会摹仿,少创造,是为中国的许多论者所鄙薄的,但是,只要看看他们的出版物和工业品,早非中国所及,就知道会摹仿决不是劣点,我们正应该学习这会摹仿的"(《从孩子的照相说起》)。不仅技术上如此,甚至为了进行社会批评而读历史书,鲁迅也不吝赞扬日本的历史教科书,在"我自己,是因为懂一点日本文,在用日译本《世界史教程》和新出的《中国社会史》应应急的,都比我历来所见的历史书类说得明确"(《随便翻翻》)。

尤其值得指出的是,正是由于鲁迅对政治立场的超越,鲁迅的文化比较并非一定是用西方的优来衬出中国的劣,有时也看到中西的相似性。如谈漫画,"欧洲先前,也并不两样。漫画虽然是暴露,讥刺,甚而至于是攻击的,但因为读者多是上等的雅人,所以漫画家的笔锋的所向,往往只在那些无拳无勇的无告者,用他们的可笑,衬出雅人们的完全和高尚来,以分得一支雪茄的生意"(《漫谈"漫画"》)。有时即使看到了西方文化中的弱点,但也告诉人们如何剔除糟粕吸取精华,如谈名人名言的通病:"德国的细胞病理学家维尔晓,是医学界的泰斗,举国皆知的名人,在医学史上的位置,是极为重要的,然而他不相信进化论,他那被教徒所利用的几回讲演,据赫克尔说,是给了大众不少坏影响。……现在中国屡经介绍的法国昆虫学大家法布耳,也颇有这倾向。他的著作还有两种缺点:一是嗤笑解剖学家,二是用人类道德于昆虫界。……但倘若对这两点先加警戒,那么,他的大著作《昆虫记》十卷,读起来也还是一部很有趣,也很有益的书"(《名人和名言》)。这些例子都说明,无论"五四鲁迅"还是"左翼鲁迅",他用以讲叙中国故事的世界眼光都并非是纯粹找茬的眼光,而是一种开阔的世界意识和豁达的世界胸襟。

当然,讲叙中国的故事可以用世界的眼光,同样也可以用民族的眼光。晚年鲁迅在《〈草鞋脚〉小引》一文中,对"至今为止,西洋人讲中国的著作,大约比中国人民讲自己的还要多"的现象就表示过遗憾,他认为"这些总不免只是西洋人的看法",他也希望能有人用中国的眼光和立场来讲叙中国的故事:"中国有一句古谚,说:'肺腑而能语,医师面如土',我想,假使肺腑真能说话,怕也未必一定完全可靠的罢,然而,也一定能有医师所诊察不到,出乎意外,而其实是十分真实的地方"。但鲁迅终于还是坚持或者说习惯于用世界的眼光来讲叙中国故事,除了他真正了解西方的学养优势、独立自由的个性特点之外,根本原因还在于他对中国历史提供的讲叙资源和讲叙机制的不满与不放心。鲁迅认为中国历史提供的讲叙资源是病态的,瞒、骗、转是它的基本特点,而中国历史上的讲叙机制则是专制的,话语自觉或不自觉地趋奉权力。所以,早在五四时期,鲁迅就猛烈批判过中国文化的大团圆意识,呼吁用现实主义精神扫荡"瞒"和"骗"的文艺,而在《阿Q正传》中,鲁迅塑造的这个"转"的病态心理典型,已经成为国民魂灵的无可争议的象征形象。对于话语与权力的历史关系,鲁迅更是看得十分透辟。在晚年写的《关于中国的两三件事》中,鲁迅借讲叙中国的故事,深刻地剖析了中国叙事资源与机制中的话语权力的形成。"在中国,则无论查验怎样的历史,总寻不出烧饭和点灯的人们的列传来,在社会上,即使怎样的善于烧饭,善于点灯,也丝毫没有成为名人的希望,然而秦始皇一烧书,至今还俨然做着名人。""其实,秦的末年就有着放火的名人项羽在,一烧阿房宫,就天下闻名,至今还会在戏台上出现,连在日本也很有名。然而,在未烧以前的阿房宫里每天点灯的人们,又有谁知道他们的名姓呢?"一旦在中国叙事资源与生成机制中洞察到了权力话语的蛮横与诡计,一生都站在弱小者一边,一生都在为"被损害和被侮辱者"呐喊的鲁迅,那么自觉而坚守着用世界的眼光来讲叙中国的故事就是很好理解的了。其中,既体现着鲁迅对于自己曾经参与过的五四新文化运动的深深敬意,也透露着一个看穿了历史把戏的"世故老人"的无法言说的悲凉。

本文作者系南京师范大学文学院教授

原载《探索与争鸣》2016年第7期

鲁迅"相互主体性"意识的当代意义

高远东

"相互主体性"意识是我在2002年论文《鲁迅的可能性——也从〈破恶声论〉寻找支援》[1]对鲁迅思想某一方面的概括。鲁迅思想中存在"相互主体性"意识,20世纪90年代以来不少人(如汪晖)都有所感觉,但大多语焉不详,对其出处、作用和意义无所追究。我在1989年写的一篇短文也曾借以批评五四启蒙主义对异己思想缺乏一种"相互主观性"的体认。在1994年《未完成的现代性》和1997年《立人于东亚》中,也都把"相互主体性"思想作为鲁迅思想的核心价值来理解。但直到2002年,通过解读1908年鲁迅留日期间写的未竟论文《破恶声论》,才发现"相互主体性"意识在鲁迅思想之基础性、支柱性和结构性意义,也得到如代田智明等学者的开发和呼应[2]。

那么,鲁迅之"相互主体性"意识为什么如此重要呢?

说到鲁迅的思想,学界有各种各样的概括命名:个人主义、超人思想、进化论、阶级论、爱国主义,等等;复杂点的,则有这样的说法,诸如托尼学说与魏晋文章、个人主义与人道主义之消长、"反抗绝望"的生命哲学……但不管如何

---

[1] 参见《鲁迅研究月刊》2003年第7期或《中国研究月报》(日文版),2003年3月号。
[2] 代田智明:《全球化·鲁迅·相互主体性》,李明军译,《内蒙古民族大学学报》,2008年第1期。

表述,大家都认可鲁迅为"精神界之战士""个人主义之至雄桀者",具有张皇意力、英雄崇拜、蔑视庸众、接近尼采"超人"思想的一面,有人更因《文化偏至论》中的思想,认定鲁迅是"反民主"的。但在更多人笔下,鲁迅又是近代以来"第一次以感同身受的态度写农民、写普通人的苦难和痛苦"(严家炎语)、体现民主主义精神的作家。这些相互差异甚至相互矛盾的思想倾向都属于鲁迅吗?如果它们是真实的,又是如何悖论式地共存于鲁迅的思想结构之中呢?

我觉得对鲁迅思想最切实的表达,是1981年王得后概括提炼的"立人"思想:它是鲁迅思想的正面表述,可纠正长期以来单凭鲁迅的文学作品所形成的否定性思想者的印象。而"立人"思想和"相互主体性"意识正好构成鲁迅思想的两面:"立人"思想是鲁迅思想的原点和正题,其"立人"命题实乃对人如何确立或人的主体性如何确立问题的回答;而"相互主体性"意识则把"立人"命题扩展到相互关系领域,使单向度的"立人"问题社会化,使其从"立人"到"立国"的建构完成了最关键一环。

"相互主体性"(intersubjectivity)一词现通译为"主体间性",错译得很明显,主体性(subjectivity)一词是不能分拆组词的。日语"间主体性"的译名都比"主体间性"好到不知哪里去了。因此,本文不采流行的译名,实际也关系到对鲁迅思想内涵的准确理解。

就鲁迅思想的特征而言,在"立人"思想之内,伊藤虎丸所强调的"个"之觉醒,最能代表鲁迅思想的精髓和他对中国及东亚思想之现代性的贡献。"个"的觉醒是现代思想的原点,鲁迅则是近代以来东亚洲和中国思想触及此点最深处的思想家——其对"人"的问题的理解,对20世纪文明之"主观与自觉"新精神的追求,对中国旧文明之"吃人"病理的揭示,都受这个思想基本点的制约。但植根于这个思想基本点的现代性逻辑是存在问题的,也就是说,单向度的"立人"或主体性确立课题,必须进入相互关系领域去展开,否则并不能导致所设想的"人"的局面的出现。以现代思想所致力的主奴关系克服而言,单向度的人之为人、主体之为主体并不能消灭主奴关系,因为在主奴关系中也存在一个主人,而另一个却是奴隶。只有把这一命题延伸到社会性的相互关系领域,主体才能成为"相互主体",社会才能成为人人为人的社会,真正消灭了主奴关系的现代主体化的新文明才可能出现。

鲁迅的思想中出现"相互主体性"意识是中国和亚洲思想现代化进程中非常值得捕捉的一瞬:它不仅是鲁迅对中国旧文明整体批判的结果,也是鲁迅对西方现代文明进行批判的结果,更是鲁迅对中国近代以来追求现代新文明进行批判的结果。它使鲁迅能够立足在新的思想高度、广度和厚度上，俯瞰古往今来东西方的一切思想、文化和社会体制，重估一切价值。鲁迅思想的深刻性、准确性、全面性、超越性和先进性，都植根于这种"相互主体性"意识，与其"立人"思想熔于一炉、前后递进、各居一翼、相互作用的思想结构。纵观环顾一下会发现，实际上20世纪世界精神文明的制高点也在这里：现代世界人类几乎所有的思想、文化和社会问题，其症结并不在于不允许有人做主人，而在于只允许一方做主人，这也是以欧洲思想牵头发展的现代文明能把"人"的内核与殖民主义扩张合为一体的原因。现代文明不是致力于独立、民主、自由和解放的进程吗，怎么结果反而是出现新的奴役呢？我以为根源就在这里，而且它是由鲁迅为我们所揭示的。

关注"立人"的相互性，注重在相互关系中确立"人"的主权及追求这种主权的实现，以及把这种"人"的主权延伸到民族国家的"人国"范畴之内追求国际之间的永续和平，这一关于人、社会、民族、国家以及国际的文明论仍旧占据着现代价值观的制高点。鲁迅是通过由己及人的"反求诸己"，通过批判"中国志士""慕暴强，侮胜民"的奴隶性，通过批判如"一切斯拉夫主义"（即泛斯拉夫主义）之类帝国主义思维来实现的。对波兰、印度、朝鲜等弱小民族和社会弱势群体的苦难是否具有感同身受的能力，对压迫者"暴俄强德"是艳羡而谋求"取而代之"，还是致力于消灭这种不平等的主从压迫关系，这确实是衡量中国和亚洲现代性是陷于由列强所塑造的社会达尔文主义的丛林秩序，还是得以超克欧洲现代文明病理的分水岭。鲁迅对中国旧文明的批判和对现代新文明的求索，无论对于国之内外，还是人之群己，其价值尺度始终是一致的和高道德水准的。

值得指出的是，鲁迅的"立人"思想和"相互主体性"意识虽然具有欧洲尤其是德语思想（如新浪漫主义，即鲁迅所谓新神思宗、尼采）的渊源，但也是有中国思想做内应的，是外援和内应一起才合成其思想的主受关系。即以"相互主体性"意识而言，鲁迅的"立人"即关于主体性确立的思想来自西方，来自欧洲19世纪中叶浪漫主义思想对启蒙主义现代性的批判，但其"相互"意识却并非如一般人想象的是把启蒙主义哈贝马斯化，而是确实来自中国思想。《破恶声论》中鲁迅强调"反求诸己"的自省，把激发"人不乐为皂隶"之心作为产生"相互主体性"意识的方法，呈现着类似儒家"己所不欲，勿施于人"之类将心比心的相互性思维。另外，大家都知道鲁迅喜爱墨子，在其进行"文明批判"的历史小说《故事新编》中不惜把感染墨家气质的人物如墨子、禹等正面表达成"中国的脊梁",但墨子的"兼爱"不就是相互性的爱吗?从爱己到爱人,从爱人到兼爱,无论儒墨,其问题意识都是广涉个体性和相互性的不同领域的。鲁迅的"立人"和"相互主体性"意识,从《文化偏至论》到《破恶声论》,分明也隐现从儒到墨、从个体性到相互性的一线伏脉(当然,中国最深耕个体性领域的思想家是庄子,并非儒家)。

那么,既然鲁迅的"相互主体性"意识如此重要,它对于我们认识鲁迅实践鲁迅,到底有什么价值和意义呢?

我想,首先在认识鲁迅方面,其"相互主体性"意识的存在可以有力反驳所谓鲁迅"反民主"的疑问。鲁迅反对民主暴政——多数人凌虐少数人,反对以民主名义实施的反自由,反对以公众名义对个人权利的侵犯……这是毫无疑问的。但把个人权利的主张变为对他人权利的剥夺取消,不管在鲁迅早期晚期还是前期后期的思想中,都找不到如此逻辑——相反的例证倒是大量充斥着。实际上,鲁迅立足于"个人"觉醒的"立人"和"相互主体性"思想,是我所见到和所能理解的对个人民主和社会民主之正当性的最坚实论证:人人为人的社会,消灭了主从关系,还有什么比这更符合民主和自由的定义?

其次在实践鲁迅方面,"立人"思想和"相互主体性"意识占据着中国和东亚洲现代文明的价值制高点,具有深层开发的可能性。尤其是其"相互主体性"意识所体现的思想方法,有助于解决和消除长期以来由亚洲历史上的帝国统治、朝贡体系以及近代殖民主义和冷战格局所造成的各民族的政治、文化、经济、社会发展的不平等、不信任和不理解。今天的东亚地区早就呈现出有别于欧美旧文明的新文明再造的可能性。我觉得在这世界未来的第三极上,无论孔子,无论西方教条,等等,都不足以作为思想和价值领域的最大公约数,而鲁迅的"立人",尤其是"相互主体性"思想,则足堪21世纪中国和亚洲崛起的价值出发点之重担。其实我国外交领域的"和平共处"五项原则,经济开发中的"双赢"思路,等等,这些注重平等性的种种诉求,其实都植根于"相互主体性"式思维逻辑之上。不仅如此,鲁迅的"相互主体性"意识,对于克制当今愈演愈烈的赢者通吃、一家独大的零和游戏式法则,克服社会利益配置中的不公现象,对于寻求真正具有"人"之自觉的文明基础的中国道路,甚至也是极好的"批判的武器"吧。

本文作者系北京大学中文系教授
原载《探索与争鸣》2016年第7期

"精神英雄"：王元化的生命境界

夏中义

一

我与王元化先生最早相遇于1982年,那是在广州召开的一次中国文艺理论学会的年会。但我较拘谨,真的走到元化先生身边,已经很晚,是2004年。

我与元化先生的再相遇,华东师大图书馆馆长胡晓明教授是见证者。我当时住华东师大三村,一天晚上电话铃响了,那边传来晓明有金属质感的男中音:老夏,听说你写了一篇文章,是写元化先生的,写得很好。我顿时感动,一篇文章能得到同仁的认同很不容易,而且是用一种专门致电的方式。我说,好啊,谢谢！把电话搁了。第二天、第三天晓明又打来电话了,我才明白他三次致电的含义。我问先生是否希望我去见他？晓明说就是这个意思。我说,你为什么不早告诉我呢？他说,你难道没有听出来吗？我说,我是做思想史的,做思想史是做朴学,要讲究实证,你用那种含蓄的、说话听音的方式来告诉我,我就听不明白。有时候,一个学者在其专业领域走得很远后,可能到另一领域,他就成了一个神经迟钝的弱者。我就是这么一个对非专业信息感应慢一拍的弱者。一个明确的、来自王老的召唤,通过其弟子传递,竟用三次致电的方式,我才听懂。

想到第一次去拜见先生,不免紧张。我说,晓明你得陪我去。他答应了。那天我买了一束鲜花。我记得是2004年2月16日下午,来到衡山路的庆余别墅。那是一个非常精致的别墅,王老住210房间。敲门的时候,我隐约听到王老的声音:大概是老夏来了。开门,有一条走廊,大概长二公尺,直通客厅。当我正式拜见我们这位都市的思想大师时,我能听见自己的心跳。王老站起来了,扶着沙发站起来,对着我笑,笑得有点诡异。他叫我老夏。他比我大30岁,1920年生,我1949年生。后来与元化熟识后,我说,王老您的生年很容易记。他说为什么?我说你比五四运动小一岁(王老曾说他是五四的遗腹子),比中国共产党大一岁。他笑了。

一个1920年出生的大师,叫我老夏,我连受宠若惊都不敢。他笑着问我:老夏,我都不知道我是怎么发精神病的(他1955年因被打成"胡风分子"而患心因性精神病),你怎么知道(我有一篇文章曾论及元化为何1955年发精神病)?接着他又说,1956年精神病好了,我都不知道怎么好的,你怎么知道?我紧张得说不出话来。他说,别紧张,坐下来。他说,他确实不知道怎么发病,也确实不知道怎么好的,但读了我发在《上海文学》2004年3月号的文章,他愿意认同。他发病及其康复的原因,都可在那篇文章里找到一种说法,他愿意认同这说法。于是在元化晚境的最后四年,我成了他的忘年交。

2004—2008年,有幸陪元化走过他最后的日子,这是我抹不去的生命记忆。我希望它能汇入上海这个都市的公共记忆。为什么?因为元化对上海乃至当代中国来讲,都是一个不可忽略的文化存在。他走了,让我们感到巨大的历史性空缺。

二

在与元化相处时,我说过先生就是一尊活在都市中的思想铜像,敢想、敢说、敢开玩笑、敢愤怒,什么话都可用学术—思想的语式表达出来,而且他所表达的不仅仅是个人感受,更是这时代应有的思考及其历史记忆。

所以,我很愿意思考这些问题:元化对上海这座都市而言意味着什么?对当代中国思想文化意味着什么?有人说,元化是在都市的思想天空中,比普通市民飞得高得多的一头鹰。我说,元化更酷似凤凰涅槃里的那头不死鸟,即使他的身体离开了我们,但其思考永远不会离开。关键是后人须读懂他留下的思考。

元化作为思想家之所以了不起,更应从20世纪90年代算起,这也是元化对其思想学术的一个基本估计。这当然不是说他20世纪90年代前的文字没有力量,而仅仅是强调元化作为思想家,其最有力、凝重得像青铜的文字,是他1992—1993年后留下的文字。元化把这些文字称为他生命史上的"第三次反思"。

他的"第三次反思"提出且回答了两个有重大意义的公共命题,使他成了能感动20世纪90年代以来中国的思想史人物,成为我们上海文化记忆中的一个当之无愧的精神英雄。郁达夫说过,一个没有英雄的民族是悲哀的,一个有自己的英雄、却不知道英雄伟大在哪里的民族,也是悲哀的。元化无疑在20世纪90年代已给时代留下了最值得领悟的深邃反思,他将此反思锤炼成两个重要命题:

第一,他把深刻影响百年国史的激进主义思潮在世界近代思想史的源头,追溯到18世纪卢梭的政治学著作《社会契约论》。他认为《社会契约论》里的"公意说"是给1793年法国大革命、1917年俄苏十月革命、1966年中国无产阶级"文化大革命"带来严重负效应的思想史根源。

第二,他还反思五四,主要反思陈独秀为符号的激进派政治伦理人格的四个特点,即从"意图伦理"→"庸俗进化"→"言行峻急"→"启蒙心态"。这也是元化生前留下的最珍贵的思想遗产。

说到元化反思五四、反思陈独秀为符号的政论人格特点,必须提及华东师大思勉高等研究院前副院长许纪霖教授。因为许教授受杜亚泉家族委托,诚邀元化为杜亚泉的文集作序,才有元化后来的"五四反思"。元化特别敏感杜亚泉作为五四新文化时期的《东方杂志》主编,与陈独秀为主编的《新青年》在东西方文化论战时,表达了一种同激进派不一样的文化立场。杜为这场重大争论写的诸多文字,让元化有醍醐灌顶之感。他认为,杜对中国新文化的贡献,思想史界应有足够的考量。

然除元化外,恐怕学界至今未给出这一考量。并不刻意想当思想史家的元化,却因细读杜亚泉学案,而启动了"五四反思",从而成为支撑元化之所以能感动20世纪90年代以来中国思想的一个原点。这就是说,20世纪国史百年,激进主义思潮风行百年,海内外学界不曾有人说清过此思潮在世界思想史上的源头何在,也不曾有人说清过此思潮所铸成的政论人格构成何谓,是元化开始将它们说清楚了。

什么叫思想家的深刻?请读元化的"第三次反思",其思想宛若穿透幽暗的激光,照亮了现代中国历史的深处,也照亮了包括我们在内的每一颗祈愿追随元化、不甘再让头脑沦陷于混沌的心灵深处。什么叫思想家?思想家就是这么一个角色,他应能提出且回答时代的重大命题。元化就是这样一个人,这样一个活在都市中的思想铜像。

三

元化作为都市中的思想铜像，自20世纪90年代更令人敬仰，这就不能不提他在1994年说的"有学术的思想"与"有思想的学术"这两句话。元化为何在1994年说这话？这涉及20世纪90年初大陆学界确有重要变异。比如北京大学陈平原教授不仅提出要研究中国现代学术史，更有一群志同道合者与他合办《学人》刊物，倡导学术规范。李泽厚当时在海外，对北京中青年学者的这类动向很敏感。于是李感慨胡适的地位上升了，鲁迅的地位淡出了，学术强劲，思想被冲淡。李泽厚1994年4月在香港《二十一世纪》杂志提出如上看法。元化在同年7月说"有思想的学术"和"有学术的思想"，很明显，他是在针对李作回应。

李对元化这一回应，要么至今还没去领会，要么索性不愿领会，否则李不宜轻言元化这两句话形同什么也没说。因为当你真的把元化作为一个思想史人物来重视，你会觉得他1994年说的这番话，真不是随便说的，也不仅仅是与李唱对台戏，这分明是他用近半辈子的忧患悲情酿成的学思理念。

这拟从两方面来看。

一是看这两句话的逻辑关联。可以说"有思想的学术"是元化在其晚境最心仪的人生境界——做一个对公共道义有独特的深切关怀的大学者。而"有学术的思想"则指其主张对公共道义的沉思要用学理来论述。故其20世纪90年代反思《社会契约论》及五四时，皆堪称是在追求"有思想的学术"，同时又在不同纯度上践履着"有学术的思想"。

二是看这两句话之所以出自晚年元化之口，也是因为早在1956年，元化已以其生命史上的"心灵自救"不自觉地应验了"有思想的学术"与"有学术的思想"的相辅相成。所谓"心灵自救"，其发端是元化1955年因"胡风冤案"而陷于精神崩溃。其症结是：他在人格上所神往的"向着真实"被组织否决；而组织指令他信奉且服从，其良知却在说不。于是内心裂为两半，因无计安顿而致疯。

那他怎么"心灵自救"呢？他竟是读黑格尔《小逻辑》，而让疯狂的心灵回归理性。他先读出黑格尔的认识论含三个环节：感性→知性→理性。后来元化读马克思的政治经济学批判大纲，马克思也提出科学研究得分三步走：第一步是感性，要尽可能丰富地占有对象的材料；第二步要对丰富混杂的材料分门别类,并找出各个类别的特殊规律,这是知性;第三步是再对已分门别类弄清楚的那些概念的彼此关系,有一个整体的逻辑还原,此即理性。于是,1955年还晕乎乎地陷于精神癫狂的元化,在读了黑格尔之后,发现黑格尔认识论与马克思有异曲同工之妙,皆含三个环节。正是这道"有思想的学术"闪电照亮了他的心灵深渊,让他从个人迷信中走了出来,其心灵也就猛醒。

"胡风案"为何会成为元化从精神崩溃到心灵自救的关键性命门?因为当年正是毛泽东批示胡风是"反革命",时任上海新文艺出版社副社长兼总编辑的元化因与胡风有交集,也就被隔离审查。由于元化1949年前对敌斗争勇敢,所以上海公安局负责人会对元化不无怜惜地说,你今天在这里,只要承认胡风是"反革命",你就可以从这个门出去,自由了。元化竟然回答,我并不认为胡风的文艺思想同周扬不一样就是"反革命"。公安局负责人很着急,其言下之意是,教你说胡风是"反革命",那是给你机会。于是又提醒王元化,你必须明白,胡风是"反革命"这个话,不是我说的,是主席说的。元化竟然回答主席也可能说错。就是因为这话,他失去了24年的自由:1955年被打成"胡风分子",到1979年11月9日才得以平反。

由此可见,当年元化"发疯"全缘于想不通:始终追随革命、1930年已是日共党员的胡风明明不可能"反革命",为何如此确凿的事实,组织却不认同?!难道组织及其最高领袖还会错么?!读了黑格尔,他想通了,领袖还真可能说错。当领袖也可能说错,那就意味着我所承受的只是不幸,而不是我不行。我没错,我为了说真话而承受不幸,那是悲壮。于是他不再想不通。

元化靠读黑格尔来启动"心灵自救"这一范例,委实已亲证"有思想的学术"与"有学术的思想"之间确有互渗。假如说黑格尔"有思想的学术"让元化读出了思想的大解放,那么元化将非常难读的黑格尔《小逻辑》至少读了4遍才粗通,这本身又证明不下苦功是读不懂黑格尔的。这表明他之所以能从黑格尔读出思想的大解放,其前提是他要通读《小逻辑》,这本是一个不畏艰难的学术工程。这也就意味着,想领略或抵达"有思想的学术",须从"有学术的思想"做起,再一步步地向上攀援。

四

元化晚年活得像都市中的思想铜像,当离不开他的"角色自期"。许纪霖将此"角色"解读为对当代中国文化的托命之人,这极具慧眼。

记得胡晓明写的《王元化画传》特别讲了这一细节:王老愈到晚境,对他8岁前住过的清华园愈有一种眷念,甚至还专程到清华大学西苑去寻觅他住过的老房子。他能很清晰地说陈寅恪住几号院,王国维住哪一屋子。甚至他要比1949年前就住清华园的老居民更能准确地报出陈寅恪住哪儿。他为何要这般顶真地去确认他1928年就离开的这一源头?因为这与文化托命之人这一角色联在一起。

有人不免诧异,元化1920—1928年住清华园,这不过是童稚时期,充其量是他在幼儿园与赵元任的长女两小无猜交朋友的时期,为何非认这源头不可?根源全在1924年后清华园有一个国学研究院,该院四大导师不仅是20世纪上半叶中国人文学术泰斗,而且这群泰斗除梁启超外,都同幼年元化是清华园里的左邻右舍,他们依次为:王国维、陈寅恪与赵元任。

这就是说,元化晚年之所以珍视老清华这一源头,是因为他突然发现其内心真正的根与王国维、陈寅恪属同一血脉,即皆有中国文化托命之人的角色担当之意识。元化是70岁后才有此"文化托命"的人格担当意识的,这将给我们什么启示?追忆2004年我去元化身边,他已84岁,生命只剩最后4年,两个人一坐下来,我问他答,即使我没问,他也恨不得把心掏出来给你。只要一谈到历史、思想、学术,他那对眼睛就特别亮。钱谷融先生撰文写过元化的眼睛,说元化透过老花镜辐射的那种眼光,只有尼采这样的人才会有!我体会元化从瞳仁深处射出的光,宛若一簇永不熄灭的炭精在炽热闪烁,射出来就像激光,你会不由自主地被这眼光呼地一下吸住。一个84岁的男人,为了思想史、学术史而激奋的那个眼光,你若有幸读懂了,想不感动,也难。

我从2003年做元化学案至今十余年,最让我感动的是什么?是他作为一个沪上老男人的卓绝活法。请试想他熬到平反已59周岁,离一般男性的退休年龄仅差一年。现在59岁的上海男人在想什么?大体是想退休后可以旅游了,退休后可以学摄影、学跳舞了,甚至是黄昏恋。这诚然是各自美好的选择,但也因此,他们将成不了王元化。元化1992—1993年进入"第三次反思",曾感慨现在我才发现自己的思想提升空间还很大。他说这句话时是73周岁,今年我已66岁(已从上海交大退休),我不知到73岁能否也像元化那般憧憬自己的思想尚有提升空间。

元化一生有几个时期,是他写文章最集中、质量也颇可观的时期。1956年是一个好时期;还有1975—1977年,他写了《韩非论稿》《黑格尔美学第一卷札记》《龚自珍思想笔谈》，都很了不起。1985年，他没当完一任中共上海市委宣传部部长就下了。有人说元化思想上不得了、学术上也不得了，但对官场他不娴熟，所以就下了。他这辈子真正的学术高峰是1992—1998年，即"第三次反思"阶段：反思五四与反思《社会契约论》。所以我想，元化不仅为思想史、学术史提供了珍贵遗产，并且还为沪上尚未到73岁的市民，提供了另种别具风采的活法。元化是人，不是神。既然他可以这般活，别人也就没理由不可这么活。

一个上海老男人，能成为当代中国文化的托命之人，当然要活得与坊间很不一样。否则，如何扛得起这个"托命"之"命"？

五

中国文化托命之人，在陈寅恪笔下，被称作"文化神州"。王国维1927年6月2日自沉昆明湖，陈寅恪写挽诗痛悼："敢将私谊哭斯人，文化神州丧一身"。"文化神州"作为中国文化托命之人的一个诗性命名，其实是在隐喻此文化发展到何等高度或峰值，有时是需要一个具体的人作符号表征的。

从这个角度来解读陈寅恪的诗也就顺了：王国维作为20世纪初中国学术的一个高峰突然崩塌，陈当哀丧不已。至于"敢将私谊哭斯人"，则指诗人自信他不仅与逝者生前亦师亦友，相交风义，同时又是一个能深刻体悟王国维对中国文化意义的人，所以不惮将对逝者离去的那种大悲哀在公共空间表达出来。这意味着王国维后"文化神州"所隐喻的这个托命之人，作为某种历史责任或使命，已经转移。转到谁身上了？陈心里很明白，转到他身上了。

当年最明白这点、且屡屡赋诗挑明这点的是吴宓。吴宓1934—1959年5次写诗，讲陈寅恪就是王国维后代表中国学术文化高峰的托命之人，所谓"观堂而后信公贤"。为什么陈在其生命的最后20年活得那么悲壮，就是因为这一原因。作为文化神州，作为中国文化托命之人，陈不仅是在为自己活，他还在为其所担当的历史使命而活，故他在精神上绝不能倒下。哪怕双目失明，两条腿不能走路，日常生活难于自理，哪怕1954—1964年期间中国大陆已"山雨欲来风满楼"，他仍写自己最想写的两本书：《论再生缘》与《柳如是别传》。

《柳如是别传》有60多万字，涉猎古籍800余种，写了10年。不难想象，一个日常生活不能自理的瞎眼老翁,写那么厚重的书,本就是一种悲壮。当然他极具天赋。有个秘书帮他,查史料出处,他往往先提示是哪本古书,哪一页有哪句话,你去查一下,一查果然,大体不差。博览强记过人,故有人称陈是教授中的教授。但他为何写《柳如是别传》?驱动他为柳立传的文化立场是什么?这或许更值得后学肃然起敬。他说维系国人的文化国魂不能沉沦的人格元素,一是独立、二是自由。这些让国魂不再沉沦的人格遗产,在谁的身上保存得最纯粹、最有传奇性?陈说在两个人身上,一是陈端生,二是柳如是。陈端生是弱女子,然偏不信"女子无才便是德",想象力丰沛,写了弹词《再生缘》;柳如是则是一个走出烟花巷,其才情、其慷慨悲歌之襟怀皆不输须眉的奇女子。故若不追认写柳如是的幽邃动机,有人便不免奇怪,用10年去写一个妓女价值何在?他们不知陈旨在从柳身上打捞国魂赖以维系永不沉沦的人格珍稀。也正是这份须以生死来争的"独立之精神,自由之思想",在苦苦地支撑着一个老人,熬过了他生命中最难熬的最后20年。

当然我还须说,像陈那般恪守信念、或把生命抵押给信念的活法,大概是文化托命之人赖以自律且自居的一种崇高的生活方式。每个思想家或学者皆宜有两种表达灵魂的方式:一是用文辞学理来表达,一是用日常人伦样式来表达。后者是最难的。

六

或许有人会问:在当代思想界,谁才是你心中最能感动中国的思想家?

在我的心里,能感动20世纪80年代中国思想的人,是李泽厚。为何这样说?因为在20世纪80年代的中国,没有谁能比李更像一个文化托命之人来敏锐感应且深挚回答这时代所提出的重大命题。

1978年思想解放运动,给中国大地带来春风,这是史实。思想解放的第一步,就是讨论实践是检验真理的标准。假如不讨证实践是检验真理的标准,什么都跟"凡是派"的指挥棒走,那么,十年"文革"浩劫也就无记中止。思想解放的第二步,是对1949—1979年国史所以酿成重大苦难的那个文化背景,给出反思。把每个守法的国人视作有尊严的个体来尊重,这是人道主义的当代回潮。就在这思想史的关节点上,李泽厚1979年写了《康德哲学与建立主体性论纲》这篇名文。因为康德在阐发近代人文主义的人格尊严一案,是西方思想史上把话说得最彻底的。

接着,又有王若水1981年提出"人是马克思主义的出发点"。这个"马克思主义"主要是指青年马克思的1844巴黎手稿,这个"人"则指被青年马克思的人道情怀所聚焦的独立自由个体。假如说王若水在新时期人道主义的跑道上跑了第二棒,那么跑第一棒的当非李泽厚莫属。所以李确是一个能感动20世纪80年代中国思想的人物。

我认为感动20世纪90年代中国思想的人是王元化。因为在中国学界,只有他才能既从激进主义的世界思想史源头,又从激进主义的政伦人格终端,这两方面给国人以巨大启示。中国百年受激进主义的损害太厉害了,那个激进主义的源头从哪里来?元化之前对谁都没有说过,这源头就来自卢梭的《社会契约论》。激进主义对国人的政伦人格造成了怎样的负效应?也没有一个人能提出这问题。元化从陈独秀的身上看透了这一点。元化让我们看得很清楚,五四以来,什么东西才值得珍惜,比如民主、科学、自由;元化又提醒国人,给现代中国文化带来了巨大转型的五四思潮本身,并不都是好的。比如陈独秀面对杜亚泉时所张扬的那种文化强势,只希冀他人说话应科学而民主,却不自律自己说话也宜科学而民主,元化认为这绝不是好东西。

这个不好的政伦人格构成元素有四:一是"意图伦理",判断一个对象的是非真伪,首先不是实事求是地用理智去陈述它"是什么"或"为什么",而是生硬地受制于既定的态度、立场、利益去做不容证伪的裁决;二是"庸俗进化",机械划一地断定新的总比旧的好,年轻的总比老年的好,太形而上学;三是"言行峻急",既然我是新的,年轻的,是代表历史发展的必然,那么我就握有真理,我说话就可以非常粗暴,我粗暴也是造反派的脾气,而你儒雅,因你是代表旧事物,故也就理不直气不壮;四是"启蒙心态",既然真理在我的手里,我不仅有权决定你对不对,我还能随时随地决定你的命运,不仅是政治命运,而且是肉体存在,我也可以把你灭掉,假如历史必然需要我这么做的话。这个激进主义非常可怕。

元化对激进主义能反思到这一深度与力度,很重要的一点是政伦人格。他反思五四,骨子里是在反思激进主义刻在他心头的那些伤痕。所以元化能成为当代中国思想的巅峰人物,其关键是他有思想及人格洁癖。他愈到晚年,愈不能容忍他年轻时所信仰的、已被历史和良知所证伪了的东西,依旧留在其血液里。他要把它们呕吐出来。这很难做到,但元化却真正地做了。

所以,元化是一个能感动1990年代以来中国思想的人。元化人虽不在了,但他的思想还活着。所以无须担心在元化的精神传人未诞生之前,当代思想就定然一片空白。不,只要认真读懂元化,元化作为当代中国文化的托命之人就还活在我们这个都市。元化,都市中的思想铜像,永垂不朽!

谨以此文敬献给先师元化的在天之灵。
2015年5月于学僧西渡轩
本文作者系上海交通大学人文学院教授

原载《探索与争鸣》2015年第10期

留学生的归国体验与新文化运动

王彬彬

一

"五四"新文化运动的发生、发展,都与归国留学生有十分密切的关系。完全可以说,是众多的归国留学生掀起和坚持了新文化运动。没有清末开始的留学运动,就没有"五四"新文化运动。1940年3月5日,蔡元培在香港逝世,在四川江津的陈独秀闻讯写了《蔡孑民先生逝世后感言》,在简略地介绍和称颂了蔡元培的业绩后,说:"五四运动,是中国现代社会发展之必然的产物,无论是功是罪,都不应该专归到那几个人;可是蔡先生、适之和我,乃是当时在思想言论上负主要责任的人"[1]陈独秀认为蔡元培、胡适和他自己,在当时扮演了"意见领袖"的角色,也就是运动的领导者,而这三人,都有海外留学的经历。

蔡元培于1912年9月至1913年6月留学德国,又于1913年9月至1916年11月游学法国。没有在欧洲学习、考察、研究的经历,就不可能有后来主张思想自由、兼容并包和主张"以美育代宗教"的蔡元培,也不可能有为新文化运动"保驾护航"的蔡元培,不可能有作为新文化运动的支持者和辩护者的蔡元培。

陈独秀于1901年至1915年的十几年间,五度东渡日本。第一次是1901年10月至1902年3月,在东京专门学校(早稻田大学前身)学习;第二次是1902年9月至1903年3月,在成城学校陆军科学习,这一次,是被日本政府强行遣送而回国的;第三次是1906年夏,与苏曼殊在日本短期逗留,其时陈独

---

[1] 陈独秀:《蔡孑民先生逝世后感言——作于四川江津》,《中央日报》,1940年3月24日。

秀、苏曼殊都在芜湖皖江中学任教,是利用暑假结伴东游;第四次是1906年春至1909年9月,在日本正则英语学校学习;第五次是1914年7月至1915年6月,这一次是应章士钊之邀赴日协助其办《甲寅》杂志,同时入"雅典娜法语学校"学习。毫无疑问,数次在日本的经历,深刻地影响了陈独秀的思想。陈独秀后来在"五四"新文化运动中成为旗手、主帅,与在日本的留学、游历大有关系。

至于胡适,其留学美国的经历与成为新文化运动领袖之间,就更是有着直接的因果关系了。没有1910年至1917年这七年间在美国的理论学习和政治实践,就绝不可能有后来成为中国的自由主义先锋的胡适。

陈独秀说蔡元培、胡适和他自己是"五四"运动中"思想言论上负主要责任的人"。若是仅就运动的发动阶段而言,此说当然有道理。但如果把"五四"运动看成是一个持续的思想启蒙运动,则思想言论上负主要责任者,就应该还有另外一些人,例如,周氏兄弟便是谁也否定不了的"五四"新文化运动的干将、健将。而周氏兄弟之所以能成为新文化运动的干将、健将,也因为有留学日本的经历。鲁迅于1902年至1909年,在日本学习、生活了七年。周作人于1906年至1911年在日本学习、生活了五六年。1936年鲁迅逝世后,陈独秀也写了《我对于鲁迅之认识》一文,其中说,周氏兄弟都是《新青年》作者,而周作人发表文章更多,但二人"都有他们自己独立的思想,不是因为附和《新青年》作者中那一个人而参加的,所以他们的作品在《新青年》中特别有价值"[①]。这是在强调,周氏兄弟并非是受了《新青年》的启发而认同新文化运动,在《新青年》掀起新文化运动之前,"新文化思想"已经存在于周氏兄弟脑中了。而周氏兄弟新文化思想的形成,无疑与在日本的生活、学习有密切关系。

从留学经历、体验的角度谈论、研究归国留学生与新文化运动的关系者,已颇不乏人。而本文要说的,则是留学生的归国体验与新文化运动的关系。

所谓归国体验,是指留学生结束留学回国后与中国的现实相遇而形成的感受、认识。"五四"时期的留学生,有留学欧美和留学日本两类。这两类人留学之地不同,归国体验自然也会有差别。

欧美远离华土,留学欧美者,鲜有中途回国省亲的经历,通常结束留学而归国时,面对的是阔别多年的祖国,例如胡适就七年间不曾回来过,当他1917

[①] 陈独秀:《我对于鲁迅之认识》,《宇宙风》散文十日刊第52期。

年归来时,面对的是七年未见的中国。而日本去中国不远,留学日本者,中途回国不是难事,也不是稀罕事。鲁迅就于1906年夏秋间奉母命回国完婚,也就是这一次返日时,带上了周作人。日本与中国只隔一衣带水,中途又有回国的经历,而欧美与中国远隔重洋,中途又不曾回来过,留学日本的学生与留学欧美的学生,归国体验自然会有或细微或较大的差异。但也不宜过分估计这种因素对两类留学生归国体验的影响。仍以周氏兄弟为例。鲁迅虽然中途回国过一次,但时间很短暂,可谓来去匆匆,而周作人旅日五六年间,就一次也没有回来过。

留学生的留学经历、体验,当然影响着、决定着他们介入新文化运动的姿态、方式。但仅仅强调留学经历、体验,却又是不够的。实际上,是留学的经历、体验与结束留学归国后的经历、体验的碰撞,影响和决定了他们介入新文化运动的姿态、方式。那时候的留学生,出国前对中国历史和现实的认识,当然也会有种种差别。但出国前即对传统文化有所怀疑和对现实有所不满,是普遍现象。所谓新文化运动,就是以西方文化为尺度衡鉴、批判中国传统文化的运动。而留学生都并非是出国后才接触西方文化的。这时期的留学生,在出国前就都不同程度地受西方文化影响,就开始不同程度地以西方文化为尺度衡鉴、批判中国传统文化了。例如,严复翻译的《天演论》1898年出版木刻本后,几十年间影响了几代人。许多人在出国留学前即受赫胥黎影响。鲁迅出国前在南京矿路学堂求学时即如饥似渴地阅读《天演论》:"哦!原来世界上竟还有一个赫胥黎坐在书房里那么想,而且想得那么新鲜?一口气读下去,'物竞''天择'也出来了,苏格拉第,柏拉图也出来了,斯多噶也出来了"。虽有老辈指责不该看新书,但他"仍然自己不觉得有什么'不对',一有空闲,就照例地吃侉饼,花生米,辣椒,看《天演论》"[1]。

鲁迅长胡适十岁。1898年,十八岁的鲁迅在南京耽读《天演论》时,七八岁的胡适刚进徽州的家塾读书。1905年,二十五岁的鲁迅在日本留学时,十五岁的胡适在上海澄衷学堂求学,而澄衷的国文教师杨千里便用吴汝纶删节过的严译《天演论》做教材。胡适后来在《四十自述》里回忆说:"这是我第一次读《天演论》,高兴的很。他出的作文题目也很特别,有一次的题目是'物竞天择,适者生存,试申其义'。"[2]胡适本来叫胡洪骍,只因接触了"适者生存"

---

[1] 鲁迅:《朝花夕拾·琐记》,《鲁迅全集》第二卷,北京:人民文学出版社,1981年。
[2] 《胡适文集》第一卷,北京:北京大学出版社,1998年,第70页。

理论，才改名"适之"，这是大家熟知的事。

出国前即不同程度地接触和接受了新思想，也就不同程度地对中国的传统文化有所反思，对中国的社会现状有所不满。有人对传统文化的弊病认识更深刻些，有人则认识比较肤浅些；有人对中国现实有严重不满，有人则虽有不满，但态度比较温和些。但不管情形如何，出国以前一般说来都没有明确的改造旧文化、创造新文化的思想。人们往往把《新青年》的出现作为新文化运动开始的标志。严格说来，并不是十分妥当的。陈独秀1904年即在安庆、芜湖办《安徽俗话报》，某种意义也就是在从事新文化活动。1915年，当《青年杂志》在上海创刊时，陈独秀投身新文化活动十多年了。鲁迅在日本期间，便写了些批判中国旧文化、介绍和宣扬西方文化的文章，最著名的是写于1907年的《文化偏至论》和《摩罗诗力说》。周氏兄弟在日本期间，还合译了不少外国小说，出版了译文《域外小说集》。可以说，周氏兄弟留日期间即开始了新文化活动。至于胡适，出国前在上海的中国公学求学时，便在《竞业旬报》等报刊发表了好些文章，其中不少可以说是在批判旧文化、张扬新文化，当然也有文章表达的是些糊涂观念，日后会令他脸红。而在留学期间，胡适批判中国旧文化、创造新的中国文化的意识便比较明确了。发表于1917年1月1日《新青年》第2卷第5号的《文学改良刍议》，被称作中国新文化运动"发难的信号"，而众所周知，此文正是胡适寄自美国的。

虽然早在以《新青年》为旗帜的新文化运动兴起之前，陈独秀、鲁迅、胡适等人实际上已经开始了新文化活动，但把《新青年》的出现视作新文化运动兴起的标志，又并非全无道理。毕竟，此前各人的活动，是零星的，一般说来是并不十分自觉的。《新青年》把众多有志于批判旧文化、创造新文化的人士团结在自己周围，形成一种团体的力量，而且每个人都自觉到是在进行一场创造新文化的伟业。而当他们聚集到《新青年》周围时，往往都带着归国的体验。从国外回到离别多年的中国，对中国历史和现实的认识自然与留学前有了不同。本来没有看明白的问题现在看明白了，本来习焉不察的事现在觉得无法忍受了。对于每一个留学生来说，结束留学回国，都意味着对中国历史和现实的重新认识。他们带着留学期间的生活体验，带着留学期间的知识积累、理论武装，重新审视中国的历史和现实，而审视的结果，当然对他们的新文化观念产生重大影响。所以，留学生的归国体验与新文化运动的关系，是值得注意的问题。

二

　　蒋梦麟于1908年赴美留学,1917年回国。后来在回忆录中这样说道回国时的精神状态:"在美国时,我喜欢用中国的尺度来衡量美国的东西。现在回国以后,我把办法刚刚颠倒过来,喜欢用美国的尺度来衡量中国的东西,有时更可能用一种混合的尺度,一种不中不西,亦中亦西的尺度,或者游移于两者之间。"①归国留学生衡量中国的尺度,不可能绝对一致,有的所持尺度很单一,有的则比较多样。但用新的尺度重新衡量中国,则是相同的。

　　让我们先以周氏兄弟为例。

　　鲁迅的情形有些特别。在离开家乡到南京求学时,鲁迅就对现实有强烈的不满了。到南京,"仿佛是想走异路,逃异地,去寻求别样的人们"②。出国前就对"中国"满怀悲愤,这在那时期的留学生中应该并不多见。1909年的时候,鲁迅在日本已经生活、学习、游历七年之久了,但他并没有归国之意。鲁迅后来说,自己当时"想往德国去",但"因为我的母亲和几个别的人很希望我有经济上的帮助,我便回到中国来"③。鲁迅于1909年8月间回国,九月间到杭州任浙江两级师范学堂初级化学和优级生理学教师,翌年七月学期结束时辞去杭州教职,回到绍兴,九月间,应绍兴府中学堂聘请,任生物学教师兼任监学。1912年2月,鲁迅离开绍兴到南京临时政府教育部任职。从回国到离开浙江,是两年半的时间。这无疑是鲁迅重新接触中国和重新认识中国的时期。这一时期形成的对中国历史和中国文化的看法,这一时期确立的对中国现实的认识,无疑深刻影响了数年后从《狂人日记》开始的新文化实践。

　　鲁迅归国后几年间的心态,从他与友人的通信中便可知悉。坏心情,是与中国的现实相遇后的结果。1910年8月15日,鲁迅致好友许寿裳信中说:"今年秋故人分散尽矣,仆无所之,惟杜海生理府校,属教天物之学,已允其请",但又说:"他处有可容足者不?仆不愿居越中也,留以年杪为度。"④(8)这时候,鲁迅从杭州回到了绍兴,绍兴府中学堂监督杜海生请其担任"天物之

---

① 蒋梦麟:《西潮·新潮》,长沙:岳麓书社,2000年,第99—100页。
② 鲁迅:《呐喊·自序》,《鲁迅全集》第1卷,北京:人民文学出版社,1981年。
③ 鲁迅:《俄文译本〈阿Q正传〉序及著者自叙传略》,《鲁迅全集》第7卷,北京:人民文学出版社,1981年,第83页。
④ 《鲁迅全集》第11卷,北京:人民文学出版社,1981年,第325页。

学"(即博物学)教职,鲁迅虽答应了杜的聘请,但却想尽快离开越地。其原因,当然是回国后的感受非常不好,使得鲁迅又一次强烈地渴望"走异路,逃异地,去寻求别样的人们"。

1911年1月鲁迅致许寿裳信中说:"越中亦迷阳遍地,不可以行",所谓"迷阳",就是带刺的草。回到绍兴,鲁迅感到荆棘遍地,难以安身。又说:"上自士大夫,下至台隶,居心卑险,不可施救,神赫斯怒,湮以洪水可也。"①把话说得如此激愤,说明鲁迅与所生活的环境的关系已经极其紧张了,说明鲁迅对身边的种种人、种种事已经憎恶至极了。

1911年3月7日致许寿裳信中,鲁迅说到强令周作人回国事:"起孟来书,谓尚欲略习法文,仆拟即速之返,缘法文不能变米肉也,使二年前而作此语,当自击,然今兹思想转变实已如是,颇自闷叹也。"起孟即周作人。周作人此时尚在日本,鲁迅希望他回国谋职挣钱,但周作人却想继续留在日本学习法文,鲁迅不答应,坚决要求他回来。信的最后,说:"越中棘地不可居,倘得北行,意当较善乎?"②周作人回国,也只能回到越地。强令周作人回到越地,是经济所迫,而自己却想早一天离开这"棘地"。

1911年4月12日致许寿裳信中,说:"三四月中,决去此校,拟杜门数日,为协和译书,至完乃走日本,速起孟偕返,此事了后,当在夏杪,比秋恐又家食,今年下半年,尚希随时为仆留意也。"③上年八月间,鲁迅答应绍兴府中学堂的聘请时,就只打算干到年底,却拖到了今年春,现在,鲁迅又决意近期辞去教职了。这里的"三、四月",是指农历,西历当指四五月间。辞去教职后,闭门译几天书,然后到日本敦促周作人回国。因为鲁迅虽然驰函要求周作人回来,但周作人仍赖在日本不肯动身,鲁迅只得亲自赴日将其拽回。鲁迅请求许寿裳随时"留意",为其在外谋一职位。此时,鲁迅去越之意已颇决了。

1911年7月31日,鲁迅致许寿裳信中,又一次请求许为其在外谋职:"仆颇欲在它处得一地位,虽远无害,有机会时,尚希代为图之。"④

回到阔别多年的越地,鲁迅并没有归乡游子对家乡的亲切感,更没有那种归宿感,相反,倒是觉得与家乡格格不入,时刻渴望再一次逃离。1898年5月,18岁的鲁迅离开家乡到南京求学,是为了"走异路,逃异地,去寻求别样的

---

① 《鲁迅全集》第11卷,第331页。
② 同上,第334页。
③ 同上,第335页。
④ 同上,第339页。

人们",那时,他就对家乡人、家乡事很有恶感了,他就与所生活的环境关系很紧张了。十多年后重返家乡,仍然是对各种人、各种事的憎恶,仍然是与所生活的环境尖锐对立。不过,如今的恶感与十多年前内涵一定有了不同,如今与环境的对立也不是十多年前的简单重复。鲁迅十几岁便承担起支撑门户的重任,祖父在监狱中,父亲在病床上,里里外外都要他来应付,因而饱尝了世态炎凉。然而,少年鲁迅,毕竟没有参与社会事务,毕竟不能说是一个"社会人",所以与社会的接触面毕竟有限,了解、认识社会的视野毕竟比较狭窄。换言之,离开家乡前,鲁迅不管怎么说,还只能算一个没有走出家庭、没有社会身份的"孩子"。而十多年后重返家乡,鲁迅的身份不同了。这时,他是年届三十的成年人。在杭州两级师范学堂时,他的社会身份是教员。在绍兴,鲁迅先任绍兴府中学堂监学。监学又称学监,相当于后来的教务长。绍兴光复后,又曾接受绍兴都督王金发的委任,当了浙江山会初级师范学堂监督,相当于后来的校长。当教员、当监学、当监督,担负的是社会工作,要与各色人等打交道,接触和观察社会的面,宽阔多了。同时,认识、理解社会的心智也大为不同了。年长了十多岁,在南京,在日本,读了许多书,见识了许多事情,对世人、世事的认识、理解,当然比十多年前要深刻得多。这几年间,鲁迅经历的大事,杭州时期要算"木瓜之役",而绍兴时期,无疑是辛亥革命了。杭州两级师范学堂的监督本来是沈钧儒,不久,沈出任浙江省谘议局副议长,学堂监督一职由夏震武接任。夏某乃极其狂愚谬妄之人,一上任便激怒了众教员,于是大家联合起来成功地驱除了夏某。浙人称愚妄之人为木瓜,夏震武便被鲁迅们称作夏木瓜,驱除夏某之举也就被戏称为"木瓜之役"。此事鲁迅当年的同事许寿裳、杨莘耜、张宗祥等都有回忆,各种关于鲁迅的传记都会写到此事。至于在绍兴迎来辛亥革命,率领学生欢迎王金发进城,更是大家熟知的。

重大的社会性事件,自然可能对人的心灵、精神产生重大影响,但社会性不那么强的事情,甚至纯属个人性的"小事",却未必不能深刻地影响人的心灵、精神。可以说,这几年间,鲁迅经历的一些看似不大的事,一些没有强烈的社会性、公共性的事,一些在亲友圈中发生的事,也给鲁迅以强烈的刺激。鲁迅后来的许多杂文、小说的产生,都与这时期所受的刺激有关。例如,因没有辫子而遇到的麻烦,就令鲁迅终生难忘。鲁迅到日本后不久便剪掉了辫子。当结束留学、回国谋生时,没有辫子却成了问题。鲁迅晚年写的《病后杂谈之余》,说到了这件事。从日本回国,船到上海,鲁迅便买了一条假辫子。那时上海有一个专做假辫子的专家,做得极像,售价也贵,四块大洋一条,不折不扣。买主都是在国外剪掉了辫子而回国后不得不有辫子的留学生。鲁迅买了一条装在脑后,别人轻易看不出真假。但如果知道你是留学生的人,细看之下,就漏洞百出。装着假辫子,夏天不能戴帽子,在人堆中要时刻提防被挤歪甚至挤掉。戴着假辫子过了一个多月,鲁迅想,如果在路上走着时突然脱落或被人拉脱,不是更难堪么,便索性不戴了。但没有辫子便有无穷的烦恼。走在路上,被视为怪物。呆呆地盯着你看,算是客气了,但客气的人不多,多数是"冷笑,恶骂"。"骂",轻则说你偷了人家的女人,因为那时捉住奸夫便剪其辫以示惩戒;重则说你"里通外国",是"汉奸"。在杭州时,情形还稍好,没有辫子,索性穿上洋服当"假洋鬼子"。但回到绍兴,许多人本就相识,这一招便行不通,无论如何打扮自己,都难逃"里通外国"的罪名。所以鲁迅说:"我所受的无辫之灾,以在故乡为第一。"①"无辫之灾",是鲁迅的归国体验之一部分,熟悉鲁迅著作的人都知道,这份体验怎样影响了他日后的新文化实践。

在杭州两级师范学堂时还发生过这样一件事。一次上化学课,鲁迅做氢气燃烧的试验给学生看,要点火时发现没带火柴,便叮嘱学生勿动氢气瓶,因为如混入空气,一点火便会爆炸。告诫完了,鲁迅回宿舍取火柴,回来一点火,氢气瓶爆炸,玻璃片划破了鲁迅的手。鲁迅看看白色西服袖口上的血,又看看点名簿上的血,再抬眼看看学生,发现前面几排空着,本来坐在这里的学生都挪到后面去了。原来,学生得知氢气瓶混入空气会爆炸,便趁鲁迅回宿舍取火柴时,故意放入了空气,目的是欣赏、鉴玩这瓶的爆炸的后果。氢气瓶果然在鲁迅点火后炸碎,而鲁迅也亲手把自己炸得双手流血②。那些学生,那些年岁已经很大、有的甚至比鲁迅更大的学生,看见这后果,一定感到了快乐,一定觉得上了一堂特别有趣的课。但此事可能给鲁迅以极强烈的刺激。鲁迅后来在杂文、小说中谈论、表现启蒙者与大众的关系、先驱者与群众的关系、觉醒者与庸众的关系,或许都多少与此事有关。

三

周作人原也极不愿回国,只是在鲁迅亲自赴日敦促下,才于1911年夏秋

---

① 鲁迅:《病后杂谈之余》,《鲁迅全集》第6卷,北京:人民文学出版社,1981年。
② 孙福熙:《我所见于"示众"者》,原载1925年5月《京报副刊》,见《孙氏兄弟谈鲁迅》,北京:新星出版社,2006年。

之交回到绍兴。回国后的周作人,触目皆是令人不快之事,因此十分怀念在日本的时光。前一年秋,在日本时,周作人曾与妻子、内弟等人到大隅川垂钓,并遇大雨。周作人当时写了一短文记叙此事。翌年10月,在绍兴的周作人重新抄录这则短文,并为其写了一篇附记,开头说:"居东京六年,今夏返越,虽归故土,弥益寂寥;追念昔游,时有怅触,宗邦为疏,而异地为亲,岂人情乎?"① 对"故土"感到隔膜,而对日本那"异地"感到亲切,连周作人自己也觉得有违人之常情。10月28日,周作人更写了这样一首诗:"远游不思归,久客恋异乡。寂寂三田道,衰柳徒苍黄。旧梦不可追,但令心暗伤。"② 如此深切地怀念日本,是因为周作人与故土的关系很紧张了。周作人这时期对中国现实的种种感受,必然引发对历史的反思,对传统文化的审视,而这无疑影响了日后的新文化实践。

这时期,归国留学生怀念那曾生活、学习的"异国",周作人并非特例,应该是普遍现象。胡适归国后也时常深情地怀念美国那"第二故乡"。1919年4月18日,胡适写了新诗《送叔永回四川》,发表于1919年10月1日的《新青年》第六卷第五号。诗的第一段是这样的:"你还记得,绮色佳城,凯约嘉湖上,/山前山后,多少瀑泉奇绝,更添上远远的一线湖光;/瀑溪的秋色,西山的落日,真个无双;/还有那到枕的湍声,夜夜像骤雨打秋林一样?/那是你和我最难忘的'第二故乡'。/如今回想,/往日的交情,旧游的风景,/一半在你我的诗中,一半在梦魂中来往。"美国是"第二故乡",而胡适的诗,"乡愁"是那样浓郁。置身"第一故乡"怀想"第二故乡",胡适有无限的落寞和惆怅。而归国后的种种恶感,应该是令胡适如此怀念美国的原因之一。后来,将此诗编入《尝试集》时,这第一段改动很大,那种落寞和惆怅大大淡化了。为什么做这样的改动,是值得研究的,这里姑且不论。

胡适于1917年7月回国。乘坐的海船到达日本横滨时,传来了张勋复辟的消息,这当然是对胡适的当头一棒。胡适在日记里写道:"复辟之无成,固可断言。所可虑的,今日之武人派名为反对帝政复辟,实为祸乱根苗。此时之稳健派似欲利用武人派之反对复辟者以除张勋一派,暂时或有较大的联合,他日终将决裂。如此祸乱因仍,坐失建设之时会,世界将不能待我矣。"③

---

① 周作人:《知堂回想录》,香港:香港三育图书公司,1980年,第250页。
② 张菊香、张铁荣编著:《周作人年谱》,天津:天津人民出版社,2000年,第91页。
③ 胡适:《藏晖室札记》卷十七,上海:商务印书馆,1947年。

1918年1月,回国半年的胡适写了《归国杂感》,发表于1918年1月15日的《新青年》第4卷第1号。《归国杂感》表达了回国后的感受。胡适最强烈的归国感受,不是七年间中国有了如何的变化,而是居然没什么变化。胡适惊异于"七年没见面的中国还是七年前的老相识!"七年间中国虽没有什么变化,但胡适却有了很大的变化。与七年前相比,胡适的心智状况大为不同了,看待事物的眼光、理解事物的能力、对待事物的态度、判断事物的标准,都与此前不可同日而语了。以前不以为怪的事,现在觉得不可理喻了;以前认为好的东西,现在不以为好了;以前觉得坏的东西,现在觉得更坏了。对于胡适,中国还是老相识;但对于中国,胡适却是一个新来者。例如,对于张勋复辟的分析、判断,就断不是七年前的胡适所能为的。归途中的胡适,还没踏上中国的土地,就开始以七年间积累的知识、练就的眼光打量中国、评判中国了,就开始为世界将不能"待"中国而忧虑了。

胡适的《归国杂感》写于归国半年后,对半年间见到的种种现象做了满怀激愤的批评。《归国杂感》中,胡适说:"我在上海住了十二天,在内地住了一个月,在北京住了两个月,在路上走了二十天",这意味着,胡适的杂感,并非一时一地的感受。在上海的大舞台看完戏,胡适对同去的友人发表了这样的感慨:这大舞台真正是中国的一个绝妙的缩本模型。"大舞台"三个字是新的,建筑也是洋房,里面的座位和戏台上的布景装潢也是西洋式的,但做戏的人还是二十年前的旧角色。说回来后看到的中国还是"七年前的老相识",并非说中国表里俱如昔时。七年间,表面上的变化还是很大的。胡适离开中国时,中国还是大清帝国,回来时却是中华民国,这可说是"翻天覆地"的变化了。然而,种种变化都是十分表层的,中国社会的实质未变,中国人基本的价值观念未变。胡适的观感,换成鲁迅的话,就是"招牌虽换,货色依旧"。

胡适以嘲讽的语气说,在家乡徽州,看到"两件大进步的事",一是"三炮台"牌的香烟,居然行销到了偏僻山区的徽州,二是"扑克"比麻将还要时髦了。"三炮台"销到山区还不太奇怪,奇怪的是那些向来视学习"ABCD"为畏途的老先生,居然学起"扑克"来毫无障碍,口口声声"恩德""累死""接客倭彭"了。这些怪不好记的洋名词,他们竟然这样容易上口,不能不令胡适惊讶。他们学这些洋名词这样容易,而学正经的"ABCD"却那样蠢,这又不能不令胡适思考那原因了:"新思想行不到徽州,恐怕是因为新思想没有'三炮台'那样中吃罢? A,B,C,D,不容易教,恐怕是因为教的人不得其法罢?"

对出版界的现状,胡适也痛心疾首。胡适第一次逛上海四马路,就看见三部教人玩"扑克"的书,心想,既然"扑克教程"都这样多,那别的有用的书,一定更多了。胡适专门用一天的时间,调查上海的出版界,结果却令胡适大失所望。胡适是学哲学的,首先注意哲学书籍的出版情况,注意的结果是,这几年间,中国竟没有出版过一部真正意义上的哲学书。找来找去,找到一部《中国哲学史》,其中王阳明只占四页,而《洪范》却占了八页。这当然是一种知识性的荒谬,表明作者对中国哲学史的无知。比这个更让胡适生气的,是其中还有些诸如"孔子既受天之命""与天地合德"一类的昏话,这表明了作者见识的陈腐、思想的错乱。又看见一部《韩非子精华》,却删去了《五蠹》和《显学》两篇,竟成了一部《韩非子糟粕》。哲学方面是如此,文学方面也一样糟。莎士比亚的戏剧,被译成了《聊斋志异》体的叙事古文;而一部《妇女文学史》,其中苏蕙的回文诗足足占了六十页。调查完中文书籍,胡适又调查英文书籍,结果一样失望。市面上通行的英文书籍,大抵是十八世纪以前的东西,介绍欧美新思潮的书则很难见到。胡适得出结论:"上海的出版界,——中国的出版界——这七年来简直没有两三部以上可看的书!不但高等学问的书一部都没有,就是要找一部轮船上火车上消遣的书,也找不出",对此种"怪现状",胡适说"真可以放声大哭"。胡适哀叹:"如今的中国人,肚子饿了,还有些施粥的厂把粥给他们吃。只是那些脑子叫饿的人可真没有东西吃了。难道可以把些《九尾龟》《十尾龟》来充饥吗?"如果是七年前,胡适不会对出版界有如此严重的不满。如果不曾在美国留学,就是七年后,胡适也不会对出版界有如此看法。

在《归国杂感》中,胡适强调了介绍欧美新思潮的必要。他说,中国人学英文,和英国、美国的学生学习英文,情形是两样的。中国人学习西洋文字,根本目的在于输入西洋的学术思想,所以,在教授西洋语言时,应该采用"一箭双雕"的方法,把"思想"和"文字"同时传授,而这方法,便是采用赫胥黎的《进化杂论》、弥尔的《群己权界论》一类书籍做教材。这样的言论,表明胡适已高度重视启蒙问题。在谈到这一点时,胡适拿日本做了比较:"我写到这里,忽然想起日本东京丸善书店的英文书目。那书目上,凡是英美两国一年前出版的新书,大概都有。我把书目和商务书馆与伊文思书馆的书目一比较,我几乎要羞死了。"这也自然让我们想到鲁迅。新文化运动兴起后,鲁迅也多次拿日本的出版业、图书业与中国比较,并为中国与日本的差距之巨大而叹息。

对中国人的不珍惜时间,胡适也有痛切的感受。《归国杂感》指出,"时间不值钱"也是中国的怪现状之一。吃了饭没有事情做,不是打"扑克",就是打麻将,这是广大国人生活的常态。有的人上茶馆,泡上一碗茶,一喝喝一天;有的人拎着一只鸟儿出外逛,一逛逛一天。更可笑的是到人家串门,一坐下便生了根,再不肯起身。有事商谈倒也罢了,往往是没有任何正事,只是不停地没话找话而已。胡适引用了"美国大贤"弗兰克令(富兰克林)的"时间乃是造成生命的东西"("时间就是生命")这句话来批判中国的这种怪现象。在中国,时间不值钱,也就意味着生命不值钱。生命不值钱,还表现在体力劳动者的报酬十分低。上海拣茶叶的女工,一天拣到黑,至多可得二百铜钱,少的则只有五六十铜钱。茶叶店的伙计,一天劳作十六七个小时,一个月只能得到两三块钱。至于那些更下等、更痛苦的工作,就更不用说了。人力不值钱,卫生也就无法讲究,医药也就无法讲究。胡适说:"我在北京、上海看那些小店铺里和穷人家里的种种不卫生,真是一种黑暗世界。至于道路的不洁净,瘟疫的流行,更不消说了。最可怪的是无论阿猫、阿狗都可挂牌医病,医死了人,也没有人怨恨,也没有人干涉。人命的不值钱,真可算得到了极端了。"

对中国的中小学教育现状,胡适也表达了强烈的愤慨:"现今的人都说教育可以救种种的弊病。但是依我看来,中国的教育,不但不能救亡,检直可以亡国。"[①]

胡适晚年,还谈起过刚回国时对中国卫生状况的惊愕和不适应。胡颂平编著的《胡适之先生晚年谈话录》中说,1961年5月24日,早餐时因为有皮蛋,胡适便联想到刚回国时从上海到徽州途中的情形。从上海到了芜湖,饭馆肮脏得令胡适"不敢吃东西"。"我早上吃两个蛋,中午吃三个,晚上吃两个,别的东西不敢吃。"又说:"晚上,我最怕是臭虫。床,当然不敢睡了,只好向旅馆借来两块没有缝的木板,垫床的用砖,木凳也不敢用。有一点点小缝的地方,都用开水来浇过。然后铺上油布,再打开铺盖来住的。"[②]

四

可以说,刚回国时的胡适,虽然也有从事启蒙运动的念头,但那念头毕竟还总体上是很朦胧的。从何种角度进行启蒙,以怎样的方式进行启蒙,当胡适

[①] 胡适:《归国杂感》,1918年1月15日《新青年》第4卷第1号。
[②] 胡颂平编著:《胡适之先生晚年谈话录》,北京:新星出版社,2006年,第162—163页。

刚刚踏上上海滩的时候,是不可能有明确的想法的。半年间从上海到徽州到北京的归国体验,使胡适看到了他所认为的问题所在,也使胡适明白了他所认为的解决问题的途径是什么。胡适后来在新文化运动中的问题意识,基本上萌生于、形成于这半年。例如,"多研究些问题,少谈些主义"观点的提出,就无疑与归国体验紧密相关。从上海到徽州再到北京,使胡适产生这样的思想:中国的问题,不是空谈任何一种主义所能解决的。

那时期的留学生,回国后普遍有不适感。他们看不惯的东西很多。对不同的东西,看不惯的程度会有不同。有人对此类事特别愤然,有人则对彼类事特别切齿。而他们,尤其是从美国归来的留学生,不少人都对同一事极其痛恶,这就是人力车。

1918年1月15日的《新青年》第4卷第1号,发表的胡适作品不仅只有《归国杂感》,还有新诗《人力车夫》。于《归国杂感》同时同刊发表的《人力车夫》,无疑也属"归国杂感"范围。该诗作于1917年11月9日夜。《人力车夫》诗前有一小序:"警察法令,十八岁以下,五十岁以上,皆不得为人力车夫。"发表于《新青年》的《人力车夫》全诗是这样的:

> "车子!车子!"车来如飞。
> 客看车夫,忽然中心酸悲。
> 客问车夫,"你今年几岁?拉车拉了多少时?"
> 车夫答客,"今年十六,拉过三年车了,你老别多疑。"
> 客告车夫,"你年纪太小,我不坐你车。我坐你车,我心惨凄。"
> 车夫告客,"我半日没有生意,我又寒又饥。
> 你老的好心肠,饱不了我的饿肚皮,
> 我年纪小拉车,警察还不管,你老又是谁?"
> 客人点头上车,说"拉到内务部西!"①

从最后一句看,这写的是胡适到北京后的体验。比起其他人对人拉人现象的愤然,胡适此诗显得相当冷静、克制。诗中的客人并没有表达对人拉人现象本身的不满,只是为拉车者"年纪太小"、未到"法定年龄"而"心酸悲""心惨凄"。客人最后的"点头上车",是被小车夫说服了,认可了小车夫的逻辑。人

---

① 见《新青年》第4卷第1号,1918年1月15日。

拉人的事情是残酷的,年幼的孩子就当车夫,更是极其凄惨之事。然而,胡适也知道,在当时的中国,禁止人拉人,甚至仅仅是严格执行限制年龄的法令,都非但不能真正帮助穷人,相反,倒是害了穷人。禁绝人力车,是一种人道主义的体现,但这种人道主义却"饱不了"穷人的"饿肚皮"。要杜绝人拉人的悲惨现象,必须有一种综合性的社会改革。也许是刊物出版后,"客人"的点头引来些非议,也许是胡适自己也对这"点头"感到了不安,《人力车夫》编入《尝试集》时,胡适把最后一句删掉了。

蒋梦麟于1908年赴美留学,早胡适两年,1917年6月间回国,与胡适几乎同时。后来,蒋梦麟在回忆录《西潮》中记述了回到上海见到黄包车(即人力车)时的感受:

> 我可怜黄包车夫,他们为了几个铜板,跑得气喘吁吁,汗流浃背,尤其在夏天,烈日炙灼着他们的背脊,更是惨不忍睹。我的美国尺度告诉我,这太不人道。有时我碰到一些野兽似的外国人简直拿黄包车夫当狗一样踢骂——其实我说"当狗一样踢骂"是不对的,我在美国就从来没有看见一个人踢骂过狗。看到这种情形,我真是热血沸腾,很想打抱不平,把这些衣冠禽兽踢回一顿。但是一想到支持他们的治外法权时,我只好压抑了满腔气愤。我想起了"小不忍则乱大谋"的古训。"懦夫!"我的美国尺度在讥笑我。"忍耐!"祖先的中国尺度又在劝慰我。大家还是少坐黄包车,多乘公共汽车和电车罢!但是这些可怜的黄包车夫又将何以为生?回到乡下种田吗?他们本来就是农村的剩余劳力。摆在他们面前的只有三条路:身强力壮的去当强盗,身体弱的去当小偷,身体更弱的去当乞丐。那末怎么办?还是让他们拖黄包车罢!兜了半天圈子,结果还是老地方①。

蒋梦麟显然遇上了与胡适同样的难题,或者说,与胡适遇上了同样的人道主义悖论:黄包车的存在是极其不人道的事情,人拉人是应该尽快消灭的现象,然而,不坐黄包车、禁止人拉人,却非但不是在帮助黄包车夫,相反,倒是令他们陷入更凄惨的境地。所以,兜了半天圈,还是"拉到内务部西"。

蒋梦麟继续写道,发展工业,让这些黄包车夫在工厂里就业,理论上是解决问题的途径,但在当时的中国也是行不通的。发展工业,需要稳定的政治环

---

① 蒋梦麟:《西潮·新潮》,长沙:岳麓书社,2000年,第100页。

境,而在军阀混战的社会里,工业又怎能有像样的发展呢!农村劳动力过剩,不能为工厂提供工人,相反,倒是令军阀的兵源有了保证。只要军阀肯出钱,或者放纵他们到处掳掠,这些过剩的农夫随时愿意应募当兵。而混战着的军阀兵源有了保证,就会混战不休,政治就永难稳定。这又是一种恶性循环。

吴国桢在回忆录《夜来临》中,也说到了人力车问题。吴国桢1903年出生,1914年进入南开中学,与周恩来是同窗好友。1917年秋进入清华学校,1921年赴美留学,1926年夏获得普林斯顿大学政治学专业哲学博士学位后回国,担任过汉口市市长、重庆市市长、国民政府外交部政务次长、国民党中央宣传部部长、上海市市长等多种要职。国民党退据台湾后,曾任台湾省主席。1954年与蒋介石决裂并迁居美国,在美国用英文写了回忆录《夜来临》。在《夜来临》中,吴国桢说到从美国回国后的感受时,首先说到了黄包车:

> 我回来只花了几天时间,就对祖国有了一个较为清晰的认识。意想不到的是,我的震惊和羞愧从登上上海码头的一刻起就开始了。
>
> 当然,我以前曾坐过无数次黄包车,而且也知道在大多数中国城市中,它是最便宜而且到处都有的交通工具,但由于去过一趟不存在这种残忍行业的国家,对于突然间重新见到黄包车,我没有思想准备。当我带着少许行李下船时,马上至少有十几个黄包车夫围上来,问我的去处。我瞧瞧四周,想找平常的出租车,但一辆也没有,只好勉强将旅馆的名字告诉那些苦力。一时间真像是炸开了锅,那些可怜的人们每个都报出自己的车价,以一两分钱之差想抢得拉我的机会。这真是一场残酷的竞争,如果有人想看到男人们为了生存而拼命竞争的话,那他可能怎样也找不到一个更好的例子了。我一阵惊愕,遂将行李扔上其中一辆车,自己则跳上了另一辆,不管他们报价高低。那两辆车带着胜利的叫声出发了,其余的人则耸耸双肩,明显地感到失望。上车以后,我可以从容思考了:为什么同样是人——特别是同一个民族的同胞——却可以把其他人当作牛马一样来使唤呢?这不仅是一种难以原谅的不公正的行为,也证明在社会体制中有某种极其邪恶的东西使其成为可能。我坐在黄包车上,凝视着车夫的后背,他那两条健壮的腿交替着向前迈进,我则被羞辱所刺痛。当抵达旅馆时,我给每个车夫一块银元,这是他们要价的四或五倍。他们以为我没有零钱,便开始数角子和分头,显然是想给我找零。我挥一挥手说不必找了。我看到他们吃惊地皱起眉头,愈皱愈深,表示不相信。最后终于明白过来,乃至欣喜而

笑。他们对我一再道谢,但却不知道,此时我的心正在为他们流血①。

吴国桢的回忆,对于理解那些年间归国留学生的惊愕、痛苦很有帮助。回国后令他们惊愕、痛苦的种种现象,往往并非他们从来没有见过的,并非在他们留学期间新生的。这些现象,他们出国前也见过,但习焉不察、司空见惯。在国外多年,没见过这类现象,所以回国乍见便惊愕、痛苦,这只是不太重要的原因。更重要的原因,是在国外形成了新的价值观念,形成了新的看待事物的眼光、评判事物的标准。

蒋梦麟、吴国桢也并非只对黄包车感到惊愕、痛苦。阔别多年的故国,令他们痛苦、惊愕的现象很多。例如,蒋梦麟还写到了从上海经宁波返乡的情形。在宁波上船后,码头上的喧嚷声震耳欲聋,脚夫们涌上船拼命抢夺乘客的行李,名义上是在抢生意,但往往稍一大意,你的行李就被抢走了。所以,蒋梦麟和接他的哥哥艰难地从人丛中挤下甲板,紧紧地跟定行李夫,才避免了行李被卷走②。而黄包车也远不是唯一令吴国桢惊愕、痛苦的东西,"接踵而来的其他痛苦经历也毫不逊色"。在上海,有过在白天的码头被黄包车夫包围、作为生意的对象争抢的经历,又有过在夜晚的街道上,被妓女包围、作为生意的对象争抢的经历,而在北上的火车上,吴国桢也一路受到刺激。火车不守时、车上肮脏不堪,"与我三周前在美国乘坐的火车形成强烈对比"。乘客们大抵面有病容,显示着营养的不良;车上没有秩序,常常发生争吵;搬运工总是讨价还价,旅客、尤其是老弱的旅客,总不免受到他们的欺侮、敲诈;座位没有编号,也不遵守先来后到的规则,先来者倘是那种体弱之人,即使坐下了,也会被人强行拉开……吴国桢说:"面对这种场面,我感到吃惊";"就这样,回国仅仅几天,我对祖国和人民的印象就起了很大的变化。我曾模模糊糊地预感到情况不太好,但现实比预计更糟。无论什么地方,都会发现贫穷、愚昧、低效和灾难。我现在必然会将国内看到的情况与我刚刚离开的那个太平洋彼岸之国进行比较,但还未发现前者有哪一处胜过后者,对此我深感痛心。是的,我知道我们总是可以夸耀自己古老的文化和过去的光荣,但对一个刚刚触及现实的人来说,那似乎是毫无意义的空谈。"③

---

① 吴国桢:《夜来临》,香港:香港中文大学出版社,2009年,第39页。
② 蒋梦麟:《西潮·新潮》,第101页。
③ 同①,第39—40页。

五

留学生归国后所受到的刺激,留学生面对离别多年的故土而产生的惊愕、痛苦,必然深刻地影响他们日后的政治理念、文化姿态。吴国桢这样的人,选择了从政,而归国体验当然也影响了他的政治风格和政治观念,他最终与蒋介石集团分道扬镳,与这份归国体验,也多少有些关系。而像蔡元培、陈独秀、周氏兄弟、胡适这样的新文化运动的核心人物,他们在新文化运动中的思想表现,都与归国体验有千丝万缕的联系。

留日之前,鲁迅固然对中国文化,对中国人的"国民性",已有一定程度的认识,但这认识毕竟还是模糊的。让他对中国、对中国文化、对中国人的种种观念明确起来的,还是结束留学而归国后的种种体验。这里只能聊举数例,说明鲁迅的归国体验与他的新文化实践之间的关系。

鲁迅投身新文化运动后,在许多作品里都写了中国人热衷于"鉴赏"他人的痛苦、从他人的痛苦中感受到快乐的习性。小说《孔乙己》,其实主要是写那些短衣帮,那些本身也是卑微之辈的人,是如何一遍遍地往孔乙己心灵的伤口上撒盐,从而鉴赏着孔乙己精神的痛苦。他们没有更多的钱买一点哪怕是低贱的茴香豆下酒,于是便拿孔乙己的精神痛苦下酒。正因为如此,只要孔乙己出现,他们决不放过伤害他的机会。他们总是用那种孔乙己最害怕别人提起的事情伤害孔乙己,当孔乙己满脸涨红、窘迫不已、痛苦不堪时,他们便快乐得大笑起来,于是,每一次,都是一遍遍地"店内外充满了快活的笑声"。小说《药》中,夏瑜是为大众的幸福而牺牲的革命者,然而他的为大众而死,却不过成为大众茶余的谈资。正因为他的死对大众来说是莫明其妙、不可理喻,便特别令大众兴奋。在茶馆里,围绕夏瑜的被杀,他们议论着、争论着,而在这议论和争论中,他们感到了活着的趣味。更有甚者,夏瑜的血,被华老栓买来医治儿子的顽疾,刽子手康大叔在卖夏瑜的血时,茶馆老板华老栓在买夏瑜的血时,都没有丝毫心理障碍。小说《示众》则写人们怎样极力从一个游街的犯人身上寻找生活的乐趣。

不仅仅是在小说中表现了大众的热衷于鉴赏他人的痛苦。《野草》中的《复仇》,写的是一对仇人以不相互杀戮的方式对大众进行"复仇"。"他们俩裸着全身,捏着利刃,对立于广漠的旷野之上。"而"路人们从四面奔来,密密层层地,如槐蚕爬上墙壁,如马蚁要扛鲞头。衣服都漂亮,手倒空的。然而从四面奔来,而且拼命地伸长脖子,要赏鉴这拥抱或杀戮。他们已经豫觉着事后的自己的舌上的汗或血的鲜味。"而他们却永远只是静静地对立着,既不拥抱也不杀戮,"路人们于是乎无聊;觉得有无聊钻进他们的毛孔,觉得有无聊从他们自己的心中由毛孔钻出,爬满旷野,又钻进别人的毛孔中。他们于是觉得喉舌干燥,脖子也乏了;终至于面面相觑,慢慢走散;甚而至于居然觉得干枯到失了生趣。"永远只是静静对立着的俩人,就这样戏弄了大众、教训了大众。在1934年5月16日致郑振铎信中,鲁迅提及了《复仇》:"我在《野草》中,曾记一男一女,持刀对立旷野中,无聊人竟随而往,以为必有事件,慰其无聊,而二人从此毫无动作,以致无聊人仍然无聊,至于老死,题曰《复仇》,亦是此意。"①《野草》中的《颓败线的颤动》,其中的老母亲,为女儿做出了莫大的牺牲,最终却因这牺牲而被女儿夫妇辱骂、嫌恶。先驱者为大众而受难、牺牲,大众却赏鉴这受难和牺牲,这是鲁迅作品中的一种重要意蕴。而这与在浙江两级师范学堂的遭遇有一定程度的关系。

与鲁迅交往密切的孙福熙写有《我所见于"示众"者》一文,谈论鲁迅小说《示众》时,提及鲁迅在浙江两级师范学堂的化学课上被学生捉弄、坑害一事。孙福熙说:"鲁迅先生是人道主义者,他想尽量的爱人;然而他受人欺侮,而且因为爱人而受人欺侮。倘若他不爱人,不给人以氢气瓶中混入空气燃烧时就要爆裂的智识,他不至于炸破手。"②因为爱大众、救大众而被大众戕害、而遭大众憎恶、而为大众讥笑,这方面的意旨固然与在浙江两级师范学堂化学课上的流血有关,就是《示众》这类纯粹揭示和批判大众乐于赏鉴他人痛苦的作品,也与在那堂化学课上的体验有关。

至于因为没有辫子而被嘲笑、被怒视、被侮辱的归国体验,也在鲁迅不少作品中留下了痕迹。《呐喊》中,《头发的故事》和《风波》这两篇小说排在一起,都作于1920年秋天。鲁迅1920年8月5日日记有"小说一篇至夜写讫"③的记载,这就是《风波》,而9月29日日记有"午后寄时事新报馆文一篇"④,这就是《头发的故事》。两篇小说都以"辫子"为主题。《风波》中的七斤,因为"造反"的时候在城里被人剪掉了辫子,而张勋复辟,没有辫子却成了脑袋能否保住的大问题,于是七斤和七斤嫂陷入万分惶恐中。当赵七爷用

---

① 《鲁迅全集》第12卷,北京:人民文学出版社,1981年,第415页。
② 孙福熙:《我所见于"示众"者》。
③ 《鲁迅全集》第14卷,北京:人民文学出版社,1981年,第393页。
④ 同上,第396页。

"燕人张翼德的后代"来威吓七斤夫妇时,村人们的心理表现是:"村人们呆呆站着,心里计算,都觉得自己确乎抵不住张翼德,因此也决定七斤便要没有性命。七斤既然犯了皇法,想起他往常对人谈论城中的新闻的时候,就不该含着长烟管显出那般骄傲模样,所以对于七斤的犯法,也觉得有些畅快。"这显然是鲁迅把自己归国后的遭遇用在了七斤身上。赵七爷走后,"七斤将破碗拿回家里,坐在门槛上吸烟;但非常忧愁,忘却了吸烟,象牙嘴六尺多长湘妃竹管的白铜烟斗里的火光,渐渐发黑了。他心里但觉得事情似乎十分危急,也想想些方法,想些计划,但总是非常模糊,贯穿不得"。鲁迅当初虽然不至于如七斤这般忧惧,但无奈、无助、烦恼,却是有的。鲁迅显然把自己的体验加工后移用于塑造七斤这个人物了。写完《风波》,鲁迅意犹未尽,又写了《头发的故事》。小说中的 N 所讲述的自身的故事,则完全是鲁迅自己的经历了。

还可以举《孤独者》为例。小说主人公魏连殳身上,也明显有着鲁迅本人的归国体验。从日本回到杭州、绍兴,鲁迅与社会、与生存环境的关系非常紧张,鲁迅无疑把这份感受、经验,用在了魏连殳身上。举一个可以实证的例子。小说开始后不久,魏连殳的祖母病逝,魏连殳闻讯往家乡赶,而此时:

> 族长,近房,他的祖母的母家的亲丁,闲人,聚集了一屋子,预计连殳的到来,应该已是入殓的时候了。寿材寿衣早已做成,都无须筹划;他们的第一大问题是在怎样对付这"承重孙",因为逆料他关于一切丧葬仪式,是一定要改变新花样的。聚议之后,大概商定了三大条件,要他必行。一是穿白,二是跪拜,三是请和尚道士做法事。总而言之:是全都照旧。
> 他们既经议妥,便约定在连殳到家的那一天,一同聚在厅前,排成阵势,互相策应,并力作一回极严厉的谈判。村人们都咽着唾沫,新奇地听候消息;他们知道连殳是"吃洋教"的"新党",向来就不讲什么道理,两面的争斗,大约总要开始的,或者还会酿成一种出人意外的奇观。

然而,魏连殳的表现却以相反的方式"出人意料"。连殳回家后,"向他祖母的灵前只是弯了一弯腰",旋即便被叫到大厅上,族长们依计划行事,一个个义正辞严、唾沫横飞。说完了,"人们全数悚然地紧看着他的嘴",等待着他的反驳、抗争,然而,连殳只简单地说:"都可以的。"于是按照族人们的要求做完了一切,做得让那些一心要挑毛病的人终于无可挑剔。而这其实就是鲁迅自己的亲身经历。周建人回忆说,宣统二年(1910年)农历四月初五,祖母病逝,鲁迅从杭州赶回绍兴,而在鲁迅尚未到家时,祖母娘家的亲丁、内侄和周家的族长等长辈,黑压压地聚了一屋子,商议着怎样对付即将回来的承重孙鲁迅。因为鲁迅一从日本回来,便对种种古已有之的现象表示出看不惯、有意见,那些亲族们,料定鲁迅对祖母的葬仪也一定要变新花样,但他们决不能依他。他们商定了三大条件,要求鲁迅照办。一是穿白,二是跪拜,三是请和尚道士做法事。总之是,一切都照旧,决不容许有丝毫改变。他们还约定,在鲁迅回到家中的那一天,一同聚到厅前,形成阵势、互相策应,与鲁迅进行一场硬战。鲁迅回来了,在祖母灵前鞠了一个躬,便被传唤到大厅上,先是族长大讲了一通孝道,然后强调祖母的葬仪,要一切遵照旧规,不能有些许更改。族长讲完,其他人便七嘴八舌,你唱我和。而鲁迅始终只是静静地听着,在他们讲完后仍是沉默着,他们紧盯着鲁迅的嘴,催他表态,于是鲁迅平静地吐出几个字:"都可以的。"这回答令亲族们惊愕。于是,鲁迅按照旧规做着一切,"仿佛一个大殓的专家"。祖母娘家的亲丁照例是要挑剔的,而鲁迅则怎么挑剔便怎么改[①]。这一切都如《孤独者》中所写的一样,鲁迅让魏连殳重复了自己所做的一切。

  那么,鲁迅为什么要对亲族屈服,为什么避免与他们发生丝毫冲突呢?某种意义上,《野草》中的《复仇》回答了这问题。《复仇》中的两个仇人,手持利刃对立着,围观的人们渴望他们相互杀戮,但他们却只是永远对立着而决不动作。试想,如果没有围观者,如果没有渴望从他们的相互杀戮中得到快慰、欢乐的围观者,他们一定要相互把利刃刺向对方了,一定要杀出个你死我活了。然而,他们不愿意他们庄严的杀戮成为庸众赏鉴的对象,不愿意自己鲜红的热血成为安慰庸众无聊的材料,于是,他们永久地对立着直至干枯。而鲁迅之所以在祖母葬仪上完全屈从于亲族,绝不做任何抗争,原因之一,就在于他知道许多人在等着看他的抗争,在等着看他如何抗争,在等着赏鉴这抗争、鉴赏他与亲族的吵闹。他们做好了准备,要享受一场精神的盛宴。为了不让他们得逞,鲁迅选择了屈从。周建人回忆了围观者的失望说:"难道就这样结束了?人们很有些惊异和不满。大殓便在这惊异和不满的空气里完毕。沉静了一瞬间,人们怏怏地走散,我大哥却坐在草荐上陷入了沉思。"[②]围观者本来想看一场好戏,本来以为一定能看一场好戏,鲁迅却以自己的屈从让他们失望,让他

[①] 周建人口述,周晔编写:《鲁迅故家的败落》,长沙:湖南人民出版社,1984年,第285—286页。
[②] 同上,第286页。

们"惊异""不满"和"怏怏"。鲁迅就以这种方式报复了这些围观者。而也可以认为,《野草》中的《复仇》,也融入了鲁迅在祖母葬仪上的体验。鲁迅让魏连殳重演一遍自己的所作所为,鲁迅让魏连殳屈从于亲族,也意在让魏连殳以此种方式报复那些一心要看戏的围观者。

六

能找到更多的证据证明胡适的归国体验与他的新文化实践之间的关联。

1919年7月,胡适写了《多研究些问题,少谈些"主义"》,在胡适数量众多的文章中,这是特别著名的一篇,说是最著名的一篇也不为过。而问题先于主义、应多研究问题而少空谈主义观点的形成,无疑与归国后数月间从上海到徽州再到北京的体验有关。在《多研究些问题,少谈些"主义"》开头,胡适重复了在《每周评论》第28号里说过的话:

> 现在舆论界大危险,就是偏向纸上的学说,不去实地考察中国今日的社会需要究竟是什么东西。那些提倡尊孔祀天的人,固然是不懂得现时社会的需要。那些迷信军国主义或无政府主义的人,就可算是懂得现时社会的需要么?
>
> 要知道舆论家的第一天职,就是细心考察社会的实在情形。一切学理,一切"主义",都是这种考察的工具。有了学理作参考材料,便可使我们容易懂得所考察的情形,容易明白某种情形有什么意义,应该用什么救济的方法①。

胡适强调实地考察的重要,而他自己,从上海到徽州再到北京的过程,就是一个对中国社会进行实地考察的过程。如果说,其他留学生的归国体验更多地具有"被动"的性质,那胡适的归国体验则有更多的"主动性"。其他人,或许归国时并没有很强的了解中国、认识中国、研究中国的意识,是与阔别多年的"中国"遭遇后,才比较被动地了解了中国、认识了中国、体验了"中国",而胡适,则是船到横滨时,就开始关注张勋复辟的问题了,可以说,是尚未踏上中国的土地,就开始主动地研究中国的现实了。一到达上海,胡适就以调查研究的

---

① 胡适:《多研究些问题,少谈些"主义"》,《每周评论》第31号,1919年7月20日。

心态和姿态,一家家地逛书店,此后,每到一处、每经一地,也都以调查研究的眼光看待种种事物。认定空谈"主义"无益,必须深入研究中国的各种具体问题,必须具体问题具体分析,这样一种观念和态度的确立,固然与胡适秉持的自由主义政治理念有关,而归国后实地考察形成的对中国的印象、所产生的对中国的认识,无疑也起了重要作用。

归国体验促使胡适确立了多研究具体问题而少空谈各种"主义"这样一种基本的现实观念。在对许多具体问题发表看法时,归国体验也不同程度地起着作用。

1918年9月,胡适做长文《文学进化观念与戏剧改良》,文章先是从四个方面阐释了"文学进化"的意义,接着从"悲剧的观念"和"文学的经济方法"两个方面对中国传统戏剧提出了批评。胡适认为,中国传统戏剧,一是缺乏悲剧的观念,二是不懂得剪裁。对中国传统戏剧的看法,无疑与胡适归国之初的看戏经验有关。我们记得,在《归国杂感》中,胡适说自己一回到上海便在大舞台看了戏,且感觉非常之差。在《文学进化观念与戏剧改良》中,则说自己"去年初回国时看见一部张之纯的《中国文学史》",并抄录了其中论昆曲的一段:"是故昆曲之盛衰,实兴亡之所系。道咸以降,此调渐微。中兴之颂未终,海内之人心已去,识者以秦声之极盛,为妖孽之先征。其言虽激,未始无因。故睹升平,当复昆曲。"把国家的兴亡、升平与昆曲的盛衰直接挂钩,当然荒谬,所以胡适说:"这种议论,居然出现于'文学史'里面,居然作师范学校'新教科书'用,我那时初从外国回来,见了这种现状,真是莫名其妙。"[1]这样的"文学史"很荒谬,而这样荒谬的"文学史"却成了师范学校的"新教科书",就更让胡适难以思议了。然而,胡适之所以对这种现状感到不可思议,就因为是"初从外国回来",如果一直生活在中国,倒可能见怪不怪、习以为常了。

在《归国杂感》中,胡适表示了对中小学教育现状的不满。归国之初对中小学教育的观察、考察,使得胡适此后长期关注中小学教育。例如,1920年3月写了长文《中学国文的教授》[2],1922年8月写了《再论中学的国文教学》[3]。在《归国杂感》中,胡适对国人的不讲卫生、不珍惜时间,表示了忧虑甚至愤慨,而在此后的文章、讲演中,这两方面的批评一直持续着。1930年4月。胡

---

[1] 胡适:《文学进化观念与戏剧改良》,《新青年》第5卷第4号,1918年10月15日。
[2] 《新青年》第8卷第1号,1920年9月1日。
[3] 《晨报副镌》,1922年8月27日。

适写了长文《我们走那条路》,指出"我们要打倒五个大仇敌",它们是"贫穷""疾病""愚昧""贪污""扰乱"。这样一种对中国社会的基本看法,也与归国之初对中国社会的观察、考察有直接关系。五大仇敌中,"贫穷""疾病""愚昧"都与不讲卫生有关。因为贫穷和愚昧,所以不讲卫生,而因为不讲卫生,所以容易生病。谈到许多地方死亡率超过出生率时,胡适说:"疾病瘟疫横行无忌,医药不讲究,公共卫生不讲究,那有死亡率不超过出生率的道理?"①1926年12月5日的《生活周刊》第二卷第七期,发表了胡适的短文《时间不值钱》,文章先说"我回中国所见的怪现状"中,最普遍的是时间不值钱,用打麻将、打扑克、泡茶馆、遛鸟等消磨时间,是广大国人的日常生活方式。而时间不值钱,与人力不值钱、生命不值钱都是关联着的:"人力那样不值钱,所以卫生也不讲究,医药也不讲究"。胡适说,北京、上海那些小店铺和穷人家中的不卫生,真是"黑暗世界",至于道路的肮脏、瘟疫的流行,更是不说也罢。最奇怪的是阿猫阿狗都可挂牌行医,医死了人也安然无事,"人命的不值钱,真可算得到了极端了,"②这其实是把八年前在《归国杂感》中说过的话再说一次。1934年4月,胡适写了《今日可做的建设事业》一文,其中谈到需要利用专门技术人才改革已有的建设事业,使之技术化时,举了公共卫生为例,并且强调"公共卫生是最明显的需要专门学术的事业"③。

  前面说过,1918年1月,胡适发表了《人力车夫》一诗,对人拉人的现象表示了哀伤和无奈。此后,人力车夫问题是胡适屡屡谈及的问题,胡适甚至把人力车视作是东西文明的一种界碑。在《我们走那条路》中,胡适谈到"盲动的所谓'革命'"时,举了人力车夫问题为例,认为要改善人力车夫的生计,必须从管理车厂车行、减低每日的车租入手,而不应该煽动人力车夫去砸毁汽车电车。而在《漫游的感想》《东西文化之比较》等文章中,胡适则把人力车夫问题上升到东西文化差异的层面来认识。1926年7月到1927年5月,胡适有一次世界性的漫游。1926年7月,胡适应邀参加中英庚款委员会议,先是从北京乘火车到哈尔滨,再从哈尔滨乘火车由西伯利亚铁路经苏联到达伦敦,中途在莫斯科逗留。8月4日到达英国,在伦敦停留十天,参加了中英庚款委员会全体会议,会后到巴黎。因要在法国国家图书馆查阅资料而在巴黎停留了一个

---

① 《新月》第2卷第10号,收入1932年新月书店出版的《中国问题》。
② 胡适:《时间不值钱》,《生活周刊》第2卷第7期,1926年12月5日。
③ 胡适:《今日可做的建设事业》,《独立评论》第95号,1934年4月8日。

多月,9月23日重返伦敦。这次在英国停留了三个多月,1927年1月12日,从欧洲来到美国,4月中旬才离美返国。在1927年8月13日、20日和9月17日的《现代评论》第6卷第140、141、145期发表了《漫游的感想》之一至之六。1930年3月,胡适将这六则《漫游的感想》收入《胡适文存三集》时,加了一个后记,说明原打算写四五十条,集成一本游记,但因其时正忙着写《白话文学史》,所以便将这游记放下了。《漫游的感想》第一则是《东西文化的界线》,专门谈人力车问题。胡适劈头就说:"我离了北京,不上几天,到了哈尔滨。在此地我得了一个绝大的发现:我发现了东西文明的交界点。"胡适是看到了哈尔滨"道里"与"道外"两个区域的某种不同而恍悟东西文明的"交界"的。"道里"原是俄国的殖民地,现在租界收回,改成特别区。而租界之外,则称"道外"。"道里"虽收归中国管理了,但俄国人的势力仍很大,许多租界时代的习惯、规则仍然延续着,而不准人力车运营便是其中之一。在"道外"的街道上,到处都是人力车,而在"道里",则只有电车与汽车,不见一部人力车。如果有人从"道外"乘人力车到"道里",人力车也可将乘客送到"道里",但只准空车归去,不得在"道里"拉客。胡适慨叹道:"我到了哈尔滨,看了道里与道外的区别,忍不住叹口气,自己想道:这不是东方文明与西方文明的交界点吗?东西洋文明的界线只是人力车文明与摩托车文明的界线"。胡适进而说道:"人力车代表的文明就是那用人作牛马的文明。摩托车代表的文明就是用人的心思才智制作出机械来代替人力的文明。把人作牛马看待,无论如何,够不上叫做精神文明。用人的智慧造作出机械来,减少人类的苦痛,便利人类的交通,增加人类的幸福,——这种文明却含有不少的理想主义,含有不少的精神文明的可能性。"[①]。1930年9月,胡适在《东西文化之比较》中,又一次以哈尔滨"道里""道外"对待人力车的不同方式为例,说明东西文化的差别,只不过把话说得更尖锐。在指出哈尔滨"道里""道外"对待人力车的不同态度后,胡适说:"那些夸耀东方精神文明者,对于这种种事实可以考虑考虑。一种文化容许残忍的人力车存在,其'精神'何在呢?"[②]

　　胡适屡屡论及人力车问题,甚至把人力车的有无作为衡鉴东西文化的一种尺度,当然与归国之初受到人力车的强烈刺激有关。归国之初,胡适对国人的不爱惜时间、沉溺于麻将、扑克有痛切的感受,在《归国杂感》中,也对此种

[①] 胡适:《漫游的感想·东西文化的界线》,《现代评论》第6卷第140期,1927年8月13日。
[②] 胡适:《东西文化之比较》,见《胡适文集》第11卷,北京:北京大学出版社,1998年。

现象予以抨击。而在近十年后的《漫游的感想》中，胡适又一次说到麻将问题。《漫游的感想》第六则题为《麻将》，说的是麻将也曾传到欧美、日本，但终于无法让各种外国人产生持久的兴趣。胡适说，在他欧美之游的几年前，麻将也曾在欧美风行："有一个时期，麻将竟成了西洋社会里最时髦的一种游戏：俱乐部里差不多桌桌都是麻将，书店里出了许多种研究麻将的小册子，中国留学生没有钱的可以靠教麻将吃饭挣钱。欧美人竟发了麻将狂热了。"胡适嘲讽地说："谁也梦想不到东方文明征服西洋的先锋队却是那一百三十六个麻将军！"然而，好景不长。这一回，胡适从西伯利亚到欧洲，又从欧洲到美国，再从美国到日本，十个月之中，只有一次在京都的一个俱乐部里看见有人打麻将，在欧美则简直看不到麻将了。在美国人家里，能见到精美的麻将盒，里面当然装着麻将牌了，有时一家有好几副，但只是陈列在那里而已，主人主妇早对之失去了兴趣。短暂地风行后，麻将便在欧美成了"架上的古玩"。胡适说："这是我们意想得到的。西洋的勤劳的奋斗的民族决不会做麻将的信徒，决不会受麻将的征服。麻将只是我们这种好闲爱荡，不爱惜光阴的'精神文明'的中华民族的专利品。"胡适又谈到了日本人的"勤苦"，说："单只这一点勤苦就可以征服我们了。"并且说：

  其实何止日本？凡是长进的民族都是这样的。只有咱们这种不长进的民族以"闲"为幸福，以"消闲"为急务，男人以打麻将为消闲，女人以打麻将为家常，老太婆以打麻将为下半生的大事业①。

对麻将之风的痛恨，对国人浪掷光阴的憎恶，始于归国之初对社会现状的观察、考察。归国之初受到的各种刺激，在很大程度上决定了鲁迅、胡适这些人在新文化运动中的问题意识，决定了他们在新文化运动的姿态、方式，从而也在很大程度上决定了新文化运动整体的内涵、走向。

本文作者系南京大学中国新文学研究中心教授

原载《文艺争鸣》2015 年第 10 期

---

① 胡适：《漫游的感想·麻将》，《现代评论》第 6 卷第 145 期，1927 年 8 月 13 日。

士大夫政治与文人政治的嬗替
——清末民初的一段思想文化史

唐小兵

得君行道与觉民行道的士大夫政治

中国传统的政治是一个以儒家的士大夫为主体的政治范式或政治模式。在中国的传统社会里面,儒生、儒士是政治的主体。这样的儒生具有双重身份,既有学士的身份,也有文吏的身份,他有着一而二、二而一的身份。阎步克说:"当儒生进入帝国政府之后,就必须承担起官僚职责,而非单纯的文化角色了。在中华帝国的历史上,后来也发展出了较为专门化的宗教官员系统,如僧纲司、道纪司,等等。但是儒教是经世之术,儒生是治国之选,这与佛教、道教大为不同。"[1]这样一个身份,是从中国的历史和经典"四书"里面所发展出来的。中国古代的士大夫政治,它是一种以君子的人格作为社会伦理政治的典范,[2]然后向周边、向地方社会进行有序扩展和扩散,甚至更推而广之向天下(从夷夏之辨的角度来看)、向周围政治共同体来扩展的这样一个政治秩序。

这样一种政治形态不太容易滑落到过于文人化的政治模式里去。中国的"四书"和传统学问讲求"无用之用乃为大用"。无论读《论语》《大学》《中庸》还是《孟子》,中国的经典更多的不是教授一套专门化的政治知识,而是教授政治智慧和具体地、历史地理解政治的路径,也就是让人们在读书的过程中间对政治慢慢有所理解,《论语》里的:"其身正,不令而行,其身不正,虽令不从",以及对"君子人格"的反复申说,这样一套对政治与人性的理解,对政治

---

[1] 阎步克:《士大夫政治演生史稿》,北京:北京大学出版社,1996年,第448页。
[2] 杨国强:《历史中的儒学》,《东方早报·上海书评》,2013年4月7日。

治理的体会,更多的是在阅读经典的过程中间慢慢习得的。余英时说:"依照传统的说法,儒学具有修己和治人的两个方面,而这两方面又是无法截然分开的。但无论是修己还是治人,儒学都以'君子的理想'为其枢纽的观念:修己即所以成为'君子';治人则必须先成为'君子'。从这一角度说,儒学事实上便是'君子之学'。"[1]到了阳明心学,更是发展出一套完备的"觉民行道"的下层社会启蒙运动的理念与实践,王阳明说:"是故大知觉于小知,小知觉于无知;大觉觉于小觉,小觉觉于无觉。夫已大知大觉矣,而后以觉于天下,不亦善乎?……夫仁者,己欲立而立人,己欲达而达人。仆之意以为,已有分寸之知,即欲同此分寸之知于人;已有分寸之觉,即欲同此分寸之觉于人。人之小知小觉者益众,则其相与为知觉也益易且明,如是而后大知大觉可期也。"[2]

另外一方面,中国传统的士人依托于地方社会,在地方上是有功名的士绅,入朝为官员则成为士大夫,士和大夫是双重的身份,可以自由地转换,也可以一身而兼二任,传统中国的制度设计就保证了这个独特的读书人群体的尊严与身份,士农工商中的商人、手工业者甚至捐纳的官员可以"富"或者掌控权力,却不能购买"秀才、举人或进士"的社会文化身份,功名与富贵的区分保障了这个群体不受钱权交易意识的过分侵蚀。而作为地方士绅,读书人要维持地方治理的秩序,深度介入地方上的兴学、修桥铺路、赈济、纠纷处理等各种公共生活,这自然会让浸染在经典之中的读书人又不过分偏离现实生活的轨道,经典与历史之间构成一种相得益彰的互补关系。余英时先生有一篇回忆性文章《我走过的路》,写到抗战时期(1937年到1945年)在安徽潜山官庄镇的乡居生活:"乡居八九年的另一种教育可以称之为社会教育,……在乡村中,人与人之间、家与家之间都是互相联系的,地缘和血缘把一乡之人都织成了一个大网。几百年、甚至千年聚居在一村的人群,如果不是同族,也都是亲戚,这种关系超越了所谓阶级的意识。……我们乡间的秩序基本上是自治的,很少与政府发生关系。每一族都有族长、长老,他们负责维持本族的族规,偶尔有子弟犯了族规,如赌博、偷窃之类,族长和长老们便在宗祠中聚会,高议惩罚的办法,最严重的犯规可以打板子。但这样的情形也不多见,我只记得我们余姓宗祠中举行过一次聚会,处罚了一个屡次犯规的青年子弟。中国传统社

---

[1] 余英时:《儒家"君子"的理想》,《中国思想传统的现代诠释》,南京:江苏人民出版社,2003年,第118页。
[2] 《王阳明全集》卷二一,转引自余英时:《中国文化史通释》,香港:牛津大学出版社,2010年,第42页。

会大体上是靠儒家的规范维系着的,道德的力量远在法律之上。"[1] 这个例子说明了中国传统士大夫是这样一个特殊的群体:士人是德性伦理的中心,也是政治治理的中心,他是"政"和"德"两者的代表,是双重身份的合一。所以这样一种政治方式所形成的政治治理,用一个比较流行的概念来说就是比较"接地气"。因为他们日常生活的世界跟"农""商""工"是不脱节的,尤其跟一个乡土的中国完全是对接的、缝合在一起的,士人在入朝为官之前跟乡村的世界是紧密地结合的,他入朝为官以后也不会完全脱离民众和乡土。而中国古代的皇帝在接见一些刚刚新科进士,或者刚刚被授予某种官职的一些人的时候,都会问他们一些地方上的民情民风,也形成了官员群体的一种必须了解民间疾苦的制度性压力。

显然,这样一个独特的中国历史文化源流和历史文化的政治独特性,士人是其承担主体。通过士人群体的社会功能和情感功能,中国传统社会上和下、中心和周边、君和臣之间都是大致不隔的。这恰恰是因为君子或者士大夫在中间起到重要的枢纽和杠杆的作用。所以,中国传统的士大夫政治,是一种把理想蕴含在经验之中的政治。它当然不是一个完全讲实利的政治,因为中国传统的政治反复地讲"三代",要回向"三代之治",即尧舜禹的圣王政治合一的时代,当然对于中国传统的士人来说,不会天真到以为秦汉以后的中国还真能够回到尧舜禹那样一个小国寡民的时代里面去,这在政治实践上当然是不可能的。但是,他们始终要悬设这一政治的典范和政治的理想,来形成中国士大夫自身的政治文化和政治传统,形成对于政统、君王、君权的规训。[2] 重要的问题是要驯化我们的君主,要"引君入道",当君王在偏离的轨道上一路滑行的时候,士人和士大夫所扮演的角色就非常重要,像扳道工一样的,在君主所绑定的列车快要脱轨的时候要把它扳到符合"道统"的正确轨道上面。所以"三代之治"更多的代表中国的传统政治理想,以此来进行某种政治的塑造作用。张灏在谈到儒家的政教关系时曾精辟地指出三代作为:"历史原始典范的核心观念就是圣王必须结合为一,'圣'代表儒家德教的道德精神,'王'代表统治中心;政治必须承载、体现着道德精神;也即政治中心必须与教化中心紧密结合不能分开。这种以'道势合一''德位合一'以及'治学合一'为典

---

[1] 余英时:《我走过的路》,《余英时文集·现代学人与学术》,桂林:广西师范大学出版社,2006年,第469页。

[2] 余英时:《朱熹的历史世界:宋代士大夫政治文化的研究》,北京:生活·读书·新知三联书店,2004年。

范的观念从原始儒家开始就笼罩儒家传统,一直到朱熹的道统论,仍然奉为圭臬。必须注意的是,随着原始典范而来的是一种双层史观。如前所述,它在儒家传统中也很有影响;它把历史分为'三代'与'三代以下'两层;'三代'代表正常的理想实现,'三代以下'代表反常的堕落与黑暗。"[1]

宋明两代,宋儒在一种宽松政治文化的刺激下政治意识特别高昂,发掘出一种与皇帝共治天下的"政治主体意识",即所谓"得君行道",明代就其政治文化而言,对知识阶层存在一种强烈的疏离、抵触、猜忌和仇恨心态,依靠皇帝实现政治抱负的途径几乎都被封堵,王阳明贵州龙场顿悟,开始了面朝下层社会的"启蒙运动",这就是"觉民行道"。[2] 无论是"得君行道"还是"觉民行道","道"本身作为政治理想,在中国的读书人和士大夫那里是始终如一要遵循的,变化的只是如何实现"道",而无论是庙堂政治还是江湖或者说乡土政治,都是切事而不致疏阔的,中国儒家文化重责任,而儒士尤其重视天下意识,这个天下除了文化上的夷夏之辨,其实也包含了"苍生意识"的意味。从这个意义上,中国传统政治文化和政治制度的设计,使士人不会特别地脱离于实际政治,比较有"在地感",对于民生、天下、政治文化、政治伦理本身的操作和政治实践,都会有一些比较切近的体会。列文森在《儒教中国及其现代命运》指出,中国的传统政治不但不培养,反而是有意地避免让读书人、准官员变成一个个专家,而更多地要把他们变成通人,不能让其变成狭隘的追逐私利的专家,与此同时,在中国传统社会,另有一套相对应的衙役制度,包括管刑名的、管钱吏的幕僚等人为儒家士大夫进行地方治理提供必要的"工具理性"的计算与权衡。列文森曾极有洞见地指出:"我们在儒家的政治秩序中看到的是一种内在的一致性——某些不依于施展阴谋诡计或任何其他轰动事件的东西——一种思想理论和知识分子的社会关切的一致性。作为一个反对革命的保守团体(它对这种革命起到刺激作用),儒家赞成这样一种近于优雅的主张,即通过阐明社会体系之内在道德的作用,而不是社会体系之外功能的运作,使这种体系成为神圣的和理智上无可批评的东西。王朝是使儒家免遭社会风暴袭击的避雷针,它作为革命的对象,经历过改朝换代,然而官僚却一直延续下来,没有受到革命的打击。"[3]

---

[1] 张灏:《政教一元还是政教二元?——传统儒家思想中的政教关系》,台北:《思想》第 20 期,2012 年。
[2] 余英时:《宋明理学与政治文化》,台北:允晨文化实业股份有限公司,2004 年。
[3] 列文森:《儒家中国及其现代命运》,郑大华、任菁译,北京:中国社会科学出版社,2000 年,第 233—234 页。

所以就中国的传统士大夫政治而言,是一种具有理想品格的经验主义的政治典范。这样一种政治文化,不太容易会滑落到过于高调的理想政治之中,但同时它又具有理想政治的品格。这是我们可以看到的中国传统的古典意义上的政治文化,这个政治既有天理、天道、天命,又有人情、风俗、风气和教化等。

清末民初的文人政治

到了晚清以后,中国进入一个天崩地裂的大时代,亦即李鸿章所谓"三千年未有之大变局",在这历史过程中,一个明显的政治文化变迁就是中国传统意义上的士大夫政治开始向文人政治转型,一个能够熟练运用报刊而又远离政治核心的读书人群体开始崛起于中国社会,一方面是从传统既有的学而优则仕的轨道中溢出,整体上出现一种边缘化的趋势,[1]另一方面是传统读书人的士大夫意识和政治兴趣并未因专业化、职业化的社会趋势而完全消退,读书人开始以另一种方式切入现代中国的政治生活和政治想象之中。[2] 甚至与这种因科举废除、王权瓦解带来的知识人政治社会地位边缘化的同时,还有一种张灏先生指出的反向运动:"知识分子的文化地位与影响力并未因此而降落,反而有升高的趋势,这主要是因为透过转型时代出现的新型学校、报章杂志以及各种自由结社所形成的学会和社团,他们在文化思想上的地位和影响力,较之传统士绅阶级可以说是有增无减。因此形成一种困境:一方面他们仍然拥有文化思想的影响力,另一方面他们失去以前拥有的政治社会地位与影响力。这种不平衡,自然造成一种失落感,无形中促使他们对现存政治社会秩序时有愤激不平的感觉,也因而无形中促使他们的思想激化。"[3]中国传统的士大夫更多的是从"四书"等儒家经典里面走出来的。中国传统的读书人从乡村走出来最终还要走回去的。但到清末废科举以后,新式的学堂和学校基本上设在县城以上,包括县城、府城、省会。比如少年时代的毛泽东小时候是在湘乡他外婆家里读了一个高等小学,后来到长沙读书,他在几所学

---

[1] 余英时:《中国知识分子的边缘化》,香港中文大学《二十一世纪》,1991年8月号;罗志田:《权势转移:近代中国的思想与社会》(修订版),北京:北京师范大学出版社,2014年。
[2] 许纪霖:《少数人的责任:近代中国知识分子的士大夫意识》,《近代史研究》,2010年第3期。
[3] 张灏:《中国近百年来的革命思想道路》,《张灏自选集》,上海:上海教育出版社,2002年,第295页。

校之间做选择:一个做肥皂的学校,还有一个湖南第一师范学校,也就是说一个青年追求进步、寻求救亡图存之道或者说寻找个人安身立命的社会空间,就必须要背井离乡到城市里面去上学。① 这意味着中国的年轻人接受教育的成本的增加,在传统中国他们只要在家里读私塾,书籍数量也是很有限的,反复地体会那几本经典,而到现在就有一套所谓"声光化电"的科学专业知识的引入。

当时新式学堂尤其是各种法政学堂特别多,时人以为到法政学堂就可以去做官。科举制度废除了以后中国传统的那条修齐治平的道路已经走不通了,更多人包括家庭出身好的一些子弟,开始进入各种西式小学和中学堂,后来有条件的就到日本或到欧美去留学。在新式学堂迅速增加的情况下,中国社会形成了一大批新式的学生。② 这批新式学生在当时中国的处境也是很微妙的,比如说当时有很多毁学的风潮,毁一些西式的小学,因为农民特别不喜欢新学生。我们现在总是误以为新学生就像梁启超在《少年中国说》里面讲的一样,"少年强则中国强",是特别受欢迎的、能够召唤出新的历史的一个群体。但其实当时的新式学堂、新学生被中国的普通人接受是一个很漫长、很痛苦的过程。这样一个庞大的青年群体在学校学了一些皮相知识,被转型时代的各种意识形态和政治思潮所吸纳,最终却发现在中国社会基本上无用武之地。当时的中国社会根本没有相应的工厂、教育、政府职位可以提供,所以毕业即失业的现象普遍存在。一直到国民政府成立之后,中国的大学校园仍旧被阶级分化和就业危机等困扰,叶文心在《民国时期大学校园文化》一书中专辟一节讨论。③ 这批学了新知识的人回到中国的乡村社会,既看不懂"地契",也不会算账,更不会看病,跟乡村社会原来的一整套秘传知识或者说规范知识完全脱节。④ 费孝通写过一篇文章讲到知识有"自然知识"和"规范知识",中国传统士大夫的学问更多的是规范知识,讲怎么做人、乡村秩序与伦理的构建等,而后来的所谓专业化的知识更多的是自然知识。⑤ 自然知识在乡村社会里面基本上是派不上用场的,这就导致中国传统的学问到了近代以后,按照罗志田教授的讲法,这套"无用之用乃为大用"的经典学问到了近代以后有一个

---

① 李锐:《三十岁以前的毛泽东》,广州:广东人民出版社,2009年。
② 桑兵:《晚清学堂学生与社会变迁》,桂林:广西师范大学出版社,2007年。
③ 叶文心:《民国时期大学校园文化(1919—1937)》,北京:中国人民大学出版社,2012年。
④ 杨国强:《新学生社会相》,《晚清的士人与世相》,北京:生活·读书·新知三联书店,2008年。
⑤ 费孝通:《论"知识阶级"》,《皇权与绅权》,天津:天津人民出版社,1988年。

去神圣化、去经典化的过程,变成了分科之学的一种"经学"。[1] 经学就像化学、历史学一样的,只是各种学科中的一种学问而已。当然,掌握规范知识并不意味着就不能理解自然知识,传统的读书人因其掌握的资源、文化的直觉和对时代巨变的警觉等,反而更可能展现出一种适应现代专业化社会的弹性。旅美学者林同奇在叙述其林氏家风的文章里,通过一个具体而微的个案展现了这一点:"林氏子弟从旧式文人到新式知识分子的转化,相当敏感,往往走在同代人的前列,使自己很快适应西方专业化的潮流。……林氏传统本来无意于敛财聚富,因此不鼓励子弟经商;对于参与政治派系的厌恶又抑制了成为政客的兴趣。对事业的选择只剩下一个,即成为现代意义上的专业人士,从传统士大夫到各种现代专家的转化已无可避免"。[2]

在这种情况下,中国出现了一大批新学生,这些新式学堂毕业生漂浮在城市的边缘,找不到相应的位置,找不到相应的岗位。这其中包括从日本留学回来的如鲁迅和他弟弟周作人,也包括汪精卫、张季鸾、郁达夫等这些人[3],形成了一大批留学生群体和新学生群体。这些青年曾经被寄予了巨大的希望:"今日种祸奴辱之燃眉待救固矣,而所谓送子弟航洋求学,中国免奴隶牛马之祸者,亦谓于个人有无穷之利益。"[4]回国后这一知识群体没有相应的就业岗位,也没有相应的进入政治结构的渠道,所以他们成为了一批有理想但没有身份的人,或者有理想但没有社会空间的一批人,我称之为"边缘人",或者"游士"。余英时先生说儒学到了现代中国成了"游魂",[5]"游"就是从体制里面被稀释了出来,或者用海德格尔的话说是被抛掷了出来的一群人,没有相应的制度化的轨道使他们能够进入体制并发挥自身的作用、实现自己的理想,他们只能在社会的边缘。但他们并不安于现状,因为他们是有理想的一个知识群体。当时关于法国大革命、美国革命等各种革命思潮以日本为中介都传入到中国,所以关于新的政治、新的社会的各种无政府主义、社会主义、自由主义等各种政治思潮,包括严复翻译的很多进化论的、天演论的价值观念都通过报

---

[1] 罗志田:《经典淡出之后:20世纪中国史学的转变与延续》引论"经典淡出之后的读书人",北京:生活·读书·新知三联书店,2013年。
[2] 林同奇:《林氏家风:中国士大夫传统现代转化一瞥》,《人文寻求录:当代中美著名学者思想辨析》,北京:新星出版社,2006年,第452页。
[3] 实藤惠秀:《中国人留学日本史》,北京:北京大学出版社,2012年。
[4] 《劝同乡父老遣子弟航洋游学书》,《游学译编》第六期,1903年4月。
[5] 余英时:《现代儒学论》"序",上海:上海人民出版社,1998年。

纸、杂志、新书业等广为传播。这些在新的知识和新式学校的教育体系里面成长的一代人，对于未来社会和未来中国有一整套的想象与理解，但是社会又没给他们提供一个能够施展其自身理想的空间。这群人对政治有想象、有渴望，但是没有相应的政治空间，所以他们和社会的关系有点像游士与体制的关系，他们在游荡，试图寻找某种机会，但只可能有极少数人被吸纳到体制里面去，更多的人形成这个社会反叛性的力量。这批被政治理想和乌托邦的激进思潮所召唤出的人，很容易成为这个社会的反叛力量。揆诸历史，清末民初的学生界确实被赋予了一种广泛的社会期待，这就容易转化为其当仁不让的主体意识，比如李书城就曾在《湖北学生界》撰文指出："学生介于上等社会、下等社会之中间，为过渡最不可少之人。上等社会既误于前，崩溃决裂，俱待继起者收拾之。为今日之学生者，当豫勉为革新之健将，使异日放一大光彩，以照耀于亚洲大陆之上，毋使一误再误，终罹亡国之祸，以为历史羞。前途茫茫排山倒海之伟业，俱担荷于今日学生之七尺躯，则对上等社会所负之责任重也。下等社会为一国之主人，如何使完其人格，如何使尽其天职，必养其独立自营之精神，而后能为世界之大国民，以立于万马奔腾潮声汹涌之竞争场而不踣。今日之学生，即下等社会之指向针也，则对下等社会所负之责任重也。"①陈旭麓在讨论近代中国的"中等社会"时指出了这一社会特性："把学生视作变外来为内在的触媒，这在中国历史上是从来不曾有过的。它反映了随时代变迁而来的社会观念的变化，突出了学生在中国社会变迁过程中的特殊地位。与八股士类不同，新式知识分子不再拼搏于科场，不再执著于功名，但在久已习惯用士农工商划分各色人等的社会里，他们仍然'自居于士类'。"②从戊戌维新前后的康梁，一直到后来孙中山、汪精卫等民初这一代人，有相当一部分就成为革新者或者革命者。

在新式文人阶层崛起和文人政治凸显的同时，就是传统中国的遗产——士大夫阶级在整体上的被污名化甚至妖魔化。比如发表在清末留日学生《河南》杂志上一篇文章的标题就耸人听闻：《绅士为平民之公敌》，作者在文末直陈："故今日犹任其（指绅士阶层，引者注）盘踞不去，则改良社会真无望矣。直接以压制我之阶级尚不能铲尽，则彼巍巍高远、至尊无上之政府，无论为平和派之要求，激烈派之改革，亦且呼斥不闻矣。夫政府犹发纵之猎人，而绅士

---

① 李书城：《湖北学生界》，1903年第2期。
② 陈旭麓：《近代中国社会的新陈代谢》，上海：上海人民出版社，1992年，第260页。

则其鹰犬也;政府犹操刀之屠伯,而绅士则其杀人之锋刃也。立宪乎,地方自治乎,利多数之平民乎?利少数之政府与绅士乎?我国民盍兴乎来!"①

在18世纪90年代前后的法国大革命中,也同样活跃着这样一个热衷于政治实践的文人群体,托克维尔曾精细地描摹过这群人的集体肖像:"这些作家的处境本身也为他们对于政府问题的普遍抽象理论的兴趣作了准备,并且使他们盲目地相信这些理论。他们的生活远远脱离实际,没有任何经历使他们天性中的热忱有所节制;没有任何事物预先警告他们,现存事实会给哪怕最急需的改革带来何种障碍;对于必然伴随着最必要的革命而来的那些危险,他们连想都没想过。他们对此毫无预感;由于根本没有政治自由,他们不仅对政界知之甚少,而且视而不见。他们在政界无所作为,甚至也看不到他人的所作所为。只要见过自由社会、听过其中的争论的人,即使不问国事,也能受到教育,而他们连这种肤浅的教育也没有。这样,作家们就敢于更大胆创新,更热爱那些普遍的思想和体系,更蔑视古代的哲理,更相信他们个人的理性。"②这群人读了卢梭的《论人类不平等的起源和基础》或《社会契约论》,读了各种法国当时的作家和哲学家的著作尤其是所谓的"禁书"③,对于法国的未来充满了一种共和主义的政治想象,但是这群人又没有相应的政治空间,更遑论政治智慧的和政治实践的经验,他们不曾在实际的政治生活和公共生活中体会过自由民主的滋味是怎样的,包括政治的协商、民主的政治是如何展开的。

对清末民初的这一代有政治参与激情而无政治实践智慧的知识人来说,也几乎面临着与法国文人同样的困境,这个群体占据了媒体所提供的空间,在一种被从政治核心疏离的被抛弃感中重新发现了自身的重要性,进而试图重新进入勾画现代中国政治的核心,言论报国或者文人论政就成为一种自然的选择。空前的话语权力和受众群体,也造成了空前的自我膨胀,这种自我意识的膨胀容易与清末以来的暗杀、轻死风气相结合,以无政府主义、虚无主义、阳明学、反满意识等为精神内核,构成了一种狂热的政治激情和醒目的政治意识,可以说形成了一个庞大的边缘化知识阶层构成的"文人政治"群体。即使是后来被认为对现代议会政治比较熟知的宋教仁在旅日期间的日记里,也显

---

① 《绅士为平民之公敌》,《河南》第四期,1908年,张枬、王忍之编:《辛亥革命前十年间时论选集》第三卷,北京:生活·读书·新知三联书店,第305页。
② 托克维尔:《旧制度与大革命》,冯棠译,北京:商务印书馆,1997年,第176—177页。
③ 参阅罗伯特·达恩顿:《启蒙运动的生意:〈百科全书〉出版史(1775—1800)》,北京:生活·读书·新知三联书店,2005年。

示其受到王阳明《传习录》强烈的影响,政治参与被赋予强劲的牺牲意识和烈士精神。① 另外一方面,清末民初佛学对一些读书人比如谭嗣同、章太炎等人的影响也很大,形成了豪侠和圣贤的两种人格类型,互相激荡,相得益彰。② 杨国强在论述清末这段知识人的言论史时切中了文人政治的要害:"晚清最后十年间的士议鼓荡,正显示了传统士人之近代化演变的过程中,曾经有过一个知识人凌越庙堂与大众,岿然居于天下之中心的时期。但与这个过程相始终的思想多、思想浅和思想驳杂,又使鼓荡的士议久以分歧舛错与多变善变为常态。由此形成的不相匹配非常明白地说明,当知识人越来越明显地居于天下之中心的时候,他们也越来越缺少自主的理性,缺少立言的责任意识。"③因此,文人政治的特质之一就是政治意识的高涨,与政治经验的贫弱之间的一种强烈的不对称性。

汉娜·阿伦特在《论革命》中将美国革命和法国大革命进行比较,认为法国大革命最开始也在追求卢梭这些人所倡导的自由、平等、博爱等精神,但是法国革命最后却迅速地转向"大革命"。革命有两种基本类型:一种"小革命",一种"大革命","小革命"就是政治革命,政体的革命,"大革命"就是社会大革命,要整个社会天翻地覆。法国革命、中国革命和俄国革命都可以称之为"大革命",英国革命、美国革命都可以称之为"小革命","小革命"其实质是改良。按照阿伦特的看法,"革命"这个词语本身必须被赋予一种新的含义,带有一种新的政治秩序和新的政治理想才可以称之为革命,如果仅仅是权力的转移那就是叛乱,跟中国古典意义上王朝的更替没有太大的区别。法国大革命最后变成法国的革命者罗伯斯庇尔等,面对涌上了巴黎街头的法国穷人,内心里强烈的道德主义的情感被召唤出来,这个革命就开始脱轨和转向,本来是追求自由建国的革命,最后变成主要希望解决社会问题和苦难问题。④这跟中国革命具有高度的相似性,中国革命起初也追寻自由、平等这些政治价值,最后却变成主要为了解决社会的苦难和社会平等的问题。平等取代自由、国权取代民权,成为革命的首要主题。

早年在美国任教的台湾学者孙隆基教授在一篇文章讲两个革命的对话,

---

① 陈旭麓编:《宋教仁集》,北京:中华书局,1981年。
② 蒋海怒:《晚清政治与佛学》,上海:上海古籍出版社,2012年。
③ 杨国强:《晚清的清流与名士》,《晚清的士人与世相》,北京:生活·读书·新知三联书店,2008年,第210页。
④ 汉娜·阿伦特:《论革命》,陈周旺译,南京:译林出版社,2007年。

就是讨论法国大革命和中国革命之间遥相呼应的过程。法国大革命开始在中国的知识界和公共舆论界被作为一个非常正面的事件去宣传,但后来梁启超他们觉得这个革命太血腥了,要引导一种改革力量的时候,就更多地把法国大革命所出现的雅各宾派专政、暴民政治突出渲染。[1] 李大钊曾经专门写过《暴民与政治》分析中国政治趋于极端化的由来:"质而言之,即使今日倡言自由、反抗暴力之党人,一旦得势,挟其强力凌轧其余,以暴易暴,与今日之暴者相等,吾人所以口诛笔伐以为抨击者,亦与今日之抨击暴力无择也。"[2]而民众的暴力化在李大钊看来有其现实的理由:"盖民意之受迫而求伸也,不能以径达,必求以曲达;不能以常达,必求以变达;不能以缓达,必求以激达;不能以理达,必求以力达。由是曲、变、激、力之道,小则处于暗杀,大则出于革命,人心愤慨,社会惨怖,至斯已极,复何政治之足云也欤!"[3]而中国的知识阶层尤其是后来的共产革命之所以对法国革命的接受如此广泛和彻底,就是因为中国古典政治中间也具有一种强烈的道德主义和德性政治的面相。这种德性政治的面相很容易和法国大革命这种道德主义的政治形成合流和呼应。史华慈也曾在研究毛泽东时代的政治时抓住了这个革命的特质:"毛泽东已经发现,中国共产党无论是在人员构成上还是在组织结构上,至少都不能体现'无产阶级专政'的实质。这个'无产阶级专政'的实质,可能是指具有美德并拥有资格的'社会承担者'。目前,在毛泽东的观念中,这种美德是指具有全心全意为人民服务、无私奉献、艰苦朴素、目标远大和疾恶如仇等等品德的集合。"[4]

与文人政治思潮崛起相伴随的,却是中国知识人政治观在清末民初的嬗变。在传统中国,"政者,正也",中国读书人修齐治平是理所当然的人生轨道,但在清末民初的时候,中国的士人,包括汪精卫、吴稚晖、瞿秋白、陈独秀、沈定一、张东荪、蔡元培、胡适等人,对从政和中国政治都大体上持有比较消极甚至负面的理解。在中国的文化传统里,政治是正面的和积极的,士志于道就意味着要以舍身饲虎的精神投身政治,当然在中国传统社会也有对党争的批评,党争有时候也会特别剧烈进而导致对论敌的污名化。钱穆在论述宋代新

---

[1] 孙隆基《两个革命的对话:1789&1911》,《历史学家的经线:历史心理文集》,桂林:广西师范大学出版社,2004年。
[2] 李大钊:《暴力与政治》,《李大钊全集》(第二卷),第176页。
[3] 同上,第178页。
[4] 史华慈:《德性的统治:"文化大革命"中领袖与党的宏观透视》,许纪霖、宋宏编:《史华慈论中国》,北京:新星出版社,2006年,第147页。

旧党争时就说过:"先秦诸子,虽则异说争鸣,但他们都没有实际把握到政权,因此在学术上愈推衍,愈深细、愈博大,各家完成他各家的精神面目。北宋诸儒,不幸同时全在朝廷,他们的学术意见,没有好好发展到深细博大处,而在实际政治上,便发生起冲突。既为群小所乘,正人见锄,学术不兴,而国运亦遂中斩。宋儒的自觉运动,自始即带有一种近于宗教性的严肃的道德观念,因此每每以学术思想态度上的不同,而排斥异己者为奸邪。这又足以助成他们党争意见之激昂。"① 但政治作为一个基本的典范,更多的是比较正面的。但在清末民初的时候,政治实践被理解是一个污浊的、黑暗的过程,是一个没有办法才只好去碰一碰的事情,实际上最好远离它,政治是魔鬼,不是天使,政治意味着一种污浊而黑暗的权力交易。这批人,包括宋教仁也好,汪精卫也好,是没有办法,是为了中国的救亡图存而投身政治,但其实他们认为政治本身是一个污浊的东西,最好是戴着白手套去搞革命,不要弄脏了自己的双手。辛亥革命之后,赴法留学的汪精卫就曾说过:"元年以来,铭亦尝与诸君子戮力共此艰难,及大局粗定,即岌岌舍去,当时固有以恝然相责者,而兆铭之志,则以为革命后之最大希望,莫如藉言论出版之自由以传播真理,而移易国人之思想。此而不图,则前此之从事革命为无意义,故不惮抛弃一切而致力于此。而致力之道,莫如一面读书,一面以其所得介之国人,此西行之所由来也。"② 传统中国的道、学、政之间天然的逻辑就判然两截,为政者未必有学,更未必有道。王国维更是指出:"学术之发达,存于其独立而已。然则吾国今日之学术界,一面当破中外之见,而一面毋以为政论之手段,则庶可有发达之日欤!"③

这样一种状态所形成的就是中国的知识人跟政治之间非常悖论的关系:一方面必须要诉诸政治才能改变中国;另外一方面政治本身又是他们特别厌恶的、有疏离感的。比如胡适的故事就是一个典型,胡适在1910年左右到美国去,先学农学后来转向哲学,在1917年左右坐船回来并在上海上岸。胡适一回来就跟他朋友约定20年不谈政治。他对民初的政治特别讨厌,他认为民初的共和政治就是"你方唱罢我方登场",都是猪仔议员、贿选,他觉得这种政党政治太污浊了。胡适到了1935年前后在《大公报》还写了一篇文章叫《从

---

① 钱穆:《国史大纲》(下册),北京:生活·读书·新知三联书店,1996年修订第三版,第599—600页。
② 汪精卫:《答某君书》,《旅欧杂志》第六期,1916年1月1日。
③ 王国维:《论近年之学术界》,转引自王汎森《中国近代思想与学术的系谱》,吉林:吉林出版集团有限责任公司,2011年版,第472页。

一党到无党的政治》,他在根本上是排斥和抵触政党政治的,认为政党政治成了政治人物的恶性竞争,变成一种政体的自我内耗,最好能够形成超越于政党政治以外的无党派的政治团体,但这个团体又能代表全体的利益,类似于一个超越任何党派利益之外的机构,来维系这个国家有效率的又是开放的政治运作。胡适说他对政治只是一种遥远的兴趣,顶多扮演一个监督政党的政论家角色。① 我想不仅胡适,很多人对于民初的政治都是负面的评价。蔡元培主持北京大学时说大学要变成一个研究高等学问的地方,而不是一个搞政治的地方。这样一群人,当时所倡导的独立与自由其实是双重意义上的,它既要独立于政府权力的控制,同时要独立于庸众、大众乃至乌合之众。

  清末民初的文人群体对政治的这种复杂态度,跟他们对大众的态度息息相关。共和政治强调人民在政治生活中的重要性,民意就代替天命成为现代政治正当性的来源,而民意主要的表现形式就是报刊的公共舆论,这就导致作为文人与大众有了相对直接的沟通渠道。在传统的士农工商四民社会,各安其分、各得其所,虽有社会流转,但大致格局确定,在这样一个有常且守常的熟人社会里,人的生活有一种确定感和秩序感。清末民初权威崩解、神圣消退,政治成了可以操弄的对象,而民众则被舆论和文人推向了风口浪尖。共和国的建造需要与之匹配的现代公民,所谓"立人"与"立国"成为一而二、二而一的关系,个人的翻身与国家的翻身成为双峰并峙的同构过程,而现实生活中的民众则更多呈现出来的是阿 Q 式的无知无识形象。在整个清末民初的文人政治中,人民就具有了双重肉身,既是被文人精英仰视甚至膜拜的对象,人民成了上帝,人民又是一群不知现代政治为何物的群氓,需要通过启蒙、灌输等各种方式去唤醒他们的政治参与意识和自治能力,就此而言人民又是被文人精英所俯视甚至鄙视的。② 文人政治折射的就是精英与大众之间剪不断、理还乱的复杂纠结。③ 梁启超的一段话隐秘地透露了个中心态:"以今日民智之稚、民德之漓,其果能产出健全之政党与否,此当别论。要之,既以共和为政体,则非多数舆论之拥护,不能成为有力之政治家,此殆不烦言而解也。善为政者,必暗中为舆论之主,而表面自居舆论之仆,夫是以能有成。"④

---

① 胡适:《政党与政论家》,《努力周报》,1922 年 6 月 4 日。
② 关于人民、群众在中国革命的面孔,以及中国革命与民粹主义的关系,可参阅丛日云《论网民政治参与中的民粹主义倾向》一文的论述,《领导者》杂志,总第 59 期,2014 年。
③ 详见笔者与孙隆基的对话《20 世纪文化中的精英与大众》,《南风窗》17、18 期,2014 年。
④ 丁文江、赵丰田编:《梁启超年谱长编》,上海:上海人民出版社,2009 年,第 617 页。

这样一个庞大的政治集团漂浮在中国的社会上面,就像《共产党宣言》讲的"一个幽灵飘荡在欧洲上空"那样,在清末民初,也有一个巨大的有政治抱负的而缺乏政治智慧和政治实践知识的文人群体漂浮在中国上空,形成了一种有中国特质的文人政治。与文人政治相匹配的,还有会党政治,这二者之间是时而齐头并进时而二水分流的状态。清末民初的孙中山一直对会党情有独钟,认为会党既有组织又有纪律,且头脑单纯,比心思浮动的知识人好用,其在日本改造国民党为中华革命党即在某种意义上沿袭了会党的形式。无论是辛亥革命还是后来的共产革命,都要利用会党和新军,这已经有很多的研究证明。会党所代表的是中国的游民文化,文人所代表的是中国的游士文化。这两种文化时而分流、时而合流、时而对抗,塑造了中国历史变迁的社会底色。民初担任《东方杂志》主编的杜亚泉写过一篇文章讨论中国知识人的双重人格:"吾国之知识阶级,向来生活于贵族文化及游民文化中,故其性质性质上显分二种:一种为贵族性质,夸大骄慢,凡事皆出以武断,喜压制,好自矜贵,视当世之人皆贱,若不屑与之齿者;一种为游民性质,轻佻浮躁,凡事皆倾于过激,喜破坏,常怀愤恨,视当世之人皆恶,几无一不可杀者。往往同一人也,拂逆则显游民性质,顺利则显贵族性质,或表面上属游民性质,根柢上属贵族性质"。[①] 中国的游民文化,中国社科院的王学泰、台湾的龚鹏程都写过专书,余英时先生写过一篇长文《侠与中国文化》,从他们的著作可见中国有一个漫长的源远流长的"游"的文化。这个"游"当然跟老庄有关系,跟中国传统的侠文化也有关系。雷海宗教授在《中国的文化与中国的兵》里面也谈到了这个问题,他说:"在一盘散沙的社会状态下,比较有组织的团体,无论组织如何微弱或人数如何稀少,都可操纵一般消极颓靡的堕民。中国社会自汉以下只有两种比较强大的组织,就是士大夫与流氓。……流氓团体与士大夫同时产生。战国时代除游说之士外,还有游侠之士。他们都肯为知己的人舍身卖命,多为无赖游民出身;到汉代皇帝制度成立后,费了九牛二虎之力才把侠士太公开的自由行动大致铲除。但这种风气始终没有消灭,每逢乱世必定抬头。……太平时代,流氓无论有组织与否,都没有多大的势力。但惟一能与士大夫相抗的却只有这种流氓团体。梁山泊式劫富济贫、代天行道的绿林好汉,虽大半是宣传与理想,但多少有点事实的根据。强盗、窃贼、扒手、赌棍以及各种各类走江湖的帮团的敲诈或侵略的主要对象就是士大夫。流氓的经济势力在平时并不

[①] 许纪霖、田建业编:《杜亚泉文存》,上海:上海教育出版社,2003年,第183—184页。

甚强,但患难相助的精神在他们中间反较士大夫间发达,无形中增加不少的势力。"[1]中国文化不仅仅是后人所想象的正襟危坐的文士传统,中国还有"侠"和"游"的传统,也即"游侠"的传统。这个传统相当深厚,到了清末民初中国社会进入一个转型时代,出现巨大的危机,中国的政治、文化、社会甚至心灵秩序逐渐解体,而新的权威又迟迟建立不起来。这个历史时刻就特别适合游侠之风的崛起。

1925年,五四之后、北伐之前的周作人在《语丝》周刊上发表《十字街头的塔》,这段短文谈及知识人与大众、政党、绅士商贾等各色人等的关系:"别人离了象牙的塔走往十字街头,我却在十字街头造起塔来住,未免似乎取巧罢?我本不是任何艺术家,没有象牙或牛角的塔,自然是站在街头的了,然而又有点怕累,怕挤,于是只好住在临街的塔里,这是自然不过的事。只是在现今中国,这种态度最不上算,大众看见塔,便说这是智识阶级(就有罪),绅士商贾见塔在路边,便说这是党人(应取缔),这也没有什么妨害,还是如水竹村人所说'听其自然',不去管它好罢,反正这些闲话都靠不住也不会久的。老实说,这塔与街本来并非不相干的东西,不问世事而缩入塔里原即是对于街头的反动,出在街头说道工作的人也仍有他们的塔,因为他们自有其与大众乖戾的理想。总之只有预备跟着街头的群众去瞎撞胡混,不想依着自己的意见说一两句话的人,才真是没有他的塔。"[2]即此可见,当时的中国人都处于一种内心和人生的游离状态。会党政治吸纳游民,笼络的是底层的民众;而文人政治吸聚的多是游士,是从新式学校培养出来的却没有相应的渠道吸纳进政治的那部分人。这两部分人在清末民初的反满和革命中聚集到了一起掀起翻天巨浪。一直到哈佛大学裴宜理教授讨论的安源罢工,都可见这种文人精英与会党结盟进行革命动员的有效模式。据其描述,早期革命领袖李立三这些人从湖南到江西萍乡动员安源工人罢工,因工人群体大多数隶属于一些地方性的帮会,革命者要出面请那些哥老会高抬贵手,在裴宜理看来,这恰恰是安源罢工能在20世纪20年代早期成功地创造出一种非暴力的理性抗争政治的关键因素:"革命方案部分承袭了苏联革命的经验,但也展现特有的中国风。共产主义革命者将儒家赋予文化教育者的文化资本加以特别利用,向他们的工人学生'教导革命'。他们穿着文人服装,言谈举止富有文化,借助于精英阶层及民

---

[1] 雷海宗:《中国文化与中国的兵》,北京:商务印书馆,2003年,第11—115页。
[2] 周作人:《十字街头的塔》,《语丝》,1925年。

众对知识分子的尊崇敬仰,领先开展了极其成功的非暴力运动。武术功夫传统和地下三合会的关联对于动员工作极为关键,但这些'异端的'纽带被他们纳入更宏大的'正统的'教育策略。李立三技巧地结合文和武的权威,成功地在煤矿工人和铁路工人这种男性群体中树立起自己的领导资格,同时又得以从各种地方精英获得支持。"①而在王奇生研究的上海罢工中,也同样存在这种政治协作模式,据其研究:"帮口是上海工人的传统组织。中共对帮口并未因其'封建'属性而排斥,而是利用其组织网络作为动员工人的媒介,并转化其组织能量为党的目标服务。"②太平天国运动席卷大半个中国,使得原来相对固定化的社会秩序解体,清朝权力结构下移,大量游民从地方性的秩序系统里疏离出来,而科举制的解体和王朝危机,以及新兴媒体的崛起③,导致游士文化和游民文化在清末民初的时候结合了起来,自然,这种结合最终走向了暴力逻辑主导政治格局的状况。这在陈志让《军绅政权:近代中国的军阀时期》、邓野《民国的政治逻辑》中都有体现。"枪杆子里出政权"的大白话就说明了这个秘密,但枪杆子也需要笔杆子来证明,因此宣传系统和体制在民国政治中就显得极为重要,枪杠子和笔杆子,其实隐喻的就是游民文化(军人)与游士文化(文宣人员)的结合。这种武主文从的基本结构,就决定了文人政治的宿命,这正如李志毓在爬梳了汪精卫的政治生涯后所指出的那样:"汪精卫是一个悲剧的政治人物。他的悲剧性,部分的源于一个军事化时代文人的处境,部分的源于他自身的弱点。清朝末年,汪精卫以一个青年忧国知识分子,凭借书报宣传与自我牺牲精神,一跃登上中国政治的高峰。然而,他真正活跃在中国政治舞台上的时代,却是中国政治日益走向军事化的时代。从北洋军人内部的直皖、直奉战争,到国民党的'北伐'战争,再到国民党内部的蒋桂战争、蒋冯战争、中原大战;从第一次国共战争,到国共联合进行抗日战争,民国时期的中国,充斥着各种形式的战争。可以说,战争塑造了民国史,塑造了民国时期的政治。汪精卫以一个没有任何军事背景且从未真正掌握过军队的文人,投身政治,适逢中国经历空前严酷的战争、军事化和国家社会重组的时代。汪一生怀抱以文人羁勒武人的理想,始终未能成功,又谋力挽狂澜,出而和谈,

---

① 裴宜理:《安源:发掘中国革命之传统》,香港:香港大学出版社,2014年,第63页。
② 王奇生:《革命与反革命:社会文化视野下的民国政治》,北京:社会科学文献出版社,2010年,第154页。
③ 李仁渊:《晚清的新式传播媒体与知识分子:以报刊出版为中心的讨论》,台北:稻乡出版社,2005年。

拯救东亚于战火,可叹毫无实力,既脱离了国民党和国家,又不见重于日人,终至于身败名裂。"①

清末民初的文人政治灌注了整个20世纪的中国革命一种底色,这种底色就是不断的革命,不断的自净这样一种动力。革命政党对人的、对社会的、对政治的理解,是一个整全性(要么全有,要么全无)的理解,而不是有序的、渐进的、多元的、改良式的理解。这种文人政治最大的影响之一就是观念上的激进主义,以及情感上的失败主义,以及政治上的无政府主义。正如安井伸介所论:"由于中国无政府主义在有些地方与传统思想共享思维与价值观,因此在中国文化系统中成长的中国知识分子很容易感到亲近性。亦即,由于中国知识分子能够将自己所熟悉的传统思维与价值投射到无政府主义上,所以在近代中国出现大量的 pro-anarchist。许多近代中国的知识分子喜好的无政府主义,与其说是具备系统性理论的西方无政府主义,还不如说是从中国思想文化系统的角度理解的无政府主义。"② 一个饶有趣味的现象是革命领袖的"革命失败论"。③ 从辛亥革命直至1925年,孙中山在去世以前留下遗嘱:"革命尚未成功,同志仍需努力。"但其实辛亥已经够成功了,通过并不剧烈的政治暴力就建成了亚洲第一个共和国,还短暂地实行了共和政治。到了1928年,国民党北伐以后,定都南京,形式上实现了中国的统一,北伐前后国民党在中国社会的形象是积极进取、锐意改革的。可到了20世纪30年代前期,蒋介石认为国民党已经尾大不掉,太腐朽没落了,于是要在党外建设只吸纳青年人的三民主义青年团。④ 更不用提毛泽东建国后挥之不去的革命变质论,根据一些学者的研究,毛在晚年一些诗词里面充满了一个革命领袖担心以革命建国的事业慢慢地被一些追求平庸和世俗生活的想法所替代。由此可见,20世纪中国三次大革命之后,革命领袖都痛心疾首地认为革命失败了。这个革命失败论背后所隐含的源头,可以追溯到清末民初的文人政治思潮对这些革命者"三观"的塑造,简言之,这样一个时代所赋予他们的对政治的理解,

---

① 李志毓:《惊弦:汪精卫的政治生涯》,香港:牛津大学出版社,2014年,第277页。
② 安井伸介:《中国无政府主义的思想基础》,台北:五南图书出版股份有限公司,2013年,第188—189页。另亦可参阅阿里夫·德里克:《中国革命中的无政府主义》,孙宜学译,桂林:广西师范大学出版社,2006年。
③ 关于20世纪中国革命,请参阅《20世纪中国革命的回顾与反思:唐小兵对话王奇生》,《东方历史评论》,2013年第4期。
④ 可参阅王奇生:《党员、党权与党争:1924—1949年中国国民党的组织形态》,上海:上海书店出版社,2009年第2版。

是一种不太具有边界感和分寸感的政治意识,是一种追逐心志伦理而不顾及责任伦理的政治观,这种政治观念和政治心态既有虚无主义和浪漫主义的影响,又有中国传统政治圣王合一的一元论政治的影响,更重要的是这种政治观对人性的认知和对政治架构的设计之间缺乏一条"经验主义的自由主义"的通道。

余　论

从清末发端的这股文人政治思潮,掺杂着会党政治的余波,到了民国初年共和政治的挫折,导致中国知识人在观念上不断激进化。相对于民国初年的政治实践,新文化运动从实质性的政治重新转回到意识形态的竞争时代,而且是一种去政治的方式回归到观念领域的竞逐,这从《新青年》与《东方杂志》《学衡》等刊物的无序竞争都可以管窥一二,这可以说是相对于民初共和政治实践的一种倒退。虽然五四新文化运动充满了思想观念上的多元紧张[①],但不可否认其将学术思想与意识形态混淆,并结合媒体竞争和党派斗争加剧了中国思想界的纷争。面对一个权力嚣张而权威消解的纷争年代,以及青年人在五四新文化运动中展现出来的巨大政治能量[②],不同的人和党派有不同的应对之方。"贤人政治""修明政治""好人政府""少数人的责任"等论述都代表一种向古典意义上的精英政治形式的回归,自然以另一种具有创造性的新形式。民初政治的失败,似乎证明了大众甚至庸众政治的失败。张东荪就曾撰写四万字的长文《贤人政治》对民初议会政治有批评:"由是以言,唯持多数,其不能得真是非也,明且审矣。盖数之多少,与理之是非及事之真伪,乃绝不相涉,故是非真伪之标准,当别求诸他途,而不能以头数多寡为判也。且不宁唯此,多数之心理,乃系一种特别心理,而非单纯之集合,此特别心理,殊为劣钝,常激易蔽。对于事理之追求,转不如少数之为冷静公平与周密也。是则非但不能以数之多寡而判理之是非,抑且常呈反比例之现象矣。……用是贤能主义不以多数为取决,以为人而贤也,虽为少数,其所造诣必较众虑为甚,其所贡献,必较群黎为大,其所负担,必较常人为重。出其所独得之确信,展其所

---

① 参阅张灏:《重访五四:论五四思想的两歧性》,《张灏自选集》,上海:上海教育出版社,2002年。
② 吕芳上:《从学生运动到运动学生——民国八年至十八年》,台北:"中央研究院"近代史研究所专刊,1994年。

自修之天才,以为一群谋福利,其功果必较诸群众之自谋为适当也。吾人因认定庸众主义为多数决主义,贤能主义为少数决主义。"①

与此对应的另一种历史脉络是政党政治的崛起和主义时代的来临,而其基本特征之一就是反精英的精英主义政党,一方面对清末以来文人集团政治的否定乃至批判,连带着全盘否定中国传统精英主义政治的合理性,另一方面是通过引入苏俄党国体制,以改造国民党的形式重新整合政党,一个有组织的政党凌驾于国家之上,以党治国、党在国上的政治论述,与清末以来的"开明专制论""保育政治"合情合理地接续,开出了孙中山所谓"军政、训政、宪政"三部曲的历史正当性。就前者而言,社会学家陶孟和在1923年前后发表的一篇文章深刻地分析了"士的阶级"的厄运,主要体现在这个古典中国的精英群体在新文化运动以后丧失了"文字上的威权"(白话文逐渐取代文言)、"思想上、学术上的特权"(向西方寻求真理取代了回向三代之治和古代经典)、"政治上的权威"(科举制的废除和王权的瓦解),"经济上的位置"(失业群体的广泛存在,构成了一个"高等流氓阶级")。② 简言之,士大夫群体在一个政党政治和人民政治崛起的大时代③,已经成为(或至少在某种政治和文化论述里)一个"四无阶级"。连投身共产革命的旧式文人瞿秋白在《多余的话》里都说自己是"废物",可见所谓"三千年未有之大变局"对士人群体来说最创深痛剧。

就后者而言,更为精密和组织化的革命政党体制,又是在对民初共和政治和新文化运动的历史回应。共和的挫败,似乎在证明这种缺乏共和国民作为政治主体的政治形式,在彼时彼刻的中国并不适合国情,而顺着这种逻辑所展开的新文化运动就必然走向了对现代国民的培育,"国民性"的论述结合了当时流行的社会心理学、群众心理学就成为一种反思中国传统与社会的不二利器。这场被称为现代中国的启蒙运动的文化实践,其实并没有留下太多有制度性价值的历史遗产,就观念遗产而言,民主的观念在当时中国的政党和社会中下层的影响极为微弱(虽然很多地方性的派系争执会以此为新的理由)、科学倒是成为一种霸权性的主义影响了中国人的思维④,而真正有长久积极影

---

① 张东荪:《贤人政治》,《东方杂志》,第十四卷第十一号。
② 陶孟和:《孟和文存》,上海:上海书店出版社,2001年,第16—18页。
③ 人民政治其表,政党政治其里,反精英主义(民粹主义)其虚,精英主义(先锋队)其实,构成了20世纪中期以后中国政治的双层结构,可参阅冯筱才《近代中国的"僭民政治"》,《近代史研究》,2014年第1期。
④ 郭颖颐:《中国现代思想中的唯科学主义》,南京:江苏人民出版社,2005年。

响的可能是白话文,它毕竟增进了大众的表达权和表达空间。可是,从某种意义上而言,新文化运动打开的空白比它填补的空白更多。新文化运动解放了个人,但从传统共同体里解脱出来的个人,却似乎成为游荡在中国城市和乡村边缘的原子化的个人,"烦闷"成为一种普遍化并且可以通过报刊话语传染的集体心态[1],而新文化运动多歧的思想潮流让突然置身其中的新青年,大有选项太多而无所适从之感,在一个充满了不确定的时代,焦虑感反而出现,寻求新路和确定的人生就成为一代青年的追求,这在王凡西《双山回忆录》、叶永蓁的小说《小小十年》中都有呈现,新文化运动之后,傅斯年等人提出要"造社会"意味着中国只有顶层和底层,而没有一个发育健全的中间社会。[2] 新文化运动是一场模仿现代西方的启蒙运动,所谓启蒙就是去魅,而去魅之后的中国人却迅速地开始呼唤一种有力量的政治权威的出现,革命党顺势而为重构了一种新的政治的神魅性,没有神圣性的国民党在与中共的意识形态较量中从未取得上风。作为先锋队的政党,成为一个国家机器的枢纽,自我证成其人民意志的代表性,统领着其国民迈向现代世界,就成为了一种历史趋向,而其内核恰恰又在呼应着中国传统的精英主义政治,虽然它在事实上是摧毁旧式精英。就此而言,正如杨国强先生在关于民初共和政治的一次课上所言,近代中国的演进逻辑就是"为了民主而走向专制"。这是百年之后再回首新文化运动不得不直面而难掩反讽的历史事实。

本文作者系华东师范大学历史系副教授

原载《思想与文化》2016 年第 2 期

---

[1] 王汎森:《"烦闷"的本质是什么?——"主义"与近代中国私人领域的政治化》,台北:《思想史》第 1 辑。
[2] 王汎森:《傅斯年早期的"造社会"论——从两份未刊残稿谈起》,《中国文化》,1996 年第 2 期。

旧营垒中与时俱进先哲的新文化运动观
——以张謇为例

徐乃为

引 言

从鸦片战争到五四运动,递次发生了西学东渐、洋务运动、戊戌变法、君主立宪、共和新制,从而至于这场新文化运动;其两两之间,既有渐进式的演变也有激进式的革新,而细细审视思考,则颇符合事物演化、历史演变的逻辑必然。

反思"百年新文化"的通常视角,是对"新文化"发生之时起而至今的百年期间,从演进轨迹的审视中,追索其原因,寻绎其原义,探究其历程,分析其得失,评估其影响,以及研究发动这一运动的领袖们,如陈独秀、胡适之、李大钊、鲁迅、钱玄同等人物的全部一生或与新文化运动相关的某一方面,等等。

本文则选择另一视角。选择一个经历、参与甚或主导过上文列举的"递次发生的重大历史事件"的人;而这个人,几乎又一致被学界认定为"与时俱进"的"中国现代化事业的开拓者""中国早期现代化的前驱",其同时也经历了新文化运动,并对新文化运动作出臧否评说又说出自己见解的人。今通过百年历史验证考察他的言行,并与"新文化"的"主流"理论、实践做比较、探究,应当可以得出一些新的结论,能给人们以启发的。这个人就是在孙中山、袁世凯民国政府中做过重要阁员、自己兴办过庞大的实业集团、兴建或参与兴建几百所大中小各类学校的晚清甲午(1894年)状元张謇。

站在时代前沿的张謇

张謇(1853—1926年),是旧营垒中走出来的人。他的科举之路,竟走了近三十年。其虽未能连捷"三元",却在断断续续中也摘取了"三元"。光绪五年(1879),由两江总督、江苏巡抚、江苏学政主持的全省优贡生的选拔考试中获第一,俗为"贡元";光绪十一年(1885)赴北直隶乡试获"南元"(解元第二名,第一名"北元"例授直隶籍生员);光绪二十年(1894)甲午殿试第一,即状元。

他与儒家传统文化土壤中走出来的知识分子一样,有着极强烈的实现自我以报效家国的意识,今随便抄上他早年的几句诗:

百年仅作留皮想,三日应须刮目看。(留皮,犹留名。《答宋养田》)[1]

龙虎有时吟宝剑,斗牛何处系灵查?(灵查:通天河之木排。《留别诸友》)[2]

兵间自觉儒冠贱,国事宁容我辈忧!(次句以反诘表肯定。《闻左宗棠收新疆》)[3]

张謇在新文化运动之前的"递次重要历史事件"中的立场、作用,当时就颇引人注目,今简述如下:

一、清朝附庸国朝鲜"壬午兵变(1882年)"中,他以吴长庆首席幕僚身份入朝平叛,帮助吴长庆取得清政府自鸦片战争以来仅有的外交军事的胜利。吴长庆向国内指挥张树声(时李鸿章丁忧)汇报事件经过时有如下语,"赖张季直(张謇之字)赴机敏决、运筹帷幄、折冲樽俎,其功在攻城拔寨之上"。[4] 平叛事竣,张謇随即自主撰写《壬午东征事略》、《乘时规复流虬(琉球)策》、《朝鲜善后六策》等这一重大事件的记述与经过深入思考的国是建言;其时仅一介秀才,年不满三十,据此即可充分看出他报效家国的心志以及舍我其谁的情怀。

二、甲午战争这一年(1894),恰逢其春闱大魁天下,张謇留在京师。农历七月(以下均指农历),中日两国在朝鲜的冲突愈演愈烈,大战即将来临。朝廷中主战一方与主和一方激烈论争。主战一方以翁同龢为首,主和一方以李鸿章为首。翁同龢基本不知军事,亦基本不知朝鲜、日本。其争论的依据全

---

[1] 李明勋、尤世伟:《张謇全集》(第七册),上海:上海辞书出版社,2012年,第7页。
[2] 同上,第20页。
[3] 同上,第43页。
[4] 李明勋、尤世伟:《张謇全集》(第二册),上海:上海辞书出版社,2012年,第19页。

赖曾入朝参战并与日本打过交道的张謇。张謇以《上翁同龢书》方式前后给其主战依据的函件二十件,函件中分析中日态势、朝鲜历史地理……还亲赴翁宅密谈呈上见解,为朝中论争提供"武器"。说此次争论是以张謇主导并不为过。九月四日,还独自《呈翰林院代奏劾大学士李鸿章疏》,弹劾其"战不备、败和局",请求撤李鸿章"北洋大臣"之职。九月十六日获父病危讯,九月十七日父死之晚犹"晚诣子培(沈曾植),与仲弢(黄绍箕)、叔衡(丁立钧)议,请分道进兵朝鲜(《日记》)",足见其主战立场与自许干城的意识。张謇既回家守制,越明年,甲午战败;张之洞嘱其在家乡南通办团练以防日军南下,准备"全民抗战"。张謇几乎"毁家纾难",将自己藏书二十四楹抵押店肆,得银一千两银子作开办团练之资(《自订年谱》),在两三月中办成三营的团练,效率之高,令人不可想象。——当然,至于甲午此役清政府究竟是该战还是该和,或者是战有利或和有利,则是另一回事,这里只说他的以君国大事为怀的气概。

三、张謇在家守制,便转向兴实业以救国。待张謇赴京师参加散馆试时,恰逢"戊戌变法"的高潮之时。

四月三日"上虞山(翁同龢)急策,曰商、工、农"(《日记》),这就是其后来极力主张的"实业救国"策之肇始。其间,张謇帮助翁同龢拟"变法谕旨",并为翁同龢"拟大学堂办法……"——此亦变法之一部分。张謇与谭嗣同、梁启超等一向同气相求。六君子殉难后,张謇为刘坤一拟撰《太后训政保护圣躬疏》,其中有"曲赦康梁"语(《自订年谱》)。戊戌变法以后,张謇撰写《变法平议》,洋洋数万言。其与康梁虽未必全同一辙,但确实是一个积极变法图强之人。

四、迭经戊戌变法的挫折与八国联军侵入的失败,张謇对封建皇帝专制的体制已经失望,遂专注于实业。光绪二十九年(1903),张謇访问日本,参加世界博览会,精心访问、考察日本的国体、工农业、教育事业等,给其极大震动。萌生当废弃中国奉行两千年的皇帝专制,倡导立宪。主张效法日本,上设议政院,下设府县议会。光绪三十年(1904),自己刻印《日本宪法》《日本宪法义解》《日本议会史》等立宪书籍资料分送给首席军机大臣奕劻等朝廷官员及社会各界人士。他率先在苏州成立"江苏立宪学会",并亲自担任会长;又与郑孝胥等在上海成立"预备立宪公会",先后担任副会长、会长。终于在张謇一辈革新志士的奔走呼号之下,清政府于光绪三十四年(1908),颁布了《钦定宪法大纲》及《逐年筹备事宜清单》等一系列宪政文件,确定八年后正式召开国会,实行宪政。

在当时,"宪政"意识,是全新的国家政体意识,是对两千年皇帝专制的反动,是其思想的重大质变,作为旧文化、儒家学说培养出来的状元张謇,这是了不起的质的变化。

五、紧接着发生的"辛亥革命",对张謇说来,又是巨大的冲击与洗礼。武昌起义爆发当天,张謇恰在武汉,返家的轮船正巧启航。张謇先抵安庆,稍知武昌兵变始末;赶至江宁,遂晤满清当局的将领铁良、张人骏,欲他们"援鄂",为满清稳定局势,并乘势"奏速定宪法"以期提前立宪。随后事件的发展出乎张謇他们的预料,全国响应武昌起义,许多行省独立,要求建立共和新制。于是,张謇顺应潮流,转向共和。其与袁世凯电文称"大局土崩,时机瞬变。……寻日以来,采听东西南十余省之舆论,大数趋于共和"。他自己全面接受这一主张,并劝袁世凯当"采众论以定政体"。两日后,《致铁良(满族将领)函》中亦劝其顺应时代潮流,"毋宁纳全族(满)于共和主义之中"。两日后《致载沣(摄政王)电》中,谓"非共和无以免生灵之涂炭……是君主立宪政体断难兼容此后之中国。"张謇因此而为清政府草拟了《清帝逊位诏》。张謇这样接受共和新制,确实是审时度势而顺应历史的人。

六、诚然,在孙中山与袁世凯之间,张謇选择了袁世凯。我们完全不必因此而诟病张謇。事实上,孙中山也选择袁世凯,是当时的历史选择了袁世凯。但是,当袁世凯在群小包围怂恿下恢复帝制的时候,张謇不但与他分道扬镳,而且唾弃抨击了袁世凯。民国五年(1916)1月1日,袁世凯改元"洪宪",恢复帝制,张謇在读了当天的报纸后称:"闻改元洪宪,叛迹益露矣。(《自订年谱》)"袁氏既死,张謇评论道:"袁氏失德,亡也忽焉。彼其罪过,已随生命俱尽。可留与吾人以最真确之发明者,则权术不可以为国,专制必至于亡身。"①这就是他的立宪而后共和的观点。

七、在"张勋复辟"这一历史的闹剧中,亦是非常能看出张謇的态度的。沈曾植是张謇最要好的几个同道之一,其余为郑孝胥、丁立钧等三四个。几十年间惺惺相惜,并一起讨论鼓吹君主立宪运动。张謇在实业兴盛之时,甚至欲在南通长江边的狼山建造别墅群,请这帮一生好友共度晚年!然而在张勋复辟实践中,沈曾植是带病奔赴北京,接受复辟政权的"学部尚书"官职的。而张勋早在1913年江宁种种维护旧制并"预演"复辟时,张謇给以极力抨击:"张勋一切制度、符号、仪式悉仍前清……使东南人民疑为清帝复辟之兆,虑

---

① 李明勋、尤世伟:《张謇全集》(第二册),第597页。

及民国前途之危。"①"张勋不独祸我江苏,必致祸我民国。非乘此时去之,后必追悔莫及。"②

我们所以简单介绍张謇以上经历,主要是帮助大家认知张謇对当时时局的立场态度,谓其"与时俱进",应顺历史潮流,走在时代的前沿,绝非虚言。

张謇在新文化酝酿时期的系列主张与举措

对社会、对国家、对文化、对人生不时作出深入思考,是哲人的本能。"新文化运动"的健将陈独秀、胡适、李大钊、鲁迅他们在思考并酝酿着对旧有一切的冲击;年长而约略是他们父辈的张謇也无时无刻不在作着思考与实践,也在为那个时代、那个社会、那个国家的出路谋划着革新与发展。所区别者,张謇是经历、参与甚至主导了"新文化运动"爆发前的那些"重大历史事件"的人;而陈独秀、胡适、李大钊、鲁迅他们对张謇经历的那些事件不过是儿时或幼时肤浅的浮光掠影而已。

从广义说,张謇曾经历、参与、主导的那些"重大历史事件"其实就是"新文化运动"酝酿时期。张謇在此酝酿时期的主张与实践是颇可以称作"系统性"的、颇可以上升为"文化"层面的治理国家、治理社会、建设文化、修养人生的理念的。今亦依次作出介绍。

(一) 系统的法治立国的主张

张謇是当时立宪派的主要领袖。有《变法平议》《宜请立宪奏稿》《送十六省议员诣阙上书序》《国会代表第二次请愿书》《对于宪法之意见》等一系列依宪治国的主张,他曾私自刻印与中国国情比较接近的日本的《日本宪法》《日本宪法义解》《日本议会史》,撰写序言后送与政府当局,盼望参照执行。提出过许多堪称石破天惊的法治主张:

> 诏定国是,更立宪法。进我人民于参与政权之地,而使共负国家之责任。③

> 无国会以编订法律、法规,一切政治无所遵守。④

---

① 李明勋、尤世伟:《张謇全集》(第二册),第400页。
② 同上,第399页。
③ 李明勋、尤世伟:《张謇全集》(第六册),上海:上海辞书出版社,2012年,第348页。
④ 李明勋、尤世伟:《张謇全集》(第一册),上海:上海辞书出版社,2012年,第205页。

夫国必有法,有法则治。①
政治之良否,根于法律。②

当然第一例中"人民"的概念与如今未必全合,即便仅指知识精英,亦是了不起的进步。以下几句均把法律置于崇高的境地,说其"依法治国",决非虚言。

张謇的依法立国的意识还深入于具体的国家治理的实践中。张謇主张"实业兴国",至于何以兴实业,张謇曰则"当乞灵于法律","以积极言,(法律)则有诱掖指导之功;以消极言,有纠正制裁之力。"③

张謇出任袁世凯总统时期的熊希龄内阁农林工商部总长,发布《实业政见宣言书》,其施政演说中重要的一句话即——"农林工商部第一计划,即在立法",因此,在其短短的两三年任上,立法竟然达到四五十项之多,其对工商业自然就既有保护作用,又有"诱掖指导之功,纠正制裁之力"。

此外,张謇对刑法、民法,均有深刻的认知,主张"今欲遽引各国刑法之书,编为定律"。

因此,张謇是中国封建传统法律思想向新型资产阶级法律思想全面转型的代表,是非法制专业出身的重要的实用法学家。其法学思想远远走在同时代人的前面,与新型的资产阶级的先进法治思想几乎对接。

(二) 切实的以教育、实业兴国的理念

张謇之于兴国,有一句名言——父教育而母实业。他说:"教育为立国大本";"实业教育,富强之大本也。";"现我国国民生计日蹙,欲图自存,势宜岌岌;舍注重实业教育外,更无急要之计划。"因此,这是其反复强调的主张,我们千万不可轻忽。

先说教育。张謇有着丰富的旧式教育的经历,他成优贡生后,就分别被聘崇明县、赣榆县的山长或教谕。几次会试落榜,翁同龢与国子监祭酒盛昱都邀请他出任国子监的教习等高级管理人才。考中状元后,做了几年江宁文正书院的山长,并兼任安徽经古书院山长。值得一提的是,张謇几乎成为两位皇帝的老师。民国大总统又洪宪皇帝的袁世凯,早年投吴长庆军,吴长庆令其拜张

---

① 李明勋、尤世伟:《张謇全集》(第四册),上海:上海辞书出版社,2012 年,第 557 页。
② 李明勋、尤世伟:《张謇全集》(第二册),第 596 页。
③ 张謇:《在国务会议上发表实业政见宣言书》,《张謇农商总长任期经济资料选编》,南京:南京大学出版社,1987 年。

謇为师,治科举文,因此两人曾有师生之义。辛亥年(1911)五月张謇北上京师,时任资政院总裁的许鼎霖告诉他,两江总督端方拟推荐其作溥仪的帝师(《日记》中曰"宾师"),张謇乃"力陈不可以公推而来,得官而去",只接受中国中央教育会会长头衔。

张謇是现代教育家。首先,张謇对中国传统教育的弊端知之极深。他为自己的科举文《外录》作序中是这样评价科举教育的:"嗟乎,朔风起而秋扇屏,祭筵终而刍狗轹。科举应制之文字,尚有足存焉者乎!"这是把科举教育视如敲门砖。他在《北京商业学校演说》中这样评价中国的传统教育:"鄙人经过潜心研究,所谓中国专长(指教育)者,不过时文制艺而已;……至于教育之理,教人之法,虽谓直无一人能之,亦不谓过。"①可谓一针见血。

张謇把教育放在"救国"的优先地位。他说:"根本之根本在教育。""教育所以开民智。"

其次,他深知如何启动现代教育。在没有现代教育的中国,他主张"兴学之本,惟有师范";"教不可无师";"师必出于师范。欲教育普及国民而不求师则无导。故立学后须从小学始,尤须先从师范。"

而且,张謇有完整的幼儿教育、中小学基础教育、职业教育、大学教育的理念;在南通乃至江苏、上海办成了包含上述各类学校的完整的综合的教育体系。张謇教育的目的,是培养有用人才,用以振兴实业,用以振兴国家。

再说实业。被张謇称作国家兴盛之母的实业是什么?他说:"实业在农工商,在大农、大工、大商"。也就是说,要国家富强,应当实现"农业现代化""工业现代化""商业现代化"。这就是"母实业"的本质内涵。这是张謇目睹晚清民初的腐朽落后,考察日本、悉心研究先进的外国列强的强国之路而后得出的结论。这种理念是中国两千年自给自足的小农经济的彻底反动。

而且,张謇的实业与现今的现代化企业模式相差无几。张謇的实业是股份制企业,有利用外资意识,还利用众多的外国人才。

张謇扩充企业的时候,已经有产业链意识,有循环经济意识:建立纺织厂,乃建立产棉基地垦牧公司;棉厂有棉籽而建炼油厂;有棉籽油而建肥皂厂;因自己实业的原料产品的运输之需而建立水陆航运公司……

对于农业,张謇也有现代农业观。请西方工程师修造涵闸,规划公路,甚至引进大型农业机械,运用企业形式管理。

---

① 李明勋、尤世玮:《张謇全集》(第四册),第185页。

（三）张謇的科学、民主观念

"科学"与"民主"是新文化的标志性口号。张謇全新的"教育、实业"理念无不与科学、民主息息相关，因此，张謇的科学、民主观念也是颇能与时代接轨的。

张謇有一句明确地对科学的态度：

> 盖今日为科学发达之时代，科学愈进步，则事业愈发展。①
>
> 鄙人……良以科学为一切事业之母，诸君子热忱毅力，为中国发此曙光，前途、希望实大。②

这些论述，几乎有"科学技术是第一生产力"的意思。

1918年，中国科学社由美国迁入中国，面临诸多困难。张謇给中国科学社以极大的支持，亲自奔走，呈请有关方面于南京成贤街一处拨与中国科学社做社所；张謇个人两次慨捐13000元资助作活动经费。原定1922年的第7次年会在广州召开，但由于种种原因未果，遂改为在南通召开，并提供种种方便。张謇为该社杂志《科学》题写"盛论新知"以勉励。这里，张謇把科学定义为"新知"，即"新知识"。张謇在《中国科学社年会欢迎词》中表示出对"新知"即科学的态度："新知新知，实获我私；通之事业，日月而作。"那是说，"科学科学，是我最爱；南通事业，日新月异"。他在致辞中还认为，发展科学，是"开新纪，诞文明"之大好事；勉励科学工作者"殚精科学，格物致知；相励以智，利用厚生"。希望"用科学方法研究社会心理，度量社会经济，以为发展之标准"。张謇一向认为，"夫世界近日之竞争，农工商业之竞争；农工商业之竞争，学问之竞争。"，这里的"学问"一词，与"新知""科学"的内涵重合。

张謇的著述里，是经常出现"民主"一词的，从其使用的语境说，即是新文化运动中的"民主"，这亦是他所一贯主张的。

从词义说，"民主"与"专制"相对；从政体说，"立宪"与"专制"相对。因此，"民主"与"立宪"是相承、相合的。张謇是立宪运动的旗帜。《张謇全集》中专论立宪的有十数篇，相关于立宪的有几十篇。张謇认为国家不能由皇帝专制，要由议会议事决定；省、县亦必须有议会性质的团体共同议决。张謇就

---

① 李明勋、尤世玮：《张謇全集》（第四册），第512页。
② 李明勋、尤世玮：《张謇全集》（第二册），第739页。

主导过江苏省咨议局议决一省之重大事项,监督省行政官员。他有以下关于"民主"的论述:

> 夫国必有法,有法则治。专制之国则帝国,帝国有法;共和之国则民国,民国有法。帝国之法成于帝,民国之法成于民。帝一人,民亿兆人。一人所定之法,亦亿兆人所共托命,而为一人计者多。亿兆人所定之法,则亿兆人所自托命,而为亿兆人计者多。此中国历代大法与各国君主宪法、民主宪法之大别。民国宪法则吾民权利义务公平之轨道,而今国家成立之命脉也。①

议员是如何产生的呢?张謇认为当以民主选举为渠道:

> 议员何自生?生于选举。选举何所本?本于选举法。法若求善,必选举之资格审,被选举之资格严。审可不滥,严可得良议员。议员良,国会光。民国亦昌矣。②

张謇之于"民主",不仅倡导,而且身体力行。张謇曾主导过两次立宪的请愿,就是把各省的咨议局的代表召集起来,共同协商议定"请愿书",又公举代表,到京城请愿。这就是张謇的民主意识。

当然,上述的张謇的民主,掺杂有孟子"民为贵,社稷次之,君为轻"的意味;"精英民主",精英治国之意颇浓。但考虑到张謇的民生理念,仍可作出这样的判断:张謇的民主意识与现代民主意识已经较大程度的吻合。

(四) 张謇的民生情怀。

"民生",是衡量一个时代、一个国家、一个社会,衡量一个有成就有担当的公众人物的"文明"程度、"文化"程度、"现代化"程度的重要标尺。

张謇是一个有明晰的民生理念,又有丰硕的民生实践的先驱。在南京政府担任实业总长,致电孙中山云,"实业为民生国计之原",还说,"民国国体,当以民为重;民国国政,当以民为先"。他在调解袁世凯与南方革命党人矛盾时,这样向袁世凯进言:"但求人人知觉中有国计民生四字,彼此相谅,使正式

---

① 李明勋、尤世玮:《张謇全集》(第四册),第557页。
② 同上,第559页。

政府早日成立,国会渐次宁静。"张謇在江苏省咨议局的演说中说要有"不扰民之策"。张謇《上书国务院》中说:"謇独居深念。时而忧国计,时而忧民生"。这就是他的民生情怀。

从张謇的实践说来,他所竭力注重与创办的教育与实业,即是最大的惠及民生的具体实践。而普及教育,又是教育事业中最切合百姓的生活实际的,早在光绪三十年(1904),他在《师范奖励约束补助说呈学部》就说"窃维自治之本在兴学,兴学之效在普及。"此外又如:

> 科举主意在培养特别之人才,学校主意在开通多数之民智。[①]
> 欲求学问而不求普及,国民之教育则无与。[②]

而且,他清醒地认识到:"普及教育不易言,必若何为教,而教之所成,使人可康乐,可和亲,可安平。而后可言普及之利,而后可措于普及。"因此,他在筹建垦牧公司"大农场",均衡布点而规划农村小学,让每家的普通农户,能上得起学。在《通海垦牧公司招佃章程》中,就有"各佃普受教育,开通智识","各佃子弟七八岁至十一二岁"者入学。

至于兴办实业以惠民生,张謇这么说:

> 鄙人想来不言社会主张,惟见社会不平。必求所以改革,故办种种实业教育,为穷人打算。不使有冻馁之忧,但亦不能令人人温饱……颇足以泯除社会之不平等。将来国家苟能明定法令,使富人帮助穷人,则尽善矣。[③]

以上"民生"言论,至今读来,令人动容。至于张謇之创办系列慈善事业,直接惠及弱势的底层百姓,自然更是其民生情怀的体现。

(五) 张謇的国际视野与开放意识

张謇并无留学外国与出使外国的经历,一生只一次访问日本,却有高远的国际视野与鲜明的开放意识。这是他深入探求存国之道、努力谋取强国之术

---

① 李明勋、尤世伟:《张謇全集》(第一册),第120页。
② 李明勋、尤世伟:《张謇全集》(第四册),第70页。
③ 同上,第626页。

的结果。他的一些论说,今日仍令人惊讶与敬佩:

> 凡百事业,均需有世界之眼光,而后可以择定一国之立足之地。①
> 今日我国处列强竞争之时代,无论何种政策,皆须有观察世界之眼光,旗鼓相当之手段,然后得与于竞争之会。②

这是要求治国者须得有世界眼光。

> 方今世界大战终了之期不远,全球视线之集中点将由西欧而直转远东。反观吾国,朝野上下之所为,重内而轻外,务近而遗远。③
> 世界经济之潮流,喷涌而至,同则存,独则亡;通则胜,塞则败。④

这是对中国当局缺少世界眼光的担忧。

> 现在世界以大企业立国,而中国以《公司法》、《破产法》不备,故遂将此昙花一现之基础。至于近日,败坏不可收拾,斫伤人民企业心、合群心,耗散最可宝贵之资本,不一而足。⑤
> 故窃以为财政之要,须审度国家政治历史、人民生活程度以为衡。若强援欧美强国取民之制,以组织不完全之法,施之观念不同,……削足适履,所伤实多,未见其有济也。⑥
> 夫课程之订定,既需适应世界大势之潮流,犹须顾及本国之情势,而后斟酌损益,乃不凿圆而枘方。⑦
> 对于世界先进各国,或师其意,或撷其长,量力所能,审时所当。不自小而馁,不自大而夸。⑧

---

① 李明勋、尤世伟:《张謇全集》(第四册),第643页。
② 同上,第188页。
③ 同上,第383页。
④ 李明勋、尤世伟:《张謇全集》(第二册),第473页。
⑤ 同①,第258页。
⑥ 李明勋、尤世伟:《张謇全集》(第一册),第172页。
⑦ 同①,第383页。
⑧ 同⑥,第524页。

以上诸条是说学习外国的先进经验,应当结合本国实际,对国际先进经验应当择善而从的实事求是的科学态度。

张謇的开放意识还表现为,曾邀请国际著名的杜威博士访问南通并讲学,致辞说道:"美国共和之制度,实足为吾人之模范。今请博士将美国政治上、教育上一切过去情形,为大家指示,共同研究,凡事必求其适。"

张謇为校长的河海工程学校的学生宋达庵游历欧美回来,张謇便邀请其向学生"报告游历欧美情形",除了介绍水利工程的新知识技术以外,还要宋生介绍"而于教育、农垦,及德国战后情况,亦能悉心体察言之綦详。"

张謇还善于从列强进行分类比较,将美国、瑞士列为一类,英法列为一类,德国列为一类,日本列为一类。探析最接近于我国实际的国家的先进经验,作为学习的参照。

张謇的学校与企业中,拥有相当数量的外籍教师、技术人员与顾问,都是其开放意识的体现。

(六) 张謇"地方自治"旗号下社会事业的理念与业绩

"地方自治",是张謇治理国家、治理社会的重要主张,是张謇研究的重大研究课题。这里仅就其建立社会事业的理念与业绩作出简单介绍,作为张謇的社会观的一部分。

社会事业是新概念,是新型资本主义的伴生物。其大凡指的是社会公益服务、社会文化娱乐、社会慈善救援等贴近社会日常生活的"社会事业"。社会事业的完备与发达是人类文明的重要标志,是现代化的重要标志。张謇于此抱有远大的理想并作出重大成绩。

> 借各股东资本之力,以成鄙人建设一新新世界雏形之志,以雪地方不能自治之耻,虽牛马于社会而不辞也。①

这是说张謇自治并在治下达到小康新新世界的志向,以及愿为社会作"牛马"的情怀。

> 窃謇抱"村落主义",经营地方自治,如实业、教育、水利、交通、慈善、

---

① 李明勋、尤世伟:《张謇全集》(第四册),第183页。

公益诸端,后由各朋好之赞助,次第兴办,初具规模。①

这是其社会事业的具体的措施。

其公益一端,还兴建包括文博事业的图书馆、博物院;慈善一端,则包括育婴堂、养老院、贫民工厂、残废院、栖留所、济良所等。

介于实业边缘的还有交通、水利、供电、通讯;

介于教育边缘的还有特殊教育——聋哑学校;

介于文娱边缘的还有公园、公共体育场、剧场……

这些,在张謇时代的南通,都是张謇倡导兴办,都是张謇首先自己出资并动员朋好共同捐助兴办的。因此,当时的南通称为"模范县"。

其理念之渊源,应当是中国古代儒家的民本观念、日本城市考察给予的刺激、耳食西方城市文明而自己的综合创造的产物。

以上六个方面,大致可看出张謇完整的创建治理新型国家、构建新型社会的理念与具体的举措。其能否上升为"文化"层面?其对晚清民初落后贫穷的中国,能否算是"新"的气象?也就是说,张謇的那些东西,是否也构成历史层面的一类"新文化"?值得大家思考与研究。

张謇在"新文化"运动中

人们对张謇在新文化运动中的评价是负面的。认为是站立于"新文化"运动敌对的一方。《辞海》是我国官方、学术界的权威工具书,在词条"张謇"三百字的行文中,不忘给他贴上"提倡尊孔读经",实际上就是说他站在新文化运动的对立面的。

新时期以来的张謇研究是全面肯定其在近现代社会的重大先行的作用的,由于研究者们普遍接受《辞海》为代表的对张謇在新文化中"守旧"评价;研究者以免"损害"张謇形象而几乎回避"张謇与新文化"的研究这一重大的课题。偶有的寥若晨星的这方面的研究文章,也首先是将张謇定位于"几乎是本能地反对与抵制"那场以"批判和攻击儒学传统"为"突出特征"的"新文化运动",以及"他(张謇)对新文化运动推崇的一系列人文主义的价值观,基

---

① 李明勋、尤世伟:《张謇全集》(第一册),第523页。

本上持否定的态度",然后考虑研究"如何开掘儒家伦理的现代意义……是新文化运动留下的悬案。"①

张謇确实在"五四运动"中以多次撰文、演说、声明、通电鲜明强烈的发表对"五四运动"的看法,他确实主张读儒家经典,确实也反对学生罢课上街。长期以来,人们以此而认定他站在"新文化运动"的对立面却是大可商榷,甚至是基本错误的。

一、张謇提倡读儒家经典的背景是什么？其内涵是什么？他提倡儒家经典是否排斥了以人本、人道、人性为核心的普世价值以及西方先进的科学文化知识？

张謇的《尊孔会第一次演说》,是针对当时"道德凌夷,纲纪废坠,士大夫寡廉鲜耻,惟以利禄膺心","而诈伪诡谲恶习充塞于宇宙",于是提倡读经书:

> 故欲昌明孔学,宜就子臣弟友忠信笃敬八字做起。子为孝亲,臣为卫国,弟为敬长,友为爱人,此属于分际也。忠则不贰,信则不欺,笃则不妄,敬则不偷,此属于行为也。人能明分际而谨行为,斯尽人道矣。人道尽而后可以进圣贤之域,孔子一身得力处,即在于此。②

张謇对其提倡的"八字"的解释,已经说得很清楚,其中"臣为卫国",令人耳目一新。可以说,这段文字,与当今提倡的核心价值观大多吻合。

张謇因提倡儒学而排斥西方文化与西方文明了吗？完全不是。早在他担任培养科举士子的江宁文正书院山长之时(1899年),书院开设的四门课程即是"汉文、英文、翻译、算学"！在他开办的各类专业学校中,包括警察学校都要求学英文;其与西方科学文化接轨,都有外籍教师。他是那个时代最有有国际视野与开放意识的人。

张謇是最包容和接受西方的人道主义、人本观的人。

> 世界进化,首重人道;人道主义,天理之公也。③

---

① 卫春回:《论新文化运动时期张謇的思想取向》,《张謇与中国近代社会》,南京:南京大学出版社2007年,第28—34页。
② 李明勋、尤世伟:《张謇全集》(第四册),第397页。
③ 李明勋、尤世伟:《张謇全集》(第二册),第282页。

> 世界人道主义，日益发达，故战时惨杀，实违公例。①
> 法治、治人，先各自治；自治之要，重人格，尊人道而已。②
> 正国本，定民视，重人道。③
> 共和政体，首重民权。④
> 民国宪法则吾民权利义务公平之轨道，而今国家成立之命脉也。⑤

因此，我们可以得出这样的结论，张謇的内心，与西方的先进文化，与"新文化"的本质内核是基本吻合的。现在细细想来，倒是把中国的传统文化一锅端的"打倒孔家店"的口号才是偏颇的。

二、张謇对"五四运动"的态度是什么？此前以为张謇站在"五四运动"、爱国学生的对立面是绝对的误解。长期以来，人们习惯于以"反对学生上街"就是"反对学生运动"，就是"反对五四运动"这种机械的三段论的学术推论，这委实令人感慨万端。

人人都知道，五四运动的起因是中国在巴黎和会上争取战胜国权益——即要求废除帝国主义强加于中国的各不平等条约的失败，才导致青年大中学生为主的民众愤怒而上街游行。

我们必须知道，张謇是最早最全面并反复关注巴黎和会中中国权益的在野的政治家，是极力主张废除不平等条约特别是"二十一条"的年老的政治家。

早在"五四运动"前一年，张謇见媒体披露中日秘约中损害中国主权，乃于1918年4月8日致电当时总统冯国璋、段祺瑞，有以下文词：

> ……苟为中国人而良心未丧尽者观之，孰不眦裂？……万一有是而未定，亟请详审与国之隐情，保全国之命脉。……若公然视国如私物，奉以予人，供人宰割。国之人强者不必言，即至弱者，亦口有诛而笔有削。谁秉国钧？谁秉国成？窃为明公惜之！

---

① 李明勋、尤世玮：《张謇全集》（第二册），第283页。
② 李明勋、尤世玮：《张謇全集》（第三册），上海：上海辞书出版社，2012年，第1321页。
③ 同上，第1062页。
④ 李明勋、尤世玮：《张謇全集》（第四册），第318页。
⑤ 同上，第557页。

1918年5月,张謇又致电冯、段,请公布与日结约情由,以宣布"不曾卖国"以知晓于全国。

1918年12月10日,知巴黎和会甫开,致电徐世昌、钱能训:

> 欧战告终,和平大会以尊重正义、人道为主旨,我国国际上知不平等,胥赖此次提议改正。

1919年2月2日,致电徐世昌,揭露日人压制中国代表在巴黎和会的发言权,威胁中国代表保密与日之有关秘约。希望徐世昌能"以国为命、忠诚勇毅,一扫平常敷衍之策。"

2月16日,又致电徐世昌,希望不能签订日本在山东构筑铁路的合同,以"堕小番乘势攫利之计,害已大矣。"

1919年4月8日,将自己与熊希龄等撰成的请愿文中英文稿转呈梁启超,请呈递"美、英、法、意各政府及巴黎和会",请废除不平等条约,"谋国家涓埃之补。"

以上都是五四运动爆发之前的,归隐林泉的老人张謇的爱国赤诚,令人感动!

五四运动爆发以后,虽然失望哀痛之极,张謇更是站在进步学生与国民的立场上,继续发声。

1919年5月21日,致电徐世昌,谓"政府即自杀,人民宁不求生",认为群众运动是人民求生!并谓"倘竟认日人占领青岛,外则成敌阴谋,内则复旧专制",此又表明其"民主共和"的一向理念。张謇是"五四运动"的对立面吗?

当知悉北洋政府逮捕游行的青年学生,6月7日,张謇致电徐世昌、钱能训,要求释放:

> 窃念京津学生举动由激而成,其思诚究出于爱国。……拟求将逮捕学生释放,以安学校,而靖民气。①

张謇对国家的忠爱岂止于此!当他知悉陆徵祥是中国参加巴黎和会的代表,希望他提议争取取消西方列强在中国的领事裁判权并争取国家的制定税

---

① 李明勋、尤世伟:《张謇全集》(第二册),第713页。

法权。

至此,张謇在五四运动中的本质立场已昭然天下。

在五四运动中,张謇每天收到各地寄来的十数件信函,要求这位令人尊敬的长者对学生运动表明态度并指明方向,张謇因此发表《警告全国学生书》①,今摘引若干:

> 中国者中国人之中国,人托于国,国皆当爱。诸生爱国之意是而法则非:非即罢课,罢课即误学。
>
> 嗟乎! 夫孰使我无量数青年学生至此! 走病其法非是,恶能不怜其意之未尽非也? 乃强为一言:政府亦自悟民意之难违,屈如所请,罢课、罢市、罢工之风殆已。
>
> 凡一国政党军阀,大都不注意于贫民生计,而注意于一方面之名誉与权利。
>
> 策学生负责任、知实践、务合群、增阅历、练能力。夫世界今日之竞争农工商业之竞争;农工商业之竞争,学问之竞争。

张謇认同学生的爱国热情,只不同意学生的罢课误学。他清醒当时政府不顾"贫民生计"、只顾自己"名誉与权利"。让学生知晓:国家竞争,是实业之争,学问之争。因此,学习科学文化知识! ——决非仅"读经"。

张謇之所以是这一态度,是因为对社会变革的方式选择,有其一贯而明晰的态度:

> 鄙人对能破坏而不能建设之革命,早为疑虑。……中国前途之希望,全在学生。……学生若因此而罢课,则策同自杀。②
>
> 吾国党派虽尚未能截然成两,要可以急进、稳进区分之。本党当时认定稳进一派。③

张謇的许多文章表明这样的态度,"急进流血""急进之徒""青年急进",

---

① 李明勋、尤世伟:《张謇全集》(第四册),第 437 页。
② 同上,第 607 页。
③ 同上,第 232 页。

往往于事无补。这是他一生的经验积累。

关于"急进""稳进","建设""破坏"之分野,还有一个极为发人深省的实例,"新文化"运动骁将钱玄同、鲁迅他们之欲全面打倒孔家店,包括汉字,意为方块汉字是阻碍新文化输入之源头……,而张謇的汉字观一如其对儒家文化,持选择承继改良之态度。当时教育部要他审视汉字的注音方案,他在民国二年(1913)《为统一国文读音致汪伯唐函》中说,"应请就所议决之字母拼法,及六书字之读音,重加审定,编成国音字书,颁发各师范学校学习。并令各书局编辑小学国文教科书时,将所颁之字母拼法列入卷首,为儿童第一步练习。以后每课六书文字之生字旁印拼音,儿童已习拼音,其于六书文字,不烦师校,已能按音自读,间有误者,师矫正之。如是全国读书渐趋统一,语言统一之事相因而生。"

至此,张謇在五四运动中的态度可以洞悉:其爱国之诚,不低于学生;其提倡读经,也接受外国新知;只是具体方法的选择,张謇崇尚建设,反对破坏;其主张稳进,反对急进。张謇的"稳进""建设"之主张,其有益于社会的变革演化,毫无异议。其与"急进""破坏"之方式,哪一个更合理、更有效,则可以研究。

几点结论

一、从张謇一生的主张与实践作审视观察,其所奉行的理念的实质与人们今天所说的"新文化"的旨义大体吻合。张謇的主张亦决不是他一人而已,实际上代表了当时那些从立宪到共和,又转向实业的振兴国家、革新社会那些社会精英们观点,只是张謇善于发声而被人关注而已。

二、一场革新性的运动,大凡有相当长的酝酿过程。"新文化运动",实际上是鸦片战争以来的"西学东渐"→"师夷制夷"→"中体西用"→"中西兼取"的渐变过程中的一环。《新青年》杂志的诞生仅是新文化运动的一个标志,而不能说肇始。

三、张謇的"新文化观",与陈独秀他们倡导的"新文化运动"观虽本质内涵相差不多,而获取目标的方法有很大的差异,值得研究、深思。

第一,陈独秀他们把中国传统文化否定殆尽,甚至文字,认定是中国落后之源,直至提出"打倒孔家店"。张謇的态度则是承继而改良。其读经"八字",——"子臣弟友忠信笃敬……子为孝亲,臣为卫国,弟为敬长,友为爱人",充分体现他结合时代特征而"择善而从"的实事求是的精神。

张謇对外来文化亦是如此:

> 普兴学校。国待人而治,人待学而成。必无人不学,而后有可用之人;必无学不专,而后有可用之学。东西各国,学校如林;析其专家,无虑百数,前导后继,推求益精。但能择善而从,皆足资我师法。①
>
> 须知吾人涉世任事,必自抱定宗旨,更吸引他种学说以资考证,择善而从。②

一百年来的实践已经证明,对古代文化,对外来文化,全盘接受与一概抛弃都是片面的。正确的态度,应当是根据本国社会的实际,承继与吸收积极、合理的成分,进行演化创新。

第二,张謇所分野的"急进"式与"稳进"式两种主张,确实是当时张謇所经历;今日看来,似可各作具体分析。

急进一方的观念的犀利与振聋发聩的警醒作用是其突出的长处,而对中国传统文化的一锅端式的否定与打倒,从现在看来有明显的偏颇与错讹。

而践行"稳进"的张謇,是其积数十年以来,改造积贫积弱、兵连祸结、零散无序的破败国家而取得的经验,其主张在法制与秩序框架下,通过发展教育与实业,兼取儒家传统的人本思想与西方的人道价值而改革社会,有其突出的价值。

本文作者系南通大学文学院教授

---

① 李明勋、尤世伟:《张謇全集》(第四册),第47页。
② 同上,第615页。

五四新文化运动与朱光潜
——一个美学家的矛盾人生

曹 谦

一代美学宗师朱光潜，其青年时代正处于中国五四新文化运动的浓厚氛围中，上苍似乎因此注定了这位美学老人与五四新文化运动的复杂因缘，并由此触发了他多半个世纪跌宕起伏的心路历程。

一

朱光潜先生1897年生于安徽桐城县乡下的一个私塾先生家庭，自幼受到的都是传统的国学教育。但他毕竟身处一个文化上"西学东渐、旧学新知"、遭遇"三千年未有之大变局"的时代，15岁那他年进入了被称作"洋学堂"高小读书，至此少年朱光潜开始受到了些许新式教育的熏陶。半年后朱光潜升入桐城中学，这所"桐城中学"当时闻名遐迩，他的创办人是晚清文学家、教育家吴汝纶，吴曾经做过北京大学前身京师大学堂总教习，他一方面主张废除科举、提倡西学，另一方面作为桐城派古文家，又引导该校特别重视对学生进行"桐城派古文"的训练，虽然是古文习作，但为朱光潜日后晓畅平易、"纯正简洁"的文风打下了坚实的基础。因此，朱光潜也认同自己作为"桐城派"传人的文化身份。桐城中学毕业后，经历了一番周折，1918年，朱光潜考取了官费去香港大学读大学的机会。在香港大学的四年本科，朱光潜主要学习了"英国语言和文学，以及生物学和心理学这两门自然科学的一点常识"，真正为他打开了认知外部新世界的窗口。

香港大学至于朱光潜之所以重要还在于，他入学第二年，五四运动发生了。五四运动表现为一场反帝反封建的政治运动，期深厚的土壤则是1915年以来作为一场深刻思想启蒙的新文化运动。朱光潜对于这场声势浩大的运动,其心态是矛盾的:一方面,他"在私塾里就酷爱梁启超的《饮冰室文集》,颇有认识新鲜事物的热望。在香港还接触到《新青年》。"他还"看到胡适提倡白话文的文章,心里发生过很大的动荡。"①对于新文化所体现出来的现代性之风,朱光潜自是心向往之。但是,对于《新青年》一些文化主将们公开喊出"选学妖孽""桐城谬种"的口号,朱光潜则在内心"始而反对"起来,因为自少年时代开始,朱光潜便以"桐城派传人"自我认同的。如此认同的危机折磨着朱光潜,然而青年朱光潜毕竟更加"热望""新鲜事物",更加心向进步,他很快"转过弯来","毅然决然地放弃了古文和文言,自己也学着写起白话来了。"②

二

文化上的新与旧、传统与现代,青年朱光潜很快选择了自己的立场,表现出义无反顾的决断勇气。而在政治上的进与退,朱光潜则长久地游移与徘徊着,时而进、时而退,莫衷一是。

1922年香港大学毕业后,朱光潜受聘到上海吴淞的中国公学里教书,同时也在由共产党和左派文化人士开办的上海大学里兼课。20年代,正值五四运动由新文化启蒙运动迅速转向革命政治活动的时代,在中国当时最先进的城市上海,革命的暴风骤雨更是如火如荼;飞行集会、革命宣传、党派斗争等,在最易受新思想、新观念影响的大学生中间颇具诱惑力,朱光潜作为大学教师自然耳闻目染了不少:在学校里,他听过李大钊和恽代英等共产党人的讲演;与左翼文化青年郑振铎、杨贤江,与右翼的中国青年党人陈启天、李璜等"都有些往来";他编辑校刊期间为他做助手的学生正是后来的上海左翼文人姚蓬子。然而,风起云涌的革命潮流给朱光潜留下的并非美好的印象,因为他从中"开始尝到了复杂的阶级斗争的滋味",晚年朱光潜回忆说,自己"虽是心向进步青年却不热心于党派斗争,以为不问政治,就高人一等"③。

中国传统士大夫的"清高"心态使得他多少看不起在他眼中属于搞结党营私、搞团团伙伙一流的政治,何况政治斗争太过"复杂",本来就不是他这样的追求"纯正"学术的莘莘学子心所向往的,更不是他的力所胜任的,但社会

---

① 朱光潜:《朱光潜全集》第一卷,合肥:安徽教育出版社,1987年,第2页。
② 同上。
③ 同上,第2页。

历史的进步大趋势他也看得真切,于是一种"烦闷"便在心中油然而生。1923年,他在《学生杂志》上发表《消除烦闷与超脱现实》一文正是这种心态的真实写照。他在文中写到"在我国现在状况之下,谁晓得有多少失望者与悲观者?"①而"失望又可以说是烦闷的代名词",朱光潜进而从理论的角度论述到:"烦闷生于不能调和理想和现实的冲突"②,当然,一个人如果为理想而奋斗,最后征服了现实环境,一切自然顺随,烦闷自然化解;但问题是,实际上,"许多人起初都发愿要征服环境,何以后来大半为环境征服?"③"我也是极端主张和环境奋斗的一个小卒,可是我同时也相信环境是极不容易征服的。"④朱光潜这里用了"许多人"及"我"词语,他何尝不是看到了这种烦闷心态正是青年人普遍的精神困境?那么克服这种精神困局的出路又在哪里呢?朱光潜认为,当一个人的"精神能够超脱现实,现实的困难当然不能叫他屈服,因为他还可以在精神界求慰安。"⑤至于摆脱现实的方法,朱光潜列举说:"最普通的要算宗教信仰。"然而,经历了五四新文化运动的精神启蒙洗礼,朱光潜"相信宗教原来是一种自欺",⑥自然不是理想的超脱之法。而比较切实可行的方法是:在"在美术(即艺术——笔者注)中寻慰情剂"。因为在朱光潜看来,美术不以实用为目的,不但能引起人的"快感",更"给心灵以自由活动的机会"⑦;"相信人肯受美术陶冶,世界和人生绝不至于干燥无味。烦闷无形消灭,自然不消说了。"⑧因此,艺术无疑是人们"享受精神上的至乐""救济众生"的"福音"。⑨

一年之后朱光潜发表了著名长文《无言之美》。学界普遍认为,该文是朱光潜从事美学研究的开山之作,是朱光潜美学生涯的开始。由此我们不难推断:正是朱光潜努力摆脱政治现实与理想人生冲突的困扰、苦苦地寻找精神上的出路,于是他才在美学园地里找到了安身立命之所,正如他《无言之美》里说的:"人力莫可奈何的时候,我们就要暂时超脆现实","超脱到那里去呢?

---

① 朱光潜:《朱光潜全集》第八卷,合肥:安徽教育出版社,1993年,第95页。
② 同上,第89页。
③ 同上,第90页。
④ 同上。
⑤ 同上,第91页。
⑥ 同上。
⑦ 同上,第92页。
⑧ 同上,第94页。
⑨ 同上,第95页。

超脱到理想界去。现实界处处有障碍有限制,理想界是天高任鸟飞,极空阔极自由的","理想界是有尽美尽善的"。[1] 朱光潜接着以坚定的语气说道:"美术家的生活就是超现实的生活,美术作品就是帮助我们超脱现实到理想界去求安慰的。"[2]朱光潜最后对感叹道:"天上的云霞有多么美丽!风涛虫鸟的声息有多么和谐!""我也只好引陶渊明的诗回答他说:'此中有真味,欲辨已忘言!'"[3]

我相信,朱光潜对眼前自然美景的这番赞叹是由衷的。因为写作此文时,他已离开那个令他"烦闷"的是非之地——中国公学,来到浙江上虞白马湖畔的春晖中学教书。[4] 当时的春晖中学吸引了后来在中国现代文学史上极有影响的一批作家,除朱光潜外,还有夏丏尊、丰子恺、朱自清、俞平伯、刘大白、陈望道、许杰、匡互生、刘延陵、夏承焘、刘叔琴、张孟闻、刘熏宇、王祺、李次久等,[5]一时间群英荟萃,饮誉五四文坛。这些志趣相投的文人。雅士聚首在"四山拥翠,曲水环之。菜花弥望皆黄,间有红墙隐约"的白马湖畔,享受着这里"淳朴""平和"的民风,有如置身于桃花源般的"仙境"[6]。如此自然美景正与他们心中追求"纯净、平和、普遍"[7]的审美趣味相契合,也与朱光潜既远离政治的喧嚣、又在精神上接受五四新文学传统的人生诉求相一致。

三

其实,白马湖派中有很多人后来定居北京,他们在上虞这湖光山色中培养起来的旨趣一定程度上影响了30年代文坛中影响深远的"京派"的审美趣味。其实,京派文学所具有的"纯正""平和""宽大""雍容","简洁""清淡""隽永"的一切特质,在白马湖派文学中都能找到它们的影子。说到底,白马湖——京派一脉继承正是五四新文学中"人的文学"的传统,他们重情趣、求

---

[1] 《朱光潜全集》第八卷,第67页。
[2] 同上,第68页。
[3] 同上,第72页。
[4] 参见《朱光潜全集》第一卷,第2页、第72页。
[5] 傅红英、王嘉良:《试论"白马湖文学"的独特存在意义与价值》,《中国现代文学研究丛刊》,2008年第6期,第34页。
[6] 俞平伯:《忆白马湖宁波旧游》,夏弘宁主编:《白马湖散文随笔精选》,北京:中国文联出版社,2001年,第427页。
[7] 朱自清:《文艺之力》,《朱自清全集》第四卷,第106页。

静穆,不激烈,它与五四新文学中另一脉传统——左翼的革命文学传统是相去甚远的。

我们知道,"人的文学",是五四时期文坛领袖之一周作人对中国新文学所做的基本定位。周作人又在著名的《中国新文学的源流》演讲中明确指出,中国新文学最直接的源流是晚明"性灵"文学传统,他对于晚明公安派文学评价到:"我们可作一句总括的批评,便是'清新流丽'。他们的诗也都巧妙而易懂。他们不在文章里摆架子,不讲治国平天下的大道理。"①京派文学家大都认同周作人这样的文学主张,并视其为京派的精神领袖。朱光潜在1926年为周作人小品文集子《雨天的书》做评论时,以极景仰的语气盛赞周作人能"从容镇静地做出平和冲淡的文章来"②,并说:"作者的心情很清淡闲散,所以文字也十分简洁。"③"在在现代中国作者中,周先生而外,很难找得第二个人能够做得清淡酌小品文字。他究竟是有些年纪的人,还能领略闲中清趣。"④

1937年5月,京派文人群落的同仁刊物《文学杂志》创办,杂志主编正是朱光潜,他在发刊词中指出,该杂志所代表的京派文学趣味致力于创办"一种宽大自由而严肃的文艺刊物",这就是他们"对于现代中国新文艺运动应该负有""的使命"。⑤ 对于文学运动,朱光潜指出:"没有'艺术良心',绝不会有真正的艺术上的成就。别人的趣味和风格尽管和我们的背道而驰,只要他们的态度诚恳严肃,我们仍应表示相当的敬意。"因此,"我们主张多探险,多尝试,不希望某一种特殊趣味或风格成为'正统'。"⑥而对于与文学密切相关的文化思想运动,朱光潜说:"我们相信文化思想方面的深广坚实的基础是新文艺发展所必需的条件",所以,"我们对于文化思想运动的基本态度,用八个字概括起来,就是'自由生发,自由讨论'。"⑦朱光潜在此代表京派宣示文学主张和旨趣,其实这些旨趣既集中体现京派的文学理想,也有他们的现实针对性。话锋一转,朱光潜这样写道:"着重文艺与文化思想的密切关民并不一定定到'文以载道'的窄路。""在现时的中国文艺界,我们无论是右是左,似乎都已不期

---

① 《周作人演讲集》,第136页。
② 《朱光潜全集》第八卷,第191页。
③ 同上,第192页。
④ 同上,第191页。
⑤ 同上,第437—438页。
⑥ 同上,第437页。
⑦ 同上。

而遇地走上这条死路。一方面中国所旧有的'文以载道'一个传统观念很奇怪地在一极自命为'前进'作家的手里,换些新奇的花样而安然复活着。文艺据说是'为大众''为革命''为阶级意识'。"①朱光潜在这里分明表达出对五四以来迅速兴起的革命工具式的左翼文学的极大反感,这一态度与他在青年时代就对左派革命运动退避三舍的立场是完全一致的。

  李泽厚曾说,五四时期本来包括文化思想启蒙和政治救亡图存两个"并行不悖相得益彰"的主题。开始阶段,这两个主题主要体现在新文化运动中;然而,1919年五四爱国学生运动爆发之后,"时代的危亡局势和剧烈的现实斗争,迫使政治救亡的主体又一次全面压到了思想启蒙的主题。"②先期的文化启蒙运动表现在文学中,就是提倡和践履以个性解放为旨归的"人的文学"。青年朱光潜也正是在这个意义上向往并参与了五四新文化运动的文化实践的;但是,在随后而来的阶级、民族解放的大搏斗中,"个体的我"迅速"渺小"起来,并进而"消失"的时刻,朱光潜游移了,他选择退回到个人的一隅,沉浸在营造闲适飘逸的美学"希腊小庙"中,尽享"超然物表""无所为而为的观赏"的快乐。这在越来越急迫、也越来越危难的中国历史大环境中,多少显得不合时宜,难怪作为激进无政府主义者的巴金愤激地写到:"在'一·二八'以后,内忧外患交迫,使我们这民族的运命陷在泥沼里的时候,他却教训青年说,'中国社会闹得如此之糟是大半由于人心太坏……人心之坏,由于'未能免俗',……'俗'无非是缺乏美感的修养";"去年华北走私闹得最厉害的时候,他又大发议论和青年谈什么敬与不敬的问题,要中国青年去学日本人经过明治神宫前低头行礼的榜样。我不知道以青年导师自居的朱先生要把中国青年引到什么样的象牙塔里去。"③

  就在朱光潜发表了他的那篇《文学杂志》发刊词之后,左翼作家更是群起而攻之,仅1937年前后,就发表有鲁迅《"题未定"草》(七)④、胡风《思想活动的民主性问题——略评朱光潜先生的〈中国思想的危机〉》⑤、巴人《现实主义

---

① 《朱光潜全集》第八卷,第432页。
② 李泽厚:《中国现代思想史论》,北京:生活·读书·新知三联书店,2008年,第29页。
③ 巴金:《向朱光潜先生进一个忠告》,《巴金全集》第十八卷,北京:人民文学出版社,1993年,第406—407页。
④ 《鲁迅全集》第六卷,《且介亭杂文二集》,北京:人民文学出版社,1973年,第414—424页。
⑤ 《胡风全集》第二卷,武汉:湖北人民出版社,1999年,第484—486页。

者的路》、唐弢《美学家的两面》①,以及张天翼《一个青年上某导师书——关于美学的几个问题》《某教授致青年导师书——谈"应用上的多元论"》②等一系列文章,文字多以辛辣的、嬉笑怒骂的语气,对朱光潜先前的诸多美学观点来了一次集中清算式的批判。

对于来自左翼的口诛笔伐,京派作家一般不予回应,因为他们不是大学教授就是文化名人,身份地位很高,其中多数又有海外留学的经历,倾向于自由主义,因此常常以一种雍容的态度藐视来自左翼激进青年的"肤浅"的批判。身为北大教授、美学家的朱光潜正是如此,他对来自左翼的批评保持着"高贵"的缄默,对于保持文学独立地位和审美品位的理想,他自有一份胜券在握的自信。这也与他早年"以为不问政治就高人一等"那种魏晋风度式的精神追求是一脉相承的,在美学园地里,他一如既往地以一种"慢慢走,欣赏啊"的姿态追求着"人生的艺术化"③。

四

然而,朱光潜并非那么一成不变,实际上,世易时移,外部世界的急速变化无时不在朱光潜内心激起或大或小的波澜,真实的他并非表现为只在部分美学著作出现的那种"清虚无为"。李泽厚曾说:"儒道互补是两千年来中国美学思想一条基本线索。"④"儒道互补",其实也是中国古代知识分子精神上的一条基本线索。朱光潜自幼十分喜爱《庄子》《陶渊明集》《世说新语》等经典篇章,因此,"'超然物表''恬淡自守''清虚无为',独享静观与玄想乐趣"⑤的人生理想构成了他从事美学的思想底色,也构成了他立志远离政治,独在美学园地里躬耕的理论基础。但更为重要的,自有受中国正统文化熏陶的朱光潜,在内心深处仍旧埋藏着一颗儒家思想跳动的心。在国家危难时刻,朱光潜那"天下兴亡,匹夫有责"儒生般的济世情怀就在不经意中暴露无遗。

首先,在抗战期间的1941年,中华民族面临亡国灭种的危急关头,朱光潜

---

① 黎烈文主编:《中流》,1937年第7期。
② 黎烈文主编:《中流》,1937年第5期、第8期。
③ 参见朱光潜:《谈美》,《朱光潜全集》第二卷,合肥:安徽教育出版社,1987年版,第90页。
④ 李泽厚:《美的历程》,北京:文物出版社,1981年,第49页。
⑤ 《朱光潜全集》第五卷,合肥:安徽教育出版社,1989年,第12—13页。

一改原先视"政治"为"俗不可耐"的态度①,发表《政与教》一文,旗帜鲜明地将政治与教育、学术置于同等重要的地位。他说:"国家民族兴衰之关键,皆系于政教两端","吾人今日所处剧曳实为已往所无","第一急务必为调整政与教之关系"。②朱光潜在这里肯定了政治的重要性,他认为:"一国之权在政而不在教"③,而"政"的作用"在治,治之具为制度法律。集民众为社会有社会必有秩序,无制度法律,则秩序乱,人竞其私而群趋于争。"④当然,朱光潜依然重视教育与学术的作用,不过此时他更看重"教"为政治服务的一面,他说:"儒家哲学树吾国二千年来政治之基础"⑤,而孔子的全部学说,"实在以教化为政治之基,以圣哲为国家之元首。'学而优则仕',修身之最后鹄的为治乎。孔子毕生所栖栖遑遑者亦惟在施其所学于实际政治。"⑥这些言论与早年朱光潜刻意与政治保持距离的"唯美"心态,他的思想转变是明显的。

不久,朱光潜又写下长文《乐的精神与礼的精神——儒家思想系统的基础》,该文可以算作在抗战期间朱光潜最重要的美育文字。在民族救亡图存的大背景下,朱光潜深入阐发儒家礼乐思想的价值,其目的正是要为迎来最后胜利的古老中国绘就一幅适用于现代民族国家的国民的道德蓝图,这正是所谓"周虽旧邦,其命维新"之意。至此我们看到了一个爱国学者在民族危难之际所显出的那份政治担当。

全民抗战的烽火、植根于内心深处的一个儒生的济世情结、更兼人到中年思想和性情趋于平和与稳重,使得原本厌倦、排斥政治的朱光潜,转而对政治不那么反感、并进而将政治与学术及文化思想等而视之了。正在这样的情形下,1942年,朱光潜发表了《五四运动的意义和影响》一文,从政治与文化双重角度对五四运动做了较为客观中肯的评价,这也是他事过23年,第一次正面评论五四运动。他在文中首先赞扬,五四运动"是中国近代史上最重要的一段",其"意义是非常重大的"。作为一场爱国的政治运动,它是"中国民众第一次集体地觉悟到自己的责任,第一次表现公同意志于公同行动,第一次显出民众的伟大力量。"朱光潜接着指出:"五四运动不仅是一种政治运动尤其重

---

① 朱光潜:《谈美》,《朱光潜全集》第二卷,合肥:安徽教育出版社,1987年,第6页。
② 朱光潜:《朱光潜全集》第九卷,合肥:安徽教育出版社,1993年,第87页。
③ 同上,第89页。
④ 同上,第88页。
⑤ 同上,第90页。
⑥ 同上,第92页。

要的,是一种文化运动","是思想革命的先声",①因为"五四以后思想界一般动态都远比从前活跃,五四运动促成精神的解放,可以说是一种具体而微的文艺复兴。"②不过对于五四运动的功绩,朱光潜还保留着一份冷静的评判,他认为:"五四运动的影响虽然很广大,但是它不能算有绝对的成功",具体表现在:"第一,参与运动者热诚有余而沉着不足",往往"在引起轰动一时的骚动以后","没有能酝酿一个健全的中心思想,没有能培养一种有朝气而纯正的学风。"③"第二,民众是一种有力的武器但是不宜轻于使用,轻于使用,有自伤的危险。"比如,"五四时代罢课游行的作风后来成为学生运动的范本有人讥为浮嚣,也未见得是完全出于偏见。"④总之,"五四运动的那种热诚是可令人起敬的",但是"难免有若干幼稚性"。⑤ 从某种角度讲,朱光潜正是五四新文化运动的产儿,抗战以后,他的学养、心智已到了非常圆熟的程度,于是对五四运动有了一份客观冷静与"虚心反省"⑥。这在当时无论如何是难能可贵的,我们从今天角度看,五四运动多少有些太过急功近利,较少做沉潜扎实、循序渐进的思想文化积累工作,以至于我们民族在20世纪大部分时期面对世界的现代性大潮中始终缺少了扬帆远航坚实的文化基础,40年代朱光潜即看到了这一点,不能不令人叹服他的深邃眼光。

诚如朱光潜所言,五四新文化运动是一场"具体而微的文艺复兴"运动,朱光潜肯定地说,五四以后,"我们才逐渐有白话文学作品"⑦。1948年初,朱光潜又写下《现代中国文学》一文,第一次全面评价了五四以来的中国新文学,他在文中指出,中国现代文学起于民国六年(1917)陈独秀、胡适、钱玄同等人的白话文运动。朱光潜对此评价到:"胡陈诸人当初站在白话文一方面说话,持论时或不免偏剧,例如把古文学一律说为'死文字'""诚不免粗疏;但是,他们的基本主张是对的",因为"用现代语言表现现代情感恩跃使现代一般民众都能了解欣民这不但在教育上是一个大便利,在文学上也是一个大进步。"朱光潜认为,白话文运动的意义"恐怕不亚于民主政体的建立"。⑧ 朱光

---

① 《朱光潜全集》第九卷,第113页。
② 同上,第114页。
③ 同上。
④ 同上,第115页。
⑤ 同上。
⑥ 同上,第116页。
⑦ 同上,第114页。
⑧ 同上,第326—327页。

潜接着从诗、小说、戏剧三方面分别列举了徐志摩、闻一多、卞之琳、穆旦、冯至、臧克家,鲁迅、沈从文、芦焚、沙汀、茅盾、巴金,丁西林、洪深、李健吾、曹禺、郭沫若等人的文学成就,以及曹靖华、梁实秋、李健吾、徐志摩、朱湘、梁宗岱等人的文学翻译成就。中国新文学的成就自然显著,但是朱光潜以一种老成持重的态度,用了很大篇幅实事求是地指出中国新文学的不足:首先,他认为,五四以来文坛上暴露出的弱点是:"政治的波动常波及文学",于是中国新文学常以政治上的左右之分被划分为"自由派文学"和"左翼文学"。朱光潜依然秉承他一贯的主张,比较看轻左翼文学,用略带讥讽的语气评价到:"左翼作家所号召的是无产阶级文学或普罗文学",致使"文学成为政治宣传的工具",其实"他们也只是有理论而无作品","我们看见许多没有作品的'作家'和许多不沾文学气息的文学集会。"①其次,关于外来接受与本土继承的关系,朱光潜认为,新文学的流弊之一便是,"在承受西方的传统而忽略中国固有的传统",朱光潜为此忧虑到:"中国文学接受西方的影响是势所必至,理有固然的。但是,完全放弃固有的传统历史会证明这是不聪明的。文学是全民族的生命的表现而生命是逐渐生长的,必有历史的连续性。"朱光潜举例到:"中国过去的文学,尤其在诗方面是可以摆在任何一国文学旁边而无愧色的。难道这长久的光辉的传统就不能发生一点影响,让新文学家们学得一点门径?"②基于以上种种评价,朱光潜最终对新文学的总体定位是,中国现代文学"确是在朝一个崭新的方向走",但"还在萌芽期"。③

《中国现代文学》一文与先期发表的《五四运动的意义和影响》可以视为一对姐妹篇,它们一起构成了朱光潜在1949年前对五四新文化运动比较系统的看法。从内容上看,朱光潜以上种种评论已褪去了青年时代的偏见,能从社会历史、文化思想、美学、文学多重视角综合起来看待五四运动、新文化及其新文学,从而做出了较为中肯、有历史纵深感的评价,大多言之成理,持之有故,直到今天看,其立论之准确、思虑之深远,对我们今天如何准确、公正地评价那场发生在100年前的那场新文化运动及其后果都极具启发性意义。

从以上文字中我们看到,自抗战以来至1948年初,朱光潜对"政治"的态

---

① 《朱光潜全集》第九卷,第327页。
② 同上,第330页。
③ 同①。

度确有了很大改观,不再将政治等而下之,而是较为客观地指出政治与文化的不可分性,以及政治与文化相得益彰、相互促进的作用。或许中国读书人自古受到儒家"学而优则仕"思想深刻影响,这一时期,美学家朱光潜不但言政而且开始从政了:1941年,他出任三青团中央候补监察委员,次年加入了国民党,1947年又出任国民党中央监察委员[1],虽然这些基本是有职无权的荣誉性职务,却也算有半个身子跻身政界了。不过,这种改变是和缓的、静悄悄地长入式的,此时的朱光潜进退依然自如,态度依然从容,早年的襟怀与性情并未消失,而是与转变后的思想融为一体。

五

然而,1948年以后,朱光潜的心态却为之大变。是年正值天地玄黄、中国面临两个命运、两种前途的大决战。外部环境的急速变化,令朱光潜表面上维持着学者体面的雍容,依然发表一些美学文章;但内心却陷入了极度的苦闷与焦虑之中。是年他写下了诸多评论政局的文字,如《学潮的事后检讨》《自由分子与民主政治》《从禁舞说到全国性的消遣》《刊物消毒》《挽回人心》《谈群众培养怯懦与凶残》《给不管闲事的人们》《谈行政效率》《给苦闷的青年朋友们》《行宪以后如何?》《立法院与责任内阁》《文学院学生的出路》《为"勘建委会"进一言》《常识看金圆》《谈勤俭建国运动》《国民党的改造》《世界的出路——也就是中国的出路》《鸵鸟埋头的老故事》《谈恐惧心理》等,其数量之多、密度之大、对时事之关注程度,都是朱光潜各个时期所绝无仅有的。中国传统士大夫式的"清高"、早年留学受到了自由主义影响、加之长期对共产党政治革命及左翼文学的不屑,使他在共产党走向胜利的大趋势面前感到"心焦"[2]"苦闷"[3]和"恐惧"[4];但是他对国民党更是越来越彻底地失望起来,于是一反平素平易亲切的态度,用极其犀利的言辞痛斥国民党治下官场的腐败[5];在迷茫和焦虑之中,朱光潜又对共产党抱有一丝期盼,幻想中国未来能够将英

---

[1] 参见蒯大申:《朱光潜学术年表》,钱念孙:《朱光潜:出世的精神与入世的事业》,北京:文津出版社,2005年,第287—289页。
[2] 《朱光潜全集》第九卷,第410页。
[3] 同上,第409页。
[4] 同上,第529页。
[5] 同上,第476—477页。

美的资产阶级民主与苏联的社会主义经济制度"携手并进"[1],说:"目前世界政治的大道至理是民主自由与共产主义结合于改善。这是世界的出路,也就是中国的出路。"[2]此时朱光潜内心再也平和从容不起来了,他方寸已乱,进退之间不免失据。

1949年10月,当中国人民迎来翻身解放的时刻,朱光潜却暂时遭遇了一生的低谷:翌年,他因国民党大员身份,接受了8个月的管制,不久又被剥夺了一级教授的待遇。[3] 然而,朱光潜到底是在思想文化上始终追求"进步"的知识分子,他当然也极不情愿就此退出历史舞台而做沈从文式的隐士,他要"赶上时代与群众",为此他竭力表示要在人民的政权下努力开始"新生"。[4] 他是这样说的,也是这样做的:新中国成立后的7、8年间,他不断自我检讨,虽然被定性为旧知识分子,却紧跟形势,积极参与政治活动,为此也写下不少应景趋时的文字并被作为"好典型"公开发表,比如《从参观西北土地改革认识新中国的伟大》《最近学习中几点检讨》《澄清对于胡适的看法》《我也在总路线的总计划里面》《百家争鸣,定于一是》《从切身的经验谈百家争鸣》《我们有了标准》《不能先打毒针而后医治》《罗隆基要把知识分子勾引到什么道路上去?》,等等,直至他自我批判自己先前美学思想的"反动性"[5],这就等于自觉将自己打入深渊也在所不惜。已到花甲之年的朱光潜还以极大的毅力自学了俄语,并钻研了马克思主义经典著作。种种努力,无不表达了一个从旧中国走来、背负着沉重的历史包袱的知识分子向共产党新政权的拳拳赤诚之心。于是,他的自我思想改造获得了来自最高领导层的肯定,1956年以后他被"解放"了,终于可以以一个正面的和主要参与者的形象,投入到"美学大讨论"中来了。他自然要不辜负党的信任,进行脱胎换骨式的思想转变;于是以美学大讨论为契机,朱光潜美学也发生了巨大的转型——从一个鼓吹自由和形式感的审美心理学转变为了以"实践论"为核心的马克思主义美学。今天我们从当代中国美学史角度看,朱光潜后期美学不乏开创性的真知灼见,为马克思主义美学中国化做出了许多基础性的贡献,这是值得肯定的一面,我们也能从这里看到,马克思主义经典著作拥有着长久的生命力。但是,自1949年以后,朱

---

[1] 《朱光潜全集》第九卷,第525页。
[2] 同上,第526页。
[3] 参见蒯大申:《朱光潜学术年表》,钱念孙:《朱光潜:出世的精神与入世的事业》,第290—291页。
[4] 同[1],第538页。
[5] 《朱光潜全集》第五卷,合肥:安徽教育出版社,1993年,第11页。

光潜也在不断用政治意识形态的判语、甚至常常用苏联的教条式标准给自己的美学或诸多西方美学不恰当地贴上政治标签,这又无异于给自己的学术带上了紧箍咒。60 年代以后,随着对他的政治待遇进一步提高,朱光潜在学术上更加小心谨慎、并自觉地担当起一个官方话语的学术阐释者角色,比如,他在 1963 年发表的长文《表现主义与反映论两种艺术观的基本分歧——评周谷城先生的"使情成体"说》就是一个好例,在此我们看到了一个已经占到了"人民"立场上、改造好了的旧知识分子是如何判定落伍者的,他是在以这样的方式报答党对他视作同志的厚恩吗? 总的来看,朱光潜后期美学不那么纯粹,具有一定的复杂性:一方面,他坚实的中西学养,以及对马克思主义原典的深刻把握,使得他在 1949 年以后的美学论述中仍然显示出常人难以企及的高水平;另一方面,为了政治正确也妨碍了他在学理探讨上畅所欲言、自由发挥,总是要时刻留意来自上面的好恶。因此,当我们通读他在 1949 年后的著述时,总是感觉似乎缺少了点什么,缺少的是真性情,还是敞开心扉的诚恳? 总之,他青年时代美学文字里的那种灵性和诗意,他中年时期美学文字里的那种深刻与中肯,似乎很少见到了,变得比较循规蹈矩、亦步亦趋,有的地方甚至可以说比较刻板,他仿佛不是在为"我"发声,而是在为"我们"或"时代"代言,个性化的东西少了很多。是否可以说,这也是一个儒生为积极入世、有所作为而不得不付出的代价呢? 不论怎样评判,事实上,他早年所喜爱的、在《世说新语》里呈现的那种任个性的个体自觉,已经消失于无形了。这一现象到了新时期在朱光潜身上有了些许改观,比如他以突破禁区的勇气谈"人性""人道主义"和"共同美"问题和"形象思维"等[①],但终究没有根本性的大变。比如,1982 年,晚年朱光潜为《中国大百科全书》撰写"启蒙运动"词条时,在末尾这样写道:"中国近代在'五四'运动以前,有一部分先进学者如蔡子民、李石曾等人曾介绍欧洲启蒙思想家的主张。十九世纪末二十世纪初,法国百科全书派的有些名著如卢梭的《民约论》、孟德斯鸠的《论法的精神》(旧译《法意》)以及孔德的实证主义思想与近代法国大量文学作品都陆续被翻译和传播到中国,对中国的思想界、学术界以及政治思想的发展都起了重要的推动作用。"[②]这样一段毫无生气的介绍性文字,其准确性自然无可置疑,但我们已触摸不到多少朱光潜个人的体温了;这段文字出自被尊为中国学界泰斗的晚年朱光潜

---

① 参见朱光潜:《美学拾穗集》,《朱光潜全集》第五卷,第 388 页、第 463 页。
② 《朱光潜全集》第十卷,合肥:安徽教育出版社,1993 年,第 634—635 页。

之手,倒也符合他当时崇高的身份与地位,但它代表的只能是官方对西方启蒙运动对中国五四新文化运动影响的正式评价。

朱光潜早年曾立志:"以出世的精神,做入世的事业"[①]。在朱光潜身上确有超然物表、虚静无为的"出世"理想,但更有兼济天下的"入世"情怀,前者是道家精神风貌的体现,后者是儒家人格修养的表达,但总的来说,"儒家传统思想的基础"[②]在朱光潜身上占据着主导地位。朱光潜身上的这一精神特点其实正是中国古老文化传统中读书人"儒道互补"特点的生动体现。"出世"与"入世"本来就是一对矛盾,如何才能调和、统一起来?对每个儒生来说都是一道令他纠结的难题,何况身处中国二十世纪最大动荡年代的朱光潜,要想做到左右逢源,得心应手,其可能性真是微乎其微,这就注定了他一生都处于或大或小的矛盾之中。纵观朱光潜的一生,尽管一直都在看似纯粹的美学园地里耕耘,但他却是一个入世情怀很深的美学家,一生都在不断呼应着时事的变化,从这个意义上说,朱光潜的一生更像是一个儒生的人生轨迹。

本文作者系上海大学文学院副教授

原标题《"五四"精神在朱光潜美学人生里的
冲突与回响》,原载《探索与争鸣》2017年第11期

---

① 朱光潜:《悼夏孟刚》,《朱光潜全集》第一卷,第76页。
② 参见《朱光潜全集》第九卷,第653页。

专题八
新文化运动与新传统主义

"五四"的文化转型:全盘反传统还是中西合流

陈卫平

100年前《新青年》的创刊,揭开了新文化运动的序幕。往事如烟。然而,"五四"新文化运动不只是记载了历史航船的旧船票,它在深刻影响百年来中国文化建设的进程中,不断演绎出时代的新话语。直至今天,当我们叩问当代中国文化建设基本路径的时候,仍然无法绕过它:如果说马克思主义中国化是当代中国文化建设之"魂",优秀传统文化是当代中国文化建设之"根",那么"五四"所代表的近代文化转型则是当代中国文化建设之"流";而且这"流"是"魂"和"根"的汇合点:"五四"是运用马克思主义探讨和回答中国(包括中国文化)向何处去的起点,也是中国传统文化获得现代生命力的开端。因此,如何认识"五四"新文化运动所代表的近代文化转型,是思考当代中国文化建设基本路径的题中之义。

"打倒孔家店":对"五四"文化转型的误识

"五四"发生不久,开始名之以"学生事件""示威事件",但不久就普遍称其为"五四运动"。①

所谓"运动"的重要内涵之一,就是"新文化运动"。几乎与"五四运动"成为流行语的同时,"五四"就与"新文化运动"联系在一起了。② 以"新"冠之,无疑是与"旧"相对的。陈独秀对此有明确地表示:"新文化是对旧文化而言。文化底内容,是包含着科学、宗教、道德、美术、文学、音乐这几样;新文化

---

① 周策纵《五四运动:现代中国的思想革命》(南京:江苏人民出版社,1996年)指出:"五四运动"一词最早见于1919年5月18日北京学生联合会的《罢课总宣言》(该书第17页)。
② 参见拙作《八十年的"五四"观》,《华东师范大学学报》,1999年第3期。

运动,是觉得旧的文化还有不足的地方,更加上新的科学、宗教、道德、文学、美术、音乐等运动。"①可见,新文化运动是文化转型的运动,即推动文化形态由传统(旧)转向现代(新)。鼓吹新文化运动的重要刊物《新潮》,以"The Renaissance"即"文艺复兴"作为英文刊名,将新文化运动与欧洲文艺复兴相比拟,意图十分明了:强调这是类似文艺复兴那样的开启从传统走向现代的文化转型。

那么,如此由"旧"而"新"的文化转型的内涵及其性质是什么呢？海外学者林毓生认为,"五四"把中国近代的反传统推向了高潮,是"激烈的反传统主义",即"全盘性的否定中国社会传统和文化传统",以后愈演愈烈,直至"文革"浩劫。② 这种观点实际上是把激进主义全盘反传统作为中国近代到"五四"乃至以后的文化转型的内涵和性质。流风所披,近30年来,"激进主义全盘反传统"似乎成为了"五四"文化转型的内涵及其性质的定位。最近几年,随着"国学热"对传统文化尤其是儒学的褒扬,这样的定位不仅使得"五四"的文化转型愈来愈只具有负面的意义了,而且似乎如今的弘扬传统文化意味着对"五四"奠定基础的文化转型的逆转。在我看来,把"激进主义的全盘反传统"作为中国近代文化转型的内涵和性质,是需要商榷的。

论及新文化运动,人们习惯于把"打倒孔家店"作为其显著的标识,并在当下成为诟病新文化运动全盘反传统的最常用的有力佐证。其实,这个标识在历史事实中并不存在。已经有些论著证明,至今能够查阅到的新文化运动文献中,没有出现过"打倒孔家店"的字样,只有胡适于1921年在《〈吴虞文录〉序》中,称赞过吴虞为"'四川省只手打孔家店'的老英雄";"打倒孔家店"其实是"打孔家店"的讹传。③ "打倒"和"打"无疑具有重大区别。打个比喻,父母大概都打过孩童时代的子女,但并未要打倒他们的子女,相反,俗话说"打是疼骂是爱","打"是希望子女们改正过错,能更好地挺身站立。"打孔家店"正是如此。就在胡适的《〈吴虞文录〉序》里,他把吴虞的"打孔家店"比喻为清扫大街的"清道夫",也就是要扫除传统儒学这条大街上"孔教"那样的

---

① 陈独秀:《新文化运动是什么》,《陈独秀著作选》第2卷,上海:上海人民出版社,1993年,第123页。
② 详见林毓生所著《中国意识的危机:"五四"时期激烈的反传统主义》,该书1979年在美国出版,中文版1986年首次由贵州人民出版社出版。
③ 较早指出这一点的是宋仲福等著的《儒学在现代中国》(郑州:中州古籍出版社,1991年),见该书第68—69页。以后也有一些学者的论著对此有所论述辨证。

"孔渣孔滓",让这条大街能够成为新文化重建的重要地基。他写于此前两年的《新思潮的意义》,特别在篇首标出"整理国故,再造文明",就已经清楚地表达了这样的观点。此文发表于新文化运动达到高潮的1919年。它所谓的"再造文明"即是文化转型,而整理国故则是其基础,这意味着新文化运动的文化转型是通过反省激活传统文化而实现的。事实上,他在这同一年开始写作的《清代学者的治学方法》,就是通过梳理程朱、经过陆王,直至清代朴学的方法论嬗变的轨迹,说明他提倡的"大胆假设、小心求证"现代科学方法论是有传统根基的。

也许正是有见于"打孔家店"讹传为"打倒孔家店",造成了人们把"五四"的文化转型片面地理解为全盘否定传统,至少是全盘否定儒学的价值。因此,20世纪30年代后半期以"重提五四精神"(陈伯达语)为旗帜的新启蒙运动,提出"打倒孔家店,救出孔夫子",认为"中国的真传统遗产,在批判解析地重新估价,拨去蒙翳,剥去渣滓之后,是值得接受承继的"。[1] 因此,"五四"的"打孔家店"绝不是全盘反传统。这不只是指"五四"对于非正统儒家的文化传统有很多肯定,陈独秀、胡适、蔡元培、李大钊等新文化运动倡导者的论著中对此均有论述,比如新文化运动最重要的领导者,并被视作反传统最激进的陈独秀就说:"旧教九流,儒居其一耳。阴阳家明历象,法家非人治,名家辨名实,墨家有兼爱节葬非命诸说,制器敢战之风,农家之并耕食力;此皆国粹之优于儒家"[2];同时,这也是指对于儒学不仅没有全盘否定,反而使其重新获得了活力,正如现代新儒家贺麟在1941年所说的:"五四时代新文化运动,可以说是促进儒家思想新发展的一个大转机。""新文化运动的最大贡献在于破坏和扫除儒家的僵化部分的躯壳的形式末节,及束缚个性的传统腐化部分。它并没有打倒孔孟的真精神、真意思、真学术,反而因其洗刷扫除的工夫,使得孔孟程朱的真面目更是呈露出来。"[3]

新文化运动有破有立。如果说"打孔家店"是"破",那么,提倡科学(赛先生)和民主(德先生)就是"立"。如果说前者是为了彰显传统的真精神、真意思、真学术,那么后者则是学习西方近代文明的价值理念;因此,新文化运动作为破和立的统一体,意味着中西文化的合流是其文化转型的内涵和性质。在

---

[1] 张申府:《论中国化》,《张申府文集》第1卷,石家庄:河北人民出版社,2005年,第304页。其在此前的《什么是新启蒙运动》一文,表达了类似观点。
[2] 陈独秀:《宪法与孔教》,《陈独秀著作选》第1卷,上海:上海人民出版社,1993年,第225页。
[3] 贺麟:《儒家思想的新开展》,《文化与人生》,上海:上海人民出版社,2011年,第12页。

"新启蒙运动"中,张申府认为,如果走出把"打倒孔家店"来定位"五四"文化转型的误区,那么,中西合流正是这一转型的内涵和性质,其表述就是:"不应该只是毁弃中国传统文化,而接受外来西洋文化,当然更不应该固守中国文化,而拒斥西洋文化,乃应该是各种现有文化的一种辩证的或有机的综合"。①

五四人物的共识:中西文化结合的自觉意识

中西合流作为"五四"文化转型的内涵与性质,其突出表现是那个时期的著名代表人物,无论是鼓吹新文化的"激进"者还是质疑新文化的"保守"者,都形成了这样的共识:中西合流是中国文化重建的必由之路。由此,他们都具有中西文化结合的自觉意识。

林毓生的著作把陈独秀、胡适、鲁迅作为全盘反传统的典型代表。这并非毫无根据。因为陈独秀斩钉截铁地表示新旧之间"绝无调和两存之余地",胡适公然主张"全盘西化",鲁迅借狂人之口把二千年的仁义道德归结为"吃人"。然而,他们的反传统,如胡适在《〈吴虞文录〉序》所说,是集中于"攻击孔教",即贺麟指出的儒学的僵化部分和束缚人性部分。这是为了辨明"国渣"与"国粹"之所在,在中西文化结合中去除"国渣"而选择"国粹"。可以说,他们的反传统是中西结合自觉意识的内在要素。

陈独秀在回答"新文化运动是什么"时指出:"新文化运动要注重创造精神",其涵义就是"我们不但对于旧文化不满足,对于新文化也要不满足才好;不但对于东方文化不满足,对于西洋文化也要不满足才好;不满足才有创造的余地。"②认识中西文化各自的长短所在,才会有不满足,从而在取长补短中进行创造。因此,他说:"近世学术,竞尚比较的研究法,以求取精用宏,来书所谓'取长补短'。即是此义。吾人生于二十世纪之世界,取二十世纪之学说思想文化,对于数千年前之孔教,施以比较的批评,以求真理之发见,学术之扩张。"③可见,陈独秀攻击孔教,是为了与西方近代文化取长补短,走向中西文化的结合。不仅对待儒学是如此,而且要在一般意义上破除古今中外之偏见:"吾人之于学术,只当论其是不是,不当论其古不古,只当论其粹不粹,不当论

---

① 张申府:《五四运动与启蒙运动》,《张申府文集》第1卷,第192页。
② 陈独秀:《新文化运动是什么》,《陈独秀著作选》第2卷,第128页。
③ 陈独秀:《答佩剑青年(孔教)》,《陈独秀著作选》第1卷,第281页。

其国不国,以其无中外古今之别也。"①可见,陈独秀取中西之"是"和"粹"以创造新文化的自觉意识是非常明确的。

这同样体现在胡适身上。其实,胡适讲"全盘西化",是为了"打掉一点我们的老文化的惰性和暮气",而"将来文化大变动的结晶品,当然是一种中国本位文化",传统文化中真的无价之宝必定会因淘洗而"格外发扬光大"。② 他在1917年完成的《先秦名学史》就提出:"我们应怎样才能以最有效的方式吸收现代文化,使它能同我们的固有文化相一致、协调和继续发展?"并且认为在"非儒学派"中可望找到将两者协调的"合适土壤",因此"非儒学派的回复是绝对需要的。"③这意味着胡适的攻击儒教,是与恢复"非儒学派"这一中西文化结合的土壤相联系的。作为《先秦名学史》修订本,并使他在"五四"时期爆得大名的《中国哲学史大纲》,进一步指出:今日的哲学思想有两个源头,其一是汉学家传下来的古书,其二是西方的哲学学说,"这两大潮流汇合以后,中国若不能产生一种中国的新哲学,那就真是辜负了这个好机会了";世界上的哲学大概可以分为东西两支,"到了今日,这两大支的哲学互相接触,互相影响。五十年后,一百年后,或竟能产生一种世界的哲学,也未可知"。④ 显然,他把新文化运动看作产生中西结合的新哲学的好机会,并要为此而努力。

鲁迅的"吃人"之说,是以文学形象揭露儒家伦理道德对人性的压抑和束缚。但鲁迅并不由此全盘否定传统的价值。相反,他反对盲目以西方为马首是瞻而鄙弃中国传统如敝屣:"近世人士,稍稍耳新学之语,则亦引以为愧,翻然思变,言非同西方之理弗道,事非合西方之术弗行,掊击旧物,惟恐不力";他以为"所为明哲之士,必洞达世界之大势,权衡校量,去其偏颇,得其神明,施之国中,翕合无间。外之既不后于世界之思潮,内之仍弗失固有之血脉,取今复古,别立新宗。"⑤就是说,世界思潮不与民族血脉翕合,将是漂浮无根的,民族血脉不与世界潮流相通,将是僵化落后的。他还把这两者比喻为"放火"和"燃料""弹琴"与"弦索":"新主义宣传者是放火人么,也须别人有精神的燃料,才会着火;是弹琴人么,别人的心上也须有弦索,才会出声。"⑥这是把固

---

① 陈独秀:《随感录·学术于国粹》,《陈独秀著作选》第1卷,第372页。
② 胡适:《试评所谓"中国本位文化建设"》,《胡适文存》4集,合肥:黄山书社,1996年,第398页。
③ 胡适:《先秦名学史》,上海:学林出版社,1982年,第8、9页。
④ 胡适:《中国哲学史大纲》,上海:上海古籍出版社,1997年,第6—7、4页。
⑤ 鲁迅:《坟·文化偏至论》,《鲁迅全集》第1卷,北京:人民文学出版社,1981年,第56页。
⑥ 鲁迅:《热风·圣武》,《鲁迅全集》第1卷,第354页。

有血脉看作世界思潮能够在中国着火、出声的内在根据。显然,鲁迅抨击"吃人",是要淘洗燃料和拨正弦索,使得世界思潮和固有血脉的结合能够创造出"别立新宗"的火光和声音。

梁漱溟是"五四"时期站在新文化运动对立面、以复兴儒学为己任的代表人物,但他说自己"与旧头脑的拒绝西方化不同",这就是一方面对于西方文化的科学和民主"全盘承受",但对其向外追求的人生态度则要"根本改过",因而另一方面需要"批评的把中国原来的人生态度重新拿出来",[①]即吸收西方文化来补充和诠释儒家调和持中的人生态度。所以,梁漱溟的"新儒家"是自觉地将儒家(主要是王学)的人生态度与西方以柏格森为代表的生命哲学结合起来,如其自己所说:"转入儒家,给我启发最大,使我得门而入的,是明儒王心斋先生……后来再与西洋思想印证,觉得最能发挥尽致,使我深感兴趣的是生命派哲学。"[②]在"五四"时期的马克思主义者中,李大钊的理论水准是最杰出的。如果说陈独秀一般地论述了新文化的创造在于中西文化的结合,那么李大钊则表现了把马克思主义与中国传统文化相融合的自觉意识。他明确主张"东西文明之调和",以为俄国传来的马克思主义能够创造调和东西文明的新型文明,"由今言之,东洋文明既衰颓于静止之中,而西洋文明又疲命于物质之下,为救世界之危机,非有第三种新文明之崛起,不足以渡此危崖。俄罗斯文明诚足以当媒介东西之任。"[③]这表明李大钊认同马克思主义是与中西文化结合的自觉意识紧密联系在一起的。事实上,他用"大同团结"和"个性解放"的相反相成来表达马克思主义的社会主义理想,[④]就鲜明地体现了中西文化的结合。

总之,从上述的考察,不难看到中西结合的自觉意识是"五四"的显著标识。这正说明了"五四"的文化转型不是全盘反传统而是中西合流。

结　语

中国近代在"五四"之前,就有了新学与旧学之争。"学"以新旧相区别,意识到了文化由旧(传统)向新(现代)的转型;而新学即西学、旧学即中学。

---

① 梁漱溟:《东西文化及其哲学》,《梁漱溟全集》第 1 卷,济南:山东人民出版社,2005 年,第 348、528 页。
② 梁漱溟:《朝话》,《梁漱溟全集》第 2 卷,济南:山东人民出版社,2005 年,第 126 页。
③ 李大钊:《东西文明根本之异点》,《李大钊文集》(上),北京:人民出版社,1984 年,第 560、561 页。
④ 李大钊:《平民主义》,《李大钊文集》(下),北京:人民出版社,1989 年,第 597—598 页。

因此，中国近代的文化转型就在新旧中西之争中开始了中西合流。从"新学"到新文化运动，"五四"无疑是近代文化转型的继续，而这继续意味着近代中西合流达到了新阶段。合流并非只是两者不期而至的会面，而是意味着本来源自西方的思想与中国的民族传统相结合，获得了新的形态。"五四"作为中西合流的新阶段，本质的表现是开始出现了这样新形态的最初成果。以哲学而论，如胡适以"大胆假设、小心求证"为核心的方法论、梁漱溟的"新儒学"文化哲学、李大钊为开端的马克思主义中国化。就是说，近代的文化转型从新学即西学，经过新文化运动，进入了建设与世界时代潮流相同步而又根植民族传统的文化新形态的阶段。胡适1933年在美国的演讲中，认为这样的新形态已经呈现在人们面前："中国的文艺复兴正在变成一种现实。这一复兴的结晶看起来似乎使人觉得带着西方色彩。但剥开它的表层，你就可以看出构成这个结晶的材料，在本质上正是那个饱经风雨侵蚀而可以看得更为明白透彻的中国根底——正是那个因为接触新世界的科学、民主、文明而复活起来的人文主义与理智主义的中国。"[①]确实，"五四"以后产生重大影响的文化成果，都具有这样的新形态，或者说都是这样的新形态的不同侧面的呈现。这意味着以中西合流为内涵和性质的"五四"文化转型，导致的是传统以新的形态而复活。这就是说，"五四"以后中国新文化发展的历史证明：这一转型决非全盘反传统，其成果是中西合流的结晶品。

本文作者系华东师范大学中国现代思想文化研究所暨哲学系教授

原载《社会科学战线》2015年第7期

[①] 胡适：《中国的文艺复兴》，《中国的文艺复兴》（英汉对照），北京：外语教学与研究出版社，2001年，第151页。

新文化的南北之争
——重新认识新文化运动的复杂面相

汪荣祖

引　言

北京大学是众所周知新文化运动的摇篮,于五四爱国运动之后,更形成莫之能御的新文化风潮,领袖群伦。五四爱国运动之起,由于欧战结束后,1919年召开的巴黎和会,竟将德国在山东的权益移交给日本,中国以战胜国而丧权辱国,国内舆情大哗,引发抗争,以及随之而来蓬勃的新文化运动。倡新文化者在文化上刻意求新,将中国的挫败与羞辱归罪于旧文化而欲摒弃之,甚至高唱"全盘西化"之论。倡此新文化之群贤,齐集北大。蔡元培校长虽以"兼容并包"闻名于世,然主要在容纳新派,诸如陈独秀、李大钊、胡适、钱玄同等人,多为其所延揽。蔡校长虽不排斥旧派,但心向新派,且旧派已非主流,不是靠边站,就是引退南下,北大成为新文化的重镇,势所必然。所以南北之分并不是"地域之暌隔","不能共通声气"[①],而是因意见不合而分道扬镳,各据一方。

当年反对激进的新文化运动的人文学者,聚集在东南中央大学(包括前身南京高等师范学校与东南大学)。他们经常被视为反对新文化的一群抱残守缺的顽固派,紧抱传统文化,拒绝外来文化。事实上他们之中亦多清华出身,留学欧美,教育背景实与新派略同。他们坚决反对的是以新文化来取代旧文化,尤其痛恨旧文化之被摒弃,所以极力要维护旧文化,因而被称为反新文化运动的守旧派。其实,他们明言"昌明国粹,融化新知"[②],并不反对新文化,

---

① 叔谅:《中国之史学运动与地学运动》,《史地学报》第2卷第3期,1923年3月,第13—14页。
② 见《学衡杂志简章》,刊于各卷卷首。

他们所主张的"新人文主义"就是舶来品,也是一种新文化,只是他们所要吸取的新文化,有异于陈、胡。他们对新文化的态度也不相同,不要"拿来",而要"融化"。这群人以梅光迪、吴宓、刘伯明、胡先骕、楼光来、柳诒徵、张荫麟、徐子明、黄季刚、吴梅、胡小石、汪辟疆等学者为中坚,以东南大学(1927年改组为中央大学)为基地,创办《学衡》杂志与以北大为中心的新文化运动者争锋,俨然是一场民国学术界的南北战争。所谓南北不是地域之分,亦非省籍之别,恰恰因两派学者展开论战时分居于北京与南京而有南北之分。不过,分居南北,并非偶然。北京大学原是五四运动的摇篮,该校教授陈独秀、李大钊、胡适等又是《新青年》杂志的编辑与主要执笔者。与北京学者唱反调者聚集于南京东南大学,则由于梅光迪的"策略",要大家刻意避开北大,而在南方的"高等教育机构站稳脚跟"[①]。度梅氏之意,无非是别树阵地,与之相抗衡。历来论及新文化运动偏向激进一派,将温和派视之为保守与落伍而忽视之。届此新文化运动百年之际,激情过后,回顾与反思,理当重新检视以新人文主义为旗帜的南方新文化运动。换言之,吾人不应再将焦点聚于新旧之争,而聚于温和与激进之争。激进胜出未必是福,值得检讨。先将双方交锋的主要议题分述如下。

文言与白话之争

民国九年(1920)教育部通令全国各校改用白话教学,自此白话文逐渐取代文言文,开展了蓬勃的白话新文学,最后导致文言成为一般读书人难以索解的"古代汉语"。此一转折影响之深远,称之为"文学革命"或"文化革命",并不为过。更具体而言,可说白话革了文言之命。其实,白话并非新创,古已有之,只是古来视白话为俚语,为不登大雅之堂的俗文学,而文言则是典雅的正式文字。

北派大将胡适于五四之后成为提倡白话文的健将,远在五四之前留美期间的胡适已开始与同学兼同乡的梅光迪展开文、白之辩。辩论的结果双方都坚持己见,以至于因此反目互诉。在形象上,胡适成为识时务的英雄,而梅光迪则成为反对白话文的不识时务者。其实,梅氏长胡氏一岁,与胡氏一样考取清华公费留美,先入西北大学,后入哈佛大学,专攻西洋文学,并不反对白话

[①] 见吴宓1921年5月24日致白璧德函,收入吴学昭整理:《吴宓书信集》,北京:生活·读书·新知三联书店,2011年,第13页。

文,他自己也写白话文。他反对的是"废文言而用白话",不认为文学的演变是新文体取代旧文体,而认为是"若古文白话之递兴,乃文学体裁之增加,实非完全变迁,尤非革命也"。换言之,新旧文体应该承先启后,可以并存,"岂可尽弃他种体裁,而独尊白话乎?"①所以明确地说,梅光迪他们并不反对白话文,重点是反对废止文言,认为不必专用白话而弃绝文言。惜文白之争最后沦为无意义的赞成或反对白话文之争的假议题,反而忽略了真正的议题:文言是否应该废止,必须被白话所取代?

　　提倡白话最卖力的胡适在其《白话文学史》一书里,如何界定"白话文"就出了问题。他所谓的白话文是"听得懂的""不加粉饰的""明白畅晓的",自然包括了那些浅显易懂的古文在内,至于所有深奥华丽、小老百姓看不懂的古文都是应该被"排斥"的、不及格的"僵死文学了"②。极力提倡白话文的胡适以死活来界定文言与白话,认为文言是"死文字",白话才是"活文学",活文学理所当然应该取代死文字。其实西方人所谓"dead language"指的是"已废文字"(language no longer in use),然而文言在当时仍然是"通行的现行文字"(language still in use),绝不可能是"已废文字",废止不用之后才会死亡。据南京中央大学的徐子明教授说,刘半农在巴黎学位口试时,曾说中国文字(古文)已废,"被法国汉学教授 Vissiere 驳斥如下:'中国文字是已废的文字吗?呸!它全没有废,它是极其通行'"(La langue chinoise est-elle une langue morte? Non, ellen'est pas du tout une langue morte, mais elle est une langue vivante par excellence)③。

　　胡适在自定文字的生死之余,却又以一己的主观价值在《白话文学史》里收揽了一些自称"已死"的古文,又完全忘了如何处理不明白畅晓的白话文。钱钟书先生曾说:"白话至高甚美之作,亦断非可家喻户晓,为道听途说之资,往往钩深索引,难有倍于文言者",又说"以繁简判优劣者,算博士之见耳""以难易判优劣者,惰夫懦夫因陋苟安之见耳"。④ 若按胡适的说法,难道内容艰深不容易看懂的白话文也都成了"僵死文学了"? 其实"文学之死活,以其自身的价值而定,而不以其所用文字之今古为死活"⑤。所以,凭难、易、繁、简来

---

① 梅光迪:《评提倡新文化者》,《梅光迪文录》,台北:联合出版中心,1968年,第1页。
② 胡适:《白话文学史》自序,上册,台北:启明书局,1957年,第13页。
③ 徐子明:《何谓文学革命》,《宜兴徐子明先生遗稿》,台北:华岗出版部,1975年,第127页。
④ 钱钟书:《与张君晓峰书》,《钱钟书散文》,杭州:浙江文艺出版社,1997年,第409—410页。
⑤ 老中央大学植物教授胡先骕语,见胡先骕:《评尝试集(上)》,《学衡》,1922年1月,第141页。

判决文字的死活,是站不住脚的。按文言与白话都是汉文,并非鱼与熊掌不可兼得。白话是"口语"(spoken language)而文言是"雅言"(written language),口语成为可读的白话文,仍需要雅言作为根底与资源,诚如梅光迪所说:"欲加用新字,须先用美术已锻炼之,非仅以俗语白话代之,即可了事者也"①。同时,白话也可使古文除去陈腔滥调而更具弹性。换言之,白话可使文学普及,但无须废止讲究"贵族的""美学的"菁英文学,原可双轨并行而不悖,如吴宓所说:"文言白话,各有其用,分野文言,白话殊途,本可并存"②。徐子明更明言:"夫岂知英美德法,其政令公牍及学人著述所用之文字,与寻常之语言绝殊。伦敦、纽约、巴黎,其贩夫走卒孰不能各操其国语。然而授之以通人之撰述,则茫然不解。何则?著述之文字,简洁精窈,不似口语之俗俚畏琐,故未加研习则不能解。"③然则,口语与行文不可能合一,中外皆然。但是五四之后,文学革命风潮高涨,白话通行,北派成为新文化的领袖,而南派沦为守势,不得不亟力攻击白话独尊,原意是反对尽弃古文,如南派的胡先骕所认为的,古文是前人留下的遗产,不应尽弃,创新必须要植根于传统④。抗战前后在南京中央大学执教的徐子明教授从历史观点指出,罗马帝国通用拼音的拉丁文字,帝国崩解后各族以其土语为国语,各立一国,欧陆便永久分离。中国的方块字根据六书而成,与拼音文字的性质完全不同,异族虽然不断入侵,但无法拼出其土语,只能认中国字,读中国书,最后因认同中国文化而成为多民族中国的成员。所以徐先生认为,"华文的统一文化之功和用夏变夷之力,不管以时间之久长或空间之辽阔而论,可说史无前例。"⑤换言之,中国文字自有其特性与功效,何必强同,一意西化?幸而汉语拼音化只是纸上谈兵,未付诸实施,否则更难以挽回矣。

然而在相互攻防之间理性的讨论很容易流为情绪性的抨击,因而失焦,如吴宓痛斥北派偏激的主张"卤莽灭裂",徒以谩骂为宣传,发没有根据的言论,使国家社会受害⑥。但北派乘趋新的优势,根本不把南派放在眼里,胡适很高傲地宣称:"《学衡》的议论大概是反对文学革命的尾声了。我可以大胆说,文

---

① 语见胡适:《胡适留学日记》第4册,台北:台湾商务印书馆,1980年,第978页。
② 见吴宓译者识语,《钮康氏家传》,《学衡》第8期,1922年8月,第1120页。
③ 徐子明:《赤贼之前驱及文化之危机》,《宜兴徐子明先生遗稿》,第4页。
④ 参阅胡先骕:《中国文学改良论上篇》,《东方杂志》第16期3号,1919年3月,第169—72页。
⑤ 徐子明:《何谓文学革命》,第123—24页。
⑥ 吴宓,《论事之标准》,《学衡》第56期,1926年8月,台北:学生书局影印,1971年,第7694页。

学革命已过了讨论的时期,反对党已破产了。从此以后,完全是新文学的创造时期。"①夸大得意之状,溢于言表。发抒情绪之余,几无理性讨论的空间,变成简单的文白之争,反对独尊白话被认为是反对白话,主张文言不宜偏废被认为是食古不化。北派成为新文化运动的旗手,而南派则普遍被认为是"反对新文化运动的保守派"。但实情并非如此。

今日尘埃落定,表面上看来,南派败北,白话胜而文言败。平心而论,白话俗语诚然已经证明可成为精致的白话文,但白话文的精粗好坏与能否取法古文大有关系。如何使拖沓繁复的白话成为简洁明畅的文字,有赖于善用文言。他们认为偏废古文不仅是枯竭了白话文的泉源,而且舍弃了汉文化的宝筏,因千年古文所载,乃整个传统文化精神之所寄,也就是吴宓所说"民族特性与生命之所寄"②,与吴宓精神相契的历史学家陈寅恪虽未参与文白论战,但毕生不用白话作文,以贯彻其信念。吴宓的学生钱钟书虽以白话文创作,但不废文言,晚年巨著《管锥编》即以典雅的古文书之。证诸百年来写白话文的能手,无不从古文泉水中获得滋养,只因古文遭到废弃与漠视,能够借文言使白话文写得精简雅洁者日少,能写文言者更是日见凋零。对绝大多数的国人而言,古文不啻已成为枯井竭泉,读来犹如有字天书,反而因受到西语影响,污染了白话文的写作。至今有人呼吁加强国文,岂不晚矣!亦不得不令人感念当年南京中大人文学者,反对废弃古文、独尊白话的远见。

尊孔与反孔之争

在南京出版的《学衡》杂志于1922年元月创刊,发起者就是梅光迪以及邀梅氏到金陵执教的刘伯明,主编与撰稿最多的则是吴宓,并由吴撰写该志宗旨。作者群包括东南大学师生在内有百人以上,执笔的名家有梅光迪、吴宓、刘伯明、胡先骕、柳诒徵、张荫麟、缪凤林、刘永济、邵祖平、汤用彤、王国维、陈寅恪等人。该志的使命一方面想要挽救中国文化,另一方面则极力沟通东西文化,有别于北方的刻意西化。《学衡》的内容以及表达的思想与北京出版的《新青年》杂志在论点上针锋相对,被视为反对新文化的文化保守主义刊物。事实上,《学衡》撰稿人并不反对新文化,在思想上也诉求改良,绝不盲目保

---

① 胡适,《五十年来中国之文学》,《胡适文存》二集卷1,台北:远东图书公司,1953年,第259页。
② Mi Wu. "Old and New in China". *Chinese Students' Monthly*, vol. 16, no. 3, 1921: 200—202.

守。他们主张中西文化融合会通,反对的是激进主义与轻易废弃国粹。

儒家思想是中国传统文化的核心。然自晚清以来,国势凌夷,愤激之士归罪于孔氏,康有为急求变法维新,借古改制,断然指经古文为伪,不意顺势而下,其所依据之经今文亦遭质疑。章太炎早年遭遇时变,也要"订孔",晚年主张读经,为时已晚。要因五四之后,孔子更成为众矢之的,戴上封建余孽的大帽子,儒家被视为专制集权的渊薮,经书被视为无用的渣滓,"打倒孔家店"的口号更响彻云霄。打孔余波荡漾,到文化大革命一起,批孔怒潮再兴,孔丘不啻成为被污名化的传统文化的替罪羔羊。

自五四以来,孔夫子常被定为拥护封建独裁之罪;其实,秦汉以来二千年的专制政体并不是孔子的理想政治,他的理想是"祖述尧舜,宪章文武",也就是说,尧、舜、禹、汤、文、武、周公才是他心目中人君的典范,才能实现治平之道;然而历代帝王名为尊孔,实背道而驰,故南宋朱熹曾说:"八百年来圣人之道,未尝一日行于天地间。"历代所行的专制主要是基于讲求严刑峻法的法家;不过,儒家思想在中国传统社会里愈来愈受到重视,也得到帝王的尊重,因而一方面多少起了"软化"冷酷专制政体的作用,按"儒"之一字,即有"濡化"之义;另一方面儒家道德规范与伦常关系也多少起了稳定国家与社会的作用。南方文史学者深感难以坐实孔子赞同独裁之罪,更忧虑维持社会的礼法因打孔而毁灭,故而梅光迪说:"南雍诸先生深谓太息,以为此非孔孟之厄,实中国文化之厄也,创办《学衡》杂志,昌言抵排。"[1]

拒绝反孔,确实是南雍诸先生的主要议题之一,当《新青年》猛烈攻击儒家时,就有护孔者认为打倒孔教是犯了感情用事的"心粗胆大的毛病",因孔子教义"自有其不可诬者"[2]。要因儒家的经典经过几千年的涵化,犹如基督教之于欧美人,已成为中国人所尊奉的行为准则。人有行为准则才能异于禽兽,排脱丛林法则,使礼法制度与民生日用随时日进。中国至西周文物已大备,即《论语》所说:"周监于二代,郁郁乎文哉!"此处所谓"文",指的就是礼制法令之著于典籍者。然至东周,诸侯征伐,纲纪荡然,孔子遂述哲王之业,订礼乐,欲行治平之道,以冀拨乱反正;然因生不逢时,难展身手,所以只好"述而不作",以备后王有所遵循。后王应该遵循之道,也就是哲王所用治国的礼

---

[1] 见王焕镳:《梅迪生先生文录序》,《梅光迪文录》,卷首语。
[2] 参阅张寿朋:《文学改良与孔教》,《新青年》第5卷6号,1918年12月,第650页;俞颂华:《通信》,《新青年》第3卷1号,1917年1月,第90—92页。

制与法令。《大学》讲的就是修己治人之道,《中庸》的要旨也是始言修己,终言治国平天下。故一言以蔽之,儒家经典要在致用,所谓"儒教",乃儒者的教化,并非宗教。其教除治国平天下之外,以"五伦"与"五常"修身齐家,使行为有所依归,社会和谐稳定。所以反孔对徐子明教授而言,不啻是要破坏伦理,摧毁社会秩序与安宁,因而导致五四以来动乱不已,山河变色。徐氏有言:"治世之大经,终莫逃乎六籍。何则? 理义悦心,人情所同,非是则纲纪必紊,是非无准,家国必丧也。"①依徐先生之意,尊孔或反孔更关系到人心之邪正与夫国家之治乱。

浪漫与古典之争

北大领导的五四新文化运动常被称为启蒙运动,然而由于当时国家危亡无日,与反帝国主义的救亡运动相结合而形成激烈的革命运动②,实与启蒙精神相背。辛亥革命就带有强烈的民族主义情绪,有志之士因清政府无力抵抗帝国主义侵略而欲推翻清廷。民国成立以后国运并未好转,当时的"思想气候"(climate of opinion)仍然是顺民族主义之势而追求更深入的革命,连思想与文学都需要革命,完全是充满情绪的浪漫心态。作家们在新文学的号召下,感情的宣泄多而理念的追求少,所以北派所领导的五四新文化运动是一场不断推动革命与救亡的浪漫主义风潮。对旧文化的强烈批判也就是因救亡而起,认为中国若不从封建威权体制中解放出来,无以立足于现代世界,更不能追求富强。此一强烈的文化批判并不基于理性而是基于激情,诸如"全盘西化""打倒孔家店""桐城谬种,选学妖孽""万恶孝为先",等等,都是非理性的、激情的革命口号。

革命的本质也不属启蒙而属浪漫,按启蒙为盛行于 18 世纪西欧的思潮,重视科学、个人、伦理与理性。从历史看,自法国大革命之后,欧洲自 18 世纪中叶到 19 世纪中叶是一重要的历史转折,在此百年间革命一词不绝于耳,政治革命之外,有文化革命、工业革命、农业革命、商业革命、消费革命,不一而足。在思想上则是对启蒙时代理性主义的反动,拒斥学院派而倾向公众,趋向

---

① 徐子明:《赤贼之前驱及文化之危机》,《宜兴徐子明先生遗稿》,第 1 页。
② 参阅李泽厚:《启蒙与救亡的双重变奏》,《中国现代思想史论》,台北:天元图书公司,1988 年,第 7—57 页。Vera Schwarz. *The Chinese Enlightenment: Intellectuals and the Legacy of the May fourth Movement of* 1919. Berkeley: University of California Press, 1986: 297.

于意志、情绪、民主、权力,回归原始的浪漫风潮。认为文明污染人性以及追求感性的法国哲学家鲁索(Jean Rousseau,1712—1778)成为浪漫运动的先知。浪漫风潮开启了以感性为主的文化,与理性文化针锋相对,可称之为一真实的文化革命,也就是要革普世伦理价值之命,革科学实证之命,革普世人文之命。诚如西班牙艺术家哥雅(Francisco de Goya y Lucientes)所说,浪漫乃"理性沉睡后生出来一个怪兽"(El sueño de la razónproduce monstrous)①。哥雅所谓的"怪兽"指艺术上的幻想与想象,但亦可泛指整个反理性的文化氛围。

发生在北京的新文化运动高唱"文学革命",主张"平民主义",欲以俗话代替雅言,发出情绪性的口号,多少可以洞见西方浪漫主义风潮的影子,似亦不免受到整个文化大环境的影响。梅光迪、吴宓等南雍诸公,非仅以传统相抗,更以当时新起的"新人文主义"与之针锋相对。梅、吴两人先后在哈佛留学,受教于白璧德(Irving Babbitt,1865—1933),对其仰慕至深,奉为导师,师生之间也过从密切。梅光迪在一篇纪念文章中,对老师推重备至,并深切怀念受教的岁月,略谓"至少对一位倾心受教者而言,当晚间与他一面散步一面交谈于查尔斯河畔之后,感到无边的喜悦与宁静。他的闲谈自发如火焰之光,所透露出来的心智上的力量,不亚于他难以超越的唇枪舌剑",并提到"他们初识时,白师对孔子以及早期道家已经了然于心,对孔子在性情上尤感相契"。②梅、吴回国后在《学衡》上,一再翻译白师的文章,宣扬其新人文主义学说,不遗余力。诚如吴宓给他"亲爱的老师"信中所说,"我们经常重温你的理念,阅读你写的书(新旧兼读),认真和专注的程度远胜过我们当年坐在西华堂听你讲课。无论我们做什么,无论我们走向何方,您永远是我们的引路人和导师。我们的感受非言语所能表达。我尤其要努力使愈来愈多的中国学生在他们的本土受益于您的理念和间接的激励。"③白璧德的人文主义确实是"因迪生先生与吴雨僧先生等之讲述而传入中国"的。④

吴宓崇敬的新人文主义理念,就是白璧德与穆尔(Paul Elmer More,1864—1937)所创立的学院派或文学的"新人文主义运动"(neo-humanistic movement),主张回归古典,重视教育,强调道德之培养与行为之端庄。当时流行

---

① Tim Blanning. *The Romanic Revolution: A History*. New York: Modern Library,2011:73—77.
② 语见英文纪念文载 *Babbitt: Man and Teacher*. Tributes edited by Frederick Manchester and Odell Shepard. New York: G. P. Putnam's Sons, 1941. 收入《梅光迪文录》,英文作品,第30、33页。
③ 吴宓1924年7月4日自东南大学致白璧德函,收入吴学昭整理:《吴宓书信集》,第24页。
④ 张其昀:《白璧德—当代一人师》,收入《宜兴徐子明先生遗稿》,第16页。

于西方的浪漫式思想解放并非没有具有分量的批判者,班达(Julien Benda, 1867—1956)于1928年出版的畅销书《知识人的叛乱》(*The Treason of the Intellectuals*),声讨知识阶级之放弃理性与普世价值。① 班达之后白璧德的名著《鲁索与浪漫主义》(*Rousseau and Romanticism*)也在谴责浪漫主义为西方文明颓废之源,因其抛弃准则、逾越界线、嘲讽习俗。② 这一派新人文主义者面对现代物质文明之兴起,中下层社会的质鲁无文,故拟以教育为手段,文学为工具,挽浪漫主义的颓风,以提升行为规范与社会融洽。白璧德此一思想背景很容易使他欣赏儒家的君子之风、道德规范与重视教育,自然引孔子为知己,笑与抃会,而白氏的中国门生亦因此人文主义与儒教最为相契而醉心,益增对儒学的信心,深信中华古典与西方古典有可以相通之处,故视欲打倒孔家店者为"鲁莽灭裂",而欲融儒于新人文主义之中而成为"儒家人文主义"(Confucian Humanism)。③

梅光迪于此尤为积极,除了对白璧德个人的高度崇敬外,更希望在中国形成以白璧德与穆尔思想为主导的人文主义运动,成为一非常正面的新文化运动。他认识到中国也正面临急遽转型的时代,遇到前所未有的精神迷茫与心灵空虚,趋向极端,以至于以自家文化传承为耻,怀忧丧志,失去信心。他庆幸发现了白璧德与穆尔,他俩是真正理解儒学,能融合中西思想的西方学者,提供理性的普世价值,加强中国学界对传统文化的信念,足以削弱反叛者的声势,阻止保守的中国走向极端的激进主义。新人文主义也给梅光迪提供了攻击胡适一派的西方资源,指出"一厢情愿的西化不会给中国带来文艺复兴,而是'一种中国式的自杀'(a Chinese suicide)"④。他认为新人文主义不仅是解决西方文明问题所必需,而且是解救中国文化危机的良方,所以他提倡基于谦卑、端庄而明辨的"人文国际"(a humanistic international),必会赢得东西双方的共鸣。⑤

于此可见,梅光迪及其《学衡》诸友自有其新文化在胸,并不是新旧的战争,

---

① Julien Benda. *The Treason of the Intellectuals*. New York: WW Norton, 1969.
② Irving Babbitt. *Rousseau and Romanticism*. New Brunswick: Transaction, 1991. 中译本欧文·白璧德著:《卢梭与浪漫主义》,孙宜学译,石家庄:河北教育出版社,2003年。
③ 此词见诸梅氏文字,阅 Mei Guangdi, "Humanism and Modern China,"收入《梅光迪文录》,台北:联合出版中心,1968年,第13页。
④ 同上,第18页。
⑤ 同上,第25页。

而是古典与浪漫的交锋。北方倡言文学革命,南方主张改良;北方提倡"平民文学",南方则认为不应将菁英文学降格为平民文学,而应经教育提升平民文学;北方要摒弃传统,而南方要继承而后改造传统;北方喜新好奇,而南方强调温故知新;北方以普及为能事,而南方则认为学术思想非凡民所能为,文化不能依赖群众维持;北方以"顺应世界潮流"自命,而南方斥之以盲从趋时;北方亟言学以用世,而南方坚持学术乃万世之业,积久而弥彰。然则诚不能将南方的新文化简单地视为保守派,视《学衡》为反对新文化的重镇。《学衡》主编吴宓在"简章"中明言:"以公正之眼光,行批评之职事"[1],又强调论学、论人、论事都不应拘泥于新旧,因"旧者不必是,新者未必非,然反是则尤不可"[2]。

文学之外,史学同样可按浪漫与古典分南北。北派以顾颉刚为代表,强烈疑古,但南派史学并不能简单地被视为"信古"。陈汉章原在北大教中国古代史,被新派指为不知利用新史料,且过于信古而于1927年南下,加盟中大。他认为新派所谓改造新史必须收集新史料,仍必须从旧史蜕化而出,如以实证方法治史,史料又何必分新旧。[3] 原任北大历史系主任的朱希祖,为章太炎弟子,亦于1934年南下中央大学任教,讲究以社会科学治史,与同时期北大历史系以史料考证为重相比,其新也,似更胜一筹。[4] 执教于南京中央大学历史系的缪凤林,乃柳诒徵的门人,对北派傅斯年的《东北史纲》,在史料运用上提出严厉的批评[5],而傅氏未能回应。所以南方史家反对顾颉刚刻意疑古,批评傅斯年的缺失,未必是保守,而是以古典实证挑战浪漫式的疑古风潮与率尔操觚。

这场新文化运动的南北之争在抗战前已决胜负,北全胜而南惨败。惨败的原因很多,相对而言南派势单,在学术圈内的权势更远不能与北派相比,而南派较具领导能力者刘伯明早逝,梅光迪又因人事不协而过早离开南大,远赴美国执教,剩下吴宓支撑,孤掌难鸣。最重要的是,五四以后的浪漫风潮,莫之能御,30年代屡遭日本帝国主义的霸凌,以及抗战的全面爆发,国族主义高涨,已无"普世主义"(universalism)存在的余地,古典更非浪漫之敌,菁英文化亦难如通俗文化之受欢迎。《学衡》杂志之销路每况愈下,以至于不能存活而

---

[1] 见《学衡》,南京:江苏古籍出版社,2003年,创刊号(1922)第1期卷首《学衡杂志简章》。
[2] 吴宓:《论新文化运动》,《学衡》第4期,1922年4月,第3页。
[3] 参阅陈汉章:《史学通论》,南京:国立中央大学出版,无日期,第125页。
[4] 参阅尚小明:《抗战前北大史学系的课程改革》,《近代史研究》,2006年第1期,第127—129页。
[5] 缪氏之书评初刊于天津《大公报文学副刊》(1933),另见《国立中央大学文艺丛刊》(1933年11月),卷1第2期。

停刊,已可略知个中消息。

余波荡漾

1949 年前后,南北人文学者移居台湾者不乏其人。如来自南京中央大学的徐子明、方东美、沈刚伯、张贵永、郭廷以、林尹、潘重规等先后到台北上庠执教。然自傅斯年出任台湾大学校长后,来自北方的学者大增,人文学界的实权仍操之北派的北大与清华系统,南北之争的旧议题似已过时,船过水无痕。

迁台数十年来,唯独徐子明一人旧话重提,对以通俗的白话取代典雅的文言尤深恶痛绝,造成一般学子看古籍如天书的严重后果,摧毁了载负传统文化的"宝筏"(文言),导致文化凋零,神州易手,并将过错归之胡适,曾出版《胡祸丛谈》一书,加以挞伐。但是徐氏言者谆谆而听者藐藐,且多以詈骂而轻之,不仅不能撼动学界,反遭孤立与排挤,寂寞愤恨以终,或可称之为学界南北之争的尾声。

值得注意的是,进入 21 世纪之后,有识之士莫不认知到国文程度的衰退;衰退之故,当然不是白话文不够发达,而是因为文言文的日益废弃。对年轻一代习文史者影响尤大,读不懂古文,或一知半解,怎能在学术上做出有意义的成就?胡适当年极力要让古文成为"死文字"的努力,已见恶果[①]。至于孔子,百年来历经订孔、打孔、批孔,反孔好像是大势所趋;孰知连批孔最厉的中国大陆也开始尊孔;不仅儒风大起,而且在世界各地广设孔子学院,遍布全球。时间证明孔子教义"自有其不可诬者",证明当年轰轰烈烈的反孔言论与行动至少是完全没有必要的。当年在南京中央大学的人文学者逆势而为,貌似顽固保守,实则择善固执,预知儒教终不可废。梅光迪、吴宓、徐子明诸公,若地下有知,必有何必当初之叹!

结　论

回眸近百年前发生的新文化运动,以北大教授与《新青年》杂志作者群为主角,影响深远。然而以《学衡》为论坛的南雍诸公,却被认定为反新文化的

[①] 犹忆 1959 年我随台大历史系师生往访胡适于南港寓所(今胡适纪念馆),我曾问胡适如何学好文言文?胡适回答说:"根本不必读文言。"我无言以对,然他至老未改的态度令人印象深刻。

守旧派,随着白驹过隙,几被遗忘。所谓"新文化"主要来自西方,然西方文化内容丰富,种类不一,固不能以某一西方文化为新文化,而以另一西方文化批评或反对此一新文化为反对新文化。

　　西方两大思潮,17、18世纪盛极一时的启蒙思潮与18世纪后期崛起直到20世纪的浪漫思潮;前者讲求"理性"(reason),认为是人生的主宰,照亮个人的知识与良知;后者则认为理性作为分析工具,不足以理解知识之源,而需要直觉、灵感、想象与同情,强调知识里的情感因素,喜好自然表达,毫无拘束、故视一切规范为障碍。在"浪漫氛围"(Romantic Weltanschanung)下,影响所至,波及文艺、哲学与政治各方面。令人瞩目的1848年的革命发生之后,欧洲进入群众、意志与权力的时代,挑战既有的伦理与美学准则,启蒙已到穷途。浪漫思潮中的一个大潮流便是带有热情的"国族主义"(nationalism),至19世纪而极盛。五四爱国运动就是在外力刺激下引发出来的强烈国族主义,由此产生的新文化运动自然具有无可磨灭的浪漫色彩。此一由北大陈独秀、胡适之、李大钊等领导的新文化,提倡全盘西化,打倒孔家店,颠覆传统伦理,解放人性,以白话取代文言,以平民取代菁英等等,所呈现的皆非理性的启蒙精神,而是感性的浪漫精神。即使高唱"德先生"(democracy)与"赛先生"(science),在国族主义与革命风潮吹袭之下,变得有点非理性的"民粹主义"(populism)和"科学主义"(scientism),也不能代表启蒙精神。

　　浪漫风潮在西方影响广大,并非没有有识之士洞悉其流弊,如自由主义思想大师穆勒(John Stuart Mill, 1806—1873)反对强调感性,反对任何的浪漫形式,认为政治尤其需要理性,见解须扎根于坚实的证据,但他孤掌难挽大势所趋。惨烈的欧战造成难以估计的生命与财产之损失,更突出人类的"野性",引发西方文明危机的呼声,有所反省。文学教授白璧德自1912年起就在哈佛大学任教,他与文评家穆尔共同创立"新人文主义运动",以"古典主义"(classicism)来针砭奇特的、强烈的、夸张的浪漫主义。白璧德对浪漫主义的始作俑者鲁索,视为狂徒,抨击尤厉。因缘际会,中国留美学生梅光迪、刘伯明、吴宓等就学于哈佛文学系,接触到白璧德的新人文主义,获得另类新文化的认知。他们不是简单的守旧,而是立足于西方古典主义的高度,批判充满浪漫精神的新文化运动。他们并不是盲目的守旧,一如他们尊奉的老师所知,中国的传统有其缺点,但"毋将盆中小儿随浴水而倾弃"[1],认为"中国旧学中根本之

---

[1] 语见胡先骕译:《白璧德中西人文教育谈》,《学衡》第3期,1922年3月,第10页。

正义,则务宜保存而勿失也"①。梅光迪与胡适原是同乡好友,两人激烈的争论,主要在旧学与传统是否须"随浴水而倾弃"!白璧德不但认可孔子的人文主义,而且直言较西方更优,更规劝中国新文化运动不可忽略道德、不应信从西方功利主义过深,而应在固有人文传统的基础上,进而研究西洋自希腊以降文化的正道,合中西智慧使新人文主义的内容更加丰富。于此可见,南雍诸公何以如此尊奉白璧德,而坚信新人文主义才是中国应有的新文化。

百年后的今日,重估新文化运动的遗产,不宜再奉行故事,而宜仔细辨析、严肃批判,认知到北方新文化运动遗产的负面后果:旧学的脐带不绝如缕;古文对一般读书人而言,犹如天书;一味追慕西风而乏自主性;重功利,而轻人文。我们回到历史现场,也应该记得当年新文化运动花开别枝,若能将别枝留下,或亦可成为宝贵的遗产,却无端被视为反新文化、泥古守旧而弃之,岂无遗憾？今日自当彻底回顾,检讨得失,规划未来,才能谈如何打通中西,融合古今,以重构21世纪的中国思想文化之图谱。

本文作者系台湾"中央大学"历史研究所教授

原载《上海文化》2015年第10期

---

① 胡先骕译:《白璧德中西人文教育谈》,《学衡》第3期,第11页。

重识"学衡派"
——《"学衡派"编年文事》导言

沈卫威

如何回到历史语境

确立"学衡派"成员和"学衡派"报刊的依据是以下几点:

1. 据《吴宓自编年谱》所示,在《学衡》杂志社第一次会议上,梅光迪宣布其清高之主张,谓《学衡》杂志应脱尽俗氛,不立社长、总编辑、撰述员等名目,以免有争夺职位之事。甚至社员亦不必确定:凡有文章登载于《学衡》杂志中者,其人即是社员;原是社员而久不作文者,则亦不复为社员矣。[①] 这是把握"学衡派"成员谁是谁非的关键,即作者或社员对《学衡》的自觉认同。

当第十二期后,梅光迪即不为《学衡》作文,他的这一戒律被刊物的实际主持人吴宓打破,吴宓成为总编辑。

2. 张其昀在《〈中华五千年史〉自序》(一)中说,《思想与时代》是"以沟通中西文化为职志,与二十年前的《学衡》杂志宗旨相同"[②]。在《六十年来之华学研究》一文中,他进一步强调说《思想与时代》"与《学衡》及《国风》杂志宗旨相同,以沟通中西文化为职志"[③]。

3. 吴宓是《学衡》的实际主编和《大公报·文学副刊》《武汉日报·文学副刊》的主编;张其昀为《国风》《思想与时代》的主持人。

这说明《学衡》作为"学衡派"形成的内在凝聚力和实际影响力,即体现了

[①] 吴宓:《吴宓自编年谱》,北京:生活·读书·新知三联书店,1995年,第229页。
[②] 张其昀:《〈中华五千年史〉自序》(一),《张其昀先生文集》第20册,台北:中国文化大学出版部,1989年,第10841页。
[③] 张其昀:《六十年来之华学研究》,《张其昀先生文集》第19册,第10257页。

"学衡派"刊物和成员的关联性。

4.《史地学报》《文哲学报》和《学衡》在南京高等师范学校—东南大学并存时,大量刊登学生的文章,这些学生随后多数成为《学衡》《国风》《思想与时代》的作者。

5."学衡派"的外围刊物《文哲学报》《国学丛刊》《湘君》《文史季刊》《学原》,虽有"学衡派"成员任主编,或成员为其写文章,但这些刊物另有宗旨,这里不收录、不讨论。

这表明"学衡派"成员具有相应的发散性,如同其文化保守主义的血脉和道统,成为守护其自身文化传统的内在力量。

南京高等师范学校—东南大学"文学研究会"与"哲学研究会"合编的《文哲学报》和东南大学"国学研究会"主办的《国学丛刊》,虽然没有公开批评新文化和新文学,但他们在面对来自北京、上海白话新文学浪潮的巨大冲击时,和《学衡》一同坚守旧体诗词的创作。《文哲学报》"文苑"中的"诗录"和《国学丛刊》中"诗录""词录"全是旧体诗词。从《国立东南大学南京高师日刊·〈诗学研究号一〉》到《学衡》《文哲学报》《国学丛刊》《文史季刊》,他们形成了一个坚守旧体诗词的强大阵营。同时要强调的是,《学衡》的主力人物梅光迪、柳诒徵是"文学研究会"的指导员,刘伯明是"哲学研究会"的指导员,柳诒徵是"国学研究会"的指导员。胡先骕任中正大学校长时支持王易主编了《文史季刊》,他俩本是《学衡》的主要作者。

6.《学衡》在南京东南大学只生存了三年,其间《学衡》的作者主要是原南京高校和改制后东南大学的教师。1923年,吴宓到上海将张尔田、孙德谦、朱祖谋等"孔教会"的成员拉入《学衡》;1925年,他任清华研究院主任后,将王国维、陈寅恪发展为《学衡》作者,使得《学衡》的作者队伍随地域扩展而壮大,同时也极大地提升了《学衡》杂志的学术品位和社会影响力。由于《学衡》社同人捐款办刊,东南大学并未提供任何经济资助,所以才有吴宓"学衡杂志,乃私人团体之刊物,与东南大学始终无丝毫关系"的说辞。他曾在1934年5月7日《清华周刊》41卷第7期刊发《学衡杂志编者吴宓先生来函》:

> 顷见《清华周刊》四十一卷六期《本刊二十周年纪念号导言》第三页,文中有"前东南大学的学衡"云云,实与事实不符。按查学衡杂志,乃私人团体之刊物,与东南大学始终无丝毫关系。此志乃民国九年冬梅光迪君在南京发起,旋因东南大学之教授欲加入者颇不少,梅君恐此纯粹自由

之刊物，与学校公共团体牵混，而失其声光及意义，故迳主张停办。民国十六年冬，重行发起，社员咸属私人同志，散布全国。其中仅有三数人（在社员中为少数）任东南大学教职，然本志历来各期即已宣明"与所任事之学校及隶属之团体毫无关系"，盖学衡社同人始终不愿被人误认与东南大学或任何学校为有关系也。读者试阅学衡各期内容，则间弟[第]二十期以后，几无一篇之作者为东南大学教员。而民国十三年七月（本志第三十期）总编辑吴宓北上，所有社员分散，且无一人留居南京者。自是迄今，凡阅九载，学衡由三十期出至七十九期，总编辑吴宓长居北平，诸撰稿人无一在南京，而经费二千数百圆悉由吴宓与三四社友暨社外人士（有名单久已公布）捐助，未尝借用东南大学一张纸一管笔一圆一角之经费。夫其实情如此，而社会人士每以学衡与东南大学连为一谈，实属未察，而乃学衡社友尤其总编辑吴宓所疾首痛心而亟欲自明者也。今敬求贵刊将此函登载，俾清华同学校友均可明悉此中真象[相]。又附学衡社启事一纸，亦望赐登，以便世人得知学衡现状，及负责为何人。

吴宓　五月初四日

7. 吴宓在清华大学主编《大公报·文学副刊》、在武汉大学主编《武汉日报·文学副刊》时，所刊登的文学创作都是旧体诗词（只有两首诗是例外：胡适悼念徐志摩的白话新诗《狮子》和罗家伦的白话译诗《当我死了》）。吴宓、胡先骕、柳诒徵、陈寅恪等人的旧体诗词创作且是终生的。"学衡派"成员的诗词创作，是在白话新诗大潮冲击下诗意生活的坚守，特别是将古典与今典杂糅之后体现出的"诗可以群"的唱和功能，和"诗可以怨"的讽喻作用，成为其诗词特色。其中吴宓、胡先骕、柳诒徵、陈寅恪都是各自研究领域的著名学者，他们的诗作又明显体现出"学人之诗"的特性。而这正是他们对中国古典诗学传统的坚守。

8. 1926年12月1日，钱基博为《国学文选类纂》写的《总叙》中，在对民国初期大学学分南北的局面作概括时，首次从学理上提出"学衡派"之说：

清廷既覆，革命成功，言今文者既以保皇变法，无所容其喙；势稍稍衰息矣！而章氏之学，乃以大白于天下！一时北京大学之国学教授，最著者刘师培、黄侃、钱玄同辈，亡虑皆章氏之徒也！于是古学乃大盛！其时胡适新游学美国归，方以誉髦后起讲学负盛名，……于是言古学者，益得皮傅科学,托外援以自张壁垒,号曰"新汉学",异军突起!……而新汉学,则以疑古者考古……在欲考见"古之所以为古之典章文物"……万流所仰,亦名曰"北大派",横绝一时,莫与京也!独丹徒柳诒徵,不循众好,以为古人古书,不可轻疑;又得美国留学生胡先骕、梅光迪、吴宓辈以自辅,刊《学衡》杂志,盛言人文教育,以排难胡适过重知识论之弊。一时之反北大派者归望焉,号曰"学衡派"。世以其人皆东南大学教授,或亦称之曰"东大派"。然而议论失据,往往有之!又以东大内畔,其人散而之四方,卒亦无以大相胜![①]

9. 鉴于"学衡派"一开始就是以刊物和作者来确定"社员"的特殊属性,其流动性和聚散自由性,成了这个大群体的特点,因此我称之为"精神结构复合体"。

10. 当时编辑吴宓和作者称自己为《学衡》社社员。本书行文中,以《学衡》社表述时称"社员";以"学衡派"表述时称"成员"。

以"学衡派"立身的学术舞台即刊物作为本书架构的理由和相关技术问题如下:

1. "学衡派"的命名是后来批评界和学界给予的,且是以刊物得名。

2. "学衡派"成员的活动主要集中在这六个报刊上,且具有连续性、一致性。

3. "学衡派"的成员众多,主要成员都有年谱或传记,个体事件尽量不重复引用,用刊物可以将众多的个体联系成为一个整体,且取舍明显。

4. 依照时间的连续性,串联六种报刊,以文为主,成员随之。

5. 成员的活动主要选取与报刊相关联的部分,是要寻求整体性的趋同。

6. 本书中对吴宓的个人活动列举详细,材料主要是摘录自《吴宓自编年谱》《吴宓书信集》和《吴宓日记》,这里特别说明,文中只择重要的史料加注,叙述中引用,不再一一详细注释。同时征引其他著作也不详细注释,只在文后"征引文献"中列出。因为此书本身就是史料整理,若再加详细注释,会导致大量的重复和字数的过分膨胀。

7. 为这几个报刊文章和作者进行校注,特别是"学衡派"前期的《学衡》、《史地学报》,目的是想展示这个学术共同体最初创办刊物时,在鲜明的主体

---

① 钱基博:《国学文选类纂》,傅宏星编校,上海:华东师范大学出版社,2010年,第11—12页。

性、作者的关联性和栏目连贯性之外,还伴随着技术上的不规范性和编者的随意性。

8. 对"学衡派"前期的人物生卒和关系,特别是《学衡》作者的详细注释(也只是注释《学衡》人物),目的是要显示过渡、转折时代的文化脉络和学缘关系。真正的民国大学时代,学术逐步一体化和系统化,师承、家法虽有保存,但在民国大学教育的共同思想方法作用下,逐步淡化。因此《学衡》之后的人物不注。

9. 鉴于"学衡派"成员的文,着落在刊物上,事由文所关联,因此,这种编年史就具有严格的时空特性。

10. 无法辨认的字用□表示。

直面史实的重识

"学衡派"是因反对"新青年派"而起的,他们反对新文化—新文学运动,抗拒白话文(国语)。因此本书有意收录相互对立的讨论、批评文章和言行(主要是日记、书信),对双方持同情的理解和理性的批评。

与"学衡派"关联密切的六种刊物,四个期刊求全;两份报纸副刊,《大公报·文学副刊》选要目,《武汉日报·文学副刊》全部收录。其他刊物的相关文章,选录要文,不求全。这既是对自己阅读视野有限的一个托词,同时也是对无法全面记录的事实的尊重。

"学衡派"成员的活动在1949年以后并没有中断,但考虑到以六种刊物为线索的谱系,就以刊物终止(言论出版自由、学术研究自由和学人流动自由终结)为本编年文事的结束。

民国大学学术有南北之别。北京大学、清华大学与南京高师—东南大学—中央大学自新文化运动后期因《史地学报》批评胡适、《学衡》抗击新文化而出现南北纷争。柳诒徵是南京高等师范学校的史学教授,后转入改制的东南大学,他在《学衡》创刊之前即和竺可桢指导的"史地学会"的学生创办了《史地学报》。他培养的一大批学生如张其昀、缪凤林、陈训慈、郑鹤声、刘掞藜等后来都成了"学衡派"成员,同时也是与北京大学胡适、钱玄同、顾颉刚等展开"古史辨"讨论的主力阵容。《学衡》的发刊词"弁言"是柳诒徵写的,他特别申明刊物的四项基本原则:

一　诵述中西先哲之精言，以翼学。
二　解析世宙名著之共性，以邮思。
三　籀绎之作，必趋雅音，以崇文。
四　平心而言，不事谩骂，以培俗。
揭橥真理，不趋众好，自勉勉人，期于是而已。

吴宓在柳诒徵《弁言》基础之上所写成的《学衡》宗旨是"论究学术，阐求真理，昌明国粹，融化新知。以中正之眼光，行批评之职事。无偏无党，不激不随"。柳诒徵的"诵述中西先哲之精言"，"解析世宙名著之共性"开启了吴宓的"昌明国粹，融化新知"。"必趋雅音"即反对白话文。"揭橥真理，不趋众好"被吴宓演绎为"论究学术，阐求真理"；"无偏无党，不激不随"。

梅光迪在美国与胡适讨论文学改良时，因"文白之争"败给胡适，他回国后发起创办《学衡》的目的就是要抗击胡适及《新青年》，目标十分明确。作为《学衡》的首倡者，他在第十二期以后（1923年1月）即不再与吴宓合作（他们两人只合作到1922年共12期），吴宓成为《学衡》的实际主持者。《学衡》成员与《学衡》同时群聚南京东南大学的时间只有1922—1924年三年，随后因主编吴宓辗转东北大学后落定清华学校，《学衡》的实际组稿、编辑转移到北京的清华学校—清华大学。他们把《学衡》的英文译名定为 *The Critical Review*，是具有批评和评论的实际含义。因为它是相对于新文化—新文学运动的激进而起的，是对新文化—新文学话语霸权的抗争。"昌明国粹，融化新知"就是要抗拒新文化运动的反传统（言论上的反传统和实际行为又存在着巨大的差异），守护和发扬光大传统文化，同时接受新的知识。"不激不随"就是既不走激进主义的路，也不随波逐流，持中守恒，走中庸的自我之道。这些当然都是言之有理，十分理性的主张。但问题是，在当时新文化—新文学领导人的话语霸权语境下，这必然被视为守旧、保守。何况，吴宓、梅光迪自身的言行又存在着巨大的矛盾，他们所倡导的主张，就连他们自己也无法身体力行。

我对《学衡》时期"学衡派"精神特征的概括也是建立在与前者共时存在的基础之上：批评、牵制、制衡新文化—新文学运动的激进、霸权；坚守旧体诗词创作；译介传播白璧德的新人文主义；尊孔奉儒，倡扬传统国学的精粹；守学人独立之精神，自由之思想的本分，不介入党争。呈现出政治上的自由主义与文化上的保守主义的双重特性。

张其昀是中央大学《国风》和浙江大学《思想与时代》的主持人，在继承

《学衡》基本精神的同时,因日军侵华而使《国风》的民族主义强化,强调民族主义精神作为抗战的元气和活力,同时也是全体中华民族的内在凝聚力。又因多民族国家统一与重建的需要而在《思想与时代》上倡扬"科学时代的人文主义"。我称1941年创刊的《文史季刊》《思想与时代》为"后学衡时期"。但"后学衡时期",王易、张其昀等少数人介入了党争。

《文史季刊》主编王易因1947年4月1日在南昌的《问政》杂志创刊号发表《内战辨》而陷入政治的漩涡。《思想与时代》的六位基本社员是钱穆、朱光潜、贺麟、张荫麟、郭斌龢、张其昀。其中张其昀、郭斌龢、贺麟、朱光潜四位为国民党党员,1945年,基本社员中的张其昀、贺麟、朱光潜和主要作者冯友兰成为国民党的"最优秀教授党员"①。其中贺麟、冯友兰两位也是被蒋介石专门从昆明请到重庆为其讲哲学、心学的教授。1941年9月22日,贺麟访吴宓时,告诉他,张其昀在蒋介石那里领得十四万元办《思想与时代》。这使得吴宓在日记中感叹自己当年经营《学衡》,"不为名利,不受津贴,独立自奋之往迹。不觉黯然神伤已"②。因为与政党和政府的特殊关系,办刊方针倾斜也是必然的。所以1943年10月12日,胡适在日记中写有读张其昀所赠《思想与时代》后的札记。胡适认为《思想与时代》没有发刊词,但每期有"欢迎下列各类文字"(列有6项)的启事中的前两项就是他们的宗旨:1.建国时期主义与国策之理论研究;2.我国固有文化与民族理想根本精神之探讨。他在日记中写道:"此中很少好文字。如第一期竺可桢兄的《科学之方法与精神》,真是绝无仅有的了(张荫麟的几篇'宋史',文字很好。不幸他去年死了)。张其昀与钱穆二君均为从未出国门的苦学者;冯友兰虽曾出国门,而实无所见。他们的见解多带反动意味,保守的趋势甚明,而拥护集权的态度亦颇明显。"③

我在对《梅光迪文存》进行评介时,有这样一段文字:

> 我认为,有一个历史的坐标是十分明确的,那就是在20世纪文化激进主义和政治激进主义得势的这种特定的历史背景下,在主流话语的霸权作用下,《学衡》派的文化保守主义思潮是逆当时的时代大潮,处于文化时尚和社会时尚的劣势,其影响也是十分微弱的。当然是否合乎时尚,

---

① 沈卫威:《民国大学的文脉》,北京:人民文学出版社,2014年,第245—248页。
② 吴宓:《吴宓日记》第Ⅷ册,北京:生活·读书·新知三联书店,1998年,第176页。
③ 胡适:《胡适全集》第33卷,合肥:安徽教育出版社,2003年,第524页。

是否与主流一致,并不是我这里所预设的价值判断标准。我也不是以成败论英雄。我所要强调的是,《学衡》派的历史作用和价值恰恰在于其和时尚及主流的不符。其制衡文化激进主义导致文化的失范的功效虽然微弱,但其本身学理上的理性精神和超越现实的文化意识,却是强大的。以及由此所呈现的道德力量和文化信念的忠诚感,也是难能可贵的。①

我写下上面这段话时,虽是因《梅光迪文存》而言,却是在同时读到了吴宓的书信和日记所显示出"文化信念的忠诚感"之后。1954年6月21日吴宓在致上海柳诒徵的信中写道:"宓虽刊文自责忏,内心仍完全是《学衡》初刊时之思想耳。"②1961年8月,吴宓南下广州看望老友陈寅恪后,特别感慨陈寅恪"威武不能屈"的事实:"始终不入民主党派,不参加政治学习,不谈……,不经过思想改造,不作'颂圣'诗,不作白话文,不写简体字,而能自由研究,随意研究,纵有攻讦之者,莫能撼动。"③这是因为他们仍坚持共同的"信仰":"但在我辈个人如寅恪者,则仍确信中国孔子儒道之正大,有裨于全世界,而佛教亦纯正。我辈本此信仰,故虽危行言殆,但屹立不动,决不从时俗为转移。"④这是陈寅恪在1928年《清华大学王观堂先生纪念碑铭》、1933年《冯友兰著〈中国哲学史〉下卷审查报告书》、1953年《陈寅恪自述——对科学院的答复》中一贯坚守的文化道统,和对独立之精神、自由之思想的守护:

> 士之读书治学,盖将以脱心志于俗谛之桎梏,真理因得以发扬。思想而不自由,毋宁死耳。斯古今仁圣所同殉之精义,夫岂庸鄙之敢望。先生以一死见其独立自由之意志,非所论于一人之恩怨、一姓之兴亡……先生之著述,或有时而不章。先生之学说,或有时而可商。惟此独立之精神,自由之思想,历千万祀,与天壤而同久,共三光而永光。⑤

> 窃疑中国自今日以后,即使能忠实输入北美或东欧之思想,其结局当亦等于玄奘唯识之学,在吾国思想史上既不能居最高之地位,且亦终归于歇绝者。其真能于思想上自成系统,有所创获者,必须一方面吸收输入外

---

① 沈卫威:《文化保守主义的历史命运》,《中国图书评论》,2011年第6期。
② 吴学昭整理、注释、翻译:《吴宓书信集》,北京:生活·读书·新知三联书店,2011年,第401页。
③ 吴宓:《吴宓日记续编》第Ⅴ册,北京:生活·读书·新知三联书店,2006年,第161页。
④ 同上,第160页。
⑤ 陈寅恪:《金明馆丛稿二编》,北京:生活·读书·新知三联书店,2001年,第246页。

来之学说,一方面不忘本来民族之地位。此二种相反而适相成之态度,乃道教之真精神,新儒家之旧途径,而二千年吾民族与他民族思想接触史之所昭示者也。寅恪平生为不古不今之学,思想囿于咸丰同治之世,议论近乎(曾)湘乡(张)南皮之间。①

我认为研究学术,最主要的是要具有自由的意志和独立的精神……但对于独立精神,自由思想,我认为是最重要的……独立精神和自由意志是必须争的,且须以生死力争。②

陈寅恪成为《学衡》作者,进而以"学衡派"成员发声,不仅提升了"学衡派"的学术层次,更重要是在《学衡》原有宗旨的基础上,明确"学衡派"成员个体的思想、精神追求,并以独立之精神、自由之思想,引领"学衡派"这一"精神结构复合体"的发展路向,使之抵达时代的精神高地。当遭遇党争或教条主义、集权专制思想的整体控制时,吴宓、陈寅恪等仍能在这一路向和高地上坚守。

1962年,吴宓在给李赋宁的信中列举了不愿到北京工作的六个理由,其中之一是不愿接受思想改造:"宓最怕被命追随冯、朱、贺三公,成为'职业改造家',须不断地发表文章,批判自己之过去,斥骂我平生最敬爱之师友。宁投嘉陵江而死,不愿……"③这里的冯、朱、贺三公指的是当时人文学科被"改造"的知识分子典型人物,三位著名教授冯友兰、朱光潜、贺麟。

1969年5月9日,吴宓作为"历史兼现行反革命分子",在被批斗时,因被推倒、拖行导致"骨虽未断,而左腿已扭折成三截,上腿(大腿)向内扭,下腿(小腿)向外扭,膝盖及胯骨两处关节脱卯",长期不能行走,靠爬行生活。12月24日,他在"真恨宓不能早死"的情况下,给远在南京大学外文系的郭斌龢写信(信被"工宣队"截获)说:"宓处人文主义之书,均全保存。最近晚间,且读白师之著作,佩仰之心,不减昔年也。"④白璧德是吴宓、郭斌龢共同的老师。是什么样的一种信念的力量在支撑着他?这和他所在城市的那个"渣滓洞"里发生的故事,真的堪有一比。对吴宓来说,"信念的力量"就是他1960年8

---

① 陈寅恪:《冯友兰著〈中国哲学史〉下卷审查报告书》,天津《大公报·文学副刊》第268期,1933年2月20日(文集的文字与最初发表的文字有出入,这里引用原刊文本)。
② 吴定宇:《学人魂·陈寅恪传》,上海:上海文艺出版社,1996年,第185—186页。
③ 吴学昭整理、注释、翻译:《吴宓书信集》,第384页。
④ 同上,第427—428页。

月22日在致李赋宁的信中强调的:

> 宓惟一系心之事,即极知中国文字之美,文化之深厚,尤其儒家孔孟之教,乃救国救世之最良之药。惜乎,今人不知重视,不知利用,为至极可痛可惜者也。①

这不合时宜的思想,正是文化保守主义群体"学衡派"成员的文化坚守。他们为什么保守?是因为他们文化信念里绝对拥有。

但作为新文化—新文学反对派存在的"学衡派"中人,却又有着在一个文化保守的"精神结构复合体"内比较明显的差异性。

从文脉上看,文章中,"言志"(吴宓)与"载道"(梅光迪)并存(吴宓说自己"最恨人称宓为'韩愈''曾文正'"②;而梅光迪却相反,他推崇韩愈、曾国藩,有撰写《韩文公评述》《欧阳公评述》《曾文正公评述》的计划而未成)。诗歌中,"诗史"(胡先骕、陈寅恪、柳诒徵、李思纯)传统与"抒情"(吴宓、吴芳吉)传统共守。在作为诗人的浪漫诗情上,吴宓又引白话新诗人徐志摩以为同道。

从学脉上看,《红楼梦》研究中吴宓"尊德性"与胡适"道问学"决然不同,但在佛学禅宗史的实证研究中,胡适与汤用彤的道法却有十分鲜明的一致性。"学衡派"内部又有明显的"尊德性"与"道问学"的巨大差异。吴宓的"尊德性"与王国维、陈寅恪、叶玉森的"道问学"同样是沟壑相隔。

从人脉上看,"学衡派"主要成员梅光迪、吴宓、胡先骕、柳诒徵等多与胡适为敌,批评胡适时甚至超越理性,言语中夹带些刻薄的诋毁或影射谩骂之词。但也有例外,汤用彤、陈寅恪、张歆海、王国维却是胡适的朋友。清华学校研究院两位导师王国维、陈寅恪为《学衡》写文章,与研究院主任吴宓的约稿有关。王国维在溥仪被驱除出宫后生活没有着落,能够进清华学校研究院当导师,是胡适极力推荐的。陈寅恪为王国维写的挽词中有"鲁连黄鹞绩溪胡,独为神州惜大儒。学院遂闻传绝业,园林差喜适幽居"的诗句,即是对胡适的称道。汤用彤、陈寅恪是吴宓的哈佛大学同学,汤用彤进北京大学是张歆海向胡适推荐的,他的立身之作《汉魏两晋南北朝佛教史》也是胡适推荐给商务印

---

① 吴学昭整理、注释、翻译:《吴宓书信集》,第379页。
② 同上,第205页。

书馆出版的。汤用彤1954年脑溢血是在被迫批判胡适的高压下发生的(11月13日下午参加完《人民日报》社召开的批判胡适思想座谈会后,晚上即突发中风。汤用彤的儿媳乐黛云曾在2003年《胡适全集》首发式专门讲及此事)。1940年3月5日,中央研究院院长蔡元培病逝香港,院长之空阙急待填补。时任驻美大使的胡适被推举为院长候选人之一,在1941年3月,陈寅恪专程从昆明到重庆参加中央研究院的选举会议,目的只是为了投胡适一票。此事傅斯年在信中告诉胡适("如寅恪,矢言重庆之行,只为投你一票"),并说:"寅恪发言,大发挥其academic freedom[学术自由]说,及院长必须在外国学界有声望,如学院之外国会员等,其意在公。"[①]这才有1948年12月15日共产党军队围城时胡适把陈寅恪同机带出北平的后话。

不以成败论文事

由这部翔实的史料整理、汇编,可以展现出"学衡派"的多个方面。特别明显的是"学衡派"成员的活动以1941年3月《文史季刊》创刊和8月《思想与时代》创刊为界分前后两个时期。

前期,我称之为"学衡时期",其特色可概括为:

从时间上看其借刊物集合力量;

从空间上看其借大学营造舞台;

从成员看其作为流动的群体存在;

文化保守作为其精神系联;

国学研究作为其学术承传;

新人文主义作为其思想方法的外在资源;

抗击新文化与反对白话新文学是其主要目标;

古体诗词唱和作为其日常诗意生活的状态;

非政治化与道德秩序法则作为其内在制约;

反潮流倾向与反思性作为其行为导向。

后期,我称之为"后学衡时期"。以《文史季刊》、《思想与时代》为"学衡派"成员的群聚阵地,主要关注的是多民族国家的统一与重建问题,我将其讨

[①] 《傅斯年致胡适》,中国社会科学院近代史研究所中华民国史组编:《胡适来往书信选》(中),北京:中华书局,1979年,第475页。

论的话题概括为:

　　国家重建的政治策略:宪法与集权
　　国家重建的行政中枢:都城设置
　　国家重建的文化基础:新儒学的展开
　　国家重建的文化路径:中西融通
　　国家重建的时代召唤:科学与人文并重

　　我不以成败论英雄,但不得不面对当时"学衡派"无力抗衡胡适及新文化运动的历史事实,即梅光迪所说的"中国领导人的失败"和"学衡派"核心人物的人性本色。

　　性情温和,以改良发声立言的胡适,坚守和平渐进改革的自由主义路径。因此,后来所谓"全盘西化"、"打倒孔家店"的帽子都是被人强加上的。他从没有如此激进的言辞。他为北京大学教授吴虞的《吴虞文录》写序时,称道吴虞是"只手打孔家店的老英雄"。"打孔家"和"打倒孔家店"所表现出来的含义有着较大的差异:前者只是一种"打"的行为;而后者则是行为的结果。同时他说吴虞是中国思想上的"清道夫"。这更明确不过了,那就是要清扫中国思想大道上,后来绑架在孔子学说的纲常礼教,以及被帝制复辟鼓吹者用来当护身符的东西。要"打"和"清扫"的都是这些东西。因为这些东西是人的解放和个性自由的障碍。何况"孔家店"作为中国文化的命脉和精神粮站也是割不断、打不倒的。胡适后来在口述自传时也说当时自己并不反对儒家,还专门写有《说儒》的长文。《新青年》的反孔和《学衡》的尊孔是明显的对立行为。重识"新青年派"和"学衡派",自然要面对这个关联传统文化的大问题。

　　先回到1917年胡适浮出中国思想文化界的语境中,从正在崛起的两位新文化领导人言论的来看其精神状态。

　　胡适1917年在美国写博士论文时就明确指出:"如果对新文化的接受不是有组织的吸收的形式,而是采取突然替换的形式,因而引起旧文化的消亡,这确实是全人类的一个重大损失。因此,真正的问题可以这样说:我们应怎样才能以最有效的方式吸收现代文化,使它能同我们的固有文化相一致、协调和继续发展?"这和五年之后即1922年吴宓为《学衡》所写的宗旨"昌明国粹,融化新知"完全一致。他说,解决这个重大问题的办法,"唯有依靠新中国知识界领导人物的远见和历史连续性意识,依靠他们的机智和技巧,能够成功地把现代文化的精华与中国自己的文化精华联结起来"①。他顺应时势,登高而招,顺风而呼,自然成为"新中国知识界领导人物"。

有着留学日本经历的太炎门生,北京大学教授钱玄同在1917年1月1日的日记中写道:"往访尹默,与谈应用文字改革之法。余谓文学之文,当世哲人如陈仲甫、胡适之二君,均倡改良之论,二君邃于欧西文学,必能为中国文学界开新纪元。"②1月20日,他又明确指出:"大凡学术之事,非知识极丰富,立论必多拘墟,前此闭关时代,苦于无域外事可参照,识见拘墟,原非得已。今幸五洲交通,学子正宜多求域外智识,以与本国参照。域外智识愈丰富者,其对于本国学问之观察亦愈见精美。乃年老者深闭固拒,不肯虚心研求,此尚不足怪,独怪青年诸公,亦以保存国粹者自标,抱残守缺,不屑与域外智识相印证,岂非至可惜之事?其实欲昌明本国学术,当从积极着想,不当从消极着想。旁搜博采域外之智识,与本国学术相发明,此所谓积极着想也,抱残守缺,深闭固拒,此所谓消极着想也。"③这可以看做是钱玄同对"新中国知识界领导人物"的最好响应。

新文化运动高涨后,新文学革命应运而起。当时的白话新文学为习惯于古体诗词曲赋的旧派文人所反对,是一种常态,也是可以理解的。但1922年1月《学衡》创刊,留学归来并非遗老的学界新秀梅光迪、吴宓、胡先骕等公开反对白话新文学,却成了一个奇特的文化现象,成为钱玄同五年前即感知到的"消极着想"。这种反潮流行为也正是《学衡》一出现立刻受到广泛关注的一个重要原因。

事实上,"新青年派""新潮派"和"学衡派"都在为古老中国寻求现代的转机,即中国文化的复兴。"文艺复兴"一词在晚清、民国文化教育界广泛使用,且出现的频率很高。这与清朝满族统治中国268年有关:既是大汉民族推翻异族统治重新君临天下后,统一多民族国家重建的文化需求(复古求新,重建文化秩序),也是应对西方外来文明冲击时,知识分子的文化回应。清末民初"国粹派"的"复兴"言论和稍后梁漱溟等"新儒家"的"复兴"论这里不讲,只看"学衡派"与"新青年派""新潮派"的复兴之说。1915年10月5日吴宓在清华学校读书时,把将来要创办的报刊的名字都想好了,他在日记中说他日

---

① 胡适:《胡适全集》第5卷,第10—11页。我曾就此问题发表过相关论述,参见沈卫威:《现代中国的人文主义思潮导论》,《文艺研究》,2004年第1期。
② 杨天石主编:《钱玄同日记》(整理本)上册,北京:北京大学出版社,2014年,第296页。
③ 同上,第303页。

所办之报的英文名 Renaissance(《文艺复兴》),意在"国粹复光[沈按:疑"兴"之误排]"①。而1919年1月北京大学胡适的学生所办刊物《新潮》的英文译名也是 Renaissance。但"名同实异",呈现出"消极"与"积极"的极大差别。这种"消极"也就是梅光迪所说的"缺乏创造性"。1933年,胡适在美国做了多场演讲,演讲内容结集为《中国的文艺复兴》。他甚至更强调这一"复兴"并未完成,且是在进行之中的。随后他一直在讲"文艺复兴",一直讲到1950年的台湾。1949年以后的台湾,文化教育界仍延续着"学衡派"("宣传部长""教育部长"张其昀为代表)与以"新青年派""新潮派"(台湾大学校长傅斯年、中央研究院院长胡适、党史委员会主任罗家伦)为代表的两方势力的较量。1962年2月,胡适病逝于台北。恰好这一年,"学衡派"主要成员张其昀在台北阳明山创办中国文化学院(中国文化大学前身),同时新出的校刊干脆直接取名《文艺复兴》。随后他又参与策划影印《学衡》、《史地学报》两大杂志。1966年11月12日,相对于大陆爆发的"文化大革命",台湾为纪念孙中山百年诞辰,由孙科、陈立夫、张其昀等发起"中华文化复兴运动",并将这一天定为"中华文化复兴节"。

我在《"学衡派"谱系——历史与叙事》一书中曾明确指出,梅光迪在《人文主义和现代中国》、《评〈白璧德——人和师〉》两篇文章中把1920—1930年代"学衡派"活动视为中国的一场人文主义运动,他甚至说这是"儒家学说的复兴运动"。同时梅光迪也承认"这样的一次运动没有引起广泛的注意,得到公平的待遇",是"因为缺乏创造性等因素"②,自然也是"中国领导人的失败"③。其失败的原因有两点曾被我引述:

> 一是因为它与中国思想界胡适等新文化派,花了一代人的时间与努力想要建成和接受的东西完全背道而驰。二是因为他们自身缺乏创造性,甚至没有自己的名称和标语口号以激发大众的想象力。从一开始,这场运动就没能提出和界定明确的议题。领导人也没有将这样的问题弄清楚,或者只看到了其中的一部分。因此,它对普通学生和大众造成的影响不大。《学衡》的原则和观点给普通的读者留下的印象是:它只是模糊而

---

① 吴宓:《吴宓日记》第Ⅰ册,第504页。
② 梅铁山主编、梅杰执行主编:《梅光迪文存》,武汉:华中师范大学出版社,2011年,第186页。
③ 同上,第243页。

狭隘地局限在一些供学术界闲时谈论的文史哲问题上。梅光迪的反思和总结与罗杰·斯克拉顿在《保守主义的含义》中所说的相通:"因为,保守主义者缺乏明确的政治目标,因而无法提供任何能够激发大众热情的东西。"①

竺可桢在1946年1月27日梅光迪追悼会后所写的日记中,特别指出梅光迪"喜欢批评胡适之,亦以适之好标榜,而迪生则痛恶宣传与广告也"。这正是梅光迪反思自己作为领导人失败的原因之一,即"没有自己的名称和标语口号以激发大众的想象力"。对此梁实秋之说更为简明:"只是《学衡》固执的使用文言,对于一般受了五四洗礼的青年很难引起共鸣。"②

我个人以为,综合上述之说,即"他们自身缺乏创造性"和"固执的使用文言"是"失败"的主要因素。在《学衡》上批评新文化—新文学的几篇重要文章出自梅光迪、胡先骕、吴宓之手,但他们无法提出具体的富有创造性、建设性的意见。三个留学生出身的教授,两个讲西洋文学,一个用西洋的方法研究植物分类学。他们的教学和研究与"国粹"关联不大。而真正研究"国粹"的汤用彤、王国维、陈寅恪等学者,却并不局限于古今、中西、新旧、有用无用之辩,成为新文化运动的同路人,也同时成为胡适的朋友。"昌明国粹,融化新知"之说较张之洞时代的"中学为体,西学为用"还要笼统、宏大。但落实到学者的具体工作上,却被梅光迪视为"它只模糊而狭隘地局限在一些供学术界闲谈论的文史哲问题上"。吴宓甚至在《空轩诗话》中,把《学衡》作者叶玉森的甲骨文研究视为"糟粕"。他视从事专门"考据"研究的国际著名汉学家伯希和为"愚妄之人",他在给溥仪的英文老师庄士敦的信中说自己"对目前从事的所谓国学研究不感兴趣"。游学法国时,他在给浦江清的信中说自己不喜欢从事"考据"工作的学者。原因是他们的工作避开了所有对古代圣贤和哲人伟大道德理念的哲学讨论,"难与语精神文艺"③。

1921年7月31日,胡适在南京高等师范学校的"暑期学校"演讲之后,就曾看到学生缪凤林送来柳诒徵即将在新创刊的《史地学报》上刊发的《论近人言诸子之学者之失》的文稿,胡适看后表示:"他的立脚点已错,故不能有讨论

---

① 沈卫威:《"学衡派"谱系——历史与叙事》,南昌:江西教育出版社,2007年,第455—456页。
② 梁实秋:《影响我的几本书》,《中华散文珍藏本·梁实秋卷》,北京:人民文学出版社,2001年,第133—134页。
③ 沈卫威:《民国大学的文脉》,第10—12页。

的余地。"这也正是《学衡》出现时,胡适不屑与之交手的自信所在。胡适认为1922年1月《学衡》创刊时高调反对白话文,而白话文运动已经大胜,文学革命早过了讨论期,"反对党已破产了",并且在两年前(1920年1月24日)也已通过了近似教育立法式由以代理教育部总长(教育次长代理部务)傅岳棻的名义,发出《教育部令第七号》,通令全国各国民学校先将一二年级的国文改为语体文,即白话文。以国民基础教育为方式的语言运动的进化是不可抗拒的,倒退更是不可能。1923年1月3日,钱玄同日记记有:"宇众因谓教育界亦极可悲观:南开主张读经,东大有《学衡》和《文哲学报》。这都是反六七年来新文化运动的现象。我觉得这种现象并不足悲,而且有了这种现象,新文化更加了一重保障。你看,袁世凯称了一次皇帝,共和招牌就钉牢了一点;张勋干了一次复辟的事,中华民国的国基就加了一层巩固:这都是很好的先例。"[①]

　　因此,我在前期的研究中,曾称这是文化保守主义者的语境错位。以至于新文化运动百年后,我在重识"新青年派"和"学衡派"时,自信语言工具变革的成功大大超越了思想文化的变革。思想文化的倒退、前进几经反复,时而因政治干预,甚至会被否定。但语言工具的变革彻底改变了国民的生活,成为最大的赢家。

　　同时,中国与世界的沟通与交流,也极大地改变了学者的视野和知识结构,尤其是改变了由传统走向现代的文人的世界观、价值观和人生观。反对白话文的梅光迪后来为自己孩子学习白话文进步很快而高兴,以至于他在1938年当选为国民参政会参议员后,在1944年提交的《国民参政会提案二件》中,反对国人"固步自封",主张战后"请教育部通令国立各大学增设东方语文系","改国立各大学现有之外国语文学系为西方文学系",使得"吾人改变观念,重新估价,以弥过去之缺陷,以作未来之准备"。[②] 这是梅光迪自1922年9月在东南大学创立中国第一个"西洋文学系"(尽管只存在一年)后,又一次为中国大学的学科建设留下一项积极宝贵的建言。1945年12月27日,梅光迪在遵义病逝,他所倡议在中国各大学"增设东方语文系"的主张,首先在1946年胡适回国执掌北京大学时实现了。胡适聘请自德国留学十年归来的原清华毕业生季羡林在北京大学创建了中国第一个"东方语文系"。梅光迪的建言在中央大学和浙江大学都没有反应,倒是在北京大学实现了。这可以看做是

[①] 杨天石主编:《钱玄同日记》(整理本)中册,第494页。
[②] 梅铁山主编、梅杰执行主编:《梅光迪文存》,第254页。

梅光迪"积极"建言的"结果"。和胡适相比,梅光迪确实是时运不佳,在美国和胡适讨论文学改良,把胡适"逼上梁山",胡适回国发动文学革命,取得空前的成功,他却落入"学衡派"的消极对抗,根本无力与新文化对决的狭小阵营。自创中国第一个"西洋文学系",却因自己和本系女学生谈恋爱,被本校的反对势力借机吞并掉了。首倡在中国大学设立"东方语文系",自己不争气的身体却垮掉了,又被胡适当校长的北京大学拔得头筹。

据《吴宓日记》所示,1926年1月5日,时任清华学校研究院主任的吴宓起草的《国学研究院明年发展计划及预算大纲》和《下届招生办法》在本日的校务会议上被否决。他又继续撰写《研究院发展计划意见书》。19日,其《研究院发展计划意见书》再次被校务会议否决。这其中的关键问题是吴宓主张研究院办普通国学。研究院内部只有梁启超一人支持他的意见,而王国维、李济二人都主张研究院应作专题研究,不授普通国学[①]。张彭春、陆懋德也反对讲授普通国学。后来的实践证明"专题研究"的路子走通了,在研究院也取得了成功。

梅光迪在国民参政会还反对设立专门的"国学"。他说:"谓今日焉有不识西文之国学家?焉有不治外国学问之国学家?"对此,当1940年国民党中央组织部长朱家骅牵头的"管理中英庚款董事会"(后改名为"中英文教基金董事会")要增设"国学"一科时,傅斯年又站出来把它砸了。傅斯年在1940年7月8日致信朱家骅,反对"管理中英庚款董事会"内增设"国学"一科时,就引用了梅光迪之说。傅斯年信中说:

> 民国元年严右陵到京师大学,即废经科改入文科,是时蔡子(民)师在教部,废各地之存古学堂,皆有见于此也。以后文史之学大有进步,以质论,以量论,皆远胜于前,其所以致此者,即以学者颇受近代化,分科治之。上次参政会中有此提案,梅光迪痛驳之,谓今日焉有不识西文之国学家?焉有不治外国学问之国学家?国家何事奖励此等冬烘头脑之国学家?梅本国粹主义,而其言如此,实以彼有外国文学之基础,故与教育部莫名其妙者不同也。

> 今贵会已有历史、语言等科,如再设所谓国学,将何以划分乎?兄必不信冬烘头脑在今日可以治学问;然于史学,语学之外而有此,无异奖励

[①] 吴宓:《吴宓日记》第Ⅲ册,第126页。

此辈。教育部年来之开倒车,无足怪,乃兄亦谓必不可少,似亦颇受流俗之影响,今日之事,有近代训练者,于"国术"、"国学"、"国医"诸问题,皆宜有不可动摇之立场,所望于兄者,在主持反对此等"废物复活"之运动,奈何贵会复徇流俗也。且十四年前,兄在中山大学时始办语言历史学研究所,弟亦躬与其役,一时于风气之转变,颇有影响,今设国学,无异反其道而行之矣。

且贵会已有历史、语言等科,则治所谓"国学"而有近代训练者,必不至见遗,何事多此一科,反为叠床架屋乎?且此辈治"国学"者,老幼不齐,要多反对近代化,贵会如办理此项补助,要求者必不可胜数,办理者无从下手,而自多事矣。故弟于兄"必不可少"之意见,转以为"必不可有"……①

在教育界和学术界,傅斯年的意见是可以直接影响胡适、朱家骅的决策的。他发现了反新文化的梅光迪的这一转变,并顺势加以利用。

最后,我要揭示纠缠在吴宓、梅光迪内心深处情与理的矛盾,以及由此矛盾所导致的内在分裂、冲突。人性的自然法则潜藏在生活的细节中,所谓"千里之堤毁于蚁穴"就是最好的说辞。"学衡派"核心人物精心构筑的抗拒胡适及新文化—新文学浪潮的堤坝,同时也自毁于他们人性的"蚁穴"。

"学衡派"主要成员,都曾说过他们从白璧德那里接受的新人文主义思想,是与孔子的中庸、中和、节制、纪律相通的。但梅光迪和吴宓两人的个人行为却与他们的主张存在着巨大的逆差、冲突,最终两人遵从了人性的自然法则。这是我在本书的"人事"中所要揭示的细节。

梅光迪1910年与胡适、竺可桢、赵元任一起参加庚款留学美国考试时落败,第二年才考试成功。出国留学之前在安徽宣城老家,他与邻村姑娘王葆爱结婚,先后育有两子,大儿夭折。仅婚姻而言,他与胡适走的路,截然相反。

就"中国领导人的失败"这个话题,我还可以找到更为深刻的内在原因。吴宓闹离婚追求毛彦文时,"学衡派"成员郭斌龢就指出他的行为与他的人文主义主张和《学衡》所倡导的节制、持中的理性精神不相符,也不利于人文主义在中国推行。朱自清当面对吴宓说,外间的人大都以为吴宓离婚与他平时

---

① 王汎森、潘光哲、吴政上主编:《傅斯年遗札》第2卷,北京:社会科学文献出版社,2015年,第821—822页。

的学说不相符合。以至于在毛彦文102岁那年,我专程到台北访问她时,她说吴宓是书呆子,对她的爱是单方面的。梅光迪在东南大学只干了三年,他创建的西洋文学系只存在一年。梅光迪下台、西洋文学系被撤销的一个重要的原因是,此时已有妻儿的梅光迪与西洋文学系女生李今英热恋,这一"婚外恋"成为校内人人皆知的一大新闻。1901年出生于美国加州圣地巴巴那埠的李今英,祖籍广东中山,7岁时随家人返回故乡,自然是被美国文化和五四新文化养育的新女性。梅光迪本是《学衡》发起人,是东南大学反对胡适及北京大学新文化运动时举大旗的人物,却自我沦陷到他们所反对的新文化运动领袖所倡导的自由恋爱、自由婚姻的个性解放的沟壑之中(四年之后吴宓也蹈此覆辙)。这场"师生恋",发生在梅光迪本人和保守的东南大学招收的第一届女生之间,作为首任西洋文学系主任,梅光迪公私难辨,授人以柄。这事当然被张谔等英文系的势力拿来当作攻击的炮弹。梅光迪自掘堤坝,新文化的巨浪倒灌沟壑。内外两大势力不期相遇,从而摧毁了民国大学的第一个西洋文学系。也可以说是一场"师生恋"助力冲垮了一个西洋文学系。

梅光迪在东南大学待不住了,他只好经赵元任推荐远走美国哈佛大学教汉语。最终是梅光迪抛弃了妻儿,"师生恋"修成正果(1927年9月梅光迪在上海与李今英正式结婚。随后的境遇就大不一样了。梅光迪与前妻王葆爱的次子梅燮和在宣城老家,1957年被打成"右派"。梅光迪与李今英所生的长女梅仪慈在美国研究新文学作家丁玲,成为大学教授)。但作为《学衡》发起人和"学衡派"扛大旗者,他再也无力与他反对的胡适之交手了。吴宓从梅光迪那里接过《学衡》的大旗,为了生存,在反对新文化—新文学方面明显收敛了许多。胡适提倡新文化、新道德,主张自由恋爱、自由婚姻,自己却守住包办婚姻,从而获得商务印书馆元老高梦旦等老派文化革新人物的敬重。双方都存在着思想与行为的逆差、冲突(双向交叉逆行),交战时得分却大不相同。这是梅光迪、吴宓的性格悲剧。吴宓的小女儿吴学昭对父亲评价时指出了他的"悲剧性格",并引用 Novalis(诺瓦利斯)的一句话"性格即命运"[①]。

梅光迪孤傲、狷介,眼高手低,在世时只写过几篇文章。胡先骕说梅光迪与胡适之旗鼓相当却输在懒上。眼下一卷本《梅光迪文存》和四十四卷本并不全的《胡适全集》放在一起,作为学人的懒与勤更清楚了。我当然不是以字数多少论学术,这本《梅光迪文存》也实比《论语》多出许多字来。我说他是以

---

① 吴宓:《吴宓自编年谱》,第263页。

反对新文化的姿态出现,却自觉地走上了新文化阵营郭沫若、郁达夫、徐志摩"家庭革命"的路,从此也就失语了。这就是藏在细节中的魔鬼。一个有着宏大文化使命担当的教授,不循于理,却从于情。以反对胡适及新文化—新文学出声的教授,却最先享受到新文化—新文学带来的女子教育、自由恋爱、自由婚姻的"革命性"成果。知人论世、论事,人、事、文互为关联,是我的"学衡派"研究工作的立足点。

这项工作只是我将以前学术研究积累的资料加以整理,并非刻意为之。近二十年来,是这些基本史料支撑着我的"学衡派"研究,并先行完成了《回眸"学衡派"——文化保守主义的现代命运》[1]和《"学衡派"谱系——历史与叙事》;熟悉后,不忍任其散落,于是就有了这份史料的大团圆。

对于已经成为历史的"学衡派"而言,进入其历史深处,或还原其本相,或唤起历史记忆都只是一种相对地说辞,但我以为通过他们立言的报刊,辅以日记、书信佐证,是接近其语境、唤起记忆的最好办法。编年史的最大益处在于它告诫后人历史既不可假设,也不可超越,更无法遗忘。

本文作者系南京大学中文系教授

原载《诗书画》2016年第2期

---

[1] 沈卫威:《回眸"学衡派"——文化保守主义的现代命运》,北京:人民文学出版社,1999年。

新文化的偏差

——20 世纪前 20 年的"新传统主义"与"反传统主义"

邵　建

现代：一个错位的起点

2015 年是新文化运动 100 周年。1915 年 9 月 15 日,《新青年》创刊（该杂志先期名为《青年杂志》），新文化由此启幕。这个影响了中国 100 年的文化运动，长期以来被视为中国现代的开端。中国现代史、现代思想史、文化史、文学史的书写无不以此为起点，但，这未必不是一种历史偏差。

如果通贯 20 世纪的 100 年，可以看到，辛亥革命前的清末十二年，实为华夏现代之始，但这一时段习惯上被视为近代。这一时代思想文化学术上的杰出人物，如严复、康有为、梁启超、王国维等，大体被视为近代人物而非现代人物；正如新文化三杰——陈独秀、胡适和鲁迅，他们才是现代知识分子（而且是第一代），由他们所代表的思想文化亦即新文化才是一种文化现代性。

近代与现代，非止于时间之差，而是价值之异。近代，往往被视为传统到现代的过渡，现代则是其过渡的完成。美国华人学者张灏有一书，名为《梁启超与中国思想的过渡》，考辨梁启超时代为什么是中国思想的过渡，它要过渡到哪里去。清末十二年，梁启超有效地主导了当时的思想舆论，是那个时代影响最大因而也是最重要的思想家。他的政治思想是立宪，文化思想是新民。立宪乃终结皇权专制，新民则培育公民精神。这分别体现了那个时代的政治现代性和文化现代性。如果这样一个组合尚不足以称现代，那么，现代到底又是什么。尤其是，梁启超不但从政治文化两面给这个民族输入新价值，却又立足传统而不抛弃之。因此，由他所代表的清末十二年岂止是 20 世纪现代之始，更乃是正脉。但按照 20 世纪的观念习惯，是梁启超以后的时代，即新文化运动才最终完成了从传统到现代的转型。它终结了传统,开启了一个崭新的现代。因此,新,不但形成我们对新文化运动的事实判断,同时也是肯定意义上的价值判断。其价值就在于它彻底反传统,超越了所谓近代对传统持守的局限,因而革命性地过渡到现代。从20世纪进步主义意识形态来看,近代与现代之别(同时也是新旧之别),大抵如此。

时代的划分,政治从来就是一个重要的维度。以五四为现代起点,本身便是政治划分的结果,因为它引发了新民主主义革命。一部现代史在主流意识形态那里,就是新民主主义的革命史。由于孙中山的辛亥革命被视为旧民主主义革命,故而被划入近代范畴。显然这是胜利者的历史划分。只是政治如果不失为一种划分尺度,它不应该仅仅被简化为胜利者的尺度。如果可以超越党派政治,并着眼于传统政治和现代政治的分野,那么,中国现代政治史的书写,应该以1901年梁启超发表《立宪法议》为发端,因为它引发了其后清末十二年的立宪运动。这不啻是中国政治现代化的先声。

这里简要说明两点:一是中国政治现代化的开始,之所以肇端于20世纪初的清末立宪而非19世纪末的戊戌维新,盖在于后者更多表现为传统性质的变法,它没有触动皇权根本,其主张事项带有明显的行政改革意味而非政治改革。它远不如后来的清末立宪,极为内在地触动了皇权制度根本。虽不推翻皇室,但以宪政框架制约并虚化之,使传统的君主专制转化为现代政治文明性质的君主立宪。故清末十二年的宪政运动,正是1688年英伦"光荣革命"的翻版(虽然功亏一篑),它不独是20世纪的开端,也是中国现代史和现代政治的开端。二是与梁启超清末立宪派同时的孙中山革命派,以共和为目标,试图以暴力革命的方式终结皇权,用民主取代君主,无疑也是一种政治现代性。不同在于,立宪派以英伦现代性为前瞻,革命派踵继的则是法国大革命。这是欧西两种不同版本的现代性在清末竞演。

从政治现代性到文化现代性。清末十二年和五四新文化,不是从近代到现代,而是第次出现的两种不同的现代(性)。1902年,尚在日本的梁启超创办《新民丛报》,至1907年因火而停。这是那个时代影响最大的一份杂志(包括梁启超此前创办的《清议报》)。如果说1915年创办的《新青年》如何影响了时人及后来者,《新民丛报》则同样影响了它那个时代的读者及后人;而且《新青年》的作者群,因为年龄的落差,他们都是读着《新民丛报》的文字成长的(包括胡适和鲁迅)。当然,清末十二年,影响他们的文字不独梁任公,影响更大更深入的还有严复,尤其是他的《天演论》。

这样两份杂志,代表了两个时代。但无论《新民丛报》还是《新青年》,都以"新"自命。一个是要新民,一个是要新青年。它们所谓的新,都是指与传统不同的西方文化。传播西方思想文化是这两个杂志的自觉的使命。其差异在于,相较于《新民丛报》全方位的介绍欧美,《新青年》则比较偏食。它前期较多偏重法国(因其对法国大革命的欣赏),正如后期偏向苏联(因其对十月革命的认同)。当然,更重要的不同在于,它们对传统及传统文化的态度迥然有异。新文化运动的整体性反传统已自不待言。但清末十二年,无论严复还是梁启超,他们对新旧文化的态度都是会通中西、交互阐释。他们从不因为传统文化的旧而欲彻底否定,只是希望通过西方文化的引进从而对其更新。

这就是20世纪的前20年,它不是从传统到近代而现代,而是对传统的态度不同,呈现出性状不同的两种现代。因此,把新文化运动作为现代源起乃是时间的错位,现代发生的时间理应提前。就第一个十年而言,它所体现的现代性方案是推陈出新,从"陈"亦即传统当中推出"新"来。第二个十年的现代性方案毋宁也是推陈出新。但,它的推,不是推出而是推倒,亦即推倒传统,让新横空出世。然而,从传统中出新,是人类文明的自然演化。离开传统的新,是谓无根,而且不可能。故,20世纪前两个十年,清末十二年为正脉,新文化运动则是歧出。

清末十二年的"新传统主义"

"新传统主义"是美国学者张灏在《梁启超与中国思想的过渡》一书结语中提出的一个概念,用以指陈五四新文化运动中的另一股重要思潮,与五四新文化反传统思潮相对抗。"新传统主义只指那样一些人,他们基本上仍认同传统的价值观,他们接受现代西方文明的某些成分,主要将它们作为促进和保存那些有价值的传统价值观的一种方法。"[1]在笔者看来,张灏先生的新传统主义与其用来称谓比如陈独秀与之论战的杜亚泉等文化保守派,还不如直接将其指陈清末十二年的严复、梁启超等。正如有人误将清末严梁等人称为"文化保守主义",但此处的保守主义显然不及"新传统主义"更合适、更准确。要其言,新传统主义及其所指应当在时间上提前到清末,同理,文化保守主义发生的时间则应推后至五四。

---

[1] 张灏:《梁启超与中国思想的过渡》,南京:江苏人民出版社,1995年,第306页。

保守主义是相对激进主义而出现的一种意识形态,它不是主动的而是被动的,不是先发的而是因应的。如果没有法国大革命,就不会有伯克式的反激进的保守主义,故伯克经常被视为西方保守主义的鼻祖。同理,如果没有新文化的全盘反传统,就不会出现所谓的文化保守主义。落实到清末十二年,其时并没有反传统的力量出现。当然,清末并非没有保守主义,但那是政治保守主义而非文化保守主义。政治保守主义是反对孙中山革命派的那些立宪改良的主张(如康梁),文化保守主义要迟至新文化运动出现方才出场。就清末那些全力介绍西方思想的严梁等人而言,他们对传统的态度无一不是革新传统而非抛弃传统。可以说他们是新传统主义(相对于当时保守的排外势力而言),却不宜指其为文化保守主义。当然,到了新文化运动那里,时移事易,严梁等人则由此前的新传统主义转化为文化保守主义,因为这时他们面对的已不是清末极端保守派,而是激进反传统的现代派。从新传统主义(革新传统)到文化保守主义(持守传统),学界习惯上指责他们早年进步,晚年趋于保守即落后,这显然是无知之论。严梁等人在不同的时代,面对不同的对立面,自然表现出不同的因应,呈现为不同的侧重。西学新进,面对传统积弊和守旧阻力,不免大张鼓吹,故给人以新字当头的印象。相反,新文化运动欲摧毁传统而后快,他们以保守持正的声音匡其时弊,故让一味趋新之人觉其落伍。其实变化的未必是他们,而是时代。就其一贯而言,他们在文化上的基本价值取向未曾有根本性的变化;并且于前后两种极端之间,始终体现的是中道。

新传统主义的出现,是后发现代化民族国家对欧美现代化冲击所形成的一种刺激反应。1840年以后,一代代士大夫深感不引介西方文明、不变革自身传统则无以应付"三千年未有之变局"。除极端守旧者外,士大夫阶层基本上都意识到危机的进逼,都自觉主动地面向西方文明,务以引进为新,或科技或政治或文化。但,咸与维新,并非问题全部。这里值得注意的,是其中两种不同的主张。

一是中体西用。这是包括王韬、冯桂芬、沈寿康、张之洞等在内的许多人的文化主张,晚清很流行。1898年张之洞于《劝学篇·设学第三》中规划办学要略:"一曰新、旧兼学。四书五经、中国史事、政书、地图为旧学,西政、西艺、西史为新学。旧学为体,新学为用,不使偏废。"①这便是后来广为人所传播的"中学为体,西学为用"(具体提出者是沈寿康,但张影响更大)。在张看来,学与政的关系是"其表在政,其里在学"②;学以致政,政教合一。由于张氏坚持

---

① 张之洞:《劝学篇》,桂林:广西师范大学出版社,2008年,第76页。
② 张之洞:《劝学篇》,第2页。

"三纲为中国神圣相传之至教,礼政之原本"①,故,中学为体,西学为用,便是以儒家纲常名教为治学和治政的根本,以西学补其不足。至于西学中的西政西艺,则见张之洞办学的另一要略:"一曰政、艺兼学,学校地理、度支赋税、武备律例、劝工通商,西政也;算绘矿医、声光化电,西艺也。"②大致我们今天所谓的自然科学,即张之眼中西艺也,西政则大体偏于相关的社会科学以及各种政府事务,而非指西方的政治制度。制度是自己的,学问是人家的。无论是西方的自然科学、社会科学还是其他,无不可以为我所用;但董仲舒以来的儒家纲常名教制度,则"道之大原出于天,天不变道亦不变"。这便是张之洞中体西用思想的基本内涵。

二是执西用中。这是严复在与他的门生通信中提出的观点。其原文为:"士生蜕化时代,一切事殆莫不然,依乎天理,执西用中,无一定死法,止于至善而已。"③至于当时流行的中体西用,严复认为不通。1902年他在《与〈外交报〉主人书》中即指出其不通之处:"体用者,即一物而言之也。有牛之体,则有负重之用;有马之体,则有致远之用。未闻以牛为体,以马为用者也。……故中学有中学之体用,西学有西学之体用。分之则并立,合之则两亡。"④故而,在比喻的意义上,严复认为:"使所取以辅者与所主者绝不同物,将无异取骥之四蹄,以附牛之项颈,从而责千里焉,固不可得,而田陇之功,又以废也。"对中体西用的解构,当然不是抛弃传统。"然则今之教育,将尽去吾国之旧,以谋西人之新欤?曰:是又不然。英人摩利之言曰:'变法之难,在去其旧染矣,而能择其所善者而存之。'"故,正确的方略是:"统新故而视其通,包中外而计其全。"严复认为,只要于民力民智民德有所裨益(这是严复认为当时中国亟待解决的问题),"不暇问其中若西也,不必计其新若故也"。⑤

同样作为新传统主义,"执西用中"与"中体西用"的不同,不在于不引介西学,而是反对中学为体。如其上,在张之洞等人那里,传统政学互为表里,它指的是汉儒董仲舒以来的纲常名教。1906年清廷学部按照中体西用的原则颁定国家办学宗旨,"忠君"具首。此即所有西学皆可以为忠君制度所用,惟忠君本身乃体用之体,不得动摇。然而,严复的执西用中动摇的恰恰是这个

---

① 张之洞:《劝学篇》,第2—3页。
② 同上,第76页。
③ 严复:《严复集》第3册,北京:中华书局,1986年,第615页。
④ 同上,第558—559页。
⑤ 同上,第560页。

体。如果读严复的《辟韩》,它所批判的正是韩愈的忠君思想。在严复眼里,君是民用自己的赋税养活的,如果它不能为民去除各种患害且自身成为患害,那就要从制度上废君。这样的思想是张之洞等不可想象的。所以,严复的新传统主义,不但西艺西学西政,都可以执而为中所用;关键更在于对传统进行制度更新。制度本身也是一个体用结构,1895年严复在《原强》一文中指出西洋之所以强盛,"推求其故,盖彼以自由为体,以民主为用。"① 这样一个体用结构,乃西洋之所有,中国之所无(民主)。故同样可以按执西用中之原则,纳于国中。可见"自由为体,民主为用",所以不同于中学为体,西学为用,即它不是以"中学"即忠君那一套为体,而是以"中"为体,这个体就是所谓中国或中华民族之本身。此体非彼体,它要突破以传统政学为体且政教合一的藩篱,将自由民主制度作为更新传统的根本。

严复式的新传统主义,另一代表人物是梁启超。1898年戊戌变法期间,由梁启超参与起草的"奏拟京师大学堂章程",在言及中西文化时强调"中西并重,观其会通,无得偏废"。② 这一思想我们可以从1902年梁启超《新民说》第三节"释新民之义"中看到更具体也更精彩的阐发。它的精彩与其说在于对西方的引进,不如说更在于强调对传统的持守:"新民云者,非欲吾民尽弃其旧以从人也。新之义有二,一曰淬厉其所本有而新之,二曰采补其所本无而新之。"③ 采补本无即援引西学,固然为新。但新的另一面更值得我们注意,它不是外来,而是旧有。淬厉固有而使其一新,这是一种积极的新传统主义。淬是锻炼,厉是砥砺,以这种方式使古老的传统不断更新。在这个意义上,梁启超甚至自称守旧主义者:"吾所患不在守旧,而患无真能守旧者。真能守旧者何,即吾所谓淬厉固有之谓也。"在强调守旧的意义后,梁启超纵论守旧与进取两者间的关系:"世界上万事之现象,不外两大主义,一曰保守,二曰进取。"有人认为"两者并起而相冲突",但梁却主张"两者并存而相调和"。这是新与旧的调和,中西文化的调和,也是传统与现代的调和。在此,梁启超特别推崇欧西英伦的盎格鲁撒克逊人,认为他们是伟大的"善调和者"。他很形象地为他的调和论张目:进取与保守,"譬之颐步,以一足立,以一足行;譬之拾物,以一手握,以一手取"。人之行走,设若去掉保守之一足,或没有它的支撑,又何以进前。相映成趣的是,前此

---

① 严复:《严复集》第1册上,第11页。
② 北京大学校史研究室:《北京大学史料》第1卷,北京:北京大学出版社,1993年,第82页。
③ 梁启超:《饮冰室合集(6)·饮冰室专集之四》,北京:中华书局,1989年,第5—7页。

严复在《主客平议》中也有过相同的论述:"非新无以为进,非旧无以为守。且守且进,此其国之所以骏发而又治安也。"①最后,梁启超的结论是:"吾所谓新民者,必非如醉心西风者流,蔑弃吾数千年之道德学术风俗,以求伍于他人。亦非如墨守故纸者流,谓仅抱此数千年之道德学术风俗,遂足以立于大地也。"

　　清末十二年是 20 世纪中国的黄金时代,担纲这一时代的思想政治人物,如严梁等,都是传统的士君子。由于 1905 年清廷宣布废除科举,年轻人纷纷出国留学,因而成就了从东洋和西洋回来的"第一代知识分子"。相比而言,严梁等人可谓中国历史上"最后一代士绅"。这样一个群体,精彩在于,自"旧"的一面言,他们的身份往往是双重的,既是文化保守主义者,又是政治保守主义者。自"新"的一面言,他们对传统的革新,均是从制度层面入手,意欲借鉴西方的"自由为体,民主为用",以改造传统的儒家政治。严复是中国第一代自由主义者,他翻译的现代自由主义经典《自由论》,于 1903 年由商务印书馆出版,这意味着中国自由主义时代的开启。梁启超是中国第一代宪政主义者,1901 年他的《立宪法议》发表,引发了数年后国内轰轰烈烈的宪政主义运动。任公本人始终是这一运动的舆论领袖。自由与宪政的关系,正如哈耶克所称许的那样:"剥离掉一切表层以后,自由主义就是宪政。"②以制度化的宪政保障个人自由并规范传统的政治权力,是 20 世纪中国自由主义或宪政主义第一波。严梁等人不但在知识上传播自由主义和宪政主义,他们以其自身的言动也很好地体现了自由主义的文化宽容包括政治宽容。如在新旧关系上,严复认为"惟新旧无得以相强,则自由精义之所存也"③。新旧相容而并非彼此强制,这才是自由主义的精髓。虽然他们生活在传统政治占主导地位的时代,但他们在文化和政治上的努力,却为 20 世纪的历史开了一个很端正的头,这是一个自由主义的头(或文化上的自由主义以及政治上的宪政主义)。如果以清末十二年比况后来的历史,一个公道的评价应该是,由严梁等"最后一代士绅"所开风气的时代,是 20 世纪传统中国的"现代之始"。

新文化运动的"反传统主义"

　　五四新文化运动发生在 20 世纪第二个十年,它的时段大致为《新青年》

---

① 严复:《严复集》第 1 册上,第 119 页。
② 哈耶克:《自由秩序原理》上,北京:生活・读书・新知三联书店,1997 年,第 243 页。
③ 同①。

发刊的1915年至五四运动发生的1919年乃至20世纪20年代初。时移世易,20世纪第二个十年,国内风气,为之一变。活跃在历史舞台上的,已经不复是严梁等"最后一代士绅",他们已经成了前朝人物。取代他们的则是与科举切割并有留洋背景的所谓现代知识人,如陈独秀、胡适、鲁迅等。他们不妨是20世纪中国"第一代知识分子"。和上一代的传统士绅不同,他们在政治和文化上(尤其后者)都具有浓厚的激进主义色彩。政治上他们无不认同业已发生了的辛亥革命。相对于清末立宪而言,这本是20世纪政治现代性的歧出。文化上,由他们发动并代表的新文化运动,和清末新传统主义最大的不同,就是激进地反传统。故新文化运动是一种反传统主义的新文化。

显然,文化上反传统,而且是全盘否定式的整体性反传统,也是一种现代性。如果可以借用杜威的概念,这不妨是一种"极端的现代性"。1926年10月,胡适在英国伦敦收到他的老师杜威一封信,信中有这样一段表述:"两年前我在土耳其讲演时,就注意到这两个国家以及中国,存在一些共同的倾向,例如,革命,民族主义,排外,害怕外来势力的侵略,极端的现代主义以及极端的中世纪主义……"①杜威1919年来过中国,并待了长达两年之久,无疑他的观察是深刻的。革命、民族主义、排外和反帝,正是五四新文化运动以来中国普遍流行的社会症候,并吸引了众多的青年。至于"极端的现代主义",杜威虽未作内涵上的阐释,但用以指陈五四新文化所表现出来的文化品格,不妨也是可以成立的。五四新文化的新,是彻底断绝传统的新,因而是一种空前性质的全新。因此,由它构成的新与旧二元对立、无以两存的现代,便是一种极端的现代(这里可以率先用鲁迅的话演示:"那就是将'宗教,家庭,财产,祖国,礼教……一切神圣不可侵犯'的东西,都像粪一般抛掉,而一个簇新的,真正空前的社会制度从地狱底里涌现而出。"②)。相对于此前从传统中演化而出的现代,这种现代便是一种极端的现代,并且是现代的歧出。

《新青年》第一号开篇有一题为"新旧问题"的文章(作者汪叔潜),它奠定了这份杂志乃至由此推广开去的五四新文化的反传统基调。文章开篇即认为政治有新政治和旧政治,同样学问有新学问和旧学问,道德亦有新道德和旧道德,包括交际应酬有新仪式和旧仪式等。从国家到社会,"无事无物不呈新旧之二象"。这本来是宇宙世界的常态,但作者奉持的态度是"新旧二者,绝

---

① 《胡适日记全编》卷4,合肥:安徽教育出版社,2001年,第385页。
② 《鲁迅全集》第四卷,北京:人民文学出版社,1982年,第426页。

对不能相容"。在该文看来,"所谓新者无他,即外来之西洋文化也;所谓旧者无他,即中国固有之文化也。"那么,"西洋文化和中国文化根本上是否可以相容?"这是该文自问,它的回答是:"二者根本相违,绝无调和折衷之余地";而且"新旧之不能相容,更甚于水火冰炭之不能相入也。"这样的表述其实是五四新文化对清末十二年的一个批判。当年严梁等人俱奉持中西文化调和论,但在该文,调和即折衷:"以为二者可以并行不悖。新者固在所取法,旧者亦未可偏废。"针对严梁等这种本来是正确的文化主张,作者的态度毫不含糊:"吾恶夫作伪,吾恶夫盲从,吾尤恶夫折衷。"①

五四新文化一代是对清末上一代的反叛。以上这种二元对立式的绝对主义表述,并非个别,它是《新青年》的主导思维,甚至主导了那个时代。陈独秀是《新青年》的创办人和主办人,在新旧问题上,他与上文不但同调,甚至语言都一样。《新青年》创刊的头条文章是陈独秀自己的《敬告青年》,其中陈认为中国传统固步自封,"举凡残民害理之妖言,率能征之故训,而不可谓诬。谬种流传,岂自今始!固有之伦理,法律,学术,礼俗,无一非封建制度之遗"②。从伦理到礼俗,这是一种整体性的反传统。如果说以上梁启超认为"所谓新民者,必非如醉心西风者流,蔑弃吾数千年之道德学术风俗,以求伍于他人";那么陈独秀在《今日中国之政治问题》中恰恰认为"无论政治学术道德文章,西洋的法子和中国的法子,绝对是两样,断断不可调和迁就的"。"因为新旧两种法子,好像水火冰炭,断然不能相容。要想两样并行,必致弄得非牛非马,一样不成。"③这种整体性还表现在如果你反对传统政治,那么政治以外的传统的一切,都得成为反对对象。在《吾人最后之觉悟》中,陈独秀声称:"吾人果欲于政治上采用共和立宪制,复欲于伦理上保守纲常阶级制,以收新旧调和之效,自家冲撞,此绝对不可能之事。"他的态度是,"绝对不可相容之物,存其一必废其一……焉有并行之余地。"④如果说传统伦理与政治尚有一定的联系,那么文学呢?《新青年》的推论是,反对旧政治,必定反对旧文学。五四新文化最重要的标志之一,便是以白话文为写作语体的新文学。胡适等人推广白话文和新文学固然有其历史功绩,但他们对旧文学的态度却是以进化论的理由视其为淘汰物。旧文学不但是淘汰的对象,更在于他们认为反对旧政治,

---

① 《新青年》第1卷,银川:宁夏人民出版社,2011年,第4—16页。
② 同上,第2页。
③ 《新青年》第5卷,第2页。
④ 同①,第337页。

不可能不同时反对旧文学。因为"旧文学,旧政治,旧伦理,本是一家眷属,固不得去此而取彼。"①这是由胡适和陈独秀联合署名的答读者来信(《论〈新青年〉之主张》),只要视之为旧,一样都不能保留,"须一律扫除"(此乃本文中的读者来信之语)。这就是五四新文化反传统的整体主义逻辑。

新旧不相容,现代与传统不两存,这种二元对立的思维,必然导致专制主义倾向的一元独断,它是反自由主义的。如果以上严复"惟新旧无得以相强,则自由精义之所存也";那么,当新以现代的名义对旧进行强制性的压倒,自由主义将不复存在。《新青年》当时以反专制名世,殊不知它自己的文化表现就具有一种专制性,"新"的专制(尽管它尚未获取权力)。传统文化以孔门儒家为主体,五四新文化的反传统其实就是反孔,比如四川吴虞在《新青年》发表反孔文章,被胡适称赞为"只手打孔家店的老英雄"。1916年,《新青年》第三号有陈独秀的《宪法与孔教》,声称:为了"组织西洋式之新社会,以求适今世之生存",不但需要输入西学,而且"对于与此新社会新国家新信仰不可相容之孔教,不可不有彻底之觉悟,勇猛之决心;否则不塞不流,不止不行!"②另外,以上胡陈联署的答读者来信,针对该读者的看法,即提倡新文学不必破坏旧文学,两者可以各行其道;胡陈回答是:"鄙意却以为不塞不流,不止不行,犹之欲兴学校,必废科举"③;此即推广新文学就必须堵塞和禁止旧文学。"不塞不流,不止不行",此语出自唐韩愈的《原道》。当时佛老流行,儒道不兴。为了兴儒辟佛,韩愈将儒佛视为势不两立,强调佛不堵塞则儒不得流通,佛不禁止则儒不得推行。这就是二元对立中的一元独断,它们的关系是你死我活。20世纪60年代,中国发生"文化大革命",传统文化受到摧毁性的冲击。在"文革""破四旧、立四新"即破除旧思想、旧文化、旧风俗、旧习惯的运动中,不破不立,不塞不流,不止不行,作为最响亮的口号到处流行(尤其是其中的不破不立)。从五四新文化到"文革"破四旧,前者从观念上摧毁传统文化,后者则以运动的方式将其实现。历史就是这样草蛇灰线,从"文革"那里不难看到五四新文化的逻辑。

由二元对立到一元独断的绝对主义和全盘反传统的整体主义,如果说这是《新青年》的文化逻辑,那么,这一逻辑的观念原点则是它所奉持的"进步

---

① 《新青年》第5卷,第336页。
② 同上,第146页。
③ 同①。

论"。《新青年》开篇《敬告青年》第二部分的题目是"进步的而非保守的"："人生如逆水行舟,不进则退,中国之恒言也。自宇宙之根本大法言之,森罗万象,无日不在演进之途,万无保守现状之理。"如果比较以上梁启超的"譬之蹞步,以一足立,以一足行",进步与保守,乃相辅相成;但在《新青年》这里,它们却成了对立形态的非此即彼。所以,陈独秀"吾宁忍过去国粹之消亡,而不忍现在及将来之民族,不适世界之生存而归削灭也"[①]。进步论如此广泛地影响了不止一代的中国知识人,五四知识分子则是受其影响最大的一批。进步论本身不是来自五四新文化运动,而是来自清末十二年。是严复翻译赫胥黎的《天演论》传播了达尔文的进化思想,正如他也翻译了密尔的《论自由》。不幸在于,不是《论自由》而是《天演论》左右了当时的时代,五四知识人不但陷入进步焦虑,更患上了可怕的进步综合征。新的一律好,旧的一律坏,为了进步而彻底排斥保守与传统,直接导致五四新文化的偏至。这种反常识的偏至,常人都能看出,但五四知识分子自己却陷溺其中难以自知。胡适留学时有一则日记,颇能说明这一问题:时在美国的胡适"偶语韦女士吾国士夫不拒新思想,因举《天演论》为证。达尔文《物种由来》之出世也,西方之守旧者争驳击之,历半世纪而未衰。及其东来,乃风靡吾国,无有拒力。廿年来,'天择''竞存'诸名词乃成口头禅语。女士曰:'此亦未必为中国士夫之长处。西方人士不肯人云亦云,而必经几许试验证据辩难,而后成为定论。东方人士习于崇奉宗匠之言,苟其动听,便成圭臬。西方之不轻受新思想也,未必是其短处;东方之轻受之也,未必是其长处也。'"[②] 旁观者清,韦女士所言非但正中肯綮,而且更像是对五四新文化的一个预言。五四新文化除了反传统,它的另一病象即是接引外来文化的"轻受之短"。

在此篇日记最后,胡适表达自己的感慨:"今之倡言'物竞天择'者,有几人能真知进化论之科学的根据耶?"这其实也包括了胡适自己。达尔文的进化论并非进步论;然而五四人新文化普遍把进化论化约为进步论,这是误读。进化是演化,它没有目的和方向。进步不然,它是线性的,有着明确的方向和目标。在进步论看来,新的就是好的,它代表了未来的历史方向。相反,旧的则必须淘汰(因为进步论的线性链条只有时间维度没有空间维度,它不会给旧留下任何存在的余地)。所以,五四新文化的反传统必然是绝对主义和整体主义的。

[①]《新青年》第1卷,第2页。
[②]《胡适日记全编》卷2,第128页。

如其上,如果说绝对主义已然带有专制色彩,整体主义则更蕴含着极权主义亦即全权主义的倾向。不但如此,《新青年》一味弃旧趋新,即使西方如英美已经是进步论意义上的旧。取代它们并对其选择的则是由法国大革命而来的俄国革命,这才是五四新文化眼中的西方之最新。所谓"轻受之短",即指此也。它在中国这"第一代知识分子"那里表现得很普遍,陈独秀、胡适和鲁迅等无一豁免。由此可见,20世纪第二个十年,五四新文化也就做了两件事。第一件事是破,即从文化观念上彻底反传统(从创刊到1917至1919年);第二件事是立,乃从制度观念上一味法苏俄(从1917/1919至1920年以后)。这一破一立两件事,一前一后,构成了20世纪第二个十年中五四新文化的历史。

我们需要什么样的现代

今天,20世纪已然过去。决定一个世纪历史的,往往在于它的开头。20世纪前20年,作为中国现代之始,它其实给我们开了两个头。严梁等"末代之士"的第一个十年给20世纪开了一个自由主义的头;五四"第一代知识分子"的第二个十年,则给这个世纪开了一个俄苏式社会主义的头。后者如果是五四新文化的后期作为且是政治论,不妨搁下。那么,前期它的文化表现非但不是自由主义的,而是反自由主义的;并且由于对传统的整体性反对,使它在极权主义未入中土之前,自身已具备契合的可能。整体论的思维便是极权论的思维。极权主义的思维逻辑,在《新青年》的反传统中已经潜形,它为以后的历史埋下了伏笔。

清末正脉,新文化歧出。从新传统主义到反传统主义,后来历史的发展,沿着新文化的歧出一路下行。前此政治的歧出加上文化的歧出,国家任督二脉俱被打破。当然,新文化以后包括新文化在内的历史,你可以说它是进步,也可以说它是以进步的名义倒退(这在于每个人奉持的历史观)。至于活跃在清末十二年间的"最后一代士绅",自进入民国之后,逐渐被边缘化,老的老、死的死。他们的主张,包括文化的和政治的,俱成为一种"被放弃了的选择"(黄克武),终在中国现代史上销声匿迹。不但大陆这边的主流现代史是从五四新文化开始书写;即便对面台岛,1999年为纪念五四80周年而推出的十卷本"现代中国自由主义资料选编"(编者云是为《现代中国自由主义史》作资料准备),居然也是从五四新文化开始。它给人的错觉是,现代中国的自由主义始于五四新文化(严梁等20世纪第一代自由主义完全抛弃在视野之外)。这就是五四新文化的影响。问题在于,如果五四新文化所处的北洋时代依然是一个自由的时代,但五四新文化本身却不是自由主义的。自由即宽容,思想的宽容和文化的宽容是自由主义题中应有之义。但身为新文化人物的胡适走出五四不久,很快就感受到那个时代的极端不宽容了。1925年胡适致信陈独秀,内中感言:"这几年以来,却很不同了。不容忍的空气充满了国中。并不是旧势力的不容忍,他们早已没有摧残异己的能力了。最不容忍的乃是一班自命为最新的人。"对此,胡适坦承自己"实在有点悲观。我怕的是这种不容忍的风气造成之后,这个社会将要变成一个更残忍更惨酷的社会,我们爱自由争自由的人怕没有立足容身之地了。"①后来的历史果然如此。

"旧者因噎而食废,新者歧多而羊亡。"②(张之洞《劝学篇·序》)对20世纪篇而言,前者没有成为问题,问题出在后者。然而,我们对后者的态度始终缺乏一个根本性的体认。如果1915年是五四新文化创始之年,1919年为其高潮;那么,一个世纪过去,从2015始,至2019止,由于这是五四新文化百年之诞,可以想见,新一轮的纪念陆续会在两岸知识界铺开。好在这些年来,在纪念五四新文化的同时,反思的声音也不断出现(尽管很边缘)。以反思的眼光看五四新文化,以及以反思的眼光看受五四新文化影响的20世纪,至少这种反传统主义的现代,抑或极端的现代,应该成为我们今天全面反思历史的镜鉴。现代是一个过程,其中内含着各种各样的现代性。英伦光荣革命是一种现代性,美国以宪法立国的宪法修正案是一种现代性,法国大革命也是一种现代性,俄国革命同样是一种现代性,无不属于可以成为我们价值选择的现代性。那么,我们到底应当选择一种什么样的现代性,不是五四新文化而是清末十二年,不独在对传统文化的态度上,而且在对外来文化的选择上,后者都可以给我们以纠偏性的启迪。

穿越五四新文化,回望清末,接引传统。自"文革"过后,传统不再是一个整体性否定的对象。反过来,今天甚至有的学人主张"通三统",或弘扬儒家宪政等,体制本身也在不断强调来自儒家的德治。这是从政治层面让儒家回归。对此,需要注意的是,正如我们反对五四新文化对传统的全面排斥,同样也反对对传统的全面抱持。万物无不负阴而抱阳,对西方文化有一个价值选择的问题,对传统本身亦当如是。因此,如何面对传统,同样是清末十二年,当

---

① 胡适:《胡适来往书信选》上,香港:中华书局香港分局,1983年,第360页。
② 张之洞:《劝学篇》序,第2页。

时的两种路径,依然需要我们今天仔细斟酌。张之洞的"中学为体,西学为用",是以儒家的纲常名教为体,这是儒家政治的制度核心,无法亦不能施之于21世纪的今天。今天弘扬儒家宪政其实就是弘扬儒家政治,这是当年张之洞的老路。张之洞当年没能走通,今天亦难。同样,当年没能走通而今天需要赓续的,恰恰是张之洞之外的严复、梁启超的道路。严梁等人会通中西,权衡新旧。文化上他们认可传统,制度上他们试图以英伦的自由更新传统。这就是严复的"自由为体,民主为用"。所谓"新传统主义",要义正在于此。

秉承严梁思路,同时针对张之洞影响甚大的"中体西用",笔者于2007年曾借用张氏八字句表达过这样一个看法:"中学为私,西学为公"[1]。人的生活不是铁板一块,至少可以划分为私人领域和公共领域。在私人领域亦即我们的日常生活中,不妨更多地保持传统文化的某些内容,此即"中学为私"。至于在制度层面的公共领域,则主张努力构建现代政治文明,接续隔了一个世纪的严梁未竟之业,这就是"西学为公"。把张之洞的体用模式转换为这里的公私结构,是因为人的私人生活和公共生活是两个空间,虽有联系,但不宜混淆。私人生活要自由,正如公共生活要民主。这正是严复"自由为体,民主为用"的含义。传统社会虽有自由,但缺乏制度保障。保障个人自由的是宪法,因为它限制的是最容易侵犯个人自由的政治权力。梁启超当年之所以全力推进清末立宪,盖在于自由优先即宪政优先。在宪政的框架下继而推进民主,而非脱离宪政或宪政阙失的民主先行,这便是严梁等人清末时的政改路线图。

以上文字探讨20世纪中国现代化的文明进程,它不是截断历史,从后来的五四新文化起论,而是往前推,勾陈被历史遮蔽了的清末十二年,并将20世纪作一整体观。同时比较前后两个十年的"新传统主义"和"反传统主义",这样的对比是意味深长的。100年前,它们各自为20世纪开了两个不同的头,从而影响了后来的历史。当下我们正处于21世纪的前20年,面对100年前的两种现代和后来弯曲的百年史,对我们来说,便存在着一种可以影响本世纪的选择。现代,抑或现代的歧出,但愿历史让我们变得更成熟些,以使我们今天的选择可以不负21世纪。

本文作者系南京晓庄学院中文系教授

原载《探索与争鸣》2015年第1期

---

[1] 邵建:《中学为私　西学为公》,《南方都市报》,2007年9月25日。

近代重建中国文明的一次思想努力
——论新文化运动时期杜亚泉"统整"型的文明重建思想

蒋先欢

中华民族的伟大复兴不仅体现在经济和军事等物质层面的富强,而尤其应该体现在文明价值的普遍道德感召力。在1919年,胡适讲:"新思潮的唯一目的是什么呢?是再造文明!"[①]百年前的新文化运动,在胡适看来就是一场文明再造之探索。我们不妨回眸新文化运动,总结先贤们留下的思想遗产,以作为今日中国文明再造探索再出发的思想资源。

新文化运动"必须通过它的多重面相性和多重方向性来获得解释"[②],新文化运动中不仅有以陈独秀为代表的民主与科学的启蒙,还有以杜亚泉为代表的稳健型"另一种启蒙"。他在反思民初共和危机和西方文明的基础上,提出了以本土文化(绳索)贯串西洋文化(散钱)的"统整"型文明重建路径,与陈独秀等人激烈反传统的西化主义文化观大异其趣。本文作为一项思想史的研究,将重点研究杜亚泉如何在反思民初共和危机以及中西文明的基础上提出"统整型"的中国文明重建之路的。

对民初共和危机的反思

在追求现代化的过程中,如何让所引进之西方文化与本土固有文化有机统一而不至于"水土不服"?这个问题在辛亥革命之后尤其凸显其紧迫性。辛亥革命推翻了延续千年的帝制后,新生的民国引进了几乎一整套的西方式现代政治体系,包括政党、民主立宪、议会、总统、内阁等现代制度,然而,由于

---

① 胡适:《新思潮的意义》,《新青年》第7卷第1号,1919年12月1日。
② 余英时:《重寻胡适历程——胡适生平与思想再思考》,上海:上海三联书店,2012年,第268页。

袁世凯的弄权专断,很快使得民初的现代政治实践遭到了摧残,民国的共和,只是"共和幻象"。

杜亚泉睿智地看到了民初的共和危机源于从西方引进的各种现代政治制度因其不能与中国的政治传统有机统一,从而导致"国本"动摇,国家延续性面临巨大挑战。在他看来,民初的乱象"非无文明之为患,乃不能适用文明之为患;亦非输入新文明之为患,乃不能调和旧文明之为患"①。他进一步指出,要解决这种政治混乱的局面,需要重视从西方引入之制度与中国传统之融会贯通。

基于这种认识,杜亚泉对民初共和体制进行了深刻反思。他首先反思了民初的政党制度。早在民国初年(1911年)就开始注意政党问题,他反驳了那些认为政党没必要存在的观点,指出政党政治是宪政制度运动的必要条件,"有宪政而无政党,犹之航海者无灯塔无磁针,将不知其所向,而政治且因以紊乱矣"②。他进而将政党的目的定位为"调查政务、研究政策、指导国民"③,但民初出现的政党徒具政党之形,而不具有政党的本来应有的凝聚国家共识之功能。为了一己之私利的纷争,有以党派政见凌驾于国家大局者,有为地方之局部利益而互相对立者,演成国会的同室操戈,这些政党在国家危亡之际毫不顾忌国家政权统一。因此,杜亚泉认为政党不应该以地域和党派来指导自己的政治行动,而应该"以主义结合,非情感结合"④,就主义而言,杜亚泉认为不外保守党与进步党,进步保守两党,应该在相扶相助共同协力配合中健全民族宪政。进步过于急速则危险,而保守过甚则流于退弱。"若二党不失其平衡,则宪政愈形其圆满。"进步主义和保守主义是宪政政体必不可缺的两种力量,其功能各有不同,但都在调节平衡之中支撑着宪政制度的良好运行。杜亚泉并不是要反对民主共和制度在中国的运行以拥护帝制,相反,他是民主共和的热烈拥护者,只是对民主共和在中国实现的条件进行了冷峻反思,他认为,民初的共和危机是民国的政治建构与中国的政治传统无法形成有机统一的结果。

除了政党政治问题之外,杜亚泉还尤为关注国家的统一问题。1915年,杜亚泉发表《自治之商榷》,对民国以降的地方自治制度进行了反思:

---

① 许纪霖、田建业编:《杜亚泉文存》,上海:上海教育出版社,2003年,第275页。
② 同上,第139页。
③ 同上,第140页。
④ 同上,第141页。

"盖自治者,乃授一般人民以自治其事之权,而吾国普通人民之学识经历,方在幼稚,故不可不有所指导而限制之。"①杜亚泉认为,在国民学识"方在幼稚"的条件下,提倡民主宪政建设可能导致国家的分裂并由此导致国家独立地位的丧失。1916年,他在《集权与分权》一文中讨论反思了民初的分权不利于国家之统一:"分权太甚,对外之实力益弱,且各省之间难保不发生冲突至破坏国家之统一。"②之后,杜亚泉关注国家统一的认识又逐渐从国内政治制度之安排转向国家的外部生存环境。针对当时民主宪政的"政治主义"不能适应当时国家政权统一的需要,杜亚泉在《论民主立宪之政治主义不适于现今之时势》一文中提出要使这种过程尽快完成以进入"国家主义"时代,认为20世纪中国之紧急任务是要谋求政治的独立和统一,而非斤斤计较于西方人19世纪的任务,"国民苟斤斤于政治主义。则必生邻国之觊觎而招外交之屈辱。"③西方的政治制度的引入,需要与中国的具体国情相适应。他认为时下中国急切需要解决的问题是国家的统一和整合,若只关注政治主义而不重视国家主义,只会导致国家大事"为党人政客所误,或为官僚武人之所厄,而不能自拔"④,徒让国家主义不能发扬,不能适应20世纪之时势要求。

在杜亚泉看来,民初政治制度如宪法、政党、自治等,与中国的政治传统不能适应,故产生了诸多乱象。杜亚泉对民初共和危机的反思体现出其对共和制度得以良好运行所必需的"人心"即心灵秩序的高度重视。他认为,正确的改革路径必须要从人心的变革入手,"盖改革云者,不徒改革其国体,且当改革其人心。而人心之改革,须由渐渍,非如国体之易易。"⑤政治体制的引入需要有国民共同认可并与传统相延续,要与本土文化形成有机统一。

对中西文明的对比反思

晚清至新文化运动时期,中国思想界对西方文明的态度发生了重大转变。

---

① 高劳:《自治之商榷》,《东方杂志》,第12卷第2号,1915年2月。
② 伧父:《集权与分权》,《东方杂志》,第13卷第7号,1916年7月10日。
③ 伧父:《论民主立宪之政治主义不适于现今之时势》,《东方杂志》,第13卷第9号,1916年9月10日。
④ 同上。
⑤ 许纪霖、田建业编:《杜亚泉文存》,第202页。

这个转变是由"一战"引起的,"一战""击破了晚清已降中国知识人创造的近于完美的西方形象"①。新文化运动时期的思想家,特别是杜亚泉、梁启超、梁漱溟等文化保守主义者,开始了对西方文明的反思,认为西方文明不是中国学习的"模范文明",希望在中西文明双重反思的基础上实现中西文明的调和。他们不再唯西方文明是从,而是"不约而同地将中国传统的再认识与对人类普遍道路的思考关联起来。"②这是一种"以西评中"和"以中衡西"相结合的中西文明双重反思文明重建意识③,由此开启了重建一条异于西方文明、具有中国文化性格并具有人类普遍价值的东方文明之路。

高力克教授指出:"在五四知识界,杜是最早从欧洲大战中预见西方文化之困境及其思潮转换趋向的思想家,他先于梁启超之《欧游心影录》而早在新文化运动之初已预言了西方文化的危机。"④但实际上,杜亚泉在1913年发表的《现代文明之弱点》一文中,就已意识到物质文明存在利弊的两面性,"物质文明之影响于人类,利弊亦复互见"⑤,中国引入西方物质文明,应该受其利而除其弊。

之后,随着一战的爆发,杜亚泉对西方文明的反思逐渐深入,尤其是在对一战中西方国家所体现的强力主义和极端国家主义。1915年,他在《社会协力主义》一文中批判了极端的国家主义和极端的平和主义,认为各国应该主张协力主义。他认为"协力主义为平和的国家主义",是一种相互依赖、相互获益的国家主义,这种主义既不废弃自己的国家主义,也不排斥他国得以立国的国家主义。⑥ 随后,他先后发表了《等差法》《国家自卫论》《未来之世局》《金权与兵权》《国家主义之考虑》等文章,深刻反思了西方强力主义的国家主义给世界和平秩序以及自己国家的人民所造成的危害。在反思西方强力主义方面,他尤以批判德意志的国家主义作为着力。他认为,在弱肉强食的时代,国家主义作为生存之道,"诚不能不提倡此主义"⑦,但如德意志那般提倡国家主义,则会导致国内人民道德秩序失落,视"公法"为无用之物,人间的一切正

---

① 汪晖:《文化与政治的变奏:一战与中国的"思想战"》,上海:上海人民出版社,2014年,第9页。
② 同上,第4页。
③ 高力克:《调适的智慧》,杭州:浙江人民出版社,1998年,第43页。
④ 高力克:《重评杜亚泉与陈独秀的东西文化论战》,《近代史研究》,1994年第7期。
⑤ 许纪霖、田建业编:《杜亚泉文存》,第274页。
⑥ 同上,第21页。
⑦ 高劳:《国家主义之考虑》,《东方杂志》,第15卷第8号,1918年8月15日。

义人道都被抛弃,国民也被以军国主义培养,变得残忍凶悍,而丧失了昔日的温良和顺的良好道德品质。扩张型的国家主义的危害不仅在于国外之残忍,更为严重的是,这种用于国际之间的残酷无情加诸国内,导致"民间有好勇斗狠之风","其足以扰社会之安宁"。[1] 不但社会秩序被破坏,由于国家的用人行政皆用此道,还会造成"国家基础""无形之动摇"[2],如在经济方面,受此国家对外政策的影响,商业道德沦丧,国民之间的商业竞争皆以利益为上而不择手段,不顾商品的优劣和有无危害,置人道于不顾。基于对德意志等国的极端国家主义之危害的认识,杜亚泉主张学习英美保守型的国家主义,以国家能够"持盈保泰"为限:"在西洋不能不采侵略主义者,在吾国则必当避免之,而以不相妨碍为界限。"[3]他认为,一个国家不能不有武力,但武力以自卫为限,"不强亦不亡,吾人卫国之目的,盖不过如此"。[4] 武力的滥用,不仅导致了对外的竞争而使得世界各国形成对抗之局,还致使强力"还而施诸人民"[5]。因此,对武力的使用当有"调节","吾人苟从事于奋斗,必当守持界限,对内则以不相侵害为依归,对外则以毋召恶感为要旨"[6],中国需要一种保守而非扩张的国家主义,强力的使用需要以国家自卫为限度,要对武力有所"调节","愿吾人各爱其力而善为使用也"[7]。显然,杜亚泉持一种稳健理性的态度,从建构一个文明国家的视角出发,认为一个国家的生存与富强不能以损害他国的利益为代价,并且,由于对外之侵略扩张的野蛮态度很难保证不反转来对待国内人民,因此,一国正确运用国家主义应该是要坚持国家的平和主义,"一方面发展自国之特长,保存自国之特性,一方面确守国际之道德,实行四海同胞之理想。"[8]

西方极端国家主义和民族主义造成了极大危害,他们"牺牲自己利益,以爱国家;对于国家以外之他国家,则全无所谓德义"[9]。面对这种极端之主义,杜亚泉设想了一种从超民族国家的角度解决民族国家的纷争方案。《东

---

[1] 高劳:《国家主义之考虑》,《东方杂志》,第15卷第8号,1918年8月15日。
[2] 同上。
[3] 许纪霖、田建业编:《杜亚泉文存》,第301页。
[4] 同上,第151页。
[5] 同上,第171页。
[6] 同上,第302页。
[7] 同上,第174页。
[8] 同上,第22页。
[9] 同上,第352页。

方杂志》刊登了钱智修的《白种人大同盟论》,设想一个超越了民族国家的欧洲一统和白种人联合的"文明"国家。之后,《东方杂志》还刊登了徐家庆的《欧洲和中国论(译外交时报)》、章锡琛的《欧亚两洲未来之大战争》等文章,从超越民族国家的视角思考世界和平的问题,以文明国家来克服民族国家的纷争。

基于对西方文明危机的体认,杜亚泉进一步对比了中西两种文明,一改自晚清以来将东西文化定位为"古代文化/现代文化"的文化进化观,重新确立了中国文明在现代世界建构中的价值。他认为中西文化是"性质之异",而非"程度之差"。他指出,文明的形成是社会演化的结果,有深厚的历史传统,"文明者,社会之产物也","西洋文明与吾国文明之差异,即由于西洋社会与吾国社会之差异;至两社会差异之由来,则由于社会成立之历史不同。"[①]他从中西文明形成的不同历史条件分析了中西文明的不同性质:西洋社会是由多数异族人民混合而成,各民族对抗纷争,又源于其在地中海沿岸,商业发达,各民族竞争激烈;而中国社会则虽有民族差异,但由于长期的历史融合,逐渐成"综览大局"的国家统一和民族融合之势,加之中国社会以农业立国,各民族养成了爱好和平的精神。他进一步指出,西洋社会与中国社会的性质差异,形成了两种不同性质的文明。他比较了东西文明的差异,认为西方文明是"动的文明",而中国文明是"静的文明"。他将西方文明视为是物质文明,而缺乏精神文明,这导致西方文明获得富强,但隐藏着深刻的危机。"自受大战之戟刺以后,使吾人憬然于西洋诸国,所有获得富强之原因,与夫因富强之结果,无一非人类间最悲惨最痛苦之生活。"[②]他认为这都源于自19世纪科学勃兴之后,物质主义大行其道,社会达尔文主义泛滥,导致强权主义、奋斗主义、活动主义、精力主义甚至帝国主义、军国主义散布各国,而形成一强权主导的世界。而东洋文明则是物质文明匮乏的"贫血症",这种文明是具有田野色彩的恬静文明,专注于向内发展,注重道德修养,但导致社会经济的不发达。

杜亚泉对中西文明做了性质之异的区分,认为中西文明各有利弊,能够短长互补。但值得注意的是,杜亚泉对中西文明的反思,始终是以中国文化为本位来引进西方文明以调和中国文明的,"吾侪今日,当两文明接触之时,固不

---

① 许纪霖、田建业编:《杜亚泉文存》,第338页。
② 同上,第345页。

必排斥欧风侈谈国粹,以与社会潮流相逆,第其间所宜审慎者,则凡社会之中,不可不以静为基础。"[①]他认为西洋文明只是在物质文明等富强方面颇值得中国人学习,但中国人在道德等方面具有优长,"吾人当确信社会中固有之道德观念,为最纯粹最中正者。"[②]一战是欧洲民族国家之间的战争,战争的惨烈让杜亚泉认识到西方文明存在的危机,而中国正好可以在道德危机方面为其提供补救。中国吸收了西方物质文明的优长,则可以与固有之道德优长结合起来,创造一种符合世界趋势的新文明。无疑,杜亚泉是一种站在中国本位的角度对西方文明进行反思的,这使得他摆脱了自晚清以来一边倒的西化主义文化观。这种中国文明重建的自觉意识,使得中国新文明的重建能够具有中国文化性格(如大同理念、互相依赖的国家间关系等),使作为曾经之"轴心文明"的中国文明在批判西方现代性弊端上发挥出不可替代的作用,也使得中国文明的重建能够在中西两种文明的对比反思与双向批判的基础上进行,让新的中国文明在中西文明的调和中超越西方文明而具有普遍的道德感召力及世界影响力。

以中国文明"统整"世界文明,重建中国新文明

杜亚泉对民初共和危机以及对中西文明双重反思,体现出他对重建文化性格新文明的自觉意识,在此基础上,他提出了以中国文明统整世界文明的新文明重建思想。这种"统整"型文明重建思想主要体现在以下三个方面:

第一,中国新文明重建需要重视与传统的延续性。

基于对民初共和危机的反思,杜亚泉先后在《接续主义》《国民之共同概念》《迷乱之现代人心》等文章中深刻指出重视与传统的延续性对于建构中国新文明的极端重要性。

1914年,针对民初的共和乱象,杜亚泉提出了"接续主义",系统阐述了其对根植于传统构建新文明的文化观。他在《接续主义》中,强调了现代政治制度与传统的延续性的重要性,认为国家、国民都是与历史传统有延续性的连接体,只有在与历史的延续中,人类社会的运行才得以持续。"国家非一时之

---

① 许纪霖、田建业编:《杜亚泉文存》,第343页。
② 同上,第350页。

业,乃亿万年长久之业也",国民"求其广义,则前有古人,后有来者,与现代之人民,相接续而不能分离者也"①。既然国家和国民都是历史延续性的产物,则国家之政治也必当在接续中得以发展,杜亚泉指出,国家之接续主义,要在开进与保守之间达成衔接,若只有开进而无保守,则"使新旧间之接连,截然中断,则国家之基础,必为之动摇。"②国家之基础,即为"国本",国家只有在与历史的延展和接续中才能保证平稳开进,一切引入的新学理、新观念,都要在与传统的审慎对比中,让其与固有传统形成融会贯通而成融洽的体系,这样方能形成一种新型的中国现代文明,而不至于使得人心混乱,国本动摇。

对于盲目西化而导致的社会道德秩序失范,杜亚泉作了深刻的批评。1915年,杜亚泉发表《国民之共同概念》一文,强调了共同的是非观念和行为准则是一个国家经历了长期的历史积淀而成的道德规范,对于一个国家有至关重要的作用,"共同概念,实国家存在的本原,有之则强则存,无之则弱而亡。"③把一国的共同行为准则提升到一个国家兴衰存亡的重要地位。他尖锐地批评了那些盲目引入西方新学理不加辨别的做法,认为这使得社会舆论莫衷一是:"吾人不幸,当国运衰颓之际,外来之新理,乃连翩而输入,又不幸而吾人乏冷静之头脑,精密之研究,对于新来之学理,但仓皇惊羡以迎受之,卤莽灭裂以宣扬之,未尝为有条理之贯串,有统系之吸收,故国民之概念,遂蒙其弊。"④他认为,文化传统之形成是一个漫长的过程,一旦破坏,就会造成社会秩序的混乱。"国民性之为物,毁之易而成之难。既毁矣,而欲复其旧观,更非易易。且当毁坏之时,社会秩序骤变更易,必发生无数之纷扰,经历无数之痛苦。"⑤他指出,"国民之共同概念"是经过漫长的历史时期形成的民族共喻的历史宝贵遗产,非一朝一夕之功够形成,若肆意加以破坏,则会造成国家是非观念的丧失,使得社会人心庞杂,"今本此意以反观吾国,则人心庞杂而无折衷之公理,众志纷歧而无共循之涂辙也。"⑥

1918年,杜亚泉发表《迷乱之现代人心》一文,进一步将民国建立以后的政治危机归结为人心的迷乱。迷乱之表现之一,就是"国是"之丧失。"国是"

---

① 汪晖:《文化与政治的变奏:一战与中国的"思想战"》,第143页。
② 同上,第145页。
③ 许纪霖、田建业编:《杜亚泉文存》,第256页。
④ 同上,第259页。
⑤ 高劳:《欧战后中国所得之利益》,《东方杂志》第16卷第2号,1919年5月15日。
⑥ 同③,第258页。

即为一国之核心价值体系,杜亚泉认为"国是""乃经无数先民之经营缔造而成,此实为先民精神上之产物,为吾国文化之结晶体","虽有智者,不能以为非也,虽有强者,不敢以为非也"。① 国是的确立,能重整国民道德秩序,让人心齐一,是非才有公断,强权才不能恣意横行。杜亚泉认为,一个民族都有千百年形成的共同的行为规范,这些行为规范是社会正常运转、社会秩序得以良好存在的基础。"凡一民族,必有共喻之信条焉。何者为是,何者为非,何者为善,何者为恶,经千百年之沿守,遂深溃于群众意识之中。"②这些言论信条是经过漫长的历史时期形成的政治和社会秩序的基础,是维续一个社会正常运转的必要条件,对社会的有序运行至关重要。

第二,重建中国新文明需要有一种开放审慎的文化心态。

在杜亚泉的论述中,到处可见其对盲目西化的潮流的批判,他强调应该以开放的心态,在认真审视各种思想和主义的基础上让这些外来的思想与中国传统形成一个有机统一的系统。他认为是那些盲目西化者的朝三暮四之浮躁作风加剧了社会的混乱。在《言论势力失坠之原因》一文中,他认为是那些肆意摒弃中国传统文化而盲目效法欧美的人造成了言论界的莫衷一是,言论家"往往不暇审择,每有陈述,辄不免称崇他人,贬抑自己,以国民知识为愚蒙,以人民程度为低下,其极端偏畸者,则谓中国事事物物均不如人,几欲尽弃其固有之文化,效法欧美,而极端激烈者,则又发为愤嫉之词,好做牢愁之语,对于国民及国政,动则肆其指摘与诟病,虽怵于外围之压迫,痛于时局之凌夷,忧心忡忡不能自已;然而国人闻之,有不能表示满意者矣。"③在《矛盾之调和》一文中,他睿智地指出了"主义"的褊狭,认为没有一种主义是可以包罗天下所有事理的,若是越坚持主义的界限,则越形成了主义的狭隘。④ "吾人得其一时一家之学说,信以为是,弃其向所以为是者而从之;继更得其一时一家之学说,信以为是,复弃其所以为是者而从之。"⑤犹如猴子掰玉米,到头来一场空,徒造成人心的混乱。

指出了这些对西方输入的各种主义不加审慎抉择的急躁者,他进一步分析了在与西方思想接触交流之中呈现的四类不同思想性格,认为只有"知识

---

① 许纪霖、田建业编:《杜亚泉文存》,第362页。
② 同上,第185—186页。
③ 同上,第187页。
④ 同上,第30页。
⑤ 同上,第363页。

明敏情感冷淡"的"冷头脑"才能真正推进社会的革新:"知识明敏情感热烈"者常常成为革新的先锋;"知识蒙昧情感冷淡"者往往沦为守旧派;"知识蒙昧情感热烈"者表面为革新之先锋,但却朝三暮四,浅尝辄止,浮躁空洞;"知识明敏情感冷淡"者,才是实际上之革新之中坚,能够在中西古今的调和中以稳健的作风推进社会的革新。杜亚泉在这里尽管没有讲自己属于何种类型,但这四类思想性格的划分,已明显表明他自己就是属于"知识明敏情感冷淡"者,以开放的心灵和审慎的态度推动着社会的真正变革。

杜亚泉开放审慎的文化心态还体现在对"新旧"问题的辩证思考,认为中国新文明将在中西文明的调和互补中诞生,体现了对中国固有文明价值的重估和肯定。自戊戌时代已降,中国之思想界,有新旧两派之别,以学习西洋文明者为新,而以主张固守中国传统为旧。新文化运动时期,陈独秀就认为:"所谓新者无他,即外来之西洋文化也;所谓旧者无他,即中国固有之文化也。"[①]显然,这是一种以中/西之分作为新/旧之分的典范。

而杜亚泉则不同,他在中西文明对比的基础上,以其冷峻的思想风格,突破了晚清自戊戌以来"仿效西洋者为新,而以主张固守中国习惯者为旧"[②]的思维范式。他以"新旧文明"的辩证思考方式,认为西方经由"一战",充分暴露了其文明的弊端,已经不适合于新趋势,而失去它存在的效用。在他看来,新旧之辩证发生了逆转,原来认为中国学习19世纪西方的政治模式为新,但现在看来实为盲目守旧;而现在的社会主义思想、民权政治与中国古代民本主义与大一统主义,有"不少共鸣之感"[③],以往认为这些传统文化是旧物,而现在看来则是代表世界现代文明趋势的宝贵历史遗产,符合现代文明的趋向和潮流。"中国之古君子,是为世界之新人物。"[④]新旧的逆转,让中国传统文明在与西方20世纪的新文明的调和中,在新世纪的文明重建中突显其价值。中国人也能够在世界新文明的创造中贡献力量,"新时势之来,中国与西洋各国必处于同一之境遇,故未来文明之创造,不能视为西洋人独有之要求,即不能诿为西洋人独具之责任。中国人既为人类之一部分,则对于世界之未来文明,亦宜有所努力,有所贡献。"[⑤]这与自戊戌以来西化主义的文明重建观大异其趣,已经在冷静反思西方

---

① 陈独秀:《今日中国之政治问题》,《新青年》,第5卷第1号,1918年7月15日。
② 许纪霖、田建业编:《杜亚泉文存》,第401页。
③ 同上,第208页。
④ 同上,第407页。
⑤ 同上,第402页。

文明的弊病,有了中国人在未来世界文明重建中的自觉意识和责任意识。从杜亚泉对盲目西化徒增社会混乱的批判中,可以看出其主要针对的是新青年派不假思索地肆意摒弃传统、唯"主义"是从,杜亚泉主张一种开放的文化心态。这种审慎开放的文化心态,可谓是新文化运动时期启蒙思想的正脉。

第三,中国新文明的重建是富强与文明的辩证统一,是用中国文明"统整"西洋之断片,重建一种具有中国文化性格的新文明。

杜亚泉认为中西文明各有优长,应该长短互补。西洋文明是在物质上获得了巨大成功,但"西洋人于物质上虽获成功,得致富强之效,而其精神上之烦闷殊甚。"①他指出,东西文明皆非人类之模范文明,而应该中西文明长短互补。在他看来,中国文明所缺者,主要是西洋的物质文明,以后国人要用心学习西方的物质文明,促进中国文明的长足发展,"所以发展物质之势力,促进精神之作用,以为文明竞争之准备者,诚切要而不容稍缓者"。②但是,在引进西方物质文明的同时,却不能丢掉中国文明的精神道德的优长,"吾代表东洋社会之中国,当此世界潮流逆转之时,不可不有所自觉与自信"③。要用中国文明的价值评判标准,对西洋输入吾国的文明审其对于吾国生活之价值如何。

西方文明并非中国学习的模范文明,他坚信中国文明能够在融合西洋文明的过程中显示出独特的价值,"吾固有文明之特长,即在于统整,且经数千年之久未受若何之摧毁,已示世人以文明统整之可以成功"。④他认为学习西方的文明,主要是物质文明。对西洋文明的输入,要以中国文明为绳索,让其融合于中国的固有文明之中。

他进一步指出,西方文明物质主义的富强之道,已经不是中国文明建构的出路,"吾人乃希望借西洋文明以救济吾人,斯真问道于盲矣。"⑤西方文明以富强为能事,产生了军国主义、扩张主义、极端的国家主义、奋斗主义等弊病,以前中国人在学习西方时犯了很多错误,"吾人往时羡慕西洋人之富强,乃谓彼之主义主张,取其一即足以救济吾人,于是拾其一二断片,以击破已国固有之文明。"⑥杜亚泉对这种盲从的文化观深表忧虑,认为这种断片式的学习西

---

① 许纪霖、田建业编:《杜亚泉文存》,第366页。
② 同上,第276页。
③ 同上,第349页。
④ 同上,第367页。
⑤ 同①。
⑥ 同④。

方,缺乏反思能力,丢了中国具有宝贵价值的传统,以后中国人要重构中国文明,切不可再盲目羡慕西洋人,而应该有反思西洋价值的自觉,要有中国文明的自信力,中国文明的重建要坚持富强与文明并重。

总之,杜亚泉以其稳健的思想风格,以冷峻、理性、审慎、开放的文化态度,超越了"主义"偏执,在新文化运动中独树一帜,体现出启蒙思想的真精神。他认为社会的变革应该重视"国本",保持与传统的延续性。对待西方文明上,一改晚清以来的西化主义文化观。这种中国文化性格新文明重建的自觉意识,使得他超越了陈独秀等新青年派的一元化思维和西化主义文化观,"具有超越西方模式和探寻东方现代性的相当自觉"[①]。

在中国文明再造的重大问题上,近代百年以来的文化震荡,证明了简单粗暴地对固有传统的拔除和切断是实现不了文化的自我更新与文明再造的。尤为重要的是,作为一种曾经的"轴心文明",在多元现代性的世界中,中国文明的重建必然要加入东方文明的价值理念,重建具有中国文化性格、具有普遍道德感召力的"东方文明"与"东方秩序"。在这个过程中,如何使得所引进西方文化与中国本土文化的有机统一而不致"水土不服"? 如何在引进西方文化的同时不失中国文化性格的价值追求? 如何实现中国传统的"创造性转化"? 杜亚泉以其睿智的头脑,在这些问题上留下了颇有价值的思考,为 21 世纪中国文明的复兴提供了宝贵的思想遗产。

本文作者系武汉大学政治与公共管理学院博士生

[①] 高力克:《调适的智慧》,第 140 页。

专题九
文化市场与新文化运动的受众反响

"共和"的遗产
——论民国初期文化的转型

陈建华

从"概念变迁"的观点看,研究民初的"共和"论述及其实践对于评估辛亥革命,以及20世纪中国"革命"之旅来说,是十分必要的。因其"失败"而被忽视,这不是对待历史的应有态度,实际上仍因循了关于新旧民主主义的二元思维惯性。本文仅就知识分子与1910年代中期都市印刷媒体之间的连接等方面,以上海为限,来说明民初"共和"思想及其文学文化的转型。

从政治转向"游戏"

从辛亥革命到"五四"七八年间,就文学期刊而言,1902—1909年晚清"小说界革命"时期共出版了20种,而从1910—1922年出版了52种,特别是1914—1915年这两年里一下子冒出了30余种。① 这一突发现象多半与南社的内部分化有关。南社是与反清政治力量结盟的文学社团,在文化上张扬"国学",其成员大多具有传统文士流连诗酒的浪漫气质。名义上是全国性组织,人员广泛而庞杂,却不具政治实力,因此在袁世凯企图称帝之际处于"革命"与"专制"之间难以适从的窘境。一方面,南社成员大多接受晚清民主、自由思潮的影响,拥护"共和"而反对帝制;另一方面,他们也不认同"革命",当柳亚子大声疾呼"二次革命"时,社员反应冷淡。1913年春宋教仁被暗杀,同年9月宁太一被当局枪杀,反袁斗士纷纷遭迫害,共和宪政遭到践踏。柳亚子《闻宁太一噩耗痛极有作》:"当年专制犹开网,此日共和竟杀身。"②宋、宁皆属南社中

---

① 范伯群:《中国近现代通俗文学史》,南京:江苏教育出版社,2010年,第421页。
② 柳亚子:《柳亚子诗词选》,北京:人民文学出版社,1959年,第28页。

坚,皆有功于革命,却遭惨死,迎来的共和却比满清前朝还专制,这让人难以接受。柳在极度悲愤中对"共和"表示的不仅是失望,也是对历史的无奈。

把"共和"与"专制"对应的用法在当时很普遍,常见于一般报章书刊,如"近因欧风东渐,文明日进,国体共和,实行自由"①,或如"共和时代,男女平权,欧风东搧,美雨西连,世界潮流,皆为所牵"②。这类例子不胜枚举。辛亥之后上海的报刊,尤其是文艺副刊,大多为南社成员所掌握,然而1914—1915年间在"专制"的乌云密布中冒起的杂志浪潮,则意味着某种文化上的深刻转型。

那些由南社成员主持的杂志,如包天笑的《妇女时报》《小说时报》《小说大观》等。王钝根、陈蝶仙、周瘦鹃的《游戏杂志》《礼拜六》。徐枕亚、吴双热的《小说丛报》等,代表文学文化新传播的主流。另如刘铁冷、蒋著超的《民权素》、陈蝶仙的《女子世界》、王文濡的《香艳杂志》、姚鹓雏的《春声》等推波助澜,遂构成一股文化新潮。杂志的繁兴不全与政治高压有关,从远因来看也是科举制度被取消之后,文人转向都市印刷传媒的职业选择。三十余种杂志的文学风格与文化姿态各异,共同趋向是去革命化或去政治化。其中带着政治上的挫折与幻灭,或是传统文人的顾影自怜与风流自赏,但一旦走上文化生产的轨道,必然受到商业竞争机制与都市受众取舍的制约。事实上在运营过程中,作者与消费机制、读者在不断磨合和调适,杂志即是这三者共谋协商的场域,其文化产品被赋予社会意义,商业上的成功往往投合了大众的生活欲望与消费习性,由是催生出一种新的都市意识形态的文化范式,文人身份也随之发生变化。

创刊于1914年4月的《民权素》杂志显然是政治压迫的结果。其前身《民权报》为国民党喉舌,一贯揭露与抨击袁世凯。报馆设在租界,袁无法直接干涉,于是下令各地禁止销售,邮局停止寄发,《民权报》终于停刊。报纸同人另组民权出版社,出版文艺性的《民权素》杂志,每月一期,主编蒋著超,原来即负责《民权报》文艺副刊。蒋在序言中沉痛表示:"革命而后,朝益忌野,民权运命,截焉中斩。"报纸停刊意味着"民权"的挫败,失去了政治斗争的阵地,他"循文士之请"而转办《民权素》,蒋感到伤感与无奈,认为搞文学"究而言之,这锦心绣口者,可以遣晨夕,抵风月,于国事有何裨焉"③。这里流露出

---

① 悲秋:《图画女子呈禁曼陀画师不准再绘裸体文》,《余兴》,1917年第28期。
② 张根仁等:《祝词》,《女子白话旬报》,1912年第3期。
③ 蒋著超:《序一》,《民权素》,1914年第1期。

传统士人重视事功而视文学为"雕虫小技"的看法。另一序文的作者徐枕亚，原属《民权报》班底，因连载《玉梨魂》而名声鹊起。他尽管情绪低落，仍不失希望："然而我口难开，枯管无生花之望；人心不死，残编亦硕果之珍。是区区无价值之文章，乃粒粒真民权之种子。……则《民权素》之刊，是又乌可以已乎！马死有骨，豹死有皮，民权死而有素焉，民权其或终于不死乎。"①文章无价值，却保留着"真民权之种子"，就难保来日又开出民权之花来。这种乐观态度在胡常德的序文里表达得更为明确。他说《民权报》"以种种困难故而猝然中止，阅者或唶焉惜之。吾诸同志因是心犹未已，思得当以图恢复，倘机缘可遇，行将搜罗杰构，饷我同人。顾此后日之事，吾人当毕力营之"。②"以图恢复"宣示其政治意图，却勉励同人"毕力营之"，具战斗色彩。

至1916年4月，《民权素》共刊出17期。杂志中不乏感时伤政、缅怀革命之作，如章太炎《狱中与丹威联句》等，体现了民主共和的理想，但实际上与政治现实渐行渐远，即使对于袁氏称帝和"护国"之役也不兴波澜。《民权素》办不下去，由于经济上的原因，主要缺乏来自市场的支撑。相比之下，王钝根等人主编的《礼拜六》周刊是个成功转型的例子。王是南社社员，也是个基督教徒，政治上无党派背景，却具强烈的共和意识。辛亥革命前夕，《申报》开辟《自由谈》副刊，由王主编。以"游戏文章"为首要栏目，批评时政，嬉笑怒骂，投合大众趣味，却开创了一种以文学风格为中介、以理性沟通为基础的"批评空间"③。1912年10月《自由谈》另设"自由谈话会"专栏，比"游戏文章"更直接议论袁氏专制，同时也不赞同"二次革命"，站在市民大众的立场上体现了商报的"中立"立场④。"投稿者"大多属平民阶层。有意思的是，从1913年3月起陆续刊出他们的肖像照，约一年间共达100余名，从所附简历来看，大多是文学青年，包括少数女性。这凸现了"自由谈"这一舆论空间的草根性，蕴含着王钝根的某种平民共和的理念。1913年王先后创办《自由杂志》和《游戏杂志》，次年6月又创刊《礼拜六》周刊，与周瘦鹃合编，明确声言将娱乐性发放到首位，政治淡出。周瘦鹃说刊名效法美国《星期六晚邮报》，意谓在周末闲暇之余为读者提供阅读之乐。王钝根在《礼拜六出版赘言》中标榜该杂志的"新奇小说""轻便有趣"，作为一种周末消遣，比"戏园顾曲""酒楼觅醉"

---

① 徐枕亚：《序二》，《民权素》，1914年第1期。
② 胡常德：《序四》，《民权素》，1914年第1期。
③ 李欧梵：《"批评空间"的开创——从〈申报〉"自由谈"谈起》，《二十一世纪》，1993年，第19期。
④ 陈建华：《〈申报·自由谈〉——民初政治与文学批评功能》，《二十一世纪》，2004年，第81期。

"平康买笑"更为健康而省俭①,似乎不失"寓教于乐"的古训,然而他的去政治化意味着"共和"观念的新实践,带来更为深刻的变化。《礼拜六》与都市的工作时间及其生产机制相扣联,以工薪一族为目标读者,由是决定了它与都市日常生活的密切关系。事实上《礼拜六》是个激进的改版,几乎全是小说,创作与翻译并重,也不排斥白话,据说一见世便"轰动一时",销数达两万以上。②王钝根向读者推荐《礼拜六》,说它比其他娱乐样式更有趣、更有益于身心。劝说口吻含着杂志、作者与读者的契约关系。这不仅意味着知识分子放下身段,对于"文以载道"的传统也是个转折,这就不同于梁启超与五四一代的"通俗"态度,即把大众看作落后的、有待改造的,似乎理所当然地要把观点或思想强加在他们身上。

对于《礼拜六》的西化和启蒙的特征,学者们作了不少研究。③ 单以周瘦鹃为例,几乎每期有他的作品。在1910年代中期,他的小说写作非常旺盛,包括创作、翻译和伪翻译,主题方面有的宣扬具有超阶级、超民族的"高尚、纯洁"的爱,有的表现法国大革命的血腥残暴,有的讲拿破仑传奇,一反以往英雄崇拜的写法,而把他还原为一个七情六欲的血肉之躯,折射出大众的世俗欲望。某种意义上,周瘦鹃是"共和"意识形态转型的代言者。

女子参政运动与男女平权

民国成立伊始,首先在政治领域中,妇女参政运动为争取男女平权发出强音,且产生深刻的社会影响。原先在反清运动中有各种女子军队,如女子革命军、女子北伐队、女子军事团、女子暗杀团等可谓风起云涌。战事结束后,女子军队即被南京临时政府解散,一些女子军队的领导者转而掀起女子参政运动,纷纷建立各种团体,一时间轰轰烈烈。她们自觉将女权运动转入体制内运作,这对于从"革命"到"共和"的范式转换足具象征的意义。她们以英美等国的女子参政运动为榜样,其中要数唐群英、张汉英为首的女子参政同盟会最为勇敢。发现《临时约法》公布时没有写进有关男女平权的条款,她们上书与孙中山要求修正,大闹南京参议院,后来国民党成立,也没有承认男女平权,唐群英

---

① 钝根:《礼拜六出版赘言》,《礼拜六》,1914年第1期.
② 王智毅:《周瘦鹃研究资料》,天津:天津人民出版社,1993年,第241页.
③ 刘铁群:《现代都市未成形时期的市民文学:〈礼拜六〉杂志研究》,北京:中国社会科学出版社,2008年.

当面责问宋教仁,且怒掴其颊①。David Strand 在其近著 Unfinished Republic(未完成的共和)一书中,把唐群英在参议院掌掴宋教仁视为一个象征性例子,认为由是带来一种"新型的政治"。尽管辛亥革命之后新的政体建设步履艰难,但从尊卑和男女之间政治平权这一点看,就其价值与日常实践而言,确实改变了传统的价值观念与政治秩序。如唐群英等所领导的女子参政运动所示,激发出巨大的社会活动与公共言说的能量。②

关于民初妇女参政运动,学者很少关注当时报纸杂志传媒对于女子参政运动的推动作用。如著名的《女界代表张群英等上参议院书》于1912年6月发表在《妇女时报》上。《妇女时报》的主编是包天笑,与唐、张两人都属南社成员。同期还刊登了以林宗素为代表的另一个女子参政组织的《女子参政同志会宣言书》。其实一年前1911年5月在《妇女时报》创刊号上已刊登了六张题为"英国妇人参政权之领袖"的照片,其时辛亥革命尚未发生。该杂志大力支持女子参政运动,几乎每期有这方面的文章,从外文资源介绍欧美各国女子参政的历史与现状。其中周瘦鹃的《泰晤士河畔女子要求参政之怒潮》一文翻译介绍了20世纪初英国的埃米琳·潘克赫斯特所领导的女权运动,最后一段针对中国女子参政运动的话激情洋溢。

《妇女时报》关于女性在公共领域里的角色塑造,如女子教育、女子北伐军的照片等,仍留有晚清时代的余绪,然而总体上以"发扬旧道德""灌输新智识"为宗旨,以理性表述代替了清末革命时代的浪漫激情。如大力支持"妇女参政运动"意味着现存体制中的改革姿态,如关注底层女工状况等含有更广阔的"社会"视域。对于都市新文化空间来说,更具决定意义的是由女权争论转向以女性身心为核心的日常生活的实践,通过大量源自日本、欧美的译介,从个人卫生、体操、饮食、心理、妊娠到婴儿养育等方面介绍知识与经验③,旨在造成现代"国民之母",而有关"贤母良妻主义""理想新家庭"的讨论,则蕴含着发展都市"核心家庭"的空间想象。

另一种形式,即围绕女性所打造的时尚世界,对于后来的都市杂志产生范

---

① 中华文化复兴运动推行委员会:《中国近代现代史论集》,台北:台湾商务印书馆,1986年,第935—963页、第965—996页。
② David Strand. "Introduction". An Unfinished Republic: Leading by Word and Deed in Modern China. Berkeley: University of Californian Press, 2011: 1—12.
③ Joan Judge. "Everydayness as a Critical Category of Gender Analysis: the Case of Fünu shibao (The Women's Eastern Times)". Research on Women in Modern Chinese History, 2012 (20).

式性的影响。《妇女时报》在第1期上刊出一张题为"欧洲女子最时式之大帽"的照片。另有《纺绸衫之话》《妇女与纸烟》等文,言及街市风景中妇女购物与生活习惯的新动向。这些短文言及头发和发髻、短衣和鞋履的式样,评判中不无道德焦虑,也只是不满其过度表现而已。"时式""时尚"之类的关键词则暗示了杂志的消费导向,后来《妇女时报》上各国女子发型、装束及帽子新款的照片愈益增多,而《女界装饰与国家经济谈》等文则涉及女性的消费经济。

1916年1月商务印书馆推出《妇女杂志》,如《发刊词》说的亦以发扬"阴教"为宗旨,偏重灌输知识与道德论述,在《妇女时报》之后,占据了新女性话语主流。对《妇女杂志》已有不少研究,周叙琪在《一九一〇——一九二〇年代都会新妇女生活风貌》一书中对于该杂志在民国初年所表现的方方面面言之甚详。其"中心主旨是成就贤妻良母",妇女教育的内容包括家政、个人妆饰、美容等,基本上是沿着《妇女时报》的路线[①]。

女性主体与私密文学空间

晚清时期以《女学界》《女子世界》等杂志为代表,女权意识高涨,以废缠足、兴女学、种族革命、家庭革命等议题为主,涉及男女平权、自由恋爱等问题。而1910年代中期如《妇女时报》《妇女杂志》《中华妇女界》《女子世界》《眉语》《莺花杂志》等或以女性为主体,或直接由女性主编,兴盛一时,在民初不再以"革命"为号召,抱着对"共和"、对男女平权的期许,各自开展社会改良的议程,重塑以家庭为中心的女性角色。《妇女时报》等女性杂志围绕女子参政、自由婚姻、贤妻良母、个人情欲、日常生活、物质文化等方面,远较晚清以来的女性话语来得多姿多彩。在"共和"社会新秩序的想象中重塑女性主体,相对于"革命"意识形态而言,总体呈现内敛、回归的趋势,以调和新旧文化为宗旨,试图以传统文化充当现代性的缓冲机制。一方面重在个人心理、家庭的建设,为女性身心开拓新的公共与隐私空间,也为她们设置新的规限;另一方面语言、小说也吊诡地展示其形式的可能与局限,而如"美人""时尚""裸体"等

[①] Yanlian Xu. *Alternative Voices on Chinese Women and Chinese Modernity: A Study of Women Journals Edited by Mandarin Ducks and Butterflies Writers*. PhD Dissertation, Hong Kong: City University, 2013: 105—115.

话题则切入都市现代性脉络,也带来女性身份认同与商品消费的复杂问题。

与上述杂志相比,《女子世界》《眉语》《香艳杂志》与《莺花杂志》等更具文学性,不约而同承传了古典"艳诗"的抒情风格,炫耀私情之美,这在"革命"时代是不可思议的。从性别角度看《眉语》似最有发言资格,主编高剑华及其作者团队皆为女性,如黄锦珠对于其中可以考实的 10 位女作者做了研究,指出她们的作品重在表现晚清以来不多见的"私密领域的情欲议题",其中的"女性主体"是相当纠结微妙的,一方面服膺父权体制与社会价值,一方面禁不住欲望的闪烁,"女性主体以幽微之姿,在少数却可贵的场合如灵光闪现,扭转了既有的旧女性形象,也泄露了女作家对于主体性的把握与重视"。有些爱情故事中这种自我"把握与重视"意味着"女性不但是情爱的主体,而且是世界的中心"。①

去政治、去革命是女性主体的主要特征,即冯天真《悔教夫婿觅封侯》的主题。小说以唐诗为题目,却赋予现代意义,所谓"君子道消,小人道长",联系到共和建国之后的党争,暗杀盛行,多半在谴责袁党。但女主人公的后悔,是认识到她误信了"为国宣力,为民造福"的观念,她的丈夫的生命是比"国""民"更为珍贵的。这也说明在民初去政治化的反思中,产生了以个人和家庭为重的意识。

开拓夫妻之间的私密领域,大约是《眉语》最突出的特征,而高剑华和许啸天经常现身说法。如许的《新情书》十首,中国文学里讲"闺房之乐"的大约始自《浮生六记》,但是比起许啸天的肉麻之语,当然要望尘莫及。所谓"娇嗔"似乎是一种满足男权狂想的性格,在许啸天《怎不回转脸儿来》这一篇里也有所表现,但在如何对待夫妻相处之道方面,作者的认识是十分现代的。

民初的女性话语常常是以退为进,新旧两极之间很不平衡,在优雅和自律中潜藏着某种骚动,一面坚持本土传统,一面展示开阔的世界视域。《眉语》创刊号封面是一幅裸体女子图,便是欲望的大胆表露。以前在《小说月报》《小说时报》上已出现过女子裸体画,但不像《眉语》那么多且频繁,总共 18 期发表了十多幅,与其他中西爱情照、妓女照及美人照等,呈现了杂志的——如编者所标榜的——"香艳"风格。就女性走向公共空间而言,大约没有比裸体更具冲击力,而对于一个女性同人的杂志,频频以女子裸体图像炫于杂志封面,如此自我呈现也够具挑战的意义。如第 4 期载有高剑华的小说《裸体美

---

① 黄锦珠:《女性主体的掩映:〈眉语〉女作家小说的情爱书写》,《中国文学学报》,2012 年第 3 期。

人语》,值得特别关注。小说自述名为"眉仙",自幼神韵清远,性格恬淡。高自比为"裸体美人",不啻惊世骇俗,然而将之变成一个返璞归真的寓言——实即在宣扬《眉语》的哲理,其自名为"眉仙"并非偶然。在高的笔下,裸体美人完全是一种艺术美的表现,按照来自西洋的观念,裸体图画凝聚着精致的艺术形式,代表一种纯粹的美,这也是当时不少文学杂志刊登女性裸体图像的理由。但是我们也知道,女性裸体一向是在男性欲望凝视中,后来刘海粟在美术课堂里采用裸体模特儿,市场上充斥着裸体图片。也就是说,纯粹的艺术表现是一回事,商业效应是另一回事。[①] 事实上,《眉语》的大量裸体美人照片并非与商业效应绝缘。比方说在第 13 号出版时,编者大做广告,说《眉语》"一年销数达万册",凡预订半年的,可得到一张二尺长、一尺余宽的裸体美人画月份牌。的确这份杂志表面上保守,实际上在某些方面相当激进,受市场欢迎可以想见。至 1916 年被教育部属下的通俗教育委员会勒令停刊,多半由于鲁迅提的建议。

《莺花杂志》也属于女性主体的一种"纯文学"表现。主编胡无闷,第一期上刊出她的照片,闺秀模样,衣着高领时装款式。1916 年初《余兴》杂志上有她的一篇《小传》,说她"本世家女,生长燕京","其所著《衾艳丛话》一书,尤为海内所推重"。另外她扮演京剧旦角,有一副好嗓子,"在京时偶一扮演,一声河满,轰动全场,喝彩之声,振于屋瓦"[②],1915 年 2 月胡无闷在上海群仙茶园登台演戏,报纸称她为"全国驰名文学闺秀","精于音律,工串青衣,远胜梅兰芳、王瑶卿数倍"。[③] 广告修辞不无夸饰,但能连演三夜,戏目不同,应当有点真功夫。

杂志命名从古诗"莺花不管兴亡恨"中摘取"莺花"两字,据赵翼《瓯北诗话·诗人佳句》:"莺花不管兴亡事,妆点春光似昔年"。本是宋朝遗老感叹草木无情,不能体会人间兴亡之痛。而杂志编者移花接木,自比"莺花",有意远离政治。《莺花杂志》的"编辑大意"曰:"凡妆楼之记,侍儿之禄,摘华挦藻,挹取无穷",大多从古典文学库储中选取编辑而成,且声明"所选之作,类皆如金炼液,斫玉取精,务使阅者味之而腴,嗅之而芳,按之而泽,睨之而华"[④],与一般男性创办的杂志不一样,毫无醒世启蒙的意思,仅强调质量,似是一种纯艺

---

① 吴方正:《裸的理由——二十世纪初期中国人体写生问题的讨论》,《新史学》,2004 年第 2 期。
② 独笑:《客串胡无闷女士小传》,《余兴》,1916 年第 13 期。
③ 《莺花杂志主任胡无闷女士》,《申报》,1915 年 2 月 3 日。
④ 《莺花杂志编辑大意》,《莺花杂志》,1914 年第 1 期。

术的取向。胡无闷以《奁艳丛话》一书闻名,杂志也明确标示"香艳"倾向,由目录所见,如"香艳诗话""历朝宫词汇录""闺秀诗传""闺艳纪事""宫闱秘史""花丛掌故"等,具有女性文学的意味,而编选也出自一种女性视角。细察某些作品如《幽欢词》《幽会》之类,不乏情色描写。

"新旧兼备"的文化政治

民初数年间在文学与文化方面出现突发性的转型,虽然以上海为限,如《小说时报》《礼拜六》等在形塑一种新的商品与消费导向的都市大众文化,文学领域中以"家政"为想象舞台建构女权主体,实即与处于新发展的都市"核心家庭"步调一致,上述许啸天《怎不回转脸儿来》所表现的,正是在这种新型的私密空间中夫妻关系的自我调适。而女性作家对于"香艳"传统的开拓则含有掌握闺房空间话语权的倾向,使得文化传统在延续中出现内在的断裂或颠覆。稍加细察,可发见文化转型遍及各个角落。1912年高剑父等人创刊《真相画报》开铜锌制版画报之先河,属印刷技术的革新。[①] 1914年经营三、张石川等创办《新剧杂志》,报道了张石川、郑正秋和美国亚细亚影戏公司合作拍片的情况[②],其中《难夫难妻》一片在中国电影史上被尊为国产"故事片"之祖,尽管经典化另有故事[③],事实上他们从事的改良新剧(即后来的话剧),以及在20世纪20年代建立了明星影戏公司而进行大批量电影生产时,"家庭伦理剧"成为他们的招牌产品。另外这波杂志潮也与中国现代美术的源起有关,十余种杂志套用欧美流行杂志封面女郎的格式,由徐咏青、郑曼陀、丁悚、沈泊尘等画家制作,一面是脱胎于传统仕女画的美人形象,伴之以香草名花,另一面运用照相临摹、水彩写生、光影透视的西画技法。清末传教士与《点石斋画报》已输入西画技法,也产生了一批月份牌画家。至1912年刘海粟、张聿光等人开办美术学校,采用包括模特儿写生的西画教学课程,丁悚、沈泊尘等即是美术学校的教员,这被美术史家认为是中国现代美术的发端[④]。

如果说民初的共和实践意味着政治层面的制度移植,那么在上海所呈现

[①] 陈阳:《〈真相画报〉与"视觉现代性"》,复旦大学新闻学院传播学博士论文,2014年。
[②] 黄德泉:《亚细亚中国活动影戏之真相》,《当代电影》,2008年第148期。
[③] 黄爱玲:《中国电影溯源》,香港:香港电影资料馆,2011年,第10—31页。
[④] 《海派绘画研究文集》,上海:上海书画出版社,2001年,第117—150页。

的新媒体景观在文化上具整体性,也可说是文化上的移植。如《礼拜六》仿照美国《星期六晚邮报》之例,各种新范式纷呈,是去革命化而致力于和平建设的产物,也是半殖民上海提供了都市发展的契机。从主办这些杂志的知识人的阶级成分来看,或接近杨天石所归纳的"共和知识分子"。他们大多是南社人,在专制与革命的夹缝里转向都市文化实业,实际上也是一种选择——专制或革命之外的选择,遵循的是共和的逻辑,利用有限言论自由的权利,以和平手段致力于日常点滴实际的改良。即使不属于南社的,如《眉语》的高剑华与其编辑班子,或如《莺花杂志》的胡无闷,多为名媛闺秀,与大多南社人一样,属缙绅阶级,刻意显示她们优雅精致的文学品位。但是既投入文化产业,其生存与发展取决于能否玩转印刷资本机制、能否获得读者大众的青睐,换言之取决于能否成为具"现代性"的创意产业。这方面从多数杂志采用封面女郎这一点来看,尽管动机与效果各有不同,都在力图打造某种都市时尚景观。如叶文心在《上海繁华》一书中指出,如月份牌或商品广告等无不为市民建构一种美好生活的愿景,蕴含着中产阶级的文化价值。①

　　文学主张或风格各有千秋,但面对全球价值流通的时代,这些知识人在以本土文化本位来汲取与融合外来文化方面,显示出一种集体无意识。从最初《小说月报》声称"缀述旧闻,灌输新理"与《妇女时报》的"改良恶风俗""发扬旧道德""灌输新知识"②,确定了中西新旧杂糅的文化方针。至1921年《礼拜六》复刊,更以"新旧兼备"概括之,也即"旧"派文学社团的共通标尺。这一亦中亦西的文化立场可追溯到清末,如1904年王国维的《红楼梦评论》将叔本华哲学熔于一炉,即为典范。1905年黄节、邓实创办《国粹学报》,南社由是发端,刊中章太炎、刘师培等阐述了以汉语为主体的文学理论,南社文人激澜扬波。③ 这一国粹思潮无疑具某种保守性格,但如学者们对于《国粹学报》的研究指出,这种保守性并非抱残守缺,而与现代价值是辩证互动的。④ 其实从文化移植的观点看,王国维、章太炎等人在接受自由民主方面是相当激进的。从语言上看文言几乎主宰了民初的文坛,南社中不乏拒绝用白话写作的,但另一

---

① Wen-hsin Yeh. *Shanghai Splendor: Economic Sentiments and the Making of Modern China*, 1843—1949. Berkeley: University of California Press, 2007.
② 《编辑大意》,《小说月报》,1910年第1期。
③ 陈建华:《论文言语白话的辩证关系及中国现代文学之源——以周瘦鹃为例》,《清华中文学报》,2014年第12期。
④ 郑师渠:《晚清国粹派——文化思想研究》,北京:北京师范大学出版社,1997年,第2页。

方面清末以来知识人的下层社会启蒙运动仍在推进①,如《小说月报》一开始就在《编辑大意》中表明"文言白话,著作翻译,无美不收"。1917年1月包天笑创刊《小说画报》,在《例言》中宣称"小说以白话为正宗,本杂志全用白话体",实际上回应了当时在北京酝酿的"国语运动"。这一年《新青年》也开始提倡文学革命,还一律用文言书写。

清末康有为等改良派就警告国人,革命是可怕的,像法国大革命带来的是断头台血流成河的恐怖。事实上辛亥革命成功不久,不少人已在规划将来,梦想共和社会新秩序,首先要求端正心态,消解仇恨,消除革命的暴戾之气,如戴季陶宣扬"爱的真理"②,似是治愈心灵创伤的不二法门。民初的都市杂志在很大程度上起了这样的作用,其动机无论是逃避政治、自我麻醉或炒作牟利,客观上是与印刷资本主义共谋而产生的一种奇观,正如许多杂志封面及内页照片所展现的时尚美人,建构了爱与美的欲望幻象。在世界美人群像中,中国当然获得了一席之地,且往往是妓女③,借此不仅将爱的理念普世化,也体现了"共和"面前人人平等的准则。本文更想强调的是这一转型意味着"情感结构"的自我修复及其建设,其"私密领域"包括与暴力绝缘、治愈创伤记忆、摆正传统与现代的关系,而"传统"发挥了为自身找到定力的功能,其中我们可发现明清以来文学"情教"的延续,这从江南地缘来说南社文人是合适人选。这一"情教"与外来观念熔铸成一种新的爱与美的典律,蕴含平等、自由与民主,借此体现一个现代"人"的观念,这一点也是辛亥革命一举推翻4000年帝制,很大程度上成为"人"的观念的世界接轨的先决条件。

如上所述,民初数年间即在新文化运动之前,在上海出现令人炫目的文学、戏剧、电影、美术、出版等方面具有新媒体特征的文化景观,在缙绅与市民阶级共同推动下出现从革命到共和的意识形态转型。在共和政治实践受挫的境遇里,这一文化新潮进一步去政治化,在与专制政治的对抗或规避的过程中与都市商业机制及市民大众结盟,从事共和文化的建设。与民初共和政治制度的移植相对应,这一在半殖民上海所展开的文化景观很大程度上追随欧美都市的发展模式;就缙绅阶级而言,虽然是否直接称之为"资产阶级"尚有争议,但并不妨碍其在文化生产中映射着资产阶级的想象与愿景。近现代中国

---

① 李孝悌:《清末的下层社会启蒙运动》,台北:"中研院"近代史研究所,1998年。
② 天仇:《爱之真理》,《民权报》,1913年5月20日—6月1日。
③ 陈建华:《论文言语白话的辩证关系及中国现代文学之源——以周瘦鹃为例》,《清华中文学报》,2014年第12期。

不断在世界民族国家模式中寻找和选择,最终中国大陆选择了苏联模式,这是尽人皆知的事实。而在胡适看来,自梁启超以来一段时间里,"中国智识界的理想的西洋文明,只是所谓维多利亚时代的西欧文明:精神是爱自由的个人主义,生产方法是私人资本主义,政治组织是英国遗风的代议政治"[1]。高一涵称"英宪之根本大则,亦为吾华所莫能外"[2],这似乎印证了胡适的论断。关于民国时期上海都市大众文化与维多利亚文化之间密切关系的说法,在学界不算新鲜,这几年一些新的研究说明19世纪后半期维多利亚文化的东亚之旅,对中国的影响尤为深刻[3]。我想这方面的认识还有待深入,也相信会有更多的研究成果。

本文作者系上海交通大学人文学院教授

原载《探索与争鸣》2015年第11期

---

[1] 胡适:《建国问题引论》,《独立评论》,1933年第77期。
[2] 高一涵:《共和国家与青年之自觉》,《新青年》,1915年第1期。
[3] 潘少瑜:《维多利亚〈红楼梦〉——晚清翻译小说〈红泪影〉的文学谱系与文化译写》,《台大中文学报》,2012年第39期。

文化市场与新文化运动

周 武

问题的提出：启蒙是如何可能的？

有关新文化运动的论著可谓多矣，这些论著自然各有侧重，各有广度和深度，但多集中于它的启蒙主题，至于启蒙是如何可能的则甚少追问。其实，新文化运动原本只是校园实验，最终却变成了席卷全国的思潮、运动和现代中国最具深远意义的文化事件，究竟是什么力量促成了这种变化？要回答这个问题，需要追问与此问题相关的一系列问题。比如，发起新文化校园实验的那些人，他们的著作和文章，他们的思想成果，是通过什么样的渠道发表出来？谁参与了他们新思想的传播过程？这又涉及一些很复杂的问题，包括传播的渠道、传播的过程、传播的效果，以及跟新文化作始者最初的想法有何差异？如果这个过程主要是通过新文化作始者自己拥有的渠道，那问题还比较简单，但实际的情况并非如此！20世纪20年代传播新文化最力的并不是《新青年》和《新潮》杂志，而是商务印书馆及其他上海出版同业。那么，出版界为什么愿意参与新文化的传播？他们参与传播新思想、新观念、新文化，并不一定是认同新文化运动，更主要的是出于市场的考量。他们看到了新文化的市场潜力，通过他们的动员组织方式、文化生产方式，把新文化变成"外来、时髦的"商品，然后又通过他们无远弗届的发行网络向全国范围扩散，从中获益。出版家群趋新文化的过程，也就是新文化运动由校园实验逐渐席卷全国的过程。没有出版家的介入，新文化在短期内激荡成潮是很难想象的。将一种思潮或文化运动与出版事业乃至市场的流通与获益机制联结考察，可以让我们从另一个角度去更深入地理解思想与文化运动的缔造过程和流播过程。

鉴于已有的众多新文化运动研究论著中，大多围绕《新青年》杂志和北京大学展开,极少注意到现代出版业特别是商务印书馆在其中所扮演的重要角色。本文拟以商务印书馆为个案,深入地探讨文化市场与新文化运动的另一种复杂的互动面相。

启蒙的生意:新文化如何变成"运动"?

商务曾被视为"五四之源",就是说,五四新文化运动并不是突兀的澎湃巨流,而是经过长久的伏流时期后才迸发出来的。在这个"长久的伏流时期"中,商务曾起过非常关键的作用。它一方面以学制变更为契机,大规模地组织出版中小学教科书及各种辅助读物,另一方面又在"学问饥荒"的年代里组织出版大量的中译西书和普及传播各种新知新学。从1902年起,商务便组织出版了《帝国丛书》,其中包括《明治政党小史》《埃及近世史》《帝国主义》《各国宪法略》和《各国国民公私参考》等。此后又渐次推出了政学丛书、历史丛书、财政丛书、商业丛书、地学丛书、战史丛书、普通学问答丛书、说部丛书、传记丛书、哲学丛书等一系列丛书和各种中外文辞书,以及《绣像小说》《东方杂志》《教育杂志》《小说月报》《法政杂志》等刊物,为新知新学的普及传播推波助澜。商务尤锐意出版西方名著,其数量之多,质量之高,影响之大,为当时其他书局所不及。其中以严译名著(除南洋公学译书院代印的《原富》外,还包括《天演论》《法意》《群己权界论》《社会真诠》《穆勒名学》《名学浅说》和《群学肄言》等)和林译小说(170余种,几乎全部由商务出版)的影响最大,不胫而走,思想界耳目为之一新。据初步推算,1912—1935年全国350个左右出版机关、团体出版的哲学、社会科学、人文科学、自然科学和工程技术科学著作的译作(不包括古籍、文学作品、儿童读物)约有13,300余种,其中商务出版的约3350种,占27.3%。商务出版的哲学著作和译作占同期同类出版物的34%,经济学占26.2%,史学占36.6%,文艺理论占46.3%,自然科学占36.1%,工程技术科学占25%。考虑到大多数重要的出版社都成立于辛亥革命后,可以推测,1912年以前商务传播新知新学的出版物在全国同类出版物中所占的比例要高得多。[①] 数字当然不是历史,但数字可以说明和解释历史。作为出版"优良教科书的大户"和传播新知新学的重镇,商务不仅为新文化运动造就了"演员",而且为新文化运动培育了"观众",在中国现代社会思想和

---

① 参见拙著:《张元济:书卷人生》,上海:上海教育出版社,1999年,第92—93页。

学术文化的变迁过程中产生了深远持久的影响。

然而,戊戌以来,政治与思潮的代谢特别急剧,从戊戌到辛亥再到五四,一次比一次更加激进,更加彻底。诚如王元化所说:"这些不断更迭的改革运动,很容易使人认为每一次改革失败的原因,都在于不够彻底,因而普遍形成了一种越彻底越好的急躁心态。①"在这样的气候之下,一向坚守渐进改良进路的商务就显得过于稳健、过于持重、过于保守了。尽管从长时段的历史时间来看,这种坚守在大动荡的时代背景自有其非常独特的价值和意义,但那时的历史情境并不可能选择这种稳健温和的进路,而是走上越彻底越好的愈来愈激进之路。这两种进路之间的距离在一定程度上决定了商务与时代之间的落差。随着共和革命的凯歌行进,商务已为这种落差付出了一定的代价。以《青年杂志》(后改为《新青年》)的创办为标志的新文化运动悄然兴起,并开始蓬勃展开之后,商务与时代之间的这种落差就使得商务面临的形势变得更加严峻了!商务的某些出版物因稳健而落时,因落时而引起"新青年"的强烈不满。1918年9月和1919年2月陈独秀连续两次在《新青年》上著文,严厉质询和驳斥《东方杂志》主编杜亚泉。接着,罗家伦在北大的《新潮》杂志发表《今日之杂志界》一文,公开点名批评商务版杂志。② 这是一个方面,另一方面这种落差又直接导致了商务营业的衰退:商务版教科书的发行量迅速下滑,商务版杂志的销售额也从1917年的14.6万元减少到1918年的11.1万元,③到1919年初商务积压和滞销的书刊多达60万余册。④ 所有这些,说明商务的某些出版物与变化中的市场需求严重脱节,已无法满足新一代学子的心理期待和阅读激情。更为严重的是,"公司中十余年来已养成一种惰性,与谈改革格

---

① 王元化:《杜亚泉与东西文化问题论战》,《清园近思录》,北京:中国社会科学出版社,1998年,第7页。
② 罗家伦的文章将国内的杂志分为四类:第一类是官僚派,即官办的《内务公报》《财政月刊》;第二类是课艺派,如南开的《校风》等,专门面向学生;第三类是杂乱派,"最可以做代表的,就是商务印书馆的《东方杂志》,这个上下古今派的杂志,忽而工业,忽而政论,忽而农商,忽而灵学,真是五花八门,无奇不有。你说他旧吗? 他又像新。你说他新吗? 他实在不配。……这样毫无主张,毫无特色,毫无系统的办法,真可以说对于社会不发生一点影响,也不能尽一点灌输新智识的责任。"第四类是学理派,学理派又分脑筋清楚与不清楚两类,而脑筋不清楚的一类中,包括商务的《教育杂志》和《妇女杂志》。该文见《新潮》第1卷第4号。
③ 《张元济日记》下册,北京:商务印书馆,1981年,第505页。
④ 在1919年3月14日的日记中,张元济记道:"昨查图书盘存簿,见有若干滞销书均列账。当属符俞两君复阅一过,将滞销者摘出。本日据符君报告,有六十余万,内实用书三十余万,历年杂志十一万余,当约许笃斋、王莲溪及叔、拔诸君详商。"见《张元济日记》下册,第551页。

格不入"①,一批依靠家族关系进入商务的老雇员大都安于现状,墨守成规;而那些曾经是传播普及新知新学的佼佼者,如今也落后于时代,甚至成为新文化运动的阻力。这一切让人感到商务内部弥漫着一种暮气。②

商务的实际主持者张元济当然已认识到问题的严峻性,早在1916年,他就意识到文言文已不适合时代的要求,并与高梦旦一起商讨过国文教科书前4册采用白话文的问题,且提出过编写"初等小学国文白话编"的最初设想。1917年初,他又建议编译所组织人马编写几种"言文一致"的教科书,同时托人访求能编白话文的人才。同年10月,他已意识到《小说月报》"不适宜,应变通"③。后来他在招待上海学界人士时又公开宣布,他过去提倡的"新教育现已旧,不可误采"④。1919年1月,他又提出《教育杂志》"须改良,募外稿,从速行"⑤。这些设想与举措,说明他对商务版教科书、期刊的落时与陈旧已有相当清醒的认识,但受制于企业内部的"惰性"力量,无法从根本上扭转商务与新文化界、商务与市场之间的落差。

在这种背景下,商务实际上面临两种抉择:要么继续因循守旧,日益落后于时代;要么与时俱进,对商务进行脱胎换骨的改造,使之追上新文化运动的步伐,摆脱日益严重的危机。张元济自然不甘于前一种命运。在革新与守旧之间,他以一贯的开明与开放姿态,立足于企业和文化发展的双重需要,顺时应变,顶住各种压力,对商务实行全面的改革。

商务的改革首先从受新文化界猛烈抨击的刊物开始。

众所周知,商务出版发行的刊物在商务出版物中占有重要的地位,在中国知识界和文化教育界有着广泛的影响,为提高本国的学术水平、增进国民知识程度做出了很大的贡献。其中"讨论时政、阐明学术者,则有《东方杂志》;研究教育以促进步者,则有《教育杂志》;谋国内学生界交换知识,互通声气者,则有《学生杂志》;谋求增进少年及儿童普通知识者,则有《少年》杂志,《儿童世界》及《儿童画报》等;讨论妇女问题者,则有《妇女杂志》;谋促

---

① 张树年主编:《张元济年谱》,北京:商务印书馆,1991年,第270页。
② 1917年3月9日,张元济致高凤池函云:"本馆成立业逾廿载,不免稍有暮气。从前规模小,所有习惯不适于今日之用。欲专恃旧有之人才、昔时之制度以支此艰巨之局,其必终遭失败可以断言。"参见张树年、张人凤编:《张元济书札》(增订本)下册,北京:商务印书馆,1997年,第931页。
③ 同①,第128、134、144页。
④ 《张元济日记》下册,第465页。
⑤ 同上,第511页。

进学生英语知识者,则有《英语周刊》,研究中外文学者,则有《小说月报》;研究中国自然物及自然现象者,则有《自然界》杂志,无不内容丰富,材料新颖,见称于读者"。① 此外还有各地学术团体的定期刊物和委托商务发行的刊物多种。五四时期,新文化运动蓬勃发展,商务版期刊因内容陈旧而受到严厉的批评,杂志的发行量受到严重影响,在这种情况下,刊物的改弦更张已势在必行。

《东方杂志》受"新青年"的批评最烈,而"亚泉只能维持现状"②,馆方迫不得已撤去杜亚泉的主编之职,由陶保霖出任主编。陶死后由钱智修接任。紧接着,商务版其他杂志如《小说月报》《教育杂志》《妇女杂志》《学生杂志》等的编辑人员也都做了相应的调整:《教育杂志》改由李石岑编辑,实际由周予同负责;《学生杂志》由杨贤江主持编辑;《妇女杂志》改由章锡琛编辑。这些"后起之辈思想甚新,蓬蓬勃勃,亦颇有为公司兴利除弊之意,有不可遏之势。"③这批后起之辈的被起用,使商务版期刊的面目一新,呈现出一派新气象。其中尤以沈雁冰主持的《小说月报》的改革最为出色,影响也最大。大约在 1917 年 10 月,张元济就曾和高梦旦商议过《小说月报》的改革事宜,到 1920 年 1 月,新文学运动已激荡成潮,张元济、高梦旦决定让已在商务显示多方面才干的沈雁冰主持《小说月报》的改革,先是让他主持《小说月报》中新辟的"小说新潮"专栏,即所谓的"半改革"。沈雁冰上任后,当即撰写了《小说新潮栏宣言》及《新旧文学评议之评议》两篇文章,倡导文学应当"表现人生并指导人生"。"半改革"后的《小说月报》,读者的反响十分强烈。不久,便由沈雁冰出任主编,全权负责《小说月报》的改革。其中的经过,茅盾(沈雁冰)回忆道:"后来我才知道,张菊生和高梦旦十一月初旬到过北京,就和郑振铎他们见过面,郑要求商务出版一个文学杂志,而由他们主编(如《学艺杂志》之例),张、高不愿出版新杂志,但表示可以改组《小说月报》,于是郑等就转而主张先成立一个文学会,然后再办刊物。张、高到上海后即选定我改组《小说月报》。"④改组后的《小说月报》,很快和在北京准备组织文学研究会的郑振铎

---

① 庄俞:《三十五年来之商务印书馆》,见《商务印书馆九十五年》,北京:商务印书馆,1992 年,第 736—737 页。
② 《张元济日记》下册,第 624 页。
③ 张树年主编:《张元济年谱》,北京:商务印书馆,1991 年,第 270 页。
④ 茅盾:《商务印书馆编译所和革新〈小说月报〉的前后》,《商务印书馆九十年》,北京:商务印书馆,1987 年,第 190 页。

等人会合起来,倡导"为人生的文学",发行量由原来的两千本猛增到一万余本,①成为新文学运动最有影响的刊物之一。

在全面改革商务版期刊的同一过程中,张元济和高梦旦对编译所也进行了大刀阔斧的改革。编译所是商务的灵魂机构,其主要人员都是戊戌时代脱颖而出的,到五四时期,他们已成了名副其实的"老新党",无论是观念意识还是知识构成都已严重老化,无法适应新文化运动。人才的匮乏,已成为商务的当务之急。早在1916年9月,张元济就认为"本馆营业非用新人、知识较优者,断难与学界、政界接洽"②。1917年2月,他在致高凤池的信中再次指出:"公司事业日繁,人才甚为缺乏,且旧人中之不能办事者甚复不少,若不推陈出新,将来败象已露,临渴掘井断来不及。"③可惜他的这些建议因受总经理高凤池的阻挠无法付诸实施。新文化运动蓬勃发展后,张元济的引进新人设想就更加迫切了。他常常和高梦旦一起商讨改组编译所事宜,并得到了编译所所长高梦旦的全力支持。和张元济一样,高梦旦也是开明的"老新党",既有革新思想,又有长者风度。他说:"公司犹国家也,谋国者不可尸位,当为国求贤,旧令尹之政,以告新令尹,俾国家生命,得以长久。吾辈皆老矣,若不为公司求继起之人,如公司何?况自审不适于新潮流哉!"④他深感自己的学识与能力已不能适应新时代的要求,准备"求贤自代",引进新人,改组和充实编译所。从《张元济日记》可以看出,五四前后的半年多时间里,他们为改组编译所曾商量过好几套方案。这些方案包括:

(一)"收束编译所"。还在1917年7月5日,张元济和高梦旦就商定,"拟将编译所改为在外编译,先筹备办法"。⑤ 1919年7月20日又旧事重提,商议了改组的具体办法,编译所只设审查、编辑和函授三部,"编译可以在外办事者,一律包办,宁宽勿严"。⑥ 不久,张元济考虑到"编译所中下级各员未必均属可用,故改组一事,似不能不实行"⑦,因此"决意收束",并同有关人员

---

① 茅盾回忆说:"改组的《小说月报》第一期印了五千册,马上销完,各处分馆纷纷来电要求下期多发,于是第二期印了七千,到第一卷末期,已印一万册。"见茅盾:《我走过的道路》上册,北京:人民文学出版社,1997年,第168页。
② 张树年主编:《张元济年谱》,第129页。
③ 同上,第135页。
④ 蒋维乔:《高公梦旦传》,见《商务印书馆九十五年》,第53页。
⑤ 《张元济日记》上册,第247页。
⑥ 《张元济日记》下册,第615页。
⑦ 同上,第648页。

商量了"收束编译所之法"。① 这个方案后来未见施行。

（二）在北京"拟设第二编译所，专办新事，以重金聘胡适，请其在京主持，每年约费三万元，试办一年"②，当时新文化运动的中心在北京，所有的新文化健将云集北京各大学，商务显然无法把他们都请到上海来，让他们在北京为商务主持编译，无论从纯粹经营角度还是现实的可能性角度都是明智之举，但这个方案后来并未谈妥，改为由蔡元培、胡适、蒋梦麟等教授组织一部《世界丛书》。

（三）梁启超欧游归来，准备组织一个学术团体，专门从事译述，"将世界学说为无限制的尽量输入"，全面介绍第一次世界大战后世界各国的新思潮新学说，供国人切实研究之资。1920年3月13日，梁启超到商务拜访张元济等人，并向张元济提出这个编辑计划。张元济与高梦旦、陈叔通紧急磋商后决定："拟拨款二万元预垫版税，先行试办一年。胡适之一面，亦如此数；属任公不必约彼。"③后来又应梁启超的请求，加拨两万元，"为两年之布置"。梁启超得到商务的财力支持后，即与张君劢等人组织共学社，"译辑新书，铸造全国青年之思想"④，着手编译《共学社丛书》。

这些方案基本上都没有施行，已施行的，效果也不太明显。譬如商务出巨资拟办的"第二编译所"（包括胡适主持的和梁启超主持的两个编译机构），除了分别组织编译了《世界丛书》和《共学社丛书》两套丛书外，没有留下更多可资纪念的踪迹。但从张元济在商务编译所之外另组新的编译机构的努力可以看出，他改组编译所的愿望是如何之迫切了。

当然，这还只是他所有努力的一个方面，另一方面他更以海纳百川的襟怀广集贤才，各展所长。在张元济、高梦旦以及王云五等人的努力下，商务编译所人才荟萃，群贤毕至。据《商务印书馆大事记》记载：1920年至1922年间，陆续进馆的有陈布雷（后任蒋介石的国策顾问）、周昌寿（物理学家）、谢六逸（日本文学家）、杨贤江（教育家）、郑振铎（文学家、藏书家）、周建人（鲁迅胞弟、生物学家）、周予同（经学家）、李石岑（哲学家）、王云五（后任商务印书馆总经理）、杨端六（财经专家）、朱经农（教育学家）、唐钺（心理学家）、竺可桢（气象、地理学家）、任鸿隽（科学家，后任四川大学校长）、周鲠生（法学家，后

---

① 《张元济日记》下册，第643页。
② 张树年主编：《张元济年谱》，第186页。
③ 同①，第721页。
④ 张树年、张人凤编：《张元济书札》（增订本）下册，第1028页。

任武汉大学校长)、陶孟和(社会学家,曾任北大教授)、顾颉刚(历史学家)、范寿康(哲学家)等;同时还聘请了陈独秀、胡明复、杨铨、秉志等为馆外编辑。在两三年内聘请如此众多的专家,非有大魄力不能为此。这些人才来自不同的领域,分属不同的思想流派,张元济始终本着宽容的文化态度和对话沟通的精神,与他们和平共处,共同推动新文化新文学的发展,扶助不同思想体系和流派的活跃与发展。这是一种休休有容、泱泱之大的精神气度,这种气度与五四时期蔡元培主持下的北京大学极为相近,商务编译所因此而"在当时成了各方面知识分子汇集的中心"①。

为了更好地适应并引导新时代的潮流,推动新文化新文学的发展,自五四之后,高梦旦即决意辞去编译所长之职,以避贤路,并和张元济一起开始在全国范围内为自己寻觅"替人"。他们都看好胡适,希望借重他的长才为编译所及整个商务开辟新局。高梦旦对人说:"时局日益革新,编译工作宜适应潮流,站在前线。吾特不适于编译所之事,当为公司觅一适于此职之人以自代,适之其庶几乎!"②胡适是新文化运动中声光灿然的新派人物,当时正在蔡元培手下任北大教授,但他不如陈独秀那样激进,思想倾向相对开明温和,由他来主持编译所,一则可以领导新文化的潮流,二又可以避免使商务走极端之路,因此他成了张、高心目中新编译所长的理想人选。1921年4月,受张元济委托,高梦旦专程赴京敦请,胡适婉辞不成,答应夏天放假的时候到商务住三个月,"做客,看看,谈谈",再作决定。高梦旦回沪后,张元济又致书胡适,恳切地说:"鄙公司从事编译,学识浅陋,深恐贻误后生,素承不弃,极思借重长才。"③经过多次敦促和诚意邀请,胡适有点心动了。7月,他如约前来,对商务进行了一番全面的考察,提出了一系列颇有针对性的改革措施,并耐心听取编译所内部各色人等对改革措施的意见。他觉得"这个编译所确是一个很要紧的教育机关——一种教育大势力",但又认为自己还年轻,还有自己的事业要干,"不应该放弃自己的事,去办那完全为别人之事"④。权衡之后,终于没有留下来。但内心总觉得有负张、高之望,恰好在上海见到了他过去的英文老师

---

① 叶圣陶:《我和商务印书馆》,《商务印书馆九十年》,第300—301页。
② 庄俞:《悼梦旦高公》,《商务印书馆九十五年》,第60页。
③ 张树年、张人凤编:《张元济书札》(增订本)中册,第820页。
④ 中国社会科学院近代史研究所中华民国史研究室编:《胡适的日记》,香港:中华书局,1985年,第185页。

王云五,认为王氏"学问道德在今日可谓无双之选"①,便转荐王云五。1921年11月,王云五担任编译所长后,秉承张、高的革新旨趣,并在他们的全力支持下,对编译所进行了比较彻底的改组:一是扩展了编译所的内部结构,共设有:哲学教育部、国文部、英文部、史地部、法制经济部、算学部、博物生理部、物理化学部、杂纂部、英汉实用字典委员会、国文字典委员会、英汉字典委员会、百科全书委员会(下设6个系)、事务部(下设庶务、文牍、会计、成本会计、舆图、图画、美术、图版、书缮、校对等10个股)、出版部、东方杂志社、教育杂志社、小说月报社、学生杂志社、少年杂志社、儿童画报社、妇女杂志社、小说世界社、儿童世界社、英文杂志社、英语周刊社、国语函授社、国文函授社、英语函授社、数学函授社、商业函授社、图书馆,其中不少是新添设的部门;二是继续引进新人,同时裁汰已经落伍的旧人。到1924年,编译所从改组前的160人增加到240余人,其中196人是王云五上任后引进的,许多老资格的编辑因不能顺应时代潮流而被淘汰出馆。一批国内知名的专家学者被安排到新设各部主持工作,如北大教授朱经农被聘为哲学教育部长(后转任国文部长,该部由唐钺接掌),留美心理学博士唐钺被委任为总编辑部编辑,留美地理学博士、东南大学教授竺可桢被聘为史地部长,北大算学教授段育华被聘为算学部长,科学家任鸿隽被聘为理化部长,法学家周鲠生被聘为法制经济部长(后由陶孟和接任)。此外,还有一大批年轻有为的学者如杨贤江、郑振铎、周建人、周予同、李石岑、顾颉刚、叶圣陶等人被聘为编辑,相继走上重要的岗位。改组后的编译所一时俊采云集,人才济济。依靠这一庞大整齐的人才群体,商务与各大学、研究机构、学术团体建立了广泛的多层次的联系。

改革后的商务,跟上了新时代的步伐,重新焕发出生机和活力,找回了一度失落的优势,业务蒸蒸日上,出书量成倍增长:1915年出书293种552册,到1920年出书量猛增到352种1284册。与此相对应,商务的资本总量和营业额亦呈现出大幅增长的态势,1914年商务的资本总量为200万元,1920年为300万元,1922年时达到500万元;营业额1915年约307万元,1921年已近686万元。② 在这个过程中,商务除了继续编纂教科书、辞书和期刊外,把出版重心转到国内外最新学术著作的出版和善本古籍的影印上来,"一方面

---

① 《胡适的日记》,第157页。
② 据庄俞《三十五年来之商务印书馆》所列统计数据,《最近三十五年之中国教育》,上海:商务印书馆,1931年。

发扬固有文化,一方面介绍西洋文化,谋沟通中西以促进整个中国文化之光大"①。先后组织出版了《世界丛书》《共学社丛书》《文学研究会丛书》《万有文库》,以及《涵芬楼秘笈》《续古逸丛书》《四部丛刊》等,为现代中国学术文化的积累、形成和发展做出了突出的贡献。它以其雄厚的资金和完善的发行网络为新文化运动推波助澜,成为继北京大学之后新文化运动最重要的组织者、出版者和传播者。从20年代开始,商务组织出版发行的新文化新文学书刊在全国同类书刊中占有极为重要的地位。据统计,1921年至1930年这10年间,商务单文学类书籍就出版815种2269册,艺术类书籍出版263种571册,这些出版物中,绝大多数都与新文化新文学所倡导的内容有关。1929年商务编印《万有文库》第一集1010种,分装2000册,这套大型丛书几乎全是普及和宣传新文化新文学思想的著作,其中的《国学基本丛书》,也是抱着"整理国故"的现代眼光,重新估定传统文化在现代文化生活中的价值。这些书籍通过商务在全国各大中型城市的分馆和支馆散布到全国各地,使新文化新文学有机会走出校园,扩展到全社会,既扩大了新文化新文学的社会影响,也壮大了新文化新文学运动的声势。有一位现代文学学者指出,商务在新文化新文学运动中发挥了特殊的文化组织者的功能,始终承担着新文化新文学的组织、宣传和普及工作,"如果说,新文学新文化最初在杂志和报刊上进行鼓动宣传时,还仅仅是一种文学文化上的设想和尝试,那么通过商务印书馆的文化生产方式,特别是商务印书馆组织各方面人士,大量刊印新文学新文化书籍,使得新文学新文化成为一种客观的文化事实存在下来,在大量新文学新文化书刊面前,谁也无法否认新文学新文化的存在价值了"②。

五四时期商务版杂志的广泛更新,商务的机构改革,最初导因于新文化运动的蓬勃展开,是大势所趋,是为了扭转其与市场之间的落差而进行的。但在改革的过程中,商务并不只是新文化运动的被动承受者,它与新文化运动的关系与其说是一种单向受惠的关系,毋宁说是一种互动的关系。诚然,张元济、高梦旦从来都不是激进主义者,不赞成"非此即彼"的极端手段,一贯主张和平的渐进改良,但他们并不是一个守旧派,从戊戌到五四,他们始终立足于民间,致全力于文化和社会转型的基础性工作,特别是教育的改良,希望通过渐进改良的途径实现中国社会的现代化。他们的思想性格是温和的,开明的,开

---

① 庄俞:《三十五年来之商务印书馆》,见《商务印书馆九十五年》,第735页。
② 杨扬:《商务印书馆与二十年代新文学中心的南移》,《上海文化》,1995年第1期。

放的,而不是激烈的、极端的、偏至的。甲午战争后,他们曾"沉溺于西学",加盟商务主持编译所后,组织引进了大量的西方哲学、文学、科学技术、法律、政治等方面的文化思想资源,但对中国并没有失去信心,不主张全盘西化;民国以后,"主张保存国粹的,说西洋科学破产;主张输入欧化的,说中国旧文明没有价值"(蔡元培语),在这种"两极端"的风气中,他们一方面在抢救、整理和影印善本古籍,另一方面却也并不排斥新知新学,而是尽己所能地帮助不同的思想体系和学术流派的活跃与发展。譬如,胡适曾为商务拟议出版《常识丛书》(或《日用丛书》),初定选题25种,张元济批注"拟加《布尔什维克》,或仍称'过激主义'"[1]。他当然不会信奉"过激主义",但这并不妨碍他介绍这种主义,其思想性格上的开明与开放于此可见一斑。这种开明与开放的思想性格使商务始终拥有一种"兼容并包"的气度和与社会各界沟通的意识及能力。譬如1918年6月,张元济在北京期间一方面认真听取一些新派人物如陈独秀、胡适、钱玄同等人的意见,另一方面又保持与严复、林纾,以及孙宝琦、董康、傅增湘、章士钊等人的联系。甚至像辜鸿铭这样的文化保守主义者,由于他的学问,张元济仍打算出版他的文集。1921年9月,张元济再度赴京,通过郭秉文的介绍,商请当时应中国京津沪宁教育界邀请来华考察教育的美国哥伦比亚大学教育院院长孟罗博士(Paul Monroe)担任商务的顾问。在会晤时,张元济说:"二十年改革教育之制,余亦与闻。二十年迄无成效。今世界大势变更,我国教育未上轨,不能不急图改良。本馆教科书约有七成供全国学生之用,自觉责任甚重,愈觉兢兢。公司董事特属我与邝君(邝富灼)特来求教。"[2]后来孟罗并未接受邀请,但由此可知张元济谋求与外界沟通的良苦用心了。有容乃大,张元济的沟通和兼容意识使他能够广纳百川,对不同的思想体系和不同的学术流派采取宽容的态度和对话的精神,并尽己所能地帮助它们活跃与发展。譬如他支持梁启超等人创设"讲学社","每年岁助讲学社五千元"[3],延聘世界著名学者如英国思想家罗素、德国哲学家杜里舒、印度诗人泰戈尔等来华讲学;再譬如他对留日学生组织的学术团体中华艺社和梁启超旅欧归来后发起组织的尚志学会的支持和帮助,等等,其目的只有一个,那就是尽力促进和推动学术文化的活跃与发展,为不同流派的学人创造一个非急

---

[1] 转引自汪原放:《回忆亚东图书馆》,上海:学林出版社,1983年,第100—101页。
[2] 《张元济日记》下册,第799页。
[3] 张树年、张人凤编:《张元济书札》(增订本)下册,第1029页。

功近利但有助于学术发展的良好的精神氛围。

　　就这个意义上说,商务的改革固然离不开新文化运动,然而新文化运动之激荡成潮,从最初校园内的思想试验演变成席卷全国的文化思潮和文化运动,除了其自身适应中国社会和时代的需求之外,同样也离不开出版业特别是商务的努力。没有出版业的市场化运作,没有文化市场的介入,新文化之演变成席卷全国的思潮、运动和现代中国影响最为深远的文化事件,是很难想象的。单靠聚集在一份杂志和几个社团周围的"新青年"的呼唤与呐喊,是造不出新文化运动那样的声势和影响的。

文化、市场与政治:几个相关问题的讨论

　　文化市场与新文化运动之间的这种互动关系,为我们重新思考新文化运动提供了一种新的角度。从这个角度出发,还可以引申出一系列有意思的其他相关问题。兹举其三略作讨论。

　　问题一:当年为新文化呐喊的那些人如蔡元培、陈独秀、胡适、鲁迅等,大多是南方人,他们的新思想也都是在南方——更具体地说是上海产生的,《青年杂志》最初也是在上海落户的,那为什么他们不在上海而要奔波到北京去推动?北京这个舞台究竟有何特殊的魔力?我有一个朋友写了一本关于北京大学的书,他认为,对中国学术界来说,北京有一种类似"麦克风"的功能。就是说,上海是万商之海,你在上海发言,可能就只是一种声音而已,而且常常会被市井的鼎沸与喧闹淹没;但在北京就不同,你的声音有可能被"麦克风"放大了。这就是为什么南方的知识精英要到北方抢话筒、发表看法的原因所在。那么,北京为什么具有麦克风的功能?这又跟中国的政治文化有关。将南北两个中心城市放在政治文化的传统与形构中考察所能够获得的观感,这是从前的政治史、区域性的城市史研究都无法达成的。而新文化史的视野却做到了,它赋予了研究者不同寻常的观看历史的方式。

　　问题二:就新文化运动倡导的新观念和新思想而言,与"帝都"北京的思想氛围是十分不协调的,其间的压力和紧张在所难免,那么当年新文化的发言者为什么能够顶住压力,在北京大张旗鼓地谈论新观念和新思想?已经有学者指出,这是因为北洋军阀政府忙于内斗,意识形态的控制比较放松,军阀们对文人热火朝天地玩"思想把戏"也缺乏兴趣。应当说,这确实是一个非常重要的原因,但并不是唯一的原因。据一些相关的研究显示,新文化运动的组织

者在经济上比较独立,他们在北大任教,但他们的主要收入并非来自薪水,而是来自出版家的赞助,以及不菲的稿酬或版税。他们在北京写文章、写书,到上海发表或出版,获得可观的收入,经济上比较独立,因此他们的发言受政治的干扰较少,更能够自由表达个人的意见。蔡元培、胡适和蒋梦麟合编的《世界丛书》、梁启超等编的《共学社丛书》,以及《北京大学月刊》等都是商务印书馆出资赞助的,陈独秀本人还是商务印书馆的馆外编辑。另外,五四时期世界著名学者来华讲学,也都得到出版家的大力协助。事实上,这又回到了思想与文化的缔造过程这一问题上,形上之思想与形下之市场、运营有着无法分明的纠结关系。在新文化史的视界里,思想与社会的其他组成机制都不是单独和透明的,他们共同构成了历史以及历史的型塑过程。

问题三:上海何以成为新文化的生产与传播中心?据周策纵估计,五四时期,即1917年到1921年间,全国新出的报刊多达1000种,单五四运动后的半年中,中国新创刊的白话文刊物就有400种之多①,"包括了现代知识和生活的几乎所有的重要方面"。其中比较著名的有《新青年》(月刊)、《太平洋》(月刊)、《每周评论》(周刊)、《新潮》(月刊)、《国民》(月刊)、《新教育》(月刊)、《星期评论》(周刊)、《少年中国》(月刊)、《建设》(月刊)、《解放与改造》(半月刊,1920年9月15日更名为《改造》月刊)、《少年世界》(月刊)等。这些新期刊除《每周评论》《新潮》《国民》3种在北京出版外,其余8种均在上海出版发行。在新思潮的裹挟下,许多旧杂志和报纸也开始纷纷改版,"顺应世界之潮流",如商务印书馆出版的杂志《东方杂志》《教育杂志》《小说月报》《妇女杂志》《学生杂志》和中华书局出版的《中华教育界》等都转而使用白话文,并开始介绍现代西方的思想和知识。另一些报纸则开辟了专栏或增加了副刊,如上海出版的《民国日报》取消了《国民闲话》和《民国闲话》两个副刊,改出《觉悟》副刊,介绍和宣传新思潮,受到读者的欢迎。与此同时,新书和翻译著作的出版成倍增长,商务印书馆1912年出书407种,1905年出书552种,1919年出书602种,到1920年出书量猛增至1284种。当时全国至少有48家出版社竞相出版中译西书,其中绝大多数是西方社会科学著作。与此相对应,纸张的进口,从1918年到1921年几乎翻了一番。上海之所以成为新文化的生产和传播中心,以往比较强调租界因素的作用,其实,更关键的是上海拥有其他地方不具备的成熟而活跃的文化市场。文化与市场的互动构成了二三十

---

① 周策纵:《五四运动:现代中国的思想革命》,南京:江苏人民出版社,1996年,第247页。

年代上海文化繁荣的内在风景。不仅文化娱乐、演艺事业、新闻报刊、图书出版的演变与市场关系攸关，就是科学技术、人文社会科学的发展也难免受到市场的深刻洗礼。离开市场，这个时期上海文化变迁是很难说清楚的。

上海文化的一个显著特点就是文化的产业化运作，以出版为例，商务、中华以及稍后的世界书局等，均采用股份制的现代企业形式和企业制度，不仅广泛地吸引了民间资本的加入，同时也得到外资（早期商务就是与日本合资的）和金融业（世界书局的主要股东就有金融业巨头如钱新之等），其资金的实力和生产规模，是以往的书商所无法想象的。这些企业的出现，使上海出版业有了一个飞跃的发展。它们集中诞生在上海，与那时整个上海的经济发展和融资环境有着密切的联系，而整个上海社会经济的发达，也为上海的出版等文化消费提供了良好的市场基础。"上海是图书生产的中心，也是图书集散的基地，同时上海本地更是图书消费的重镇，这也是支撑整个上海近代出版事业的重要因素"。

当然，文化也并非市场的被动受惠者，因为市场本身是"沉默"的无形之手，它的功能需要文化人、文化机构的发现、拓展，甚至是创造。新文化固然为出版业开辟和拓展了广阔的市场空间，而出版业的群趋又反过来为新文化的传播推波助澜，最终把新文化运动从校园内的文化试验到转变为席卷全国的思想革命和文化运动。文化与市场之间的关系就是在这种互动中不断地向前迈进。

本文作者系上海社会科学院历史研究所研究员

原载《探索与争鸣》2017年第11期

新文化运动的"下行"
——以江浙地区地方读书人的反应为中心

瞿 骏

新文化运动是一个已有无数研究的大题目,但至今仍有不少问题大概连基本史事都没有厘清。同时新出史料和可取的研究角度又层出不穷。本文尝试引入新文化运动研究的"地方"视野,讨论新文化运动与江浙地方上的读书人的联结互动,希望能围绕以下问题作一粗浅的举例式讨论:第一,新文化如何一步步从中心向次中心再向边缘传播? 其通过哪些具体的渠道和方式让地方上的那些读书人知晓和了解。第二,新文化是如何与地方读书人的生活世界互动的? 进而他们怎样利用"新文化"来争夺地方权势? 第三,地方上的读书人对新文化的接受一帆风顺吗,如果不是,地方读书人有哪些回应和反抗? 这些回应和反抗又能折射出什么?

对于这些问题,不少学者都已做出了颇值得参考的精彩成果。[①] 本文希望在这些研究基础上,通过一些以往利用较少的地方读书人的资料,来进一步揭示上述问题中值得继续注意的一些面相。

一

关于新文化在地方上的传播在笔者看来在以下几个方面仍有不少讨论余

---

① 参看王汎森:《五四运动与生活世界的变化》,《二十一世纪》(香港中文大学中国文化研究所),2009年6月号。王汎森:《中国近代思想文化史研究的若干思考》,《新史学》(台北)第14卷第4期,2003年。罗志田:《近代中国社会权势的转移:知识分子的边缘化与边缘知识分子的兴起》,收入《权势转移:近代中国的思想与社会》,北京:北京师范大学出版社,2014年。许纪霖:《重建社会重心——现代中国的知识分子社会》,收入《大时代中的知识人》(增订本),北京:中华书局,2012年。章清:《五四思想界:中心与边缘——新青年及新文化运动的阅读个案》,《近代史研究》2010年第3期。张仲民:《舒新城与五四新文化运动》,收入牛大勇、欧阳哲生主编:《五四的历史与历史中的五四——北京大学纪念五四运动90周年国际学术研讨会论文集》,北京:北京大学出版社,2010年。

地。首先以中国之大,各地因其地理位置(离北京、上海等新文化中心城市的远近)、开放程度和交通条件等,各地新文化传播的速率相当不一致。出生在浙江定海的金性尧(1916—2007)就回忆1925年左右他"根本不知道世上有什么'新文化'。'五四运动'则连影子都没有见过"。①

若具体到个人,这个读书人是在城还是居乡,好友圈子如何构成和其本人的性格特性都决定了他们知晓新文化的速度和程度。以具有标志性意义的五四学潮的发生为例。1919年5月5日晚,在上海的白坚武(1886—1937)大概是有好友李大钊的消息渠道,已经"闻北京学界全体以国权丧失,联合游行街市作示威运动,焚卖国党曹汝霖宅,殴章宗祥几毙"。② 在杭州浙江一师上学的陈范予(1900—1941)则是在5月6日看《时报》知道了五四学潮的发生,相隔亦不过两天,而且报纸报道颇详细,不过也因追求讯息的及时快速而不乏错误、传闻和谣言:

> 四日下午二时,北京大学生等五千人往各国使馆求归还青岛并诛卖国贼陆(宗舆)、曹(汝霖)、章(宗祥)等。警察督过之,及有烧火伤人之行为,陆宗祥〔舆〕有毙之闻,曹及入六国馆内,学生被捕甚众。徐(世昌)氏云:不可伤及学生,段(祺瑞)则严法厉行,傅(增湘)乃力与争无效。蔡元培愿以一身抵罪云。③

相较白坚武、陈范予,其他数位江浙地区不在城的读书人知道五四学潮就要比他们速度慢一些,方式亦有差异。常熟桂村的前清进士徐兆玮(1867—1940)5月7日接在京老友孙雄(师郑)(1866—1935)来函云:"京师大学校及法政诸校学生因青岛事,有示威举动,焚曹汝霖屋,殴章宗祥几毙,惟陆宗舆得免。"④5月13日温州瑞安的前清廪贡生张棡(1860—1942)也知道了这件大事。但他知晓的方式并非电报、电话,也非报纸、杂志,更不是信件来往,而是听朋友说起,也就是口语传布,大致为:

> 近日内北京大学大闹风潮,盖即为章宗祥、曹汝霖、陆宗舆三卖国贼,

---

① 金性尧著,金文男编:《星屋杂忆》,上海:上海辞书出版社,2008年,第189页。
② 《白坚武日记》第一册,1919年5月5日条,南京:江苏古籍出版社,1992年,第194页。
③ 坂井洋史整理:《陈范予日记》,上海:学林出版社,1997年,第85页。
④ 徐兆玮著,李向东、包岐峰、苏醒等标点:《徐兆玮日记》第三册,合肥:黄山书社,2013年,1919年5月7日条,第1982页。

私与日本缔卖中国要约,被中国留学生所泄露,章氏不得安于日本,急急归国,甫到,北京大学诸生竟全体数千人齐赴曹汝霖家大闹。以章正在汝霖宅作秘密之议故也。曹氏知事不得了,纵火自焚其屋四十余间,学生愈聚愈多,章宗祥被击重伤,曹亦击伤头面。①

进一步申论,在这五人中离新文化主潮最远,各类消息渠道最少的应是张棡,因此他知道的五四学潮情形实在与五六十年前太平天国时期的海宁读书人基本无差,也是讯息大体上了解,但细节有不少失真。五人中只有他提到了曹汝霖"纵火自焚其屋"一事。这一讯息大概是张氏基于各种小道消息和社会传言的"添油加醋",进而判定章、曹、陆等为"卖国贼"。这或可看出无论当时北洋外交有多么的"成功",外交的实际运作是一回事,而民众(其范围远远大于学生)如何认知北洋外交的成败则是另一回事。

而当新文化向地方下行时,什么样的地方读书人,通过怎样的渠道来接触新文化则是新文化在地方传播的另一个值得关注之处。

"五四新文化最符合的是民初那些介于上层读书人和不识字者之间、但又想上升到精英层次的边缘知识分子或青年的需要"。② 而自清末到20世纪20年代,地方上生产边缘知识分子或青年的土壤恰恰发生了重大变化。

庄俞就发现:"民国成立,国事尚在争执之秋,独小学教育骤见发达。有一校学生数倍于旧额者,一地学校十数倍于原数者。南北各省,大都如是。"③像江苏昆山,1912年城镇乡学堂(都为小学)总计45所。校长、教员、技师合计127人,因有不少教师同时在几个学校兼职,因此可提供的教职位置约有150个。而到了1925年当地城镇乡学堂增加至115所(其中中学1所),教职员则增加到376位,④另据统计1918年5月江苏省县立学校已"多至六千三百余所",⑤可证庄俞之言虽可能有所夸张,但增量确实也相当大。

这种地方上新学校大幅度增加的情形推动着知识青年在江浙基层地区的

---

① 张棡日记,1919年5月13日条。
② 罗志田:《近代中国社会权势的转移:知识分子的边缘化与边缘知识分子的兴起》,收入《权势转移:近代中国的思想与社会》,第140页。
③ 庄俞:《小学教育现状论》,《教育杂志》第5卷第3号(1913年6月10日),第33页。
④ 参见拙作:《入城又回乡——清末民初江南读书人社会流动的再考察》,《华东师范大学学报》(哲学社会科学版),2014年第5期,第30,32页。
⑤ 云窝:《江苏教育进行之商榷》,《时事新报学灯副刊》,1918年5月9日,第三张第一版。

明显增加,但另一方面学校与科举大有不同。科举不得上进还有塾师、儒医等"权路走得"。① 但进了学校,毕业后若无"升学之地",则就成了"坐耗居诸,销磨志气"之"游手"。② 因为昂贵的学费、路费和其他各种杂费。不少地方读书人读了中学或初级师范就无法继续升学。由此不难想见这些人念过些书,开眼看了世界,但又被囿于地方的失落心态。即使努力走出去的"士绅子弟"亦有不少因为城市居大不易而返回了家乡,不过活跃大城市与闭塞老家乡之间的对比与落差很多时候让他们倍感挫折、失望甚至于愤怒。

因此当新文化为这些在乡的和"入城又回乡"的青年带来了解放的理想和社会上升的可能性时,这一群体就成为了新文化在地方上最大的受众,进而又成为了新文化积极的传播者。那么这些青年和其他的地方读书人又是通过哪些渠道来接触新文化的呢?主要有三条渠道:一是阅报刊,二是听演说,三是读书籍。先来看阅报刊。

报刊是江浙地区基层读书人接触新文化的最重要载体之一,前人已有大量精细出色的研究。但若将视野放在"地方",报刊作为媒介其呈现出怎样的特质则可进一步梳理。

大致来说一方面主流新文化报刊之间的互联相当紧密,已形成了中心和中心,中心和地方间互做广告,互帮宣传的网络。像《北京高师教育丛刊》第一、二期中就出现了《新青年》(北京)、《新潮》(北京)、《时事新报》(上海)、《解放与改造》(上海)、《黑潮》(上海)、《新教育》(上海)、《心声》(河南)、《江西教育行政月报》、《湖南教育月刊》等全国或地方性的新文化报刊的广告。《新潮》、《少年中国》等亦是如此。地方性报刊的联结、代派网络亦在报刊中时有显现,如《浙江新潮》的代派处有30多个,其中不乏湖南长沙马王街修业学校毛泽东君和南京高等师范学校杨贤江君等名字出现。③

但另一方面尽管存在着新文化报刊间互联和代派的网络,但从它们的发行渠道看,若无大出版机构的支持其深入地方社会的能力恐怕有限。1919年3月,顾颉刚跑到杭州火车站附近最大的书铺内询问有无《新青年》,书铺伙计却连书名都不知道;再到另一家著名书铺——清和坊,也说"还没有来"。④

---

① 周作人著,止庵校订:《知堂回想录》(上),石家庄:河北教育出版社,2002年,第62页。
② 杨昌济:《论湖南创设省立大学之必要》(约1917—1918年),收入《杨昌济集》(一),长沙:湖南教育出版社,2008年,第230页。
③ 转见《俞秀松传》编委会编:《俞秀松传》,杭州:浙江人民出版社,2012年,第46页。
④ 顾颉刚致叶圣陶(1919年3月12日),《顾颉刚书信集》卷一,第55页。

《建设》杂志尽管与亚东图书馆关系紧密,但在1919年7月左右在江浙地区的代派点只有两个,一是由杭州浙江一师施存统代派,二是由绍兴教育馆代派。① 《少年中国》的代派处也只有杭州平海路《教育潮》杂志社、嘉兴乌镇西市徐第健文图书馆和绍兴教育馆等三处。虽然报刊的阅读量不完全由代派处的多少来决定,但前述报刊的代派人员和地点呈现出某种雷同单一的特质却是可说的。② 而反之,若有大出版机构和报刊联手,则其深入地方的能力可能会有相当程度的增强。如商务与中华这两大书局在江浙地区(其他地区或也有相似性)的影响力可以说是深入到地方的每一个毛孔。早在1912年,钱穆任教所在的无锡秦家水渠是一出入极不便之地。其四面环水,仅驾一桥通向外面的世界,夜间悬桥,交通遂断绝。但就是在这样的地方钱穆仍能读到商务的主力刊物《东方杂志》。③

就听演说而论,叶圣陶在小说《倪焕之》中曾详细描写了一个江南小镇在广场的公地上响应五四运动,进行反日演说的情形。这段文字虽是小说,却有叶圣陶真切的亲身体验在其中。他在回忆中说:

> 五四运动发生的时候,我在苏州甪直镇任吴县第五高等小学教员。甪直是水乡,在苏州东南,距离三十六里,只有水路可通,遇到逆风,船要划一天。上海的报纸要第二天晚上才能看到。教师们从报纸上看到了北京和各地集会游行和罢课罢市的情形,当然很激奋,大家说应该唤起民众,于是在学校门前开了一个会。这样的事在甪直还是第一次,镇上的人来的不少。后来下了一场雨,大家就散了。④

而据顾颉刚给叶圣陶的信,1919年5月9日苏州甪直镇开演说集会,叶圣陶和王伯祥演说的题目分别是"独立与互助"和"社会的国家和官僚的国家有什么分别"。在顾氏看来"甪直镇中亏得你们几位唤起自觉心和爱国的作业……我那天到旧皇宫听演说,都是些浮末枝叶——上海罢市怎样,北京学生受苦怎样——对于所以有此次风潮之故反而搁置一旁,这样的收效只有鼓动

---

① 《少年中国》第一卷第一期(1919年7月15日),广告页。
② 《少年中国》第一卷第三期(1919年9月15日)、第四期(1919年10月15日)。
③ 钱穆:《八十忆双亲、师友杂忆》,第78页。
④ 吴泰昌:《忆"五四",访叶老》,《文艺报》1979年第5期,收入《叶圣陶研究资料》,北京:北京十月文艺出版社,1988年,第157页。

一时的感情,仍是虚伪而非真实。你们选择的题目……都是在根本上说话,所得效果定自不同"。①

最后我们则要通过阅读什么书籍来对地方读书人接受和传播的是怎样的"新文化"来做些更细致的分梳。

胡适在为《胡适文选》做的序言中曾说:

> 我在这十年之中,出版了三集《胡适文存》,约计有一百四五十万字。我希望少年学生能读我的书,故用报纸印刷,要使定价不贵。但现在三集的书价已在七元以上,贫寒的中学生已无力全买了。字数近百五十万,也不是中学生能全读的了。所以我现在从这三集里选出了二十二篇论文,印作一册,预备给国内的少年朋友们做一种课外读物。②

这段史料提醒我们当时或能集新文化领军人物——胡适之言论思想大成的《胡适文存》无论是其阅读的量(百多万字)还是其定价(七元以上)均可能不是地方读书人所容易承受的。且中学生在胡适眼中已属"不能全读"之列,更遑论地方上那些高小或初小毕业的青年。那么他们一定有"其他读物"来接触新文化。

在这些"其他读物"中既有新人物自己创作的小册子和小丛书。如茅盾在给周作人的信中说:"赶快我们把文学小丛书编几种出来,青年有简明的系统的书可读,当不至再信梅(光迪)君等的'诡辩'了。我觉得自己出货,赶先宣传,倒很要紧。"③

亦有跟随时风的那些出版机构匆忙"合成"的各种出版物。周作人即说:"中国出版界的习惯,专会趁时风,每遇一种新题目的发现,大家还在着手研究的时候,上海滩上却产出了许多书本,东一本大观,西一本全书,名目未始不好看,其实多是杜撰杂凑的东西"。④

---

① 顾颉刚致叶圣陶(1919年5月9日、6月14日),《顾颉刚书信集》卷一,第62、63页。
② 胡适:《介绍我自己的思想——〈胡适文选〉自序》,收入季羡林主编:《胡适全集》第4卷,合肥:安徽教育出版社,2003年,第657页。
③ 茅盾致周作人(1922年2月9日),收入中国现代文学馆编:《茅盾书信集》,天津:百花文艺出版社,1987年,第435页。
④ 周作人:《读各省童谣集》,《歌谣》第20号(1923年5月27日),收入钟叔河编订:《周作人散文全集》(3),桂林:广西师范大学出版社,2009年,第144页。

那么这些出版机构主要有哪些呢？像新文化书社、亚东书局、大东书局、泰东图书局、中华书局、商务印书馆均是相当能"趁时风"的出版机构，正是它们大量出版了胡适、陈独秀、钱玄同、刘半农、鲁迅、周作人、康白情等代表"新文化"大家作品的选本、编本、辑本和节本。

　　在大量选本、编本、辑本和节本出版的同时。北京政府亦在为新文化运动的"下行"推波助澜。1920年1月12日教育部通令全国国民学校一、二年级国文教材改语体文，两年内小学全部教科书改为语体文，同年又令至1922年中学文言教科书一律废止。① 这些通令的意义按照胡适的说法是"把中国教育的革新至少提早了二十年"。②

　　正是有北京政府强令推动语体文、国语、国音等"新文化"的契机，同时语体文、国语、国音等"到底是什么"其实漫无标准。前述出版社亦出版了大量适应政府"部令"需要之书。这些出版物很多都由江浙地区地方上的读书人撰写、选编。这些人既非大学教授，又非社会名流，均是名不见经传的人物。但正是这些地方上的读书人既是新文化主流报刊的阅读者，同时又充当了新文化畅销书的作者，将其浅近直白地推向了更低层级的地方知识青年。

　　如果说上述的选本、节本、改编本、浅易本尚是把新文化的主体打散，难度降低，以令地方上的读书人更易接受的话，那么还有一些出版品则是打着"新文化"旗号的速成品乃至滥造品。还有一些书籍本和京沪两地新文化主流的关系极浅甚至压根没有关系，但地方上的读书人却以自己所理解的"新文化"概念，将这些作品囫囵吞枣的全都认作"新文化"。

二

　　在重新审视了新文化在地方上传播及其接受的一些面相后，我们需要考察新文化与地方读书人生活世界之间的各种关联。这些关联若概要来说主要体现在三个方面：一个是新文化如何冲击和塑造了地方读书人的思想观念，一个是新文化如何改变了地方读书人的群体认同，最后一个是新文化如何影响了地方读书人的社会流动。

---

① 转引自陈文新主编：《中国文学编年史（现代卷）》，长沙：湖南人民出版社，2006年，第97页。
② 胡适：《〈国语讲习所同学录〉序》，收入季羡林主编：《胡适全集》第1卷，合肥：安徽教育出版社，2003年，第224页。

从思想观念的冲击和塑造来看,新文化运动推向地方后,趋新的知识青年如饥似渴地阅读着并践行着从中心区域传播而来的种种新思想和新观念。柳亚子之子柳无忌就作了一个形象的比喻说:"在一九一八年左右,新潮流已自北京、上海,滚滚而来,流入了(苏州)黎里镇的市河内。"[1]几乎同时在江南古镇里教书的钱穆则说"逐月看《新青年》杂志,新思想新潮流坌至涌来"。[2]

这种"逐月看《新青年》"的情形,钱穆因已"决心重温旧书"而在日后没有太详细的记述。但在钱穆挚友朱怀天(约1897—1920)的日记里我们可以依稀想见他们当时对于新文化的那种热衷。不但如此,约1920年初,朱怀天已在无锡乡间的小学里进行语体文教学的实验。同时他还编写出国文课本来向学生传递他所认知的新文化。

朱怀天的理路和瞿秋白非常相似,即"我那时的思想是紊乱的:十六七岁时开始读了些老庄之类的子书,随后是宋儒语录,随后是佛经、《大乘起信论》——直到胡适之的《哲学史大纲》,梁濑溟[漱溟]的印度哲学,还有当时出版的一些科学理论,文艺评论"。[3]但瞿秋白说得过于简单,朱怀天则留有更丰富的材料来说明其思想观念形成的内外因缘。

朱氏生于上海松江,毕业于江苏省立第二师范(前身为上海龙门师范)。在二师读书期间,朱氏非常崇拜一位老师名叫吴在(公之)(1871—?)。此人是清末上海新学事业中的一个活跃人物。与很多清末读书人一样,他对老、庄、墨等诸子学和佛学有特别的兴趣,并经常利用诸子学和佛学来攻击儒学。受吴在的影响,朱怀天也阅读了许多诸子学和佛学的书,并以此为基础非常倾向于"无政府主义"。

在这种清末与五四相混杂的思想理路下,朱怀天对新文化的理解就有自己的一些特点。比如他一方面在整体上对胡适哲学史的体例、写法和视野相当赞赏,但另一方面若涉及有关诸子的具体内容如胡适发表在《东方杂志》上的《庄子哲学浅释》,他就会有非常不同的意见。此后他读胡适的《非个人主义的生活论》也曾试图"作文辩之"。而且在陈独秀和胡适文字的对比中,他说"陈独秀所作无一不获我心",而胡适则"不够斩截"。这种对"斩截"的渴望或正是"无政府主义"的关怀所在。

---

[1] 柳无忌:《古稀人话青少年》,收入《柳无忌散文选》,北京:中国友谊出版公司,1984年,第79页。
[2] 钱穆:《八十忆双亲、师友杂忆》,第93页。
[3] 瞿秋白:《多余的话》,南昌:江西教育出版社,2009年,第14页。

在"无政府主义"之外,朱怀天又因挚友钱穆的关系,思想观念中不乏儒学尤其是宋学的一些因子。正因注意到朱怀天思想中的"宋学因子",钱穆才会评价其友是"论学时虽有偏激,然其本源皆发自内心深处。惟当以一字形容曰'爱',爱国家,爱民族。虽言佛法,然绝无离亲逃俗之隐遁意。他日学问所至,必归中正可知"。[①] 可见在新文化运动"下行"的进程中,其对于地方读书人思想观念的冲击和他们的回应实具备相当的丰富性与多元性,是一种新与旧、传统与现代、主流与异端的交织与混杂。

就新文化如何改变读书人之间的群体认同来说。清末在地方社会已出现了各种因新学而起的读书人社群。到新文化运动时期伴随着各种各样地方性学会的兴起,地方上多种宣扬新文化报刊的出现以及学堂中的各类大小学生组织。无论是读书人与大众还是读书人之间,所谓"我们"与"他们"的区别也愈加明显。钱穆记述他与朱怀天刚结识时,钱氏告诉朱氏"出校门有两路,一左向,过小桥,即市区,可吃馄饨饮绍兴酒,佐以花生塘里鱼,课毕,同事皆往";"一右向,越围墙田野村庄散步塍间,仰天俯地,畅怀悦目,余一人率右行"。接着钱穆问朱怀天"愿仍左行,抑改右行"。朱怀天立刻回答说"愿改右行"。二人相视而笑,遂为友。[②]

这个例子说明了边缘知识青年因文化上的共鸣(其中自然包括新文化的内容)而变得彼此有认同感,但"同事皆往左",独有钱穆与朱怀天向右的格局亦说明边缘读书人之间的认同感和其他读书人,乃至大众几近格格不入,此实为新文化在地方社会散布的一大困局。

而且钱穆与朱怀天二人主义虽然不合(钱氏大致已近儒家,朱怀天近无政府),却能成为时常争论而不生龃龉的挚友。与其相似的还有"白屋诗人"吴芳吉(1896—1932)。他描述其友和"主义"之关系以及他对不同"主义"的认识是:"雨僧则主国家主义,子俊诸友则主极端的社会主义,子一则主实得主义,只要可以进身,虽卑以下人而不顾。鹤琴、醒华辈,则主得过且过、放荡不羁之主义,如善波等则主致人于我之主义,爱众则主厌世主义。虽各各不同,然各有见地,不可是非。一一而研求之,开人神智不少矣。而正当之主张,何者适于今日,何者通于将来,何者可施于一身,何者可施及于人,吾可以默识之也。"[③]

[①] 钱穆:《八十忆双亲、师友杂忆》,第96页。

[②] 同上,第94页。

[③] 吴芳吉日记,民国四年五月初二日条,收入吴芳吉著,傅宏星编校:《吴芳吉全集》(下),上海:华东师范大学出版社,2014年,第1034页。

能这样平和畅达地看待"主义"分歧之人在新文化运动初起时或还不少,但随着运动之深入,不少读书人因新文化带来的主义而聚合,随即又因为主义之争而深深地分裂。1921年谢觉哉记载新民学会开会,"关于主义争辩甚厉"。因此他希望"同一学会,则以奉同一主义为宜"。① 不过这种期望到20年代初基本已属不能实现,当时不要说截然不同的主义,即使是类似主义互不认同的也非常多。

最后新文化影响地方读书人生活世界最剧烈之处恐怕在其对于读书人社会流动的帮助或限制。明清时代读书人的社会流动以功名之高低为基础,以家族之护荫为凭借,以科举同年和其座师、房师的社会网络为依托,并以此基础、凭借和依托向上攀升。这种社会流动与民初情形最大的区别是中心散处,立足地方。即使是一穷乡僻壤之地,若能凭借自身努力获得较高级的功名,回乡或作一立足公益之士绅,或作一学界领袖,主持书院,教授生徒,再进一步与在京之同年好友同声气求,则大致能在读书人的社会流动上获得较高的阶位。但到民初,随着科举制的废除,这样的上升型流动方式已渐渐发生了变化。

一方面读书人仍要依靠传统的血缘、学缘、地缘的关系来获得上升的机会和通道。② 1917年舒新城即指出在高等师范学校毕业后他们"各奔前程"之出路有六:一是席父兄之余荫;二是恃亲故之引援;三是赖母校之发展或收容;四是家境富裕再谋深造;五是凭着偶然之特殊技能;六是"捧着教育司和学校的介绍书,向各处沿门托钵,但其结果往往是最坏的"。③ 1922年张宗祥(1882—1965)主持浙江教育,亦回忆当浙省考选清华学生时,来托关系之人是"函电纷纭,积之数寸"!④ 这些都可看出固有的关系网络对于读书人上升的极大助力。

但另一方面新的求学方式(对地方读书人来说即是留学、读大学和读中学)、学会和报刊则为他们提供了另一种形式的通路,而这些"新"的基础都和新文化密不可分。

以新的求学方式而论,在北京、上海和一些省会城市,大学之出身已是他

---

① 谢觉哉:《谢觉哉日记》上卷,北京:人民出版社,1984年,1921年1月3日条,第26、27页。
② 许纪霖:《重建社会重心——现代中国的知识分子社会》,收入《大时代中的知识人》(增订本),第69页。
③ 舒新城著,文明国编:《舒新城自述》,合肥:安徽文艺出版社,2013年,第107、108页。
④ 张宗祥:《冷僧自编年谱》,收入浙江省文史研究馆编:《张宗祥文集》第三册,上海:上海古籍出版社,2013年,第472页。

们结成网络,排斥他群的重要依据。相较大学生,留学生的头衔更是"金字招牌",是各方都要想尽办法利用的。在地方上则是外来新学生与当地新学生,新学生与"科举老派"之间的竞争,在此过程中外来者未必敌得过"土著"。不过从长程的趋势看新学生与"科举老派"的竞争,大致是"科举老派"越来越处于劣势。

再以报刊而论,1919年顾颉刚在给妻子的信中就直接说老友叶圣陶虽然现在仅是苏州甪直小镇上的一个高小教师,但他"在《新潮》上著作较多,谋事是很有希望的"。① 果然不几年叶圣陶至少在上海的一些文人眼中已是"鼎鼎大名"。② 顾颉刚自己亦是依靠报刊在弘扬名声,1922年他就发现自己在《新潮》上的一篇文字,"未做完,且未署真名,而大家已颇注意,到处拉拢"。③

上面的故事告诉我们在地方读书人的经历和认知里,文章若能够登上全国性报刊,更进一步通过文字往来与全国性精英连接对他们来说有多么重要。而熟悉新文化大概是那个时代地方读书人的文章能登上全国性报刊的一个重要前提。

三

新文化运动之影响"一如天上大风吹掠各处,深入各个孔窍"。④ 其深入程度不仅体现在北京、上海等大城市,即使在江浙地区的县城和市镇,趋新氛围也已渐渐形成,并且深刻改变着在地人群源远流长的各种惯习。新文化的强烈风势突出表现在即使是地方上对新文化极度反感的读书人也不能不受其影响,并对它做出一定呼应。同时这批读书人虽然在态度和行动上排拒新文化,但这并不妨碍他们利用"新文化"来争夺地方上的权势。

同时五四新文化的影响又如巨涛拍石,虽然注定到月圆星稀时潮涨岸没,临海无涯,但巨涛击打每一块礁石时所溅起的朵朵浪花却是形态万状,变化多端。这恰是考察新文化运动与地方的联结时,我们所多需注意之处。本文所讨论的那些地方上的读书人,他们的最大特点是既为新文化的接受者,同时又

---

① 顾颉刚致殷履安(1919年9月28日),《顾颉刚书信集》卷四,第99页。
② 郭沫若:《学生时代》,北京:人民文学出版社,1979年,第90页。
③ 顾颉刚:《顾颉刚日记》第一卷,1922年9月17日条,台北:联经出版公司,2007年,第274页。
④ 王汎森:《执拗的低音:一些历史思考方式的反思》,北京:生活·读书·新知三联书店,2014年,第202页。

是新文化的传播者。因此一方面,他们的过往经历、所具学养、即时的生活都可能会在新文化大潮袭来时产生奇妙多歧的组合与反应。另一方面,若将这些读书人清末之表现、新文化运动中之反应和其日后境遇相联系,我们又能看到所谓新文化(当然不仅是五四时期的,亦包括清末和民初的)在这些人身上大多时候实不曾入脑,更无法入心,不过是收拾不起来的"一地碎散的文辞"罢了。①

朱怀天在1919年已意识到:"我如今攻击儒家也算不遗余力了,但很有服膺儒家的地方。"可惜朱氏早逝,否则其日后著述与行事中或能不断浮现出"服膺儒家的地方"。他的老师吴在就是如此,曾经要"辟孟""崇庄""不经""不史"的一位读书人,到40年代应"中国孔圣学会"邀请演讲"圣学讲座",他所讲的题目竟已是《圣学精微》。② 而吴在的龙门师范同事贾丰臻(1880—?)也和吴在的情形相似,贾氏在清末曾激烈地要求中小学废止读经,并在中央教育会会议上与林传甲发生过争论。③ 至民初为迎合上峰,又提出国文一科能多读多作"新闻、杂志、广告、发票、收据、契纸、借据、书信、邮片、公文、告示",同时多作"短篇之记事文",以避免学生仅能作策论,撰诗词,却拙于"家常信札、便条、婚丧喜庆往来颂辞",可见其表面是个甚能和新文化合拍的人物。④但在1937年出版的《中国理学史》中他却在说:

> 我敢大胆地说:中国以前只有理学,没有什么叫做哲学。……宗教派、神秘学派、经验派、形而上学派、观念论派、实在论派、直觉论派、功利论派、进化论派、无论怎样说法,天道和人道终究说成两撅,不能合拢一起,怎能和中国理学相提并论呢?我又敢大胆地说中国以前只有理学,没有什么叫做科学。……总而言之,中国人和西洋各国人不同,中国人看见乌反哺,羊跪乳,而想到怎样事亲;看见鸿雁行列,而想到怎样敬兄;看见鸳鸯交颈,而想到夫妇爱情怎样;看到迅雷烈风,而想到怎样敬天之怒;看

---

① 杨国强:《论清末知识人的反满意识》,收入《晚清的士人与世相》,北京:生活·读书·新知三联书店,2008年,第344页。
② 《第六期圣学讲座》,《申报》,1943年6月28日,"简讯",第四版。
③ 《中央教育会第十四次大会纪》,《申报》,1911年8月16日,第一张第六版。
④ 贾丰臻:《今后小学教科之商榷》,收入中国第二历史档案馆编:《北洋政府档案》第93册,北京:中国档案出版社,2010年,第500页。

到地震山崩,而想到怎样修省斋戒;他的"格物致知",是属于理学的。①

这些话虽未必有大见识,但可以看出几乎句句都是在针对新文化的一些最基本命题如"中国究竟有没有哲学""科学的人生观应该是什么"等在发言,且对所谓"中国哲学"或"科学的人生观"云云甚不以为然。上述吴在和贾丰臻的表现或能名之为一种向传统的"回归",但究其实质亦不过是又一波潮流(如新生活运动、复古读经运动、抗日战争,等等)袭来后,不少地方读书人的另一次"趋时"之举罢了。

现代中国经历了从帝制向共和的两千年未有之重大转变,又受到了五四新文化运动的"洗礼",从而进入了一个"纲纪荡然"而不得不将一切都"问题化"的年代。② 在这样的年代里,读书人因为政治、社会、人生的不断"问题化"而或能经常开启新的应对时代问题之门,但同时他们"借新文明之名以大遂其私欲",③或利用时代潮流的名义来"自遂其趋避之私"的现象亦愈演愈烈,④进而造成了清末以降一代又一代士风、学风的表面转移和内在相似,这种现象实在让人感慨系之。

本文作者系华东师范大学历史系教授

原载《思想史》第六辑,台北联经出版公司,2016年出版

---

① 贾丰臻:《中国理学史》,"代序",上海:上海三联书店,2014年复制版,第1—5页。
② 关于此可参见王汎森:《烦闷的本质是什么——"主义"与中国近代私人领域的政治化》,《思想史》创刊号,台北:联经出版公司,2013年。
③ 迅行(鲁迅):《文化偏至论》,《河南》第七期,1908年8月,北京:中央编译出版社,2014年影印本,第4页。
④ 张其淦撰,祁正注:《元八百遗民诗咏》,收入周骏富辑:《明代传记丛刊》第71种,台北:明文书局,1991年,第11页。

《新青年》之新文化启蒙与传播

郝 雨

陈独秀及其创办的《新青年》(原名《青年杂志》),无疑是新文化运动的真正的开创者和最重要的传播者。作为"五四运动时期的总司令"(毛泽东语),陈独秀在文化传播的理论方面并没有多少直接的建树,但是,他却是新文化传播的最为独特而优秀的实践家。从传播学的角度研究陈独秀及其《新青年》,也许从陈独秀本人的著述及言论中无法归纳和摘取多少与传播学理论直接相关的见解与观点。但是,对陈独秀在新文化传播中的具体实践,却不能不加以深入的理论研究,以从中求取对于传播学的理论建设与发展具有更多启示的实际经验和具体参照。通观陈独秀的文化传播实践,主办《新青年》是他最大的历史功绩,通过《新青年》的青年式传播,通过向旧文化的宣战,他成为了新文化运动中最显赫一时的传播者。

在社会结构转型与文化变迁的最高契合点上

传播学家们早就指出,一个社会想要维持稳定并实现持续的进步和革新,必须依靠它的传播体系来实现。传播体系首先是作为社会控制的工具,通过传播体系把社会共同的价值以及目标传达给大家,使得所有的成员都能够在社会建设的过程中众志成城,紧密合作。其次,一个社会想要寻求改革也必须依靠其传播体系的协助来实现,通过传播体系使得身处其中的所有社会成员知道,为了长期地共享进步繁荣的社会,就必须要不断地追求进步与革新。在这个过程中,促进社会"结构变迁"和"文化变迁"是传播活动对文化发生影响的两个重要方面。而《新青年》的传播对于当时的社会影响也正是集中在对社会"结构转型"以及"文化变迁"这两大社会性质的根本改变上面,它向旧的文化宣战并提倡"新文化",并取得巨大的、空前的成就。那么一份由普通的知识青年以个人的力量创办的小小的杂志,何以竟能够产生那么巨大的历史能量？对于这一问题的回答,可以说是历来的史学家们所有意无意忽略了的,或者起码也是至今尚未给出一个十分科学和准确的答案的。而这样的答案,我认为,也许只有依据传播学的理论去寻求。

在传播学理论中有一种理论叫做"依赖模式",由德福勒和鲍尔—罗克希于1976年提出。这个理论的核心观点是:受众、媒介体系和社会体系这三个主要组成部分是相互联系的,而其中的社会体系,尤其根据它的结构的稳定程度而变化。在《新青年》之前,以"唤醒"和"启蒙"为目标的传播工作已曾经有许多人作过,如改良派的梁启超以及谭嗣同、严复等人。但是,他们终未真正完成其历史使命,终未把历史真正加以改变。而比较之下《新青年》能够取得如此空前的成就,更为重要和更为本质的原因也是由于《新青年》时期社会结构处于极其不稳定的状况,而这种不稳定状况诱导了社会体系的变革。

《新青年》时期,是中国社会内在结构最不稳定时期。1840年以后,无论是社会的文化、制度层面还是政治层面,都受到了前所未有的冲击。首先是西方文化的剧烈入侵使得根深蒂固几千年的封建文化失去了绝对的统治地位;其次,封建制度文化的根基受到随后的改良运动的威胁;最后,延续几千年的封建王朝政治制度终于在辛亥革命摧枯拉朽般的力量下土崩瓦解。历经半个多世纪的风云激荡,到新文化运动时期,社会文化的结构已处于极不稳定状态[1]。从维新变法到辛亥革命,和政治斗争相比较而言,启蒙和文化始终无法成为先进知识群的关注焦点,甚至是无暇顾及[2]。以至于辛亥之后,虽然封建帝制被推翻了,一些封建思想和约定俗成的观念不再具备权威性。但是从社会全局来看,谈不上有多大的进步,政局、思想以及意识形态都陷入的空前混乱,社会出现了极其矛盾的两面。一面是皇权的崩塌随即带来诸多旧的制度、思想、习俗、信仰的动摇甚至是毁灭。另一面,顽固守旧势力不甘心王朝就此毁灭,又开始用"孔孟之道"那一套企图实行封建复辟,在这种社会状态之下,不仅是知识分子陷入迷茫而不知何去何从,甚至整个国家和民族的命运都渺茫不清。但是正是在如此混乱和压抑的时代里,陈独秀及其《新青年》异军突起,以民主和科学为其鲜明的思想旗帜开始了新文化和新思想的大面积传播。

---

[1] 李生滨:《晚清思想文化与鲁迅》,复旦大学硕士学位论文,2005年,第89页。
[2] 李泽厚:《启蒙与救亡的双重变奏》,许纪霖主编:《二十世纪中国思想史论》上卷,北京:东方出版中心,2000年,第9页。

所以,《新青年》之所以能够取得前所未有的成功,这样的社会契机是极为重要的。

为国民之觉悟而传播

陈独秀在创办《新青年》之初,就有非常清晰的目标,即希望通过新思想和新观念的传播而改变国家的整体社会结构以及文化体系。1914年,陈独秀在《爱国心与自觉心》一文中批判了传统的国家观,他认为有没有将为国人谋求安宁与幸福作为宗旨和目标乃是判断一个国家是否是近世国家的标准。而如今之中国,民无建国之力,根本没有建设这种近世国家的自觉心。在革命屡遭挫败以后,陈独秀开始探索新的道路,他慢慢地意识到政治革命失败的根源在于没有相应的文化思想上的彻底革命。鉴于此,陈独秀曾对汪孟邹说:"让我办十年杂志,全国思想都全改观"[①]。他认为,在政治革命之前要先进行思想革命,即"欲使共和名副其实,必须改变人的思想,要改变思想,须办杂志[②]"。

1916年春,陈独秀在刚刚创办的《青年杂志》上连续发表《一九一六年》和《吾人最后之觉悟》这两篇非常重要的论文。陈独秀说:"吾国年来政象,惟有党派运动,而无国民运动也。……凡一党一派人之所主张,而不出于多数国民之运动,其事每不易成就,即成就矣,而亦无与于国民根本之进步"[③]。这实际上是进一步从理论上阐述了他的文化传播追求和主张。要真正改变中国的状况,必须通过"多数国民之运动",而要达到这一目标,必须通过传播去唤醒国民"最后之觉悟"。

一个直接面对大众社会的现代传播者,对于他所从事的某项传播活动,尤其是具有重大历史意义的文化传播活动最终所要达到的目标和结果从一开始就十分明确和清醒,这一点实在是非常重要的。它不仅可以大大避免传播过程中可能会发生的许多盲目性,而且尤其可以使传播者(运用各种媒介)从一开始就能从理论上认清这一活动是于社会有益的还是无益的,是正确的还是

[①] 郑超麟:《陈独秀与〈甲寅〉杂志》(未刊稿)。据郑说,陈独秀此话是对汪孟邹说的,汪又告诉了郑。汪在《亚东简史》中则回忆道:"他(即陈独秀)想出一本杂志,说只要十年、八年的功夫,一定会发生很大的影响。"(见《陈独秀年谱》65页注释②)

[②] 任建树著:《陈独秀传》,上海:上海人民出版社,1989年,第97页。

[③] 陈独秀:《一九一六年》,任建树、张统模、吴信忠编《陈独秀著作选》卷1,上海:上海人民出版社,1984年,第173页。

错误的,以及是符合社会文化发展规律与要求。从这样的角度来看,陈独秀在当时的理性认识和选择是无可挑剔的,然而,这样的认识和选择也是经历了许多艰难与曲折的过程才逐步达到的。

作为一个接受了现代意识和观念的文化人,陈独秀对于文化传播的意义和价值早有一定认识的。1904年以前,他就曾两次计划创办《爱国新报》,当然,他此时的办报动机还只是因为"我中国人如在梦中,尚不知有灭国为奴之惨,即知解而亦淡然视之,不思起而救之"。[1] 这种笼统的救国救民主张,显然尚未升华到思想革命这样的高度和境界,他还没有真正找到最有效救国救民的途径。1904年3月,他创办了一份《安徽俗话报》,而办这一份报纸也只是为了传播事件新闻和普及常识。这样的"办报主义"在当时的文化面向平民,走向最底层的人民大众这一方向上是有意义的,但是,其与后来他所主张的"思想革命"方面的意义还毫不沾边,相距甚远。

十年之后,经历了种种社会的动荡,尤其是辛亥革命的失败,陈独秀终于懂得了国民的觉悟与智能(即"自觉心")对于国家兴亡的根本意义。因而,他开始把传播(办杂志)的目标定位在"思想革命"这样的方向上。这显然在陈独秀思想的发展过程中是一次重大的飞越。但是,《新青年》的创办,虽然有了正确的方向,也并不是一下子就被广大受众所普遍接受了的。正如傅彬然后来在一篇文章中回忆,在当时对于像他那样的青年,《新青年》的文章也经历了从吸引到感情上不能接受到最后完全接受这样的转变过程。而其中的感情上不能接受,主要是由于当时社会主流意识对儒家学说和传统伦理道德的批判。这也说明了传播对于人们态度的改变。而在《新青年》还不能得到最广大的受众接受的时候,甚至两度面临休刊的困境,其中一次是1916年,刚刚出满1卷6期后,因销售甚少,不得不暂时休刊。陈独秀感慨地说:"本志出版半载,持论多与时俗相左,然亦罕受驳论,此本志之不幸,亦社会之不幸"[2]。这几句感慨之词,不仅正面说明了《青年杂志》当时休刊的原因,而且也有意与无意之中表述了一个极其深刻的具有传播学意义的道理,即对一种新文化的传播来说,尤其是"持论多与时俗相左"的传媒,能够及时地受到"驳论",才属于正常的和有成效的,也才有利于传播的深入和更广泛地推进;而如果"罕受驳论",或者毫无任何反响,即使再有意义的传播,也不能算是有效,正如鲁

---

[1] 任建树:《陈独秀传》,上海:上海人民出版社,1989年,第56页。
[2] 陈独秀:《通信,答陈恨我》,《新青年》第2卷第1号,1916年9月1日,第38页。

迅后来所说："凡有一人的主张，得了赞和，是促其前进的，得了反对，是促其奋斗的，独有叫喊于生人中，而生人并无反应，既非赞同，也无反对，如置身毫无边际的荒原，无可措手的了，这是怎样的悲哀呵……"①。《新青年》在创办之初，显然就遇到了这样的悲哀。这也许就是后来他们在《新青年》上演那场化名"王敬轩"的"双簧戏"的根本原因。当然，《新青年》创办之初的备受冷落，从根本上说，还是由于他们对于新思想的传播，尚未触到社会的痛处，尚未击中传统文化的要害，而只是在个别观点或言论上"与时俗相左"，自然也就不可能得到那个麻木僵化的社会的很大反应。而到1917年，胡适对白话文的倡导，尤其是"文学革命"的大旗的高张，这才开始动摇了传统文化最深层的根基，《新青年》的划时代意义和价值才得到了突出的显现，其影响也就迅速漫延。至1919年初《新青年》销路日渐"兴旺"，由于其影响的不断扩散，上海群益书社陆续收到读者来信要求再版前几卷。而1919年初再版前几卷之后，快速被抢购一空，《新青年》的影响也就越来越大。② 由此可见，鲍尔—罗克希与德福勒所描述的"依赖模式"之中，"社会体系""媒介体系"与"受众"这三个变量之间相互依赖的特定关系是极其密切而有机的。而且也进一步说明了这样一个事实，"即对受众的影响也可能导致对社会体系和媒介体系本身产生影响③"。1919年内紧接着爆发的全国性的五四爱国运动，更有力地证明了这一模式的某些论断。《新青年》逐步影响广大受众，取得重要的效果：在认识方面，促进了改变社会的积极态度的形成、信仰体系的扩充以及新的价值阐明等；在情感方面，大大增强了信心；在行为方面则引发了政治示威，促进了行动和问题的解决④。社会体系开始发生了变化，而五四前后，新的刊物更像雨后春笋般蓬勃生长出来，如《每周评论》《新潮》《觉悟》《少年中国》《建设》《解放与改造》《星期评论》《学灯》等。据有人统计，仅在1919年就产生了四百多种白话报刊，媒介体系也就有了大面积的发展。

对新青年传播新思想的传播定位

无论如何，传播内容（信息）在整个传播活动中都是最中心的环节，传播

---

① 《鲁迅全集》第1卷，北京：人民文学出版社，1981年，第5页。
② 方汉奇主编：《中国新闻事业通史》第2卷，北京：中国人民大学出版社，1996年，第24页。
③ 丹尼斯·麦奎尔、斯文·温德尔：《大众传播模式论》，上海：上海译文出版社，1987年，第91页。
④ 潘家庆：《传播、媒介与社会》，台北：台湾商务印书馆，1981年，第7页。

效果如何也最终要取决于传播内容。陈独秀及其《新青年》之所以在传播效果方面取得了如此重大的成功,除了前文所分析社会契机之外,其传播内容与社会文化发展规律的高度一致,是更为根本的原因和依据。在当时,在同样的社会结构、文化体系与历史背景之中,从事传播活动尤其是办报办刊的人员已经相当不少。当时中国的新闻报刊事业已形成了不小的气候和规模。但是,其他所有的报刊及其主办人为什么都没能够成为划时代的标志以及成为历史的强大推动者呢?答案也许只能在于传播内容(思想观念)的根本不同。

在稍早于《新青年》创办的两三年前,由于辛亥革命的失败,国内尊孔复古的思潮几成大势,各类传播媒介竞相呼应。1912年10月上海孔教会成立、1913年2月康有为创办《不忍》杂志并为孔教会作序以及同年10月颁布的规定以孔子之道为本的国民教育的规定等都是这一思潮的衍生物。康有大肆宣扬尊孔,袁世凯以大总统名义发布尊孔祭孔令,[①]。这种尊孔复古的文化思潮的传播,由于一方面仰仗着当时的文化名人(如康有为)的声望,另一方面又甚至是以政府法律和法令的面目出现,所以其来头是非常之大的。比起刚刚出山的陈独秀以及刚刚创办的《新青年》来,显然有着极其强大的政治势力而又占有着极其丰厚的财力物力。但是,尊孔复古思潮却最终并没有广泛持久地传播开来,而是很快便被陈独秀这样的一些小人物们击垮。其决定的因素显然就在于他们所传播的内容是完全违背了历史发展规律的。

按照辩证法的观点,作为先觉者的个人可以产生改变历史的思想,历史的创造必须有个人以其超前的思想去加以设计。而这种产生于个人的先进的思想,又必须通过广泛的传播去唤起更多的人尤其是广大人民群众去共同行动和努力,从而推动历史的前进,而传播在整个过程就起到了非常重要的作用。如果没有相应的传媒,不能进入有效的传播,先进的思想也就只能作为个人的普通的意愿或空想而自生自灭。而先进的思想武器与传播媒介的完美结合是《新青年》能够改变历史走向的秘密所在,先进的思想武器即指的是"民族"与"科学",而最佳的传播媒介无疑就是报纸和杂志了,用大众最能接受的方式传播最符合社会需求和历史发展规律的先进思想,自然能引起广泛的社会关注和良好的传播效果。《新青年》一问世,陈独秀就在第一篇文章《敬告青年》中呼唤青年要"自觉其新鲜活泼之价值与责任",号召青年"奋其智能,力排陈腐朽败者以去",《敬告青年》是陈独秀发动新文化运动的宣言书。对于千年

---

① 《政府公报》,1913年11月27日。

的生存方式和状态,陈独秀在文中提出六项标准和要求,即"自主的而非奴隶的、进步的而非保守的、进取的而非退隐的、世界的而非锁国的、实利的而非虚文的、科学的而非想象的"。[1] 科学和民主是蕴涵于六项标准的最基本也是最深层次的思想。通过《新青年》的传播,"科学"和"民主"很快成为整个新文化运动的基本口号与行动纲领。随着"科学"与"民主"意识的全国性普及,传统的封建文化终于被淘汰,历史也从此开始被刷新,取得如此传播效果应该归功于传播内容的历史先进性。

对于一种有计划的系统而完整的传播活动(或过程)来说,有了明确的目标,选择了最佳的媒介,并确立了科学与合理的内容,甚至也正处在最好的时机,这还算不上是最完美的实施方案与工程蓝图。因为它还没有涉及最后一个也是更有决定性意义的环节,那就是对受众的把握。陈独秀所取得的伟大成功,虽然并不能表明他在理论上已经对受传者有了多么科学的认识和分析,但他毕竟凭着一种优秀的传播家的敏感,寻找到了最能与他所传的内容发生沟通和理解的对象阶层,从而做到了对受众范围的科学定位。

陈独秀所要传播的思想内容,对于当时的社会尤其是统治阶级来说,完全是一种异己的、反动的、危险的东西,这些思想即使是对于广大的社会成员来说也是完全隔膜与陌生的,与习俗完全相左的。而陈独秀一开始就抱定了"要革中国人思想的命",也就是要向整个社会挑战。他正是要通过传播,把全中国人头脑中那几千年固有的观念彻底革除,而改换成他所主张的那些全新的东西。那么面对的却是只顽固的旧垒,如何给他的传播找到一个最佳的突破口,这就只有从受众当中选择最适合的群体。于是,他认定了青年。他所创办的杂志之所以叫作《青年杂志》,实际上已表明他将青年作为新文化、新思想的最初传播的受众。对此,他实际上也是作出过非常清晰的分析的。在《敬告青年》中,他谈道:"青年如初春,如朝日,如百卉之萌动,如利刃之新发于硎,人生最可宝贵之时期也,青年之于社会,犹如新鲜活泼细胞之在人身"。[2] 这正是他把青年阶层作为新文化传播的"第一级"并进而促进全社会觉醒和新生的理论依据。在次年出版的首期《青年杂志》(1卷5号)上,陈独秀又发表《一九一六年》,不仅在开篇又重申了上述进化论思想,而且又从精神实质上划分了青年与老年之界限,并对青年所应有的"思想动作"提出了具

---

[1] 陈独秀:《敬告青年》,胡明编《陈独秀选集》,天津:天津人民出版社,1990年,第10页。
[2] 陈独秀:《敬告青年》,《陈独秀文章选编》(上),北京:生活·读书·新知三联书店,1984年,第73页。

体的要求。他说:"从前种种事,至一九一六年死;以后种种事,自一九一六年生。吾人首当一新其心血,以新人格,以新国家,以新社会,以新家庭,以新民族"。① 陈独秀赖青年之彻底觉醒与奋起,并与旧文化之宣战和决裂,在此表露无遗。这实际上也正是他在新文化传播中唯一可行的策略。后来的历史事实也的确证明,正是当年被陈独秀所召唤起来的那一大批先进的青年,又进一步开展"第二级传播",并且付诸了革命的行动,中国的历史才发生了翻天覆地的变化。

结　语

陈独秀的新文化传播活动以及对我国历史发展的重大贡献当然不仅限于创办和主编《新青年》,他紧接着受蔡元培之邀任北京大学文科学长期间的教学改革活动,尤其是后来又创办《每周评论》,以及直接筹办工人刊物等,对新文化的传播尤其是马克思主义在我国的传播都发挥了极其重要的作用。其中也都有着非常值得研究的传播学价值,限于篇幅,本文暂不作更加展开的论述。

总之,从历史的经验可以看到,传播有时可能会对历史发生巨大的推动作用,有时也可能对社会产生难以估量的破坏力。这种正反两方面的作用当然主要靠不同时代的"社会体系""媒介体系",以及历史发展的必然要求来决定,但也不能忽略某些人为的因素或某些违背规律的现象发生。有时各要素之间的关系调配不当也可能影响到整个历史的进程。这就需要政治家、社会学家以及传播学家们时时注意研究各种关系及其内在结构的变化运动,从而及时调整对策,以掌握科学合理的传播,推动历史的不断前进。

本文作者系上海大学上海电影学院教授
原标题为《〈新青年〉之青年式传播与新文化启蒙》,
原载《新闻爱好者》2016 年第 1 期

---

① 陈独秀:《一九一六年》,《青年杂志》第一卷第五号,1916 年 1 月。

新文化运动的生意
——以交换广告为线索

袁一丹

所谓新文化运动的"生意",是想从书籍史的视野,重绘"五四"前后的文化地图。"五四"不仅带来了一种新的思想视野,亦与现实利益的重新分配套叠在一起,在出版界造成了老字号与新字号的"大换班"[1]。美国新文化史家罗伯特·达恩顿以《百科全书》的出版史为线索,将启蒙运动还原为一桩生意,是靠瑞士纳沙泰尔印刷公司的数万份档案材料[2]。而要揭开"五四"新文化运动的生意经,若没有大量藏于原始档案中的琐碎细节作支撑,似乎是不大可能的。

出版家汪原放回忆上海亚东图书馆的历史时透露,亚东和武昌利群书社、长沙文化书社的业务往来,在亚东"万年清"账册上均有原始记录。可惜在十年内乱中,这些"万年清"账册都散失了。[3] 不然,就凭亚东图书馆与新文化运动主将陈独秀的密切关系,及其与利群书社、文化书社这些新文化运动的"地方代理"的业务往来,这些账册如果保存下来,无疑是还原新文化运动的"生意"的绝佳材料。

从社会史、书籍史的角度,勾勒新文化的传播途径及势力范围,其困难在于缺乏出版、发行方面的原始材料。但有一种随处可见的非档案材料可资利用,即报刊上作为插页或用来补白的交换广告[4]。广告不仅是商业之媒介、人事之

---

[1] 参见王汎森《五四运动与生活世界的变化》,《二十一世纪》2009年6月号。
[2] 罗伯特·达恩顿:《启蒙运动的生意:〈百科全书〉出版史(1775—1800)》,叶桐、顾杭译,北京:生活·读书·新知三联书店,2005年。
[3] 汪原放:《回忆亚东图书馆》,上海:学林出版社,1983年,第80页。
[4] 广告其实是旧报刊中的常见材料,但长期被研究者所忽视,遂成为"视而不见"的材料。晚清民国报刊电子数位化的过程中,夹杂在旧报刊中的广告也经常被漏掉。

媒介,也是有力的文化媒介。相对于付费的商业广告,所谓交换广告(exchange advertising)即两种或两种以上的广告媒介,互为对方发布广告而不产生相关费用。近年来已有以出版广告、发刊词等为线索,逐年重编中国现代文学史的尝试①。本文以广告中更特殊的一类,即杂志间的交换广告为切入口,结合新文化出版物的发行网络,考察"五四"前后形成的杂志联盟及阅读共同体。②

新文化的"地方代理"

作为新文化在上海的一个重要据点,"五四"时期,亚东图书馆代派的月刊有《新青年》《国民》《新潮》《北京大学月刊》等十七种,周刊也有《每周评论》《星期评论》《新生活》《星期日》等十多种,已经是一个专门代派最新期刊的新式书店。③ 连国民党系统的《建设》杂志,也以亚东图书馆为总代派处。《建设》第二卷第五号的内封,印有一则"交换广告"的启事。据知情人称,当时期刊之间交换广告,互相登相同大小的地位,一概不算钱。值得注意的是,《建设》这则启事第三条规定:

> 非有关"新文化运动"者,主张军国主义者,辩护资本主义者,概不交换。④

这条规定清楚地说明,"五四"前后期刊之间的交换广告,不完全是遵循等价交换的经济互惠原则。交换广告的前提是新文化运动内部"主义"的对外一致性。

《建设》杂志的总代派处,是位于上海五马路的亚东图书馆,其他"地方代理"有:

> 上海泰东图书局、审美书馆、群益书社、北京《益世报》、北京大学李

---

① 如钱理群《〈新青年〉知识分子群体的形成:以杂志广告为线索》(《北京社会科学》,2013 年第 3 期)及其主编《中国现代文学编年史:以文学广告为中心》(北京大学出版社,2013 年)。另,报刊广告对于文学史的利用价值,参见夏晓虹《晚清报刊广告的文学史意义》,《南京师范大学文学院学报》,2008 年第 4 期。
② "五四"前后以《新青年》为中心的杂志联盟及其依赖的发行网络,与晚清民初业已成熟的以商务印书馆、中华书局为后台的杂志销售网络之间的竞争或合作关系,有待另文讨论。
③ 汪原放:《回忆亚东图书馆》,第五章"五四"前后,第 41 页。
④ 同上,第 41 页。据说这则启事出自朱执信的手笔。

大钊同学生区声白、广州青年会孙哲生、开封《心声》杂志、成都《星期日》报社、长沙《体育周报》、同育学校胡博苏、厦门《江声日报》、杭州第一师范施存统、保定育德中学、济南齐鲁通信社、武昌中华大学梁绍文、香港《香江晨报》、绍兴教育馆、云南金凤花园包星立。①

从地域分布上看，《建设》杂志的销售范围，不限于北京、上海等文化中心，已渗透进沿海城市及相对封闭的内地社会。其在各地的代派处，性质不一：有书局，如泰东图书馆、群益书社；有报馆，如《益世报》《心声》《星期日》《体育周报》等；有学校，如北京大学、杭州一师、育德中学等；有个人，如李大钊、区声白、孙哲生、施存统等。《建设》杂志的销售网络，尤其是形形色色的地方代理，反映出"五四"以后新文化横向扩张的迅猛势头。

如果只盯着北京、上海两地，容易夸大新文化的实际影响力。根据交换广告及杂志版权页上罗列的各代售处，可以大致勾勒出新文化运动的"边界"。由此带入社会学、地方史的视野，循着新派期刊的销售网络，追问新文化究竟通过何种渠道传播到省城乃至市镇一级，进而渗入半开化的内地社会，哪些机构及个人充当了这场运动的"地方代理"？

作为新文化运动的头号"金字招牌"，《新青年》杂志自然是交换广告的聚集地。1919年底出版的《新青年》第七卷第一号上刊出一则启事，对交换广告的款式及办法作了规定：

> 交换广告的请注意！现在杂志种类既多，交换广告的事，很繁重了。广告原稿款式不合的，须要代为排列，排列功夫过大，于印出日期，很有妨碍。以后各报寄与本志的广告，请列为直式，因为本志以后的广告，都要排直式的原故。交换广告，也请寄本志发行所。②

《新青年》自第四卷起改为同人杂志后，图书广告逐渐减少，更多的是杂志广告，特别是杂志之间的交换广告。③ 对交换广告的款式要求，是为了节约排印

---

① 录自《建设》杂志在《新青年》第7卷第1号（1919年12月1日）上的交换广告。
② 关于"交换广告"的启事，录自《新青年》第7卷第1号，1919年12月1日。
③ 《新青年》采用交换广告的形式，可追溯到创办者陈独秀晚清的办报经历。1902年陈独秀曾策划创办《爱国新报》，声言"凡发告白者，如系关于文明事业概不收费"。参见谢明香、王华光《〈新青年〉的广告运营及策略定位：从〈新青年〉广告运营看群益书社的经营之道》，《编辑之友》，2010年第11期。

成本,与《新青年》杂志本身的版式相协调。广告之多寡,往往与杂志的销路成正比。这则启事也从一个侧面折射出"五四"以后杂志界骤然繁荣的局面,以及《新青年》在新文化阵营中的地位。

一则交换广告的基本构成有:杂志的宗旨及自我定位、出版机构或依托的社会团体、创刊年月、某期要目、每册定价、外埠邮费、半年及全年定价、总发行所及各地的代派处等信息。以《新社会》旬刊的交换广告为例,广告的主标题上冠以"社会研究""社会批评"的醒目字样,凸显出该刊物的特色。内容简介中交代《新社会》由北京社会实进社出版,宗旨是讨论改造旧社会、创造新社会的办法。①《新社会》的刊名及广告词的设计,说明"社会改造"已成为"五四"以后舆论界关注的焦点。

与《新青年》声气相求的《新潮》杂志,1919年10月刊出两条启事:

> 本志的代派处,还不见多;所以阅者要定报时,很有不便的地方;而且代派处定数既多,邮寄时往往延搁,比较直接定购的要迟几天。代派处的性质,适宜于零买;而不适宜于长期定阅。希望诸君要定常年的,按照本志价格,汇款到"北京汉花园国立北京大学出版部"。那么,每号一出版,便可用最快的时间,寄给诸君翻阅了。

> 本志销数既多,登载广告的效力,自然很广。如有要登广告的,请来信写明地址,即将详章寄上。②

事实上,《新潮》的代卖处并不少,已覆盖到北京、上海、天津、苏州、南京、长沙、广州、绍兴、杭州、梧州、济南、开封、武昌、成都、重庆、南昌、汕头、漳州乃至日本东京。③ 仅长沙一地就有四处:储英源《体育周报》社、朝宗街湘雅医学校、群益图书社、保节堂街胡博苏先生;在苏州也有五家:振新书社、国民图书馆、文怡书局、甪直镇教育会、小说林书社。除书局、学校、报社外,个人充任"地方代理"的情况仍较常见,如日本东京的代卖处为牛込区鹤卷町新中学舍童启颜,广州为东山江岭西街二号童春风,南昌是三义祠十三号康作琼。《新潮》杂志也借自身的号召力为这些"地方代理"打广告:

---

① 《新社会》旬刊的交换广告,《新青年》第7卷第1号。
② 本社启事(四)(五),《新潮》第2卷第1号,1919年10月30日。
③ 《新潮》的代卖处,录自《新潮》第2卷第2号。

  各地著作家,出版家及报业欲以新的出版品或报纸在太原,济南和长沙发售的,请速通函和左列三个团体接洽:一、新共和学会(国立山西大学校),二、齐鲁书社(山东济南城内);三、文化书社(湖南长沙湘宗街五十六号)。①

济南齐鲁通讯社在《新潮》上刊出"欢迎新出版物广告",宣称代派各处的新出版物,已搜集了数十种,"惟此地僻陋,见闻不广,以后各处凡有介绍新思潮及改良旧社会的出版物出现","务请函知本社,并赐给样本",定当竭力推广②。从《新潮》上的广告可窥见地方文化运动的动向,如山西《平民周刊》的广告词云:"诸君欲晓得娘子关里文化运动的进程和担负这责任的先驱者吗?请看太原出版的《平民周刊》。"③

但《新潮》杂志社的销售策略,并不主张由代派处转寄零卖,而劝读者向北大出版部直接订阅。1919年12月《新潮》第2卷第2号登出"北京大学出版部特别启事":

  现在外面有许多出版物,未得本部同意,遽列本部为代理或寄售处。今特登《新潮杂志》、《北京大学日刊》,及上海《时事新报》声明,凡未得本部负责人认可,概不得将本部列为代理或寄售处。其未先经本部认可代售,而径行将书报送来者,本部亦概不收受。再可向本部直接订购之杂志,仅《新潮》一种合并声明。④

《新潮》作为北大新派学生的思想阵地,其刊登的广告多是北大自家的出版品⑤:如《北京大学日刊》"记载校内近事极详,而校内教员学生之著作亦日有登载,诚为研究学问或欲知本校情形,不可不看之报"⑥;又如《北京大学学生周刊》的广告词是:"中国文化运动的中心点在哪里?你要知道吗?不可不看

---

① 《新潮》第3卷第1号,1921年10月1日。
② 济南齐鲁通讯社欢迎新出版物广告,《新潮》第2卷第1号。
③ 《平民周刊》广告,《新潮》第3卷第1号。
④ 《北京大学出版部特别启事》,《新潮》第2卷第2号,1919年12月1日。
⑤ 参见附图:"五四"时期杂志联盟之缩影。
⑥ 《北京大学日刊》广告,《新潮》第2卷第2号。

《北京大学学生周刊》,他的宗旨是发展学术、改造社会。"①此外还有"新潮丛书""北京大学丛书"的广告,后者包括胡适《中国上古哲学史大纲》、周作人《欧洲文学史》、梁漱溟《印度哲学概论》等。除了北大自产的出版品,《新潮》也间或替新文化运动的盟友打广告,如为研究系背景的《时事新报》发布改版信息。②

不论《新青年》还是《新潮》上的杂志交换广告及图书出版广告,多少带有捆绑销售的意味。其广告词喜用"不可不看"的句式:看《新青年》者,不可不看《每周评论》;看《每周评论》者,不可不看《新潮》……由此形成一个新文化的杂志联盟及阅读共同体。

"五四"前后的杂志联盟

《新青年》对交换广告的规定,虽未明确宣称"非有关'新文化运动'者"概不交换,但其上刊载的广告,基本没有超出新文化的势力范围。与交换广告的启事紧邻的是一则关于交换杂志的告白:

> 交换杂志的请注意!凡与本志交换的报,请发下两份,一份请寄北京北池子箭竿胡同九号本报编辑部。一份请寄上海棋盘街群益书社本志发行所。本志也是奉寄两份,便于各报社把一份收藏,一份翻看。但本志都由上海发行所寄,新交换的各报,请特别注意。③

由此可知,无论是交换广告还是交换杂志,都由《新青年》杂志的发行所上海群益书社承办,而非北京编辑部负责。与《新青年》交换赠阅的杂志,大部分也就是在《新青年》上登交换广告的杂志。从交换广告及交换杂志目录,即可大致钩稽出"五四"前后以《新青年》为中心的杂志联盟。以1920年1月《新青年》第7卷第2号上刊出的"新刊一览",即其收到的交换杂志为例:

---

① 《北京大学学生周刊》广告,《新潮》第2卷第2号。
② 《时事新报》大扩充广告,《新潮》第2卷第2号。
③ 关于"交换杂志"的启事,录自《新青年》第7卷第1号,1919年12月1日。

期刊名称	发行地址	价目
北京发行		
新潮(月刊)	北京大学出版部	每册三角、每卷五册一元二角
国民(月刊)	北京北池子五十三号本社	每册三角、全年十二册三元
新生活(周刊)	北京后门内东高房一七号	每册铜子四枚、邮寄三分半
法政学报(月刊)	北京太仆寺街法政专门学校	每册二角、半年六册一元
曙光(月刊)	北京西河沿二二○号本社	每册一角、全年十二册一元
晨报(日刊)	北京丞相胡同四号本社	每册铜子四枚、每月本京七角外埠八角五分
工读(半月刊)	北京翊教寺高等法文专修馆	每份铜子二枚、邮寄大洋二分
少年(半月刊)	北京师范附属中学少年学会	每份铜子二枚、邮寄大洋二分
新社会(旬刊)	北京南弓匠营社会实进会	每份铜子二枚、邮寄大洋二分
工学(月刊)	北京高等师范学校工学会	每册六分、全年八册四角
平民教育(周刊)	北京高等师范平民教育社	每号铜子二枚、邮寄二分
*北京大学学生周刊	北京大学学生会	每份铜元三枚、邮寄三分
*通俗医事月刊	北京后孙公园七号本社	每册一角,全年十二册一元
上海发行		
建设(月刊)	上海法界环龙路四六号本社	每册三角、半年一元六、全年三元
解放与改造(半月刊)	上海新学会	每册一角、半年一元、全年二元
少年中国(月刊)	上海五马路亚东图书馆	每册一角、全年十二册一元
星期评论(周刊)	上海爱多亚路新民里本社	每份铜子二枚邮寄二分
中华教育界(月刊)	上海棋盘街中华书局	每册一角五、全年一元五角
太平洋(月刊)	上海商务印书馆	每册二角,全年十册一元八角
黑潮(月刊)	上海霞飞路太平洋学社	每册一角五分、每卷五册六角
科学(月刊)	上海大同学院内中国科学社	每册二角五分、全年二元五角
时事新报(日刊)	上海望平街本社	每份三分
美术	上海西门图画美术学校	每册六角
新教育(月刊)	上海西门新教育共进社	每册二角、全年十册一元八角
兴华(周刊)	上海吴淞路十号本社	全年五十册一元

(续表)

期刊名称	发行地址	价　　目
上海发行		
青年进步（月刊）	上海崐山花园四号本社	每册二角，全年一元五角
圣约翰学生报（半月刊）	上海樊王渡圣约翰大学	每份铜子二枚
*新群（月刊）	上海五马路亚东图书馆	每册二角，半年一元一角，全年二元
*新妇女（半月刊）	上海西门方斜路一八八号	每册铜子五枚，全年小洋十角
*少年世界（月刊）	上海五马路亚东图书馆	每册一角，全年十二册一元
广州发行		
民风日刊	广州城内南朝街三十号	每份铜子一枚，每月邮寄三角
民风周刊	广州东堤荣利新街二二号	每册五分，每月二角
杭州发行		
教育潮（月刊）	杭州浙江省教育会	每册一角三，全年十册一元二
校友会十日刊	杭州第一师范学校	非卖品
*钱江评论（周刊）	杭州上集营巷三十二号	每号铜子二枚，邮寄二分
长沙发行		
体育周报	长沙储英园二三号本社	每份铜子三枚，全年八角
小学生（半月刊）	长沙马王街修业学校（高小部学生自治会）	每册铜子二枚，邮寄二分
岳云周刊	长沙经武门本社	每册铜子二枚，邮寄二分
湖南教育（月刊）	长沙议会东街十九号	每册一角六，全年十册一元四
其他地方发行		
新生命（半月刊）	天津真学会	每册铜子三枚
闽星（半周报）	福建漳州新闽学书局	每月二角，每册三仙
*新空气（周刊）	成都商业场内支街大丰隆号	每册铜子二枚
*向上（半周刊）	武昌中华大学部向上社	每份铜子一枚，邮寄一分半
*社会新声（半月刊）	武昌中华大学书报经理部	每册铜子四枚，邮寄四分

加＊号者为《新青年》第七卷第三号新增

以《新青年》为中心的杂志联盟,按发行地划分,则显见出新文化发展的不均衡性。除北京、上海外,文化运动相对活跃的是广州、杭州、长沙等地。据《新青年》转载的一篇地方社会调查,长沙自从受了五四运动的鼓动,一班稍有知识的人——各校教职员及学生,都向"新潮"方面走。长沙出版的新派杂志中,开风气之先的要数一位小学体操教员黄醒个人创办的《体育周报》①。《体育周报》在《新青年》上登载的交换广告,完全是口语体:其"发行的意思,是研究体育的真理真价;引那些向十八十九世纪的路上寻体育法的人,回过头来向廿世纪廿一世纪的路上走"②。同时黄醒又把《体育周报》杂志社做成一个代派处,专门代卖新派杂志,借此将新思潮引入湖南。

除《体育周报》外,长沙当地较有影响的新派杂志,是舒新城等人创办的《湖南教育月刊》。而舒新城也是被黄醒及《体育周报》社"运动"到新文化阵营中来的。舒新城回忆说,他自民国五年起"便继续不断地阅读《新青年》——最初并不是知道这刊物的价值而订阅,是因为它是由湖南陈家在上海所开的群益书局所发行而订阅——对于陈氏的议论,当然是表同情的,不过因为知识的限制,不能有深切的表示"。五四运动以后,各种刊物接踵而起,自己"正当已醒未清之时,对于旧者几乎样样怀疑,对于新者几乎件件都好,所以不论什么东西,只要是白纸印黑字,只要可以买得到,无不详加阅读。竟至吃饭入厕都在看书阅报,以至成了胃病"。

当时长沙尚无代售新派报刊的书店,楚怡学校的体育教员黄醒创办了一种《体育周报》,以之与各种杂志交换,且代售各种刊物,并亲自送达。舒新城与黄醒本就相熟,托他代购了所有刊物,同时于本省的报纸而外,又订阅了《时事新报》《民国日报》及北京《晨报》。三种报纸连同五六十种定期刊物,一年共九十余元。舒新城只有四十五元一月的薪修,还要供养家庭,只能通过笔耕,一面替《体育周报》撰文,一面向上海、北京各处投稿,来换取他的"精神食粮"③。1919 年末,舒新城因在《时事新报》"学灯"栏上发表对于教会学校的意见而丢掉教职,便与岳麓的旧同学合办了《湖南教育月刊》。

据 1919 年 10 月《时事新报》记者统计:仅在长沙一地,新式刊物已销出千余份,其中《新青年》这样的金字招牌最具号召力,售量多达三百份,《新中

---

① 《长沙社会面面观》,(三)新文化运动,《新青年》第 7 卷第 1 号,1919 年 12 月 1 日。
② 《体育周报》广告,《新青年》第 7 卷第 1 号。
③ 舒新城:《我和教育》,台北:龙文出版社股份有限公司,1990 年,第 146—147 页。

国》分销处多,《新生活》价值低廉,均销至二百份,《解放与改造》《建设》之类有党派色彩的杂志销数也有百份上下,其余各得部分人的信仰,可销至数十份或十余份。①

杂志的风行是看得见的文化"运动",更切实的运动着力在人上。像舒新城这样被卷入新文化运动中的边缘知识人,以报刊为媒介,形成了一个松散的阅读共同体。阅读新文学及其他新文化出版物的过程,也就是这些地方知识青年寻求社会上升渠道的过程。新文化的追捧者主要是有相当的读写能力和知识储备的(准)学生,他们在阅读的同时,也在学习一种新鲜的表达技巧,由此融入到这个看不见的对话群体中。而报刊提供的交流渠道,如《新青年》的通信栏、《时事新报》的"学灯"、《民国日报》的"觉悟",给这些狂热的读者暗中允诺了一个身份转换的机遇:从匿名的消费者跃升为新文化的参与者乃至代言人。

阅读共同体

1919年的中国出版界,可以说是杂志结盟的黄金时代。据郑振铎观察,"五四"以前,受欧洲停战的影响,出产了好些定期出版物;"五四"后,在爱国运动的刺激下,新思想的传播速度加快,杂志也愈出愈多,仅1919年11月就有二十余种月刊、旬刊、周刊面世。与杂志空前繁荣相对的,却是市面上谈鬼神、论"先知术"的各种奇书以及黑幕小说的发达。按郑振铎统计,1919年出版物中,杂志数量最多,其次是黑幕小说及各种奇书,最缺乏哲学科学类的研究专著。出版界空前热闹的同时滋生出大量泡沫:杂志的种类虽多,却没有专门研究作依托;貌似新颖正当的报刊言论,多是辗转抄袭来的②。"五四"以后杂志的泡沫化增长,既是知识饥渴的表征,也预示着急速膨胀的新文化有沦为"快餐文化"的危险。

五四新文化的"培养皿",实则是一种新型阅读文化,而报纸杂志无疑是近代阅读文化转型的加速器。用胡适的说法,晚清以降"只有三个杂志可代表三个时代,可以说是创造了三个新时代:一是《时务报》;一是《新民丛报》;一是《新青年》。而《民报》与《甲寅》还算不上。"③"杂志造时代"的说法,更早

---

① 《湖南新思潮之发展·新杂志之功》,《时事新报》,1919年10月25日。
② 郑振铎:《一九一九年的中国出版界》,《新社会》第7号,1920年1月1日。
③ 胡适:《与高一涵等四位的信》,《努力周报》第75期,1923年10月。

是罗家伦在《新潮》上提出的：

> 《新民丛报》《民报》现在虽不足数，而在他们的时代，的确有历史的价值。请问十年前的"新党"，有几个不是《新民丛报》造的；十年前的"革命党"，有几个不是《民报》造的？……至于现在文学革命、思想革命的潮流，又何曾不是《新青年》等几个杂志鼓起来的呢？①

《时务报》《新民丛报》及《民报》开创的杂志联盟，至"五四"前后进入黄金时代。由交换广告缔结的杂志联盟背后，是新文化的地方代理发展出来的阅读共同体。

从阅读史的角度考察新文化运动的生意，关注的不是现代"文学"观念的移植，或文学作为一种书写系统的变革，而是文学的阅读方式，即文化消费模式的转变。② 阅读史视野中的新文化运动，意味着聚焦点从文学的生产环节、从创作者，转移到传播过程及普通读者身上。在文学、文化生产尚处于"试运行"阶段时，更需要密切追踪买方市场，引导阅读风尚。新文学的创作者、新文化的广大追随者，正是以报刊为媒介的新型阅读文化培育出来的。

社会学意义上的阅读，不仅是个体的认知行为、一个封闭的室内行为，也是镶嵌于特定社会语境中的文化建构，一种多媒介的交流实践。如果把"阅读文化"视为一个复杂的社会文化系统，制约这个系统的基本因素有：文本类型、客观的阅读环境及主观的阅读状态，但关键是能否形成一个阅读共同体（reading community）。所谓阅读共同体，或伴随着面对面地交流，以社团、学校或读书会等组织为依托；或是以报刊特别是以投稿、读者通信为纽带。无论现实的还是想象的阅读共同体，居于核心地位的都是读者的自我认同、自我期许，即读者以为他是谁，期待成为怎样的人，属于哪个社会文化阶层。③

哈贝马斯曾描述过18世纪末德国的"阅读公众"即文学公共领域的形成过程：

---

① 罗家伦：《今日中国之杂志界》，《新潮》第1卷第4期，1919年4月1日。
② 参见罗歇·夏蒂埃、达尼埃尔·罗什《书籍史》，《史学研究的新问题、新方法、新对象：法国新史学发展趋势》，北京：社会科学文献出版社，1988年。
③ 对于"阅读文化"的系统分析，参见 William A. Johnson. "Toward a Sociology of Reading in Classical Antiquity". *The American Journal of Philology*, 01/2000; 121(4): 593—627.

一般的阅读公众主要由学者群以及城市居民和市民阶级构成,他们的阅读范围已超出了为数不多的经典著作,他们的阅读兴趣主要集中在当时的最新出版物上。随着这样一个阅读公众的产生,一个相对密切的公共交往网络从私人领域内部形成了。读者数量急剧上升,与之相应,书籍、杂志和报纸的产量猛增,作家、出版社和书店的数量与日俱增,借书铺、阅览室(Lesekabinetten),尤其是作为新阅读文化之社会枢纽的读书会也建立了起来。①

而新文学、新文化召唤出的阅读共同体,需要放置在"五四"前后的社会结构中考察其形成的契机。"五四"前夕,傅斯年在《新潮》上批评中国一般的社会,"社会其名,群众其实"。在他看来,"名称其实"的社会,"总要有个细密的组织,健全的活动力"。以此为标准,即便是北京高校的学生生活,"也是群众的,不是社会的"②。"五四"以后傅斯年宣称,"无中生有的造社会"是青年的第一事业:

> 所谓造有组织的社会,一面是养成"社会责任心",一面是"个人间的粘结性",养成对于公众的情义与见识与担当。总而言之,先作零零碎碎的新团结,在这团结中,试验社会的伦理,就以这社会的伦理,去粘这散了板的中华民国。③

受过社会学训练的何思源也注意到五四运动以后"社会共同化"(socialization)的趋势。称之为"社会共同化"而非"社会共同体",是因为在何思源看来,这是一个正在发生的过程而非结果,"是动的不是静的,是活的不是死的,是有多种功用的不是独一的"④。"五四"以后,"社会共同化"最明显的表征,当属"新青年"的崛起,即学生群体中"我们"的观念和情感(we-feeling)的发达。对于学生界中"我们"意识的生成,何思源解释说,"五四"以前北京学生

---

① (德)哈贝马斯著、曹卫东等译:《公共领域的结构转型》,1990年版序言,上海:学林出版社,1999年,第3页。
② 傅斯年:《社会—群众》,《新潮》第1卷第2号,1919年2月1日。
③ 傅斯年:《青年的两件事业》,《晨报》1920年7月5日。参见王汎森《傅斯年早期的"造社会"论——从两份未刊残稿谈起》,《中国文化》1996年第14期。
④ 何思源:《社会共同化》,1921年1月26日作,《新潮》第3卷第1号。

没有联合行动,缺少集体意识:

> 近来抗令罢课、打曹汝霖、关总统府,内里组织,外边通电。后来的结果,于是人人都有"我们学生"的一种观念。就生出学生一体的意思出来了。这种情形就是学生界中的社会共同化。①

当五四运动由街头抗议转入文化运动的轨道时,政治运动中生成的"我们"意识也随之转化为文化领域"社会共同化"的凝聚力。

恽代英与民初杂志界

以《新青年》为中心的杂志联盟,其依赖的阅读共同体并非文学革命或五四运动造就的。民初杂志界已为新文化运动培养了一批潜在读者及经验丰富的写作者。青年恽代英即其中的佼佼者,因其兼有三重身份:既是杂志的读者、作者,又有编杂志的经历。主张"佣读主义"、信仰职业神圣的恽代英,是民初杂志界培养的热心读者兼投稿专业户,"五四"以后,其创办的小团体利群书社遂成为新文化运动的地方代理。②

作为民初杂志界的忠实读者,恽代英与《新青年》的关系耐人寻味,并非取仰视的态度。③ 对于《新青年》同人提倡的文学革命,恽代英并不完全认同,他以为中国文学是一种美术,古文、骈赋、诗词乃至八股皆有其价值,若就通俗而言,则以上各种文体皆不合用。④ 但"文学是文学,通俗文是通俗文",言下之意,《新青年》倡导的白话文在恽代英看来属于通俗文,不能因此痛诋有美术意味及表情之用的古文诗词。其"欲造一种介乎雅俗间之文字,不假修饰,专以达意为贵"。⑤ 恽代英认为国人的病根在于无研究兴味、研究能力,"今乃断断争新文学、旧文学,新名词、旧名词,实尚第二层事也"。⑥

---

① 何思源:《社会共同化》。
② 参见李培艳:《从自我养成到社会改造:对恽代英五四时期"小团体"实践的考察(1915—1921)》,2010年北京大学中国现当代文学专业硕士论文。
③ 参见罗智国:《从日记看恽代英对新文化的阅读与反应》,《齐鲁学刊》,2014年第3期。
④ 1917年9月27日恽代英日记,第153页。以下日记内容,均引自《恽代英日记》,北京:中共中央党校出版社,1981年。
⑤ 《恽代英日记》,1917年11月16日,第183页。
⑥ 《恽代英日记》,1919年1月13日,第463页。

至于《新青年》提出的思想革命,恽代英也不甚赞同,他以为利用旧思想以推行新思想才是最可行的办法,没必要好奇立异,将旧思想一概抹杀,以启争辩①。恽代英对学问的态度趋重实用,故不认同蔡元培的大学理念:

> 蔡孑民先生告北京大学诸生言,大学生专研学问与专门之重实用者有别。故大学生宜专心学业。余意不然。(一)先生以为必如此学术乃昌乎?则学术而不顾实用,不证之实用,必非实学。(二)大学生不重实用,非国家设立翰林院,则将来何以为生。②

"将来何以为生"的问题时刻萦绕在青年恽代英心中,也是驱使他走进杂志界的现实压力。因此以中才自居的恽代英不会选择为学问而学问的道路,而主张"为学宜常乘机应用之"③,谓"中国今日欲以学术胜人,当使学术事业拍合为一,以学术治事业,以事业修学术"。④ 恽代英的志向是投身教育界、言论界,"以引导人自任"⑤,做梁启超、胡适那样的国民导师。故其不愿钻研高深之学问,因"凡人见识高者,较社会高数步,对于引导最相宜,如太高则不为社会所能知解"。⑥ 杂志界则成为恽代英将"学术事业拍合为一"的试验场。

要跻身杂志界,首先得成为杂志的忠实读者。恽代英日记中有"智育"一栏,多记读杂志的所思所感,如1917年1月2日:

> 阅《东方》(十月)七篇。阅《东方》(十一月)一篇。阅《体育》一篇。《东方》十月,《动的文明与静的文明》篇颇有见地,《欧战主因与旧式政策之灭亡》,尤先得我心。⑦

《东方》当然是民初杂志界中的权威,其中《动的文明与静的文明》一篇的作者

---

① 《恽代英日记》,1919年4月27日,第530页。
② 《恽代英日记》,1917年1月19日,第19页。这段话是针对1917年1月9日蔡元培《就任北京大学校长之演说》。
③ 《恽代英日记》,1917年1月15日,第16页。
④ 《恽代英日记》,1917年3月14日,第499—500页。
⑤ 1917年2月11日,《恽代英日记》称:"上学后注意谦恭,切勿以引导人自任。"这一自我提醒,恰说明恽代英在学校及其组织的小团体中,处处"以引导人自任"。
⑥ 《恽代英日记》,1917年2月4日,第28页。
⑦ 《恽代英日记》,1917年1月2日,第8页。

即《东方杂志》的主编杜亚泉。恽代英1917年的订阅计划是"《东方》一年、《妇女杂志》一年、《教育杂志》一年、《科学》一年",列入待定的杂志有《大中华》《教育界》《学生界》。① 由日记可知,读杂志是青年恽代英最主要的知识来源,更重要的是,给他提供了"走异路,逃异地,去寻求别样的人们"的跳板。②

与一般杂志读者不同的是,在谋生的压力下,恽代英将投稿作为他日常生活的经济来源。恽代英在日记中回顾辛亥革命前后他的投稿经历:"于革命前即投杂稿于《中西报》,革命后投稿《群报》","又投稿《消闲录》、《中华民国公报》","后投《义务论》于《东方》,为投稿之一新纪元"。③ 投稿之成功对其而言,"乃职业成功之小影也"④。1917年恽代英曾追述此前投稿失败之经历:

> 投《群报》一篇(忘名)、投《国民新报》一篇(《学生之言》)、投《中华民国公报》一篇(忘名)、投《民报》五篇(名不具)、投《时报·余兴》二篇(名不具)、投《东方》一篇(《中国之思想界》)、投《学生》二篇(《伦理问答》、《学生之自觉》)、投《东方》一篇(《物质实在论》,此篇售于《新青年》)、投《小说界》二篇(《披砂录》,此篇曾登《民报》;《女学生》,此篇投《妇女时报》及《民报》均失败)。⑤

自从恽氏发明附邮资索还稿后,即便投稿失败,仍可改投别处,如《物质实在论》被《东方》杂志退稿后,又成功"售"于《新青年》便是一例。这篇投稿失败之记录,见证了恽代英从地方刊物,从报屁股文章写起,努力融入杂志界主流的过程。

恽代英从民元以来四处碰壁、间或成功的投稿经历中,逐渐找到自己擅长的话题,将主攻方向定在妇女问题及教育问题上。1917年正月,恽代英拟定投稿计划:

---

① 《恽代英日记》,1917年2月10日,第31—32页。
② "走异路"云云,语出鲁迅:《〈呐喊〉自序》,《鲁迅全集》第1卷,北京:人民文学出版社,第415页。
③ 《爱澜阁日记》,《恽代英日记》,第6—7页。
④ 同上,第6页。
⑤ 《恽代英日记》,1917年2月14日,第34页。

除已作《论女权》、《女子自立论外》,尚须或作或译三篇稿于《妇女时报》;又作或译一二篇投《妇女杂志》;又作《改良私塾刍议》投《中华教育界》;又辑旧译二篇,并《清华学校纪略》,赠《光华学报》;能更译数篇投《中华妇女界》更佳。①

既然以妇女问题、教育问题为主攻方向,上海有正书局发行的《妇女时报》、商务印书馆系统的《妇女杂志》《教育杂志》以及中华书局发行的《中华妇女界》《中华教育界》便成为恽代英投稿的主要目标。1917年2月恽代英作《佣读主义之提倡》一文,拟投给《教育杂志》,引起教育界同人的关注,"以开教育史上之新纪元"②。其投稿的目的,不仅是为了将个人的教育观念公诸于世,也是于其间寻求社会晋升之门径,"得与教育界大人君子相结纳,或为他日结纳之资"。③

恽代英提倡"佣读主义",即把投稿当作生活的经济来源,他希望在生计上完全自立,"除饭食仰给家庭外,余均设法自任"④。所以选择投稿对象时,恽代英考虑的不光是杂志的知名度,还要衡量收入的高低,是付现金还是以书券代稿酬。他所以屡屡为《妇女杂志》《小说时报》写稿,就是因为这两家杂志的稿酬是现金⑤。即便得到《东方杂志》的肯定,在欣喜之余,恽代英想的仍是"尚须另觅一二现金酬稿地方",每月至少须有10元以上之现金收入,方不至拮据⑥。当得知一般中学教员的授课所得还不如自己的投稿生活,更坚定了他实行"佣读主义"的决心。1917年5月恽代英盘点前四个月的投稿成绩,共投稿20篇,已售14篇,得现金46元、书券22元。书券按七折计,合现洋15元4角,共得洋61元4角,平均下来,每月收入15元3角半,离他每月投稿收入30元的理想还有一定距离。⑦

恽代英既然不愿做教书匠,选择以投稿为业,而其投稿之杂志多麇集上海,因此他打算毕业后赴沪谋求立足之地。凭恽代英各方面的能力本不难在

---

① 1917年《正月日记·行事预记》,《恽代英日记》第7—8页。
② 《恽代英日记》,1917年2月18日,第36页。
③ 《恽代英日记》,1917年2月22日,第38页。
④ 《恽代英日记》,1917年2月11日,第32页。
⑤ 参见《恽代英日记》,1917年2月22日,第38页。
⑥ 《恽代英日记》,1917年2月27日,第41页。
⑦ 《恽代英日记》,1917年5月6日,第80页。

故乡谋得一份差强人意的工作,过上优于常人的生活,他所以"走异路、逃异地",只因"不愿就卑小生活,更不愿仰人鼻息,就一种呼尔而与,蹴尔而与之生活"。① 恽代英自信有能力不陷于此等生活,时时不忘"职业神圣"四字,他的择业标准是"必较最有希望而可以自见之事"。② 民初杂志界正好满足了恽代英的职业理想与生活理想,给了他既可"自见"又足以谋生的平台。

没有上手编杂志的经历,还不能成长为一个全方位的杂志人。恽代英在为外地杂志长期写稿的同时,也试图接手母校《光华学报》的编辑工作。从他拟定的编辑方案即可见出恽代英的学术眼光及经营策略:"封面要刊要目,报上要登要目广告。绝对不要无价值论文。学事共居八分之一。不分门类。务求与学生功课有益。"③但《光华学报》作为一份地方性的校报毕竟读者有限,恽代英接手之初便意识到该杂志前途无望:"凡学报能销售至二三千份,决无够本之日,而武汉一隅,安从得此销数?"④恽代英自然不愿困守一隅,他提出的推广办法是"在京沪托人销售,广登告白"⑤,以扩大读者面。受他人牵制,恽代英未能帮《光华学报》走出"课艺派"的困境,但从他切于实用的编辑方案及灵活的营销策略,已显出其对杂志这种媒介的全面把握。

"五四"以前恽代英编杂志的另一次尝试,是为《妇女时报》的编辑严几葊筹办《良友》杂志。恽代英以投稿人的身份为书局改组杂志,不免有越俎代庖之嫌,他所以积极向毕几葊进言,无非是找机会展现自己的编辑能力,以巩固其生计基础。恽代英致毕几葊信中道出自己理想中的杂志,是仿效《新青年》或基督教青年会办的《进步》杂志,乃至《东方》《大中华》之体例,包含世界、国家、社会、学校、青年、妇女及其他一切问题。⑥ 杂志名拟作"良友",顾名思义,望其"为各人之良友,为人各方面之良友"。⑦ "良友"的定位,体现了恽代英对杂志功能的基本理解,即贴近一般人及其生活的方方面面。

关键是如何让杂志成为读者之"良友"? 恽代英站在普通读者的角度想办法,一是就各种问题反复讨论,广泛搜集不同意见。往复讨论的文字,均可

---

① 《恽代英日记》,1917年6月12日,第98—99页。
② 同上,第98页。
③ 《恽代英日记》,1917年2月16日,第40页。
④ 《恽代英日记》,1917年8月8日,第127页。
⑤ 同上。
⑥ 《恽代英复严几葊书》(1917年5月30日),张羽等编注:《来鸿去燕录》,北京:北京出版社,1981年,第15页。
⑦ 《恽代英日记》,1917年6月1日,第93页。

收入"读者俱乐部"中,特别有价值的则录为论文。恽代英称"西报多此例,实为使杂志与读者生一种关系之法"。① 要使杂志与普通读者发生关系,除以讨论为主的"读者俱乐部"外,恽代英计划定期举行征集函文,并设通信栏,为读者解决学理或生活上的难题。② 为了给杂志营造一个"看得见"的阅读共同体,让读者与编者、读者与读者之间,不单通过文字进行倾谈,恽代英甚至设想杂志插画中每期登载读者寄送的相片,不分男女,让难以面对面交流的读者彼此有更直观的认识。③

恽代英以为替书局办杂志,不能"徒尚理想","不顾营业利益"。④ 作为编者,一方须有极强的写作能力,能担任无限制的译撰工作;一方须有高尚的思想、识见,以确保杂志的学术品味;一方又须揣摩社会心理,抓住普通读者之喜好,顺势利导⑤;然最紧要的是"须使杂志与读者生一种极密之关系,愈密愈佳"。⑥ 恽代英关于《良友》杂志的种种设想,虽然没有得到书局及编辑的回应,只是个空中楼阁,但他决意迟早会继续此等运动,且已能独立支撑起一个杂志。等"五四"以后新思潮席卷各地,在民初杂志界磨炼已久的恽代英伺机而起,成为新文化运动中身手矫健的弄潮儿。

拿华盛顿的假牙作隐喻,罗伯特·达恩顿批评研究者已经将18世纪的启蒙运动夸大到连其创始者都无法辨别的地步。他提议转换研究策略,把因过分膨胀而边界模糊的启蒙运动,收缩到适当的时空范围内,再从其策源地巴黎出发,考察启蒙思想向外传播的途径⑦。这种紧缩而后专注于传播媒介的研究策略,也同样适用于盘点新文化运动的生意。

不容否认,交换广告这类信息载体的阐释限度,若单独使用此类"扁平材料",只宜作面上的考察,难以据此进行深度发掘。因而必须叠加社会学、地方史、阅读史、生活史的多重视野,才能勾勒出"五四"前后新文化的运动模式及实际影响范围。

---

① 1917年6月1日恽代英日记,第93页。
② 同上。
③ 同上,第94页。
④ 《恽代英日记》,1917年6月7日,第96页。
⑤ 同上。
⑥ 《恽代英再复毕几菴书》(1917年6月8日),《来鸿去燕录》,第17页。
⑦ 参见罗伯特·达恩顿:《华盛顿的假牙:非典型的十八世纪指南》第一章,杨孝敏译,北京:商务印书馆,2014年。

附图　杂志联盟之缩影

《新潮》第 2 卷第 2 号上的交换广告，1919 年 12 月 1 日

本文作者系首都师范大学文学院副教授

原载《中国现代文学研究丛刊》2015 年第 7 期

择校之思:新青年与上海大学

杨婧宇

《新青年》与"新青年"都是新文化运动的产物,目前学界的相关研究不胜枚举。但较之《新青年》杂志,有关"新青年"群体的研究略显薄弱,[①]尤其是对北京地区以外的"新青年"研究较少。"五四运动"虽发端于北京大学,但其影响力绝不仅限于北大,短短几年,就扩大到京津冀周边地区、沿海地区以及内陆大城市,而各大高校更是深受影响。本文选取上海大学(存在于1922—1927年)为切入点,考察"新青年"选择这所学校时所面临的阻力与动力,努力揭示上海大学成功吸引"新青年"的原因。[②]

> 如有人问我们的教职员:"你们为什么要办上大"?我敢断定至少十分之九的教职员会这样回答:"为建国。"如有人问我们的学生:"你们为什么

[①] 目前学界有关《新青年》的研究远多于"新青年",很大程度上是因为前者的指代对象清晰明确,即由陈独秀等人创办的刊物;后者则指代不甚明确,虽泛指接受"五四运动"洗礼的青年,但又因"五四运动"的概念本身具有狭义、广义之分,且接受程度不一,故不好判断。本文无意考察概念上"新青年"的具体指称,为行文之便,将20世纪20年代接受过"五四精神"影响的青年统称为"新青年"。梳理相关研究,笔者发现学生运动颇为学者关注,如吕芳上的《从五四运动到运动学生》(台北:"中央研究院"近代史研究所,1994年)、张惠芝《"五四前夕"的学生运动》(山西教育出版社,1996年)、《中国学生运动史》(学林出版社,1996年)等。同时,考察"新青年"思想历程的个案较多,以曾任教上大的青年教师蒋光慈为例,有李宏梅《思想史视野中的蒋光慈——简论20世纪20年代青年知识分子思想的变迁与发展》(安徽大学2007年硕士论文),群体研究偏少。另外,上海大学与"新青年"之间的联系也鲜有专门研究。

[②] 有关心态史的研究,海外包括台湾地区更为成熟。国内近代史学界也有相关成果,尤以探讨政治变革时期人物心态的研究居多,如清末民初满清权贵的研究,1949年前后知识分子心态的研究。相较而言,对"五四"这类重大文化事件发生前后知识分子的心态研究关注较少。故本文着重围绕"新青年"对上海大学的选择展开,尽可能还原史实的同时分析时代影响和个人选择等背后的复杂因素。

要进上大?"我也敢断定至少十分之九的学生会这样回答:"要建国。"①

这是时任上海大学校务长邓中夏的文章《上大的使命》开头的一段话,发表在上大校刊《上海大学周刊》第一期。文章从教职员、学生两大群体着手,从不同角度探讨了成立上海大学并到上大求学的原因,驳斥了社会上对上海大学的种种误解;强调"养成建国人才","促进文化事业"才是"上大的宗旨",并指出"建国"是目的,后者只是实现建国的一项手段。邓中夏其时年仅三十,却很有魄力并且管理能力突出,"名义上,学校的校长是于右任,代理校长是邵力子,但在实际上,一切校务都由邓中夏同志具体掌管。"②虽然邓氏也属青年,上海大学初期的校务管理工作也确实主要由他负责,但当时许多青年内心彷徨迷惘,即使选择了上大也是掺杂着各种机缘巧合,有的是经人介绍,有的是几经比较后做出的决定,有的甚至在入学之后仍旧忐忑不安、烦闷无助。实际情况远比邓氏描述得复杂。

反观相关研究,多就事论事,显得较为薄弱:或是沿着邓中夏的思路,从教职员、学生两方面考察他们选择上大的原因③;或是具体到某一学生或教职员,才单独提及其来到上的缘由。④ 著名华裔历史学者叶文心在相关论著中提及"在上海大学任教和学习的大部分来自各省城市中因参加五四运动而被迫离开家乡的激进分子"⑤,但比较笼统,也因研究对象并非单就上大而未能深入展开,这引起了笔者的注意和思考。希望从以下几个方面寻求创新:第一,史料上,除了回忆录、传记等时隔多年的文献外,尽量挖掘当时的报纸杂志或是当事人的书信中留下的笔墨,并充分利用现有档案⑥,相互参照;第二,从

---

① A.S:《上大的使命》,《上海大学周刊》第一期,1924年5月4日。转引自黄美真、石源华、张云编:《上海大学史料》,上海:复旦大学出版社,1984年,第181页。
② 杨之华:《回忆秋白》,北京:人民出版社,1984年,第2页。
③ 参见王小莉:《革命年代中的上海大学(1922—1927)》,华东师范大学中国近现代史专业硕士毕业论文,2012年,第二章《选择上大:上大的教师与学生》,第13—23页。
④ 参见张元隆:《上海大学与现代名人(1922—1927)》,上海:上海大学出版社,2011年。几乎每章都涉及不同人来到上大的原因。
⑤ 叶文心:《民国时期大学校园文化(1919—1937)》,冯夏根、胡少诚、田嵩燕等译,北京:中国人民大学出版社,2012年,第90页。
⑥ 上海大学在20世纪30年代尽管恢复了国立大学资格,并在许多校友和革命人士的努力下得以开放其相关档案,可惜1937年南京沦陷前,四箱档案迁移途中毁于战火。幸存的三箱被运往四川,后存于台北木栅"教育部"档案馆,后又转移。笔者未能获知去向,故本文所用档案主要指现存于上海市档案馆的"上海大学档",少量转引自叶文心:《民国时期大学校园文化(1919—1937)》。

正反两方面考虑,更多地寻求那些阻碍青年进入上大的原因,进一步探讨决定他们最终选择上大的深层原因;第三,深入分析青年选择上大的利弊得失,并归纳总结上大的历史功绩和深远影响。

阻力:经费、质疑与青年的迷惘

台湾历史学家王汎森曾敏锐地指出:"傅斯年这一代人正处在一个传统秩序全面崩溃的时代……人们失去人类学家纪尔兹(Clifford Geertz)所说的'蓝图'(blueprint),这种困境反映在许多青年人迷惘、自杀的事例上。"[1]比傅斯年这位"五四健将"仅小一岁的程永言在参加十人团、发起"东南高师学潮"[2]之前,也亲身经历了五四运动。虽然没有和傅斯年一样置身于五四的发源地北京大学,身在内陆的程永言担任了安徽学生联合会干事长,积极组织和参加声援北京学生的运动,在思想觉悟上毫不逊色。

据上大学生回忆,上海大学的前身东南高师范学校之所以发生学潮很大程度上就是因为"同学们觉得学校物质条件太差,主持人不能真心办学,因而驱逐校长"。[3] 当学生会向学校抗议之时,"王校长已带着学生所交的学膳费去日本留学"。[4] 学生们思考再三,决定推举一位有革命声威的人来担任新校长,然而,被选中的国民党元老于右任却因为经费问题,一再推辞接任校长一职。同时,学生们也向中共求助,"但中央考虑,还是请国民党方面办这学校于学校的发展有利,且筹款也方便些"。[5] 直至1922年底,即便是改组后新成立的上海大学,也并没有因为获得国共两党支持,得到根本改善。"在上海大学的短暂存在中,学校教职员的许多精力一直都耗费在处理长期的财务困难上。"[6]

这里无意于深究上海大学经费短缺的原因和解决办法,只是希望客观地描述其基本设施条件。以校舍为例,最初上海大学沿用原来学校的旧址,即闸

---

[1] 王汎森著,王晓冰译:《傅斯年:中国近代历史与政治中的个体生命》中译本序,北京:生活·读书·新知三联书店,2012年,第3页。
[2] 东南高师,全称东南高等专科师范学院,即上海大学的前身,关于上大的成立经过可参见拙作:《上海大学与第一次国共合作》,《华中师范大学研究生学报》,2013年第3期,第11页。
[3] 《宋桂煌回忆上海大学》,1961年11月9日,D10-1-51。上海市档案馆藏。
[4] 《程永言回忆上海大学》,1959年10月1日,D10-1-15。上海市档案馆藏。
[5] 茅盾:《文学与政治的交错——回忆录(六)》,《新文学史料》,1980年第1期,第168页。
[6] 叶文心:《民国时期大学校园文化(1919—1937)》,第95页。

北青云路青云里,如前面所言,房屋建筑和设备都十分简陋。1923 年,随着系科设置的完善和入学人数的增加,原有的校舍不敷应用。1924 年 2 月 19 日,经过代校长邵力子等人的努力,学校得以迁至公共租界西摩路二十九号,"校门是坐东望西,内有花园园地,二间坐北朝南的洋房子。除教务、总务在楼下办公外,其余皆为教室。在学校附近的里弄里,另租男女宿舍及图书室。"① 可惜好景不长,1925 年五卅惨案后不久,6 月 4 日,帝国主义海军陆战队和巡捕房搜查并武装占领了上大校舍。于是,学校又开始另谋校舍,频繁迁址,8 月上旬租定闸北青云路师寿坊(靠近原上大旧校址)几幢民房为校舍,9 月上旬开学上课。复校后的上大由租界迁回华界,因条件简陋而被时人称为"弄堂大学"。"当时的学校是一幢破破烂烂的弄堂房子,学生上楼时,楼板就颤动,环境就更差了,萧楚女同志曾讲了一句很幽默的话说:'晨听马桶音乐,午观苍蝇跳舞'"。② 这种局面几乎持续到学校彻底被封闭。期间尽管师生们多方奔走,募集资金,甚至迫于无奈找商人借贷来建筑新校舍。直至 1927 年 4 月 1 日新学期开学,上大师生才搬进建于一月前刚刚落成的江湾新校舍。没过多久,"四一二"政变爆发,上海大学被迫关闭,刚建成的新校舍也被挂上了"国立劳动大学"的牌子。

  作为新成立的学校,上海大学遭到了不少质疑。"有人疑心上大不是超然派,因为他内中有政党的组织……又有人疑心上大不是和平派,因为它内中颇有急进的趋向。"③ 不可否认,上大自成立之初,就烙上不同政治派系的印记,后来事态的发展也证明党派斗争在该校表现得尤为明显。在政治色彩如此浓厚的学校,对有志于学术的人来说实非上选,就连该校自己的学生都承认:"从学术方面来说,上海大学在当时的上海并没有什么地位"。④ 而当时外界对上大的认可度也不高,"此时的上海大学,是名副其实的'弄堂大学'。"⑤

  尽管上海大学在其短暂存在的大部分时间都处于动荡不安、条件艰苦的

---

① 程永言:《回忆上海大学》,《党史资料丛刊》,1980 年第 2 辑,上海:上海人民出版社,1980 年。
② 《访阳翰笙同志记录》,1963 年 1 月 9 日,D10-1-61。上海市档案馆藏。
③ A.S:《上大的使命》,《上海大学周刊》第一期,1924 年 5 月 4 日。转引自黄美真、石源华、张云编:《上海大学史料》,上海:复旦大学出版社,1984 年,第 184 页。
④ 《刘披云同志的回忆》(1980 年 7 月访问于上海达华宾馆),王家贵、蔡锡瑶编著:《上海大学(1922—1927)》,上海:上海社会科学院出版社,1986 年,第 92 页。
⑤ 茅盾:《文学与政治的交错——回忆录(六)》,《新文学史料》,1980 年第 1 期,第 168 页。

状态,学生还是需要支付相对公立大学而言更为高昂的学费,这也很大程度上是学校经费拮据、但活动频繁的结果。"上海大学其实也和其他学校一样,仍然最大限度地从学生身上获取经费。"①前面提到1927年落成的江湾新校舍,其经费获得也离不开师生的共同努力,"全校教职员和六百多学生按省籍组织募捐队,向各省人士募款,取得一定成绩。"②

如果说学费还可以另外想办法筹措,学校也有相应的减免政策,亲朋好友的质疑则是更须慎重考虑和应对的问题。且看上大社会学系学生何秉彝的家书,形象地反映出当时家长们的普遍心声:

> 大人惟一的主张,最大的目的和至切实的见解,只希望男住个如北大、东大、北洋、南洋和唐山等有虚誉假衔的国立或部立大学。在修学时,可以无意味地脍炙人口,毕业后,可以用内虚外实的资格去麻醉人,拿一张不值钱的饭票去欺骗人。至于私立的学校,无名的学校,你老人家就以为不好的,不被人所重仰的。③

无独有偶,由台州④进入上大学习的林泽荣同学在文章中也提到他人的不解与怀疑。有些不了解情况的人将上海大学视为"洪水猛兽",似乎一点用处都没有,仿佛不想混文凭或者被逼无奈,就不会进上大:

> 台州旅沪学生的总数,至多不过三百余名,而在上大的已达三十余人。依我个人的观察,将来还要增加起来,这是什么缘故呢?是不是他们的程度不太好,考不进严格的学校呢?是不是他们被少数同乡强拖进去的呢?⑤

除了部分青年遭受亲朋好友质疑外,还有些青年自己本身也对上海大学

---

① 叶文心:《民国时期大学校园文化(1919—1937)》,第98页。
② 王家贵、蔡锡瑶编著:《上海大学(1922—1927)》,上海:上海社会科学院出版社,1986年,第146页。
③ 《为二十世纪的社会谋改造——何秉彝写给父母亲的信》,转引自吴青岩主编:《品读红色家书》,北京:中央文献出版社,2006年,第141页。
④ 地处浙江中东部的台州,是较早受到"五四运动"影响的地区。参见周晓茵:《两份台州的"五四"传单》,《东方博物》,2011年第4期。
⑤ 林泽荣:《我为什么要入上大》,《台州评论》,1926年5月1日,藏于中共一大会址纪念馆。

心存疑虑。这里，以著名民主派人士、诗人柳亚子的儿子柳无忌为例，可以看到当时的中学生在权衡要不要选择上大的几条理由和顾虑：

  上海大学百分之四十。因为，①学俄文一定很有趣的。②不是教会的，没有什么读圣经，做礼拜，早祷的讨厌。③你是十分赞成的。④功课一定宽些，舒服些，自由些。我对于他有怀疑的是①恐怕是太宽了，太舒服了，太自由了。②不十分知道其中学校生活。③毕业后的问题。④不大有名。①

柳无忌还在之后给父亲的信中描述到其选择的为难和不知所措：

  我上次看见了上海大学的俄文系，我赞成了，现在又取消了。我听见友人说东吴理科好，我赞成了，但是现在又是冷淡了。我的脑筋是太简单了；是太容易受外界的感化了。所以最后的，我想你——决定，因为我主张太多，同时又主张没有了！你可赞成么？②

且不说在犹豫徘徊是否要进上大学习的青年，即便是已经入学的，也十分迷惘、茫然。这首题为《进上大的第一天》的小诗将这种情绪刻画得淋漓尽致：

  你何苦要进大学呵——除了三两个朋友的鼓励，老人并不为你作主；除了你自己的苦心孤诣，平辈也还为你踌躇；你何苦定要进大学呵！你何苦要进大学呵——除了亲朋的借与，你手中无铜臭一个；除了这四十元的学费可以敷衍得去，此外章程还须打算过；你何苦定要进大学呵！你何苦要进大学呵——世路如此崎岖，前途这么辽远；度今年已不容易，况且还

---

① 柳无忌：《致柳亚子（1924.3.29）》，岳麓书社近代文献部编：《柳亚子家书》，长沙：岳麓书社出版社，1997年，第467页。惜未能在此家书集中找到柳亚子的相关回复。但从柳无忌的前后相关信件中可以看到其心理变化过程，即由最初将上大作为备选项，而转为将其视为相较东吴（百分之三十）、南洋（百分之十五）、约翰（百分之十）、沪江（百分之五）而言最有可能进入的学校。这里面很大程度是因为他不希望被束缚，而且不喜欢教会学校。但其最后的结果是放弃了上海大学，因为他想读理科，并且同样从父先读完大学再学俄文的建议，如此可说明其选择的多元化和不确定性。

② 柳无忌：《致柳亚子（1924.4.17）》，岳麓书社近代文献部编：《柳亚子家书》，长沙：岳麓书社出版社，1997年，第469页。

有来年；你何苦定要进大学呵！①

结尾落款时间地点为"十三，九，末日，晨，枕上"。作者于晨时枕上写下这首小诗，可能一夜辗转未眠，体现出一位普通学生的踌躇徘徊与对未来的不安情绪；标题提示是"上大"的学生，在诗中却只用泛称"大学"替代，说明上海大学与其他大学相比并无特殊之处，来此求学者也包括一些仅仅是一心"要进大学"却目的性并不明确的青年；全诗反复哀叹的"何苦要进大学"则显示出一名普通学生对上海大学的无助和对进大学的"鸡肋"情绪。

动力：契机、宣传与青年的理想

上海大学成立于1922年，这一时期社会动荡不安，五四新文化运动之后全国思想界掀起了各种新主义、新思潮。青年更加迷惘茫然，在教育方面存在种种问题也招致非议，其时正在上大执教的恽代英直言不讳地指出：

> 我大胆说一句：现在是不会有所谓较好的学校的。现在，最进步的分子要忙于实际革命事业，不会有许多精力时间用到办学校上面；学校又因为受社会各方面的压迫牵制，决不能给学生预备很多的好教师与好课程。……最要是自己能够到群众中宣传，而且尽力促进革命，以根本改造这种社会，只有在较好的社会中间才会有较好的学校。②

虽然恽代英否定了包括上大在内的所有学校，但他明确指出了改革的方向，即"尽力促进革命，以根本改造这种社会"。而校长于右任对上大学生的寄语，则在很大程度上与这位青年导师的主张不谋而合："余当上海大学一周纪念介绍汪精卫氏演讲时，曾谓上大不比其他学校，希望上大同学，每人都能成为一强有力之炸弹，将来社会上定能发生极大的影响。"③几十年后，依然有学生清晰地记得"造炸弹"这一生动形象、又极为吸引青年的说法：

---

① 木一：《进上大的第一天》，《民国日报》副刊《觉悟》，1924年4月3日第3版。
② 但一：《什么地方有较好的学校呢？》，《中国青年（上海1925）》第103期，1925年11月28日，第79—80页。
③ 《于校长关于本校之谈话》，《上大五卅特刊》第2期，1925年6月23日，转引自王家贵、蔡锡瑶编著：《上海大学（1922—1927）》，上海：上海社会科学院出版社，1986年，第162页。

陈志莘说：他有一位亲戚在上海大学读书，读了一年书，学费至今还拖欠着，而且在这所学校里学到了很多东西。我们就追问他上大究竟办得怎样？他说："上大办得好，是制造炸弹的！"这句话说得很新奇，我继续问他这话的道理何在？他接着就解释所谓制造炸弹就是培养革命干部的意思。①

薛尚实的回忆还透露出两个信息：一是经费问题并没有阻拦选择上大的青年，相反因为学校的开明使得更多家境贫寒的学生踊跃入学；二是这里并非都是不学无术、混文凭的人，还是能够学到很多东西的。关于这两点后面还会展开论述，这里想要说明的是上海大学吸引青年的首要原因是其浓厚的革命色彩，以至于被称为"造炸弹"的。再进一步分析，上大因学潮而立，无论这批学生是否亲身参加过五四运动又或者受其影响有多大，其抗争意识是毋庸置疑的，更何况本来就有像前面提到的程永言这样在五四运动中担任过学生干部的人参与这次学潮。改组后的上海大学，尽管有不同党派介入，但"1920年代的革命激变为多个党派的共同诉求"，国共合作的上海大学则成为两党不遗余力招揽青年的阵地，其"革命性"自然会受到许多青年的响应。

正是如此，"当时社会上说上海大学的学生是闹事的，别校开除的学生，上海大学收进来了。"②比较有名的是参加过"浙江一师风潮"的陈望道、刘大白、施存统等后来成为上大教职员，宣中华、徐白民、唐公宪等后来成为上大学生，包括《民国日报》主编邵力子、叶楚伧等在内的不少支援过该风潮的人士后来都与上大有所渊源③。除此之外，因行事激进脱离原校而入上大求学的不在少数：1922年孔另境考入浙江嘉兴第二中学后，时常参加青年社活动，因为带头参加学潮而被迫停学，后经姐夫茅盾介绍次年进入上大中文系学习；同样是1922年考入杭州之江大学的施蛰存，则因在校期间参加非基督教大同盟招致校方不满而自动辍学，于1923年转入上大中文系，并经常旁听社会学系的课程；1924年春，四川南汇县万竹堂小学教师林钧因与克扣学生膳费、侵吞

---

① 薛尚实：《回忆上海大学》，钟书河、朱纯编：《过去的学校（回忆录）》，长沙：湖南教育出版社，1982年，第520页。
② 《羊牧之同志的回忆》（1980年10月访问于常州），王家贵、蔡锡瑶编著：《上海大学（1922—1927）》，上海：上海社会科学院出版社，1986年，第98页。
③ 王小莉：《革命年代中的上海大学（1922—1927）》，华东师范大学中国近现代史专业硕士毕业论文，2012年，第15—16页。

公物的学监作斗争而被校方解聘,当年夏天进入上大社会学系学习,并积极投身革命事业;1925 年,南方大学学生刘披云反对校长江亢虎向溥仪称臣,组织"驱江运动",并出版"驱江特刊",撰写反对长文,被学校开除后下半年即转入上大,交学费不上课,取得学生代表资格,同时是上海学联的驻会委员,成为一名专职干部;早在 1923 年考入苏州江苏省立第一师范学校的匡亚明因组织和参加学生运动过于频繁,三年后的 1926 年被学校当局以"旷课过多"为由开除,暑期结束后,在恽代英的帮助下插班进入上大中文系。

可以说,激进分子进入上大绝非偶然,类似的例子不胜枚举,在上海大学存在的短暂五年时间中频有发生,与上大整体革命的氛围有莫大的干系。上大不仅有着接纳包容的态度,更是积极促成,可以说非常欢迎被开除的激进分子入学。黄玠然、张崇文、周泽三位即得益于此。他们本是浙江法政专科学校学生,1925 年由支援上海的五卅运动转入驱逐浙江教育厅厅长的运动,掀起"浙江风潮",遂被学校开除。上大学生会得知情况后,立即组织代表团到杭州慰问。最后,他们接受代表团的邀请,于次年 1 月一起进入上大社会学系学习。

除了"造炸弹"之特别吸引外,我们还应看到上海大学相比改组前的东南高师,新增设了社会学系,而这一新兴学科无疑大大增加了青年选择上大的筹码。处于迷惘、徘徊状的青年正愁报国无门,迷失了前进的方向,这一时期许多人不约而同地开始关注"社会科学",1924 年上大又成立社会科学院,恰好迎合了当时人们的普遍需求。更加重要的是,"当时除了上海大学等少数学校之外,新社会科学并不见于正式课程中"。[①] 何秉彝的家书尤具代表性:"因那儿处的学校都没有社会学!男何以一定要住上海大学呢? 上海大学在上海虽是私立,但男相信它是顶好的学校,信服它的社会科是十分完善"[②],这也可以解释为什么那么多青年投奔上海大学,即使是该校存在前述种种困难的情况下。

何同学在家书中流露出对上大的信任不是没有原因的,这主要得益于上大的宣传。首先,组织上的宣传是极富影响力的。"左派的新主义者认为在彻底改造社会之前,教育、学术、实业都不重要,他们同时认为,并不是各种学问最终都可以'自发地'联系到救国事业,救国是一项专业,必须依靠人为的

---

① 王小莉:《革命年代中的上海大学(1922—1927)》,第 242 页。
② 《为二十世纪的社会谋改造——何秉彝写给父母亲的信》,转引自吴青岩主编:《品读红色家书》,北京:中央文献出版社,2006 年,第 142 页。

计划,清楚地排定优先级,确定某些是有价值的行为,某些是值得追求的知识,其余的或为次要,或者是应该排斥的。在这个思维下,有一种救国的新学问崛起——'社会科学'。"①被誉为"红色学府"的上海大学不仅集中了大量的"左派"理论家,中共更是不遗余力地向该校输送人才,以培养革命储备力量。如"1924年初,武止戈由党组织选送到上海大学社会学系学习",②王步文"1924年春被党分派到上海大学社会学系学习"。③ 早在1921年,中共就在上海开办了平民女校,曾在该校供职的高语罕、邵力子、陈望道、沈雁冰、沈泽民后来也成了上大的老师,而学生丁玲、王一知、王剑虹等人后来均进入上大继续求学。依托中共的宣传,上海大学自然是不缺生源的。

当然,除了受党组织影响,经人介绍或推荐是更为普遍常见的形式。"被少数同乡强拖进去"的质疑并非空穴来风,这一时期,经同乡、亲朋好友介绍或者受同乡宣传鼓动而进入上大的占有相当大的比例,新时代的青年们将世代积累下来的这种亲缘观念延续了下来,于是出现三兄弟同时考入上大,同学一堂的情景。④ 相爱的恋人一起进入上大的也不乏其人,1923年沈泽民与张琴秋这对具有进步思想的年轻人相恋了,次年,沈泽民担任上大社会学系教授,在他的建议下,张琴秋也考入上大社会学系,两人共同学习进步并积极投入革命事业。同乡之间介绍的更是数不胜数,因为于右任的缘故,陕西籍的各路英才包括杨基骏、吴建寅、余寄文、李端蜂等人在开创期即加盟上大,为学校的建设和发展尽心尽力,同时也有诸多陕西籍青年如何挺颖、何尚志、张仲实、马凌山等慕名来上大求学。因地缘影响,上海大学的江苏、浙江籍师生数量尤为庞大,另外,湖南、安徽等中部地区来上大的师生也有不少。距离较远但人数颇丰的地区以四川为代表,上大社会学系学生阳翰生甚至细致分析了上大川籍学生多的原因,并提到:"我们进上大后,又把上大情况介绍到家乡,告诉他们要革命就到我们这里来。"⑤

---

① 王汎森:《"主义"与"学问"——一九二〇年代中国思想界的分裂》,许纪霖编:"知识分子论丛"第9辑《启蒙的遗产与反思》,南京:江苏人民出版社,2010年,第254页。
② 张元隆:《上海大学与现代名人(1922—1927)》,上海:上海大学出版社,2011年,第200页。
③ 《王步文烈士(1898—1931)》,王家贵、蔡锡瑶编著:《上海大学(1922—1927)》,上海:上海社会科学院出版社,1986年,第51页。
④ 1923年夏,安徽凤台的吴云携弟弟吴震、吴霆投考上海大学,吴云、吴霆入社会学系,吴震入英国文学系。
⑤ 《阳翰笙同志的回忆》(1980年1月访问于北京),王家贵、蔡锡瑶编著:《上海大学(1922—1927)》,上海:上海社会科学院出版社,1986年,第84页。

一些留学生归国后经人介绍到上大执教,本来打算报考名校或者已经在名校就读的学生也转入上大求学,这在无形中给上大注入新鲜血液,并从师资与生源两大方面补充了学校的实力。不论是留日人员高语罕、陈望道、李汉俊、沈泽民,还是留俄人员瞿秋白、任弼时、蒋光慈、郑超麟等人,本都可以到更好的学校任教,以获得更好的发展前景,却甘愿来上大,很大程度上还是因为他们心中的理想和革命的信念。除了前面多次提到的何秉彝外,舍名校而入上大求学的不在少数:阳翰笙在陈毅的支持下,放弃原先准备报考清华的打算,毅然投考上大;毕业于杭州宗文中学的戴望舒中学时代便发表过多篇文章,也选择进入上大中文系深造;1923年考入沪江大学的贺威圣,次年转入上大社会学系;1924年考入上海同济大学医科德文班的杨达,次年转入上大社会学系;1924年入大同大学数学系求学的何挺颖,次年参加五卅运动,随后转入上大社会学系。

再次,频繁见诸报刊的招生简章、有关上大的重要消息以及由上大开办的社团活动不啻也大大提高了上大的知名度。除了在《民国日报》、《申报》上刊登东南高师学潮和改组后上大的招生情况外,《北京大学日刊》上也载有数条上大的简介及招考简章。作为新兴媒体,报刊在当时的影响力无疑是巨大的。姜长林就是在报纸上看到全国学生总会和上海学生联合会联合在上海大学举办夏令讲学会,才慕名特地从松江前往上大学习。亲身参加上大的活动自然也会受到学校的影响。秦邦宪就是先加入上大的开放性社团孤星社,因与社员[①]有共同的追求和理想,后来才考入上大社会学系的。

余论:生命的代价与革命的熔炉

相比名校的严格管理,上大固然显得更加松散自由,但这里的学生大多能自觉学习,如饥似渴地学习理论知识:

> 大同大学!我的母校!是很严格的,除星期日和星期六的下午外,若无正当理由,均不得请假出校。可是一部分的学生,仍是不读书的,他们

[①] 1924年1月1日上大社会学系安剑平等学生发起成立上海大学孤星社(后改名中国孤星社),以"研究学术,讨论问题,彻底了解人生,根本改进社会"为宗旨。并创办《孤星》旬刊,上大学生安剑平、马凌山、蒋抱一等均在上面发表过文章。由于该社对外持开放态度,秦邦宪便加入该社并积极参加社团活动。

天天设法请假出去,至于升级和留级,他们完全是不介意的。反转来讲,很自由的上大,仍有一部分的同学,是很用功的。……至于一般人说我们把功课置诸脑后,实不知他们有什么根据。我老实不客气说,自从我到上大以来,不过两个月,我觉得我的学问未必比在大同时还要进步得慢一点,而同时对于社会的理想,实在要进步得多哩。①

即便是困难重重,也抵挡不住那么多青年革命热情,甚至有学生在其他学校抛来"橄榄枝"时仍旧不为所动。俞昌准就是这样的一位烈士②,他本可到苏联中山大学深造学习,但坚持留在上大。

并写了一首诗,题目是《到天堂去》:

一、那途是天堂,大家都想进去,去享受人间的甘露,去学习那天上的规章;二、这里是地狱,囚着那蓬头垢面的人群,都是那被压迫的被剥削的劳苦大众的姊妹兄弟;三、我暂时不忍离开那苦难的兄弟姊妹,我要帮组他们冲破黑暗啊,创造光明。③

聚集到上大的青年们,面对困难,甘之如饴。不论流汗流血,都在所不惜,没有丝毫迟疑。不少人也确实为此付出了生命的代价:1924年由中华职业学校转入上大社会学系的黄仁,同年双十节在天后宫因反对帝国主义和军阀,惨遭殴打,后因重伤不治身亡,年仅20岁,是上大学生中死于反帝反军阀斗争的第一位烈士;同样是1924年进入社会学系求学的何秉彝,也在"天后宫惨案"中遭到毒打,后虽康复,但仍积极参加各种活动,毫不畏惧,次年在五卅惨案中不幸牺牲,年仅23岁;同样参加过五卅运动、并积极宣传,参与编写《上大五卅特刊》的社会学系学生贺威圣,来上大求学后的1924年加入中共,并于1926年7月担任中共杭州地委书记,不久之后被军阀孙传芳部逮捕杀害,是浙江省最早牺牲的中共领导人,年仅24岁。

1927年因"四一二"事件牺牲的上大青年更是不在少数,牺牲时年仅26

---

① 戴邦定:《我们的情形》,《台州评论》,1926年5月1日,藏于中共一大会址纪念馆。
② 1928年11月22日晚,俞昌准因叛徒出卖被捕入狱。在狱中,他理直气壮地反驳敌人:"我们共产党领导全国人民推翻黑暗统治,创造光明的新中国,何罪之有?"1928年12月16日,蒋介石亲自下令,俞昌准被国民党军警杀害于安庆北门外刑场,年仅21岁。
③ 俞昌时:《纪念俞昌准烈士》,《安徽日报》,1958年7月1日,第3版。

岁的就有王环心、郭伯和、糜文浩等三位。他们或是积极参加社团组织①,或是担任学生干部,不辞辛劳、不分昼夜地负责发动学生、工人运动②,遭到国民党右派的忌恨,被捕后均坚贞不屈,最终英勇就义。除了学生之外,一些青年老师也不能幸免,如1923—1925年间担任上大社会学系教授安体诚后来前往黄埔军校担任教官,1927年黄埔军校"清党分共",不幸在上海被捕,"四一二"后不久在龙华英勇就义,时年31岁;1925年担任上大社会学系教授的萧楚女,后因肺病住院,但仍坚持担任黄埔军校教官,"四一二"后在广州的医院被捕,牺牲时34岁。

这些牺牲的青年多在上大期间加入中国共产党,或经过上大的洗礼后,更加坚定了革命理念,并以实际行动进行顽强不屈的斗争,以至于付出了生命的代价!然而,他们并不后悔当初的选择,何秉彝"中弹身倒口中犹连呼'打倒帝国主义!''中华民族解放万岁!'不已。"③可见其信念的坚定与执著。

"近代中国的发展有一个特色,即政治吞没了学术文化,大我吞没小我,主义笼罩学术"④。上海大学的种种情景,恰好印证了这个说法。而五四之后,新青年从四面八方投奔上大,最根本的原因还是其办学理念迎合了青年的需求,最大程度上为他们的报国之路指明了方向,并提供他们参与革命、改造社会的机会。另外,铺天盖地的宣传及政党的涉入也为学校招徕了不少学生和教职员。

"在20年代中期,当城市的群众运动呈现出一种激进的性质时,中国社会的革命化进程变得日益明显,这导致了中国知识分子对于变革的思想的再定位。关于社会和社会问题的著作的突然增长,是此时中国思想所发生的社会学转向的最明显的表征。"⑤改组后的上海大学新成立社会学系,这门"时

---

① 上大改组的核心人物、中文系学生王环心积极组织和参加讲习会、春雷文学社等社团;社会学系学生糜文浩是"中国孤星社"的发起人之一,并担任《孤星》旬刊编辑理事。他们分别于1925年和1924年加入中共。
② 郭伯和1922年进入上大学习,之后加入中共并担任学生会主席。1925年10月调出上大,任中共小沙渡部委书记兼区委特派员。
③ 《何秉彝烈士略传》,《上大五卅特刊》第1期,1925年6月15日。转引自黄美真、石源华、张云编:《上海大学史料》,上海:复旦大学出版社,1984年,第150页。
④ 汪汎森:《"主义崇拜"与近代中国学术社会的命运——以陈寅恪为中心的考察》,《中国近代思想与学术的系谱》,长春:吉林出版集团有限责任公司,2011年,第469页。
⑤ 阿里夫·德里克:《革命与历史:中国马克思主义历史学的起源,1919—1937》,翁贺凯译,南京:江苏人民出版社,2010年,第32页。

髦"的学科在当时极具吸引力。"杨尚昆从四川抵达上海,其父要求他学习工科,走实业救国之路;而其兄杨闇公则希望他在革命实践中学习和锻炼。"①杨尚昆最后选择了上海大学社会学系,除了革命的信仰外,与时人尤其青年对"社会科学"崇尚的心态也有很大的关系。

新青年选择上海大学这所在当时并非十分有名的学校,着实体现了他们务实恳干、临危不惧、排除万难、意志坚定等优良品质。早在上大成立一周年时,该校中国文学系学生施蛰存便感慨道:"虽然有好多人劝我审慎,我总不信,现在上课一个多月了,就我的观察,愈使我感觉到上海大学是有特殊精神的。"②另一位学生在上大同学会成立之际,也专门指出:"这不是一个'书本的学校',而是一个社会的学校。"③上海大学的确注重理论与实践相结合,有丰富多彩的社会活动;开设社会学系,在全国首创运用马克思主义理论指导的学科;师生关系融洽,青年对国家时政的关注远超过对自身前途的牵挂。这些既是上大可资借鉴的"精神财富",也是当时大的时代背景下因缘际会才得以产生的情况。

综上所述,新青年最终选择上海大学的原因是复杂的。除了本文所引邓中夏提到的"为建国",以及文末提到的牺牲师生所表现的爱国情怀外,还有受地缘或业缘等因素影响的师生。具体到个人,有受新思想驱动专为"社会学"这个时髦学科而来的,有为革命理想而来的,有为招生宣传所吸引而来的。另一方面,我们还应看到上海大学自身的努力,如提高办学质量,通过刊登招生简章吸引四面八方的求学者,组团邀请参加学运被开除学生加入上大等等。应当指出,私人关系也起到很大的作用,不论是学校延请老师,还是学生入学,通过朋友、同乡、老师等介绍的情况较多。新青年选择上大的原因各异,传统与现代的因素交织发挥作用,呈现出复杂的面相,但他们表现出的"上大精神"却大致相同。总之,上海大学应时而生,有成功吸引了海内外人士。尽管他们最初的目的不尽相同,但呈现出不畏艰难和流血牺牲、好学上进、革命自觉意识强烈等"上大精神"是影响深远的。

本文作者系北京师范大学历史学院博士生

---

① 张元隆:《上海大学与现代名人(1922—1927)》,第 158 页。
② 施蛰存:《上海大学的精神》,《民国日报》副刊《觉悟》,1923 年 10 月 23 日,第 3 页。
③ 孔另境:《梦般的回忆》,《上海大学留沪同学会成立大会特刊》,1936 年 9 月 27 日,转引自黄美真、石源华、张云编:《上海大学史料》,上海:复旦大学出版社,1984 年,第 264 页。

"青年必读书"事件研究论纲

唐宏峰

1924年底,由于"撤稿"事件愤而离开《晨报副刊》的孙伏园,受邵飘萍之邀,开始主持《京报副刊》。1925年1月4日,新年伊始的《京副》刊出二大征求:

一九二五新年本刊之二大征求　△青年爱读书十部　△青年必读书十部

说明:(一) 青年爱读书十部——是希望全国青年各将平时最爱读的书,无论是那一种性质或那一方面只要是书便得,……

(二) 青年必读书十部——是由本刊备卷投寄海内外名流学者,询问他们究竟今日的青年有那十部书是非读不可的。……

此次征求,共收到"名流学者"的"必读书"来票78份(陆续刊登在2月11日至4月9日的《京副》上),各地青年的"爱读书"来票308份(刊登在《京副》三月特刊上)。[1] 孙伏园导演的这场大戏,成为当年学界的一次盛举,胡适之、梁启超、周作人、徐志摩、潘家洵、马幼渔、江绍原、鲁迅、林语堂、沈兼士、俞平伯、顾颉刚、周建人、马寅初、汪精卫、许寿裳、太虚和尚等等耳熟能详的名字都出现在这次事件当中。伴随着征求结果的是一场广泛的激烈论争,鲁迅的"不读中国书"即在其中,种种论争文章共计60余份。这是中国现代文学史上影响深远的一桩重要公案,至今尚无定论。

一份目录标志着一条治学与读书的门径。《四库全书总目提要》、张之洞《书目答问》,构成中国古代读书人共同的书单。而到了现代,开书单成风[2],

---

[1] 书目征求的结果统计见附录。
[2] 据统计,从1919年到1937年之间,学者开列的所谓"国学书目"有41种(次),参见徐雁平:《胡适与整理国故考论》,合肥:安徽教育出版社,2003年,第298—320页。

但几乎每次都引发一场论争,中国读书人无法再秉承一份共同的书单,这对于中国现代文学思想的形成和演变具有重要的象征意义。

本文尝试以此次事件为研究对象,初步揭示事件背后蕴藏的与现代文学和思想相关的丰富的社会历史信息。这是一个难得的众多当时活跃的学界名流都参与了的集体展示,展示自家的文化选择、价值取向、学术立业方向,从中可以勾画出二十年代北京知识界的基本人际网络;三百六十余种书籍的名字,告诉我们曾经有多少思想与学说喧哗过,中国古书、时人著作、外国书,三分天下,它们构成了一个时代的知识价值系统,隐含着现代知识型的基本结构[①],正是在这种一般知识的背景和土壤之上,现代思想学术和文学成果才得以生长发展;新文化运动造就了一批新的"阅读大众"(Reading Public),书目的对象——青年学生,其基本特征正是"阅读的大众",无论是开给他们的"必读书",还是他们开列的"爱读书",都表明了新文化运动所造就的知识氛围和新文学书籍形成的阅读风气,时代的阅读风尚在读者大众和文学创作之间形成了真切的互动关系,……在这个事件当中,抽丝剥茧,见到的是一个时代的文化价值选择与情感焦灼。1925年,是历史的一个断面,五四时期激昂的新文化运动已经落潮,由"打倒孔家店"到"整理国故"运动的兴起和流衍,这个事件正是对新文化运动初期成果与内在矛盾的一次展示与总结:新学传播,国学论争,学科建制、青年教育、文学发展、学术发展……一个小小的事件,牵扯到了整个时代文化的几乎所有方面。

虽然由于鲁迅"不读中国书"的言论,"青年必读书"事件在现代文学史、思想史上一直受到关注,但对这一事件的研究却非常有限。我所看到的直接相关的成果,只有少量单篇论文,和鲁迅研究著作中的捎带涉及,主要集中在对于鲁迅态度的辨析与阐释上,而对于事件本身内涵的书目中的丰富讯息,则讨论更少。

[①] 根据库恩的"范式"和福柯的"知识型",我们知道人类知识形态的演进,不只是数量上的增加和由错误到正确的进步,而是知识的得以形成、构造和被认可的整个结构系统的跳跃式更新变化。本文使用"知识型"这一术语,意指一定时期知识生产、承认、运动及表达的整体系统和深层框架,它是判定某种具体的认识经验能否以"知识"的荣称被传播和应用的标准,也是特定时期知识分子所共同分享的知识前提、知识制度。参见石中英:《知识转型与教育改革》,北京:教育科学出版社,2005年,第一、二章。

现代书目传统的变迁

目录学一向是中国古人治学的重要工具。一份目录标志着一条治学与读书的门径,同时是一个社会文化成果的集中展示,显露着一个时代的思想文化风貌和深层知识型结构。《四库全书总目提要》、张之洞《书目答问》[1],构成中国传统读书人共同的书单,代表着一个共同的知识型,经史子集的文化累计,在这方面从来没有什么异论。而到了现代,开列推荐书目之风盛行,而且几乎每次都引发一场论争,中国读书人无法再秉承一份共同的书单,这具有重要的象征意义。现代读书人的知识的来源、成分、结构——即知识型,发生了翻天覆地的变化,首先就体现在书目上。中国现代文化史,从一个特殊的角度看,也是一个书目变迁史、论争史。由于与传统典籍完全异质的西学译书的大量传播,各种译书目录、中西学推荐书目开始层出不穷,可大致分为晚清和五四两个阶段。两个阶段书目的总体特征的变化与衔接,在一定程度上显现出了两代知识分子之间的继承与变革、悖论与错位。

第一阶段主要包括:傅兰雅《江南制造局翻译西书事略》(1880),王韬《泰西著述考》(1889),梁启超《西学书目表》(1896)《东籍月旦》(1902)、康有为《日本书目志》(1897年),徐维则《东西学书录》(1899),顾燮光《译书经眼录》(1904)等。[2] 清末阶段的推荐书目,以梁启超《西表》为代表,它是第一部由中国人编纂的正规翻译书目,负有盛名。"《西学书目表》打败了《书目答问》"(吴稚晖语),具有重要的象征意义,培养了一代新学小子。

新文化运动以来,西学传播,其内容的丰富、范围的广泛与数量的巨大,远远超过了前一阶段,我们看到胡适的"全盘西化",鲁迅的"不读中国书",吴稚晖"把线装书扔进茅厕",和"青年必读书"中占据大半的新学著作,这显然是梁《西表》精神路向的发展。吴稚晖曾评价《西学书目表》"虽鄙陋的可以,然在精神上批评,要算光焰万丈"。[3] 然而另一方面,我们也看到了各种国学推荐书目层出不穷:1923年胡适和梁启超分别开列的"最低限度的国学书目"影

---

[1] 张之洞《书目答问》中虽然包含了少数有关西学之书目,譬如《职外方略》《地球图说》《新法算书》《数学启蒙》等,但均为早期初级西学之书,限于天文历算的范围,为明清以来被中国学界认同之"旧籍",与甲午戊戌以来动摇中国传统知识体系的大规模的西学传播书籍不可同日而语。
[2] 资料来源参见林立强:《明至清末译书书目的状况和评价》,《东南学术》,1999年第3期。
[3] 吴稚晖:《吴稚晖先生来信》,《晨报副刊》,1923年10月15日。

响甚大,其后主要有:陈钟凡《治国学书目》(1923),汤济沧《中小学国学书目》(1925),"青年必读书"中顾颉刚、马叙伦等的书目(1925),汪辟疆《读书举要》(1926),施蛰存的《〈庄子〉与〈文选〉》(1933)……随着新文化知识分子对于中西方文化思考的深入,以及中国现代学术的发展,国学与西学的对峙似乎不那么尖锐了。

但问题是,为何在晚清,是译书书目抢眼,在五四,反而是国学书目抢眼?不说戊戌时代的康梁,甚至晚清重臣张之洞都曾反复强调,彼时的学堂学生应用三分时间读古书,七分时间读西书。而五四前后的时代,《学衡》提倡"国故",胡适号召"整理国故",不管其内涵与国粹派有着怎样本质的区别,客观效果上,读"中国书/古书"确实成为一定程度上普遍的趋势。历史的真实远比后人想当然的复杂。然而这当然不能得出五四在对西学开放的程度上不如晚清的结论。事实在我看来是,历史叙述中总是凸显少数者和新趋势,西书书目在晚清与国学书目在五四,都只是少数派。梁《西表》一出,保守势力如临大敌,胡的"国学书目",也立刻引起了新文化人的疑虑和警惕。在五四国学书目的背后,是新学传播已经奠定了稳固的基础,所以胡适才会那样乐观。新文化运动时期,所谓激进与保守的论争,其实都是在现代性进程稳步前进的基础上进行的,进入五四的文化保守主义者,如章太炎、刘师培、吴宓、梅光迪……实在不能等同于晚清的顽固派、国粹派,其对西方文化也有深入的理解。

在晚清和五四两代书目传统中,梁启超的转变最值得玩味,从开创性的撰写《西学书目表》,表达"不惧国学之消亡"(《论中国学术思想变迁之大势》1902),到《欧游心影录》之后被视为"东方文化派",大开国学书目,不惜以"今日之我""与昔日之我战",体现出文化发展中趋新与保守的复杂关系。

一方面,书目的变迁,体现了知识分子自身知识内容、结构的变化,另一方面,书目作为学者的推荐,它的变迁,也显示了知识分子对大众、对青年的启蒙理想的变化,通过书目的推荐,来塑造或改变对象的知识体系与价值选择。

文学的知识土壤——书目内容分析

78份"青年必读书"选票共推出了六百余本书目,本文对这些书目进行了初步的统计分类,由此可以探究晚清以来新学传播几十年、同时国学研究发生现代转化的二十世纪中期,国人的知识系统所形成的新面貌。而这些一般的知识、思想和信仰,及其深层知识型,正构成了现代文学得以发生和发展的知识土壤。

文学依赖于情感和想象,同时也依赖于知识。在现代中国人对天地人情的崭新认识中,原有的价值观被颠覆,文学中的新的自然观、人生观、伦理观、价值观,影响和决定着现代文学的价值内涵与情感判断。而在具体知识背后的知识型,则是决定和影响文学形态的深层动因。晚清五四时期,传统知识型向现代知识型转变,科学理念、现代伦理等知识标准,深深影响了现代文学的基本面貌。

当时对书籍有一个天然的分类,就是按照作者的国籍和时间分为中国古书、时人著作和外国书三种。[①] 这个分类本身就饶有趣味,不是按照一条标准,而是交叉着中西古今的两重维度。仅仅是中西的对立已经不能判别基本的差异,譬如如何归类那些中国人所写的介绍外国情形的书籍?时人著作尽管为中国人作写,但却很难与中国古书并称为中国书,譬如《胡适文存》和《呐喊》便很难与《四书》《史记》划到一起,反而与杜威《我们怎样思想》和司托泼司《结婚的爱》更为接近,即使是国学研究著作,譬如《中国哲学史大纲》,也与语孟老庄这些原典有着甚大的差距。所以鲁迅"不读中国书"中所指的"中国书",在我看来,与通行的"中国人所写的书"的含义是有重要区别的。这种分类凸现了时人著作的重要性,时人著作被当做一个独立类别并占据重要分量,这在开列书目的传统中很少见,鲜明地体现出作为新思想承载者的新知识阶层在知识传播中占据了日益重要的地位。时人著作最充分体现出了时代思想的变化。《胡适文存》《独秀文存》、梁启超近著、严又陵译书,这些时人文集是时代思想的集中表达。

本文在对这些书目进行分类时遇到了很大的困难,很难按照一套标准把融合中西古今的书目全部安排妥当,这恰恰反映出中国现代学科分类体系建构的困难和曲折。伴随着西学传播和新式学堂的建立,人们越来越感到传统的四部分类法无法适应大量新知识的传入和现代学术研究的发展,一种新的建立在西方知识分类系统基础上的现代学科分类体制逐渐建立起来,经史子集的"四部之学"转变为文理法农工医商的"七科之学"。

---

① 譬如,梁启超的书单列了十部中国古书,在附注中指出其选择的三项标准,并说明"近人著作、外国著作不在此数",可以看出,这三类书在当时是一个基本的分类。马幼渔也列了十部中国古书,但在附注中也说明"此外如现代吴稚晖、胡适之、陈仲甫、暨周豫才、周启明诸先生之文,俱为青年必读之品。"

在中西书籍的选择上,隐约也可见这样的分别,中国古书多为经学、史学和文学,而外国书则多是科学、哲学、社会学、伦理学、法学等内容。这里似乎可以看到,寻求学问及人生修养,朝向中国传统文化,寻求建构国家的方法与社会行为准则,则朝向外国新思想。这种选择方向说明了当时一种基本的对待中西文化的实用主义思想,"中体西用"之观念仍以暗流的方式存在着。

"必读书"与"爱读书"的书目内容包含了文学、哲学、历史、科学、经济学、政治学、社会学、伦理学、心理学、教育学、医药卫生等几乎所有学科,构成当时社会基本知识状况的一个缩影,是新学传播几十年之后所形成的基本面貌。可以由几本书的内容传播及影响追踪,考察时代思想变迁的轨迹,如杜威《我们怎样思想》、汤姆逊《科学大纲》、《胡适文存》等书目中最受欢迎的时人著作,它们可以体现出彼时思想与知识中的流行色。

严译著作总量在时人著作中仅次于胡适,排列第二。严译作品在中国现代思想史上扮演了极为重要的角色,但在这份二十年代中期的书单中,我们看到了许多新的译本正在取代严复译本①,这同样是一个值得分析的现象。典雅简约的意译之文,在优胜劣汰的竞争中,渐渐敌不过白话的直译,这里蕴含着现代汉语形成和发展的重要问题,同时也表明了外来思想传播由粗放到精确的过程。

由书目内容还可以看出当时正传播流行于中国社会的种种社会思潮和哲学思潮,包括进化论及其反思、社会主义、自由主义、人道主义、实证主义、虚无主义、尼采超人哲学、叔本华悲观论,等等。其中,社会主义思潮风起云涌,在封建社会、资本主义社会、社会主义社会的进化链条上,它给中国人提供了一种似乎可以直接超越西方资本主义的社会形态,暗合了中国人的民族复兴想象。其时,马克思、罗素和杜威成为人言必称的名字,具有相当的权威,后两者均在20年代来华做过讲演。

这种种知识、学说、思潮、口号,构成了现代文学得以建立其上的更大的文化知识系统:科学常识、伦理常识、现代人生观价值观等等,透过三百余种书籍,看到的是一个时代的知识价值系统及其深层知识型。可以看到,这种知识系统的组成主要并不是后来文学史、思想史中筛选出来的"好的""菁华的"或"代表性的"思想,而是由各种科普读物、常识读本、文史知识构成的,而高明

---

① 穆勒《论自由》—《群己权界论》(严译);穆勒《逻辑学》—《名学》(严译);曾经振聋发聩的《天演论》也被新译的达尔文《物种起源》等所取代。

的思想、文学的成就就建立在其上，正是这些看上去很平凡的东西，使人们逐渐形成了一系列所谓"文明"观念和行为，比如对于世界知识的一般把握，承认天赋人权、尊重个人自由、男女平等、婚姻自由、清洁的卫生习惯等等。这些一般的知识与思想，正是现代文学形成的背景和土壤。学者们给青年们推荐的必读书，正是相信这些书蕴含了培育一个现代国民所需的要素，并认为它们适宜于水平有限的青年们去读。

这其中，新的伦理常识构成了现代文学初期发展的重要基础，以司托泼司《结婚的爱》为代表的婚恋伦理书籍无论在"必读书"还是"爱读书"中都名列前茅，在表明了五四时期，爱情与婚姻是思想解放的重要阵地。现代文学早期大量探讨男女婚姻关系、爱情关系的小说、散文，与司托泼司《结婚的爱》、凯本德《爱的成年》，报纸上热烈讨论的妇女知识、婚姻常识、性知识，周作人、张竞生译介的大量人类学、伦理学知识等密切相关。当时的报刊上，许多新文化人直白地讨论男女性爱卫生应该采用何种方法、如何避孕等问题。冰心、庐隐的家庭问题小说，反复展现婚姻自由的追求与旧式女子的牺牲的矛盾命题，正是新的伦理关系常识化、制度化的过程中所遭遇的矛盾的文学化表现。

阅读的大众——书目中的文学

在"必读书"与"爱读书"的书目中，文学都占据了重要部分，尤其是在"爱读书"中，我们可以通过书目来分析当时新文学的发展状况。二十年代中期，新文学接近第一个十年发展的尾声，文学革命运动取得了初步的成果，小说、诗歌、散文都有重要收获，新文学的第一代作家登场亮相，鲁郭周是此期文学的代表，这些在"爱读书"书目中都得到了良好的体现。

新文学很重要的一部分成果体现为小说创作，此次文学类书目中小说的比重也最大。其中，鲁迅的《呐喊》无论在"必读书"还是"爱读书"中均高居榜首，其次为冰心的《超人》、郁达夫的《沉沦》，叶绍钧的《稻草人》《隔膜》，张资平《冲击期化石》等。鲁迅、冰心和郁达夫，成为当时最受欢迎的三位小说作家，后两者分别是"社会问题小说"和"自叙传抒情小说"的代表，是典型的五四启蒙时代理性主义与个性主义的产物。

新诗在步履蹒跚中取得了最初的重要成果。书目中，郭沫若的《女神》高居榜首，其次为康白情《草儿》、冰心《繁星》《春水》、胡适《尝试集》、俞平伯《冬夜》、汪静之《蕙的风》等。《女神》典型地表达了五四昂扬青春的时代精神,其经典地位的确立,与接受语境密不可分。《女神》激发了五四读者的情感与想象力,反过来,五四读者的情绪与想象力又在接受《女神》的过程中重塑《女神》的公众形象。康白情、冰心、汪静之等人的小诗、爱情诗,补充了《女神》之外的纯真、清新。"爱读书"选票中,有人表示不喜"满纸肉麻的'她''心弦''的''呀'……之类的"新诗,也从一个侧面反映了新诗发展初期所面临的问题和困难。

散文的发展,高居榜首的是周作人《自己的园地》,其次为郁达夫《茑萝集》、冰心的散文信札,孙福熙《山野掇拾》等。同时,《胡适文存》《独秀文存》等时人文集,从文学方面来看,也是现代散文的重要成果。《新青年》"随想录"作者群,演化为《语丝》派,成为当时最重要的散文流派。

书目中文学报刊部分,《小说月报》和《创造季刊》《创造周报》位于前列,体现出文学研究会和创造社作为当时文坛的两大团体并立。

透过这份书目,我们确实可以看到《呐喊》《沉沦》《女神》《自己的园地》、冰心的小说散文,毫无疑问是新文学初期的代表,被最为广泛的青年读者所热烈追捧。它们都是带有强烈时代色彩的作品,与五四时期特定历史氛围下的普遍阅读心态构成真切的互动互涉关系。五四式的阅读风气,与深刻冷峻的鲁迅、恬淡从容的周作人、昂扬凌厉的郭沫若、伤感自怜的郁达夫、清新明丽的冰心,互相培养,共同构成一种时代的文学氛围。

透过这份书目,我们也可以看出,除鲁迅等少数天才作家外,新文学初期的成果仍嫌生涩和稚嫩,成熟的长篇小说、象征主义诗歌、曹禺的戏剧、二周成熟的杂文与小品文等等现代文学的重头收获,还在以后。

一方面是新文学的创作实绩,另一方面也必须看到到二十年代初中期时,翻译文学在数量上仍然大胜于创作文学,这也明确体现于两份书目当中。书目中,外国文学种类丰富,莎士比亚、易卜生、爱罗先珂、莫泊桑、泰戈尔、王尔德、狄更斯、托尔斯泰、陀思妥耶夫斯基等名字位居前列,体现出彼时青年读者在《福尔摩斯侦探案》和《茶花女》之外,接受口味的提升。同时也可以体现出与晚清林译小说时代相比,文学译介状况的大幅度改善。易卜生、爱罗先珂与泰戈尔是当时影响很大的名字,对其作品传播和影响的过程可以作简要描述。

在书目的翻译作品中,作为译介者的新文学作家被突出出来。当时众多的新文学作者同时又是外国文学的译介者,鲁迅、周作人、胡适、李劼人、潘家洵、瞿秋白、耿济之、田汉都是极为活跃的翻译者,这提醒人们从另一个角度来看待新文学。对于外国文学的选择与翻译,从一个侧面反映了译介者自身的文学理解。鲁迅译作《一个青年的梦》(小路实笃)、《苦闷的象征》(厨川白村)等,之所以能有不少票数,与译者的声望有很大关系。周氏兄弟的文学眼光,很大程度就体现在译介外国文学作品方面。两人辑译的外国文学作品集,在众多选集中质量上乘。外国文学作品选本的质量,是说明一定时期对于外国文学理解水平的重要方面,辑译者的选择眼光甚为重要。书目中周氏兄弟辑译的外国文学作品集有《域外小说集》《现代小说译丛》和《点滴》,与当时其他的选本相比,体现出独特的文学感觉与趣味。

翻看书目,会发现许多陌生的书籍名字,这些作品因在后来的文学史叙述中被删减排除,而遗落在我们的视野之外。当年它们可以出现在学者推荐的必读书和青年筛选的爱读书中,就说明其时在现代出版业的浩瀚产品中它们并不是无足轻重,但如今它们已被淘汰和遗忘。必读书与爱读书这两份书单恰给我们提供了一份历史的遗迹,追溯其中的一些作品,可以看出有怎样的情感和想象,在当时也曾激动人心。譬如孟代《纺轮故事》、孙俍工《海的渴慕者》等。

"爱读书"书目中,晚清小说和民国通俗小说占据一定分量,在文学史中,它们也曾是被淘汰和被遗忘的对象,在这方面,书目也能给我们以其存在的提示。不过,曾经与新文学并立竞争的鸳蝴派,在书目中的数量远远不及新文学作品,说明在二十年代中期,即使从接受角度来说,鸳蝴派也不敌新文学作品了。

在两份书目中,中国文学研究著作都是不可忽略的一部分,鲁迅的小说史,谢无量、曾毅的文学史,王国维的戏曲史等位居前列。文学史这一论著形式由西方借鉴而来,已经成为文学研究的基本范式。文学史写作在现代文学概念和历史进化观念的规定下,开始起步发展。

如何"国学",怎样"研究"——书目中的国学论争

书目中以鲁迅《中国小说史略》为代表的中国文学研究部分,属于典型的国学研究成果。除此之外,还包括胡适《中国哲学史大纲》,梁启超《中国历史研究法》《清代学术概论》《先秦政治思想史》,章太炎《国故论衡》《国学概论》等。国学典籍和国学研究成果,基本构成了书目中半数的分量,而"青年必读书"事件的论争,实质就是国学论争的表现领域之一。要不要读中国书,要不要倡导进行国学研究,从晚清国粹派,到《学衡》诸君,再到胡适的整理国故运

动,有关国粹、国故、国学的论争一直是中国文化现代性进程的核心问题之一。同时,"青年必读书"的征求与两年前胡适和梁启超为即将赴美的清华留学生所开列的"最低限度的国学书目"有着密切的关系,讨论中常被提及。

20—30年代,北大教授在新文化运动高潮之后倡议"整理国故",在知识界激起广泛回响,使辛亥革命后一度沉寂的国学研究重新振起。"整理国故"一语可以推溯到1919年胡适《新思潮的意义》的讲演,他用"输入学理,研究问题,整理国故,再造文明"四方面内容来概括新文化运动所要做的工作。1922年成立北大研究所国学门,1923年《国学季刊》创刊,标志着整理国故运动的充分展开。北京大学教授钱玄同、沈尹默、沈兼士、马幼渔、顾颉刚等对此表示不同程度的肯定,并构成运动实绩的主要群体。

整理国故运动不同于国粹与复古思潮,它把国故当作客观的历史材料,用科学的方法进行整理研究,"还古人本来面目","重新估定一切价值",对旧有学术抱有一种评判的态度。大抵不存在"保存国粹""发扬国光"之念。以革新国人思想为目的的整理国故工作,乃是新文化派有意将他们的"革命"事业,由思想范畴进一步拓展深入到学术领域中去。

整理国故运动在在是新文化运动的一个环节。在研究方法上,它要求研究者用新的现代科学观念来重新界定和整理中国传统学术;在研究态度上,它要求研究者用一种评判的眼光,求取历史的真相,在这种态度之下,结果往往是抬高异端,重塑传统。非儒反孔的立场,使诸子学勃兴,戏曲史、小说史的出现,正是边缘传统地位提升的结果,而对历史的重新估定,则引发了大规模的疑古风潮。书目中胡适《中国哲学史大纲》、梁启超《中国历史研究法》、鲁迅《中国小说史略》,正是整理国故内在精神的典型体现。

书目中这几部国学研究著作也很好地体现出了传统知识型向现代知识型的转变。中国古典思想传统被现代科学的学术理念重新分类整理,传统以经学为核心的思想系统被现代哲学观念重新筛选梳理(《中国哲学史大纲》),传统历史典籍被现代历史观念重新清算(《中国历史研究法》),传统小说类别被现代文学观念重新规范(《中国小说史略》)。在知识型的体系中,"概念工具"起着关键的作用。人们必须依靠一定的概念工具才能思考和判断,每一个时代都有一定数量的特定的中心概念,人们以此来思考、整理、构筑他们的生活世界,同时也用它们来诠释过去、设计现在、想象未来。人们受益于这些概念,同时也受限于它们。正是"哲学""历史""小说"这些重要的概念含义的变化,引起了整个研究对象的变化,及研究主题的重要变革。在晚清五四两代学人建构中国现代学术体系的过程中,传统的经史子集被拆散打碎,塞进哲学、历史、文学、伦理学等新的学科分类体系中去。从王国维开始,人们逐渐意识到哲学在西方学术传统中的核心地位,大学学堂章程中,经学被哲学所取代。人们开始用现代哲学观念来重新整理、塑造中国思想系统,儒经被还原为诸子之一,传统被打碎拆散、重新组合,墨子、王充、范缜等非主流价值被提升,"重估一切价值",重塑传统,这就是胡适《中国哲学史大纲》(上)的首创之功。梁启超的"新史学"更是赋予"历史"这一概念以全新的现代内涵,根据"国家""社会""国民"等现代政治概念,宣称中国只有帝王家谱的"君史",而没有真正的历史——"国史"、"民史",真正的历史应该是记载全体国民整体活动的历史。这更是概念工具变化引起大变革的典型例子。

书目中,顾颉刚的选票名为"有志研究中国史的青年可备闲览书十四种",附有给孙伏园的一封长信,对当时的国学研究引发的争议进行了辩解。他的信表明了整理国故运动发展到当时所面临的基本问题,即在胡梁这二位学界领军人物的倡导下,国学研究"成为风气",引起"盲从"和"盲骂"。

新文化人对待整理国故运动的态度基本都有一个前后转变的过程。在胡适倡导的初期,经过短暂的犹疑之后,许多人表示肯定,譬如,文学界内部也响应整理国故运动,文学研究会1923年推出"整理国故与新文学运动专号"。但随着国学研究热和读古书的风潮的兴起,以及24—25年的现实政治及社会气氛似乎都有向"复古"方向逆转的势头,出现文言文回潮现象,对整理国故表示怀疑、警惕与反对的声音逐渐强大。

从晚清五四以来,研究中国自己的传统学问不再具有天然的合理性,若要进行国学研究必须首先证明自己的合法性,这是中国文化现代性境遇造就的特有现象。"整理国故"从提出那天起,就在不停地进行自辨,国故指什么,为什么要研究国故,如何区别于复古趋向?顾颉刚前后撰写几次长文进行辨析,《我们对于国故应取的态度》一文说明"要整理国故之故,完全是为了要满足历史上的兴趣,或是研究学问的人,要把她当做一种职业,并不是向古人去学本领",非常简明确切地指出"实行"和"研究"是旧式和新式的国学研究者之分野所在。但最终整理国故运动落潮,恰恰是因为在现实政治与文化的新旧两大阵营的对立环境之下,国故研究很难与复古国粹者保持清晰的界限,新文化人从战略上和效果上,必定选择保卫其革命的果实。

"青年必读书"事件的论争,必须放到当时国学论争的大环境中来理解。从1924年开始,"青年要不要读古书"就作为一个问题引起新文化人的不断思考。严既澄《国故与人生》，沈雁冰《文学界的反动运动》，鲁迅《未有天才之前》，钱玄同做《青年与古书》，周作人《古书可读否的问题》，一批新文化人发表文章，表达自己的态度，反对现在的青年读古书。书目事件中的许多讨论文字，正是这一问题的表现。

新文化人对于整理国故态度逐渐转变，最后基本达成共识，即，不应该再向青年号召读古书，国故研究只应局限在少数有定性、懂得辨别、不容易被污染的专家学者的范围内。可以看出，国故与青年的关系，最终成了问题的核心，不是国学研究本身不可实行，而是它需要特殊的实行者，需要被密封在一个安全的环境内。经过整理国故运动中对于国学研究性质的反复辨析，国学研究的现代学术研究性质被明确，然而其实际功效很难直接与社会改造、思想革新挂钩，反而具有钻故纸堆、脱离社会现实的弊病，这是一切独立学术研究的非功利性本质。而在功利的时代需求下，五四只能从效用的结果来看待事物的性质，国学便不能向社会普及，青年尤其是需要被特殊对待的对象。这样，新文化人在国学研究方面采取了一种双重态度，一方面是新文化人自身仍在进行实际的研究工作，并取得了一系列的重要成果，一方面是面对社会公众，国学研究重新被赋予负面价值。

青年迷思——塑造什么样的青年

在"青年必读书"事件中，"青年"作为一个核心的概念被突出出来。"青年"这一能指，在五四乃至整个新文化时期都是一个极为重要而含混的概念，"青年必读书"事件充分暴露了"青年迷思"在中国现代性文化建构中所发挥的文化功能。

书目征求刊发之后，相关讨论即开始，关于"青年""必读"和"书"这几个关键词的内涵都进行了讨论，其中最突出的就是对所开书目对象，即"青年"的分析，这里显露出对于"人"的含义的理解的重要变化。

古代书单的对象是确定的，就是读书为学之人，普通百姓并不在考虑之列。而"青年必读书"的对象——青年，在不同的开书单者的眼里，有了不同的指向，梁启超、马幼渔、沈兼士、黎锦晖等仍是把传统作学之人当作对象，所开基本为国学研究必读之书，而更多的人——胡适、周作人、李小峰、鲁迅、邵元冲、周建人等，开列书目是为了提供作为一个现代国家中的合格公民和一个人格健全的现代人所应具备的知识。"一个思想和人格健全的国民"（李小峰)。"现在的青年最要紧的是'行',不是'言'。"(鲁迅)"青年必读书的要点:1,一点读书的方法和思想的经验,2,平民政治的常识,3,科学的常识,4,国家的常识,5,中外历史的常识。"(邵元冲)"我觉得大略知道些人是什么,与别人的关系怎样,和帮助他能够公平地去判断道德和社会制度的好坏的这些知识,和有一个明白的进化概念,是青年们应有的知识中顶重要的知识。"(周建人)基于这样的认识,所以书目当中既包含了文史哲内容,也包含了科学思维知识,更纳进了婚姻知识、生理卫生、生活常识、宪法政策等内容。这实际上是以书目所代表的知识内容,来重新建构人的生活。

两种对象标准,构成了事件争论的一个焦点,是培养读书为学之人,还是培养普通的国家公民。这里是古典人与现代人的断裂性差异之一,古典的有着等级差异的人,变为现代的"大众",现代人,实际上是被降低到一个比古典人更低的层次。在书目的讨论中,许多读者来信表示不能容忍学者让青年沉浸到脱离现实的学术研究当中,要紧的不是读书做学,而是社会现实的改造。这是两种不同的人的理想,各有利弊,后者立行废言如果走到极端,便是功利化的人,譬如有些开列书目者要求青年只读一些鼓吹革命的书籍。

书单所确立的对象——完整的人,明确指青年。在进化论世界观的影响下,"青年"这一概念成为不可动摇的价值目标,其地位、价值与意义,与民族和国家等同。"近来很通行说青年,开口青年,闭口青年"(鲁迅《导师》)。在五四的报纸杂志和文集中,可以看到"青年"概念几乎人人在谈,以"毒害青年"还是"有利于青年"作为判断价值的重要标准。塑造青年、塑造孩子,也就是塑造未来的新的人,塑造未来的社会与国家。立人的理想,在新文化运动的领导者的实际操作中,主要的对象就是青年学生。从李大钊的《青春》,到陈独秀的《敬告青年》,再到鲁迅的《导师》《我们现在怎样做父亲》等,可以找到许多"青年叙述"。这实际构成了一种青年迷思,青年的价值被推到最高,老者与传统成为被淘汰的历史遗留物,其仅有的意义就在于牺牲于青年。

生物进化论推及于人,原本属于物种上、生理上的进化,被扩展为文化与精神的进步,五四时期新文化人所普遍信奉的"青年盛于老年"的命题,其意不在生命本身的强壮与优化,而在于文化与精神、智性与德性的提升。这只能是新文化人一厢情愿的想象,而一旦发现现实中的青年"有睡着的,也有醒着的",青年当中也有虫豸,对新文化的建设者来说,打击就是巨大的。同时,在这种青年-老年的价值判定中,二者被对立起来,其关系等同于传统-现代,老年－传统被看作是青年－现代的"绊脚石"①,许广平记述鲁迅曾与来访者谈话,说起"中国将来如要往好的方面走,必须老的烧掉,从灰烬里产生新的萌芽来。"更加重说,"老的非烧掉不可。"老年－传统对于未来的建设没有意义,其主要的意义就在于牺牲于青年－现代,"进化的途中总有新陈代谢。所以新的应该欢天喜地的向前走,这便是壮;旧的也应该欢天喜地的向前走,这便是死;各各如此走去,便是进化的路。",(鲁迅:《随感录·六十六》)"后起的生命,总比以前的更有意义,更近完全,因此也更有价值,更可宝贵;前者的生命,应该牺牲于他。"老年的价值就在于牺牲于青年,"肩住了黑暗的闸门,放他们到宽阔光明的地方去。"(鲁迅:《坟·我们现在怎样做父亲》)这种对于青年与老年价值的固定判断,无疑是有问题的,青年迷思表现了五四新文化建立在进化论基础上的历史乐观主义。问题不仅在对于青年价值的无条件呵护,更在对于老者价值的简单抹杀。

在这样的青年迷思基础上,形成的就是五四新文化人普遍的"双重态度"。青年是一个需要特殊对待的对象,与之对话,必须采取特殊的方式,应用另一重标准、另一种态度。在青年对象和新文化人自身之间,有着你我之别,引导别人所走的路与自己选择的路,告诉别人的话与自己笃信的话,在许多时候是背谬的。整理国故运动后期,新文化人的自我检讨正是如此。这种双重态度在鲁迅和胡适身上体现得最为明显。

双重态度——鲁迅为什么说"不读中国书"

"我看中国书时,总觉得就沉静下去,与实人生离开;读外国——但除了印度——书时,往往就与人生接触,想做点事。中国书中虽有劝人入世的话,也多是僵尸的乐观;外国书即使是颓唐和厌世的,但却是活人的颓唐和厌世。我以为要少——或者竟不——看中国书,多看外国书。少看中国书,其结果不过不能作文而已。但现在的青年最要紧的是'行',不是'言'。只要是活人,不能作文算什么大不了的事呢。"

"不读中国书"已经成为指责鲁迅激烈反传统的最佳证据,而我们要理解鲁迅为什么会说出这样的话,必须把这几个字放到这整段话中来理解,同时把这段话放到当时的社会文化语境和鲁迅的基本人生观中来理解。

---

① 青年"绊脚石"正是高长虹赋予老年鲁迅的称号。

首先需要明确鲁迅说话的特殊社会语境。到1925年时,《新青年》同人的分化越来越明显,胡适与鲁迅的分歧日渐鲜明。在整理国故运动初期,鲁迅保持沉默,但到1924年他做《未有天才之前》的演讲,指出"整理国故"内容和方向转化带来的弊端,其后在很长的时间内又做了一系列文章坚持反对的立场。这种反应符合鲁迅的一贯态度,总是要等待事情经过一段时间的发展之后,才做评判,而一旦形成判断,就很少再改变。此时,面对《京副》上已经刊出的包含大量中国书的书目,和联想到两年前的胡梁二人大开国学必读书,鲁迅的话是有着极强的针对性的。

同时,1925年,鲁迅正在陆续创作《彷徨》与《野草》的部分篇什,同时着力于小说史的研究,处于五四落潮与兄弟失和后的心境,而年初的这场"必读书"与"咬文嚼字"引来的攻击风波,必定加强了鲁迅的苦痛与寂寞之感。1925年是现代文学史上关键的一年,女师大风潮和五卅运动,对于思想文化界的影响是极为巨大的,新文化阵营内部进一步分化,对于处于漩涡中心的鲁迅个人,斗争的血雨腥风更为真切,但同时也由同一个战壕内迎来了自己的人生伴侣。

其次,要明确鲁迅所回答问题对象的特定性。书目针对的是"一般"青年,而非打算研究学问的青年,针对的是"现在"的青年,而非过去或者未来的青年。"现在的一般的青年",在鲁迅看来重要的就是"行"而不是"言"。所以使人沉静、远离"实人生"的中国书就不用读。这里蕴含着鲁迅执著于现实、执著于地上的基本态度。鲁迅并不讨论抽象的人,而是永远指向"现代的中国人",不是古人,不是世界人。阅读中国书,对于古人来说天经地义,对于将来人来说,也许也是必须,但对于当下的中国人来说,鲁迅认为并不必要。

重要的是"行"而不是"言",又表明了鲁迅的一个基本人生哲学,即"生存哲学","保存我们是第一义的。"(《随感录·三十五》)"我们目下的当务之急,是:一要生存,二要温饱,三要发展。"(《华盖集·忽然想到·六》)他关注的始终是人的生存问题,特别是当下的中国人的生存问题。"先要行",也就是先要生存,"不是言",也就是不问道德学问。鲁迅重估一切价值的标准,就是看这种思想文化是有利于还是不利于"现在中国人的生存和发展","只要问他有无保存我们的力量,不管他是否国粹。"(《随感录·三十五》)

明确了鲁迅此言背后的基本态度,我们才会明白鲁迅何以毫不惋惜"中国书"的被抛弃。然而,这种执著于现在的生存哲学,是否是鲁迅在此方面态度的全部呢?在我看来,这只是鲁迅的一面,是鲁迅在"公"的层面和面向大众的层面所显在的态度,然而鲁迅还有另一重态度。对于超越于生存、超越于现在、与当下人生没有直接关联的东西,鲁迅仍然有关怀,不过是在"私"的层面和面向自己内心的层面。对于于"实人生"无用的传统文化与学术,鲁迅在公的层面无选择的批判,在私的层面则可以有选择的形成深度认同。这便可以解释,为什么后来鲁迅给许寿裳的儿子开了一份全部是中国书的书单,书单内容与自己的学术研究路数很接近。每当鲁迅被迫面向大众说话,态度便不容含糊,要么支持,要么打倒,这是一种新旧对立中不得不采取的话语策略,而当只需对自己负责时,鲁迅的话就更加真实和袒露。鲁迅的日本友人增田涉曾指出,"他单向世间强调的一面,不是真正的他,至少是不全面的他,虽然这确实是他的大部分,但必须知道,他还有着没表现在瓦面的深湛部分,他自己明确区分,应向世间强调的部分和不向世间强调的部分。"(增田涉:《鲁迅的印象》)

这种双重态度,在面向青年时表现得最为清楚。鲁迅与青年的关系既密切又紧张,一方面是在许多文章中,鲁迅反对青年找导师,主张青年要有独立的精神,自己摸索前进的道路。所以必读书目交了空白卷,这背后是鲁迅深刻的怀疑精神,怀疑谁有资格来做这个"领路人",包括他自己,这一点与好为人师的胡适形成鲜明的对比。而另一方面,鲁迅又在事实上成为无可争议的青年导师,他在说"寻什么乌烟瘴气的鸟导师"的时候,正是领导《莽原》青年的时候。他的身边一直围绕着大批青年,鲁迅无私的帮助、指导和资助他们。对于被青年奉为导师,鲁迅惶恐不安,"我自己也正站在歧路上……我自己,是什么都不怕的,生命是我自己的东西,所以我不妨大步走去,向着我以为可以走去的路;即使前面是深渊,荆棘,峡谷,火坑,都由我自己负责。然而向青年说话可就难了,如果盲人瞎马,引入危途,我就该得谋杀许多人命的罪孽。"(《北京通信》)面对青年,鲁迅时刻面临着说还是不说的困境。鲁迅是有着强烈读者意识的作家,他把自己的读者主要分为三类:"孤独的先驱者","做着好梦的青年"和"敌人"(《两地书》),"先驱者",为之呐喊,"敌人",痛而骂之,而面对"做着好梦的青年",鲁迅最踌躇,他不得不尽力掩盖自己"太黑暗"的内心,用"曲笔",说别样的话。"我所说的话,常常和所想的不同,……我为自己和为别人的设想是两样的。"(《两地书》)"我自然不想太欺骗人,但也未尝将心里的话照样说尽。"(写在《坟》后面)

从这种双重态度来看待鲁迅与传统文化的关系,我们会更好地理解他身上的一些悖论。公的层面上,对传统采取无选择的整体性的批判,在私的层面上,也就是在个人的志业兴趣、生活方式、审美情感等方面,鲁迅可以有选择的认同。

这种双重态度在五四一代是具有一定的普遍性的。在胡适那里,也常常有一个"超我"存在,他不得不按照社会认知中的胡适形象说话。1928年,胡适检讨自己的"整理国故运动",把整理国故说成是"钻故纸堆的死路",宣称该换条路走走了,这显然与有历史癖的胡适的内心不符。尽管鲁迅在公的层面从来对国学研究采取一种不肯定的态度,但其《中国小说史略》在在属于国学研究的一部分,在精神实质上极为贴和胡适所倡导的整理国故运动的内涵。

鲁迅曾判定中国人的国民性中最缺少"诚"与"爱",然而在新文化人"立人"的手段中,最缺少"诚",策略性太重。想要铸造一个建立在"诚"与"爱"的健全人格和文化状态基础上的新的国家,用的却是非"诚"的态度和策略,在我看来,这构成了新文化运动启蒙思想的一个悖论。

"青年必读书"事件是现代中国文化史上一次引人注目的众声喧哗,是并不多见的一次参与人数众多、影响广泛的文化与思想论争。历史上总有一些关键的时刻,它们影响或决定了历史的走向,也总有一些典型的事件,它们饱含了一个时代的种种讯息,透过它,人们可以方便地窥见那个时代,把握其种种重要走向和特征,它在无数倏忽而过的事实中隐藏,期待被人们发现。本文相信,"青年必读书"正是这样一个历史的典型事件,从中可以窥见知识构型、思想变迁、文学生态、青年观念等众多内容,本文仅为论纲,勾勒出问题的诸多层面,期待学界共力深入。

本文作者系北京大学艺术学院研究员

后 记

100年前的1915年,以《青年杂志》(后改名《新青年》)在上海创刊为标志,新文化运动于上海发轫并迅速在全国蓬勃发展。以刊物为阵地,陈独秀、胡适、李大钊、鲁迅等为首的一批中国人,别求新声于异邦,擎起民主与科学大旗。100年后的今天,民主与科学深入人心,成为我们这个时代的共识。作为新文化运动最重要成果的文学革命和白话文运动更是丰富着中国人的精神生活,新文学中对爱和自由的追寻激励了一代又一代中国人,具有永恒的魅力。

为了纪念新文化运动在上海发轫100周年,同时也是向先贤表达崇高的敬意,2015年6月19—21日,上海社联《探索与争鸣》编辑部发起并联合上海交通大学人文艺术研究院、北京大学高等人文研究院、北京大学儒学研究院、上海东方青年学社等单位,在上海共同举办"现代化与化现代:新文化运动百年价值重估"国际学术研讨会,来自美国、澳大利亚、瑞典、中国大陆、中国台湾、中国澳门等国家和地区的130多位学者,进行了深度研讨。

《新青年》杂志在上海创刊,并非偶然,实乃得益于上海这座城市彼时正在崛起的商业文化和市民社会。1915年的上海已经成长为中国最大的通商口岸,拥有重要的出版社、先进的印刷设备和健全的发行网络,更重要的是培养了一批精明、理性、追求新知的新兴市民读者阶层。这种发达的商业文化和市民精神,为《新青年》和新文化运动奠定了社会基础。这种城市精神为我们重新理解上海这座城市,为上海的国际文化大都市建设,提供了别样的视角和文化资源。

不仅如此,上海社联的两任主席亦与新文化运动有着深厚的渊源。上海社联首任主席陈望道先生曾经是《新青年》杂志的主编。1920年陈独秀南下广州后,受其委托,陈望道于1920年底起主持《新青年》编辑工作,在他的主持下,《新青年》在团结新文化运动中的骨干力量的同时,亦逐渐成为宣传马克思主义的刊物。上海社联第二任主席夏征农先生,于1937年参加了中国共产党领导的新启蒙运动,也正是新文化运动的延续。今天我们纪念新文化运动100周年,亦是纪念这些在新文化运动历史上作出过杰出贡献的优秀共产党人。

对于《新青年》和新文化运动,后人往往关心的是其发起的民主与科学、启蒙与革命等讨论,而对《新青年》杂志本身的风格、定位、运作,关心者并不太多。翻开《新青年》,涉及问题包括孔教、欧战、白话文、世界语、注音字母、女子贞操等,几乎无所不包。今天看来,这些文字论战的方式未必那么严谨,但却充满了生命的激情、"见地、识力、理想"三者兼具的思想的张力和野性的力量,而话题无所不包的背后,正是以刊物为平台,聚集了一批引领社会风气、时代潮流的学者,以学术的方式关怀和介入社会现实。这样的思想讨论的方式,在今天日益规范化、内卷化、争鸣稀薄化的学术界,已经是空谷足音了。

在上海召开纪念新文化运动100周年,是一份沉甸甸的历史使命。对于编辑部来说,要完成这样一份使命,并非易事。首先是经费问题,组织和承办大型国际会议,没有足够的经费支持是不行的。虽然会议得到了上海社联和国家社科基金的大力支持,但尚有不小的缺口。起初编辑部联系了几家机构,均不了了之。正在一筹莫展之际,上海交通大学人文艺术研究院院长王宁教授施以援手,承诺承担部分会议费用以及所有的会务工作。交大很快组建了强大的会务团队,由叶洛夫博士负责统筹。6月是高校办会的高峰期,好在叶兄聪明能干,调度得当,很快物色好宾馆,并将分会场安排在交大徐汇校区中西合璧的老建筑总办公厅会议室、老图书馆会议室里。巧的是,交大老图书馆1916年由交大毕业生发起,师生及社会各界募资兴建,并于1919年建成。交大老图书馆见证了新文化运动从发轫到如火如荼的过程。学者们在至今仍保持着民国风范的老建筑里,与先贤隔空对话,怎能不书生意气、思想激荡呢?交大团队事无巨细,将会务工作安排得非常妥当,赢得了与会学者的褒扬。一个值得记述的细节是,会议当天正好是北京大学夏晓虹教授的生日,会议团队专门给夏老师送去了鲜花,令夏老师十分感动。北京大学高等人文研究院院长杜维明教授是蜚声海内外的学者,一直以来关心和支持刊物的成长,当他得知我们要举办这个会议,爽快答应共同主办。杜维明教授当时人在美国,多次通过越洋电话对我们的会议给予指导。北京大学王博教授、干春松教授在百忙中帮忙约请学者,陆胤博士为会务的联络也做了大量的工作。

新文化运动可谓20世纪中国思想史中最能引起知识分子关注和不断阐释的主题。100年来,几乎每十年知识界就要纪念一次。新文化运动之所以值得一代代学人不断与之对话、交流,不断赋予其时代意义,就在于它是100年来砥砺中国之思想和学问的最好的"磨刀石",它为反思时代问题提供了最佳参照系。新文化运动本身具有巨大的丰富性,时代不同,主题亦不同。不同立场的人,赞同也好,批评也好,都有话说。正如北京大学中文系陈平原教授所言,"作为后来者,我们必须跟诸如'五四'(包括思想学说、文化潮流、政治运作等)这样的关键时刻、关键人物、关键学说,保持不断的对话关系。这是一种必要的'思维操练',也是走向心灵成熟的必由之路。在这个意义上,'五四'之于我辈,既是历史,也是现实;既是学术,更是精神"。

2015年注定是热闹的一年,围绕纪念新文化运动,国内南北学界举办了好几场活动。如何在众多的活动中,谈出别样的风采,颇费一番思量。我们五家经过策划,最后决定将重点放在以下三个方面。

第一,话题的足够开放性。五家主办方一开始就有一个默契,会议要办得好,一定要在选题上下功夫。事实也证明,好的选题,是会议成功的一半。我们在策划选题的过程中征求了多方学者的意见。比如,有学者建议,100年后的今天我们再谈新文化,应该有新的视域和使命,这个使命就是我们这一代人肩负的中华文化复兴、重建文化主体性的重任。纪念新文化运动100周年,站在新世纪的门槛上,中国国力虽渐趋鼎盛,但我们依然面临着百年前先贤曾面临的问题,那就是中国想要继续前行,必须走出思想迷障,以期从时而光荣、时而虚妄的历史蹉跎中,提纯出真正值得为之神往的价值共识。为了别开新路,我们最终在征集多方意见的基础上,将会议的主题定为"现代化与化现代:新文化运动百年价值重估"。对于会议主旨,正如杜维明教授在主旨演讲中指出的,"化现代"意味着我们对于现代性已经开展出了的一些价值及其正负影响,要进行一次全面的反思,多多少少也意味着我们对未来的文化走向有一些期待和意愿。化现代是对现代性进一步的理解和深化,同时又对启蒙运动以来的现代性做同情的了解和批判的认识,这个过渡是非常艰难的,我们要在追寻一个新的认同和适应现代兴起的各种思潮之中找到一种平衡。

价值重估,殊为不易。100年后,回眸这场给中国人带来深远影响的新文化运动，起码有三个值得仔细辨析和聚焦的维度：其一，回到历史现场，尤其是放置于新文化运动前后二十年的历史语境中，重新认识新文化运动的复杂面相；其二，在科学与民主两大主潮之上抑或之外，重估新文化运动的遗产；其三，打通中西，融合古今，直面今日中国文化现实，重构21世纪的中国思想文化图谱。召开研讨会，就是希望学者们通过理性的对话、严谨的学术思辨和同情式的理解，就百年来中国的学术思想问题交流观念、寻求共识。如果研讨会能够达到上述要求，我们设定的目标就达到了。

为此，我们在给专家的邀请函中，建议关注如下11个话题：

◇议题1：西化与化西：中西文化融合问题；
◇议题2："源原之辨"与"古今通理"："新文化"与"旧文化"融合问题；
◇议题3：新文化运动反传统主义与激进主义反思；
◇议题4：重估文化保守主义；
◇议题5：20世纪早期政治社会与新文化运动的发生；
◇议题6：器物—制度文明视野下的新文化观念的传播与接受；
◇议题7：新文化观念在基层社会的传播与接受；
◇议题8：新文化观念的伦理根基反思；
◇议题9：新文化观念中的世界主义、国家主义、民族主义与个人主义；
◇议题10：新文化运动与良善政治的重构；
◇议题11：重建21世纪中国文化思想图谱。

第二，与会者的广泛代表性。由编辑部发起召开会议，自然是希望打破学科壁垒，期冀不同学科、不同领域、不同主张甚至不同思想倾向的学者参会。刊物作为一个学术讨论的公共平台，它只提供平台，不预设立场，只要对新文化运动有深入研究、对中国文化问题有独到见解的学者，都向其发出邀请。四家主办方充分尊重编辑部的意见，邀请函发出后，得到了诸多名家的支持，参加者非常踊跃，不少学者特意留出时间，出席人数远远超过了我们的预期。不仅参会的专家都提交了论文，而且自己承担来回路费。一些学者确实因为不可推卸的公务，未能出席，但也提交了长篇论文。

第三，邀请青年学者共同参与。为了鼓励培养青年学人，为他们的学术成长提供舞台，本次国际学术研讨会专门开辟3场"青年专场"。《探索与争鸣》编辑部早在大半年前就在微信公号向青年学者公开征集论文，最终从100多篇应征论文中遴选了20名青年才俊。受邀青年学者悉数到场，发表各自的学术观点，并与担任评议和主持的资深教授展开学术对话。很多青年学者都觉得，在学术起步阶段能够得到名家们的指点，学术上获益良多。与会学者均高度肯定了这种提携青年的形式。

事实证明，这三点保证了会议的顺利举行。本次研讨会是近几年来中国人文学界举行的一次学术盛会，出席会议的除了4位院士外，还有国内来自人文社会学科的众多知名学者。此次研讨会学科范围覆盖广，涵盖了文学、历史学、哲学、政治学等人文社会科学学科，打通了学科边界，与会学者在浓厚的问题意识中，共话新文化运动的历史意义和现实价值，交流观点、寻求共识。正如王博教授在致辞中所言，"当我看到这么多不同倾向的学者，一起来参加这个会议的时候，我个人充满期待，我这次来主要是感受这样一种思想的冲击，感受这个会议给中国学术和社会文化的进步所起到的一种推动的作用"。

在短短的三天时间内，130多名专家学者和旁听者参加了主旨演讲、分组讨论和圆桌会议等三个环节的一共16场活动。开幕式由王宁教授主持，沈国明教授、郭新立教授、杜维明教授、王博教授分别代表会议主办方致辞，会议邀请华东师范大学党委书记童世骏教授担任主旨演讲环节的主持人，杜维明教授、陈平原教授、罗志田教授、王晓明教授、王宁教授、罗多弼教授分别做主旨演讲。在分组讨论环节中，朱贻庭、王家范、赵修义、汪荣祖、杨国强、高瑞泉、萧功秦、许纪霖、高力克、周武、欧阳哲生、陈恒、章清等历史学者；邓晓芒、何怀宏、萧延中、陈少明、王博、干春松、孙向晨、刘建军、任剑涛、方朝晖、陈赟、朱承等哲学和政治学者；陆建德、夏中义、许明、陶东风、朱寿桐、夏晓虹、白露、沈卫威、高旭东、刘锋杰、徐乃为、陈建华、方维规、杨扬、郜元宝、罗岗、周志强等文学学者围绕会议最终设定的16个话题展开对话和辩论。会议最后一天的圆桌论坛最为精彩，圆桌论坛由陈卫平教授主持，秦晖教授和杜维明教授担任引言嘉宾，邓晓芒、何怀宏、汪荣祖、萧功秦、谢遐龄、罗多弼、寇志明、徐贲、任剑涛、张宝明、杨联芬等学者围绕民主共和与天下为公、重新理解启蒙与革命、文化激进主义的多维面孔等话题唇枪舌剑、刀光剑影，奉献了各自精彩的观点。

特别令我们感动的是，94岁高龄的著名历史学家、翻译家何兆武先生因身体原因无法与会，专门委托方朝晖教授寄来他为此次国际学术研讨会写给《探索与争鸣》编辑部的亲笔信。兹录如下：

五四(新文化运动)百年祭[①]
何兆武

一部历史不外是环境对人们的挑战和人们的应战。已经成为了过去的事件,已经是一去不复返了。但是未来却永远横在人们的眼前,面对着人们,需要他们直面去对待、去征服。正是一百年之前,中国曾经经历了这样的一次大关口,大批的青年知识分子挺身而出,直面冲击了两千年来的顽固思想堡垒。那是一场意识形态战场上的恶战。中国从此便由中世纪开始迈入了她在思想上的现代化。然而历史的行程总是曲折的,并不会一帆风顺。中国的现代化过程仍然会面临着重重的曲折和险阻。虽然五四"新文化"运动之后的一百年来也经历了重重险阻,毕竟历史是不会开倒车的。今年正值五四"新文化"运动一百年祭,在缅怀一百年前的先行者们之际,让我们要继续沿着现代化的伟业前进,满怀信心和热诚地建立一个不断前进日新又新光辉灿烂的新中国。

二〇一五年五月七日

2018年,因为要策划和组织"一个人的40年"的专栏,在方朝晖教授的陪同下,我拜访了何兆武先生。在何先生简陋的家里,我有幸聆听何先生聊西南联大的往事。先生已经不能下楼,终日卧床,手边摆放着油印的西南联大通讯,因为时时翻阅,纸面已经泛黄发亮。先生不认识我,但是始终乐呵呵看着我,先生耳朵背,记忆力也已经严重衰退了,大概有半个小时,反复给客人们讲西南联大跑警报的故事。室外残阳西垂,室内晦暗不明,主人认真地讲,天真地笑,客人认真地听,也跟着笑。而我的眼前总是闪过先生三年前写给我们的信函以及那些睿智的文字……

还有一件事情也令我们十分感动。会议结束后,徐贲教授临回美国前,把我拉到一边,说:我们家老爷子想看看会议论文集。我一脸茫然地问,你家老爷子是谁。他告诉我是华东师大的施平教授。施先生生于1911年,比《新青年》还要年长4岁。施先生曾经担任华东师范大学党委书记,年轻的时候参加过地下学联工作,会议能得到施先生的关心,我们自然是无比激动。我们来到华东医院,看望时年104岁的施先生。先生那天刚从午睡中醒来,精神很好,跟我们谈及新文化运动,不徐不疾,听者如沐春风。先生今年108岁了,仁

[①] 何兆武先生给编辑部的信中的题目为五四百年祭。

者寿,祝先生健康长寿!

呈现在读者面前的这套丛书,正是以"现代化与化现代:新文化运动价值重估"国际学术研讨会与会学者提交的论文为主体,同时吸纳近年来新文化运动研究的最新成果,最终辑为"新文化运动价值重估"、"儒学转型与新文化运动"、"'启蒙'的百年流变"、"世俗化与转型时代的伦理困境"、"新文化运动中的新文学"、"百年回眸《新青年》"、"新文化运动中的知识人"、"新文化运动与新传统主义"、"文化市场与新文化运动的受众反响"等9个专辑,编定成上中下三册,共计约130万字。

从2014年10月开始策划,到2015年6月19—21日举办会议,再到2018年12月编定书稿,最终赶在2019年3月付印,个中甘苦曲折,不足为外人道也。好在这套丛书终于能够付梓,忙碌之余松了一口气。在此,要代表编辑部对上海交通大学人文艺术研究院、北京大学高等人文研究院、北京大学儒学研究院、上海东方青年学社表示衷心的感谢!对积极参会并提交论文的各位专家学者表示诚挚的谢意!《探索与争鸣》编辑部主任李梅副编审、杜运泉副编审、杨义成编辑、张蕾编辑、复旦大学哲学系阮凯博士分别参与了各分册的编选和统稿工作,华东师范大学的博士生王鸿、陈正兴、硕士生俞诗逸参与了文稿的校对工作。收入此次文集中的论文有些已经在其他刊物发表,收入本书的时候均在文末标明出处,在此对允许我们收录论文的期刊和责任编辑表示衷心的感谢!这套文集在编辑过程中得到了上海三联书店责任编辑钱震华先生的大力襄助,花费了大量心血,在此表达诚挚的谢意!最后要感谢上海社联领导的支持和包容,没有社联领导的大力支持和信任,这次会议是不可能召开的。

(叶祝弟,《探索与争鸣》杂志主编)

图书在版编目(CIP)数据

现代化与化现代:新文化运动百年价值重估/叶祝弟主编.
—上海:上海三联书店,2018.
ISBN 978 – 7 – 5426 – 6598 – 0

Ⅰ.①现… Ⅱ.①叶… Ⅲ.①五四运动—研究
Ⅳ.①K261.107

中国版本图书馆 CIP 数据核字(2019)第 001591 号

现代化与化现代
——新文化运动百年价值重估

主　　编　叶祝弟

责任编辑　钱震华
装帧设计　周　晨

出版发行　上海三联书店
　　　　　　(200030)中国上海市漕溪北路 331 号
印　　刷　上海晨熙印刷有限公司

版　　次　2019 年 5 月第 1 版
印　　次　2019 年 5 月第 1 次印刷
开　　本　700 × 1000　1/16
字　　数　1400 千字
印　　张　82.25
书　　号　ISBN 978 – 7 – 5426 – 6598 – 0/K · 514
定　　价　298.00 元